# 馬券黙許時代 I

## 愛馬心の涵養、馬匹改良の捷径は競馬にあり

立川健治

競馬の社会史 2

世織書房

# はじめに

本書は、時間的にいえば明治三九（一九〇六）年から明治四三（一九一〇）年の間の競馬及び競馬をめぐる出来事を論じる四部作の第一部である。

明治期、賭博は法的に一貫として国禁だったが、その例外が存在した時間があった。馬券が黙許という形をとって「合法的」に発売されたときである。明治三九年七月七日の函館競馬会（柏野競馬場）から明治四一年一〇月四日の総武競馬会（千葉・松戸競馬場）開催までの約二年三ヶ月にも満たない短い時間だったが、時代は法を棚上げにしても馬券発売を必要としていた。現在の勝馬投票券が、刑法の賭博罪の適用除外の特例法である競馬法のもとで発売が行われているのに対して、馬券黙許は、そういった法的根拠はなく、馬事に関する政策（馬政）を統括する総理大臣直属の馬政局（明治三九年六月設置）が認可した社団法人の競馬会に限定して、国策である馬匹改良を推進するために政府が保証する形をとって馬券発売を黙許するということであった。日清戦争、ついで北清事変、そして日露戦争で軍馬として徴発した内国産の馬匹が劣悪で作戦遂行上に大きな支障を来した。当時、大陸戦での軍隊の機動力、輸送力はすべて馬匹が担っていたからである。軍備を高度化するには、戦場で野砲を機動力よく展開させる輓馬、また食糧、弾薬・砲弾を輸送する輜重輓馬、輜重駄馬、偵察活動を行う騎兵乗用馬など大量の馬匹が不可欠だった。現状の内国産の馬匹ではそれらの任に堪えない。この危機感から、日露戦争中に馬匹改良を推進する馬政計画が立案され、戦後、国策として実行に移された。陸軍の師団増設も馬匹改良がなされなければ絵に描いた餅になる。馬匹改良は、軍備の高度化の喫緊の課題だった。その一環として馬券を発売しての競馬開催が必要であるとの政治判断が、ときの桂太郎内閣のもと、遅くとも明治三八年一二月には下された。この意味において馬券黙許は、日清戦争、北清事変、とりわけ日露戦争の産物だった。そして事は、明治三七年四月七日、明治天皇が、伊藤博文らとの陪食の席で、山県有朋、桂首相らに「馬匹改良のため一局を設けて速やかに実効を挙」げるように命じるという手続きをとって始まった(1)。その馬匹改良の最重要課題として語られたのが、馬事思想、愛馬心の涵養だった。その思想、愛なくしては馬匹改良の実現はない、それを育む場が馬券を発売する競馬場ということだった。

馬政局馬政課長として競馬会の認可に携わった騎兵少佐増田熊六（評論家加藤周一の祖父）は、明治三九年五月一六日、馬券黙許の競馬会のモデルとして設立された東京競馬会の披露会の席上で、つぎのように演説した(2)。

……初めは競馬場に行きまするると、単に勝ち負けを見て居る。何の趣味も感じなかったが、二三度見物して居る内には、馬の愛すべき性質も自然了解せられる。軈て夫が動機となって愛馬心が起るのであります。既に愛馬心が起りましたならば、馬事の発展を見るは明らかであろうと思う……

また日露戦後の馬匹改良一八年計画立案の中心的存在であった宮内省主馬寮兼農商務省技師の新山荘輔も、明治四〇年三月二日の貴族院予算委員会第一分科会で、つぎのように馬券発売の競馬の必要性を説明した(3)。

……馬を愛するという念慮が、例えば産馬地方に至りましてもが、欧米のそれと比較しまするとよほど劣って居る、是がまず馬政局が日本全国の馬を改良すると云うに就いては、一番に困難を感じて居ることでありまして、まず第一としては国民に愛馬心を起さしめると云うことを力めて居る、さもあらずんば如何に馬の良いものを拵えましても、馬は進みましても管理畜養は昔の如き有様であると云うことになりまして其効果が甚だ少ないでありますから、まず人をして愛馬心を厚からしめると云うことは誠に肝要なことと思いまして、殊に競馬の如きは其方法と致しましては誠に結構なことであるから、日本全国相当の場所に基礎の豊富なる競馬と云うものが起りましてそれを為しましたならば、今御話しまする愛馬心と云うものを大いに発達させまして、延べては政府の目的とする改良も円滑に行くであろうと、大に歓迎いたして居りまする事柄でありまする。

そして当時の競馬も含めて馬政のキーパーソンであった陸軍大臣寺内正毅も、折にふれてその愛を「馬を好く」という言葉で語った。たとえばつぎのものだった(4)。

……元来、馬を好くと云うことが馬を改良すると云うことに付いては非常な便宜である、所が翻って我国の国民の状態を考えると、馬を好いて良い馬を拵えようとか改良しようと云う考えが甚だ少ない、国民が総て馬と云うような直接、人の業務を助ける動物を改良すると云うようなことに非常なる趣味を持って居る国民ならば、余り金を費やさぬでも馬の改良は出来る、併しながらそう行かぬ所では、何か一つ喜ばせる所の方法を以て馬の改良をすると云うことも一の方便であると云う所から、初め馬券を許して馬の改良を図ろう、そうすれば政府も比較的、余計な金を使わずして此仕事が出来る、斯う云う考えを持って居った、是はどうも国民の性質から割出す関係もあると思う……

明治四〇年七月、第一回開催を行った京浜競馬倶楽部（川崎競馬場）の会頭だった板垣退助も、「それから馬匹改良という事に就いては、先ず第一に一体の国民をして馬を好み馬に乗るの気風を養はせなければならぬ」、「馬を好み馬を愛するの素養を為すには、競馬を盛んにするに如くはないのである」と語った(5)。

愛馬心の涵養のためには、射倖心を活用する。馬券を買うときには、的中させようと優劣を真剣に鑑定するのでその知識も向上する、そこから馬を好み、愛する心が育まれ、馬事全般への関心も高まるということだった。

そしてこの愛は、税収より重かった。日露戦争の戦費調達のためにかかえた二〇億円もの外債、内債の償還に直面している政府、大蔵省にとって、一銭でも多く税収を上げることは最優先課題であった。だがその大蔵省も、馬匹改良を阻害しないために、馬券の収益に手を出す考えはまったくないとの姿勢だった。明治四〇年一月二九日、帝国議会衆議院予算委員第三分科（大蔵省所管）で、馬券の収益への課税を考えていないのかという質問に対して、後に総理大臣を二度務めることになる当時大蔵次官であった若槻礼次郎は、つぎのように答弁した(6)。

……競馬のようなことが行われると、自然馬匹に対する人の熱心が殖えて行くと云うことでありまして、同時に馬匹の改良が出来ると云うので、馬政局では競馬の行われることを希望して居りますが、競馬の行われることは、唯今申上げたような方から起って居りますから、是に税を掛けて抑えようなどと云うことは、到底矛盾したことで、そう云う考えは、持ちませぬ。

大蔵省が、税収よりも、少なくとも建前として、馬券で馬への愛を育むことの方に重きを置かなければならないと認識していたことを明らかにするものだった。いってみれば、馬匹改良は大蔵省も手を出せない聖域だった。

明治三九年後半期、株価の上昇、投資熱、企業の勃興熱は、とどまるところを知らないかのような様相を呈した。このバブルは、翌明治四〇年一月にはじけてしまうが、競馬への投資はそれとは無縁であった。競馬は確実に儲かると見込むことができた。全国各地では馬券発売の黙許を認可を申請するグループが相次ぎ、明治四〇年二月までには七二、一〇月には二〇〇以上を数えるまでになる(7)。そのなかで認可を受けた東京及びその周辺の六つを含め全国で一四の競馬会が、この時代、馬券を発売しての開催を行った。なおこの他に二つの競馬会も認可されたが、開催を行う前に明治四一年一〇月の馬券禁止を迎えてしまった。昭和二八（一九五三）年に開設された中京競馬場を除けば、現在の日本中央競馬会（ＪＲＡ）の競馬場の源流は、すべてこの時代のものにたどりつく。そして現在、日本の競馬はＪＲＡといわゆる地方競馬の二重構造、というより地方競馬間にも差異があるので多重構造といった方が適切だが、その不自然な構造は、この時代にＪＲＡの源流となる競馬会が馬政局から受けた認可が、「特権化」されたことの所産であるという以外に、その歴史的根拠は見出せない。

明治四一年三月下旬から六月下旬にかけて、東京及びその周辺では、競馬が毎週末に開催され、関西の三つの競馬会も含めたその春のシーズンの全国の総売上高は少なくとも一五〇〇万円、予算規模、内容、経済状況は異なるが、当時の国家予算額約六億二六七九万円と二〇二〇年度の一〇二兆円(8)とを単純に対応させて売上高を換算すると二兆四四一〇億円、年額は二倍すると約四兆八八二〇億円に相当する。ＪＲＡの売得金額二〇一九年度二兆八八一七億円、そのピークである一九九七年の約四兆円を上回るものであった(9)。当時はもちろん、現在のような場外、ネット投票等はなく、発売されていたのは競馬場内、それも単勝式馬券だけであったが、そのことを考えると文字通り驚異的な額だった。確かにこの時代、競馬場に馬券は舞っていた。

また明治四〇年秋以降、競馬場では、観客の不満に火が付いた時、あるいは付けられた時、待っていたのは、投石、施設の破壊などの騒ぎだった。そしてそれと並行して不正を追及する演説、集会、委員を選んでの交渉が行われるようになった。日露戦後、明治三八年九月の講和条約をめぐっての日比谷焼打事件、翌明治三九年三月、九月の東京の市街電鉄の電車運賃値上反対運動から大正七年の米騒動までの時期は、東京を中心として都市での暴動が相次ぎ「都市民衆騒擾期」と呼ばれるが(10)、競馬場の騒ぎも、馬券禁止で短期間で終わってしまったとはいえ、そういった出来事の一つであった。競馬場にも「群衆」が登場した。明治四〇年一一月日本レース倶楽部（横浜・根岸競馬場）の開催の騒ぎの際には、「我々東京人は光輝ある九月五日の歴史を有せる」と叫ぶ声があがっていた(11)。九月五日の歴史とは、いうまでもなく日比谷焼打事件のことだった。日本レース倶楽部は、その歴史を幕末までに遡り、会頭は原則として英国公使（明治三八年から大使）、また明治一四年から明治三二年にかけて度々行幸が行われ、明治政府にとっても政治的、外交的な意味をもつ倶楽部であった。その特別な競馬場での騒擾だった。

このように制御不能なエネルギーに溢れた競馬場という空間の出現に政治も社会も、そして司法も慄いた。日露戦後の社会、人々の状況は、戦前とは変容してしまったかのような様相を呈したが、そのことを風教・思想の悪化、社会の紊乱ととらえるならば、馬券が舞い、騒ぎが起こる競馬場は、その象徴的な空間に他ならなかった。馬への愛を育む場などではなかった。明治三九年一月誕生した西園寺内閣は、社会主義運動に対してそうであったように、総じて馬券黙許に関して寛容な姿勢をとった。だが競馬（馬券）熱の高まりに対する政治的、社会的、司法的な批判、圧力の強まりを受けて、明治四一年三月、その競馬熱を鎮静化する取締策をとりまとめざるを得なくなる。とはいえそれは、あくまでも馬券発売を継続するためであった。だが馬券の命運も、西園寺が、明治四一年五月の総選挙で自らが総裁をつとめる政友会が過半数に迫る多数を制したにもかかわらず、財政政策の行き詰まりに、「社会党取締の不完全」の責任問題も加わって、政権を投げ出し、七月第二次桂内閣が誕生したことによって、尽きてしまうことになる(12)。

桂は、競馬（馬券）に対する非難が政権運営に与える打撃を回避し、内閣の主要政策の一つの柱である国民教化の政治姿勢をアピールするものとして、第二次内閣発足時から馬券禁止を決断、九月二〇日過ぎには閣議での合意をとりつけ、伊藤博文、山県有朋、松方正義の元老、明治天皇にもその禁止の決断を伝えたうえで、一〇月五日禁止を断行した。桂が、このような手続きを踏んだのは、馬券禁止が天皇の勅諚を受けて国策として推進していた馬匹改良に影響を及ぼすことを認識していたからだった。そしてこの禁止が、表面的には突然と見えたことで、かねて禁止への圧力を強めていた貴族院、新聞、司法は、それぞれが自らが優柔不断の桂内閣を追い詰めた成果であると自負、誇ることになった。法の正義、良識、世論の勝利というわけだった。

振り返れば、日露戦後の馬政計画が立てられるとともに、第一次桂内閣のもとで馬券黙許の政治判断が下されていた。桂は、結果的に、馬券を禁止するためのマッチポンプの役割を果たしたことになった。とはいえ、第二次桂内閣が、軍備の高度化のために馬匹改良が喫緊の課題であり、馬匹改良推進の基軸として競馬が不可欠であるという第一次内閣のときの姿勢を変えたわけではなかった。馬券禁止を断行する一方で、「競馬の存続を図るは刻下の急務として」[13]、財政再建が内閣の最重要課題であったにもかかわらず、馬券を禁止しなかったならば必要ではなかった補助金支出を決定し、各競馬会に明治四一年秋季開催を行わせた。明治四二年の第二五帝国議会では、恒常的な補助金支出で競馬会の存続をはかろうとする政府と、馬券の復活を求める競馬会側との間で攻防戦が展開された。衆議院は、政府の補助金案を否決、馬券発売の合法化を盛り込んだ議員立法の競馬法案を通過させたが、貴族院は、この法案を賛成票三で葬り去ってしまう。競馬会側は、馬券復活に関して政治的な敗北を喫し、これ以降、沈黙を余儀なくされた。このなかで、桂内閣は、再度、翌明治四三年第二六議会に、各競馬会による開催継続を目的に競馬会への補助金案等を提出、成立させる。その結果、各競馬会は、馬政局の全面的な監督、統制下におかれることになった。現在まで続く「官」による競馬の支配のはじまりだった。

またこの時代、馬券とともに、第一次桂内閣も西園寺内閣も、富籤の禁止政策の転換もはかろうとしていた。植民地であった台湾で明治三九年一〇月から発売された台湾彩票だった。建前としては、台湾及び清国に向けての発売であったが、台湾総督府と関係の深かった三井も、総督府の意向を受けて国内の販売にあたるなど、国内で爆発的な人気を博し、その七〜八割近くが国内で売買されるという事実上の黙許状態になった。この黙許状態に司法部は、強い危機感を抱き、明治四〇年三月、独断で摘発に動いた。その結果、彩票を発行中止に追い込んだ。このことは司法部が、政治に対して優位にたつ成功体験になり、政治、社会の正邪を判断するものとして権力化していく端緒になった。ついで司法部は、明治四一年九月、馬券禁止の政治決断を求めて、馬券摘発に踏み切る[14]。桂がこの司法部の動きを受けて、馬券禁止を決断したわけではなかったが、先にもふれたよう司法部はそう認識した。この先には、明治四二年四月、代議士二二名を収賄で起訴、政治家、政党を震撼させて、「司法部として新時代を画した」日糖事件(15)、さらには、幸徳秋水ら一二名を死刑に処した大逆事件のフレームアップが存在することになる。

以上のような明治三九年から明治四三年にかけての競馬及び競馬をめぐる出来事が起こった時間を馬券黙許時代と呼ぶことにするが、本書は、その第一部として、次の八章にわけてその時代の前半を論じていく。

第1章　東京競馬会の設立
第2章　明治三七年四月七日の勅諚から馬政局の設置
第3章　黙許競馬のはじまり
第4章　東京競馬会第一回開催を受けて、ガラの禁止
第5章　台湾彩票
第6章　各競馬会の設立
第7章　明治四〇年秋のシーズン、馬券熱の高まり
第8章　論達、馬券発売継続へ

第1章は、陸軍、農商務、宮内各省の積極的な支援を受けて馬券発売黙許のモデルとなる存在として東京競馬会が設立された経緯を、明治二〇年代以降から馬券黙許にいたるまでの馬券をめぐる議論を振り返りながら論じていく。当時の陸軍軍馬行政の中心的存在であった大蔵平三中将の言葉を借りれば、競馬会の設立は、一個人の会社の問題ではなく、国家問題であった。

第2章は、日露戦後の馬匹改良政策が、明治三七年四月七日の勅諚を受けてという形をとって立案され、明治三九年六月それを統括する馬政局の設置となったことを、日清戦争後からの馬匹改良方針の策定過程を振り返りながら論

じていく。日清戦争、北清事変、そして日露戦争が、馬匹改良を何よりも軍備の高度化のための喫緊の課題とし、そのことが馬券黙許の道を切り開くことにもなっていた。

第3章は、横浜で幕末以来の歴史を積み重ねていた日本レース倶楽部が馬券黙許によって新たな時代を迎えることになった明治三九年五月、一一月の春秋の開催、ついで馬券発売を黙許された第一号であった同年七月の函館競馬会の開催、そして一一月二四日に初日を迎えた東京競馬会第一回開催、あわせて静岡県が明治三九年四月、県として馬券を「合法化」したことについても紹介する。日露戦後の社会に、馬券黙許は漕ぎ出していった。

第4章は、後から振り返れば、まだそれほどではなかったが、東京競馬会第一回開催の馬券の「狂乱」が社会、風教を紊乱させると慄いた各新聞が、競馬開催に関する論調を歓迎から非難へと転換させたこと、また従来から馬券摘発の可能性を担保していた司法部がその摘発に乗り出す姿勢を見せて、馬券の是非をめぐる攻防戦が司法部、馬政局、内務省、陸軍などの間で展開されたことを論じる。あわせて明治四〇年春の日本レース倶楽部と東京競馬会のレースについても紹介する。レース紹介は、第3章、第7章も含めて、本書では概略にとどめるが、それでもレースがすでに馬の物語になろうとしていたことの一端を伝えることができると思う。

第5章は、台湾彩票の計画から発行、国内での流通などの具体的な経緯を紹介するとともに、先にふれた司法の権力化について論じる。今では忘れ去られてしまっているが、台湾彩票をめぐる出来事は、司法部にとってもその後の歩みに大きな意味をもった。

第6章は、馬政局が馬券発売を黙許する社団法人として認可した各競馬会について、その認可の時系列順に紹介していく。日露戦後の株式のバブルは明治四〇年一月ではじけたが、競馬会は例外で、その後も東京及びその周辺をはじめとして各地で認可に向けて、数多くのグループが名乗りをあげて動いた。認可を受けた競馬会の会頭などトップには自由民権運動の象徴的存在だった板垣退助、日比谷焼打事件でも時の人になった河野広中、東京市長・衆議院議員の尾崎行雄、そして茨木惟昭、池田正介ら日露戦争で知られることになった陸軍将官の名を見ることができる。また数多くの衆議院議員が、おそらく選挙人の増加に伴う政治資金の不足に対応しようとしたのだろう、発起人に名を連ねた。個々の競馬会の設立の経緯は、いってみればそれだけの話ではあるが、それぞれの物語があった。それに、この設立なくしては現在開催されているＪＲＡの各競馬場、というよりＪＲＡそのものの存在もなかったはずである。

第7章は、明治四〇年一〇月下旬から一二月中旬にかけて、東京及びその周辺では毎週末行われた開催を、一一月、翌年一月の兵庫県鳴尾の関西競馬倶楽部、総武競馬会も含めて紹介する。競馬は日常化し、馬券の売上は右肩上がりに伸び、それとともに騒ぎも引き起こされるようになった。その競馬（馬券）熱は、馬政局、西園寺内閣にとっても、冷まさなくてはならないものになった。

第8章は、その明治四〇年秋のシーズンを受けてさらに強まった競馬（馬券）の取締、禁止を求める政治的、社会的、司法的な圧力に対して、明治四一年二、三月、馬政局、西園寺内閣が、反競馬の急先鋒である貴族院、それに加えて司法、陸軍、内務当局との調整をはかりながら、とりまとめた取締策を紹介する。この時点でも、馬券はその身を攻勢から守ることができたが、政治に裏切られ、禁止されるまでの時間はそれほど残されてはいなかった。

このように東京競馬会の第一回開催から、たった一年余の時間のなかで、競馬をめぐる状況は劇的に変化した。貴族院、司法、また各新聞にとって、競馬場は、馬への愛を育む馬匹改良の場などではなく、馬券が舞う賭博場として人心を腐敗、堕落、荒廃させる、日露戦後の社会、風教紊乱を象徴する空間に他ならなかった。彼らにとって、馬券は許すべからざるものであり、取り締まって政治、社会、人々を悔い改めさせなければならなかった。

# 馬券黙許時代Ⅰ

## 愛馬心の涵養、馬匹改良の捷径は競馬にあり

目　　次

## 6　各競馬会の設立 ………… 385

# 凡例

一、年号表記に関しては、原則として各節の初出に、たとえば明治三九（一九〇六）年と元号、西暦を併記し、以下は元号で表記する。元号で表記するのは、当時のほとんどの人々が西暦ではなく、元号のもとで暮らしていたことによる。ただし昭和三〇年以降は、西暦で表記する。

二、資料の引用について、旧字体は原則として常用漢字に替え、送り仮名についても改め、句読点及び濁点を付け加えたところもある。また、明らかな誤字・脱字は訂正した。数字については、引用文中を除いて、原文が算用数字であっても原則として漢数字に改め、十、百、千などの和数字は使わず、万、億、兆のみを使用した。カタカナ混じり文は、ひらがな混じり文に替えた。前略、中略、後略は「…」で示した。そして、随時、段落を施した。なお引用文中の（　）内は、特に記さない限り、立川が記したものである。

三、新聞資料に関しては、原則として以下のように新聞、新報等を略して表記する。ただし『時事新報』、『日本』、『万朝報』、『九州日報』、『門司新報』、『日州』、『北海タイムス』などはそのまま表記する。

　『大阪朝日新聞』→『大阪朝日』、『大阪時事新報』→『大阪時事』、『大阪毎日新聞』→『大阪毎日』、『京都日出新聞』→『京都日出』、『神戸又新日報』→『神戸又新』、『国民新聞』→『国民』、『台湾日日新報』→『台湾日日』、『東京朝日新聞』→『東京朝日』、『東京日日新聞』→『東京日日』、『東京二六新聞』→『二六』、『中央新聞』→『中央』、『中外商業新報』→『中外商業』、『新潟東北日報』→『東北日報』、『福岡日日新聞』→『福岡日日』、『報知新聞』→『報知』、『都新聞』→『都』、『やまと新聞』→『やまと』、『横浜貿易新報』（この紙名となったのは明治三九年一二月三日からだが、便宜上それ以前もこの表記とする）→『横浜貿易』、『読売新聞』→『読売』、THE JAPAN WEEKLY MAIL→J. W. M., THE JAPAN GAZETTE→J. G.

なおJ. W. M. の競馬開催の記事の年月日に関して、二週以上連続する場合、たとえば一九〇六年春季開催が五月一二日、一九号に掲載されたものは、'Spring Meeting of the Nippon Race Club,' J. W. M., May 12, 19, 1906. と表記する。

四、図版、表等の典拠である新聞、雑誌等の発行日付等は、算用数字を使用し、たとえば明治三九年九月二六日→明39・9・26と表記する。

五、帝国議会の本会議、委員会の議事録について

帝国議会の本会議、各委員会すべての会議録は、「帝国議会会議録検索システム」〈http://teikokugikai-i.ndl.go.jp/〉を利用した。この本会議、委員会の会議録を典拠、あるいは引用した場合は、議院・委員会名、開会年月日、で示し、個別のURL名を略す。たとえば、明治四二年三月二二日に開催された第二五回帝国議会貴族院競馬法案特別委員会第一回に関しては、「第二五回帝国議会貴族院競馬法案特別委員会議事速記録第一号」明治四二年三月二二日と表記する。ただし日付も委員会も発言者も自明の場合は、原則として註は略す。

六、国立公文書館デジタルアーカイブ〈https://www.digital.archives.go.jp/〉所蔵の資料に関しては、作成年月日、ファイル名、国立公文書館デジタルアーカイブと表記し、個別のURL名を略す。たとえば、明治三九年九月一三日付で京浜競馬倶楽部が馬政局から社団法人として認可を受けた文書に関しては、明治三九年九月一三日付「京浜競馬倶楽部を法人と為すの願出を許可す」国立公文書館デジタルアーカイブ、と表記する。

七、掲載した地図は、すべて時系列地形図閲覧サイト「今昔マップ on the web」(©谷　謙二)〈http://ktgis.net/kjmapw〉を利用した。掲載にあたっては、「今昔マップ on the web」より、と表記する。

八、競馬会等の名称について

以下の競馬会等に関しては、その競馬場所在地にちなんで、適宜、日本レース倶楽部→根岸、東京競馬会→池上、京浜競馬倶楽部→川崎、日本競馬会→目黒、総武競馬会→松戸、東京ジョッケー倶楽部→板橋、と略称する。その他の競馬会と競馬場は、北海道競馬会(札幌競馬場)、函館競馬会(柏野競馬場)、京都競馬会(島原競馬場)、関西競馬倶楽部(関西競馬場)、鳴尾速歩競馬会(鳴尾競馬場)、越佐競馬会(関屋競馬場)、東洋競馬会(戸畑競馬場)、宮崎競馬会(宮崎競馬場)。なお日本レース倶楽部は、社団法人として認可された明治三九年一月以前は、ニッポン・レース・クラブと表記するのが適切だが、本書では、別のクラブであるとの誤解を避けるために、その時

期も含めて日本レース倶楽部と表記する。

九、レース条件、斤量、配当金額等について

各レース条件は、原則、開催日レース番号、レース名、出走馬の条件、距離、斤量規定、一着~三着の賞金、頭数、たとえば、二日目第二レース、ヨコハマ・ダービー、豪州産馬、一マイル二分一、斤量登録時三勝以下馬齢、四勝以上一勝毎に三ポンド増量、ただし一五ポンドを超えない、一着七〇〇円、二着二〇〇円、三着一〇〇円、五頭立、と表記する。

斤量は、根岸はポンド、それ以外は斤で表記する、一ポンド＝一斤≒〇・四五四kgで換算して、たとえば一三八斤（約六二・七㌔）と表記する。

配当金額は、パリミチュエル方式の一着馬を当てる単勝式馬券、通称アナの一枚五円に対する額。なおパリミチュエル方式とは、馬券の発売枚数に応じてオッズ（倍率）が決まる方式。着外は、当時の賞金が原則、三着までだったので、四着以下をさす。なお賞金が三着まで出されるのは出走頭数六頭以上の場合、三頭以下は一着のみ、四~五頭で二着までだった。馬の年齢は、満年齢。

一〇、日本レース倶楽部の中国産馬のレースに関しては、紹介を省いた。第五巻で紹介する予定である。

# 馬券黙許時代 I

## 愛馬心の涵養、馬匹改良の捷径は競馬にあり

競馬の社会史 2

# 1　東京競馬会の設立

## 1　東京競馬会披露会

明治三九（一九〇六）年五月一六日、東京競馬会の披露会と懇親会（以下、「披露会」と記す）が、華族会館（旧鹿鳴館）で開かれた(1)。東京競馬会は、前年から陸軍、農商務、宮内の各省の積極的な支援を受けて設立の準備に入り、四月一二日、馬券発売を黙許される社団法人としての認可を農商務大臣宛に申請、同二四日付で認可されていた(2)。

図1　東京競馬会の法人認可

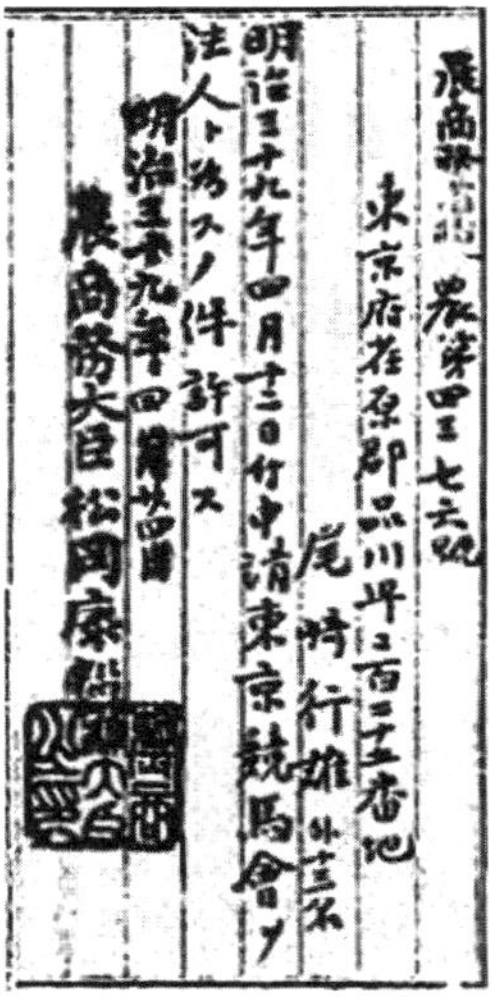

農商務省指令　農第四三七六號
東京府荏原郡品川町二百二十五番地
尾崎行雄　外三名
明治三十九年四月十二日付申請東京競馬會ノ
法人ト為スノ件許可ス
明治三十九年四月廿四日
農商務大臣　松岡康毅

（『東京競馬会及東京競馬倶楽部史』第一巻）

その法人登記は五月一四日付だった(3)。

東京競馬会は、これより先の前年一二月下旬、「競馬賭事に関する農商務、陸軍、内務、司法四大臣合議書」という馬券黙許を政治的に保証したいわばお墨付きを桂太郎内閣から獲得していた（本章第3節）。幕末以来、治外法権下で馬券発売の歴史を積み重ねていた横浜の日本レース倶楽部に対して、政府は、明治三二年七月の条約改正に伴う治外法権撤廃以降も、馬券発売を認める政治決断を下したが（第３章第1節）、それに準じるということだった。賭博は、明治期、一貫として国禁であったが、馬券はその例外になろうとしていた。ちなみに華族会館は旧鹿鳴館であったから、その時代の競馬の消滅と鹿鳴館の舞踏会場としての機能停止が関連したことを考えれば(4)、因縁めいていた。

劣悪な馬匹が、日清戦争、北清事変、そして何よりも日露戦争の遂行上に大きな支障を来したという状況を踏まえて、軍備の高度化の喫緊の課題として馬匹改良を推進する馬政一八年計画が、総理大臣直轄の馬政局を設置してこの明治三九年六月から開始されるが（第２章）、その馬匹改良の基軸として馬券発売を伴う競馬の開催が不可欠ということだった。そしてそういった馬券発売、競馬開催のモデルとしての存在が東京競馬会だった。この一六日の東京競馬会の披露会は、馬券発売を行う競馬会の誕生という新たな競馬の時代のはじまりを告げるものであった。新聞記者を招待、陸軍省軍馬補充本部長大蔵平三陸軍中将、陸軍省騎兵課長増田熊六騎兵少佐、農商務省技官広沢弁二、日本レース倶楽部理事長V・ブラッドが主賓として参会、演説を行った。

大蔵は、岡山出身、兵学寮時代の教育をうけた騎兵科将校で、大佐時代の明治二五年陸軍省馬政課長と軍馬補充部本部長を兼務して以降、本部長在職一五年余という軍馬行政の第一人者であった(5)。日露戦後の馬政のあり方を審議した臨時馬制調査委員会の八名の委員の一人として中心的役割を果たしていた（第２章第３節）。明治三一年三月少将、明治三七年一〇月中将に進級した。

増田は、日露戦争中、軍馬の不足に対応するためにオーストラリアに派遣され、「豪州産特別馬」九九三六頭を購入した人物(6)。なお騎兵課は馬政関係事項を管掌した。増田は、この直後の六月一日に設置された馬政局の馬政課長に就任する。増田はイタリアとフランスの遊学体験を持ち、陸軍を退官後、事業に成功しながらも、のちに破綻、それでもかなりの資産を有してその後も「奔放な生活」を続けたという(7)。増田の次女の子である加藤周一は、増田の想い出を敬愛の念をもってその著『羊の歌――わが回想』（岩波新書、一九六八年）に記している。

広沢は、青森初の洋式牧場、軽種馬生産のパイオニアでもある広沢牧場の二代目（初代広沢安任）、明治一八年駒場農学校（現・東大農学部）獣医学科卒業後、その経営にあたり、明治三一年農商務省に高等官として入省、牧場課課長などを歴任、同省の一般馬政部門の中心的存在として活躍、広沢も臨時馬制調査委員会の八名の委員の一人であった(8)。

日本レース倶楽部は、英国公使（明治三八年から大使）が会頭を務め、横浜・根岸競馬場で幕末以来の歴史のうえに立つ倶楽部であったが、ブラッド（パーソン&ブラッド商会）は、明治二八年以来理事を務め、明治三八年理事長に就任していた(9)。

この時点での東京競馬会の会員は一八〇余名、資金も予定創業費一〇万円を上回る一二万円が集まっていた(10)。また同会は、この披露会の直前に、内閣員、元老、衆参両院議長、陸海軍の将官、外国大使・公使などに対して、名誉員就任の承諾を得ることに着手(11)、第一回の開催を迎えた一一月下旬の段階で、その名誉員には、つぎのような人物が名を連ねた(12)。

伊藤博文（元老）、井上馨（元老）、伊東祐亨（海軍元帥）、井上良薫（海軍大将）、林薫（外務大臣）、アルゼンチン代理公使バルメドロー・ガルシヤ・サカシツウンム、長谷川好道（陸軍大将）、原敬（内務大臣）、西寛二郎（陸軍大将）、堀田正養（貴族院議員）、東郷平八郎（海軍大将）、ドイツ大使ドクトル・ムム・フォン・シュワルツエンスタイン、ポルトガル特命全権公使ド・センダル、スイス公使ドクトル・バウルリツテル、千家尊福（東京府知事）、大山巌（元帥陸軍大将）、大隈重信（元総理、憲政本党党首）、奥保鞏（陸軍元帥）、小川又次（陸軍大将）、大島久直（陸軍大将）、大島義昌（陸軍大将）、大迫尚敏（陸軍大将）、大蔵平三（陸軍中将、軍馬補充部部長）、フランス公使オーギュスト・ジェラール、尾崎行雄（東京市長、衆議院議員）、和田彦次郎（農商務省次官）、桂太郎（前首相）、樺山資紀（後備役海軍大将）、川村景明（陸軍大将）、田中光顕（宮内大臣）、曾禰荒助（枢密顧問官、馬政長官）、乃木希典

図2　「東京競馬会創立紀念」絵葉書

（立川蔵）

（陸軍大将）、黒木為楨（陸軍大将）、山県有朋（元老）、山県伊三郎（逓信大臣）、松方正義（元老）、牧野伸顕（文部大臣）、松田正久（法務大臣）、松岡康毅（農商務大臣）、英国大使クロード・マクスウェル・マクドナルド、藤波言忠（宮内省主馬頭、馬政局次長）、清国特命全権公使胡惟徳、後藤新平（前台湾民生長官、満鉄総裁）、寺内正毅（陸軍大臣）、ベルギー公使アルベルド・タヌタン、阿部浩（新潟県知事）、西園寺公望（内閣総理大臣）、佐久間左馬太（陸軍大将、台湾総督）、齋藤実（海軍大臣）、鮫島員規（海軍大将）、阪谷芳郎（大蔵大臣）、酒匂常明（前農商務省農務局長、大日本精糖社長）、清浦奎吾（前農商務大臣）、柴山矢八（海軍大将）、杉田定一（衆議院議長）

西園寺内閣員、元老、陸海軍の元帥・大将、英国、アルゼンチン、ドイツ、ポルトガル、スイス、フランス、ベルギー、清国の各国公使、大使などの錚々たる顔ぶれであった。名誉員は、文字通りの名誉員ではあったが、この人物たちは、東京競馬会を国家的事業と見なして名誉員就任に応じたと思われる。また東京競馬会は、皇族を総裁に戴くことをその定款（第四条）に盛り込み(13)、閑院宮別当花房義質宛に第一師団長閑院宮載仁の総裁就任をつぎのように依頼した(14)。

本会は馬匹改良の萬分を裨補し聊国家に貢献する処あらん事を庶幾し、乃ち本年四月社団法人として設立の許可を受け、爾来別冊記載の通り会務漸く緒に就き候に付ては、甚恐多く候得共上に　殿下を総裁に奉戴し下に産馬の改良に勉め申度、是本会設立の精神に候間何卒願意御聞届被成下候様御執啓の程奉願候也

### 社団法人東京競馬会長　理事　子爵加納久宜

閑院宮は、明治一六（一八八三）年から明治二四年、ソーミュール騎兵学校、フランス陸軍大学校卒業、日清、日露戦争に従軍、明治三四年一一月騎兵第二旅団長、明治三七年一一月陸軍中将、この明治三九年二月第一師団長に就任(15)。この閑院宮の総裁就任に関する情報は、披露会を前にして、各新聞が報じた(16)。だが閑院宮が現役の第一師団長ということもあってか、この総裁就任は実現しなかった。

一六日の披露会当日、まず東京競馬会会長加納久宜が壇上にのぼり、自らが中心となって担ってきた「同会成立の由来」について述べた(17)。加納（一八四八～一九一九）は、元・上総一宮藩主、維新後、文部官僚（岩手師範学校長、新潟学校長）を経て司法官僚（大審院検事、東京控訴院検事）、明治二三年貴族院議員、明治二七年から明治三三年までは鹿児島県知事を務めた(18)。帝国議会開設時、子爵層屈指の実力者として研究会の創設などに存在感を示し、また鹿児島県知事としても、西南戦争以降荒廃した鹿児島を立て直したとしてその功績は地元から高く評価され、昭和一七年には、加納知事頌徳碑が鹿児島県政記念館（旧県議事堂）の一角に建てられた。その県知事時代の功績のなかに、馬産振興、馬匹改良への取り組みがあった。日本体育大学の前身である日本体育会の会長も、明治三三年一二月以来、明治三四年春の一時期を除いて務めた。日本体育会は、日高藤吉郎が、国民が強健な体力を維持すること（国民体育振興の振興）を目的に明治二四年設立したものだった(19)。体育会は加納により明治三四年九月社団法人化、明治三七年牛ヶ淵から大井に移転。加納は、明治三七年、この体育会の事業として、馬券発売を計画した（後述）。そして加納は、文書保存、活用の重要性を早くから認識していたアーカイヴズの先覚者でもあったが(20)、この加納の姿勢があったことで、東京競馬会及びその後継組織である東京競馬倶楽部関連の資料（『東京競馬会及東京競馬倶楽

図3　加納久宜

（『明治大正馬政功労十一氏事績』）

部史』第一巻、第二巻、第三巻）が残されることになった。このように政治及び行政的手腕を持合せていた加納は、その力を東京競馬会設立にも活かした。

ついで増田騎兵少佐の演説だった(21)。増田は、ヨーロッパと日本の馬事文化の比較を行いながら、日本の場合、頭数は一五〇万頭と充分であるが、「種質が良好でな」く、「軍事上に差支えがある。其種質を善くする為に競馬会の設立を必要とする主意」であるとして、競馬が馬事の発達に対して果たす主な利益として、「国民の愛馬志想を高むる事、国民の乗御術程度を高むる事、国民の元気を旺盛にする事、馬匹の需用を促進する事」の四つをあげた。そして、増田、というより陸軍が馬匹改良の最重要のポイントとみなしている愛馬心の涵養と競馬に関して、つぎのように述べた(22)。

……凡そ家畜の中でも、馬のように人に従順なるものは少ない。之を人生諸般の役務に使役するに、彼等は孜々として是に勉め、斃るるまでも能く其使役に応ずるのであります。人類が今まで馬匹に課した役務は、一として馬は愉快を感じなかったにも拘らず、馬匹が人間に与えた功労、将た忠実なる幾多の実例を握って居る次第であります。馬の此愛すべき性質を、最も早く人に呑み込ませる事の出来る捷径は何であるかと云えば、実に競馬より外にはない。何となれば、競馬に従事するものの方面から之を見れば、競争に勝たせ度いと思う結果は、馬を大切に取扱う其結果はどうかと云うと、益々馬は其天性の柔順を現わすようになって来る。又見物する人の方面から之を見るに、元来馬匹は、喰付くもの蹴るものと思って居るのは、畢竟馬に接するの機会が至って少ないので、斯う云う誤解を来して居るのでありますから、其誤解を解くには競馬に若くものはないのである。初めは競馬場に行きますると、単に勝負けを見て居る。何の趣味も感じなかったが、二三度見物して居る内には、馬の愛すべき性質も自然了解せられる。軈て夫が動機となって愛馬心が起るのであります。既に愛馬心が起りましたならば、馬事の発展を見るは明らかであろうと思う……

馬券が愛馬心を涵養する、そうなれば馬匹改良、馬事の発展をみる、いいかえれば馬券は馬への愛を育み、競馬場は馬匹改良につながる場であるということだった。これはこの時代の競馬に関する言語であった。増田は、これに続いて、近代国家の国民的娯楽として、「世界の檜舞台に上り込んだ」国家の体面上からも、競馬会、競馬場が必要だとして、つぎのようにその演説を締めた(23)。

……欧米に於きましては、競馬会は国民的娯楽の最大なるものとせられて居りまして、各国ともに、皇族貴族を始め文武高等官紳士実業家等皆会員となって居る。そうして欧米人は妙な習慣である、公園、墓地、競馬場等に依って、自分の国の富豪なる事を誇ると云う習慣を有つて居るのであります。随って他国を見る時にも、是に依って其国の程度を判断しようとする者も少なくないのであります。右ようの次第でありまして、昔日は兎に角、今日は世界の桧舞台に上り込んだ日本帝都の付近に、競馬場の設けが一つもないと云うのは、国家の対面上から見ても、私は如何かと思うのであります。競馬は馬匹改良を促進する最捷径である。旁々でありますから、世間指導の羅針盤たる所の諸君の御賛同を求めたいと思うので、軍事上から申上げました。どうか御賛同を願い度いのでございます。久しく清聴を煩わしました。

だが競馬は、この時代、鹿鳴館時代とは異なり、ここで増田が述べている「国家の体面上」、いいかえれば日本が文明国家としての存在をアピールするものではなくなっていたことが、実際に開催が行われていくとともに明らかになっていく。増田の演説は非常に長いものであったが、結局増田が訴えたかったポイントは、軍事上に不可欠な馬匹改良には、競馬を奨励して愛馬心の涵養するのが「最捷径」であるということだった。「軍事上から申し上げました」という、その締めの言葉に明らかにされていたように、増田、というより陸軍にとって、競馬はあくまでも軍事の問

図4　大蔵平三

（『明治大正馬政功労十一氏事績』）

題であった。

そして陸軍の軍馬行政の中心大蔵平三中将だった。増田ほどではなかったが、大蔵の演説も長いものであった(24)。要約すれば、馬匹が軍備の高度化のために不可欠であるが、日露戦争でも明らかになったように、日本の馬匹は劣悪でその任に堪えない、したがって改良が急務であること、そしてその馬匹改良の決め手が国民の馬事思想・愛馬心の涵養にあり、さらにはその涵養のためにも馬匹改良の基幹としても競馬会による開催が求められている、ということであった。かねてから大蔵は、「馬匹の改良を奨励する唯一の捷径は競馬に若くものなし」(25)と訴え、そして、「競馬会の盛衰を左右するものは則ち博戯なり、博戯なければ則ち競馬会なしと云うも敢えて誇大の言にあらざるなり」(26)という馬券推進論者であった。演説のポイントはほぼ増田と同じであったが、大蔵は、増田がふれなかった競馬が与える影響として、馬匹の需用の増大が価格の上昇をもたらし、馬産の意欲を刺激して、馬匹改良が進んでいくというサイクルを強調した。馬匹改良を推進するためには馬産者に経済的な利益を与えなければならない、これもかねてからの大蔵の持論であった。そして大蔵は、つぎのような言葉でその演説を締めくくった。

> どうか賛成して下さい。国家問題です。一個人の会社じゃない、夫が故に私も国の為と思いますから、一生懸命に御助力申して、奔走周旋して居る次第でございますから、どうか御賛成を願い度うございます。長くお邪魔しました。

大蔵の演説を報じたある新聞の表現を借りれば、大蔵は「活きた兵器として国家事業上競馬会の必要を絶叫」した(27)。日露戦争を踏まえ、大蔵らの危機感は切実であった。この増田と大蔵の二人の姿勢は、陸軍のものでもあったが、そのことが示された端的な事例が、東京競馬会の開催で将校のレースを、それも馬券を発売して行ったことだった（第3章第2節）。

そしてこの陸軍の二人のあとの演者は農商務省の広沢弁二だった。広沢は、「此競馬と云うものは有力な機関であって、之を欠いて居る日本である以上は、之に力を竭し、国防に努める計画が必要である」と述べ、また馬匹の需要供給の奨励に関しても、大蔵中将の弁を受けた形で、「どうも競馬と云うものの機関を欠いて居りましては、どうしても馬の改良の標準が立たぬと云う位に考えて居るのであります」と締めくくった(28)。広沢は、農商務省の馬事行政の現場の中心的存在、農商務省と陸軍の利害は必ずしも一致していなかったが(29)、ここでは、陸軍側の姿勢に全面的に同意を示した。

この三人のあとで取りを務めたのが日本レース倶楽部理事長V・ブラット、通訳は広沢だった(30)。ブラットは、同倶楽部の歴史と日本の馬匹改良に貢献してきたことを簡潔に説明、今後、日本レース倶楽部は、東京競馬会に「就ては及ばずながら、我々どもは力を致そうと思います」、と述べた。東京競馬会への全面的協力の表明だった。

そしてこの日は欠席していたが、宮内省主馬頭藤波言忠らも東京競馬会の設立に積極的に関与していた（後述）。それに日露戦後の馬政計画の基本を描いたのは藤波と新山荘輔を中心とする宮内省のグループであった（第3章第1節）。

図5　広沢弁二

（『明治大正馬政功労十一氏事績』）

この披露会の少し前、ある新聞は、東京競馬会の設立を、コラムでつぎのように歓迎した(31)。これはもちろん同紙に限ったものではなかった。

> 東京に競馬会を創立すべしとの議、次第に物になるよう也、其旨意を馬匹の奨励にありというも、之を一面来遊外人招致の上に参すれば、至極の好挙なるべしと信ず、一日も早く事を運びて、横浜の根岸以上東洋

最大の競馬会たらしむべし、東京にも嘗ては競馬会ありたり、不忍廃頽し戸山の馬場もすたりて漸く全滅に帰し、独り根岸をして其名を擅にせしめたるもの、今にして復活すとは何よりの珍也、余輩は近来稀有の好旨として此企を歓迎す。

不忍というのは明治一七年から明治二五年まで上野不忍池の周囲に設置された競馬場で共同競馬会社が開催していたことをさしている(32)。同社の役員には小松宮彰仁、伊藤博文、西郷従道、岩崎弥之助、三井八郎右衛門などが名を連ね、会員数は皇族、華族、政府高官、実業家など内外の六〇〇余名に及んでいた。戸山の馬場というのは、不忍池に移転するまで共同競馬会社が明治一二年以降開催を行っていた戸山競馬場（南豊島郡西大久保村）のことだった。この披露会の後の二〇日からは、不忍池にコースを設置して関八州競馬会が、馬券を発売しての開催を行う（本章第4節）。法的には非合法だったが、事実上、黙許されたなかでの開催であった。東京で発行されていたほぼ全部の新聞は、まったくの誤りであったが、戦後の馬政の一環としての東京競馬会と性格を同じくするものと認識、この関八州競馬会の開催を歓迎した。時代は競馬を必要としているというムードが、当時、驚くほど広がっていたことを明らかにするものであった。

## 2　競馬会奨励をめぐる歩み

日清戦争で劣悪な馬匹が戦争遂行上で深刻な事態をもたらしたことを受けて、明治二八（一八九五）年一〇月一〇日、農商務省の主管のもとに、農商務省からは二名、陸軍からは陸相が人選した五名、学識経験者として農科大学教授一名・助教授一名、宮内省から一名、馬産地の各県から地方長官の推薦を受けた一三名、計二三名を委員として、「本邦将来に於ける馬制整理馬匹改良に関する方針を講究」し、戦後の馬政方針をたてることを目的とする馬匹調査会が開催された(33)。

その第一回馬匹調査会の諮詢案第六が産馬奨励だったが、当初、そのなかには競馬会関連は含まれていなかった。審議四日目の一〇月一五日、勝島仙之介（農科大学教授）が、農商務省側に競馬会が奨励事項にあげられていないことを質したのに対し、三浦清吉（農商務省技師）はつぎのように答えた(34)。

競馬に付て賞金を与えて馬を奨励することは最も外国に行われて居りまして、日本に於きましても以前は実行して居りましたが、競馬のことに付ては種々事情がござりまして奨励金をやることは止めになったのでござります故に此中には入れて居りませぬ、是れは本論に至って十分に其特質を論じて戴きたい。

三浦は、明治一三年駒場農学校獣医学本科卒業、下総種畜場勤務、明治二九年六月奥羽種馬牧場長心得、一二月牧場長、明治三二年フランスベルギー、オーストリア、ハンガリーへ種馬購買、明治三七年種馬購買のためオーストラリア、アメリカへ差遣、明治三九年六月馬政局馬政官、明治四一年三月種馬購買のため欧州各国へ差遣、明治四二年一月フランス政府より「オフィシェ・ド・ロルトル・ド・ラ・レジンドノール勲章」受領、大正五年福島県種畜場長に就任する(35)。ここで三浦がふれているように、明治一八年を除き、共同競馬会社（戸山競馬場・明治一二年から明治一七年春季まで、上野不忍競馬場・明治一七年秋季から）、また興農競馬会社（三田競馬場、明治一三年設立、明治一九年解散）、そして横浜の日本レース倶楽部（根岸競馬場）に対し、農商務省（明治一四年設置、それまでは内務省）、陸軍省、そして宮内省も賞金、賞品等を下付していたが、明治二二年で廃止されていた(36)。廃止の要因を、三浦は種々の事情と述べているが、明治二〇年代、欧化主義的風潮が強い批判にさらされていくなかで、競馬もその非難の対象となったことが主なものであった。

これより先の明治二六年、農商務省と陸軍省は、馬政の方針の策定に向けて協議を行ったが、そのなかには、つぎのような馬券の「利弊」も含まれていた(37)。なお馬匹調査会は、この両省の協議の延長線上に設置されたものだった。

……蓋し英国に於ける馬匹の今日あるを致したるは競馬の効與って大に力ありとす。故に本邦亦明治一二年より二二年に至るまで一八年を除き毎年金員若しくは物品を下付して之を奨励せりと雖も、競馬の如きは馬匹の改良を計ると同時に賭博の一具となすの弊なきにあらざるを以て其の利弊を査覈するは勿論、其の他の奨励手段に至ても亦宜しく之が実施の方法を講究せざるべからず。以上

これを受けて、産馬奨励の方法として、競馬会社の保護はつぎのような結論となった(38)。なお当時の会社はクラブの意もあった(39)。

競馬会社の保護は適当なりと雖も時機の熟するを待て実施せんとす

競馬会社の「保護」は、適当ではあるけれども、賭博の一具となる弊があるので、実施の方法を講究するとともに、時機の熟するのを待って実施するのが適当ということであった。このように、明治二六年の陸軍、農商務両省の協議では、馬券の是非も視野に入れての検討が行われ、その結果は、第一回馬匹調査会に調査要領として参考にふされてはいたが(40)、その諮詢には競馬会の奨励は含まれていなかった(41)。これを受けての勝島の質問だった。そして各諮詢案の答申をまとめるために設置された特別委員会の検討の過程で、産馬奨励の一項として、「農商務大臣は馬匹改良上有益と認めたる競馬会に褒賞金を下付することある可し」、を盛り込むことになった(42)。なお特別委員は、清棲家教（子爵、貴族院議員）、佐藤昌蔵（岩手第三区選出衆議院議員）、工藤轍郎（青森馬産界の重鎮）、新山荘輔（宮内省主馬寮技師、新冠・下総両御料牧場長）、今泉六郎（陸軍一等獣医）、西端学（陸軍騎兵大尉）、村上要信（北海道技師）、伊

地知峻（鹿児島、実業家）、勝島仙之助（農科大学教授）の九名、委員長は清棲だった(43)。この競馬会奨励の件は、一〇月二二日の調査会に諮られたが、何の質疑もなく、そのまま了承された(44)。この第一回、第二回馬匹調査会の影響で馬匹改良の機運が高まったのを受けてのものだったと思われるが、翌明治二九年、閑院宮載仁を社長に迎えて、共同競馬会社再興、不忍池競馬場での開催という話も出ていたようだが、実際の動きとはならなかった(45)。

そして、明治三〇年六月二八日から七月六日の期間開催された第三回馬匹調査会で、競馬会の奨励についての本格的な検討が行われた。とはいえ、今回も、当初の産馬奨励の諮詢案には、競馬会関連は含まれていなかった。産馬奨励として諮詢されたのは、以下の畜産奨励法、牛馬の去勢とともに、牛馬の畜産共進会、品評会を対象に毎年三ヶ所、五〇〇以内の褒賞金を下付するという内容のものだった(46)。

畜産奨励法案

第一条　畜産の改良を催進し牛馬の去勢を奨励する為国庫は此の法律の規程に依り奨励金を下付す

第二条　府県税又は地方税を以て一庁府県以上連合し畜産共進会又は品評会を開設するときは毎年三箇所に限り一箇所五百円以内の予定額を以て其褒賞金を下付す

第三条　地方の状況に依り府県税又は地方税若しくは其補助を以て数県連合し畜産共進会又は品評会を開設する場合と雖も農商務大臣に於て特に必要と認むるときは前条に準ぜしむることあるべし

第四条　牛馬の去勢を行うものには明治三二年四月一日より十箇年間牛馬各一頭に付奨励金二円を下付す去勢すべき牛馬の年齢は牛当歳馬三歳に限る

第五条　此の法律施行に必要なる規則は命令を以て之を定む

この法案に関する特別委員会は、畜産ではなく馬匹の奨励が必要として、原案を差し替えて、以下の産馬奨励法を内容は不詳。

県産馬組合取締所会長)、村上要信、勝島仙之助、大澤紋一郎(長野)の七名。その議事録が残されておらず、審議の

「決議答案」した(47)。なお特別委員は工藤轍郎、小畑岩次郎(福井第四区衆議院議員)、今泉六郎、増子市三郎(福島

第二　産馬奨励法

第一条　馬匹の改良を催進するが為め国庫は此の法律の規程に依り奨励金を下付す

第二条　府県税又は地方税を以て一庁府県以上連合し馬匹共進会又は博覧会を開設するときは毎年金五千円以内の予定額を以て其褒賞金を下付す

但一庁府県内と雖も数県連合し馬匹共進会又は品評会を開設するときは農商務大臣に於て特に必要と認むるものに限り前条に準ぜしむることあるべし

第三条　農商務大臣に於て馬匹改良上特に有益なりと認めたる競馬会には毎年二ヶ所以内を限り三千円以内の奨励金を下付することあるべし

第四条　農商務大臣は優等の種馬又は成績現著なる蕃殖用馬匹には一頭に付五〇円以内の賞金を下付することあるべし

このように、特別委員会は、第一回の諮詢を踏襲し、競馬会は馬匹改良に必要として、第三条に競馬会への奨励金の下付を盛り込んだ。会議三日目の七月一日、この「答案」を受けての審議が行われた、開始は午前一〇時一〇分(48)。勝島仙之助が、産馬奨励法第三条の「答案」の意図をつぎのように説明した(49)。

……第三条は素と御諮詢案には全くございませぬので競馬会を保護すると云う精神でございます、馬匹の改良に

付て共進会、品評会を保護することも必要でございますが、其必要の一歩も譲りませぬものは競馬会でございます、併しながら競馬会にも色々種類がございまして東京に於て素と成立って居る所の彼の不忍の競馬、其他札幌なり函館なり色々ございますが、又地方にも随分競馬会がございまして御祭競馬と云うような数を挙げて数ふべからざるものに対して一々保護金を与ふることは際限ないことであるから到底出来ない、それで大競馬と云うものは差向き全国に一つ位あれば宜かろう、他日発達の後にもう二ヶ所位出来れば沢山であるから、其規模、組織の大きいものに従って保護を与えれば吾々の目的を達することが出来る、それで三千円以内の金額を二ヶ所以内に褒賞ありたいと云う趣意で加えました……

このように勝島ら委員が、補助金の対象として考えていたのは、各地で行われている「御祭競馬」ではなく、其規模、組織の大きい全国の中心となる一大競馬会、その所在地は東京だった。全国各地から良馬、活躍馬を集め、能力検定を行い、種牡馬を選定、馬匹改良に資していく、その競馬会に補助金を下付するといった構想だった。なお二ヶ所というのは、将来的に「奥羽などの馬産地」にもう一つその対象とするということだった(50)。したがって現実には、この時点で、奨励金の下付の対象となる競馬会は、存在していなかった。だが、その先行事例として、念頭におかれていたのが、上野・不忍池競馬場で開催を行っていた共同競馬会社だった(51)。

同社には、社長に小松宮彰仁、副社長に毛利元徳（元長州藩主）と鍋島直大（宮内省式部長官）、幹事には伊藤博文（宮内卿）以下、西郷従道（農商務卿）、川村純義（海軍卿）、松方正義（大蔵卿）、井田譲（元老院議官）、楠本正隆（元老院議官）、大河内正質（宮内省御用掛、元上総・大多喜藩主）、岩崎弥之助（三菱副社長）、佐野延勝（騎兵大佐）、藤波言忠（侍従）、会計長に三井八郎右衛門（三井銀行）といった錚々たる顔ぶれが名を連ねていた。馬見所（スタンド）は、五万円という巨費を投じて建設され、偉容を誇っていた。明治一七年一一月に第一回開催を行い、政府高官、外国公使などの外交官、「貴婦人」が集い、行幸も行われた。共同競馬会社は、この時期でも馬匹改良は重要な国家的課題であるとの認識が存在していたことを反映して、設立目的として馬匹改良を謳ったが、それは、馬匹改良を実現するためには、競馬での馬匹の能力検定、選別が不可欠であるということを意味するものだった。そしてこれとともに条約改正に向けて、社交としての競馬を現出させて文明国をアピールしていくという役割も担っていた。春秋二回の開催には、北海道を始め、各地の活躍馬も参戦、また社交の競馬としての象徴である婦人財嚢競走も実施された。この婦人財嚢競走は、貴婦人たちによる寄付金を争うレース、レース当日には皇族、華族、政府高官などの夫人たちが競馬場に集い、表彰式では勝利騎手に、祝辞とともに財嚢を授与するセレモニーなどを行い、「天晴れ文明国の貴婦人」の役割を演じた。だがこの共同競馬会社の開催は、明治二五年一一月秋季開催が最後となり、馬見所も明治二八年三月には撤去されていた。だがこの日の発言をみると、現在も開催が続いていると考えている委員もいて(52)、その廃止は広くは行きわたっていなかったようである。

そして勝島が言及した札幌では、札幌共同競馬会（明治一五年設立、その前身は明治一一年設立）が、明治二〇年中島遊園地（現・札幌市中央区中島公園）に競馬場を設置して開催を続けていた(53)。だがこの頃、日清戦争の馬匹徴発の影響で「俄然不振の状況に陥」っていた。また函館では、函館共同競馬会（明治二三年設立、その前身は明治一六年設立）が海岸町（現・函館市海岸町）の競馬場で開催を続け、明治二九年、競馬場は柏野（現・函館市駒場町、函館競馬場存在地）に移転する(54)。札幌と異なり、この頃、函館共同競馬会の運営は充実したものとなっていた。

その他、この時点で横浜には、幕末に起源をもつ日本レース倶楽部が存在していた(55)。明治二一年秋季開催以来、倶楽部も馬券発売を行い、財源的に豊かになり隆盛に向っていた。だが勝島らは、同倶楽部を対象として考えていなかった。発言から推測すると、横浜在住の西洋人による競馬会であり、馬匹改良とは程遠い馬券目的、賭博中心の競馬と考えていたようである(56)。だが同倶楽部内には、競馬の目的に関しては対立もあったが、明治二〇年代以降、日本の馬匹改良に資するというグループが力を増しつつあった。とはいえ、アラブ、トロッターなど西洋種の種牡馬と在来牝馬を交配した雑種馬を在来馬と偽るという偽籍の問題、また豪州産牝馬の導入も本格的なものになっておらず、馬匹改良とは無関係の騸馬の中国産馬のポニーのレースが半数近くを占めていた。あとは北海道などから購入された雑種馬のレースであったが、委員たちは、在来馬の改良にも資することになっていたこの雑種馬のレースの存在を知らなかったようである。ちなみに広沢弁二も、中国産馬のレースが主に行われていると考えていた(57)。

まず委員会案に異議を唱えたのは、騎兵大尉西端学であった(58)。西端は、委員会と自分の考えとはまったく違う、競馬会への奨励金下付は反対だと述べたうえで、「抑も競馬会で馬が早く馳るとか遅く馳ると云うことは、少しも馬匹の改良に影響を及ぼすものでは」ない、そのうえ、「日本の競馬会は、あれは賭博であって実に馬匹改良上に何の利益をも与えない無益な競馬であります」と断定、生産者と関係ない需要者(馬主を意味している)に補助金を与えても馬匹改良に役に立たない、馬産と結び付いている「御祭競馬の方が効能がある」、と主張した。ここで西端が、「日本の競馬会」といっているのは、横浜の日本レース倶楽部のことだった。このように委員会案に強く反発したが、西端は、「馬匹の育成及び改良上に関し嘗て欧羅巴に官遊」した経験があり(59)、ヨーロッパの競馬に関する知見を持っていた。つぎの発言からもそのことが明らかだった(60)。

……元来馬匹の改良に影響を及ぼす競馬と云うものは、競馬会で馬の体力の試験をするからである、是れだけの体格を備えて是れ丈けの速力である、是れならば如何なる乗馬を作るにも適当の種であると云うことを試験して初めて競馬の利益を見るのであります、政府に於ては競馬の賞を沢山得たるものを種馬に買入れて、夫れを種馬として馬産改良の上に影響を及ぼしてこそ始めて競馬が有益になるのであります……

これに鑑みると、西端の強い反対は、委員会案への誤解、あるいは委員たちへの反発の産物だった可能性が高い。この西端に対して、委員の一人であった今泉六郎(陸軍一等獣医)が、「必ず競馬に拠らなければ馬の改良を永続することは出来ませぬ」という委員会案支持の長い論陣を張った(61)。今泉は、会津出身、明治八年陸軍兵学寮に入り、獣医学を学び、明治一二年卒業以降、獣医としてのキャリアを積み、明治二三〜二六年に獣医学研究を目的にベルリン高等獣医学校に留学、グラゲッズ、トラケーネン、ベーベルベックの牧畜をはじめとして、ドイツ各地の種馬所、軍馬補充牧、その他の民間牧場を視察して、馬匹改良や幼馬育成についても学んで帰国した(62)。陸軍内での獣医学、教育の確立、また獣医の地位向上に力を注ぎ、明治二九年陸軍獣医官（少佐）、明治三六年陸軍獣医学校長、明治三八年陸軍一等獣医正（大佐）、明治四三年退役した。

今泉は、冒頭、「競馬の事に付ては吾邦の人はまだ考えが幼稚であると思います」、と勝島や西端の発言を牽制したうえで、イギリスの競馬の歴史、ヨーロッパの競馬の現状に言及、能力検定、種牡馬選定、価格の上昇など、「競馬の行わるる為めに今日西洋ではどの位馬匹蕃殖の上に付て間接に奨励となって居るか分りませぬ」と論じ、さらにそれに加えて視察に訪れたドイツの競走馬生産牧場で、多大の投資をしてそれを上回る利益を得ているという説明を受けて、「私は此の話を聴きまして産馬を奨励する為めに非常なる大金を擲て其の利益に追われぬのみか、多くの利益を得た上に尚ほ之に依て馬の改良を計ることの出来るのは、競馬が盛んに行わるるからであろうと感動致しました」とまで述べた。また今泉は、賭博（馬券）に関して、「賭博（馬券）」の弊害があったにしても、「此弊害は措て問わない、又大変な弊害があるならば国法、警察があって取締をつける筈である」とも述べ、さらに発言を終えるに際して、「何処までも競馬を奨励しなければならぬと云うことは今日の欧羅巴の事情に付て述べましたような工合にしなければならぬ」と強調した。小泉の考えが、日本でも馬券を発売して競馬を興隆させなければならないというものであることは明らかだった。

この今泉の発言のあと、決議答案の第一条と第二条の審議に移り、原案を可決、そして第三条の審議となった。その冒頭で、佐藤昌蔵が、つぎのように述べた(63)。

（今泉が述べたように）直接に利益がなくても間接には大に産馬社会に便益を与えまするは競馬会に超えまする

ものはないと考えます、先ずは一般産馬社会に競争の念を与え又馬を愛し馬に親しむの念慮も是等に因りまして進みまするので大に此三条も必要のことと考えまする、特別委員の案を賛成致します。

先述したように馬券黙許時代には、愛馬心の涵養こそが馬匹改良の決め手であり、競馬はその涵養に大きな役割を果たす、と繰り返されることになるが、その源流の一つを、この競馬に因って「馬を愛し馬に親しむ念慮」が進むという佐藤の弁に見出すことができる。

また馬産地鹿児島の実業家伊地知峻も、つぎのように馬券の発売が盛んになったほうが「産馬上には宜」いと述べた(64)。

……第一中央の競馬と云うものは色々賭博などのことに就て弊害もあるように御話もございましたが、唯単に賭博と云う方から申しまするとも余程社会に害を及ぼすことも大なるものでございましょう、けれども我々が亦見まするとは、賭博と云う名を下すよりも寧ろ之に付て我の見る所と彼の見る所と違う所から賭をしようと云うことになりますれば、諸君の大変憂えらるる所の点は却て私の眼中から見まするとは、奨励とまでは見ませぬけれども、其辺は盛んになった方が産馬上には宜かろうと云う考えを以て居ります……

なお「弊害もあるように御話」というのは、勝島や西端の説明のこと。「我の見る所と彼の見る所と違う所から賭をしようということになりますれば」、というのは、馬の能力を鑑定して馬券を買うといった意味であろう。後に東京競馬会に馬券を黙許する理由として、「単に馬匹の力量技能その他に関する知識の優劣を争う為め其確保手段」であることがあげられるが、その萌芽の一つをここに見出すことができる。

そして伊地知は、「(委員会の主眼は中央にあるようだが) 地方の実際の産馬業者に非常なる感動を与えまする所の地方の競馬会、それをば一つ宜しく奨励せらるる方を第一に置いて、中央の方を第二に置きたいような次第に考えます」として、二ヶ所以内を六ヶ所以内、三〇〇〇円を五〇〇〇円へと拡大する修正案を提起した(65)。鹿児島では、この時期、加納久宜が知事であり、競馬を通じての馬匹改良、馬産奨励に取り組んでいたが(66)、この伊地知の修正案は、その加納が推進していた競馬を念頭においてのものだったと思われる。ついで南条文五郎（宮城県郡部選出衆議院議員、仙台牛馬組合理事）は、二ヶ所という限定を削除することを提案した(67)。

これらの修正案に今泉は、地方の小さな規模ではなく、地方の活躍馬たちも集ってくる大規模な競馬会、少数と雖も影響の大きい所を奨励の対象としたほうがよい、と反論(68)、また特別委員の村上要信も、平地、障碍、繋駕レースが馬匹改良に果たす役割を説明、ついで福井の実業家で馬産も行っていた衆議院議員小畑岩次郎も、特別委員の一人として、原案は「大きな競馬会を起させたい趣意」であると説明(69)、それぞれ原案の支持を訴えた。

このように特別委員たちが大規模の競馬会を対象に奨励する必要性を強調したのに対して、地方の馬産家である広沢弁二と伊地知峻は、地方の競馬こそが馬産者の生産意欲を刺激し、馬匹改良に資すると異議を唱えた(70)。そして、津野が補助金は三〇〇〇円のままで二ヶ所ということを削除する、伊地知が三〇〇〇円とあるのを五〇〇〇円に引き上げて奨励の対象となる競馬会を九州に一ヶ所、東京に一ヶ所、北海道に一ヶ所、奥羽に一ヶ所にするなどといった修正意見を出し、また広沢が、これに加えて奨励の対象とする競馬会の資格、組織を審議することを求めた。その結果、午前中には審議をまとめることはできなかった。

昼休み中、折り合いがつけられたうえで、午後の開議となった。小畑岩次郎が代表して、「一庁府県又は一府県以上連合し競馬会を開設するときは農商務大臣に於て馬匹改良上特に有益なりと認むるものに限り毎年金三千円以内の予定額を以て奨励金を下付することあるべし」という修正動議を提出、これが可決された(71)。二つという制限を外し、委員会が想定していた東京（中央）と限定せず、地方も含むが、小さな規模の競馬ではなく一庁府県あるいはそれ以上の競馬会を対象とする、ということでの決着だった。この日の審議の目的は競馬会への奨励金の下付であり、馬券の是非についてではなかったので、これ以上の議論は行われなかった。

馬匹調査会は、この第三回で終了し、明治三七年の臨時馬制調査委員会まで、馬政を議論する場が設けられることはなかった。その調査委員会までの競馬奨励の動きに関しては断片的な資料しか残されていないが、明治三一年以降、馬産関係者が、全国畜産大会などの場で競馬奨励策の実施を求める声をあげるようになっていた。たとえば、明治三一年一月の第五回全国実業大会畜産部会では畜産調査会設置及び競馬奨励法制定を政府に建議するの件を決議(72)、ついで明治三二年一一月、第七回全国畜産大会では競馬奨励の件が議題となり(73)、また明治三四年一一月の第九回全国畜産大会でも競馬奨励法制定建議を議題にあげていた(74)。そして明治三五年一一月の第一〇回全国畜産大会では、「競馬は産馬奨励上最も必要なるも我国にては余り盛んならず、殊に我首都たる東京に一の競馬場もなきは甚だ不面目なること、又地方にあれども一般に不振なれば何とか奨励の方法を講ずることとなり」として、以下の四つを政府へ建議することを決した(75)。

(一) 一府県以上に亘る農業及畜産に関する団体に於て開催する競馬には国庫より相当なる補助金を交付する事
(二) 以上同様なる競馬には賭金を許されたき事
(三) 競馬場敷地は免租せられ官有地は無料にて貸下げられたき事
(四) 種馬牧場及種馬所近傍には必ず国立競馬場を設立せられたき事

私の知る限り、馬券発売の公認を求める最も早い事例であった。

さらに陸軍軍馬補充本部長大蔵平三少将は、明治三六年五月、陸軍大臣寺内正毅の命を受け、東京偕行社でプロシャの馬政についての講演を行ったが、そのなかで大蔵は、「競馬会は各種の馬産奨励法中最も有効にして馬産の興廃を左右するものなり、而して又競馬会の盛衰を左右するものは則ち博戯なり博戯なければ則ち競馬会なしと云うも敢

図6　安田伊左衛門（東京競馬会創設当時）

（『競馬と共に歩んだ安田伊左衛門翁伝』）

て誇大の言にあらざるなり」と断言、馬券発売の実現を訴えた(76)。そしてこの講演は単なる講演ではなかった。ここでの大蔵の講演が、「馬匹の改良は陸軍の希望に副う様実施せられたしとて、農商務大臣へ向け其の希望条項を列記し申入れ」た明治三六年八月一九日付陸軍大臣寺内正毅より農商務大臣清浦奎吾宛「馬匹改良上に関し陸軍大臣より農商務大臣へ照会の件」の骨格となり(77)、そして明治三七年四月七日の馬政に関する勅諚につながっていったからである（第2章第1節）。

加納久宜が、日本体育会の付属事業として、馬券発売を伴う競馬開催の認可を政府に求めようと計画しはじめたのは、遅くともこの明治三六年の終わり頃だった（次節）。そして明治三七年四月七日の勅諚を受けて日露戦後の馬政計画を立案するために八月設置された臨時馬制調査委員会では、競馬場裡に馬券を黙許することが合意されることになる（第2章第3節）。

## 3　馬券黙許

### 東京競馬会設立に向けての歩み

東京競馬会設立に向けての動きは、明治三八年に入ると具体化した。臨時馬制調査委員会の委員だった陸軍軍馬補充部本部長大蔵平三中将は、のちに日本競馬界の父と呼ばれる存在になる後備役騎兵中尉安田伊左衛門（一八七二～一九五八）を、明治三八年四月中旬、競馬会設立を担わせるために第三師団（名古屋）から東京の臨時中央馬廠に転任させた(78)。明治三八年一月旅順要塞攻略、三月奉天会戦はかろうじて勝利の様相を呈したが、日露戦争の帰趨はまだ見えていなかったときのことであった。なお臨時中央馬廠は明治三七年四月一六日　馬匹補充機関の中枢として三月一日及二四日発布の臨時中央馬廠編成要領及同細則に依って編成され、大蔵平三がその馬廠長だった(79)。この「人事」が行われることは二月末頃、安田の友人である子爵堀田正亭（のちに東京競馬会常議員）から安田に書簡で知らされたという(80)。馬券発売が黙許される競馬会設立が既定路線となっており、陸軍がその設立を担わせる人材として人選したものだった。同年五月、安田は「政府より馬匹改良のため欧米式競馬会発起の内命を受け、東京競馬会の設立発起に尽瘁する約束の下に召集を解除され」るという特典に浴した(81)。「後備役の一中尉にたいする戦時中の処遇としては例外中の例外ともいうべき措置」であり(82)、東京競馬会の設立が、軍事上の国家的事業の意味合いを帯びていたことを示すものであった。

そしてこの五、六月頃、安田と東京競馬会会長となる加納久宜の二人が「出会う」ことになった(83)。これより前、加納は「陸軍から一人推薦して、発起設立者を出す」と、また安田も「陸軍大臣よりの依嘱として発起者の一人となって、某華族と共に仕事をして貰いたいという話」を聞いていた。その二人が、加納が取締役社長をつとめ、安田も常務であった全国肥料取次所の重役会に出席、その帰途同じ電車に乗り合わせた際、加納が大蔵中将のことを尋ねたことから、二人がそれぞれ、その陸軍からの推薦者、某華族であることを知ったという。

加納は、これより先、遅くとも明治三六年末までには、馬券発売を行う競馬会を設立し、その「法律上の特許を得る」準備に着手していた(84)。加納の明治四三年の回想によれば、軍馬が劣悪だったことで日清戦争、北清事変と作戦遂行上支障を来した状況を前にして、馬匹改良が喫緊の課題であることを悟り、またそれに加えて鹿児島県知事時代の経験から、馬匹改良には馬券を発売して競馬の興隆をはかることが最も効果的であることを認識、それらを踏まえて東京府下での馬券発売を行う定期的な開催に向けて準備を進めたものだったという(85)。加納は当初、自らが会長を務める日本体育会の附属事業としての開催を考え(86)、明治三七年一月には、石井千太郎とつぎのような契約を交わした(87)。

第一条　日本体育会は日本体育会東京競馬協会を組織するに付石井千太郎は同協会の主任として創業及び維持に関し金円出納上一切の会務を担当し同協会に収入する金円は渾て石井千太郎の収得とし其弐割を日本体育会に寄附する事

第二条　但し甲を日本体育会とし乙を石井千太郎とす

甲は同協会の事業に関し外面上の責任を負うべきは勿論当局者に対し奨励金の交付其他経営施設に関する保護便宜を得せしむる為め出来得る限りの言議行動を為すべき事

第三条　乙は横浜競馬場の大体に拠り当局者の助言に基き一切の設備を完うする為め金拾万円迄を支出すべき事

第四条　前条の契約は或る法律上の特許を得る事能わざるときは当然消滅に帰すべき事

第五条　前条の公許若くは黙許を得たるときは甲は定式の理事会を経て更に本契約を締結すべし

右仮契約書弐通を製し各壱通を所持する者也

明治三七年一月八日

日本体育会長　子爵加納久宜

東京市芝区功運町二七番地　石井千太郎

石井は、採掘権を買い取って投機的な事業を行う鉱山業者、明治三一年には山梨県の寶鉱山を買収、明治三六年、同鉱山を三七万円で三菱鉱業に売却、大きな利益をあげた(88)。石井はそれまで八万円の借財を背負っていたが、この売却が起死回生になったという。加納と石井は日本体育会でも、会長と常議員という関係にあり、石井は、明治三七年、体育学校に建築費用四万円を提供した(89)。安田の回想によれば、体育会の附属事業として競馬会を設立することを提案したのは石井、資金も石井が一〇万円位を提供、また千葉県の農工銀行の支配人中山孝一という人物も、この計画への支援を約束したという(90)。体育会に入る収益は二割だったから、いくら資金を提供し、リスクを背負うといっても、極めて石井に有利な契約だった。石井は、鉱山の採掘権と同じように、競馬で一山当てようと考えていたと思われる。この体育会の事業としての馬券発売が認められる可能性はほとんどなかったが、仮に認められていたとしたら、利権回収には時間を要したはずである。石井は、明治三七年以降も、投資、あるいは事業の失敗で十万円以上の負債を背負うなどの浮き沈みを繰り返したが、東京競馬会との関係は維持した(91)。

この資金の目途も含めた準備の進展に、加納は、安田との出会いよりも前に、「関係大臣等に対して、競馬を設立する旨を既に発表し諒解を得て居」たという(92)。なお加納は、明治三七年四、五月の交には、競馬場候補地「品川町北方の高地」を宮内省主馬頭藤波言忠、陸軍軍馬補充部本部長大蔵平三少将、農商務省畜産技師等にしばしば「臨検を乞いたるも実地測量を遂げたるの結果」、「土地に高低の差甚だしきと面積較々狭隘」と放棄していた(93)。折から天皇の勅諚を受けて、日露戦後の馬政の方針を策定する動きが開始されたのと同じ時期にあたっていた。

そして、あわせてつぎのような東京競馬会設立願を準備していた(94)。農商務省、宮内省主馬寮、陸軍等に訴えるためのものだったと思われる。

……蓋し産馬事業の発達を促進し、馬匹の価を高め、乗馬志想を養成するに於て最有力なる方法は競馬に勝るものなしとは欧米各国の斉しく見認むる処にして、之を国家事業に属する維一の機関となし多額の奨励金を交付する比々皆是なるは決して偶然に非る事と存候、殊に男女老少を問わず適宜なる体育運動を試むるを得るは乗馬を以て最良の方法と為さざるを得ず、而も此の趣味を感じて一般風を成すに至らしむるもの亦其の淵源を競馬に発せしめずんばあらず、本会は国民体育の普及の為めに殊に競馬事業は産馬の改良上維一の手段たる事を信じ、別冊定款及設立要項に基き茲に東京競馬会を創設して全国に之が模範を示し、従て一般体育の事業に補いあらしむ事を期す、然りと雖も延長壱哩以上の馬場を開設し輪煥見るべき大厦を築造し場内万般の設備を完成するは之が賛同者たる会員多数の力に籍るべきは勿論なるも、本会日本体育会主唱の責任として斯の創業を成就するの覚悟に有之候、乍併競馬事業の経済を維持し長へに斯業の隆盛を期せんとするは仮令多数の会員を獲るとするも実に至難の業に有之候間、何卒創業に関する経費及び競馬執行に属する奨励費として相当の御補助被成下、且競馬場内に限り観覧者が馬匹の駿駑に依れる輸贏を賭して益々斯の技の巧妙を進むるの行為を併せて特許相成候様仕度、本会成立に関する必要条件は渾て御指揮に維れ従い可申候條此段奉願候也

このように産馬事業の発達、馬匹価格の上昇、乗馬思想の養成を図るために、東京競馬会を設立し、一マイル以上のコースを設置して競馬を開催していく、日本体育会がその創業の責任をもつが、「創業に関する経費及び競馬執行に属する奨励費としての相当の」補助の交付と、競馬場内での「輸贏」、馬券発売の「特許」が必要ということだった。いうまでもなくこの「特許」が、設立願の主眼であった。横浜の日本レース倶楽部の馬券発売が念頭にあったのだろうが、その「治外法権」の適用を公然と求めるものだったともいえた。先にふれた関係大臣の招待の際の目的は、この馬券発売を訴えることにあったに違いなかった。なお乗馬を国民体育と位置付け、その乗馬の普及という役割を競馬の意義に結び付けていたが、これより先の明治三六年時点で、日本体育会は「乗馬練習部」を創設していたので(95)、これを背景にしたものだったと思われる。

だがこの願には、のちに馬券黙許の決め手となる馬匹改良が軍備の高度化の喫緊の課題であるという観点が欠けていた。馬匹改良を謳っていない、その一点で、設立願は、明治三九年二月公表された、東京競馬会設立趣意書（本章第3節）とは決定的に異なっていた。馬券の「特許」は、日露戦後の馬政計画と結び付く必要があった。

### 競馬賭事に関する農商務、陸軍、内務、司法四大臣合議書

明治三七年八～九月、臨時馬制調査委員会が競馬場での博戯の黙許を含む日露戦後の馬政計画を立案した時点で、加納の競馬会設立の構想は形をなしつつあった。加納は、この頃には、その設立に向けて農商務省との「交渉稟議」

を開始していたと思われる。加納の明治四三年の回想によれば、この時点での加納の考えは、「(一) 乗馬は身体運動中偉大の効験を有し国民体育にも鴻補あること、(二) 競馬を国民娯楽の一事と為すは、目下全然欠乏せる愛馬思想を復興し、且之を啓発するの最捷径なること、(三) 一般観覧者に深甚なる趣味を感ぜしむるは、政府が欧州に行はるる賭金の自由を特に公許又は黙許するに在ること、(四) 前項の事項にして明暗何れにか許可せられざれば、競馬は断じて不可能なると共に編者も亦斯る愚挙は絶対に着手せざるべきこと」、というものだった(96)。要するに、競馬会を設立するためには馬券の公許又は黙許が不可欠だということだった。繰り返せば、この時点では、体育会の附属事業としての実現をめざしていた。だが「交渉稟議」が陸軍なども行われるなかで、「政府の意思」は、体育会の事業としてではなく、「本当の規模の競馬会を興」すというものになった(97)。陸軍側が、明治三八年四月、加納と協力して競馬会設立に携わさせるべく安田を東京に転任させたのは、このような「政府の意思」があったからだと思われる。加納と安田が、東京競馬会設立に向けて出会うことになるのは、先に紹介したように五、六月頃。安田は、この「出会い」後、七、八月頃から戸山厩舎の仕事が済むと夜にかけて東海道線大森駅近くの加納邸で、競馬に関する加納の意向を確かめ、競馬会創設の準備を重ねていった(98)。そのなかで、加納に対して「此の事業は一体育会の附属事業となすべき小なる事業ではないと思う故に、全然体育会は離して貰いたい。且つ一般の国民に此の事業を諒解せしめて、設立することが必要」と説得したという(99)。この説得は、「政府の意思」、陸軍の意思を受けてのものだったはずである。

またこの頃、農商務省当局者が、「交渉稟議」のなかで、「(一) 政府は賭金を黙許するに意あり、(二) 全国八ヶ所に競馬場を設置して其中心たる、東京府の競馬場を模範として設立せしむることを欲す、(三) 此指定したる競馬場に多少の補助金を交付し、且創業費に対しても其幾分を補助せむ考えなり」、と加納に伝えたという(100)。そして競馬会設立に向けて「段々話が進捗して、関係官庁の大臣と会合する段取りになった」(101)。「元来時の政府が創立を希望し居たるを以て之が為には朝野の賛同を得る必要上、同子爵は主人役となって」、安田とともに、臨時馬制調査委員会の陸軍軍馬補充部本部長大蔵中将、陸軍省騎兵課長浅川大佐、農商務省の酒匂常明農務局長、農務局技師丹下謙吉、広沢弁二、宮内省の藤波主馬頭及び根村当守車馬監、木村介一調馬師らと、華族会館などに「屢々会合し、熟議を遂げ」ていった(102)。これと並行して競馬場用地の選定作業を進め、荏原郡池上村（現・大田区池上六、七、八丁目）の池上本門寺所有地と決定、本門寺側も、一〇月八日、常置議員会で、東京競馬会への貸与を承認した(103)。この決定に際しても、加納は、藤波主馬頭、大蔵陸軍中将、農商務省畜産技師等に予定地の臨検を求め、同意を得ていたという(104)。

こうした動きが、新聞に報じられることはなかったが、後から振り返れば、察知することができなくもなかった。たとえば大蔵陸軍中将が、明治三八年八月、ある席上で、前年の天皇の四月七日の馬政に関する勅諚に言及して馬匹改良の緊急、重要性を述べたなかで、馬券発売を伴う競馬の実施に向けて積極的に動いているシグナルを、つぎのように発していたことだった(105)。

（従来、日本では、馬券発売は許可されなかったが）欧米各国何れの処にても競馬の盛んなるは驚くべき程にて、我国に於ては僅かに横浜根岸の競馬が外人の手にて挙行せらるる外絶て競馬らしき競馬を見ず、勿論近来各地に競馬あれど横浜の競馬とは大にその趣を異にし、適々内地人の根岸的競馬を挙行せんとせば賭博に類すとの理由にて許可せられずとか、然れども馬匹の改良を奨励する唯一の捷径は競馬に若くものなし、欧米諸国に於て競馬の為め帝室若くは政府より幾多の保護を与え居れるは之が為めにして、競争に勝ちて賞を得んとするもの競争に勝ちたる馬匹は価格を高くすること等直接の功利心は即ち良馬を飼養するの必要を喚起するの原因なれば、競馬と馬匹の改良は相待て離れざるものなり、我国の如く今や馬匹改良の議、朝野に高きに拘らず却て競馬に制限を付する如きは矛盾の感なきに非ず、是等の点も愈々馬匹の改良を実行せんとする場合は考え置くべき要件なりと信ず、何れにしても馬匹改良の件は莫大の費用を要する大問題にして之を実行するは容易の業に非ず、古来欧州に於ても馬匹の改良を実行せしは名君賢相の鋭意実行せしに係れり、畏れ多くも聖上には夙に馬匹の改良に軫念を労し給ふ事なれば、我臣民は聖旨を奉載しこの興国の気運に際会して是非とも馬匹改良の大事業を奏効せしめたきものなり。

こうして東京競馬会設立への準備が進んでいくなかで、加納は清浦奎吾農相から、桂内閣が、「競馬に対する賭金一條は閣員異議なきことに内決したる旨、親しく内示」された(106)。これに加納らは、内閣の交代があって馬券の黙許を「我関せずとの一言ではねつけられ」てしまう事態にならないように、「許可書の如きもの」、「各大臣の決議を経たもの」をとっておくことに「意見一致」した。当時、桂内閣の総辞職の日が近いことは予測されていた。桂は、日露戦争、講話条約への協力を条件に、政友会への政権移譲を同会西園寺公望、原敬、松田正久との間で密約していたが、この段階での戦後処理を終えることになる「満州に関する日清条約」(ポーツマス講和条約で獲得したロシアの南満州における利権の譲渡を清国が承認)が一二月二二日調印の運びとなり、それを機に総辞職することになった(107)。一二月一九日桂は西園寺に政権移譲の意向を告げ、二一日辞表を提出した。西園寺公望内閣の発足は翌明治三九年一月七日のことになる。

これより前、酒匂常明農務局長が、総辞職の日が近い情報をつかみ、それを受けて加納らはかねての方針通りに黙許の「閣議の顛末を決議録として内閣に保存せられたし」と清浦農相に要請、酒匂も清浦に働きかけた。清浦はこれを了承、その文案作成には農務局があたった。のちに清浦は、「時の内閣の曾禰大蔵大臣や私などが、競馬の進行を図ることに奔走したのであった」と回想しているが(108)、その奔走のなかにこの「決議録」の件も含まれていたはずである。加納や安田の回想には登場しないが、大蔵大臣で臨時馬制調査委員会委員長でもあった曾禰荒助も「決議録」実現に向けて尽力した可能性が高い。そして一二月一二日付で内務(清浦農相の兼任)、司法(波多野敬直)の両大臣は、つぎの「競馬賭事に関する農商務、陸軍、内務、司法四大臣合議書」(以下、「四大臣合議書」と記す)を「予

図7　四大臣合議書（写）

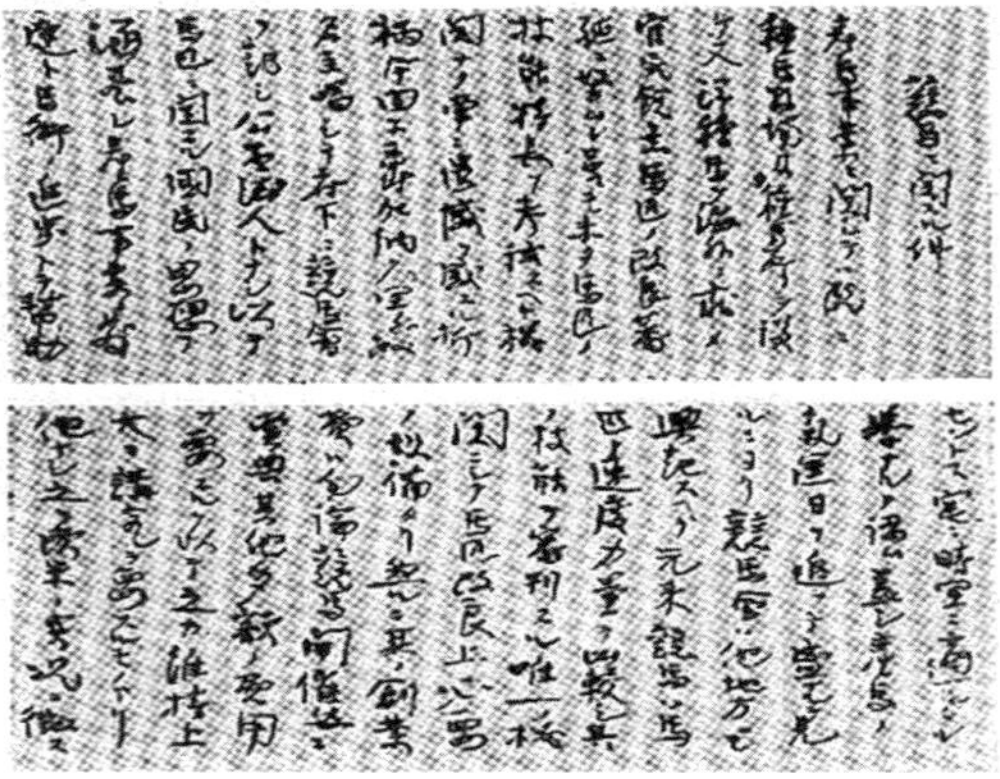

（『東京競馬会及東京競馬倶楽部史』第一巻）

め関係部下へ内達」したい旨の決済を仰いだ(109)。その「四大臣合議書」の全文は以下のものであった。

産馬事業に関しては、既に種馬牧場及種馬所を設け又洋種馬を海外に求め官民鋭意馬匹の改良繁殖に努むと雖も、未だ馬匹の技能特長を考試すべき機関なく常に遺憾を感ずる折柄、今回子爵加納久宜外数名主唱して府下に競馬会を起し公益法人となし、以て馬匹に関する国民の思想を涵養し産馬事業の発達と馬術の進歩とを幇助せんとす、寔に時宜に適したる挙なるを認む、蓋し産馬の気運日を追うて盛なるを見るにより競馬会は他地方にも興起すべく、元来競馬は馬匹の速度力量を比較し其の技能を審判する唯一の機関にして馬匹改良上必要の設備たり、然るに其の創業費は勿論競馬開催毎に賞典其他多額の費用を要するを以て之が維持上大に講究を要するものあり、他なし之を欧米の実況に徴するに競馬会は其開催に当り競走馬匹の勝敗を賭する馬券を発売し或は之に類する各種の方法を以て収入を計り、勝者には其幾分を分割付与し競馬会之を以て重要の収入となし、観客之を以て壮快の娯楽となし、相待て競馬の流行を致し其盛況を極むる所以なり、故に若し其方法微せば実益ある競馬は到底成立すること能わず、是等の行為は競馬に伴う普通の現象なりと云うべし、思うに競馬場に於て競走馬匹の勝敗を賭するが如き一時的行為は別に公安に害を及ぼすことあらざるべきを以て、従来横浜に於ける競馬会の例に倣い黙許に附し、益々競馬会の設立及其発達を促し度候、就ては実際に臨み行違を生ぜざる様本文の趣旨を以て内務司法両大臣より予め関係部下へ内達相成候様致度競馬は「馬匹の速度力量を比較し其の技能を審判する唯一の機関にして馬匹改良上必要の設備」であり、その競馬を「実益ある」ものにするためには、馬券発売が不可欠である、馬券は「競馬に伴う普通の現象」であり「競馬場に於て競走馬匹の勝敗を賭するが如き一時的行為は別に公安に害を及ぼすこと」がないとして、横浜の日本レース倶楽部の「例に倣い黙許に附し、益々競馬会の設立及其発達を促し」ていくということだった。「四大臣合議書」は、このように無条件で馬券を黙許すると読むことのできるものだった。ちなみに政府は、明治三二年七月条約改正に伴う居留地制度の廃止、治外法権撤廃後も、外交的な配慮から横浜・根岸競馬場の日本レース倶楽部の馬券発売を容認する政治判断を下していた（第3章第1節）。この「四大臣合議書」に、司法大臣波多野敬直、司法次官石渡敏一、民刑局長河村譲三郎が「付箋」をつけたが、それも含めたものに、四大臣、四省次官、農商務省文書課長、陸軍省軍務局長、内務省警保局長、司法省民刑局長の捺印が終了して「公式のもの」になったのは、桂内閣が退陣を表明した二一日直後の二三日だった。その「付箋」はつぎのものだった(110)。

競馬に関する凡ての賭博行為は黙許することを得ざるは勿論なれども、単に馬匹の速度力量技能其他に関する知識の優劣を争う為め其確保手段として多少の金銭等を賭する如きは、刑法に所謂賭銭博奕の行為にあらざるものと信ぜらるるを以て此の趣意を内達することは差支なし

馬券は賭博行為ではあるが、馬匹改良のために「単に馬匹の速度力量技能其他に関する知識の優劣を争う為め其確保手段として多少の金銭等を賭する」ことは、その除外例として黙許する、ということだった。無条件に黙許を認めると読むこともできる「四大臣合議書」に対して、「単に馬匹の速度力量技能其他に関する知識の優劣を争う為め其

確保手段として多少の金銭等を賭する如き」という枠をはめたものだった。逆にいえばそういった馬匹改良の理念の枠外にあると判断された場合は、摘発する可能性があるということだった。

この「四大臣合議書」の写しが加納に渡され、東京競馬会はそれを保存した。繰り返していえば、この「付箋」を含めた「四大臣合議書」は、内閣が変わっても将来にわたって黙許の方針が変わらないことの「確約書」であった。事実上、閣議決定であったが、四大臣の合議書に留まったことが、馬券禁止後、響いてくることになる。ちなみに加納は、閣議決定と認識していた(111)。内閣の意思としての閣議決定と関係四大臣の合議では重みがまったくちがう。「合議書」となった理由について、酒匂が、東京競馬会の会合の席上、「内閣の総辞職の閣議の節、各大臣が決議をするということは余り面白くないから」との説明があったというが(112)、将来的に内閣の責任として政治問題化することを避けようとする桂らの政治判断だったと考えられる。第二次桂内閣は、明治四一年一〇月五日付で馬券を禁止するが、競馬連合会（東京競馬会を含む馬券発売を黙許された競馬会の連合体）がこの「四大臣合議書」を突きつけて禁止の撤回を迫ると、桂は、その存在を認めながらも、閣議決定ではなく政治責任はないとして、連合会の要求にまったく応じなかった(113)。

そして、このことが公になったわけではなかったが、ここで明らかになっていたのは、内務省、司法省では、黙許に対する姿勢が異なっていたことだった。農商務省は次官名で、つぎのように一二月二六日付で内務、司法両省の両次官へ、この時点で馬券発売の開催が予定されている東京、函館の警察、検事局に、横浜の例にならって黙許する指示を内達するように通牒した(114)。

競馬に関し勝敗を賭する件別紙写の通決裁相成候に就ては其決議の趣旨に恰当せる競馬会創立の都度可及御通牒候條其際は関係部下へ内達方御取計相成度此段及御通牒候也

明治三八年一二月二六日　農商務次官和田彦次郎

内務次官山県伊三郎宛
司法次官石渡敏一宛
追て差当り本文内達を要する地方は北海道庁（函館競馬会）及東京府（加納子爵外数名発起に係る分）に有之尚神奈川県下に於ける分は数年来の慣行も有之黙許相成居候に付同県へは別に内達を要せざる儀と存候

農商務省が通牒したのは、馬政局発足までは、一般馬政を所轄していた同省が、競馬会に関する事項を所管していたからだった。函館競馬会は明治三三年五月社団法人化されており、予定されている黙許の要件を備えていた。一方、東京競馬会は設立準備中ではあったが、すでに馬券発売のモデルとなるべき存在として取り扱われた。なおこれまで競馬史のなかで語られることはなかったが、明治三九年七月、函館競馬会は、これらの通牒を受けて、横浜の日本レース倶楽部以外の競馬会としては、「合法的」に初めて馬券発売を行って開催した（第3章第2節）。「神奈川県下に於ける分」というのは日本レース倶楽部のこと、したがって内達の必要はないという付言になっていた。

この農商務次官の依頼に内務省警保局長は二八日付で、北海道庁長官及び警視総監に対して、つぎのように「警察上適宜の御取計」を通牒した(115)。

秘乙第三三五号
今回子爵加納久宜外数名の発起にて貴管下に競馬会を設立し、不日農商務大臣に対し公益法人許可申請の筈に有之候処、同会の目的は馬匹の速度、力量を比較し其の技能を審判し以て馬匹の改良を図るものに有之候、就ては右許可を経之が設立を見るに至り候はば、競馬会の開催を為し其の際馬券を発売し若は其の他之に類似の方法を以て収入を計り、勝者に其の幾分を分割付与する等のことも可有之被存候得共、其の目的たる全く前顕馬匹改良に存する次第に有之、敢て公安風俗を害するものにも可無之、既に神奈川県下横浜に於ては従来より挙行致居

候事例も有之候条、旁此辺篤と御含の上警察上適宜の御取計相成候様致度依命此段及通牒候也

このように内務省は問題視せず、黙許を受け入れた。そして馬券禁止まで、内務省は黙許に寛容な姿勢を取り続けることになる。

一方司法次官の二八日付東京地方裁判所及び函館地方裁判所検事正への通牒は、つぎのものだった(116)。

加納久宜外数名貴庁管内に於て競馬会の設立を発起し、農商務省に法人許可の申請を為し同省に於ても之を許可する見込に有之、該競馬会の目的は馬種の改良にあり、時に競馬を挙行して馬匹の良否を品評し或は其の速度力量を比較し、之に関する技能の優劣を判定するの方法として馬券を発売し、其の収益の幾部を優勝者に分与し其の他之に類似したる事項の行わるべき筈に有之趣に候処、是等は単に利得を目的とし財物を賭して偶然の輸贏を争うものと同視すべからず、尤も其の事実如何に依り一概に論定すべからざる儀と思考候へども、前顕の趣旨御含の上自然競馬会に於ける賭博罪に対し検挙の必要を認めらるる場合あるに於ては、前以て一応当省へ打合せ有之様致度命に依り此段及通牒候也

馬券黙許は、馬匹改良を目的とし「単に利得を目的とし財物を賭して偶然の輸贏を争うものと同視」できないとしながらも、黙許が賭博罪を構成するような状況になった場合、取締、検挙の前に、当該検事正に対して司法省との「打合せ」を行うように求めたものだった。そして通牒のポイントは、この「打合せ」の要請という形式にあった。というのは、字面は当該検事正が独断で摘発してはならないということだったが、このことは逆にいえば司法省が当該検事正と打合せて摘発する可能性もあるということだったからである。司法省は、このように黙許を一応受け入れた形をとりながらも、馬券を賭博罪で摘発するという選択肢を手離さなかった。なお河村からの東京と函館の検事正

への通牒のなかの「偶然の輸贏」云々は、刑法にその規定はなく、策定作業中の新刑法のものであり、将来の新刑法施行後のことも視野に入れたものであった(117)。つまり新刑法制定後もこの対応で臨むということであった。

西園寺内閣の誕生で、司法大臣は波多野敬直から松田正久に交代し、河村譲三郎民刑局長が司法次官に、平沼騏一郎参事官が民刑局長にそれぞれ昇任、また前次官の石渡敏一は内閣書記官長となった。その直前の通牒だったが、当然、これが引き継がれた。司法部は、平沼民刑局長が主導して、東京競馬会が明治三九年一一月第一回を開催する直前、賭博罪での摘発の選択肢をもっていることを馬政局に伝え、さらに開催後には改めて、馬券によって公序良俗に反するような状態が競馬場に少しでも現出したら、いつでもその摘発に乗り出すという意向を表明、特定の馬券(ガラ)の禁止命令、東京競馬会への検挙警告などを行っていくことになる(第4章第2節、第4節)。司法部が、政権に従属する存在ではなく、独立した権力として政治へ介入する力を持つ、あるいは持ち始めようとしていたことを予兆させるものだった。検察当局は、この時期、日比谷騒擾事件の河野広中らの検挙・裁判で、政治・社会からの激しい批判にさらされていたが、政治・社会の番人たろうとする姿勢を崩してはいなかった(第5章第4節)。のちに、馬券禁止後の明治四二年二月一日衆議院請願委員第一分科会で、「四大臣合議書」に署名した一人である寺内正毅陸相は、馬券黙許に関しては「司法省が余程むずかしかった」と述べることになる(118)。このように司法部は賭博開帳罪での馬券摘発の選択肢、その可能性を担保していた。

この司法部の姿勢があったが、ともかくも馬券の黙許は合意された形になった。のちに加納がいったように、「東京競馬会が此破天荒の特許を得たるは、蓋馬匹改良の為めに貢献せんとの精神を容れられたるに外なら」なかった(119)。桂内閣の後をついだ西園寺内閣は、馬券黙許に寛容な姿勢をとる。

### 東京競馬会設立趣意書

加納らは、一二月に入り、農商務省農務局、宮内省主馬寮、陸軍軍馬補充部本部の主任官及発起人等と第一回の

「合同を東京倶楽部で催し」た(120)。政府から馬券発売の保証を得るために動きはじめること、あるいはすでに動いていて、その報告と今後の対応などを協議したものだろう。そして二三日、政府が横浜の日本レース倶楽部の例にならっての馬券黙許を保証した「四大臣合議書」に四省次官などの捺印が終わったのを受けて、二八日、前記の主任官及発起人等は第二回会合を開き、会名を東京競馬会とすることに合意、組織に関する要件を決議した。そして年が明けた明治三九年二月、東京競馬会はその設立趣意書を定款及び創業資金規程を添えて公表した(121)。趣意書は、つぎのように設立の目的を謳った。

軍事に将た産業に其の他馬匹の効用は博くして且大なり、若夫之を用いて運動遊戯の具と為すに至りては其の壮快能く之に比敵すべきものあるを見ず、然るに本邦の産馬は其の種質良好ならず用役亦未だ普ねからずして改良の急を訴うるや久し、是を以て輓近国家は大いに其の改良奨励に努むと雖も、其発達尚遅々たるもの実に国民愛馬志想の極めて幼稚なるに職由せずんばあらざるなり、然らば則ち之が志想を涵養し其の需用を促進するは馬匹改良の根原にして、而して競馬は実に其最捷径たること欧米先進国の実例既に之を証明して余りあるを見る、本邦亦古来競馬の慣行なきにあらずと雖も、其の規模皆狭小にして、方今横浜根岸に行わるるものの外一も見るに足るものなきは深く如何とする処なり、乃ち茲に東京競馬会を組織し地を荏原郡池上村にトして一の競馬場を設立せんとす、庶幾は斯業の発展に多少の裨益あるを得むか、此に定款及び創業費規定を添え以て大方の賛同を仰ぐ幸に之を助成せられんことを

明治三九年二月

この趣意書に名を連ねた発起人は加納久宜、「賛成者」は陸軍軍馬補充部長大蔵平三中将、前大蔵大臣曾禰荒助、宮内省主馬頭藤波言忠、農商務省農務局長酒匂常明、前農商務大臣清浦奎吾(122)。戦後の馬政一八年計画を立案した

臨時馬制調査委員会の陸軍、宮内、農商務を代表した人物と委員長、それに加えて一般馬政を所管する農商務省の前大臣。東京競馬会が、陸軍、農商務、宮内各省が馬券発売を伴う競馬を実現させようとする意思の産物だったことを明らかにし、それを対外的にアピールするものであった。

軍備の高度化、また産業の発展に伴い馬匹改良が喫緊の課題となっている、だが馬匹改良の発達が遅々として進まないのは「国民愛馬志想の極めて幼稚なるに職由」している、したがって愛馬思想を涵養し馬匹の需要を促進することが「馬匹改良の根原」である、そしてその馬匹改良の最捷径は、欧米先進国の実例が証明しているように、競馬である。だが日本で存在するのは横浜の日本レース倶楽部だけであるから、東京競馬会を新たに設立するということだった。

前述の「四大臣合意書」と馬匹改良と競馬についての理念は同じものだったが、馬券発売が第一義でないことを示すためか、ここでは直接馬券のことに言及していなかった。なお「運動遊戯の具と為すに至りては其の壮快」、というところに先の明治三七年の「東京競馬会設立願」の残像をみることができるが、これは馬術の進歩を期すといった形で競馬会の目的の一つに盛り込まれる。このように国民の愛馬心の涵養が馬匹改良のポイントであるとし、競馬がそれに大きな役割を果たすことを前面に打ち出すのが、馬券黙許時代の「競馬の理念」となった。

そして東京競馬会の目的を謳った定款第一条は、つぎのものだった(123)。

本会は馬匹に関する国民の思想を涵養し、産馬事業の発達と馬術の進歩を期して、兼ねて社交を幇助せんがため、競馬を挙行するをもって目的とす

この第一条は、「四大臣合議書」のなかの一節「馬匹に関する国民の思想を涵養し、産馬事業の発達と馬術の進歩を期して、社交を幇助せんがため」、に競馬場が社交の場であった鹿鳴館時代の競馬の大きな柱であった社交の幇

助(124)を付け加えたものだった。この定款は、農商務省農務局長酒匂、陸軍軍馬補充本部長大蔵中将及び宮内省主馬頭藤波の三者の協議によって起草されたものだったが(125)、当時の馬政を担っていた三人にふさわしくこの第一条は、鹿鳴館時代からの歴史が踏まえられて、競馬の理念がコンパクトに言説化されていた。他の競馬会は、当初、これを認可を申請する際の設立目的としてそのまま、あるいは準拠して掲げた(126)。

三月、この趣意書と定款を「汎く一般有志の士に頒ち」、入会の呼びかけを開始した(127)。馬券発売を黙許される競馬会の許認可は設置予定の馬政局の職掌だったが、寺内正毅陸相が閣議でその官制案に疑義を呈したことでその発足が当初の四月一日から遅延した(第2章第6節)。東京競馬会の認可の申請先、認可の判断を下す機関が存在しないことになったが、三月下旬、馬政局の発足まではその職掌を農商務省が担当することになった(128)。これを受けて、東京競馬会は、四月一二日付で、社団法人としての創立認可を農商務大臣に出願、一四日付で認可された(129)。東京競馬会だけへの特別措置であった。認可の願書に連署した理事はつぎの人物たちだった(130)。

尾崎行雄、加納久宜、安田伊左衛門、山県勇三郎、松平容大、江副廉蔵、木村利右衛門、森謙吾、千家尊福、E・C・デービス、V・ブラッド、S・アイザックス、B・ルンゲ、石井千太郎

加納、安田はこれまでにふれてきたが、尾崎行雄はよく知られているように衆議院議員で東京市長、明治四〇年一一月には東京ジョッケー倶楽部の会頭となる(第6章第8節)。千家尊福は出雲大社宮司、男爵、東京府知事(131)、ちなみに千家尊福の妹が藤波言忠の妻だった(132)。山県は、山県商店を経営、実業家としての名は全国に轟いていた(133)。山県牧場(元根室種畜場)等、道内六ヶ所で牧場経営、馬産、競馬への強い意欲をもっていることでも知られていた。東京競馬会への関与は加納の要請に応じたものだったという。ちなみに石川啄木は、山県を北海事業家中の麒麟児と評した(134)。松平容大は子爵(会津松平家)、貴族院議員、元騎兵大尉で安田の知己(135)。石井は前述したように投機的な事業を行う鉱山業、明治三七年以来、加納の競馬会設立に向けてのパートナーだった。

そしてそれ以外の七名は、日本レース倶楽部の関係者だった(136)。E・C・デービス(サミュエル・サミュエル商会)、

V・ブラッド（パーソン&ブラット照会）、S・アイザックス（商社経営）、R・ルンゲ（ルンゲ・トーマス商会）は横浜の日本レース倶楽部の外国人理事及びその経験者。森謙吾は同倶楽部の唯一の日本人理事、第七十四銀行取締役(137)。森は、一八五三年大村藩士の家に生まれ、戊辰戦争に参加、維新後は官吏として経済畑を歩んだが、明治一三年官吏を止め、明治一五年横浜を代表する実業家茂木惣兵衛の意を受けて、横浜に本店を置く第七十四国立銀行に入行、同行の立て直しの中心となった。その後、森は、同行の取締役兼支配人として横浜を代表する銀行家として活躍した。明治二三年三月、横浜の岡野新田競馬場（現・横浜市西区岡野）で開催された開催、そこで藤波言忠、横浜の居留民に知られ、それを契機に日本レース倶楽部の正会員になったという。明治二四年以降、勝馬のオーナーとして森、仮定名称タツタの名を見ることができるようになる(138)。森は、「日本人中稀に観るところの紳士で、頗るレフハインされ洋人間に信用篤く尊敬されて居」たという(139)。これに加えて競馬への見識も評価されて、明治三二年以降、理事、開催執務委員を務めていた(140)。

江副は、明治一〇年代半ば、アメリカから帰国して横浜で美術輸出商、ついでアメリカ煙草の輸入販売も行って大成功、新橋、銀座等で販売店を経営した(141)。江副は、熱心な馬主で多くの馬を根岸で走らせ、三里塚（下総）で馬産にも乗り出す(142)。木村利右衛門は、貿易高、横浜の数多くの銀行、企業経営にかかわる実業家、貴族院の多額納税議員も務めた(143)。木村も倶楽部の有力馬主だった。

デービスは、明治後半期、大正期を通じて横浜における代表的な商社だったサミュエル・サミュエル商会の横浜支配人(144)。サミュエル商会は、明治三〇年には、ロイヤル・ダッチ・シェルの前身でもある石油部門を独立させてはいたが、欧米各機械メーカー、各保険会社の代理店を務め、また台湾産樟脳の独占的販売権（明治三二年から明治四〇年）を保有、そしてロンドンの金融市場と密接な関係を持って、日清、日露の戦時公債をはじめとして横浜市、大阪市、鉄道会社などの各種公債も引き受けていた。デービスは、こういったビジネスとともに、競馬にも大いに情熱を傾けた。ブラッドは、先に紹介したように明治二八年以来理事を務め、明治三八年理事長に就任していた。アイザックスは一八六五年アメリカ生まれ、明治二三年頃来日して、父のもとで働いたのち、アイザックス商会を経営、その傍らオーナーとなって、確認できるところでは明治二五年秋季開催で初の勝鞍をあげ、明治二七年には理事、明治四〇年からは理事長に就任、以後、一時期を除いて、大正、昭和戦前期と昭和一二年七月のその解散まで最高責任者として日本レース倶楽部を主導した(145)。のちに栃木県に牧場(スリーピー・ホロー・ファーム)を開いて馬産にあたったが、この牧場の跡地が現在のJRAの競走馬総合研究所(旧宇都宮育成牧場)。昭和一一年日本競馬会設立を受けてその理事、根岸競馬場の場長などを務めていたが、太平洋戦争勃発後、敵性外国人として競馬会から除名され、昭和一七年七月競走馬一〇頭、厩舎、住宅、牧場の繁殖牝馬七頭といった競馬関係の財産も競売に付された。なおアイザックス自身は、昭和一六年、太平洋戦争勃発以前に帰国していた。昭和二〇年一二月ロサンゼルスで死去。ルンゲは、明治三五年から日本レース倶楽部の理事、開催時には馬場取締役を務めていた(146)。

このように日本レース倶楽部の関係者が理事の半数を占めたのは、レース編成、ルールなど競馬そのものに加えて馬券発売を伴う開催の運営に、同倶楽部の協力、経験の活用が必要だったからであろう。これより先から、安田ら東京競馬会側は、同倶楽部に協力を要請。安田によれば、倶楽部の西洋人たちの信任が厚い理事の森謙吾と書記のG・フードから「探り的に話を聞」いていったという(147)。先に紹介した五月一六日の東京競馬会の披露会でのブラッドが、日本レース倶楽部は、東京競馬会に「就ては及ばずながら、我々どもは力を致そうと思います」、と表明した演説も、この延長戦上にあった。そしてこの後、日本レース倶楽部の秋季開催、東京競馬会第一回開催に向けて協力関係を強めていくことになる(第3章第1節)。

### 資金集め

設立認可を受け、五月に披露会を開く頃には、競馬場用地の買収や施設の建設費等に充てる資金集めも目標を上回っていた(148)。とはいえ、その募集が開始された明治三八年一〇月からしばらくは順調ではなかった。募集を前に、農務局長酒匂常明が農商務省から約六万円、また大蔵平三中将も三井の益田孝から五万円を引き出し、「金のことは皆に心配をかけないで済む」と述べていたという。農商務省が省益の観点からも支出に応じ、また日露戦争時、三井物産が、陸軍の軍需品はいうまでもなくそれに加えてオーストラリアから約一万頭を五〇〇万円の臨時費で緊急輸入した際の斡旋で大きな利益をあげていたので、益田が同意するものと踏んでのものだったという。ところが、それを前提に安田が益田と接触を図ったが埒があかず、それを打開しようとした大蔵の尽力も無駄に終わった。農商務省とは加納久宜が交渉にあたったが、こちらも見込みが甘かった。安田らは農商務、陸軍が推し進める事業であるから、当然、農商務省も三井も応じ、資金集めは容易だと考えていたようだが、そう事はうまく運ばなかった。この事態に安田は加納に対して、華族からの寄付金募集を提案したが、これに対する加納の返答はつぎのようなものだったという(149)。

……御同族に依り十万円位の金は国家の大事な事業故、何とか寄付金を仰いだら出来そうではありませんかと申し上げたが、華族は全然駄目である。先年不忍の競馬に於て、大河内子爵を初め華族は金を出した上に、尚刑事問題等を惹起し大なる混乱を極めたることある故に、競馬は全然懲々であるということを今日まで耳にしている。自分は同族仲間に話をする勇気を有たぬと言われ……

鹿鳴館時代の共同競馬会社の件というのは、不忍池競馬場の工事請負業者からの訴えを受けて、明治一八年からその工事代金の支払いをめぐって調停となり、それに基き一部支払いも行われたが、結局返済が滞り、明治二三年から訴訟となっていたことだったが(150)、その苦い経験があるので寄付を華族仲間に話す勇気がないということであった。加納は、このように、共同競馬会社の轍を踏まないということを強く意識していた。なお大河内子爵というのは元上総・大多喜藩主で宮内省御用掛(後に麹町区長、貴族院議員)であった大河内正質、大河内は、鹿鳴館時代の競馬の中心的存在だった(151)。

当初東京競馬会への「出資」は、投資ではなく寄付行為だった(152)。そこで東京競馬会側は、株式のように配当金を支払う方式に転換、総額約一〇万円、一口五〇〇円（一口以上も可）、利益があった場合には償還金、配当金を出すことにした(153)。加納らは、明治三八年一二月二八日に開いた発起人等の第二回会合で、「資金の性質に関して頗る研究を要し」ていたが、その「研究」はこの転換に関連したものであったと思われる(154)。

まず安田が六口三〇〇〇円、加納が一口五〇〇円を出資、新たな形での資金集めが始まった(155)。その責任者は安田。臨時中央馬廠戸山厩舎長としての勤務の余暇を利用、軍服のまま、知人あるいは知人の紹介で実業家の有力者、そして見込みのありそうな華族を訪問、毎夜毎夜、「国防関係」から馬の改良の必要なことを「口のすっぱくなる程」説き回って出資を募ったという。しかし、投資話としても収益が見込めるのかどうかも不明、順調に進まなかった。この苦境に理解を示したのが渋沢栄一。渋沢は、銀行方面に向かって、相当に数多く応募するように心配してくれたという。もちろん渋沢本人も寄付（一口五〇〇円）に応じた(156)。渋沢は、かつて鹿鳴館時代にも共同競馬会社の役員を務めてもいたこともあって競馬への理解があった(157)。また日本を代表する三井、三菱両財閥も、三井の各家主九名で一一口、岩崎久弥など同族間で寄付に応じた(158)。三井、三菱ということから考えれば寄付金は少額だったが、支援はそれだけにとどまっていなかった。たとえば、三菱系の小岩井牧場は、この馬券黙許時代の幕開けとともに大金を投じて、現在に至るまで活躍馬を輩出しつづけている繁殖牝馬フローリスカップ、ビューチフルドリーマーなどを明治四〇年英国から輸入した(159)。この三菱に比較すれば三井の関与はささやかだったが、三井得右衛門（高信）は、馬を自宅で飼養し、三井守之助（高泰）とともに熱心な馬主になった(160)。

そして、二月に東京競馬会が設立趣意書を公表したことが転機になった。三月中には、予定の二〇〇口が満口になるほど(161)、「競馬会の性質を知り大に利益あるもの」(162)、といった認識も広まり、状況が変わった。安田によれば、この寄付金募集は、八分通り進行してからは却って創業資金引受けの希望が増え、それを断り、年額金納付会員へ加入を勧めるようになったという[163]。五月の披露会の時点で通常会員は一八〇余名を数え、資金も創業費として予定されていた一〇万円を上回る一二万円（二四〇口）が集まった[164]。ちなみに払込は一〇〇円ずつ、第一回払込が五月一五日、第二回六月二五日、第三回七月二五日、第四回八月二五日、第五回九月二五日だった[165]。一〇月には、この人気を踏まえて会費一二円を二〇円に引き上げてもいた[166]。

東京周辺では、馬券黙許の認可に向けての京浜競馬倶楽部設立の動きが五月には表面化し、馬政局に対して七月二〇日付で出願、九月一三日付で認可されることになる（第6章第1節）。その創立にあたっては、会社を併設して、その会社が倶楽部に競馬場などの施設を賃貸する形態をとって、高利潤をあげる仕組を「発明」していた。明治三九年下半期、株式のバブル、企業への投資熱などが一気に高まったが、競馬会設立の動きもその一翼を担った。東京競馬会の資金集めの苦境は、すぐに遠い過去の話になった。明治三九年一〇月前後から、全国各地で馬券を黙許される社団法人としての認可を馬政局に申請する競馬会の数は次第に増えはじめ、翌年二月までには、全国で七二以上、五月には一八〇余、一〇月には二〇〇を越えるほどになる[167]。

### 池上競馬場

資金集めの目途はまだ立っていなかったが、東京競馬会は、明治三八（一九〇五）年一二月には競馬場用地を荏原郡池上村大字徳持（現・大田区池上六、七、八丁目）に決定した[168]。加納が、宮内省主馬頭藤波言忠、陸軍省軍馬補充部長大蔵平三中将、農商務省畜産技師等の臨検、意見を求めながら決めたものだった[169]。用地は、池上本門寺近く、当時は水田が広がっていたなかの約四万五〇〇〇坪。ほとんどが本門寺の所有で、前年から候補にあがっていた。本門寺側が、熱心に加納らに働きかけ、一〇月八日には、田一反につき米一石の割合での貸与を決定、小作権、借地権等が入り組んでいたが、本門寺側はそれをふせていたという。安田の回想によれば、安田が関与する前に加納が「契約」してしまっていたものだった。なお翌明治三九年五月八日、本門寺側は、常置議員会で、東京競馬会との土

図８　池上競馬場

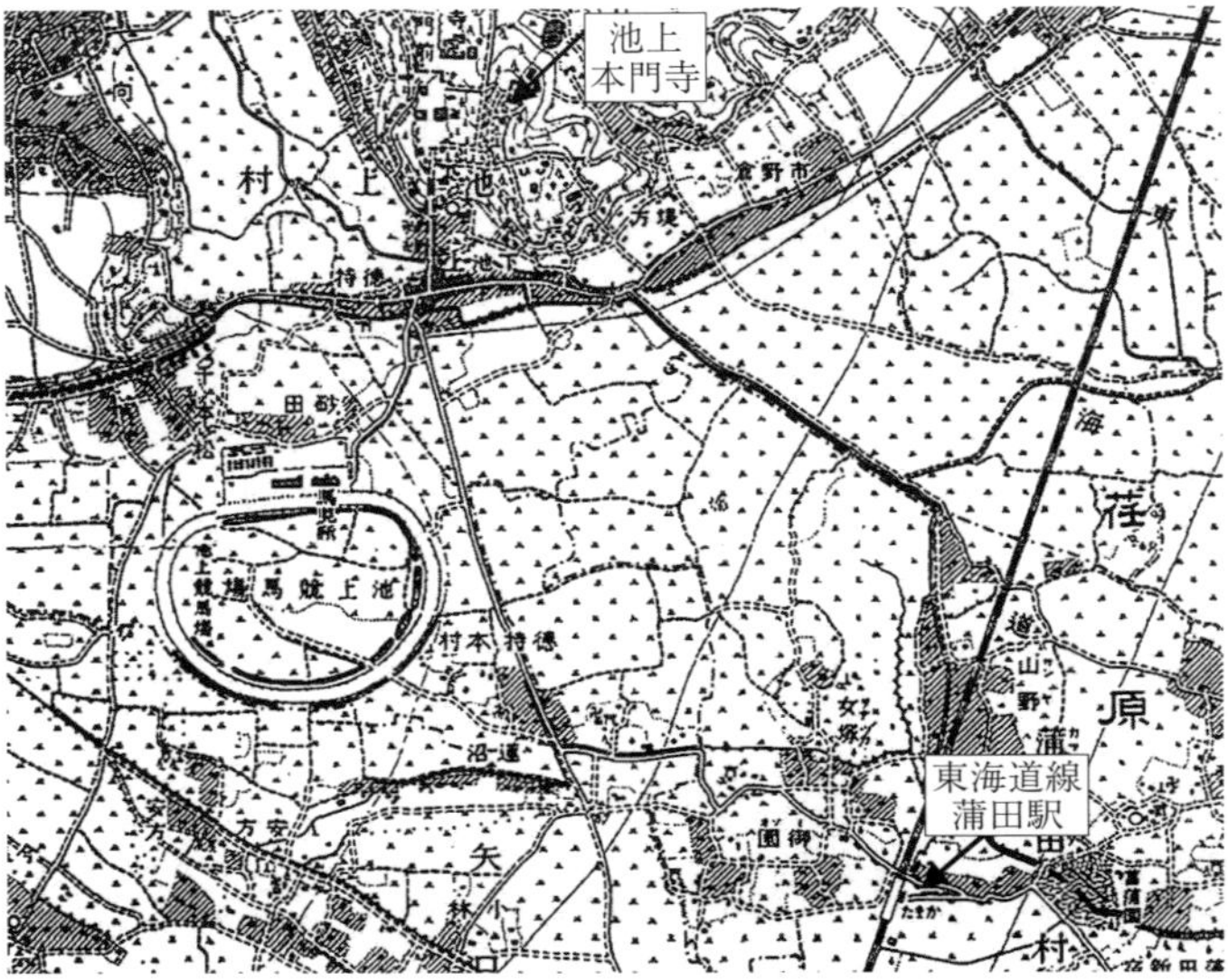


（1/20000「大森」明治39年測図明治41年製版「今昔マップ on the web」より）

地に関する約定書の条件を三〇年間据置くことを決めた(170)。

安田が交渉に乗り出し、用地内に存在する八幡社（村社）、住宅五戸、墓地一ヶ所の移転については話がまとまったが、その他の所有地、「侠客」も含む第三者の手に渡った土地の処理は開催前に済ませることができなかった(171)。明治三九年一一月第一回開催のときは一時的に妥協がなったが、その後も解決に向けての交渉を継続しなければならなかった。経緯は省くが、要するに、競馬会側が、翻弄されて余計なコストがかかったということであった。また加納は、本門寺側と「土地が纏まったら」関係者一人を理事にするという念書も取り交わしていた(172)。本門寺側に実行を迫られた安田は、「氏子総代で徳望のある医者（齋藤惣民）」を監事として受け入れ、この件でも加納の後始末をしたという。

競馬場建設が着工されたのは、本門寺側との約定書の期間が三〇年になり、資金も集まり披露会を終えたあとの六月二日、起工契約を締結したのは翌三日(173)。その工事にあわせて、七月二三日仮事務所も池上村に移された(174)。コース、馬見所（スタンド）等の敷地面積は、本馬場一万五七八三坪、馬見所一万五〇〇坪、外壕犬走及び畦畔二六四一坪強、内壕及び畦畔八九三四坪強、稽古馬場五五〇四坪強、計四万三四五三坪、それに新設道路一五〇五坪強を加えて合計四万四九五八坪(175)。また行幸を前提に玉座等

図9　「東京競馬会創立紀念」絵葉書

（立川蔵）

図10　池上競馬場第一号館

（『中外商業』明39・11・23）

図11　東京競馬会馬見所一等館と審判小屋

（『東京日日』明39・11・23）

を設け、その設計については宮内省に伺を出し、そして陸軍農商務省からも参考となる諸外国の設計図などの送付も受けた。東京競馬会側が、国家的事業であることを自負していたことを端的に示すものだった。用地内には、かねて本門寺と紛糾中だった個所、あるいは買収費吊り上げをねらって入手された紛争地も残されていたが、一〇月三〇日、約五ヶ月間の工期で一応の竣工をみた。馬場等の工事に約五万円、馬見所等の建築に約八万五〇〇〇円、総工費約一三万五〇〇〇円。田園風景に出現した一周一六〇〇メートルのコース、そこに偉容を誇る三階建と二階建の二つの馬見所が、ペンキの色も鮮やかに聳えていた。馬見所からは、西手に富士が望め、正面には羽田沖の白帆が行き交う姿も見えた。日本一と称すべき宏壮雄大なる競馬場[176]、東洋第一の競馬場と評する新聞もあった[177]。

本馬場（コース）は幅員一八間半（三三・六メートル）、一周一マイル[178]、内周の柵の内側に幅三尺（約九〇・九センチ）、高さ二尺（約六〇・六センチ）の畦畔を挟んで稽古（調教）馬場六間（一〇・九メートル）、内埒七間（一二・七メートル）、また外周の外側に外埒二間（三・七六メートル）を設けた。ゴール正面に、審判小屋を設置した。本馬場は、湿田を埋立て、赤土を二尺（約六〇・六センチ）盛土、その上に砂をまいたもので、八寸（約二四・二センチ）土盛するごとにローラーを曳いて充

図12　池上競馬場第一号館玉座

(『競馬大鑑』)

分堅固に且つ柔靭の質を帯びさせ、竣工後も日々五台のローラーで地固めを行ったという。とはいっても水田を埋め立てての造成であったから、地盤は軟弱、一尺(約三〇センチ)も掘れば水が湧き、馬場も固まっておらず、すべりやすかった。そのためレースは時計を要した。明治四〇年五月春季開催の終了後、馬見場前には高麗芝、コースには野芝を植え付け、同年一一月秋季開催からコースは芝となった(179)。コース形態は、図8のように、一コーナーから四コーナーまでは緩やかなカーブがつづき、四コーナーを回ってゴールまでが直線という、変則的なもの。蒲鉾型、あるいは「馬場の周囲を楕円形にせずして恰も丸髷の如く一方は丸く一方は真直にせしは、馬をして駿速を発せしむるに非常の妨害あり」という評もあったほどだった(180)。なお池上の回りは根岸競馬場にならって右回りだった。

馬見所は、一等客用の第一号館と二等客用の第二号館(181)。両館共に建築設計は東京美術学校の新進気鋭、二七歳の若手教授古宇田実。耐震、耐風で土台はコンクリート、下層は石材鉄骨等であったが主な建材は木材だった。第一号館は洋風三階建、その建坪は、二階八六坪余、三階一一二坪余の計一九八坪余。三階の中央真正面が一一坪余の玉座、中央の奥一段高い所に御座所があり、緋の絨毯が敷かれ、その後方に一〇坪の便殿、天井は檜の合天井、窓には緞帳、カーテンは藍色の縁取をした草色織物、その前方には萌黄色地花模様のクロースがかけられた円卓子、また同じ織物の大椅子一個及び円椅子数個、左右にも陪観者の椅子卓子が置かれ、下にはカーペットが敷かれていた。バルコニーは幅二尺五寸。ゴールは、玉座の正面だった。玉座の左右両側は一三坪余の皇族席。背面の室は御休憩所、便殿後方に御次の間五坪。玉座の左右の三階部分二〇坪は特別会員席。二階には一等観覧席四八坪、婦人席二八坪、新聞記者席一三坪余が設けられていた。一階部分中央には食堂三三坪余、西隅に事務所があった。二階観覧席四列の収容人数は二〇〇〇余人。

第二号館は、第一号館の西方に位置し、平坪一三九坪、二階一四九坪余の二八四坪余、二階が二等観覧席、五列で収容人数三〇〇〇余人、一階が馬券売場だった。その馬券売場の東半分が第一号館（一等）付属、西半分が第二号館（二等）付属であった。内外両側に三、四〇ずつの銀行風の窓口が並び、外側がパリミチュエル方式の単勝式馬券、通称アナ、内側がガラ売場だった。パリミチュエルは各馬の発売総数に応じて倍率が決る方式、アナは一枚五円、ガラは一番から二〇番の番号が記された札一セット二〇枚を売り出す方式、一枚一〇円、レース後、一、二着馬に照応する札番号を決定、一着一二〇円、二着六〇円を払い戻すものだった(182)。ちなみに東京の市街電鉄の運賃が四銭だったことだけに鑑みても、五円というのは民衆にとって高額、手軽に買える額ではなかった。石川啄木が明治三九年勤めていた渋民尋常高等小学校代用教員の月俸は八円だった(183)。売場はA、B、Cの三ヶ所。欧米賭室を模範として、日本レース倶楽部賭室よりも一層完全の構造だったという(184)。翌年春季開催を前に、この一階の周囲は高い板塀で囲われ、馬券売場は外の視線から遮蔽されることになる。

厩舎は一三棟、建坪六三一坪強、馬見所の北西方向に位置し、馬匹収容数は一八〇頭だった(185)。翌年春季を前に、増築して一八棟二二〇頭収容となる(186)。その他に高等便所一棟三一坪余、普通便所一棟一三坪余があった。

競馬場へのアクセスは、東海道線の大森駅から池上道を通っての約二〇町（約二・一八キロ）、あるいは蒲田駅から池上本門寺までの蒲田道約一五町（約一・六四キロ）が利用された(187)。横浜方面からの観客も含めて、大森駅で乗降するのが一般的だった。当時の大森は、海水浴場、避暑地としても有名で、駅のそばには名所の八景園（明治一七年開園）もあり、また大森駅から海岸側とは反対側に広がる山王台地には、上流階級の住宅や別荘が増えはじめていた(188)。一時は東京競馬会の仮事務所として使われた加納久宜邸も、闇坂を挟んで八景園と向い合っていた。蒲田駅は、大森駅・川崎駅間の中間駅の設置を要望する地元民に応え、また穴守神社参詣、蒲田菖蒲園（明治三六年三月開園）の行楽客誘致策として明治三七年四月に設置(189)。開業当時の駅周辺は田圃が一面に広がり、駅舎だけがポツンと建ち、乗降客も少なく、また蒲田道は、かろうじて人力車が通れるか通れないかといった細い道だった(190)。したがって人力車もそれほど営業しておらず、距離的には大森駅より競馬場に近かったが、利用する観客は少なかった。

大森駅から競馬場までの道路は、行幸の道になることが意識され、六、七〇〇〇円の費用をかけて東京府の手で橋梁、砂利敷その他の改修工事が行われ、本門寺道から競馬場正門入口までの五間幅二六〇間（約四七三メートル）の新道も整備された(191)。この道は、池上道から競馬場正門入口まで斜めに造成されたが、現在も門前寺通りとしてその形状をとどめている。また蒲田方面に通じる蒲田道からも入口までの六間幅の道も整備された(192)。入口及び馬見所は現・東急電鉄池上駅及びその周辺（大田区池上町六丁目）にあたっているが、おそらく池上電気鉄道開業（大正一一年一〇月六日）の際、池上駅はその跡地を活用して建造された。

本門寺の御会式は例年一〇月一二、一三日を中心に数十万人の人出があり、非常な賑わいを見せていたが(193)、それに並ぶものとして地元池上村が競馬開催に寄せる期待は大きかった。こうした歓迎ムードが高まるなかで、一一月二四日からの第一回開催を迎えることになる。開催時、御会式同様に付近の飲食店、一般商家はもちろん沿道の商家も、障子を張替、貨物食料品を仕入れ、店を飾りつけ、一般に景気立ったという(194)。競馬場が開場した影響で、翌年の会式に出店する露店や見世物小屋の地代は一挙に跳ね上がった(195)。

## 4　関八州競馬会

明治三九（一九〇六）年もあけて、馬券発売、競馬開催のモデルとしての東京競馬会設置の動きが進展するとともに、馬匹改良を目的として掲げれば、競馬場の賭け（馬券）は黙許される、との風評が広まり(196)、開催を計画するものが相次いだ。競馬会が各地に組織されて競馬熱が高かった静岡では、県が、敏感にこの状況に反応、四月二七日付で競馬場取締規則を公布、施行、馬券発売を「合法化」、実際にこれに基づき、この年一二月に富士競馬倶楽部が馬券を発売して開催を行うことになる（第3章第4節）。馬券発売が黙許される社団法人（競馬会）の許認可権をもつ馬政局の設置は当初予定の四月一日から遅延、またようやく六月に設置されたものの競馬会の認可手続を定めた閣令第七号が施行されたのは九月一二日付、そして認可基準閣令第一〇号「競馬開催を目的とせる法人の設立及監督に関する件」は一二月一〇日付（第2章第8節）。この間、東京周辺の警察も、馬券を非合法に発売する開催を黙認した観があった。賭博（博奕）をすべて取り締っていたわけでなかったことと相通ずる面がなくはなかったが、決定的に異なるのは競馬が白昼公然と行われたことだった。馬券発売を伴う開催計画、あるいはその実際の開催は、認可基準が曖昧なその間隙をついた格好であった。警察が、厳しく取締、禁止に動くのは、東京競馬会第一回開催後の一二月のことになる（第4章第3節）。

図13　不忍池での自転車競走

（『東京日日』明39・4・4）

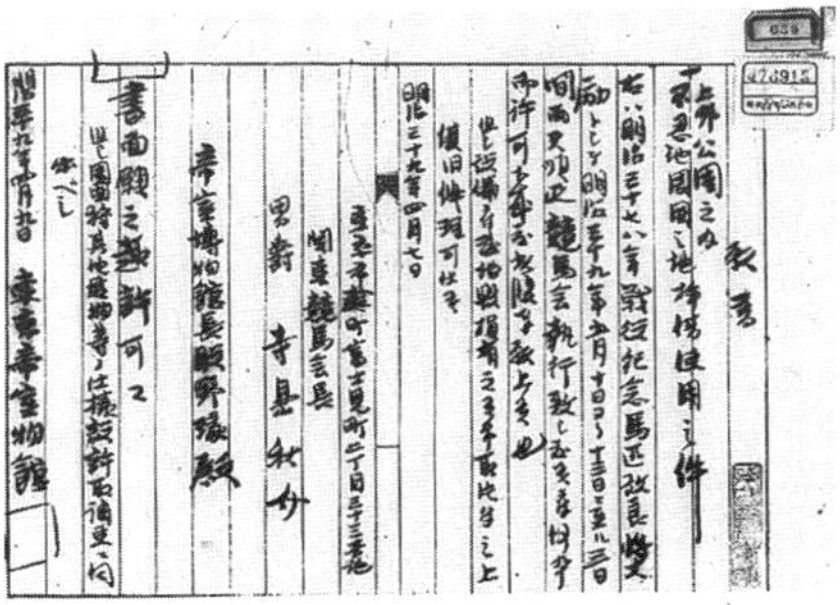

図14　帝国馬匹改良協会覚書

明治39年4月7日付関東競馬会による開催許可を帝室帝国博物館に求める願書と同9日の許可を記録した文書（『河野広中文書』国立国会図書館憲政資料室蔵）

四月、東京周辺では馬券を発売しての競馬開催に向けての動きが浮上した。

手っ取り早く開催を行う場所として、過去の記憶からまず上野不忍池が思い浮かんだのも自然の成り行きだった(197)。不忍池競馬場は、屋外の鹿鳴館として、明治一七年一一月から春秋二回開催、国家的イベントの色彩を帯びており、折にふれて行幸も行われた。その偉容を誇った不忍池競馬場で、結果的に最後の開催が行われたのは明治二五年一二月、馬見所（スタンド）などの施設は明治二八年三月に撤去された。その後は、市民の散策の場、あるいは折々に自転車競走の大会、運動会などの会場としても使われていたが(198)、手を加えれば競馬にも使える状態だった。

まず名乗りをあげたのが関東競馬会であった(199)。同会は男爵寺島秋介に二〇〇円の報償金と利益の配当を約束して会長を依頼、寺島が承諾

図15　関八州競馬会広告

（『中外商業』明39・5・10）

図16

（『国民』明39・5・17）

したので内金五〇円を渡したという(200)。このあたりは、後に馬政局に認可される競馬会に名を連ねることになる華族などの「名士」が、その倶楽部に取り込まれる経緯の先駆けとなっていた。なお寺島は、長州出身、天保一三（一八四二）年生まれ、戊申戦争で奥羽追討軍参謀、明治七年以降内務省畑を歩み、明治二三年元老院議官、明治二四年貴族院議員（勅撰議員）、維新の功で明治二九年男爵(201)。寺島は、のちにも、明治四〇年一月神奈川鶴見での開催を計画した帝国馬匹奨励会、また同じ頃、宇都宮での設立を計画した下野競馬倶楽部でもその代表者になった(202)。

関東競馬会は、四月七日付で、会長寺島名で、「明治三七八年戦役記念馬匹改良奨励」を謳って、五月一〇日から三日間の開催を、上野公園を主管する宮内省博物局に願い出た(203)。この願出を、博物局は、九日付で許可。博物局が、黙許の事情をよく知らず、日露戦後、馬匹改良の必要性が色々な場で強調されていたことで、馬券発売の競馬が認められていると認識していたことをうかがわせている。だが関東競馬会の後も、二、三の競馬会が発起され、博物局に「土地使用方」を願い出てきた(204)。これに博物局主事は、合同しての開催を勧告、一旦はその線で話でまとまりかけた。ところがここに、根岸貞三郎、谷山保造らが組織した大日本競馬会が割り込んできたことで話がややこしくなった。開催資金と利益の取り分をめぐって対立、この合同話は頓挫してしまった。根岸は、元自由民権運動家、自由党、憲政党での活動を経て、明治三二年埼玉県議会議員に当選、明治三七年に落選したが明治四〇年再選(205)。谷山は、埼玉の倉庫会社取締役(206)、侠客であったと思われる。根岸、谷山らは寺島を取り込み、改めて関八州競馬会を組織、会長が寺島、理事長が根岸、理事が谷山という陣容で、単独開催の動きに出た。これに博物局は、五月九日、関八州競馬会に一九日、二〇日、二一日の開催許可を与えた。根岸の「政治力」が効いた格好だった。この経緯を見ると、根岸は、侠客や博徒などを抑える力をもった人物であったようである。また真偽は不詳だが、根岸は、この競馬開催に関して、榎本武揚、大鳥圭介に相談していたという(207)。翌一〇日、競馬会は早速、新聞広告を打ち、開催準備に入った。関東競馬会などのグループはこの経緯に大いに不満で、博物局へ抗議、「別に一旗揚げんと計画」したという(208)。この関八州競馬会開催決定前から、すでに馬も集まっており、決定を受けて調教を始めた(209)。そして関八州競馬会は、開催の目的が馬匹改良であることを端的にアピールするためであろう、実現はしなかったが、陸軍諸団体にも出馬を要請しようとしていたようである(210)。

鹿鳴館時代の共同競馬会社の最後の開催からすでに一四年、関八州競馬会は、急いで不忍池周囲を競馬が実施できるように整備しなければならなかった(211)。馬場の地均し、幅員の八間（約一四・五メートル）への拡幅（旧競馬場は一二間）、小橋の改修、周囲の外埒の設置などは開催までに間に合せられたが、その間、一〇日もなかったから、その整備の状況も自ずと明らかだった。ちなみに一周は一マイルに三〇間（五四・五メートル）不足するものだったという。また旧馬見所跡には仮スタンドが、その左右には桟敷も設けられ、この総延長は二〇〇間（約三六三・六メートル）だったというからかなりの規模ではあったが、もちろんこれも急造だった。所轄の下谷署は、危険防止もあって、つききりで工事を監督、検査した上で、許可を与えたというから、開催に協力した格好であった。

図17　本日の競馬会に出場する美人連

（『万朝報』明39・5・19）

「名物の競馬」の一四年ぶりの復活ということで、各新聞も連日、その準備、開催の様子を大きく取り上げた(212)。人々の期待も膨らみ、周辺の住民からも打ち上げ花火数百本、日本橋白木屋からは奔馬を染抜いた美麗の小旗百本、その他の賞品の寄贈も相次ぎ、不忍池周辺の待合料理屋等は開催に備えて桟敷を設けた。関八州競馬会も、芸妓の参加などを宣伝し、前景気を煽った。たとえば、当時数多く発行され人気を博していた絵葉書にも登場した浅草柳屋の小艶などの芸妓、浅草光月町の馬術師範中根寅之助の長女多津子らがレースの合間に騎乗、競走するというものだった。一六日には、多津子や浅草芸妓一〇騎が不忍池馬場で試乗、これを見物しようとかなりの人出があったという。この日の小艶と多津子の乗馬姿は、各新聞紙上を飾った。なお、初日に予定されていたこの騎乗は、審判の「余りに滑稽」との判断から中止、芸妓小舟と多津子二人の幌引きだけが披露されたが（小舟は途中で落馬）、観客から失望の声があがったことで、二日目に申し訳程度に実施されることになる[213]。ちなみに中根寅之助は、明治の三大馬術家といわれた草刈庄五郎の高弟[214]、この関八州競馬会で甲冑を纏って古式馬術を披露[215]、松戸競馬場で開催することになる総武競馬会とも関係をもつことになる[216]。

開催の態勢は、形としてはかなり整えられた。競馬会の規定も公表、その主な内容は、（一）レースの距離は、内側八〇二間（約一四六三メートル）の四分三周（約一〇九八メートル）、一周、一周と二分一（約二一九五メートル）の三つ、（二）登録料なし、優勝馬には一〇円以上一〇〇円以下の賞品付与、（三）会指定の仮厩舎に無料で繋留、ただし飼養料は自弁、（四）会所属の獣医が診断、合格すれば出走可、（五）馬主は各自の騎手の人名を届出、（六）騎手を有しない馬主に対しては会より抽籤して騎手を選定、（七）騎手は会の定めるところの騎乗服を着用、斤量は一四貫目（約五二・五キロ）、その斤量に達しないものは副物を付着、というものであった[217]。

審判も重要と、競馬に経験をもつかあるいは馬匹に造詣が深い人物に委託した[218]。審判長には相良長発、審判員には根村通孝、槇田吉一郎、北寅作、小川実、須貝子之助、矢島良作、菊村聚らで、たとえば相良は元陸軍騎兵中佐（軍馬局）で鹿鳴館時代の競馬の中心的存在の一人、ちなみに相良は維新の十傑の一人小松帯刀の兄[219]、北は陸軍獣医、槇田は元騎兵大尉、山梨県の素封家、馬券黙許時代の競馬界で活躍することになる人物だった（後述）。またその役員のなかには、後に総武競馬会の中心人物となる永岡啓三郎もいたようである。ちなみに、「随分いかがわしい人物少なくない」というのが、役員の顔ぶれに対するもっぱらの評判だった[220]。

出走に関しては、一五〇余頭の申し込み、関東各県だけではなく静岡からも三、四〇頭がやってきていたが[221]、この数字は、当時、各地で行われていた競馬のネットワークがあり、この開催もそのうえに立っていたことを示していた。出走希望馬の検査は、陸軍軍医や審判の手によって一七日に行われ、不適格な馬が半数近くにのぼり、合格は七四頭、実際に出走したのは、そのまた半数以下だった(222)。その馬たちも、品種は雑多、能力もばらついており、レース番組が確定したのは、ようやく開催前夜の一八日夜だった。レースは、(一)和種、(二)洋種及び雑種、(三)雑種及び和種、(四)支那及び和種の四つのカテゴリーに分けて編成された。馬も騎手も各地方からの寄り集まりで「馬の出足」も騎手の腕も判らないから「興が薄い」、というのがその前評判だった(223)。

注目すべきは、ほとんどの新聞が、この関八州競馬会を歓迎したことだった。たとえば「競馬会の設立ますます奨励せざる可らずとして茲に我輩の希望は競馬に賭を許すの一時是なり」と訴えた時事新報の五月二一日の社説「競馬に賭を許す可し」だった。ちなみに時事新報は、政治情報が正確、豊富、迅速との評判があり、それに加えて国内の商況報道など経済情報も充実、そのため経済力のある上層の商工階層、実業家や銀行員、豪農、また高級・中級官吏に多くの読者がいた(224)。その社説はつぎのものだった。

昨今東京にては上野不忍池の旧競馬場に於て関八州競馬会の催しあり、又有志者の発起にて東京競馬会なるものを組織し府下大森辺に広大なる馬埒を設け毎年春秋二季に大競馬会を開く筈なりと云う、斯る計画は実際の必要に応じたるの処置として大に賛成せざるを得ず……今日まで改良の効果の頗る遅々たるは何故なりや、方法の完備せざる点もある可べしと雖も、我国人一般に馬を愛するの念に乏しき一事こそ其重なる原因と云わざるを得ず……改良の手段として今日の実際に最肝要なるは我国人の愛馬の念を盛んならしむるに若くものなかる可し、殊に職業用としてのみならず娯楽用として馬匹を飼養するの習慣を養成するときは其効果のますます著しかる可きは疑いを容れず、而して此の目的を達する為めには国内到る所に盛んに競馬会を起し馬匹に対する一般の趣味を誘起するの一事こそ最も適当なる手段と云わざるを得ず……競馬会の設立ますます奨励せざる可らずとして茲に我輩の希望は競馬に賭を許すの一時是れなり、西洋諸国の競馬会に賭の行わるるは普通のことにして現に横浜の競馬会の如き賭の盛んに行わるるは実際の事実なり、彼地にて是種の催しの盛大なる一原因の此点に存するや疑う可らず、我国に於ても競馬会を起し国人の競馬に対する趣味を養成して会を盛大ならしむるには世間の人気を此方面に誘引す可き特殊の工夫なかる可からず、競馬の見物人に賭を行うを許すは即ち世人をして競馬に趣味を感ぜしむるの最良方便にして外国の例を見るも明白なる所なれば、此一事は競馬会奨励の手段として実行を希望する所なり。

先に紹介した陸軍省騎兵課長増田熊六少佐、軍馬補充部本部長大蔵平三中将の競馬奨励の論と相通ずるものであった。馬券発売を行う競馬の手放しでの歓迎論といってよかった。

徳富蘇峰を社主とする国民新聞も五月一八日の社説「競馬会」で、関八州競馬会の開催と東京競馬会の組織されたことをつぎのように「甚だ喜」んだ。

近時各種の運動競技が、都鄙を通じて熾に行われつつある裡に於て、独り横浜競馬会が春秋二回挙行せらるるの外、競馬の殆ど行はるるもの無く、行はるるもの稀なるは、吾人の遺憾としたる所なりしが、今や近くは十九日より三日間、不忍池畔に於て関東八州連合の競馬会開催せられんとし、同時に朝野の有力なり人士により、東京競馬会の組織せられたるは、吾人の甚だ喜ぶ所にてあるなり……馬匹は、軍事上に於て、生産業に於て、運動遊楽に於て、欠くべからざる要具の一なり。馬匹は生ける武器として、二七、八年役に於て、三七、八年役に於て、著大なる働きを為したるは、人の知る所の如し。其の生産業に於て、如何に馬匹の重要なるか、運動遊楽に於て、如何に馬匹の必要なるかは、吾人の呶々を俟たず。

馬匹の必要は、益々我国馬匹の改良を促求せずんば已まず。我国馬匹の憂いは、其数の多からざるに非ずして、寧ろ良馬の甚だ尠きにあり。某外国人が、我国馬匹を評して、家畜に非ず、野生の猛獣なりといえるは、最も多くの場合に於て、酷評に非ずして適評なり。これ最近二回の戦役に於て、出征軍人の均しく実験せし所なり。

馬匹改良のことは、今や漸次行われんとし、近くは馬政局の新設を見んとし、民間に於ても、徐々に実行せられつつあり。競馬会の組織の如き、亦馬匹改良の一助たらずんば非ず。吾人は、今回設立せられたる競馬会が、益々盛況に向い、我国に於て、壮快にして、健全なる運動競技の発達せんことを希望するものなり。

そして山県有朋系のやまと新聞も五月二〇日の社論「関八州競馬会」で、その開催をつぎのように「頗る喜」んだ。

近時、壮快なる運動、雄健なる競技が、都鄙遠近に論なく、処々に於て、其挙行を見るは、戦捷国として、我国民一般に、勇健の気象、勃々たるによるべしと雖も、又我国民が豪壮なる元気を、鼓吹するの必要を、自覚したるに帰せずんばらず、関東（ママ）八州競馬会が、上野公園の不忍池畔に於て、挙行さるるが如きは其最も顕著なるものとして、吾人の頗る喜ぶ所なり……吾人は、帝都の此会が、漸次に地方へ伝えられ、勇壮武強の気象を振起すると共に馬匹の改良、亦従って漸次実行の効果を見んことを楽しむものなり。

文学好きの学生読者を中核に一部の商人読者を獲得していた読売新聞(225)も、つぎのように歓迎した(226)。

関八州連合競馬大会将に不忍池畔に催されんとす、競馬の事たる一には以て勇壮なる娯楽を為すに足り、一には以て牧畜業奨励と為すに足る、今や東台の緑葉、緑正に滴らんとするの時、余輩は茲に此の美挙あるを悦ぶものに候。

このように各新聞は、関八州競馬会を戦後の馬政の一環として設立された東京競馬会と性格を同じくするものと認識、その開催を歓迎、時代は競馬を必要としているというムードを盛り上げた。

こうして関八州競馬会は、五月一九日（土）、好天に恵まれて初日を迎えた(227)。入場口、柵には白木呉服店寄贈の小旗が夥しく翻り、場内ではビール、弁当などが売られ、花火も打ち上げられて景気を添えた。入場料は特等二円、

図18　関八州競馬会

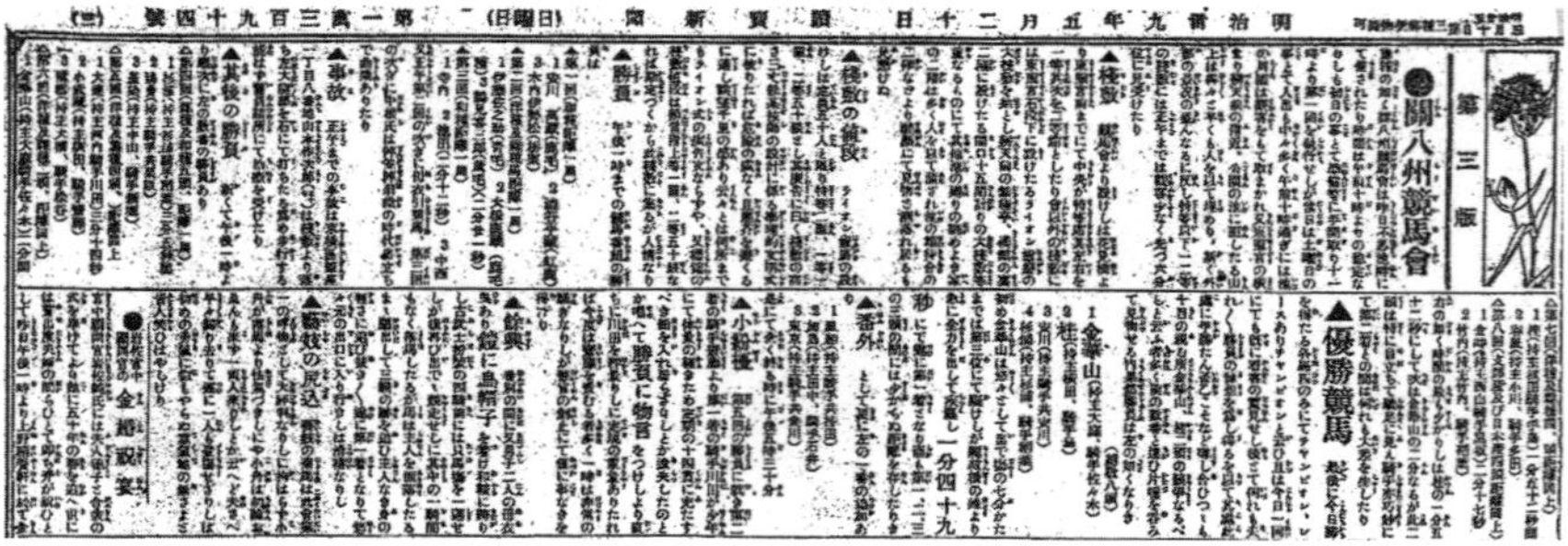


（『読売』明39・5・20）

一等一円、二等五〇銭と高かったが、人々は続々と押し掛け、開会予定時間一〇時には、その観覧席は三〇〇〇人以上の観客で埋まった。また場外の外埒、上野山上、同石段下も一面の人の山が築かれた。不忍池に面した待合料理屋等の桟敷も賑わい、ライオン歯磨も東照宮石段下に定員五〇人の桟敷を設け、当日の人出を当て込んだ広小路、池之端付近の露店も繁盛、不忍池周辺の仲町、茅町、花園町の通りは「来往織るが如く」で、花園町動物園裏手の道路の一部は牛馬諸車通行止めになった。一四年ぶりの競馬の復活は、このように待ち受けられていた。歓迎の意を表していた各新聞は、初日の様子を大々的に報じた。

この開催の目玉であった馬券はアナとガラが発売された。繰り返せば、下谷署は、工事を監督、検査したうえで、開催の許可を与えたように、開催に協力しただけでなく馬券発売に関しても黙許の態度をとった。警察も、馬券全般が黙許されると認識していたことが明らかだった。

ところが、これほど期待された肝心の開催が、実にひどかった。まず、第一レースが何の知らせもなく、一時間以上も遅れた。これが二日目も続き、三日目には二時間も遅れた。賭けに不可欠な番組表も間に合わせのものしかできず、騎手の名前もレース結果も最初は知らされず、観客の抗議でようやく掲示する有様。役員は初日のことだから不整頓は当然と言い放った。馬券の発売、払戻も不手際が続いた。それに、「彼の賭博者流」が「金銭を鳴らしつつ」場内を「蹂躙」、臨場警官もそれを制止しなかったという(228)。

主催者はレース番組を勝手に変更したが、レースそのものにも問題が頻発した。

図19　関八州競馬会

（『日本』明39・5・20）

図20　不忍池畔関八州競馬会

「不忍池畔関八州競馬会　(一) 其点出発の光景　(二) 決勝点の光景」(『やまと』明39・5・21)

馬の能力差があまりに大きすぎるものが多かったうえに、スタートがいいかげんなら着順の判定も曖昧。そこには馬券が絡んでいたから判定を機に騒ぎが頻発した。勝馬の騎手の斤量不足を疑った他の騎手が苦情を申し出たのをきっかけにして双方の陣営、観客を巻き込んでの殴り合いが演じられもした。さらには騎手がレース中の鞭の使い方をめぐって相手側の人間に負傷させられるといった事態も生じるなど、開催規則も主催者の権威も何もあったものでなかった。

二日目の二〇日は日曜日ということもあって初日よりはやや観客が増えたが、開催状況はさらに悪くなった(229)。さすがにこういうひどい状態が二日も続いたのに愛想をつかしたのか、三日目には、観客は初日の半分にも達しなかった(230)。来場していた観客も、予定レース半ばの二時過ぎには「ばかばかしい」と三々五々退場、場の内外とも非常に寂寥となってしまったという。そして終わり方も、終わり方であった。三日目最終の第九レースは開催勝馬のチャンピオン決定レースだったが、スターターの合図が曖昧で、有力馬の桂（後述、以下、「カツラ」と記す）は二周、他の一頭は一周してしまった。審判員は二頭を休ませる時間をとろうとしたが、残りの一頭の騎手が納得しなかった。紛糾するなか、主催者の協議は一時間以上も続いたが、途中、雨が降り出して観客が逃げ惑うなかで日没時の六時三〇分を迎え、レースは不可能となり、うやむやの内に閉会してしまった。なお馬券はアナが一枚一円、売上高は初日が三万円、二日目は外国人が「非常に加わった」ことで九万円だったという(231)。三日目は不詳だが、手数料（控除率）は一割だったので、初日、二日目だけで会は一万二〇〇〇円の粗収入を得ていたはずだった。

図21　上野競馬会広告

(『万朝報』明39・5・26)

関八州競馬会は大きく期待を裏切った開催となったが、この直後に、静岡の競馬関係者が主導権を握って、再び開催を計画した(232)。その中核となっていたのが富士競馬倶楽部、富士郡岩松村の豪農影山一族の浩蔵が中心の倶楽部であった(233)。同倶楽部は、かねてから富士地区での開催実績があり、直前の四月にも、富士川川岸水神(現・静岡県富士市)にコースを設置して開催を行っていた(234)。静岡県では、同倶楽部のような競馬会が各地に組織されるなど競馬熱が高く、明治一〇年代後半から静岡には、会員一五〇余名の遠江全国共同競馬会など複数の競馬会が存在していた(235)。このような競馬会の積み重ねがあったところに、先述したように、馬匹改良を目的として掲げれば、競馬場の賭け(馬券)は黙許されるとの風評の広がりに、静岡県は敏感に反応、四月二七日付で「競馬場取締規則」を公布、施行、馬券を「合法化」した(236)。富士競馬倶楽部は、この規則下で、一二月、翌四〇年四、七月と、鈴川(現・静岡県富士市)に新設された競馬場で盛大な競馬会を開催することになる。またこの関八州、上野競馬会に持馬の金華山(後述、以下、「キンカザン」と記す)を出走させた遠州中泉の侠客の親分で馬好きの大庭平太郎は、明治三二年磐田原競馬会を発起、それ以降、春秋開催を継続していたが、この磐田原競馬会も県の規則下、明治四〇年一月一五日から四日間、馬券を発売して開催を行う。

この静岡の関係者が中心となった開催の名称は上野競馬会、博物局の許可は二四日。開催日は関八州競馬会の一週間後の五月二六日(土)、二七日(日)、二八日(月)、その名目として掲げたのが、この年の四月一八日、サンフランシスコで起こった大地震にその収益を救援金として送るというものだった。この地震の発生直後、日本から救援物資が即座に送られたことで、後の関東大震災の際にはアメリカから手厚い返礼がなされることになるが、この競馬開催はその救援ムードに便乗した。開催確定から日時がないということで新聞広告とともに、二五日から音楽隊に市中を練り歩かせた。

上野競馬会は関八州競馬会の失敗を踏まえて、日本レース倶楽部の関係者の関与を求め、すべての模範を同倶楽部にとると表明したが、もちろんそうはならなかった。名目は立派でも、中身は前回と同じく賭け目当てであるというのが衆目の一致したところだった。そして実際の開催風景もその通りとなった。開催前の二四日、正面だけを取り残して観覧席の両側を取り壊し、その代わりに賭博者のための大バラックを設置したというから、露骨であった(237)。開催当日、そのバラックには白墨で「ガラ二円」と記したものが掲げられた。正午までの入場者は、特等普通席をあわせてもわずかに二、三〇人、埒外の見物人も一〇〇人足らず、場内の雰囲気は一般の観客は入らなくても、ガラ買いさえ入ればよいという感じだったという。この開催の入場料も特等三円、普通一円と高かったが、それも競馬会が最初から一般の観客を期待していなかったことをうかがわせていた。警備にあたっていた巡査も、賭けを取り締まらなかった。なお初日九レース中、五レースを静岡在住の馬主の持馬が勝った。

二日目は、雨で一日順延して二八日の月曜日となった(238)。不忍池周辺の桟敷は、見切りをつけてその取り払いに着手するものもあったが、それでも場内には「賭博者流」がかなり入場していたという。この二日目、下谷署が、急遽、馬券の禁止を命じたが効を奏しなかった。この禁止命令は、区内の博徒の抗議を受け、その顔を立てるために行われたものだと報じられたが(239)、この開催が博徒間の縄張りの争いを惹き起こしていたとしても不思議ではなかった。三日目は観客が減り、下谷署はこの日も馬券の禁止を命じたが、至るところで現金の授受の勝負が行われ、場内の不規律、賭博者流の跋扈は、「ただ驚くばかり」であったという(240)。

だが、このような両競馬会の開催ではあったが、いくつかのレースでは熱戦が繰り広げられ、後々まで活躍する馬も登場した。関八州競馬会初日の第六、第七レースでそれぞれ勝鞍をあげていたカツラとキンカザンの二頭であった(241)。初日の最終第九レース、各レース勝馬の優勝競走が行われたが、この二頭の接戦の末、キンカザンが半馬身差で勝っていた。

カツラは騸馬、当時一三歳、雑種、鹿毛、体高五尺一寸（約一五四・五チセン）、北海道産(242)、槇田吉一郎の持馬、槇

図22　キンカザンと騎手佐々木

（『日本』明39・5・21）

図23　槇田吉一郎

（『東京競馬会及東京競馬倶楽部史』第1巻）

田は、山梨県南都留郡桂村の素封家で、日露戦争には予備騎兵大尉としてカツラと共に出征したという(243)。最初カツラは、閑院宮載仁所有で「南聴」と命名されたが、悍性がきつくて閑院宮の手に余り、その後、陸軍将校に供用され、ついで明治三四年からは槇田の所有になり、槇田は自分の住んでいる村にちなんで改称した。カツラはその気性のせいで、当時としては珍しく騸馬だった。ちなみに槇田の仮定名称のナンチョウはこのカツラの旧名にちなんだものだった。カツラは、明治三九年一一月二四日からの東京競馬会の第一回開催に出走、三日目帝室御賞典で一番人気のハコダテを破って初代勝馬となり、槇田は銀製花盛鉢を受賞することになる（第3章第3節）。槇田は、これまで競馬の経験も積み重ねてきており、この関八州競馬会でも審判、スターターを務めた。明治四〇年八月設立の東京ジョッケー倶楽部（板橋競馬場）の理事になり、その実権を握ることになる。また槇田は、多くの競走馬を所有し、積極的に各地を転戦した。

一方のキンカザンは、牝五歳、三回雑種、体高四尺八寸三分（約一四六・三センチ）、下総御料牧場産(244)、東海一の侠客とも呼ばれた大庭平太郎の持馬(245)。大庭は、馬が好きで、評判の馬であれば、手に入れるのをいとわなかったが、このキンカザンもその一頭、三〇〇円で購入したという。この馬も「駿馬」の一頭として東京競馬会第一回開催に出走し、以後も各地の開催に出走する。先に紹介したように、大庭平太郎は、明治三二年磐田原競馬会を発起、以来ここまで春秋二季の開催を主宰してきていた。

二日目の両頭の対戦も、カツラが先行して抜きつ抜かれつのレースを繰り広げたが、またもや二馬身差をつけてキンカザンの勝利(246)。この連敗を受けて三日目、槇田は雪辱を期してそれまでの騎手を横浜の日本レース倶楽部で活躍していた神馬物作に替え、それが功を奏した格好で、今度はカツラがクビ差で勝った(247)。

ついで上野競馬会の初日、二頭は、再び相まみえることになったが、一コーナー付近で、両馬の足が絡み、転倒して騎手も落馬、キンカザンの佐々木は再騎乗したが、カツラは逸走して神馬の方は騎乗できなかった(248)。両馬の決着は、先に持ち越された。なお佐々木は、函館で騎乗経験を積み、その後日本レース倶楽部で活躍するようになっていた佐々木勇太郎(249)。開催全般に不満を押さえ切れなかった観客も、この二頭が出走したレースだけには、喝采を叫び、興奮を覚えていたという。そして二頭は、一一月二四日からの東京競馬会の第一回開催でも、対決することになる。

開催前は、期待と歓迎ムード一色であったが、こうして双方の開催は、競馬にまつわる猥雑さ、いかがわしさの印象を残し、大風呂敷を拡げただけに終わった。不忍池も、二度と競馬場として復活することはなく、過去の記憶も色あせた。すでに時代は、サラブレッドを登場させようとしていたから、本格的な競馬場を要求しており、不忍池ではそれに応えることができなかった。

関八州競馬会、上野競馬会を興行、あるいは離脱したグループは、その後も東洋競馬倶楽部、東洋競馬会、江東競馬会、千代田競馬会、東馬匹改良競馬会、帝国馬匹奨励会などと看板を付け替えながら、それぞれ千住荒川堤、本所東扇橋、千葉県松戸、神奈川県鶴見などにコースを設置して馬券発売を伴う開催を続け、あるいは行おうとしていく(第4章第3節)。先にも述べたように、このような開催に対して、東京及びその周辺の警察が、厳しく取締、禁止に動いたのは、東京競馬会第一回開催後の一二月のことだった。

# 2　明治三七年四月七日の勅諚から馬政局の設置

## 1　明治三七年四月七日の勅諚

明治三七（一九〇四）年二月の日露開戦から二ヶ月経過した四月七日、明治天皇は、伊藤博文らとの陪食の席で、元老山県有朋、総理大臣桂太郎らに「馬匹改良のため一局を設けて速やかに実効を挙」げるように命じた（以下、「勅諚」と記す）(1)。あわせて、その「方針計画」の調査については山県有朋に、またその「経費の事」は大蔵大臣曾禰荒助と「相議して調弁すべき旨」を元老松方正義に命じた。結果的に、この勅諚が端緒となって、日露戦後の馬政方針の確立、そして馬券発売に道を開くことになった。ちなみに、このエピソードは、当時だけにとどまらず、後々まで利用価値をもつことになり、日中戦争が長期化し、中国の戦場に数十万頭が展開していた昭和一四（一九三九）年、「愛馬の日」はそれまでの六月からこの四月七日に変更されて物語化されることになった(2)。なお七日の陪食は、伊藤が、三月七日韓国特派大使に任ぜられて一三日神戸から渡韓、一八日韓国皇帝に明治天皇の親書を奉呈、その後、三回にわたって韓国に対して「政治改革意見」を述べ、四月一日に帰国(3)、その「慰労」が直接の目的だった(4)。

大陸戦で部隊を効率的かつ迅速に展開するためには、大量の砲兵輓馬、輜重輓馬、駄馬が必要だったが、スピード、スタミナ、輓曳力等に劣り、多くの馬が西洋的な意味で人の意に従うという調教を育成段階で受けていない在来馬では、それに充分に応えることができなかった(5)。これまでの日清戦争、北清事変という二つの大陸戦で、食糧、弾薬、砲弾、山砲を輸送する輜重輓馬、輜重駄馬、戦場で野砲を機動性をもって展開させる輓馬・駄馬が劣悪で、作戦遂行上に大きな支障をきたしていた。その深刻な反省のうえにたって、日清戦争後には、馬匹調査会が設立され、将来の馬政の基本方針を定め(本章第2節)、ついで北清事変後には馬匹去勢法を制定した(本章第9節)。大陸戦の経験は、このように馬政に新たな局面をもたらしていたが、馬匹改良はすぐに成果がでるものではない。日露間の緊迫の度が高まるとともに、陸軍には、この馬匹の状況が、軍事的に深刻な事態をもたらすとの危機感が強まっていた。このなかで迎えた開戦、そして勅諚だった。

四月九日、山県は、陸軍大臣寺内正毅を訪問、「過日陛下の馬政関係の御旨を示されし件」につき「意見」を述べ、翌一〇日も、二人はこの件につき「談話」(6)。また寺内は、一一日、天皇サイドから、「馬匹改良の件に就き農商務との交渉書類を徴せらるる旨」を伝えられ、二〇日、これに応えて「農商務省と軍馬改良の関係書類」を奉呈した。寺内は、この馬券黙許時代の馬政及び競馬の方針に大きな影響力をもつキーパーソンとなる。

一方、宮内省主馬頭藤波言忠も、七日陪食終了後、天皇から呼ばれ、直接、「有朋等を扶けて新局設置の計画及び改良の方針を定むべき」と命じられた(7)。この命は、藤波が中心となって調査の作業を進めていくことを含んでのものだった。天皇は、藤波が、明治二二年以降主馬頭として、新冠、下総御料牧場を主として宮内省の馬事行政をリードするとともに、馬政に関する熱意と見識をもっていることを充分に知悉、その信任も厚かった。天皇と藤波は幼少期から学友、侍従の間柄であり、明治二〇年一二月から翌年三月、藤波が欧米視察中にその講義を直接受けたスタインの憲法論を天皇に進講していた(8)。七日のことが藤波言忠の評伝のなかで、つぎのように記されている(9)。

其の折に子爵は赤坂離宮の御馬場に於て大正天皇の未だ皇太子殿下に在らせられしとき御馬術御稽古の御相手申上げて居られしに、直ぐに御前に出づる様御沙汰ありて陛下に咫尺し奉りしは午後四時頃なりしが其の時陛下には子爵に向はせられ、其の方馬の改良に就ては平素種々の意見を有する様なるが今度馬の改良に要する一局を設くる筈なれば今より馬匹改良に関する順序的調査を為し山県、松方に協議して差出すべしとの勅命を蒙ったのである。

藤波は、翌八日から、主馬寮技師新山荘輔、のちに主馬寮書記原田種穂を加えた三人でその調査を進め、早くも五月七日には「馬政局官制草案と産馬改良主意書」（以下、「主意書（案）」と記す）をまとめた(10)。かねてより藤波、新山らは馬政局、馬政計画案を準備していたはずだが、それでも一ヶ月での作成は、宮内省主馬寮の中心的存在がもつ見識、立案能力を明らかにしていた。ちなみに毎日朝八時半より夜一〇時までその作業に取り組んだという(11)。なお原田は元騎兵軍曹、軍馬補充部三本木支部を経て主馬寮書記、この年九月臨時馬制調査委員会書記を兼任、明治三九年六月馬政局発足とともに属、馬政に関する事務にたけていた(12)。

藤波と新山は、明治一八年から二一年、共に欧米を視察して以降、欧州の先例に学びながら宮内省の馬事に関する事業を推進、その近代化をはかった(13)。ちなみにスタインの憲法論の講義を藤波に通訳したのは新山だった(14)。二人は、明治三〇年代に入ってからは、独立の「主脳機関」を設置して、農商務省が馬政を主管する既存の体制を改める必要を折にふれて主張していた(15)。その藤波と新山にとって、天皇の命は、かねてからの構想を実現に移すために渡りに船であった。

図1　藤波言忠　　新山荘輔

『明治大正馬政功労十一氏事績』

五月一五日、藤波は、この「主意書（案）」を山県有朋、松方正義に説明、「大体の賛成を得」た(16)。そして二七日、藤波は、山県、松方とともに参内して、「主意書（案）」を天皇に奉呈、その際、藤波は、この案を約一時間半にわたって天皇に伏奏した。藤波は、この二七日の後、時間をおかずに桂からの回答があると考えていたようだが、それがなかったことで、六月一四日、桂と面会、近日中に山県、松方と協議するという桂の説明を受けて、藤波は早速、同日付で山県に政府予算編成期が近づいているとして「主意書（案）」の検討の場を早期に設置することへの尽力を要請した(17)。藤波の立案者としての意欲を示すものだった。

七月二五日、山県有朋、松方正義、首相桂太郎、蔵相曾禰荒助は、委員会を設置して、この「主意書（案）」をもとに馬政計画を立てることに合意した(18)。その委員会は八月一六日から開催されるが、メンバーは、大蔵大臣曾禰荒助、大蔵省参事官森賢吾、法制局長官一木喜徳郎、宮内省主馬頭藤波言忠、同主馬寮技師新山荘輔、陸軍省軍馬補充部本部長大蔵平三少将、陸軍省騎兵課長浅川敏靖騎兵大佐、農商務省農務局長酒匂常明、農商務省技師広沢弁二、という内閣高等官一名、陸軍、農商務、宮内各省の高等官二名、大蔵省高等官一名の計八名(19)。藤波、新山、大蔵、浅川、酒匂、広沢は、それぞれ宮内省、陸軍省、農商務省で馬事に関する行政、政策を主導してきた人物たちであり、これ以上ふさわしいメンバーは考えられなかった。それに加えて財政をつかさどる蔵相とその参事官、委員会の審議に法制的なチェックを加える法制局長官という陣容だった。なお官僚としての地位から考えると、陸軍の二名に比べて、宮内省の新山、農商務省の広沢の地位は低かったが、委員会での議論にそのことの影響はなかった。委員長は曾禰、曾禰は現職大臣であり、またそれまでにも公使、司法大臣、農商務大臣などを歴任するなど、利害の異なる陸軍省、農商務省、宮内省をまとめることのできる重みをもっていた。それに加えて、将来の馬政局総裁就任を含み、また馬券発売を伴う競馬の導入を視野に入れてのものでもあった。曾禰は、フランス公使時代（一八九三年〜一八九七年）、競馬場に足繁く通い、「競馬公使」と呼ばれたほどであり(20)、馬券導入に強い意欲をもち、その許認可権をもつのが馬政局となるのは確実であった。また先にふれたように陸軍の大蔵もかねてからの馬券導入論者であった。九月二二日、官制が公布、施行され、この委員会の名称は臨時馬制調査委員会となるが(21)、事実上、八月一六日から発足していたので、以下、一六日からの委員会も臨時馬制調査委員会と呼ぶことにする。ちなみに官制は、「第三条　委員長は親任官を以て之に充つ」と規定していたが、曾禰以外に該当者はいなかった。

このように、臨時馬制調査委員会設置の直接の契機になっていたのは、四月七日の勅諚であった。とはいえ、この勅諚は、日清戦争後の馬匹改良方針の策定、それを踏まえての軍馬改良への馬政の転換、国策として馬匹改良を推進する部局設置の必要性の提言などの蓄積のうえに立ってのものだった。

## 2　馬匹調査会（明治二八年~明治三〇年）

### 馬匹改良の方針

明治二〇年代に入り、機動力・輸送力を必要とする大陸戦に向けての軍の編制の構築が進められていくなかで、馬匹改良が大きな課題になった(22)。大陸戦に向けて軍備を高度化するには、戦場で野砲を機動力よく展開させる輓馬、また食糧、弾薬・砲弾を輸送する輜重輓馬、輜重駄馬、偵察活動を行う騎兵乗用馬など大量の馬匹が必要となる。だが在来馬は、スタミナ、スピード、輓曳力等に劣り、西洋的な意味で人の意に従うという調教も充分に受けておらず、そのような軍事的要請に応えることが難しかった(23)。陸軍は、自ら馬産を行っていたわけではなく、民間の生産馬、多くは農用馬から軍用適格の馬を購買して軍馬を育成していた(24)。当時、産馬事業を所轄していたのは農商務省だったが、その目的を軍事的要請に応える馬匹を生産するところにおいていたわけではなかった。この状況を打開するために、陸軍、農商務の両省は協議を進めた結果、明治二六年、調査委員会を設置して、「馬匹改良の方法」、「産馬奨励の方法」等を検討していくことに合意(25)、翌明治二七年、馬匹調査会設置に向けて第六議会（明治二七年五月一二日召集）に馬匹調査費を要求したが、議会解散（六月二日）で実現しなかった(26)。

そのなかで初の大陸戦である日清戦争を迎え、かねて懸念されていた事態が現実のものになった。平時常備の軍馬（六七七〇頭）以外に民間の馬も徴発され（国内調達計四万五五二〇頭）、あわせて二万五〇〇〇頭の軍馬が戦地に送られたが(27)、その民間からの徴発馬の多くは劣悪で、「軍事行動上の不便」が少なくなく、作戦遂行上に大きな支障をきたした(28)。事態は深刻であり、調査会設置の必要度をさらに高めた。

第八議会（会期明治二七年一二月二四日～明治二八年三月二三日）で、所要経費一万二六〇〇余円が協賛されたのを受けて、六月、「農商務大臣の監督に属し馬匹の整理及馬匹の改良に関する事項に付、農商務大臣の諮詢に応じ意見を開申す」る馬匹調査会の規則が公布、施行された(29)。八月、馬匹調査会委員として、金子堅太郎（農商務次官）、藤田四郎（農務局長）、大蔵平三（陸軍騎兵大佐）、萩原盛種（軍馬補充署技師）、西端学（陸軍騎兵大尉）、今泉六郎（陸軍一等獣医）、勝島仙之助（農科大学教授）、新山荘輔（宮内省主馬寮技師）、津野慶太郎（農科大学助教授）、伯爵清棲家教、子爵大河内正質、佐藤昌蔵（岩手県）、大澤紋一郎（長野県）、佐藤里治（山形県）、小畑岩次郎（福井県）、百萬梅治（石川県）、紫藤寛治（熊本県）、黒木五十七（宮崎県）、南条文五郎（宮城県）、増子市三郎（福島県）、工藤轍郎（青森県）、長岐貞治（秋田県）、伊地知峻（鹿児島県）、さらに臨時委員として奥田賢英（陸軍騎兵大尉）、村上要信（北海道庁技師）、古橋源六郎（愛知県）が任命された(30)。会長は金子、農商務技師三浦清吉が幹事、同水原勝之助が馬制調査係、農商務属中澤伊太郎外三名が書記をつとめた。委員は、主管の農商務省が二名、陸軍は陸相が人選した五名、学識経験者の農科大学教授一名・助教授一名、宮内省から一名、馬産地の各県から地方長官の推薦を受けた一三名（臨時委員を含む）だった(31)。馬事に関する知見をもつ錚々たる顔ぶれが集められていた。なお宮内省の馬匹関連事業のトップである主馬頭藤波言忠は、委員として召集を受けていなかったが、「御職掌上最も重大な関係」があると傍聴を「照会」、許可された(32)。

諮詢事項は、「第一　馬匹改良の方針」、「第二　種馬牧場及種馬厩の設置」、「第三　種馬の選定」、「第四　種馬の検査（民有種馬取締）」、「第五　産馬組合」、「第六　産馬奨励」の六つ(33)。調査会設置の主な目的は、「本邦将来に於ける馬制整理馬匹改良に関する方針を講究」し、「国防上の必要に基き乗輓駄の各用途に適切なる馬匹を産出」する戦後の馬政方針を立てることであった(34)。農商務省農務局は、この調査会の資料として、各諮詢事項に関する調査要領を作成、そのなかには、諮詢に対する答申案のたたき台も含まれていた(35)。一〇月一〇日、開会にあたって、農商務大臣大隈重信は、つぎのように挨拶した(36)。

……抑々産馬の事業たる軍事に殖産に至重至大の関係を有するを以て、其盛衰興廃は直接に国力の消長に影響し、其結果の及ぼすところ決して尠少ならず、二七八年征清の役国外に輸送せし軍馬の数は無慮四万余頭、而して之が戦闘運搬上に於ける幾多の経験に徴し、其の改良の必要彌々顕著となれり、蓋し欧州諸大国が夙に産馬の業を以て国家的事業として連年巨額の国資を支出し、其の保護奨励を怠らざるは良に以あるなり、夫れ馬匹改良の事業たる帝国の始めて着手する所にして今日一歩を過らば他日之を改めんと欲するも決して容易にあらず……冀くば委員諸君政府の精神と議会協賛の主旨とを体し以て本邦将来に於ける馬制整理馬匹改良に関する方針を講究せられんことを

図2

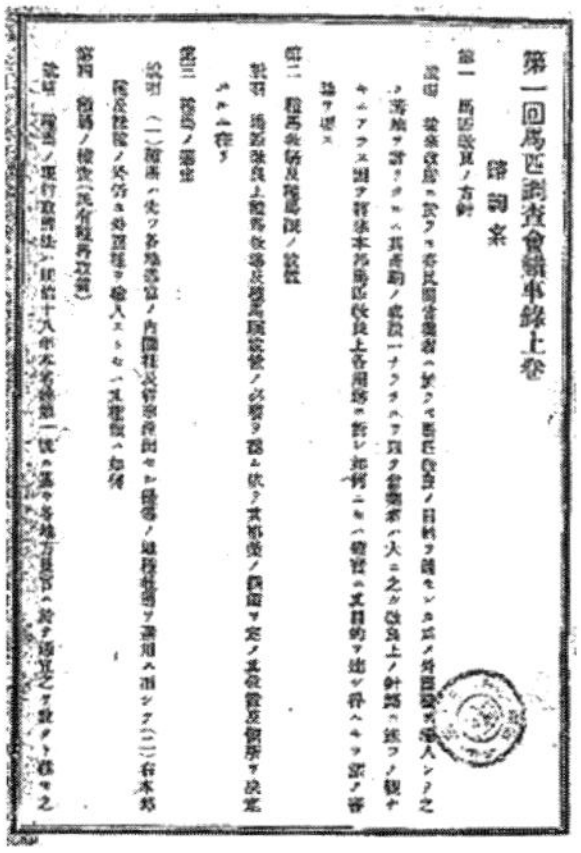

(『第一回馬匹調査会議事録上巻』一頁)

「将来に於ける馬制整理馬匹改良に関する方針を講究」するという調査会設置の目的が、端的に述べられていた。なおこの挨拶の「抑々産馬の事業たる」から「其の改良の必要彌々顕著となれり」までの個所は、同じ趣旨のものが、一〇月この調査会の「種馬牧場及び種馬所設置の件に付建議」(37)、また一一月陸軍、農商務両大臣より大蔵大臣あて馬匹改良費支出の件(38)、そして明治二九年四月、種馬牧場及び種馬所官制理由説明書でも記されて

おり(39)、この時期の馬匹改良に関するいわば枕詞であった。

調査会は、一〇月一〇日、一二日、一四日、一五日、一八日、一九日、二一日、二二日、二三日、二四日、二九日と一一回開かれた。一〇日は調査会規則を確認、一二日は審議内容にわたる意見のやりとりも行われたが、審議の進め方について議論が錯綜、なかなか本論に入ることができなかった。また各委員たちは馬匹及び馬政に関して一家言をもっており、互いに自説を譲らず、喧々諤々、三日目の一四日には、会長の金子堅太郎が、持論を勝手に発言する委員たちに審議のルールを守り、「闇打」のような発言を止めるように注意を促したほどだった(40)。明治三七年の臨時馬制調査委員会の委員が、宮内、陸軍、農商務三省の二名に大蔵省の二名を加えてのものになり、学識経験者と民間の人物を排除したのは、この時の経験に基いたものだったに違いなかった。金子の注意もあってか、ようやく一四、一五日と全体にわたる議論、そして諮詢項目の議論を行い、それとともに特別委員会を設置して、農商務案「調査要領」に基いて各諮詢案の報告を作成するという審議の手順に合意(41)。一八日、一九日、二一日、二二日と各項目について検討した特別委員会の報告(答申)を受け、それをめぐって議論、また二二日には委員が提出した種馬牧場及種馬所、去勢の建議案も検討した(42)。二四日には各諮詢案に対する特別委員会の答申を最終決定、そして二九日、委員から提案の「農商務省に馬政に関する一局の設置する件」、「種馬牧場及種馬所設置の件に付建議」など三件の協議を行った(43)。

まず諮詢の「第一馬匹改良の方針」。その「説明」はつぎのものだった(44)。

> 従来政府に於ても又民間当業者に於ても馬匹改良の目的を達せんが為め外国種を輸入して之が蕃殖を計りたるに、其産駒の成績一ならざるを以て当業者は大に之が改良上の針路に迷うの観なきにあらず、因て将来本邦馬匹改良上各用途に対し如何にせば確実に其目的を達し得べきか深く審議を要す

農商務省、宮内省、陸軍省、そして各府県の産馬組合、牛馬組合などが馬匹改良の目的を達するためにそれぞれ別個にアラブ、サラブレッド、トロッターなどを種牡馬として輸入していたが、その成果があがっておらず、今後どのような方針で臨むかということであった。なお各用途とは乗馬、輓馬、駄馬のこと。この馬匹改良方針が、公式に審議されるのは一八日のことになるが、すでに「調査要領」のなかに、この馬匹改良の方針に対する「馬匹改良は国防上の必要に基き乗輓駄の各用途に適切なる馬匹を産出するを以て目的とする」という答申案が盛り込まれていた(45)。あらかじめいっておけば、日露戦後には、馬匹改良の目的は軍馬の改良にあることが馬政の基本方針となったが、この馬匹調査会の段階では異論が多く、陸軍の要望が容れられるのは困難だった。会議三日目の一四日、馬匹改良に関する全般にわたる意見交換、見解の表明が行われたが、そのなかで陸軍騎兵大尉西端学は、つぎのように述べた(46)。

……私は軍人として馬の改良の目的は極く切詰めて申すと軍用の方針を取って民用を顧みると是れだけに約める、何れの国に於ても馬の改良の第一の目的は軍馬、第二の目的は軍馬、第三の目的も矢張り軍馬である、馬の改良は徹頭徹尾軍馬の外に目的は無い……

西端は、「馬匹の育成及び改良上に関し嘗て欧羅巴に官遊」した経験をもっていたが(47)、それを背景にこの馬政の方針にとどまらず様々な場面で積極的に発言していくことになる。この西端の主張に対して、馬産地の委員から強く反発する意見が出された。たとえば馬産地青森の重鎮工藤轍郎のつぎの発言だった(48)。

此馬匹改良の方針は普通の馬を改良すると云う方針を取りたい独り軍馬のみの改良と云うは私は大に不同意でござります……馬匹の需用は何れの途に向って多数を占めて居るかと云えば無論農事に向って多数を占めて居ると云うの他はない……国家は独り軍事さえ発達すれば農事の拡張は図らなくても夫れでも国家は持って行けると

云う趣意ではありますまい、軍事の拡張と共に農事の拡張も益々図らなければならぬとすれば軍馬農馬共に改良を図らねばならぬものと存じます

工藤は、上北郡で開墾に従事するとともに外国種の馬を輸入、牧場も経営、上北郡の近代化の父と呼ばれるようになった人物(49)。工藤も、この調査会で積極的に発言した一人であった。また農科大学教授勝島仙之助も、軍馬は一万頭と総頭数一五〇万頭の内の僅かにしか過ぎないとして、つぎのように工藤に続いた(50)。

……固より農馬は乗馬輓馬には供せられぬにしても輜重などが此間の戦に於て御困りになったと云うことも聞くから農馬も、もっと丈夫でありもっと太いものにしなければ耕作の側で不利益あるのみならず国防上から言っても不便不利益であるから農馬の改良も第二第三所謂継子視すると云う考えで無くて是れも一つの改良方針中の重なるものとして考えたいと思う……

これに西端は、つぎのように反論した(51)。

……陸軍省の希望の通りに改良して下されば民間用の馬は独りで改良が出来ると思う、陸軍省の目的とする馬を造れば民間には不適当の馬を造るように思うて居らるるが、軍馬に適するものは即ち農馬にも適するから目的を簡単にしたいと云う考えでござります

この西端の弁を、福島の馬匹改良に尽力し、福島県産馬組合取締所会長であった増子市三郎は(52)、つぎのように牽制した(53)。

……民間の農馬は少しも顧みないと云うような方針になったならば、一般の感情はどうであろうかと云う心配もございますから、総ての用途に対する馬を造ると云う方針を以てやって行くことにしたいと思います……

翌一五日は、「調査要領」の取扱、特別委員会を設置して原案を作成するかなどをめぐっての激論となり収拾がつかなくなった(54)。この状態に、金子が「唯々馬匹改良のことに付て闇打の議論ばかりして居っては何時までも纏る目途はない」と注意、諮詢案に対する答案をまとめる方向での議論を促したほどであった(55)。一旦休会して協議会で検討、その結果、各提案を折衷、「調査要領」に基いて、会長が議案の調査を付託する特別委員九名を指名、明日中に報告を行う、ということでの合意がなった。ここでようやく正式の検討に入ることになったのを受けて、金子は、改めて六つの諮詢案に対する見解を述べたが、そのなかで「第一　馬匹改良の方針」の目的があくまでも軍馬改良にあることを、つぎのように強調した(56)。特別委員会の検討を前に、馬産地の委員が示した強い反発に釘を刺したものだった。

……軍国の用に供する軍馬が必要であるならば国に生きとして生きて居る所の馬は悉く軍馬に相連なるものにしなければならぬと云う考えを持って居る、恰も徴兵令に於て国民皆兵なりというを眼目にして居るように全国の馬も皆軍馬なりと云う目的を置きたい……願う所は全国に人民は皆兵なりと云うが如く全国の馬は皆軍馬の資格を備えさせたいと思う……つまり此用途を極めるのは私は軍用の目的で極めたいので全国の馬は皆軍馬なり併し其軍馬も平時に在りては殖産工業の用に立てて聊か差支えないようにして置けば人民も利益を得、一朝事有る時は軍国の用を便じ国家の富源を培養すると同時に国家の光栄を出すことが出来ると云う考えでございます……

金子は、特別委員として、清棲家教、佐藤昌蔵、工藤轍郎、新山荘輔、今泉六郎、西端学、村上要信、伊地知峻、

勝島仙之助、委員長に清棲を指名した。議事録が残されておらず審議の内容は不詳だが、一八日、諮詢案の「第一馬匹改良の方針」について、特別委員会はつぎの答申を提出した(57)。ちなみに一五日には明日中の報告ということだったが、その次の会がこの一八日だった。

馬匹改良は国防上の必要に基き乗輓駄の各用途に適切なる馬匹を産出するを以て目的とする

このように委員会は、「調査要領」を追認した。委員長清棲は、諮詢案に基き改良の目的は国防上の必要とし、それに応じて三つの用途に分けた、と説明(58)。ついで西端が、「茲に国防上と書いた意味は民間の必要は丸で顧みない唯々軍事上一方と云う考えではござりませぬ」と断りながら、「民間用の乗馬、輓馬、駄馬は是れは軍用の乗馬、砲兵の輓馬、輜重兵の駄馬を本として改良しましたならば民間の用にも適い陸軍の用にも適すると云う目的でござります……一般馬匹の改良云々と云うことを加えたいと云う説もござりましたが、一般と云うことは別に入れなくても夫れに分るであろうと云うので斯の如く極めました」と述べた(59)。先の馬匹の改良の目的は何よりも軍馬、という所から、一歩引いた形になっていたのは、特別委員会での民用馬の重要性を訴える意見に対する配慮だったと思われる。

この清棲、西端の説明を受けて、審議に移った。まず農科大学助教授の津野が強く反発、国防中というのは「殖産工業ということも眼中に置いて」いるのか、と質したのに対して、清棲は「全く眼中には有る」と答えた(60)。だが津野は、「単に国防上のみならず国家経済に必要なる産業に向ってやると云う文字を加えたいと思」うとして、「国防上及び産業発達上の必要に基き」と改めるという修正を提起した(61)。これに委員であった今泉六郎は、「馬匹改良上急務中の急務から先にすると云う精神から国防上と云う字が出」たと説明したうえで、津野の希望は答申中に入っていると述べた(62)。津野は、これにも納得せず、改良論は日清戦争を機に起こったのではない、軍馬は全国の総頭数の〇・五%にしか当たらない、「荷馬、車馬、米穀耕耘其他産業の発達に向って用いる馬匹の数」は明治一七年に比べると二五年間で九倍に増加、その改良も急務中の急務となっているとして、「殖産工業」という意味が入っているのならば、「それだけの意味を茲に言現わすが宜しいと思います」、と駄目を押した(63)。西端は、「そう云う文字を入れて国防上と云う意味を軽くするのは本員等は甚だ不賛成でございます」と強く反対した(64)。この議論の展開に、福井の実業家で衆議院議員の小畑岩次郎が、双方を折衷する形で「馬匹は軍事の拡張と百般事業の進歩と共に其改良増殖の必要に迫れり」として乗輓駄各用途各用途の「体尺」、「体量」の標準を定めて選択することを方針としてはどうかとの修正案を提起した(65)。

ここで大蔵平三（騎兵大佐）が、平時の軍隊定数と戦時編制の違いに言及、戦時の際には平時の数倍の馬匹が徴発されるので民用馬は皆軍馬に適するようでなくてはならないと説明した(66)。明治三〇年代以降、陸軍の軍馬行政の第一人者となる大蔵はこの調査会をほとんど欠席、偶々この日は出席しての発言だったが、必ずしもその意味が委員たちに理解されたとはいえなかった。ここで再び津野が、国防を改良方針の第一に書かなければならないことには異議はない、だが「商業上の平時の戦争が日本の国家の膨大国力の増進と共に起って来ると云うことは分って居るから其方は打遣って……其（軍事の）方にのみ重きを置いて、一方平時の戦争所謂商業上の戦争」が入らぬように「取られては誠に困るだろうと思いますから夫れだけを申して置きます」と反論(67)。これに農務局長藤田、ついで宮城の有力な実業家で仙台牛馬組合理事の南条文五郎、そして陸軍一等獣医の今泉六郎らが、原案通りでよいという意見を表明していった(68)。

この議論の展開に、金子は、原案通りとするが、国防上と云う字には「産業発達」とか「殖産工業」とか云うことが含まれているので書き込まなくともよい、つまり「国防上」には「産業発達」「殖産工業」を含むとする解釈での合意を提案した(69)。金子の姿勢は、先の演説にも明らかなように「全国の馬は皆軍馬の資格を備えさせたい」というものであったが、ここでは双方の妥協が必要との判断のうえでのものだった。そして金子の提案が受け入れられた。とはいえ「産業発達」、「殖産工業」はあくまでも解釈で含むということで、文言自体は「国防上の必要に基き」であったから、答申案決定の最終段階で修正を受けることになる。

一〇月二四日、改めて各諮詢への答申案の第三読会（最終確認）が行われた。帝国議会では、本会議の第一読会で議案の議論を行い、必要と認められれば委員会に審議を付託する、その委員会案を第二読会で審議、さらに第三読会で改めて審議する、という方式であったが、それにならったものであった(70)。

ここで、小畑岩次郎、ついで村上要信が、一八日の確認の趣旨をより活かすためとして、国防上を富国強兵に修正することを要求、これに愛知県農会評議員の古橋源六郎、福島県産馬組合取締所会長の増子市三郎も賛成した(71)。この文字の修正、そして各項目について採決することが認められるかについて、第三読会の解釈も含めて意見の応酬が続いたが、結局、双方ともに認められることを確認した。なお帝国議会の第三読会ではこういった修正は認められなかった。そして修正案が可決された。このように一旦承認した議案に対して修正を提案するといったことが、この調査会では数多く起こっていたが、これもその例になった。この結果、馬匹調査会から農商務大臣に対して、諮詢第一「馬匹改良の方針」として、「馬匹改良は富国強兵上の必要に基き乗輓駄の各用途に適切なる馬匹を産出するを以て目的とする」を答申することになった。この国防上から富国強兵への文言の変更は、馬匹改良の目的が何よりも軍馬にあるというところから後退したことを意味した。のちの明治三七年、藤波言忠、新山荘輔らが編纂、臨時馬制調査委員会に提出した主意書が、これまでの「我国の産馬の業」が「全く農家の副業に属し近隣に草野あるを以て馬を養い肥料の要あるを以て之を畜養し勉めて手数を省き投資を厭うべき傾向」であったが、「産馬の改良発達」の目的は「軍用」、「国防」にあり、「大に進んで国費を投じ方法を極め速かに馬政の主脳機関を拡張して馬政の振興を計り我国産馬改良発達の速成策を講」じなければならないと強調したのは(72)、こういった過去の経緯を踏まえてのものだったはずである。馬匹改良の目的が、何よりも馬匹の軍事資源化にあるということを前面に打ち出して馬政を展開していくためには、日露戦争を待たなければならなかった。

## 種馬牧場及種馬所の設置

そしてこの目的の審議とともに、それを達成するための施策として、この調査会で合意されたのが諮詢案の「二種馬牧場及種馬所の設置」であった。なお種馬厩は、特別委員会で種馬所に名称変更されていた(73)。あらかじめいっておけば、種馬牧場と種馬所は、日清戦争後の馬匹改良政策の根幹として位置づけられ、翌明治二九年度から、漸次各地に設置されていくことになる。会議五日目の一八日、諮詢案の「一 馬匹改良の方針」の審議を終えた後、諮詢の順番を入れ替えて、検討は「三 種馬の選定」から行われた(74)。「二 種馬牧場及種馬所の設置」に先立って、そこに繋養する種馬の選定の方針を決める必要があるとの判断だった。「種馬の選定」の諮詢案の「説明」は、「(一)種馬は先ず各地適当の内国種及従来産出せる優等の雑種牡馬を運用す、而して(二)右本邦種及雑種の外仍ほ外国種を輸入すとせば其種類は如何」、だった(75)。なおこれより先の明治二六年、農商務省と陸軍省が調査委員会設置に向けての協議の際、準備された「調査要領」のなかの「輸入種馬の成績」は、それまでに供用されてきた各品種の種牡馬の評価にふれたあとで、どの品種の種牡馬を供用して今後の改良を進めていくかについてつぎのように述べていた(76)。

……先ず救急策としては本邦種及従来産出せる雑種中優等なる牡馬を選択して改良の進路を採るを以て専らとし、永久策としては本邦種及雑種の外、外国種を輸入し一種適当の種畜を産出することを勉めざるべからず……

諮詢案の「説明」は、これを踏まえたものだった。この件に関する特別委員会の答申は、以下のものだった(77)。

第一項　内国種及雑種中優等の馬匹を撰用すること
第二項　アラビヤ種を輸入し我国に適する一種の種馬を産出すること
第三項　英国純血種、米国トロッター種及其他の種類は必要に応じ之を輸入すること第一項は、「説明」（一）を受けての現状に即した措置、第二、第三項は「説明」（二）を受けた方針だった(78)。特別委員会の議事録は残されていないが、この日の会議での発言から推測すると、第一項は、農務局の「調査要領」の案をそのまま合意したものだった。「説明」（二）に関しての「調査要領」の素案は、「亜剌比亜種及英国純血種を輸入し我国に適する一種の種馬を産出すること」だったが、陸軍の西端学、今泉六郎が、素案から英国純血種を削除することを強く主張、これに亜剌比亜種単独では馬匹改良の目的を達成できないとの反対があったが、それを押し切って作成されたのが第二項だった。陸軍は、亜剌比亜種を原種として馬匹改良の基幹となる種牡馬を造り出すという計画だった。第三項は、新たに設けた項目で、第二項の素案から削除された英国純血種、そして素案には含まれていなかったが、これまで供用されて改良に資してきた米国トロッター種が、またペルシュロン、アングロノルマンなども供用が将来必要となる可能性があるということでそれぞれ加えられたものだった。特別委員会では、この説明（二）、答申の第二項、第三項をめぐって長時間の激論となっていたが、これで折り合いが付けられたはずだった。

ところがこの一八日、複数の特別委員が委員会で主張した持論を蒸し返した。たとえば第三項に関して、今泉はあくまでも第二項が主である、また伊地知はもっと熟議が必要である、そして西端は反対、と主張(79)。議論は、非難合戦の様相を呈し、ついに特別委員会の委員長であった清棲が、「委員中には種々の議論がござりまして所謂歩み合って此案は出来たものだと云うことを委員長として諸君に申上げて置きます」、と特別委員会での合意を尊重するよう求めたほどの混乱ぶりだった(80)。だがその後も他の委員も加わって論戦は続き、その結果、この日に採決を行うことができなくなってしまった。

そして翌一九日だった。この日も感情的な対立を含めて論戦が続いたことで、会長金子の提案で採決は無記名投票になり、第三項の削除などの修正案も出されたが、結局、原案の承認となった(81)。ただし、その経緯は議事録に残されていないが、二四日の第三読会で承認された答申は、「雑種の蕃殖を計ること」が削除され、「之を輸入すること」に修正されたものだった(82)。

この「種馬の選定」の審議の興奮の余韻が残るなかで、この第一回調査会の最も重要な諮詢である「種馬牧場及種馬所の設置」の検討に移った。特別委員会が提出した答申案は以下のものだった(83)。

第二　種馬牧場及種馬所の設置

一　種馬牧場は奥羽及九州に各一ヶ所を設置し将来必要と認むるときは北海道に一ヶ所を増設すること

二　種馬所は第一期（六ヶ年）に於て青森、岩手、秋田、宮城、福島、長野、宮崎及鹿児島の八県下に各一ヶ所を設置し、第二期に於て必要に応じ北海道并に石川、愛知、熊本、茨城、島根の諸県に之を設く、将来更に必要ありと認むるときは一県下に一ヶ所以上を増設することあるべし

三　輸入外国種にして其配合数に剰余あるときは適好と認むる民有牝馬に配合せしむることあるべし

四　種馬は交尾期間中種馬所より其所属種馬支所に牽出し適好と認むる民有牝馬に交尾せしむること、但し交尾料を徴収せず

五　購買せる種馬の幼駒は種馬所に於て育成すること

六　種馬牧場に於て飼料を得るが為穀類牧草等を耕作すること

七　種馬は地方の状況に依り種馬支所の外特に組合又は団体に委託し交尾せしむることあるべし

明治二六年農商務省と陸軍省が、来るべき調査会での検討項目として種馬牧場と種馬厩もあげていたが、それはそれぞれ以下のものだった(84)。

一、種馬牧場の目的は我が国適合の種馬創造及試験に従事す（原文ママ）、而して其の数は当分一ヶ所とし奥羽六県中

（若しくは北海道）適当の地に之を設立す

一、種牡馬厩は青森、岩手、秋田、宮城、福島、長野、宮崎及鹿児島の八県下に各一ヶ所以上を設立し、種馬を蓄養し交尾季節中は其の所属交尾所に派遣し民有牝馬に交尾せしむ、但し其の位置は実地調査の上決定す

これを受けて、「調査要領」は、九州の種馬牧場一ヶ所を追加して、「奥羽并に九州に種馬牧場各一ヶ所を置く又種馬厩は八県下に置く」となり(85)、そしてそのうえで種馬所の第二期設置計画として北海道以下を加えたが、特別委員会では、その賛否が正半数となり、委員長清棲が賛成して承認となり答申となったものだった(86)。その賛否同数ということがあってだろう、小畑岩次郎が、提案を受けてすぐにつぎの修正案を提出した(87)。

第一　種馬牧場及種馬所の設置

種馬を産出する為め種馬牧場を置き、種馬を飼養して地方の必要に応ずる為め種馬所を設置す

一　種馬牧場は全国に二ヶ所乃至四ヶ所を設け奥羽及九州を始め漸次設置するものとす

二　種馬所は全国に十ヶ所乃至二十ヶ所を設け最も必要の地方より漸次設置するものとす
但し交尾期節中便宜に支所を設くることあるべし

三　種馬牧場の原種馬にして其配合数に剰余ある時は適好なる民有牝馬に配合を許すことあるべし

四　種馬所の種馬は同所及支所に於て適好なる民有牝馬の配合に応ぜしむ
但し地方の状況に依り特に組合又は団体に委託して配合せしむることあるべし

五　種馬牧場に於ては飼料を得くるが為め穀類及牧草等を耕作すること

小畑は、この修正案を読み上げる際、「種馬を産出する為め」以下の前書きを挿入したことについて、「種馬牧場と

種馬所と云うものは斯う云うことをすると云うことを最初に掲げまして其設置する要項をずっと下に掲げます」、また三の「原種馬」については、「種馬所の馬と種馬牧場の馬と混淆する嫌いがある」として原種馬と記したと説明した。おそらくこの対抗案は、小畑単独でまとめたのではなく、原案に反対する他の委員らと協議のうえであらかじめ準備していたものだったと思われる。答申案との大きな相違は、小畑案が種馬牧場に関して北海道と特定せず、個数も二から四とし、種馬所に関しても第一期、第二期の区分をなくすとともに設置場所を特定せず、「十ヶ所乃至二十ヶ所」と増加に含みをもたせたことであった。答申は「其位置及個所を決定するに在り」であったから、小畑案は、それを曖昧にしたものだったが、もちろん意図的であった。

この小畑案に加えて、今泉六郎が、答申の追加案として、二の後に「種馬牧場に飼養すべき馬匹は亜剌比亜種及其雑種牝牡並に其他の雑種若しくは内国種の中種母に適好なる牝馬とす」、四の後に「種馬所に飼養すべき馬匹は内国種と外国種若しくは雑種を問わず其地方に用いて適好なる種馬となす」を付け加えることを提案した(88)。これは、先の種馬選定の議論を蒸し返すものでもあった。この今泉の追加案に対し、新山荘輔が強く反対するなど議論がしばらく続いたが、まず答申と小畑案を議したあとで、今泉案を検討することになった(89)。これを受けて、佐藤昌蔵が答申、小畑が自らの修正案について説明、それぞれに賛否の議論が続いたが、堂々巡りになった(90)。結論だけいうと、小畑案が賛成多数になった。なお小畑案は、「全国に二ヶ所乃至四ヶ所を設け」の「全国に」を「全国を通じて」と微修正されて採決にふされた。この時点で、種馬牧場、種馬所の設置場所、個数を限定せず、開設順にも含みをもたせて置くということであった。

そして小畑の修正案の各項の審議となった。まず前文の「種馬を産出する為めに種馬牧場を置き、種馬を飼養して地方の必要に応ずる為め種馬所を設置す」、の削除が合意された(91)。種馬牧場、種馬所の役割に関しても、各委員には持論があり、このような簡単な規定でも、合意を得ることが困難だった。ついで一の種馬牧場の設置場所、個数に移った。特別委員であった勝島仙之助が、改めて特別委員を指名し直して先の原案を参酌してもう一度検討することを提案、賛成の声もあがったが、先の採決を差し戻すことになるので、これは否決された(92)。とはいえ、審議に入り、他の特別委員佐藤昌蔵からも、位置及び個所を決定しないのは諮詢に答えていない、といった発言があり、議論が蒸し返された(93)。設置数についての議論が続き、三ヶ所とするなどの修正も提案されたが、結局、小畑案が承認された。

これを受けて、先の今泉六郎の追加案の種馬牧場に関する部分の検討に移った。今泉は、先に決定した種馬の選定の答申では、三品種の種馬をどのように供用するかが不分明であり、それを明文化するために、「種馬牧場に飼養すべき馬匹は亜刺比亜種及び其他の雑種牝牡并に其他の雑種若しくは内国種の内種母(ママ)に適好なる牝馬とす」との一項を加えたい、「そうすれば英国純血種米国トロッター種なぞは種馬場（正しくは種馬牧場）に入れるものでないと云うことがはっきり致します」と、その趣旨を説明した(94)。今泉は、先の種馬選定の決定を動かすものではないと述べてはいたが、実際はその議論を蒸し返すものであった。これに勝島は、種馬選定の第三項は、英国純血種米国トロッター種も種馬牧場で種牡馬に供用することを意味している、今泉の追加案が通れば、「御互に先日来骨を折って議決したものを自ら動かす」ようになる、と「軽々に議決」しないことを求めた(95)。ここでも今泉と勝島は自説を曲げなかった(96)。陸軍の西端と萩原は今泉に賛成、アラブを原種にして馬匹改良を推進していくというのは、先にも述べたように陸軍側委員の共通した考えであった。早川、新山、村上は、勝島に同調、陸軍側の意向に与しない姿勢を示した。それぞれの馬匹改良のビジョンの争いだった。結局、先に可決していた種馬選定の方針を崩さない形で、今泉の追加案は否決された。この時点で一九日の会議は終了になった。

次の会議七日目の二一日、小畑案の二の種馬所に関する項目の検討になった。ここでも一八日以来の議論を引きずり、各委員の持論の応酬の観を呈した。まず二の但書の種馬所の支所をめぐっての議論となったが、ここで新山荘輔が、「修正案は元と不同意でありまして何処までも特別委員の修正案を維持して行く論でありました」と述べたうえで、種馬所を「全国に二十ヶ所と限っては窮屈になる」としてその制限を外して、十ヶ所以上とすることを提案した(97)。これに勝島、伊地知らが支持を表明(98)。当然、小畑は、漠然と十ヶ所以上とするのは無責任だと反論した(99)。これに新山が小畑案の方が無責任(100)、また佐藤昌蔵も、「奥羽九州を通じて十ヶ所以内其他の府県は通じて十ヶ所以内」にするとの修正案を提起したうえで、小畑案では設置位置と箇所を定めることを求めた諮詢に答えていないなどと応酬(101)、一八、一九日の審議で決着を見たことの蒸し返しになった。業を煮やした会長金子が円滑な議事の進行に注意を促し、議論も尽きたとして採決を宣言した(102)。佐藤と新山の二つの修正案が採決にふされたが、ともに否決、ここでも小畑案が承認された。二の但書に関しては、「但し交尾期節中便宜に支所を設くることあるべし」を「交尾期節中必要に応じ便宜の地に種馬支所を設くること」に修正するという西川勝蔵（農商務技師）の提案を小畑も受け入れ、合意された(103)。

そして三項目目の「種馬牧場の原種馬にして其配合数に剰余ある時は適好なる民有牝馬に配合を許すことあるべし」は、原種馬の原を取ることが承認された(104)。新山の指摘を受けて、小畑も同意したものだったが、輸入外国種種馬も含めて品種を限定しないということだった。

四項目目の「種馬所の種馬は同所及支所に於て適好なる民有牝馬の配合に応ぜしむ」は、第二の但書の修正にあわせて支所を種馬支所、また「但し地方の状況に依り特に組合又は団体に委託して配合せしむることあるべし」は、こちらも「団体に依託して」を「団体に種馬を委託して」と、それぞれ微調整して承認された(105)。

そして五項目目に関しては、原案を削除したうえで、「購買せる種馬の幼駒は種馬所に於て育成すること」の項を入れる、という修正案が承認された(106)。特別委員会案の五としてあったものを、小畑案は削除していたが、新山がここで改めて加えることを提案したのを受けてのものだった。だがこの承認後、幼駒の繋養方法及びその場所についての議論となった(107)。各委員は、種馬牧場と種馬所に関する持論もあって、互いに譲らなかった。ここでもまた議決後、異議が唱えられて、議論が蒸し返された。妥協がはかられようとしたが、新山が受け入れず、結局、新山提案の「購買せる種馬の幼駒は種馬所に於て育成すること」と、西端提案の「種馬の補給に充つる為め購買せる幼駒は種馬牧場若しくは種馬所に於て便宜之を育成すること」の二つを採決にふすことになった。種馬所に限定するか、種馬牧場を原則としながら種馬所での育成にも含みをもたせるかどうかであった。新山案は、村上要信と伊地知峻、一方西端案は、萩原盛種、今泉六郎の陸軍委員と小畑が賛成を表明した。結果、西端案の採択になった。西端は、種馬牧場で育成することを原則とし、「便宜に依っては種馬所でも」育成すると説明していたが、文面上は育成場所を限定しなかったこともあって支持を得た。新山は、第二の種馬所に続いて、ここでも多数の支持を得ることができなかった。

この二一日の馬匹調査会の議決を受けて、供用する種牡馬に関して解釈の余地を残しながらも、以下の「種馬牧場及種馬所の設置」を、農商務大臣榎本武揚宛に答申することになった(108)。

一　種馬牧場は全国に二ヶ所乃至四ヶ所を設け奥羽及九州を始め漸次設置するものとす

一　種馬牧場の種馬にして其配合数に剰余ある時は適好なる民有牝馬に配合を許すことあるべし

一　種馬所は全国を通じ十ヶ所乃至二十ヶ所とし最も必要の地方より漸次設置するものとす

一　交尾期節中必要に応じ便宜の地に種馬支所を設くること

一　種馬所の種馬は同所及種馬支所に於て適好なる民有牝馬の配合に応ぜしむ
　　但し地方の状況に依り特に組合又は団体に種馬を委託して配合せしむることあるべし

一　種馬の補給に充つる為め購買せるは幼駒種馬牧場若くは種馬所に於て便宜之を育成すること

翌二二日、調査会は、答申とは別に、「種馬牧場及種馬所設置」の件を、政府に建議することを決定した(109)。会長金子は、起草する五名の特別委員として大河内正質（旧大多喜藩主、貴族院議員、鹿鳴館時代の競馬の中心的存在）、津野慶太郎（農科大学助教授）、南条文五郎（仙台牛馬組合理事）、大澤紋一郎（長野）、佐藤里治（山形県第一区選出衆議院議員）を指名した(110)。

図３　種馬牧場及種馬所設置の件に付建議

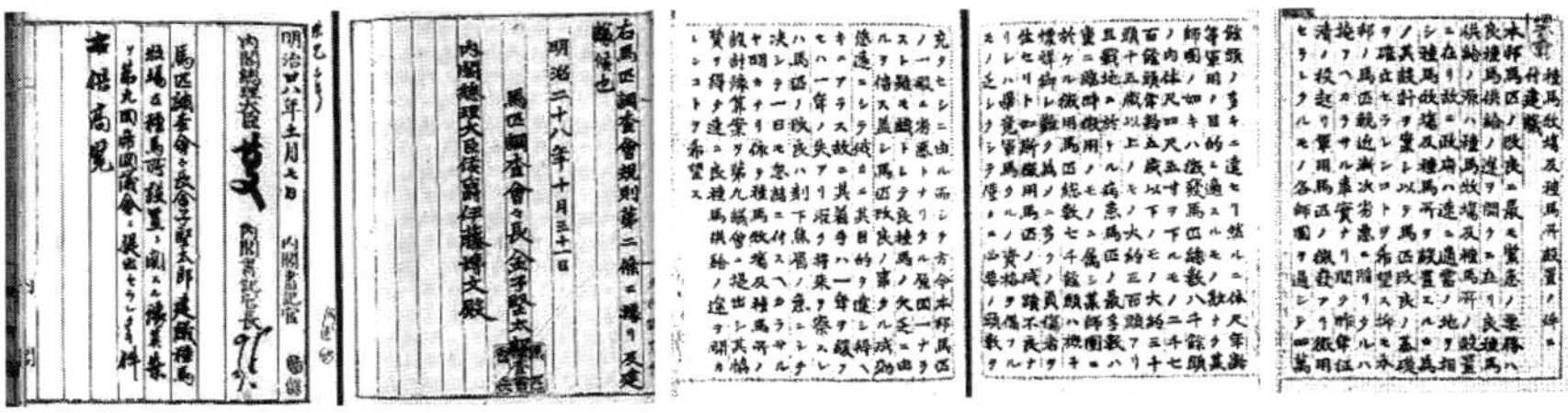

明治28年10月31日付、馬匹調査会会長金子堅太郎より内閣総理大臣侯爵伊藤博文宛「種馬牧場及種馬所設置の件に付建議」（国立公文書館デジタルアーカイブ）

二九日、特別委員が起草した建議案が調査会に諮られた(111)。案は、日清戦争での徴発された馬匹の劣悪さを強調したうえで、その劣悪さの主因は「善良なる種馬の欠乏」にあるとして、「良種馬供給の途を開くは目下の最大急務」だが、「到底民力」では対応できない、そこで政府が「国家事業」として「数個の種馬牧場及種馬所を設置し以て良種馬供給の基を開き、漸次馬制を定め以て馬匹改良の法を謀らざるべからず」と、第九議会での「協賛」、「馬匹改良の基礎の確立」を訴えたものだった。そして検討の結果、「目下急務中の急務なる故に第九議会に提出になりたいと云う」趣旨をより活かすための文案修正を会長金子堅太郎に一任したうえで、内閣総理大臣伊藤博文、農商務大臣榎本武揚、陸軍大臣大山巌、大蔵大臣渡辺国武宛に建議書を提出することを決定した。

金子は、調査会終了後、一〇月三一日付で、つぎの「種馬牧場及び種馬所設置の件に付建議」を内閣総理大臣伊藤博文宛に提出した(112)。

本邦馬匹の改良に最も緊急の用務は良種馬供給の途を開くに在り、良種馬供給の源は種馬牧場及種馬所の設置に在り、故に政府は速に適当の地を相し種馬牧場及種馬所を設置するが為め其設計を案し以て馬匹改良の基礎を確立せられんことを希望す、抑も本邦の馬匹輓近漸次劣悪に陥りたるは掩うべからざる事実なり、聞く昨年征清の役起り軍用馬匹の徴発あり、徴用せられたるもの各師団を通して四万余頭の多きに達せり、然るに体尺年齢等軍用の目的に適するもの尠なく某師団の如きは徴発馬匹総数八千余頭の内体尺四尺五寸を下るもの二千七百余頭、年齢五歳以下のもの大約三千頭、十五歳以上のもの大約三百頭あり、且戦地に於ける病患馬匹の最多数は重に臨時徴用のものに属し、某師団に於ける徴用馬匹総数七千余頭は概ね慓悍御し難く為めに多くの負傷者を生ぜりと、如斯徴用馬匹の成績不良なりしは畢竟軍馬たるの資格を備ふるもの乏しくして僅かに必要の頭数を充たせしに由る、而して方今本邦馬匹の一般に劣悪となりたる原因一ならずと雖も職として良種馬の欠乏に由るを信ず、蓋し馬匹改良の事たる成功悠遠にして俄かに其目的を達し得べきにあらず、故に其着手は一年を緩ふせば一年の失あり、深く将来を察すれば馬匹の改良は刻下焦眉の急にして決して一日も忽諸に付すべからざるや明かなり、依て種馬牧場及種馬所の設計予算案を第九議会に提出し其協賛を得て速に良種馬供給の途を開かれんことを希望す

右馬匹調査会規則第二条に拠り及建議候也

明治二八年一〇月三一日

馬匹調査会会長金子堅太郎

内閣総理大臣侯爵伊藤博文殿

端的にいえば、日清戦争で徴発された馬匹の劣悪さを強調し、その原因が「良種馬の欠乏」にあり、「馬匹の改良は刻下焦眉の急にして決して一日も忽諸に」できないことが明らかだとして、「種馬牧場及種馬所の設計予算案を第九議会に提出し其協賛を得て速に良種馬供給の途を開かれんことを希望す」と訴えたものだった。

この建議に対応して、一一月、陸軍大臣大山巌、農商務大臣榎本武揚は、大蔵大臣渡辺国武宛に「二九年度農商務省所管経費十ヶ年の継続とし、追加予算を以て」、「馬匹改良費至急閣議提出相成度候」と照会した(113)。それぞれ継続費、追加予算として要求したのは、種馬牧場及種馬所設置が十ヶ年の計画事業であり、またこれより先に明治二九年度予算概算が閣議決定されていたからであった。この照会は、一一月七日付で、閣員の供覧に呈された(114)。これを受けて、農商務省と大蔵省の間で調整が行われ、結局、大蔵省は継続費としては認めなかったが、明治二九年度の

単年度予算として一六万四一五六円での合意がなり、明治二九年一月一〇日、これを閣議決定した。議会に提出された要求理由書は以下のものだった(115)。馬匹調査会の榎本農商務大臣の挨拶及び「種馬牧場及種馬所設置の件に付建議」の文言、内容が活用されていた。

二九年度農商務省所管予定経費追加要求書に於て算定する所の臨時歳出額は一六万四一五六円なり、是れ二九年度に於て馬匹改良の為めに要する所の費額とす

右経費追加要求書説明

抑も馬匹改良の事たる其の盛衰興廃は直接に国力の消長に影響し、軍事に殖産に至大至重の関係を有するは夙に世人の確認する所にして、今復た茲に其の必要を述ぶるの要なしと雖も、二七八年の役に於て国外に輸出したる軍馬の戦闘運輸上に於ける実験に徴し、其の改良の必要彌々現著なるを証せり……深く将来を察すれば馬匹の改良は刻下焦眉の急にして一日も忽諸に附すべかざるや明なり、故に今にして之が改良の大計を確立するにあらざれば、遂に軍備の整頓を欠き且殖産上の不利を来すは固より疑を容れざるなり……事業整頓に至る迄約十ヶ年間に要する総額は金三三〇万六八二五円にして二九年度要求額は金一六万四一五六円とす……

この予算で、農商務省が描いていた計画は、種馬牧場で、内国種とともに西洋種の種牡馬を毎年輸入して種馬牧場で牧場所有の牝馬に交配し、その産駒のなかから種牡馬を七年で八〇〇頭育成する、そしてその種牡馬を種馬所に配置して、民間の牝馬に交配、在来馬の洋種化を三〇年で達成する、明治二九年度事業としては種馬牧場二ヶ所、種馬所三ヶ所を設置するというものだった(116)。内国種というのは、主として在来牝馬に西洋種の種牡馬を交配して生産された雑種馬、八〇〇頭は、全国種牡馬八〇〇〇頭の一割を国有にするということで割出された数字だった。なお種馬所は一〇年で計一六ヶ所設置予定であった。

この追加予算は、三月二三日衆議院予算委員会で承認された(117)。その「二九年度馬匹改良に関する費目」の内訳は以下のものだった。なお衆議院予算委員会では、継続費とすべきだという意見も出されたが、認められなかった。

一、馬匹改良費　九万七一六六円
　俸給及諸給、庁費、旅費、雑給、種馬購入及飼養費
二、営繕費　六万六九九〇円
　種馬牧場及種馬所新営費

この予算通過を受けて、四月種馬牧場及び種馬所官制を制定、同年奥羽（青森、六月）、九州（鹿児島、五月）の種馬牧場、岩手（六月）、熊本（五月）、宮城（六月）の三種馬所を設置した(118)。また四月、馬政に関する行政を主管する農商務省牧場掛（明治三一年牧場課に昇格）を設置、そして同月一五日牧場監督官官制施行、牧場監督官を置いた(119)。さらに農商務省は、明治三〇年から毎年、技師等を欧米に派遣、種馬牧場で供用する種牡馬の購入にあたらせることになる(120)。

こうして、第一回馬匹調査会での協議を受けて立案された「馬匹の改良に最も緊急の用務」である「良種馬供給の途を開く」ために種馬牧場及種馬所を設置するという馬匹改良の方針が実行に移されていった。この第一回馬匹調査会の最大の成果であった。

## 馬政を統括する機関の設置に向けて

そしてこの第一回馬匹調査会では、馬匹改良の方針を統轄する一局を農商務省内に置くことの検討も行われた。ただし農商務省は、この件を調査会に諮詢してはおらず、委員が「農商務省に全国馬政に関する一切の事務を統轄する

の一局を置くこと」との建議案を提出したのを受けてのものだった。発議者は小畑岩次郎、勝島仙之助、村上要信、津野慶太郎、賛成者は新山荘輔、大河内正質、古橋源九郎。一〇月二三日、次の建議案が諮られた(121)。

農商務省に全国馬政に関する一切の事務を統轄するの一局を置くこと

理由

本邦馬匹改良の方針一定し乗、輓、駄の各用途に適当の馬匹を産出するの目的を以て種馬牧場、種馬所を設置し種馬の検査、産馬奨励の方法成立するときは馬匹改良上実効の挙がると否とは之れに必要の機関具備せると否とに存す……従来本邦畜産の保護及獣医行政に関する国務は農務局の一分課(畜産課牧場掛)をして処理せしむと雖も、方今馬政の拡張及其整頓を要する時機に遭遇し種馬の購買及其保存上多額の国費を支出するのみならず事務繁雑を加うるに当りては現行官制に満足せんと欲するも得て能くすべからず、故に政府は官制を改革して新たに一局を設置し以て牧場の管理、種馬の配合、種馬の検査等凡技術に関する事項は之に担任せしむと雖も、其行政事項を統轄処理するには農商務省に主務局を置き、産馬地の地方庁には各々畜産課を設置し、専ら馬政の事務を掌らしめんことを希望す

今後新たな馬政を展開して馬匹改良の実効性をあげるためには馬政全般を統括する一局、要するに司令部を農商務省内に置かなければならない、それとともに産馬地の地方庁にも畜産課を設置する必要があるということであった。あらかじめいっておけば、その一局の設置先と想定されている当の農商務省が反発、また陸軍や一部の地方代表者からの合意も得られず、建議の取扱は会長一任となる。

馬匹調査会の「馬匹改良の方針」の諮詢に対する答申は、「馬匹改良は国防上の必要に基き乗輓駄馬各用途に適切なる馬匹を産出するを以て方針とす」というものだったが、ここで「国防上の必要に基き」という文言が省かれてい

るのは、先に述べたように馬匹改良の目的が馬匹の軍事資源化にあるということに関して、民用馬（農馬、荷車馬）の改良も重要であるという意見が強く、必ずしも同意が得られていなかったからだった。ここが、軍事資源化で一致していた日露戦後の馬政計画とは決定的に相違するところであった。ちなみに建議案が提出される前日の二二日、鹿児島の実業家で馬産も行っていた伊地知峻が、つぎのように要望していた(122)。なお建議案は、二二日の前には委員たちに提示されていた。

（軍馬の供給地として）将来の事を計画し又今日の目的を十分仕遂げんと欲せば、宜しく軍馬の事を実際取扱って居る方々も此局員となり、自から其事務を実行者の一人に御加わりになって実行せられんことを望みます、故に此建議案の中に其箇条を一つ入れて置きたいと云う希望があるのでござりまするから此段を一応申し述べて置きます

軍馬の供給地の馬産地にとって、顧客（需要者）である陸軍が馬匹に求めているものが馬政計画のなかに反映するかどうかは重要であった。いうまでもなく売却価格に直結するからである。

建議が協議されたこの日、前日の伊地知に呼応する形で、建議案の発議者の一人である小畑岩次郎が、農商務省は馬匹の「供給者の地位」、陸軍は「需要者の地位」であり、「此両者が相まって行きませぬと完全することは出来まいと思います」と、制度的に陸軍が関係することを望むと訴えた(123)。これに当然、伊地知も賛成を表明(124)、また佐藤昌蔵も、維新以降、各藩が馬産を統制していた体制が壊れて「人民の馬が却退」したとして、「軍国の事を主にして改良」するためには、陸軍も関与した「馬政一体の事務を統轄する一局あるいは一課」の設置が必要と「建議案と委員（小畑）説とを併せて賛成致します」と表明した(125)。ここでこの件を審議する三名の建議案特別調査委員会を設けることが同意された(126)。

二四日、会長金子は、その特別委員として伊地知峻、今泉六郎、佐藤昌蔵を指名した(127)。佐藤は日本の古代以来の馬政に、今泉はドイツへ留学したこともあってヨーロッパの馬政に、また伊地知は、鹿児島で馬産に従事し、それらに関する知見をそれぞれ持っていた。三名ともに陸軍武官を一局に任用することが必要と考えていた。特別調査委員会の建議案の提出は、調査会最終日の一〇月二九日(128)。建議案は、日本の古代から江戸期までの馬政を概観したあとで、ヨーロッパ各国の事例を紹介しながら、「此事業(馬匹改良)を管理し之が挙否の責に当るの官衙は国の如何に別なく皆な之を農務省の一局となし之が要路の職員は多くは之が武官より採用するを例とせり」として、つぎのように提言した(129)。

顧ふに我国畜産の政務は目下農務局の一分課をして処理せしめるるに過ぎずと雖も、今や方さに馬制を拡張し其統一を要するの時機に会せり、此際政府は宜しく速に此事に対する官制を改革して新に一局を設けられ、全国馬政の最高府となし種馬牧場及種馬所を管轄せしめ、以て斯制度の励行を期せられんこと誠に切望の至に堪えざるなり、夫れ局員の如きは之を我古式に攷へ之を欧州諸邦の慣例に照らし陸軍武官農商務文官を併用せらるるときは事体其宜しきを得たるものなるを信ず

この建議案に対して、事例が冗漫であり、またヨーロッパのものは信が置けないなどの不満が強く出された(130)。そのうえで問題とされたのは、この建議案が「陸軍武官農商務文官」の「併用」を求めていたことだった。これに、この一局を設けると想定されていた当の農商務省農務局長藤田四郎が強く反発した。元々農務局は、馬政局設置自体を考えていなかった。農務局長藤田は、審議二日目の一〇月一二日、種馬の国有化に関する議論のなかで、愛知の古橋源六郎の「馬制局と云うようなものを御設けになる御見込でござりますか農務局の方で総括なさる御見込でござりますか」という問いに、「唯今の御尋ねの如きは未だ政府に於ては何等の考えをも持って居りませぬ」と答えてい

た[131]。この二九日、藤田は、「今日農商務省中新たに一局を置いて貫いたいというようなことは余程攻究を要する」、「軍国の必要から云えば」、農商務省ではなく、陸軍省内への設置が適当であり、陸軍の武官を農商務省に任官するというのは官制上の問題がある、また外国の事例の調査も不十分、と次回までの先送り、今回の見合わせを繰り返し主張した[132]。また農相秘書官早川鉄治も、「農商務大臣は陸軍省の武官も監督しなければならぬようになる、そう云うことになりますると、農商務省に持って来て馬政局を置いても中々行政事務の挙がることはむずかしかろうかと思います」と特別委員会での再検討を求めた[133]。この建議案では、陸軍が馬匹改良の成果を享受する立場なのに対して、農商務省は馬政の責任を押し付けられるだけと考えていたようである。それに実際問題として、予算、人材、権限、陸軍との調整などあらゆる面での準備がなされていなかった。

一方、陸軍側委員の西端学は、ヨーロッパの事例に鑑みると、「軍人ばかりでやろうと云うと第一経費が余計掛り第二は民業の発達を妨害する憂いがある」と建議案のように農商務省のなかに馬政局を設置するのが、使役者と生産者の利害を一致させ、馬政を推進していくうえでの利点が大きいと論じた[134]。農商務省に馬政の責任を担わせ、そのなかで陸軍が実権を握ろうとするものだった。

要するに、この議論は、農商務側も陸軍側も、自ら責任を引き受けることを回避しようとするものであった。産馬地の民間委員は、双方の協力を求めたが、これでは合意に達することは難しかった。また農科大学教授の勝島仙之助は、「余り陸軍と云うことが強くなるとまるで願う所の農商務省の中に置くと云うことは打毀すようになろうと思います」、と官制上の検討が不十分として修正か撤回を求めた[135]。このような意見を受け、特別委員会の一員であった伊地知も、調査が不十分だったとして建議案の再調査の必要を認めた[136]。さらに清棲が、「此建議は同一委員に於て再調査を致し尚ほ十分御調査あらんことを希望致します」と提起したのをはじめとして、農務局長藤田は見合わせ、宮内省御厩課新山荘輔は組織論に入らない、農相秘書官早川も農相が陸軍省の武官も監督しなければならなくなる、と特別委員での再調査を提案、これを受けて、特別委員の佐藤昌蔵も、原案への理解を求めはしたが、結局、原案作成委員が再調査を行うか、あるいは建議の延期を提案、藤田も、これに賛成した(137)。さらにこのような再調査、延期説に加えて、原案にもどってその「幾分修正」、さらにその修正を会長へ一任することが提起されるなど、収拾がつかなくなった(138)。一方、特別委員会の建議案を支持する声は出なかった。

この日、午前一〇時半から始まっていた審議も一二時を過ぎ、ここで会長の金子は、今日で会を終える予定だとして意見をまとめたいたいとの要請を行った(139)。そして午後の協議会では、午前の審議を踏まえ、建議の延期、ついで建議案の承認が採決にふされ、双方ともに否決された(140)。この否決を受けて、改めて委員を指名しての付託も提案されたが、「特別委員の報告案と元との建議案を参考として文字の修正其他総て」会長に「委任する」ことを可決(141)、要するに会長金子に丸投げされた。これを受けて、金子は、中身は不詳だが、建議を提出したようである。

とはいえその設置に向けての検討は、翌年の第二回調査会にも諮られず、実質上、棚上げ状態が続いた。この状況を受け、明治三〇年六月二八日より七月六日に開催された第三回馬匹調査会は、委員たちの発議によって、「馬政局の設置、種馬所の予算并に馬匹調査会の継続に関する建議案」を農商務大臣大隅重信宛に提出した(142)。この建議の目的は、重要な検討課題がまだ残されているとして馬匹調査会の継続を建議するところにあったが、そのなかでつぎのように種馬所の設置の促進とともに「中央に専務の一局を置き馬政に関する全般の政務を総覧せしめざる可らず」として馬政局の設置を訴えた(143)。

謹で惟るに第一回馬匹調査会は馬匹改良の方針を議定し速に種馬牧場、種馬所及馬政統轄の一局を設置せられんことを建議したり、政府乃ち此議を納れ種馬牧場二ヶ所及種馬所三ヶ所を開設し尋て牧場監督官の制を布き農務局中牧場掛を置かれたり、政府の馬政に留意せらるる薄しと謂う可らず、然りと雖も牧場監督官の如きは其権限頗る狭隘にして未だ以て全国の馬制を統轄するに足らず、徒に刀筆の事務に鞅掌して其本務とすべき馬政に全力を傾注し得ざるの憾あり、種馬牧場、種馬所も亦創立日尚ほ浅ふして諸般の設備未だ全からず、従て世人は区々の評論を下し酷しきは種馬所の必要すら疑う者あるに至れり、世人の批評は敢て意に介するに足らずと雖も馬産の実績上苟も間然するところありとせんか、将来の為め大に顧慮せざるを得ず、凡そ此の如きは職として馬制の基礎確定せず首尾統一を欠くに由る、故に馬政の挙らんことを欲せば須く先ず中央に専務の一局を置き馬政に関する全般の政務を総覧せしめざる可らず、而して其局員の如きは特に今日の情弊に鑑み文武官中適任の人才を登用せられんことを希望す、事此に出てずんば本邦馬匹の改良は円満の進歩を期し難きを信ず、是れ馬政局の設置を希望して已まざる所以なり

このように、明治三〇年段階の二つの種馬牧場、三つの種馬所、農務局牧場掛、権限も狭隘な牧場監督官という体制で、「馬産の実績上苟も間然するところ」があるのは、「馬制の基礎確定せず首尾統一を欠」いていることに由るとして、馬政の目的を達成するためには「先ず馬政に関する全般の政務を総覧」する「専務の一局」を「中央」に置き、そして馬匹改良の「円満の進歩を期す」ために其局員は「今日の情弊に鑑み文武官中適任の人才を登用」することが必要と訴えていた。所轄の省名をあげずに中央に置く、と記したのは、農商務省が所管することに同意していなかったからだろう。また「文武官中適任の人材を登用」は、明治二八年第一回馬匹調査会での民間委員の要請と陸軍の要求を反映していたが、これも農商務省側が受け入れていたとは考えられなかった。とはいえ、第一回では議論がまとまらず会長一任とせざるをえなかったものが、ここではともかくこの建議が承認されたことは一歩前進だった。

だが翌明治三一年実施されたのは、馬政局の設置ではなく、農商務省牧場掛の牧場課への格上げだった(144)。「文武官中の適任の人材を登用」して農商務内に馬政局を設置することへの農商務側の抵抗は大きかった。その後も馬政局設置は棚上げ、先送りの状態が続いた。

これに対し、明治三〇年代が進むにつれて、馬政を統轄する一局(馬政局)の設置の急務の声が、宮内省や陸軍省のなかからあがるようになっていた。のちに日露戦後の馬政計画、馬政局を立案することになる宮内省主馬頭藤波言

忠は、「各国帝厩の取調、産馬改良に要する馬政局の設置方法、及牧畜改進の現況視察を重なる用務とし」て明治三三年七月から三四年五月の欧米出張中、ロシアやドイツのような軍馬改良を実現するためには日清戦争後の農商務省が馬政を主管する「手ぬるき」体制の変革が必要であるという書簡をウィーンから時の首相伊藤博文に送った(145)。この日清戦争後の馬政の変革が必要であるとの認識は、藤波とともに宮内省の馬政をリードする新山荘輔も共有していた。ちなみに藤波の欧米出張には、新山も同道していた(146)。二人は臨時馬制調査委員会に提出した『馬匹調査会調査書』(次節)につながる準備をこの頃から開始していたと思われる。

陸軍の軍馬行政の中心であった陸軍省軍馬補充本部長大蔵平三少将は、先にも紹介したように、明治三五年三月馬政調査を目的にヨーロッパに出張、明治三六年四月帰国、その直後の五月、寺内陸相の命を受けて、偕行社で講演を行ったが(147)、この講演は、その後の馬政に影響を及ぼしたものであった(第1章第2節)。大蔵は、この講演のなかで、つぎのように「馬政機関の統一を計」る「独立の官庁」か「独立の局」の設置の必要を強調した(148)。

……我国に在ては独立の牧場監理部なく、又種馬牧場長及各種馬所長は直ちに大臣に隷し、之を統括する機関なく、其の関係事務は農商務省農務局に於て処弁し居るも、農務局は他諸般の業務を有するが故局長は直接之を処理するを得ず、又局長必ずしも産馬事業に明かなる人のみにあらず、故に其の事務は農務局牧場課なる一小課に委しあるのみ、之を普王国及魯帝国の馬政に比するに大に軒輊あるを見る、故に将来真面目に馬政の改良を求めんと欲せば馬政機関の統一を計らざるべからず、馬政機関の統一を計らんとせば宜しく独立の官庁となすか若しくは独立の局を設置せざるべからず

この大蔵の提言を受ける形で、寺内陸相は同年八月一九日付で清浦奎吾農相宛に馬匹改良上に関する「照会」を行ったが、その冒頭、「去る明治二六年(正しくは明治二八年)、馬匹調査会開会以来馬匹改良事業も追々歩を進め、奏

効の稍々見るべきものあるに至りたるは軍国の慶事之に過ぎず候。然るに輓近火器の改良に伴い、戦術の変遷を来たし、戦術の変遷は又騎兵及び砲兵に一層運動の敏捷を要求し、従て軍馬は往年に比し殆ど二倍の能力を要するに至れり」と述べたうえで、今後緊急に取り組むべき事項をあげた(149)。その事項の一つが、「国家の馬政は軍事の必要を基礎」として、「主脳機関を拡張し馬政の統一を保全せしむる事」が必要とその「考慮」、もっといえばその実行を求めたものだった(150)。兵器の高度化が、「往年に比し殆ど二倍の能力」をもつ馬匹の必要を増大させていること、そして来るべきロシアとの戦争に向けて、馬匹改良の遅れがもたらす事態に対する強い危機感が表現されていた。

ここで紹介した藤波主馬頭、大蔵少将、寺内陸相らの提言等に鑑みると、明治三七年四月七日の勅諚は、かねてから馬匹に関する軍事的懸念が天皇にも伝えられており、それが日露開戦で現実のものとなろうとするタイミングで行われていたものだったと考えてよいだろう。そしてこの勅諚を受ける形をとって、藤波ら宮内省のエキスパートが、かねて進めていた準備のうえに馬政を主管する一局（馬政局）の基本設計図を描き、そこに陸軍、農商務省も検討していたプランを盛り込み、日露戦後の馬政計画が立案されていくことになった。

## 3　臨時馬制調査委員会（明治三七年）

### 産馬の将来

明治三七（一九〇四）年八月一六日、臨時馬制調査委員会は審議を開始した(151)。「馬匹改良のため一局を設けて速やかに実効を挙」げるようにとの勅諚を受けた形をとったものであった(152)。先にも紹介したが繰り返しておけば、委員会のメンバーは、大蔵大臣曾禰荒助、大蔵省参事官森賢吾、法制局長官一木喜德郎、宮内省主馬頭藤波言忠、同主馬寮技師新山荘輔、陸軍省軍馬補充部本部長大蔵平三少将、陸軍省騎兵課長浅川敏靖騎兵大佐、農商務省農務局長酒匂常明、農商務省技師広沢弁二、という内閣高等官一名、陸軍、農商務、宮内各省の高等官二名、大蔵省高等官一名の計八名。委員長には曾禰が就任した。藤波、新山、大蔵、浅川、酒匂、広沢は、それぞれ宮内省、陸軍省、農商務省で馬事に関する行政、政策を主導してきた人物たち、これ以上ふさわしいメンバーは考えられなかった。それに加えて財政をつかさどる蔵相とその参事官、委員会の審議に法制的なチェックを加える法制局長官という陣容だった。そして馬匹調査会では、馬産地の代表者、また学識経験者（農科大学）の各委員たちが持論を譲らず、議論が錯綜し、必ずしも陸軍側、あるいは農商務側の意向にそっての意見集約できなかった。この臨時馬制調査委員会の委員が、宮内、陸軍、農商務三省の二名に大蔵省の二名を加えてのものになっていたのは、時間はたっていたが、この時の経験に基づいたものだったに違いなかった。

この委員会のもとに、宮内省主馬頭藤波言忠、同主馬寮技師新山荘輔らが中心となって作成した『馬匹調査会調査書』が提出された(153)。この『調査書』は、「一．主意書」（以下、「主意書」と記す）、「二．調査要綱（馬政局職員数、種馬所種馬牧場職員雇及牧農夫定員、飼料標準、種馬牧場に於ける購買馬数及価格、管内種馬数、生産頭数など）」、「三．（馬政局）分課規程草按・官等俸給令草按・種馬牧場種馬所及び種馬育成所官制草按・同庶務規程及庶務細則草按」、「四．予算率（俸給及諸給などの本局予算率、種馬牧場及育成所種馬所予算率など）」、「五．馬匹繁殖表」、「六．種馬所管区表」からなっていた。「主意書」は、「産馬の既往」、「産馬の現在」、「産馬の将来」という三章からなる構成だった。「産馬の既往」は南部藩の馬産、ナポレオン三世から寄贈されたアラブ馬、明治期に入ってからの外国馬輸入の成果などを振り返り、「産馬の現在」には民有種牡馬、馬匹去勢、経費という三つの項目、「産馬の将来」には馬政局、種馬牧場、種馬所、種馬育成所、牧場管区、産馬奨励、種馬購買、産馬の保護奨励、経常費及び臨時費予算、収入という一〇の項目が設けられていた。このうち、「産馬の将来」

図４　『明治三七年臨時馬制調査委員会議事録』目次

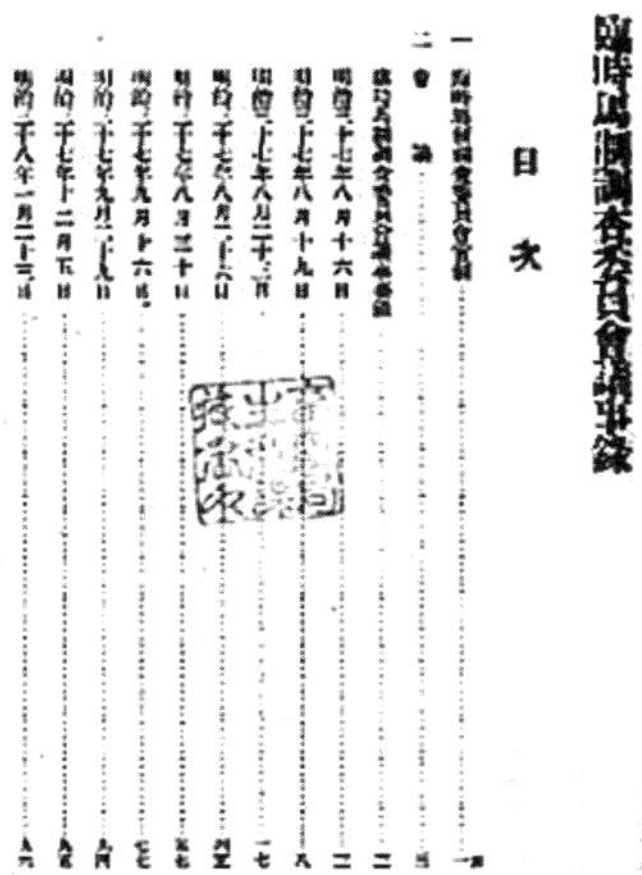
臨時馬制調査委員会議事録

目次

図5　委員会に提出された「主意書　産馬の将来」

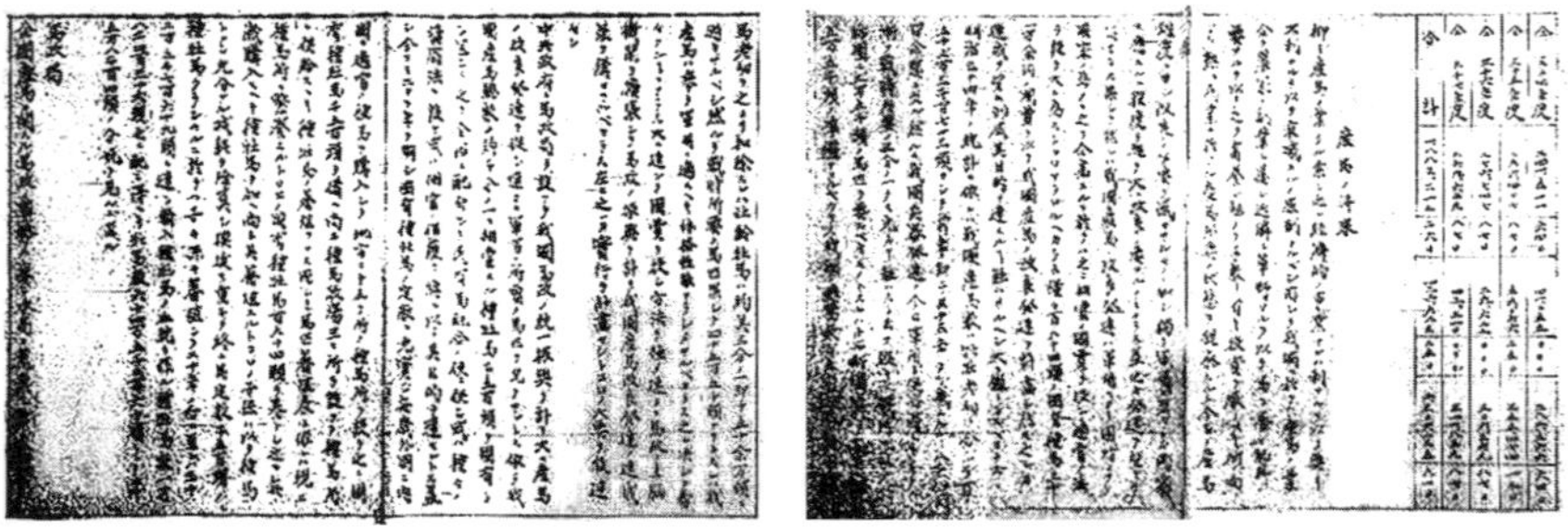

（『馬匹調査会調査書』）

図6　委員会での審議を受けて修正された「主意書　産馬の将来」

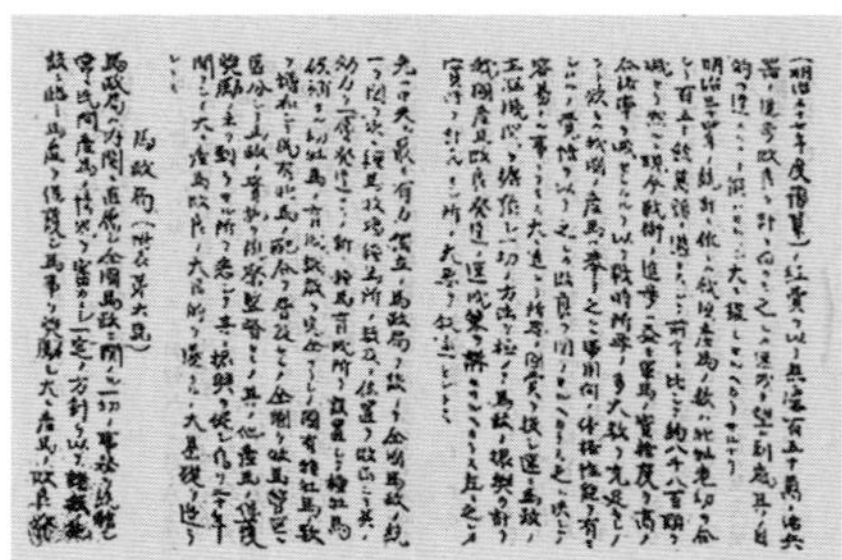

（『馬匹調査会調査書』）

が、今後の馬政の方針、「馬匹の改良蕃殖其の他馬政に関する一切の事務を掌る」馬政局の事業を説明したもので、「二、調査要綱」から「六、種馬所管区表」は馬政及び馬政局関連の資料であった。

「産馬の将来」はまず、これまでの「我国の産馬の業」が「全く農家の副業に属し近隣に草野あるを以て馬を養い肥料の要あるを以て之を畜養し勉めて手数を省き投資を厭うべき傾向」であったが、軍用はそういった「民需の程度を超えて大に改良の要」と「発達を望」まなければならないと指摘したうえで、以下のように論じた。明治二八年第一回馬匹調査会の際には、馬産地の委員を中心に民用馬匹も重要と、馬匹改良の目的は軍事上にあるという表記は抵抗にあっていたが、ここでは明確に馬匹改良の目的は軍事上にあるということが前提となっていた。

……果して然らば我国産馬の改良発達は軍用にあり国防にあり、国家の為めに之を企画するに於ては之に相当の国費を投じ適当の法を設け大に為すところあらざるべからず、僅々一九四頭の国有種馬三二万余円の国費（農商務省明治三七年度馬政関連予算）を以て我国産馬の改良発達を計画し、然も之が速成を望む到底其目的を達すること能わざるべし大に鑑みざるべからず。

明治三四年の統計に依れば我国産馬数は牝牡老幼を合して一五三万三一七三頭にして前年即ち三三年より減ずること八八〇〇頭に至る、然るに我国兵器発達の今日軍用に供し得べきものは漸く戦時所要の三分の一だも充すこと能わずと云う、仮に戦時に於て一師団に三万五千頭の馬匹を要すべきものとすれば一三師団に於ては実に四五万五千頭の準備なからべからず、我国の総馬数一五三万余頭あり、牝馬老幼を之より扣除すれば壮齢牡馬は約其三分の一即ち五〇余万頭に過ぎざるべし、然るを戦時所要の馬匹果して四五万五千頭なりとすれば、我産馬は挙げて軍用に適すべき体格性能あらしめざるべからず、之れ決して易々たることにあらず、大に進んで国費を投じ方法を極め速かに馬政の主脳機関を拡張して馬政の振興を計り我国産馬改良発達の速成策を講ぜざるべからず、左に之れが実行を計画せし処の大要を叙述せん。

中央政府に馬政局を設けて我国馬政の統一振興を計り大に産馬の改良発達を促し速かに軍事所要の馬匹を充たさんとす、依て我国産馬総数の約千分の一に相当する種牡馬千五百頭を国有とし、宜しく之を全国に配布して民有馬配合の便に供し、或は種々の奨励法を設け或は相当の保護を与え以て其目的を達せんとす、蓋し今より二十ヶ年を期し国有種牡馬の定数を充実し毎歳外国に内国に適当の種馬を購入して地方に十五ヶ所の種馬所を設け、之に国有種牡馬千五百頭を備え尚種馬牧場三ヶ所を設けて種馬所に供給すべき種牡馬の繁殖を為す……

「産馬の改良発達」の目的は「軍用」、「国防」にあり、「大に進んで国費を投じ方法を極め速かに馬政の主脳機関を拡張して馬政の振興を計り我国産馬改良発達の速成策を講」じなければならない、そして「二十ヶ年を期し」て、内外から種馬を購入して三ヶ所の種馬牧場で種牡馬の繁殖を行い、「産馬総数の約千分の一に相当する」国有種牡馬一五〇〇頭を配置し、一五ヶ所の種馬所で供用、在来牝馬に交配して馬匹の改良、軍馬資源化を実現するということだった。一五〇〇頭という数字は、「欧州諸国の例を参酌し全国総馬数の約千分の一に相当する数を以て、最も適当と認めた」からだという(154)。かねて陸軍がこの種馬一五〇〇頭の配置を主張しており(155)、藤波、新山らが、これを踏まえていたことがうかがえる。なお第一期一八年で全国総頭数の一五〇万頭の三分の一、五〇万頭を改良(洋種化)する計画だった(156)。

八月一六日の初日、冒頭、委員長曾禰は、「調査事項の内容に付ては各位皆御意見あるべし」と述べたうえで、「聖旨を奉戴して一日も速に其の業を挙げんと欲せば速成に妨げある部分は先ず之を避くるを得策とす」とまず釘を刺した(157)。三省間で意見の相違があることを踏まえての発言だった。ついで大蔵が、原案に対して「大体に於て完備し別に異議」がないと、「直に逐条討究に移る」ことを「希望」、これに藤波が「原案を通読説明」した後の「逐条討究」を提案、承認された(158)。なお原案とは「主意書」のことを指していた。その朗読、説明の前に、いくつかの質疑応答が行われた。まず一木が「馬政局は永久的なりや」と質した。これに藤波は「然り」と答えたが、官制のチェック役である一木が、そのことを知らないはずがなく、質問として不自然であった。一木は、親任の総裁を置くという馬政局官制案に、他の官制とのバランスを著しく欠き、特権的存在になると反対であった。それが八月三〇日の審議で明らかになるが、その伏線であった。ついで、藤波が、大蔵大臣でもある曾禰に対して馬政二〇年計画の予算を継続費とする措置を要請したが、曾禰は、法律上の問題があるので、「事実に於て継続費の目的を達せしむべし」と答えた(159)。日露戦争の戦費調達で厳しい財政状況となった政府の財政方針は、原則として新たな継続費を認めないものであった。これに藤波は、馬政計画が勅諚によるものということを活用して、「継続費となし置かざれば其の効果を奏すること難し」と、その例外的措置を求めた。この藤波の要請は、曾禰が、種馬牧場として新冠御料牧場の「拝借」を提起することにつながっていく(後述)。三〇日にも藤波は、再びこの件を曾禰に要求したが、曾禰は、会計法の規定もあり困難として、「大体に於て二十ヶ年の費用を議会に於て承認せしめ置くこと難きにあらず」というこの一六日と同じ回答を繰り返すことになる。

また農務局長酒匂が、先に紹介した「産馬の将来」のなかの戦時軍馬所要四五万頭の数字に疑問を呈したが、これに対して大蔵は、つぎのように説明した(160)。

馬匹の戦時要数は当該年度の動員計画の状況に由り増減変化定まらず、由て茲には仮に戦時充足要数を約十万頭其の一ヶ年間の補充要数を約十分の五即ち約五万頭合計一ヶ年間の戦役に要すべき馬数を約十五万頭と見積りたり、然るに完全に軍用に適すべき馬匹約十五万頭を得んとするには少なくも其三倍数の馬匹を準備せざるべからず、之約四十五万頭の準備を要すと云う所以なり

ちなみに実際に日露戦争中に国内で軍馬として徴発、購買されたのは一六万六四八一頭だった(161)。

そして藤波が自らが中心になってまとめた「主意書」を朗読、説明に移った(162)。藤波が、そのなかで去勢費を予算から除去したことを明らかにしたが、それを受けて、農務局長酒匂が、去勢法の施行延期の経過を報告した。この去勢の議論に関しては、馬匹調査会での検討及び明治三四年去勢法の制定を含めて、本章第9節で改めて紹介する。その後、委員長曾禰が、次回一九日に各省の奨励事項等の意見を「覚書」として提出することを希望する旨を述べて、この日は散会した(163)。

一九日、陸軍省が「馬産保護奨励法案」、宮内省が「奨励手段」、農商務省が「産馬奨励要目」をそれぞれ報告、意見を交換、その「奨励法の各項は各位の希望の全幅を披歴」した(164)。ついで大蔵が、馬商のせり市場での専横を防止し、また生産者の支援にもなると二歳時での馬匹購入の継続を主張、これに酒匂や藤波が、効果が期待できないと反論、議論が平行線をたどったことで、曾禰が棚上げを宣言して議論を打ち切った(165)。この後、酒匂が、一六日に続いて、軍馬所要四五万頭の数字に疑問を呈したが、浅川と大蔵がその根拠を再び説明、そして「主意書の各条項に付」いての「研究」に移った(166)。曾禰は、「主意書」の「産馬の既往及現在に付ては別に御意見もあるまじ」として、「直に産馬の将来」の検討を行いたいと提案、異議なくこれが承認された。だが、この委員会での審議を受けて修正

された「主意書」（以下、「修正主意書」と記す）では、「産馬の既往」、「産馬の現在」に関して、江戸期の八代将軍吉宗のペルシャ馬の輸入など、また明治期については、種牡馬の輸入の事例が網羅的に記されるなどのかなりの加筆が行われていた。さらに「産馬の既往」に関して、原案では、明治二〇年代までの洋種馬の輸入を、「是等の為め一時全国に洋種馬普及して多数の雑種馬を産し以て益洋血を我産馬に注入して改良せざるべからざるの要を世に知らしむるに至れり」と肯定的に評価していたが、「修正主意書」では、「叙上の如く或は官衙を新設し或は連年種馬を輸入せし結果世人をして益々洋血注入の要を識らしむるに至りたりと雖も奈何せん其の計画遠大ならず企図確実ならざりしが為め明治二六年に至るまで終に馬匹改良本来の大目的を達するの進捗には至らざりき」と否定的なものに書き換えられ、結論が全く逆になっていた(167)。なお明治二六年に至るまで、というのは、同年陸軍、農商務の両省が、軍事的要請に応える馬匹の改良を推進する協力体制の構築に向けて、今後の馬政の方針を検討、策定する馬匹調査会の設置に合意したことを指している（前節）。

委員会は、九月二六日付で、「各般の調査を終え馬政振興に必要なる計画を建て之に対する予算案を具し」た復命書を委員長曾禰荒助名で桂太郎首相宛に提出することになるが、この加筆、修正は、復命書にそのまま掲載された(168)。したがって八月一九日以降のどこかの時点で、加筆、修正が委員会の承認を得ていたはずであるが、農林省が昭和一〇年に作成した『明治三七年臨時馬制調査委員会議事録』には記録されていない。

「産馬の将来」の審議に入り、まず曾禰は、「産馬の将来」のなかの「我国の総馬数百五十三万余頭云々」以下は「軍事上の機密」にかかわるとその修正を浅川に依頼することを提案、容れられ(169)、二三日、浅川の修正案が承認されることになる。ついで、酒匂が、計画が二〇年であることに関して二六年への延長を提起した(170)。計画を実行するには、毎年外国より種牡馬四五頭、繁殖牝馬四一頭を輸入し、国内でも毎年七〇頭（おそらく種牡馬）を購入することが必要であり、これまでの実績に鑑みると、無理があるというのが主な理由だった。これに一木も同調。この延期案は、外国馬の輸入の実情を踏まえたものであったので、大蔵も、両案併記の妥協案を提示した。だが藤波、新山と曾禰は、「聖旨を奉戴して一日も速に其の業を挙げ」なければならないと、二〇年で押し切った。勅諚という錦の御旗の前に酒匂らも引き下がらざるを得なかった。

そして種馬牧場、種馬所の審議に移った(171)。この種馬牧場、種馬所の設置は、種牡馬の供給とともに馬匹改良計画の柱であった。明治三七年段階で、既設の種馬牧場は、奥羽種馬牧場（青森県、明治二九年六月、以下（）内は設立年月）、九州種馬牧場（鹿児島、明治二九年五月）の二つ、種馬所は、岩手種馬所（明治二九年六月）、熊本種馬所（明治二九年五月）、宮城種馬所（明治二九年六月）、秋田種馬所（明治三〇年七月）、福島種馬所（明治三二年七月）、宮崎種馬所（明治三二年九月）、島根種馬所（明治三三年五月）、愛知種馬所（明治三四年七月）、石川種馬所（明治三五年九月）の九つだった(172)。「主意書」には、種馬牧場について、奥羽は継続、九州は廃止して種馬所に転換、新たに北海道に明治三八年、明治四六年と二つの牧場を新設すること、種馬所に関しては、今後、明治四〇年に青森、千葉、明治四三年に長野、明治四六年高知、明治三九年鹿児島（種馬牧場からの転用）、明治四六年北海道の六つを新設するとの案が盛り込まれていたが、その原案が承認された。なお大蔵は、この種馬所の審議を受けて、「主意書」の案は、「大体の計画にして実施の際は多少の変更」があると「添加」することを希望、承認された(173)。文字通りの履行が求められることで、計画に支障を来すことを回避するためだったと思われる。これもあってだろう、「復命書」では、種馬牧場、種馬所、その繋養頭数計画、設立年も含めて具体的数字は削除されることになる(174)。さらに二三日、農商務省技師広沢から、種馬所設置予定の千葉、長野、高知の三ヶ所について異議が呈され、某所と改められた(175)。実際、この計画はいくつかが変更されての実施となり、種馬牧場、種馬所の設置に関しては、日高種馬牧場が明治四〇年六月、十勝種馬牧場が明治四三年四月、種馬所は、青森が明治四一年六月、千葉に替わった栃木が明治四四年八月、長野が明治三九年一一月、高知が大正元年一〇月、九州種馬所から転換された鹿児島が明治四〇年八月、北海道・長万部が明治四四年八月の設置となる(176)。

二三日冒頭、浅川が、先の一九日に要請を受けて「主意書」の「八千八百頭に至る」の後に記されていた具体的数字を削除した修正案を報告、異議なく承認(177)、ついで種馬育成所の審議に入った(178)。育成所は、種馬牧場産の種馬候補馬を三歳春期に引受け、また民間からも「幼駒」を買入れ、「完全なる種馬を育成」するために設置するものであった。従来種馬牧場、種馬所の体制であったので、これに一木、浅川、大蔵らがその存在意義について疑義を呈したが、藤波、新山が、「一発育上の必要、二教育上の必要、三場所の欠乏、四経済上に必要」などを説明、広沢もこれを支持し、原案が「可決」された。その後、馬政官が「巡視監査」する全国を六つに分けた牧場管区案も承認された。そして各省の「産馬奨励法」の検討に移り、まず大蔵が陸軍省案の説明にあたることになったが、それに先立ち、曾禰は、つぎのように述べた(179)。

……此奨励法の各項は各位の希望の全幅を披歴せられたるものにして、其内に或は今日の世態に対して或は採用し難きものあるべし、或は之を修正すべきものもある可し、例之競馬場裡の博戯を公許することの如き必ずしも麗々と公許すと言わずして黙認すと言うの穏当なるが如し、如斯は法制局長官に於て充分に審査せられ、其採用すべからざるものありや否や、又修正して採用すべきものありや一々意見を付せられんことを希望す

要するに、奨励法の各項については、法制局長官一木の意見を基本に、判断していくということであった。二六日にその審議が行われるが、一木は、各項について撤回、あるいは実施に向けて所管官庁との調整が必要などに仕分けていく。そして曾禰が、ここで博戯公許を例としてあげたのは、あらかじめ黙認の方向で結論を出すことを求めていることを示すためであったと思われる。この博戯公許は、陸軍省案に含まれていた。陸軍省の「馬産保護奨励法案」は多項目にわたっていたが、その第一項目と第二項目が、「競馬会(正則競馬、祭礼競馬)に補助金を与ふる事」、「競馬場裡の博戯を公許する事」だった(180)。陸軍馬政を主導する大蔵が、積極的な馬券発売必要論者であり(第1章第2節)、この公許が奨励法にあがっていたのも当然であった。なお宮内、農商務の両省ともに、馬券発売の有無に

関しては言及がなかったが、宮内省案には、「各府県に産馬組合を奨励し競馬会の組織をなさしむる事」、「競馬会を組織し春秋両度に開会す」、「政府の賞典及有志賞典」、そして注目すべきことにこの時点で「帝室の賞典御下付を仰ぐ事」があげられ(181)、また農商務省案には単に競馬と記してあっただけだがその奨励項目に競馬が入っていた(182)。

二六日の委員会で、法制局長官一木は、この陸軍省の公許案に対して、個人的な意見だとしながらも、つぎのようにその見解を示した(183)。

競馬場裡の博戯公許は、前回委員長より述べられたるが如く全く黙許の意味なりとすれば其の取締に付き手心を用ゆることと改むるは可なり、内務省の意見を徴すべし

二三日の曾禰の指摘を受け、おそらく調整をはかったうえでの発言だった。この委員会の『議事録』を見る限り、「競馬場裡の博戯公許」を問題視する雰囲気はまったくなく、馬券に関してこれ以上の議論は行われなかった。そして法制局長官一木が、黙許であれば「其の取締に付き手心を用ゆることと改むるは可なり」と容認の姿勢を示したことの意味は大きかった。その後、内務省は、ここからそう遠くない時点で、あるいは遅くとも明治三八年前半までには、黙許に同意する。黙許の難関となっていたのは司法省だった（第1章第3節）。

話をもどすと、曾禰の発言のあと大蔵の産馬奨励案の朗読、説明に移った(184)。陸軍は、競馬場裡の博戯公許案も含めて、競馬会（正則競馬、祭礼競馬）に補助金を与える事、馬匹共進会に補助金を与える事、動物虐待防止会に補助金を与える事、公園又は其の付近に乗馬道を設ける事、女子の乗馬を奨励する事、馬上遊戯を奨励する事、高等文官乗馬飼養条例復活など、非常に多岐にわたる「馬産保護奨励法（雑案）」を提案した。これより先の明治三六年八月「馬匹改良上に関し陸軍大臣より農商務大臣へ照会の件」のなかの「（十二）馬産保護奨励法を増加する事（一三項目をあげていた）」では、「以上各項の外一般人民をして馬匹嗜好心を喚起せしむる為め百般の手段を悉くす事」と強

調していたが(185)、これを踏まえると、この奨励法の目的は、あらゆる方法で馬匹への国民的関心を引き起こし、愛馬心を涵養するところにあった。

この日、大蔵は、「現在の士族を廃して新たに騎士族を設くるの非常手段を採」る必要があると訴えたが、その理由をつぎのように説明した(186)。

……然れども我邦の如き地勢民俗に在ても、苟も産馬の改良発達を図り、活動兵器たる軍馬の整備をして、欧州列強国に於けるが如くならしめんとするは真個至難の業にして、強て之が目的を貫徹せんには、大に非常の手段を施し以て天下の衆庶をして馬に導き、先ず之をして良馬を愛養飼育する風習を養成せしめざるべからず……

ついで浅川も、「動物に対する観念を一般に普及せしむるため教科書中に該事項を加ふることは今日の急務なりと信ず」として、つぎのように論じた(187)。

……日清戦役に於て後方勤務の為め多数の人夫を用役したる弊に鑑み、北清の役には総て輸卒を用い成績頗る良好なりしが、此輸卒中馬産地方の徴集に係はるものは稍々馬に関する智識を備ふるものありと雖も、其の大多数は馬に関する智識の欠乏実に驚くべきものあり、其の操縦に無経験なるは勿論、手入引牽の方法の如き之を教ゆと雖も之を弁ずる能はず、馬少しく物に驚く時は只呆然とし為す所を知らず、若くは痛く之を虐待し其の悪性を増長し労憊を加重せしめ、随て多大の疾傷馬を続出し、後方勤務の困難実に名状ずべからざるものありし、未教育の輸卒には尚此種の不都合甚だ多し、是畢竟愛馬心の乏しきものにして、所謂動物的感念なるもの少なきに原因す、故に平素児童の教育上此等の感念を注入する為、教科書中に馬に関する事項を加えんことを希望する所以なりこのように、浅川らには、日本の馬匹が劣悪である最大の要因は、馬への愛情を欠き、虐待するなどその馬事文化の在り方にあると映っていた。その現状を打破するためには、「専門家」だけではなく、国民の馬に対する興味、関心を高め、馬を好み、愛する心を涵養しなければならない、何よりもそういった馬の文化の育成が肝要である、いいかえれば、馬匹改良には愛による在来の馬文化の転倒、変革が必要ということであった(188)。ここで浅川は教科書を通じての児童への教育を語っていたが、先述した明治三九年五月一六日、東京競馬会の披露会で、陸軍省騎兵課長増田熊六少佐が、競馬場は愛馬心を育む場で、「既に愛馬心が起りましたならば、馬事の発展を見るは明らかであろうと思う」と語ったのも、この文脈のなかにあった。ちなみに奨励法のなかの乗馬飼養令とは、かつて明治一七年、競馬や華族への乗馬の奨励とともに馬事振興策の一環として俸給一〇〇円以上の勅奏任文武官に馬匹の飼養を義務付けたが、明治二四年七月廃止になっていたもの(189)。陸軍だけでなく農商務案でも一定以上の所得税納入者、つまり広く国民を対象とする飼養令を盛り込んでいたが、二六日、こういった乗馬飼養令は、鹿鳴館時代の失敗を繰り返すことになるとの一木の判断にしたがって、撤回された(190)。

この浅川の提言後、「予算及び収入案」に移ったが、ここで曾禰が、予算及び収入は二〇年に及ぶものであり、その案の「見込を慥かにする」ために「万全の策」をとりたいと、種馬牧場として新冠御料牧場の「拝借」を提起した(191)。

……卑見としては万全の用意としては御料地の拝借を願い奉り、固より其の生産馬中最優駿なるものは第一に主馬寮に先取特権を留保せらるることは云うを待たず、如斯にして馬政局の事業に御加勢を仰ぐことを得ば、国民一般は叡慮の厚きを奉戴し事態の重きを悟り経費の支出に円満なる協賛を為すべく、馬政局は其の事務に対する責任を感ずることも自ら深かるべく、又臨時費に於て少からざる節減を為すことを得べし、随て二十年計画の完成確実なるは勿論、或は之よりも速成の幸運を得べきやも知るべからず……

先にふれたように、初日の一六日、藤波が馬政二〇年計画の予算を継続費とする措置を要請したのに対し、曾禰は、「事実に於て継続費の目的を達せしむべし」と答えていたが、大蔵大臣である曾禰は、馬政計画の予算案はその額が大きく、政府、大蔵省、そして議会でスムーズに承認を得ることができるかどうかに懸念をもっていたようである。「拝借」は、この二〇年計画が天皇の意思であるとして、政府、大蔵省、議会に対する圧力ともなり、その「目的を達せしむる」ことに資するとの判断があったと思われる。

そして次の二六日の委員会、この「拝借」に対して、浅川が、「至極同感」と賛意を示し、藤波が「新冠の地形及馬産地として他に無類の佳良牧場なるを説明」、全員一致で承認した(192)。これを受けて、新山が、その「拝借」を組み込んだ予算案を作成することになった。ただしこの「拝借」は宮内省の権益にかかわるものであり、藤波の賛意は額面通りのものではなかった。予算案は、当初、一週間で作成予定だったが、二倍以上の時間を要し、その審議は委員会最終日の九月一六日になった。この他の「予算及び収入案」の審議については、この議事録には記されていない。

この二六日、「拝借」を承認した後、陸軍、宮内、農商務省の馬匹改良の奨励案について検討に移った(193)。一木の判断を基本に、各項について、撤回、所管官庁との調整のうえで判断、実施に向けて調整を行うなどの仕分けを行っていった。先にふれた競馬場裡の博戯公許に関して「内務省の意見を徴すべし」、また乗馬飼養令が撤回されたのは、この仕分けの一つだった。そしてこの審議、仕分けを受けて、「産馬の改良発達を奨励する為め一府県若くは数府県連合する産馬共進会を開設を促し之に相当の補助費を給し或は競馬会に賞金を与え又は良逸なる民有種牡馬及種牝馬に補助金を給する等種々の方法に依て宜しく之を奨励す」だった「主意書」の「産馬奨励」は、「産馬の保護奨励」として、つぎのものに書き改められた(194)。

産馬の妨碍となるべきものは一切之を排除し、産馬の奨励となるべきものは一切之を挙行し、産馬の進捗を紊乱するものは一切之を制裁し、事の大小軽重を問わず直接間接を論ぜず苟も産馬の保護奨励と為るべき事項は周密に調査し、関係各省の協力を得て総て之を執行せんとす

「産馬奨励」として具体的に奨励策をあげるのではなく、「産馬の保護奨励」としてあらゆることを行う可能性を担保しておくということであった。もちろん産馬共進会や競馬会を後退させるという意味ではなかった。この審議の経緯も、この議事録には掲載されていない。なおこの二六日には、去勢の実施計画についても検討されたが、繰り返せば、これに関しては、本章第9節で論じる。

### 馬政局官制をめぐる対立

八月三〇日は、法制局長官一木と藤波、大蔵らが馬政局官制をめぐって激しく対立した日になった(195)。法制関係だけでなく委員会の審議全体のお目付け役だった一木にとって、今回提案された馬政計画のなかで、修正が不可欠と考えていたのが、親任の総裁、勅任の馬政総監をおくという馬政局の官制案だった。三〇日の審議は、ほぼこの問題に費やされた。この日、一木は、「一　馬政局には親任官たる総裁を戴かずして勅任たる長官を置き馬政総監を除きること」、「二　馬政議官を置かずして馬政局の外に馬政委員会を設け馬政の方針を審議せしむること」、「三　臨時馬制調査委員会官制を設け茲に現在する無名の会を形に顕わし其議決を存せしむること」の三点の修正を提案した(196)。二に関して、原案は、総裁及馬政総監の下に、「馬政に関する須要の事項を議」する陸軍二人、宮内一人、農商務一人からなる「馬政議官」を置くというものだったが、「馬政議官」ではなく、馬政局の外に総理大臣及び馬政局総裁の諮詢機関として馬政委員会を設置する、という修正案だった。原案の「目的を尚一層有効ならしめんと欲したる」というのが一木の説明だった(197)。三は、天皇の命を受けて審議を開始した委員会を、「此会は馬政局の産婆にし

て馬政に貢献する所尠しとなさず、其組織に形名を与え其議決は之を記録に存するの至当」として、臨時馬制調査委員会としてその官制を公布・施行を提案したものだった(198)。藤波が、この二、三に関して賛意を表明したのを受けて、異議なく承認された。ただし二に関して、この日の官制をめぐる審議の最後の場面で、農務局長酒匂の要求を受けて、その構成が陸軍二人、宮内二人、農商務二人に修正される(199)。

問題は第一だった。藤波、新山らが作成した官制案は、馬政局は「総理大臣の監督に属」し、総裁を大臣と同格の親任官、さらに勅任官の馬政総監を置き、予算も実質的に二〇年の継続、端的にいえば馬政局を他の省庁と同格の存在とするものだった。ちなみに大将は親任、中将と少将及び各省の次官等が勅任だった。これに対する一木の修正案は、総裁、馬政総監（大臣、次官）体制から、勅任の馬政長官（次官、局長レベル）へということだった。国有鉄道事業を所管する鉄道局が逓信省の外局で長官（勅任官）をおいたことなどが念頭に置かれていた(200)。一木は、「馬政局の地位を高め其機関を荘重にし以て由来沈衰の極に達せる我国の馬政を振興せんとの意に外ならず、馬政当局者としては誠に至当の希望にして殆んど議論の余地なしと雖も」とその目的と意義について一応理解を示したうえで、馬政局のような部局の長は通例は勅任二等、親任官はその二段階上になり、異例すぎる、そこで勅任一等とする、これでもまだ異例だが、「馬政に関しては事態特に重大なるを察し破格の奮発を以て長官を置き一等官と為すの修正案を立てたり」、とその理由を述べた(201)。一木は、勅諚と馬政局を官制上特権的存在として突出させてはならないという課題になんとか折り合いをつけようとしていた。一木は、この修正案を説明するにあたって「自己の真意に対しては臆病なる」ものと語ったが(202)、案が苦渋の選択であったことをうかがわせていた。一木は、親任官を要求する背景には予算確保があると考えていたので、総裁云々は予算に影響を及ぼさないと強調したが(203)、総裁親任官案は、何よりも馬政局（馬政）の特権化の象徴であったので、その言葉は藤波らを説得するものではなかった。

藤波は、この一木の修正案に対して、四月七日の「御下命」は、「我国産馬の現況に照し深く我馬政の不振を慨嘆せられ、之に対する根本的の改革を断行し以て百年の基を開かんとの御意」であり、「馬政局に充分の威力と尊厳とを与え、その主長をして職務の施行を遺憾なからし」めるためには「之を総裁とし親任官を以て遇し充分なる威力と尊厳とを与え以て馬政局の地位を鞏固ならし」めなければならない、とここでも勅諚を錦の御旗にして一木に強く反対した(204)。ちなみに審議初日の一六日、藤波は、「先ず主意書及調査要綱により大体の方針一定せらるれば其の法制に関する点は全く一木長官に於て然るべく修正せられて可なり」、と言明していたが(205)、この問題では一木の修正案を容れる考えはまったくなかった。これに一木も、「必ずしも親任官を戴ずとも其の事業成績を挙ぐること能はざるものと認めず、長官は勅任一等の地位を有し其上に主務大臣の重鎮あり、其事業の地位決して鞏固ならざるにあらず」と一歩も譲らなかった(206)。大蔵も、藤波に同調、「拙者も亦修正案に同意することを得ざる一人」として、「難業を整理するに」は「所要の経費と十分の勢力」が最も必要であり、「若し之を視るに普通の事務を以てし之を待つに尋常の組織を以てせんが軍国の需用を満足せしむるに足るべき馬匹の改良発達は得て期すべからざらん」と反論したうえで、つぎのように述べて一木に圧力をかけた(207)。

……我国家が退て何時までも一小国に安を偸まんことを欲せば則ち止む、進んで事を大陸に成さんと欲せば則ち馬政に対しては之を視るに特別の事務を以てし、之を遇するに特別の組織を以てせられんことを希望に堪えざるなり

新山も、「馬政局の目的は民需に適すべき産馬の資格を超えて尚軍需のため国防のため大に之が改良を計らんとするにあり故に其事業は頗る困難なることを忘るべからず」と藤波、大蔵に同調したが、一木は、「程度認定の問題なり」と、これに反論、まったく譲る姿勢を見せなかった(208)。この問題に関して、一木は、明治国家の官制の秩序を守る、といった気概を見せた。この応酬を受けて、酒匂は、馬政を主管してきた農商務省、農務局長として「不利の地」にあると断ったうえで、ここではこの問題を棚上げにし、内閣での審議に委ね、また総裁に選定された人物から

判断してはどうかという妥協案を提示したが、議論に影響を及ぼさなかった。

ここで曾禰は、多数の意向は明らかとしつつも、一木を説得する目的もあったのだろう、ここでの議決が採用されるかどうかは未定であると言及したうえで、議決に持ち込まず、つぎのように裁定した(209)。官制の施行は、枢密院の諮詢事項であり、その意味では、この場での結論は、曾禰がいうように暫定的であった。

……先ず法制局長官の修正案を基礎とし、長官の代りに総裁及馬政総監を置くの原案に復活し、又所管は内閣に之を隷せしむることに復活すべし

一旦、一木の修正案を受け入れた形をとって、そのうえで原案を復活させるということであった。これで一木もこの場は引き下がった。官制は枢密院の諮詢事項であり、一木にはその見通しがあった可能性もあるが、この官制の問題は、明治三九年五月二九日、馬政局官制が審議された土壇場の枢密院会議で、親任の総裁案は反対を受け、この臨時馬制調査委員会で一木が主張した勅任の長官、次長体制となる(本章第7節)。この原案復活の結論に乗じる格好で、藤波が、「馬政官中二人は勅任と為すことを得るの一事も原案に復活せられたし」と要望、一木は必要がないと反対したが、曾禰は、「この復活説を多数と認む」との裁定を下した(210)。このように馬政局の官制は、親任の総裁、勅任の馬政総監、馬政官専任一三人で奏任、但し内二人は勅任と為すことを得、というのがこの委員会の結論になった(211)。だがこの官制の問題は、繰り返せば、ここで決着がついたわけではなかった。

この三〇日、委員会終了の前に、曾禰が、新山による予算案作成まで一週間程度休会すると告げた(212)。ここで、藤波が、再び大蔵大臣でもある曾禰に馬政二〇ヶ年計画の予算を継続費とする措置を要請、これに曾禰は、会計法の規定もあり困難だが、「大体に於て二十ヶ年の費用を議会に於て承認せしめ置くこと難きにあらず」と一六日と同じ回答を繰り返した(213)。曾禰は、大蔵大臣として、原則を崩すことはできなかった。

新山の予算案の編成作業は、当初一週間の予定だったが、実際には二週間余を要した。新山は、つぎの甲から巳の六案を作成した(214)。この内、「主意書」の原案通り、北海道に二つの種馬牧場を新設するのが甲案、巳案、新冠御料牧場を「充用」して北海道に一つの種馬牧場を新設するのが乙案、丙案、丁案、戊案。

甲案は、二〇ヶ年計画で予算案も三〇四九万五七六六円とほぼ原案通りであった。この甲案には去勢奨励費が編入されていたが、おそらく他の案も同様だったと思われる。これに対し巳案は、第一一年目から、輸入種牡馬を交配して生産、育成した種牡馬候補二歳馬の購買を一〇〇頭から五〇頭増加させ計一五〇頭とし、計画年数は一ヶ年短縮して一九ヶ年とし、予算総額も甲案より一一〇万四二四一円減の二九三九万一五二五円というものだった。乙案は、「充用」した新冠御料牧場の繁殖牝馬定数三〇〇頭を三三〇頭とし、種馬所へ配布する種牡馬数を増加させ、その増加分を内国産種牡馬購買頭数から控除する、計画年数は二〇ヶ年、予算総額は甲案より一一万五一四一円増の三〇六一万九〇七円。丙案は、「充用」の新冠御料牧場の繁殖牝馬定数を三五〇頭とし、北海道のもう一つの種馬牧場の明治四六年新設予定を四年前倒し、また巳案と同様に一一年目から五ヶ年間内国購買馬数を五〇頭増加して一五〇頭とし、計画年数は三ヶ年短縮して一七ヶ年、予算総額は甲案より三一七万九一二五円減の二七三一万六六四一円。丁案は、「充用」の新冠御料牧場の繁殖牝馬定数を三五〇頭とし、計画年数は一年短縮して一九ヶ年。戊案は、「充用」の新冠御料牧場の繁殖牝馬定数は増減なしの三〇〇頭とし、計画年数は二〇ヶ年。この両案については、他の案と比べて劣ると予算は「調製」されていなかった。

この予算案の説明には藤波があたった(215)。藤波は、乙案は、予算が増額するなど「新冠編入」の効果を「計数上に表証するに乏しく全く望ましき案」ではなく、また丙案は、計画年数を三年短縮、予算も累計三一七万円減と「新冠編入の効果を最も明らかに表現」したものだが、「新冠拝借は未必の問題にして初めより之を予期するあたわず」、つまり「新冠拝借」を前提とする案は、この時点では、決定できないと述べた。藤波は、二六日同意の姿勢をみせてはいたが、おそらく当初から、「拝借」など考えていなかった。「丁戊の両案は丙案の長所を捨てた」もので委員の

「賛同」を得ることができないのは明白だとして、予算を「調製」しなかった、つまり、提案しないと述べた。そして已案は、甲案に丙案の長所である内国産種牡馬の購買馬数の繰上を加味したもので、計画年数は一年短縮の一九ヶ年、予算も甲案よりも一一一万余円減の二九三九万一五二五円、しかも丙案のように「新冠編入」という「未必の条件」を「予想」していない、と述べた。藤波は、「之を要するに甲丙已の三案に付て其優劣を比較せば問題は決せらるべきなり」と説明をまとめたが、藤波が已案を第一の採択候補としていることは明らかだった。これに酒匂は、已案の内国産種牡馬購買馬数の繰上に疑義を呈したが、藤波は、一一年目には「洋血」の二歳種牡馬候補は一二四四頭となり、このなかから一五〇頭を選択するのは「余裕綽々」と答弁、それ以上の質問は出なかった(216)。そして已案を「議決」、あわせて「拝借」が実現した場合には丙案を提出することを確認した。ちなみに新冠御料牧場の「拝借」は行われなかった。このように藤波がリードした結果、計画年数を一年短縮して一九ヶ年とし、予算案を二九三九万一五二五円とすることが、この委員会の予算原案となった。

そして予算案決定後、満を持した格好で、大蔵がつぎの「官制の修正案と馬政総監及馬政官の補充案」を提出した(217)。

一　原案の技師二五名中去勢及農事等の如き純然たる技術に関する六名を除き其の他は悉皆馬政官とし、種馬牧場長、種馬育成所長及種馬所長は馬政官を以て之に補すること

二　馬政官は陸軍将校及同相当官竝に獣医学士農学士又は之と同等以上の学識経験ある者を以て補充すること、但し馬政官の内少なくも半数は陸軍将校及同相当官を以て補充すること

三　馬政官に任ぜられたる陸軍将校及同相当官の取扱は現役者と同一にし若しくは休職とする事

四　馬政総監は馬政官より補充する事

ポイントは、二の馬政官の半数以上を陸軍将校及び同相当官で充当することを官制に規定する要求だった。一とあわせて、陸軍が主導権を握るためだった。三は、馬政官となった陸軍将校の身分保障、四も、初代は藤波の就任が想定されていたが、その後の陸軍の人間の就任をにらんでのものだった。馬政局の設置が、「全国の馬皆軍馬」とする馬匹の軍事資源化を目指すのが目的であることでは、各委員の認識は一致していたが、そのことと馬政官の半数以上を陸軍将校等が占めること、また馬政を陸軍が主導するということとは別の話であった。

一木は、まず一に関して「馬政官の数を増加して特別任用の範囲を拡張することは官制上望ましからず」と反対、ついで二に関しても「任命の大権を狭めて自ら選択の範囲を束縛」し、「適材を得る」という官吏任用の原則に反する、そして各省の利益を代表して行動することは許されないなどと強硬に反対した(218)。藤波も、一に関して「技師の内熟達せる者は自然に馬政官となるの順序」であり、「技師の上に段階を設くることなきときは職員の奨励上に於て懸念」がある、ついで二に関しても、総裁の「推薦権」を束縛し、「文官の任用を制限」すると反対、また酒匂も馬政局に「文武の区別」を持ち込み、省の利益代表の色彩が濃くなる、と反対の意を表明した(219)。ここでは、一木と宮内、農商務が共同して、陸軍にあたるという図式になった。

大蔵は、一に関して言及せず、二に関して、官制上「穏当」でないとするなら、「此委員会に於て認定」して申し合わせ事項にすることを希望したが、藤波、酒匂はこれにも反対した(220)。ついで新山が、つぎのように大蔵に反論した。

> 半数限定論は文官は産馬改良事業に信用なしと云う意味に近し、本員等は総て人の任用は其適材を得るを以て主眼なりと信ず、苟も適材なれば武官可なり、文官可なり、若し文官にして適材なきときは全部武官を以て組織するも妨なし、何ぞ必ずしも半数のみならんや、是等は皆総裁の鑑識如何による苟も親任の総裁を戴き、之に全責任を負わしめて馬政の振興を謀る以上は、何ぞ必ずしも陸軍半数論を唱うる必要あらんや

これに大蔵は、馬匹は活兵器であり、馬匹改良の目的は「出師準備の要領に適し諸兵戦術の変遷に応せしむる」ことにある、したがって馬政官は、必ず「兵学戦術に通暁し且つ軍事的馬術軍事的相馬の素養」があるべきは「固より論を俟た」ないので少なくとも馬政官の半数を陸軍軍人より採用するのは「之れ寔に至当の議論にあらずや」と応酬、新山は、そうであるならば全員を軍人とすればよいのではないか、なぜ半数とするのかと切り返した。これに大蔵は、つぎのように「種々の事情を斟酌」した上で譲歩したのだと答えた(221)。感情的な対応だった。

　然り、馬匹改良本来の精神より遠慮なく希望を述ぶれば全数を軍人としたきなり、然れども文官にも適任の人絶無と云うを得ず、其の他種々の事情を斟酌し姑く数を譲りて半数となしたるなり

ここで浅川が、大蔵の弁を引き取って、この半数論は「主意」では認められるが、官制として穏当ではないということかと尋ねた。これに一木は、「如何なる部局より馬政官を任用すべきやを決するが如きは内閣以上の事なり、故に陸軍半数限定論の如きは陸軍大臣より内閣に提出」すべきであり、ここでは「文武何れより採用するも妨なき様官制を定め置くを穏当」とするとの見解を示した。藤波が「茲に大蔵委員の提案を否決もせず可決もせず、馬政官は何れの部局よりも広く採用することを得ると議決せん」と提案、これに大蔵はあくまでも「半数論」の議決を求めた。一木は、陸軍の意向を数の力で押し切ることは避けたほうがよいと判断、妥協案を提示、それをそのまま受けて、藤波がつぎのような提案を行い、結局、これで合意がなった(222)。陸軍の意向、立場を斟酌しての先送りの妥協案だった。

　若し強て之を議決せば多数決にて否決となるべし、如斯陸軍の熱心なる希望を多数決にて否決するも穏当なら

ず、故に此点に付ては議決を為さず官制は広く文武何れより採用するも差支なき様に定め、其希望は内閣に於て陸軍大臣より提出せらるべし

この問題について、陸軍は実現に向けて、強い意志をもっていた。明治三八年九月、馬政局設置に向けて臨時馬制調査委員会が第二回復命書を提出し、官制の確定作業に入った段階で、寺内陸相は桂首相宛に「今後馬政制度改正の上は其の首脳機関たる位置に充分軍事上の知識経験を有し兼て本事業に関し研究を積みたる者を任用せられんこと偏に希望する所に候」と馬政における陸軍の主導権を確立する「意見具申」を行い、また明治三九年三月臨時馬制調査委員会が内閣宛に提出した官制案に対しても、寺内陸相は修正意見を提出することになる（本章第6節）。

ついでこの日の検討は、「馬政に関する須要の事項を議」する馬政委員会の位置付け及びその構成に移った(223)。原案では総裁及馬政総監の下に、「馬政に関する須要の事項を議」する陸軍二人、宮内一人、農商務一人からなる「馬政議官」を置くというものだったが、八月三〇日、法制局長官一木の提案を受けて、「馬政議官」ではなく、馬政局外に総理大臣及び馬政局総裁の諮詢機関として馬政委員会を設置することとし、また構成も農務局長酒匂の要求を受けて陸軍二人、宮内二人、農商務二人と修正された。この時点では、大蔵もこの修正に賛成していた。ところがここで藤波と大蔵が、総理大臣を削除して原案に戻して総裁だけの諮詢機関とする修正案を提起した。総理大臣に制約されず、馬政委員会の独立性を高めることが目的であったと思われるが、一木は、総理大臣に直属しながら、その総理に諮詢の権がないというのは「不条理」だと反対。藤波、大蔵は、当初から無理だということを認識していたのであろう、この一木の反対を受けて、あっさりと首相と総裁の諮詢機関とするということで合意した。ついで大蔵は、三〇日の委員数の修正に対して、改めて、原案にもどすことを提案。これに一木が、農商務省は馬政局の設置のために馬との関係を断つものではないと、宮内省とともに委員二人が必要と反駁したが、大蔵は、ここでも陸軍の主導権を確保すべくつぎのように断じた(224)。

今回の馬匹改良の目的は全然軍事に在り国防に在り、陸軍の関係する所最も重大なり、故に陸軍の委員を多からしむるは馬匹改良の精神に適合する公平の処置なりと信ず、若し各省委員を同数となすが如きは却て公平を失するものなり

これに酒匂は、農商務省に関わる「調査或は一人の委員では不足を感ずるの恐」れがあり、且つ「議事の性質各分業的にして陸軍の提案に対し農商務委員が強て反対することもなかるべし」と、委員数の均等を求めた(225)。これまで馬政を所管してきた農商務省の発言力を確保しなければならないということであったと思われる。これを受けて一木は、委員長曾禰の判断を求めた。曾禰は、陸軍側の要求を容れ、陸軍省二人、宮内省一人、農商務省一人と裁定した(226)。先の馬政局員の件で、陸軍側の要求を容れなかったことへの配慮が働いていたに違いなかった。こうして馬政委員会は再び、陸軍優位の委員の構成になった。これで委員会は審議を終えた。

いくつかの修正はあったが、藤波、新山らが作成した『馬匹調査会調査書』の馬政計画の骨格は、ほぼ原案通りに承認された。

八月三〇日一木の提案を受けて設置に合意していた臨時馬制調査委員会官制が、九月一三日閣議決定、二一日、公布・施行された(227)。官制は以下のものだった。

第一条　臨時馬制調査委員会は内閣総理大臣の監督に属し馬政振興の方法を計画する為め馬匹に関する須要の事項を審議す
第二条　臨時馬制調査委員会は委員長一人委員八人を以て之を組織す
第三条　委員長は親任官を以て之に充つ

第四条　委員は内閣高等官一人宮内省高等官二人大蔵省高等官一人陸軍将官は又上長官二人及農商務省高等官二人を以て之に充つ

第五条　委員長及委員は内閣総理大臣の奏請により之を命ず

第六条　臨時馬制調査委員会に主事一人書記若干人を置く

主事は高等官書記は判任官を以て之に充つ

主事は委員長の指揮を承け庶務を整理す

書記は上司の指揮を承け庶務に従事す

第七条　書記には事務の繁閑に応じ相当の手当を給することを得

そして九月二六日付で、臨時馬制調査委員会は、「各般の調査を終え馬政振興に必要なる計画を建て之に対する予算案を具し」た「復命書」を委員長曾禰荒助名で桂太郎首相宛に提出した(228)。九月二九日臨時馬制調査委員会第一回が開かれ、以後、つぎのような要項で、毎月曜日に開催されていくことになった(229)。

一　自今委員会は毎月曜日午後第一時会合の事

一　議会説明の材料及参考書彙集の為め左の分担を定む

陸軍省委員は軍馬に関する既往現在の情況を調査すること

農商務省委員は一般馬政、牧場業に関する既往現在の情況、施設、計画を調査する事

宮内省委員は馬政局の将来為すべき方針、施設、計画を調査すること

一　法律勅令及農商務省令等改正を要するものは農商務省委員に於て取纏め、法制局委員に移し調査を担任する事

実際に毎月曜日に定例化されたのかどうかも含めて、調査及び検討の内容は不詳だが、後の馬政局の方針を念頭におくと、骨格、グランドデザインに関しては八月一六日から九月一六日の委員会で終了していたといってよかった。とはいえ、先にふれたようにいくつかの点で修正が行われていたので、検討が継続していたことも確かであった。「復命書」提出後の委員会の主たる作業は、その方針の具体化、そしてこの要項にも明記されている議会、あるいは政府、関係部局への説明のための調査、資料の作成作り、またそれらの調整であった。調査の分担は、陸軍、農商務の両省に関してはその所轄事項、宮内省に関しては主馬頭藤波らが馬政局のグランドデザインを描いていたことを踏まえてのものだった。だがこの分担の調査作業は、陸軍が「調査」を農商務省に「押付」ようとして清浦農相が同意しないなど必ずしもスムーズにいっていなかったようである(230)。

そして繰り返せば、三省の間の利害調整、また官制も決着がつけられたわけでもなかった。親任官の総裁、勅任の長官という馬政局は官制上のバランスを欠き特権的過ぎる、という問題はもちこされ、また陸軍は、現役将校及び同相当官の一定数以上の任用など官制上に規定することを要求し続けた。そして独立の官衙として農商務陸軍両省の共轄かまたは総理大臣の管轄かの二者択一の議論も続けられた。臨時馬制調査委員会が、内閣に官制案を提出するのは、時間を要して、明治三九年三月のことになる。

## 4　臨時馬制調査委員会復命書

明治三七（一九〇四）年九月二一日、臨時馬制調査委員会官制が公布・施行され、八月一六日から審議を積み重ねていた委員会がそのまま移行した。そして臨時馬制委員会は、九月二六日付で、内閣総理大臣桂太郎宛に委員長曾禰荒助名の「各般の調査を終え馬政振興に必要なる計画を建て之に対する予算案を具し」た「復命書」を提出した(231)。

形式としては四月七日の勅諚を受けてのものだった。八月以来の審議を受けて、藤波と新山がまとめた『馬匹調査会調査書』の修正版が作られ、さらにそれに手が加えられて作成されたのがこの復命書であった。なお後の明治三八年六月に「第二回復命書」が提出されるので、ここでは今回のものを「第一回復命書」と呼ぶ。

この「第一回復命書」は以下のものだった。ここまで日露戦後の馬政計画に関して述べてきたことを再確認する意味を含めて、ほぼ全文を紹介する。

図7　第一回復命書

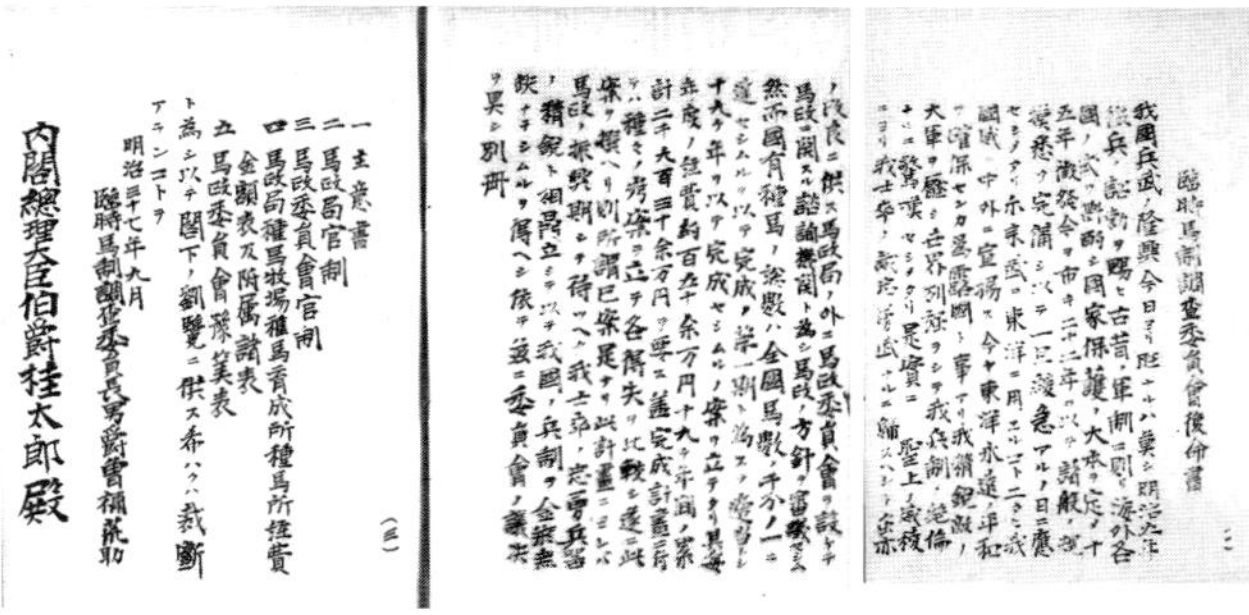
一　主意書
二　馬政局官制
三　馬政委員會官制
四　馬政局種馬牧場種馬育成所種馬所経費
　金額表及附属諸表
五　馬政委員會豫算表
ト為シ以テ閣下ノ劉覧ニ供ス希ハクハ裁断
アランコトヲ
明治三十七年九月
臨時馬制調査委員長男爵曽禰荒助
内閣総理大臣伯爵桂太郎殿

（国立公文書館デジタルアーカイブ）

……（日露開戦以来）我精鋭敵の大軍を圧し世界列強をして我兵制の絶倫なるに驚嘆せしめたり是実に聖上の威稜により我市卒の誠忠勇武なるに帰すべしと雖も、亦軍旅兵器能く内外の長所を咀嚼し改良進歩の途を講じ以て今日の精鋭を致したるに因ること頗る多しと謂はざる可からず

然れども翻て我国馬制の情況を顧みるに頗る遺憾なき能はず、現今の世態上下を通じて愛馬の風に乏しく、産馬の事は殆ど農家の副業に止まり僅かに農耕の用に供するに過ぎず、而して民間需用の程度は軍用と相距ること極めて遠く、全国老幼牝牡の総数百五十余万頭中能く軍用に適するもの十の一に足らず、然而馬匹改良に対する国家の態度は夙に定まるものなりと雖も、其施設未だ厚しと謂うことを得ず、則馬産改良の設備は僅かに一九四頭の国有種馬にして之に要する経費三二万円（明治三七年度に種馬牧場、種馬場が供用していた国有種牡馬数と農商務省の馬匹関連予算）を支出するに過ぎず、如斯くんば軍旅必須の兵器たる馬匹を改良し以て我兵制の完備を期せんこと百年河清を待つが如し

陛下夙に馬政振興の御意（四月七日勅諚）あり、閣下其旨を承けて本委員等に命じ其方法を企画せしむ、本委員等は聖旨を奉戴し数回の審議を重ね事業の速成と経費の節約とを旨とし以て左の方策を建てたり
中央に馬政局を置き全国の馬政を統一し、種馬牧場三個所を建てて馬匹の繁殖を図り、種馬育成所一個所を置き幼駒の調教に力め、種馬所十五個所を設けて内外の駿良を購入し以て馬匹の改良に供す、馬政局の外に馬政委員会を設けて馬政に関する諮詢機関と為し馬政の方針を審議せしむ、然而国有種馬の総数は全国馬数の千分の一（一五〇〇頭）に達せしむるを以て完成の第一期と為すを適当とし十九ヶ年を以て完成せしむるの案を立てたり、其毎年度の経費約百五十余万円、十九ヶ年間の累計二千九百三十余万円を要す、蓋完成計画に付ては種々の考案を立て各得失を比較し遂に此案を撰べり、則所謂已案是なり、此計画によれば馬政の振興期して待つべく我士卒の忠勇兵器の精鋭と相鼎立して以て我国の兵制を金甌無欠ならしむるを得べし依て茲に委員会の議決を具し別冊
一　主意書
二　馬政局官制
三　馬政委員会官制
四　馬政局種馬牧場種馬育成所種馬所経費金額表及付属諸表
五　馬政委員会予算表
と為し以て閣下の劉覧に供す希はくば裁断あらんことを
明治三十七年九月
臨時馬制調査委員長男爵曾禰荒助
内国総理大臣伯爵桂太郎殿
「現今の世態上下を通じて愛馬の風に乏しく、産馬の事は殆ど農家の副業に止まり僅かに農耕の用に供するに過ぎ」

ず、総数一五〇余万頭の中、「軍用に適するもの十の一に足」らない、このままでは「軍旅必須の兵器たる馬匹を改良し以て我兵制の完備を期せんこと百年河清を待つ」ようなものである。この状況に対して「馬政振興の御意」があり、その「聖旨を奉戴」して、「審議を重ね事業の速成と経費の節約とを旨とし」、喫緊の課題である馬匹改良を実現する「方策を建てた」、中央に馬政局を置いて全国の馬政を統一し、一九ヶ年の年限で、内外から種牡馬を購入して三ヶ所の種馬牧場で種牡馬の繁殖を行い、「産馬総数の約千分の一に相当する」国有種牡馬一五〇〇頭を配置し、一五ヶ所の種馬所で供用、在来牝馬に交配して馬匹の改良、軍馬資源化を実現するということだった。なお、翌年の「第二回復命書」では、実行が一年遅れたことを受けて計画年限がさらに一年短縮され一八ヶ年となるが、これは終了年度を動かさないためであった。

そしてこの「第一回復命書」に基き、第二一議会（明治三七年一一月三〇日開会）に向けて馬政局設置、馬政計画に関する予算案が編成され、一二月五日には、臨時馬制調査委員会の藤波言忠、大蔵平三、酒匂常明、浅川敏靖、森賢吾が「馬政局及附帯経費明治三八年度予定経費要求書竝各目明細書其の他予算に関する作成書類」を「閲覧」した(232)。だが、戦争中である「諸般の事情」で第二一議会への提出は見送られた(233)。臨時馬制調査委員会は、頗る遺憾であったという。

この予算案の未提出を受けてのものだろう、明治三八年二月一八日、小田文行外二名が陸軍、農商務両大臣の連署も得て、「馬匹の改良は刻下の急務たるのみならず、国運の発展と共に将来の一大事業なりとす、依て政府は速に適当なる方法を定め其の実行を期せん事を望む」という馬匹改良の建議案を衆議院に提出した(234)。小田は岩手県郡部選出、憲政本党、九戸郡産馬会員であった(235)。建議案提出の一八日、小田は衆議院本会議で提案趣旨説明を行ったが、小田はその説明を政府に積極的な馬匹改良の推進を求めるところから始め、「此馬匹の改良の問題の如きに至りましては、殆ど一年の後れは、一〇年の後れになると云うことでございます」と述べたうえで、種馬所の拡張と改良、そして馬政の確立を訴えて、つぎのように賛成を求めた(236)。

図８　「第二回復命書」

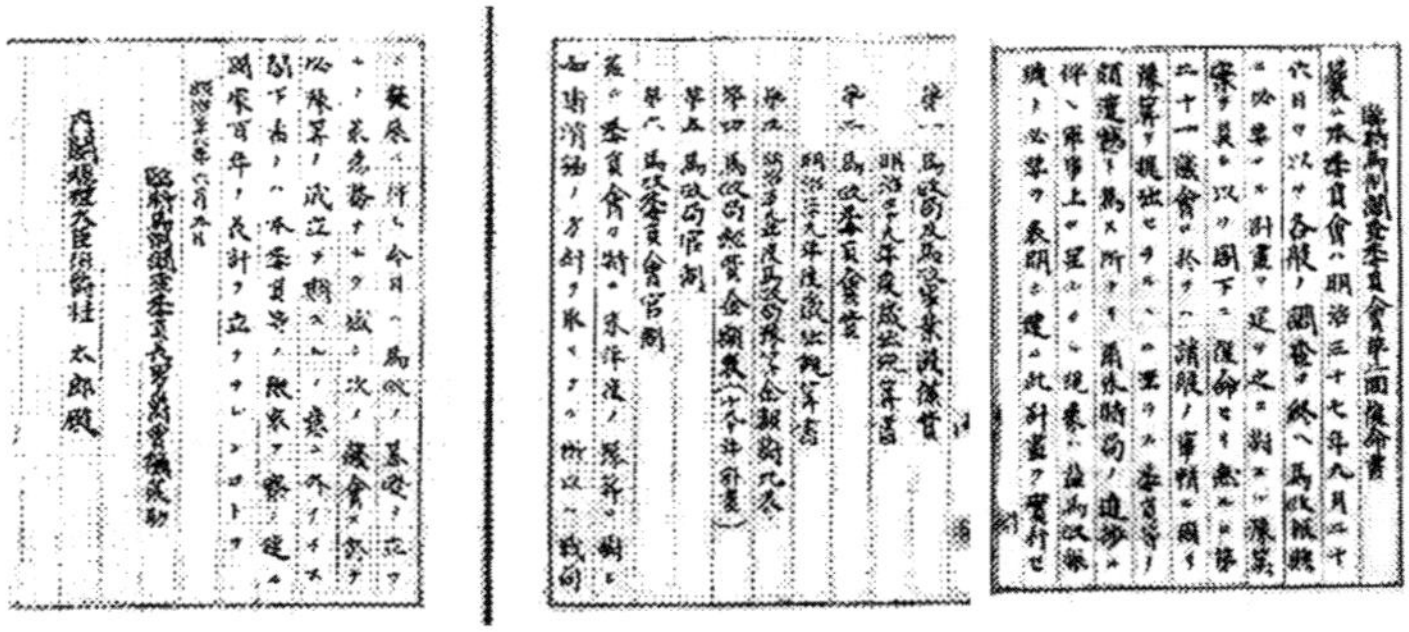

2～5頁は省略（国立公文書館デジタルアーカイブ）

……此馬のことに付いては、私が申すまでもなく、皆既に此必要なことは御認めであることであろうけれども唯之を其侭に差措きましては、容易に発達の時期がないことであります、現在今回の日露戦争に於ても、如何に此馬に付いての不足を感じて居るということは、御承知の次第でありますから、どうか諸君に於かれましても、宜しく御賛成を願います

そして二〇日、小田を含む九名を委員とする「馬匹改良に関する建議案委員会」が設置され、二一日審議が行われた(237)。質疑は、軍馬の購買価格の引き上げや種馬牧場及び種馬所の拡充を中心とする馬匹改良の方針等をめぐるもので、この建議の必要性についての疑問は呈されず、建議はすんなりと満場一致で可決。そして二五日、建議案は、衆議院本会議も満場一致で通過(238)、同日付で衆議院議長松田正久から内閣総理大臣桂太郎宛に送付(239)、二七日付で内閣の回覧に供され、三月四日付で馬政を主管する農商務大臣に回付された(240)。繰り返せば、この建議は、予算案の未提出を受けて、臨時馬制調査委員会で立案された馬政局の設置、馬政計画を推進することの必要性を訴えるものだった。建議は強制力をもつものでなく(241)、清浦農相も直接この建議に応える動きを見せた形跡はなかった。

臨時馬制調査委員会は、概算要求の時期にあわせて明治三八年六月五日付で、明治三九年度からの馬政局設置に向けて、「第二回復命書」を提出した(242)。後から考えれば、日露戦争は、五月下旬の日本海海戦を経て、最終局面を迎えようとしていたが、この段階では、まだ戦争終結を見通せておらず、戦争の継続を前提として、この復命書は作成されていた。全文は以下のものだった。

曩に本委員会は明治三七年九月二六日を以て各般の調査を終え馬政振興に必要なる計画を建て之に対する予算案を具し以て閣下に復命せり、然るに第二十一議会に於ては諸般の事情に因り予算を提出せらるるに至らず委員等の頗る遺憾と為す所なり、爾来時局の進捗に伴い軍事上に呈したる現象は益馬政振興の必要を表明し速に此計画を実行せらるること今日焦眉の急たるを感ぜり、是を以て本委員会は次の議会に於て必ず此予算を提出せられんことを希望して已む能わず、然而此計画は十九ヶ年を以て完成し毎年度の経費約百五十余万円を要す、是馬政振興に必要なる最小限の規模に係り之を縮小するに於ては馬制を完備する所以の途にあらず、閣下希くは委員会の立案を採納せられ以て馬政に対する国家永遠の廟議を決せられんことを

然れども顧みるに戦局の発展に伴い国用益多端を極め財政当局者の苦衷亦察せざるべからず、各省所管の経費に節約を加え以て軍資の供給を豊かならしむるは今日の時局に処する財政の方針として誠に已むことを得ざるものあるべし、故に若し此一般財政の方針に依り曩に委員会の建議したる予算全額を要求し難しとせば特に来年度に限り事業の一部を削減し各種の経費に節約を加え以て馬政振興の基礎を立てられんこと今日の情勢に対して不得已ものと信ず

委員会は予め如斯事情の存せんことを慮り、一方に於ては財政一般の方針に鑑み事業の大部分を削ると同時に、他の一方に於ては馬政に対する国家の長計に対し以て其基礎と為るに必要なる規模を存するを目的とし、特に来年度に対する別種の予算を調製せり、即ち種馬牧場及育成所の増設を止め之に伴て本局の職員を減じ以て三十八万余円を得たり、且去勢奨励費は臨時事件費の支弁に移りたるの結果十九万余円の減額を見たるが故に結局原案百二十九万余円に対し五十七万三千余円を減じ約七十一万七千余円を以て来年度の要求額とせり、則別冊を呈し

て閣下の劉覧に供すること左の如し
第一　馬政局及馬政事業設備費　明治三十九年度歳出概算書
第二　馬政委員会費　明治三十九年度歳出概算書
第三　明治三十九年度馬政局予算金額対比表
第四　馬政局経費金額表（十九ヶ年計画）
第五　馬政局官制
第六　馬政委員会官制
蓋し委員会が特に来年度の予算に対し如斯消極の方針を取りたる所以は戦局の発展に伴い今日に馬政の基礎を立つるの最急務なるを感じ次の議会に於て必予算の成立を期するの意に外ならず、閣下希くは本委員等の微衷を察し速に国家百年の長計を立てられんことを
明治三十八年六月五日
臨時馬制調査委員長男爵曾禰荒助
内閣総理大臣伯爵桂太郎殿

このように「第二回復命書」は、日露戦争の「戦局の発展に伴い国用益多端を極め財政当局者の苦衷」を察して計画を削減、「原案百二十九万余円に対し五十七万三千余円を減じ約七十一万七千余円」を要求額としたことを強調して、明治三九年度からの馬政計画の実施、予算執行、馬政局設置を訴えた。ただし、確かに明治三九年度予算に関しては五七万三〇〇〇余円の減額だったが、馬政一八ヶ年計画の総額としては一九ヶ年計画のときよりも二八万円増となっていた。なお「第二回復命書」にも、関連資料の別冊「第一馬政局及馬政事業設備費・明治三十九年度歳出概算書、第二馬政委員会費・明治三十九年度歳出概算書、第三明治三十九年度馬政局予算金額対比表、第四馬政局経費金

額表（十九ヶ年計画）、第五馬政局官制、第六馬政委員会官制」が添付されていた。ちなみに「第二回復命書」に添付の「明治三十九年度歳出概算説明」の冒頭は、つぎのように端的に馬匹改良が軍事的な要請であることを訴えていた。

馬匹は国家軍旅必須の活兵器にして、其良否多少は直ちに国力の消長如何に関するや大なり、故に欧米諸国に於ては兵器の改良と倶に産馬事業に重を置き、数年来之に巨額の国資を投じて奨励誘掖に力めつつあるの主旨即ち茲に存す……

振り返ってみると、開戦以降、時が経過していくとともに、馬匹をめぐってかねて懸念されていた事態が現実のものになっていた。軍馬としての基準を満たして徴発・購買の対象となる馬が不足したうえに、戦地に送られた馬たちも劣悪で、輜重駄馬・輓馬、砲兵輓馬、乗用馬として不適格な馬たちが少なくなかったからである(243)。最優先で確保策が採られた騎兵乗馬及び砲兵輓馬でさえも、その供給は明治三七年九月までが限度だった。その結果、作戦にも支障を来し、たとえば戦地での中国馬の現地調達、あるいはロシア軍からの鹵獲馬の活用、さらに同年一二月には陸軍騎兵少佐増田熊六をオーストラリアに派遣して一万頭に及ぶ輸入にあたらせるなどの緊急対応をとることを余儀なくされた。ちなみに明治三八年八月段階の戦時所要馬数は、輜重輓馬・駄馬が八万六一五二頭、乗馬が五万四九〇五頭、砲兵輓馬・駄馬が三万九九九頭、計一七万二〇五六頭、当時の日本の馬匹の総頭数は約一四五万頭だった(244)。のちの明治三九年二月二二日貴族院予算委員第四分科会（陸軍省海軍省）で曾我祐準が、日露戦争中のオーストラリア産馬の輸入の背景は、と質したのに対し、寺内正毅陸相は「実は是は内地の馬が殆ど無くなったでございます、徴発して兵役に使うべき見込の馬は殆ど無くなった」からだと答弁した(245)。また寺内の伝記は、日露戦争で寺内の「最も頭脳を悩ましたるは砲弾の補給と馬匹の徴発」だったと記した(246)。そして臨時馬制調査委員会の陸軍委員であり、のちに長く馬政長官をつとめた浅川敏靖の伝記も、「此の馬の徴発について軍事当局者の苦心は実に惨憺たるもので、到底筆紙の上に之を現はすことは出来ない、殊に戦地より馬に関する情報が甚だ芳しからぬものが多かったので、此のまま戦争が一ヶ年以上に及ぶときには、馬の資源が忽ち涸渇すると云う状態であったから」、と豪州産馬の輸入計画の背景について説明した(247)。

「第二回復命書」が、「爾来時局の進捗に伴い軍事上に呈したる現象は益馬政振興の必要を表明し速に此計画を実行せらるること今日焦眉の急たるを感ぜり、是を以て本委員会は次の議会に於て必ず此予算を提出せられんことを希望して已む能わず」と記したのは、このような状況への強い危機感からだった。

## 5　第二二帝国議会、馬政局関連予算

明治三八（一九〇五）年八月二二日、桂内閣は、臨時馬制調査委員会の「第二回復命書」を受けて、馬政局を設置して第一次馬政計画を推進していくことを閣議決定した(248)。この後、九月五日、日露講和条約への不満から日比谷焼打事件が起こるなど国内情勢は騒然となる。桂は、日露戦争の戦後処理に対する協力を条件に、政友会（総裁西園寺公望）への政権移譲を内約していたが、政治の世界では珍しく、桂はそれを守った(249)。一二月二二日、この段階での戦後処理を終えることになる日清協約（ポーツマス条約で獲得した日本の満州権益を清国が承認）が、調印の運びとなり、それを機に総辞職することになった。一二月一九日桂は西園寺に政権移譲の意向を告げ、二一日辞表を提出、西園寺公望内閣の発足は翌明治三九年一月七日。明治三九年度予算案は桂内閣のもとで編成されていたが、西園寺内閣はそのまま継承した。もちろん馬政局を含む第一次馬政計画関連予算もそうであった。

馬政局官制は最終調整が難航、閣議に提出されるのは三月六日になるが、四月一日発足に向けて予算案は議会に提出された。見切り発車だったが、馬政局設置はそれだけ急がれていた。一月三一日、衆議院予算第三分科会で馬政局の予算案が説明、審議された(250)。主計局長荒井賢太郎が、明治三八年度追加予算、ついで明治三九年度大蔵省所管

の予算案についての概要を述べたが、そのなかで馬政局設置の経緯、その目的、予算額六七万円、経常及び臨時をあわせると、この七二万円が従来の農商務省の馬政関連の予算額と大した差がないことなどをつぎのように説明した。

……今度の戦役の結果其他に顧みて、日本の馬政と云うものは、或年限を期して此馬の改良を図らんではならぬ、それで一定の年限に於て、全国の馬が完全になるような改良方法を講ぜねばならぬと云うことでありまして、此事は戦時中から、特別の委員（臨時馬制調査委員会）が設けられまして、数十回会合講究の結果、馬政に関する方針を立てられ、其馬政に関する方針に基きまして、馬政局と云うものを一つ独立して置く、そうして其馬政局が総て全国の馬の事に付いては、馬に関係したところの事務は、悉くそこで処理して馬の改良を図ろうと、斯う云う方針で、馬政局と云うものが出来ました……明年度の馬政局の費用と云うものは、若し旧来の通り農商務の馬匹改良費、其他を積ると云うことであれば、それに較べまして金額に於ては大した差のない費用でございます……

そして阪谷芳郎蔵相も、大蔵省所管の予算案の説明のなかで、つぎのように「馬政改良のこと」について言及した。

……此内で馬政改良のことでございます、是は多年の問題でございまして、遂に宮内省辺りからもいろいろ御心配になったことであり（明治三七年四月七日の勅諚）、陸軍農商務省に渉りましていろいろ計画したこともありまして、遂に調査委員（臨時馬制調査委員会）が出来まして、此度調査委員の報告（「第二回復命書」）に基きまして、予算を編成することになりました、此事は永年に亙りまして随分大なる金額も要し、又事業も大きいことでございますので、新山政府委員から一応大体の計画を御説明申し上げます

このように阪谷蔵相は、馬政局が重要な案件であると述べたうえで、新山荘輔に説明を行わせた。先にも紹介した

ように新山は、明治一三年駒場農学校卒業以降、農商務省から宮内省（明治二九年からは農商務省技官兼任）で畜産、馬政を担い、馬政局、第一次馬政計画の骨格を藤波とともに立案した人物。説明者としてこれ以上の適任者はいなかった。新山は、日露戦争の教訓を踏まえて、軍馬としての要求に応える馬匹改良を推進するために馬政局を設置し、第一期一八年、第二期一二年の三〇年計画を実施する、その第一期で九州種馬牧場を廃して国有種馬牧場を北海道に二新設、既設の奥羽種馬牧場とあわせて三とする、種馬育成牧場一を新設、種馬牧場を既設の九に加えて六を新設して一五の体制とする、そして種牡馬一五〇〇頭を配置、在来牝馬に交配して一五〇万頭の血の総入れ替えを行って馬匹改良を実現する、その第一期の経費総額は概算二九〇〇万円、初年度七二万円である、と簡潔に説明を行った。この説明を受けて、複数の議員たちが質したのは、馬匹の養成という業務内容が重なるとして、馬政局と陸軍（軍馬補充部）との一体化を考えていないのか、一体化すれば業務の効率化と予算の削減がはかれるではないか、ということだった。これに対する新山の答弁は、馬政局の業務は、育成ではなく種牡馬の養成、供用、一方軍馬補充部は馬匹の購買、育成であり、馬政局との事業との一体化はできないというものだった。

また同日の農商務省関連予算審議の場である予算委員第五分科会では、馬政局設置にあたっての農商務省との交渉経緯が質されていた(251)。これに対する農商務次官和田彦次郎の答弁は、要するに、これまでのように農商務省牧場課が馬政を所管する体制では、日露戦争で明らかとなった事態に対応できない、独立の一局（馬政局）を設けて馬匹改良にあたる必要がある、というものだった。なお実質的な審議は衆議院、貴族院双方の分科会ともにこの三一日だけだった。

貴族院では、二月二二日予算委員第一分科会（歳入大蔵省）と二四日予算委員会第五分科会（農商務省逓信省）でこれまでの体制を変える必要はないのではないかといった質問が出されたが、これに和田らは、衆議院と同じ答弁を繰り返した(252)。貴族院でもそれ以上の疑義は呈されなかった。注目されるのは、二四日、和田が、この答弁に加えて、馬政局を所管する省は未だ確定していない、農商務省の可能性もある、と述べたことだった。先の一月三一日衆議院予算委員第五分科会（農商務省所管）でも、和田は、馬政局が農商務省あるいは陸軍省に属するのか、内閣直轄になるのか、未だ閣議決定していない、と述べていたが、それを繰り返したものだった。臨時馬制調査委員会では、明治三七年八、九月の段階で、内閣直属という結論が出ていたが、綱引きが続いていたこと(253)、また馬政局の職掌、職員等に関しても、これまで一般馬政を所管していた農商務省農務局牧場課、畜産課を廃止してその業務を馬政局へ移管、同課の技師技手、その他吏員も馬政局へ配置換とすることに内定していたが(254)、それへの抵抗も農商務省にあったことが、この発言に示されていたと思われる。なおサラブレッドやアラブの軽種馬の馬産、育成の経験を蓄積していた宮内省主馬寮の馬政局への移管も議論としては存在していたようだが(255)、天皇や皇族の儀容にふさわしい馬匹を生産することを目的とする御料牧場を含めて、宮内省が手放すはずもなかった。

官制案はまだ確定していなかったが、この馬政局関連の七二万円を含む予算案が衆議院二月一〇日、貴族院三月六日、実質的に反対の声もなく承認された(256)。馬政局発足の予算面での準備は整えられた。

のちに関直彦が語ったところによれば、「政府委員は議会に向って要求して曰く、此予算は成るべく一銭一厘たりとも削減を加えずして通過をして貰いたい、特に畏き辺りに於かせられても憂慮あそばされる次第であるからと、恰も御思召に出でたる予算案の如き説明」を行った、それを受けて、「吾々議員は恐懼措く能わずして遂に其予算を厘毛も削減せずして通過」させたという(257)。関直彦は、衆議院議員（東京市選出、憲政本党）、日本競馬会をはじめとする複数の競馬会の理事を務め、また馬券禁止後の第二五議会に於ける馬券復活法案の成立に向けて中心的存在となるなど馬券黙許時代の競馬界を代表する人物であった。そして議会終了後、関係議員は宮内省から主馬寮に招待され、馬匹、馬車その他の拝観を許され、鄭重な饗応を受け、主馬頭藤波から、馬政局の予算通過に対して「畏き辺りに於かせられても誠に御満足に御思召」されているとの「挨拶」を受けたという。馬政局の設置が、明治天皇の命によって始まっているという物語が、ここでも活用されていた。

また藤波も、この予算審議に先立ち、「其の経費は数千万円を要するがため、議会の協賛を得る上に容易ならぬことし」、「貴衆両院議員に向って各派の事務所に行き三十余回演説」、それもあって「一銭一厘も削減し得られずして遂に所期の原案を可決し」たという(258)。この際にも、藤波が勅諚を持ち出していたことが確実であった。

## 6　馬政局官制案に対する寺内陸相の修正意見

明治三九(一九〇六)年三月六日、明治三九年度予算案の成立後、臨時馬制調査委員会は、馬政局官制等案を西園寺首相宛に提出した(259)。予算案よりも先に官制が承認されているほうが、普通の手順であり、またその官制案も明治三七年八月臨時馬制調査委員会で合意、同年九月第一回、明治三八年八月第二回復命書にも含まれていた。それが内閣に未提出だったのは、陸軍の最終的な合意が得られていなかったからだった。その閣議に諮られた官制案の第一条〜第九条は以下のものだった(260)。

第一条　馬政局は内閣総理大臣の監督に属し馬匹の改良蕃殖其の他馬政に関する一切の事務を掌る
第二条　馬政局に左の職員を置く
　総裁　　一人　親任
馬政総監　一人　勅任
馬政官　専任一三人　奏任　但内二人は勅任となることを得
書記官　専任二人　奏任
種馬牧場長　専任三人　奏任
種馬育成所長　専任一人　奏任
種馬所長　専任一五人　奏任

技師　　　　専任八人
属　　　　　専任三一人　判任
書記　　　　専任二一人　判任
技手　　　　専任一〇三人

第三条　馬政局は東京に置き地方に種馬牧場種馬育成所及種馬所を置き馬政局の事務を分掌せしむ
第四条　総裁は局務を総理し職員を監督す
第五条　総裁は主任事務に付警視総監北海道庁長官府県知事に指令又は訓示を為すことを得
第六条　奏任官の進退は総裁之を内閣総理大臣に具状し判任官以下は之を専行す
第七条　馬政総監は総裁を佐け局務を整理し事務を監督す
第八条　馬政官は上官の指揮を承け経営及監督に関する事務を掌る
第九条　書記官は総裁の指揮を承け局務を掌る
（第一〇条～第一七条略）
附則　本令は明治三九年四月一日より之を施行す

図9　馬政局官制に関する「陸軍大臣修正意見」

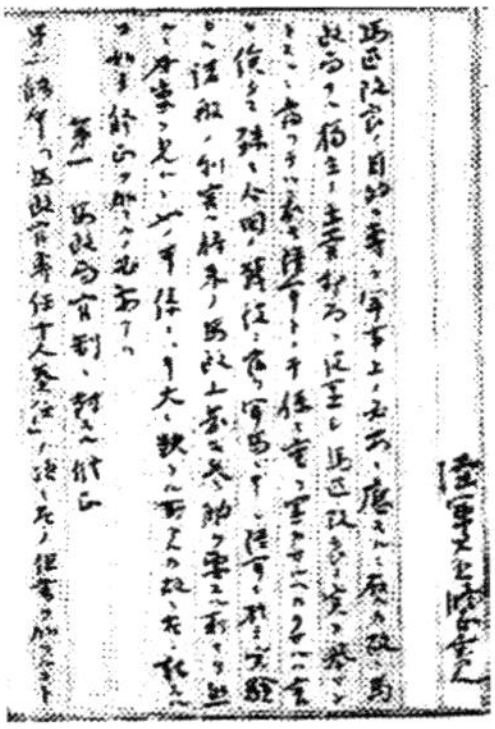

（国立公文書館デジタルアーカイブ）

なおこの馬政局官制とともに、馬政委員会官制、馬政局職員特別任用の件、高等官官等俸給令中改正の件、高等文官官等相当俸給表中改正の件、種馬牧場長種馬育成所及種馬所長官等俸給令もあわせて諮られた。馬政局職員特別任用の件以下は官制の施行に伴って必要な任用、俸給の改正だった。

陸軍大臣寺内正毅は、三月六日の閣議の席上でこの官制案に意見を述べたうえで、その後、提出日は不詳だが、改めて意見書を提出した。明治三七年九月一六日の臨時馬制調査委員会で、馬政局官制については、案が閣議に提出された段階で陸軍大臣が「希望」を述べるということが確認されていたが、寺内は、ここでその権利を行使した。そして寺内が妥協しなかったことで、官制案の閣議決定ができず、四月一日の予定だった馬政局発足は、先送りせざるを得なくなった。寺内は、修正を要求する理由をつぎのように述べた(261)。

馬匹改良の目的は専ら軍事上の必要に応ずるに在るが故に、馬政局なる独立の主管部局を設置し馬匹改良の実を挙げんとするに当りては、最も陸軍との干係に重を置かざるべからざるは言を俟たず、殊に今回の戦役に当り軍馬に干し陸軍に於て実験せる諸般の利害は将来の馬政上寄も参酌を要する所なり、然るに本案を見るに此の干係につき大に欠くる所あるが故に、左に記するが如き修正を加ふるの必要あり

馬匹改良の目的は軍事上の必要に応ずることにあり、馬政局は陸軍との「干係」に重きを置くべきであるということだった。そして「第一、馬政局官制に対する修正」、「第二、馬政委員会官制に対する修正」、「第三、馬政局職員特別任用令に対する修正」、「第四、文武高等官官等表中追加に対する修正」、「第五、陸軍現役将校同相当官をして馬政官に任ぜられたる者に対し左の如き勅令を制定すること」の五つの修正要請を行った。

まず「第一、馬政局官制に対する修正」は、第二条中「馬政官等専任十人奏任」の項に、「但し内四人は陸軍現役将校相当官を以て之に充つ」の但書を加えることを求めたものだった。なお三月六日閣議提出の段階では馬政官は一三人だったが、この寺内が意見書を提出する前に、一〇人に改められていた。また「但内二人は勅任となることを得」は、寺内の意見書ではふれていないが、遅くともつぎに官制案が閣議提出が上申された五月三日までの間に、官制上のバランスの観点からだろう削除された。寺内は但書を加える理由を、つぎのように説明した。

馬政局の業務と陸軍との干係を密接にし馬匹改良をして軍事上必要に使はしめんとせば、須らく之が実行機関たる馬政官に馬匹事務に経験ある陸軍将校同相当官を任ずると共に、其の人員も之を官制に規定し置くの必要ありとす

馬匹改良の目的が軍事上にあるとするならば、一定の陸軍将校同相当官の馬政官任用を官制に規定する必要があるということだった。振り返ってみれば、明治三七年九月一六日の臨時馬制調査委員会で、陸軍委員である軍馬補充部長大蔵平三が、この寺内と同じ観点から、陸軍将校及同相当官を馬政官の半数以上任用することを要求していた。だが宮内省主馬頭藤波言忠、同技師新山荘輔、法制局長官一木喜徳郎らが強く反対、実現しなかった。ただし藤波が、陸軍への配慮から、官制は原案のままとするが、閣議に官制案が提出された際に陸軍大臣からその希望を述べる、という妥協案を提示、それで合意がなっていた。繰り返せば、寺内がその権利をここで行使したものだった。

またこれより先、明治三八年九月二二日、寺内は桂首相宛の「意見具申」でも、つぎのように馬政の「首脳機関」に「充分軍事上の知識経験を有し兼て本事業に関し研究を積みたる者を任用」することを要求していた(262)。

……案ずるに諸般の事業は必ずしも其制度の良否のみに依らずして制度を運用する人如何に依りて其結果に著しき差異あること尠からず、就中本事業の如きは其最も然るべきものと確信致候、殊に今回の戦役に於ては我軍馬に就て実に惨憺たる経験を積み、痛切に我産馬改良の急務なることを感じたる次第に付、将来軍事上の大計画を為すに当りては一層重きを産馬事業の発達如何に置かざるを得ざるの形勢に有之候、就ては今後馬政制度改正の上は其の首脳機関たる位置に充分軍事上の知識経験を有し兼て本事業に関し研究を積みたる者を任用せられんこと偏に希望する所に候、依て右意見予め申出置候也

図10　寺内の馬政官に関する要求の「付箋」

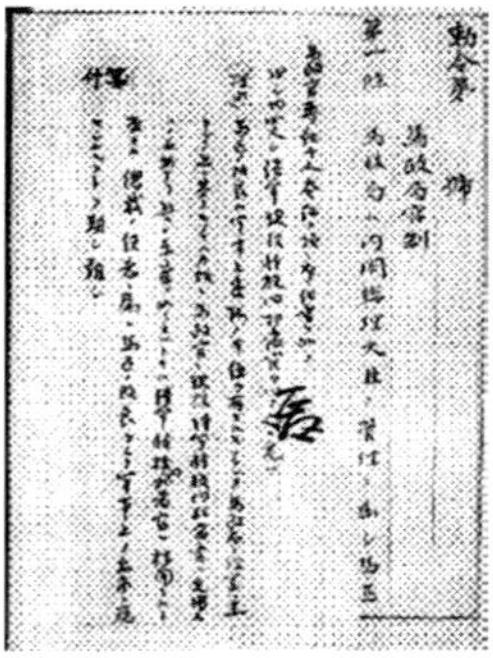

（国立公文書館デジタルアーカイブ）

寺内がこの「具申」を提出したのは、「第二回復命書」の閣議承認後、官制の確定作業に入ろうとするタイミングであった。だがこのときも要求が容れられず、官制が三月六日の閣議に提出されたのを受けて、再び寺内がその修正を求めたものだった。臨時馬制調査委員会での軍馬補充部部長大蔵の陸軍将校及同相当官の馬政官任用の要求は半数以上であったが、この寺内の修正意見では、妥協をはかるためであったのだろう一〇人中四人と割合を引き下げていた。だが、この修正要求も容れられなかった。五月四日で閣議決定された官制は、三月六日の原案から、先にもふれたが馬政官を一三人から一〇人、また「但内二人は勅任となることを得」の削除に加えて、馬政総監を馬政長官、技師属を三一人から二六人と修正されたものだった(263)。

寺内は、この閣議決定に、「馬政官専任十人奏任の項」に改めて「但し内四人は陸軍現役将校相当官を以て之に充つ」の但書を加える、と要求する「付箋」をつけ、つぎのようにその理由を説明した(264)。

馬匹の改良は軍事上密接の干係を有するものにして、馬政局の設置は主として之に基くものたるが故に、馬政官に現役陸軍将校同相当官を充用するの必要あり、然るに原案の如くするときは陸軍同相当官を採用すると否とは総裁の任意に属し、馬匹の改良をして軍事上の要求に応ぜしむることを期し難し

閣議決定の際、この付箋をつける、さらにはこの要求に対して運用で対応する、つまり実質的に受け入れる可能性を残す、という条件付で寺内も合意していたようである。ともあれ、このように寺内は、最後まで要求を取り下げることはなかった。繰り返せば、それは、明治三七年九月一六日の臨時馬制調査委員会での確認に基く権利を行使した

ものであった。

つぎに「第二、馬政委員会官制に対する修正意見」であった。馬政委員官制の第三条までは以下のものだった(265)。

第一条　馬政委員会は内閣総理大臣の監督に属し馬匹改良に関する事項及其の施行方法を審議す

第二条　馬政委員会は内閣総理大臣又は馬政局総裁の諮詢に応じて意見を開申す

　前項の外馬政委員会は其の議決に依り内閣総理大臣又は馬政局総裁に意見を具申することを得

第三条　委員は馬政総監、宮内省高等官、陸軍将官又は上長官、農商務省高等官の内を以て之を組織す

　委員は五人を以て定員とす但必要の場合に於ては臨時委員五人以内を置くことを得

　委員は馬政総監を除く外内閣総理大臣の奏請に依り内閣に於て之を命ず

（以下略）

この第三条に関して、寺内は、「馬匹改良の業務は特に陸軍と密接の干係ある理由により陸軍より出す委員は二名に為すを要すると臨時委員は特に設ける要なきに依る」として、「馬制委員会官制第三条第一項」「委員は馬政長官、陸軍将官又は上長官二人宮内省及農商務相高等官各一人を以て之を組織す」と修正し、「第二項を削」ることを求めた。この件は、臨時馬制調査委員会ではここで寺内が要求したもので合意し、「第一回復命書」、「第二回復命書」の馬政委員会官制第三条にもそれが明記されていた。だが経緯は不詳だが、それが変更されていた。それを改めて、調査委員会での合意にもどすことを要求したもので、これは寺内の要求がそのまま容れられた。

「第三、馬政局職員特別任用令に対する修正」は、陸軍現役将校及同相当官で軍馬補充部勤務経験者の馬政官への任用を可能にすることを規定に明記することであった。この修正も実現した。

ついで「第四、文武高等官官等表中追加に対する修正」は、原案が馬政長官の官等を一等（中将）に限定するもの

であったのを、奏任官相当の陸軍上長官（少佐、中佐、大佐）の内の大佐が少将に昇進して馬政長官に就任する場合を想定して、馬政長官の官等を一等（中将）か二等（少将）と為す、と修正することを要求したものだった。これも容れられた。

さらに「第五、陸軍現役将校同相当官をして馬政官に任ぜられたる者に対し左の如き勅令を制定すること」は、現役将校が馬政官に任用された場合に文官となり、陸軍将校分限令の規定で予備役に編入されることを回避し、陸軍の定員外として在職陸軍現役武官に関する規定の適用を受けることが目的だった。これも寺内の要求の通りのものが勅令第一二六号(266)として実現した。

このように、「第一、馬政局官制に対する修正」以外の残りの四つは寺内の要求にそって修正され閣議に諮られた。また第一の要求も運用でほぼ実現するので、寺内の要求は全面的に容れられていたといってよかった。そしてこの修正案が五月四日閣議決定され、枢密院に諮詢されることになった。行政各部の官制など官規に関する勅令は枢密院の諮詢事項であった。これに枢密院書記局は、五月二六日付で、「変体」の官制で任用令にも疑問の余地があるとしながらも承認が妥当と報告することになる（次節）。

一方、このように寺内が馬政局官制等に関して修正意見を提出し、その閣議決定が五月四日になったことで、馬政局は予定の四月一日に発足することができなくなった。この遅延を受けて、馬政局が職掌する予定だった業務は、その発足までは農商務省が担当することになった。設置がぎりぎりまで追求されていたことで、その手続は三月二七日付となった(267)。各新聞も、三月下旬になっても馬政局発足は四月一日と報じていた(268)。

そしてこの遅延の結果、四月一日発足を前提に組まれていた約七二万円の予算が執行できなくなった。この事態に、四月四日付で阪谷芳郎蔵相が西園寺首相宛に、明治三九年度第二予備金から、四月半月分として一万三九六三円の支出を上奏、五日の閣議で承認された(269)。半月分であったのは、四月中旬までに発足できるとの判断がなされたうえでの上奏だったことが示されていた。実際にも中旬までの発足が追求されたが(270)、陸軍の要求に関して調整をつけることができないままに時間が過ぎていった。そして再び予算措置が必要となり、阪谷蔵相は、四月二七日付で五月末までの一ヶ月半相当額四万五六〇円の第二予備金からの支出を西園寺首相に上奏、官制案を閣議決定した翌日の五月五日付で裁可された(271)。先のものとあわせれば計五万四五二三円。この四月二七日の上奏の際、阪谷は、馬政局予算が存在するにもかかわらず、設置が遅れて「予算外支出を為すは甚だ穏当を欠き結局政府の責任問題」として、西園寺に対して「特に御詮議」を求めていた。なお第二予備金とは、予算外の新事項の支出に充当するもので、各省大臣の要求により大蔵大臣から勅裁を経て支出するものだった(272)。予算を超過した場合に不足を補う第一予備金とともに、その支出は、議会の事後承諾を必要とした。この馬政局関連の支出は、明治四一年三月第二四議会の衆議院、貴族院で質問もなく承認された(273)。

そしてこの遅延の影響を被ったのが、馬政局所管と予定されていた馬券発売を黙許される社団法人の認可だった。折しも、設立に向けて準備を進めて来た東京競馬会は、明治三八年一二月には馬券黙許に関する「四大臣合議書」を確保、そしてこの明治三九年二月設立趣意書を頒布、定款を公表。馬政局の設置が遅れることで、その東京競馬会の認可が、宙に浮きかかっていた。馬券黙許の競馬会のモデルとして、東京競馬会の認可は急がれた。三月下旬、当面、農商務省が馬政局の業務を担うことになったのを受けて、東京競馬会は、四月一二日付で同省に認可を申請、二四日付で認可された。そして五月一六日、東京競馬会は披露会と懇親会を華族会館で開いた。そこで陸軍省軍馬補充本部長大蔵平三中将が「活きた兵器として国家事業上競馬会の必要を絶叫」することになるのは、先述した通りである。

## 7　馬政局官制の枢密院での審議

こうして寺内陸相の修正意見を受け、作成された官制案等は五月四日閣議決定され、枢密院に諮詢された。手続にしたがい、諮詢に際しては、枢密院書記局が事前審査を行い、五月二六日、つぎの「審査報告書」を同書記官長都築

図11　「馬政局官制、馬政局職員特別任用令及馬政局高等官の官等に関する件審査報告」

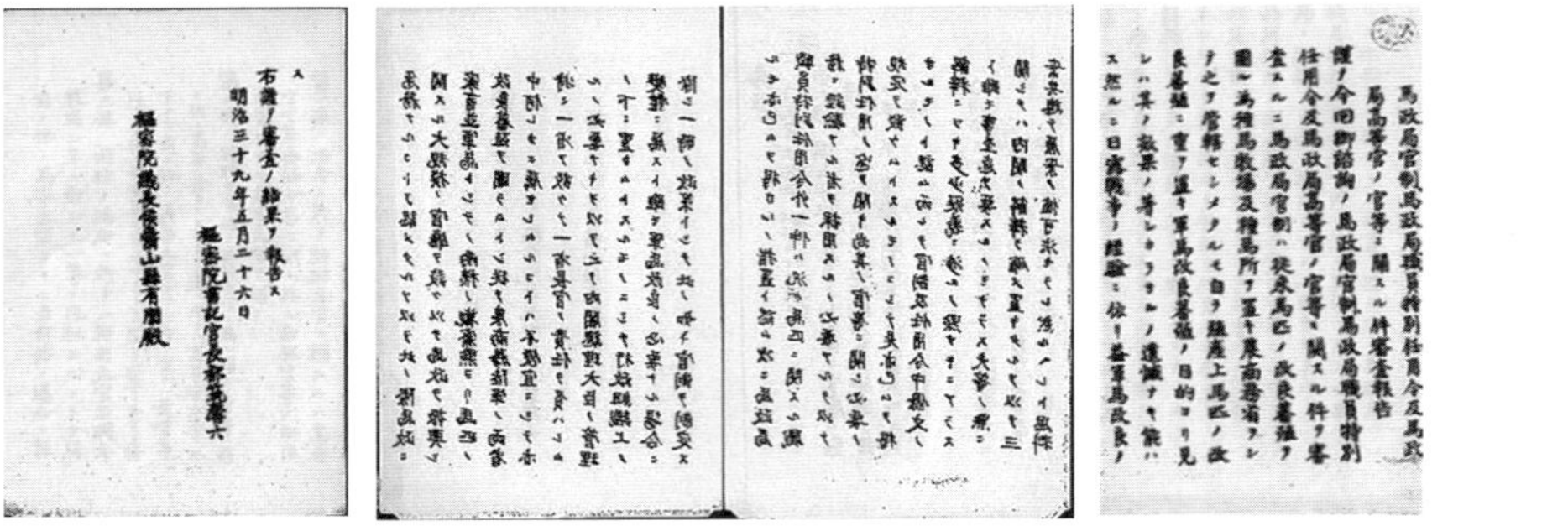

（国立公文書館デジタルアーカイブ）

聲六名で枢密院議長山県有朋宛に提出した(274)。

謹で今回御諮詢の馬政局官制、馬政局職員特別任用令及馬政局高等官の官等に関する件を審査するに、馬政局官制は、従来馬匹の改良繁殖を図る為種馬牧場及種馬所を置き農商務省をして之を管轄せしめたるも、自ら殖産上馬匹の改良繁殖に重を置き軍馬改良繁殖の目的より見れば、其の効果の著しからざるの遺憾なき能わず、然るに日露戦争の経験に依り益軍馬改良の急務なることを認めたるを以て、此の際馬政に関する大規模の官庁を設け、以て馬政を振興し家畜並軍馬としての両様の観察点より馬匹の改良繁殖を図らんとし、従て農商務陸軍両省中何れかに属せしむることは不便宜にして、亦特に一省を設けて一省長官の責任を負はしむるの必要なきを以て、之を内閣総理大臣の管理の下に置かんとするものにして、行政組織上の変体に属すと雖も、軍馬改良の必要なる場合に際し、一時の政策として此の如き官制を制定するも亦已むを得ざるの措置と認む、次に馬政局職員特別任用令外一件は汎く馬匹に関する職務に経験ある者を採用するの必要あるを以て特別任用の途を開き尚其の官等に関し必要の規定を設けんとするものにして是亦已むを得ざるものと認む、而して官制及任用令中条文の解釈につき多少疑義に渉るの点なきにあらずと雖も、事至急を要するのみならず夫等の点に関しては内閣の解釈を確め置きたるを以て、三案共総て原案の儘可決せられ然るべしと思料す

右謹で審査の結果を報告す
明治三九年五月二六日
枢密院書記官長都築馨六
枢密院議長侯爵山県有朋殿

これまでの馬匹改良は、農商務省が管轄してきたので殖産上の改良に重きが置かれ軍馬改良繁殖の目的から見ればその効果は著しいものではなかった、その状態のなかで日露戦争を「経験」し、「益軍馬改良の急務なることを認めた」、これを受け馬政に関する大規模の官庁を設け、家畜並軍馬両様の改良を推進するために独立の局を内閣総理大臣の下に設置することになった、これは「行政組織上の変体に属すと雖も、軍馬改良の必要なる場合に際し、一時の政策として此の如き官制を制定するも亦已むを得ざるの措置と認む」として「原案の儘可決せられ然るべしと思料す」、というのが審査の結論だった。

なおここで「家畜並軍馬としての両様の観察点より」と、唐突に家畜という文言が登場したのは、これまで一般馬政を所管してきた農商務省に対する配慮からだったと思われる。同省にとって、馬政局の設置はこれまでの権益が奪われるだけでなく一般馬政も後退するという懸念もあった。臨時馬制調査委員会では、農務局長酒匂常明も、技師広沢弁二も、そういった意見を述べた記録は残されていないが、同省としては同委員会の結論をそのまま受け入れているわけではなかった。先に紹介したように、この明治三九年二月、貴族院予算委員会での馬政局関連予算の審議の際、農務局長和田彦次郎は、馬政局を統轄する省は未だ確定していない、農商務省の所管の可能性もあると答弁していたことにもそれが示されていた。いわば土壇場で、そういった農商務省に対して行われた配慮が「家畜並軍馬としての両様の観察点より馬匹の改良繁殖を図らん」ということであったと思われる。

この日、諮詢の馬政局官制案は、修正されて承認されることになるが、修正箇所も示して、あらかじめその第一条

～第九条を掲げておく。取消線の個所が傍線部に修正された。

第一条　馬政局は内閣総理大臣の管理に属し馬匹の改良蕃殖其の他馬政に関する一切の事務を掌る

第二条　馬政局に左の職員を置く

~~総裁~~　馬政長官　~~親任~~　勅任

~~馬政長官~~　次長　~~勅任~~　勅任又は奏任

馬政官　専任一〇人　奏任

書記官　専任二人　奏任

種馬牧場長　専任三人　奏任

種馬育成所長　専任一人　奏任

種馬所長　専任一五人　奏任

技師　専任八人

属　専任二六人　判任

書記　専任二一人　判任

技手　専任一〇三人

第三条　馬政局は東京に置く

地方に種馬牧場種馬育成所及種馬所を置き馬政局の事務を分掌せしむ

第四条　~~総裁~~馬政長官は局務を総理し職員を~~総督~~監督す

第五条　~~総裁~~馬政長官は主任事務に付警視総監北海道庁長官府県知事に指令又は訓示を為すことを得

第六条　奏任官の進退は総裁之を内閣総理大臣に具状し判任官以下は之を専行す

第七条　馬政長官次長は総裁馬政長官を佐け局務を整理し事務を監督す
第八条　馬政官は上官の指揮を承け経営及監督に関する事務を掌る
第九条　書記官は総裁上官の指揮を承け局務を掌る
（以下第一七条まで略）

附則

本令は明治三九年六月一日より之を施行す

五月二九日、馬政局官制は、枢密院に諮詢された[275]。出席者、東久世通禧、西園寺公望、田中不二麿、海江田信義、細川潤次郎、中牟田倉之助、大鳥圭介、九鬼隆一（○）、高崎正風（○）、杉孫七郎、蜂須賀茂韶（○）、伊東巳代治、野村靖、林友幸、小村壽太郎、金子堅太郎、末松謙澄、曾禰荒助、清浦奎吾（○）。なお（○）は午後欠席。冒頭、枢密院書記官長都筑馨六が、「報告書」に沿って、馬政局官制について、「独立の官衙」を内閣総理大臣の下に設置することは変体の組織ではあるが、他に良法がないので一時的制度として「万已むを得ざる次第」として、原案通りに可決することを求めた[276]。これに大鳥圭介が、馬匹改良の推進、馬政局設置の必要は認めるとしながらも、「第二条に規定の職員の事につきて少し了解しがたき点あり」として、「総裁を置き、而かも之を親任とした所以は、何か深き仔細ありて長官にては行われ難きことにてもあるならん、其次第を一応承りたし」と口火を切った[277]。単に馬政のための一局に親任官の総裁、勅任官の長官を置くというのは、異例の措置で官制上のバランスを失しているということであった。

図12「馬政局官制、馬政局職員特別任用令及馬政局高等官の官等に関する件会議筆記」明治39年5月29日

（国立公文書館デジタルアーカイブ）

枢密院は、ある特定の国家機関が優越することを「本能的に警戒する」傾向があったが[278]、この馬政局官制に関してもそれ

が示された。「審査報告書」は、規則に則り三日前までには顧問官に配布されており（枢密院事務規程第七条）、あらかじめ大鳥は目を通したうえで、反対、修正を求める姿勢で臨んでいたはずである。臨時馬制調査委員会でこの親任官の総裁、勅任官の長官を置くという官制に異を唱えていた一木喜徳郎は、この年一月桂内閣の総辞職に伴い法制局長官を辞任していたが（後任は岡野敬次郎）、その一木の懸念が、何らかの形で大鳥ら枢密顧問官に伝えられていた可能性がなくもなかった。またこの総裁、長官案に対しての四、五月の各新聞の論調は、日露戦争を受けて馬匹改良の重要性を認めながらも、総裁の身分、位置づけなど馬政局の官制が必要以上に高いものとされ、権衡を失しているという批判では共通、また総裁の親任は曾禰に対する配慮というのがもっぱらの観測であった(279)。つまり馬匹改良が喫緊の課題であるといっても、馬政局官制は異例で特権化され過ぎているということだった。

この大鳥の質問に都筑は、馬政局の長が総理大臣であり、総裁は「総理大臣に代て責任を尽し得る地位」の者である必要があること、農商務、陸軍両省の文官武官、それに宮内省官吏も統括する必要があること、さらに民間の馬も所管し地方長官（府県知事）へ命令を下す必要もあることなどを、親任の総裁、勅任の馬政長官という体制が必要な理由としてあげた(280)。だがこれで大鳥を納得させることはできなかった。ついで法制局参事官道家斉も原案の承認を訴えた(281)。さらに都築も、総裁を親任官とする大きな理由が、馬政局の実務が陸軍、大蔵省の掣肘を受けないためであるとともに、陸軍将官、農商務省と宮内省の官吏という「教育経歴の異なる種々の人を使い行くには余程高地位の人を用いざれば使い切らざるなり」というのが、表面上は出していないが「実際上には一の重き理由」だと答弁、承認を求めた(282)。だが、これも説得の決め手にはならなかった。九鬼隆一が、つぎのように親任官の総裁の撤回、馬政長官がその職掌を担うことを強く迫った(283)。

……単に馬政のみのことなれば一省を置く程の必要なきは勿論、事実一局として之を内閣総理大臣の下に置くに当り、態々総裁なるものを置きて其の事務を掌らしむるは、余りに大袈裟に過ぎたりと思わる……（臨時馬制調査委員会委員長曾禰荒助は）軍国の際、事業最繁劇なる大蔵大臣が兼務したる次第なるに、今日馬政局を設けて之を内閣所管に帰せしむるに、総理大臣の外に親任官たる総裁を要すと謂うが如きは、実に妥当を欠くの説なりと思考す、依て寧ろ総裁を止めて単に馬政長官のみにて局務を掌たしめらるるを適当とす

そして末松謙澄も、会計検査委員長、大審院長など他の官庁との権衡上、総裁を見合わせ、勅任の長官だけの官制が望ましいと大鳥、九鬼に同調した(284)。ここで副議長東久世通禧が、ここまでの質疑を棚上げにして、原案採択を前提に第二読会に移ろうとした(285)。なお枢密院も、議会と同じく三読会制であった。これに九鬼が異議を唱え、逐条審議を求めて、待ったをかけた(286)。ついで九鬼は、ここまでの議論を踏まえ、親任の総裁を廃しその代わりに勅任の馬政長官がその職責を担うことにするという修正案を提案。総裁・馬政長官体制ではなく、馬政長官単独体制ということだった。これに大鳥が賛成を表明した(287)。ここで野村靖が親任の総裁を止め、勅任の馬政長官、勅任又は奏任の馬政副長官とするとの修正案を提案(288)、官制としての格は下がるが、体制としては原案を活かすという折衷案だった。明治三七年八月の臨時馬制調査委員会での一木喜徳郎の主張に呼応していた。

これに法制局参事官道家は、「仮に唯今の如く修正せらるることならば馬政局なるものが至って軽く為るの嫌いありと思う」と、また内閣書記官長石渡敏一も、総裁は飾物ではなく、馬政に関する行政を実行する、と答弁に加わって、あくまで原案の採択を訴えた(289)。だが野村の修正案に、九鬼、大鳥、末松も賛意を示し、さらにそこに金子堅太郎も続いた(290)。結局、議長東久世が「本案は緊急を要する」と発言したのを受け、修正案の提出含みで、休憩に入った(291)。午後零時二五分だった。再開予定は午後一時だったが、始まったのは午後二時二五分。事は、六月一日発足で動いており、この日の承認を実現するための調整に時間を要したものと思われる。再開冒頭、野村が、つぎのように修正案の趣旨を述べ賛同を求めた(292)。

一応修正の趣意を述べん、主なるものは第二条なり、総裁親任とあるを改め従て馬政長官を改めたるなり、此の事は一般の親任たるべき位地の権衡より考え又将来に於て或は其の弊を生じ、現今に於て他との権衡を得ざるが如きは官制の制定上最注意すべきことなるを以て、其の趣旨を以て修正を加ふるに外ならず……馬政は将来重大なる行政にして殊更我国に於ては最も重を置くべき事柄なり、就ては其の長官は一意専心に其の任に当らざるべからざることと思う……馬政其のものは一時のことならず年数掛ることゆえ官制は何処までも永遠に立て置くことは馬政其のものの為に必要と思う、何卒此の趣意にて修正案に御賛成を乞う

他官庁との権衡をとるために、官庁としての格は下げるが、体制としては原案の趣旨を活かすという折衷案だった。臨時馬制調査委員会委員長で馬政局総裁に就任予定であった曾禰荒助も出席していたが、その曾禰も含めてここまで顧問官で原案賛成の意見を述べた者は一人もいなかった。そして採決に移った。議長を除き、午後の出席者は一四名、野村の修正案は賛成者八名というぎりぎりであったが承認、可決された(293)。土壇場で、明治三七年八月の臨時馬制調査委員会の席上での法制局長官一木喜徳郎の主張が実現したことになった。このように総裁から馬政長官への格下げが行われたが、それでも馬政局は官制を無視し、異例に過ぎバランスを欠くとして発足時だけでなく後々まで批判の対象になった(294)。鉄道庁、専売局と比較しても馬政局が「官制上殆ど解すべからざる特殊の地位に在るを知らん」ということだった(295)。

この後、この修正を受けて、馬政長官の任用条項を含む「馬政局職員特別任用令」の修正が必要となり馬政長官を次長に修正、出席者一四名中九名の賛成で承認、可決された(296)。この任用令の第一条は、藤波の就任を前提にしたものであった。馬政局職員特別任用令は以下の通りだった。取消線の個所が傍線部のものに修正された。

第一条　馬政~~長官~~次長は満五年以上馬政官の職に在り又は在りたる者より之を任用することを得

馬匹に関する職務に従事し現に勅任官たる者又は宮内省勅任官の職に在る者は当分の内馬政長官次長に任用
することを得
第二条　馬政官は満三年以上種馬牧場長種馬育成所長種馬所長若は馬政局技師の職に在り若くは在りたる者又は陸軍現役将校にして満三年以上軍馬補充部の部長若くは部員の職に在り若は在りたる者より文官高等試験委員の銓衡を経て之を任用することを得
第三条　種馬牧場長種馬育成所長及種馬所長は馬匹に関する技師たる資格を有する者より文官高等試験委員の銓衡を経て之を任用す

附則

本令は明治三九年六月月一日より之を施行す
馬政官は本令施行後二年間を限り馬匹に関する技師たるの資格を有する者より文官高等試験委員の銓衡を経て之を任用することを得
文官任用令第六条に依り任用せられたる属にして現に馬匹に関する職務に従事する者は本令施行の際に限り馬政局属又は馬政局書記に任用することを得

この審議の過程で、道家が次長は勅任又は奏任ではなく勅任に限定すべきだと発言、曾禰も第一条は勅任官を次長にするとの条文であるとそれに同調したが、都築は第一条への大きな誤解である、第一項は奏任の次長を任用するときの規定、第二項は勅任官の次長を任用するときの規定であると説明した。勘違いではあったが、道家も曾禰も、藤波の任用にかかわることなので、次長は勅任官とすべきだと発言したと思われる(297)。散会は午後三時五分。

なおこの二つとともに諮詢された「馬政局高等官の官等に関する件」は問題なく承認(298)、以下の勅令第一二六号として施行された(299)。

馬政局職員特別任用令第一条第二項、第二条、第三条又は附則に依り宮内省高等官又は陸軍将校同相当官より馬政局高等官に任用せらるる者及任用せられたる者の官等に付ては高等文官転任の例を準用す
前項の官吏は明治三六年勅令第二八五号に依る特別文官とす

附則

本令は明治三九年六月一日より之を施行す

当日の会議の情報が外に洩れ、「珍しくも議論大いに沸騰」したなどと新聞に報じられたが(300)、枢密院は議事録を公開せずいわば秘密会議を原則としていたので、枢密院はこれに「大に驚き警戒を加え」、その後「同院事務局内閣その他関係官庁及び各顧問官に対し厳重なる通牒」を行い、六月二〇日の会議では終了に至るまで、「宮内省大玄関より枢密顧問官控室の間に皇宮警手を配置佇立、通行のものに一々誰何」したという(301)。

図13　馬政局（旧ポルトガル公使館、現・国会議事堂衆議院一帯）

（『競馬世界』第5号、明41・3・15）

## 8　馬政局の始動

馬政局設置は大きな出来事と受け止められた（図14、15）。

枢密院での官制の修正を受けて、西園寺首相は、曾禰の諾否を憂慮、翌々三一日曾禰と懇談したが、結局、曾禰は「馬匹改良大熱心の由にて官等の高下に頓着せずと答えここに其任命を見るに至」った(302)。これで曾禰は、高等官一等の勅任の馬政長官に就任となったが、四月一三日付で枢密院顧問官となっていたことで親任官の待遇を受けた。近

い前例は日露戦争時、親任官内務大臣であった児玉源太郎が、勅任官の参謀本部次長に就任したが、親任官待遇を受けたことであった[303]。ただし枢密顧問官は不羈独立の地位であるべきという観点から、曾禰が内閣直属の馬政長官に就任したことへの批判の声もあがったが[304]、それが高まることはなかった。

次は藤波の去就であった。「馬政局職員特別任用令」には、藤波の任用を前提として、「馬匹に関する職務に従事し現に勅任官又は宮内省勅任官の職にある者は当分の間次官に任用せらるるを得べし」という条項が、特に盛り込まれていたが、藤波は、次長就任に、すぐには応じなかったようである[305]。馬政局の設計者として、その官庁としての格の引き下げに不満があったのだろう。少し時間を経た六月六日付で内閣書記官長が宮内次官に照会、同日付で承認、八日付で嘱託の辞令が出された[306]。藤波は、九日付で就任、馬政局の格下げにこだわるよりも、馬政に主導的にかかわることを選んだ。宮内省にとって得策という判断もあっただろうが、それよりも馬政局の設計者、馬政第一次計画の立案者という自負があったからだろう。なお藤波と西園寺は旧知の間柄だった[307]。

このように官制は最後まで紛糾したが、馬政局は六月一

図14

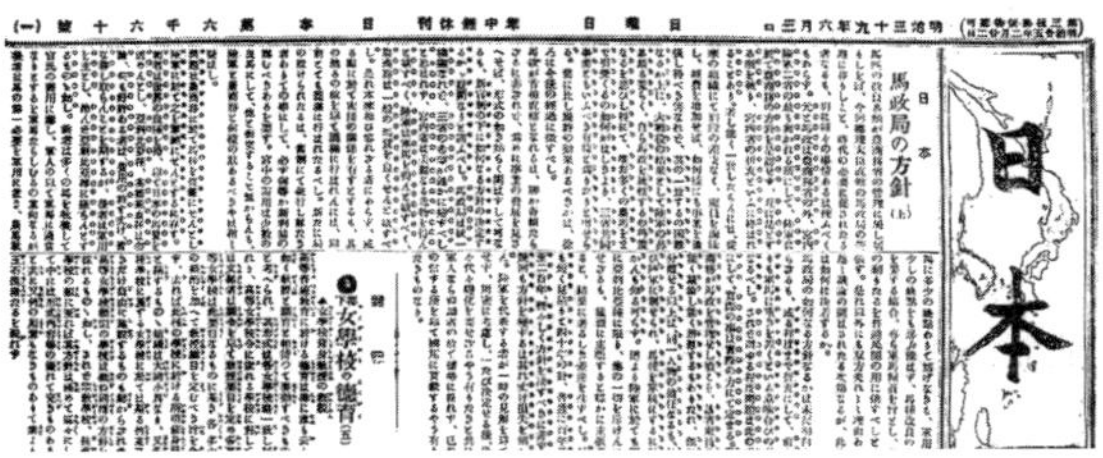
日本

馬政局の方針（上）

「馬政局の方針（上）」（『日本』明39・6・3）

図15　馬政局設置は大きな出来事と受け止められた

THE HOCHISHIMBUN

報知新聞

馬政局の新設

「馬政局の新設（(官制を無視す))」（『報知』明39・6・4）

図16　馬政長官曾禰荒助

（『競馬世界』第5号、明41・3・15）

日発足、同日付で馬政局分科規程を定めるなど矢継ぎ早に各種規程、所掌事項などを策定していった(308)。長官官房（庶務課、会計課）、第一部（監督課、牧馬課）、第二部（馬政課、去勢課）を置き、第一部は種馬牧場などの業務監督・事業経営に関する事項を、第二部の馬政課は「産馬共進会、競馬会其の他産馬の保護奨励に関する事項」など産馬奨励に関する多くの分野を、去勢課は、日本の馬文化に存在していなかった去勢業務をそれぞれ管掌した。法令ではなく政治判断による黙許という形ではあったが、実質的に馬券発売を行う競馬会の保護奨励が明文化された(309)。第一部長新山荘輔（宮内省主馬寮・下総御料牧場長、兼任農商務省技官）、監督課長丹下謙吉（農商務省農務局技師）、牧場課長広沢弁二（農商務省技師）、監督課三浦清吉（農商務省技師）、同上岸本雄二（陸軍二等獣医）、第二部長西川勝蔵（農商務省農務局畜産課長）、兼任馬政局書記官森賢吾（大蔵大臣秘書官兼大蔵省参事官）、馬政課中沢伊太郎（農商務省農務局技師）、競馬会関連を職掌する馬政課長には増田熊六（騎兵少佐、陸軍省騎兵課長）が就任した(310)。臨時馬制調査委員会のメンバーで局員になったものは、長官曾禰荒助、次長藤波言忠、第一部部長新山荘輔、第一部牧場課長広沢弁二、兼任馬政局書記官森賢吾であった。なお当初予算は七二万円だったが、発足が二ヶ月遅れたことでその分減額されて六〇万円となった(311)。

そして西園寺首相は、七月六日付で「馬匹改良に関する訓令」（内閣訓令第一号）を発した(312)。「馬匹の需用は国家の進運に伴い軍事たると産業たるとを問わず益必要を増大し、特に軍事に在りて愈急切の度を加え其の能力の如何は延て国力の消長に関す」、と馬政局の設置にあわせて、民間、地方長官（知事）に馬政官の指導に従うことを指示、同局が主導する馬匹改良、馬政を推進していく姿勢を宣言したものだった。この訓令とあわせて、第一管区北海道、第二管区岩手・青森・秋田、第三管区東京・神奈川・栃木・埼玉・千葉、茨城・宮城・福島・山形、第四管区京都・大阪・新潟・群馬・奈良・三重・愛知・静岡・山梨・滋賀・岐阜・長野・福井・石川・富山・和歌山、第五管区兵庫・中国・四国、第六管区九州と定めた(313)。一〇日、その管区担任に第一管区石橋正人（陸軍騎兵少佐）、第二管区丹下謙吉（農商務省技師）、第三管区三浦清吉（農商務省技師）、第四管区岸本雄二（農商務省技師）、第五管区岸本雄二、第六管区大橋豊之助（騎兵少佐、明治三九年六月まで軍馬補充部三本木支部長）を任命、馬政長官より各地方長官へ通牒した(314)。なお明治三九年度の馬政官の任用は予算の関係上七人だったが(315)、増田馬政課長も含む七人中、陸軍関係三人、農商務三人（一人二管区兼任）。官制上に規定はされなかったが、一〇人中四人を陸軍将校及同相当官の任用を規定するという寺内陸相の要求が、実質的に実現していた。馬政局は七月付で各地方庁に「馬政管区監督規程」通牒したが、その要旨は、「馬政官は担任監督の管区に於て馬政に関する諸般の事務を掌理し、常に区内を巡検して馬匹の改良発達を奨励し種馬牧場、種馬育成所、種馬所の業務を監督すると共に管区内に於ける産馬制度の沿革産馬経済、馬に関する地方施設等を調査して其の実況を明にすべし」というもので(316)、その第一条七は、「共進会競馬会等の開設を奨励」、また第四条は「管区内に於ける共進会競馬会その外馬匹に関する公会に臨場視察すべし」だった(317)。馬政官は、担当管区内で強力な権限をもち、民間との様々な軋轢を生じることになる。

七月に入ると、藤波次長と馬政官らは、全国の種馬牧場、種馬所、また馬匹に関する状況を視察、七月下旬帰京後は各種の新計画に対する方案の策定にあたった(318)。そして馬政局に関する法令規則の立案を要するものが多かったうえに、農商務、宮内、陸軍三省からなる寄合所帯だっただけにその調整も必要だった。当時、官僚たちは八月中に長期の夏季休暇をとるのが慣行であったが、馬政官たちは、事務の繁劇で、まったく休暇を廃したという(319)。また八月一六日から二四日までの日程で、馬匹改良計画の根幹である種牡馬に関してのいわば現業部門の種馬牧場長及び種馬所長会議を開き、馬政第一次計画を推進していく具体策を協議するとともに、第二年次の概算要求を一五〇万とすることなどを確認した(320)。藤波は、この頃、毎日登庁、執務にあたっていたという(321)。曾禰が実務を藤波に一任した格好となっていたこともあって(322)、藤波は、設計者という自負もあったのだろう曾禰に諮らず独断で事を進めたようだが、この藤波の行動は、曾禰には「円満を欠」いているように見え、二人は齟齬をきたすようになった(323)。

一方、馬政局の重要な業務であった、馬券発売を黙許される社団法人の認可の条件は、東京競馬会のことがあったので、その準備が整えられていたかというとそうではなかった。東京競馬会の認可は、あらかじめ決められていたものだったので、実際に条件を明示する必要がなかった。だが馬政局発足後の六月、川崎の京浜競馬倶楽部が認可申請の動きをみせたことで、その対応が必要になった。九月一三日、馬政局は京浜競馬倶楽部を認可したが、同倶楽部が、馬政局に馬券発売を黙許される法人組織としての認可を申請したのは七月二〇日付(324)。そして八月七日付で、馬政長官曾禰から認可の上申が西園寺首相宛に行われた。極めて短時間の間での認可上申決定だった。馬政局は、この時点では、まだ認可の申請手続、認可基準を明らかにしていなかった。馬政局は、京浜競馬倶楽部の認可を行うため、いわば泥縄式に、八月一五日付で、認可の申請手続法を首相宛に上申、一八日法制局はその草案を「相当の儀と思考」と認め、それを受け九月一二日付の閣令第七号の公布、施行となった(325)。とはいえ、この閣令も単に、「馬政局の主管に属する社団又は財団にして民法第三四条の規定に依り法人として設立するの許可を得んとする者は其の主たる事務所所在地の地方長官を経由して内閣総理大臣に申請すべし」(第一条)といった、認可申請の手続を規定したものに過ぎなかった。この閣令布告前日の一一日付で京浜競馬倶楽部の認可決定を西園寺首相から曾禰長官へ通知、そして一二日の施行をまって、翌一三日馬政局は認可を倶楽部に通知した。

この九月中旬段階で、京浜競馬倶楽部の他に、関西競馬倶楽部（申請日八月一七日）、日本競馬会（同八月三〇日）、野辺地競馬会（以下申請日不詳）、関東競馬倶楽部、広島競馬倶楽部、群馬競馬会などの認可申請が行われていたが(326)、一〇月前後から、全国各地でその数は次第に増えはじめ(327)、年が明ける頃には五六(328)、二月までには、全国で七二以上の競馬会（グループ）が、馬政局に認可を申請した(329)。この認可申請の増加を受けて、馬政局が、「㈠競馬開催に必要なる建物及一哩以上の馬場を設備すること、㈡毎年二回以上提起に競馬を行うこと、㈢競走馬匹の年齢は明け四歳以上たること、㈣毎年新馬を競走馬匹中に加ふること」などの認可条件を定め、施行したのは、明治三九年一二月一〇日付(330)。また一二月二四日付で開催計画、開催報告を義務付けた「業務監督命令に関する件」を東京競馬会に対して通達したが(331)、これはすでに認可を受けた京浜競馬倶楽部、またこれから認可を受ける競馬会にも適用されることになる。馬政局発足後六ヶ月でようやく、認可の条件、競馬会が遵守すべき事項が定められたことになった。そしてそれに加えて東京を除いて、申請も一府県で一つにまとまっていることをその条件にした(332)。こうして馬政局が、京浜競馬倶楽部の後に、認可を行うのは、翌年三月一五日日本競馬会（目黒競馬場）、京都競馬会（島原競馬場）のことになった。こののち、同二〇日関西競馬倶楽部（関西競馬場）、四月二四日北海道競馬会（札幌競馬場）、七月一六日東洋競馬会（戸畑競馬場）、八月二九日東京ジョッケー倶楽部（板橋競馬場）、同日鳴尾速歩競馬会（鳴尾競馬場）、九月四日宮崎競馬会（宮崎競馬場）、一〇月一二日越佐競馬会（関屋競馬場）と認可されていくことになる（第6章）。

## 9　去勢法案――去勢も軍事の問題だった

明治三七（一九〇四）年八月一六日、臨時馬制調査委員会の会議初日、宮内省主馬頭藤波言忠は去勢費は「主意書及び調査要綱」（以下、「主意書」と記す）の予算案から「除去」してあることを明らかにした(333)。去勢の所管が農商務省であり、藤波らは、この時点では、馬政局設置後も、同省が所管することを前提にしていたからであった。ついで農務局長酒匂常明が、日露開戦を受けて、この明治三七年一二月一日から施行予定だった馬匹去勢法を、陸軍省と打合せのうえで延期したこと、とはいえ「法律の実施如何に拘らず事実に於て之（去勢法）を行わん為一頭三円の奨励金を与えて去勢を勧誘せり、全数の普及は期し難しも官民時勢に顧みて協力施設するの情況なれば相当の効あるべし」、と説明した。あらかじめいっておけば、酒匂も、そして藤波も、去勢に関してはこの奨励案で十分で多額の予算を要する去勢法案の実施は先送りしてよいと考えていた。

振り返れば、去勢も日清戦争を受けて、馬匹改良上の大きな課題として浮上していた。徴発の対象は牡馬だったが、去勢されていなかったこともあって、気性が悪く、悪癖、指示に反抗、多くの負傷者を出すなど、作戦上、支障を来していたからである(334)。

明治二八年一〇月開催された第一回馬匹調査会では、農商務大臣からの諮詢には盛り込まれていなかったが、会議九日目の二三日、委員側から去勢の建議案が提案された(335)。発議者は大河内正質（旧大多喜藩主、貴族院議員、鹿鳴館時代の競馬の中心的存在）、津野慶太郎（農科大学助教授）、今泉六郎（陸軍一等獣医）、西端学（陸軍騎兵大尉）、荻原盛種（軍馬補充署技師）、奥田賢英（陸軍騎兵大尉）、村上要信（北海道庁技師）。提出された建議案は、つぎのものだった。

凡そ内国所産の牡馬は種馬検査委員に於て種馬合格と認めたものの外は漸次之れが去勢を施行せしむ

理由

其一　種胤不明の蕃殖を避け馬匹改良の実行を幇助す

其二　使用馬匹の気質を温柔ならしめ且つ牝牡併用するの便宜に供す殊に此の件は軍馬に於てその利益を見る

其二に関していえば、徴発馬匹は牡馬だけが対象であったが、それは「牝牡併用する」と牡馬が牝馬に興奮し、制御不能となってしまうからであった。去勢でこの事態を回避できれば、牝馬も徴発対象となり、頭数不足の解消にもつながるということであった。

議論は、陸軍の委員を中心にした去勢に積極的な委員と、強く反対する馬産地の委員、というように見事に二分された。この建議案作成の中心的存在だった今泉六郎は、日清戦争を踏まえて、「人民が去勢の必要を認め法を待たずして自ら行うと云う時をば待っては居れぬという所から一歩早く此事に着手しようと云う精神にて此建議」を行ったと説明(336)。今泉は、去勢を拒めば罰則を課す法による強制的な施行を考えていた。

まず質疑に移った冒頭から、南条文五郎（仙台牛馬組合理事）が、「余程重大な問題」であり、「次の調査会まで会長の御手許に御預かりを願い」たいと待ったをかけた(337)。宮内省主馬寮技師、新冠、下総両御料牧場長であった新山荘輔も、困難で実行の望みがないものを建議するのは無責任であり、今回は建議しないほうがよい、と反対した。新山は、人々が去勢を好まないことを、御料牧場の生産馬の販売などを通して痛感していた(338)。

農科大学教授勝島仙之助も、新山に賛意を示し、自発的に去勢を望んでいないのに強制するのは望ましくない(339)、また福島の産馬の改良に尽した福島県産馬組合取締所会長増子市三郎も、福島では去勢するものは一人もいないと反対(340)、これに西端は「又制裁を附すれば個人の利益を妨げると云うことでございましたが公益の為めに個人の利益を害すると云うことは行政事務に限らず沢山他にも例の有ることでございますから御心配は無用と思います」、と反論した(341)。勝島も増子も、法による強制が「個人の利益」、「人民の権利」の侵害になると言及したわけではなかったが、西端は、勝島や増子の弁をそのような懸念と受け取っていた。またこの建議案の発議者ではなかったが、馬匹調査会で各諮詢案を検討する特別委員会の委員長を務めた清棲家教は、西端に与して、「仮令人民の権利を幾分害する事があっても所謂公益の為めにすることならば決して妨げぬことと思います」と、この建議を積極的に支持した(342)。種馬牧場及種馬所設置の修正案を提出するなど、この調査会で積極的に発言していた福井の実業家で衆議院議員の小畑岩次郎は、「私は此案は否決することを希望致します……陸軍などで使用さるるものは陸軍省ばかりで実行されることが出来得るのでございますするから地方の所有者が嫌うようなことは先ず今回までは見合わせた方が宜かろうと思います」と反対した(343)。これに農科大学助教授津野慶太郎が、「国家全体の便益と考えますから少々の不便は感じましても害が無くして寧ろ利益を増進する」と賛成を訴えたが(344)、新山が建議は実施方法が示されていない無責任なもの(345)、また小畑も所有権を侵害する憲法違反として否決を求め(346)、南条も「断然排斥する」と小畑に賛成した(347)。この反対の声に軍馬補充署技師で去勢を行っていた荻原は、日清戦争で「去勢術をした馬は必要だと云うことは皆様御存じのことでございますするが人民が嫌うと云うのは去勢術をした馬の結果を知らないのでございます」と反論した(348)。これを受けて増子は、つぎのように強烈に駄目を押した(349)。

……此建議は立派な技師諸君や技術に長けた諸君が数名連署の建議であるが、地方の状況又民間の実況も多少御参考になりたいと思います、事実に不適当のことを此調査会が定めますと云うようなことでござりましたならば、是れは大層実行上に妨げあるのみならず調査会の信用を欠くと思います、最早一言も述べる必要は無い、建議者が方法を述べませぬから私共は実行を見出すことが出来ませぬ、それで此場合は已むを得ず排斥することに同意致します

馬産地委員で賛成したのは、種馬検査法の功を奏するために至当だとした青森の工藤轍郎だけであった(350)。他に鹿児島の伊地知峻が、賛成だが実施時期については研究が必要だと述べたが、これは先送り論だった(351)。

このように反対、見合せ、延期を求める声が次々とあがったが、建議案否決の提案は支持を得られず、その結果、建議案の審議を特別委員三名に委託することになった(352)。その三名は、津野慶太郎、増子市三郎、新山荘輔(353)。津野以外は強硬な反対論者、まとまるはずがなかった。一〇月二九日の最終日までに委員からの報告が行われず、調査会はそのまま閉会になった。反対論者が望んだ先送りが実現したことになった。

よく知られているように、日本の馬文化には、去勢の二文字は存在していなかった。馬を自分たちの仲間として取り扱い、馬に自分たちのために役立ってほしいと思っていたが、その意に沿わないことを強制せず、去勢に関しても、わが身にひきつけて去勢をするなどとんでもないということであった(354)。ここで馬産地の委員を中心に示された強い去勢への抵抗、忌避感は、このような馬文化を背景にしていた。

翌明治二九年一一月開催された第二回馬匹調査会には、馬匹去勢の実施方法が諮詢された。諮詢の「説明」は、つぎのものだった(355)。

軍事に於ては勿論、一般馬匹の使役上及其改良上より論ずるときは、睾丸を截去すること最も緊要なりとす、

去勢が軍事上にも一般馬匹の使役上、また改良上にも最も緊要だとして、法での強制を前提として、去勢を促す方法を諮詢したものであった。第一回調査会で明らかになったように、産馬地の委員などの去勢への抵抗は強かったが、陸軍の強い要望を受けての諮詢だった。

冒頭、去勢推進論者であった農科大学助教授津野慶太郎が、第一回調査会の議論を踏まえ、強制的かそれとも勧誘的か、いずれの方法での実施を考えているのかと質した(356)。これに農務局長藤田四郎は「今日の時代、強制的に法律などを以てやると云うことは余程むずかしいことだろうとは思っているが、議論を願いたい」と答えた。だが本音は「強制的に法律を以てやる」以外にないというものだった。

ついでこの調査会会長である農商務次官金子堅太郎が、「産馬地方の御経験ある」人間に確認したいとして青森の工藤轍郎に、種馬になる、ならないと判断できる年齢、生産馬の売却年齢などを聞き、それぞれ一歳、二歳との回答を引き出した(357)。農商務省側は、種馬所所有の種牡馬を交配して生産された民間の産駒に関して強制的な去勢施行を考えており、金子の質問はそれを前提にして、その時期を探ろうとしたものだった。ついで金子は、同じ趣旨で、農科大学教授勝島仙之助から学理上適切な去勢の年齢は二、三歳より前との回答を得た(358)。だがここで宮崎の黒木五十七が、宮崎の売却年齢は八ヶ月、十ヶ月であると発言した(359)。金子が考えていた去勢の時期を否定するものであったが、それでも金子は、鹿児島でもそうであると先に聞いていると応じたうえで、「随分重大な問題であるので十分御講究を願います」と切り返した。

そして議論に移った。まず津野が、種馬所の官有種馬を民有牝馬に交配して生産された産駒で種馬候補以外の馬は総て強制的に去勢する、民間の種馬の産駒は勧誘的に実施するということを考えてはどうかと提起した(360)。農商務省の腹案を踏まえての意見だった。これに新山荘輔は、自らが牧場長を務める新冠御料牧場での去勢馬の価格が、一般購入者が去勢を嫌うことで、三、四割安くなっていることに言及して、現状では去勢そのものが困難であるとの認識を示した。そのうえで、実施するならば強制的な方法でなければならないとして、農商務省にその意志があるかを質した。新山は、第一回調査会の際にも明らかになっていたが、去勢の実施に否定的であった。

ここで陸軍一等獣医今泉六郎が、日清戦争の経験で去勢の必要性を痛感させられた、忍びないとか可哀想とか、そういう感情や考えは捨てた方がよいとして、「寛やかにやるとか或は強制的にやると云うような二様の区別を置かずに単に種馬にならぬもの使い馬にするものは全国悉く去勢をすると云う方法の定まることを希望」すると論じた(361)。今泉の主張は、第一回馬匹調査会のときよりもより強硬なものになっていた。これに青森広沢牧場主の広沢弁二は、軍事上に必要なことは認めるが、「実に物事は目的が善いと云うて一足飛にやったならば甚だ不結果を得るというようなことは毎々あることでござります」、軍馬は少数であり、「少数の目的の為めに全国の馬の睾丸を割去するはちとどうかと思います」と反論(362)。なお広沢は、先にもふれたように明治三一年農商務省に入省して馬事行政の責任者となる。また農科大学教授勝島仙之助は、罰則を伴う強制的な去勢は行過ぎであり、勧誘的方法で実行するべきとの立場を表明した(363)。ここで福井の小畑岩次郎が、今泉に賛成と述べ、五人を会長から指名してその委員会で調査、それから本会の討議を行うことを提案した(364)。小畑は、第一回調査会では反対であったが、理由は不詳だが、ここでは立場を変えていた。ついで福島の馬産界の中心的人物の一人である増子市三郎が、県下では軍馬育成所を除いて一頭も行っていない、「多数の人が忌やがることを致しまするのでございまするから実行と云うことは余程難しいことでござります」、「無論之を強制的法律を加えて之をやると云うことは実際多数の牧主等は非常に不満不平を懐いて来て組合等で之を実行する所の人々が余程怨みを買うと云うことになって此目的を達するの見込はないと思います」として、実行するならば勧誘的方法以外にはない、と論じた(365)。これらに対して新山は、去勢に賛成ではあるが、実施するならば、強制的に行うことが必要と述べた(366)。だが新山は、この言葉と裏腹に実際は、現状を踏まえて去勢に慎重、反対の見解を持っており、強制的に行うことはできないことを前提にした発言だった。繰り返せば新山は、新冠御料牧場長として生産者、馬の所有者たちの抵抗が強いことを痛感させられていた。

この展開に、第一回調査会で、各諮詢案の答申を検討する特別委員会の委員長を務めた清棲家教は、「所有者の財産に幾分の関係を持つかも知れませぬが国防上の為めなれば決して法律を以てやるも差支えないと思」っていると去勢の必要を強く訴えた(367)。これに宮城の南条文五郎（仙台牛馬組合理事）は、「高等官や学士連中が馬を造るものではない、百姓が馬を造るのでござります」として、現状を踏まえれば、時期尚早と反対した(368)。広沢が、このタイミングで、清棲の批判に対して、先の弁は、「国家が不利益ではなく人民が不利益である、仮令小部分にせよその人民の利益を国家が法文を以て殺ぐということは出来得ないことではないかと云うことを申したのでござります」、と述べたうえで、委員への委託にも反対した(369)。ここで金子が、先の小畑岩次郎の発議を受けて、五人の委員に検討を委託することの可否をはかり、賛成多数となった(370)。金子は、南条文五郎、新山荘輔、津野慶太郎、広沢弁二、今泉六郎を委員に指名(371)。南条は反対、新山、広沢は慎重論、今泉が積極論、津野も去勢必要論のそれぞれの論客であった。反対、慎重派を三名指名したのは、ここで彼らの合意をとりつけて、去勢実行に向けての「答案」を出させることが狙いであったと思われる。委員会では、「一旦は議論が大衝突」したが、「段々協議の末全会一致」で(372)、つぎのような「決議答案」となった(373)。

馬匹去勢の軍事に経済に有益なるは固より論を俟たず、而して其実施は法律を以て励行するにあらざれば普及を期し難きものとす、然れども我国古来此の慣行なく随て其利益を知る者鮮く、加之地方其施術に堪能なる者に乏し、仍て政府は先ず国民をして汎く斯術の実益を知得せしめ、且つ容易に施術の希望に応じ得べき方法を講せらるること最も方今の急務なりとす、左に実施を促すの方法を開陳す

第一　農商務省に於て去勢の必要と利益とを勧誘説示する為め技術官を各地へ派遣して無料施術せしめらるること

第二　技術者養成の目的を以て各地方の開業獣医に施行の方法を知得せしむること

去勢を強制する法の制定、施行を前提、原則としながらも、その前に、去勢の利益の啓蒙と技術者の養成に取り組むという、南条、新山、広沢らの反対、慎重派の論客、そして今泉、津野という去勢積極論者らがこれまで主張してきたことに折り合いがつけられた妥協案であった。

この「答案」に村上要信（北海道庁技師）が、きちんと調査をして時間をかけて準備しなければならない、獣医なら去勢の技術はあるとして第二を「前項の目的を果たさんが為めに各地方に住する開業獣医の中を選み之をして施行せしむ」と修正することを要求(374)。これに勝島が、第二項の知得を習熟と差し替えれば十分であると提案(375)。また鹿児島の伊地知峻が、五年の先送りを主張して、「答案」の「仍て政府は」以下を、「仍て五年間の施行猶予期限とし其方法は次期の会議に答申することにせん」とする修正案を提起した(376)。これに小畑が、この伊地知の修正案では諮詢を先送りするだけだとして反対、勝島の差し替え案を支持。採決の結果、二つの修正案は否決され、委員会案が可決された(377)。金子の委員指名が奏効した格好となった。そしてこの「決議答案」が農商務大臣榎本武揚に建議された。

翌明治三〇年六月二八日から七月六日に開催された第三回馬匹調査会に、農商務省が諮詢したのは、以下の牛馬双方の去勢を盛り込んだ畜産奨励法案だった(378)。

畜産奨励法案

第一条　畜産の改良を催進し牛馬の去勢を奨励する為国庫は此の法律の規程に依り奨励金を下付す

第二条　府県税又は地方税を以て一庁府県以上連合し畜産共進会又は品評会を開設するときは毎年三箇所に限り一箇所五百円以内の予定額を以て其褒賞金を下付す

第三条　地方の状況に依り府県税又は地方税若しくは其補助を以て数県連合し畜産共進会又は品評会を開設する場合と雖農商務大臣に於て特に必要と認むるときは前条に準ぜしむることあるべし

第四条　牛馬の去勢を行うものには明治三一年四月一日より十箇年間牛馬各一頭に付奨励金二円を下付す去勢すべき牛馬の年齢は牛当歳馬三歳に限る

第五条　此の法律施行に必要なる規則は命令を以て之を定む

だがこの畜産奨励法案審議のために設けられた特別委員会は、法案に反対、これに差し替えて、産馬奨励法案を建議することを提案、承認された（第1章第2節）。そしてそれとともに、元の畜産奨励法案の第一、第四条に関して、牛馬の去勢への奨励金は今日その必要性がないが、馬匹の去勢は希望するとして第二回馬匹調査会で建議された第一、第二の決議の実行を当局に促すことを求めた(379)。この件については可否にふされなかったが、疑義が呈されなかったので了承の形となった。

この結果、去勢法案の制定にはまだ時間を要することになったが、その布石が打たれていった。その第一弾が、明治三〇年三月公布、明治三一年四月一日施行の種牡馬検査法。第一条は以下のものだった(380)。

第一条　牡馬は此の法律に依り毎年検査を受け合格したるものにあらざれば種付けに使用することを得ず

これにより、法的には、民間でも種牡馬検査法の合格馬以外には種牡馬として供用することができなくなった。その点で、種牡馬不適格馬については去勢と同じ意味をもたせたものだった。

ついで農商務省農務局は、明治三二年四月、去勢に関し「大体の調査を遂げ」、七月、「諮問案を以て大要去勢の実施方法、去勢の技術者養成のに件につき親しく審議」した(381)。去勢に積極的な陸軍の意向に農商務省が応じたものだったと思われる。この時のメンバーは、下総御料牧場長新山荘輔、軍馬補充部白河支部長西端学、農科大学教授勝島仙之助、同今井吉平、農商務省農務局畜産課長西川勝蔵、同牧場課長広沢弁二、奥羽種馬牧場長三浦清吉、九州種馬牧場長水原勝之助。去勢に関係する省庁は、農商務省と陸軍であったが、その代表メンバーに、農科大学教授二名、宮内省の馬政の中心的人物新山という顔ぶれ。今井と水原勝之助を除けば、かつての馬匹調査会の委員であった。新山は明治二九年から農商務省技師を兼任、また広沢は明治三一年農商務省高等官として任用されていた(382)。

そして馬匹去勢法案を農商務省が立案、陸軍の合意を得て、第一四議会（明治三二年一一月二二日開会）提出に向けての準備を進め、一一月二一日付で、陸軍、農商務両省は桂太郎、曾禰荒助の両大臣名で、第一四議会での成立に向けて馬匹去勢法案の閣議決定を求めた(383)。法案の骨子は、対象は明け三歳、去勢関連の費用はすべて国費、去勢を拒めば一〇〇円の罰金、施行期日は明治三六年四月一日などであった(384)。その後、施行期日を明治三七年度からという含みで「勅令を以て之を定む」と修正して提出することになった(385)。これに翌明治三三年二月七日の閣議で議会への法案の提出を決定する際、司法大臣清浦奎吾、内務大臣西郷従道、陸軍大臣桂太郎、農商務大臣曾禰荒助が施行期日を明治三六年四月一日に戻すことを求めた(386)。陸軍が一刻でも早い実施を求めていたことを受けてのものだったが、この要求は受け入れられなかった。予算、実施体制、そして生産者、所有者の抵抗がまだ強く、明治三六年四月一日からの施行は無理との判断だった。さらに、第一四議会への提出は、巨額の費用支出の見込が立たないと、大蔵省が見直しを求めたことで、この時は、断念を余儀なくされた(387)。

このように去勢への取り組みを実行に移すことができないなかで迎えたのが明治三三年の北清事変だった。日本軍の馬匹は、気性が荒く、人の意に従わせるのが困難で、集団行動がとれず、牝馬に近づくと暴れ出すなどイギリス、アメリカなどの連合国軍との共同作戦、行動に支障を来し、彼らから小さな野獣と呼ばれるなど物笑い、嘲り、酷評の対象になった(388)。この北清事変で日本軍の馬匹が演じた醜態は、陸軍にとって衝撃、というより屈辱として後々まで語り継がれた。

そしてこの北清事変での醜態を受け、明治三三年九月一一日「軍馬は牽入れ若しくは編入後一ヶ年間に去勢を為し将校の乗馬は其最寄り軍隊官衙学校に於て去勢を担任すべき旨を陸軍大臣より達」した(389)。さらに馬匹去勢法が改めて第一五議会（明治三三年一二月二五日開会）に提出されることになった。一一月一七日付で、陸軍、農商務両省は桂太郎、林有造両大臣名で、去勢法案の第一五議会提出の閣議決定を求めた(390)。その理由書は、前年と同一で以下のものだった。

本邦馬匹の資質は概ね頑狂にして互に相馴和せざるのみならず、動もすれば制馭に抗し横暴を逞くするに至る、馬匹の資格を損すること実に之より大なるはなし、茲に牡馬の去勢術を一般に施行して狂暴なる馬性を矯め、種牡馬検査法と相待て馬匹の改良を完からしめむことを期す、是本案を提出にする所以なり

四〇万円という予算をめぐっての調整などもあり(391)、閣議決定は一二月二五日、そして議会提出は、翌明治三四年二月五日のことになった(392)。その法案は、以下のものだった(393)。

第一条　牡馬には去勢を行う但し種牡馬は此の限に在らず
第二条　牡馬にして種牡馬たるべき資質ありと認めたるものには頭数を限り去勢の施行を猶予す疾病又は発育不全に因り去勢を行うに堪えずと認めたるものには去勢の施行を猶予することを得
第三条　牡馬の去勢年齢は明け三歳とす
　去勢は春期又は夏期に於て之を行う
…………
第七条　牡馬の去勢の施行を拒みたる者は百円以下の罰金に処す
附則

第八条　本法施行の期日は勅令を以て之を定む
第九条　本法は種牡馬検査法を施行せざる島嶼には之を施行せず

前年のものと同様に、種牡馬候補を除く明け三歳馬に去勢を義務付け、その拒否に対して一〇〇円の罰金を課すという内容だった。馬産者（農民）の抵抗は大きく、法律で強制しなければ、実行できないということであった。当時の新聞も、法律で去勢を強制するのは、「地方農民は之に反対苦情を唱ふるの風習は尚依然と存在」して「省令其他の方法にては到底断行の見込」がないからと報じた(394)。政府提案で、二月五日貴族院に提出され(395)、一三日本会議に上程、提案趣旨説明にあたったのは農商務省次官和田彦次郎、そのポイントはつぎのものだった(396)。

……現在の儘に致しましては、甚だ農用、運搬用其他軍事用に就きまして不便不利な点がございまするので、本法を行いまして十分なる実益を挙げたいと云う点より本案を提出致しました……

このように軍用だけが強調されていたわけではなかった。これに村田保が、罰金を伴う法律で去勢を強制する国はない、去勢馬は買い手がなく売却できても三、四割廉価となるなどと反対の立場を表明、その村田に続いてのいくつかの質疑の後、手続にしたがい特別委員会を設置することになった。委員は、清棲家教（委員長）、長岡護美（副委員長）、三島弥太郎、渡邊清、北垣国道、富田鉄之助、安広伴一郎、松本彦右衛門、海江田平治。清棲は、先の馬匹調査会でも示されていたように馬政に一家言をもっていた。特別委員会は、第二条に「若は学術研究の為行政官庁の許可を得たるもの」を付加した案を、三月一八日本会議に提出した(397)。一ヶ月以上の時間を要していたが、特別委員会の議事録は残されていないので、検討の内容は不詳。審議に入り、村田保が、先の二月一三日に続いて、法律で強制するのは外国にも例がなく、去勢は、馬の頭数を減らし、これまでの経験からもその利点はない、軍事上の必要であるとするならば軍馬は去勢されており、民間の馬までを対象とすべきではない、現状で最も馬匹改良のために必要なのは去勢ではなく、良い種馬の導入であるなどと数十分に及ぶ反対演説を行った。村田は、人々の間に存在していた去勢に対する強い忌避感を代弁していた格好であった。

これに政府委員中村雄次郎（陸軍総務長官、陸軍少将）が、村田の言は、戦時には民間の馬を徴発して編成するということを知らないところから出ている、北清事変でも、連合国軍との共同行動に支障を来すなど数多くの問題を引き起こした、軍事上、去勢が必要と説明、そのなかでつぎのような事変に派遣された将校の書信も紹介した。

我国に於て各国に対し少々肩幅狭きは徴発駄馬に候、各国に於ても馬は一の自慢物たるかの如く各自慢致居候、然るに我国の徴発駄馬は其喧噪狂奔彼等には一の見世物となり写真にさえ写されたり又搭車を終るや見物の各国人に拍手せられたり、其無蓋貨車より飛出す模様抔は自ら驚く計りに候……

そして中村は、「兎に角軍隊に於ては以上申したような必要があるのでございますから、何卒本案は御協賛を与えらるることを希望致します」、と訴えた。これに谷干城が、軍事上の必要にだけ重きを置き、馬耕、運輸に活用している農民の利益にも反し、法律で強制するのは人権にも関係する、時間をかけて去勢の必要性を教育していくべきであると否決を求めた。この谷の弁に、和田が、軍事上だけでなく、柔順、耐久力も増加するなど農用、運搬上にも及ぼす去勢の利益を強調し、賛成を求めた。このような応酬が約一時間半にわたって展開されたあとで、採決に移され、原案が大差で可決された。貴族院の強い反対を予測する向きもあったが、結局、それも村田や谷にとどまった。

即日衆議院に回付され、翌一九日馬匹去勢法案委員会、同日本会議でも、実質的な審議は行われることなく貴族院送付案通り通過、四月二日公布された(398)。去勢法は、農商務省次官和田彦次郎が、この審議の際にも言及していたが、明治三七年一二月一日から施行予定だった(399)。その間に、「去勢の必要と利益とを勧誘説示」、「獣医に施行の方法を知得」させる、ということであった。明治二九年第二回馬匹調査会の建議案（一）（二）を受けたものだった。

そして予定通りの施行に向けて、この明治三四年度は調査費、翌明治三五年度からは去勢法施行に向けての準備費が支出された(400)。三年八ヶ月をかけて実施体制を準備するという計画であった。明治三五年度から馬匹去勢法施行に向けての準備費（二万二三九五円六八銭）が支出され(401)、これとともに、明治三五年三月二八日、馬匹去勢法施行準備のため農商務省農務局に、事務官一人、技師四人、属四人、技手六人がおかれた(402)。また同年二月二二日馬匹去勢術練習生規則が発布され、練習生は去勢の経験を蓄積していた全国六ヶ所の軍馬補充部支部で修業、その間一ヶ月二〇円以内の手当を支給、卒業後三ヶ年間は農商務大臣の指定地で奉職することとし(403)、実際に四月から、各府県の技手九六名が、青森三本木、宮城県鍛冶谷沢、岩手県六原、鹿児島県福元、鳥取県大山などの軍馬補充部支部に派遣された(404)。

ついで明治三六年七月には、明治三七年一二月施行を内定し、概算要求に向けての予算案も提出、農商務省農務局に馬匹去勢法実施準備委員会を置き、陸軍省と協議を行いながら、準備調査を進めていった(405)。そして来る第一九議会（明治三六年一二月九日開会）に提出すべく、三歳牡馬四万七〇〇〇頭中の四万五七五〇頭（初年度四万一〇八七頭、二年度四万四五〇〇頭、三年次から一〇年次まで四万五七五〇頭）の実施経費年割支出、初年度一五万五三〇〇余円（一二月～三月）、次年度四四万五六六三余円、第三年度概算額四四万八三六一余円、第四年度概算額四五万九四三三余円という予算案を作成した(406)。また去勢術施行細則も陸軍農商務両省が協議して一〇月に脱稿、議会の協賛を得てから公表する予定だった(407)。農商務省は馬匹去勢術実施費一六万九〇〇〇円を三七年度予算に計上、九月、大蔵省はそれを大幅減額、あるいは全額削除としたが、農商務側は復活折衝で一〇月、一〇万円を復活させ、すべて準備費にあてることにした(408)。明治三七年一月下旬までに調整が終わり、馬匹去勢法実施費五〇万円が議会に提出される予定だった(409)。

ところが日露開戦だった。馬匹去勢法をめぐる状況は一変、農商務省と陸軍省は打合せのうえ、同法関連の予算案提出を見合わせることに合意した(410)。開業獣医の大部分が陸軍獣医官に任命されたことで、法案が議会を通過しても獣医不足で実行不可能、また練習生の召集と「徴発により馬匹の所在混雑」というのがその理由とされた。これを受け、農商務省は、「獣医不足到底之が実行に着手する能わざるを以て該案は提出」を見合せることを決定した(411)。まだ実際に予算も含めて準備体制が不十分で去勢という難題に責任をもたされることになる農商務省にとって、日露戦争は、法案延期のよい理由になったといえなくもなかった。

こうして去勢法案施行は先送りになった。とはいえ日露開戦直後から、去勢は喫緊の課題となっていた。かねての懸念通り、徴発された馬匹が「概ね喧噪獰悪にして全く軍用に耐えざるもの」が少なくなかったからである(412)。四月一四日付で寺内陸相は、将来の補充に備えることが緊要と、「就ては差当り地方長官に訓諭せられ馬匹所有者を勧誘すると同時に政府より適当の誘掖便宜を与え各自をして去勢を実施せしめ以て今後徴用の便を計らんこと希望に不堪」と清浦農相にこの事態への早急な対応を求める照会を行った。

これを受けて、四月二八日、清浦農相は地方長官に対して、「随時徴発に応じ得べき五歳以上の牡馬と四歳以下にして種馬たるべき資質ありと認むるものとを除き其他の牡馬に対しては成るべく去勢施行を勧誘せられんことを望む」と通知したうえで、去勢馬は徴発若しくは購買の際、「適当高価に評価すべき旨」の訓示を陸軍大臣から受けたとして、馬匹所有者に「相当便宜を与え軍国の必要に応じ今後徴発の便を計らんことを期せらるべし」と伝えるように「内訓」した(413)。五歳以上と、四歳以下で種牡馬候補以外の牡馬に対してなるべく去勢を勧誘するように求め、翌年、翌々年度徴発対象となる三歳、四歳に対しては、去勢法案前倒しの形で実施しようというものだった。なお徴発は五歳以上なので、四歳馬ならば翌三八年度、三歳馬ならば三九年度の徴発対象であった。これに応じて寺内陸相は五月三日付で、「自今徴発若しくは購買の際去勢したる馬匹は駘馬に比し約一割高価に評価し得ることに定め農商務大臣訓令を添え其旨次官より内地各師団長及軍馬補充部本部長へ内牒」した(414)。

五月一三日付で清浦農相、寺内陸相両大臣は曾禰蔵相宛に、日本では去勢の習慣がなく、去勢に疑惧の念を抱き嫌忌するものも少なくない、したがって一片の勧誘で目的を達するのは難事に属するが、去勢を施行しなければ軍事に供し難く、その施行は最も急を要すると、「徴発に応じ得べきものと認むる馬匹に対し若干の奨励費を下付し馬匹所有者をして適意去勢を施行せしめ以て軍国の急務に応ぜんとす」と照会した(415)。

五月二〇日、この照会を受けて曾禰蔵相は馬匹去勢施行奨励に要する臨時事件予備費より一〇万二二〇〇余円、当面五万円の支出を上奏、翌二一日、桂首相から裁可が仰がれ、二三日裁可、二五日蔵相から裁可の旨が陸軍、農商務両大臣へ伝えられた(416)。この「三歳若しくは四歳の牡馬にして地方長官の指定したる方法により本年度に於て去勢を行いたる馬匹の所有者には毎一頭奨励金三円を下付」する奨励策は、六月一四日、農商務奨励第一〇号として公布された(417)。だが当初、やはり農民を主とする馬匹所有者の去勢への忌避感は強く、応ずるものは少なかった。そこで八月、府県単位で施行規定を定め、知事も勧誘に尽力して去勢の実行を計ろうとした(418)。一〇月までに、県令等で去勢施行規程を定めたのは北海道、神奈川、新潟、栃木、愛知、岐阜、長野、福島、岩手、石川、富山、山口、徳島、高知、大分、宮崎、茨城、島根、福岡、長崎、奈良、鳥取、千葉、熊本だった(419)。神奈川県知事周布公平は、つぎのように去勢を勧誘していたという(420)。

……馬匹の去勢は、時局に際し、軍馬補充上甚だ必要なるのみならず、其徴発又は購買の際一層高値に評価せらるる利あるを以て、此際牛馬所有者に対し相当の便宜を与え以て其普及を図り、一は軍国必要に応じ、一は県下の利益を計られんことを望む。

そして明治三七年度内に去勢した三、四歳牡馬の総頭数は二万三七三六頭(421)。三歳と四歳牡馬の概算頭数は、四万一三〇〇頭、四万三三六〇頭、計八万四六六〇頭、その内の去勢予定頭数は、三歳牡馬の三割、四歳牡馬の五割の三万四〇七〇頭(422)。したがって実施率は予定頭数の六九・七％、かなり強制的であったことをうかがわせる数字だった。

このように奨励策は法に基づく強制ではなかったが、実質的に、馬匹去勢法の代替策として機能した。日露戦後の馬政計画を立案した臨時馬制調査委員会が審議を開始したのはこの明治三七年八月一六日、去勢も課題としてとりあげられたが、そこでこの代替策が大きな意味をもつことになった。その初日の去勢に関する言及については、この節の冒頭にふれたが、去勢についての実質的な検討が行われたのは八月二六日。二三日、宮内省主馬頭藤波言忠が「去勢の事に付ても予め之を一定するの必要あるが故に次回までに各意見を提出すべきや」と提案したのを受けてのものだった(423)。その二六日、まず農務局長酒匂常明が、一六日に続いて改めて、去勢法の実施計画、その予算案について説明したうえで、奨励金三円下付の緊急の対応策を紹介、翌三八年度には奨励金を四円にあげ、三歳、四歳を対象とし、全頭の六割の実施、その経費二二万一八一九余円、内奨励費一六万九〇〇〇余円を予定していると述べた(424)。そしてこの奨励案についての質疑になった(425)。藤波が、「奨励案は全く人民の随意にして強制的の方法ならずとすれば何等の効果なかるべきか」と質したのに対し、酒匂は、「固より法律の如く完全なる効果を奏すること能わず然れども多少は効果を奏すべき見込」として、対象牡馬(三歳、四歳)の六割の去勢を考えていると答えた。なお先にふれたように、六割というのは次年度の計画で、この明治三七年度は、三歳三割、四歳五割、平均四割という計画だった。酒匂に続いて、陸軍省騎兵課長浅川敏靖大佐が、「多少効果あるべし又陸軍にても去勢せる馬は高く買上ぐる方針を取り来れり」、と付け加えた。

そして去勢法案についての質疑に移った。明治三七年一二月施行が決定していた同案は、日露開戦で施行が延期され、その緊急の代替案として奨励策がとられていたが、戦争終了後の施行が想定されていた。まず藤波が、酒匂が説明した去勢法の実施計画について、一時に実施するもので多額の費用を要するのではないかと質した(426)。藤波、新山らが中心となって作成、この調査会に提出された戦後の馬政計画の方針を示した「主意書」では、去勢法案は「産馬改良の為め又軍事上の為め須要の事たるべしと雖も其施行法の如き聊か考えるところあり別に調査するを要すべし」と去勢法の施行に関して改めての「調査」の必要を提言していた(427)。浅川が、施行済の区域に入って去勢を免れるのを防ぐために「一時」に行う必要性、そして酒匂が一斉に施行することでの費用節減となり逆に経済的と説明した(428)。ここで、曾禰が、馬匹去勢法の制定の明治三四年当時と異なって、「馬政局の創立其の他根本的改良」を目的とする馬政計画が進められようとしていると、去勢法の施行に多額の予算を振り向けることに疑義を呈した(429)。これに対して、藤波は「然り」、また酒匂も、種牡馬検査法で「資格なき馬」が種牡馬となることはできないので、現時点での「去勢の必要は、全く軍事上の急務」から出ているとして、去勢は「馬匹改良の為には其の効寧ろ薄しと云うも可なり」と述べた。この酒匂の発言は、当面、奨励策で十分で、馬匹去勢法の施行は先送りすることを意図したものだった。新山も、「去勢は元来我国には行われざる習慣なるが故に其の施行の困難なることを予想せざるべからず」と、これに同調した。新山は、日清戦争後の馬匹調査会のときから去勢に否定的だった。ここで酒匂は「陸軍には去勢を絶対的に必要とせらるるなるべし」と浅川に問いかけた(430)。浅川は、「絶対的に施行することを希望するなり」と答えた。これに酒匂は、この段階での馬匹去勢法の施行が無理であることを前提に、「然らば法律を施行するの外途なし」、と浅川に迫った。藤波も「奨励案位にて行われるは可なれども陸軍にては之にては満足せざるべし」と追い打ちをかけた。これに浅川は、原則としては法律施行を希望すると述べるにとどめた。浅川、というより陸軍にとって、去勢の軍事上の優先順位は高く、去勢法による強制的な施行を求めていたのに対して、酒匂、藤波、新山にとっては、去勢の馬匹改良上の優先順位は低く、当面、奨励策で十分であり、馬匹去勢法の施行は先送りという姿勢だった。この相違は、審議の前から予め知られていたと思われる。このように馬匹去勢法に対する相違は明確であったが、日露戦争中は、奨励策で対応するということでは一致していた。結局、曾禰が、「法律は現今行う能わず」とするならば「一時の権道」として、奨励案を「採用」し、「其の計画及予算は之を馬政局に引継ぐことを」を提案、了承された。

この審議の結果、委員会に提出された「主意書」では、去勢に関して、馬匹去勢法案は「産馬改良の為め又軍事上の為め須要の事たるべしと雖も其施行法の如き聊か考えるところあり別に調査するを要すべし」、と記されていたが、委員会の検討を受けて修正された「主意書」、また「第一回復命書」では、「馬匹の去勢に就ては明治三四年四月法律第二二号を以て馬匹去勢法の発布あり、農商務省に於ては農務局に馬匹去勢課を設置し方今其実施に着手しつつあり」と、去勢法の施行を先送りしたことにはふれず、奨励策でその実施に着手したことを強調するものになっていた(431)。一九ヶ年の馬政計画案の予算総額のなかでもつぎのように記された(432)。

産馬改良第一期を一九年にて完成するの計画にして其累計経営費二七六二万七二三七円、臨時費一七六万四一八五円、合計二九三六万一五二二円を要す、然るに刻下戦局に際し去勢法実施の困難を認め暫く奨励法を以て之を勧諭するの法を採り約一九万円の奨励金を予算せり、故に将来去勢法を実施することとせば尚毎年概ね三十余万円の増額を要す

繰り返せば、当面は奨励策で対応して、去勢法の施行は先送り、そして去勢の所管は馬政局に移行することになった。陸軍の強い要望は、この去勢でも臨時馬制調査委員会での合意をえることはできなかった。こののちも、折にふれて、去勢法の施行が必要との声があがったが、去勢法が施行されるのは大正五（一九一六）年のことになる。だが去勢に対する忌避感は根強く、日本の馬文化に去勢が定着することはなかった。

# 3 黙許競馬のはじまり——明治三九年日本レース倶楽部、函館競馬会、東京競馬会第一回開催、静岡の馬券黙許

## 1 日本レース倶楽部

### エンペラーズ・カップ、明治三九年春季開催

日本レース倶楽部は、明治一三（一八八〇）年四月、明治政府の首脳、各国公使や領事などを発起人、有栖川宮熾仁、東伏見宮嘉彰、伏見宮貞愛、北白川宮能久の皇族も「主員 patron」として名を列ねて設立され、それ以降、横浜の根岸競馬場（現・横浜市中区根岸台一帯、根岸森林公園と根岸競馬記念公苑）で春秋二回の開催を積み重ねてきた(1)。倶楽部の会頭には、原則として駐日英国公使が就任した。倶楽部の前身は横浜の居留地に在住する西洋人（以下、「居留民」と記す）たちによって文久二（一八六二）年結成された競馬クラブに遡る。根岸競馬場は、文久二年以降、競馬場設置を望む居留民の要求を受けて、英国公使を中心とする外交団が幕府と交渉、いくつかの候補地が浮上したが、慶応二（一八六六）年に入り、根岸村に設置することで合意、幕府の費用で建設、幕府と各国との間で締結された「横浜居留地改造及競馬場墓地等約書」、神奈川奉行と各国領事との間で取り交わされた「横浜競馬場の地

図1　横浜市街、山手、根岸競馬場

横浜市街山手、根岸競馬場（1/20000「横浜」明治39年測量明治41年製版「今昔マップ on the web」より）。

図2　根岸競馬場スタンド

（『競馬大鑑』）

図3　RACE COURSE and GOLF LINXS

（“The Japan Directory”, Japan Gazette, 1908）

券」に基づいて居留民を代表する競馬クラブに貸与され、明治政府もその条件を引き継いだ。慶応二年一二月（一八六七年一月）に同場での初めての開催が行われ、以後春秋二回の開催が続けられた。明治政府は、在日外交団や横浜在住の居留民と政府高官、皇族らが交流する社交の場、屋外の鹿鳴館として積極的に活用、天皇も明治一四（一八八一）年から明治三二（一八九九）年まで折にふれて行幸した。ちなみに明治三二年五月の行幸の際の横浜駅（現・JR桜木町駅付近）から競馬場までの経路は、横浜駅を降り、馬車に乗り、弁天橋－本町通り－日本大通り－横浜公園－日本大通り－海岸通り－谷戸橋－谷戸坂－山手本町通り－山元町－競馬場だった(2)。

コースは一周約一六〇〇メートル、その内側は深く入込んだ窪地、ゴール過ぎから一コーナー、二コーナー中間あたりまでの約二六〇メートルで八メートル九〇を下り、そこから二コーナー過ぎの約二〇〇メートルで八メートル九〇を上るという、急坂を下りながら一コーナーに入り、そのまま下って二コーナーの中間地点で今度は急坂をあがりながら向う正面に入るというタフな形態だった(3)。この地形上、根岸は右回り、幅員も、昭和一二年の記録であるが、一五～二六・五メートルと広狭があった。競馬場の三コーナー付近は、そばにあったハムとベーコンがおいしいことで評判のシェークスピア・ホテル(4)にちなんでシェークスピアと呼ばれ、また四コーナー付近は、コースの外側に馬頭観音がありその周囲に木々が立ち並んでいたので、この地点はツリーズTreesと呼ばれた(5)。コース内側の窪地は、その地形が活用されて明治三九年一一月にはゴルフコースが開設された(6)。

図4　「横浜根岸の競馬会」

木立の左端の上に見えている建物がシェークスピアホテルだと思われる。4コーナー付近の木立群がツリーズTreesと呼ばれていた。挿入の写真は日本レース倶楽部春季開催2日目エンペラーズ・カップに差遣された竹田宮恒久（『グラヒック』第3巻第12号、明治44年6月1日、木村錠太氏蔵）。

　コースは、早い時期から芝であったが、芝生のスポーツ施設としては、日本で最初のものだった。山手の高台にあって、北東方向に目を移せば富士山、大山連峰、西から西南方向には江戸（東京）湾、房総半島が広がり、南東方向には三浦半島を望むことができる、というすばらしい眺望をもち、居留民たちは、英国で一番美しいといわれたグッドウッド競馬場よりもすばらしいと自負した。

　明治二一（一八八八）年、クラブは、総売上金額から一定率（一割）を控除したうえで、それぞれの購入比率に応じて配当を計算する方式（パリミチュエル）の単勝式馬券を導入、以後大きな収益をあげていった。それ以前も馬券は発売されていたが、クラブとは別の個人、あるいは組織が発売するものだった。居留地は、不平等条約に基づいて治外法権であり、馬券発売を行うことができた。

　明治三二年七月条約改正による治外法権撤廃後も、日本レース倶楽部は、明治政府の政治判断で馬券発売が認められた(7)。条約改正の発効、居留地廃止を前にした五月、明治天皇は、条約改正後も内外友好を促進していくという姿勢をアピールするために横浜に行幸したが、その最も効果的な場として選ばれたのが日本レース倶楽部春季開催であった(8)。明治政府は、根岸競馬場を外交上、重要な役割を果たす場と位置づけていた。そしてこの行幸は、条約改正による治外法権撤廃後も馬券発売を認めることを宣言したものでもあった。前述したように東京競馬会、函館競馬会の馬券の黙許は、この横浜の例にならってのものだった。しかしその結果、この黙許が、日本レース倶楽部の馬券発売の根拠を変えたものになったことについては、この時点では、政府も日本レース倶楽部も気付いていなかった。後から考えれば、この黙許は、日本レース倶楽部の馬券発売が治外法権に由来する特権ではなくなり、東京競馬会及びその他の競馬会と同じく黙許された存在、つまり日本の法令下に組み込まれたものとなっていたからである。このことは、明治四一年一〇月の馬券禁止の際に、日本レース倶楽部もその対象となったことで明らかとなる。政府にとっては不平等条約由来の特権を回収する機会になり、一方日本レース倶楽部にとっては陥穽となった。日本レース倶楽部の馬券発売はそれ以前からの継続と見えながら、馬券黙許時代を迎えて、その性格は根本的に変わった。またこの明治三九年一月日本レース倶楽部の社団法人化が認可されていたが(9)、これも同倶楽部が、社団法人であることが馬券発売が黙許されるための絶対条件であった他の競馬会と同様の存在であることを意味するものにつながった。しかしこれも後での話であり、この時点では、誰もがそのことを見通してはいなかった。逆に日本レース倶楽部が特権的存在であることをさらに印象づける出来事が、明治三九年五月の春季開催で起こっていた。皇太子が、五月九日開催二日目のエンペラーズ・カップ当日、行啓したことであった。

天皇が下賜した「カップ」を競うレースは、明治一三年春季開催のミカドズ・ヴェース以来、続けられてきたが(10)、それが明治三八年春季開催からはエンペラーズ・カップとして新たな歴史を刻もうとしていた(11)。ちなみにJRA（日本中央競馬会）は、この春季開催のエンペラーズ・カップを現在施行されている天皇賞の直接の起源としている(12)。日本レース倶楽部側が、エンペラーズ・カップを特別な重みをもつレースとして位置付けようとしていたことは、そのレース条件に端的に示されていた。前年の明治三七年春季及び秋季からその兆しがあったが、この明治三八年五月春季開催からのエンペラーズ・カップは、レース名、出走馬の品種、距離、斤量が固定化されたものになった(13)。まずレース名。それ以前は、明治三一年秋季エンペラーズ・プライズ、明治三七年エンペラーズ・カップなどの例外はあったが、天皇からの賞品下賜があっても、レース名はエンペラーを冠さず、明治三一年春季バンザイ・ステークス、明治三三年春季及び明治三七年秋季がヨコハマ・ダービー、明治三五年秋季がニッポン・ダービー、明治三四年春季及び明治三五年春季及び明治三六年秋季がニューサウスウエールズ・カップなどで実施していた。賞品下賜とともに一着賞金も明治三六年秋季までは、通常のレースと同じく出されていた。そのなかで一着馬に賞金を出さずに「エンペラーズ・カップ」、二着馬、三着馬には賞金となったのは明治三七年春季開催から。そして、そのカップ獲得が名誉ということを前面に打ち出す格好で、レース名がエンペラーズ・カップに固定化されたのが明治三八年春季開催からだった。さらにこの春季開催のカップは「例年のものに比して一層大形にして革張の函に収容」、御紋章付の「頗る美事なるもの」になった(14)。

つぎに出走馬の品種が、明治三七年秋季開催から「各種抽籤馬と内国産馬 All Subscription Horses and Country Bred」とされ、それが明治三八年春季開催にも引き継がれ、以降は固定化された。抽籤馬とは、倶楽部が一括購入して、会員に抽籤配布した馬。各種抽籤馬という規定は、抽籤豪州産馬という規定とは区別されていたが、当時他の抽籤馬は中国産馬しか該当せず、事実上は抽籤豪州産馬だった。なおこの抽籤豪州産馬はすべて牝馬だった。明治三一年以降は、明治三一年春季と明治三二年秋季が内国産馬、明治三一年秋季と三二年春季が中国産馬、明治三三年春季と同年秋季と明治三四年秋季が抽籤豪州産馬及び内国産馬、明治三四年春季と明治三五年春季が当該開催抽籤豪州産新馬、明治三五年秋季が当該開催抽籤内国産新馬、明治三六年春季が前年抽籤豪州産馬、明治三六年秋季が抽籤豪州産馬、明治三七年春季が前年秋季抽籤豪州産馬、と変遷していた。ちなみに明治三五年秋季が抽籤内国産新馬でニッポン・ダービーと名付けられたのは、宮内省から「本邦馬奨励のため御下賜品」があり、また天皇から「本邦馬の成績を詳細調査すべしとの御下命」があったのを受けてのものだった(15)。なお当時の出走品種のカテゴリーについては後述する。

距離も、明治三一年以降、五ハロン(一回)、六ハロン(一回)、一マイル(五回)、一マイル八分一(一回)、一マイル四分一(一回)、一マイル二分一(五回)と変遷したが、明治三八年春季から一マイルに固定化された。斤量条件も出走品種と同じく明治三七年秋季開催から固定化され、「エントリー時三勝以下馬齢、エントリー時四勝以上一勝毎に三ポンド増、ただし一五ポンドを超えない、抽籤豪州産馬で日本で二開催目の出走馬三ポンド減、未勝利馬五ポンド減、減量は積算、抽籤豪州産新馬は一二ポンド減、エントリー以降の勝馬五ポンド増」となった。なお馬齢斤量は、豪州産牝馬、三歳一二五ポンド(約五六・八キロ)、四歳一三〇ポンド(約五九・〇キロ)、五歳一三五ポンド(約六一・三キロ)、六歳一四〇ポンド(約六三・六キロ)、牡馬は五ポンド増、内国産馬は豪州産牝馬と同じであった(16)。

そしてエンペラーズ・カップに以前の勝馬出走不可の条件が加わったのは、明治三八年秋季開催からだった(17)。つまり、明治三八年春季開催が、エンペラーズ・カップの第一回と位置付けられていたことが、ここにも示されていた。おそらく、天皇からの「カップ」下賜の恒常化が、明治三八年春季開催を前に、日本レース倶楽部に保証されたのを受けた措置であった。行幸に関しても、日本レース倶楽部は、結果的に最後となった明治三一年春季開催以降も、実現することはなかったが、日露戦争中の明治三七年春季から明治三八年春季までを除いて、イギリス公使である会頭が毎会願い出ていた(18)。この明治三九年五月の開催は、英国大使で日本レース倶楽部会頭であるマクドナルドは、三月二七日付でこれまでにもまして行幸を強く要請した(19)。日露戦後の外交の基軸も日英同盟であり、根岸競馬場はかつてのような外交的な場ではなくなってはいたが、両国の友好をアピールする機会、また横浜在住の諸外国人による日露戦争の戦勝祝賀の場にもなると考えてのものに違いなかった。なお明治三八年一一月、イギリスは日本を「一等国」として認め、公使館を大使館に昇格させていた(20)。だが天皇の健康(糖尿病)への懸念もあって、行幸は、毎年一一月に行われる陸軍特別大演習の統監など軍事関連が中心となり、その他国家的人材の養成を行う東京帝国大学、陸軍大学校、海軍大学校の卒業式などに限られ、実現は困難であった(21)。そこで行幸に代わるものとして行われたのが、皇太子の行啓であった。宮内省は、四月二七日付で皇太子を差遣することをマクドナルドに伝えた(22)。行幸とは決定的な違いがあるとはいえ、それに準じるものであり、それまでの式部長の差遣とは、天と地の差があった。明治三八年一一月伊勢神宮行幸、巡啓以降は、「沿線や沿道での奉送迎の仕方に関しては、天皇と皇太子が同一の比重をもってとらえられ」るようになっていた(23)。その意味で、マクドナルドの要請に応えるものではあった。倶楽部にとっても、今回の行啓は、明治三二年五月の行幸以来、皇族の臨場も明治三四年秋季開催の閑院宮載仁の一回だけであり(24)、特別のものという認識であった(25)。ちなみにマクドナルドは、競走馬のオーナーにもなっていたが、その持馬が勝利をあげることもあり、また倶楽部運営にも積極的だった(26)。そしてマクドナルド夫人も開催での婦人財嚢やジョッキーカップの授与にあたり、夫妻で臨場することも度々であった(27)。

五月五日、根岸競馬場行啓の奉送迎は、繰り返せば行幸に準じて行われた(28)。当日、皇太子は、午前一一時四五分横浜駅着、駅で神奈川県知事、県庁高官、横浜市長（代理）、市役所高官、税関長、地方裁判長、市区会議長、市部県会議員、横浜商業会議所副会頭らが出迎えた。そして皇太子は、馬車で、駅から日本大通り、薩摩町を通り、扇町一丁目を経て亀の橋を渡り地蔵坂を登ってかつての遊歩道を通って競馬場に向かった。ちなみに当時の東京方面からのファンも同じ経路を徒歩か人力車で競馬場にやってきた。その道筋では、横浜商業学校を始め各市立小学校生徒、市民らが奉迎を行った。そして零時一〇分競馬場着。会頭マクドナルド英国大使ら倶楽部の役員が、コースの向う正面真中に設けられた通御門に整列、そこでマクドナルドが歓迎の辞を述べたのち、皇太子の馬車を先頭に、供奉員、マクドナルド以下の馬車がコースを右回りに半周して、一等馬見所正面に到着。皇太子が下車、マクドナルドはそこで副会頭、開催執務委員長を紹介。その後、君が代が演奏されるなか、皇太子は、マクドナルドの先導を受け、馬見所前の芝生に敷かれた絨毯を通り、階上の便殿に入った。馬見所の貴賓席のバルコニーに皇太子が姿を現すと、場内に万歳の声があがり、皇太子は、これに会釈でもって応えた。なおこの日、ロシア特命全権公使ユーリー・バクメチエフ、ベルギー特命全権公使男爵アルベール・ダヌタン、オランダ特命全権公使ヨンタヘール・ジョン・ラウドンも臨場しており、皇太子は謁見した。

第六レースのエンペラーズ・カップのレース後の表彰式では、式部次長伊藤勇吉が勝馬のヒタチのオーナー河北直蔵に御紋附銀鉢一個を授与。表彰式の最後に、マクドナルドが音頭をとって、天皇に対して万歳三唱（three cheers）が行われた。皇太子が、計七レースの観戦を終えたのは四時二〇分。皇太子は、階下で待つ、マクドナルドと言葉を交わした後、君が代が演奏されるなか、再び馬見所前に敷かれた絨毯を歩いてコース内に待つ馬車に乗り、万歳の声のなか、コースを右に回って通御門から出て、横浜駅に向かった。往路と同じように、沿道では市内各学校生徒等が整列して奉送した。行啓後の七日、マクドナルドは、カップの下賜と行啓の返礼に参内した(29)。なお皇太子は秋季開催のエンペラーズ・カップ当日にも行啓する(30)。

図5 「名誉の駿馬ヒタチ 宮内省賞牌と伊庭野騎手」

（『時事新報』明39・6・4）

このエンペラーズ・カップを勝ったのはヒタチ(31)。ヒタチは日本レース倶楽部の明治三五（一九〇二）年秋季抽籤豪州産馬、当初ウーレンホレストの名でデビュー、翌明治三六年秋季開催から名義が替わりセラピスと改名、明治三七年春季開催からは河北直蔵が新オーナーとなって、親交のある当時の大横綱常陸山にちなんでヒタチと改名された。常陸山は、競馬好きで競馬場によく姿を現したが、臨場した際、ヒタチが勝つと口取りをして、観客の喝采を浴びることもあった(32)。河北は、時計販売商、当時の横浜の目抜き通りであった弁天通りに店を構え、時計塔のあるその店舗は、横浜のシンボル的存在であった(33)。河北が、日本レース倶楽部の馬主として、競馬界に登場したのは、明治三〇年代半ば、熱心な馬主として知られるようになり、黙許時代には、河北時計店では、日本レース倶楽部の英字、邦字番組表だけでなく東京競馬会（池上競馬場）、日本競馬会（目黒競馬場）、京浜競馬倶楽部（川崎競馬場）、また越佐競馬会（関屋競馬場）、鳴尾速歩競馬会（鳴尾競馬場）など全国の競馬会の競馬番組も販売した(34)。

デビューの明治三五年秋季シーズン、ヒタチは、新馬の優勝戦を勝って活躍馬が輩出された同期の一番手となったが(35)、その後明治三六年春秋のシーズンは伸び悩んだ(36)。明治三七年春季開催三戦三勝、秋季開催には古馬のチャンピオンとなり一旦復調がなったが(37)、明治三八年春季開催は、着外となった第一回エンペラーズ・カップで脚を痛めて、この一走だけに終わった(38)。同年秋季開催初日、二日目のエンペラーズ・カップと着外に終わり、三日目ハンデ戦を勝って、四日目優勝戦に一番人気で臨み、スマ（後述）の二着に敗れたが(39)、この開催のレースぶりは、復調の兆しを感じさせるものであった。

そしてこの明治三九年春季開催、ヒタチはピークを迎えた(40)。この頃の豪州産馬古馬チャンピオンクラスのローテーションは、各種抽籤馬及び内国産馬の混合戦の初日コロニアル・プレート、二日目エンペラーズ・カップ、同レースは勝ち抜き制だったので、カップ獲得馬はヨコハマ・ダービー、三日目コスモポリタン・ハンデキャップ、四日目各豪州産馬及び内国産馬優勝ハンデキャップというのが通例だった。当然ヒタチもこのローテーション。賞金はコロニアル・プレートとコスモポリタン・ハンデキャップが一着六〇〇円、二着一五〇円、三着七五円、エンペラーズ・カップが、一着エンペラーズ・カップ、二着二〇〇円、三着一〇〇円、ヨコハマ・ダービーが一着七〇〇円、二着二〇〇円、三着一〇〇円、優勝ハンデキャップ一着七五〇円。なお優勝戦の賞金は一着のみだった。斤量は、コロニアル・プレートとヨコハマ・ダービーが斤量登録時三勝以下馬齢、四勝以上一勝毎に三ポンド増量、ただし一五ポンドを超えない、エンペラーズ・カップが、繰り返しておけば、三勝未満斤量馬齢、三勝以上一勝毎に三ポンド増、ただし一五ポンドを超えない、明治三九年春季抽籤豪州産馬三ポンド減、未勝利馬五ポンド減、抽籤豪州産新馬一二ポンド減、減量は積算、エントリー後の勝鞍五ポンド増、増量は加算だった。

この開催、このカテゴリーでのヒタチ以外の有力馬はメイミー、カチド

図6　河北時計店

（『横浜成功鑑』）

キ、スマであった。

メイミーは、ヒタチと同じ明治三五年秋季抽籤豪州産馬。マミーの名でデビュー、仮定名称スフィンクス（本名等不詳）の名義、そのデビューの開催四戦着外四回、明治三六年春季開催から池田浩平、仮定名称メイの名義となり、メイミーと改称、その後も伸び悩んだ成績が続いた。明治三八年秋季開催も四戦一着一回二着一回着外二回だったが、その一勝がエンペラーズ・カップだった。メイミーも、この明治三九年春季開催で力を見せることになる。

カチドキも明治三五年秋季抽籤豪州産馬。デビュー時の名はカメオ、江副廉造の名義。江副は、明治一〇年代半ば、アメリカから帰国して横浜で美術輸出商、ついでアメリカ煙草の輸入販売も行い、それで大成功、新橋、銀座等で販売店を経営した(41)。当時の人気タバコであったピンヘッドというアメリカ煙草を一手輸入販売、カメオもアメリカ煙草で日本でも人気銘柄の一つ、カメオはその名にちなんで命名された。江副は、熱心な馬主だけにとどまらず、三里塚（下総）で馬産にも取り組んだ。先にも紹介したように、江副は、明治三九年四月東京競馬会認可時の理事であった。カメオは、デビューから明治三七年春季開催までは明治三五秋季抽籤豪州産馬のなかでヒタチ、メルボルンについで三、四番手だった。江副は、明治三六年春季開催でカメオを見限って手離し、一人を経て、明治三七年春季開催から横浜の木村利右衛門の名義となった。利右衛門は、貿易商、横浜の数多くの銀行、企業経営にかかわり、貴族院の多額納税議員も務めた(42)。利右衛門も、先に紹介したように明治三九年四月東京競馬会認可時の理事だった。明治三六年秋季開催、初日ヒタチを三着に降して勝ち、翌二日目天皇からカップを下賜されたヨコハマ・ダービーを制覇したが、三日目はメイミーの着外に敗れ、四日目の優勝戦は腰の痛みで不出走。明治三八年春季開催、体調も回復、生涯最高の成績を残す。なおこの春季開催から名義は利右衛門の長男木村重太郎に移った。重太郎は横浜の実業家(43)、日本レース倶楽部の有力馬主、京浜競馬倶楽部の設立の中心人物となり、明治四一年二月東京競馬会理事就任(44)、全国各地で、競馬会、その営利会社を設立する競馬投資グループの中心的存在ともなった。カチドキは、初日一番人気で逃げ切り、二日目記念すべき第一回エンペラーズ・カップを獲得、三日目は三着に敗れたが、四日目優勝戦を制した、それも楽勝だった。ヒタチが緒戦のエンペラーズ・カップで故障したことがあったとはいえ、デビュー以来初めてチャンピオンの座についた。しかしその座も一開催限り、明治三八年秋季開催は不振に陥り、三日目まで勝てず、四日目のコンソレーション（開催未勝利馬限定）戦でようやく勝っていた。

スマは、明治三六年秋季抽籤豪州産馬、先に紹介した第七十四銀行取締役、明治二〇年代からの馬主である森謙吾、仮定名称タツタの名義、馬体、調教ともによく一番馬との評判だった(45)。そのデビューの開催、評価に違わず三戦三勝で新馬のチャンピオンの座に就き、つぎの明治三七年春季開催も三戦三勝で駆け抜けた。ところが同秋季開催、初日一着でデビュー以来の連勝を続けたが、二日目ヨコハマ・ダービーはカチドキの二着、三日目はメイミーの着外、四日目優勝戦はヒタチの二着と、明治三五年秋季抽籤豪州産馬組の壁に跳ね返された。明治三八年春季開催は不振で、三戦二着二回三着一回と未勝利に終わった。ところが同年秋季開催では一変、二日目ヨコハマ・ダービーではカチドキ、四日目優勝戦でもヒタチ、メイミーを破って勝鞍をあげ、明治三五年秋季抽籤豪州産馬組に雪辱を果たした。

このようにヒタチ、カチドキ、メイミー、スマは、日露戦争前後の根岸の競馬を彩った馬たちであった。

この明治三九年春季開催、これらの馬たちの緒戦は、初日第五レース、コロニアル・プレート、各種抽籤馬及び内国産馬、四分三マイル、七頭立。有力馬の斤量は、ヒタチとスマ一五二ポンド（約六九・〇キロ）、カチドキとメイミー一四九ポンド（約六七・六キロ）。一番人気はヒタチ、二・四倍。そのヒタチが好スタートを切ってハナに立ち、そのまま逃げ切った。楽勝だった。五馬身差の二着がカチドキ、さらに三馬身差の三着がメイミー。スマは着外だった。勝時計一分二〇秒二〇、配当一七円、ヒタチにしては好配当だった。

二日目第二レースが、ヨコハマ・ダービー、一マイル二分一。前年春秋のエンペラーズ・カップの勝馬カチドキ、メイミーとスマの三頭立になった。斤量は、カチドキとメイミー一四九ポンド（約六七・六キロ）、スマ一五二ポンド（約六九・〇キロ）。一番人気カチドキ。だがメイミーが好スタートを切って早いペースで逃げ、そのまま逃げ切った。二馬身差の二着がカチドキ、さらに六馬身差の三着がスマ。勝時計二分四九秒四〇は明治三七年秋季開催でのカチドキの二分四九秒六〇を〇・二秒とはいえ破るレコード。配当二九円五〇銭、三頭立としては好配当だった。

そして、ヒタチの二走目がエンペラーズ・カップ、六頭立。出走馬と斤量は、ヒタチ一五二ポンド（約六九・〇キロ）、フラッシュ一四〇ポンド（約六三・五キロ）、パルマバイオレット一三七ポンド（約六二・二キロ）、パトリシア一三七ポンド（約六二・二キロ）、ヤハギ一三四ポンド（約六〇・八キロ）、ダイヤモンド一四一ポンド（約六四・〇キロ）。ヒタチとダイヤモンドは河北直蔵の持馬だったので、馬券上はカップリング（同一馬の取扱い）だった。なおエンペラーズ・カップは勝ち抜け制だったので、カチドキ、メイミーの出走権はなかった。レースの模様はつぎのようなものだった(46)。


登録は二一頭だったが、出走は六頭、一番人気はヒタチ。フラッシュは、満足に走ることができず今シーズン出走できないと考えられていたが、人気を集めていた。パルマバイオレットが好スタートを切って、二コーナーを回って向こう正面に入るまで先行していたが、ヒタチが迫ってきた。シェークスピアで、フラッシュが五番手からあがって、ヒタチと二頭でツリーズを回った。直線、ヒタチが力強く抜け出し、フラッシュに一馬身差をつけて勝った。三馬身差の三着がバイオレット。


勝時計一分五九秒、配当九円。そして先に紹介した表彰式が行われた。

フラッシュは明治三八年春季抽籤豪州産馬、名義はH・レフィヴァー（ベルズ・アスベストス商会）、デビュー時、初日は二着だったが、二日目で勝ちあがり、三日目も連勝して四日目新馬の優勝戦に臨んで制し、この開催の新馬のチャンピオンの座についていた。明治三八年秋季開催は、出走した二日目と三日目は二戦二勝だったが、おそらく体調面に不安があって初日と四日目は不出走。今開催も、体調が整っておらず、初日不出走、ここエンペラーズ・カップが緒戦だった。その中で二着だったから力をみせていた。

パルマバイオレットは明治三七年秋季抽籤豪州産馬。英国公使館一等書記官G・バークレーの名義、バイオレットとしてデビュー、三戦二勝三着一回、その三着も古馬に挑んでヒタチに敗れたもの、二着スマ、だったので評価は高く、開催後のセールで一六〇〇円の高値でE・C・デービス（サミュエル・サミュエル商会）、仮定名称ノーフォークが購入、改名した(47)。明治三八年春季開催は休養、同秋季開催初日第二レース、コロニアル・ステークスでヒタチ、スマ、カチドキをおさえて勝ったが、二日目ヨコハマ・ダービーはメイミーの三馬身二着、三日目コスモポリタン・ハンデキャップではヒタチのクビ差二着、四日目優勝戦ではスマの着外と竜頭蛇尾の成績に終わった。この春季開催は、エンペラーズ・カップが緒戦だった。

そして中五日での三日目第五レースがコスモポリタン・ハンデキャップ、各種抽籤馬及び内国産馬、一マイル、一着六〇〇円、二着一五〇円、三着七五円、九頭立。有力馬のハンデは、ヒタチ一六〇ポンド（約七二・六キロ）、メイミーとカチドキが一五〇ポンド（約六八・〇キロ）、スマとフラッシュが一四〇ポンド（約六三・五キロ）、デキマショ一二〇ポンド（約五四・四キロ）。一六〇ポンドは当時の満量（斤量の上限）だった。このハンデが嫌われ、ヒタチのオッズ（ダイヤモンドとのカップリング）は五・六倍。

デキマショとパルマバイオレットが先行したが、すぐにヒタチとフラッシュが並びかけていった。ツリーズで、後方にいたメイミーがあがって来た。直線、ヒタチが抜け出し、デキマショが二番手、メイミーがデキマショを交わして、ヒタチに迫ったが、半馬身差及ばずの二着、さらに一馬身半差の三着が一二〇ポンドという軽量を生かしたデキマショだった。勝時計二分四八秒五〇、配当二八円、ここもヒタチにしては好配当。スマ、カチドキ、フラッシュは着外に終わった。一六〇ポンドでの勝利は、根岸史上初めての快挙、ここまで三戦三勝、ヒタチの勝利の度に、オーナーの河北直蔵は横綱常陸山に電報で知らせていたという。

デキマショは、明治三八年秋季抽籤豪州産馬、仮定名称スポーツ（本名等不詳）の名義。デビューの開催、初日二着、二日目に勝ちあがり、三日目のフラッシュの二着を挟んで四日目新馬の優勝戦を制した。とはいえ、この開催の新馬のレベルは高くはなく、この明治三九年春季開催、初日、二日目と二線級のレースを選択して二着、一着でここに臨んでいた。

翌四日目は各カテゴリーの優勝戦が行われた。繰り返せば優勝戦の賞金は一着のみだった。各種抽籤馬（明治三九年春季抽籤豪州産馬を除く）及び内国産馬の優勝戦は、第五レース、一マイル一ハロン、ハンデキャップ、今開催勝馬登録義務、一着賞金七五〇円、五頭立。有力馬のハンデはヒタチ一六〇ポンド（約七二・六キロ）、メイミー一四五ポンド（約六五・八キロ）、デキマショ一二二ポンド（約五五・四キロ）。人気はヒタチとメイミーが分け合った。前日第五レースの再戦の趣だったが、ヒタチとメイミーのハンデ差はさらに五ポンド広がって一五ポンド（約六・八キロ）となっていた。メイミーが好スタートからハナに立った。デキマショが二番手、ヒタチは後方を進んだ。直線に入ってもメイミーの脚色は衰えず、そのまま楽に逃げ切った。三馬身差の二着がデキマショ、ヒタチはデキマショも交わすことができず三着に終わった。勝時計二分五秒四〇、配当一三円。観戦に訪れていた常陸山はこの敗戦にがっかりしたという。

このように古馬の主要五レースは、ヒタチが初日コロニアル・プレート、二日目エンペラーズ・カップ、三日目コスモポリタン・ハンデキャップの三勝、メイミーが二日目ヨコハマ・ダービー、四日目豪州産馬及び内国産馬優勝ハンデキャップの二勝と、ヒタチとメイミーで分け合った。ともに明治三五年秋季抽籤豪州産馬で競走馬生活も五年目、新たな活躍馬の登場が望まれていたが、明治三六年以降の抽籤馬たちでは力が足りなかった。なおカチドキとスマ、またフラッシュとパトリシアも三日目まで未勝利、四日目第七レースのコンソレーション（開催未勝利馬限定）、一マイル四分一、一着五〇〇円、二着一二五円、三着七五円、五頭立に出走、人気はフラッシュとカチドキ。道中三番手から二番手にあがって直線に入ったスマが押し切ろうとするカチドキを半馬身交わしてゴール。勝時計二分二一秒四〇、配当二三円五〇銭。フラッシュとパトリシアは着外だった。

そしてこの開催の抽籤豪州産新馬（以下、「豪州産新馬」と記す）のレースは、初日三、二日目二、三日目二及び明治三八年秋季抽籤豪州産馬との混合一、四日目優勝戦と撫恤戦の計一〇レースが組まれていた。初日オトワ、ゴールドスター、カウンテスの三頭が勝ちあがり、オトワとゴールドスターは二日目も勝って連勝。そして三日目第六レース、明治三八年秋季抽籤豪州産馬今開催未勝利馬及び今開催豪州産新馬のオーストラリアンハンデキャップ、四分三マイル、一着六〇〇円、二着一五〇円、三着七五円。明治三八年秋季抽籤豪州産馬の出走はなく、二日目までの新馬の勝馬オトワ、ゴールドスター、カウンテス三頭の対戦になった。ちなみにこの三頭は、開催前から評判を呼んでいたが、そのなかで一番評価が高かったのがオトワだった(48)。ハンデはオトワとゴールドスターが一五〇ポンド（約六八・〇キロ）、カウンテスが一四〇ポンド（約六三・五キロ）。一番人気オトワ、二番人気ゴールドスター。向う正面でゴールドスターが先頭に立ち、少しあとをオトワが追走、そのまま直線に入り、オトワは懸命にゴールドスターを交わそうと追ったが一馬身差届かなかった。三着のカウンテスとは八馬身差、二頭の力が抜けていた。勝時計一分二一秒五〇、配当一九円。ゴールドスターは、牝五歳、のちの開催でも四分三マイルでは強く、「七分五厘のクイン」と呼ばれるようになる(49)。

豪州産新馬の優勝戦は、四日目第四レース、オーストラリアン・グリフィン・ウイナーズ・ハンデキャップ、一マイル一ハロン、今開催勝馬登録義務、一着七五〇円、五頭立。有力馬のハンデはオトワ一四五ポンド（約六五・八キロ）、ゴールドスター一五五ポンド（約七〇・四キロ）、カウンテス一三五ポンド（約六一・二キロ）。三日目の二つの新馬戦の勝馬二頭も出走してきたが、力が足りなかった。

ゴールドスターが逃げ、オトワが二番手。そのまま直線に入った。ゴールドスターの脚は鈍り、力強く追い込んできたオトワがゴールドスターを交わし、三馬身差をつけてゴール。勝時計二分九秒三〇、配当一〇円。これでオトワは四戦三勝、ゴールドスターも四戦三勝。両者の力は拮抗していた。オトワは木村重太郎の名義。秋季開催のエンペラーズ・カップを獲得することになる。ゴールドスターの名義はスター、「池田君小寺君その他の合同」の仮定名称(50)、のちに横浜の生糸問屋で実業家若尾幾太郎、仮定名称ネギシの名義となりミツビキと改名して各開催を転戦することになる。カウンテスは、牧野暎次郎、仮定名称カナガワの名義。デビューの初日第四レースを勝っていたが、二日目、三日目とオトワとゴールドスターに歯が立たなかった。春季新馬のなかではオトワ、ゴールドスターの二頭とは力差がある三番手の存在だった。牧野は、ヒギンズボサム商会主(51)、多くの活躍馬を所有、後に京浜競馬倶楽部及び東京ジョッケー倶楽部理事を務める。ちなみに牧野は、渡辺プロダクションを設立した渡辺美佐の祖父(52)。

図7　牧野暎一郎

(『東京競馬会及東京競馬倶楽部史』第一巻)

この明治三九年春季開催の馬券売上高は五五万円程度(53)、同秋季開催は三日目までで五七万二〇〇〇余円、四日間で約八〇万円だったと推定される(54)。初の四日間開催となった明治三七年秋季開催売上高は初日、三日目、四日目で約一四万一五〇〇円、おそらく四日間で二〇万円に届いていなかったことに鑑みれば(55)、根岸の馬券熱も、高まっていた。

### レース編成

日本レース倶楽部の競馬を特徴づけていたのが、中国産馬のレースであった。中国産馬は体高が一三〇センチ以下のポニーで騸馬、日本側は、鹿鳴館時代の競馬から、馬匹改良と無縁、無用、賭博(馬券)の道具に過ぎないとして、中国産馬のレースを排除していた(56)。しかし根岸では、上海などの競馬で出走していた馬たちを輸入して、一八六〇年代半ばから連綿と続けられてきた。もちろん明治三九年春季開催でも、これまで通りに中国産馬のレースが実施された。

明治三九年春季開催のレース編成は以下のものであった(57)。抽籤中国産新馬(以下、「中国産新馬」と記す)が八、それ以前の抽籤中国産馬(以下、「中国産馬」と記す)が八、抽籤豪州産新馬(以下、「豪州産新馬」と記す)が一〇、明治三八年秋季抽籤豪州産馬が三、明治三八年秋季及び明治三九年春季抽籤豪州産馬が一、各種抽籤馬及び内国産馬が四、明治三八年秋季以前の抽籤豪州産馬及び内国産馬が二の全三六だった。なお内国産馬には内国産という以外に品

表1　明治39年春季開催レース数及び賞金

| カテゴリー | 数 | 賞金 | ダービー | 優勝戦 | コンソレーション | その他 |
| --- | --- | --- | --- | --- | --- | --- |
| 抽籤中国新産馬 | 8 | 1着350円<br>2着100円<br>3着50円が6 | — | 1着450円 | 1着350円<br>2着100円<br>3着50円 | |
| 明治38年秋季以前抽籤中国産馬 | 8 | 1着450円<br>2着125円<br>3着75円が2<br>1着400円<br>2着100円<br>3着50円が3 | 1着500円<br>2着125円<br>3着75円 | 1着600円 | 1着350円<br>2着100円<br>3着50円 | |
| 抽籤豪州産新馬 | 10 | 1着500円<br>2着125円<br>3着75円が8 | — | 1着600円 | 1着450円<br>2着100円<br>3着50円 | |
| 明治38年秋季抽籤豪州産馬 | 3 | 1着600円<br>2着150円<br>3着75円が3 | — | — | — | |
| 明治38年秋季及び明治39年春季豪州産馬 | 1 | 1着600円<br>2着150円<br>3着75円 | | | | |
| 各種抽籤馬及び内国産馬 | 4 | 1着600円<br>2着150円<br>3着75円が2 | 1着700円<br>2着200円<br>3着100円 | | | エンペラーズ・カップ<br>2着200円<br>3着100円 |
| 明治38年秋季以前の抽籤豪州産馬及び内国産馬 | 2 | | | 1着750円 | 1着500円<br>2着125円<br>3着75円 | |

(‘Spring Meeting of the Nippon Race Club’, J. W. M., May 12, 19, 1906. より作成)

種等の条件はなかったが、豪州産馬との能力差は大きく混合戦への出走は極めて稀であった。

賞金は、豪州産新馬が一着五〇〇円、二着一二五円、三着七五円が八、中国産新馬が一着三五〇円、二着一〇〇円、三着五〇円が六。新馬以外の抽籤豪州産馬、新馬及び明治三八年秋季抽籤豪州産馬が一着六〇〇円、二着一五〇円、三着七五円がそれぞれ三と一、中国産馬がチャイナ・ダービー一着五〇〇円、二着一二五円、三着七五円、一着四五〇円、二着一二五円、三着七五円が二、一着四〇〇円、二着一〇〇円、三着五〇円が三。各種抽籤馬及び内国産馬、事実上豪州産馬のレースは、ヨコハマ・ダービー一着七〇〇円、二着二〇〇円、三着一〇〇円、一着エンペラーズ・カップ、二着二〇〇円、三着一〇〇円、そして一着六〇〇円、二着一五〇円、三着七五円が二。優勝戦は、豪州産新馬が六〇〇円、中国産新馬が四五〇円、中国産馬が六〇〇円、各種抽籤馬（明治三九年春季抽籤豪州産馬を除く）及び内国産馬が七五〇円、コンソレーション（開催未勝利馬限定）は豪州産新馬が一着四五〇円、二着一〇〇円、三着五〇円、中国産新馬と中国産馬が一着三五〇円、二着一〇〇円、三着五〇円各種抽籤馬（明治三九年春季抽籤豪州産馬を除く）及び内国産馬が一着五〇〇円、二着一二五円、三着七五円、以上、総計二万三五二五円だった。

中国産馬のレースは一六、全レーズの四四％。賞金総額は約三二％と一レースでは豪州産馬の七割から七割五分で設定されていた。このように中国産馬は、豪州産馬とならぶレース編成の柱、それも廉価なものだった。

このようなレース編成になった経緯について、簡単に振り返っておく。明治二一年秋季開催から日本レース倶楽部自らがパリ・ミチュエル方式の単勝式馬券を発売した(58)。この発売の収益によって、それまで赤字体質だった倶楽部の財政状態は好転、そして蓄えられた資金が豊富になるにつれて、倶楽部内では、本格的な競馬をめざして、「一般の傾向は日支産馬使用を快しとせず。寧ろ優良なる輸入馬匹を競走に使用せんとする希望」が強まっていった(59)。明治二〇年代、根岸の競馬は、在来馬、雑種馬、中国産馬で行われていたが、財政が豊かになっても、悩まされていたのがこのレース編成だった(60)。なお雑種馬は、在来馬の牝馬に西洋種（トロッター、アラブ、サラブレッドなど）の種牡馬を交配して生産された馬のこと。中国産馬は、ポニー且つ騸馬で馬匹改良に資することはなかったが、上海競馬などの出走経験をもつ「競走馬」であり、調教が簡単で乗りやすく、輸入のルートも安定していた。これに比して在来馬は、競走馬としては劣悪であったうえに、雑種馬を在来馬と偽る事例も増加して、時間が下るにつれ、そのレースの存在意義を失っていった。その結果、在来馬のレースは数を減らし、雑種馬と中国産馬中心の編成となっていた。だが雑種馬は入手困難、たとえ入手できたとしても競走馬として仕上げることが難しく、能力にも問題があった。これらを踏まえて、倶楽部は「優良なる輸入馬匹」サラブレッド系の豪州産牝馬の導入に向けて動き、明治二八年秋には、一四頭を輸入した(61)。翌明治二九年春季開催、この豪州産馬のために二つのカップ・レースを新設したが、この開催に出走できたのは一四頭中四頭。そのうえ、このレースはお粗末、さらにこの馬たちは雑種馬と混合の五つのレースに出走したものの雑種馬にまったく歯が立たない始末。倶楽部の『五十年史』は、その原因を輸送途中、暴風雨に遭遇して馬が消耗したことに帰しているが、その原因が何であれ、この失敗を受けて、その後数年間、倶楽部は豪州産馬の輸入を見合わせることになった。そして明治三〇年春季開催以降のレース編成は、在来馬を雑種馬に組み込んで内国産馬と中国産馬の二本立になった(表3参照)。

一方、倶楽部は、この間も、剰余金の額を、明治三〇年度三三八四円、明治三一年度五一八七円、明治三二年度七九四七円と増大させた(62)。これを受け、明治二八年の失敗の教訓を活かして再度、豪州産馬の導入に取り組む準備を進め、そして明治三二年九月、三〇頭が輸入された(63)。このなかには、優れた競走成績にとどまらず、繁殖牝馬としてもその血脈から第一回日本ダービー馬ワカタカをはじめとして数々の活躍馬を生み出したミラが含まれていた(64)。繁殖牝馬としての成功はのちのことになるが、ミラたちが競走馬として優れた力をみせたことで、以後、途絶えることなく豪州産馬の輸入が継続されていくことになった(表2)。

豪州産馬の安定的導入の見通しがたてば、倶楽部がレース編成として選択する道は、その豪州産馬と中国産馬を中心にするのが自然だった。この結果、日本レース倶楽部のレース編成は、姿を変えることになった。明治三〇年以降の春秋開催の中国産馬、豪州産馬、内国産馬などのカテゴリー別のレース数の変遷を見ると、表3のようになる。

鹿鳴館時代から、日本レース倶楽部内では、倶楽部の目的として日本の馬匹改良に資することを優先すべきだというグループと、馬匹改良は日本側に委ねればよく中国産馬のレースを中心に娯楽優先でよいというグループが存在していた(65)。明治三五年秋季、翌三六年春季を除いて、明治三四年春季からは内国産馬が出走できるのは、豪州産馬、明治三七年から各種抽籤

表2　抽籤豪州産新馬輸入数

| | | | | | | |
|---|---|---|---|---|---|---|
| 明32・9 | 明33春 | 明34春 | 明34・8 | 明35・3 | 明35・9 | 明36・3 |
| 30 | 20 | 20 | 30 | 20 | 22 | 20 |
| 明36秋 | 明37春 | 明37秋 | 明38春 | 明38秋 | 明39春 | 明39秋 |
| 24 | 20 | 20 | 25 | 25 | 30 | 40 |

(『日本レース・クラブ五十年史』105〜6頁)

表３　産地別レース数

| | レース数 | 中国 | 豪州 | 内国 | 豪州及内国 | All Horses | All Comers | 各種抽籤馬 |
|---|---|---|---|---|---|---|---|---|
| 明30春 | 27 | 11 | — | 16 | — | — | — | — |
| 秋 | 27 | 12 | — | 15 | — | — | — | — |
| 明31春 | 26 | 13 | — | 13 | — | — | — | — |
| 秋 | 27 | 13 | — | 14 | — | — | — | — |
| 明32春 | 27 | 14 | — | 13 | — | — | — | — |
| 秋 | 27 | 13 | 8 | 5 | 1 | — | — | — |
| 明33春 | 27 | 13 | 6 | 2 | 6 | — | — | — |
| 秋 | 25 | 12 | 0 | 1 | 12 | — | — | — |
| 明34春 | 25 | 10 | 6 | 0 | 3 | 6 | | — |
| 秋 | 25 | 7 | 10 | 0 | 4 | 4 | — | — |
| 明35春 | 27 | 5 | 11 | 0 | 6 | 2 | 2 | 1 |
| 秋 | 26 | 3 | 15 | 4 | 0 | 3 | 1 | — |
| 明36春 | 28 | 6 | 16 | 2 | 0 | — | — | 4 |
| 秋 | 24 | 8 | 10 | 0 | 0 | — | — | 6 |
| 明37春 | 25 | 10 | 14 | 0 | 1 | — | — | — |
| 秋 | 33 | 14 | 13 | 0 | 6 | — | — | — |
| 明38春 | 32 | 12 | 13 | 0 | 7 | — | — | — |
| 秋 | 34 | 15 | 14 | 0 | 5 | — | — | — |
| 明39春 | 36 | 16 | 14 | 0 | 6 | — | — | — |

明治37年春季までは3日間、同年秋季から4日間開催となった。豪州及内国は、明治37年春季開催から各種抽籤馬及び内国産馬となった。豪州産馬、中国産馬は抽籤馬の導入年別での編成もされていたが、ここでは区別しなかった。All Horsesは、抽籤馬とともに個人が海外（豪州、シンガポールなど）から輸入した呼馬も出走可能。All Comersは、文字通り、どの産地、どの品種でも出走可能（典拠(66)）。

馬（事実上豪州馬）との混合戦だけであった。内国産馬のレースが明治三五年秋季、翌三六年春季に実施されたのは、下総御料牧場から供給を受けて、そのレース数を増加させていこうとするものだったが、二開催だけで競走馬として失格の烙印を押され、単独のレースは消滅した(67)。またこれより先の明治三二年一二月の日本レース倶楽部の年次総会で、函館の競馬の中心的存在であった園田実徳（園田に関しては第6章第2節）が所有し、実弟の武彦七が運営する函館の園田牧場と契約して二月、八月に二〇頭以上の内国産馬（雑種馬）の安定的導入を行う旨の提案がなされたが否決されていた(68)。それでも翌年、内国産馬の導入に向けて、北海道の諸牧場の調査が行われたが、競走馬となるような馬を見出すことができなかった(69)。一方、中国産馬は、明治三四年秋季、明治三五年春季、秋季と数を減らしていが、これは、おそらくこの時期、中国産馬の廃止の意見を受けて、今後の下総御料牧場からの雑種馬の供給の増加を見込んだものだった。ところがそれが破綻、中国産馬のレースは翌年から次第に旧に復して数を増やしていった。このような経緯をへて、明治三七年以降、抽籤豪州産馬と中国産馬でレースを編成し、内国産馬が出走できるのは豪州産馬との混合のレースのみとなった。挑戦する内国産馬もいたが、両者の間には大きな能力差があって問題にならず、事実上ゼロとなって、それが定着しつつあった。明治三九年春季開催のレース編成は、その延長線上にあった。これは、日露戦後の馬政の馬匹改良計画との齟齬をきたし、発足が近づいていた馬政局が、内国産新馬の導入と中国産馬のレースの廃止を求めてくることが確実であった。あらかじめいっておけば、倶楽部は、馬政局からの禁止の指示に対しても、中国産馬のレースを廃止する意思などはもっていなかったが、明治四三年春季開催以降、馬券禁止を受けての補助金交付と引き換えに廃止を余儀なくされることになる。

### 東京競馬会への支援

明治三九(一九〇六年)年五月日本レース倶楽部の春季開催は、豪州産馬と内国産馬の混合レースが六つ組まれていたが、能力の差は大きく内国産馬の出走はなかった。この開催後の五月一六日、前述したように東京競馬会は披露会を開いた(第1章第1節)。この披露会の席上、陸軍省軍馬補充本部長大蔵平三中将、陸軍省騎兵課長増田熊六少佐、農商務省技官広沢弁二に引き続いて、最後に、日本レース倶楽部理事長V・ブラッド(パーソン&ブラット商会)が演説を行った(70)。

ブラッドは、倶楽部が、豪州産馬と中国産馬でレースを編成しているのは、本意ではないと述べ、かつて内国産馬が競走馬として不適であったことに加えて偽籍問題で廃止を余儀なくされたもので排斥したわけではないと説明、そして明治三二年以来、日本の馬匹改良に資すると考えて、五〇〇頭にも及ぶ豪州産牝馬を輸入してきたが、東京競馬会が発足したの受けて、日本レース倶楽部も「日本産の馬を採用して、競馬に用いる時」も決して遠き将来のことではないとして、今後、日本レース倶楽部は、東京競馬会に「就ては及ばずながら、我々どもは力を致そうと思います」、と表明した。なお実際の豪州産牝馬の輸入総数は二九一頭だった(71)。東京競馬会は、設立に向けて、日本レース倶楽部の協力、指導を仰ぎ、倶楽部もそれに応じていたが、その延長線上に、倶楽部理事五人が東京競馬会の社団法人としての認可申請の連署人となり（第1章第3節）、またこの披露会でのブラッドの演説があった。そしてこのブラッドの表明は、実行に移されることになった。

日本レース倶楽部は、折から、認可に向けて動きはじめていた京浜競馬倶楽部（九月一三日認可）に対しては、営利会社を併設したことで、賭博本位との警戒をいだき、東京競馬会に協力して対処することを求めた(72)。なお京浜競馬倶楽部は横浜在住の西洋人たちも多く参加、日本レース倶楽部を意識しながら、新機軸を打ち出していくことになるので（第6章第1節）、この警戒が的を得ていたとはいえなかった。

そして日本レース倶楽部は、六月末日付で、東京競馬会に対して、「一　法人組成の要素に属する定款の改正、二　競馬規則中重要事項の変更、三　競馬番組に関する編成の要点、四　勝馬に交付する賞金の程度、五　競馬開催期日の協定、六　会員出馬に関する両会の連絡、七　内外国産馬共同購入（貴倶楽部に於て内国産馬を使用する場合には）」の考えがあるかを照会した(73)。これに東京競馬会は、九月六日付で、日本レース倶楽部と「一致の行動を與にし相倶に斯業の発達を謀」っていきたいとして、両会から二名以上の理事が出席して、早急に「連合委員協議会」を開きたいと回答した。

これを受けて、日時は不詳だが、両会は協議会を開き、つぎのような合意にいたった(74)。

一、日本レース倶楽部は、秋季開催から東京競馬会抽籤内国産新馬のレースを導入する

二、日本レース倶楽部は、東京競馬会開催の内国産馬の勝馬の生産者に対して生産者賞を交付する

三、日本レース倶楽部は、東京競馬会第一回開催に抽籤豪州産馬を出走させる
四、日本レース倶楽部は、五人の理事を東京競馬会理事に就任させる
五、日本レース倶楽部は、東京競馬会の開催運営（スターター、審判、馬券発売等）への協力を行う

このすべてが実行に移された。一に関しては秋季開催で三レースを編成、二に関しては「各籤引豪州産及び内地産馬競走に金三百円、内国産馬競走に金二百円、籤引内国産馬競走に金百円」（ただし一頭に付一回限り）の「寄贈」を行い、一〇頭に対し計一五〇〇円を交付した(75)。三に関しては、東京競馬会は抽籤豪州産新馬を導入しておらず、第一回開催の豪州産馬はすべて日本レース倶楽部の抽籤豪州産馬で編成、四に関しては、東京競馬会は日本レース倶楽部理事五人を理事に迎え、五に関しては、東京競馬会は第一回の開催、馬券発売も含めて、重要な業務をすべて倶楽部の西洋人たちに委託した。この五の体制で開催が行われたことに対して、東京日日新聞は、「記者が最も怪訝に耐えないのは肝腎の競馬係員は発着共に西洋人で日本人が一も関与しない、日本人の競馬会としては些と受取られぬ様に思われた」、と批判(76)、また東京二六新聞も、「曰く検量、曰く審判、曰く伝令、曰く速力検定、曰く何、曰く何、重要な任務は悉く挙げて紅毛の手に委し来る」、と評することになる(77)。なお日本レース倶楽部の東京競馬会への照会「四　勝馬に交付する賞金の程度」が協議、調整された結果と思われるが、馬政局に報告したそれぞれの賞金総額は、日本レース倶楽部明治三九年秋季開催が三四レースで二万三三五五円、東京競馬会第一回開催が三七レースで一万八八八〇円だった(78)。この他に、東京競馬会は、日本レース倶楽部の秋季抽籤豪州産牝馬一〇頭も購入、安田伊左衛門、加納久宜らの名義で根岸と池上に出走させた(79)。

このように、ブラッドの東京競馬会披露会での約束は履行され、開催経験をもたない東京競馬会側が一方的に日本レース倶楽部からの支援を受けることになった。とはいえ、倶楽部のなかには、内国産馬の導入には日本側の関与が伴うことから、それを嫌い、また倶楽部運営に日本側の影響が及ぶことを嫌うものたちも存在していた。こののち、

図８　「根岸の競馬図」

「根岸の競馬図は、一等馬見場にて左側の小建物は審判席左図は馬場にて一着者が決勝点に入りたる処なり」（『万朝報』明39・11・10）。

いくつかの場面でそれが露呈していくことになる。

## 明治三九年秋季開催

東京競馬会第一回開催が近づくなか、一一月一日（金）、二日（土）、八日（金）、九日（土）、日本レース倶楽部は秋季開催を迎えた[80]。二日目エンペラーズ・カップ実施当日には、春季開催に続いて皇太子が行啓、今回も行幸に準じた方式に則っての儀礼が行われた。折から開会していた臨時県議会は、この行啓に「敬意を表して」休会した[81]。その二日、横浜駅には神奈川県知事周布公平、県庁高官、三橋信方横浜市長、市役所高官、市部県会議員、市商業会議所正副議長らが出迎えた[82]。皇太子は、春と同じ様に、馬車で、駅から日本大通り、薩摩町を通り、扇町一丁目を経て亀の橋を渡り地蔵坂を上ってかつての遊歩道を通って競馬場に入った。その道筋では、各市立小学校生徒や市民が奉迎した。また皇太子は、馬見所でアメリカ大使L・ライト、ロシア公使G・バクメチエフ、スイス公使P・リッテル、イギリス代理大使H・ラウザー等に「謁を賜」った[83]。なお倶楽部会頭のイギリス大使マクドナルドは、この一〇月から賜暇帰国中だった[84]。ちなみに、この開催を前にした一〇月三〇日、湯浅倉平神奈川県警務長は、「従来各巡査にして根岸に於て挙行する競馬会に出入し馬券を購買し射倖的行動をなすものありたるやに伝えらる果して事実なりとせば」として、警察官の馬券購入禁止の訓示を出した[85]。警察官が馬券を買っていたのは確実だった。

東京競馬会第一回開催を三週間後にひかえ、これまで日本レース倶楽部だけが馬券発売を行っていたところから競馬は新たな段階に入ろうとしていた。そのことを感じさせたのが、先の合意に基づいた東京競馬会の抽籤内国産新馬レースの導入だった。二日目から四日目まで一日一レース、勝ち抜け制で計三レース。そして馬政局から、その抽籤

表4　明治39年秋季開催レース数及び賞金

<table>
<tr><th>カテゴリー</th><th>数</th><th>賞金</th><th>ダービー</th><th>優勝戦</th><th>コンソレーション</th><th>その他</th></tr>
<tr><td rowspan="3">明治39年春季<br>以前抽籤中国産馬</td><td rowspan="3">9</td><td>1着450円<br>2着125円<br>3着75円が2</td><td rowspan="3">1着500円<br>2着125円<br>3着75円</td><td rowspan="3">1着600円</td><td rowspan="3">1着350円<br>2着100円<br>3着50円</td><td rowspan="3"></td></tr>
<tr><td>1着400円<br>2着100円<br>3着50円が2</td></tr>
<tr><td>1着350円<br>2着100円<br>3着50円が2</td></tr>
<tr><td>抽籤豪州産新馬</td><td>11</td><td>1着500円<br>2着125円<br>3着75円が9</td><td>—</td><td>1着600円</td><td>1着450円<br>2着100円<br>3着50円</td><td></td></tr>
<tr><td>明治39年春季<br>抽籤豪州産馬</td><td>4</td><td>1着600円<br>2着150円<br>3着75円が3</td><td>—</td><td>—</td><td>1着450円</td><td></td></tr>
<tr><td>各種抽籤馬及び<br>内国産馬</td><td>5</td><td>1着600円<br>2着150円<br>3着75円が3</td><td>1着700円<br>2着200円<br>3着100円</td><td></td><td></td><td>エンペラーズ・カップ<br>2着200円<br>3着100円</td></tr>
<tr><td>明治39年春季<br>以前抽籤豪州産馬<br>及び内国産馬</td><td>2</td><td></td><td></td><td>1着750円</td><td>1着500円<br>2着125円<br>3着75円</td><td></td></tr>
<tr><td>東京競馬会<br>抽籤内国産新馬</td><td>3</td><td>1着300円<br>2着100円<br>3着50円が3</td><td></td><td></td><td></td><td></td></tr>
</table>

（'Nippon Race Club', J. W. M., November 3, 10, 17, 1906. より作成）

内国産新馬の一つ目のレースに六〇〇円、各種抽籤馬（明治三九年秋季抽籤豪州産馬を除く）及び内国産馬（事実上は豪州産馬）の優勝戦に一〇〇〇円の賞典の交付を受けたことだった。これは、日本側の関与を受けないで運営を行ってきた日本レース倶楽部も、馬政局の監督下に置かれることを予兆させるものであった。

この開催のレース編成は、明治三九年春季開催以前の中国産馬が九、抽籤豪州産新馬が一一、明治三九年春季豪州産馬が四、各種抽籤馬及び内国産馬が五、明治三九年春季開催以前の豪州産馬及び内国産馬（事実上豪州産馬）が二、東京競馬会抽籤内国産新馬が三、計三四であった。抽籤中国産新馬の輸入が行われなかったことで（理由不詳）、中国産馬のレース数が春の一六から九に減、抽籤豪州産新馬、各種抽籤馬及び内国産馬のレースがそれぞれ一増、東京競馬会抽籤内国産新馬が三新設されたが、春季より二レース減となっていた。なお、抽籤中国産新馬の輸入は翌年春季から再開される。

各カテゴリーの賞金は、以下の通りだった。中国産馬は四つに分けられ、最も高額がチャイナ・ダービーの一着五〇〇円、二着一二五円、三着七五円、一着四五〇円、二着一二五円、三着七五円が二、一着四〇〇円、二着一〇〇円、三着五〇円が二、一着三五〇円、二着一〇〇円、三着五〇円が二。抽籤豪州産新馬が一着五〇〇円、二着一二五円、三着七五円が九、明治三九年春季抽籤豪州産馬が一着六〇〇円、二着一五〇円、三着七五円が三、各種抽籤馬及び内国産馬が、ヨコハマ・ダービー一着七〇〇円、二着二〇〇円、三着一〇〇円、一着エンペラーズ・カップ、二着二〇〇円、三着一〇〇円がそれぞれ一、一着六〇〇円、二着一五〇円、三着七五円が三。優勝戦の賞金は一着のみで、中国産馬六〇〇円、抽籤豪州産新馬六〇〇円、各種抽籤馬（明治三九年秋季抽籤豪州産馬を除く）及び内国産馬七五〇円、またコンソレーション（開催未勝利馬限定）は中国産馬一着三五〇円、二着一〇〇円、三着五〇円、抽籤豪州産新馬と明治三九春季抽籤豪州馬が四五〇円、二着一二五円、三着七五円、各種抽籤馬（明治三九年秋季抽籤豪州産馬を除く）及び内国産馬が一着五〇〇円、二着一二五円、三着七五円。これに対して新たに導入された東京競馬会抽籤内国産新馬は一着三〇〇円、二着一〇〇円、三着五〇円が三だった。馬政局への報告によれば、賞金総額は二万三三五五円、春季が二万三五七五円だったのでほぼ同じであった(86)。

このように東京競馬会抽籤内国新馬は一着賞金三〇〇円と、中国馬の一番低い一着賞金三五〇円を下回り、倶楽部が、このレースを重視していないことを示していた。三戦ともに、斤量は一三五ポンド（約六一・三キロ）の定量。レースは以下のものだった。

一戦目は、二日目第九レース、四分三マイル、一一頭立。馬政局はこのレースに六〇〇円の賞典を交付、優勝戦の位置づけだった。ここで注目を浴びていたのがイダテン。調教の動きも抜群で、「優に本年のチャンピオンものなるべし」とその評価は高く(87)、同馬主でこれも評判だったコッコウ（国光）とのカップリングとはいえ、一・一倍という圧倒的一番人気。そして実際、レースでも強さを発揮、シェークスピアで先頭に立ち、そのまま押し切った。着差は二馬身差であったが、楽勝だった。勝時計一分三四秒八〇(88)。配当五円五〇銭。二着は先行して粘ったチドリ。さらに一馬身差の三着がコッコウだった。ちなみに初日、同距離での中国産馬の勝時計が一分四二秒四二、二日目抽籤豪州産新馬イスズ(後のメルボルン二世)が一分二七秒六〇。中国産馬、内国産馬、豪州産馬の能力差に応じたそれぞれの時計だった。

イダテンは、牡五歳、三回雑種、体高五尺一寸三分(約一五五・四チセン)、岩手の外山御料牧場産、黒鹿毛(89)。雑種馬は在来の牝馬に西洋種の種牡馬を交配して生産した馬、その雑種牝馬に西洋種牡馬を交配した馬を二回雑種、その二回雑種牝馬に西洋種馬を配合したのが三回雑種だった。明治三八年九月八、九日、岩手県産馬組合連合会の開催でウメコの名でデビュー、五戦二勝二着三回、優勝戦では二着だったので、出走馬中の格付は二番手だったが、その走りは将来を嘱望させるところがあった(90)。明治三九年七月、東京競馬会が第一回開催に向けて岩手県で購買、抽籤で会員に割り当てた二〇頭のなかの一頭、購入価格は他馬が平均約二〇〇円であったのに対して七〇〇円であったという(91)。田中銀之助が当籤したが(92)、木村重太郎に譲渡したようである。田中は実業家、日本にラグビーを伝えた人物(93)、競馬にも関与し、東京競馬会認可時の常議員だった(94)。イダテンは、東京競馬会第一回開催でも四戦四勝という強さを発揮することになる。

二着のチドリの名義は、先にカツラのところで紹介した槇田吉一郎、仮定名称ナンチョウ。他にこのレースには、加納久宜(東京競馬会長)がエイセキとイナヅマ、安田伊左衛門(東京競馬会理事)がキソガワ、その他、佐久間福太郎(日清紡績専務取締役)、仮定名称コットンがトンボ、森謙吾(第七十四銀行取締役)、仮定名称タツタがツガル、與倉東隆(麻布獣医学校長)がマツシマ三世、平沼延次郎(実業家)と平沼八太郎(実業家)の共同名義、仮定名称アレキサンダーがライトニング、平沼八太郎、仮定名称スナイプがコマバというようにこの馬券黙許時代の競馬界の中心的人物の名義の馬も出走。なお槇田、與倉、延次郎、八太郎も東京競馬会認可時の常議員だった(95)。自らの手で競馬会を運営していく加納、安田も含めて、これらの人物たち名義の馬の出走は、日本レース倶楽部の競馬も新たな時代に入ったことを示すものであった。

二戦目が三日目第八レース、一マイル、今開催勝馬出走不可、七頭立。予想通り、前回のレースの二、三着だったチドリとコッコウ両頭の争いとなり、短頭差でチドリが制した。勝時計二分三秒八〇、配当一〇円。ちなみにこの日の同距離での抽籤豪州産新馬イスズの勝時計は、一分五〇秒六〇、一二秒以上の差があった。チドリは、雑種、牡五歳、体高四尺八寸五分（約一四七・〇センチ）、岩手水沢産(96)、明治三八年九月の岩手産馬組合連合会の開催に出走、イダテンと同様に、この年七月、東京競馬会が購入した一頭だった(97)。

三戦目が四日目第八レース、一マイル四分一、今開催勝馬出走不可、四頭立。キソガワが先行、四コーナーでコッコウが仕掛け、残り一〇〇メートルから両頭の追い比べとなり、ハナ差でコッコウが制した。勝時計二分四〇秒四〇、配当六円五〇銭。着差は僅かであったが人気通りの決着だった。ちなみに同距離の豪州馬のコンソレーション、スマの勝時計二分二二秒六〇とは一八秒近くの差があった。コッコウは、牡五歳、雑種、四尺八寸四分（約一四六・七センチ）、下総御料牧場産(98)。キソガワは、牡五歳、雑種、四尺八寸二分（約一四六・〇センチ）、北海道産だった。このように一戦目の二、三着馬が、三日目、四日目と順当に勝った。

開催前から、この抽籤新馬たちの評価は「競馬場へ出して見ると総ての点に於て豪州馬に劣」っているといったものだったが(99)、実際のレースぶりも、「内地産馬は哀しいかな、マダマダレース場裏の練習を積まないのと馬種の宜しくないのとで思いの外成績が悪」く(100)、開催前の低評価を裏付けるものとなった。

この開催では、その他、馬主が購買した呼馬の内国産馬のカツラとハコダテが、豪州産馬及び内国産馬の混合レースに出走した。前記の新馬戦の出走資格が抽籤馬限定だったことを受けての挑戦だった。カツラは二日目第六レースのエンペラーズ・カップ、ハコダテは三日目第五レースに出走したが、力の差はいかんともしがたく、それぞれオトワ、パルマバイオレットの着外に終わった。カツラは、先述したように関八州競馬会、上野競馬会にも出走、活躍を見せていた。ハコダテに関しては本章第3節で紹介する。

つぎに豪州産馬。東京競馬会第一回開催の豪州産馬のレースに出走したのは、同会は抽籤豪州産馬を導入していなかったので、古馬(明治三九年春季開催以前抽籤馬)も新馬も、この根岸の開催に登場した馬たちであった。

まず古馬のレースから。春季開催の際にもふれたが、豪州産馬古馬チャンピオンクラスのローテーションは、初日コロニアル・プレート、二日目エンペラーズ・カップ、既にカップ獲得馬はヨコハマ・ダービー、三日目コスモポリタン・ハンデキャップ、四日目各種抽籤馬(明治三九年秋季抽籤豪州産馬を除く)及び内国産馬優勝ハンデキャップだった。優勝ハンデキャップを除いて、他の三レースは各種抽籤馬及び内国産馬が対象。賞金はコロニアル・プレートとコスモポリタン・ハンデキャップが一着六〇〇円、二着一五〇円、三着七五円、エンペラーズ・カップが一着エンペラーズカップ、二着二〇〇円、三着一〇〇円、ヨコハマ・ダービーが一着七〇〇円、二着二〇〇円、三着一〇〇円、優勝ハンデキャップが一着七五〇円だった。斤量は、コロニアル・プレートとヨコハマ・ダービーが斤量登録時三勝以下馬齢、四勝以上一勝毎に三ポンド増量、ただし一五ポンドを超えない、エンペラーズ・カップが三勝未満斤量馬齢、三勝以上一勝毎に三ポンド増、ただし一五ポンドを超えない、明治三九年春季抽籤豪州産馬三ポンド減、未勝利馬五ポンド減、抽籤豪州産新馬一二ポンド減、減量は積算、エントリー後の勝鞍五ポンド増、増量は加算。賞金も斤量も春季開催と同じであった。

初日第二レース、コロニアル・プレート、四分三マイル、六頭立。出走馬の斤量はヒタチとメイミーとスマ一五二ポンド(約六九・〇キロ)、カチドキ一四九ポンド(約六七・六キロ)、パルマバイオレット一三七ポンド(約六二・二キロ)、ラ・ヴィヴァンディエール(旧フラッシュ)一四〇ポンド(約六三・六キロ)。一番人気は一・九倍のヒタチ。メイミーが先行していたが、シェークスピアでヒタチが交わして先頭に立った。三番手だったパルマバイオレットが、ツリーズで二番手にあがり、直線に入って懸命に追ったが、ヒタチとの差はつまらず、ヒタチが悠々とゴール。パルマバイオレットはいい脚で追い込んできたカチドキにも一馬身交わされて三着となった。ヒタチとカチドキの差は五馬身。

ヒタチの楽勝だった。勝時計一分二三秒六〇、配当九円五〇銭。ヒタチは、春に続いてコロニアル・プレートを連覇、ちなみに春の配当は一七円。先述したようにヒタチのオーナーは河北直蔵。

ついで二日目第二レース、ヨコハマ・ダービー、一マイル二分一、五頭立。出走馬の斤量は、ヒタチとメイミーとスマ一五二ポンド（約六九・〇キロ）、カチドキ一四九ポンド（約六七・六キロ）、デキマショウ一三七ポンド（約六二・二キロ）。ここでもヒタチが一番人気だったが、スマとカチドキも人気を集めていたので、オッズは二・四倍。この内、カチドキ、メイミー、ヒタチが、それぞれ明治三八年春季、秋季、明治三九年春季のエンペラーズ・カップ獲得馬であった。好スタートを切ったヒタチが先行、スタンド前、二馬身差でカチドキが二番手、残りの三頭とはそれぞれ三、四、五馬身差。ツリーズでヒタチがリードを広げながら直線に入り、二着のカチドキに九、一〇馬身差をつけてゴールを駆け抜けた。ヒタチの強さが際立ったレースだった。勝時計三分〇秒六〇、レコードにあと一秒以内の好時計であった。配当一二円。

そしてこの二日目第六レースがエンペラーズ・カップ、一マイル、これまでのエンペラーズ・カップの勝馬出走不可、九頭立。有力馬は今春季開催の抽籤新馬組。その一番手、二番手の存在であったオトワとゴールドスターの二頭に人気が集まった。春季開催でオトワは、優勝戦を含めて四戦三勝二着一回、ゴールドスターは、三日目にオトワを降していたが、四日目の優勝戦ではオトワに負けての四戦三勝二着一回という戦績。この開催、オトワとゴールドスターは、ヒタチらの古豪とは別路線を選択、二頭の緒戦は初日第九レース、各種抽籤馬（明治三九年秋季抽籤豪州産馬を除く）及び内国産馬、斤量馬齢、四勝以上出走不可、三勝以下一勝毎に三ポンド増、明治三九年春季抽籤馬未勝利七ポンド減、一マイル、六頭立だった。斤量はオトワ、ゴールドスターともに一四六ポンド（約六六・二キロ）。このカテゴリーの賞金は、一着六〇〇円、二着一五〇円、三着七五円。春の実績から人気はこの二頭に集まった。一番人気は春季の優勝戦二着のゴールドスター、優勝戦を制していたオトワは二番人気、いつもの通りゴールドスターがハナを切り逃げていたが、シェークスピアで六頭がひとかたまりとなった。ツリーズでオトワとゴールドスターの二頭が抜け出し、直線、この二頭の叩き合いとなり、オトワがアタマ差抜け出した。勝時計一分五〇秒六〇、配当一七円五〇銭。この日のベストレースだったという。

エンペラーズ・カップは、この二頭の初日の再戦となった。斤量はオトワ一四〇ポンド（約六三・六キロ）、ゴールドスター一三七ポンド（約六二・二キロ）。ここもゴールドスターが先行、ツリーズでオトワがゴールドスターにとりつき、直線、この二頭の叩き合いとなり、ここもアタマ差でオトワが制した。勝時計一分五五秒九〇、配当一二円。三着とは四馬身差があり、この二頭の力が抜けていた。なおここに、先にふれたようには内国産馬のカツラも一三二ポンド（約五九・九キロ）で出走したが、まったく問題にならず着外に終わった。皇太子が見守るなか、馬主木村重太郎は丹羽龍之助式部官からカップを受け、「ヒップヒップハラー」が「三唱」された。木村のエンペラーズ・カップ獲得は、前年春季開催の第一回のカチドキに続く二度目のものだった。

そしてエンペラーズ・カップ出走組とヨコハマ・ダービー出走組の対決の場となったのが、三日目第五レース、コスモポリタン・ハンデキャップ、一マイル、九頭立。ここまでの実績からオトワとメイミーが人気を集めた。これまでならばヒタチもここに出走してくるのが通例だったが、おそらくヒタチは一六〇ポンドのハンデを嫌って出走を回避した。レースは、波乱となった。先行した人気薄のパルマバイオレットが、あれよあれよというまにそのまま逃げ切ってしまったからである。メイミーもよく追い込んできたが一馬身届かず。三着がオトワ。勝時計一分五一秒。配当七一円五〇銭。この三頭のハンデはパルマバイオレットとオトワ一三七ポンド（約六二・二キロ）、メイミー一五二ポンド（約六九・〇キロ）。オトワにとっては、デビュー以来、はじめての敗戦らしい敗戦だった。パルマバイオレットは、春季開催、二日目エンペラーズ・カップはヒタチの三着、三日目コスモポリタン

図9「オトワ」

（明治39・9・9撮影。木村錠太氏蔵）

ハンデキャップはヒタチの着外、初日、四日目は不出走、この開催は、初日第二レース、コロニアルプレートがヒタチの三着、二日目第六レース、エンペラーズ・カップがオトワの着外というのがここまでの戦績だったので、人気がなかったのも当然だった。なおこのレースには、先にもふれたように内国産馬ハコダテが一三七ポンドで出走したが、問題にならず着外に終わった。

このカテゴリーの優勝戦は四日目第三レース、距離一マイル一ハロン、ハンデキャップ、賞金一着七五〇円、五頭立。有力馬のハンデは、ヒタチ一六〇ポンド（約七二・六キロ）、パルマバイオレット一三五ポンド（約六一・二キロ）、カウンテス一二二ポンド（約五五・四キロ）、オトワ一三九ポンド（約六三・一キロ）。他馬とのハンデ差は大きかったが、満量のヒタチが一番人気、ヒタチの力が抜けているというのが大方の予想であった。

パルマバイオレットが先行、半マイル地点でカウンテスが交わして先頭に立った。直線に入ると、パルマバイオレットが力強い脚で差し返し、その勢いで抜け出してカウンテスに二馬身差をつけてゴール。オトワも直線いい脚を使ったが、カウンテスと同着の二着が精一杯。勝時計二分九秒、配当六一円、パルマバイオレットは三日目も勝っていたが、評価は低く、ここも波乱となった。ヒタチは、ハンデが応えてよいところがなく着外に終わった。この開催のヒタチの戦績は三戦二勝、着外一回。力は示したが、重いハンデに苦しめられていた。このハンデとの戦いは、東京競馬会でも待ち受けていた。

ともかく、このようにパルマバイオレットが古馬チャンピオンの座についた。E・C・デービス（サミュエル・サミュエル商会）、仮定名称ノーフォークの名義。繰り返せばデービスはビジネスとともに、競馬にも大いに情熱を傾け、多くの馬を走らせたが、なかなか活躍馬が出てこないなかでのこの優勝戦の勝利だった。なおパルマバイオレットは、この開催がピークで、その後、目立った成績を残すことはできなかった。二着のカウンテスは、明治三九年春季抽籤豪州産馬、牧野暎次郎、仮定名称カナガワの名義。先に紹介したように、オトワとゴールドスターに歯が立たず、同抽籤馬組では、この二頭に続く三番手の存在との評価だった。この開催の緒戦は、初日第四レース、春季開催抽籤馬限定のメルボルン・ステークス、四分三マイル、七頭立。ここはオトワとゴールドスターが不在で一・七倍の一番人気。それに応えて一分二〇秒二〇で勝ち、二日目エンペラーズ・カップに挑んだがオトワの着外、三日目第五レース、コスモポリタン・ハンデキャップでもパルマバイオレットの着外に終わってここに臨んでの同着二着だった。

そしてこの開催の抽籤豪州産新馬戦。そのなかで最も注目されたのがイスズ、のちのメルボルン二世、競馬の新たな時代のはじまりを告げるかのように出現し、馬券黙許時代を代表する名馬になった。同馬は、鹿毛の牝馬、五歳(101)。なおこの年抽籤豪州産馬はオーストラリアでの購入価格にちなんで五〇〇円組と呼ばれた(102)。

図10　「パルマバイオレット」

(『中外商業』明39・1・3)

図11　E. C. デービス

(『横浜貿易』明40・10・25)

図12　「競馬場裡の逸品
イスズ　騎手川崎氏」

(『中央』明39・12・1)

当時、初日の新馬戦で上位の力をもつと評価された馬のローテーションは、二日目新馬特別戦、三日目ハンデキャップ戦、四日目優勝戦だったが、イスズはここを四戦四勝で駆け抜けた。なお新馬戦の賞金は、優勝戦一着六〇〇円を除けば、一着五〇〇円、二着一二五円、三着七五円。

イスズの緒戦は、初日第八レース、一マイル、斤量馬齢、イスズは一三七ポンド(約六二・二キロ)、七頭立。馬体、調教の動きからも、イスズが一・二倍の圧倒的人気。離れた二番人気がブレメン、斤量は一三五ポンド(約六一・二キロ)、ブレメンの評価も高かったが、イスズを前にして影が薄くなっていた。三番人気はソーヤ、こちらも斤量一三五ポンド。二番手を進んでいたブレメンが向こう正面で先頭に立った。イスズは楽な手応えで、道中、三番手にひかえていたが、ツリーズでブレメンに並びかけていった。直線、ブレメンが懸命に追うのに対してイスズは少し仕掛けた程度で先着。着差は一馬身だったが、両頭の力の差は歴然だった。勝時計一分五二秒八〇、配当六円。残り一〇〇メートルで追い込んできたソーヤが、ブレメンから半馬身差の三着となった。ブレメンはハンサの名義、横浜に住むドイツ人の仮定名称だと思われるが不詳。ソーヤは森謙吾、仮定名称タツタの名義、牝四歳。

二戦目は二日目第三レース、新馬特別戦、四分三マイル、一三頭立。初日新馬戦の勝馬は七ポンド（約三・二キロ）増の規定でイスズの斤量は一四四ポンド（約六五・四キロ）。それでも一・一倍という圧倒的人気。イスズはハナを切り、終始抑えたままでゴール、二着馬とは三馬身差だったがここも大楽勝だった。勝時計一分二七秒六〇、配当五円五〇銭。

三戦目は三日目第四レース、ハンデキャップ戦、一マイル、ここまでの新馬戦の勝馬五頭が出走、イスズはトップハンデの一五〇ポンド（約六八・一キロ）。そのハンデもまったく問題ではなかった。ここも抑えたままで楽勝。二着は一三五ポンド（約六一・二キロ）のソーヤ。着差は二馬身であったが、両頭の力差がそれ以上あることは明らかだった。勝時計一分五〇秒六〇。初日より一三ポンド（約五・四キロ）増量されていたが、その時計を二秒二〇縮めていた。配当一〇円五〇銭。初日、二日目と連勝していたチハヤが一四五ポンド（約六五・八キロ）で出走してきて少し人気になっていたことでの二・一倍、後から考えるとイスズとしては好配当だった。チハヤの名義は木村重太郎。チハヤは、初日第六レース、四分三マイル、一〇頭立を一分二二秒七〇、配当一五円五〇銭、二日目第四レース、一マイル八分一、五頭立を一分一四秒四〇、配当九円で勝っていた。初日、二日目の走りで評価は高まったが、そのチハヤもここではまったく問題にならず着外に終わった。またこのレースには二日目第八レース、距離一マイル、一六頭立を二・二倍という人気に応えて一分五六秒六〇で勝ち上がったブレメンも一三五ポンド（約六一・三キロ）で出走してきたが三着だった。

イスズの四戦目は、四日目第二レース、新馬優勝戦、一マイル一ハロン、今開催勝馬登録義務、ハンデキャップ、五頭立。ハンデはイスズ一五〇ポンド（約六八・一キロ）、ブレメン一二五ポンド（約五六・八キロ）、チハヤ一三五ポンド（約六一・三キロ）、ウォルキュレ一二二ポンド（約五五・四キロ）、アンデス一一〇ポンド（約四九、九キロ）。ブレメンが先行、快調に飛ばした。向こう正面でイスズが仕掛けて、ブレメンに並びかけていった。ハンデ差が二五ポンド（約一一・四キロ）もあり、直線に入ってもブレメンは食い下がったが、結局、クビ差でイスズが制した。四戦目で、はじめてイスズが全力を出したレースとなった。勝時計二分八秒五〇、配当金七円五〇銭。三馬身差の三着がウォルキュレ。ここでもチハヤは着外に終わった。

　イスズは、このように四戦四勝、獲得賞金二一〇〇円で新馬のチャンピオンの座についた。優勝戦は、ハンデもあって接戦となったが、その力が新馬のなかで断然であることは明らかだった。このイスズを引き当てた幸運なオーナーは日清紡績専務取締役の佐久間福太郎、仮定名称コットン[103]。日本レース倶楽部の有力なオーナーであるとともに、京浜競馬倶楽部理事、その営利会社日本馬匹改良株式会社取締役、また板橋の東京ジョッケー倶楽部には競馬場建設資金の貸し付けなどを行った。

　優勝戦三着のウオルキュレは、アール・ルーネンの名義。初日第八レース、イスズの着外、二日目第八レース、ブレメンの三着、三日目第七レースを勝って、優勝戦に臨んでいた。翌年六月東京競馬会の勧業博覧会記念開催後、総武競馬会の営利会社総武牧場株式会社取締役田中武右衛門の名義となる。ちなみにルーネンは、フランス人の貿易商、ブローカー、多額の馬券を買うことでも有名だった[104]。また着外のアンデスは、先に紹介した山県勇三郎（山県商店主、東京競馬会理事）の名義。初日第五レース、五ハロン、一三頭立を一番人気に応え一分一〇秒二〇で勝っていた、配当一〇円五〇銭。二日目第四レースはチハヤの三着、三日目第四レースはイスズの着外で優勝戦に臨んでいた。

図13　佐久間福太郎

（『横浜貿易』明44・11・22）

　その他東京競馬会役員の持馬として出走した秋季抽籤豪州産新馬の内、安田伊左衛門のハツユキは、初日第六レースはチハヤの二着、二日目第八レースはブレメンの着外、三日目第三レース、一マイル、六頭立を一分五二秒八〇で初勝利をあげた、配当二一円。四日目は不出走だった。

これまでであれば翌年の春まで時間があいたが、この日本レース倶楽部のイスズをはじめとする抽籤豪州産新馬たちも古馬とともに東京競馬会第一回開催に出走してくることになる。根岸競馬場は八メートルのアップダウンがある芝のコース、池上は平坦の土のコース。その違いがどのように影響するか、まだ未知数だった。

## 2　函館競馬会、馬券黙許第一号の開催

前述したように明治三八（一九〇五）年一二月の「競馬賭事に関する農商務、陸軍、内務、司法四大臣合議書四大臣合議書」の段階で、馬券を黙許する競馬会として対象となっていたのは函館競馬会と東京競馬会であった。そしてその馬券発売の第一号の開催を行ったのは、これまで競馬史のなかで取り上げられることはなかったが、函館競馬会であった。函館競馬会の起源は、明治一六年一〇月、北海道共同競馬会社が、海岸町の競馬場で開催した時に遡る(105)。同会は、翌年から春秋二回の開催を行い、明治二三年、別の競馬会と合同して函館共同競馬会と改称、明治二七年海岸町所在の土地を売却、柏野（現・駒場町）で私有地五万二千余坪を買収して、明治二九年五月、競馬場を移転、新たに楕円形五五〇間（一周約一〇〇〇メートル）の馬場を築造、明治三一年六月一一、一二日新馬場で第一回を開催した。開催規則を整備、抽籤馬制度も導入し、明治三三年五月には競馬会を社団法人化、明治三六年に函館競馬会と改称、馬場を六六〇間（約一二〇〇メートル）に延長するなどその運営は充実したものになっていた。開始された時期は不詳だが、横浜の日本レース倶楽部の抽籤豪州産馬を会員から希望者を募って購入して抽籤で配布、遅くとも明治三七年七月の第三〇次の開催にはその抽籤馬が出走するレースを編成した(106)。ちなみに明治三七年の一頭の価格は約五五〇円だったという。レース編成は、この籤馬、内国種、雑種の三カテゴリー、それぞれのレース数は四、一〇、

一〇だった。賞金総額は一六二八余円、最高賞金は豪州産籤馬の一着一七〇円、二着五〇円、三着三〇円、それに次ぐのが雑種の一着七〇円、二着二〇円、三着一〇円、内国種は一着四〇円、二着一三円、三着七円と低く設定していた。この頃には、「そもそも函館競馬会は横浜競馬に次ぎ全国第二位に在り」と自負(107)、横浜との格差は非常に大きいものがあったが、札幌の共同競馬会は衰退しており（第6章第5節）、その自負が必ずしも的外れとはいえなかった。

そして明治三九年七月七日（土）、八日（日）、函館競馬会第三二次の開催が、北海道長官、警察、司法の同意のもとで、馬券を発売して行われた。賞金総額二二〇〇円、黙許での収益を見込んで前年の一三三〇円から約一・六五倍になっていた(108)。

札幌で発行されていた北海タイムスは、この開催初日について、つぎのように報じた(109)。

……又本年は横浜競馬に倣うて勝負の籤をも開始したれば、見物人の意向全然一変し一回の勝負と雖も軽々看過せず、熱心に其速度を研究し又馬匹の体格優劣を判断せんと努むるの状は、確かに其競馬の一大真面目として競馬事業発展の好動機と認めらる、籤場にては紳士紳商群り集いて其方の勝敗を争うなかに老幼芸妓は素より令夫人令嬢の立交れるも寡なからず、中にも紫の羽織に廂髪せる一六、七の一令嬢が活発に籤を買い、売っては勝ち、買っては勝ち、連戦連勝なるには、横浜より来れる巧者筋が舌を巻いて、遉に函館は開港場だけ文明に進み易しと評し合える処なりき。

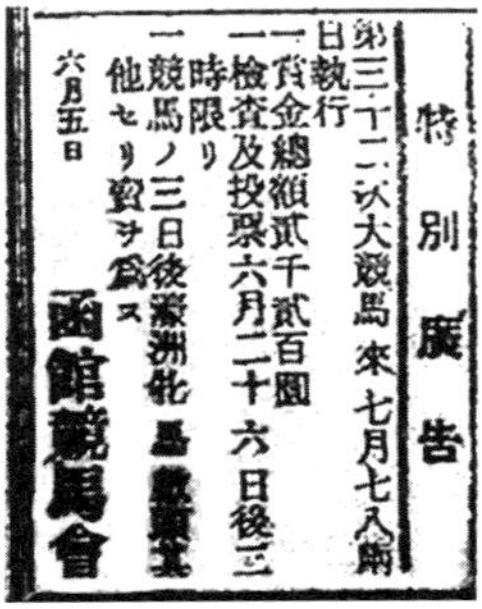

図14　函館競馬会第32次開催広告
（『北海タイムス』明39・6・6）

なお北海タイムス明治三九年七月一〇日号は、この初日当日の全一三レースに関して、出走条件、頭数、一～三着の馬名、騎手、馬主、各馬の評価、レース内容を報じているが、配当金への言及はない。ただし第三レース、六頭立の籤が、「殆ど二百に達し」た、また二日目第九レースで「数千の観客

図15 「函館競馬会　未曾有の盛況」

函館競馬會

未曾有の盛況

第三十二回函館大競馬會は豫報の如く七八兩日を以て柏野競馬場に擧行せらる本年は馬政局新設せられて競馬を以て民間馬匹改良の獎勵の本位とし從來一遊戯として普ねく世間に見做されたる競走場裡の角逐は直ちに以て馬匹改良の手段に供せらるゝことゝ爲りたるより左なきだに全國馬匹の隆昌に伴ふて各地共に競馬會の面目を一新するの企てあり而して函館競馬會は歷史あり財產あり全國三大競馬の一として其中間に位したる從來の位置より更に一歩を進めて今將に橫濱競馬會と角逐の狀を呈し而して今回二日間の盛況は正しく橫濱競馬をも凌駕せんばかりに見へ殊に今年よりは總て婦人の入場を無代とし續々婦人を歡迎せるより馬見場に溢るゝばかりなる來觀者の過半は婦人にして之が爲め一段の盛況を加へたるやに見受らる又本年は橫濱競馬に倣うて勝負の籤をも開始したれば見物人の意向全然一變し一回の勝負と雖も各々着逃せず熱心に其速度を研究し又馬匹の休格發劣を判斷せんと努むるの狀は確かに其競馬の一大新面目として競馬事業發展の好動機と認めらる籤場には紳士紳商群り集ひて甚方の勝敗を爭ふなかに老幼藝妓は雜より令夫人令孃の立交れるも寡なからず中にも栗の初穗に削鬢せる十六七の一令孃は活潑に籤を買ひ買つては勝ち買ては勝ち速戰速勝なるに四辺より來れる巧者連が舌を卷て流石に函館は開港場だけ文明にも進み易しと評し合へる處なりき皆當日の勝敗は

「又本年は横浜競馬に倣うて勝負の籤をも開始したれば」と記載されている（『北海タイムス』明39・7・10）。

皆大印、ヤハギ思い思いの籤を買い居ることとて馬の一挙一動に注意しさしも喧噪を極めたる馬見場の裡、寂として又人語を聞かず、観客の眼は皆紅旗の辺に集れり」と馬券発売に言及はしていた。

札幌の北海道競馬会の設立を主導する北海タイムス主筆の持田謹也は、この函館の馬券発売にも刺激を受け、馬匹改良の最捷径である競馬を推進していくためには、「欧米は勿論横浜函館に於て已に実行せる競馬籤も亦之を実行せざるべからず」という論説を北海タイムスに掲載した(110)。従来、競馬史のなかで、このことが見落とされていたのは、馬券黙許時代の函館競馬会に関する資料がまったくといってよいほど残されていないことに起因していたと思われる。明治四〇年八月二五日深夜から翌朝にかけて、函館の街を焼き尽くす大火が起こっていたが、この時、競馬会関係の資料は焼失。そして函館で刊行されていた函館毎日新聞もその影響で、明治三八年二月から明治四一年一一月までの期間のものが残されていない。ちなみにこの八月二五日は、第三四次開催最終日であった。

話を、函館競馬会第三二次開催にもどすと、レースは内国種、雑種、豪州産牝馬（洋種）、洋種及雑種の四つのカテゴリー、それぞれのレース数一〇、八、四、二で実施された(111)。函館では、一頭が一日、三レース程度出走するのが通例だった。

この開催で、もっとも注目を浴びたのが大印。前年八月北海道乗馬会が札幌の中島遊園地の馬場で開催した競馬の内国産馬チャンピオンの座についていた(112)。大印は、父豊平、母千里、牡五歳、黒鹿毛、北海道日高・大塚牧場産、馬主はその牧場主大塚助吉、豊平は、血統不詳だが、大塚牧場で繋養され数多くの活躍馬を輩出した大種牡馬、千里はスタンダードブレッド、新冠御料牧場産(113)。大印は、この函館競馬会開催では、抽籤豪州産牝馬と内国産雑種との混合戦洋種及雑種のレースに出走した。ここでライバルとなったのがヤハギ。同馬は、日本レース倶楽部明治三八年秋季抽籤豪州産馬、その開催、初日にデビュー勝ちを収め、二日目エンペラーズ・カップは二着同着と善戦したが、三日目、四日目と着外、翌明治三九年春季開催も初日に勝ったが、二日目エンペラーズ・カップ、三日目、四日目と着外に終わり(114)、開催後の横浜のホール商会の競売で四六〇円で売却されて(115)、この函館開催に臨んでいた。横浜での名義は佐久間福太郎、函館では函館屈指の商人今井市右衛門だった。なお明治三八年八月の北海道乗馬会の開催は、同会が、全道に協賛と参画を呼び掛け、北海道各地の優駿を一同に会して「中央模範競馬」として実施したものだった。同会は、明治四〇年四月、馬政局から馬券発売を黙許された北海道競馬会の母体となる（第6章第4節）。

初日一戦目は、第五レース、六六〇間（約一二〇〇メートル）、洋種のヤハギ、崋山との三頭立。大印は、直線、外から猛烈に追い込んできたが崋山に届かずの二着、勝時計一分二三秒。崋山は、明治三七年第三〇次開催に向けて、日本レース倶楽部から購入、抽籤配布された豪州産牝馬、その開催では二着一回、三着二回の未勝利に終わっていた(116)。名義は松山吉三郎。松山は、函館末広町の道南随一の馬具商、函館馬車鉄道株式会社社長、函館銀行取締役、函館区会議員、明治一〇年代から園田実徳と共に函館の競馬をリード、この頃には園田牧場を経営する武彦七（園田の実弟）とともに函館競馬会理事としてその中心的存在だった(117)。明治四〇年一一月日本競馬会（目黒競馬場）理事にも就任。また各地の開催に持馬を転戦させることになる。なおヤハギは、このレース、スタートでまごついて「立往生」に終わっていた。

二戦目は第九レース、八八〇間（約一六〇〇メートル）、四頭立。ヤハギに加えて、函館競馬会の今開催の抽籤豪州産新馬の三笠（牝馬）、内国産雑種の勝国も出走。三笠は、第三レース、新馬戦、六六〇間、六頭立で、デビュー勝ちを飾っていた。勝国はここが緒戦。大印が先行、三笠が二番手、ヤハギは四番手。そのまま直線に入り、三笠とともにヤハギも追い込んできたが、三笠を交わすのが精一杯、大印がしのぎ切った。勝時計一分五三秒。「日本産馬の勢力を事実の上に示したるものにして日本産馬の信認は父豊平号の名と共に普く競走界に確認せられたり」、「由来豪州牝馬をして日本の競馬場裡に跋扈せしめ日本産馬の到底之に及ばざるを思わしめたるは一の空想に属すること明々地に判知せられたり」、というのが、北海タイムスの戦評だった(118)。なおここで四着の勝国は、この開催では三戦三着一回、着外二回の成績に終わるが、開催後、松山吉三郎の名義となりハコダテと改名、東京競馬会第一回開催では強さを発揮することになる。

三戦目は、第一三レース、五五〇間（約一〇〇〇メートル）、ヤハギ、勝国らとの四頭立。勝国が先行、二番手がヤハギ。直線ヤハギが先頭に立ち、大印が外から追い込んできたが届かず二着。ヤハギの勝時計一分七秒四〇。三着勝国。大印は先の第九レースが目標、それに得意でない短距離戦だった。

二日目の一戦目、六六〇間、華山、大印、ヤハギ、勝国の四頭立。華山が先行、大印は二番手、ヤハギは四番手。ヤハギが向う正面で二頭に追い付き、残り四〇〇メートルで先頭に立ってそのまま押し切った。勝時計一分二三秒二〇。大印は追込んできたが二着、三着華山だった。

二戦目、第九レース、洋雑種勝馬競走、八八〇間、三笠、華山、ヤハギ、大印の四頭立。このカテゴリーの優勝戦だった。三笠は、この二日目第三レース、新馬戦、五頭立では人気だったが二着に終わってここに臨んでいた。華山が先行、二番手大印、三番手ヤハギ、一周目のスタンド前でヤハギがあがっていき、大印と併走。先頭の華山に迫っていったが、ヤハギは脱落、ゴール前、四、五〇間のところで大印が華山を交わして押し切った。この追い込み劇に、「馬見場の内外は喝采の声轟き渡り大印の呼声暫く止ま」なかった(119)。勝時計一分五一秒二〇、初日の時計を二秒余縮めていた。後検量にもどってきたときには既に息が入っていたという。「前日第九競馬に豪州洋種を敗りて日本産馬の名声を成したる名誉の競走馬大印号はここに愈々日本産馬の勝走資格を立証するに到」ったいうのが北海タイム

図16 「函館競馬の盛況　後日の続」

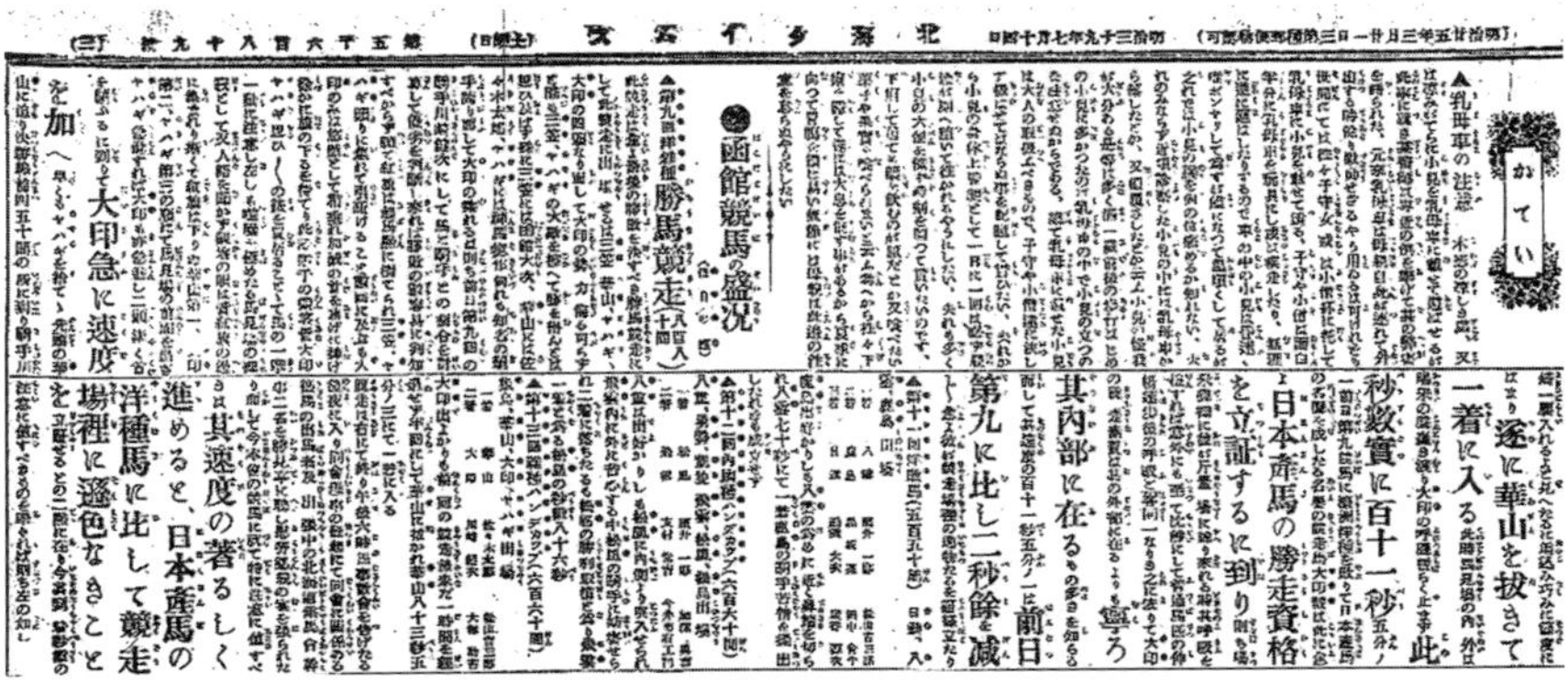

洋種及び雑種の優勝戦で、大印が、豪州馬を破って勝ったことが大きく報じられている（『北海タイムス』明39・7・14）。

スの戦評だった(120)。

このように大印の戦績は、六戦二勝二着四回という数字的には物足りないものだったが、優勝戦を制して力を示した。大印の実力を高く評価した園田実徳が、馬主大塚助吉に譲渡を懇請、ようやく競走馬引退後は無料で大塚に返すことを条件に三〇〇〇円で購入(121)、ハナゾノと改名、明治四〇年春のシーズンから東京周辺の競馬会に出走、同年春季の東京競馬会の帝室御賞典を獲得、その後も活躍、種牡馬となる。なおヤハギは東京競馬会第一回開催に出走する。

内国種のカテゴリーには、前年の札幌の乗馬会で大印の二番手、三番手だった松島、松風が出走してきた。この二頭のライバルとなっていたのが飛雲、新冠御料牧場産(122)、名義は今井市右衛門。成績が判明するところでは、明治三七年第三〇次開催で、初日三戦三勝、二日目四戦三勝、一着失格が一回という強さを見せていた馬だった(123)。松風の名義は加藤勇吉（不詳）

初日第六レース、八八〇間、四頭立。一番人気はここまでの実績から飛雲。二番人気松風。松風は出遅れ、飛雲が先行、松風、松島が外から迫ったが、飛雲は「寄せつけず」楽勝した。勝時計二分〇一秒。二着松風。続いて第八レース、距離六六〇間、飛雲、松風ら四頭立。人気は、七分が飛雲、三分が松風。だがここは松風が先行、そのまま逃げ切った。勝時計一分二四秒。五馬身差の二着が飛雲。三戦目が第一二レース、五五〇間、松風、松島らの五頭立。道中、松風、松島が先行して並走、そのまま松風が一着、二着松島となった。勝時計一分一一秒。

二日目第六レース、八八〇間、八重、飛雲、松風の三頭立。松風が先行、飛雲も懸命に追走したが、そのまま松風が逃げ切った。勝時計一分五六秒。二着飛雲。続く第八レース、六六〇間、飛雲、松風、松島らの六頭立。ここが内国種の優勝戦だった。飛雲ともう一頭を除いて松風、松島などの四頭が、スタートが切られたと思い誤って一周してしまった。そのまま休息もなく再スタート。松風が先行したが、半周したところで「力衰え」、結局、消耗のなかった飛雲が楽勝した。勝時計一分二五秒四〇。二着松風、松島は四着以下。そして第一二レース、ハンデキャップ、六六〇間、飛雲、松風、松島ら六頭立。松風が一着で入線したが、飛雲を妨害したということで失格、飛雲が繰り上がりの一着になった。松風の時計は一分二六秒だった。松島はここも四着以下。

このように飛雲五戦三勝二着二回、松風六戦三勝二着二回失格一回、松島四戦二着一回三着一回着外二回、優勝戦は、松風がスタミナをロスしていたことで飛雲が勝ってはいたが、力的には松風の方が上回っていたようである。松風は、この開催後、八月一一、一二日の早来競馬会に出走、成績が判明する初日三戦三勝だった[124]。そして松風は、東京競馬会第一回開催に出走したが、五戦一勝二着四回、ハコダテの前には歯が立たなかった。飛雲も遠征したが、初日第六レース、カツラとの一着同着後の決定線を回避したことで、二日目以降の出走ができなくなる（次節）。

このようにこの開催の出走馬のなかからは複数の馬が東京競馬会第一回開催に遠征した。また函館の競馬の初期の段階から中心的存在だった園田実徳は、明治四〇年三月馬券発売を黙許される社団法人として認可を受けた日本競馬会（目黒競馬場）の会長に就任、そして松山吉三郎、武彦七（園田の実弟）も、その日本競馬会で理事に就任するなど大きな役割を果たす（第6章第2節）。このように函館の競馬は人も馬も東京周辺、各地の競馬と関係していくことになった。なお先にもふれたように函館大火の影響で、明治四〇年七月六日、七日、一三日、一四日の第三三次、八月二四日、二五日の第三四次の開催の資料は、まったくといってよいほど残されていない。ちなみに馬券黙許時代の最高配当は、函館競馬会明治四一年九月一三日、四〇四一円（単勝式一枚一〇円に対する額）であった(125)。

## 3　東京競馬会第一回開催

### 将校競馬、帝室御賞典

東京競馬会第一回開催は、当初予定は一一月上旬だったが(126)、八月、日本レース倶楽部との調整も行って、一一月二四日（土）、二五日（日）、一二月一日（土）、二日（日）と内定した(127)。九月中旬番組を公表、馬体検査を一〇月一二日根岸競馬場、一三日池上競馬場で実施、遠隔地の馬は獣医の証明書添付で検査に代える、出馬申込登録期限は一五日午後四時とした(128)。東京競馬会が、開催をみすえて早くから実施をめざしていたレースが二つあった。一つが陸軍将校が部隊所属馬に騎乗したレース（以下、「将校競馬」と記す）、もう一つが天皇からの賞典の下賜を受ける帝室御賞典だった。

まず将校競馬は、競馬が軍事上の喫緊の課題である馬匹改良の基幹的役割を果たし、陸軍の積極的支援を受けていることをアピールするものとしてであった。東京競馬会は、遅くとも七月初めには、つぎのような「請願」を陸軍大臣寺内正毅宛に行った(129)。

> 本会は馬匹の改良を以て目的とし曩きに社団法人の設立許可を得候に付、本年秋季を以て第一回の競馬会開催可致見込に有之、此際特に馬術の模範を示し併せて軍事競馬の勇壮なる有様を公衆に観覧するを得しめられ候はば、国民の士気を鼓舞する事極めて大なりと奉存候間、番外として陸軍将校競馬の番組組織致し候度、付ては将校の馬匹任意出場の義御承認相成候様仕度此段奉願候

これに陸軍次官石本新六中将は、七月五日付で、会長加納久宜に対して、「開催の都度直接陸軍各所管乗馬委員と御協議相成度」と回答(130)、事実上の許可の決定だった。寺内は、この将校競馬の実施を「大なる援助の目的を以て」許可したという(131)。

七月一〇日の東京発行の各紙は、将校競馬が許可されたことを報じた(132)。陸軍側が示した許可の条件は、馬匹が廃斃した場合、東京競馬会がその賠償を負担すること、賠償額は、所轄乗馬委員と競馬会が予め協議、決定しておくことだった(133)。なお騎乗将校の負傷に関しては、軍務に準じて、二等傷害として取り扱うことになったが、これは競馬会への出場が軍務に準じたものであるということであった。第一回開催で将校競馬は、馬券も発売して、計四レースが行われるが、馬政局は、この軍馬のチャンピオンレースの一、二着馬の騎乗将校に金時計鎖付、金時計を交付、また寺内陸相も勝者に太刀一口を授与し、自ら表彰式に臨むことになる(134)。寺内の寄贈の理由は、「東京競馬会は本邦未開の企図にして馬匹改良上至大の裨益を有する義と存ぜられ候に就ては奨励の一端に資する為め」というものだった(135)。寺内、陸軍の全面的バックアップの姿勢が端的に表現されていた。こうして、七月には、将校競馬の実施が決定した。

そして帝室御賞典だった。東京競馬会が、馬匹改良という国家的事業を担う存在であることを象徴するものとなる。明治一三年ミカドズ・ヴェース以来の歴史を積み重ね外交的、政治的意味を帯びていた横浜の日本レース倶楽部のエンペラーズ・カップという先例があった。東京競馬会は、一〇月二七日付で馬政長官曾禰荒助宛に、ついで一一月六日付で宮内大臣田中光顕宛に賞典下賜を願い出た(136)。そして一一月一四日、御紋付銀鉢(径一尺、深さ五寸、三脚付、菊花模様の高彫)が、東京競馬会に下賜されることが通達された(137)。

このことを『明治天皇紀』明治三九年一二月一日の条は、つぎのように記している(138)。

東京競馬会、本年四月設立せられ、去月二四、二五日及び今明両日の四日に亙りて、第一回秋季競馬を東京府荏原郡池上村の新設競馬場に行う、仍りて是の日貞愛親王（伏見宮）を遣わして之れに臨ましめ、又別に主馬助菊池末太郎を遣わし、賞品として御紋附銀鉢一個を其の会に賜い、且侍従長侯爵徳大寺実則をして今後も賞品を賜うべき旨恩命を伝えしめたまう。

このように「賞品」の下賜が継続されることが伝えられることになるが、このことは、東京競馬会が日本レース倶楽部と同等の存在としての処遇を今後も受け続けることを意味した。この「恩命」に接して、会長加納久宜は「三年の命が延びた」と「絶叫」したという(139)。さらに東京競馬会は、一一月六日付で、天皇、皇后の行幸啓、また皇太子の行啓を宮内大臣田中光顕宛に願い出た(140)。日本レース倶楽部でも、毎年、会頭であるイギリス大使を通じて、行幸を要請していたが、天皇の健康問題もあり、明治三二年五月春季開催が最後になっていた。このことを考えれば行幸はその実現の見込みがなく、実際にも間髪を入れずに八日付で却下されたが、それと合わせて、名代として伏見宮貞愛が差遣されることが通達された(141)。皇太子の行啓は、一旦は内定していたようだが中止となり、その名代として東宮侍従有馬純文（元陸軍騎兵少尉）が差遣されることになった(142)。なお初めての皇太子の行啓は明治四一年春季開催四日目の五月三一日に行われる(143)。

図17 「明治39年11月24日付宮内大臣田中光顕からの賞典下賜通達」

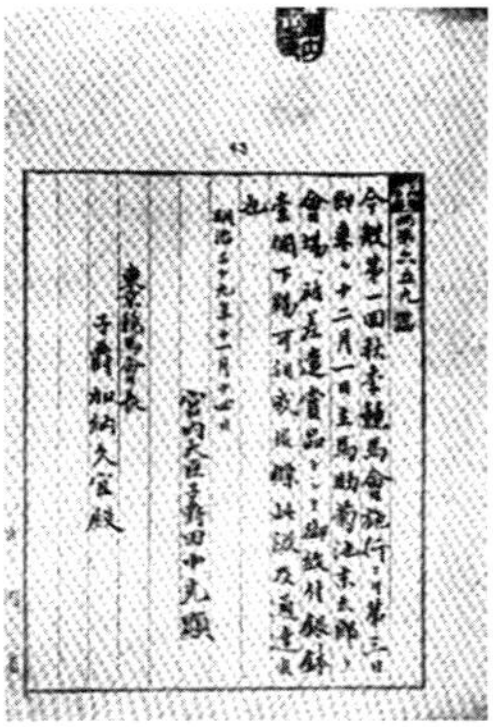

（『東京競馬会及東京競馬倶楽部史』第1巻）

そして競馬会の格式を高めるために、日本レース倶楽部にならったものが、この他にもあった。日本レース倶楽部は、皇族を主員（パトロン）とし、会頭に英国大使を戴き、外国外交官（大使、公使、領事）、神奈川県知事、同主席書記官及横浜市長を特別理事のメンバーとしていた(144)。この特別理事は形式的なものであったが、幕末以来の伝統をもつクラブの格式を保つという観点からいえば、大きな意味をもっていた。東京競馬会が、前述したように、時の首相及び大臣、元老、また衆議院院議長、東京府知事、東京市長、各省次官及び局長、外国大使・公使、陸海軍の将官等を「名誉員」としたことは（第1章第1節）、これにならったものだった。形だけにしても、内閣員、元老、陸海軍の将官等が「名誉員」になることを承認したことは、彼らも東京競馬会が国家的事業であると認識していたことを示していた。このように、日本レース倶楽部を念頭に東京競馬会の格式も整えられた。

## 開催

一一月二四日（土）、二五日（日）、一二月一日（土）、二日（日）、東京競馬会は第一回開催を迎えた。

レース編成のカテゴリーは、東京競馬会抽籤内国産新馬、内国産馬（抽籤馬以外で馬主が購買した馬、呼馬と呼ばれた）、豪州産新馬（日本レース倶楽部明治三九年秋季抽籤豪州産新馬）、豪州産馬（日本レース倶楽部明治三九年春季以前の抽籤豪州産馬）、豪州産馬及び内国産馬の五つ、それぞれのレース数は、八、八、九、五、三の計三三(145)。東京競馬会は豪州産馬を輸入していなかったので、この開催に出走した豪州産馬はすべて日本レース倶楽部が輸入して会員に抽籤配布した牝馬であった。東京競馬会が、自前の抽籤豪州産新馬を導入するのは、明治四〇年秋季開催のことになる。その他、番外として近衛騎兵連隊、騎兵第一連隊、野戦砲兵第一三連隊、騎兵実施学校の将校が各連隊所属馬で出走した将校競馬が四、すべて西洋種の騸馬だった。繰り返せば将校競馬も馬券が発売された。

賞金は二着まで、内国産馬と豪州産馬の新馬戦が一着三五〇円、二着一〇〇円、優勝戦が一着六〇〇円、撫恤戦（開催未勝利馬限定）が一着三〇〇円、二着七五円、内国産馬と明治三九年春季以前の抽籤豪州産馬が一着四〇〇円、二着一〇〇円、優勝戦が一着七〇〇円、撫恤戦が一着三五〇円、二着七五円、豪州産馬及び内国産馬が一着四〇〇円、二着一〇〇円。なお日本レース倶楽部も含めて、当時、優勝戦の賞金は一着だけだった。東京競馬会は、内国産馬重視を謳っていたが、内国産馬と豪州産馬の賞金額は同一、レース数もほぼ同一と、双方の差異化をはかってはいなかった。

馬政局は、豪州産馬を除いた各優勝戦に、内国産新馬一着五〇〇円、二着四〇〇円、内国産馬一着四〇〇円、二着三〇〇円、豪州産新馬一着六〇〇円、計二二〇〇円の賞典を交付した(146)。この額に示されているように馬政局は、内国産、それも抽籤新馬のレースを重視していた。馬政局は、他の新たに設立された競馬会に対しても、原則としてこの方針で三つのカテゴリーに賞典を交付する。その他、日本レース倶楽部が、豪州産馬及び内国産馬レースの内国産馬の勝馬に三〇〇円、内国産馬レースの勝馬に二〇〇円、内国産新馬レースの勝馬に一〇〇円の賞金を「寄贈」、ただし一頭に付一回限り(147)、その結果、内国産馬五頭、内国産新馬五頭の一〇頭が計一五〇〇円の賞金の「寄贈」を受けた。なお豪州産馬及び内国産馬レースへの内国産馬の出走はなかった。ちなみに「寄贈」を受けたのは、内国産馬はカツラ、ハコダテ、アイオイ、マツカゼ、キンカザンの五頭、内国産新馬はイダテン、チドリ、コッコウ、キソガワ、エイセキの五頭。賞金総額は一万五六〇〇円(148)、これに馬政局賞典二二〇〇円、日本レース倶楽部からの寄贈の一五〇〇円を加えると計一万九三〇〇円。ちなみに日本レース倶楽部秋季開催は二万三三五五円だった(149)。この他東京競馬会は、内国産新馬の勝馬の生産者に一〇〇円、「元飼育者」に五〇円、計一五〇円の賞金を交付した(150)。東京競馬会は、六月から各馬産地に抽籤馬購入に関する照会を行っていたが、すでにその段階で、この生産者賞の交付を約束

図18

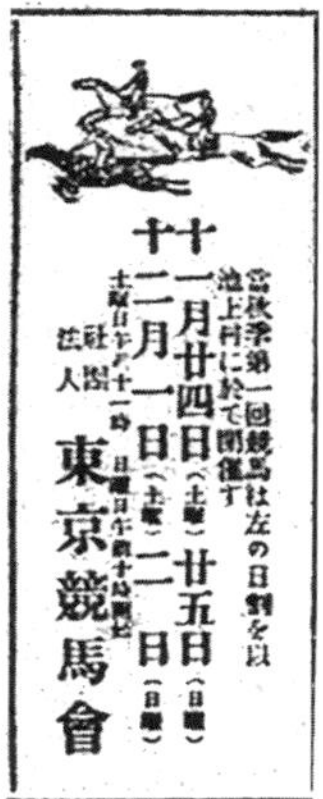

當秋季第一回競馬は左の日割を以
池上村に於て開催す
十一月廿四日（土曜）廿五日（日曜）
十二月一日（土曜）二日（日曜）
社團法人
東京競馬會


（『国民』明39・11・20）

図19「秋期競馬の光景」

（『やまと』明39・11・27）

図20

「一昨日の池上競馬会 右方は一等席左方は二等席にして一哩競走の時に発馬せんとする処」（『万朝報』明39・12・4）。

していた(151)。

開催執務委員は、委員長加納久宜、名誉会計主任馬場取締安田伊左衛門、審判係S・アイザックス、江副廉蔵、山県勇三郎、検査係森謙吾、ハンデキャップ作成者R・J・ウォード、木村介一、速力検定係松平容大、B・ルンゲ、発馬係H・C・トレドウエイ(152)。先に紹介したように加納、安田はいうまでもなく、アイザックス、江副、山県、森謙吾、松平は東京競馬会認可時の理事。ハンデキャッパーは、レースを左右する重要な存在であったが、ウォードは元お雇い鉄道技師、明治一〇年代から日本レース倶楽部の競走馬の調教に手腕を発揮(153)、また木村は宮内省御厩課の調馬師、鹿鳴館時代の競馬では騎手として活躍(154)といった、二人の競馬に関する経験、見識が買われていた。トレドウェイは、日本レース倶楽部でもスターターをつとめ(155)、「肥満したる其体躯を馬場の一隅に運んで赤旗を翳して厳然不動の姿勢を保っている処は実に犯し難き威厳を供えてい」て、「世間に類のない銅鑼声で出馬の出揃に干渉する時カムバークカムバークと怒鳴上る其大声は一哩以上の距離にも聞え」、「外人間でも評判になってミストルカムバークと云う綽名」がついていた(156)。ちなみに、スタートのやり直しを意味するカンパイは、このカムバックに由来する(157)。

七月の函館競馬会はまったくといってよいほど知られていなかったので、東京周辺だけでなく全国的に知られたものとしては、日本レース倶楽部以外の競馬会による馬券発売を伴う初めての開催であった。先にも紹介したように、発売される馬券は二種類、一つは各馬の発売総数に応じて倍率が決るパリミチュエル方式の一着を当てる単勝式、通称アナ、一枚五円、控除率は一割。もう一つはガラ(158)。ガラは、通例、一番から二〇番の番号が記された札が一セット二〇枚を複数セットで売り出す方式の馬券。出走馬が確定すると、出走馬の登録番号(馬番号)に照応する札が決定され、この時点で出走してこない馬の番号は無効、レース後、一、二着馬の札に対して、各一二〇円、六〇円を払い戻すものだった。一枚一〇円、ガラの控除率も一割。自分で予想した馬券を買うのではなく、持札の番号が出馬するかどうか、つぎにその持札に相当する馬が勝つかどうか、という方式で、馬の優劣を予測する要素がなく、まったくの偶然、運によるものだった。入場直後の運だめし、あるいは単勝式で損をしたゲン直しなどといった格好での購入も多く人気は高かった。横浜では幕末以来、発売されていた。この開催でのガラの売上率は、全体の四二・四%にのぼることになる。馬券売場は二号館一階にあり、東半分が一号館（一等）付属、西半分が二号館（二等）付属。内外両側に三、四〇ずつの銀行風の窓口が並び、外側がアナ、内側がガラ売場だった（第1章第3節）。

この馬券の発売が、どれほどの集客力をもつかは未知数であった。加納久宜も安田伊左衛門も、売上に不安をもっていた(159)。それに加えて、人々の間には、取締を受けるのではないかとの危惧もあった。競馬会側は、それを払拭するかのように、「既に司法民刑局より競馬賭事は刑法上の賭博に非ざる旨の回示を得」ていると広報、新聞各紙もこれを報じた(160)。また警保局長古賀廉造は、内務省の黙許に対する姿勢が堅持されているのを示すかのように、開催に先立って、馬券発売に対して「優良馬匹競走上の一種の奨励法と見て差支えなかるべし」と表明した(161)。これに対し、司法省民刑局長平沼騏一郎は、開催を前に、馬政局に対して、馬券摘発の可能性があることを示唆(162)、東京競馬会も、このことを馬政局から知らされていたはずであった。したがって同会が、この平沼、司法部の姿勢を知ったうえで、「競馬賭事に関する農商務、陸軍、内務、司法四大臣合議書四大臣合議書」の存在を背景に既に民刑局から内示を得ているとの情報を流して牽制した攻防戦の可能性がなくもなかった。加納も安田も、のちの回想でこのことにはまったくふれていないが、平沼の示唆が生み出した緊張関係のなかで、第一回開催を迎えようとしていた。

その初日、天気は快晴(163)。西には大山山系、富士山も望めた。入口には、当時の行事イベントの常であった日の丸を交叉させた大緑門（アーチ）を二つ設置。場内に目を転じると、二等館の前のテントに楽隊がひかえ、日本レース倶楽部やかつての鹿鳴館時代の競馬にならい、レースの合間に演奏が行われた。一号館内には、当時超一流の洋食店であった中央亭がコース料理、また華族会館が一品料理とビール、そして京橋竹川町の高級料亭花月楼が和食を提供した。二号館の構内ではテントが設営され、恵比須、札幌、東京の各ビヤホール、また花月花壇と大森八幡楼が営業、そのテントの上には彩旗がはためいていた。いずれの飲食料金は市中価格の一・五倍と高かったが、一号館の客

図21　「ガラ場　混雑の一部　ガラ箱」「カケの掲示場」

（『日本』明39・12・3）

図22　支払所　賭に勝ちたる人の笑顔「池上の公開賭場（一）昨日の競馬」

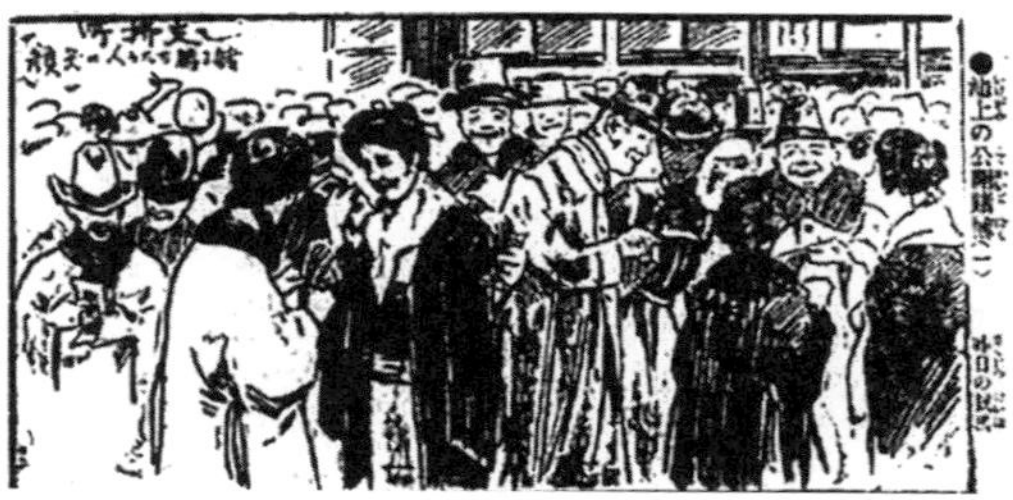

（『都』明39・12・2）

は、値段に糸目をつけない、これに対して二号館では高すぎるという雰囲気であったという。場外には馬場に沿って地主らが設営した紅白の幔幕を打廻らした有料の臨時桟敷、競馬場周辺には露店も出た。

国家的事業を自負していたが、特別なセレモニーは行われなかった。加納久宜、安田伊左衛門の懸念があたったかのように、午前中の出足はよくなかった。なお入場料は一等三円、四日間共通一〇円、二等二円、同六円(164)、一枚五円の馬券と相まって、職人、職工など庶民が気楽に入場できる金額ではなかった。第一レースの発送時刻は一一時。馬券発売は一〇時三〇分から。場内には楽隊の演奏が流れ始めていた。一一時過ぎ、記念すべき劈頭の第一レースは、抽籤豪州産新馬の根岸開催未勝利馬戦、四分三マイル、一着三五〇円、二着一〇〇円、一四頭立。勝ったのは河北直蔵名義のゲンロク、牝五歳、デビューの根岸は四戦二着三回三着一回(165)。勝時計一分二一秒六〇、ゲンロクとドーイの着差は三馬身。二馬身差の三着がソーヤだった。配当一四円。斤量は三頭ともに一三七斤（約六二・二キロ）。先に紹介したように河北は横浜弁天町の河北時計店主、熱心な馬主であった。

このレースの単勝式を購入するにあたっての判断材料として参照するのは、現在であれば、予想紙ということになるが、確認できるところでは中外商業新報が、予想を掲載したのは三日目から。その他の新聞には掲載された形跡はないので、初日には存在しなかった。当時も、パドックの設置は義務付けられていたから、そこで馬の良し悪しを判断することも可能だったが、競馬場にはじめて来た人間にそれができるはずもない。一番の判断材料は、これら出走馬たちの根岸での成績だった。とはいえ根岸競馬場は八メートルのアップダウンがある芝のコース、池上は平坦の土のコース。その違いがどのように影響するか、根岸の実績がそのまま通用するか。ということで、馬券購入者の多くは、根岸での走りを知る、横浜在住の西洋人たちをはじめとする人々であっただろう。

ちなみに根岸の秋季開催、初日第六レース、抽籤豪州産新馬戦、四分三マイルでゲンロクとドーイがデビュー、ゲンロク三着、ドーイは四着以下だった。勝時計は一分二三秒六〇、池上の方が一〇秒近く時計を要していた。芝と土の相異もあったが、水田を埋め立てての造成であったから、地盤は軟弱、一尺（約三〇センチ）も掘れば水が湧き、馬場も固まっておらず、走りづらかった。根岸での他のゲンロクとドーイの対戦成績は、二日目ゲンロク二着、ドーイ三着、四日目コンソレーションもゲンロク二着、ソーヤ三着、ドーイ着外と、未勝利馬のなかでゲンロクが上位の力をもち、ゲンロクとドーイの根岸での勝負づけは済んでいた。したがってこの第一レースの結果は、その力通りのものであったが、一四円と意外と好配当だった。初めてということが影響しての配当だったと思われる。

午後になり、観客は増え、終わってみれば、一等一九四人、二等一〇六二人の計一二五六人、会員、招待客を含めれば二五〇〇人ほどになっていた。

図23　「競馬場より富士を見る」

（『東京朝日』明39・11・26）

図24　「池上競馬会場内の光景」

（『時事新報』明39・11・26）

図25 「加納子爵と会員証」

（『東京朝日』明39・11・25）

図26 「競馬場の外人」

（『東京朝日』明39・11・26）

この日、目についたのは着飾った婦人同伴の横浜からの西洋人たちと「拍車、長剣の軍服姿厳めしき騎兵将校」らの姿、また観客の六〜七割が、根岸で競馬に慣れている横浜方面からだったという。先にあげた「名誉員」で来場したことを確認できるのは後備役陸軍大将樺山資紀ただ一人、「貴顕」も「東伏見宮御使」、陸軍軍馬補充部本部長大蔵平三中将、前文相久保田譲、馬政局次長藤波言忠らと少なかった。その他、衆議院議員の山根正次（山口県郡部選出、無所属）、臼井哲夫（長崎県郡部選出、無所属）、菊池武徳（青森県弘前市選出、政友会）、関直彦（東京市選出、憲政本党）等が来場、臼井は馬券で大打撃を受けて途中退場、山根は的中させて「大分財布懐中をふくらました」という[166]。また東京競馬会理事の貴族院議員田健治郎も来場したが、田は三日目は妻とその母など、四日目は妻と長男夫婦を連れて観戦[167]、田は明らかに競馬に興味をおぼえていた。

レースに目を移せば、この日、豪州産馬でヒタチ、豪州産新馬でイスズ、内国産新馬でイダテン、内国産馬ではハコダテという開催前からの評判馬が勝利をあげた。先の関八州競馬会の開催とは、スピードと迫力が違った。

初日の売上高は一一万六六一〇円（アナ六万六八一〇円、ガラ四万九八〇〇円）。加納や安田が期待した額は不詳だが、開催後から振り返れば、四日間売上高約九六万円の一二・五％。人々は、取締を受けないかまだ様子を見守っていたうえに、根岸での経験者を除けば、当然、馬券を買うことに慣れていなかった。開催を積み重ねていた根岸では、初日は、各馬の様子を見るということで馬券の売上は四日間のなかでは一番低く、二日目に伸びて、三日目は横ばい、四日目が最高になるというのが通例であったので池上もその傾向を見せるか、これからだった。

二日目も好天気、それに加えて日曜日、入場者は、一等四二五人、二等一四三一人、計一八五六人、会員、招待客も含めれば約五〇〇〇人と増え、売上高も二二万三六一五円（アナ一三万六一五円、ガラ九万三〇〇〇円）と、初日の二倍になった(168)。人々は、わずか一日で馬券に手を出し始めた。この日も、横浜からの観客が多く、初日と同じように全体の六割だったという。また二レース行われた将校競馬は軍人だけでなく観客も興奮させた。そしてこの日というより開催を通じて、芸妓の姿も目立ったが、たとえば三日目の芸妓に関して、つぎのように報じられた(169)。

……京浜芸者連のキャッキャッ云い乍ら奮戦し居るもありたるが、東京よりは新橋十五人、葭町二十人、柳橋十一人、赤坂三人などにて此中にて大勝利を得たるは新橋松春本のおしほ、大失敗者は葭町のお龍にて前々より出掛け居る新橋三河屋吉田川の小梅は昨日は余り出来善からざりしも、今日は捲土重来するとか云い居りたり……

図27「小梅」

（『競馬世界』第二号、明40・12・15）

図28「穴探し小梅」

（『中央』明41・3・30）

この黙許時代、馬券に興じる芸妓の姿が各新聞にその馬券の勝ち負けも含めて報じられることになるが、その走りであった。ここに記されている小梅は、その後の各開催の記事にも度々登場するが、明治四一年四月の日本競馬会（目黒競馬場）の開催で、一三三一円の大穴を的中させ脚光をあびることになる(170)。

二日目の主な来観者は馬政長官曾禰荒助、初日に続いて、同次長藤波言忠、大蔵平三陸軍中将、それに逓相山県伊三郎、侯爵岩倉具定、警視総監安楽兼道、歩兵第二旅団長長岡外史少将、農商務次官和田彦次郎。この日には、宮崎競馬会の設立、その後の運営の中心となる児玉伊織も観戦に訪れて、その日誌に「規模壮大観客幾万あるを知らず」と記した(171)。

後から振り返れば、この第一回の馬券熱はそれほどでなかったが、それでも児玉にとってはすさまじいものに映っていた。

一二月一日の三日目、午前中は、時に陽光がさしたが曇がち、寒気が肌を刺していた。だが午後は晴天となり、富士山も眺望できた(172)。この日は、東京競馬会が国家的事業であることを示す帝室御賞典競走の日。天皇の名代として差遣された伏見宮貞愛が臨場、その馬車が通る池上道の沿道の人々は、家々に交叉した国旗を掲げて奉迎の意を示した。伏見宮の馬車は、第一レース前に安田伊左衛門の先導で場内に到着、会長加納久宜以下理事等が車寄で迎え、君が代の奏楽のなか、伏見宮は下車、加納会長の先導で一等館三階の玉座のある部屋に着御した。皇族席は設置されていたが、名代として玉座前の観覧席を使用した。競馬会の理事等はフロックコートの正装、また一号館の客の多くも、「礼服を着用し始終静粛に観覧し」た。賞盃は、一号館正面の階下の目立つ場所に飾られた。この日来場した「貴顕」は、「名誉員」の陸軍大将川村景明、米国大使L・ライト、公爵岩倉具定。

帝室御賞典競走は第三レース、内国産馬、ハンデキャップ、一マイル、七頭立。一着御賞典(御紋附銀鉢花盛鉢)及び賞金四〇〇円、二着一〇〇円。抽籤内国産新馬は出走不可。なお東京競馬会でも、日本レース倶楽部にならい開催三日目は、初日二日目のレースを踏まえてハンデキャップ戦が行われた。

一番人気はハコダテ。雑種、牡六歳、体高五尺(約一五一・五センチ)、北海道産(173)。先に紹介したように勝国の名で七月の函館競馬会に出走、大印(のちのハナゾノ)、ヤハギという強豪馬の前に、三戦三着一回着外二回の成績に終わった。だが走りぶりに見どころがあり、松山吉三郎が東京競馬会第一回開催に呼馬として出走させるために購入した馬だった。ハコダテは、根岸の秋季開催三日目第五レースの豪州産馬との混合戦に出走したが、力の差はいかんともしがたくパルマバイオレットの着外に終わっていた。だがそれは別の話、内国産馬の雄の呼声が高いなかでこの開催に臨んだ(174)。なおこの開催の内国産馬のカテゴリーのレースの賞金は一着四〇〇円、二着一〇〇円。

ハコダテの緒戦は、初日第九レース、内国産馬、八分七マイル、斤量馬齢、第四レースの勝馬出走不可、四頭立。なお馬齢の斤量は、三歳一一七斤(約五三・一キロ)、四歳一二五斤(約五六・八キロ)、五歳一三〇斤(約五九・〇キロ)、六歳一三三斤（約六〇・四キロ）、七歳以上一三五斤（約六一・二キロ）だった(175)。
　ここには七月の函館競馬会で活躍していたマツカゼ（松風）も出走。斤量は両馬ともに一三八斤（約六二・七キロ）、増量されていたが、その規定は不詳。マツカゼは、父豊平、六歳、五尺五分（約一五三センチ）、浦河郡鳧舞村産(176)、明治三八年八月八、九日の北海道早来の競馬会のチャンピオン(177)、八月一九、二〇日札幌の北海道乗馬会の開催では大印（後のハナゾノ）につぐ能力を示した馬(178)。この明治三九年七月七、八日の函館競馬会では六戦四勝二着二回で内国種のチャンピオンの座につき(179)、九月二四、二五日の札幌の乗馬会でも、大印に一回負けただけの五戦四勝二着一回、内国種の優勝戦を制していた(180)。名義はこの池上開催では東京競馬会書記長の中台忠蔵。この後佐藤清次の名義となって各地を転戦することになる。なお中台は、大正一二（一九二三）年、東京競馬倶楽部の理事となる(181)。

図29「伏見宮殿下競馬を見給う」

（『日本』明39・12・2）

図30「競馬会へ御下賜の銀製花盛鉢」

（『東京朝日』明39・12・2）

　このハコダテ、マツカゼ二頭の実績は知られており、ハコダテが一・五倍の一番人気、離れた二番人気がマツカゼ。レースは、ハコダテが出遅れたが、直線でマツカゼを交わし、四馬身差の楽勝。二着のマツカゼから三着馬までは六馬身差。二頭の力が抜けていた。勝時計一分五四秒九七。配当七円五〇銭。ちなみに、ここでも見せていたようにハコダテには出遅れ癖があった。
　ハコダテの二戦目は、二日目第一レース、内国産馬、一マイル四分一、斤量馬齢、今開催勝馬七斤増、五頭立。マツカゼに加えて、五月の上野不忍池の関八州競馬会で好勝負を繰り広げていたカツラとキンカザンの二頭も出走、「前日来無比の好取組」と注目のレースになった。カツラは、先の根岸のエンペラーズ・カップに出走、力が足りずオトワの着外に終わっていたが、この開催、初日第四レ

図31　ハコダテ

（『競馬世界』第2号、明40・12・15）

ース、四分三マイル、八頭立、一番人気でヒウン（飛雲）と同着、決定戦をヒウンが放棄したことで同レースの勝馬になった。キンカザンも同レースに出走していたが着外。ちなみにこのレースの配当はカツラ七円、ヒウン一一円。ヒウンは、先に紹介したようにこの明治三九年七月の函館競馬会開催でのマツカゼの好敵手で六度の対戦の内の二回を勝ち、残りの四回はその二着と力のある馬だったが、決定戦を放棄したことで二日目以降の出走を禁止された。斤量は、ハコダテが一四五斤（約六五・八キロ）、マツカゼ一三三斤（約六〇・四キロ）、カツラ一四二斤（約六四・五キロ）、キンカザン一三五斤（約六一・二キロ）。斤量は重かったが、一番人気は一・六倍のハコダテ、二番人気が二・八倍のカツラ。

ハコダテが、ここでは出遅れずにハナを切った。スタンド前でカツラがハコダテを交わして先頭に立ったが、一コーナーからは両頭が並走、三コーナー前でハコダテが抜け出し、リードをひろげて直線に入った。一杯になったカツラを追い込んできたマツカゼが交わし、ハコダテを追ったが、四馬身届かず二着。カツラはさらに六馬身差の三着だった。勝時計二分四九秒一〇、配当八円。ちなみにここで着外だったキンカザンは、三日目第七レースでマツカゼの二着、四日目第三レース、撫恤戦に一・五倍の一番人気で出走、さすがにそこでは強かった。

そして三日目第三レースが帝室御賞典だった。ハコダテ、マツカゼ、カツラ、アイオイらが出走してきた。ハコダテのハンデは上限（満量）の一五〇斤（約六八・一キロ）、マツカゼ一三七斤（約六二・二キロ）、カツラ一三三斤（約六〇・四キロ）、アイオイ不詳。ハコダテはこのように重いハンデだったが、それでも抜けた一番人気、「誰が目にも此の競走はハコダテの手に帰すべし」と映っていた[182]。二番人気はアイオイ。アイオイは雑種、牡五歳、北海道産、木村重太郎の名義[183]、おそらく北海道の競馬での出走経験があったと思われるが、不詳。初日第四レースはカツラとヒウンの一着同着の着外だったが、二日目第五レース、一マイル、七頭立ではマツカゼに三馬身差をつけ二分一三秒

七九、配当一六円で勝ってここに臨んでいた。二日目の勝ちぶりでその評価が高まっていた。アナの発売枚数は、ハコダテ二〇八〇、アイオイ六五八、マツカゼ三八〇、カツラ二五八(184)。

ここでハコダテは出遅れた。好スタートからハナを切ったカツラが快調に飛ばし、直線でも脚色は衰えず、そのまま逃げ切った。ハコダテもよく追い込んできたが一馬身差届かず。出遅れに加えて一七斤(約七・七キロ)のハンデ差が響いての敗戦だった。この番狂せに「満場の動揺暫時は止ま」なかったという(185)。勝時計二分七秒、配当六三円という波乱になった。三着マツカゼ、アイオイは着外に終わった。

レース後、カツラの騎手の川崎敬次郎は、新聞記者につぎのように語った(186)。

私は今日の競馬こそ真に一生懸命やりました。桂は実によい馬です。随分張っていましたが、出ると直ぐにハコダテがずっと寄って来まして丁度出発点から最初の突角(コーナー)にかかりますと馬と馬がすれすれになったので、ハコダテの騎手が「危い危い」と声をかけました。しかしそんなことでよける私ではありませんから、構わずにじっと押さえながらチッチチッチッと進む中に、ハコダテはずんずん追って来る。中頃になるとますます追うので私も追うように見せながら進んだのです。決して私は追いませんでしたが、今日は桂が大変よく出ました。しかし、絶えず先頭に立ったので相手はたまらなくなって、盛んに鞭を入れましたからかえって馬の出足に障ったかと思います。

しかし、今日はどうしても勝つつもりで前々日から穴守稲荷へ二、三度参詣しまして昨夜もろくろく寝ませんでした。いや表面は笑っていても腹の中では大いに苦しんだのですがお蔭で勝ちました。

表彰式はつぎのようなものだった(187)。

是に於て会長加納子爵は御思召を奉持して階下に降り恭しく下賜の御賞品を槇田大尉に渡しぬ、万歳の声一時

図32 「競馬会へ御下賜の銀製花盛」

（『中央』明39・12・3）

　　に起り大尉は面目を施し押し戴きて之を拝受す、万歳の声再び起りて軍服着けたる槇田大尉の肩叩くやら頭上をしたたかに擲ぐるやら帽子を脱せんばかりに胴揚げにせられんず有様にて引き下がりたる恭悦顔、よその見る目もいじらしかりき

この後、槇田は、シャンパン・ルーム（勝利を祝う部屋）に入り、大勢の人に取囲まれてシャンパンで乾杯、万歳の声でにぎやかだったという。

図33 「名馬カツラの持主 槇田大尉」

（『中央』明39・12・3）

先にもカツラと槇田に関して紹介したが、繰り返しておくと、カツラは雑種、騸馬、一三歳、体高五尺一寸（約一五四・五センチ）、北海道産。槇田は、山梨県南都留郡桂村の素封家で、日露戦争には予備騎兵大尉としてカツラと共に出征して活躍したという(188)。最初、閑院宮所有で「南聴」と命名されたが、悍性がきつくて閑院宮の手に余り、その後、陸軍将校に供用され、さらに明治三四年から槇田の所有になり、槇田は自分の住んでいる桂村にちなんで改称。桂はその気性のために、当時としては珍しく騸馬だった。槇田の仮定名称のナンチョウはこのカツラの旧名にちなんだものだった。

この帝室御賞典の「拝受」は、時代が下るにつれて、大きな名誉とされ、その重み、名誉を増していくことになるが、この三日目も観戦に訪れていた先に紹介した児玉は、この日の日誌に帝室御賞典のことはまったくふれていなかった。この日の記述はつぎのものだった(189)。

　　本日より用務異なる、本日は池上村東京競馬会の第三日目に当るを以て九時過より出浮、二円の入場料一円の番組馬名簿を購うて全部の乗組を見る、ガラの購買力頗る盛なり、出馬の賭など迚も話しになったことにあらず……本日の優勝は中外商業新報の予評頗る的中したり、末の一組を見残して帰る、之れ帰路の混雑を避けんが為のみ、場内出て厩舎を見る……

児玉は、このように、ガラと「出馬の賭」アナの売れ行きに驚いていた。そして注目されるのは、「中外商業新報の予報頗る的中した」という記述。確かに同紙一二月一日号は、「池上の東京競馬会は今一日及び明二日開催の筈にて京浜に亘れる人気は実に凄まじき程なるが試みに本日の勝負に就て其予評を下さん」と予想を掲載していた。かねて中外商業新報は、日本レース倶楽部の開催に際しては、各馬の調教時計、そして予想も掲載しており(190)、その蓄積のうえに立ってのこの第一回開催での「予評」だった。たとえば第三レース、帝室御賞典の「予評」は、つぎのものだった。

内国産馬にして此レースは畏くも宮中より御下賜の賞典もありて馬主騎士共に有らん限りの力を揮う可き事勿論にして、大勢は函館に在れど相生金華山中々油断なり難く、最も金華山は騎士の体量重くして前回は規定より十五乃至二十斤の重量にて乗り居たりと云えど足並は余り面白き方に非ず、桂には距離の長きに過ぐる感もあり、されど函館安全という歩も少なく此勝負こそ見物なれ

本命視されているハコダテも「安全」ということではなく、アイオイは、初日は着外だったが、二日目に強い勝ち方を見せていたので「油断なり難」いという評価、キンカザンも前走より負担重量が重くなっていて不安、またカツラも距離が長い感があるとして、明確に本命馬を指名してはいなかった。結果は、先に紹介したように、一着カツラ、二着ハコダテ。ハコダテが敗れたという意味ではあたっていたが、勝馬を的中させたとはいえなかった。またキンカザンはここではなく第七レースに出走して二着となった。その他第一レースは、「韋駄天は経歴骨格共に一頭地を抜

図34　「本日の競馬予評」

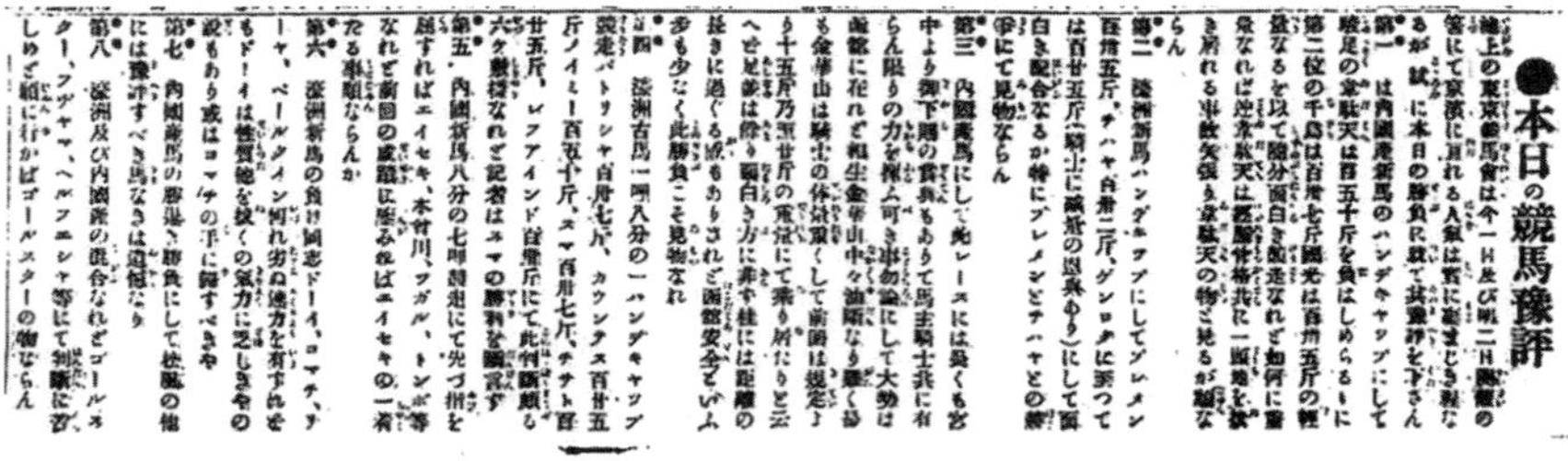
●本日の競馬豫評

(『中外商業』明39・12・1)

き居れるも事故矢張り韋駄天の物と見るが順ならん」で結果はその通り一着イダテン、配当六円五〇銭、第二レースは、「ブレメンとチハヤとの競争」で結果は一着ブレメン、二着チハヤで的中、配当一〇円五〇銭、第四レースは、「(各馬のハンデを見ると)此判断頗る六ヶ敷様なれど記者はスマの勝利を断言す」で結果は一着スマで的中、配当九円五〇銭、第五レースは「前回の成績に鑑みればエイセキの一着たる事順ならんか」で結果は一着キソガワ、二着コマバで不的中、配当三二円、第六レースは、「ドーイは性質他を抜くの気力に乏しきやの説もあり或はコマチの手に帰すべくや」で結果は一着ソーヤで不的中、配当一六円、第七レースは「松風の外には予評すべき馬なきは遺憾なり」の予想通りマツカゼが勝って的中、配当八円五〇銭、第八レースは、「ゴールスター、フジヤマ、ヘルツエンシヤ等にて判断に苦しめど順に行かばゴールスターの物ならん」で結果は一着ヤハギ、二着チサトで不的中、配当四六円五〇銭。

以上のように四レースで的中、児玉は、最終レース前に競馬場を去っていたので、七レース中四レースの的中、この結果に本日の優勝は「中外商業新報の予報頗る的中したり」と記したのであろう。オッズが二倍前後までは的中、荒れると不的中だった。ちなみに都新聞も、有力馬数頭の名前をあげるだけだったが、予想らしきものを掲載した(191)。たとえば帝室御賞典は、「出馬はナンチョウ氏のカツラ、今井氏の飛雲、大庭氏の金華山あり其他の馬も帝室賞典の為め意気込頗る盛んなり」というものでハコダテの名をあげず、逆に二日目以降出走を停止されていたヒウンをあげたものだったので、あまり役にたったと思えないが、一番最初にカツラの名があるのでそれで買った人もいたかもしれない。

中外商業新報は、各開催に「予評」を掲載し続け、明治四一年からは「予報」とともにレース結果、登録馬を記載した競馬番組からなる「付録」を発行する。また「競馬鑑定の秘伝」という見出しはあやしげだが、中身は「競馬の勝敗を判定するには馬匹の良否、騎手の技量を鑑別するの智識を有し且又天候及び馬場の形状等が如何に競馬と密接の関係あるかを知了するに非ざれば到底根拠ある判定を下し難し、元来馬匹の鑑定は多年の研究と熟慮とを要する難物にして一朝に之を了得することは容易ならずと雖も今其の概要を挙ぐれば左の如し」という正攻法の「予想方法」も掲載した(192)。

明治四〇年第二回開催には、中外商業新報以外にも、たとえば横浜貿易新報が各馬の調教に加えて「競馬雑聞」(明治四〇年四月二八日、五月三日)、中央新聞が「大森大競馬の前況　附馬の下馬評」(明治四〇年五月一五日)、ともに反競馬の姿勢であった東京日日新聞が「今年の人気馬(池上競馬の予想)」(明治四〇年五月二二日)、東京朝日新聞が「池上競馬前況」(明治四〇年五月二一日)、と予想を掲載するようになっていく。またこの第一回開催から池上競馬場周辺で「競馬勝敗の占断」を行うものも出現していたが(193)、その後、こういった「予想屋」も数を増していく(194)。明治四〇年秋、東京及びその周辺で馬券を発売する競馬会が五つに増え、馬券の売上が右肩あがりに伸びていくことになるが、この馬券熱とともに、『競馬雑誌』、『競馬世界』といった競馬専門誌、「競馬必勝秘法(経済内情調査会)」、各開催の『必勝馬予報(競馬新報社)』などの必勝法も刊行されるようになった。多くの新聞は

図35　「池上競馬予報（二日目）」

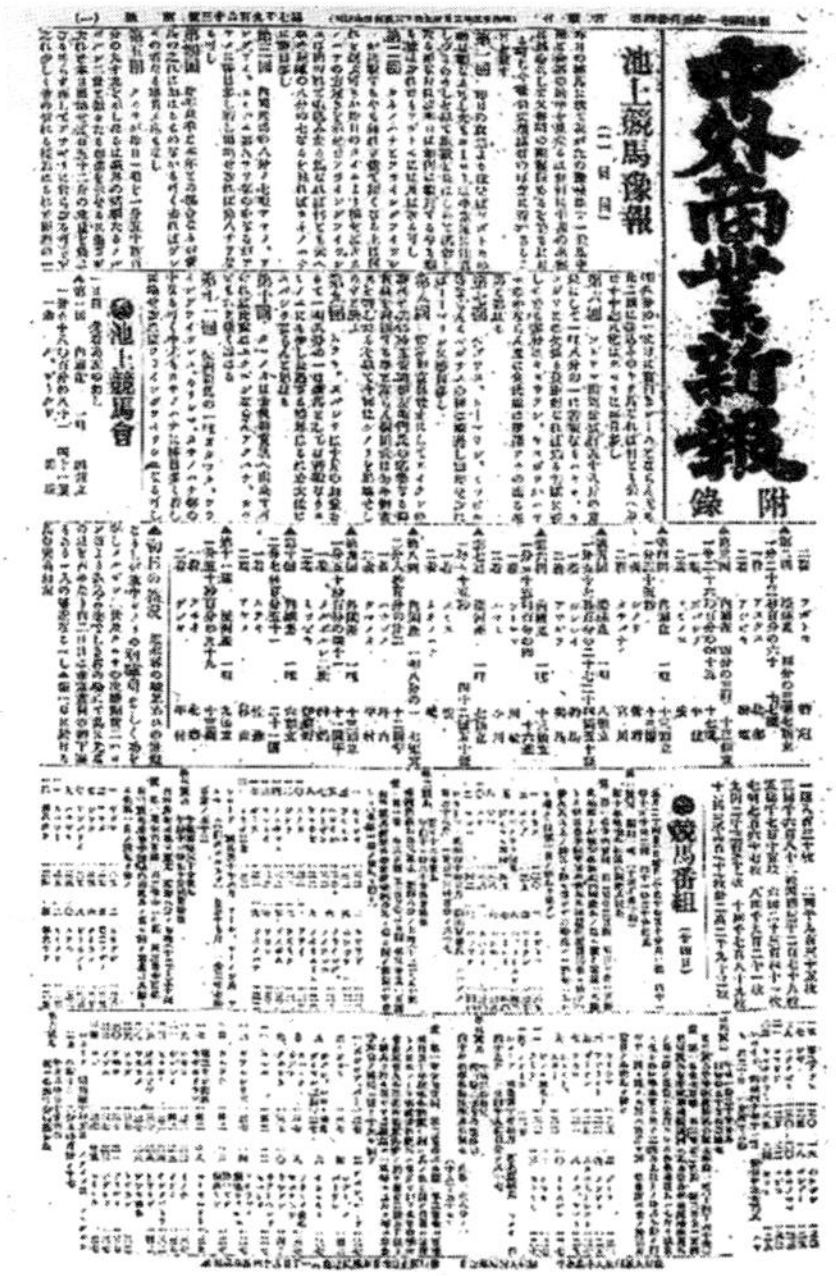
中外商業新報　附録

池上競馬豫報

競馬番組

池上競馬會

予報とレース結果、番組と登録馬が掲載されている（『中外商業』付録、明41・5・24）。

図36　表紙

（『競馬世界』第1号、明40・11・15）

図37「広告　競馬雑誌広告」

（『東京朝日』明40・10・8）

図38「広告　必勝馬予報（競馬新報社）」

（『東京朝日』40・12・9）

馬券発売に批判的であったが、販路拡張につなげるためだろう、予想を掲載するもの、また関西ではほとんどの新聞が、一一月第一回開催を迎えた関西競馬倶楽部のレースの予想を掲載した(195)。競馬の予想という新たな文化が生まれようとしていた。

そして四日目、北白川宮成久、久邇宮邦彦、東久邇宮稔彦、朝香宮鳩彦の四皇族、米国大使L・ライト、露国公使G・バクメチエフ、馬政長官曾禰荒助、馬政局次長藤波言忠、陸軍大臣寺内正毅、農商務大臣松岡康毅、前農商務大臣清浦奎吾、農商務次官和田彦次郎、陸軍次官石本新六中将、内務次官吉原三郎、皇太子使者として有馬純文侍従（子爵、騎兵出身）らが臨場、四日間のなかで最も「貴賓」が姿を見せた日になった(196)。ちなみにバクメチエフ（在任：明治三九年四月～明治四一年七月）は、歴代ロシア公使にならって馬主ともなり、馬券も好きで、各競馬会の開催にも顔を出すことになる(197)。強風が吹き荒れ、砂塵が舞い、人々が歩くのも困難、また場内に設置されていた飲食店のテントも飛ばされてしまう、という悪天候。この悪条件のなかで各カテゴリーの優勝戦、撫恤戦が行われた。

この日も池上競馬場を訪れた児玉も、「強風頻に吹て砂塵を飛ばし眼口共に向け居るに耐えさらしむ、場内の雑沓は前日に倍蓰せるを覚ゆ、軍馬の競走は較面白みを覚えたりといえども、何分にも砂塵の起るには閉口、チャンピオンを残して退場」と記した(198)。将校競馬は、第一レースの前と第四レース後の番外として実施された（後述）。第五レース以降が各カテゴリーの優勝戦だった。

図39 「広告　必勝馬予報（競馬新報社）」

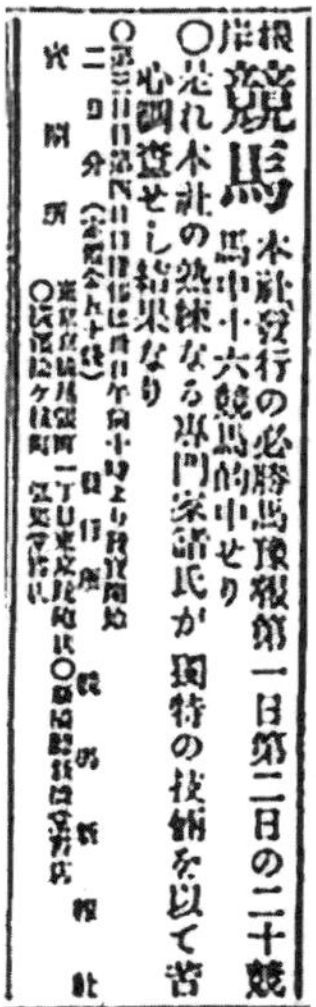
根岸競馬　本社発行の必勝馬予報第一日第二日の二十競馬中十六競馬的中せり
○是れ本社の熟練なる専門家諸氏が独特の技術を以て苦心調査せし結果なり

（『二六』明40・10・30）

各優勝戦の嚆矢の第五レースは、抽籤内国産新馬、一マイル、一着六〇〇円及び馬政局賞典五〇〇円、二着馬政局賞典四〇〇円、四頭立、斤量は定量一三七斤（約六二・二キロ）。ここで一・二倍という圧倒的一番人気だったのが、先に根岸の秋季開催で強い勝ち方を見せていたイダテンだった。このレースのアナの発売枚数六三九三枚中の四六〇四枚を占めた(199)。

イダテンは、ここまで三戦三勝。まず初日第七レース、抽籤内国産新馬戦、一マイル、斤量馬齢、根岸の勝馬五斤増、四頭立。なお新馬戦の賞金は、三日目までの各レース一着三五〇円、二着一〇〇円。イダテンの斤量は、根岸の勝鞍があって一三八斤（約六二・七キロ）、それでも一・四倍の一番人気。コッコウと道中並走し、同馬に一馬身差をつけてゴール。着差は一馬身であったが、両頭の力の差は歴然だった。勝時計二分一六秒一〇。さらに四馬身差の三着が根岸で勝ち切れなかった安田伊左衛門名義のキソガワだった。

図40 「競馬場の大嵐」

（『東京朝日』明39・12・3）

ついで二日目第七レース、一マイル八分一、斤量馬齢、今開催勝馬七斤増、四頭立。イダテンの斤量は前日の勝利でさらに増量されて一四五斤（約六五・八キロ）。初日のレースぶりから「いかなる素人にも一見してレースになるべしとは受取れず」(200)、イダテンが一・五倍の一番人気。初日よりはわずかにオッズがあがったのは、初日の別の抽籤新馬戦で強い勝ち方を見せていたチドリが出走してきたからだった。チドリの斤量も一四五斤。レースは「頗る気抜けのしたあっけなき勝負」となり(201)、イダテンが二着チドリに一〇馬身差をつけて圧勝した。勝時計二分三九秒五〇、配当七円五〇銭。先述したようにチドリは、根岸二日目でイダテンの二着となって三日目で勝ち抜けていた、槙田吉一郎、仮定名称ナンチョウの名義。芝の根岸の四分三マイルではイダテンとは二馬身差であったが、ここでは一〇馬身の大差になった。

さらに三日目第一レース、四分三マイル、ハンデキャップ戦、今開催エントリー馬登録義務、七頭立。イダテンのハンデは上限の一五〇斤（約六八・一キロ）、ここでも一・三倍の大本命。初日、二日目とイダテンの二着に終わっていたコッコウとチドリが二コーナーから仕掛けていったが、イダテンは問題とせず、騎手は「緩かに手綱を掻き込み充分余力を貯え悠然として疾駆し決勝点に入」った(202)。横綱相撲であった。勝時計一分三六秒一〇、配当六円五〇銭。この日には帝室御賞典競走が行われたが、先にもふれたように抽籤馬には出走資格がなかった。

そして四日目第五レースの優勝競走だった。斤量は定量一三七斤（約六二・二キロ）。他の三頭の出走馬は勝負づけの済んだ馬たち、それに加えての定量戦であったので、先にふれたようにイダテンは一・二倍という圧倒的一番人気。スタートからハナを切ったイダテンが、力の差をみせてそのまま楽勝、勝時計二分一三秒。初日のタイムを三秒以上縮めていた。二着チドリ、三着コッコウ。

イダテンは、先の根岸も含めてこれで五戦五勝。押しも押されもせぬ東京競馬会明治三九年秋季抽籤新馬のチャンピオンになった。獲得賞金は、池上一〇五〇円及び馬政局賞典五〇〇円、根岸は三五〇円及び馬政局賞典六〇〇円、計二五〇〇円。ちなみに当時の衆議院議員の歳費は二〇〇〇円だった(203)。このようにここでは圧倒的な力を示したイダテンも、翌年春季開催では新たに登場するハナゾノ、スイテンの前に歯が立たなかった。

つぎの第六レースは豪州産新馬優勝競走、一マイル八分一、一着六〇〇円及び馬政局賞典六〇〇円、今開催勝馬登録義務、斤量一三七斤（約六二・二キロ）、六頭立。ここに先の根岸で四戦四勝、すべてに楽勝、文句なしのチャンピオンとなり、この黙許時代を代表する名馬の一頭となるイスズ、のちのメルボルン二世が登場した。なお池上では、年齢にかかわらず豪州産馬の基準斤量は一三七斤だった(204)。

日本レース倶楽部明治三九年秋季抽籤豪州産新馬対象の限定レースは、初日三、二日目と三日目二、四日目優勝戦と撫恤戦が組まれていた。賞金は、抽籤内国産新馬と同じく三日目までは一着三五〇円、二着一〇〇円。イスズは四日ともに出走可能のはずであった。だが実際は、初日、四日目の二走となったのはイスズの強さの故だった。

その緒戦、初日第八レース、一マイル、斤量一三七斤（約六二・二キロ）、根岸での一勝五斤増量、二勝以上一〇斤増量、イスズの斤量はこれで一四七斤（約六六・七キロ）。出馬登録は三四頭。だがここにイスズが出走を表明、それに加えて初日には他に出走可能のレースが二つあったことで、残りの三三頭が回避、イスズの単走になった。当時の規定では単走の場合賞金は半額だったが、会長加納久宜は、「馬場の名誉として、将た馬匹改良の理由」から、イスズの馬主佐久間福太郎に一着賞金三五〇円を「贈与」した(205)。単走、あるいは少頭数となることを避けるためだろう、イスズは、二日目、三日目の出走を自重した。

その優勝戦、イスズの他にこの開催勝鞍をあげたブレメン、チハヤ、ソーヤ等の六頭立、当然、一番人気はイスズ、総発売枚数三三四九枚中の二二二九枚を占めた(206)。二番人気のブレメン六六二枚、四番人気ソーヤ一六〇枚だった。イスズは少し出遅れたが、何ら問題ではなかった。そしてここも楽勝した。二馬身差の二着ソーヤ(207)、さらに二馬身差の三着がブレメン。勝時計二分一九秒八〇、配当七円。土の池上コースでも問題はまったくなかった。これでイスズは、このデビューのシーズン、六戦六勝、獲得賞金は、三〇五〇円及び馬政局賞典六〇〇円、計三六五〇円。明治三九年秋季抽籤豪州産新馬のなかでは、芝でも土でもイスズの力が断然抜けていた。

二着ソーヤは森謙吾、仮定名称タツタの持馬。デビュー前の評価は高く、根岸では、イスズとともに新馬のチャンピオン路線を歩んだ。だが初日イスズの三着、二日目はブレメンの着外、三日目もイスズの二着、そして四日目コンソレーションでも三着と、結果的に未勝利に終わった(208)。この池上の開催、初日第一レース、ゲンロクの三着、二日目第六レース、ブレメンの着外、三日目第六レースでようやく勝ち上がってここに臨んでいた。

三着のブレメンは、ハンサ（本名等不詳）の名義。この馬も評判が高く、根岸では、新馬のチャンピオン路線を歩み、初日イスズの二着のあと二日目に勝ちあがり、三日目ハンデキャップ戦ではやはりイスズの三着、四日目優勝戦でもイスズの二着。イスズには及ばなかったが、秋季抽籤馬のなかでは上位の力を持っていた。この開催、初日第五レース、二日目第六レース、三日目第二レースと新馬限定レースを三連勝で駆け抜けてここに臨んだが、土のコースでもイスズに及ばなかった。

つぎの第七レースは内国産馬の優勝戦、一マイル八分一、斤量一三八斤（約六二・七キロ）の定量、一着賞金七〇〇円及び馬政局賞典四〇〇円、二着は馬政局賞典三〇〇円、四頭立。出走馬はハコダテ、カツラ、マツカゼ、アイオイ。前日帝室御賞典での敗戦はあったが、ここは定量戦で四頭同量、ハコダテが一・五倍の一番人気。二番人気マツカゼ、帝室御賞典馬カツラは三番人気。アナの発売枚数は、ハコダテ三七〇六、カツラ一二一四、マツカゼ七一一、アイオイ五四九(209)。カツラが道中四〇メートルも離しての大逃げをうったが、三コーナーでハコダテとマツカゼがカツラを交わし、後は二頭の争い。直線の追い比べとなったが、結局ハコダテが力の違いを見せ、マツカゼに二馬身差をつけてここを制した。勝時計二分二四秒八二、配当七円五〇銭。ハコダテは、帝室御賞典の二着はあったが、残りは三戦三勝、獲得賞金一六〇〇円及び馬政局賞典四〇〇円、計二〇〇〇円。だがこのハコダテも、翌年春季開催では、新たに登場するハナゾノ、スイテンの前に歯が立たなかった。

この開催の蛇尾を飾ったのは、第八レース、明治三九年春季開催以前の抽籤豪州産馬の優勝戦、明治三九年秋季抽籤馬出走不可、今開催勝馬登録義務、一マイル四分一、斤量一三七斤、根岸での勝鞍三勝以上四斤増、一勝毎に三斤増、ただし一二斤を超えない、一着七〇〇円、六頭立。ここに古豪ヒタチが出走してきた。ヒタチは、直前の根岸秋季開催で、初日コロニアル・プレート、二日目ヨコハマ・ダービー、二つの古馬の根幹レースを楽勝、三日目は重いハンデを嫌って出走を回避、四日目各種抽籤馬（明治三九年秋季抽籤豪州産馬を除く）及び内国産馬優勝ハンデキャップでは満量一六〇ポンド（約七二・六キロ）を背負ったこともあって軽量のパルマバイオレット一三五ポンド（約六一・三キロ）の逃げ切りを許し着外に終わって、この開催に臨んでいた。

ヒタチの緒戦は、初日第六レース、豪州産馬及び内国産馬の混合戦、一マイル、このカテゴリーの賞金は一着四〇〇円、二着一〇〇円、斤量は豪州産馬は根岸で三勝以下は一三七斤、四勝以上は一勝毎に四斤増量、内国産馬は馬齢、但し今開催の勝利馬を除く、八頭立。混合戦といっても能力差が大きく、この開催での内国産馬の出走はなかった。一番人気はヒタチだったが、上位人気は割れ気味で、スマ、メイミーもあまり差がなく続いた。斤量は三頭ともに一四九斤（約六七・六キロ）。レースは、人気薄で一三二斤（約五九・九キロ）という軽量のフジヤマが果敢に逃げ、ヒタチは、後方から追走。三コーナーでフジヤマの脚が鈍り、ヒタチとスマが並んで先頭に出て直線に入った。スマが脱落、メイミーが追込んできたが僅かに届かず二着まで。ヒタチの辛勝だった。勝時計二分七秒五〇。配当一三円五〇銭。二馬身差の三着がスマ。

二走目は二日目第八レース、豪州産馬及び内国産馬ハンデキャップ、一マイル二分一。実力の差が明らかになったことで他馬が出走回避してヒタチ、スマ、メイミーの三頭立になった。ハンデはヒタチ一五六斤（約七〇・八キロ）、スマ一四三斤（約六四・九キロ）、メイミー一四二斤（六四・五キロ）。一番人気ヒタチ。二番人気は距離が長いと嫌われていたが、ヒタチとのハンデ差もあって徐々に票数を伸ばしたメイミー。メイミーが出足よく飛び出し、ヒタチが二番手、スマは三番手。そのまま二周目の直線に入り、ヒタチが追い上げようとしたが、メイミーをとらえきれず、逆にスマにも交わされて三着に沈んだ。メイミーの勝時計三分一五秒二〇、配当一八円。初日は、同斤で接戦、一四斤（約六・四キロ）の斤量差がつけばメイミーが勝っても不思議ではなかった。それにこの二走をみると、ヒタチは、土のコースでは、力がそがれている観があった。

三日目の豪州産馬の一線級のレースは第四レース、一マイル八分一、ハンデキャップ、五頭立。ヒタチは重いハンデを嫌って出走を回避、出走有力馬のハンデは、スマ一三七斤（約六二・二キロ）、メイミー一五〇斤（約六八・一キロ）、パトリシア一三二斤（約五九・九キロ）。二日目のレースぶりとハンデを買われて一番人気はスマ。好スタートを切ったパトリシアが先行、二コーナー過ぎでスマがあがっていきパトリシアを交わし、そのまま押し切り人気に応えた。勝時計二分一七秒、配当九円五〇銭。一馬身半差の二着に追い込んできたメイミー、さらに一馬身半差の三着がパトリシアだった。

そして四日目第八レースの優勝戦、増量規定でヒタチ、メイミー、スマは同じ一四九斤（約六七・六キロ）、パトリシア一三二斤（約五九・九キロ）、ヤハギ一三七斤（約六二・二キロ）。今開催、「第一の好取組」と注目された。それに最終レース、馬券の売上も伸びた。一番人気はヒタチ。続く人気はスマ、メイミー、ヤハギの順。パトリシアは人気がなかった。発売枚数は、ヒタチ三二一一、スマ一一七三、メイミー九九四、ヤハギ二三五、パトリシア一七八(210)。その人気薄のパトリシアが、ハナを切り、二番手以下を一四、五メートル離して逃げた。道中半ば、ヒタチが追い上げにかかったが、一七斤（約七・七キロ）のハンデ差もあって、直線に入ってもつかまえることができず、パトリシアが逃げ切った。勝時計二分三七秒〇七、配当は三〇・三倍という波乱の一五一円五〇銭。ヒタチは芝で見せるような脚がなく二着を確保するのが精一杯、三着ヤハギにも迫られていた。直線では、場内総立ち、懸命に追い込もうとするヒタチに対して、ヒタチ、ヒタチという声があがったが及ばず、パトリシアが逃げ切ったときにはどよめいたという。

結局、土のコースがこたえたこともあって、ヒタチは人気に応えられず、三戦一着一回二着一回三着一回の成績に終わった。逆にパトリシアは、初日第二レースにも勝っており、芝の根岸よりも土の池上の走りのほうがよかった。

先に紹介したように、パトリシアは明治三八年春季抽籤豪州産馬、デビュー勝ちしたが、明治三八年秋から三シーズンにわたって未勝利だった。E・C・デービス（サミュエル・サミュエル商会）、仮定名称ノーフォークの名義。この池上の開催、初日第二レースでデビュー以来の久々の勝利をあげたが、二日目不出走、三日目第四レース、スマの着外でこの優勝戦に臨んでいたので人気がなくても当然だった。デービスは、これまで馬運に恵まれなかったが、先の根岸のパルマバイオレットに続く豪州産馬優勝戦での勝利だった。ヤハギは明治三八年秋季抽籤豪州産馬、先に紹介したように、一線級には及ばなかったが、同秋季、翌年春季開催、それぞれ一勝をあげ、その後、函館の商人今井市右衛門の名義となり、七月の函館競馬会に臨み、初日、二日目ともに三戦して計一着二回、二着二回、着外二回の成績を残し、その今井の名義のまま、この東京競馬会第一回開催に遠征してきていた。この開催、初日パトリシアの三着、二日目第四レース着外だったが、三日目第八レースを人気薄（配当四六円五〇銭）で勝ってここに臨んでの三着だった。

以上のように各カテゴリーの優勝戦、抽籤内国産新馬がイダテン、内国産呼馬がハコダテ、豪州産新馬がイスズまでは順当だったが、最後の最後、豪州産馬がパトリシアという波乱になった。こうして、レースは馬券と結び付いて展開されていくことになった。

そしてこの開催で観戦していた軍人だけでなく観客も興奮させたのが将校競馬だった。繰り返せば、陸軍は喫緊の軍事的課題である馬匹改良に基幹的役割を果たすものとして東京競馬会を積極的にパックアップする方針であり、そのことを端的に象徴したのがこのレースだった。陸軍大臣寺内正毅、軍馬補充本部長大蔵平三中将もその実現に積極的であった。番外競走としての実施だったが、馬券も発売された。登録は二四頭、実際の出走は二三頭、近衛騎兵連隊、騎兵第一連隊、騎兵第一三連隊、野戦砲兵第一三連隊、騎兵実施学校の将校が各所属馬で出場(211)、馬はすべて西洋種の騸馬だった(212)。レースは、二日目と四日目に二つずつの計四、賞品は一着、二着が金盃、三着が銀盃、四日目の優勝戦には寺内陸相が一着に太刀一口、馬政局も一着に鎖付金時計、二着に金時計を交付した(213)。第一回開催の二週間前から、出走軍馬と将校たちは、池上競馬場で連日試乗練習(214)、近衛騎兵連隊は開催前日には加瀬倭武連隊長が、池上村に泊まりこんで騎手の将校たちと「しきりに練習に力を用い」てもいた(215)。各隊、イレ込んでいた。

東京競馬会開催直前の一一月一八日、近衛師団が、一三〇名の将校らによる撒紙競馬を実施(216)。青山練兵場に集合、角筈一二社付近（現・新宿区西新宿四丁目）をスタート、甲州街道を越えて福原等を経て南豊島御料地（現・明治神宮一帯）をゴールとした。そのゴールでは軍楽隊が演奏、皇太子、北白川宮成久も観覧、皇太子は「師団に金百円を賜い」た(217)。東京発行の各紙は、この撒紙競馬を大きく報じた。撒紙競馬は、撒布された紙片を探索しつつ、ゴールをめざす狐狩りを模したもので、横浜では、幕末から居留民が、ペーパーハントと呼んで好んで実施していたも

図41　「近衛師団撒紙競馬結果」

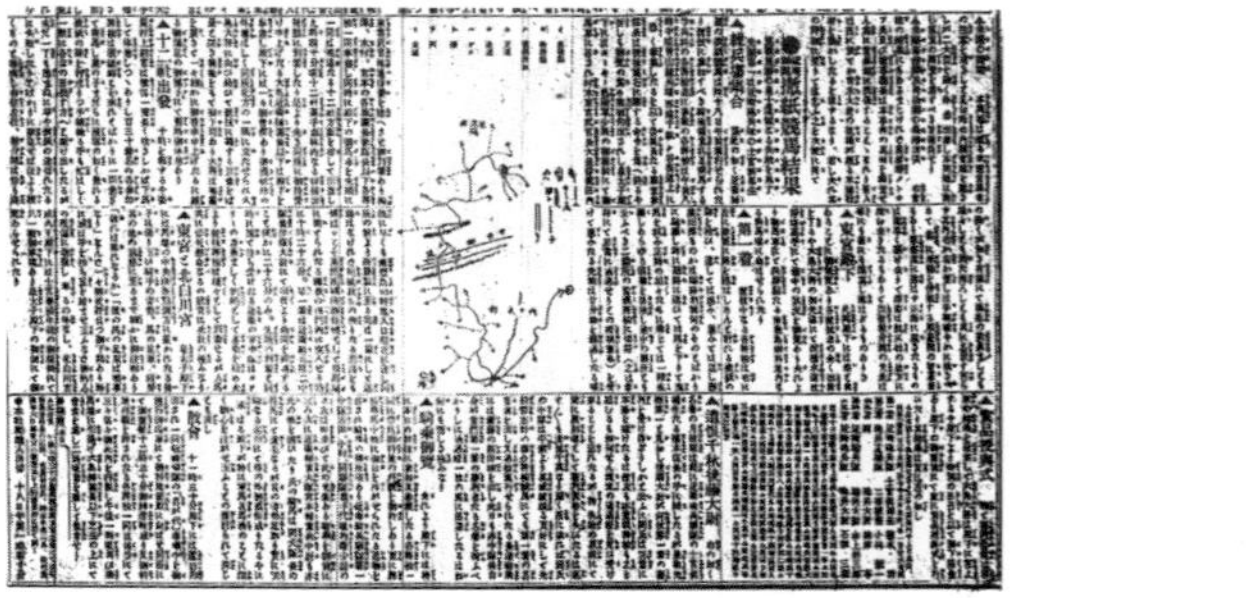

地図入りで大きく報じられている（『東京朝日』明39・11・19）。

のだった(218)。近衛師団は、東京競馬会での将校競馬を意識して実施したに違いなかった。そしてこの近衛師団の騎兵連隊将校は、東京競馬会の軍馬競走では、優勝戦では敗退するが、それまでの三レースはすべて勝つことになる。

一一月二五日、陸軍将校競馬が行われる開催二日目、早朝から出走する近衛騎兵連隊、騎兵第一連隊、野戦砲兵第一三連隊の将校たちが続々と詰めかけた。また大蔵平三陸軍中将とともに近衛旅団長大島久直陸軍大将、近衛騎兵連隊長加瀬倭武騎兵大佐も臨場した。

二日目劈頭の番外第一が将校競馬。一マイル、斤量一四五斤（約六五・八キロ）の定量、七頭立。騎乗の将校は、カーキ色の軍服軍帽で、色襷を掛ける週番将校のスタイルだった。一番人気は近衛騎兵連隊の近丸、騎乗の富岡少尉は「馬上の達者と知られ」ていた(219)。スタートがよかった狭岡が先行、道中二番手を進んでいた近笑が、三コーナー付近で仕掛け、狭岡を交わし、三馬身差をつけて勝った。騎手林中尉、勝時計二分一五秒八〇、配当三七円。二着狭岡、騎手四條中尉、三着近丸、騎手富岡少尉であった。三頭ともに近衛騎兵連隊所属、この一～三着独占に、加瀬近衛騎兵連隊長は喜び、林中尉万歳、連隊万歳を唱えたという。ちなみに二着の四条中尉は、侯爵四条隆愛、貴族院議員、隆愛は創業資金一口五〇〇〇円を出した東京競馬会員、この年、徳川慶喜の第一〇女糸子と結婚していた(220)。

第四レースの後が番外第二の将校競馬、一マイル、斤量一四五斤（約六五・八キロ）の定量、六頭立。梅風が六馬身差をつけて楽勝、騎手内藤少尉、勝時計二分一三秒七〇、配当二六円五〇銭。二着近崎、騎手戸田少尉、一馬身差の三着が谷夏、騎手太田少尉だった。ここでも近衛騎兵連隊が一、二着。三着の谷夏が野戦砲兵第一三連隊所属。一番人気は近衛騎兵連隊の近津、騎手山地少尉だったが、出足がつかず、そのまま敗退した。この日、平服の武官達は、大いに馬券を買っていたという。

そして四日目、劈頭が、番外第三、将校競馬、一マイル、斤量一四五斤（約六五・八キロ）の定量、二日目の三着以内の馬は出走不可、七頭立。勝ったのは、向う正面残り半マイルあたりから仕掛けた初歴、騎手清岡中尉、勝時計二分二四秒二〇、配当二一円五〇銭。二着松花江、騎手石堂少尉、三着三碩、騎手牧野少尉。勝時計も遅く低レベルの一戦だった。ここでも一着は近衛騎兵連隊、二、三着が騎兵第一連隊。ここまで近衛騎兵連隊の三連勝だった。ちなみに清岡中尉は竹田宮恒久の御附武官、ゴールの際、「右手を上げて帽を取り馬見場に向って軽く敬礼を」する余裕を見せるほどの楽勝だった[221]。

第四レースの後が優勝戦の番外第四競馬。一マイル、斤量一四〇斤（約六三・六キロ）、これまでの一着馬一五五斤（約七〇・四キロ）、二着馬一五〇斤（約六八・一キロ）、三着馬一四五斤（約六五・八キロ）、一〇頭立。一番人気は、二日目番外第二将校競馬を勝っていた梅風、内藤少尉騎乗。二番人気は近筈、二日目一番人気で敗れていた近津が三番人気。アナの発売枚数は、梅風一三六〇、近筈七四三、近津二〇〇余[222]。先行したのは野戦砲兵第一三連隊所属の谷夏と二日目一番人気で敗れていた近津、だが近津は二日目に続いてここでも道中で脱落、谷夏がそのまま逃げ切った、騎手太田少尉。内藤少尉騎乗の梅風もよく追い込んできたが、一五五斤の斤量が応えたこともあって届かず二着に終わった。ここまで三連勝していた近衛騎兵連隊の初の敗戦、それも優勝戦だった。この予想外の結果に場内はどよめいた。勝時計二分一一秒、谷夏は六番人気、アナの総発売枚数三三四五枚中の一五九枚、配当九四円五〇銭。この開催、ここまでの最高額だった。三着は近衛騎兵連隊の狭岡、騎乗は四条中尉だった。梅風以外の斤量は、谷夏と近津が一四〇斤、狭岡一五〇斤。

図42 「競馬場裡の逸物 梅風 騎手四条中尉（内藤少尉の誤り）」

（『中央』明39・12・1）

表彰式には、寺内陸相と曾禰馬政長官が立ち会い、東京競馬会会長加納久宜から太田少尉に寺内陸相寄贈の軍刀一口及び馬政局賞典の鎖付金時計一個、二着の内藤少尉にも馬政局賞典金時計を授与、ついで加納の発声で「天皇陛下の万歳を三唱」、優勝の記念として太田少尉と谷夏の写真が撮影された。この将校競馬は、翌年春季開催からは障碍レースとして実施されるが、部隊間の競争心に火が付き、つづく博覧会記念開催では紛糾を生じるほどヒートアップすることになる。

この第一回開催の有料入場者数は、初日一等一九四人、二等一〇六二人、二日目はその一・五倍の一等四二五人、二等一四三一人、三日目は一等三八二人、二等一三八二人、計一七六四人と二日目並だったが、四日目一等六四八人、二等二〇七二人、計二七二〇人、四日間計七五九六人と伸びを見せた[223]。この有料入場者の他に、会員、招待客も含めた入場者総数は一万五五〇〇人[224]。この入場者の伸びは、取締もないことが明らかになり白昼公然と賭博ができる、人々の馬券に対する興味が高まっていたことに照応したものでもあったに違いなかった。その馬券売上は、先にふれたように二日目までの売上は、初日一一万六六一〇円（アナ六万六八一〇円、ガラ四万九八〇〇円）、二日目は初日の二倍となって二二万三六一五円（アナ一三万六一五円、ガラ九万三〇〇〇円）、三日目は二四万五九〇〇円（アナ一三万二九五〇円、ガラ一一万二九五〇円）と二日目より二万円の微増だったが、これが四日目は三五万六六二五円（アナ二一万二二二五円、ガラ一四万四四〇〇円）と二日目の一・六倍、初日の三倍に伸びていた。各日の売上の傾向は、先にふれた根岸と同じ動きを示した。四日間の総額は九四万二七五〇円、この数字は東京朝日新聞などの新聞を参照したものだが、これに対して東京競馬会の記録によれば、売上高はこれを少し上回る九六万円[225]。「横浜の玄人連と唱える先生等は、多くて六〇万円位の見当」に対して安田は、一〇〇万円を「内心理想」としていたが[226]、ほぼそれが実現したことになった。ちなみに安田によれば、売上げを伸ばすために、その発売状況を見て締切時間を「加減」して、当局から注意を受けたという[227]。後の明治四一年春季開催の約二〇二万円に比較するとその半額に過ぎなかったが、それでも、明治三九年度の国家予算が約五億五〇〇万円、予算規模、内容、経済状況は異なるが、現在（二〇二〇年度）を一〇二兆円[228]として、第一回の売上高九六万円を単純に換算すれば一七八〇億円に相当する。封じ込められていた賭博のエネルギーが一挙に解き放たれた観があった。

入場者総数一万五五〇〇人として観客一人平均購買額約六二円、一レース平均発売金額約二万五九四五円強。発売等を請け負ったイートン・プラット商会に三割の手数料[229]を支払った後の馬券発売手数料実収入が六万七二五〇円、

図43　「最終の競馬会」

将校競馬の勝馬、騎手、また豪州馬のチャンピオンレース、ヒタチが敗れてパトリシアが勝ち波乱となった第八レースの番狂せが強調されている（『中外商業』明39・12・3）。

その他の収入は、出馬登録料三八七五円、入場料一万六七一五円、出馬登録料三八七五円、レース番組売上一〇三六円、その他、創業資金払込金一九万円を別として、抽籤馬売却金八一三六余円等をあわせると収入総額は九万九九二一余円に上った[230]。東京競馬会にとって、第一回開催は金銭的に成功、もっといえばぼろ儲けであった。この収入を東京競馬会は、ボーナスというか関係者にばらまいた。まず東京競馬会発起の賛成者清浦奎吾、曾禰荒助、藤波言忠、大蔵平三、酒匂常明の五人に二〇〇円ずつ、また理事一二人に二五〇円ずつ、そして松平容大へ七〇〇〇円、馬政局員の増田熊六、広沢弁二、丹下謙吉、三浦清吉の四人に二〇〇円ずつ、常議員二二人に五〇円ずつ、その常議員の内の宮内省御厩課調馬師木村介一には競馬会の設立に参画、設立後は「手記」として運営を担ったことで三〇〇円の計六六〇〇円、書記雇員等に一三七〇円、あわせて計一万四〇〇〇円[231]。さらに一口五〇〇円の創業資金を提供した会員へも贈与報酬金二万八五〇〇円を分配、また地元小学校、養育院、盲唖院、赤十字、廃兵院、体育会等へ四〇〇〇円を寄付した[232]。それでも収支剰余金の二割の一万三〇一〇余円が積立金、繰越金として九五四一円が残った[233]。開催後、株式市場では東京競馬会の一口五〇〇円の「出資券」を二一〇〇円位なら

表５　有料入場者数

| | 11月24日 | 11月25日 | 12月1日 | 12月2日 | 計 |
|---|---|---|---|---|---|
| 一等 | 194 | 425 | 382 | 648 | 1,649 |
| 二等 | 1,062 | 1,431 | 1,382 | 2,072 | 5,947 |
| 計 | 1,256 | 1,856 | 1,764 | 2,720 | 7,596 |

（前掲『東京競馬会及東京競馬倶楽部史』第２巻、41頁）

表６　馬券売上高

（単位：円）

| | 11月24日 | 11月25日 | 12月1日 | 12月2日 | 計 |
|---|---|---|---|---|---|
| アナ | 66,810 | 130,615 | 132,950 | 212,225 | 542,600 |
| ガラ | 49,800 | 93,000 | 112,950 | 144,400 | 400,150 |
| 計 | 116,610 | 223,615 | 245,900 | 356,625 | 942,750 |

（「東京競馬会（初日午後の分）」『東京朝日』明39・11・25、「東京競馬会（午後）」『東京朝日』明39・11・26、「競馬の賭」『東京朝日』明39・12・2、「競馬雑観」『東京朝日』明39・12・3より作成）

ばいくらでも引き受けるという声があがっていたという(234)。

　この成功を受けて、東京競馬会は、一二月八日、新橋烏森の湖月楼で京浜の各新聞の記者を招いて「晩餐会」(235)、また日付は不明だが、前農商務大臣清浦奎吾、農商務次官和田彦次郎、馬政局次長藤波言忠を来賓として招待して芝の紅葉館で慰労の宴会も開いた(236)。この席で、藤波が、酩酊して「余り穏やかならぬ演説をした」という。おそらく、次々と競馬会を認可したいという趣旨であったのだろう、これに対し清浦が、「競馬が盛んになるは宜しきも、余りに之を濫許、盛んならしめるのは、却って他日禁止の已むを得ざるような状態にならぬとも限らぬ、政府の監督者は勿論のこと、競馬の関係者は総ての人が余程慎重に真面目に競馬に当たらなければ、悔いても及ばざるが如きことがあるかも知れないから、十分の用心を願いたい。即ち勝って兜の緒を締めよ。という意味の」ことを述べたという。実際にこのように語ったかは置くとしても、この日の清浦の言葉を、これから待受けている競馬の運命を予言する、「極めて荘重な警告的演説」であったと安田が後に記憶するようになっていたことは確かだった。

　そして競馬に厳しい運命が待ち受けていることを予兆するかのように、この東京競馬会第一回開催を終えて、司法部も取締の姿勢を強め、新聞も非難へとその論調を変え、貴族院も反馬券の姿勢を明らかにするようになった。司法部、各新聞、貴族院などにとって、先にふれたような驚異的な額が飛び交う状況は社会、風教紊乱の現出として放置できないものに映った。騒ぎは起こっていなかったが、馬券という制御不能なエネルギーに慄いたといってもよかった。彼らにとって、競馬場は、たった一回だけの開催で、馬への愛を育む馬匹改良の場ではなく、馬券が狂乱する賭博場としての悪所性が露出した空間に他ならなかった。

## 4　静岡の馬券黙許

静岡県では、明治四一（一九〇八）年四月一八日付で、藤枝競馬倶楽部が馬券発売を黙許される社団法人として馬政局から認可を受けたが(237)、第一回開催を行う前に同年一〇月五日の馬券禁止を迎えてしまう。ところが同県では、明治三九年一二月から明治四〇年七月にかけて、県が馬券を「合法化」したのを受けた開催が行われていた。先述したように静岡では、明治一〇年代から各地で競馬会が組織され、開催が続けられており、競馬熱が高かった。東京競馬会が認可され、関八州競馬会も開催されるなど、馬匹改良を目的として掲げれば、競馬場の賭け（馬券）は黙許されるとの認識の広がりに、県は敏感に反応した。私の知る限り、全国で唯一のケースであった。今から振り返ってみると、第二次世界大戦後、都道府県が「条例」を定めて、地方競馬法が施行される昭和二一（一九四六）年一一月までの間、いわゆる闇競馬を「合法化」した先例になっていた(238)。

静岡県は、明治三九年四月二七日付で競馬場取締規則を公布、施行した(239)。ちなみに東京競馬会の認可はその三日前の二四日。規則そのものは、以下のように、競馬場のコースの長さ、幅員、柵などの施設の条件、主催者などの届出を盛り込んだものだった。

静岡県令第二九号
競馬場取締規則左の通相定む
明治三九年四月二七日　静岡県知事　李家隆介

競馬場取締規則

第一条　競馬場を設けんとする者は左の事項を具し所轄警察官署の許可を受くべし

一　設備の場所、事務所、馬見所、厩、馬繋所、馬場出入口等の位置（構造仕様書を添付）を示せる図面添付

二　馬場の長、幅及形状

設備の場所他人の所有地なるときは其承諾書寫を添付又は地主の連署を要す

第二条　馬場は円形又は楕円形とし幅五間長八間以上を有し其の構造左の制限に依るべし

但し土地の状況により構造制限を斟酌することあるべし

一　馬場の内外側に高さ四尺以上にして角或は丸太（角材なれば四寸以上、丸太なれば末口五寸以上）にて送り三尺間掘立二尺以上笠木四寸角二つ割胴貫腰貫は大貫以上を用いたる木柵を設くべし

二　柵の高さ及其の堅牢前項と同等以上なるに於ては木材以外の材料を以て構造するも妨げなし

三　馬場の出入口は馬の逃走を防ぐに充分なる装置を為すべし

第三条　本庁は特殊の事由且つ土地の状況危険の虞其他の取締上差支なしと認むる場合は前条の構造制限に拘らず臨時の競馬馬場を許可することあるべし

第四条　競馬は許可を受けたる馬場にあらざれば挙行することを得ず

第五条　競馬を挙行せんとする者は催主より日時場所会規及役員の住所氏名並に其の担当役務を前日までに所轄警察官署へ届出べし

第六条　競馬にあらずと雖も一定の場所に多数の馬匹を集合せしめ亦集合せんとする場合は左の区別に依り集合の事由日時場所及集合して為すべき行為を詳具所轄警察官署へ届出べし

但し集合の目的馬匹の治療にあるものは此限りにあらず

一　催主ある者は催主
二　催主なき者は場所の所有者又は管理者
第七条　参観人は競馬場の柵に登り又は寄り掛ることを得ず
第八条　警察官署は風俗を害し又は危険の虞其の他取締上必要と認むるときは競馬又は馬匹の集合を停止することあるべし
第九条　第五条第六条に違背したる者は之を停止し其催主催主なき者は場所の所有者にして管理人の定めあるものは其の管理人を一日以上十日以下の拘留又は五銭以上一円九五銭以下の科料に処す

このように、どこにも馬券発売を認可するとは記されてはいなかった。だが県の意図は、この規則の条件を満たせば、馬券の発売を「黙許」するところにあった。このことは、少なくとも愛知県でも「静岡県の如きも競馬取締規則を設けて之を公許し」というように認識されていた(240)。

この規則に基づくものとしては、富士郡の富士競馬倶楽部が、同年一二月八日から四日間、鈴川競馬場（現・富士市鈴川西町）で実施したものが嚆矢となった。富士競馬倶楽部の理事長は静岡県産牛部組合長の牧野佳四郎(241)。富士郡は、郡内に十数ヶ所の競馬場が存在していたが、この「競馬場取締規則」に対応すべく、その内の鈴川競馬場を認可競馬場として他の大淵、水久保、北山、西山などの廃止を決定、一〇月末頃に、同場の拡張、改修に着工した(242)。富士競馬倶楽部は、明治二六年に、鈴川に「楕円形にて長八町余」のコースを設置、それ以降、春秋の開催を続け(243)、この明治三九年四月七、八、九日にも春季開催を行っていた(244)。そしてこの富士競馬倶楽部を含む静岡のグループは、五月上

図44　「競馬取締規則」

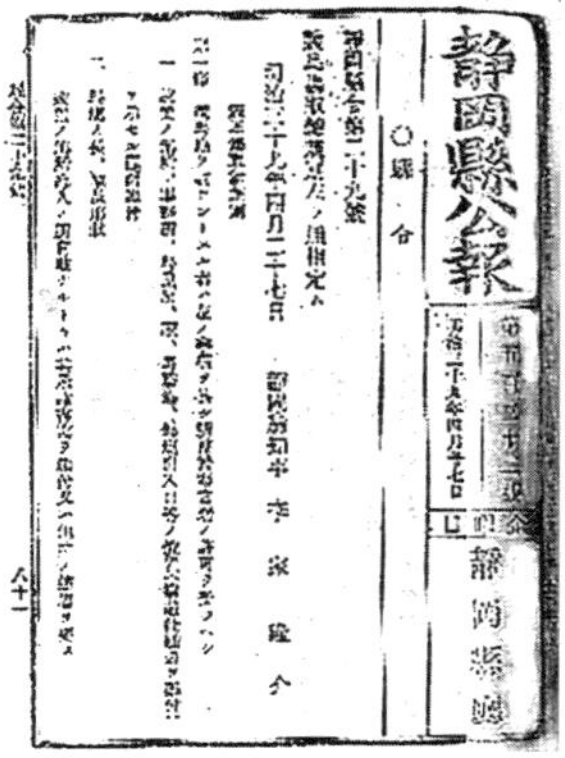
静岡縣公報

（『静岡県公報』第522号、明39・4・27、静岡県立図書館蔵）

野不忍池で開催された関八州競馬会、上野競馬会に参加、多くの勝鞍をあげ、後者では運営の中心を担っていた（第1章第4節）。

鈴川は、旧東海道吉原宿から距離があったが、明治二二年東海道線の開通とともに鈴川駅（現・JR吉田駅）が設置され、東京方面からも交通至便となった(245)。当時の鈴川地区は、田子の浦、富士山を望む青松白砂の地で、東京の財界人や役者の別荘地としても知られていた。

馬券発売が「公認」された富士競馬倶楽部第一回開催は、一二月八日（土）からの四日間(246)。東京競馬会第一回開催終了から中五日であったが、その出走馬のうち一〇数頭が鈴川に遠征、また騎手も参戦した。そのなかには、九月の北海道乗馬会の内国種のチャンピオン馬マツカゼが含まれ、同馬は池上でも初日カツラ・ヒウン一着同着の三着、二日目ハコダテの二着、アイオイの二着、三日目カツラの三着のあと一着、四日目優勝戦ハコダテの二着と力を見せていた。また池上で初日カツラ・ヒウン一着同着の着外、二日目アイオイの着外、三日目マツカゼの着外、四日目撫恤戦キンカザンの二着と未勝利に終わっていたフガク、そして四日間ともに三着以内に名を出していなかったシズハタも含まれていた。この二頭ともに静岡畜産界の重鎮浜村理平の持馬だった。

レースの記録が残されているのは初日だけだが、その初日の賞金とレース数は、一等二〇円、二等五円が三レース、一等五円、二等二円が二レース、一等三〇円、二等六円、一等三五円、二等七円がそれぞれ一レース、その他番外二レースだった。マツカゼがその力を見せ、一等三〇円と一等三五円の二勝をあげ、またシズハタも一等二〇円の二つのレースを勝った。観客は、「初日の事ゆえ」少なく一〇〇〇余人だったという、来賓として李家知事、後藤富士郡長、警部、警察署長、県会議員らが臨場した。この一二月から一月にかけて、東京周辺では、深川、千住と馬券発売の競馬会は禁止に追い込まれていたが（第4章第3節）、静岡での発売は「合法」だった。

ついで年が明けた一月一八日（金）から四日間開催した磐田原競馬会であった。磐田原競馬会は、明治三二年、大庭平太郎が発起、主宰し、磐田原競馬場（現・磐田原工業団地）でここまで春秋二季の開催を積み重ねてきていた(247)。

明治三三年一〇月開催には、二日目小松宮彰仁、三日目時の司法大臣清浦奎吾が臨場、二人ともに大庭との親交があったという。大庭は、東海道筋一番ともいわれる侠客、馬好きは広く知られ、関八州競馬会、上野競馬会で活躍、池上第一回開催四日目撫恤戦ではあったが勝鞍をあげたキンカザンを所有していた(248)。なおキンカザンは先の富士競馬倶楽部の開催は病気を理由に不出走だった(249)。

図45

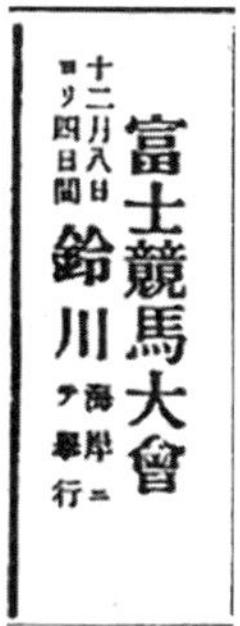
富士競馬大會
十二月八日ヨリ四日間 鈴川海岸ニテ擧行

馬券発売に関しては広告していない（『静岡民友』明39・12・6）。

この磐田原競馬会も、規則施行を受けて、競馬場の一周を八町（八七二メートル）から九町（約九八二メートル）余に拡張するなど、改修工事を行った(250)。幅員は八間（一四・五メートル）。馬見所も仮設だったが、甲三間（五・五メートル）、乙十五間（二七、三メートル）に九尺（二・七メートル）、丙八間（一四・五メートル）に二間（三・六メートル）の三棟が建てられた。

この開催に向けて磐田原競馬会は、名誉会頭に、見附（現・磐田市）在住の男爵赤松則良（後備役陸軍中将）、副会頭には磐田郡長桑原楯雄（神職）を戴き、浜村理平が審判、大庭は場内取締役を務め、にらみを利かした(251)。出走馬は、静岡各地に加えて、千葉、東京、神奈川、埼玉、愛知からの内国産馬（雑種）、洋種（豪州産馬）、また実際の出走があったかどうかは不詳だが、中国産馬も出走可能だった。また時事新報社が大銀盃、静岡民友社が木盃、静岡新報社が優勝旗などを寄贈。雨天順延された四日目の二二日には各優勝戦が行われ、その内の内国産雑種馬を勝ったのが、大庭のキンカザン、時事新報社からの大銀盃一個、その他木盃一個優勝旗一旗を獲得した。騎手は、関八州、池上から引き続いて佐々木勇太郎だった。なおキンカザンは初日にも勝鞍をあげていた。

図46

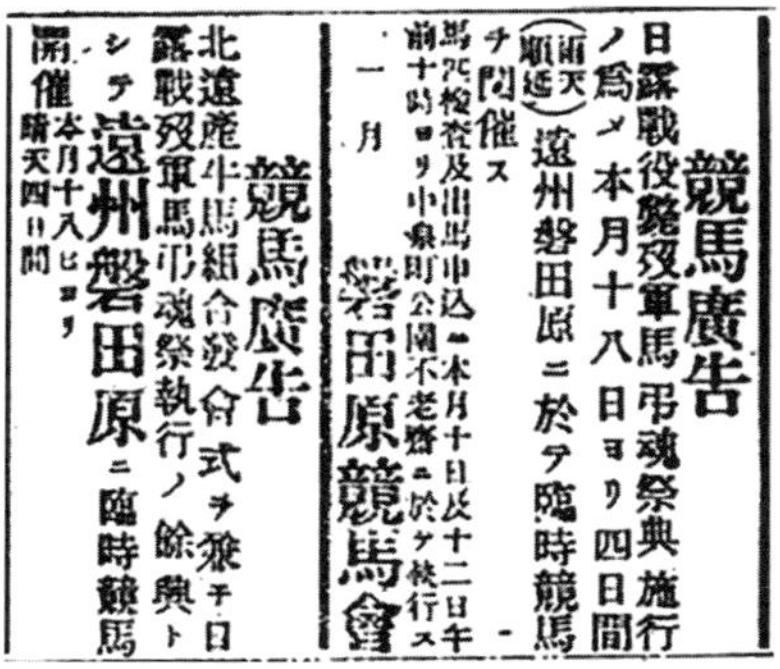
競馬廣告
日露戰役戰歿軍馬弔魂祭典施行ノ爲メ本月十八日ヨリ四日間（雨天順延）遠州磐田原ニ於テ臨時競馬ヲ開催ス
馬匹檢査及出馬申込ハ本月十日及十二日午前十時ヨリ中泉町公園不老亭ニ於テ執行ス
一月
磐田原競馬會

競馬廣告
北遠産牛馬組合發會式ヲ兼テ日露戰役軍馬弔魂祭執行ノ餘興トシテ遠州磐田原ニ臨時競馬開催
本月十八日ヨリ晴天四日間

（『静岡民友』明40・1・16）

図47　賞盃

頗る時機に適したるを喜ぶとして時事新報が寄贈した賞盃（『時事新報』明40・1・20）。

馬券は二円、五円、おそらくアナとガラの二種類だった。馬券発売の状況は、つぎのようなものだった(252)。

毎日二十回の競走あり、発馬の信号にしたる小旗の振らるるや、馬は猛然として砂塵を蹴立て、見物は狂気の如くにこれを目送す、競馬場に入れば勝った負けた取られた取ったと叫ぶ声のみ、売札、現金支払場の付近は紙幣の皺くちゃ、銀貨を鷲掴みにせるもの男女物凄しく狂気の如く奔走す、其雑沓名状すべからず。

このように公然と馬券が販売され、売上は一日平均一万余円、池上とは比べようもない少額だったが、それでも馬券発売を黙許された宮崎競馬会の明治四〇年一一月の第一回開催(第6章第10節)よりも多かった。またこの開催は、日露戦役斃歿軍馬弔魂祭典を謳っていたことで、元第一七旅団長児玉怨忠少将、第一八連隊(豊橋)第一大隊長、将校らも来賓として臨場した。磐田原競馬会の馬券発馬を伴う開催に関して、静岡民友新聞はこの一回しか報じていないが、この後も開催されていた可能性が高かった。

この間の明治三九年一二月一〇日、馬政局は、一マイル以上のコース設置、四歳以下の出走禁止、新馬の導入義務などを盛り込んだ閣令第一〇号「競馬開催を目的とせる法人の設立及監督に関する件」を布告した(253)。静岡県は、これにも対応、明治四〇年三月二九日付で競馬取締規則をつぎのように改正した(254)。

第二条中「長八町」とあるを「長十二町」と改む

第五条の次に左の二条を加え第六条を第八条に以下順次繰下ぐ

第六条　競馬には明け四歳以下の馬匹を加ふることを得ず

第七条　競馬には毎年新馬を加ふべし

従前第九条中「第六条」を「第八条」に改め更に左の十二条及付則第十三条を加ふ

第十二条　本則第一条第二条は法人の開催せる競馬会には之を適用せず

附則

第十三条　従来の馬場にして長十二町を有せざるものは明治四一年三月末日迄に延長するにあらざれば許可の効を失うものとす

閣令一〇号に準じて、「合法的」に馬券発売を継続させるためであった。第一二条は、馬政局が認可した競馬会には、この規則を適用しないということであったが、それも静岡県は「規則」に基づいて馬券発売を認めていくということが前提だった。この改正を受けて、一周九町余の磐田原競馬場も、翌年三月までの対応が求められることになった。

富士競馬倶楽部は、馬券を発売しての二回目の開催を四月一九日（金）から行った(255)。馬券が発売される競馬としては、五月からの日本レース倶楽部、東京競馬会に先立ち、春のシーズンの幕開けとなるもので関心が高かった。地元紙の静岡新報、静岡民友新聞にとどまらず、日本新聞社（木盃）、読売新聞社（銀製日本盃）、東京二六新聞社（銀製洋杯）、中央新聞社（銀盃）、都新聞社（銀巻煙草入）、東京時事新報社（大銀杯）等も賞品を提供、これらの賞品は、場内に展示、陳列された。そして開催は、初日約一万六千人、二日目二〇日（土）は雨天で一日順延されたが、その二一日（日）は約二万人、三日目二二日（月）ほぼ二日目と同様と、盛り上がりをみせた。この盛況ぶりを受けて、当初、三日間の予定だったが、一日追加された。その四日目二二日（火）の観客も、約二万人。鈴川駅前、吉原の旅館に投宿するものも多く、貸座敷料理店もにぎわったという。東海道線が利用できる交通便利な鈴川で馬券が公然と買えるならば、多くの人が集まっても不思議ではなかった。

レースは各種馬、日本産馬及中国産馬、各洋種及雑種馬、各種内外国産洋種馬などのカテゴリーに分けて編成された。各種馬と各種内外国産洋種馬はすべての馬と思われるが不詳、日本産馬は在来馬、各洋種は主に根岸の抽籤豪州

図48

第四回春季競馬四月十九日廿日廿一日三日間鈴川海岸ニ於テ舉行ス
但馬体検査及出馬投票ハ四月十五日現場ニ於テ執行ス
明治四十年四月二日
富士競馬倶樂部

（『静岡民友』明40・4・2）

図49　銀製洋杯

（『二六』明40・4・17）

図50

競馬開催
七月一、二、三、四日
鈴川海岸ニ於テ舉行ス
但馬体検査及出馬投票六月廿五日現場ニ於テ施行ス
富士競馬倶樂部

（『静岡民友』明40・6・20）

図51

競馬開催
東海道鈴川海岸に於て
七月一、二、三、四の四日間舉行
但馬体検査及出馬投票は六月廿五日現場に於て行ふ
駿河富士
富士競馬倶樂部

（『中央』明40・6・25）

産馬、雑種馬は在来牝馬にトロッターやアラブなどの種牡馬を交配して生産された馬。当時の競走馬事情から推測すると、在来馬及び雑種の内国産馬がほとんどだったと思われる。賞金は、高いもので一着六〇円、二着一五円、一着五〇円、二着一二円、その他は一着一〇円、二着三円。祭典競馬よりは高かったが、日本レース倶楽部、東京競馬会にはるかに及ばないものではあった。とはいえ、出走馬は六〇余頭、静岡だけでなく、横浜、東京、千葉、山梨、北海道からの遠征馬もいた。そのなかには、明治一〇年代以降日本レース倶楽部で名騎手として名を馳せていた神崎利木蔵の持馬も含まれ、三日目に勝鞍をあげ、東京二六新聞社寄贈銀製洋杯を獲得、また浜村理平の馬も勝鞍をあげた。この開催の馬券発売に関しては、何の取締も行われず賭事が公行されていると東京や関西にも伝わっていた(256)。

そして七月一日（月）、二日（火）、三日（水）、四日（木）の開催だった(257)。四月下旬の開催から、五月日本レース倶楽部春季開催、東京競馬会春季開催、東京博覧会記念開催をはさみ、この後の七月一三日からは、川崎の京浜競馬倶楽部の第一回開催がひかえていた。この第三回開催の様子はほとんど報じられていないが、開催中は、京浜間からも多くの観客が訪れ、賭けもにぎわったようである。なお日本レース倶楽部、東京競馬会からは、この開催への出走を禁止する圧力がかけられたが(258)、四月に続き神崎利木蔵、浜村理平らが参戦、勝鞍をあげた。ちなみに秋のシーズンからは、「根岸川崎池上の公認競馬場に出場せる馬匹にして他の非公認競馬場に出でたる場合は会員の馬匹と雖も出場するを得ざる事」になる(259)。

規則に基づいて開催を行った倶楽部は、この富士競馬倶楽部、磐田原競馬会の他にもあったようである。たとえば掛川二瀬川競馬倶楽部は、取締規則での公認の開催を、四月三日から四日間、また五月二六、二七の二日間行い、六月には、規則の改正に対応して、従来の二瀬川競馬場では不完全と、同村西に長さ一マイル、巾七間の新競馬場建設に着工してもいた(260)。

だが静岡県による馬券の「合法化」も終わりの日が近づいていた。前年明治三九年一一月の第一回の東京競馬会の開催後、馬券の規制をめぐって、司法と内務、馬政局側との緊張が高まり、同年一二月以降は、東京及び神奈川の非公認の馬券発売を企図した競馬会は禁止された。だが静岡県は、明治四〇年四月条例を改正して、馬券黙許継続の姿勢を示した。これに五月の東京競馬会の開催に対しても摘発の可能性を示唆した司法部が、静岡県への馬券発売禁止の圧力を強め、また認可をした競馬会の馬券黙許を守りたい馬政局も静岡県へ条例撤廃を求めたに違いなかった。この圧力を受けて、静岡県は、八月一六日付で競馬取締規則の廃止（明治四〇年八月一六日付静岡県公報第六一八号）を余儀なくされた(261)。

図52　「本県競馬全廃」

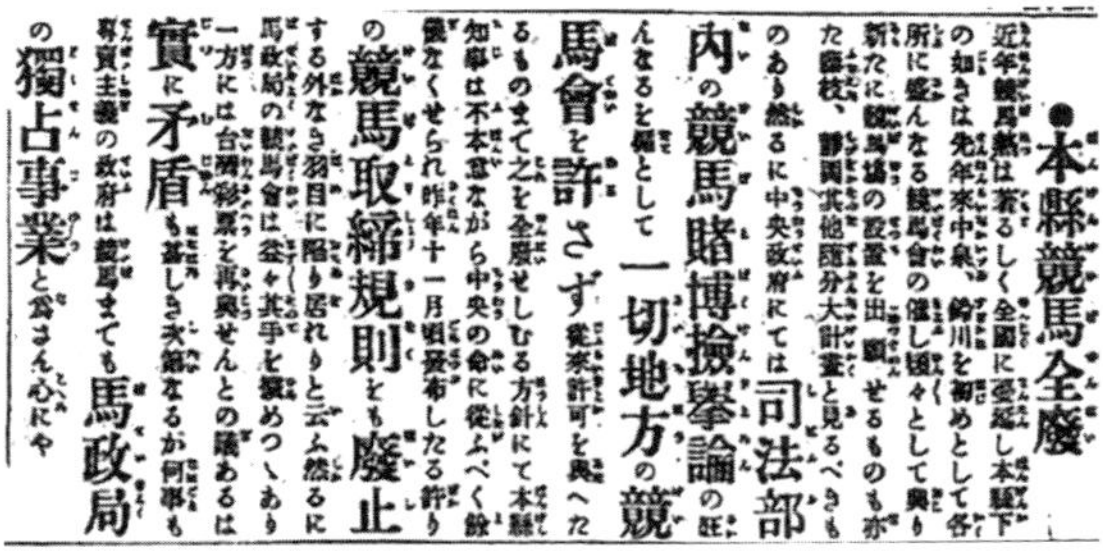

●本縣競馬全廢

近年競馬熱は著るしく全國に蔓延し本縣下の如きは先年來中泉、鈴川を初めとして各所に盛んなる競馬會の催し頻々として興り新たに競馬場の設置を出願せるものも亦た藤枝、靜岡其他隨分大計畫と見るべきものあり然るに中央政府にては司法部內の競馬賭博撿擧論の旺んなるを楯として一切地方の競馬會を許さず從來許可を與へたるものまで之を全廢せしむる方針にて本縣知事は不本意ながら中央の命に從ふべく餘儀なくせられ昨年十一月發布したる許りの競馬取締規則をも廢止する外なき羽目に陥り居れりと云ふ然るに馬政局の競馬會は益々其手を擴めつゝあり一方には台灣彩票を再興せんとの議あるは實に矛盾も甚しき次第なるが何事も專賣主義の政府は競馬までも馬政局の獨占事業と爲さんとにや

司法部が条例廃止に追い込んだことを批判している（『静岡民友』明40・8・15）。

その結果、静岡県でも合法的に馬券発売を行うには、馬政局の認可を受ける以外に道がなくなった。富士競馬倶楽部も磐田原競馬会も、規則廃止必至とみてそれ以前から認可に向けての準備を進めていた。また静岡県では、この二倶楽部とは別に、馬政局へ馬券発売を黙許される社団法人としての認可を申請しようとするグループも存在していた。規則が廃止されたこの八月の時点で馬政局へ申請を行っていた、あるいは行おうとしていたのは、五団体に及んでいた。これらが合同して藤枝競馬倶楽部として馬政局から認可を受けたのは、冒頭にふれたように、翌明治四一年四月一八日、だが第一回開催を行う前に同年一〇月五日の馬券禁止を迎えてしまうことになった。

# 4 東京競馬会第一回開催を受けて、ガラの禁止

## 1 新聞の論調の転換

東京競馬会第一回開催の売上約九六万円は、明治四一年春季開催の約二〇二万円(1)と比べると、半額以下に過ぎなかったが、それでも、先述したように現在と当時の国家予算との比較で、単純に計算すれば、一七八〇億円に相当した。神戸の新聞は、「目下帝都は競馬熱に沸え返り居れり」と報じた(2)。この驚異的な額が飛び交った光景は、各新聞、そして司法部にとって、放置できない社会、風教紊乱の現出に映った(3)。司法部は取締に向けて介入の姿勢を強め、各新聞は馬券を激しく攻撃することになった。たとえば東京朝日新聞の明治三九年一二月一四日のつぎの社説「射倖投機の風」だった(4)。

一たび池上競馬に賭博を黙許してより競馬会を計画するもの各地方に相継ぐ、皆競馬に委託して賭博を公帳せんとするものなり。抑射倖投機は人の最も喜ぶ所にして、法禁の厳なるも尚且つ之を潜らんとす。然るを有司が

図１　「公開賭場の盛観」

3日目の馬券の売行きを「公開賭博の盛観」として報じている（『都』明39・12・2）。

図２　「賭場の大混雑」

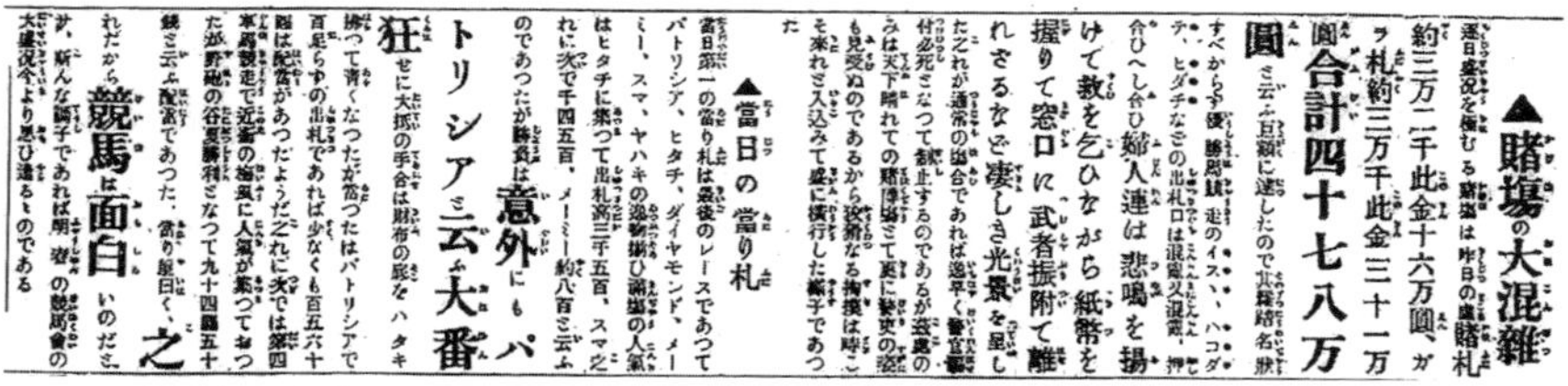

▲賭場の大混雜

連日盛況を極むる競馬は昨日の賭札約三万二千此金十六万圓、ガラ札約三万千此金三十一万圓合計四十七八万圓と云ふ巨額に達したので其雜踏名狀すべからず、イス、ハコダテ、ヒタチなどの出札口は混雜又混雜、押合ひへし合ひ婦人連は悲鳴を揚げて救を乞ひながら紙幣を握りて窓口に武者振附て離れざるなど凄しき光景を呈した之れが通常の場合であれば逸早く警官が駈付必死となつて制止するのであるが茲處のみは天下晴れての賭博場とて更に警吏の姿も見受ぬのであるから狡猾なる掏摸は時こそ來れと入込みて盛に橫行した樣子であつた

▲當日の當り札

當日第一の當り札は最後のレースであつてパトリシア、ヒタチ、ダイヤモンド、メーミー、スマ、ヤハキの強物揃ひ滿場の人氣はヒタチに集つて出札高三千五百、スマ之れに次で千四五百、メーミー約八百と云ふのであつたが勝負は意外にもパトリシアと云ふ大番狂せに大抵の手合は財布の底をハタキ拂つて淸くなつたが當つたはパトリシアで百足らずの出札であれば少なくも百五六十圓は配當があつたようだ之れに次では第四事局競走で近頃の海風に人氣が集つておつた野砲の谷夏勝利となつて九十四圓五十錢と云ふ配當であつた、當り屋曰く、之れだから競馬は面白いのださ、オイ、斯んな調子であれば明春の競馬會の大盛況今より思ひ遣るゝのである

4日目の売上高と大番狂せを報じている（『中央』明39・12・3）。

之を黙許するのみならず、寧ろ或は慫慂せんとするの風あるを以て、人々相競うて此に赴く、怪しむを須ひざるなり。今度の戦争に依りて欲揚したる民心は尚未だ鎮まらず。社会の風気渾て堅実の趣致を欠き、最も投機熱に激し易きの時、現に昨今新事業の計画、株式の応募等、其徴証の歴然たるもの有るを見るに当り、競馬に依りて最も手近く最も熱烈に人の射倖心を激成するは、民情風俗の陶冶上、決して好ましき事にあらず。或は馬匹改良の為めには、多少の弊も忍ばざるべからずと云う。愚言唾棄すべし。馬の為めには良風美俗を犠牲にせんとするか。滑稽至極の沙汰なり。既に政府は馬匹改良を重しとし、馬政局を設け、堂々百万円の経費を配せり。然も一方には国民の子弟にして学ばんとすれども、其学舎なきに苦しむもの有り。而して又競馬の為めに多年行政上の労苦を以て僅かに匡養した良風俗をすら敢て破らんとす、馬が人より

図３　社説「射倖投機の風」

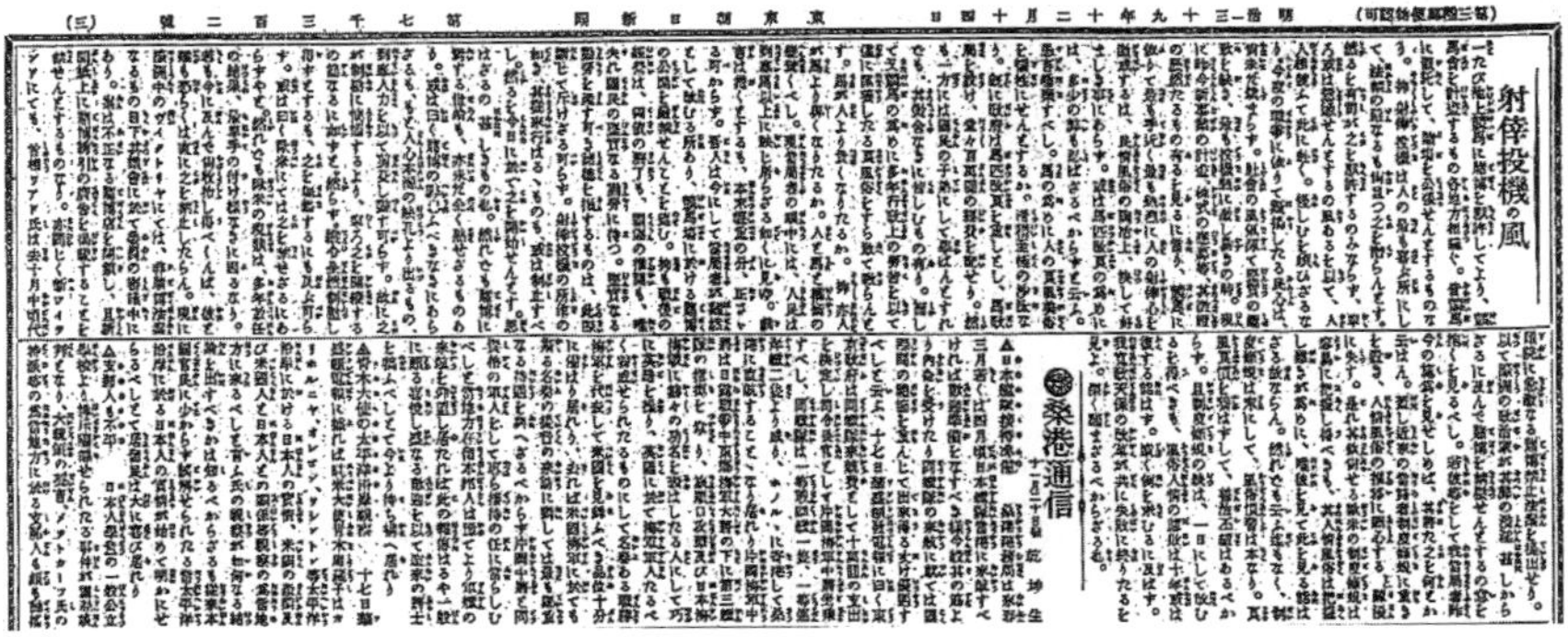


（『東京朝日』明39・12・14）

貴くなりたるか、抑亦人が馬より卑しくなりたるか、人と馬と権衡の変驚くべし。現当局者の眼中には、人民は到底馬以上に映じ居らざる如く見ゆ。戯言は措くとするも、本末軽重の分、正さざる可からず。吾人は今にして当局者が翻然として改むる所あり、競馬場に於ける賭博の公開を厳禁せんことを望む。抑も戦後の経営は、国債の済了も、国運の推開も、唯夫れ国民の堅実なる勤労に待つ。堅実なる勤労を産す可き諸徳を損するものは、此際断じて斥けざる可らず。射倖投機の所作の如き、其従事行はるるものも、或は制止すべし。然るを今日に於て之を開始せんとす。思わざるの甚しきもの也……

東京朝日新聞は、東京競馬会の設立に関して、五月一六日の東京競馬会の披露会における増田少佐の演説を五月一八、一九、二一、二二日と「競馬の話」として掲載、また開催前には詳しい紹介記事も掲載、そして開催も四日間ともに好意的に詳細に報道した。それが開催後は一変、強い危機感からその禁止を求めたのがこの社説であった。東京、大阪ともに朝日新聞は、明治四一年一〇月の馬券禁止まで激しく反競馬、馬券キャンペーンを続けることになるが、その開始を告げるものだった。

そして朝日新聞に勝るとも劣らない反競馬のキャンペーンを展開し、のちに馬券禁止を自らが先鋒として世論を喚起し、政府に迫った結果と自賛することになる東京日日新聞もつぎのように論じた(5)。

図4　社説「射倖心の挑発」

（『東京日日』明39・12・6）

……競馬会を以て尚武の風を助長し及馬匹改良に資する所以の道なりと為すに至ては世間未だ之を怪まざるが如きも、吾曹を以て見れば其牽強付会説にして取るに足らざるを笑わずんば非ず……要するに競馬会の流行を企図し及勧奨するが如きは其理由とする所の美なるが為めに往々にして人を過るものあり、反面に於て国民の射倖心を煽動挑発するの機会と為りて、其国民の精神、道徳及風俗を残賊すること尠少ならざるを不可として之を戒飭せざるべからず……競馬会の流行は啻に京浜に於けるのみならず、全国至る処の各都市に及ばんとし、或は資本金を募集して会社組織に近からしめんとするものあらんとす。其弊の極まる所太甚しきにあらずや。然も此の如き会社組織は政府の当然許可すべからざる所にして又許可し得ざる所、若し其理由とする所の美なるが為めに之を許可するの余、吾曹は之に伴う弊害の相継いで起らんことを虞ずんば非ず。

かつて日露戦争前は、「社会正義」を掲げ都下最大の発行部数を誇り(6)、山手の読者が中心だった(7)東京二六新聞も、つぎのように危機感を表した(8)。

……(前半期と変わって、明治三九年の)後半期に入りてよりは全然面目を異にして来りて戦後の僥倖心を煽動する投機的事業熱の勃起を見るに至れリ。南満株の盛況を始めとし水力電気の競興其他各種企業家の名を繰返されはては富籤、競馬等に著しく民心の浮動せるを証拠立てられ、今や一攫万金の徒、時を得顔に群衆に揚色あり。何の自覚ぞ、何の文明ぞ、戦勝国に免れ難き軽佻菲薄の風は滔々として既に思想界を圧し来る、これ将に大に将来の進運を念とするものの熟慮すべき所なり……戦後の第二年、秕政多き年、内閣の苦悶したる年は斯くて民心功利の欲念に駈られつつ暮れんを、敢て希望を来春に懸けて洋々春海の如してふ常套語を今更に事新しく付記するまでもなかるべし。

ちなみにここにふれられている富籤とは台湾彩票のこと、一枚五円で一等五万円、公式には台湾、中国向けとされ国内での売買は違法であったが、一〇月に第一回が発売されると、黙許状態となり、その七〜八割が国内で流通するといった熱狂を巻き起こしていた（第5章）。先に紹介した東京日日新聞の社説も、競馬とともに台湾彩票を「国民の精神、道徳及び風俗に及ぼす悪影響に至ては枚挙に遑あらず」と非難の俎上にあげていた。

日露戦後、戦時中の緊張感、国家、社会への一体感が霧散し、体制のタガが緩み、社会も弛緩して様々な欲望が蠢き、人心は荒廃、悪化し、社会全般に軽佻浮薄、利己主義、個人主義的風潮が拡散しているかのように見える状況になっていた(9)。戦後というのは、政治、社会のあらゆる面にわたって弛緩、あるいは頽廃が起こり、その雰囲気を抜け出すまでには、相当な時間を要するものである。とりわけ日露戦争のように、日本の国運を賭け、敗戦する可能性も含めてその行く末も見通せなかった戦争の場合にはそうであった。徳富蘇峰が

図5　「博徒の大評定」

「ナント皆の衆、競馬の博奕が盛んにハヅムと云うじゃねえか、競馬の博奕が好ければ、俺達の博奕も好い理屈だ、一つ博奕の御免を願い出ようか、ソレとも俺達で競馬会社をオツ立てようか、ソコの考えを聞きてえもんだ」（「博徒の大評定」『報知』明39・12・25夕刊）。

責任編纂した『公爵桂太郎伝』の言葉を借りれば、「人々投機を喜び、競馬は到処に流行したり。風俗は浮華に流れ、社会は驕奢に傾きたり。其弊滔々として殆ど底止する所を知らざらんと」するものとなり、「躬行実践、驕奢の風を除き、浮華の俗を正うし、由て以て社会人心の嚮ふ所を一にせんことを期」さなければならないほど社会状況が悪化しているかのように見えていた(10)。

そしてそのような社会状況を象徴する代表的な現象の一つが、前記の三紙、『公爵桂太郎伝』がともに言及している投機熱、株式熱であった。明治三九年後半期に入ると株式市場は過熱していった。実体のあやしげな新規事業への投資も盛んで、ともかく儲かるからと、株価は上がり続けた(11)。一〇月締切の南満州鉄道(満鉄)の株式第一次募集はその象徴的なものだった(12)。二〇〇万株、総額二〇〇〇万円に対し、なんと一〇〇〇倍以上の二〇〇億円余の申込があった。国策会社で一定の利回り(六分)が保証されているうえに、とりあえず一株一〇〇円の額面に対し、五円の証拠金で権利を獲得できる手軽さがあり、また銀行が、資金がなくても申込の際の保証をしたこともあって、この爆発的人気になった。締切前からこの権利株は三~四倍の値上がりが確実視されていたから、人々はその転売で「濡れ手で粟式」の大儲けを夢見た。各新聞などは、「投機は目下の流弊」などとこのようなバブル景気への批判を繰り返したが、この満鉄株の際には、その熱気を煽った観のある政府当局者の政治的、社会的責任を追及した。

これらへの危機感があるなかでの「最も手近く最も熱烈に人の射倖心を激成する」(13)、「国民の射倖心を煽動挑発するの機会となりて、其国民の精神、道徳及び風俗を残賊すること尠少ならざる」(14)東京競馬会の馬券発売であった。馬券は、投機熱、射倖熱が過熱した戦後の社会状況に、さらに油を注ぐ存在であるように見えた。そして司法部も、この危機感を共有、というより最も強く抱き、取締、摘発に動いた。法だけではなく社会の番人たる役割を果たそうとしていた司法部、とりわけ検察は、馬券をその標的とした。

## 2　司法部による取締の表明

明治三九（一九〇六）年五月、上野不忍池で関八州競馬会、上野競馬会を興行した各グループはその後、新たなグループも含めて離合集散し、東洋競馬倶楽部、東洋競馬会、江東競馬会、千代田競馬会、東馬匹改良競馬会、帝国馬匹奨励会などとの看板を掲げて、それぞれ千住荒川堤、本所東扇橋、あるいは松戸などにコースを設置して馬券発売を伴う開催を続けた（本章第3節）。

このような状況に対して、馬政局は、東京競馬会第一回開催が近づいた一〇月一〇日付で、公益法人以外の競馬会が馬券発売を行うことに関しての取締を、つぎのように司法、内務の両省次官宛に要請した(15)。

一　従来諸方に祭典競馬若くは一時的競馬行われ、殊に近来に至り之に類似の競馬会続出の傾向あり、而して是等は敢て営利を目的とするにあらずと雖も、其競馬が漫に賭博類似の行為をなし其結果不正の行為を醸出するときは、延て馬産の改良を目的とする公益法人たる競馬会に影響を及ぼすべきを以て、祭典競馬等に於ける賭博類似の行為は厳に取締を加えたきこと

一　公益法人組織にあらずして株式若くは単に有志結合等の組織に係る競馬会は、概ね営利を目的とするものなるのみならず各自任意の規程により挙行し、随て産馬上貢献多からしむること能わざるを以て、曩に農商務、司法及内務三省の決議に基き馬政局より通牒致すべきにより、右通牒以外のものには賭博類似の行為を許さざること

一　公益法人たる競馬会に於ける賭博に類する行為と雖も、其方法に就ては種々の弊害を伴うものあるを以て、現今横浜に於る日本競馬倶楽部に於て施行する二種（アナ、ガラ）のものを除くの外は、之を黙許せざることと

第一項目は、祭典、一時的競馬が馬券を発売する事例が続出する傾向に対し、また第二項目は、深川、千住、松戸といった「株式若しくは有志結合等の」非合法の開催を受けて、馬券発売は、「競馬賭事に関する農商務、陸軍、内務、司法四大臣合議書」（以下、「四大臣合議書」と記す）に基く通牒により、日本レース倶楽部、函館競馬会、東京競馬会に限定され、その他のものには厳重な取締を要請するものであった。第三項目は、アナ、ガラ以外の禁止を求めるものだが、おそらく念頭におかれている方法はブックメーカー方式であろう。なおブックメーカー方式は、主催者以外の賭け屋が設定した倍率に賭けるもの、イギリスなどでは現在でもこの方式が主流である。東京競馬会第一回開催も近づくなかで、馬政局は、その開催に、さらには今後の競馬会の認可作業に、悪影響が及ぶことを回避しようとしていた。馬券黙許は、あくまでも同局が認可した公益法人（社団法人）にのみ認められる「特権」であった。ちなみに東京競馬会も、これより前に「近来馬匹改良の名の下に小規模の競馬会各地に設立せられんとするの傾きあるは斯道の為め祝すべき顕象に非ずと」、馬政局にその取締を要請していた(16)。

この一〇月一〇日付の馬政局の要請に対して、司法省民刑局長平沼騏一郎は、第一回開催直前の一一月一九日付でつぎのように回答してきた(17)。

貴翰拝見御来示之趣敬承御申越の競馬会の件に付ては、競馬挙行者の如何なる団体なるや将又利益僥倖の方法の如何を区別して別個の取扱を為すことを得ざる事情あるに依り、曩に検事正へ及通牒候通競馬会に於ける賭博罪に対し検挙の必要を認めたるときは前以一応当省へ打合を要することに決定致たる次第に有之、随て御申越の如く祭典競馬若は一時興行的競馬等に於ける賭博類似の行為は厳重に之を取締り、公益法人以外のものには賭博類似の行為を許さず、又は利益僥倖の方法を日本競馬倶楽部に於て施行する二種に限定すること等に付ては、当省に於て御協議に応じ兼候儀と致思料候此段貴答申進候早々拝復このように「明治三八年一月二八日付司法省河村譲三郎より東京地方裁判所及び函館地方裁判所検事正への通牒」（第1章第3節）を根拠に、公益法人とそれ以外の競馬開催者の性質、また馬券の種類を区別はできないとして協議には応じられない、という馬政局にとっては驚くべき回答だった。先の桂内閣は、遅くとも明治三八年一二月までに馬券を黙許する政治決断を下し、「四大臣合議書」を承認、明治三九年一月発足の西園寺公望内閣も、この馬券黙許の方針を引き継いだ。このとき、警察を所管する内務省は、この黙許を受け入れる姿勢を示したが、司法部は、一応受け入れながらも、賭博罪での摘発の選択肢を手離していなかった（第1章第3節）。平沼は、馬政局の要請を逆手にとって、このことを馬政局に再確認させようとしていた。あるいは状況によっては、もっと踏み込んで、「四大臣合議書」に基く黙許を棚上げにすることを示唆する姿勢といえなくもなかった。平沼が司法部で主導的な役割を果たしていたことに鑑みると(18)、この回答は司法部のものでもあった。また平沼談として、第一回開催中には、「池上競馬会の賭事は馬政局にて如何に許可したるかは知らざれども世間に伝えらるる如く司法省が公然認可したりというは全く無根なりと信ず」といったことも報じられた(19)。

東京競馬会第一回開催の初日、二日目の一一月二四、二五日、取締の動きはまったくなかったが、司法省参事官斎藤十一郎は、「法律に抵触せぬかどうか」、と開催を視察したという(20)。馬政局馬政課長増田熊六騎兵少佐は、取締の可能性を除去するために、三日目の前日の二九日司法省に赴いて、「競馬賭事に儀に付」、平沼と面会した(21)。増田は、平沼に対して、「競馬の盛衰は馬産の消長と運命を同ふするものにして、而して競馬会は若干の賭事類似の行為を許すにあらざれば盛況に向わざる」等を「縷々申述べた」。これに平沼は、「行政上より競馬の必要、賭事の必用あることは深く之を諒」したとして、「なるべく貴局の便宜相図り」たいと理解を示す態度を見せたが、それでも、「書面としては一一月一九日付御交付したるものの外御回答するの途なし」との姿勢を崩さなかった。とはいえ平沼は、馬券黙許が政治判断であり、この時点で司法部が、独自に取締に動く環境にないことも認識していた。そこで、平沼は、口頭という不確かなものではあったが、馬政局の一〇月一〇日付の要請を受け入れることを確認、後任局長への引き継ぎも増田に約束することで妥協をはかった。平沼が、あくまで口頭にこだわったのは、文書が独り歩きして司法省が馬券を黙許しているとの「証拠」になることを回避するためだったと思われる。ともかくもこれで三日目、四日目の取締も行われないことが確実になった。そして実際にも、取締は行われなかった。

東京競馬会は、第一回開催後、この平沼の口頭での確認、約束を、黙許に関して「民刑局の内示を経た」と喧伝したようである(22)。これに対し、平沼民刑局長は内示などを出してはいないと否定、また松室致検事総長も、東京競馬会の馬券発売が新聞に報じられる通りのものであるとするならば、「正に刑法上の賭博罪に該当するを以て、自分は宜しく之を検挙して処罰すべきものなりと信ず」、と表明した(23)。この松室談は、のちの動向に鑑みると、司法部が、東京競馬会第一回開催の馬券の売上に驚愕、社会、風教紊乱をもたらすと危機感を募らせ、実際に取締に向けて動き始めていることを示唆するものであった。そして大審院をはじめとする「法曹界」では、東京競馬会での賭博の公行、また「全国各地方に賭博の利益を目的とする競馬会続々計画され」ているのは「法律上風教上由々しき大問題」だとして、告発を待って、「競馬賭博に対する国法上の解釈を一定し司法及び行政官をして適従する所を知らしめんと期しつつあり」と報じられたが(24)、翌年五月、司法部は実際にそのような動きを見せることになるので、これも実際のものであったと思われる。こういった司法部の姿勢は、司法部と馬政局、内務、陸軍の関係者間の馬券黙許に関する方針の調整を必要とさせた。

一方馬政局は、一二月一〇日付で「一競馬開催に必要なる建物及一哩以上の馬場を設備すること、二毎年二回以上提起に競馬を行うこと、三競走馬匹の年齢は明け四歳以上たること、四毎年新馬を競走馬匹中に加ふること」などの認可条件を定め、施行した(25)。また一二月二四日付で開催計画、開催報告を義務付けた「業務監督命令に関する件」を東京競馬会に対して通達したが(26)、これはすでに認可を受けた京浜競馬倶楽部、またこれから認可を受ける競馬会にも適用されることになる。馬政局発足後六ヶ月でようやく、認可の条件、競馬会が遵守すべき事項が定められたことになった。そのうえで、馬政局は、先の一〇月一〇日付の要請の駄目押しの格好で一二月一二日付で曾禰長官名で内務次官吉原三郎に対して、「社団法人にあらざる競馬会の（馬券発売）取締」を要請した(27)。内務省が、警保局長古賀廉造名で、各府県地方長官に取締を通牒したのは、遅れて明治四〇年一月一一日付となったが(28)、一二月一二日の照会前後から、各警察署は、東京周辺の未認可の競馬会の馬券発売に対して禁止の態度で臨むようになっていた(29)。

## 3　千住、深川、鶴見の競馬会

明治三九（一九〇六）年五月、上野不忍池で関八州競馬会、上野競馬会を興行した各グループはその後、新たなグループも加えて離合集散を繰り返しながら、開催を続けた。新聞で確認できる記録として早いのは、七月一四日（土）、一五日（日）、一六日（月）、そして一七日（火）、一八日（水）と二日間追加して、両国南岸埋立地で挙行した東洋競馬倶楽部であった(30)。「馬匹改良奨励のため」「主として牧場主及び牛馬売買業者より成れる団体」で、戦没馬匹追悼を掲げ、その利益で軍馬供養塔を建設することを謳った。「一体の設備は彼の不忍競馬会よりも整頓して」いたという(31)。

図6

（『東京朝日』明39・7・8）

図7

（『二六』明39・9・3）

図8

（『二六』明39・9・28）

ついで東洋競馬会が、深川東扇橋町（現・江東区扇橋三丁目）に、せいぜい一周四〇〇～六〇〇メートルにコースを設置して九月七日（金）、一一日（火）、一二日（水）、一三日（木）、一八日（火）、二一日（金）、二二日（土）、二三日（日）、二六日（水）、二八日

図9

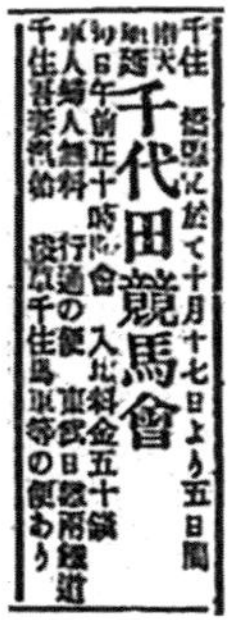
千住橋頭に於て十月十七日より五日間
千代田競馬會
初日午前正十時開會　入場料金五十錢
小人婦人無料

（『東京朝日』明39・10・16）

図10

江東競馬會開催廣告
江東競馬會

（『万朝報』明39・11・4）

図11

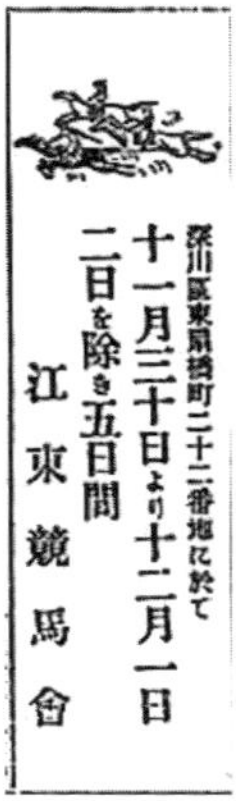
深川区東扇橋町二十二番地に於て
十一月三十日より十二月一日
二日を除き五日間
江東競馬會

（『東京朝日』明39・11・29）

図12

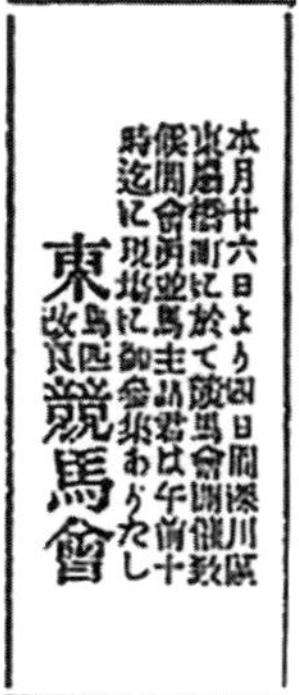
本月廿六日より四日間深川区
東扇橋町に於て競馬会開催致
候間会員並馬主諸君は午前十
時迄に現場に御参集ありたし
東馬匹改良競馬會

（『東京朝日』明39・11・25）

（金）、二九日（土）と一〇日間も開催したものだった(32)。また千代田競馬会が、一〇月一七日（水）から五日間の日程で、千住大橋熊谷堤下で開催(33)。続いて同会は、「各地より」の「駿馬約八〇頭」が出走して、二三日（火）から四日間開催を行った(34)。この会は、第一回開催前、「大に馬匹の改良を計るために組織を改め株式会社」にしたという(35)。

一〇月一〇日付で、馬政局が、内務、司法両次官に、非合法の馬券発売に対して「取締」を「照会」したのは（前節）、こういった競馬会の開催が続いていたのを受けてのものだった。

そして日本鉄道松戸駅（現・JR松戸駅）前の相模台にコースを設置して、一〇月二〇日（土）から四日間開催した総武牧場団競馬会であった(36)。侠客永岡啓三郎を中心とするこのグループは、警察から馬券の発売禁止を命じられながらも抵抗して開催、ついで一一月一三日（火）から五日間(37)、さらには一二月七日（金）から四日間、ここも禁止の通告を受けながらも、馬券発売を強行した(38)。そしてついに永岡の「政治力」でもって、翌年七月、馬政局からの認可を受け、馬券発売の合法化を果たすことになる。この競馬会には、かつての自由民権運動家、衆議院議員の河野広中も役員として積極的に関与した。なおこの永岡のグループに動きに関しては、第6章第6節で詳しく紹介する。

さらに江東競馬会が、東扇橋町のコースで、一一月九日（金）から七日間(39)、ついで一一月三〇日（金）、一二月三日（月）、四日（火）、五日（水）、六日（木）の五日間開催を行った(40)。一二月一、二日をあけたのは、東京競馬会との競合を避けたものだっただろう。また東馬匹改良競馬会は、同コースで、一一月二六日（月）から四日間、開催する予定だった(41)。

先にも述べたが繰り返しておくと、馬政局は、一二月一二日、「社団法人にあらざる競馬会の（馬券発売）取締」の照会を内務当局に行い、非合法の競馬会の馬券発売の禁止を求めた。警保局長が、各府県地方長官に取締を通牒したのは、遅れて明治四〇年一月一一日付になったが、一二月一二日の照会前後から、警察、というより内務省の指示を受けて、東京周辺のここまで紹介したような競馬会の馬券発売に対して禁止の態度で臨むようになった。

確認できるその最初の事例が、一二月一〇日、東千馬匹改良競馬会が、塩田福次郎の名義で、千住署に申請した千住荒川堤に設けたコースでの一二月一三日（木）からの五日間開催だった(42)。同会は、一〇月の開催で純益一五〇〇円を基本金に繰込んでいたというから、おそらく千代田競馬会が、別のグループも加えて、あるいは株式会社化して名称を改めたものだった。同会は、「馬匹改良の目的を以て競馬会開催」の旨を届出、「其届出書中に馬券及びガラ札の方法を麗々しく書き立てあ」った。これに千住署は、「社会風教上甚だ害あり」と届書を却下。これに、競馬会側は、一〇月の開催の純益金一五〇〇円を基本金に繰り込み、勝札五円に付五〇銭の配当、負札は二、三割（一円、あるいは一円五〇銭）を控除して残りを払戻すという方法をとることで許可を得たという。確かに賭博性は薄まるが、これでは的中しても一・一倍の配当にしかならない。これがもし事実ならば、これまで黙認していたことがあって、警察も妥協を余儀なくされたのだろう。一三日、初日を迎えたが、「競馬の慣例に悖ることとて入場者の承諾」を得られなかったことを理由として、これまで通りの方式で発売した。おそらく塩田らは、最初からこれまでの方式で馬券発売を行うつもりであったはずである。いずれにしても同会は一三日に開催、馬券を発売した。初日終了後、千住署は、塩田を召喚して中止を厳しく訓戒、だが同会はそういったことも織り込み済みだったのだろう一四日も馬券発売を継続した。これに千住署長自らが現場に赴いて、中止を命じるとともに、「入場者を悉く賭博現行犯と認めると申し渡し」、馬券購入者に対して警官が一々住所氏名を問い質していった。「中には京浜間知名の紳士並びに待合の女

図13

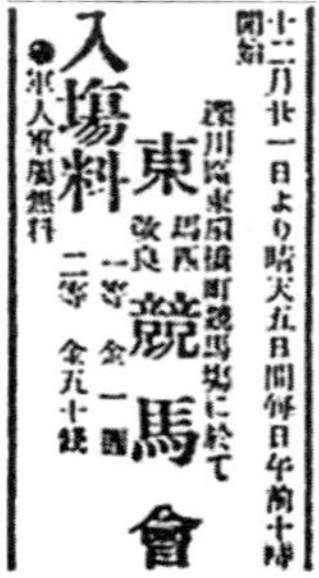


（『二六』明39・12・20）

将、芸者、良家の妻女などありしより容易に警官の訊問に応ぜず、鐘淵紡績会社員某の如きは激しく抗争して千住署に拘引せられたるなどの騒ぎ」になった。このなかで、署長は馬券発売の中止を強く会主の塩田に迫り、そして「今後法律に触るる如き所業は断じてせず」との言質をとった。その夜、塩田は、出頭して、閉会を申し出たという。

ついで東馬匹改良競馬会が、深川東扇橋町のコースで、一二月二一日（金）から五日間開催を計画した(43)。会主は戸田良助。戸田らも関八州競馬会に登場したグループの流れをくんでいた。同会は、これより先、東扇橋のコースで一一月二六日（月）から開催を行っていた。二〇日、戸田他二名が、翌二一日から五日間の馬券を発売する競馬開催許可を深川署に願い出た。会員制として一枚五円の馬券を発売、その入金は賞金として寄贈したものとし、不的中者の寄贈分から賞金と的中者への配当金を控除し、不的中者へも幾分か返戻するというものだった。ちなみに、馬券禁止直後、発売を継続するためのアイデアの一つとして、ここに登場した会員制で発売するというものもあったから(44)、会員制をとれば賭博罪に該当しないという風説が、当時存在していたのであろう。これを深川署長は、馬券を発売することは一切禁止とはねつけた。戸田らは、数時間にわたって深川署長と押し問答を繰り返したが、署長の強硬姿勢は変わらず、戸田らは根負けした格好で引き上げた。戸田らは発売を強行する積りだった。

警視庁第二部長は、この東馬匹改良競馬会の取締に関してつぎのように語った(45)。

苟くも賭博類似の事をして社会風俗を乱す以上は止むを得ず制止せねばなりません、真に産馬改良を目的とする競馬会ならば兎も角、賭博が目的の競馬会では困ります、一方を黙許して一方を厳禁するは不公平でないかとの疑問もありましょうが、過日の千住や今度の深川のはどうしても馬匹改良が目的とは見えず、月に二回も三回も開いては賭事を目的に人の射倖心を釣って居るのですからこんなのを打棄つて置いては此種の競馬会が幾何出来るか限りもない事となりますから是非取締る必要があります、勿論競馬其物が悪いと云うのでないから今度の深川のも競馬は許すけれど風俗を乱す行為をしてはならぬと達して置きました、尤も警察の方から見れば池上のも深川のも変りはありませんが、池上の方は多少弊害はあっても利益の方が遥に多いから弊害を犠牲に供すると云えば致し方はありません、殊に此方は真に馬匹の改良が目的で農商務省の方でも馬政局の方でも熱心に力を注ぎ又軍人の方でも軍事上の利益と必要と云う点より非常に力を注ぎ年に何回と極まって居るのですから賭事が目的とは思われません……

内務省が「四大臣合議書」、「付箋」を踏まえて馬券黙許を受け入れる一方で、今後、その枠からはずれたものには発売を許さないという姿勢をとっていくことが端的に示されていた。

二一日開催初日、入場者は、三〇〇人程度。警部巡査数人で取締にあたったが、会は馬券発売を強行した。的中者への払戻は、賞金と不的中者への返戻の残余ということだったが、このような方式を標榜したことへの「入場者の苦情紛々、初日は有耶無耶の裡に六回の競馬を行」った(46)。途中、深川署は、巡査らを二〇人に増員、馬券売場を取り巻き、そのため最後のレースは、僅か一九枚しか売れなかったという。翌二日目、開始時刻には、四、五〇〇人が集まっていたが、「深川署よりは警部指揮の下に角袖正服巡査数十名出張し、馬券場内外を取りまきて出入の者を一々誰何し三々五々団欒せる入場者には正服巡査を尾行せしめ厳重に其行動を監視」して、馬券発売を封じ込めた(47)。三日目以降は、中止せざるをえなかったようである。

だが戸田良助がまた中心となって帝国馬匹奨励会（浅草区駒形町）を組織、「馬匹の改善、戦死馬匹の紀念塔建設」を目的に唱って、明治四〇年一月一二日（土）から五日間、神奈川県鶴見村での競馬開催を計画した(48)。会長は関八州競馬会の会長にも担がれていた寺島秋介。戸田らは、いろいろな手を打っていた。この目的が先にふれた東洋競馬倶楽部と同じ趣旨であったところを見ると、同倶楽部は戸田らのグループが関係していた可能性があった。深川の競馬会直後の一二月二八日頃、奨励会の主唱者の一人が、鶴見を訪れ、有力者の関口平八、畑万吉等らの賛成、協力を得て、かねてからの交渉をまとめ、翌年五月までの競馬場用地の借地及び耕作物買収の契約を結んだ(49)。用地は、鶴見停車場（現・JR鶴見駅）より西へ二丁余、あるいは西北一丁ばかりと報じられているので、現在の横浜市鶴見区豊岡町一帯と推測される。年が明け、準備が進み、一月八日には浅草公園一直亭で発会式を開いた。一〇日頃には周囲一マイル、幅員八間の馬場、仮設桟敷三棟が竣工した。だが馬場は軟弱、特に田地を埋め立てた三ヶ所は馬脚を没するほどだったという。このように施設は急仕立ての間に合わせ以外のなにものでもなかったが、とにかく用意された。「発起人等は、馬場建設の為め耕作物買収借地料工事費等約二万円」を費やしていたという(50)。入場料は一等一円、二等五〇銭、馬券は東京競馬会と同じく一枚五円、発売枚数、配当額も場内に掲示するとした。鉄道局との間で、鶴見駅の臨時停車、割引運賃の交渉も済んでいた。またそれまでの失敗を教訓にしたのだろう、協賛員には、元老の山県有朋、井上馨、日露戦争で名を馳せた元第一軍司令官黒木為禎、元第三軍司令官乃木希典、そして板垣退助らが名を連ねていると称し、引札には馬政長官曾禰荒助、馬政局次長藤波言忠の名前を使った。さらに出走馬も東京競馬会、日本レース倶楽部の馬主から一〇〇頭を越える申込、開催当日は貴衆両院議員、馬政局員らも招待すると喧伝して、馬券発売の許可を画策した。寺島などの人脈が利用されようとした可能性がなかったわけではないが、これらが伝えられるや否や、曾禰、藤波は無断で名前を使われたと抗議、馬主も一向に関知していないと言明、協賛員も虚偽に違いないと信用されていなかったから、すでに開催前から奨励会の実態も底が割れてしまっていた(51)。

この鶴見の競馬会の動きに懸念、危機感を抱いたのだろう、横浜の日本レース倶楽部の地元紙として競馬報道にも力を入れていた横浜貿易新報は、つぎのように警鐘を鳴らした(52)。

……世上、馬匹改良の為め競馬会は必要なれども賭事は之を厳禁すべしとの論もあれども、此等は些か不粋の説にして、馬匹改良の目的を達するの手段として或る形式に於ける賭事を黙認するは世界文明国の行える所なるのみならず、馬匹改良の奨励として実際之に頼るの要あるは競馬会の実際に通ぜる内外紳士の認むる所にして、博覧会の経費を補うに富籤を行うものと径庭あるべからず、左れば単に賭事禁制の事を説く如きは未だ極めざるの沙汰なりと見るべきなれども、昨今雨後の筍の如く続生する競馬会は名を馬匹改良に籍りて、その実賭事を主なる目的と為すものにして、競馬の為めの賭事にあらずして賭事の為めの競馬なれば、如何に馬匹改良論の流行する世の中なりとも、此等の賭博的、営利的競馬会の濫設を許すが如きは、日本文明の為めに一の汚辱なりと謂わざるべからず、西洋人等が競馬を称して「帝王の娯楽」なりと言うは、馬匹奨励の一方便として賭事は行うにもせよ、競馬会内の規則整然として紊れず、その行う所総て紳士の事にして一点射利賎卑の趣きなく、どこやらに気品の高きものあるを言うの意味も含まれたるを想うべきに、堂々たる馬匹改良論を錦旗とし、世上知名の紳士を会員として、その出資株売買の盛んに行わるるの説ある如きは、娯楽を以て観ず商売の心を以て之に臨むものにして、評して乞食の娯楽と謂うて可なり。殊に賭博を主目的として競馬会を起すものに及んでは、馬匹改良も何もあるべからず、只だ戦後人心の腐敗を察るべくして、亡国の気此の中に見ゆるを感ず、今流行の射利的賭博的競馬会の濫設は断じて許すべからず、然らずんば遂に競馬亡国論に至らずんば巳まず、真に馬匹改良に意あるものは声を掲げて世の乞食紳士を虎叱して可なり。

前年五月の関八州競馬会開催を歓迎したような幻影は、このようにまったく消えていた。一月一〇日、戸田らは、鶴見村民を伴い、神奈川県庁に競馬開催、馬券発売許可を出願したが、当然、神奈川県の警察、司法当局は馬券厳禁を申し渡した(53)。先にもふれたようにこの時点で、警察、内務当局は、社団法人ではない競馬会には馬券発売を認めない方針を確立、その旨を神奈川県庁にも通牒していたから、許可の見込みは初めからなかった。

内部の議論は紛糾したようだが、奨励会は、開催前日の午後八時頃、馬券発売強行が許されない情勢だったことで、馬場不備を理由に口頭で無期延期を届出、開催期日は追って広告するとした。当日の一二日になっても、同会は延期

図14「帝国馬匹奨励会臨時競馬会」

帝國馬匹奬勵會臨時競馬會

（『報知』明40・1・10夕刊）

図15「中止の告知」

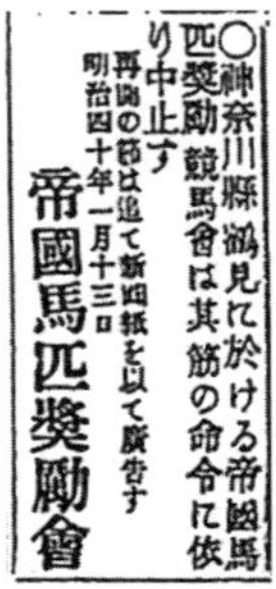

○神奈川縣鶴見に於ける帝國馬匹奬勵競馬會は其筋の命令に依り中止す

再開の節は追て新聞紙を以て廣告す

明治四十年一月十三日

帝國馬匹奬勵會

（『東京朝日』明40・1・14）

を公表しなかったので、観客だけでなく、馬主も馬を連れてやってきた。神奈川署は、馬券発売を封じ込めるため、非番巡査を召集して、競馬場の内外及び付近を警戒したが、延期の公表をしない奨励会に代わって、警察が鶴見停車場等に交渉して延期の掲示をさせ、また会の無責任さを非難する来会者をなだめていたという。奨励会は、一四日からの開催をなんとか実現しようとしたが、馬政局からの厳命を受けて、無期延期と決定した(54)。この時点で地元の関係者以外は、逃亡を決め込んだようである。このように計画は失敗に終わり、この時点では、投資も総て無駄になった。「既に一哩の馬場を開き各種の設備を行える経費莫大なれば其損害」少なくなかったという(55)。

東京周辺では、無認可の競馬会による馬券発売の開催は、この鶴見競馬会以降に、計画されることもなくなった。開催が不可能になれば、公認を得る以外に「白昼公然」と馬券発売の道はない。それに公認を得て合法化した方が、天下晴れて公然と馬券を発売できて合理的であった。先にふれたように永岡啓三郎のグループは、松戸に競馬場を設置、競馬会を結成してその道を歩むことになる。

鶴見でも、先の帝国馬匹奨励会の開催が断念を余儀なくされた一月下旬、鈴木久次郎に発起人を依頼して社団法人の競馬倶楽部を設立しようと候補地芦穂崎（現・鶴見区鶴見中央）の地主との交渉を進めたが、「地主等は前の失敗に懲り、又々失敗に終りては益々鶴見の体面を失墜するものなりとなし、確然たる方法に依らずんば容易に賛同すべきにあらずと」して、話は進まなかった(56)。なお鈴木は、千葉県郡部選出、憲政本党の衆議院議員、実業家、銀行家、前年一一月に設立の京浜競馬倶楽部の営利会社日本馬匹改良会社の取締役だった（第6章第1節）。その後、競馬場用地を末吉村字下耕地と鶴見字別所耕地に跨がる位置（現・森永製菓鶴見工場一帯）に変え、地主と交渉、四月二三日仮契約にこぎつけていたようである(57)。そして鶴見競馬会社を設立、競馬会の公認、コースの設置を追求、一〇月頃には、同会社は、輓馬（繋駕競走）を実施することで認可を得ようとした(58)。八月二九日、繋駕競走の実施を前面に謳うことで馬政局から馬券発売を黙許される社団法人として認可を受けていた鳴尾速歩競馬会（第5章第11章）にならおうとするものであったと思われる。また明治四一年四月に馬政局から認可を受けることになる武州競馬会の母体だった吾妻牧場株式会社は、この明治四〇年一月から競馬会設立、認可に向けて動いていたが、一〇月頃、馬政局から鶴見競馬会社との合同を勧誘されたという(59)。鶴見競馬会社のその後の動向は不詳だが、認可されることはなかった。一方、帝国馬匹奨励会は、五月頃には、大阪に関西支部、神戸、姫路にも支部などを設置、東京周辺で行ってきたことと同様のものを計画しようとしたが(60)、こちらも実現することはなかった。

## 4　馬政局、司法部、内務、陸軍の馬券をめぐる攻防、競馬法案制定の動き

東京競馬会第一回開催を受けて司法部は、馬券摘発に向けて動き出した。問題は非合法の馬券発売ではなく、黙許そのものであった。一刻も早い関係者間の調整が必要となり、仕事納め前日の一二月二七日、司法省民刑局長平沼麒一郎、馬政局次長藤波言忠、内務省警保局長古賀廉蔵、警視総監安楽兼道、陸軍省騎兵課長浅川敏靖大佐等の間で馬券黙許に関する協議が行われた(61)。その結果、つぎの「協定」が取り交わされた。

一　何人と雖も競馬会に於て俗称「ガラ」の方法に由り現に金銭を賭する者は総て之を検挙す

一　馬匹の性質又は能力に付特別の知識を有する者専ら自己の鑑識を確保する為め俗称「穴」の方法に由り金銭を賭する場合は事情に依り之を検挙せず

一　公衆に隠秘し賭事を密行する場合は其方法の如何を問はず事情に依り検挙することを得

東京競馬会が黙許を受けて、競馬場内で発売していた馬券は、アナ一枚五円、ガラ一枚一〇円の二種類。控除率はともに一割、現在の約二割五分よりはるかに低く、かつ国庫等への納付金は存在していなかった。アナは、現在と同じ投票数に応じてオッズが決まるパリミチュエル方式の単勝式馬券。ガラは、前述したように自分で予想した馬券を買うのではなく、持札の番号に対応する馬が出走するかどうか、つぎにその馬が勝つかどうか、という方式で、馬の優劣を鑑定する要素がなく、まったくの偶然、運によるものだった(62)。明治三八年一二月桂内閣は、東京競馬会に馬券黙許のいわばお墨付きの「四大臣合議書」を与えたが、その際、司法当局が「付箋」で付け加えた黙許の条件は、馬券が「単に馬匹の力量技能その他に関する知識の優劣を争う為め其確保手段」、つまり馬匹の能力を鑑定するという馬匹改良の理念の枠内にある形式のものでなければならないということであった。平沼が、これを踏まえて、ガラはその鑑定とは無縁の単なる賭博で放置できないとして禁止を求めたのに対し、藤波、古賀、浅川も、それを否定できなかったのであろう(63)。ただこういったガラの性質から、前述したように入場直後の運だめし、あるいはアナで損をしたゲン直しなどといった格好での購入も多く人気は高かった。ちなみに東京競馬会第一回開催でのガラの売上高は、アナの六〜七割に及んでいた。「四大臣合議書」では、アナとガラの黙許が確認されていたので、この「付箋」を根拠にした司法部の要求によるガラの禁止の合意は、その修正を意味した。

こうしてガラの禁止は合意されたが(64)、ポイントは、項目の二つ目の「事情に依り之を検挙せず」であった。アナの禁止も望ましいとする司法部にとっては、原則は検挙であることを確認するものであり、一方馬政局、内務、陸軍側は、原則は検挙せずとの解釈をとるものであった。つまり双方の立場を並立させる玉虫色の妥協案であった。この「協定」が各部局に持ち帰られ、そこでの検討に付されることになった。翌明治四〇年一月一二日、司法省は高等官会議で「協定」を了承、内務省にも通牒した(65)。司法部内にはこの「事情に依り」では対応が曖昧すぎる、アナに対しても更に踏み込んだ取り締り、「正面より論ずれば馬券は無論禁止する外途なし」という意見も強かったようだが(66)、結局、この時点では、「協定」でやむなしとの判断になった。

だが馬政局、内務、陸軍側は、ガラ禁止は合意できるにしても、二項目の「事情に依り」を根拠にして司法部が摘発に乗り出すことへの懸念が強く、原則は検挙せずであることを確認するように求めた。しかし、司法部も、「事情に依り」検挙するという姿勢を崩さなかった。その結果、馬政局、内務、陸軍側との折り合いがつかず、「協定」は正式のものにならなかった。

とはいえ、「内務省、司法省、馬政局、及び法制局等の関係官庁」は、適当の解決をはかるために交渉を続けた(67)。交渉は、「馬券賭事」を「(一)法律を以て公認すべきか、(二)若しくは命令を以て或程度迄取締るべきか、(三)将又絶対的に禁止すべきかに関し反覆熟議」するものになった。法制局は、(一)に関して、「賭博公許は国家の大問題にして国民の美風を害し吾国情と容れざるもの」として公許に「絶対に反対」。これを受けて、馬政局側は、馬券発売に関する規定を設けそれを逸脱した場合に取締るという「行政取締」で馬券黙許を継続することを主張した。これに司法部が、「行政命令」は法律の効力を停止するものではなく「刑法運用に何等の効力」がないと反対、やはり合意はならなかった(68)。

ところが司法部は、この交渉で馬政局に反対する一方で、一旦、禁止を原則とするという従来の姿勢を変え、「刑法の改正」か「特別法」の制定が必要との立場をとるようになった。平沼は、この協議の場で、新刑法の実施となれば、「現行の馬券発行はとうてい停止をまぬがれないことになるから、なるべく競馬法を制定してはどうか」、と提起したという(69)。これは、馬券禁止の最強硬派である平沼にしては、信じられないほどに馬券に対して寛容な姿勢を示したものであった。この平沼、司法部の転換が、何によってもたらされたのかは判然としないが、おそらく状況は馬券の黙許という政治判断を覆すことが困難であると認識し、そうであるならば政治判断に基づく黙許よりも、法に明文化して法秩序を守ることを優先する選択をした結果だったと思われる(70)。なお新刑法は、明治四一年一〇月一日施行を既定路線として、折から開会中の帝国議会で審議が進められていた。

そして実際に、司法部は、馬券発売の条件などを盛り込んだ法律案の起草に着手、「参考材料を蒐集、頻りに調査」、議会に提出する方向で動き始めた(71)。黙許ではなく、たとえば競馬会認可、開催、馬券発売の条件を厳格化して、その競馬会を対象に刑法の除外例として馬券発売を合法化する、といった法案を想定していたと思われる。松田正久法相は、馬券黙許維持の内閣の姿勢もあり、法案制定の考えであったと思われる。松田は、さらなる馬券取締の声があがったこの年の暮れにもつぎのように語った(72)。

……速に法律を以て競馬法を設定し行政官庁の権限を以て風教上害なき程度に於て競馬賭事を許可し、もし弊害ある場合、速かに解散を命じ競馬を禁止せば可ならんと思惟す。

司法部は、この時点では、平沼騏一郎らの司法官僚の原則的な立場は馬券禁止論ではあったが、この松田の談からもうかがえるように、その平沼も含めて、禁止よりも特別法での取締の法令化を選択しようとしていたと思われる(73)。三月中旬、平沼は、四月一九日からの欧米の研修調査がひかえていたが(74)、その「手許に於て」、競馬「取締法の起草中」だったという(75)。

一方内務省警保局長古賀廉造は、実際に競馬法案を起草、第二三議会(会期：明治三九年一二月二八日～明治四〇年三月二七日)に提出することを馬政長官曾禰荒助と「交渉」していた(76)。古賀は、馬匹改良という「大事業に些少の弊害の附随せるは又止むを得」ないとして、「競馬賭事問題を今日の如く朦朧主義となし置くを甚だ遺憾」であると、「正々堂々法案を制定し或る程度まで制裁を設け又或る程度まで法律に於て之れが保護となす」ことが必要と考えていたという。古賀によれば、その「法案の内容の大体」は、「一、競馬会が国家社会に利益ありと認めたるものに限り設立を許可す、一、馬匹の改良奨励を目的とする馬券は発売するを許可し弊害ある場合には禁止する事あるべし」というものだった。この古賀の説明からはその具体的な内容をうかがうことはできないが、おそらく、明治三八年一二月馬券黙許の方針を確認した「四大臣合議書」及び「付箋」を踏まえ、馬匹改良の目的のために「単に馬匹の力量技能その他に関する知識の優劣を争う為め其確保手段」としての馬券発売を賭博罪の適用除外として認めることを法文化したものだったと思われる。だが曾禰は、この古賀の法律案に関して、「極めて冷淡」に「今若し此の如き法案を議會へ提出せば必らずや貴族院の反対する所となり貴下の苦心せる法案も遂に否決か握り潰しかの運命に遭うや知るべきのみ寧ろ提出せざるにしかず」と答えて、反対の態度をとった。「法は死物、之を活用する、人に在り、強ち法規を一々改正せずとも時の変遷に従て之をDesuetude（廃止）に置けば可なりと」という考えからだったという(77)。曾禰は、先にふれた平沼の、新刑法の実施となれば、「現行の馬券発行はとうてい停止をまぬがれないことになるから、なるべく競馬法を制定してはどうか」という提起に対しても絶対反対であった(78)。かつて明治三七年、自らが主導した貯蓄債権法案が、射倖心を挑発すると貴族院委員会で一旦否決されていたが（第5章第1節）、この経験があったうえに、貴族院のなかで反競馬（馬券）の声が強まっていることを感じており、法案が貴族院の反対を招き、紛糾して厳しい制限、あるいは禁止への動きを刺激することになるよりも、現行の「四大臣合議書」に基く黙許がよいという判断が、曾禰にはあったと思われる。なお曾禰は、先の一二月二七日の「協定」に関しては、「其後法律案を帝国議会に提出すべき事に変更相成終に其儘に打過」ぎて、正式なものとはなっていないという認識だった(79)。このようにこの段階では、曾禰の反対で競馬法案の議会提出が困難になったが、その後も、競馬取締等に関して法律制定等の検討が続けられ、六月に入っても、内相原敬は、「競馬取締等の法案制定等」の可能性があると考えていた(80)。後から考えれば、この時点で、「競馬法案」が制定されていれば、明治四一年一〇月の馬券禁止という事態は異なったものになった可能性が高かったはずである。

ここで少し時間をもどすと、三月一五日、馬政局は、前年九月の京浜競馬倶楽部以降、中断していた馬券発売が黙許される社団法人（競馬会）の認可を再開した（第6章）。先述したように、全国各地で馬政局に公認を申請する競馬会の数は、明治三九年一〇月上旬は一〇であったが、その後、次第に増えはじめ、年が明ける頃には五六、二月までには、全国で七二以上になっていた。馬政局は、一五日に日本競馬会（目黒競馬場）、京都競馬会（島原競馬場）、ついで二〇日に関西競馬倶楽部（関西競馬場）、そして四月二四日に北海道競馬会（札幌競馬場）、と認可を行った。その後も、七月一二日総武競馬会（松戸競馬場）、同一六日東洋競馬会（戸畑競馬場）、八月二九日に鳴尾速歩競馬会（鳴尾競馬場）と東京ジョッケー倶楽部（板橋競馬場）、九月四日宮崎競馬会（宮崎競馬場）、一〇月一二日越佐競馬会（関屋競馬場）と認可を続けた。曾禰も馬政局次長藤波も、可能な限り認可を行う方針であった(81)。司法部は、三月の三つの競馬会に続いて、このまま馬券発売が黙許される競馬会が増加していくことに対しても危機感を募らせていたに違いなかった。

そして明治四〇年の春のシーズンが近づいていた。三月上旬には、横浜の日本レース倶楽部が五月三日、四日、一〇日、一一日の春季開催、四月上旬には、東京競馬会が五月二五日、二六日、六月一日、二日の春季開催、続いて六月七日、八日、九日と東京博覧会記念開催を行うことを公表した(82)。また県が「合法化」した静岡県では、富士競馬倶楽部が四月一九日、二〇日、二一日と開催予定であった。

司法部は取締に動いた。司法部は、おそらく四月に入り、日本レース倶楽部に対して、ガラの禁止を通達した(83)。同倶楽部にとって、幕末以来発売されていたガラの禁止通達は唐突であった。同倶楽部は馬政局にその対応について問い合わせたが、回答はガラの発売は従来通りで差支えないというものであった(84)。馬政局の認識は、先の「協定」は棚上げになっているというものであり、この回答はそれに基づいていた。この回答に加えて、日本レース倶楽部のなかには、「横浜を植民地同様に思惟せる」「非常の反対論」もあって(85)、当初、通達に応じる姿勢を見せなかった。だが四月下旬、開催を前にして、ガラの「自粛」を決断した。司法部は、開催が近づくなかで、日本レース倶楽部も例外とせずガラを禁止し、事情によってはアナも賭博行為として摘発するとの方針を馬政局に示したようである。この司法部の強硬姿勢に、先の一二月の「協定」は棚上げと認識していた馬政局も、ガラに禁止に関してはやむなしと判断せざるを得なくなったと思われる(86)。そして、当初の「差支えない」との姿勢を変えて、引き続いてアナの発売を「公許」するのと引き換えに、ガラ禁止を日本レース倶楽部に「要請」した。先にも述べたように、倶楽部の馬券発売が治外法権に由来する特権ではなくなり、東京競馬会と同じくその発売は黙許されたものとなり、司法部の指示にしたがわざるを得なくなっていた。そして馬政局は、日本レース倶楽部がガラの禁止を受け入れたことを確認したうえで、四月下旬、五月二五日からの開催をひかえた東京競馬会に対してもガラの禁止とアナの「公許」を内諭した(87)。もっともアナの「公許」に関しても、この後、司法部との攻防が待ち受けていた。馬政長官曾禰の端唄好きはよく知られていたが、このように馬券に対する圧力を強める司法部の動きを、「競馬にかけがわるいか、かけなくなれば、何のうまみがあるものか」、「走れ走れと手を打ち囃し、かけをやめとは御無理じゃないか、裸で道中なるものか」、と皮肉った(88)。

五月三日からの春季開催、日本レース倶楽部はガラの「自粛」を実行した。これを確認したうえでということもあったのだろう、その三日、松田正久法相は松室致検事総長、倉富勇三郎検事長、小林芳郎検事正及び安楽兼道警視総監を招き、二人の司法省参事官も列席させて、「競馬賭金問題」に関して意見を交換した(89)。なお平沼は、四月一九日、一年間の予定で欧米の研修調査に出発、不在であった(90)。安楽が招かれたのは、事情によっては、現場での賭博開帳罪での競馬会関係者の摘発、検挙の可能性があったからだろう。これら検察のトップは、特別法の提起は行っていたにしろ、昨年の東京競馬会第一回開催のような状態は放置できないこと、そして法律的には、アナも刑法上の賭博にあたるという解釈で一致していた。協議の焦点は、どのような取締方法を取るかであった。そしてこの日、「賭事の発見又は告発ありたる場合」は検挙するという方針を確認した。これより先の三月、司法部は、明治三九年一〇月から台湾で発売され、事実上、国内黙許状態となって爆発的人気を博していた台湾彩票に対して、「社会の秩序を維持する為の必要より起りし政策上の検挙」を行って(91)、発行中止の政治決断に追い込むことに成功していた(第5章)。司法部は、この経緯、成功体験を踏まえ、馬券禁止を「社会の秩序を維持する為」のつぎの標的にしようとしていた。そして六日、馬政局馬政課長増田熊六の司法省への出頭を求めて、「競馬興業に際し賭事の発見または告発ありたる場合はこれを検挙して処罰を求むべきはもちろんなるを以て、興行者は慎重に事を行い不測の災いを招かざる様注意すべし」と、各競馬会に通告するように求めた(92)。司法部にとっては、昨年一二月二七日の「協定」に則っているということだった。

これを受けて、馬政局は、翌七日付で、アナ発売を前提に、ガラを発売すれば「容赦なく之が検挙を為す」とその禁止を訓令した(93)。当然、ガラ発売禁止の対象として東京競馬会、京浜競馬倶楽部だけでなく、新たに認可された日本競馬会、京都競馬会、関西競馬倶楽部、北海道競馬会も含まれた。六日の司法部の要請は、アナも含むものではあったが、馬政局は、それを認めず、ガラだけを対象とする訓令だった。先の昨年一二月二七日の「協定」は、棚上げになっているという認識のうえに立っての対応だった。大審院判検事のなかには、この訓令が、アナを黙許するという姿勢であるとして、「法律上の解釈を行政上の手加減にて左右するは立憲国の一大汚点なりとまで極論」するものまでいたという(94)。

そして七日、馬政局は、東京競馬会などへのガラ禁止の訓令とともに、六日の司法省の要請に関して、馬政長官曾禰荒助名で、司法次官河村譲三郎に対して、つぎの照会を行った(95)。

然るに右行文中発見の二字は去三八年一二月中農商務、陸軍、内務及司法大臣決議の趣旨に悖戻し、当局施政上支障不尠候に付是非削除相成候様御取計相成度、自然削除難相成義に有之候はば関係各省へ更に其旨御協議相成候様致度、何分の御回答相煩度此段及照会候也

明治三八年一二月の馬券黙許に関する「四大臣合議書」の「趣旨に悖戻」すると「発見」の二字の削除を求めたものだった。告発に関して、その削除を求めなかったのは、馬政局側も、先の「四大臣合議書」の司法当局の「付箋」に示されていたように、馬券黙許が馬匹改良の理念の枠内にあることが条件で、無条件ではないことを認識していたことを明らかにしていた。このタイミングで、馬政課長増田は、個人の見解だとしながらも、馬券の摘発などで「競

馬会に制限を付」して馬匹改良を阻害すべきではないという談話を新聞に掲載させ、司法部側を牽制した(96)。

この馬政局側の照会に対して、司法次官河村譲三郎は五月一八日付で、この通告は、先の明治三九年一二月二七日の「協定」に基くものであり、「四大臣合議書」にも抵触しないと回答した(97)。これに馬政長官曾禰は、五月二〇日付で、「其後法律案を帝国議会に提出すべき事に変更相成終に其儘に打過協定の場合に至らざる義と存候」と「協定」は成立していない、またたとえ成立していたにしてもその「協定」を逸脱している、さらに「四大臣合議書」にも抵触している、と再度「発見」の二字の削除を強く求めた(98)。司法次官河村は、翌二一日付で、曾禰に対して、「明治三八年一二月中の四大臣の決議は競馬に関する賭事行為を全然黙許に附すべしとの趣旨に無之馬匹に関する鑑識の確保手段として多少の金銭等を賭する場合以外の賭銭行為は之を検挙するを得べきこと」、そして「同三九年一二月二七日の協定に依り明確と相成候次第に候」として、注意文を改めないと再回答してきた(99)。一二月の「協定」には、「事情に依り」という留保がついていたが、それもはずした。司法部側は強硬だった。繰り返せば台湾彩票を中止に追い込んで司法部は勢いづいていた。曾禰は、二〇日、司法部に対して、この件に関して、司法部と馬政局、陸軍、内務の関係者間の協議を行いたいと伝えた。司法部はこの要請に応じ、その協議が二二日に行われることになった。東京競馬会の開催は二五日に迫っており急がなければならなかった。

この前日、内相原敬は、その日記につぎのように記した(100)。


定例の閣議に出席せり、競馬会の件に関し松田（正久、法相）より相談あり、兎に角前内閣に於て取極めたる事もあり、告訴者あれば已むを得ざることながら、検事警察官等より進んで検挙せざるを要するも明日にても会合の上取極むる事となせり

前内閣とは第一次桂内閣。時の西園寺内閣の最大の実力者であった原敬の馬券黙許に関する姿勢は寛容なものであ

った。原は、馬産地、南部藩出身であったこともあり、馬匹改良を進めていくためには馬券を発売しての競馬開催が必要であることを認識していた。その二二日の「会合」、出席者は、馬政長官曾禰荒助、司法大臣松田正久、司法次官河村譲三郎、陸軍次官石本新六中将、内務大臣原敬、内務次官吉原三郎、内閣書記官長（前司法次官）石渡敏一、司法省民刑局長代理齋藤十一郎、警視総監安楽兼道の九名(101)。農商務省の出席者がいないのは、所管していた馬匹行政が馬政局に移管し、競馬に関係していなかったからだった。この日、曾禰が、司法部が示した方針を実行に移せば、競馬開催が困難となり、馬匹改良が不可能になると主張するのに対して、司法省側も譲らず、双方の主張は平行線をたどった。結局、曾禰が、つぎのように自らへの事前通告を条件に、前年一二月の「協定」を受け入れることを表明することで妥協が成立した。

告発ありたる場合又は競馬会の行為が風俗を乱し検事が検挙せざるを得ざるまでに甚だしき場合ありたるときは先づ自分へ通報せられよ、然るとき自分は其会を解散せしめ他の会を起すが如き処置を執るべく、而して地方に在ては地方長官と地方司法権あるものと宜しく協議せられ自分に通報せられて処置せしむれば可ならん

ガラ禁止に加えて、アナに関しても、「事情に依り之を検挙せず」を、曾禰への事前通告を条件に検挙も可能と解釈する、そして、この妥協によって、五月六日付の「注意文」に関しては、棚上げにするということであった。司法部の内には、この妥協への不満がくすぶることになる。一方曾禰は、この条件で、司法部の検挙への歯止めになると判断していたと思われる。

このようなアナをめぐる攻防戦が行われているなか、安楽警視総監が、開催に際し、検挙する場合がある、と東京競馬会長加納久宜に伝えた(102)。これより先、五月三日の法相、検察トップの会議を受けて、新聞も、「告発を受けた場合にはその受理不受理は当該検事の処理に一任することに決定したりと、去れば来るべき池上の競馬会には有力な

る告発提起せられ、その判決例を作り賭博問題に対する法律の解釈を決定するに至るべしと云ふ」と報じていたが(103)、それを裏付けるような連絡だった。これを受けて東京競馬会は、「善後の方法を講じ」る理事会を「秘かに」開き、摘発があった場合には、安田伊左衛門が進んで検挙に応じる形をとることにした(104)。理事会の出席者は、加納久宜、松方巌、森謙吾、山根正次、酒匂常明、安田。開催初日の新聞にも、アナの検挙があるかも知れないとの観測が掲載された(105)。そして開催には、安田が競馬会の全責任を負うことの法的措置（公証契約）を整えて臨み、開催中、安田は、逮捕覚悟で、「日夜不安を感じ」ながら競馬場内に寝泊りしていたという。ちなみに理事会は丸の内の中央亭で開かれていたが、同亭は、岩崎弥之助をパトロンとして三菱のオフィスビル八号館内に開店していた西洋料理の超高級店(106)、中央亭は第一回開催時から一号館でコース料理を提供していた。

そして東京競馬会は、司法部の強い姿勢、また検挙通告の対応策の一環として、馬券売場の「内容が他に見え」ない様に遮蔽し、また売上概数を示すメートルの「隠蔽」も行った(107)。「悪所」を外部の視線から遮断するというのが、当時の風俗取締の常套方策であったが(108)、それにならった。馬券売買を行う場所は「悪所」ということだった。そして競馬会は、馬券売場のある二号館の一階の周囲を高い板塀で囲い、馬券売場の状態を外の視線から遮蔽した。また第一回開催時に批判の声があがっていた、学生と一五歳未満の入場を禁止(109)、さらに芸妓に関しても、入場に際しては「芸妓らしく見えぬ様にとの」注意を行った(110)。おそらく警察、内務省、あるいは馬政局からの指示を受けてのものだった。翌年三月の競馬取締策の「口達」に先立つものだった（第8章第3節）。もっとも効果はなく、芸妓の姿は一号館で目立っていたが(111)。また読売新聞は、開催を前にして、「競馬の賭に勝つには馬を乗り手を知る必要がある然し馬と人を熟知するには経験を要する故急の間に合わぬ即ち、本紙は二四日紙上に競馬勝負予想法を掲ぐ、

図16

24日紙面に「競馬勝負予想法」を掲載することを告知している（『東京朝日』明40・5・23）。

図17

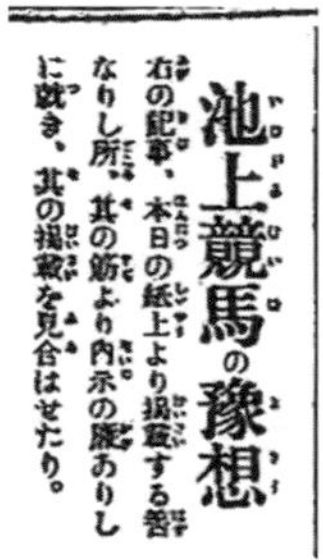
池上競馬の豫想

右の記事、本日の紙上より掲載する答なりし所、其の筋より内示の廉ありしに就き、其の掲載を見合はせたり。

（『読売』明40・5・24）

図18

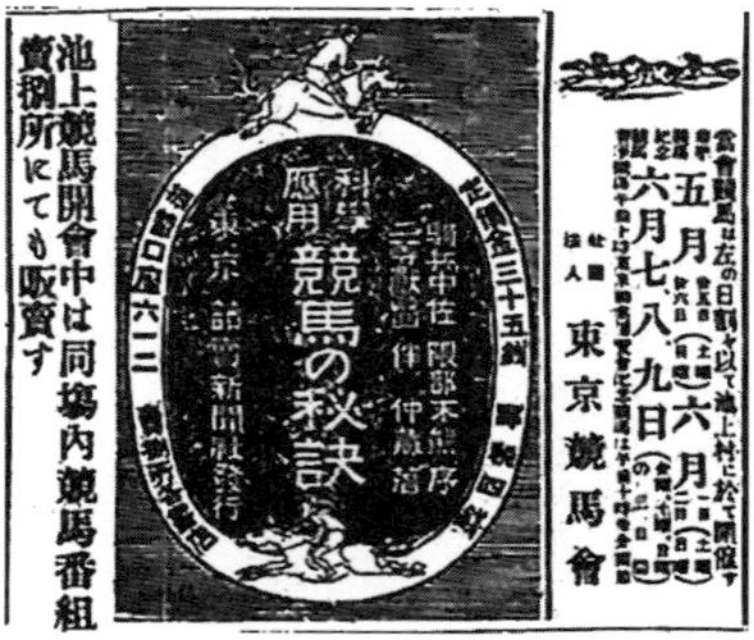


（読売新聞社刊「科学応用競馬の秘訣」『読売』明40・5・25）

これ斯界の泰斗某氏の執筆にして性格詳細素人は勿論玄人の虎の巻あたるべし」と、この東京競馬会開催の予想を掲載することを告知したが(112)、「その筋の内示」により見合わせざるを得なかった(113)。司法部の強硬な姿勢を受けた内務省が、読売新聞に指示したものだったと思われる。

このように司法部は強硬な姿勢を示したが、この時点で、実際に前年一二月二七日付の「協定」、五月六日通告に即して東京競馬会開催の摘発を行うことはなかった。西園寺内閣は、馬匹改良に不可欠であるとして馬券に寛容であり、司法部が、その政治判断を強行突破、打破できるような状況はまだ現出してはいなかった。結果的に、ここでは、その決断を下せば、取締に入ることを内務、馬政局等に確認させただけで充分との判断に立ったのだろう。繰り返せば、司法部は、ガラを自粛させることで政治的、外交的配慮が必要な日本レース倶楽部の牙城を一部とはいえ崩すことに成功、東京競馬会への威嚇も、十分に効果をあげていた。

## 5　日本レース倶楽部明治四〇年春季開催

日本レース倶楽部は、五月三日（金）、四日（土）、一〇日（金）、一一日（土）、春季開催を迎えた(114)。この開催での新たな事態は、司法部の通達を入れて、幕末以来の伝統をもつガラの発売を「自粛」したことだった。繰り返せば、まだその意味を認識されてはいなかったが、明治三二年の条約改正後も事実上治外法権だった日本レース倶楽部の馬券発売も、東京競馬会と同じく馬券黙許としての存在になったことを示すものだった。またこの開催でも引き続き中国産馬は、豪州産馬とともに根岸のレース編成の柱であったが、馬政局は、馬匹改良にまったく資さないと中国産馬レースの全廃の意向を発表するとともに(115)、この年中国産馬の輸入を禁止した(116)。この時点では、倶楽部は、この中国産馬のレース廃止の圧力を跳ね返してはいたが、明治四三年春季開催からは、中国産馬に関してもガラと同じような運命が待ち受けていた。

あらかじめいっておけば、この明治四〇年春季開催の売上は、初日約一四万円、二日目二〇万七九〇五円、三日目一三万一二三〇円、四日目二五万三九〇円の約七二万九五二五円(117)。ガラの禁止を受けてかなりの売上減が予想されていたが(118)、アナの売上が伸び、前年秋季開催の約八〇万円より九％程度の減に終わった。

レース編成は、抽籤中国産新馬（以下、「中国産新馬」と記す）が再開されて七、明治三九年春季以前の抽籤馬の各中国産馬（以下、「中国産馬」と記す）が七、抽籤豪州産新馬（以下、「豪州産新馬」と記す）が一四、明治三九年秋季抽籤豪州産馬が二、明治三九年秋季以前の抽籤豪州産馬（以下、「豪州産馬」と記す）が六、各種抽籤馬及び内国産馬が一、内国産馬が三、計四〇レースになった。内国産馬は、秋季開催では東京競馬会抽籤新馬に限定されていたが、呼馬も出走可能になった。また前年秋季開催、内国産馬が出走可能なレースは、各種抽籤馬及び内国産馬五、明治三九年春季以前抽籤豪州産馬及び内国産馬二の計七組まれていたものが一となっていたが、これは中国産新馬の再開、内国産馬が呼馬にまで拡大されたことに伴う措置だったと思われる。豪州産馬との混合戦に出走してくる内国産馬はほぼいなかったので、これまでと変らないともいえたが、形式的にとはいえ内国産馬の出走可能レースが六減になった。馬政局は、抽籤内国産新馬の導入を求めていたはずだが、日本レース倶楽部が受け入れるのは明治四一年秋季開催からのことになる。

各カテゴリーの賞金とレース数は、中国産新馬が一着三五〇円、二着一〇〇円、三着五〇円が五、中国産馬が一着五〇〇円、二着一二五円、三着七五円が一、一着四五〇円、二着一二五円、三着七五円が二、一着四〇〇円、二着一〇〇円、三着五〇円が一、一着三五〇円、二着一〇〇円、三着五〇円が一、豪州産新馬が一着五〇〇円、二着一二五円、三着七五円が一一、豪州産馬が一着六〇〇円、二着一五〇円、三着七五円が四、一着七〇〇円、二着二〇〇円、三着一〇〇円が一、各種抽籤産馬及び内国産馬が一着エンペラーズ・カップ、二着二〇〇円、三着一〇〇円が一、内国産馬が一着三〇〇円、二着一〇〇円、三着五〇円が三、優勝戦は、中国産新馬が四五〇円、中国産馬が六〇〇円、豪州産新馬が六〇〇円、豪州産馬が七五〇円、コンソレーション（開催未勝利馬限定）が、中国産馬と中国産新馬が一着三五〇円、二着一〇〇円、三着五〇円、豪州産新馬が一着四五〇円、二着一〇〇円、三着五〇円が二、明治三九年秋季豪州産馬（このカテゴリーは新設）が一着四五〇円、二着一〇〇円、三着五〇円、豪州産馬が一着五〇〇円、二着一二五円、三着七五円だった。賞金総額二万八〇七五円、前年春季二万三三五七五円、秋季二万三三五五円の一・二倍。今回の馬政局賞典は、二日目第九レース内国産馬一着に五〇〇円、前年秋季開催の六〇〇円から一〇〇円の減額、四日目第四レース豪州産馬に八〇〇円、こちらは前年秋季開催一〇〇円から七〇〇円の増額となっていた(119)。

レースに目を移せば、呼馬も出走できるようになった内国産馬は、前年秋季と同じく二日目から一つずつ計三レース、勝ち抜け制。賞金額も、昨秋と同じく一着三〇〇円、二着一〇〇円、三着五〇円、斤量は一三五ポンド（約六一・二キロ）の定量、ただしこれまでの根岸での勝鞍一勝ごとに五ポンド増だった。

その緒戦は、二日目第九レース、四分三マイル、一着には賞金及び馬政局賞典五〇〇円、九頭立。このレースが内国産馬の優勝戦の位置づけだった。この日は、初日に続いての競馬日和。昨秋の根岸を勝ち、東京競馬会第一回開催でも四戦四勝のイダテン、また帝室御賞典では敗北を喫したが、その他の優勝戦を含めた三戦では強さを発揮したハコダテ、そして東京競馬会第一回開催の初日カツラと一着同着だったが、決定戦を回避したことでその後出走できなくなったヒウンらが出走してきた。なおイダテンは、この開催から名義が木村重太郎から牧野暎次郎、仮定名称カナガワに替わった。またヒウンも、函館にはもどらず、明治二〇年代からの根岸の馬主であった和田福蔵（石油取引商）、仮定名称ヨドの名義になった(120)。有力馬はイダテン、ハコダテ、ヒウン。このなかでイダテンだけが昨秋勝っていたので、五ポンド増の一四〇ポンド（約六三・六キロ）、それでも一番人気。東京競馬会第一回開催での時計を比較しても力量的にはハコダテ、ヒウンが上であったが、昨年の五戦五勝のインパクトが大きかった。

そのイダテン、スタートが悪かった。ヒウンが先行、三コーナーでハコダテがこれを交わし、直線に入るとリードを広げ、ヒウンに三馬身差をつけてゴール。さらに三着とは四馬身差。イダテンは道中もいいところがまったくなく、大きく離された着外に終わった。昨秋以来、初の敗戦。ハコダテが力通りの強さを見せた一戦だった。勝時計一分二五秒六二、配当一五円。ハコダテにしては好配当。勝ち抜け制だったので、ハコダテの出走はこの一戦で終わった。この春の目標は、第一回開催で獲得できなかった東京競馬会の帝室御賞典だった。

二戦目が中五日での三日目、この日は朝から雨、馬場は不良、悪かった。第九レース、一マイル、一〇頭立。ここを勝ったのがミズテン、後のスイテンだった。ミズテンは、父スプネー、母第四エリース、牡六歳、芦毛、体高五尺三寸（一六〇・六㌢）、新冠御料牧場産(121)。スプネーは明治二〇年宮内省が輸入したアイルランド産のサラブレッド、第四エリースはアングロアラブとスタンダードブレッドの半血種(122)。安田伊左衛門が、この馬の評判を聞いて、この年二月、お抱え騎手の佐竹武士を北海道に赴かせて二五〇〇円で購入させた馬だった。デビュー時の名はミズテン。安田が、馬を実際に見ずに電報一本で購入したことにちなみ、しゃれっ気で不見転芸者にちなみミズテンと名付けたものだったという。この後の池上の出走にあたってスイテンと名を改める。馬券黙許時代から昭和戦前期、安田は多数の競走馬を所有し出走させていたが、そのなかでも後々にいたるまで安田が名馬として語り続けた馬がスイテンであった。

ここにはイダテン、ヒウンも出走した。二日目のレースで敗れていたが、これまでの戦績もあってイダテンが一番人気。斤量はミズテンとヒウンが一三五ポンド（約六一・二㌔）、イダテン一四〇ポンド（約六三・六㌔）。ミズテンが、スタート直後からハナに立ち、そのまま逃げて、道中四番手から追い込んできたイダテンをクビ差しのいで勝った。勝時計二分五秒一五。不良馬場で時計を要していた。ちなみに当時、一流馬は一マイルを一分五〇秒台前半で走った。配当は、もう一頭の安田名義のハツタカ（着外）とのカップリングで八・五倍の四二円五〇銭。この配当額に示されているようにミズテンの評価はそれほど高くはなく、イダテンが負け、ミズテンが勝ったことは、「満場意外」だったという(123)。後から考えれば力量差が大きかったイダテンにクビまで迫られたのは、ミズテンが不良馬場が得意でなかったことに加えて脚部不安を抱えていたからだったと思われる。ヒウンは着外だった。

四日目、晴れたが砂塵を捲き起こすほどの強い南西の風が吹いていた。この四日目には、認可を受けた競馬会の関係者が見学のために入場したものが多かったという。第一一レース、一マイル四分一、一〇頭立。イダテンが一・八倍の本命。イダテンは、ここでもスタートが悪く三番手を進んだが、向う正面で先頭に立ち、そのまま押し切った。このイダテンの三戦目での勝利に「満場の観客もホット一息」したという(124)。勝時計二分二九秒六〇、配当九円。後から考えれば、イダテンの力では呼馬たちに勝つのが難しいのが実情だったが、そのなかでよく勝鞍をあげていた。

つぎに豪州産馬、最も注目されたのは昨秋の根岸と池上で六戦六勝、獲得賞金三〇五〇円という鮮烈なデビューを飾ったイスズ。イスズは、この開催から名義が佐久間福太郎、仮定名称コットンからアレキサンダーに替わったことで、メルボルン二世と改名された(125)。ある酒宴の席での冗談めいた話が現実となって、一万円で譲渡されたものだったという。アレキサンダーは、ともに横浜銀行取締役であった平沼延次郎、平沼八太郎の共同の仮定名称(126)。かつて平沼延次郎が、ヒタチ、カチドキ、メイミーといった活躍馬を輩出した明治三五年秋季開催抽籤馬であるメルボルンを所有していたことで(127)、メルボルン二世と名付けた。メルボルンは、明治三六年春季開催三戦三勝でチャンピオンの座に就いたが、開催後、平沼は同馬を二五〇〇円でアール・ルーネンに譲渡、ルーネンはローズデフランスと改名、同秋季開催でも三戦二勝、チャンピオンの座を守った(128)。ちなみに延次郎は慶応元（一八六五）年生まれ、慶応義塾卒業後、アメリカへ留学、帰国後、横浜の大実業家平沼専造の長女の婿養子となり、横浜銀行取締役、横浜四品取引所の理事長などをつとめていたが、この明治四〇年一月の株式暴落で大損失を出して、四月耶馬渓で自殺、社会に大きな衝撃を与えた(129)。したがって開催時には八太郎の単独所有となっていたが、登録時アレキサンダー名義だったことでそのままとされた。なお八太郎は専造の二男。

先にも紹介したが、当時の豪州産古馬のチャンピオンクラスは、初日コロニアル・プレート、二日目エンペラーズ・カップあるいはヨコハマ・ダービー、三日目コスモポリタン・ハンデキャップ、四日目オーストラリアン・ウイナーズ・ハンデキャップに出走した。もちろんメルボルン二世もこのローテーションだった。賞金は、コロニアルとコスモポリタンが一着六〇〇円、二着一五〇円、三着七五円。斤量は馬齢、四勝以上は一勝毎に三ポンド増、ただし一五ポンドを超えない、だった。

その緒戦、春季開催の初日、第二レース、コロニアル・プレート、四分三マイル、一三頭立。ここには、前年このコロニアル・プレートを春秋連覇したヒタチも出走。斤量は、ゴールドスター、メルボルン二世が一四〇ポンド（約六三・六キロ）、ヒタチとスマが一五二ポンド（約六九・〇キロ）、メイミーが一四七ポンド（約六六・七キロ）。開催前に脚を負傷し欠場とも伝えられてもいたが、治癒したとして(130)、ヒタチが一番人気。二番人気がゴールドスター。メルボルン二世は距離が短く、調教がよくなかったという懸念もあって(131)三番人気。レースはあっけなかった。ゴールドスターがスタートから仕掛けてハナに立ち、そのまま逃げ切った。三馬身差の二着がメルボルン二世、さらに三馬身差の三着がヒタチ(132)。勝時計一分二〇秒三七。この勝時計は速く、この距離での同馬の実力を示したものだった。配当一八円。メルボルン二世の初の敗戦だった。

ゴールドスターは、先にも紹介したように明治三九年春季抽籤豪州産馬、初日の新馬戦から三日目まで三連勝、四日目の新馬チャンピオン戦でオトワの二着と上位の力をもっていたが、明治三九年根岸秋季、東京競馬会第一回開催と未勝利に終わっていた。だが調教の動きから「最も有望」との評価もあり(133)、それにスピードを生かせる得意の距離ということでその馬券が売れていた。この勝利で、ゴールドスターは残りの三日間、チャンピオン路線を歩んだが、いずれもメルボルン二世に歯が立たず、三戦二着二回着外一回に終わる。

ヒタチの二走目は、二日目第二レース、ヨコハマ・ダービー、一マイル二分一、一着七〇〇円、二着二〇〇円、三着一〇〇円、八頭立。有力馬の斤量はヒタチとメイミーが一五二ポンド（約六九・〇キロ）、オトワ一四三ポンド（約六四・九キロ）。人気はメイミー、ヒタチ、オトワの順。この三頭は、メイミーが明治三八年秋季、ヒタチが明治三九年春季、オトワが明治三九年秋季のエンペラーズ・カップ獲得馬。このようにヨコハマ・ダービーは、エンペラーズ・カップを獲得した馬たちが、目標とするレースだった。ヒタチは、前日の敗戦が脚の負傷の影響との懸念で人気を下げていた。メイミーが先行、一周目の三コーナーから四コーナーでヒタチがメイミーを交わして先頭に立った。道中、快調に飛ばし、メイミーとの差を次第に広げ、ゴールでは一〇～一二馬身差となっていた。さらに三馬身差の三着が後方から追込んできたオトワ。勝時計二分四七秒三七、これまでの明治三九年春季開催でメイミーが出した二分四九秒四〇を二秒〇三破るレコード、ヒタチのレースぶりは圧巻だった。配当一九円五〇銭、人気を落していたのでヒタチとしては好配当だった。ヒタチは、前年秋に続く、ヨコハマ・ダービー連覇だった。だがこの後がダメだった。

メルボルン二世の二走目は、二日目第六レース、エンペラーズ・カップ、各種抽籤馬及び内国産馬、一着エンペラーズ・カップ、二着二〇〇円、三着一〇〇円、距離一マイル、斤量馬齢、エントリー時四勝以上の馬は一勝毎に三ポンド増、ただし一五ポンドを超えない、抽籤豪州産馬で日本国内二開催目の出走馬三ポンド減、未勝利馬五ポンド減、減量は積算、抽籤豪州産新馬一二ポンド減、エントリー以降の勝馬五ポンド増、この条件での以前の勝馬出走不可、九頭立だった。レースはあっけなかった。メルボルン二世が先行、そのまま二馬身半差をつけて、一分四八秒五七で楽勝、配当は前日の敗戦があってかメルボルン二世にしては好配当の一二円。二着カウンテス、二馬身半差の三着がパルマバイオレット。ゴールドスターも出走していたが着外。なお斤量はメルボルン二世とカウンテス一三七ポンド（約六二・二キロ）、パルマバイオレット一三八ポンド（約六二・七キロ）、ゴールドスター一三五ポンド（約六一・三キロ）だった。

表彰式は、周布公平神奈川県知事、在京外国外交官夫妻、藤波言忠馬政局次長、坂仲輔神奈川県第一部長、湯浅倉平同第四部長、堀田貢同第三部長、役員等数十名が参列、式部官丹羽龍之助がカップを捧げ、「下賜の御沙汰」を述べ、馬主の平沼が拝受、挨拶、それが終わったの機に「ヒップヒップハラーを三唱し一同之に和し」た(134)。なお昨春秋開催実施された行啓は、皇太子がこの一〇日から山陰を巡啓することで今回は行われなかった。平沼八太郎と、前持主佐久間福太郎は、メルボルン二世のエンペラーズ・カップ拝受を記念して六月二五日、横浜市住吉町六千歳楼に知人及び関係者を招待し祝宴を開いた(135)。

つぎの古馬の一線級のレースは、一〇日の三日目、コスモポリタン・ハンデキャップ、一マイル、一着六〇〇円、二着一五〇円、三着七五円、一二頭立。主な出走馬のハンデはメルボルン二世一五〇ポンド（約六八・一キロ）に対して、ヒタチが最も重い一五七ポンド（約七一・二キロ）、メイミー一四二ポンド（約六四・五キロ）、オトワ一四〇ポンド（約六三・六キロ）、ゴールドスター一三五ポンド（約六一・三キロ）。

一番人気はメルボルン二世、二番人気はヒタチだったが、上位の人気は拮抗、メルボルン二世でも三・一倍あった。この日は雨が降りしきり、馬場は不良。ゴールドスターがスタートから逃げて、そのまま直線に入った。ゴールドスターが逃げ切るかと思われたが、メルボルン二世が不良馬場のなかを力強く追い込んできて、ゴールドスターを一馬身交わした。ゴールドスターも、三着の一二三ポンド（約五五・八キロ）の最軽量馬モンブランとは七馬身差あったから、力を見せていた。なおゴールドスターは重馬場が得意だった。メイミーとヒタチはよいところなく着外に終わった。勝時計一分五五秒一八、配当一五円五〇銭。一五〇ポンドという重いハンデと不良馬場が嫌われたのだろう、ここもメルボルン二世としては好配当だった。

図19　メルボーン二世が獲得したエンペラーズ・カップ

（『競馬世界』第1号、明40・11・15）

優勝戦は四日目第四レース、オーストラリアン・ウィナーズ・ハンデキャップ、今開催勝馬登録義務、一マイル八分一、一着七五〇円及び馬政局賞典八〇〇円、六頭立。メルボルン二世のハンデは満量の一六〇ポンド（約七二・六キロ）。残りの五頭のハンデは、ゴールドスター一三〇ポンド（約五九・〇キロ）、ヒタチ一五七ポンド（約七一・二キロ）、チハヤ一二四ポンド（約五六・二キロ）、アムルース一一八ポンド（約五三・五キロ）、ゲンロク一二五ポンド

（約五六・七キロ）。メルボルン二世、ヒタチと他の四頭のハンデ差は大きかった。いつも通りにゴールドスターが逃げた、メルボルン二世とチハヤが二番手を追走、残り半マイル地点でチハヤが先頭に立った。メルボルン二世が差し返してくると誰もが思った。しかし、逆に差は広がり、チハヤがそのまま押し切ってしまった。軽ハンデを活かした騎手の好騎乗ぶりが光ったという。勝時計二分一〇秒四二、配当五〇円。四馬身差の二着がゴールドスター。メルボルン二世は、ゴールドスターを交わすどころか、逆に五馬身差の三着に終わった。チハヤとは三六ポンド（約一六・三キロ）、ゴールドスターとは三〇ポンド（約一三・六キロ）のハンデ差があったとはいえ、メルボルン二世にとって初めての負けらしい負けだった。ヒタチは重いハンデもあって、ここでもまったくよいところを見せず、着外に終わった。

　チハヤは、木村重太郎の名義。メルボルン二世と同じ明治三九年秋季抽籤豪州産馬、そのデビューの開催、初日第五レース、二日目第四レースと連勝したが、三日目と四日目はともにイスズの着外に終わり、明らかにイスズとは力の差があった。続く東京競馬会第一回開催では初日第五レース、二日目第六レース、三日目第二レースと連続してブレメンの二着、四日目第二レース撫恤戦（開催未勝利馬限定）はさすがに勝っていた。この春季開催、初日第四レース、アムルースの着外、二日目第五レース、人気になっていたがそれを裏切りゲンロクの二着、それでも三日目第一レースでは、二・一倍の人気に応えて逆にゲンロクを二着に降してここに臨んでいた。勝ったとはいえ三日目の勝ちは一線級不在でのもの、ここでのメルボルン二世らを破っての勝利に場内は大きくどよめいたという。その表彰式では、馬政局次長藤波が馬政局賞典八〇〇円の授与にあたった。

　そしてこの開催の抽籤豪州産新馬。優勝戦、コンソレーションを除くこのカテゴリーの賞金は一着五〇〇円、二着一二五円、三着七五円。その優勝戦は、四日目第三レース、オーストラリアン・グリフィン・ウイナーズ・ハンデキャップ、一着六〇〇円及び東京競馬会から五〇〇円、今開催勝馬登録義務、一マイル一ハロン、七頭立を勝ったのは、ラカンテニヤだった。牝四歳、名義はJ・デケア・コグリン（エンゲルト・デケアス・バディ商会、為替ブローカー）、仮定名称マジョールトリック。二着リオネーズに四馬身、三着ニューハンプシャーに五馬身をつけた楽勝だった。勝時計二分一六秒三〇、配当一四円五〇銭。それぞれのハンデはラカンテニヤとリオネーズが一四五ポンド（約六五・八キロ）、ニューハンプシャー一三六ポンド（約六一・七キロ）。二着のリオネーズは初日第八レース、二日目第三レースと連勝、三日目不出走でここに臨み、その力が高く評価され一番人気だったが、ラカンテニヤの前に完敗した。

コグリンは、フランス生まれ、陸軍士官となり、退役後にフランス領トンキン（ハノイ）で一〇年にわたり新聞社の社長・主筆を務め、明治二九年に来日して横浜に在住していた[136]。この後、京浜競馬倶楽部副会頭に就任する。

ラカンテニヤは、初日第八レース、一マイル、八頭立で力強いレースぶりで、二着に二馬身、三着にはさらに八馬身差をつけてデビュー勝ちを飾った。開催前に評価は高くなく配当五二円で伏兵の一頭だったが、勝時計の一分五〇秒一一は、当時にあっては好時計、今後の活躍を期待させるものであった。この走りに、コグリンは翌日のエンペラーズ・カップへ挑戦させたが、メルボルン二世にはさすがに歯が立たず着外に終わった。三日目第五レース、一マイル四分一、ハンデキャップ戦では一五〇ポンド（約六八・一キロ）を背負わされたが、一四〇ポンド（約六三・六キロ）のトーマリンに四馬身差をつけ、二分三九秒で楽勝。配当一六円。そして優勝戦での楽勝。この開催、エンペラーズ・カップでの敗戦はあったが、新馬同士では三戦三勝と強さを発揮、次の東京競馬会春季開催でも優勝戦を勝ち、秋季開催のエンペラーズ・カップを獲得することになる。なおトーマリンはロシア公使バクメチエフの名義、牝五歳、初日第九レースでラカンテニヤの二着、二日目第八レースで勝ちあがり、三日目第五レース、ラカンテニヤの二着、そして四日目第三レースの優勝戦はラカンテニヤの着外に終わったが、力はあった。

このように、内国産馬では、後に活躍することになるスイテンがデビュー、豪州産新馬ではラカンテニヤが強さを発揮。豪州産馬では伏兵のチハヤがチャンピオンの座についた。メルボルン二世はエンペラーズ・カップ、コスモポリタン・ハンデキャップには勝ったが、絶対的な強さを見せてはいなかった。その他、明治三五年秋季開催以来活躍を見せていた古豪ヒタチはヨコハマ・ダービーの連覇はあったが、力の衰えに加えてメルボルン二世などの新興勢力の台頭もあって、三日目、四日目と惨敗した。東京競馬会での巻き返しがなるかであった。なおチハヤは、直後の東京競馬会春季開催、足を痛めて出走しなかったが(137)、その後も目立った成績をあげることはなかった。

冒頭にも紹介したが、この開催の売上高は七二万九五二五円、ガラの禁止はあったが、アナの売上が伸び、前年秋季開催の約八〇万円より九％程度の減に終わっていた。この開催、「池上に競馬の味を占めたる東京連は本場の根岸にて一戦いせんとて続々入込」んでいたが(138)、その「東京連」がアナの売上に寄与していた。秋季開催は、一〇月下旬から一二月中旬まで毎週末開催される東京及びその周辺の四競馬会の秋のシーズンの幕開けとなったが、幕末以来、記録されたものとしてはじめての騒擾事件が起こることになる。根岸も、馬券熱の渦に巻き込まれた。

## 6 東京競馬会明治四〇年春季開催

ガラの禁止、司法部からの圧力、検挙への不安を抱きながら、東京競馬会は、明治四〇（一九〇七）年五月二五日(土)、二六日(日)、六月一日(土)、二日(日)、春季開催を迎えた(139)。続いて東京勧業博覧会記念と銘打って六月七日(金)、八日(土)、九日(日)の開催を行った。事実上の七日間開催だった。東京勧業博覧会は、三月二〇日から上野公園で開会されていたが、東京競馬会は、「博覧会の開会を祝し併せて同会の隆盛を資せん為め」として開催を馬政局に申請、同局はこれを許可した(140)。収益増大をはかる同会への特別待遇であった。なお博覧会記念と銘打たれてはいたが、その収益が博覧会に寄付されるというわけではなく、逆に競馬会の方が、博覧会から特別賞典一〇〇〇円と三日目第一、二、三、五レースの計四レースに金時計の贈与を受けた(141)。第一回に続いて、競馬が国家的事業であることを示す帝室御賞典が下賜され、そのレース当日の三日目には東伏見宮依仁が差遣された。また二日目、四日目と東久邇宮稔彦、朝香宮鳩彦、北白川宮成久、竹田宮恒久の皇族が来場したことも、東京競馬会が特別の存在であることを示したものだった。なおこの四宮は、第一回開催四日目にも臨場していた。今回も行幸が「奏請」されていたが(142)、もちろん実現しなかった。

第一回に引き続き競馬場正門前と観覧者入口前に大緑門を設け、一号館の地下食堂の窓縁等へは緑葉装飾し、入口広場には、約一〇〇人収容の天幕張の大食堂、二号館前広場には、花月楼、八幡楼、エビス麦酒ホール等が出店した。今回も市価の五割以上も高価だった。東海道線大森駅には前回の混雑を踏まえ、プラットフォーム入口に丸太構の人堰が造られた。今回も、レースの合間には楽隊が演奏した。

この開催の賞金総額は、第一回開催の成功を受けて増額された。第一回開催では、内国産、豪州産の両抽籤新馬戦が一着三五〇円、二着一〇〇円、内国産馬と豪州産馬の一般戦が一着四〇〇円、二着一〇〇円だったものから、第二回では三着まで賞金を出して、新馬戦一着五〇〇円、二着一二五円、三着七五円、一般戦一着六〇〇円、二着一五〇円、三着七五円、また撫恤（開催未勝利馬限定）戦も、両新馬が一着三〇〇円、二着七五円から一着四〇〇円、二着一〇〇円、内国産馬と豪州産馬が一着三五〇円、二着七五円から一着五〇〇円、二着一〇〇円、と引き上げられた。優勝戦は、内国産馬は七〇〇円から七五〇円に引き上げられたが、豪州産馬七〇〇円、内国産新馬五〇〇円、豪州産新馬六〇〇円は据え置かれた。なお優勝戦の賞金は一着のみだった。馬政局賞典は、抽籤内国産新馬が第一回の一着五〇〇円、二着四〇〇円から一着五〇〇円、二着三〇〇円と二着が一〇〇円の減、内国産馬と抽籤豪州産新馬は四〇〇円と六〇〇円と変わらなかった。賞金額三万一七二五円、馬政局賞典一八〇〇円、計三万三五二五円(143)。他に帝室御賞典、金時計等、第一回賞金総額一万八八八〇円の約二倍、博覧会記念も三日間で計二万二三二五円と第一回を三四〇〇余円上回った。

レース数も、内国産馬一〇、抽籤内国産新馬一一、豪州産馬一四、抽籤豪州産新馬七、豪州産馬及び内国産馬二の計四四と第一回より一一の増加、なお前回番外として行った将校競馬四を番組に組み込んだので、計四八になった。内国産馬、抽籤内国産新馬、豪州産馬は、第一回開催よりそれぞれ二、三、六の増、豪州産新馬が二減、その代わり

図20

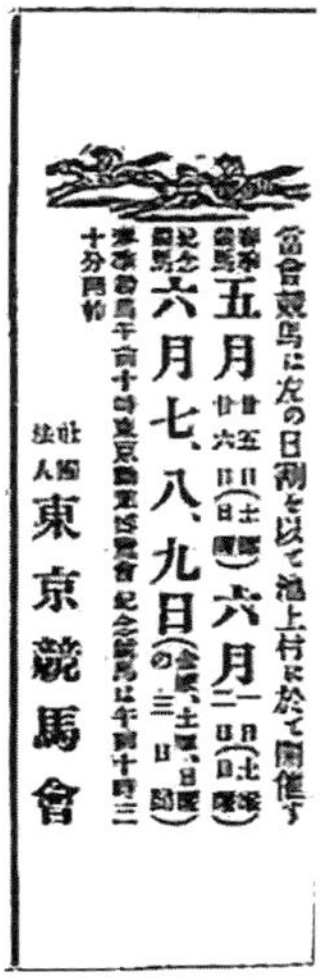


（『中外商業』明40・5・22）

に豪州産馬及び内国産馬が二新設された。博覧会記念も内国産馬七、内国産新馬七、豪州産馬七、豪州産新馬七、豪州産馬及び内国産馬二、将校競馬三、計三三。増量規定に関しては、根岸、池上双方の勝鞍は同等のものとして扱った。なお今回も、豪州産馬、同新馬は全頭が日本レース倶楽部の抽籤馬だった。

また東京競馬会は、この開催に向けて施設を充実させていた(144)。二号館を一二間（約二二メートル）増築、馬場も玉川砂利を埋めその上に五尺余の土盛りして地固め、コースと馬見所の間に牧草を播種し、厩舎五〇頭分も増築、全収容頭数二二〇頭となった。

図21　「競馬場見物席」

（『二六』明40・5・26）

先述したように、司法部の圧力を受けた馬政局の命令でガラを止め、競馬会側にはアナ（単勝式馬券）の発売に関しても検挙の懸念があった。また観客にとっても馬券売場が遮蔽されるなど第一回とは異なる雰囲気のなかでの開催となった。だがあらかじめいっておけば、第一回の売上の四割以上を占めたガラの禁止はあったが、売上高は一〇六万一一五五円と第一回の一・一倍の漸増、したがってアナは一・九五倍とほぼ倍増になった。公式の記録を見る限り、一等、二等の有料者入場者数は、一七一五人、五四七一人、第一回の一六四〇人、五九四七人とあまり変わらない数字だったので(145)、人々が、それだけアナを買うようになっていたことを示していた。レースに目を移すと、内国産馬のレベルがあがっていた。

### 内国産馬

内国産馬の目標は、三日目帝室御賞典。今回から抽籤馬も出走可能となった。このカテゴリーの賞金は、優勝戦、撫恤戦を除けば、一着六〇〇円、二着一五〇円、三着七五円。斤量は、ハンデ戦を除けば、馬齢、根岸及び池上あわ

図22 「馬匹改良の賛助者　池上馬見場の群集」

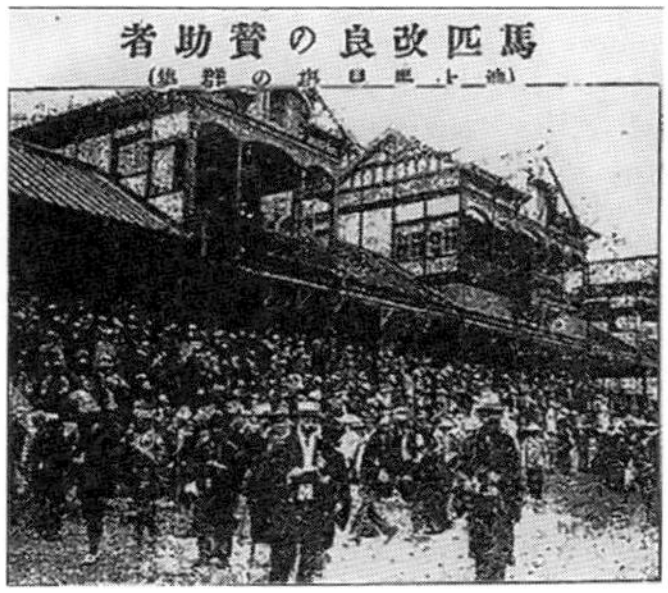


（『中央』明40・5・28）

せて四勝以上一勝毎に三斤増、ただし一二斤を超えない、であった。なお馬齢の斤量は、三歳一一七斤（約五三・一キロ）、四歳一二五斤（約五六・八キロ）、五歳一三〇斤（約五九・〇キロ）、六歳一三三斤（約六〇・四キロ）、七歳以上一三五斤（約六一・二キロ）(146)。

初日、薄雲の空に軽風が涼しく吹いていた。第八レースが行われる午後二時一〇分頃から雨が降り始め驟雨になった。帝室御賞典を目標とする内国産馬の有力馬の緒戦は、第八レース、一マイル、第六レースの勝馬出走不可、七頭立。主な出走メンバーは、イダテン、マツカゼ、スイテン、ハナゾノ。

図23 「池上競馬の決勝点」

（『中央』明40・5・28）

今開催の内国産馬の力関係を占うレースだった。

イダテンは、ここまで紹介してきたように、牡六歳、前年秋は根岸一戦一勝、池上四戦四勝、この春の根岸は、三戦一着一回二着一回着外一回と成績を落してここに臨んでいた。先の根岸から横浜の貿易商牧野暎次郎、仮定名称カナガワの名義。マツカゼは、牡七歳、北海道の競馬で活躍、昨秋は、池上五戦一勝二着四回三着一回、今開催から横浜の時計商河北直蔵の名義。春の根岸では、三日目第九レース、ミズテンの三着、四日目第一一レース、イダテンの二着、この開催初日、先の第二レースでヒノデ二世の二着に引き続いてここに臨んでいた。スイテンは、先に紹介したように根岸三日目、イダテンを二着に降してデビュー勝ち、この開催からミズテンからその名を改めた。

そして評判馬ハナゾノだった。ハナゾノは父豊平、母千里、牡六歳、黒鹿毛、体高五尺一寸七分（約一五七センチ）、北海道日高・大塚牧場産(147)。なお父豊平は、血統不詳だが、大塚牧場で繋養され、数多くの活躍馬を輩出した大種牡馬、千里はスタンダードブレッド、

**表1　明治四〇年春季開催入場者数**

| 開催日 | 招待会員券 | 1等 | 2等 | 小計 |
|---|---|---|---|---|
| 初日 | 約1,782 | 262 | 1,172 | 3,304 |
| 2日目 | 約2,340 | 433 | 1,440 | 4,215 |
| 3日目 | 約2,028 | 347 | 1,330 | 3,703 |
| 4日目 | 約2,632 | 674 | 1,469 | 4,794 |
| 合計 | 約8,892 | 1,715 | 5,411 | 16,018 |

＊「招待会員券」の「約」、また各数字は史料ママ。表2も同（『東京競馬会及東京競馬倶楽部史』第2巻、65頁）。

**表2　明治四〇年博覧会記念開催入場者数**

| 開催日 | 招待会員券 | 1等 | 2等 | 小計 |
|---|---|---|---|---|
| 初日 | 約2,079 | 17 | 477 | 2,734 |
| 2日目 | 約2,722 | 450 | 820 | 4,042 |
| 3日目 | 約3,234 | 497 | 1,511 | 5,252 |
| 合計 | 約8,085 | 1,125 | 2,808 | 12,028 |

（『東京競馬会及東京競馬倶楽部史』第2巻、66頁）

新冠御料牧場産(148)。ハナゾノは、明治三八年八月北海道乗馬会の開催、大印の名でデビュー、この開催の優勝戦を含めて四戦四勝(149)。翌三九年七月函館競馬会では、豪州産牝馬と対戦、初日三戦一勝二着二回、二日目三戦一勝二着二回という戦績であったが、二日目の勝鞍は優勝戦だった(150)。その後の九月北海道乗馬会の開催では、初日二戦二勝、二日目三戦二勝二着一回、二日目の優勝戦を圧勝するなど(151)、北海道最強クラスの馬であった。この活躍で、大印の系統の馬の価格は、「一般に騰貴した」という(152)。馬券黙許時代の競馬界の重鎮となる園田実徳が、馬主大塚助吉（大塚牧場主）に譲渡を懇請、ようやく競走馬引退後は無料で大塚に返すことを条件に三〇〇〇円で購入した馬だった(153)。神経の鋭敏なところがあったという(154)。

斤量はハナゾノ一三八斤（約六二・七キロ）、スイテン一三三斤（約六〇・四キロ）、イダテンはこれまでの勝鞍で増量されて一四九斤（約六七・五キロ）。一番人気はハナゾノ、とはいえアナの売上総数四一〇六枚中の一三三三枚で二・八倍(155)、北海道での戦績は知られていたうえに調教もよかったが、ここは緒戦、絶対視されていたわけではなかった。二番人気は根岸での勝利が評価されてスイテン。イダテンは人気を下げていた。東京日日新聞は、ミズテン（スイテン）とハナゾノをつぎのように評価した(156)。

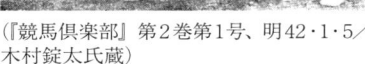

> 北海より来るミズテンは長躯にして痩身軽俊の風あり、ハナゾノは鹿毛の艶々しき一見愛馬家をして垂涎三尺た

らしむる額上一痕の春雪皎として戴冠せるが如し、肢脚健にして駛早きも未だ大競走に必勝の価値は疑問に属す、ミズテンは根岸にて勝利を得たるも一三八斤量を加えられたれば（誤り、増量はなかった）亦苦痛とするなるべし

図24　スイテン

（『馬匹世界』第7号、明41・5・15）

図25　ハナゾノ

（『競馬倶楽部』第2巻第1号、明42・1・5／木村錠太氏蔵）

イダテンが先行、半マイルあたりで、ハナゾノがイダテンを交わしにかかり、直線ハナゾノとイダテンの追い比べになった。イダテンが脱落して後退、ハナゾノがそのまま先頭でゴール。余裕のレースぶりだった。勝時計一分五三秒六七、配当一四円。二着にはゴール前で追い込んできたスイテン、三着にはマツカゼがあがった。

二日目、朝方、一寸雨雲が見られたが、風のない良い日和になった。だが午後二時頃からぽつぽつ振り出し、最終第一二レース頃には強雨になった。ハナゾノの二走目は、第二レース、一マイル二分一、一着七〇〇円、二着二〇〇円、三着一〇〇円、五頭立。ハナゾノが、四四七五枚中二八九七枚の売上で一・四倍の本命(157)。前日の勝利で、斤量は五斤（約二・三キロ）増の一四三斤（約六四・四キロ）。長距離戦だったが、問題にせず、逃げた馬を三コーナーで交わし、直線も持ったままで楽勝した。勝時計三分一八秒一三、配当七円。この二戦で見せたハナゾノの強さは、圧倒的なものだった。そしてハナゾノは帝室御賞典競走に臨むことになった。

一方スイテンの二戦目は、二日目第八レース、一マイル八分一、今開催勝馬出走不可、七頭立。イダテンもここに出走。五九〇四枚中三〇四一枚の売

上でスイテンが一・七倍の一番人気。一九〇一枚のイダテンが二番人気。タカタマが逃げたが、直線スイテンが楽な手ごたえで交わしてゴール。勝時計二分二〇秒八四、配当八円五〇銭。二着タカタマ、三着キキョウ。イダテンは、ここでも着外に終わった。こうしてスイテンも三日目の帝室御賞典に臨むはずであった。

タカタマは、旧カスミ二世、輿倉東隆（麻布獣医学校長）の名義、牝五歳、体高五尺一寸（約一五四・五センチ）、下総御料牧場産(158)。二回雑種、明治三八年九月岩手県産馬組合連合会開催で優勝戦も含めて三勝、ウメコ（のちのイダテン）との対戦はなかったが、強さを見せていた(159)。タカタマは、逃げるとしぶとかった。

キキョウは、牡六歳、体高五尺三寸（約一六〇・一センチ）、北海道日高・大塚牧場産(160)。キキョウの旧名は大川、大塚助吉の名義で北海道の競馬会に出走（成績不詳）(161)、その力を見込んで園田が購入したものだった。

そして第一回開催の内国産馬チャンピオンのハコダテだった。その緒戦は、初日第二レース、四分三マイル、根岸と池上あわせて四勝以上一勝毎に四斤増、ただし一二斤を超えない、一二頭立。ハコダテは大本命、ここは楽勝と思われていた。ところが出遅れ、力を出せずに、着外に敗れた。ヒノデ二世が勝ち、配当一六五円五〇銭という大波乱になった。二着マツカゼ。ヒノデ二世は、槇田吉一郎、仮定名称ナンチョウの名義、牡四歳、体高五尺一寸（約一五七センチ）、北海道日高・大塚牧場産(162)、昨冬、槇田が自ら日高に赴いて購入した馬だった(163)。のちに、静岡畜産界の重鎮浜村理平の名義となり各地の競馬会を転戦する。

二戦目は、二日目第六レース、八分七マイル、斤量馬齢、今開催勝馬出走不可、一〇頭立。前日の敗戦に加えて、これまでの勝鞍で八斤（約三・六キロ）増量の一四四斤（約六五・四キロ）を背負ったが、それでも五〇六八枚中二六二〇枚の売上で一・七倍の一番人気。ここも出遅れたが、力の違いを見せて直線で逃げるホクエンを交わして、二馬身差で勝った。三着はマツカゼら三頭が同着という珍しい結果。勝時計一分四六秒九〇、配当八円五〇銭(164)。こうしてハコダテは、昨年第一回開催のチャンピオン馬としての力を一応見せて、帝室御賞典に臨んだ。

二着のホクエンは、牡五歳、体高五尺一寸七分（約一五七センチ）、北海道日高・大塚牧場産(165)。第三豊平の名で明治三九年九月北海道乗馬会デビュー、前評判は高かったが、初日二戦一勝、二着一回、二日目二戦二着一回、三着一回、計四戦一勝、二着二回、三着一回という期待外れの成績に終わった(166)。だが将来性を感じた園田実徳が購入、ホクエンの名でこの明治四〇年五月東京競馬会に出走してきたものだった。ホクエンは、次の秋季開催の帝室御賞典馬となる。

この二日目には、北白川宮成久、東久邇宮稔彦、竹田宮恒久、朝香宮鳩彦が臨場したが、東京競馬会は、その四宮の希望に応えて、この開催で評判を呼んでいた内国産馬ハナゾノ、スイテン、そして豪州産馬メルボルン二世の三頭を、馬見所前に牽き出して、供覧に呈した。北白川宮は、スイテンを「殊の外に気に入り」写真撮影したという(167)。ちなみに竹田宮恒久は、第一回開催の将校競馬で良績を残した近衛騎兵連隊に属していた(168)。

以上のように帝室御賞典の出走予定有力馬たちの初日、二日目の成績は、ハナゾノ二戦二勝、スイテン二戦一勝二着一回、ハコダテ二戦一勝着外一回、イダテン二戦着外二回、マツカゼ三戦二着一回三着二回。

そして迎えた六月一日の三日目、快晴で日射しが強かった。第九レースが帝室御賞典競走、ハンデキャップ、一マイル、前回帝室御賞典勝馬の出走不可、一着御賞典(御紋付銀鉢)、二着三〇〇円、三着一〇〇円。なお前回一着馬には御賞典と賞金四〇〇円が賞与されたが、今回から日本レース倶楽部にならい御賞典だけとなった。この日、天皇の名代として差遣された東伏見宮依仁は、馬車で場内に到着、会長加納久宜以下理事等が車寄で迎え、君が代の奏楽の中、東伏見宮が下車、加納会長の先導で一号館三階の玉座のある部屋に着御。レース等の説明にあたったのは馬政局馬政課長増田熊六騎兵少佐。天皇が下賜した御紋付銀鉢は、一等館階下に「恭しく」飾られていた。この日の一等館の客の多くは、「礼服を着用し始終静粛に観覧」、当時の人気歌舞伎役者で競馬好きで知られた中村芝翫、市村羽左衛門も観戦、また「上中流社会の婦人連」の姿も目についたという(169)。

帝室御賞典は、第一回に続いてハンデ戦で実施されたが、このハンデをめぐって悶着が起こった。というのは、有力馬と目された馬のハンデは、ハナゾノ一五〇斤(約六八・一キロ)、ハコダテ一四四斤(約六五・四キロ)、スイテン一三

図26

「東京競馬会に御台臨の東伏見宮殿下（左方）の花鉢は帝室の御賞典なり」（『報知』明40・6・1夕刊）。

図27　ハナゾノが授与された御賞盃

（『東京競馬会及東京競馬倶楽部史』第一巻）

五斤（約六一・三キロ）。ハナゾノの馬主は園田実徳、ハコダテが松山吉三郎、スイテンが安田伊左衛門、三人ともに当時の競馬界で重きをなす存在。ハンデは、二日目終了後、発表されるのが通例だった。ちなみにハンデキャッパーは、木村介一、江副廉造、森謙吾(170)。スイテンがハナゾノよりも一五斤（約六・八キロ）もめぐまれたことで、ハナゾノの馬主園田が抗議、馬政局も「怪訝の念」をいだいて東京競馬会に「質問」、同会は委員会の専権事項と回答、これに馬政局は場合によっては中止の命令もあるとの姿勢を示した(171)。

スイテンとハナゾノは、同じ明治三四年生まれの六歳。もし帝室御賞典の斤量が馬齢だったとするなら、当然両馬は同斤の一三三斤（約六〇・四キロ）。東京競馬会の馬齢戦での増量規定は、日本レース倶楽部と東京競馬会で通算四勝以上の勝鞍一勝毎に三斤増、ただし一二斤（約六・八キロ）を超えないであり、ここまで二勝のスイテンもハナゾノも増量の対象ではなかった。北海道での競馬の勝鞍、そして初日の二頭の対戦を判断してというのが、一五斤のハンデ差の理由であっただろうが、スイテンも先の根岸でデビュー戦を飾り、この東京競馬会の開催、初日ハナゾノの二着に負けたとはいえ、二日目には強い勝ち方を見せていた。それがスイテンは馬齢斤量からのわずかの二斤増、ハナゾノは二日目の一四三斤（約六四・四キロ）からさらに七斤増。園田は、長年の経験から、スイテンの能力の高さを見抜いていたはずであり、園田が、異議を申し立てても不思議ではなかった。馬政局が中止を命ずる可能性に言及したことで安田はスイテンの出走回避を決めた。なおこの悶着もあったためだろう、次の秋季開催から、帝室御賞典の斤量は、馬齢を基準とするものに変更される。

結局、帝室御賞典競走の出走馬は、ハナゾノ、イダテン、ハコダテら七頭になった。事情を知らない観客たちは、スイテンが出走してこなかったことを「頗る不思議」がったという(172)。一番人気はハナゾノ、一・六倍。そのハナゾノが、半マイルの向う正面で先頭に立ち、そのまま押し切った。ハコダテも健闘、ハナゾノに一馬身差まで迫った。三着がイダテン。勝時計一分五六秒六五。二分を切る好時計。ちなみに第一回のカツラの勝時計は二分七秒、今回のハナゾノが一〇秒以上も早かった。スタンドで、御賞典が授与されるのにあわせて、万歳の声があげられた。授与後、馬主の園田をシルクハットを被った一団が取り囲んで名誉を称え、その後、シャンパン・ルーム（勝利を祝う部屋）に入り、シャンパンで乾杯、喜びの声でにぎやかだったという。ちなみに翌日、園田は、東伏見宮邸に「御礼に参上」した(173)。

つぎにハナゾノが向かったのは、四日目の優勝戦。この日、午前中は曇天だったが、午後は好天になった。当時の番組編成は、三日目がハンデキャップ、四日目が各カテゴリー別の優勝戦を実施するというものだった。その四日目第二レースが内国産馬優勝戦、一マイル四分一、一着七五〇円及び馬政局賞典四〇〇円。この七五〇円は今開催の最高賞金額であった、ハナゾノ、ハコダテ、スイテン、タカタマの四頭が出走、前日の御賞典では実現しなかったハナゾノとスイテンの対決の場になった。それぞれの斤量は、ハナゾノ一三八斤（約六二・七キロ）、スイテン一三三斤（約六〇・四キロ）、ハコダテ一四五斤（約六五・八キロ）、タカタマ一二五斤（約五六・八キロ）。ハナゾノが、ここまでの三戦でみせた強さで一・七倍の一番人気。なおタカタマは、三日目第二レース、四分三マイル、一二頭立、逃げてホクエンを二着、キキョウを三着に降していた。勝時計一分二五秒〇二、配当一六円五〇銭。

タカタマが大逃げを打ち、道中の隊列はスイテン、ハコダテ、ハナゾノの順。残り半マイル、向う正面でハナゾノが二番手にあがっていったが、まだタカタマのリードは五〇メートル以上あった。だがハナゾノは「颯然」と「突進」してみるみる差を縮め(174)、三コーナーと四コーナーの中間地点でタカタマを交わして直線に入り、そのまま先頭でゴール、人気に応えた。勝時計二分二七秒二二、配当八円五〇銭。直線、スイテン、ハコダテも追い込んできて、タカタマを交わし、二馬身差の二着にスイテンがあがり、さらに半馬身、半馬身で三着ハコダテ、四着タカタマ。終わってみれば力通りの決着だった。

ハナゾノは、このように帝室御賞典、内国産馬優勝戦を含め四戦四勝、第一回開催の内国産抽籤馬新馬チャンピオンのイダテン、内国産馬チャンピオンのハコダテ、そしてスイテンを問題としない力をみせて、文句なしの今開催の内国産馬のチャンピオンになった。だがのちに明らかになるが、この開催のスイテンは脚元に不安をかかえての出走、その不安が解消された翌年の春のシーズンには、逆にハナゾノを圧倒することになる。

ついで六月七、八、九日の年東京勧業博覧会記念開催(175)。七日雨天、八日曇天、そして九日もまた雨だった。初日、東京競馬会第一回、春季開催で勝鞍のある内国産馬が出走できるのは第八レース、一マイル八分一の一つであった。このカテゴリーの賞金は、原則として春季開催に引き続き一着六〇〇円、二着一五〇円、三着五〇円、斤量も馬齢に増量規定を加えたもの。この日の馬場は泥濘、不良だった。ハナゾノ、スイテン、イダテン、ハコダテ、タカタマといった有力馬が顔をそろえ、八頭立になった。各馬の斤量は、ハナゾノ一四二斤（約六四・五キロ）、スイテン一三八斤（約六二・七キロ）、タカタマ一二五斤（約五六・八キロ）、ハコダテとイダテンは一四六斤（約六六・三キロ）。なおタカタマが軽量だったのは牝馬で馬齢斤量から五斤（約二・三キロ）減、且つ勝鞍が一で増量されなかったからだった。アナの発売総数五三六〇枚中、ハナゾノ三八五〇枚、スイテン六五五枚、タカタマ一一六枚(176)。

レースは、予想通り軽量のタカタマが逃げた。スイテンが四コーナーで躓き、ハナゾノは直線に入ってもこれまでのような伸び脚を見せなかった。タカタマの逃げ脚は鈍らず、そのままゴール。スイテンは立て直して追い込んできたが届かずの二着。ハナゾノが三着。配当二〇八円という「春季競馬開会以来の大番狂わせ」になった(177)。勝時計二分二〇秒四二、連日の雨で馬場は不良だったので、当時としては悪くないものだった。タカタマは逃げるとしぶとくその力を発揮する馬だった。

だがこのレース、八百長が仕組まれ、スイテンを勝たせることで「某紳士」との話がついているとの噂が立ってい

図28

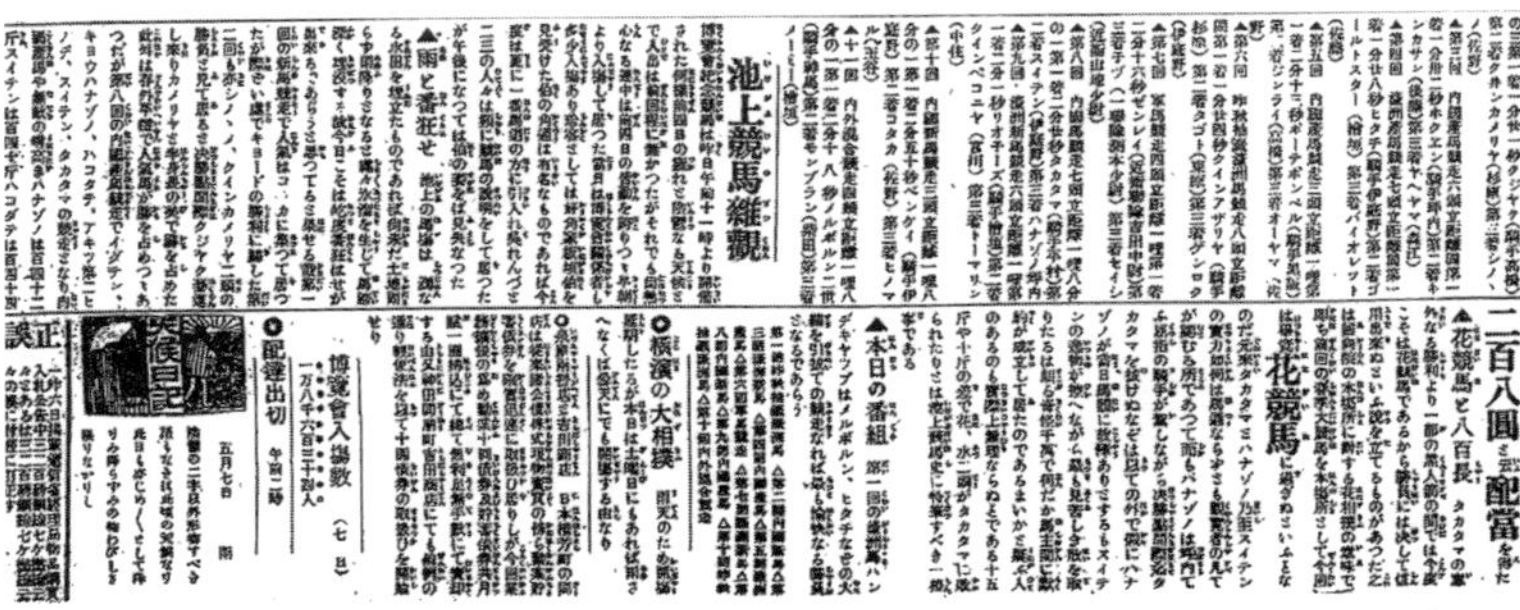


タカタマの予想外の勝利、配当と八百長の噂を伝えている（『中央』明40・6・8）。

た(178)。事実であったとすれば、これは帝室御賞典の出走取消の見返りであり、「某紳士」とはハナゾノの馬主園田実徳あるいはその関係者であった可能性が高かった。道中、ハナゾノの騎手は手綱を締めハナゾノを抑えたままであったが、四コーナーでスイテンが躓いてしまった。タカタマの騎手は、スイテンを勝たせるために手綱を締めたが、タカタマはその意に反して「突っ込み」先頭でゴールしてしまったので、レース後、この結果に「同人間には閉会間際まで種々苦難なる交渉」があったという(179)。関係者は、スイテンの馬券を買い込んでいたはずであるから、約束が違う、損害を補償しろといった類の交渉でもめ、またタカタマの騎手も買収されていたはずであるから、事は金の返却だけでは済まなくなっていたのだろう。この噂がなくても、本命ハナゾノが、騎手が手綱をおさえるという形で敗けたのであるから、観客が騒いでも不思議ではなかった。まして、まことしやかにこの噂が流れていたとするなら、騒ぎが起こらない方が不思議であった。

振り返れば、先の春季開催から、のちの明治四一年の開催であったならば騒ぎの火種となるような出来事が続いていた。初日第五レースと第一二レースでは、二着馬を一着と判定した「誤審」。ついで二日目第九レースでは勝負は明らかだったのに、二頭の一着同着との判定。またこの記念競馬でも、この初日第八レース以降も、二日目第五レースでは勝馬が失格となり、三日目第九レースでは一着馬の明らかな進路妨害があったのにそのまま確定して払戻が行われ、ただしのちに異議申し立てが認められ一着馬失格、二着馬繰り上がりとなった。なお当時は、一着馬が失格となっても払戻はその一着馬に対して行われた(180)。ついで第一一レースでは誰もが二着に見えた馬が一着との判定。競馬場で大きな騒擾事件が起こるのは、この年一一月の日本レース倶楽部秋季開催が嚆矢となるが、この春の池上、不満のエネルギーが蓄積されたはずであった。だが人々は、いってみれば、競馬場での騒ぎ方をまだ学習していなかった。

波乱を呼んだタカタマの二走目は、翌二日目第四レース、一マイル、九頭立。この日は、夜来の雨もあがり、午前中は曇天、午後からは雲間から微光が漏れるようになった。チャンピオンクラスのハナゾノ、スイテンは別のレースを選んでいたが、その下のクラスのハコダテ、ホクエン、キキョウが出走してきた。タカタマは初日の勝鞍で一〇斤(約四・五四キロ)増量されて一三五斤(約六一・二キロ)。好スタートを切ったタカタマは快調に逃げ、数十メートルの差をつけてここも逃げ切った。増量されていたが逃げると強く楽勝だった。勝時計二分一秒五五、配当三〇円。ハコダテは三着、ホクエンは着外。前日の「余りに其勝の見事なりしより八百長との噂立ちしも、この日の第四競馬にも亦々際立ち勝を得たれば、八百長の噂は忽ち消え」タカタマの「名声大に揚」ったという(181)。

この二日目、ハナゾノ、スイテンが出走したのは、第九レース、一マイル二分一、四頭立。ハコダテも第四レースに続いてここに出走してきた。賞金は第四レースと同額だったので、違いは一マイルと一マイル二分一という距離。斤量はハナゾノ一四二斤(約六四・五キロ)、ハコダテ一四八斤(約六七・二キロ)、スイテン一三八斤(約六二・七キロ)。ハナゾノが一番人気。ここで健闘したのがハコダテ。斤量がハナゾノより六斤(約二・七キロ)重かったが、負けたとはいえ、ハナゾノとの追い比べにもちこんでの二着だった。とはいえハナゾノは余裕の勝利、騎手は「鞭を長靴に挿し悠々決勝に入」ったという(182)。ハナゾノの勝時計三分四秒七二。配当九円。前日の敗戦の影響か、春季開催四日目の優勝戦の一・四倍から一・八倍の「好配当」になっていた。三着スイテン、脚部不安の影響だろう、ここでは精彩を欠いた。

最終三日目。この日は晴天、競馬会は未明から牛にローラを牽かせて馬場回復につとめた。この日の第三レースが内国産馬優勝戦、一マイル四分一、ハンデキャップ、一着七〇〇円及び金時計（東京勧業博覧会協賛会寄贈）、二着二〇〇円、六頭立。ここに園田は、ハナゾノとともにキキョウ、ホクエンと持馬三頭を出走させた。園田はホクエンを勝たせようとしていた。当時、同一馬主の馬券は、カップリングされ、この三頭の馬券は一・六倍の一番人気。どの馬が勝っても配当は変わらなかった。スイテンは、脚部不安でここに出走してこなかった。残る有力馬はハコダテだけ、そのハコダテもここまで未勝利、斤量はホクエン一三二斤（約五九・九キロ）、ハコダテ一四〇斤（約六三・六キロ）、ハナゾノ一五〇斤（約六八・一キロ）であったから、一・六倍というのはつきすぎだった。そしてレースは、ハナゾノとキキョウがハコダテを抑え込んで、園田の指示通りホクエンを勝たせた。勝時計二分三〇秒六二。ハナゾノが譲ったかたちで二着がハコダテだった。配当に影響はなかったといえ、出来レースは出来レースだった。「記念競走内国産馬中の選手競争なるもハナゾノ、キキョウは僚馬ホクエンを救け、折角努力したハコダテをさえ僅かに二者を輸せしのみに過ぎ案外面白からぬ競馬に終りたり」、というのがある新聞のレース評だった(183)。

なおイダテンは初日第八レースのタカタマの着外の一戦だけで、あとは不出走か、あるいは三着以内に入っていなかった。ハコダテは、先に紹介した四戦に加えて、三日目第九レース撫恤戦にも出走して三着に終わり、この記念開催の戦績は五戦二着二回、三着二回、着外一回だった。

この七日間の開催を終えて、内国産馬の新旧交代が明らかになった。チャンピオンはハナゾノ、博覧会記念初日、三日目の敗戦はあったが、前者は疑惑の敗け、後者は勝ちを譲ったもの、勝ちにいったときは強かった。二番手は、脚部不安で本来の力は発揮できなかったがスイテン。今後の成長を期待させた。三番手グループとしてはホクエン、タカタマ。ハコダテとイダテンは力の限界をみせていた。これらの馬たちの戦いは、七月京浜競馬倶楽部（川崎競馬場）の第一回開催を挟んで、秋のシーズンでも繰り広げられていく。

## 春季抽籤内国産新馬

この春季開催の東京競馬会の抽籤内国産新馬は五三頭が出走、全体としてのレベルは低かったが、何頭かはその後、各地の開催を転戦していわば中堅級として活躍することになる。新馬戦の賞金は、優勝戦と撫恤戦を除いて、一着五〇〇円、二着一二五円、三着七五円。

この開催の抽籤内国新馬の優勝戦は四日目第八レース、一マイル八分一、一着六〇〇円及び馬政局賞典五〇〇円、二着馬政局賞典三〇〇円、八頭立。人気は、ヒノマル、ハヤセ、ついでワカナ、ベンケイの順。勝つことになるパーテボンヘルは一二倍の人気薄だった。パーテボンヘルは開催前の評判は高かったが、人気を落していた。なおパーテボンヘルの欧文表記はPorte Bonheur、現在であればそのカタカナ表記はポルトボヌールとなるが、ここでは、当時の新聞の表記にしたがっておく。

ヒノマルは、牡四歳、体高四尺九寸（約一四八・五センチ）、岩手県外山御料牧場産(184)、宮内省主馬寮調馬手、鹿鳴館時代の競馬で騎手として活躍した京田懐徳の名義。京田は、この時代、目黒に厩舎を構えることになる(185)。ヒノマルは、初日第一〇レース、一マイル、四頭立を二分九秒、ついで二日目第四レース、一マイル、四頭立を二分一〇秒八一で連勝、この二レースともに前評判が高く一番人気だったパーテボンヘルを二着、三着に降してのものだった。配当は、初日五・三倍の二六円五〇銭、二日目三・六倍の一八円。この配当額に示されているように、二日目もまだパーテボンヘルの方が評価されていたが、そこでも力を示し、三日目不出走で、この優勝戦に臨んでの一番人気だった。

二番人気のハヤセは、牡四歳、体高四尺八寸（約一四五・四センチ）、岩手県玉山産(186)、安田伊左衛門の名義。初日第四レース、四分三マイル、九頭立を一分二九秒〇二でデビュー勝ち、配当四六円の伏兵だったが、そのレースぶりはよかった。二日目、三日目も出走していたとするなら四着以下に終わっていたことになるが、二番人気だったところからみると、二日目、三日目には出走しないで、ここに臨んでいたと思われる。

ワカナは、牡四歳、体高四尺九寸三分（約一四九・四チセン）、鹿児島県鹿屋産(187)。多賀半蔵の名義、その名は、半蔵が歌舞伎座近くの采女町（現・中央区銀座五丁目）で経営する料亭若菜に因んだもの(188)。半蔵の長兄が宮内省主馬寮調馬手の一、次兄が京橋竹川町で料亭花月楼を経営する平岡広高。この三兄弟は、厩舎を構えて競走馬を所有、当初は美馬孝之、のちに尾形藤吉に厩舎の運営を任せることになる。ワカナは、初日第一二レース、八分五マイル、一九頭立を一分一八秒五七、配当一九円でデビュー勝ちをおさめ、二日目は出走していても四着以下だったが、三日目第一二レース、四分三マイル、一七頭立では一番人気、二番人気はパーテボンヘル。だが勝ったのは伏兵のダイマル、勝時計一分三〇秒三二、配当八一円五〇銭の波乱を呼んでいた。ワカナは二着、三着がパーテボンヘルだった。

ベンケイは、牡五歳、体高五尺六分（約一六九・七チセン）、青森県広沢牧場産(189)、横浜の時計商でヒタチなどの活躍馬を所有した河北直蔵の名義。初日出走していても四着以下、二日目第九レース、一マイル八分一、八頭立、パーテボンヘルと二分二八秒七三の一着同着、配当はバーネボンヘル三円五〇銭、ベンケイ一六円五〇銭。ベンケイは三日目第四レース、四分三マイル、一九頭立という多頭数をさばいて一分三〇秒六二で勝ち、配当二一円五〇銭。このように、ともかく連勝で優勝戦に臨んでの四番人気。

レースは、ワカナが先行、ヒノマルは後方を進んだ。ワカナが先頭のまま直線に入ったが、道中三番手を進んでいたパーテボンヘルが猛然と追い込んで来て、ワカナを半馬身交わしてゴール。勝時計二分一五秒七二、配当六〇円。波乱だった。さらに大差の三着がベンケイ。ヒノマル、ハヤセは着外に終わった。

パーテボンヘルは、牡五歳、体高四尺九寸八分（約一五〇・九チセン）、岩手県玉山産(190)。横浜の日本レース倶楽部会員で数多くの馬を所有したアール・ルーネンの名義。ルーネンは、フランス人の貿易商、ブローカー、多額の馬券を買うことでも有名だった(191)。パーテボンヘルの開催前の評判は高く、先にヒノマルのところで紹介したように、初日、二日目の二レースともに一番人気で出走していたが、その人気を裏切っての二着、三着だった。二日目は、その後の第九レース、一マイル八分一、九頭立にも出走、ベンケイとの一着同着で辛うじて初勝利をあげたが、三日目第一二レース、四分三マイル、一七頭立ではダイマルの三着というぱっとしない成績で、開催前の評判を落してこの優勝戦に臨んでいたので人気がなくても当然だった。

このあとの博覧会記念開催では、初日第五レース、一マイル、三頭立はメンバーも弱く人気に応えて一着、勝時計二分一三秒九〇、配当七円五〇銭だったが、二日目第二レース、四分三マイル、一四頭立では、勝鞍の増量で一五〇斤（約六八・一キロ）を背負ったこともあって、一三七斤（約六二・二キロ）のワカナの前に敗れて二着に終わった。ワカナの勝時計一分三三秒三七、配当一三円五〇銭。そしてパーテボンヘルは、この博覧会記念開催の抽籤新馬の優勝戦、三日目第一レース、ハンデキヤツプ、一マイル、九頭立に出走したが、ここではベンケイの着外に終わった。ベンケイの勝時計二分三秒六〇、配当二七円、一番人気はパーテボンヘル、ベンケイは三、四番人気だった。二着ダイマル、三着ハヤセ、各馬のハンデはベンケイ一四八斤（約六七・二キロ）、ダイマル一四七斤（約六六・七キロ）、ハヤセ一三六斤（約六一・七キロ）、パーテボンヘルは一五〇斤前後だったと思われる。このようにパーテボンヘルは、春季開催では優勝戦を制したとはいえ、前評判が高かったことに鑑みれば、この連続開催を通じては期待外れの成績に終わった。そしてその後の開催でも目立った成績を残すことはできなかった。

ベンケイは、この博覧会記念開催、初日第一〇レース、一マイル八分一、四頭立を二分五〇秒七七、配当一三円五〇銭で勝ったが、二日目はおそらく四着以下に終わって、三日目の優勝戦に出走しての勝利だった。ベンケイは、パーテボンヘルと異なり、その後、各開催で力を示していくことになる。その他の新馬たちの博覧会記念開催の成績は、ワカナは先に紹介したように二日目第二レース、バーテボンベルを二着に降して勝ち、三日目第一レース優勝戦ではベンケイの三着。ワカナもパーテボンヘルと異なり、この後、関西も含め各地に転戦し活躍することになる。ヒノマルは、調子を崩したのか、初日第一〇レース、ベンケイの三着、二日目第八レース、一マイル、五頭立でダイマル（後述）の二着、三日目第一一レース、撫恤戦、八分五マイル、一〇頭立でも三着と未勝利に終わった。この後、出走した形跡はない。ハヤセは三日目第一レース、優勝戦、ベンケイの三着の一走だけだったが、その後各地を転戦、翌明治四一年九月鳴尾速歩競馬会の優勝戦を勝ち、愛知で種牡馬になる[192]。その他、この連続開催では未勝利だったが、ソトヤマ、牡五歳、体高四尺九寸七分（約一五〇・六センチ）、外山御料牧場産[193]、槇田吉一郎、仮定名称ナンチヨウの名義もデビューしていた。その後、力をつけ活躍をみせるようになっていくが、明治四一年七月死亡することになる[194]。ダイマルは、牡六歳、体高四尺八寸（約一四五・四センチ）、青森県沢田産[195]、名義は鈴木（不詳）。判明する成績は、春季開催二日目第九レース、一マイル八分一、九頭立でパーテボンヘルとベンケイの一着同着の三着、三日目第四レース、四分三マイル、一九頭立、ベンケイの三着のあと第一二レース、四分三マイル、一七頭立、一分三〇秒三二でワカナを二着、パーテボンヘルを三着に降して勝って八一円五〇銭の波乱を呼んでいた。四日目の優勝戦は出走していても四着以下だった。博覧会記念開催、初日の出否は不詳、二日目第八レース、一マイル、五頭立を二分八秒四七で勝ち、配当三三円、そして臨んだ三日目第一レース優勝戦はベンケイの二着と善戦した。開催後、その成績が評価されてのことだろう産地に買い戻されたが、東京競馬会側が別の馬と偽られて再び秋季開催抽籤馬として購入することになる[196]。なお開催前に露見して出走はできなかった。

### 豪州産馬

ついで豪州産馬。繰り返しておけば、今回も東京競馬会が抽籤豪州産新馬を導入していなかったので、出走したのは、日本レース倶楽部の抽籤豪州産馬たちであった。

まず明治三九年秋季開催以前の抽籤馬（以下、「豪州産馬」と記す）。注目は、新鋭メルボルン二世と古豪ヒタチの二頭だった。メルボルン二世は、先の根岸の初日に初めて土がつき、二日目のエンペラーズ・カップ、三日目コスモポリタン・ハンデキャップは制したが、四日目の優勝戦でも敗戦を喫していた。ヒタチは、デビュー以来六年目、まだチャンピオン級の力は残していたが、下り坂だった。このカテゴリーの賞金は、博覧会記念開催も含めて特に記さない限り、一着六〇〇円、二着一五〇円、三着七五円。斤量は、一三七斤（約六二・二キロ）が基準で根岸と池上あわせて四勝以上一勝毎に三斤増量、ただし上限一二斤を超えない、であった。

ヒタチの緒戦は、初日第六レース、豪州産馬及び内国産馬、一マイル、三頭立。他の二頭はメイミーとモンブラン、斤量はメイミーとヒタチが一四九斤（約六七・六キロ）、モンブランは一三七斤（約六二・二キロ）、ヒタチは右脚を痛めているとの情報が流れてはいたが一番人気、ついでメイミー。アナの総売上枚数四三六四枚中、ヒタチ一八〇一枚、メイミー一三〇一枚、モンブラン一二六二枚(197)。レースはヒタチが力を見せ、向う正面半マイル地点で、先頭に立ち、そのまま押し切った。勝時計一分四九秒八二、配当一一円。二着は健闘したモンブラン、メイミーは三着だった。ヒタチは当時の常として二日目にも出走したはずであるが、三着以内にその名はない。

メルボルン二世の緒戦は、初日第九レース、一マイル八分一、八頭立。斤量は、増量上限一二斤増の一四九斤（約六七・六キロ）だったが、一・三倍という圧倒的一番人気。この人気に応え、スタートからハナを切り、スピードの違いを見せ、そのまま逃げ切った。第八レースから降り始めた雨の影響も受けず、大楽勝だった。勝時計二分五秒、配当六円五〇銭。二着オトワ。オトワは、明治三九年春季抽籤馬のチャンピオン、同年秋季のエンペラーズ・カップを勝っていたが、メルボルン二世は先の根岸に続いてここでも問題にしなかった。

メルボルン二世の二走目は、二日目第三レース、一マイル二分一、賞金は高く一着七〇〇円、二着二〇〇円、三着一〇〇円、八頭立。メルボルン二世の斤量は一四九斤（約六七・六キロ）。ここも他馬との力の差は歴然、あっさりと勝った。勝時計三分六秒、配当六円五〇銭。

三走目は、三日目第一〇レース、一マイル、ハンデキャップ、七頭立。ここに今開催の実力馬が顔をそろえた。ハンデは、メルボルン二世が満量の一六〇斤（約七二・六キロ）、パトリシヤが一二六斤（約五七・二キロ）、アムルースが一三二斤（約五九・九キロ）。ゴールドスター、メイミー、ヒタチ、スマも出走したがハンデ不詳。一番人気はメルボルン二世だったが、一六〇ポンドを背負うとあって、メイミー、ヒタチ、スマもそれなりに売れていた。アムルース、ゴールドスターが先行したが、メルボルン二世が三コーナーで先頭に立ち、そのままゴール。ハンデ差が三〇斤（約一三・六キロ）前後あったが問題とせず、楽勝だった。勝時計一分五三秒八〇、配当は、記録によれば一五円五〇銭、ただし一六〇ポンドの斤量が嫌われていたとはいえ、このような好配当は考えられず、高くても八円前後だったと思われる(198)。二着は追い込んできたパトリシア、三着にはアムルースが残った。ヒタチは、ここではよいところがなく、着外に終わった。

パトリシアは明治三八年秋季抽籤豪州産馬、E・C・デービス（サミュエル・サミュエル商会）、仮定名称ノーフォークの名義、根岸では目立った成績をあげていなかったが、東京競馬会第一回開催で豪州産馬の優勝戦を人気薄で制していた。根岸春季開催は、四戦ともに着外に終わり(199)、この池上の開催、初日第三レース、ゴールドスターの三着、二日目不詳、出走していても四着以下でここに臨んでいた。芝より土の池上の走りの方がよかった。アムルースは、明治三九年秋季抽籤豪州産馬、牝四歳、キヌガサの名でデビュー、名義カシワギ（不詳）、唯一の入着が三日目三着、東京競馬会第一回開催では、初日着外後、二日目に初勝利、三日目三着を経て四日目の優勝戦でイスズの二着。その後、アール・ルーネンの名義に替わり、アムルースと改名、根岸春季開催は、初日に勝って、二日目エンペラーズ・カップに挑んだがメルボルン二世の着外、三日目もメルボルン二世の着外、四日目の優勝戦もチハヤの着外。この開催は初日着外、二日目三着となってここに臨んでいた。この開催後、槇田吉一郎の名義となって各競馬会を転戦、名脇役の一頭となる。

そしてメルボルン二世とヒタチは、四日目第三レース、豪州産馬優勝戦、今開催勝馬登録義務、一マイル四分一、一着七五〇円、五頭立に出走した。斤量はメルボルン二世とヒタチはともに一四九斤（約六七・六キロ）。メルボルン二世が圧倒的一番人気、大きく離された二番人気がヒタチ。アナの発売枚数は、メルボルン二世が三五〇〇以上、ヒタチ五〇〇、その他三頭は合せても三〇〇に達していなかった。

メルボルン二世は出遅れたが、道中追い上げ、直線は、パルマバイオレット、ヒタチと三頭の並走となった。とはいえメルボルン二世は余裕の走りで、一鞭を入れだけで半馬身抜け出して一着。ヒタチが二着。さらに半馬身差でパルマバイオレット。勝時計二分二〇秒三七、配当六円。着差はわずかだったが力の差は歴然だった。それでもここでのヒタチの走りは「老いたりといえども健闘」だったという(200)。メルボルン二世は、この春季開催も四戦四勝、獲得賞金二六五〇円で駆け抜けた。

続く博覧会記念開催にもメルボルン二世、ヒタチ、ゴールドスターらが引き続いて出走してきた。このカテゴリーの賞金一着六〇〇円、二着一五〇円、三着一五円、斤量規定も春季開催と同じ。

ヒタチの緒戦は、初日第四レース、豪州産馬、四分三マイル、五頭立。他の有力馬はゴールドスター、パルマバイオレット。一番人気は、後に「七分五厘のクイン」と呼ばれるようになるゴールドスター。斤量は三頭ともに一四九斤（約六七・六キロ）。ヒタチは、道中、三番手を進み、直線、この距離得意で逃げたゴールドスターを交わして、抜け出した。二着ゴールドスター、三着パルマバイオレット。勝時計一分二五秒二〇、配当一〇円五〇銭。春季開催では初日に勝った以外、負け続け、それに加えてあまり得意ではない短距離戦だったが、それでも二・一倍。「流石当年の横綱老いたりとも捨てたものにあらず」だった(201)。

メルボルン二世の緒戦は、初日第一一レース、一マイル八分一、四頭立。メルボルン二世の斤量は一四九斤（約六七・六キロ）、一・二倍の圧倒的人気に応えて楽勝。勝時計二分一八秒二二。二着モンブラン、三着メイミー。ついで二日目第一一レース、豪州産馬及び内国産馬混合、一マイル、この記念開催の勝馬七斤増、一着六〇〇円、二着一五〇円、三着七五円、四頭立。内国産馬と豪州産馬の力差は大きく、ここもメルボルン二世、ヒタチ、ゴールドスター、パトリシアの豪州産馬のみの出走。斤量はメルボルン二世とヒタチが一五六斤（約七〇・八キロ）、ゴールドスター一四四斤（約六五・四キロ）、パトリシア一四一斤（約六四・〇キロ）。メルボルン二世が一・五倍の一番人気。メルボルン二世は出遅れ、しんがりの追走となった。だが楽な手ごたえであがっていき、向こう正面、残り半マイル地点で、二番手につけた。直線、少し追っただけで、先頭で粘るパトリシアを交わしてゴール。出遅れたが、終わってみれば楽勝、ここでも力の違いを見せつけた。勝時計一分五八秒四二、配当七円五〇銭。二着パトリシア、三着ゴールドスター。

ヒタチは最下位の四着。ここでのメルボルン二世の強さを前に、「メルボルンに乗るならこの節の銀行より余程確実だ」との声があがったという(202)。ちなみに当時、一月下旬の株価暴落を機に、中小銀行の倒産が相次いでいた(203)。なおゴールドスターは、三日目第一〇レース撫恤戦でもパトリシアの三着となり、この記念開催は未勝利に終わった。

三日目第四レース、豪州産馬の優勝戦、距離一マイル四分一、ハンデキヤツプ、一着七〇〇円。メルボルン二世は満量の一六〇斤（約七二・六キロ）を上回るハンデをつけられたことに馬主の平沼八太郎が抗議、出走を拒否。ヒタチ、メイミー、パルマバイオレット、チハヤ、アムルースらの七頭立になった。ハンデはヒタチ一五五斤（約七〇・四キロ）、パルマバイオレット一四四斤（約六五・四キロ）、メイミー、チハヤ、アムルースは不詳。ヒタチは、前日の敗戦のうえにこの重いハンデも加わって人気を下げていた。だが、ヒタチはスタートで出遅れたものの徐々に追いあげていき、直線、力強く抜け出すという味のある勝ち方を見せた。勝時計二分二五秒二二、配当二一円五〇銭。二着パルマバイオレット。メイミーは着外。折から来場していた横綱常陸山は、この予想外の勝利に喜び、勝馬が引き上げてくる凱旋門で待受けて万歳を叫びながら馬の轡を取り、厩舎に引き上げようとするとき、「八方よりヒタチ、常陸山、横綱」という歓呼の声が「破るる如く」あがったという(204)。ヒタチは、春季開催三戦一着一回、二着一回、着外一回、博覧会記念三戦二勝、着外一回、獲得賞金一三〇〇円。確かに力は衰えていたが、メルボルン二世がいなければ、まだ力が通用することを示す結果を残した。

メルボルン二世は、この出走拒否はあったが、昨秋の第一回の二戦二勝に加えて池上で八戦八勝、土のコースでも強かった。この明治四〇年春のシーズン、一〇戦八勝、二着一回、三着一回、獲得賞金四六〇〇円、それにエンペラーズ・カップ（御紋附銀鉢一個）だった。この豪州産馬の戦いは、以後、新鋭を加えながら展開されていく。

そして根岸春季抽籤豪州産新馬。このカテゴリーの賞金は、記念開催も含めて、優勝戦と撫恤戦を除いて、一着五〇〇円、二着一二五円、三着七五円。斤量は一三七斤（約六二・二キロ）が基準だった。春季開催の優勝戦は、四日目第九レース、一着六〇〇円及び馬政局賞典六〇〇円、一マイル八分一、斤量一三七斤の定量、六頭立。先の根岸の新馬チャンピオンだったラカンテニヤがここも制した。勝時計二分六秒五二、配当九円五〇銭。ラカンテニヤは、初日第一一レース、一マイル、七頭立では不覚をとり三着で一二九円五〇銭の波乱を呼んでいたが、二日目第七レース、一マイル八分一、今開催勝馬出走不可、八頭立は一・四倍の人気に応えて楽勝、ところが三日目第一一レース、四分三マイル、ハンデキャップ、一一頭立でもまた大本命で二着に敗れてしまいここも九八円の波乱の立役者となっていた。とはいえ優勝戦でも評価はそれほど落ちずに一番人気に応えてきっちりと勝った。J・デケア・コグリン、仮定名称マジョールトリックの名義。博覧会記念開催では、二日目第七レース、八分七マイル、一一頭立の一走だけだったようだが、そこも抜けた力を見せた。勝時計一分四四秒七七、配当七円五〇銭。先にも述べたが、ラカンテニヤは、秋の根岸のエンペラーズ・カップを獲得することになる。

博覧会記念の三日目の優勝戦、第二レース、一マイル八分一、六〇〇円及び博覧会からの金時計、ハンデキャップ、五頭立を勝ったのはクインベゴニア。勝時計二分一二秒五二、配当一四円。クインを冠名とし多くの活躍馬を所有した横浜の貿易商牧野暎次郎、仮定名称カナガワの名義。牝五歳、デビューの根岸春季開催でも池上春季開催でも四日目の撫恤戦を勝つのが精一杯だったが、博覧会記念開催では、初日第九レース、一マイル、六頭立の二着を経て、二日目第三レース、一マイル八分一、六頭立を二分六秒三八で勝って配当一〇円五〇銭、そして、この優勝戦に臨んでの連勝だった。とはいえ、ラカンテニヤよりは力が劣るのは明らかで、その後、各開催に出走していくつかの勝鞍をあげたが、優勝戦を勝つことはなかった。

## 将校競馬

前年の第一回開催では、二日目、四日目に平地二レースずつ、計四レースを実施、出走馬は近衛騎兵連隊、騎兵第一連隊、騎兵第一三連隊、騎兵実施学校の西洋種騸馬、騎手は各連隊将校。レース結果は近衛騎兵連隊が三勝、優勝戦だけは騎兵第一三連隊が勝った。この春季開催からは平地から障碍レースに変更、日頃の「軍馬の教調」の成果をはかり、より実戦に結びつくというのが理由だった(205)。春季開催では内国産馬三レース、外国産駒馬一レース、博覧会記念開催では、逆に内国産馬一レース、外国産駒馬二レースを実施した。番外ではなく、正規のレースに組み込まれた。出走は第一回に続き近衛騎兵連隊、騎兵第一連隊、騎兵一三連隊所属馬、騎手も各連隊将校だった。

緒戦は五月二五日、初日第七レース、内国産、一マイル、四個の置障碍、斤量一四五斤(約六五・八キロ)、一着三ツ組金盃、二着二ツ組金盃、三着金盃一個、四頭立。開催前から評判だった騎兵第一三連隊のデンコウ(北少佐騎乗)が、アナの売上二四二九枚中八三九枚で二・六倍の一番人気。なお以下、馬名に続く( )内は騎乗将校名。近衛騎兵連隊のゼンレイ(吉田中尉)が先行していたが、残り二〇〇メートル付近でデンコウが交わし、そのまま押し切った。半馬身差ではあったが、力の差は歴然だった。勝時計二分四秒一三。配当一三円。二着ゼンレイ、三着は騎兵第一連隊のネヅ(加藤少尉)。デンコウは、牡六歳、体高四尺九寸(約一四八・五センチ)(206)。

翌二六日、二日目は第一〇レース、内国産、ただし初日一、二着馬出走不可、八分七マイル、四個の置障碍、斤量一四五斤(約六五・八キロ)、一着三ツ絹金盃・銀鉢(日本レース倶楽部理事アイザックス他二名寄贈)、二着二ツ組金盃、三着金盃、四頭立。一番人気は三六一六枚中一四五六枚を売り上げて二・二倍の騎兵第一連隊のウラワ(牧野中尉)、二番人気は近衛騎兵連隊セイシ(内藤中尉)、スタートからこの人気順にすすみ、そのままのゴールになった。あっけなかった。勝時計一分五六秒二〇。配当一一円。ウラワは、駒馬、長齢(七歳以上)、体高五尺(約一五一・五センチ)。

六月一日、三日目は第七レース、内国産優勝戦、一マイル八分一、四個の置障碍、斤量一四五斤(ただし今開催勝馬一〇斤増)、一着三ツ組金盃三個・金時計(馬政局賞典)・銀鉢(日本レース倶楽部理事アイザックス他二名寄贈)、二着二ツ組金盃・銀時計(馬政局賞典)、三着金盃一個、六頭立。今開催出走の全頭が出走してきた。初日楽勝していた騎兵第一三連隊のデンコウ(北少佐)が一番人気の二・三倍。一〇斤(約四・五四キロ)の増量はあったが、初日の二・六倍よりもわずかだが人気になり、オッズが下がっていた。そのデンコウが出遅れた。近衛騎兵連隊のゼンレイ(吉田少尉)、騎兵第一連隊のネヅ(瀧本少尉)が先行、騎兵第一連隊のセイシ(内藤中尉)とウラワ(牧野少尉)がこれに続き、デンコウは最後方。デンコウは、向こう正面から三コーナー、四コーナーにかけてあがっていった、そしてセイシ、ウラワ、ついでネヅを交わし、直線に向いて粘るゼンレイも退けた。この力強い追い込みに観客は大喝采だったという。勝時計二分二四秒六一、配当一一円五〇銭。二着ゼンレイ、三着ネヅ。こうしてデンコウが、前評判通りの強さを発揮し、内国産馬障碍チャンピオンになった。なお馬政局賞典は、馬政課長増田熊六騎兵少佐が授与にあたった。

翌六月二日、四日目第一〇レース、外国産騸馬限定、一マイル四分一、五個の置障碍、一着賞盃・金時計（馬政局賞典）・金時計（東京勧業博覧会協賛会寄贈）、斤量一四五斤（約六五・八キロ）、九頭立。主な出走馬は、騎兵第一連隊のミナミミチ（牧野少尉）、近衛騎兵連隊のチカクバリ（内藤少尉）、調教の時計が「尋常」でなかったミナミミチが一番人気だった(207)。ところが道中四番手を進んでいたチカクバリが、奇襲をかけて向こう正面で猛然と突進、三コーナー付近では後続を数馬身離して先頭に立ち、そのまま逃げ切った。勝時計二分二七秒。配当八〇円。レースは波乱、配当金額も四日目の最高額になった。二着近衛騎兵連隊のバイフウ（吉田中尉）、三着騎兵第一三連隊のサクライケ（久納少尉）。道中先行していた人気のミナミミチは、チカクバリに交わされて脚をなくし着外に終わった。チカクバリは、長齢、体高五尺七寸（約一七三センチ）。ここまで近衛騎兵連隊は、第一回開催と異なり勝鞍がなかった。そこにこの予想外の勝利だった。連隊長加瀬倭武騎兵大佐も大隊長鍋島直明騎兵少佐（男爵、東京競馬会会員）は興奮してその騎乗を讃え、応援に臨場していた将校たちも喜びを爆発させた。ちなみに加瀬連隊長は、前年第一回開催の際には前日から池上村に泊まりこんで騎手の将校たちと「頻りに練習に力を用い」るほど軍馬競走に熱をあげていた（第3章第3節）。

そして六月七、八、九日の東京勧業博覧会記念開催。将校競馬は一日一レース、各連隊のボルテージはさらにあがった。初日第七レース、内国産馬、春季開催未勝利馬限定、一マイル、四個の置障碍、斤量一四五斤（約六五・八キロ）、一着三ツ組金盃、二着二つ組金盃、三着金盃、四頭立。近衛騎兵連隊のゼンレイ（吉田中尉）が一・五倍の一番人気。

春季開催で各馬の力関係は明らかとなっていた。騎兵第一連隊のネヅ（瀧本少尉）、近衛騎兵連隊のセイシ（山地少尉）が先行したが、ゼンレイは向こう正面、残り半マイル地点で仕掛けて二頭を交わし、直線でリードを広げ二〇馬身以上の差をつけてゴール、人気に応えた。ここではゼンレイの力が抜けており、吉田中尉は、直線、振り返って「微笑を漏ら」す余裕を見せての勝利だったという(208)。勝時計二分一六秒二二、配当七円。二着ネヅ、三着セイシ。ゼンレイは、騸馬、長齢、体高五尺（約一五二センチ）。近衛騎兵連隊にとって、四日目第一〇レースのチカクバリに続く二勝目となった。

翌八日、二日目第六レース、外国産騸馬、ただし春季開催一、二着馬の出走不可、一マイル八分一、四個の置障碍、斤量一四五斤（約六五・八キロ）、一着三ツ組金盃、二着二ツ組金盃、三着金盃、一〇頭立。ここに先の二日に本命で負けていたミナミミチが登場。騎兵第一連隊の将校一〇〇余名も私服で来場。陣営は、今度こそは「面目を保つ」と「意気込」んでいたという(209)。その騎兵第一連隊のミナミミチ（牧野少尉）が先行、騎兵第一連隊サクライケ（中村少尉）が二番手、近衛騎兵連隊のチカハズ（山地少尉）がこれに続き、この態勢で直線に入った。ゴール間近でチカハズがサクライケを交わして二番手にあがったが、ミナミミチには一馬身及ばなかった。勝時計二分一九秒、配当二四円。二着チカハズ、三着サクライケ。ここまで連戦連敗だった第一連隊の「少壮士官の中には狂せんばかりに喜び居たるもあ」ったという(210)。こうして三日目ミナミミチは、チカクバリとの雪辱戦に臨むことになった。

その三日目第五レース、外国産騸馬、一マイル四分一、五個の置障碍、斤量はここまでの将校競馬の勝馬一五五斤（約七〇・四キロ）、二着馬一五〇斤（約六八・一キロ）、三着馬一四五斤（約六五・八キロ）、四着以下一四〇斤（約六三・六キロ）、一着三ツ組金盃及金時計（東京勧業博覧会協賛会寄贈）、二着二ツ組金盃、三着金盃、七頭立。春季開催と博覧会紀念開催を通しての外国産騸馬の優勝戦だった。倍率は不明だが、一番人気は騎兵第一連隊のミナミミチ（牧野少尉）、斤量一五五斤。近衛騎兵連隊のチカクバリ（内藤少尉）、斤量一五五斤は、先の勝利がフロック視されていて一〇・七倍という穴人気。ミナミミチが先行、チカクバリが二番手、そのまま直線に入り、追い比べになった。連隊間

図29　「軍馬競走の紛紜」と「常陸山とヒタチ」

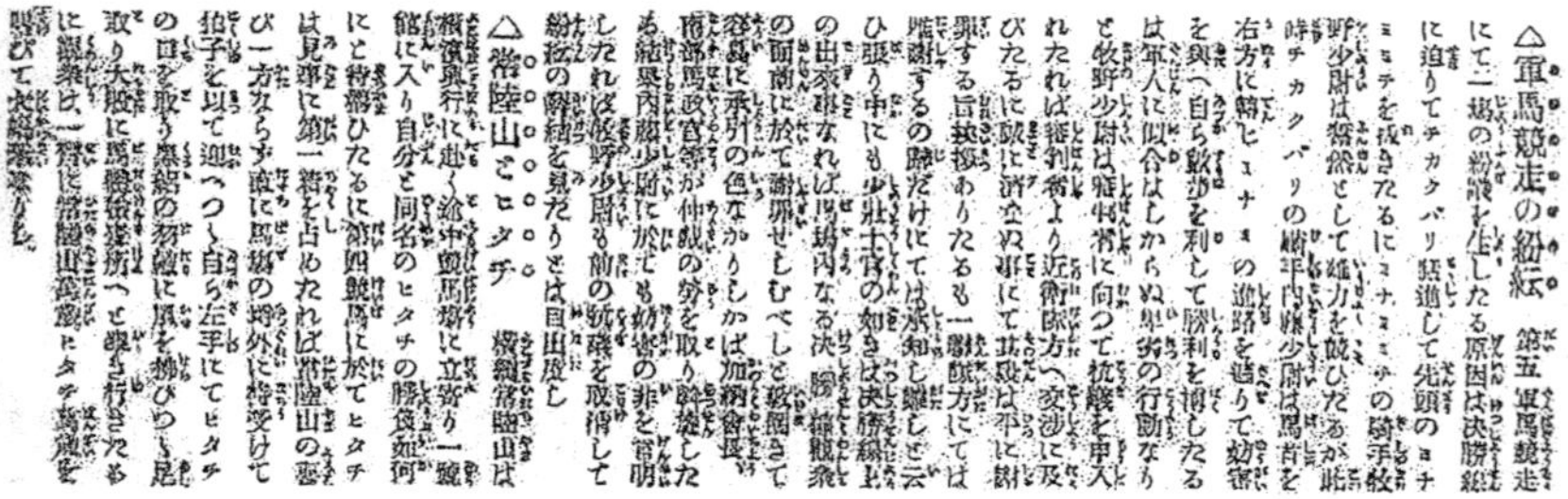

△軍馬競走の紛紜　第五　軍馬競走にて二場の紛擾を生したる原因は決勝線に迫りてチカクバリ疾進して先頭のミナミミチを抜きたるにミナミミチの騎手牧野少尉は憤然として雄力を奮ひたるが此時チカクバリの騎手内藤少尉は馬首を右方に轉じミナミミチの進路を遮りて妨害を與へ自ら[illegible]を制して勝利を博したるは軍人に似合はしからぬ卑劣の行動なりと牧野少尉は審判者に向つて抗議を申入れたれば審判者より近衛隊方へ交渉に及びたるに隊は済まぬ事にて甚だ不本意に謝罪する旨挨拶ありたるも一聯隊方にては陳謝するの辭だけにては承知し難しと云ひ張り中にも少壮士官の如きは決勝線上の出来事なれば馬場内なる決勝審判観衆の面前に於て謝罪せしむべしと威圧して容易に承引の色なかりしかば加納會長臨場馬政官等が仲裁の勞を取り斡旋したる結果内藤少尉に於ても妨害の非を言明したれば牧野少尉も前の抗議を取消して紛紜の解結を見たりとは目出度し

△常陸山とヒタチ　横綱常陸山は横濱興行に赴く途中競馬場に立寄り一號舘に入り自分と同名のヒタチの勝負如何にと待構へたるに軍馬競馬に於てヒタチは見事に第一着を占めたれば常陸山の喜び一方ならず直に馬場の埒外に待受けて拍手を以て迎へつゝ自ら左手にてヒタチの口を取り[illegible]に風を帯びつゝ足取り大股に馬繋場所へと曳き行きたるに観衆は一斉に常陸山萬歳ヒタチ萬歳を叫びて拍手喝采なりき。

（『時事新報』明40・6・10）

の対抗意識を背負い、牧野少尉も内藤少尉も負けるわけにはいかなかった。一旦、チカクバリが交わしたが、ミナミミチもしぶとく、再度抜き返そうとした。これに内藤少尉はチカクバリをミナミミチに寄せ、鞭で打ち、さらに腹部も蹴って、その進路を妨害、そしてともかくも一馬身差で勝った。勝時計二分三三秒二二。この内藤少尉の騎乗に対して、審判係は競馬会則に違反と判断したが、将校競馬ということで、その判断を留保。競馬会は、着順を確定、配当五三円の払戻を開始した。

一番人気ミナミミチがこのような形で負けたのだから、観客が騒ぎを起こしても不思議ではなかったが、先にも述べたように人々はまだ競馬場での騒ぎ方を学習していなかった。一方牧野少尉は、レース後、内藤の妨害を「軍人に似合はしからぬ卑劣の行動」と審判係に抗議(211)。そして事は内藤と牧野の間の問題ではなくなった。そこで審判係は、近衛騎兵連隊側と交渉、近衛側は陳謝の意を示すことに同意したが、騎兵第一連隊側は「謝するの辞だけにては承知し難い」と、この条件を受け入れなかった。同連隊の「少壮士官」たちは、決勝線上の出来事なので、ゴールの観衆の前での謝罪を要求した。埒が明かず、東京競馬会会長加納久宜、臨場の馬政官等が仲裁に入った。その結果、内藤少尉が妨害の非を言明するという条件で、「両連隊の名誉に関することと相互和解」(212)、牧野少尉も抗議を取消し、なんとか「紛紜」はおさめられた。近衛騎兵連隊と第一連隊の対抗意識は、第一回の開催から過熱気味だったが、それに加えてこの妨害沙汰。秋季開催でも将校競馬は予定されていたが、このままレースを重ねていけば、不測の事態を生じかねなかった。

九月下旬、冷却期間を設けるための措置であった可能性もあるが、一一月の陸軍大演習と日程がぶつかるとして、秋季開催での将校競馬の中止が公表された(213)。明治四一年五月の春季開催には、実施予定であったが、この時代の競馬の熱心な推進者であった陸軍大臣寺内正毅が、明治四一年三月二四日、「陸軍現役将校同相当官は自今陸軍部外の開催に係る競馬会に出場して競馬を行うことを得ず」と通達した(214)。前年秋のシーズンから、競馬会、その開催日数は増え、東京周辺では一〇月末から一二月中旬まで、毎週末開催されるようになり、馬券の売上高も右肩上がりで増大して馬券熱が過熱、それに加えて競馬場での騒ぎも起こるようにもなっていた(第7章)。このような競馬熱に対する政治的、社会的な批判、司法の取締の圧力も強まった(第8章)。寺内の禁止の通達は、このような批判に陸軍が巻き込まれることを回避するためであった。東京競馬会は、軍備の高度化に不可欠な馬匹改良を推進するための存在であったが、そのことを象徴する将校競馬が禁止されたことは、後から考えれば、競馬の将来を暗示するものであった。

こうして春季開催、博覧会記念開催が終わった。レースに関していえば、内国産馬ではハナゾノ、スイテンが登場して将来を嘱望させ、また豪州産馬ではメルボルン二世が強さを発揮、ヒタチも力の衰えは隠せなかったが意地を見せた。こののち七月には、京浜競馬倶楽部が第一回開催を迎え、そして秋には競馬会の数が増え、毎週末開催されるようになっていく。将校競馬は部隊間の軋轢、対立を生じ、逆に言えば、レースが熱を帯びたということであったが、ここで終わりを迎えることになった。

またこの開催では、着順の判定への疑問、本命馬の不可解な敗戦、八百長の疑惑など、騒ぎになってもおかしくないことが起こっていたが、騒ぎにはいたっていなかった。とはいえ人々が騒擾を引き起すようになるのに、それほど時間を要しなかった。人々は、馬券の買い方と同じく競馬場での騒ぎ方を学ぶようになっていく。

そして売上高だった。ガラが禁止され、司法部の摘発の可能性があるなかでの開催ではあったが、春季開催が初日一八万九二五五円、二日目二六万〇五二五円、三日目二五万〇九八五円、四日目三〇万九七六五円の計一〇一万五三〇〇円(215)、博覧会記念開催が、初日一八万七四五五円、二日目二七万九六七〇円、三日目三四万八七二〇円、計八一

図30 「馬札売場」

（『二六』明40・5・27）

万五八四五円(216)、双方あわせて計一八二万六三七五円(217)。ちなみに、先にも述べたが、当時の競馬では、初日の売上高が「低調」であるのが通例だった。力関係を判断するために、様子見というわけだった。売上高は初日、三日目、二日目、四日目という順番だった。第一回で売上の四割近くを占めていたガラがなくなるなかで、春季開催は第一回の九六万円から一割強伸びていた。また博覧会記念競馬（三日間）の売上高は八一万五八四五円、単純に三分の四倍すると一〇八万八〇〇〇円となるからこちらも伸びをみせたといえた。人々は、競馬、馬券に慣れはじめていた。売上は微増だったが、見方をかえれば、司法部、各新聞が、慄いた馬券熱は、衰えていなかった。

そして先に紹介したように三月以降、日本競馬会、京都競馬会、関西競馬倶楽部、北海道競馬会と新たな競馬会の認可が進んでいた。今後、馬券熱がさらに高まりを見せていくことが確実であった。東京競馬会第一回開催からここまで、日本レース倶楽部春季開催、東京競馬会春季開催、同東京勧業博覧会記念競馬と、計一五日間の開催が行われただけであったが、東京日日新聞は、すでにつぎのような「害毒」が生み出されているとして、新たな競馬会の認可を批判した(218)。

……常業を擲って競馬師たるもの京浜間既に数十人ありと云う、花を引かぬ者は紳士に非ずと云う辞は明治四〇年の今日に至りては競馬の賭をせぬ者はと改めらるる傾向あり、紳士同士の寄り集まりの場、競馬の話、馬の話の出来ぬ者は流行遅れの話せぬ奴と目せらるるに至りては競馬の作りし個人的害毒の深く広く現代社会に浸潤瀰漫せるを知るべし、此の如くして一般の射倖心を煽り、漸く真面目なる常業を抛って濡手で粟の掴み取りをなさんと工夫する者多く、店はあっても番頭任せ、何れが本業かといえば競馬の方さと揚言するを憚からぬ程の商人、横浜には幾許もあり、是でも局部間個人的害毒などと高を括り、此上にも続々競馬会場を新設せしめんとする当局の勇気の程には真に驚かざるべからず。

# 5 台湾彩票

## 1 発行

日露戦後、明治期一貫としてとられていた富籤の禁止政策の転換をはかろうとする動きがあった。その端的な表れが明治三九（一九〇六）年一〇月から台湾総督府が発売した台湾彩票だった。馬券（アナ）と同額の一枚五円、一等は五万円、控除率は二五％(1)、ちなみに現在の宝くじは約五四％(2)。一〇月の第一回は四万枚、総額二〇万円、一一月、一二月、翌明治四〇年一月、二月は六万枚、総額三〇万円、三月の第五回は一枚一〇円、五万枚、一等一〇万円、総額五〇万円と順次、発売されていった(3)。

その収益に関しては、「当分地方費を補填し廟社保存、慈善、衛生の資に供」することを謳った(4)。なおその他の目的として、というより建前上は第一の目的として中国本土（湖北）、フィリピン、マカオ、シンガポールなど海外富籤の流入による台湾からの資金の流出の防止、その資金の吸収、台湾の富籤市場の独占を前面に打出した。当面見込んでいた年間収入は五〇万円(5)、発売後の状況を受けて将来的には発行回数と本数を徐々に増加させて、成功す

表１　台湾彩票の発売状況

| | 登録期間 | 登録停止日 | 発売日 | 抽籤日 | 枚数 | 一等 | 備考 |
|---|---|---|---|---|---|---|---|
| 第１次 | ９月10日<br>〜21日 | ９月21日 | 10月18日 | 12月15日 | ４万 | ５万円 | １等内地人（堺在住者）あるいは上海の中国人及びその中国人と取引のある大阪の三人 |
| 第２次 | 11月６日<br>〜12月１日 | 12月１日 | 12月18日 | １月31日 | ６万 | ５万円 | １等神戸在住の中国人、２等東京、３等神戸 |
| 第３次 | 12月17日<br>期間未定 | １月４日 | １月15日 | ２月28日 | ６万 | ５万円 | １等大阪の商人、訴訟沙汰 |
| 第４次 | １月14日<br>〜２月２日 | ２月２日 | ２月15日 | ３月30日 | ６万 | ５万円 | 一般発売即日完売<br>1等台湾駐屯の砲兵将校らの共同購入者 |
| 第５次 | ２月７日<br>〜３月２日 | ２月25日 | — | ４月30日 | ５万 | 10万円 | 登録で完売、一般発売無し |
| 第６次 | ３月20日 | | ５月下旬 | ７月下旬 | ５万 | 10万円 | 発行中止 |

＊第１次から第３次の登録期間は明治39年、第４次以降は明治40年。登録停止日は登録状況を見て判断していた（典拠：註3)。

れば年に五〇〇万円ほど売出し一二〇万円余の収入を得るということも語られた(6)。ちなみに明治三八年の台湾の歳入は累計二五二二万九〇三六円、そのなかで主な財源は、砂糖消費税六二万円、阿片収入四四万円、郵便電信収入四三万円、鉄道収入三二万円だったことに鑑みれば(7)、その柱の一つになるものとして計画されていたのが明らかだった。時代は、馬券の黙許とともに、射倖心を活用する方向に動き始めていたといってよかった。

公には台湾、中国向けとされたが、発売されると、実際にはその七〜八割近くが日本国内で流通、政府、司法部、警察も四ヶ月以上、それを「放置」、事実上の黙許状態であった。国内流通にあたっては台湾に斡旋業者が誕生、通信による購入は合法と謳うその広告が各紙に掲載された。たとえば基隆の絹川商会は、つぎのように広告した(8)。

台湾彩票、現今五次大札一四円、同小札一円五〇銭、最も安全なる購買、内地より台湾へ電報又は書面にて御注文に相成台湾より御送付仕候分は法律上毫も差支無候、尚弊商会より御購求の諸君に限り抽選番号表無代進呈、
台湾基隆港瑞芳街道　絹川商会

そして、国内の販売ルートもあり、その最大のものが三井物産関係者が設けた「販売組合」であった(9)。よく知られているように三井物産は台湾総督府と密接な関係をもっていたが、総督府の要請を受けて「協力」したものだった。三井の総帥益田孝も、また三井に大きな影響力をもつ元老井上馨も、これを容認していたのが確実であった。

台湾彩票の発売が閣議にあげられたのは明治三九年五月八日、だが折から西園寺首相が韓国に視察に出かけており、帰京をまって結論を出すことになり(10)、閣議決定はおそらく二九日、三一日その裁可を仰ぎ、六月一日裁可された(11)。その前後、東京市の公共事業、あるいは明治四五年東京で開催予定の日本博覧会などの費用捻出のための富籤発売が検討されていたのも(12)、台湾彩票発売が現実のものになるなかでのものであった。折から刑法改正に向けての作業が進められていたが、これらに呼応するかのように、富籤に関して「絶対禁止主義を取らず官庁の特別監督の下に許可」する、「認許主義」を採ることが検討されていた(13)。内相原敬も、台湾彩票発行が五月八日の閣議にあげられた際、「新刑法案には許可を得て富籤発行する事となせしに因り此方針に因るときは何等差支なき事なるが如し」と記していたことに鑑みると(14)、富籤発行の検討は実現の方向に向かって進んでいたといってよかった。

この台湾での富籤発行の計画は、遅くとも明治三三年、「歳入の不足を補う為めに」台湾民政長官後藤新平を中心に進められていたものに遡る(15)。台湾総督児玉源太郎も積極論者だった(16)。そして明治三四年初頭、それが台湾富籤規則案としてまとめられ、総督府評議会（台湾総督を議長とする律令審議機関）の議決を経て、二月五日付で内務省に提出され、同省で二、三の改定が加えられて、時の第四次伊藤博文内閣の閣議にあげられた。児玉は陸軍大臣でもあったが、結局、閣内での反対を覆すことができず、結論は先送りになった。ほぼまとまりかけていたが、調査の不完全、刑法への抵触、国内流通への防止策の不備、また射倖心の挑発への懸念などが示された結果だった(17)。閣議で強く反対、異議を

図1

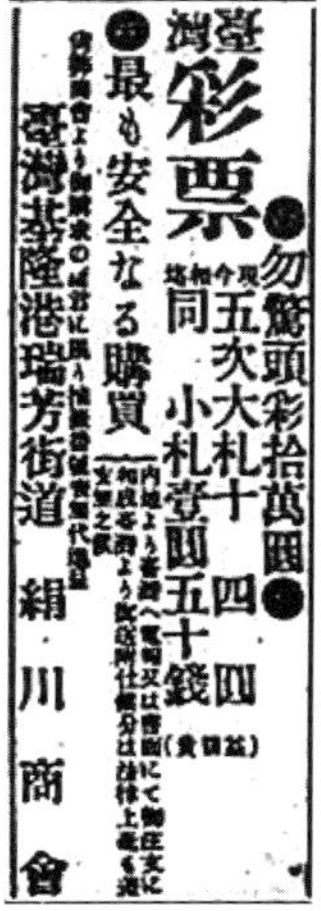

臺灣
彩票
勿驚頭彩拾萬圓
現今五次大札十四
同　小札壹圓五十錢
最も安全なる購買
臺灣基隆港瑞芳街道　絹川商會


（『東京朝日』明40・3・6）

唱えたのは、外務大臣加藤高明、海軍大臣山本権兵衛だったという(18)。

第四次伊藤内閣は六月総辞職、桂太郎内閣が成立、反対派の山本は海相に留任したが、外相は加藤から推進派の曾禰荒助（ただし臨時兼任、九月から小村寿太郎）に代わり、児玉は陸相に留任した。後藤は、上京して内務大臣内海忠勝、桂首相に意見書を提出するなど、児玉とともに富籤実現を図ろうと積極的に動いた(19)。この後藤、児玉の動きに促される恰好で、富籤発行の可否は、閣議でも、八月二〇日（山本海相は欠席）、一〇月一日、四日、そして八日と協議が重ねられた(20)。一日の閣議では、曾禰蔵相、児玉陸相が専ら許可説を主張、これに内海内相、清浦法相が「刑法上並に民法の射倖契約に違犯する沙汰」と反論、午後六時過ぎまでの長時間の協議となったが決着を見なかった(21)。結局八日の閣議で、発行を否認、翌九日、徳大寺実則侍従長が桂のもとを訪れ、明治天皇の内命を伝えたのを受けて、「台湾富籤は刑法改正までとの条件にて愈々見合せに決した」という(22)。刑法の改正案が第一五回帝国議会（明治三四年）に続いて第一六回帝国議会（明治三五年）でも審議予定だったが、この台湾側の動きもあって、新刑法で富籤を「合法化」することも考えられていたことが(23)、この決定の背景にあった。だがこれは時間を要することであった。後藤と児玉は、翌明治三五年も台湾富籤発行に向けて動いたが、これも実現しなかった(24)。

明治三四、五年の台湾の富籤発行計画は頓挫したが、その後、台湾彩票の露払いの役割を果たしたのが、日露戦争中の明治三七年三月から、戦争終了後一年までを期限として、一〇回にわたって一枚五円、一等五〇〇〇円の割増金付で発売された貯蓄債権だった(25)。主として「細民」を対象とし、軍費として撒布した資金を吸収、それをまた軍費の財源として通貨の膨張を防ぐということが、その目的として謳われた(26)。「貯蓄勧業債券法案」は第二〇帝国議会（会期：明治三七年三月二〇日～二九日）に提出されたが、射倖心の挑発になるとして反対の声も強く、一旦は、貴族院の特別委員会で否決、これを受け、桂、曾禰、井上馨らが巻き返しをはかって、ようやく成立したものだった。そのなかでも、とりわけ尽力したのは、曾禰蔵相だった(27)。ちなみに日本勧業銀行は、これより先の明治三一年六月から勧業債券を発売、当初一通五〇円（すぐに二〇円）、年利五分、割増金は一等五〇〇〇円と、形態は貯蓄債券と同様

図2　広告「貯蓄（5円）債券売出」

貯蓄（五圓）債券賣出

壹等　五百圓　拾五本
貳等　百圓　參拾本
參等　拾圓　五拾本

明治卅七年九月
日本勸業銀行

（『万朝報』明37・9・12）

であったが、高額で「零細資金の回収」には不適であったことで(28)、貯蓄債権の発行となっていた。なお勧業債券は、貯蓄債券発売中は、割増金なしで発売された(29)。

この貯蓄債券は元本、年利三分が保証されていたから、富籤とは異なっていたが、事実上、手っ取早い富籤として人気を博した。購入した年から数回、抽籤で割増金が当るのが売りで、その初回の当籤数が最も多く設定されていた。発売元の日本勧業銀行の広告も、それを強調した(30)。

したがって初回の抽籤が終わると転売されることも多く、その売買を行う業者も存在した。たとえばそのうちの一つである「日本債券株式会社」は、明治三九年五月時点、明治三七年三月発行のい号の買値を三円七五銭、売値を四円に設定していた(31)。なお貯蓄債券は、明治四〇年勧業銀行法が改正され、同年五月から一通一〇円、年利三分六厘、一等五〇〇円で発売を継続された(32)。とはいえ債権と彩票が決定的に違うのは、債券は一等も含めて当選金額は低いが元金は保証されるのに対して、一方彩票は外れれば多く元本が保証されないが当れば大きいということだった。

また明治三八年一二月、第一回が発売され大連彩票も、台湾彩票の露払いの役割を果たした(33)。この彩票発売は、関東都督府民政部の下で大連を管轄した行政機関である民政署が、日本人や中国人が発行の認可を陳情してきたのを受けて、同年一〇月大連公議会長劉兆伊及び前同会長郭學純らに発行権等を付与したものだった。劉らは、大連彩票の発行機関として宏済彩票局を設置。大連彩票は、一回二万枚、一枚は一〇枚綴、売価銀一円、抽籤は毎月二回、頭彩（一等）五〇〇〇円の賞金合計一万六〇〇〇円、ただし賞金は軍票（日本軍が日露戦争中から流通させた）、代売人の手数料が売価の三％、彩票局の収入は発売代価の二〇％、これから代売人の手数料を引いた残りの三分の一を民政署に納付、さらに彩票局の経費を引いた残金を大連の振興、公共事業に充てる方式だった。当選者は当選金の三％を当該代売人に報酬する義務を負った。民政署は、大連以外にも営口や芝罘方面への発売も許可、「尚日本人の購買に対しては表面上は兎に角事実に於て之を黙認し検挙せざる方針を採ることをに当初より決定し」、これを受けて外務省は、各領事に対して、日本人の購入、内地への持ち帰りを黙認するように通達した。大連彩票の購入者は明治三九年六月頃には、日本人が七割、中国人三割だったという(34)。大連彩票は、現地中国人を発行人にするなど台湾彩票とはまったく異なるものではあったが、その実績が、台湾彩票発行を閣議決定する際の決め手の一つになった(35)。なお大連彩票は、当初、賞金が軍票ということで人気はそれほどではなく、予定の月二回発売できず、月一回だったが、明治四〇年七月から、それを「金本位（流通貨幣）」に改めてからは、次第に売上を伸ばしていった(36)。

そして明治三九年に入っての台湾彩票発行に向けての動きだった。馬券の黙許については、すでに政府はゴーサインを出していた。そのなかで、後藤新平を中心として台湾総督府は彩票発売実現に向けて動いた。後藤は、明治三四、三五年の経験を踏まえて、その政治力、人脈を活かしながら、精力的に根回しを行ったようである(37)。そして時日は不詳だが、台湾総督府は評議委員会（総督を議長とする律令審議機関）の議決を経て、遅くとも四月には彩票発行の律令案を内閣に回付した(38)。その理由書は、以下のものだった(39)。

古来本島に於ては彩票売買の習癖存し因襲既に久しく容易に抜くべからざるものあり、而して夫の明治元年及同一五年布告の如き禁制なく其の売買の行はるる頗る盛なりとす

然れども現行刑法に於ては富の興業を禁ずるを以て、本島に行はるるものは皆支那富にして、一方に於ては之が取締の規定存するなく統治上其の可なるを見ず、今若し彩票に関する旧来の制度を変更するときは、以上の習癖を利用し得るのみならず資を海外より吸収し、依て慈善衛生廟社保存の事業に給するを得べし、之本島に於て

台湾では「彩票売買の習癖」があり、禁制がなく「支那富」が頗る盛んである、そこで総督府が彩票を発行して、「支那富」を禁止して、その「習癖を利用」すれば、海外（中国）に流失していた資金を吸収して、それを「慈善衛生廟社保存の事業に給」することができるということだった。律令案は、四月二〇日過ぎには、法制局の調査に付され、そのチェックを経て、五月七日付で台湾総督佐久間左馬太名で内閣に上奏、五月八日の閣議にあげられた(40)。この動きと相前後して、台湾彩票発行が各新聞に報じられるようになった(41)。

八日の閣議では、「阪谷（芳郎）蔵相異議ありて暫く勘考を望むと主張し、牧野（伸顕）文相は首相の帰京を待つを可とすと云い、松田（正久）法相は異議なきも首相の帰京まで待つに於て差支なかるべしと云うに因り、他は悉く賛成記名せしも暫く決議を延期」した(42)。なお西園寺首相は、四月一四日新橋発で満州視察に出かけ、五月一四日帰京した(43)。ちなみ西園寺の視察の目的は、英米から懸念の声があがっていた満州での軍政の廃止と、日本軍の早期の撤兵を決断する確信を得るためだった(44)。後藤は、先の八日の閣議の日に東京を離れ、一〇日神戸を出港、一三日に台湾に帰任。八日の閣議の西園寺の判断待ちの決定に、後藤は、「頗る喜ばざるの色」であったという(45)。

西園寺が帰京した翌一五日の閣議で首相不在中の報告がなされ(46)、台湾彩票律令案もそのなかに含まれていたと思われるが、この日決定は行われなかった。先にもふれたように、閣議決定は五月二九日と少し時間を要し、三一日裁可を仰ぎ、六月一日裁可された。二九日の日記に原敬は、「閣議に出席す、別に重要の事件なし」と記し(47)、またこの間の日記にも、彩票に関する言及はまったくないが、後述するように国内の流通についての何等かの協議があったはずだった。

貴族院には、彩票反対の声があり、これより先の三月、「台湾に施行すべき法令に関する法律案」改定審議の際、政府、総督府に対して、この法令制定の特権を利用して富籤発行の如きことはしない、との言質をとろうとする動きもあったという(48)。ただし実際の審議の際には、このことは持ち出されてはいなかった(49)。閣議決定までに少し時間を要したのは、そういった貴族院側との協議、調整も必要であったからだと思われる。

この裁可を受けて、台湾総督府は、六月一三日、台湾彩票発行の律令（明治三九年第七号）「台湾彩票に関する件」を発布した(50)。

台湾総督府評議会の議決を経たる台湾彩票に関する件勅裁を得て茲に之を発布す

明治三九年六月一三日　台湾総督　子爵佐久間左馬太

律令第七号

台湾彩票に関する件

第一條　台湾総督府に於ては慈善、衛生、廟社保存を目的とする事業の為彩票を発行することを得

前項彩票に関し必要なる規程は台湾総督府之を定む

第二条　台湾総督は前條に依り発行したるものに非ざる彩票の取次又は買取を禁止することを得

「慈善」は、通例こういった富籤類が目的として掲げるもので説明は不要だと思うが、「衛生」は後藤が民政長官として台湾統治の施政上の基本理念として掲げていたもので、具体的には上下水道の整備、市区改正などが念頭におかれていた(51)。「廟社保存」は、簡単にいえば日本側が台湾島内に建てた神社仏閣の保存ということになるが、のちに後藤自身が語った言葉を借りれば、「国の歴史と言ふものを内外人の頭に踏襲していく必要」(52)、いいかえれば台湾統治、日本への同化政策の一つとして植民地台湾の人々にその神社仏閣への参拝、信仰を強制することにつながるものであった。

第二条は中国等の「海外」の彩票、ロッタリーなどの台湾での発売禁止、つまり台湾における彩票発売独占の条項

であった。繰り返せば台湾彩票発行に向かって、第一に強調されていたのが、中国の彩票等の購入による台湾からの資金の流出を防ぎ、それを吸収するということであったから、それを端的に示したのが第二条であった。この律令によって、総督府が、台湾で独占的に彩票を販売することが「合法化」された。

各新聞は、彩票発行が現実のものになるのを前にして、ほとんどが反対の立場を表明した。馬券に関して当初は歓迎論がほとんどだったのに対して、富籤（彩票）に関しては、正反対に当初から反発が強かった。たとえば、東京朝日新聞がその代表的な例で、つぎのように富籤（彩票）の発行に強く反対した(53)。

賭博を許さず、富籤を許さず、犯す者には法律の制裁を加ふ。明治以来の立法及び行政の処分は皆この方針に拠れり……台湾総督府にても富籤論又々再発して、今度こそは多分実行せらるべしという。流石に機を見るに敏なりとやいはん。もとよりこれらの主張には夫々の理由ありて、或は台湾が内地と事情を異にすると申立て、或は競馬に賭事は付物なりといい、或は帝都の修飾権道に依るの外なしと託言し、夫々反対論を予防しあれど、素より未だ人を服せしむるに足らず。取る所の手段尋常ならんには兎に角なれど、其主張者すら既に権道たるを認む。権道は変なり。妄にす可からず。縦令権道に依りて或特定の事を成就せんも、一般の風尚之に依りて破壊せられ、徒に射倖投機の耽溺を誘発せば、利弊固より相当らざるなり。或は外国の事例を引用して自説を援くる者あるも、前世紀の遺弊、南欧諸邦の先蹤、素より則るべきにあらず。特に彼は民俗に従いて之を利用するのみ。我は則ち求めて澆季の風尚を挑発せんとす。思わざるの甚だしきものならずや。日本に於ても嘗て富籤を利用し財政を整理し得たる封建君主ありと雖も、事実に已むを得ざるに出ず。今日の場合は決して之と同じからざるなり。吾人は富籤の如き小策を歓迎する国民において只衰世の兆を見る。近時の風潮実に慨すべし。之を挑発刺激せんとする如き方策には、反対せざるを得ざるなり。

また東京日日新聞も、「我当局は何の必要ありて斯かる悪制を採用するに苦心する乎、吾曹の殆ど其意を解する能わざる所なり……当局にして苟も賭博の不可なるを認むる以上は断じて之が抑圧に努むべきのみ」という社説を掲載、彩票発行決定の動きを強く牽制した(54)。この社説は台湾の人々への悪影響を直接の対象としていたが、簡単にいうと、富籤は射倖心を挑発、健全な精神を破壊し、国家、社会の破滅につながる、ということだった。

東京競馬会第一回開催はまだ先のことであったが、明治三九年も時間が進むにつれて、株式のバブル、投機熱はピークを迎えつつあり、台湾彩票も、その一翼を担う格好になり、激しい批判に曝されることになる。先にも引用したが(第4章第1節)、東京二六新聞は、つぎのように明治三九年後半期を回顧した(55)。

……後半期に入りてよりは全然面目を異にして来りて戦後の僥倖心を煽動する投機的事業熱の勃起を見るに至れり。南満株の盛況(いわゆる満鉄の募集株に約一〇七七倍の応募があった)を始めとし水力電気の競興其他各種企業家の名を繰返され、はては富籤、競馬等に著しく民心の浮動せるを証拠立てられ、今や一攫万金の徒、時を得顔に群衆に揚色あり。何の自覚ぞ、何の文明ぞ、戦勝国に免れ難き軽佻菲薄の風は滔々として既に思想界を圧し来る、これ将に大に将来の進運を念とするものの熟慮すべき所なり……

総督府から発行支援を受けその広報紙の役割を果たしていた台湾日日新報は、このような台湾彩票への批判に対してつぎのように反論した(56)。

……彼等反対者の論点は極めて抽象的陳腐的にして確固たる根拠を有するにあらず、曰く富籤興行は投機心を挑発し射倖心を助長す、曰く富籤発行は道義を腐敗し公徳を傷害す、曰く富籤施行は勤労貯蓄の美風を害し奢侈遊惰の悪風を養うと唯是れのみ、其見地何ぞ偏狭にして其主張何ぞ薄弱なるや……社会の事物中富籤独り道義心を腐敗せしめ勤倹心を毀損するものならんや、富籤禁止によりて道義心初めて維持せられ勤倹心初めて養はるべしと謂うか、天下豈に斯る理あらんや、区々たる富籤興行によりて腐敗すべき道義心、毀損せらるべし勤倹心は真正の道義心勤倹心にあらず、斯かる国民は到底隆興すべき国民にあらず、斯かる国家は到頭大国たるを得ざるなり……（ドイツ、オーストリア、イタリア、スペイン、オランダなどを見よ）……凡そ偽善偽君子的の政治家ほど陋劣なる政治家はなく、道徳正義の冠盃の下に蔵れて心にもなき正論を蝶々する政治家ほど怯懦なるはなく、偏狭固陋なる政治家ほど世を誤り国を誤るはなし……

このような台湾日日新報の主張は孤立したものであった。

とはいえ、この台湾日日新報も、国内での彩票発売を訴えたわけではなく、内地での購入はできないとして、紙面でそれを繰り返していた(57)。そして国内の各新聞は、台湾彩票発売の実務の責任者、総督府の専売局長宮尾舜治の談として「内地では売出」さないということ(58)、またこの律令は日本国内は適用外であり、国内での売買は禁令（太政官布告明治一五年第二五号）による厳重な処分の対象、違法であるという見解を報じた(59)。また第一次彩票の一般発売直前の一〇月、内務省台湾課も、「内地で富籤を売買譲与することは其方法如何を問わず総て犯罪構成の解釈を取る」と表明した(60)。このように彩票発行の台湾の当事者は、国内での売買は、禁令にふれると断言していた。

だがその一方で、台湾で本人が購入し、国内に持ち帰れば問題がないということでもほぼ一致していた。たとえば、内務省台湾課長有吉忠一はつぎのような見解を示した(61)。

（明治一五年太政官布告などの法律上の制限は内地だけで効力を有するもの、したがって）臣民籍が仮に内地に在る者と雖も、身苟くも台湾に在る以上は該彩票を購入転売所持するも何等犯罪を構成する事なし、従って之を内地に持ち来りて所有し居るも犯罪によって得たる財物と云うを得ざるを以て固より没収される事なし。

図3

「台湾富籤の盛況を知んと欲せば我新報を読め一代の好運を予期すべき」と謳っている(『時事新報』明39・10・5)。

図4

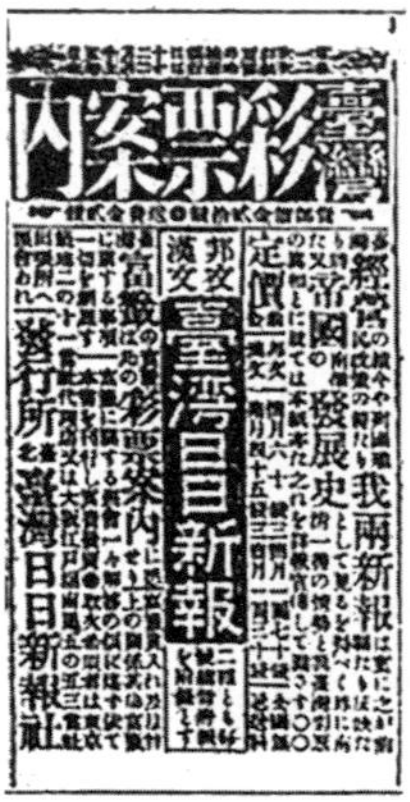


(『大阪毎日』明39・11・11)

法的な解釈としては、当然だった。また前例として、明治三八年一二月大連彩票が発行された際に、日本人が彩票を購入して帰郷することについて府県知事がその対応を内務省に照会したとき、内務省は別段支障なしとの回答を出していたことがあった(62)。一個人あるいは共同購入でも、彩票購入のためにわざわざ台湾に渡航しようと思う人がそれほどいるはずもなかったが、国内在住者も合法的に購入する方法があるということであった。となればその形をとって「合法的」に購買、入手する道を探る者が出て来ても当然だった。何しろ一等が当れば五万円である。冒頭に紹介した通信販売はその「合法的」に購買、入手できる方法として「法律上毫も差支無」と喧伝されたものだった。また国内の各新聞社への入手方法の問い合せ、あるいは彩票局への購入依頼などが数多く寄せられた。台湾日日新報も、この彩票熱を販売拡張に活用、「台湾富籤の盛況を知らんと欲せば我新報を読め、一代の幸運を予期すべし」と広告(63)。また台湾彩票のガイドブックとして『台湾彩票案内』を一一月一日に刊行、「台湾富籤の実体は此彩票案内に悉せり、富籤買入れ及法律上の関係其他富籤に関する事項一切を網羅す、富籤に関する照会一々解答の煩に堪ず依て本書を刊行し実費発売」と広告した(64)。国内での売買に関する質問、回答を盛り込んではいたが、内容は、国内での購入方法を指南するものではなく、期待外れのものとしかいいようがなかった。だがそれでも一ヶ月で一万部を売り(65)、一一月三〇日には増補再版、翌四〇年一月には三版、三月には四版と版を重ねることになる(66)。台湾彩票の人気の所産であった。

そして台湾彩票は、一〇月に発売されると、爆発的に国内でも流通することになる。図式的にいえば、各新聞が人々の射倖心を挑発すると強く反対するなかで、人々は彩票販売を熱烈に歓迎する形になった。

## 2　黙許状態の現出

彩票発行に関する実務は、総督府専売局長である宮尾舜治が担った(67)。宮尾（一八六八〜一九三七）は、新潟生まれ、明治二九年帝国大学卒業後大蔵省に入り、神戸税関監視部長を経て明治三三年に台湾総督府事務官、明治三八年専売局長。祝辰巳、中村是公とともに総督府三羽烏と呼ばれた。宮尾は、台湾に赴任直後の明治三三年八月に南洋諸島、海峡植民地及び英領インドに植民地経営の調査に派遣されたが、その際、マニラやマカオにおける富籤を研究する旨を命じられ、明治三四年台湾富規則案の立案者となっていた(68)。台湾彩票でも、その経験を活かし、実務の責任者となり、やがて設立される彩票局の局長就任が既定路線だった(69)。律令発布を受けて、宮尾は、遅くとも七月初めには上京、発売方法、枚数、賞金額、控除率、偽造を防ぐための紙幣に準じての彩票の印刷、輸送体制などについて大蔵省、政府との調整を行った(70)。折からの七月中旬、政府は後藤新平を満鉄総裁に就任させるべく上京させたが(71)、後藤は、それとは別に、宮尾とともに「彩票発行の条件」を政府と協議(72)、その話を詰めていたはずである。そして下旬には、一〇月第一回発売、番号登録は九月開始、抽籤は一二月一五日と内定するところまでにこぎつけた(73)。このとき、国内流通についての非公式な協議が行われ、後藤が少なくとも黙認するとの感触を得た可能性が高かった。なお後藤は、二二日児玉源太郎から総裁就任について長時間の説得を受け、また西園寺首相、原内相、山県有朋とも会っていたが、その日は受諾しなかった。だが翌二三日児玉が急死したのが契機になって、八月一日就任を承諾した。後藤と台湾総督府との関係は特別顧問という形で継続される(74)。

宮尾は、八月上旬に台湾に帰任、台湾での発行準備を指揮(75)、九月二日付で彩票局長に就任(76)、六日、総督府令「台湾彩票施行規則」の発布、施行になった(77)。なおこれより先の六月前後、宮尾は、自らの片腕になるべき存在として三井銀行の小塚貞義を総督府に招聘、彩票局設置に備えた(78)。彩票の購入方法は、店頭に加えて、事前に番号を指定登録するという二種類があった。番号登録制度は、各人が彩票局に直接赴いて希望する番号を「彩票番号登録請求用紙」に記入、あるいはその用紙を郵送して指定、登録を受けて購入するもの（「台湾彩票施行細則」第一〇条～第一三条）、その登録には彩票代金に加えて一枚に付手数料一円、郵送の場合はその料金二〇銭がプラスされ、前納だった。第一次登録開始当初は何本でも登録できたが、第二次から第四次は一本、第五次からはまたその制限が解除になった。登録は先着順で、郵送で同時に同じ番号が到着した場合には抽籤だった。ただ九月一〇日第一次登録開始当初から番号重複が頻発したため、すぐに各人が番号を指定するのではなく、彩票局で番号を選び登録手続をする「委託登録」が始められた(79)。また第二次の登録からは台湾各地の郵便局、元売捌人のところにも指定登録申請の請求用紙を置き、彩票代金も第四次から銀行為替、または郵便通常為替で送金する方法に替わった(80)。そして少なくとも第二次からは日本国内からの郵便での登録、購入が可能になった(81)。こうして登録された彩票は、彩票局から登録者（購入者）に、一般発売の直前に直接交付、郵送された（「台湾彩票施行規則」第一三条）。このような手間暇のかかる方式が導入された理由は不詳だが、仮に売上の確保策だったとしたら、それは杞憂だった。結果的に、この登録制度は、日本国内からの購入の便を図るものになった。

台湾内での店頭発売は、以下のような方法がとられた(82)。指定登録された以外の彩票を、彩票局が台湾銀行に交付、同行が元売捌人（二五人）に配布する、元売捌人は、定められた価格、手数料で小売人に卸す。元売捌人は、彩票局が選定するが、小売人は元売捌人が自由に契約する。そして小売人と彩票局は一切関係がないとされ、小売人は価格等も自己の裁量で販売できた。なお元売捌人全員が決定したのは発売直前の一〇月一〇日頃だった(83)。

この元売捌人や小売人の他にも、「単に彩票の売買を業とする者、其売買の牙保（仲買）をする者、依託販売にて報酬を得る者、番号札の交換をして手数料を取る者、當籤彩票の現金引換をして割歩を得る者」などが、「雨後の筍の如く増加」した(84)。彩票相場は、発売から抽籤までの間に上下はあったが、高くて九円以上になることもあったので(85)、抽籤を目的とせず、転売で利ザヤを稼ぐことを目的とする者も増えていった。要するに台湾彩票は、商売になった。

そして海外販売だった。この海外販売には二人の海外元売捌人が指定された(86)。その内の一人は、三井物産の意を受け、組合の責任者となった元大阪製糖の加藤豊。建前としては中国各地や租借地(日本人租界)での販売が対象であったが、実際には国内の三井の彩票組合ルートの窓口であった。

第一次の各発売枚数は、番号登録八〇六九枚、元売捌人二万六五七三枚、海外一万五一七八枚(87)。海外とはいっても、実際にはその多くが日本国内向けになった。第一次彩票の各等別の当籤金額、本数などを明らかにした第一次発売要項が公示されたのは九月二二日(88)、店頭での発売日は一〇月一八日と公示された(89)。番号登録は、あまりの人気ぶりに発売要項公示前日の二一日には、その受付が中止されたほどだった(90)。

各等別の当籤金額、本数などは、以下のようなものであった(91)。発売枚数四万枚、一枚五円(五〇銭の小符一〇枚付)、総計二〇万円、内当籤金は一五万円、一等五万円一本、二等一万円二本、三等五〇〇〇円三本、四等二〇〇〇円五本、五等一〇〇〇円一〇本、六等五〇〇円二〇本、七等一〇〇円五〇本、八等三〇円二五〇本、一等の両側(前後賞)三〇〇円二本、二等の両側一五〇円四本、三等四等の両側二五円二〇本、このほかに一等当籤番号の終わりの一字と同じ数字の番号三九九九本は五円、当籤は一〇枚に一枚強の割合であった。一等五万円という額は夢を語ることができる、あるいはそれ以上のものだった。台湾日日新報は八月二八日から九月一三日までの一五回にわたって、「五万円当ったら」というインタビュー記事を連載したが、その冒頭はつぎのものだった(92)。

何処へ往つても富籤咄しで持ち切りの当節、五万円当ったらどうするの問題は湯屋床屋を根拠地として井戸端会議に飯の焦げつくを忘れ、煙草休みに影の移るを知らず、棺桶へ片足入れた老爺も此問題には灰吸に龍を躍らせた、茶引き女郎も格子を余所にして蜃気楼を描く、其考への十人十色なる無下に付くるものに非らず、況してや知名紳士の坐間時に五万円問題の起るありて他山の石を取って我を琢くもの多し、爰に玉を選むと共に亦石をも捨てずして其心ろ心ろを書き立てんか。

ちなみに明治三九年東京帝国大学講師、第一高等学校講師としての夏目漱石の年俸は各八〇〇円、七〇〇円、月俸に直すと一二五円、翌明治四〇年三月契約した朝日新聞の月俸は二〇〇円及び賞与(93)、衆議院議員の歳費は二〇〇〇円(94)だった。もちろんこの夢は、購入できれば、日本国内でも共有できるものであった。人々が入手しようとしても不思議ではなかった。

先にも紹介したように、ほとんどの新聞が、発行決定前から富籤（彩票）による射倖投機心の誘発が、国民の道徳、健全な精神を破壊し、国家、社会の破滅をもたらす、と彩票発売に反対の立場であった。第一次発売を前に、国内での売買は違法で犯罪であると警鐘が鳴らされたが(95)、人々は何とか入手しようとした。発売が決定すると、「内地にても之を購買し得らるるが如く速了するもの」も出て(96)、七月以降、台湾の専売局にも彩票に関する問い合わせが多くなり(97)、九月一〇日事前登録が始まると、それと相前後して、日本国内から、彩票局への手紙での申込、あるいは台湾内の知人や業者へ為替を送るなどしての購入依頼が殺到した(98)。すでにこの時点で相場は一枚六円、ないし六円五〇銭になっていた。台湾銀行に購入を注文する者も多く、同行はこれに対して、富籤を禁止した明治一五年第二五号布告を印刷したものを申込者に送ったという(99)。国内の新聞社にも、九月中旬には入手方法などの問い合わせが数多く寄せられ(100)、たとえば東京朝日新聞は余りの多さに業を煮やしたのだろう一〇月一〇日の紙面で、「台湾彩票に関する質問一切お断り」と告知したほどだった(101)。東京朝日新聞は、第二次彩票が売出中の明けて明治四〇年一月九日にも「当社への問い合わせ一切謝絶す」、と再度、告知することになる(102)。

一〇月一八日の第一次発売日が近づくにつれて相場は上昇を見せていたが、売出直後には七円から八円の間で推移(103)、一二月一五日の抽籤日の前には、八円から九円、一〇円にまで上がった(104)。日本国内からは「何程でも是非買ってくれという注文が多」かったという(105)。真偽は不詳だが、その購入本数に応じて按分比例で旅費を負担して、一人を台湾に派遣して数十本ないし百数十本を購入するグループも生まれ、その目的の多くは転売にあり、公然の転売は法が禁じているので譲渡と称して引渡していたという(106)。また台北では抽籤を目的とせず、彩票を買っては高く転売、いわゆる「彩票其物で儲ける事計りに焦心苦慮して居る」者が数多く存在、そのために買い占めなどが横行し、台湾内の彩票の品薄状態から価格の上昇、そして日本国内での売買相場の高騰につながっていたという(107)。さらに三井の彩票組合の存在が知られていないはずもなく、そのルートからの入手も可能であった。入手には少し手間がかかるかも知れないが、五万円の夢を見ることができる。国内での彩票熱が高まっていったのも当然の成り行きだった。第一次彩票は、先に紹介したように、公式には、一万五一七八枚が海外向け、その多くが国内に流入、台湾向けの発売分の国内への転売を加えれば、第一次から国内の流通量はかなりにのぼっていたのが確実であった。

その第一次彩票の店頭発売予定日の一〇月一八日、配布の準備が間に合わず台湾全島で遅延、台北では発売が二〇日になった(108)。元売捌人だけで二二万本の申込を受けていたが(109)、実際に配布された枚数は、元売捌人が申請していたものより少なく、小売人の希望に応じることができなかった(110)。枚数不足で台北では、即日完売、この状況に小売人たちのなかには、高値のタイミングをはかり、売り惜しみする者も多かった。小売人の販売価格はなんらの制約もなく、入手しようとするならば、プレミアムをつけて購入する以外になかった。この人気を受けて、総督府は、明治三九年中は一回と決めていたものを急遽、第二回発売を年内に行うことを決定、発売枚数も四万から六万に増やされた(111)。

第一次の一等五万円の当籤者は、一二月一五日の抽選以降、判明するのに少し時間はかかったが、日本国内在住者であったことで(112)、第二次発売以降、国内での彩票人気がさらに沸騰することになった。ちなみに翌明治四〇年三月発行中止までに、第三次までの抽籤が行われたが、一等は全部、国内在住者だった。第二次一等は神戸在住の中国人、二等は東京、三等は神戸(113)、第三次一等は大阪の商人(114)。なお三月三〇日抽籤の第四次一等は、台湾駐屯の砲兵将校の共同購入者たちだった(115)。

図5『増補再販　台湾彩票案内』

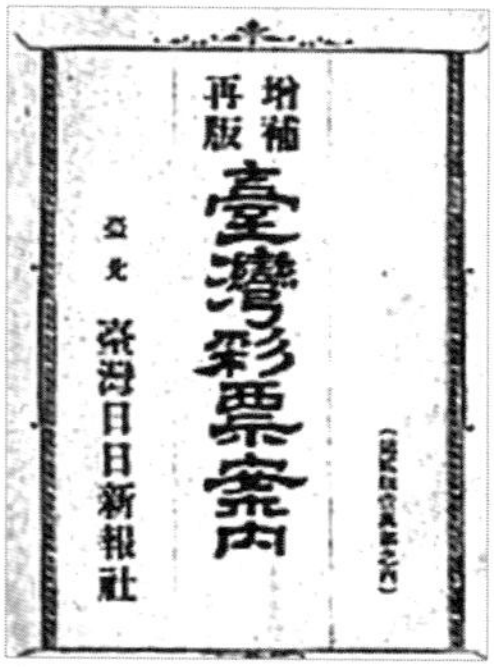


（明39・11・30刊、立川蔵）

図6

廣告
臺灣總督府御發行彩票賣買取次所
第一次彩票　金八圓
第二次彩票豫約金六圓半
第一次ハ來十五日第二次ハ來年一月廿日抽籤
阿多利商會
●御問合ハ返信料封入ニ限ル


（『大阪朝日』明39・12・11）

そして何よりもこの第一次彩票の発売の結果として重要だったのが、日本国内での売買に対する取締が行われなかったことであった。国内流通は公然の秘密(116)、「総督府発行は日本政府もこれまた黙認したもの」(117)、内務省は「今更厳重に之を取締るを得ず、黙許の方針を採ることと」なった(118)、と報じられるような状況が現出した。そして国内の売買に関して安心感が広まっていった。

この黙許という状況が生まれたことに相応するかのように台湾の業者の取次広告が、一二月からは公然と各新聞の広告欄を飾るようになった。たとえば図6の大阪朝日新聞明治三九年一二月一一日の「台湾総督府御発行彩票売買取次所　第一次彩票金八円、第二次彩票予約金六円半」で通信販売するという阿多利商会のものだった、同商会は大周旋所であったという(119)。台湾の市中相場と同じ価格で国内に向けに通信販売するというものだった。

この通信販売については、司法部も明確な判断を示さなかったこともあって、違法ではないあるいは合法と解釈しているといった情報も流れたが(120)、たとえ逆に司法部が違法だとの解釈だったにしても、事実上、黙許状態になっていた。明治四〇年二月彩票売買の摘発が大阪で行われ、有罪判決が下された後も（後述）、「最も安全なる購買、内地より台湾へ電報又は書面にて御注文に相成台湾より御送付仕候分は法律上毫も差支無候」といった広告が掲載され続けた(121)。それは、三月一二日東京での検挙が開始されても変わらなかった(122)。

明治四〇年に入ると国内で流通する彩票は、総発行数の約七〜八割に及んでいると推測された(123)。事実上、黙許、というより「合法」状態になっていた。台湾の業者に注文しなくても、「密輸業者」から仲買人を経ての小売業者が生まれ、国内でもかなりの程度購入できるようになっていた(124)。前述したように台湾日日新報は、「台湾富籤の盛況を知らんと欲せば我新報を読め、一代の幸運を予期すべし」と広告し、刊行した『台湾彩票案内』も版を重ねていたが、その新報社も、国内での売買に関与していたのが確実だった。そして国内流通の最大の販売ルートは三井の彩票組合だった。

こういった国内での彩票熱について、都新聞はつぎのように「恐れ入っ」ていた(125)。

先年流行したマニラの富籤から勧業債券、近くは競馬の賭などで射倖心を養成され夢の様な濡手で粟の熊手熱に浮されて居た日本人は、台湾彩票の発行された翌日から、餓虎が羊の群でも発見したかの如く、猛烈な勢いで此の大賭博に手を出した、近来は少し野心気のある人で、彩票の一片でも持って居ぬ者は無い程の大流行、発行額の五分の四は内地で売れて、台湾では漸く五分の一より外売買されぬとは恐れ入った話である……

図7

図8

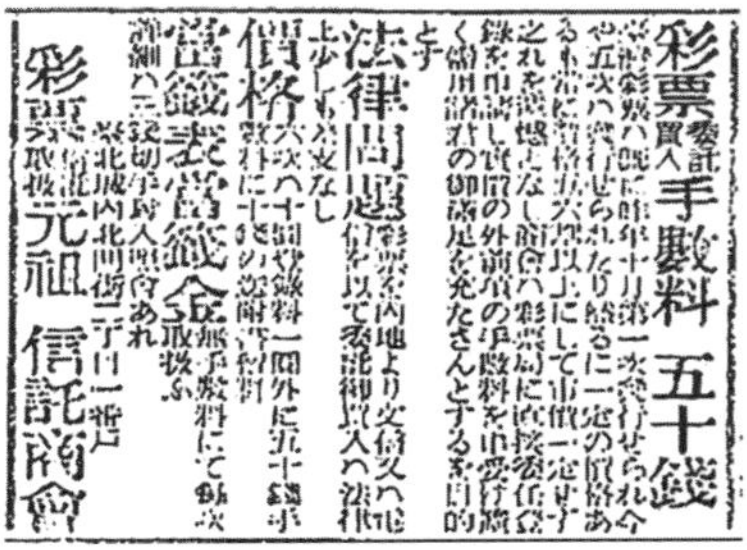


郵便、電信での申し込みであれば法的に差支えがないと謳っている(図7『万朝報』明40・3・18、図8同3・21)。

こういった状況は、総督府と政府の間に国内発売をめぐる協議が行われ、その結果、黙許についての何らかの合意、あるいは暗黙の了解がなされ、それを司法部、内務当局も受け入れていたか、あるいは少なくとも黙認していなければ現出するはずがないものであった。明治四〇年三月九日、東京での台湾彩票の摘発が開始されたのを受けて、新聞各紙は、ほぼ共通して、黙許状態を放置しておいて、突然摘発するのは、人々を陥穽に陥らすものだと批判するが、それは各新聞が、政府も司法部も内務当局も彩票の国内流通を黙許しているとの認識のうえに立っていたことを明らかにしていた。

そして彩票国内流通の黙許の何らかの合意、少なくとも暗黙の了解が存在したことを傍証するのが、総督府が、密接な関係にあった三井物産に内地での販売委託を依頼、それを受けて実際に三井側がその販売組合（台湾彩票組合）を設立したことであった[126]。後藤新平や宮尾舜治は、当初から、三井物産に委託して三分の一を内地で販売する計画だったようであり[127]、彩票局の主事、営業課長に三井銀行の小塚貞義を招聘したのもそれをにらんだものであったはずである[128]。三井物産台北支店長は、当初、躊躇していたようだが、三井の総帥益田孝に総督府側の要請を報告、判断を仰いだ。結局、益田は、三井物産の事業としては不可との判断を下したが、個人間で「彩票組合」を組織するという形をとって委託販売を行うことを了承した。このような三井本体とは別の組合を作ったとはいえ、国内流通は黙許されるという何らかの約束がなければ、三井がリスクを冒すことなどはありえなかったはずである。

組合は、益田孝の弟の益田英作、飯田義一（三井物産理事）、朝吹英二（王子製紙等専務取締役）、高橋義雄（三井鉱山理事）、加藤豊（大阪精糖）らが出資して結成され[129]、ほかに渡辺専次郎（三井物産専務理事）、岩原謙三（三井物産常務取締役）などが加わっていたという[130]。一方早川千吉郎（三井銀行専務理事）、団琢磨（三井鉱山専務理事）は「頻りに勧誘」されたが「刎ね付け」、波多野承五郎（三井銀行理事）は派閥の関係から勧誘も受けなかったという[131]。加藤は、組合の運営を担うとともに、彩票局との海外売捌人の契約を結んだ[132]。契約による加藤の引受枚数は二万枚であったが、これも三井の組合での販売を前提としていたものだったに違いなかった。組合の利益は一割を予定、出資者も発売の勧誘も重役ということで、物産支店は「安んじて」、「五円四、五〇銭、若しくは六円以上に売り[133]、台北支店では彩票取扱を本務とする店員をおいていたという[134]。司法部の中心的存在であった民刑局長平沼騏一郎も、後々にいたるまで、「彩票は最早国内一般に行われ、その元締をしとったのが三井財閥です」と記憶していたが[135]、それはこういった実情を平沼、司法部が把握していたことを反映したものだっただろう。

そして三井に大きな影響力をもつ元老井上馨も、この組合による委託販売を了承していたのが確実であった。明治四〇年三月九日から、東京周辺での彩票摘発が開始されるが、一六日、捜索が三井の組合関係者に及んだことで、発行中止と引き換えに検挙を行わないとの政治決着がはかられ、二〇日台湾総督府は発行中止を決定する（後述）。原内相は四月一日、静岡の興津の別荘に滞在中の井上を訪問して、「議会に於ける最近の状況を物語」ったが、その際、あわせて「台湾彩票中止の事情」を説明した(136)。このことは原が、井上も了承のうえ、三井の組合の販売が行われていたこと、さらには井上が政府もそれを了承していると認識していたことで、井上に「中止の事情」を説明する必要があると考えていたことをうかがわせている。これより先、井上が、三井の関係者に捜索が及んだのを知って、「重役等を責めるより大に政府当局者に対して激烈に怒鳴り立てて居る所より見れば、彩票組合は予め井上伯の承認を得て成立したるものの如し」と報じられてもいた(137)。

この三井の組合に加えて、もう一つの国内流通黙許の何らかの合意、少なくとも暗黙の了解が存在したことをうかがわせる「文書」がある。おそらく発行が中止となった時点からそう遠くない時期のものだと推測されるが、彩票の発行中止を暴挙だとして、政府に今後の方針を明らかにするように求めたつぎの「台湾彩票問題質疑」だった(138)。南満州鉄道株式会社の書類用紙に記され、筆者名はないが、後藤かあるいは後藤の周辺がその意をまとめたものと思われる。

図９　「台湾彩票問題質疑」

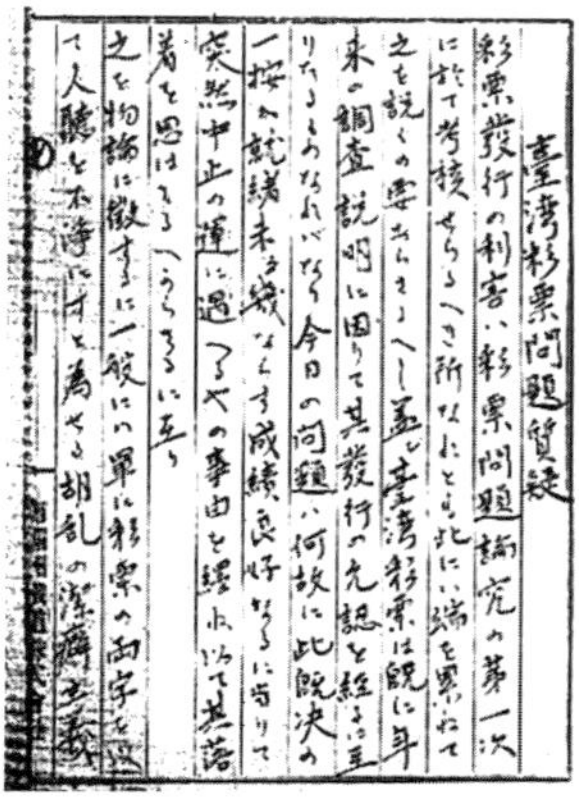
臺湾彩票問題質疑
彩票發行の利害、彩票問題研究の第一次に於て考按せらるへき所なれとも此に端を累ねて之を説くの要なかるへし蓋し臺湾彩票は既に年来の調査説明に因りて其發行の允認を経るに至りたるものなれはなり今日の問題は何故に此既決の一按か就緒未た幾ならす成績良好なるに当りて突然中止の運に遇ひたるやの事由を繹ね以て其落着を思はさるへからさるに在り
之を物論に徴するに一般には單に彩票の両字を以て人聴を不清に付と為せる胡乱の

南満州鉄道株式会社の書類用紙に記されている（『後藤新平文書』）。

……蓋し台湾彩票は既に年来の調査説明に因りて其発行の允認を経るに至りたるものなればなり、今日の問題は何故に此既決の一按が就緒未だ幾ならず、成績良好なるに当りて突然中止の運に遇えるやの事由繹ね以て其落着を思わざるべからざるに在り……又一簾の観察よりすれば台湾彩票発行中止の事実は一に内地司法部面感情の緩急に揶揄せらるるに似たり……夫れ彩票発行は中央政府が既に台湾の為に自ら允認せし所なり、而るを今日尚ほ何ぞ更に彩票其物の是非を言うや台湾彩票にして内地に輸入せしむべからざるものならば、何ぞ発行允認の当初に於て自ら其関防を飭めざりしや、何ぞ事後の寛猛其処置を二三にして民心を疑惑せしむることをなすや、彩票輸入果して法の必ず問うべき所ならば何ぞ時を顧み人を憚りて余力を糾弾に遺すや……是に由りて之を言わば発行中止の実情には中央政府自ら事前の不明に坐するに非ずんば亦必ずや事後の無能に坐せざるべからず……今物論既に発行中止の主因台湾自体に在りと信ずるものなく内地司法糾弾の失宜を疾むものは比々皆是なり、中央政府篤論の以て台湾年来の成見を覆へすべきものあるか、将た許否翻覆飽くまで無定見の名に居らんとするか、当局者の心意は問う所に非ざれとも台湾彩票問題の予後終に如何に決着すべきかに至りては切に開示を望まざるを得ざる所なり

後藤が、彩票の、国内での流通を黙認しながら、突然、検挙に踏み切った司法、そして中止を決定した政府に対して、強い怒りをもっていたことが示されている。「又一簾の観察よりすれば台湾彩票発行中止の事実は一に内地司法部面感情の緩急に揶揄せらるるに似たり」という言及に鑑みると、後藤が、国内流通を黙認するという合意、あるいは了解を政府から得たと思うような出来事があり、それが司法部によって破られたと認識していたことをうかがわせている。この「質疑」のなかに、それを直接書きこまなかったのは、後藤の政治的配慮だったと思われる。繰り返せば、当初四ヶ月余、司法部は、彩票の内地流通に対して摘発の動きを見せなかった。それは後藤にとって、彩票の内地売買は、政府、そして司法部の、少なくとも暗黙の了解の内にある結果だと受け取ることができるものであった。それが司法部の摘発劇の結果、中止に追い込まれた。後藤が「内地司法部面感情の緩急に揶揄せらるるに似たり」と総括したのも当然だった。

明治四〇年八月、台湾総督府の申し入れで、彩票の再発行が検討されているとき、後藤がつぎのように語ったと報じられたのは、前記の「質疑」の提出と関連していたと思われる(139)。

……彩票問題は台湾総督府と司法省の見解に差異を生じたるものにして当初総督府は彩票の発行につきては内閣と熟議し、特に内務省とは彩票の内地流入につき深く交渉する所あり、今更斯くの如き犯罪問題を惹起すべき筈なし、内地人が総督府の彩票を買いたりとて之を検挙するの必要何処にかあるぞ、要するに司法省が無力にして青年好事の司法官を抑うる能わず、国家の大政策を顧みる事なく無用の検挙を行い国政の不統一を示せるに過ぎず、依りて総督府は当然内閣及内務省との決定により其発行を継続し政府の威信を継がざるべからず、而して内地に於ての検挙問題の善後策は内閣自ら之が措置を為すを要すというにあり。

またこれより先の二月、大阪地方裁判所での彩票での検挙者の裁判の際、のちに法制局長官をつとめることになる弁護士武内作平が、後藤新平の証人喚問を要求するが、その理由として、「台湾彩票発行に関する律令の発布せられたる際、自分は後藤長官より彩票は台湾のみに発売するものに非ずして、島外何れの地へも流出することを予期せられたる次第を、しかも長官より直接に聞き込みたる事あり」、と語っていたことであった(140)。もしこれが事実とするならば、国内流通に関して政府、あるいは司法とのなんらかの合意があり、後藤の「質疑」もそれを踏まえてのものだったということになる。

そして何よりの状況証拠は、司法部が大阪、東京での摘発に着手したのが第四次、第五次彩票が発行される明治四〇年二月、三月。それまで四ヶ月以上も、内地の流通を放置、結果的に黙認していたことであった。司法部が、馬券に対して検挙の可能性を堅持しながらも、合議書の枠内にとどまって黙許していたことを思い起こさせる姿勢であった。

以上のように、総督府と政府の間に彩票の国内流通の黙許に関する何らかの合意、少なくとも暗黙の了解が存在(141)、司法部もそれを受け入れていた可能性が高かった。

ちなみに折からの第二三回帝国議会では、新刑法案が審議されていたが、三月四日の第七回衆議院刑法改正委員会で、花井卓蔵が、台湾彩票の発行に関して、「竝に日本帝国が或る地を限りたる区域に於ては富籤興行を許し、或る地を限りたる部分に於ては罰として是を禁止すると云うは、甚だ国の見る犯罪行為に対する刑罰の方針が一定せぬように考えられ」るとして、政府の見解を質した(142)。これに対して、民刑局長平沼騏一郎の答弁は、区域外、つまり国内では法にふれると回答したが、台湾で合法であることに関しては、つぎのように回答するのは困難であるというものであった。

……それから後段の御質問は甚だ私より御答致すのは困難なことでございますが、是は詰り将来の立法方針に関する御質問と考えるのであります、此当否に付いて茲で答えると云うことでありますようでありますが、将来のことは政略にも関係も致すことだろうと考えますから、私から茲で将来のことまで、必ずどうすると云う断定しての御答は甚だ困難でありますから、其議は茲では御答致しませぬ。

台湾での彩票発行に関しては、方針が変更、禁止される可能性がある、あるいは彩票発行の権限は台湾総督府にあるからということであろうが、いつもの平沼らしくなく歯切れが悪い答弁だった。それに国内では法にふれるとの見解を明らかにしたとはいっても、現状は国内での黙許状態を容認しているというのが実際だった。そこには、なんらかの事情があったに違いなかった。それでも、いやそれだからこそというべきか、ここから一週間もたたないうちに、司法部は摘発に踏み切る決断を下す。

## 3　発行中止

### 大阪での検挙、摘発

繰り返せば、第二次彩票以降は、その総発行数の七～八割が国内で流通するようになった。発売前から発行中止を訴えていた各新聞も、この状況を強く批判した。たとえば大阪朝日新聞は、明治三九年一二月一四日付の社説「賭博の公許（二たび）」で、つぎのように論じ、危機感を露にした。

……夫れ司直の吏の独立心を失ひ、法の執行を怠るより国家の基礎を危うするものはなし。若し是に至らば百の法律も反古に異ならず、又賭博行為を公許し、富興行を黙認せば、現在其の刑に触れて獄衣を着るものを先づ放免すべし。是れを之れ為さずして眼前呑舟の魚を洩らすは、矛盾の極なり……

また東京日日新聞も、明治四〇年一月一三日付の社説「台湾彩票の余響」で、つぎのように司法、警察の取締、律令の撤廃、発行の中止を強く求めた。

……其弊遂に底止する所を知らざらんとす。何ぞや。今や該彩票は啻に台湾に在て内地人民の射倖心を満足せしむべき目的物として、之が売買の媒介者たるべき仲買人を起らしめたるのみならず、内地に在ても亦之が仲買人を生ぜしめ、甚しきは勧業債券と等しく数人共同して一票を購求するを得るの便宜を計るものすらあるに至りたるも、司法警察は之を黙認する乎、或は之を知らざる乎、未だ之が取締を為さずと言うもの是なり……故に吾曹は前に言うが如く内地に在て台湾彩票の売買を行い及其行為の幇助仲保を敢てするものに対しては司法警察たるもの速に探査審覈を遂げ、其甚しきに至らざるに之を防遏せんことを冀望して已まざると共に、苟も司法警察の之を黙過放任するが如きは事甚だ恕すべからざるを以て其局に当たるもの必ずや部下を董督飭励して之を取締るの方法宜きに出づべきを信頼して已まず。若し其れ其抜本塞源的匡救手段に至ては台湾彩票発行の法令を撤廃し以て其弊竇を覆すにあること論なきなり。

このように批判、非難の声があがっていたが、司法も内務も、そして政府も、この黙許状態に対して動きをみせず、年があけて彩票は、一ヶ月毎に三次、四次と発行を重ねた。このなかで二月九日、突然、大阪府第四部（以下、「大阪府警」と記す）が、彩票の売買者の摘発に着手した。全国に先駆けて大阪で検挙に着手した理由について大阪府警の警部は「大阪の警察は警察だけの職分を守り法律の命ずるところに従ふて臨機の処置を執るの外はない」と説明した(143)。政府や司法部が台湾彩票の黙許状態に手を着けないのには、何らかの政治、あるいは司法的判断があることは推測できたはずであり、大阪府警、ましてや一警部の判断だけで摘発に乗り出すことなどはあり得なかった。また台湾彩票発行に理解を示していた原敬が大臣を務める内務省が指示することも考えられなかった。とはいえ、前記の警部の談以外は府警が摘発に動いた理由は不詳なので、その談にしたがっておく。なお当時、警察と司法は良好な関係にあったわけではなかったので(144)、摘発に着手する段階で、司法部がその判断に関与した可能性はまずなかった。

大阪府警保安課は、九日、大阪北区堂島米穀取扱所付近で彩票を販売していた神戸市兵庫塚本通の三木啓次を検挙した(145)。三木は一二月二三日台湾航路の船員から第二次彩票一七七枚を一枚六円五〇銭で入手、九円五〇銭で売捌いたのに続いて、一月一日台湾在住者から第三次彩票七三枚を一枚六円二五銭で購入、それを八円あるいは八円五〇銭で転売していたところを検挙されたものだった。現場で押収された彩票五一枚だったたから、検挙までの販売数は多くて二二枚。翌一〇日、三木から彩票を購入した八名が検挙され、その内七名が、一五日に起訴された(146)。この九日、一〇日の検挙が行われたのを受けて、四、五〇〇名が召還され、また三井銀行支店員も取調べを受け、検挙されるとの風評が一気に広がり、大阪は一種のパニック状態に陥った(147)。何しろ、発行元が台湾総督府、天下の三井も関与、人々は、事実上の黙許、もっといえば公許と見做して、検挙などありえないと思っていたはずだからである。彩票を廃棄、焼却するものが続出(148)、また自首すれば告発されないと喧伝されたのを受けて、区裁判所検事局に自首したもの二〇名、一応の取調べの後に、実際に放免されたという(149)。なお富籤を禁止した明治一五年五月太政官布告第二三号の第五条は「富籤に関する罪を犯し未だ発覚せざる前に於て官に自首したるものは其罪を免ず」と規定していた(150)。ちなみに彩票業者の新聞広告も東京では掲載され続けたが、関西の新聞からは消えた。

ついで一九日、ゴム輸入商雇人北川干城が引致、起訴された(151)。台湾総督府官吏から第三次彩票三三枚を五円二五銭で購入、それを転売したという容疑だった。翌日この関係で一一名が召喚されたが、結局、起訴されたのは北川一人だった。

この警察の取締を受けて、大阪地方裁判所検事局は、彩票の売買、譲与は富籤を禁止した明治一五年太政官布告に該当する犯罪行為であるとの見解を示し、そのなかでも国分三亥検事正は国内での売買や通信購入など手段はどうであれ彩票の売買は容赦なく検挙すると表明した(152)、そして神戸地方裁判所の山本辰六郎検事正も、国分と同様の見解を表明した(153)。なお山本検事正は、この年の暮れ、年明けに関西競馬倶楽部が臨時開催を行うにあたって、馬券売買を賭博であるとして認めないと表明、対応を倶楽部に求めることになる。東京の松室致検事総長は、この大阪の検挙劇を受けて、「至当の道理、絶対検挙説」を主張(154)、エールを送った。そして結果的に、東京の司法部は、一ヶ月の時間を要するが、この大阪の摘発劇を瀬踏みにして、自らが主導して東京での摘発に乗り出し、彩票を中止に追い込むことになる。

後から振り返れば、この大阪の検挙劇は、与えた衝撃が大きかった割に、検挙の規模、範囲も小さく、そして起訴、裁判にふされたのも、先に紹介した三木、三木から購入した七名、北川の三事例だけであった。二例目は、一例目の被告から購入したことことで起訴されていたので、一つの事例と考えてもよく、実質的には二例だけであった。二月九日検挙された三木の裁判は、一六日に始まり、一九日、罰金五円、重禁錮一ヶ月、執行猶予二年、差し押さえの彩票五一枚は没収するとの判決が下された(155)。三木は二〇日控訴したが、二七日取り下げ、判決が確定した(156)。控訴取り下げは、執行猶予が取消される規定であったことで、三木は、そのことを知らずに取り下げた結果、三月八日収監された(157)。

二例目は、二月二六日から始まった三木から購入した七名の裁判だった(158)。だが弁護側が、先にも紹介したように彩票発行責任者として後藤新平の証人喚問を要求、また裁判官が先の三木の担当裁判官であったことで忌避を申し立てて公判は延期、そこに東京での検挙劇の推移も加わって、公判再開は、二〇日彩票発行中止後の二八日となり、弁護人は無罪を主張したが(159)、四月二日、七名に罰金四円、重禁錮二〇日、執行猶予二年、彩票はすべて没収との判決が下った(160)。

そして三例目が、北川が、台湾総督府の官吏から彩票三三枚を買ったとして三月一三日に起訴されたケースだった。三月二二日公判開始、こちらは二七日に無罪判決が下された(161)。理由は明治元年一二月第二三号の布告を受けた明治一五年五月第二五号太政官布告は、民間興行の富籤にのみ関する規定で、政府の機関である台湾総督府が、その太政官布告が及ばない台湾でしかも合法的に発行したものであり、明治一五年第二五条布告に規定する富籤でなく、布告を適用することはできないとして無罪にするというものであった。検察側は控訴(162)、その結果は不詳だが、明治一五年の布告が彩票に適用されるか否かの司法判断は別の裁判で下される（後述）。

その他、売買を摘発されたケースとは異なるが、そのスキャンダル性も加わって、注目を浴びた裁判もあった。当初明るみになったときは、一等当籤の彩票の所有権をめぐる告発を受けての事件であったが、結局、彩票の当籤金支払いの当否をめぐる司法判断が求められるものになった。告発した大阪の貿易商の申し立ては、つぎのものだった(163)。二月上旬、台湾で第三次彩票を一枚六円で一〇枚購入、その後、ウラジオストクに商用で出張、その出張中の二月二八日に行われた抽籤の結果、その中に一等が含まれていることが判明、ところが彩票を保管させていた番頭が、親戚二人にその彩票を売却、当籤を知って三人は逃亡した。この推移に貿易商は、三月一二日、番頭を委託物消費で告訴、親戚二人を富籤売買で告発。当の貿易商は、告訴当日自首した。すでに彩票の裁判で自首すれば免訴されることが明らかになっていたのを受けてのものだった。番頭と親戚二人は、台湾の在住者に当籤金の受け取りを依頼、為替で送金させ(164)、尾道、門司など各地を転々としたが、結局、二〇日過ぎには三人は次々と拘引された(165)。

大阪地裁は、告訴、告発を受けて、彩票局に対して当籤金の支払停止を命令、当籤彩票を大阪地裁に回送させ(166)、為替(三万五〇〇〇円相当)は大阪地裁が差し押さえた(167)。裁判は五月一五日、六月一七日、六月二六日と開かれ、七月六日、三人に対し、罰金五円、重禁錮一ヶ月、執行猶予二年、為替手形、彩票は没収との判決が言い渡された(168)。当の貿易商は、自首で免訴された。この裁判の過程で明らかになったのは、貿易商が申し立てた番頭への保管依頼が虚偽であり、実際は番頭等に売却されたということであった。弁護人たちは、彩票が合法化されている台湾で賞金が支払われ、為替化されたこと自体に違法性がないことを主張したが、地裁は受け入れなかった。七名の弁護人のなかには、東京から駆け付けた花井卓蔵が含まれていたが、花井の意図は、台湾彩票の売買で生じた事態は国の責任であることを訴えるとともに、賞金の支払いを求めることにあったようである。

三人は控訴、一二月一六日、控訴院は、量刑に関しては原判決を支持したが、当籤金に関しては支払いを命じた(169)。弁護人の申し立てを受け入れて、支払い、為替化自体には違法性がないというものだった。おそらく貿易商が彩票を購入したのが台湾であったことも判決に影響を及ぼしていた。検事側が上告、明治四一年二月二五日、大審院(横田国臣裁判長)での審議が開始され(170)、支払い、為替化、台湾からの送付が焦点になったが、三月一三日、検察の上告は棄却された(171)。念のためにいっておけば売買行為は違法であるが、賞金の受け取りは可能であるという判断だった。大審院は、この棄却の際、彩票は明治元年布告に規定されている富籤と同等のものであるとし、興行者の官民を問わず、内地での売買は明治一五年の布告に抵触するとの判断を下した(172)。この大審院判決で、度々浮上していた台湾彩票の再発行は、国内流通が違法と確定したことで断念せざるをえなくなる。

このように大阪での動きは、繰り返せば、与えた衝撃は大きかったが、実際の検挙数はそれほどでもなく、起訴、裁判にふされたのは三例、実質的に二例だけだった。だがそうであっても、大阪府警の目的が彩票の黙許状態への警鐘であったとするならば、結果的にではあるが、その目的を達することになった。大阪での検挙は、東京の司法部に本丸である三井の彩票組合（以下、三井ルート）の検挙を決断させ、政府、総督府に台湾彩票の中止を余儀なくさせることにつながるものだったからである。

### 東京での摘発、検挙、三井ルート

東京での台湾彩票売買に関する捜索、検挙は三月九日から着手された。東京では最初から検事局主導であった。「一事天下の耳目を聳動した台湾彩票事件」のはじまりだった(173)。あらかじめいっておけば、一気に三井関係の本丸にたどりついたことで、捜査、摘発は一七日までの短期間で終わった。後は政治的交渉、その判断に委ねられ、二〇日には、総督府が中止を布告する。各新聞は、彩票売買の是非は別として、ほぼ一様に、黙許状態から検挙という事態は、政府が人々を陥穽に陥れたものだという批判を展開した。そして最も注目すべきは、少なくとも結果的には、司法部が、政治よりも優位に立つ、そのような力をもちはじめたことを予兆させるものになったことだった。

九日、四谷署が摘発に乗り出した(174)。契機は密告だった。この摘発の先頭に立っていた検事は、「検事正検事等協議の結果、彩票の公然売買を検事局が知った以上、法律に明文ある以上は黙過できず、法律上の禁止と風紀維持から売買両者に対して極力検挙する」方針であると語った(175)。だがそうであるならば第一次発行時からそういった状況であった。それをこれまで放置しておきながら、ここで改めてこのように語ったのは、検察が、三井ルートを摘発する決断を下したのを受けてのものだった。

捜索、検挙は、末端の売買者から始められ(176)、その自白によって逐次授受者間の経路がたどられていった(177)。検挙者は日本橋、神田、四谷、牛込、赤坂などの売買者に広がり、一一日に八王子第八十八銀行副支配人らが検挙された。一二日までに検挙されたものは一六名(178)、釈放されるものもいたが、一部は東京監獄に送られた(179)。市中での売買が盛んになっていたのは、芸妓の間にも広まっていたことにも示されていたが、のちに当時の民刑局長平沼騏一郎は、このことを「第一芸者までも買っとりました。花柳界に出入りする人は皆知らんものはないんで芸者なんぞ、みんな買っとりました」と回想した(180)。その芸妓にも捜索の手が伸び、ある芸妓は、「本当にこわかった、彩票も勧業債券と同じ様なものだと思っていたが大違い」だったと語ったという(181)。

表面上は、このように「末端の売買者」からではあったが、繰り返せば、検察の狙いは三井ルートだった。そしてこの摘発劇のターニングポイントになったのが、一二日、台湾日日新報社東京支局の家宅捜索、支局長の検挙であった(182)。支局長は、台湾彩票取次所の看板を掲げ取次売買を行っていたという。この支局の捜索で相当数の売買者が判明(183)、そして検察は、「例の組合が大仰に発売したる事実を発見」、つまり三井ルートの摘発に着手できる証拠をつかんだ(184)。本丸に近づいた。

これを受けて翌一三日、小林芳郎検事正は、検事一同を集めて長時間の「秘密会議」を開き、今後の捜査方針を決定した(185)。三井ルートの捜索を進め「三井重役等」の検挙まで突き進むことを確認したものと思われる。一四日小林検事正は、主席川島予審判事にこれまでの経緯、その方針を説明、これを受けて同判事は午前八時から予審判事一同を集め「秘密協議」に及んだという。おそらく検察の方針に沿って予審にあたることの確認だった。また同日午前一一時、倉富勇三郎控訴院検事長が小林検事正とともに司法省を訪問、今後の捜査方針を説明、午後には倉富検事長、小林検事正以下に加えて、牧野英一（検事、一〇月東大助教授兼任）、泉二新熊（のちに検事総長・大審院長）という新進気鋭の二人の検事も協議に参画した。この一四日に新たに組まれた捜査体制は、明治三五年教科書選定をめぐる贈収賄事件（国定教科書導入につながった教科書疑獄事件）以来の検察総力をあげてのもので、他の事件を一切中止した観を呈したという(186)。

そして一五日には海外彩票元売捌人で三井ルートの実務の中心的存在であった加藤豊、他に台湾に支店を持ち、密売の噂があった銀座の毛織物商店主も検挙、この一五日までの検挙者は二〇余名になった(187)。なお三月二〇日の彩票発行中止を受けて、三月末、東京で審理中の被告二六名は取調べを終わって責付（勾留停止）となったが(188)、加藤だけは取り調べが続き、責付は四月一三日のことになる(189)。なおあらかじめいっておけば、大々的な割に検挙者の数は少なく、東京では起訴、裁判は行われなかった。各新聞も、彩票発行中止決定を受けて、嫌疑者の放免(190)、起訴された者については執行猶予付を求めたが(191)、それが実現する格好になった。

そして東京での摘発劇が本丸に近づいたことで、倉富検事長は、政府の政治的決断をうながすかのように、彩票は発行停止しかないと表明した(192)。

……近来の如く上下を通じて公然売買する者あるに至りては之を黙々に附し去る能わず、遂に検挙を断行するの已むを得ざるに至りし次第なれども、左ればとて決して極端まで普及し難きものあらん、否是れ寧ろ不可能の事たるべし、要するに程度如何の問題は之を検事の取調べの結果に待たざるべからず、元来斯る問題を惹起したるも畢竟政府が彩票を発行したるに原因せるものなるが故に、根本的売買を防止せんとならば彩票発行を停止するの外なしと思惟す……

松室検事総長は、先に大阪での検挙が始まった段階で、政府へのメッセージとも受け取ることができるつぎのような発言をしていたが(193)、ここでそれが実現に向うことになった。

……さて台湾彩票の如きは、現行法上台湾住民にのみ許可し内地人には絶対的に厳禁しあるによりて、之れは同じく日本国民にありながら、一地方人には許可し他地方人には禁止するものなれば、慥に大なる矛盾なり。左ればば台湾富籤法の如きは政府において速に禁止せんことを希望してやまず、余輩の立場は法律の番人なるを以て、法律に規定ある以上は之れを処罰せざるを得ず、要するに、富籤法によりて少額の収益を得ると雖も、一方国民の弊害を醸すが如きことありては甚だ不得策と云わざるべからず、内地において富籤の売買窃に行わるるの風聞あるも、今日のところ東京にては未だ何等の事実も見えず、事実発覚の上は厳重に処罰すべし……

加藤豊の検挙に続いて、翌一六日、日本橋区駿河町三井物産、鉱山部、銀行、及び三井関係者の捜索が行われた(194)。この日の捜索は、各新聞にも大々的に報道され、社会に大きな衝撃を与えた。三井鉱山の理事高橋義雄宅への捜索ぶりは、つぎのように強圧的であった(195)。検察の意気込みが過剰に表現されていた。

……十六日の午前八時少し過ぎと思う頃、玄関先へ訪れた者があるので下婢が取次に出ると、二十余名の者が其処にズラリと並んで氏名も通ぜず来意も告げず出し抜けに下婢の手を捕えて内へ這入ってはならんと厳命した上、一行はツカツカと家内の部屋に這入って来たので家内の驚きは一通りではない真青になって震え上ったのです……宛かも国事犯人の家宅捜索のように捜索されました……

このようにして三井の重役等の捜索が行われたのを受けて、事態は一気に発行中止の政治決着に向けて動き出した。翌一七日、松田法相は、原内相を訪れて捜索の経緯を説明、三井の組合が「大仰に発売したる事実」が「発見」され、「此末何千の犯罪者を出すも知れず」、また議会でも問題として取り上げる動きがあるとして、「一時彩票発行を廃止するを得策」と進言した(196)。松田は、検察の決意が固いことを知り、事が極めて重大な局面に達していると認識、原に決断を求めた。松田からの進言を受けて、当日、原は、折から東京に滞在中の台湾総督佐久間左馬太、民政長官祝辰巳を招いて、一時律令を廃することに関して協議したが、結局佐久間は、「台湾の財入に重大の関係あるに付篤と相談すべし」とその場では判断を示さなかった。後藤新平や宮尾舜治彩票局長との「相談」が必要との判断があったのだろう。後藤は前日、東京を離れて大阪に向かっていた(197)。「財入に重大の関係」というのは、先述したように

図10　「彩票検挙事件」

彩票檢擧事件

東京勸業博覽會

写真は折から開会した東京勧業博覧会のもので彩票事件とは関係ない（『時事新報』明40・3・20）。

明治三八年の台湾の歳入は累計二五二二万九〇三六円、そのなかで主な財源は、砂糖消費税六二万円、阿片収入四四万円、郵便電信収入四三万円、鉄道収入三二万円、彩票の予定収益五〇万円は、小さくない額だった。その収益を前提として予定していた事業の中止を余儀なくされるなど、今後の財政に与える打撃は大きかった。

翌一八日午後一時半、小林検事正が司法省に赴き、松田法相と長時間協議、帰所したのは午後九時頃、その後、検事室で主任三橋検事、寺尾、三浦、泉二、牧野等らの検事も加えて「秘密会議」、退出したのが午後一一時だった(198)。松田法相と小林検事正の協議は、おそらく彩票発行中止と引換に検挙、起訴を中止するかどうか、それも焦点は三井ルートをめぐってのもの、そしておそらく小林検事正たち検事側は、検挙等の中止に反対、捜査続行、起訴の強硬意見だったが、松田が説得、小林らは、最終的にはそれを受け入れるという結論に達した。この間の新刑法の制定、成立に向けての作業の過程で松田と検察の信頼関係は築かれつつあったことが(199)、効を奏していたと思われる。

またこの一八日朝、貴族院で、原と松田が寺内陸相と会して「台湾彩票密売の処分に就き談話」した(200)。前日の夕方、松田が寺内を来訪したのを受けてのものだった。貴族院に強い影響力をもつ寺内への中止の経緯を説明、その了承を得るためだったと思われる。

司法部が、三井ルートの検挙中止を受け入れたことで、一九日、総督府（佐久間）も「他日内地に多く発売せられざる取締法を設けて再び発行」することを織り込んで中止に同意(201)、翌二〇日、「台湾彩票の発行はこれを中止す更に発行の場合には告示すべし」との総督府告示を出した(202)。このようにして攻防戦は一〇日余りで、司法部の「勝利」で決着を見た。ちなみに二〇日は第六次彩票の事前登録開始日。四月に入っても、新聞には、「第六次は突然無期限の中止となりましたが兎に角四月三〇日抽籤の第五次は頭彩十万円一本、二彩一万円が七本もありますから」四月二五日まで注文を受け付ける(203)、「一〇万円を得るは本月限り」、「法律上毫も差支なき様責任を以って御譲り申上ます」、「当籤の暁は現金に引換える」(204)といった第五次彩票販売広告が掲載された。

図11

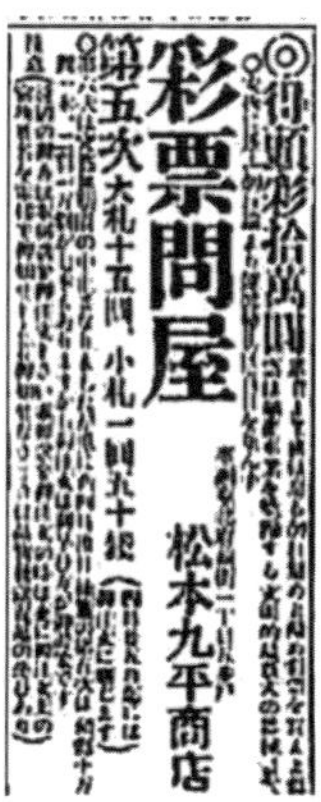


(『二六』明40・4・9)

図12

(『二六』明40・4・10)

後藤新平の伝記によれば、大阪滞在中の後藤は佐久間から中止の旨を連絡を受け、「すでに勅裁を得た律令で施行している彩票の発行の中止する理由はわからぬと」、後藤が佐久間に「抗議の電報を発し」たところ、折り返し、「内地では彩票をほとんど公然売りさばく者があり、検挙の結果、相当知名の人々が彩票を買った実証を挙げられ、事なかなかに面倒となった、司法省では台湾で発行を中止すれば、不起訴にするという意向であるというので、残念だが、中止するほかはなくなった」との連絡を受けたという(205)。ここでは、三井の名はあがっていないが、三井ルートの不起訴と引き換えの中止であったことを、説明したものだった。

司法部は、このように表面上は妥協を余儀なくされた格好だったが、この中止劇は、政治に対する「勝利」を意味した。後藤新平は、先述したように「台湾彩票問題質疑」のなかで、「一連の観察よりすれば台湾彩票発行中止の事実は一に内地司法部面感情の緩急に揶揄せらるるに似たり」と、この中止を総括していたが、司法部にとっては、結果的に「揶揄」どころかその存在の画期となる出来事になった。

この総督府の彩票の発行中止の決断にまったく影響はなかったが、帝国議会でも彩票をめぐっての動きがあった。衆議院では、一八日、山本悌二郎、丸山嵯峨一郎の二名が、他の四〇名を賛成者として、以下のような「台湾総督府の発行する彩票に関する質問書」を提出した(206)。

第一　政府は明治三十九年律令第七号の規定に基づき台湾総督府より発行する彩票を刑法上の不正に発行されたる富籤と同一視するや

第二　若し富籤と同一なりとせば先づ少くも台湾の律令に依て明治十五年布告第二十五号の適用に関し一部の制限を規定せざるべからざる筈なり然るに明治三十九年律令第七号を見るに之が明文にあること無し何故に政府は之を容認するや

第三　裁判所は台湾彩票の売買贈与に関係せりと嫌疑ある多数の内地人に対し現に犯罪嫌疑者として続々之が検挙をなしつつあり政府は此の方針を以て更に大に告発検挙を遂行せんとするか

この日の本会議で、山本悌二郎は台湾彩票に関して「内務大臣及司法大臣の弁明を求め」るとして、つぎのように政府を強く批判して、今後の取締方針を質した。まず「(明治元年一二月二三日布告、明治一五年布告二五号に規定された）一私人の不正に挙行に係るところの富籤と、政府が国家の目的を強行する必要よりして発行する彩票と云うものと、同一の刑法に当嵌めて之を処分する云うことは、吾々はちと首肯が出来兼ねる」と摘発に疑問を呈したうえで、これまで各新聞紙上にも公然売買広告が掲載され、「故に此法律思想の全然無いものは勿論のこと、法律観念のあるものでも彩票と云うものは之を買うても或は差支えないか知らぬ、と云うような考を以て」、また「台湾総督府と云う政府の機関が、之を発行して居る以上は、尚更是は差支ないものである、と云う考を以て之を取扱ったものが多数であろうと推測される」、それを今日、「政府は前には殆ど之を等閑視し、若くは一歩進んで黙許するかの如き態度を執って居って、そうして総ての多数の婦女老幼をして此彩票を買うことは敢て差支ないかの如き観念を懐かしめて置いて、今日此の如き程度にまで広まった暁に於て、俄然として之を検挙して数珠繋ぎにしようと云うことは、恰も是は騙し討に類して居るものと私は思う、国民を駆って陥穽に陥らしむると云うことは、此事であろうと私は考える」。ここでの山本の弁は、後述する各新聞の批判と軌を一にするものだった。

このように山本の質問の目的は、政府の善処、摘発の中止を求めるところにあった。山本は、後藤に迎えられて、明治三三年台湾製糖の設立に中心人物の一人として参画、常務取締役支配人に就任、台湾製糖業の発展に尽くした人物、井上馨とも近かった(207)。こういった山本と台湾のかかわりがこの日の質問の背景となっていたと思われる。

この山本、丸山の質問書に対する政府答弁は、二七日付の書面で行われた(208)。つぎのように、すでに二〇日中止が布告されていたこともあって、彩票は台湾では合法だが、内地で購買、譲受することは違法であり、「必要なる場合」には検事が検挙することもある、という型通りのものであった。

第一　台湾総督府の発行する彩票は明治三九年律令第七号に基くものにして富籤と同一視することを得ざるも右律令第七号は台湾以外に効力を有せざるを以て台湾以外の地に於て之を購買し又は譲受くるときは明治一五年布告第二五号の罪を構成す

第二　明治一五年布告第二五号は之を台湾に施行するの法規なきが故に明治三九年律令第七号を以て其適用の制限を規定するの必要なし

第三　台湾総督府の発行する彩票を台湾以外の地に於て購買し又は譲受くるは犯罪行為なるを以て既往と将来と問わず秩序維持の為め必要なる場合に於て之を検挙するは検事の有する当然の職責なり

右及答弁候也

明治四〇年三月二七日　司法大臣松田正久

内務大臣原　敬

ただ山本らの質問の第三項目に関しては、検察が、発行中止と引換にその検挙を止め、東京での全検挙者は、起訴猶予となっており、事実上、丸山が本会議で求めた検挙者への配慮は実現した。また内地での売買は違法であるという第一から第三の答弁は、台湾での彩票発行はあくまで合法であり、その点で政府の失態はない、ということの表明でもあった。なお三月一九日、高梨哲四郎が彩票局廃止建議案を衆議院に提出したが(209)、中止が布告されたことで二一日に撤回した(210)。

そしてこの廃止建議案と反対に、江間俊一、板倉中が主唱者となって、つぎのように明治一五年布告第二五号のなかに、台湾彩票を除外例として明記して国内での発売も合法化をはかろうとする「富籤売買者等処分方規則中追加法律案」を議会に提出しようとする動きもあった(211)。

明治一五年五月二三日太政官布告第二五号布告富籤売買者等処分方規則末尾に左の一条を追加す

第七条　本布告は明治三九年律令に依り台湾総督府に於て発行する彩票に限り之を適用せず

新刑法案の制定作業のなかで富籤発行を許可することも検討されていたが実現せず、また当時、東京市の公共事業、あるいは明治四五年東京で開催予定の日本博覧会などの費用捻出のための富籤発売も案としては浮上していたが、実現に向けて踏み出すことはできていなかった。こういった富籤をめぐる状態に鑑みても、この法律案が、仮に提出されていたとしても成立することは、ありえなかった。中止の時点で、台湾総督府、政府は、国内流通を防ぐ措置をとっての再発行を想定していたが、この半年間でそれを許さない力が、社会的にも政治的にも働くようになっていた。

### 摘発をめぐる新聞の批判

各新聞は、かねて彩票の黙許状態への対応を政府に求めていたが、三月九日から東京で開始された摘発劇を歓迎したわけではなかった。それどころか逆に、五ヶ月間も黙許状態を放置しておいた後で摘発するというのは、国家が人々を陥穽に陥れるもので政府の失政以外の何物でもないなどと強く批判した。そして注目すべきは、この批判が、摘発に踏み切った司法部には向かわなかったことだった。司法部は、明治三八年一一月から明治三九年四月にかけての日比谷焼打事件の河野広中らの検挙、起訴、裁判の際には、強い非難に曝されたが（後述）、今回は異なった。

決定の前後から彩票発売に強く反対していた東京日日新聞は、東京での摘発が開始されたのを受けて、一三日の社説「彩票売買の検挙」で、「彩票熱蔓延の今日、既に検挙の時期を」失したとしてつぎのように批判した。

……彼れに奨励し此れに処罰す、国家自ら良民を法網に陥るる所以に非ずして何ぞ、且夫れ政府は領土の一角に於て事実上犯罪勧奨の業を営み、之が為めに国家の得る所果たして何物ぞ、台湾における慈善衛生の資金のみ、廟社保存の財源のみ、右に罪人を造りつつ左に慈善衛生を行い、前には射倖投機の弊風を助成しつつ、後には廟社保存の不用事業を営まんとす、罪人を以て買われたる慈善は慈善に非ず、衛生は衛生に非ず、廟社の保存重んずべき乎、射倖投機の慮かるに足らざる乎、仮りに姑く慈善衛生の目的を達し得べしとするも、其の所謂慈善衛生の代償は余りに高きに失せずや、廟社保存の報償は余りに多大に失せずや……

そして彩票売買者の摘発は徒労に終わるとして、根本の解決のためにとるべき道は中止か公許かのいずれかしかない、つまり中止しかないと論じた。

また、発売前から、「公然内地にも売買せらるるに至るべし」と発行中止を訴えていた東京朝日新聞も(212)、この検挙劇に、元来政府は「道徳の定規以外に立ち、自ら悪を行い且つ之を勧むるの特権を有する」ものではないので、「根本の過失を改」めるべきだ、と求めた(213)。

……吾人国民が台湾に於て彩票を買うことは勝手次第、刑法の支配の範囲外に在りと雖も、台湾の新領土以外に於て之を買うは曲事として検挙せられ刑罰せらるる其片手打の沙汰の不正不公平両立は言うまでも無く、其発行地の何処に在るに論なく、政府自ら売りながら、その買入人が刑せらるるのも亦奇怪千万なり。吾人は初めより政府の自分免許勧悪を非とし、台湾富籤興行を非とし、且つ台湾に於て之を売出せば、彩票の内地に流入するもの必ず多く、政府自身が罪人製造の責に任ぜざるべからざることとなるべきを言いしが、今日の事は現に世人の見る所の如し……台湾富籤興行は始めより不可なり。其不可なる理由は既に事実の上に証明せらる。吾人は今に於て台湾富籤禁止の法令を発すべしと主張せざるべからず。いかに万能政府にせよ、勧悪の特権は断じて有せず。百歩を譲り、台湾人に対してのみ勧悪するを得るとしても、司法大臣は果たして彩票の本土流入を今度の如き検挙にて防遏し得るの保証を与え能うや否や。何ぞ絶対に其根本の過失を改むるに如かんや……

そして時事新報も、つぎのように第一回発売以来の黙許状態に言及し、政府の責任を追及した(214)。

……元来台湾に彩票の発売を許しながら内地に於て絶対に其輸入を禁ずるが如き事実に於て行はる可きに非ず、況や一般の空気は殆ど黙許の姿を成したる其処に一旦遽に大検挙の決行とは恰も春暖温和の季節に不意に厳寒氷雪の襲来を見たるが如し……彩票の売買の如き既に盛んに行われて内地に於て之を授受したるものは何万人の多きに及びたるやも知る可からざるのみか、当局者も明言する如く上流社会の官民中にも之を買うたるもの少なからざる今日に於て、其嫌疑者を一切検挙するが如き到底事実に行はる可きに非ず、強いて之を決行するときは徒に人心の惶慌を醸して社会の静秘を害するの結果ある可きのみ、本来台湾に於て彩票を公行しながら内地に其転売を禁ずるは無理なる沙汰にして、我輩に於ては内地の禁令の無効なるを認むるものなれども、実際に禁令の存する以上は其取締も自ら止むを得ずとするも、今日までは売買の事実を大目に看過して恰も黙許の姿を成したるに拘わらず、当局者が遽に思い出したる如く殆ど全力を挙げて大検挙に着手するが如き、殊更に犯罪の数を多くし徒に世間に不安の念を催さしむるのみにて実際に何の益する所ありや、我輩は今度の処置に付き当局者の心事の余りに軽率なるを認むるに憚らざるものなり

表面的な現象としては、この時事新報の批判の通りであった。時事新報は、中止後は、検挙者を釈放すべきだとも主張する(215)。

山県有朋系のやまと新聞は、黙許状態を容認した姿勢から、突然検挙したのは、人民をほとんど欺き、水中に投じたような、「一種の暴政」と非難した(216)。

……若し法を秉ること厳正にして、黙認また非なりとするか、然らば其の始めに於て厳格に之を取締るべし、今の政府者は彩票の第一回第二回の発行の頃には、公然彩票を鬻ぎて純粋の仲買人たらざる限り之を不問に置くの方針なりと唱え、買うもの都鄙に普く、新聞紙また相携えて之を奨励するが如くなりしも、政府者黙々として問

うことなかりき、故に朴直なる人民は、之を買うの必ずしも罪ならざるを思い、恐るる所なく憚る所なく、欲するがままに之を求めたりき、然るに今や突如法文を楯として大検挙を始め、僅かに一票半票を購えるものにも、家宅捜査を行い、婦人までも召喚訊問して以て知識なき朴直の輩を驚愕せしむ、始めは寛にして民を馴れしめ、半途俄かに之を厳にす、是れ殆ど民を欺くに斉し、民を擠して水中に投ぜしむるが如きもの也、一種の暴政にあらずして何ぞや

また中外商業新報も、彩票発行中止を受けて、つぎのように「検挙に対しては充分酌量の方法を取らんことを希望」し、「過去に対しては検挙の如き愚挙を翻然中止す」ることを求めた(217)。

……若し発行して黙許せざらんか一方には幾多無心の民を犯罪に誘致する危険あると共に他方には彩票発行の目的を達し得べからざることは初めより知れ切りたる事なり。否事実政府は黙許主義を取れり。既に第一第二回の発行に於て殆ど公然の秘密として其売買公行せるに拘らず政府は何等禁遏制迫の手段を取らざること何よりの証拠にあらずや、又台湾総督府彩票局より取次を委嘱せられたる為めに家宅捜索の厄に罹れる者さえ尠からずと云うの事実は一層適切なる証拠にあらずや、夫れ律令其物は此の如く不健全矛盾の性質を帯び政府当初の行為黙許主義をを明示し、而して台湾彩票局自ら取次を委嘱せりとまで云わるる態度をなしながら卒然として大検挙を行い一網に打尽せんとす、是政府人民を陥穽に欺き誘うものにあらずして何ぞ、是政府自ら罪悪の種子を蒔きて之を刈るものを罰せんとするにあらずして何ぞ、残忍ならざるを得ざる也、酷薄ならざるを得ざる也、民を傷う毒刃たらざるを得ざる也、余輩は今に於て此の如き不都合なる彩票の中止は当然なるを認むと共に検挙に対しては充分酌量の方法を取らんことを希望するものなり、是れ法を曲ぐるにあらずして寧ろ政府の過を軽ふする政府当然の義務たれば也……余輩は再言す台湾彩票は爾今永久廃止すべし、而して過去に対しては検挙の如き愚挙を

翻然中止すべしと

この五ヶ月間、社会に現出していた状況、経緯を的確に踏まえた論評であった。

そしてこの黙許状態に加えて、東京競馬会第一回開催の馬券が「法禁の外なりと信ずるもの多きに至」らせたのも、「富籤賭博の流行を助長したるもの」だとして、政友会系の日本も、つぎのように彩票の廃止を「切望」した(218)。

……数ヶ月法の違反者多きを知りてさらに之が処分に着手せんともせず、恰も黙許の態度を取り遂に世の昧者をして台湾彩票の売買に限り違法の事に非ずとの観念を生ぜしめ、其結果は其売買を公言して憚らざるものあるに至らしめたり。独り彩票売買の事のみならず、彼の競馬場に於ける賭博の如きも司法官の之に対する措置頗る遺憾に堪えざるものあり。現に過般池上に於ける連日の競馬会に、競走の勝敗を賭する者多く、其景況は日々の新聞紙に記載され、競馬其事よりも寧ろ賭博の盛んなりしを報ずるに非ずや、是等の事実を知悉したる世人は、競馬会場の賭博に限り法禁の外なりと信ずるもの多きに至りたり。此点よりすれば富籤賭博の流行を助長したるもの独り世人のみを深く咎むべからざるが如し……吾人は速かに台湾彩票発行の事を廃し、犯罪の由て生ずる其根源を絶滅せんことを切望するの止むなきを感ず

東京競馬会第一回開催後、馬券禁止論が高まり、馬券取締をめぐる司法、内務、馬政局、陸軍のの攻防は続いていたが、双方への批判が相乗的に勢いを増したというわけではなかった。馬券には、馬匹改良という錦の御旗があった。一方、慈善、衛生、廟社保存、台湾の財政への寄与では、彩票はその身を守ることはできなかった。

このように各新聞ともにその政治的立場を問わず、事実上黙許の方針をとって彩票の国内流通を放置しながら、突然、手のひらを返したかのように摘発したとして、強く批判した。おそらく、司法部の「独走」がなければ、政府は

少なくともあとしばらくは彩票の発行を黙認し続けたはずであった。政府が人々を陥穽に陥れたのではなく、そう見えたのは、司法部の「独走」の結果であった。その意味で、これらの論説は的を外していた。またその「独走」を政府の失政を正すものとして評価する論説もなかったが、後から振り返れば、司法部の方は、「独走」が政治を動かしたこと、そしてその威力に気付いていていた。

この各新聞の論調の紹介の最後に。台湾総督府の代弁者であった台湾日日新報は社説で、摘発劇をつぎのように批判したが、当然その批判は国内の新聞とは逆の方向で、そのまま国内流通を認めておくべきであったということだった(219)。

……発行既に数回に及び彩票局の希望せぬながらも自然の勢として第一次の発行を始め毎次発行の彩票が内地に流入せるは公然の秘密なるに、内地官憲は当初寛容主義を取りたるものの如く是れが検挙を為さず、司法省民刑局長の指令亦た之を確かめ得べきを以て内地人は黙許政策と解釈し安んじて売買を為したるに、大阪検事局は中途に至り突然起って富籤取締法を励行し多数の違犯者を検挙し、今亦た東京検事局が是れに倣いたるは陥穽を設けて国民を擠陥するに等しく国民に対する不親切の責は決して是を免かるるを得ず……

このように批判、もっといえば怒りは、検察が主導する司法部に向けられていた。先に紹介した「台湾彩票問題質疑」と相通ずるものであった。だが、ここまで見て来たようにこのような批判は例外であった。司法部の「独走」が人々を陥穽に陥れていたにもかかわらず、各新聞の批判の矛先はそこに向わなかった。明治三八年一一月から明治三九年四月にかけての日比谷焼打事件の河野広中らの検挙、起訴、裁判の際のときとは様相がまったく異なっていた。

## 再発行断念

台湾総督府は、彩票発行中止を、三月二〇日に告示したが、この時点では、総督府も政府も、禁止ではなく再発行を前提にしていた。松田法相や佐久間台湾総督と協議して中止決定に与っていた原内相も、三月一九日の日記に「台湾彩票発行中止の府令を出せり、他日内地に多く発売せられざる取締法を設けて再び発行する積なり」と記し(220)、また総督府の中止公告後の三月二五日貴族院予算委員会での曾我祐準の質問に答えて、「彩票は前途の如く台湾に於ては実に好個の一財源たり今日の如く禁令の存する内地に流入し犯罪者を生ずるが如きことなき以上は何等の弊害を見ず政府は相当取締の方法を講じ再び之を発行し当初の目的を達せんと欲す」と答弁（ただし文書）していた(221)。後藤新平も、このように再発行の可能性が残されていることで、中止を一時的なものとして承諾、先に紹介した「台湾彩票問題質疑」は、再発行の決断を促すためのものでもあったと思われる。台湾総督府民政長官祝辰巳も、四月半ばには、「台湾彩票は一時中止し将来時期を見て発行する筈であります」(222)、五月初めにも、「ともかく取締法を設くるまで中止となったのであるから完全な取締法が出来れば再び開始する積もりである」と語った(223)。これを裏付けるかのように、原と佐久間は、六月一二日、台湾統治に関して懇談したが、そのなかで彩票の再発行についてもつぎのように意見を交換していた(224)。

> 其他彩票再発行は競馬取締等に関して内地に於ても法律制定等の考あるにより、其辺の時機を見るを可とする旨を談じ、佐久間同感を表し、再発行のときは内務、司法と篤と協議すべしと云へり、佐久間は児玉の如き辣腕はなけれども誠実に其事務に当り居れり

明治三九年一二月の東京競馬会の第一回開催の馬券発売を受けて、その取締策をめぐって司法、内務、馬政局、陸軍の間で攻防が続いていたが、その一環として競馬取締等に関する法律策定の動きもあった。原はその調整にもあた

っていたが、それを踏まえ、彩票再発行の時機は、その動向をにらみながら判断してはどうかということだった。

このように台湾総督府側は、再発行を前提として政府側との調整をはかろうとしていた。これらが、再発行の動きとして、先にふれた五月の祝の談話、六月の佐久間と原の協議も含めて、その後も翌年にいたるまで度々報じられることになった。たとえば中止直後の四月、そして六月、八月だった(225)。総督府側は、八月には、再発行に関する打診を司法部に行ったようだが、司法部はもちろん再発行を認めない姿勢を崩さなかった(226)。司法部は、この頃から、政治、社会の正邪を判断する番人としての役割を果たすという姿勢を見せるようになっていたが、馬券とともに彩票（富籤）もその対象であった。

各新聞にとっても、彩票再発行は、社会的にも政治的にも、また道徳的にもあってはならないことであった。先に紹介したように、摘発劇を政府の失政と追及するとともに、将来にわたる禁止を求めていたが、再発行の情報が浮上するたびに、当然、それを強く批判した。こういった言説は、彩票（富籤）発売を許さない力として作用していった。また「国家的見地」をもつ良識の府たる存在であろうとした貴族院は、社会、風教紊乱の元凶として馬券取締、禁止に向けて政治的圧力を強めつつあったが（第8章第2節）、当然、彩票発行に関しても反対の姿勢を持ち、各派委員が七月、西園寺首相に対して再発行について「断然」、「警告」を与え、その動きを牽制した(227)。

先述したように原内相は、台湾彩票の再発行を考えていたが、それを許さない力が、社会的にも政治的にも働くようになっていた。台湾彩票発行の立役者であり、中止に強い不満をもっていた後藤新平は、明治四一年七月成立した第二次桂内閣の逓信大臣に就任するが、その閣員の間、彩票再発行の動きを見せること、少なくともそういった動きが報じられることはなかった。後藤も彩票再発行を許さない力に抗うことはできなくなっていた。またこういった力は、かねて検討されていた東京市の公共事業(228)、あるいは明治四五年開催予定だった日本大博覧会などの費用捻出のための富籤（福引券付入場券）発行も断念させた(229)。

台湾彩票をめぐる出来事、言説は、その結果として彩票（富籤）を社会的にも政治的にも許容しない力を強化した。

この力は、第二次世界大戦敗戦直前の「勝札（のちの宝くじ）」の発売決定まで(230)、冨籤発行を不可能とさせたほどの威力を後々まで発揮した。馬券黙許は、この台湾彩票より早く政府のゴーサインが出されていたが、このような彩票の発行を許さない力が働くような社会のなかに漕ぎ出していた。なお台湾彩票に関する律令廃止案が成立したのは大正五（一九一六）年一月、理由は、「時勢の変遷に伴い将来に於て彩票発行の必要を認めざるに由る」というものだった(231)。

## 4　政治、社会の番人としての検察、検察の権力化

彩票摘発は司法部の「独走」であったが、その「独走」が彩票を発行中止に追い込んだ。ここで明らかになったのは、検察が主導する司法部が、政治に対して優位に立ち、それに加えて社会の状況にも警鐘を鳴らす、そのような力をもちはじめたことであった。また検察にとっては、弱みを握り、三井に貸しを作った恰好にもなっていたはずであった。そして最も重要だったのは、司法部が、政治から自立した権力としてその権力を行使する契機になっていたことだった。司法部が、当初からこのような事態になることをあらかじめ予測して摘発に踏み切ったとは思えないが、結果的にそうなった。そして司法部は、このことに自覚的になったはずである。

馬券の取締が問題になっていた明治四一年三月松室致検事総長は、つぎのように語った(232)。

（馬券が）もし益々弊害多きに至らば、何時にても晴天霹靂大検挙をなすに到るべし、台湾彩票の一回の大検挙で一掃され終りたるは実に天下の快事にあらざるなきか……

このように司法部にとって、台湾彩票を中止に追い込んだことは成功体験になっていた。振り返れば、つい一年前

の明治三九年前半は、日比谷焼打事件の兇徒嘯聚罪で起訴した河野広中ら一一名の裁判をめぐって、検察、司法部が、弁護士会やジャーナリズム、あるいは民衆、世論の激しい批判に曝され、また政治にも翻弄されていた時期だった。

日比谷焼打事件の司法的な対処に関して警察と検察の姿勢は異なっていた(233)。警察当局、それに加えて東京衛戍側は、河野ら国民大会幹部の陰謀計画説に固執、それに対して検察当局は、焼打が偶発的なものであると判断していた。結局、戒厳司令官である東京衛戍総督佐久間左馬太、そしてそれに同意する桂内閣の圧力に屈し、警察、衛戍側の陰謀計画説のシナリオに沿った形で、検察は起訴に踏み切らざるを得なかった。その責任検事は、検事長倉富勇三郎、検事正奥宮正治。司法部は、検察権の弱さを思い知らされていた。検察が彩票発行中止に追い込んだ台湾総督が佐久間だったことは、偶然とはいえ、その時の屈辱を晴らす恰好になっていた。

また焼打事件の際、抜刀して死者まで出した警察官の警備のあり方は、違法性が高く、民衆の強い怒りの対象になっていた。検察は、関係警察官の検挙に動き、閣議の了承までとりつけて起訴にこぎつけた。ところが警視庁側はこれに激怒、検察は、予審で免訴にせざるを得なくなった。ここでも検察は、警察（警視庁）の力が検察よりも優位にあることを突きつけられた。なおこの免訴は、事実は逆であったが、検察が警察官をかばっているとの印象を与えることにもつながり、検察批判の要因の一つになった。

そして検察は、明治三九年一月の西園寺内閣誕生を機として、焼打事件の裁判開始の前に、河野らを大赦とし、事実上の免訴とする工作にとりかかった。原内相が酷評した通り、この工作は前桂内閣の企てに同意した検察の「失態を蔽はんと」するものであった(234)。だが二月中旬、検察は、西園寺内閣の圧力の前に、この大赦工作を断念させられた。ここでも検察は、政治への敗北を重ねた。

河野らの公判は二月二六日から四月一一日まで一一回行われることになったが、審理初日、被告人の一人が、取調で警察に買収されてそのシナリオに沿った虚偽の供述を行ったことを暴露した「警犬問題」が明らかとなり、起訴がデッチ上げという印象を強め、裁判、そして検察への批判の声がさらに高まった。また当時は公にはならなかったが、この裁判で検察は、警察官の証人訊問に関しては積極的に請求しない方針で臨んだが、松田正久法相、法務次官河村譲三郎の要請でその方針を転換させられていた。検察は、ここでも政治にその意思を枉げられた。

そして四月一一日河野らに無罪判決が下った。この無罪判決に、倉富検事長は控訴を考えたが、松田法相、原内相らの強い反対の前に断念を余儀なくされた。ここでもまた検察は政治に屈服した。倉富は強い不満をもったという。無罪確定を受けて、この裁判の検察の責任を追及する声は激しくなった。その標的は、検事長倉富と元検事正奥宮。なお公判開始直前（二月二四日辞令発令）に、法務省は、日比谷焼打事件起訴の責任者である奥宮を宮城控訴院検事長に転補させた。その後任は、のちに彩票事件の摘発の実務部隊の中心となる小林芳郎。

繰り返せば、元々この河野らの兇徒嘯聚罪での起訴のシナリオを描いたのは警察側であり、検察はそれには不同意であった。それでも新聞などの怒りは警察ではなく検察に向った。その要因にもなっていたのが、焼打事件直後に内務大臣、警視総監が引責辞任、さらにこの四月原内相による警視庁官制改革に伴う人事異動で焼打事件捜査の総指揮者であった警視庁第一部長が退職、部長、署長クラスの免官や転出も行われ、警察側が一定の責任をとった格好になっていたことだった。その結果、責任追及は検察に集中する形になった。新聞、そして東京弁護士会もその起訴の責任者として奥宮、倉富検事長への激しい批判を展開、執拗に辞任を求めた。六月に入ると、司法省、横田国臣大審院長は、倉富に対して退職および転任を望む姿勢を示すようになったが、七月一二日、倉富は拒否、相応の理由がないかぎり、あくまでも現在の検事長の地位に留まる覚悟であるとの自分の所信を表明。その後も倉富批判は続いたが、これで一応の決着をみた。

このように焼打事件に関しては、検察当局は、政治の介入を許し、あるいはその前に屈服し、それに加えて弁護士会、新聞等の厳しい批判に曝された。だがそれでも、検察、司法部は、このときも、単に守勢に回っているだけでなかった。

まずは馬券黙許に関して、明治三八年一二月下旬から翌年一月にかけて調整が行われていくなかで、司法部が、摘発のカードを残していたことだった（第1章第3節）。これは後から振り返れば、司法部が、黙許という政治判断に異を唱えることにつながった。そして焼打事件の裁判進行中の明治三九年三月一五日、社会党主催の東京市街電鉄の電車運賃値上げ反対運動に対する検察の取締であった。集会は日比谷公園で開催され、参会者は三〇〇余人、終了後、会社や市会に押しかけ、電車に放火した(235)。原内相は、警察力で制圧させて起訴などする必要はないと考えていたが、検察は電光石火、日本社会党の西川光二郎、吉川守圀、山口孤剣（義三）、大杉栄らを検挙、兇徒嘯集罪で起訴、原内相を驚かせた(236)。この検察の「独走」は、焼打事件以後の都市民衆騒擾的な風潮、あるいは社会主義者の活動などへの強い危機感、それに加えて西園寺内閣の社会主義者への宥和策への批判から出たものだったが、その起訴が強引だったことは、一審、二審ともに社会党員が無罪となったことに端的に示された(237)。だが明治四一年六月に起った赤旗事件の無政府主義者、共産主義者への過酷な取締、判決に示されたような状況の転換を受けて、この市電電車賃値下げ運動の主謀者たちは明治四一年六月差戻し宮城控訴院で有罪となり、七月大審院でその有罪が確定することになる。

そして「独走」して台湾彩票を中止に追い込んだことだった。さらにこの彩票事件と時を同じくして、検察は、二月から四月にかけて『平民新聞』に掲載された論稿を理由に、石川三四郎、山口義三、大杉栄らを検挙、起訴、「裁判攻め」にして、四月『平民新聞』を廃刊に追い込んだ(238)。二月西園寺内閣は社会党を結社禁止にしていたが、検察は、その政治を越えて、自らの主導で更なる司法的弾圧に踏み出した。この平民社関係の担当検事は、東京地方裁判所検事局次席検事小山松吉（後に検事総長、斎藤実内閣法相）、翌明治四一年二月にも生田葵山の小説『都会』を風俗紊乱で告発、有罪判決を獲得するなど、社会の番人、思想検事としての手腕が高く評価された(239)。明治四一年六月、先にふれた東京市街電鉄の電車運賃値下げ運動の検挙者たちが差戻しの宮城控訴院で逆転有罪判決、七月大審院でその有罪が確定、また同六月に起った赤旗事件、いってみれば街頭で単に赤旗を振るという示威行為を行ったに過ぎないものに対する過酷な取締、「現代の社会に一大害毒を流すの恐れあれば」と非常に重い量刑が下されることになるが[240]、これらもそれまでの検察主導の弾圧の延長線上にあったといってよかった。

さらに明治四一年九月の鳴尾速歩競馬会摘発事件だった[241]。七月に誕生していた第二次桂内閣は、九月中旬、馬券禁止を決定していたが、それを司法部に伝えなかった。その結果、桂内閣は馬券を放置していると司法部は危機感を抱き、政府に馬券禁止を迫るために、九月二七日、主催者たちを賭博罪で摘発するためにわざわざ開催中の競馬場に臨検、捜索にあたるという派手な摘発劇を演じた。この摘発の責任者が、四月に神戸地方裁判所検事局に検事正として転任していた小山松吉だった。この時の摘発劇に関して、司法省民刑局長であった平沼騏一郎は、A級戦犯として終身禁固の判決を受け、巣鴨拘置所に服役中の昭和二七年、つぎのように回顧した[242]。

私はその頃年も若いし、おとなしくなかったですから、兵庫県の鳴尾という所に大きな競馬場があって公々然とやっとりますのを私は神戸の検事正小山松吉に、「かまわないから、あれを差し止めてしまえ」といった。「ようがすか」、「よろしい、俺が引受けるから」、「それじゃ現行犯で引っぱつてしまいしょう」、博打は現行犯ですから……。神戸の検事正が検事と警察官を引連れて現場に行って引捕えた。それがやかましくなるのは覚悟していた。でも兎に角一度やらなくちゃ、人を馬鹿にして公然とやってるもんですから……。

この摘発劇に関する回顧には、時期を大逆事件後としたことも含めて誤りが散見されるが、少なくとも馬券禁止前後の状況を平沼はこのように記憶していた。いずれにしろこの鳴尾速歩競馬会摘発事件も、司法部が、馬券黙許という政治判断に異を唱え、禁止の政治決断を求めて、独自にその権力を行使したものだった。桂がこの司法部の動きを受けて、馬券禁止を決断したわけでは決してなかったが、司法部はそう認識した。これも政治に対する成功体験になった。この事件については、第三巻で詳細に論じる。

そして政治を越えてその権力を行使するこのような経験の蓄積の上に、明治四二年四月、代議士二二名を収賄で起訴、政治家、政党を震撼させて、「司法部として新時代を画した」日糖事件があった(243)。捜査は、民刑局長平沼騏一郎、検事総長松室致、東京地方裁判所検事正小林芳郎の下に検事局が直接あたり、主任検事は南谷知悌であった。検察が積極的に政治的疑獄に介入し、その過酷な取調は、原敬を激怒させるようなものであった。平沼は、政党の腐敗をたたくことに関しても確信犯であった。平沼が、この当時の「心境」を先の回顧録でつぎのように振り返っているなかにも、それを見ることができる(244)。

自分が考えたことを率直に述べよう……世間は段々腐って来た。勝手な事をやり出した。そこで司法部に奉職する以上は放っておけない……そして小泥棒、詐欺、博打の如きを罰しても仕方がない。実業家、官吏など威張っている悪い者をどうかせねばならぬと考えた。

実際、この日糖事件は、検察、司法部が、政治家、政党にとっても政治的脅威としての存在であることを強烈に印象づけたものになった。平沼騏一郎を中心とする検事たちが政治検察化の途をたどり、昭和戦前期「検察ファッショ」と呼ばれる存在になる第一歩だった(245)。

そして明治四三年の大逆事件だった(246)。陣頭指揮は日糖事件と同じく民刑局長平沼、その片腕が東京地裁検事正小林芳郎、ここに平民社弾圧、鳴尾競馬場摘発事件の中心的存在であった神戸地裁検事正小山松吉を平沼が特に捜査主任に招き、そこに東京地裁検事小原直（後に岡田内閣・第五次吉田内閣法相）らが加わって捜査、起訴にあたった(247)。当初、検事局も警視庁も、少数の陰謀事件として、直接関係者の検挙で終息させるはずであった。ところが平沼らは、この「陰謀事件」を利用して、社会主義、共産主義者の撲滅をめざし、幸徳秋水を首謀者とする「大逆事件」にフレームアップした。焼打事件の際の河野らの陰謀説は警察主導であったが、今回は検察主導で、幸徳ら一二名を死刑にするという「成功」を収めた。ここまで度々引用してきた平沼の回顧録を見ても、平沼には反省どころか、逆に大逆事件を仕立てあげたことに対する誇りが語られている(248)。この大逆事件に関しては、時の桂内閣の支持を受けていたが、政治主導ではなく司法部主導であったという点では、台湾彩票事件、鳴尾速歩競馬会摘発事件、日糖事件と共通していた。

このようにしてみると、台湾彩票事件、鳴尾速歩競馬会摘発事件、日糖事件、大逆事件は一連の流れのものだったと考えることができるだろう。平沼が、晩年これらすべてを回顧の対象としているのは、偶然ではなかった。またこれらの政治的事件によって、検察内部はもちろん、司法部全体を通じて平沼の地位が決定なものになった。これ以後平沼は、消極的な「司法権の独立」に代る積極的な「司法権の独立」の象徴として司法部に君臨していく(249)。

この章の最後として、これまで折にふれて参照してきた平沼の台湾彩票に関する回顧を紹介しておく(250)。

これを台湾だけでやっとれば、台湾には内地の法律が及ばんのですからよいけれど、これを台湾だけでやったんでは十分に集まらない。内地でもやらなければ財源にならん。第一芸者までも買っとりました。花柳界に出入りする人は皆知らんものはないんで芸者なんぞ、みんな買っとりました。

台湾の彩票は台湾の本元でやるんですが、買うのは内地が主なんです。これを私は司法次官（正しくは民刑局長）の時でしたが、どうも黙っておれないんです。これも亦やかましくいい始めました。

その時は後藤さんを私は知っていない。後には懇意になりましたが、まだ懇意な時代ではなかった。

後藤さんは私を罵倒しました。「これをやらなくちゃ、台湾の統治は出来ない。そんなに法律一点張りでなくて、ちったあ政策のことを考えるがよい」、そういって罵倒しました。私は「台湾の為に必要かも知れない。それなら台湾かぎりでやられるのは内地の法律は及ばんのだから、かまわないが、これを内地に輸入したんでは、競馬よりもまだ悪い。殊に花柳界に入り込んでいる。彩票ということは殆ど各階級に行き亘っているから、法律で博打を禁ずるということは殆ど有名無実で、いくら博打を打ってもお咎めがないという状態になる。台湾の発展を図るのはよいが、内地を腐敗さしては困る。」

後藤さんはああいう人だから聞きやあしない。その時松田さんも困りまして、大臣室に私を呼びまして、「花柳界に行け芸者などで買わんものはない。そんなことを君知らんのかといって、内閣で大臣に笑われた。どうもお互いにこういうことを知らんようでは困るから君花柳界にでも行くかな」とかなんとかいわれた。私は知っとったが、「そうですか」といっておきました。

それはそうと、どうしたらよいかという問題です。取次をするのは三井がやっとった。こいつを処分することになると大分事も大きくなります。彩票は最早国内一般に行われ、その元締をしとったのが三井財閥です。それですから在来のものを皆引上げて罰するということは出来ません。それで将来これを禁じようということになった。

後藤新平は怒りました。けれどいくら後藤が威張ったって、法律で禁じとりますから、そうはいかない。その後私は後藤君とは懇意になりましたが、外のこっちゃあいろいろ話しましたが、彩票のことは一言もいわなかった。その当時は非常に怒っとったんです。

彩票のことは、そんなことで片がつきました。


当時の新聞に報じられていた平沼談、またその動向からも、こういった後藤との対決があったことをうかがうことはできない。後藤は、東洋協会大阪支部総会出席、福岡の炭鉱視察などで三月一六日から二七日まで東京を離れ(251)、平沼は四月一九日、欧米での研修調査に向け東京を離れていたから(252)、三月九日東京での捜索開始前後から二〇日の彩票中止前にこのような両者の対決があったとするなら、三月一六日までのこと、あるいは中止後のことなら下旬から四月中旬までのことのことになる。ただ松田法相が、彩票発売の状況を知るために平沼に花柳界行きを勧めたエピソードが述べられていることに鑑みれば、中止前のことになる。ということで、この平沼と後藤とのやりとりは、事実としてはありえなかった。とはいえ平沼にとって、彩票事件が晩年に至るまでこのように記憶され、そして回顧するに値するものだったことは事実であった。

台湾彩票をめぐる出来事は、今では忘れ去られたものになっているが、「一事天下の耳目を蠢動し」、富籤の運命だけでなく、司法部のその後の歩みに大きな影響を与えたものだった。

# 6　各競馬会の設立

## 1　京浜競馬倶楽部

### 認可、川崎競馬場

京浜競馬倶楽部は、明治三九（一九〇六）年九月一三日、馬政局から馬券発売を黙許する社団法人として認可された(1)。その目的として謳ったのは、「産馬の事業の発達を期し内外三良種の馬匹を購入し其良否を鑑別して馬匹の改良を謀る為め競馬を挙行し兼て社交を助く」(2)。馬政局が認可した社団法人としては第一号だった。競願していた他のいくつかのグループの認可が翌年三月以降になるのを差し置いてのものだった。また併せて倶楽部に競馬場施設を貸与して高収益をあげる営利会社を併設する仕組みをとった第一号でもあった。京浜競馬倶楽部が、檜山鉄三郎他九名の名で馬政局に認可を申請したのが七月二〇日付。八月七日付で、馬政長官曾禰から認可の上申が西園寺首相宛に行われた。極めて短時間での認可上申の決定だった。

檜山は、明治二三年芝銀行を設立して頭取を務め、明治二七年第三回総選挙で東京府第二区の衆議院議員、その後台湾官吏として谷中県支庁長などを歴任、そのなかで明治三〇年六月台中県埔里社地方裁判所で強盗示唆、詐欺、恐喝取財で禁錮一年三ヶ月の判決を受けた(3)。台湾からもどった後の足跡は不詳だが、加納久宜に才覚を見込まれ、日本体育会の事務を手伝い(4)、東京競馬会の設立にも参画した(5)。安田伊左衛門は、のちに、檜山は「非常に江戸っ子気性の快活な而も鋭敏な性質の人であった」と記している(6)。だが檜山は、東京競馬会の運営方針に不満をもち、同会を辞職して、「日本人の有志及び外国人の有志等を説き廻って」京浜競馬倶楽部、日本馬匹改良会社の設立計画を進めた(7)。雨宮敬次郎が主宰する財界人の集まりである八日会で競馬事業が将来性のあることを熱心に主唱していたという(8)。檜山の他の申請者九名は木村重太郎、牧野暎次郎、佐久間福太郎、鈴木久次郎、徳田正蔵、臼井儀兵衛、井上角五郎、平沼延次郎、A・L・プッフィエ、倶楽部は、認可を受けて、九月二二日付でこの一〇名を理事として、事務所が芝区芝口河岸一六番地におかれていたので、東京区裁判所に法人登記した(9)。認可申請も東京府を通じて行われていた。この九名のなかで、当初、檜山とともに中心人物だったのが、木村重太郎(10)。先にも紹介したように横浜の大商人木村利右衛門の長男で実業家、日本レース倶楽部の馬主、代表馬カチドキ、佐久間、臼井、平沼らと各地の競馬会、営利会社の設立に動く投資グループを形成することになるが、そのはじまりがこの川崎であった。牧野は、先にも紹介したように横浜のヒギンズボサム商会主、日本レース倶楽部の有力馬主、仮定名称カナガワ、この京浜競馬倶楽部の他に東京ジョッケー倶楽部理事も務める(11)。徳田は、横浜のアスファルト商会重役、ちなみに明治四三年一月、のちに「真白き富士の嶺」で広く知られることになる逗子開成中学生徒の海難事故で遭難した徳田勝治、逸三らの父であった(12)。佐久間福太郎は、日清紡績専務取締役(13)、仮定名称コットン、熱心な馬主でイスズ(後のメルボルン二世)の最初の馬主であった。鈴木久次郎は、千葉県郡部選出衆議院議員、憲政本党、実業家(14)、のちに明治四一年一〇月からの馬券禁止反対運動の京浜競馬倶楽部の代表として活動することになる。井上は、広島県郡部選出の衆議院議員、第一回総選挙から一四回連続当選するとともに様々な企業に関与、実業家としても名をなしていた(15)。この川崎の他にも札幌の競馬会、総武競馬会の創立に関与するなど競馬事業への意欲をもっていた(16)。臼井は、浦賀銀行と浦賀ドック重役、株式投資でもその名を知られていたが、翌年一月の株式暴落を受け五月に破産する(17)。平沼延次郎は、先にも紹介したが、慶応元年生まれ、慶応義塾卒業後、アメリカへ留学、帰国後、横浜の大実業家平沼専造の長女の婿養子となり、平沼銀行取締役、横浜四品取引所の理事などの地位にあったが、明治四〇年一月の株式のバブルの崩壊で同年四月九州の耶馬渓で自殺、社会に大きな衝撃を与えた(18)。平沼八太郎とともに日本レース倶楽部の馬主、共同の仮定名称はアレキサンダーだった。プッフィエは牧野経営のヒギンボスサム商会員、おそらく幕末に幕府に招聘されたフランス軍事顧問団の一人として来日、榎本軍の一員として函館戦争を戦い、その後、兵学寮に雇われたフランソワ・プッフィエの息子だったと思われる(19)。なお認可時点での西洋人の理事はブッフィエ一人であったが、次第に増加し、過半数を超えることになる。

馬政局は、八月の時点では、まだ認可の申請手続、認可基準を明らかにしておらず、先にふれた七日の曾禰長官の上申は、その意味でも異例であった。馬政局は、認可基準の未制定の不備に対して、京浜競馬倶楽部の認可にあわせるかのように、八月一五日付で、認可の申請手続法を首相宛に上申、八月二八日法制局はその草案を「相当の儀と思考」、それを受け九月一二日付の閣令第七号「馬政局の主管に属する社団又は財団にして民法第三四条の規定に依り法人として設立するの許可を得んとする者は其の主たる事務所所在地の地方長官を経由して内閣総理大臣に申請すべし」の布告になった(20)。この布告前日の一一日付で京浜競馬倶楽部の認可決定を西園寺首相から曾禰長官へ通知、そして一二日の閣令布告をまって、翌一三日付で馬政局は認可を倶楽部に通知した。明らかに特別扱いであった。先にふれたように京浜競馬倶楽部と同じ時期に競願していた他のグループの認可は、半年後の翌年三月のことになる。この経緯は、檜山らが馬政局に特別扱いの認可を行わせる「政治力」を持ち合わせていたことを明らかにしていた。

競馬場は、川崎町久根崎、現在の川崎競馬場（川崎市川崎区富士見町）を含む一帯に位置していた。総面積約九万坪、コースは平坦の一周一マイル、幅員一八間（約三六メートル）、右回り、馬場は赤土に細砂を固めたもの、芝生化（高麗芝）を行うとの計画もあったが、実現はしなかった(21)。馬場の内側に幅員八間（約一八メートル）の調教コースを設けてい

図1

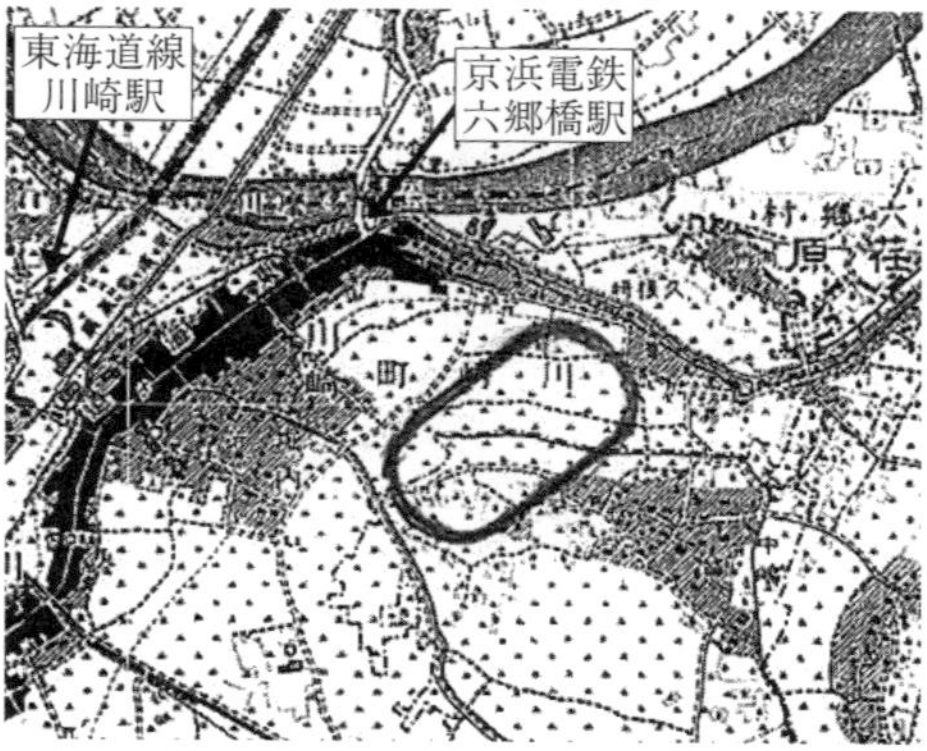


（「1/20000「川崎」明治39年測図41年製版」「今昔マップ on the web」より立川がコースを推定して作図）

図2　現在の川崎競馬場

（「今昔マップ on the web」より）

た。現・川崎競馬場の一周一二〇〇メートル、幅員二五メートル、総面積約五万三〇〇〇坪よりもはるかに大きかった。現在のコースがほぼ多摩川に平行して東西に長い楕円形であるのに対して、当時のものはこれを北東に回転させ、直線及び向う正面を長くし、コーナーも緩やかな一周一マイルのコースで、現在の競馬場敷地に加えて川崎市体育館、富士見公園テニスコートの半分を含んでいた。

川崎競馬場には、横浜口と東京口という二つの入口があったが、その横浜口は現在の川崎競馬場の一コーナーと二コーナーの中間地点、東京口はパドック附近に位置していた。新橋、横浜方面から東海道線で川崎駅にやって来た人たちは、川崎駅を出て現在の川崎府中線の京急川崎駅入口の交差点から京急川崎駅方向に進み、当時の京浜電鉄川崎駅前にあった踏切をわたって旧東海道に出る、そこを左に六郷橋方面に進み、旧川崎宿字下新宿の田中本陣跡そばの現在の本町一丁目の信号地点から競馬場まで新たに開かれた道を約二〇〇メートル進んだところが横浜口。現在、この新道は、第一京浜で分断されているが、かつての競馬場側の入口までの道は富士見町九丁目と十丁目の間の道路として残っている。品川方面から京浜電鉄でやってきた人々の最寄駅は六郷橋駅（現・川崎区旭町一丁目三番地附近）。

図3　「川崎競馬場側面（4コーナー）」

（『競馬大鑑』）

図4　「第二号館」

（『競馬大鑑』）

こちらも旧東海道と現在の第一京浜の高架が交差する辺りから旭町一丁目を横切る形で東京口までの約一五〇メートルの新たな道が開かれた。なお現在、この道は消滅している。ちなみに下新宿から横浜口までの新道は、大正期、新宿馬券場横丁と呼ばれる繁華街になった。この馬券場横丁については、大正七年につぎのような紹介がある(22)。

……夜の街川崎の賑いは先ず新宿馬券場横丁の付近を第一に推さねばなるまい、そこに寄席あり活動あり、夜店も張れば飲食店も出る、冬はおでん燗酒の香高ければ、夏は風鈴の音に金魚の影も涼しく浮ぶ、川崎の馬券場横丁は将に横浜で伊勢佐木町通りの格である……

図5　「京浜競馬倶楽部の第二号館」

（『競馬世界』第3号、明41・1・15）

当時の伊勢佐木町は、日本有数の歓楽街だった。なお馬券場は、馬見所の馬見が誤って馬券となったのであろう。

競馬場用地の整備工事は明治四〇年三月にほぼ済んでいたが、訴訟沙汰を含んだ内紛でスタンドの着工は遅れ、一年以内に施設を整備しなければ、認可取消の可能性もあったことで、七月の第一回開催にあわせて、まず第二号館が建設された(23)。

図6　「川崎競馬場貴賓館（第一号館）」

（『馬匹世界』第7号、明41・5・15）

図7　「京浜競馬倶楽部競馬場（川崎）」

（『東京競馬会及東京競馬倶楽部史』第1巻）

第二号館は、長さ五〇間（約九〇メートル）、奥行二二間（約三八メートル）、高さ九間（約一六メートル）、建坪一〇〇〇余坪、屋根は「マルソイド葺」、「床上端までは二五尺（約七・六メートル）、梁上端迄は五三尺（約一六・一メートル）の高楼」、「軒下の前面には地盤より床上に掛て幅五間（約九メートル）三五段の木製階段を七箇所に設え階段と階段との間は内部馬見所への通路」とし、階段を昇ったところに七段の観覧席を設置した。いずれの段からも馬場の全部が一望の下に見渡せた。収容人員一万人。馬券売場はその階下で、四〇間（約七二メートル）、五間（約九メートル）、根岸や池上より広かったが、外からはその内部が見えないようになっていた。池上競馬場がそうであったように、馬券熱への対応策として、悪所は外から見えないように遮蔽する措置であった。厩舎は、馬見所裏の七〇〇坪に約一八〇頭収容の五棟を建てた。

第一号館の竣工は明治四一年三月(24)。根岸競馬場の英国風に対して、一、二号館ともにアメリカ風を意識したものだった。一号館は、敷地二四七坪、二四間（約四三・六メートル）の三階建（洋風スタンド）、三階には玉座の設備、皇族席の他に貴賓、馬政官、理事、役員等の各席、二階には会員及び招待員席、階下には検量室、事務室、化粧室、食堂、玉突場を備え、建築費七万円以上、装飾費に一万円以上をかけた。この第一号館のドレスコードは洋服又は羽織袴だった。この第一号館の後ろに救護室と騎手控室を別設した。

スタンドからの眺望は、第一、第二号館ともに、神奈川沖の海面、遠くに大山、富士山、秩父連峰も眺められるなどすばらしいものだった(25)。また中央より少し左方に元稲荷の祠趾の丘上には「樹容面白き二株の老松ありて風致を添え」ていた(26)。開催時には、川崎町方面からの横浜口には大緑門（アーチ）が設置され、そこから競馬場の正門までは旗が翻り、競馬場に入場すると、服装を一定した各等の守衛が待ち受け、第一号館が完成して迎えた明治四一年春季開催の際には、一等と二等は厳格に分けられ、場内の静粛、秩序は整然としていて、「模範的競馬の実をあげ、馬匹の趣味と紳士の娯楽を遺憾なく玩味」できて、根岸競馬場以上のものだったという(27)。

## 日本馬匹改良株式会社

川崎に競馬場を設置して競馬倶楽部を結成しようとする動きが、表面化したのは明治三九（一九〇六）年六月(28)。東京競馬会が農商務省から設置の認可を受けたのは四月二四日、その発会の披露会が五月一六日、また池上競馬場建設に着工したのが六月二日だったので、それと並行する格好で、檜山鉄三郎らは準備を進めていた。そして檜山らはあわせて、用地を買収、施設を建設して、倶楽部に貸与することを目的とする日本馬匹改良株式会社の設立も準備した(29)。馬政局が馬券黙許を認可する競馬会は、利潤をあげることを目的としない社団法人であることが必須の条件、つまり倶楽部だけでは、経済的収益をあげることはできなかった。そこで競馬場などの施設を建設、所有する会社（以下、「営利会社」と記す）を設立し、倶楽部にその施設を高額の賃貸料で貸与するなどして収益をあげる方式を編み出した。馬券黙許時代に開催を行った一四の競馬会の内、横浜の日本レース倶楽部、東京競馬会、明治三三年段階で社団法人化されていた函館競馬会、売上の小さい宮崎競馬会以外の一〇の競馬会は、こういった営利会社を併設した。この方式を最初にとったのが、川崎の京浜競馬倶楽部と日本馬匹改良株式会社。双方の中心人物は檜山鉄三郎、木村重太郎であった。安田伊左衛門の回想によれば、東京競馬会でも、こういった営利会社を設立しようとする計画が、檜山鉄三郎と藤波言忠、園田実徳らの手によって進められていたが、安田らが、この動きを阻止したという(30)。檜山は、このような運営、経営方針をめぐって加納や安田と対立を生じて同会を去り、木村とともに京浜競馬倶楽部の設立に動いた(31)。六月一八日、日本レース倶楽部は常議委員会で、折から、認可に向けて動きはじめていた京浜競馬倶楽部を賭博本位であるとして警戒、東京競馬会に協力して対処することを求めた(32)。営利会社を併設する計画をもち、実際にも会社は高い収益をあげることになるが、京浜競馬倶楽部は、日本レース倶楽部を意識しながら、競馬界に貢献する新たな試みを実現していくことになるから、この警戒が必ずしも的を得ていたとはいえなかった。

時期は不詳だが、おそらく営利会社の立ち上げの段階で、檜山と木村は、「会社の体面を装い且つ盛運を図るうえにおいて外国人を株主と為すの必要を認め」、権利株一六〇〇株を提供して牧野暎次郎に協力を要請した(33)。値上げ確実の権利株は、横浜在住の西洋人への倶楽部入会の有力な勧誘手段であった。牧野は、繰り返せば、横浜の貿易商、ヒギンボサム商会主。父が英国人であったことで英語も堪能、日本レース倶楽部の有力な馬主であった。牧野は、権利株の多くを徳田正蔵、瓜生留吉、あるいはA・L・プッフィエ等に分与(34)、西洋人の株主は三〇余人にとどまった(35)。牧野の弁によれば、日本レース倶楽部、東京競馬会による京浜競馬倶楽部が営利目的との非難もあって、株主となることに同意してくれる横浜在住の西洋人が少なかったための措置だったという(36)。

会社はこの一方で、競馬場用地として川崎町及び田島村大字中島にわたる五万坪の田畑の買収に向けての交渉を六月頃から始めた(37)。買収の責任者となったのは木村重太郎。木村は懇意の川崎の土木請負業者保田末吉に相談、保田は、川崎の有力者である田中亀之助、根本助右衛門に斡旋を依頼した。木村と檜山は、買収の報酬として、川崎町側へ営利会社の権利株五〇〇株を譲与すること、また木村は保田に競馬場工事を請け負わせることを約束。田中と根本らは、地主三六人と交渉に入った。

田中は、旅館業、京浜電気鉄道取締役(38)。京浜電気鉄道の前身は明治三〇年設立の大師電気鉄道、そのまた前身は明治二九年発起の川崎電気鉄道、田中はその二つの会社の発起人のそれぞれ二七名、一三名のなかで唯一の川崎在住者だった。田中は、明治四一年五月の衆議院選挙神奈川県郡部で初当選、政友会所属、一期四年務めた。田中は馬主にもなったが、その代表馬はゴウン。根本は町長、川崎町で所有面積第一の地主であった(39)。

地主は、時価一反二〇〇円内外に対して三〇〇円以上を要求、これに田中や根本らは二四〇円以上を提示したが交渉は難航、また小作人とも折り合わなかった。田中や根本らは、その説得の一環として七月一日には、京浜電鉄川崎駅近く旧東海道沿いの宗三寺で演説会を開き、一回の開催で少なくとも一万五〇〇〇円の利益、年六回で九万円になるとし、「地主は土地繁栄の為に此際安くとも地所を売るが当然にて、高く売付けんとするは大間違いなりと説」いたという(40)。かつての川崎宿は、東海道線、京浜電鉄の開通で、旧東海道の宿場としての役割は終わり、また東京近郊からの川崎大師への参拝客も日帰りとなって衰退していた(41)。明治三九年には横浜製糖（後の明治製菓）、明治四一年には東京電気（後の東芝）が東海道線川崎駅前に、また明治四二年には競馬場近くの多摩川沿いに日米蓄音機（後の日本コロンビア）が設置されたが、川崎に工場が林立するようになるのは大正時代に入ってからであった(42)。旧東海道筋を除けば、当時の川崎町は、まだ田圃や畑が一面にひろがる「農村」に過ぎなかった。したがって競馬場誘致は、川崎町、そして町の有力者たちにとって、地域振興、活性策として魅力的であった。結局、田中や根本らの地主や農民、小作民への説得が功を奏した格好で、九月までには用地の買収、借地にほぼ目途がついた。馬券禁止後、廃場となった競馬場の後始末が町の負担として重くのしかかったが、確かに競馬は、短期間とはいえ町の振興策になった。

ところが買収、借地の目途が立ったところで、その後、どの時点かは不詳だが、買収交渉の成功報酬であるはずの川崎町側へ譲与する権利株五〇〇株が確保されていないことが判明した(43)。希望者に募集分六〇〇〇株全部を割り当ててしまっていたという。当然、田中らからの抗議、譲与の請求を受けたが、この対応をめぐって、木村と檜山の対立になった。木村は増資しての譲与、檜山は株の代金として五〇〇〇円の交付を主張、両者は譲らなかった。一株五〇円の内の一二円五〇銭を払込んだ権利株の譲与となると総額六二五〇円（額面二万五〇〇〇円）、残りの権利株は値上り確実で購入希望者も多く完売が見込まれた。一方五〇〇〇円の交付となれば譲与分の権利株総額より一二五〇円「安上がり」であった。この両者の対立に、牧野らは檜山に与した。その結果、檜山は、会社のなかで多数派になり、その主導権を握ることになった。これを受けて木村は折衝から手を引いた。檜山は田中と談判、だが田中は、檜山の提案に「頑として」「応ぜず」、結局、一〇〇〇株を増資して、その半分の五〇〇株を田中を通して川崎町側へ譲与、残部を株主に割り当てるという、木村の主張したものに近い方式をとることになった。また檜山は、木村と保田との工事請負の約束を反故にして、自らと関係のある鈴木組に請け負わせようとしたが、これに、保田は木村を詰問、木村は檜山と強硬な談判に及び、その結果、妥協策として入札法をとることになった。落札したのは橋本組、保田は橋本組の下請けとなることで一件落着。橋本組は、橋本忠次郎が代表の築地本願寺前に組を構える土木請負業だったが(44)、かねて保田と関係があったようである。橋本は、京浜競馬倶楽部の抽籤豪州産馬の馬主ともなる。なお当時の常として保田は侠客であったと思われる。だがその経緯は不詳だが、実際に工事を請け負ったのは、保土ヶ谷の侠客半鐘兼こと三谷組の堀井兼吉(45)。半鐘兼は、「東海道筋に其勢力及ぶものなき」大親分であり(46)、自らの縄張りとして川崎競馬場内の警備にもあたることになる(47)。

こうして、檜山が主導権を握ったところで、一一月一三日、日本馬匹改良株式会社（以下、「日本馬匹」と記す）は創立総会を開いた(48)。日本馬匹は、その目的として「欧米各国より駿馬を輸入し其発達蕃殖を計ると、川崎に競馬会を設置して馬術の進歩を計る」ことを謳った。一三日当日に選出された取締役は平沼延次郎、檜山鉄三郎、鈴木久次郎、木村重太郎、臼井儀平衛、佐久間福太郎、牧野暎次郎、木村新之助、徳田正蔵、A・L・プッフィエの一〇名、監査役は佐々木文一、瓜生留吉の二名、檜山が専務取締役に就任した。認可時の倶楽部の理事との異同は、井上角五郎の代わりに木村新之助が入り、他の九人は同一であった。木村新之助は帽子商(49)、監査役の佐々木文一は弁護士、実業家、翌明治四一年総選挙で岐阜県郡部で初当選、政友会所属(50)、瓜生はヒギンボサム商会員。牧野、徳田、プッフィエ、瓜生の四人が入っているのは、先に述べた牧野の権利株の分与の結果だった。京浜競馬倶楽部では、役員の半数を横浜在住の西洋人が占めることになるが、日本馬匹の役員はプッフィエを除いて日本人。会社の意志決定を容易にするためであった。社長には、どの時点かは不詳だが、平沼延次郎が就任した。日本馬匹の当初の資本金は三〇万円、一株五〇円、明治四〇年三月二〇日までに四回に分けて払い込むもので、初回の一二円五〇銭を払い込んだ権利株は、一一月段階で六〇余円の値をつけた。また明治四〇年七月第一回開催後には、一株に付一株半の割り当てがあり(51)、明治四〇年三月一日〜八月三一日の半期決算では、収益二万八九四六円七五銭を計上、年一割五分（七円五〇銭）の配当を行い、役員には特別金も支給されることになる(52)。

木村は、檜山から主導権を奪うために巻き返しに出た。「数に於て勝算覚束なきより一策を案出し」、一二月には、競馬場用地として買収、借地契約を結ぶことになっていた土地の一部を自分に近い人間に買収させ、その土地の工事を阻止した(53)。「馬場の要衝」、競馬場としては重要な個所だったという。工事に支障を来したことで日本馬匹は、一月に契約履行の訴訟を提起、これに地主は三月一一日、日本馬匹の工事差し止めの仮処分を裁判所に申請、それが認められた。一二月以降、地均し工事が進められていたが、この対立で、問題の土地に手をつけられず、また馬見所建設も未着工、当初、めざされていた三月開催は不可能になった(54)。会社側の弁護士は示談を申し込み、これに木村側の弁護士は、重役の改選を行えば、買収した土地を無償で会社に提供するとの条件を提示した。木村側の弁護士は、磯部四郎他三名。磯部は、この後、京浜競馬倶楽部の法律顧問に就任する(55)。磯部は、当時、東京弁護士会会長、元大審院判事、検事、明治三五年八月から明治四一年五月まで東京市選出、政友会の衆議院議員(56)。磯部は、馬券禁止後の明治四一年一〇月一六日、錦輝館で開催された全国馬事関係者大会で、「偶感」と題して馬券は決して賭博と見做すことはできない、欧米にならって特別法を設けて競馬を盛んに挙行すべきである、という「痛快の弁」を論じ(57)、以後、大正一二年三月競馬法案が制定されるまで馬券復活に終始一貫して尽力、安田伊左衛門はその磯部の功績を讃えることになる(58)。そのはじまりがこの弁護人就任だった。磯部は、総武競馬会の営利会社武総牧場株式会社監査役ともなる(59)。

だが日本馬匹側は応じなかった。そして、「会社よりは仮処分取消及び登記秣消の訴訟を当区裁判所に提起」したが、四月一日敗訴の判決があった(60)。木村は、かねて計画の資本金の三〇万円から一〇〇万円への引き上げに際して、その増資分の新株一万四〇〇〇株の内の五〇〇〇株を木村側に割譲すれば示談に応じる、とその要求を変えた

図８　「東北馬匹改良株式会社株式募集広告」

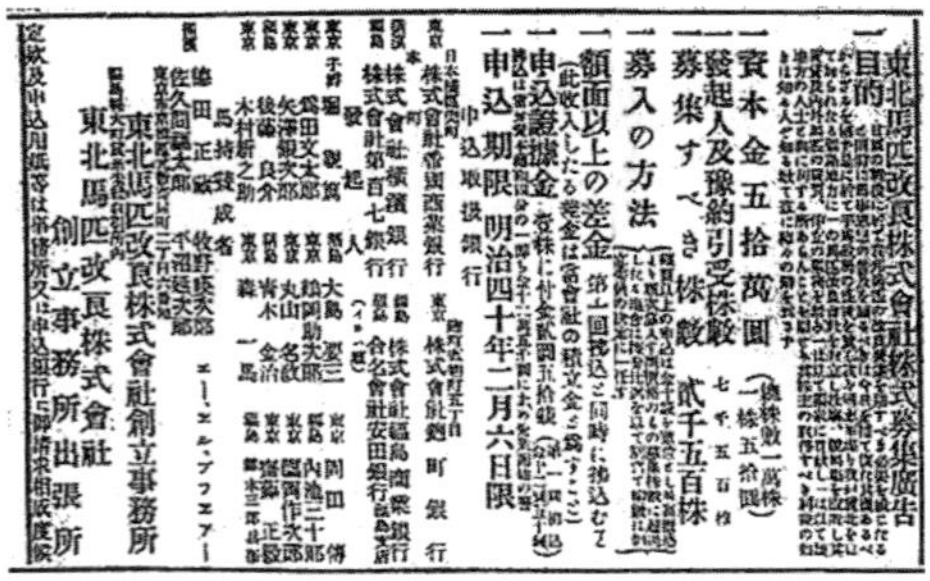
東北馬匹改良株式會社株式募集廣告

一目的

一資本金五拾萬圓（總株數一萬株 一株五拾圓）

一發起人及豫約引受株數　七千五百株

一募集すべき株數　貳千五百株

一募入の方法

一額面以上の差金

一申込證據金

一申込期限　明治四十年二月六日限

申込取扱銀行

東北馬匹改良株式會社創立事務所

東北馬匹改良株式會社創立事務所出張所

（『報知』明40・1・27）

が、交渉はまとまらなかった(61)。日本馬匹側は上訴したが、四月二三日、再び敗訴(62)、木村が有利に立った。この間の三月一五日、前年一二月一〇日競馬会の認可基準を定めた閣令第一〇号の追加条項として「競馬開催を目的とする法人が設立の許可を得たる日より満一ヶ年内に設備を完成せざるときは主務官庁は設立の許可を取消すことあるべし」という閣令二号が布告・施行された(63)。したがって、こういった対立を続けていれば、認可そのものが取り消される可能性が生じた。土地問題、内部対立をおさめ、馬見所建設、そして開催を急がなければならなかった(64)。

そしてこの「外圧」もあって、五月に入り、ようやく妥協がなった(65)。その条件は、木村側が無償で競馬場用地の一部を会社に寄付する、会社は一万四〇〇〇株を増資、資本金一〇〇万円としてその内から四〇〇〇株を木村側に割譲する、取締役檜山とプッフィエを退陣させ、その代わりに大河内輝剛、槙田吉一郎、新井清太郎を就任させるというものだった。大河内は、群馬県高崎市選出の元衆議院議員、歌舞伎座社長(66)。槙田は、先に紹介したように山梨の素封家、有力な馬主、後に東京ジョッケー倶楽部理事。新井は、横浜の外国商館勤務を経て、明治二〇年頃、天産物輸出商店を開業、当初百合根の輸出で成功し、その後マニラ麻の輸入、マニラ麻真田や麦稈真田や雑貨雑穀類の輸出と事業を拡大していった(67)。新井商店の登録商標の一つは、蹄鉄の中にSが入ったものであった(68)。新井は、馬主として大正二（一九一三）年にその名を出すようになり、大正五年秋、大正六年春の東京競馬倶楽部の帝室御賞典、また大正六年の日本レース倶楽部の春秋開催のエンペラーズ・カップを獲得するなど活躍馬を所有することになる(69)。なお前社長平沼延次郎は、繰り返せば株価暴落の損失を受けて、これより先の四月自殺していた。五月一六日、臨時株主総会で、これまでの経緯及びこの増資、木村側への株式割譲、また大河内輝剛の社長就任を承認した。この六ヶ月以上に及ぶ対立は、いってみれば予測される大きな収益をどちらかが握るかという権力闘争だった。そしてそれに木村が勝ち、檜山は姿を消すことになった。倶楽部は、迅速に認可されたが、この内部対立によって建設工事も遅れ、その利点を活かしての早期の開催を行うことはできなかった。なお京浜競馬倶楽部、日本馬匹の中心的存在であった佐久間福太郎、木村重太郎、木村新之助、牧野暎次郎、プッフィエらは、福島県あるいは中国の牛荘などの競馬会社設立計画にも登場(70)、当時数々存在していたいわば競馬投資グループの一つを形成した。

### 第一回開催に向けて

このような日本馬匹の主導権をめぐる対立はあったが、その一方で、倶楽部は開催に向けての体制、日本レース倶楽部や東京競馬会にはない新機軸を打ち出す準備を進めていた。明治四〇年五月一六日の日本馬匹の臨時総会に先立ち、六日、倶楽部の臨時総会を開いた(71)。この日、選出された理事は、J・デケア・コグリン（エンゲルト・デケアス・バディ商会、為替ブローカー）、A・R・カット（ストラチャン商会）、M・J・デイエット（不詳）、B・ルンゲ（ルンゲ・トーマス商会）、A・エルテッド（露亜銀行）、B・C・T・グレー（ジャパン・ノースチャイナ保険会社）、目賀田万喜（宮内省御厩課調馬師、鹿鳴館時代の競馬で騎手として活躍）、槇田吉一郎、D・マーシャル（エージェント）、R・J・ウォード（元お雇い鉄道技師、明治一〇年代から競走馬の調教に手腕）、田村茂馬（実業家）、一七日付で東京区裁判所に登記された。このように横浜在住の西洋人たちが一二名中八名を占めた。この時点での会員数は一六〇名、西洋人と日本人の割合は二対一だったという。倶楽部は、会社と異なり、西洋人たちの存在が大きかった。当初理事として二〇名がリストにあがっていた

図9 「牛荘競馬会株式募集広告」

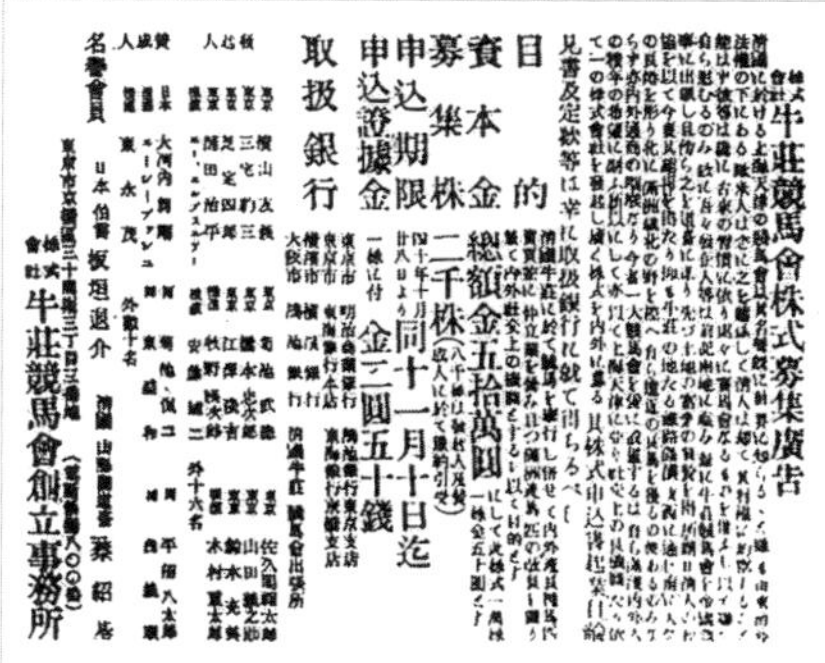


顧問として板垣退助の名もある（『東京朝日』明40・10・31）。

が、日本レース倶楽部の中心的存在だったS・アイザックス（商社経営）とF・H・バグバード（ジャーディン・マセソン商会）などが辞退した。

一三日、役員会を開き、副会頭にコグリン、常務理事にグレー、エルテッド、ダイエット、カット、牧野暎次郎、槇田吉一郎、ウォードを互選した(72)。なお牧野は、六日には名があがっていなかったが、この日理事に就任した。副会頭のコグリンは、先にも紹介したように、フランス生まれ、陸軍士官となり、後にフランス領トンキン（ハノイ）で一〇年にわたり新聞社の社長・主筆を務め、明治二九（一八九六）年に来日して横浜に在住していた。倶楽部の運営にあたったのは、この日選出された常務理事からなる常任委員会、委員長にはグレー、馬場取締にはウォード、あとの五名が委員、書記会計にA・L・モッチュ（モッチュ・バーモント商会）が就任した。この段階で、会頭には板垣退助を推挙することに合意、第一回開催直前、板垣は就任を承諾することになる。

そしてこのように会社、倶楽部の体制が確立したことで、この時点で、七月一三日（土）、一四日（日）、二〇日（土）、二一日（日）の四日間の第一回開催を決定した(73)。認可後一年まで残すところ二ヶ月だった。番組表を公表(74)、出場馬匹の制裁、馬主の責任、騎手の権利、賞金、ハンデ等からなる九六条の規則を制定、記載のない事項に関しては現在でも世界基準であるニューマーケット・ルールを適用するとした(75)。ちなみに倶楽部はニューマーケットのジョッキークラブに私淑していることを謳った(76)。入場券の裏面には、日本レース倶楽部にならって、「この券持参者は本会の規則を御承知する者と認む」と和英両文で印刷されていた(77)。

倶楽部は、当初から豪州産牝馬の導入に力を入れる方針をとり、前年九月の認可を受けて即座にその輸入に向け動いた(78)。第一回開催に向けての豪州産牝馬四〇頭が横浜に到着したのは四月二〇日、五月一三日六頭を抽籤して会員に無料配布、残りを会員に抽籤、売却した(79)。なお東京競馬会が抽籤豪州産牝馬を導入するのは明治四〇年秋季開催からだった。

そして京浜競馬倶楽部は、「日本の模範馬場たらんとの抱負」(80)から日本レース倶楽部と東京競馬会では行われていないいくつかの新機軸を打ち出した。京浜競馬倶楽部を主導した人たちは、その内部に対立をかかえてはいたが、日本レース倶楽部や東京競馬会を凌駕し、日本の競馬界のニューリーダーをめざすことでは一致していた。

まずバリアー式のスターティング・ゲートの導入だった[81]。根岸や池上のスタートは、スターターが、出走各馬の呼吸を整わせ、適切な瞬間を見計らって旗を振り降ろして切る方式だった。したがって、スタートを切るまでに時間を要し、また何回も繰り返される場合が多く、一斉にそろってのスタートはほとんどなく、その有利、不利が大きかった。また特定の馬主、騎手に有利になるように「不正」にスタートが切られるケースもあったので、スタートをめぐっては、馬主、騎手、また馬券を買った観客の間にも、不満が強かった。川崎のゲートの導入は、こういったことの是正を目的としたものだったが、第一回開催では、不慣れなこともあってその意図が理解されず、「生き物を機械視したのは誤り」といった悪評にさらされた[82]。確かに、馬や騎手がバリアーに引っかかるなどの事故、またいくつかのレースでは、本命馬が後ろを向いているとき、あるいはバリアーから離れているときにスタートが切られることも起こった。だが全体的に見れば、ゲートの導入はスタートの改善に効果をあげた[83]。スタートまでの時間が短縮され、また馬の出遅れもかなり減った。騎手がスターターの旗を注視するより、目前のゲートが上がる方が、呼吸を合わせやすかったからである。またそれまで、外枠が不利で内枠が断然有利だったものが、ゲートの導入で随分解消されてもいた。このような利点があることが誰の目にも明らかだったので、明治四〇年秋季開催から根岸や池上、そしてその他の競馬会も川崎に続くことになる[84]。

図10

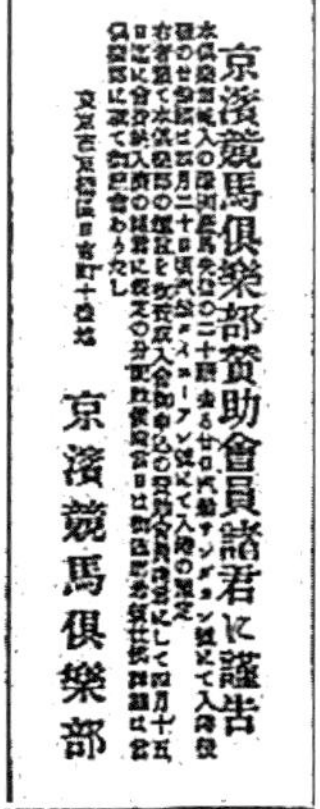

京濱競馬倶樂部賛助會員諸君に謹告

[illegible]

京濱競馬倶樂部

豪州産馬の到着、抽籤分配を伝える京浜競馬倶楽部の広告(『東京朝日』明40・4・7)。

ついで見張り台、今でいうパトロール・タワーの導入だった[85]。一から二コーナーの間、向こう正面、三から四コーナーの間と三つ設置された。またゴールまでの正面は第二号館から監視した。騎手の違反、不正行為の除去を謳って、レース毎に持馬の出走しない馬主から二人を選び、また倶楽部が適当と認めた場合には一等の観客のなかから指名してその任を託した。第二回開催からは騎手が故意に手綱を控えて勝ちを他馬に譲る行為、あるいは斜行などの進路妨害の違法行為がゼロとなるなどの「偉大なる好結果」をもたらしたという(86)。これも翌明治四一年春の開催からは池上の東京競馬会、後続の板橋の東京ジョッケー倶楽部、目黒の日本競馬会が導入することになる(87)。ちなみに池上と板橋は一ヶ所、目黒が二ヶ所だった(88)。また勝鞍数一、二位で「品行方正」の騎手、今でいうとリーディングジョッキーと模範騎手の表彰制度も導入した(89)。見張り所の導入と組み合わせて、騎手の不正行為を根本的になくすためであったという。そして認可が続く他の競馬会との交流を視野に入れ、「政府の認めたる競馬倶楽部なれば何れの倶楽部の出馬も之をプログラムに加ふる仕組となること」と、その所属馬の出走を認めたことだった(90)。このように日本レース倶楽部と東京競馬会にはないフットワークの軽さが京浜競馬倶楽部にはあった。

さらに第一回限りではあったが、騎乗を倶楽部会員の限定して、中国産馬による「紳士競走」を三レース実施したことだった(91)。根岸では人気のあるレースだったが、川崎でも売り物の一つにしようと計画したものだった。横浜の競馬では幕末から当時まで中国産馬のレースが行われていたが、日本側の手になる競馬からは、馬匹改良に資するものがないと鹿鳴館時代の頃から排除され、馬政局は当然この馬券黙許時代も禁止の方針で臨んでいた。事は馬政の根幹に関わることであったので、馬政局は強硬な態度であったが、横浜在住の西洋人の会員が多かった京浜競馬倶楽部に対しては特例として認めたものだった。総じて京浜競馬倶楽部の運営は、横浜在住の西洋人の意向を反映して行われようとしていたが、そのことを端的に示すものだった。これに対して、馬政局次長藤波言忠は、馬匹改良を標榜する競馬会には非常に不適切な措置であるとの強い反対の意を表明、また園田実徳も反対して、第一回開催には持馬を出走させないなどの波紋を引き起こすことにもなった(92)。

そして開催が間近に迫った七月に入り、八日、倶楽部の要請を容れて板垣退助が会頭就任を承諾した(93)。板垣の相撲好きはよく知られていたが、板垣は馬にも関心をもっていた。これより先の東京競馬会の観業博覧会記念開催初日（六月七日）に姿を現していたが(94)、これも会頭就任要請を受けてその判断材料にするための観戦だったようである。板垣は、すでに政界から引退、社会改良運動に専念、政治的には過去の人となっていたが、参議、自由民権運動のリーダー、自由党首、内務大臣を歴任してきたその名声は残り、ネームバリューは十二分にあった。なお担がれたもので実権はなかったが、その就任にあたり、「自分は馬匹改良を以て国家現時の急務なりと認むると共に生来馬匹に対する趣味を有」していると語ったように(95)、板垣自身は意欲をもっての就任だった。馬券発売は馬を好み、愛することにつながる、弊害があっても競馬には馬券発売が必要というのがかねての板垣の持論であった(96)。また板垣は、川崎競馬場を設置した日本馬匹改良株式会社のグループが中心となり、この明治四〇年秋に計画された中国の牛荘競馬会にも顧問として担ぎ出された(97)。倶楽部の第一回開催中、板垣は連日、姿を現し、初日の事件をめぐっての記者の抗議に対しては慰撫につとめ、その後の交渉にも関与、また二日目中国馬の紳士競走、四日目の模範騎手への賞品の授与にもあたった(後述)。ちなみに当時の板垣は、借財をかかえ経済的苦境にあり、それが理由の会頭就任だとして、落ちぶれて哀れと揶揄された(98)。また会頭就任を聞いて、旧債主が返済を督促、なかには訴訟の動きに出る者もいたという(99)。

そして板垣の会頭就任とともに、名誉会員として、G・バクメチエフ(ロシア公使)、A・ジェラール(フランス大使)、シュバルツェンスタイン(ドイツ公使)、Capt・カリーナ(不詳)、A・ダヌタン(ベルギー公使)、Dr・ポール・リッター(スイス大使)、H・C・ローサー(英国大使館参事官)、といった各国大使・公使等、また周布公平(神奈川県知事)、千家尊福(東京府知事)、加納久宜、三橋信方(横浜市長)、尾崎行雄(東京市長、衆議院議員)らが名を連ね(100)、一一月の第二回開催からは日本レース倶楽部の正副会長であるマクドナルド英国大使とDr・ウィラー(横浜十全病院長)がそこに加わった(101)。倶楽部は、先行の日本レース倶楽部と東京競馬会にならい、それに伍する存在であることを示そうとするものであった。倶楽部は、それを実現させる「政治力」をもっていた。

## 第一回開催

開催を迎えた時の倶楽部の体制は、会頭板垣退助、副会頭J・デケア・コグリン、常務委員：D・マーシャル、目賀田万喜、牧野暎次郎、R・J・ウォード、B・C・T・グレー、槇田吉一郎、木村重太郎、A・L・プッフィエ、臼井儀兵衛、監事：木村新之助、石浦徳太郎（横浜十全病院副院長）、A・M・T・ウッドワード（アペンハイム兄弟商会）(102)。五月選出のカット、ダイエット、田村、ルンゲ、エルテッドの代わりに、木村重太郎、プッフィエ、臼井、石浦徳太郎、木村新之助、A・M・S・ウッドワードが就任していた。監事を除けば、内外は六対五だった。なお目賀田と臼井は九月一八日付で理事を辞任する(103)。

開催にあたる執務委員会は、開催委員長B・C・T・グレー、馬場取締R・J・ウォード、審判F・H・バグバード（ジャーディン・マセソン商会）、検量係F・H・ターナー（ヴィヴァンチ兄弟商会、明治四三年から日本レース倶楽部理事長）、ハンデキャッパー・H・レフィーバー（ベルズ・アスベストス商会）、計時係P・C・コールマン（ジャーディン・マセソン商会）、スターター・D・マーシャル。その他、S・アイザックス（アイザックス商会）、M・J・ダイエット、G・バクメチエフ（ロシア公使）、E・C・デービス（サミュエル・サミュエル商会）、徳田正蔵、牧野暎次郎、A・L・モッチュ（モッチュ・バーモント商会）、A・エルケッド、田村茂馬（実業家）、J・シュトラウス、（G・ストラウス商会）、A・R・カット、目賀田万喜、木村重太郎、安田伊左衛門、森謙吾、和田福蔵だった。このように委員長のグレーも含め、ウォードからマーシャルにいたる馬場取締、審判、検量係、ハンデキャッパー、計時係、スターターという実務を担っていたのは、すべて日本レース倶楽部で経験をもつ横浜在住の西洋人、全委員二四名中一五名を占めた。その内、アイザックスは日本レース倶楽部理事長、バグバードは同常任委員、デービスも中心的な馬主、森謙吾も日本人会員の中核、また東京競馬会理事の安田も関与していたことを考えれば、前年九月、東京競馬会に対して京浜競馬倶楽部への警戒を呼び掛けていた日本レース倶楽部が、開催運営に関して協力する姿勢に転じていたことが明らかだった。またレースへの出走に関しても根岸、池上は協力的であった。

第一回開催のカテゴリー別のレース数は、豪州産馬が二五、外国産呼馬が四、内国産馬が一四、中国産馬が三、と内国産馬よりも豪州産馬の方が多かった(104)。その内訳は、豪州産馬が、川崎の抽籤新馬一二、根岸の抽籤豪州産馬一一、根岸と川崎の抽籤新馬混合二。内国産馬が、川崎の抽籤新馬六、内国産馬六で、その内池上出走馬限定二、その一つは抽籤馬限定であった。内国産、豪州産の新馬以外は、内国産馬が池上、豪州産馬が根岸出走組であった。中国馬はいうまでもなく根岸出走組であった。馬主が個人で購入した外国産の呼馬レースは、抽籤豪州産馬以外の外国産馬のレースであったが、将来の恒常的なサラブレッドの導入を視野に入れたものだった。賞金は根岸にならい、豪州産馬を内国産馬より高く設定した。川崎の抽籤新馬戦が、豪州産新馬が一着五〇〇円、二着一二五円、三着七五円に対して内国産新馬は一着四〇〇円、二着一〇〇円、三着五〇円、根岸の豪州産馬、また内国産馬で勝鞍制限のないレースは双方ともに一着六〇〇円、二着一五〇円、三着七五円だったが、川崎との混合戦では、豪州産馬が一着六〇〇円、二着一五〇円、三着七五円だったのに対して、内国産馬は一着四五〇円、二着一〇〇円、三着五〇円と一着四〇〇円、二着一〇〇円、三着五〇円と低く設定。豪州産馬に関してはこの他、三日目ジャパン・ダービーとして一着七〇〇円、二着二〇〇円、三着一〇〇円を行った。また優勝戦も、川崎抽籤豪州産新馬優勝一着八〇〇円、根岸豪州産馬優勝一着七五〇円、内国産馬優勝一着七〇〇円、川崎抽籤内国産新馬優勝一着六〇〇円、そして開催未勝利馬限定戦も、根岸豪州産馬未勝利（明治三九年秋季及び明治四〇年春季抽籤）一着三五〇円、根岸豪州産馬未勝利（明治三九年秋季及び明治四〇年春季抽籤五勝未満）一着四〇〇円、根岸豪州産馬未勝利（明治四〇年春季抽籤馬を除く）一着四五〇円、川崎抽籤豪州産新馬未勝利一着四五〇円、二着一〇〇円、三着七五円に対し、川崎抽籤内国産新馬未勝利一着三〇〇円、二着七五円、三着五〇円、池上内国産馬未勝利（池上開催三勝未満）一着三〇〇円、二着七五円、三着五〇円、内国産馬未勝利一着五〇〇円、二着一二五円、三着七五円と内国産馬を低く設定した。このように抽籤新馬は豪州産新馬に重点を置き、また豪州産馬は、根岸の

図11

（『二六』明40・7・8）

下級、中級条件馬へ勝利のチャンスを与え、そして内国産馬に関しても、池上の下級抽籤馬の限定戦を組むとともにこれまでの活躍馬にも門戸を開いた編成になっていた。倶楽部の会計報告によれば、賞金の総計三万三九六円(105)。馬政局賞典は、四日目第一レース、各内国産馬優勝戦に一着三〇〇円、第二レース川崎抽籤豪州産新馬優勝戦に一着四〇〇円、第五レース川崎抽籤内国産新馬優勝戦に一着五〇〇円、二着二〇〇円。計一四〇〇円が交付された(106)。ちなみに先に紹介したように池上と根岸への馬政局賞典はそれぞれ一八〇〇円、一三〇〇円だった。またパリ祭の一四日に折から締結された日仏協約(六月一〇日締結)の祝賀も兼ねて横浜で記念行事が行われる予定だったが、その一環として日仏協約祝賀会から銀盃、フランス系のジエームス、ピユカメン商会からも銀盃(107)、その他、中央新聞、横浜貿易新報からも賞牌の寄贈を受けた(108)。

こうして七月一三日の初日を迎えた(109)。開催前、連日雨が降り、馬場は悪化していたが、ようやく前日の一二日の午後には晴れて、ローラーで馬場固めを行うことができた。だがそれも夕暮れ頃からの大雨で元の木阿弥になった。馬場はレースができる状態ではないと、騎手たちが総意で延期を求めたのに対し、フランス人の副会頭コグリンが、日仏協約締結記念と二日目の一四日がフランス革命記念日（パリ祭）であり、「騎手に於ても多少の危険を冒すようにと」頼みこんだという(110)。これに騎手は、馬を抑えてもただちに処分しないことを要求、理事会では意見が割れたが、これを僅差で了承、開催が決定された。

当日も午前一一時頃から降り始め、次第に勢いを増して篠突く雨となり、時折雷鳴も轟いた。仮建築の第二号館の屋根はまだ天幕張りで、雨漏りもひどく、レースを見ようとすると濡れる有様で、混雑に押されて塗り立てのペンキがついてしまった者もいた。第二号館を仕切って一等（四円）、二等（二円）に分けていたが、この状態では一等も二等もなかった。階下の馬券売場までも泥混じりの雨漏りがする始末。場内の泥濘もひどく、脚が抜けなくなり、助けを呼ぶ婦人も出たほどだった。レースの開始も三〇分以上遅れて一二時頃となった。馬場もまるで泥田、一刻も早く開催中止の決断を下した方がよいと思われるような状態であった。倶楽部は多くの新機軸を打ち出していたが、開催初日はこの天候もあって散々なものになった。

そしてこの悪条件のもとでレースが続けられるなかで、倶楽部役員と記者たちとの間で紛糾を生じた。きっかけは、見やすい場所への記者席の移動を求めたことに倶楽部役員木村新之助が不満があるならば退場すればよい、といった態度を示したことであったという。これを機に、記者側は施設の不備、この悪条件のなかでの開催の強行、また中国産馬レースの実施及び内国産馬の軽視などに対する疑問、不満などの声をあげて次々と倶楽部を追及していった。そして横浜貿易新報を除く一八の新聞社は連合して(111)、「本競馬会は設備頗る不完全にして馬匹改良の誠意を有するものと認むる能はず」との決議文を倶楽部に突きつけた(112)。ちなみに横浜貿易新報は同倶楽部に好意的で、実際、この日の出来事に関しても、「ややもすればある感情上より東京競馬会のような比較的馬匹改良の実に乏しいものを誉めあげて川崎を貶すものがあるのはあまりに偏頗の次第ではないか」、と書いた(113)。各社の抗議に会頭の板垣退助は陳謝に回り、また板垣とは別に安田伊左衛門、奥野市次郎らも説得にあたったが、記者たちの怒りはおさまらなかった。そして多くの記者たちは、抗議の姿勢を示すために、第七レース後、退場した。なお奥野は新聞記者を経て京都市選出、政友会の衆議院議員(114)、阪神競馬倶楽部、また北海道競馬会に合流する競馬会の発起人、そして東京ジョッケー倶楽部、京都競馬会の理事に就任するなど、当時の競馬界で名が知られた存在になる。奥野は、「文章も書くし、演説が特に優れてうまかった」という(115)。

記者退場直後の第八レースが、この日の売り物の一つであった中国産馬の紳士競走、一着三〇〇円、二着一〇〇円、三着五〇円、一〇頭立。騎乗者は、退役陸軍大尉である槇田吉一郎の他は横浜在住の西洋人。根岸で勝鞍をあげていた馬に人気が集まっていたが、人気薄の馬チジが勝ち、九七円五〇銭という波乱になった。不良馬場で一マイル八分一で、勝時計三分〇秒二〇という遅いものだった。チジに騎乗していたのは、根岸での同趣旨のジョッキーカップで勝鞍を多くあげていたウッドワード。ところが、本命の二着馬陣営からの進路を妨害したという異議が容れられ、失格になった。なお当時の規定では、このような失格があっても、払戻は変更されなかった。ちなみにあと二つの中国産馬のレースは、二日目第六レース、一マイル、六頭立が、初日失格となったチジが、ウッドワードの騎乗で二分二八秒で勝ち、配当一〇円。三日目第一一レース、四分三マイル、八頭立は、ホーキンス騎乗のボンが、一分四三秒二〇で勝ち、配当二八円、ウッドワードはネギシに騎乗して三着だった。

その他の初日のレースに目を移すと、この不良馬場に、「持主及び騎手は努めて危険を避け馬匹に損傷なからしむる用意を取り駿足ほど手綱を控えて馬匹の安全を期するの必要ありしが為め競争の結果は概ね大勢の意量に反する多くの番狂せを見るに至」り(116)、第一レースが九七円五〇銭、第四レースが六九円、第五レースが一三四円、第七レースが三三円五〇銭、先にもふれたが第八レースが九七円五〇銭、第九レースが三九円五〇銭と波乱が相次いだ。落馬事故も、第五レース、第六レースと起こり、第七レースの波乱は一番人気馬がゴール直前で脚をとられてのものだった。

さらに最終第一三レース、外国産馬、一マイル、六頭立のゴール直前、リオシャノンが故障して予後不良(殺処分)となる事故まで起こってしまった。この馬は槇田吉一郎が前年アメリカから種牡馬として四〇〇〇円で輸入、この年供用後、競走馬としてここに出走させたものだった(117)。同馬の価格は七〇〇〇円以上にあがっていたという。この第一三レースの予想は、リオシャノンに「及ぶものなけん」というものだった(118)。槇田も「馬丁」も倒れたリオシャノンにとりすがって落を流したいう(119)。このレースに出走していたもう一頭(アサカゼ)も転んで脚を痛めた。ちなみにこの外国産の呼馬レースは、もちろん抽籤馬の出走は不可で、先にもふれたように将来のサラブレッドの本格導入を視野に入れて一日一レース、計四レースを編成していたが、目玉のリオシャノンを除けば注目できる馬はなく、失敗に終わり、第二回開催以降は編成されなかった。このリオシャノンの事故もまた倶楽部に対する非難の声に拍車をかけた。設立の経緯からも記者たちの倶楽部に対する「営利第一」という偏見もあって、各紙の紙面には、たとえば「設備万端不埒千万と果ては博徒の外、何等の趣味なし、ひと思いに破壊すべし」(120)、といった言葉が踊った。だが、倶楽部は聞く耳をもっていた。板垣も倶楽部も収拾にあたった。

こういった事態を前にして、倶楽部は一三日夜、翌日の開催延期を決断した(121)。倶楽部は一四日から多くの人数を動員して馬場、スタンド、場内の補修に着手した。コースを全部掘り返して土砂を入れ、一六日からはローラーを引き、午後までに馬場及び場内の修繕を完了、あしかけ三日間であったからこれもとりあえずのものではあったが、一七日早朝より調教が再開できるまでになった。

一方二〇日、一八日の会頭板垣退助からの「折譲の申込み」を受けて、新聞記者たちは日本馬匹の徳田正蔵と「会見」、大要つぎの約束がなって、この紛糾は一先ず落着になった(122)。

一、会社は営利以外に馬匹改良に就き誠心誠意を有することを表明すること
一、右に就き次期の競馬に於ては日本産馬奨励のためそのレースを増加し少くも全レースの半数以上とし其距離は一マイル以上の競走を三回以上となすこと
一、新聞記者に対し不当の言動を弄したる木村新之助氏の重役たるを罷めさせること
一、馬場其他場内諸般の設備を完全ならしむること（以下、細目略）
一、場所の秩序を保持すること（以下、例証略）
一、便所救護所等頗る不完全あり特に直に改良を加ふべきこと

あわせて倶楽部は施設諸般、番組編成の欠陥を補うことを誓明、アドバイスを受け入れ、馬匹改良に尽くすことを表明した(123)。横浜在住の西洋人の倶楽部理事、開催執務委員長グレーからは、徳用が倶楽部内では何の権限も与えられておらず、会社の勇み足であると表明されたが(124)、ここでの約束は二つ目の項目を除いて実行に移されたから、結果的には倶楽部の意思にもなった。ちなみに秋季開催全三八レース中、内国産馬は一六レースだった。

二〇日の開催に向けて、一七日から調教が再開されていたが、一九日の雨で二一日へ順延され(125)、これを受けて、

図12

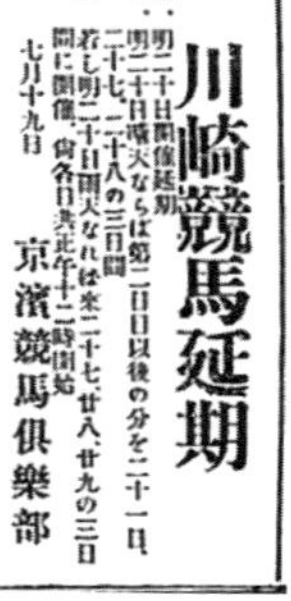
川崎競馬延期
一、明二十日開催延期
一、明二十日晴天ならば第二日目以後の分を二十一日、二十七、二十八の三日間
一、若し明二十日雨天なれば来二十七、廿八、廿九の三日間に開催、尚各日共正午十二時開始
七月十九日
京濱競馬倶樂部

（『二六』明40・7・20）

三日目、四日目も二七、二八日に延期された。

二日目、四日目にもレースをめぐってのトラブルを生じたが、観客動員も馬券売上も好調だった(126)。二一日は、日曜と川崎大師の縁日、夜には六郷の灯籠流しも行われるとあって、その見物がてらの観客が多く訪れた(127)。倶楽部は初日と異なり「大いに得意の色」で、会頭の板垣も盛況に少しく満足の体だったという(128)。二七日、二八日には、競馬好きの歌舞伎役者の中村芝翫、尾上梅幸、尾上菊五郎、尾上栄三郎らも来場するなど三日間共にほぼ満員状態だった。馬券売上も、初日は一八万円だったが、二日目三二万円(129)、三日目三二万五〇〇〇円(130)と伸び、四日目は記録が残されていないが、当時は最終日が一番の売上をあげるのが通例だったが、少なく見積もって三〇万円としても、四日間総計で一一〇万円を上回ったことは確実であった。第一回開催は、売上の面からいえば、初日の失態をカバーして成功したといってよかった。先に紹介したように、第一回開催を終えて、日本馬匹改良株式会社の半期の収益は、二万八九四六円七五銭、年率に換算すれば一割五分の配当を行った。

開催中は、初日の事態を受けての工事も加わって、「市中の景気は俄然一変」(131)、「町の賑いは大したもので毎戸に国旗を掲げて祝意を表したる有様、お盆で正月が一時に来たよう」だったという(132)。川崎の有力者たちが願っていた競馬を通じての地域振興は、第一回開催から実現しつつあった。

## レース

以下、この第一回開催のレースを、四日目の各カテゴリーの優勝戦を中心にみていく(133)。

まず内国産馬、全六レースが組まれていた。このカテゴリーの賞金は、優勝戦と撫恤（開催未勝利馬限定）戦を別にすれば、一着六〇〇円、二着一五〇円、三着七五円。一流馬のハナゾノ、スイテンの出走はなかったが、抽籤馬のイダテン、呼馬のハコダテ、タカタマ、キンカザンが出走してきた。斤量は一三五斤（約六一・三キロ）、根岸・池上・

川崎での一勝毎に三斤増、ただし一五斤を超えない、抽籤馬及び牝馬五斤減が基準であった。優勝戦は四日目第一レース、一マイル四分一、今開催勝馬登録義務、川崎抽籤新馬出走不可、一着賞金七〇〇円及び馬政局賞典三〇〇円、中央新聞社銀盃、五頭立。有力馬とその斤量は、ハコダテ一五〇斤（約六八・一キロ）、イダテン一四五斤（約六五・八キロ）、タカタマ一四四斤（約六五・四キロ）。

ハコダテの緒戦は、初日第三レース、四分三マイル、七頭立。一番人気は先の池上春季開催で一勝、博覧会記念開催で二勝をあげたタカタマ。二番人気がハコダテ、池上春季開催、博覧会記念開催と不振で人気を下げていた。馬場は不良。逃げなければ駄目なタカタマが出遅れて早くも脱落。キンカザンがハナに立ち、そのまま逃げ切るかと思われたが、追い込んできたハコダテが、ゴール手前でキンカザンを馬頭差交わした。ハコダテは不良馬場が得意だった。勝時計一分三五秒、配当二一円。ハコダテとしては好配当、池上春季開催二日目以来の勝利であった。この開催でのハコダテの名義は、池上までの松山吉三郎から横浜の実業家若尾幾太郎、仮定名称ネギシに替わっていた。ハコダテの二走目は、一三日の初日から二週間後の二七日の三日目第六レース、一マイル八分一、今開催勝馬五斤増、五頭立。ハコダテは一五五斤（約七〇・四キロ）を背負いながら、一三〇斤（約五九・〇キロ）の二着馬に四馬身差をつけて楽勝した。勝時計二分二〇秒二〇、配当七円五〇銭。ここではハコダテの力が違った。ハコダテはこの二戦二勝で優勝戦に臨んだ。

一方イダテンの緒戦は、二日目第二レース、八分七マイル、初日第三レース勝馬出走不可、一二頭立、賞金に加えて優勝馬には横浜日仏協約祝賀会からの銀盃。ここにはタカタマ、キンカザンも出走してきた。斤量は、イダテン一四五斤（約六五・八キロ）、タカタマ一三九斤（約六三・一キロ）、キンカザン一三八斤（約六二・七キロ）。一番人気キンカザン、二番人気タカタマ。イダテンは、先の池上春季開催を未勝利に終わっていたので「稍や世に閑却されたる気味」で人気を下げていた(134)。だがイダテンは、その低評価を覆し、三コーナー手前で先頭に立ち、そのまま押し切った。二着とは三馬身差、勝時計一分四九秒八〇、配当二九円、かつてのイダテンを考えれば好配当。イダテンは、川崎の

図13　内国産優勝「本社寄贈の賞盃」

（『中央』明40・7・28）

図14　「牧野夫妻とイダテン等」

（『競馬世界』第3号、明41・1・15）

コースに適性を見せた。タカタマは、ここでも逃げたが、向う正面でつかまり三着。キンカザンは着外だった。イダテンは、この一戦で優勝戦に臨んだ。

タカタマは、三日目第二レース、一マイル、初日第三レース及び二日目第二レース勝馬出走不可。七頭立に出走、初日ハコダテ、二日目イダテンの前に敗れていたが、この二頭がいなければ強く、スタートからハナに立つと、そのまま逃げ切った。勝時計二分一秒四〇、配当一六円五〇銭。二着キンカザン。斤量は、タカタマ一三九斤（約六三・一キロ）、キンカザン一三八斤（約六二・七キロ）。タカタマは、麻布獣医学校長與倉車隆の名義。

そして優勝戦、ハコダテが一番人気、離れた二番人気がイダテン。馬券の発売枚数はハコダテ約三五〇〇に対しイダテン約五〇〇。本命ハコダテの騎手が同馬の頭を立て直すために背中を向けていたとき、突然バリアーがあがってスタートが切られ出遅れてしまった。ハナを切ったのはタカタマ。そのタカタマが残り六〇〇メートルまで逃げていたが、イダテンが交わして先頭に立ち、そのままゴール、道中後方を進んでいたハコダテも、直線よく追い込んでタカタマを交わしたが、二着まで。イダテンとの差は五間（約九メートル）もあった。一着イダテン、二着ハコダテ、三着タカタマ。勝時計二分二四秒四〇、配当二五円五〇銭。イダテンは、池上では未勝利に終わったが、ハコダテの出遅れがあったとはいえ、ハナゾノ、スイテンがいなければ、まだ力が通用することを示した結果になった。イダテンの川崎での復活劇だった。

繰り返せば、このレースのスタートは、ハコダテが不利な体勢にあるときに切られていたが、これは、倶楽部理事牧野所有のイダテンを勝たせるためではないかとの不満の声があがった。抜けた一番人気の敗戦につながったのだから、騒ぎになっても不思議ではなかったが、そうはならなかった。またこの後の第七レースでは、勝馬の馬券を払い戻そうとしたところ番号違いと注意され、「故障を申出」たが、証拠がないとして聞き入れられなかった。さらに第八レースでもある馬がバリアーから離れているときにスタートが切られ、騎手が「厳重に故障を申立て」、それに加えてこのレースの馬券発売の枚数、配当額にも疑惑の声があがったが、これも騒ぎにならなかった。このようにきっかけがあったにもかかわらず騒ぎにいたらなかったのは、繰り返せば、人々が競馬場での騒ぎ方をまだ学んでいなかったこともあったが、それに加えて川崎の場合、保土ヶ谷の半鐘兼こと三谷組の堀井兼吉という侠客の大親分が場内警備の任にあたり、にらみを利かせていたことが大きかったと思われる。

つぎに川崎抽籤内国産新馬、一七頭が出走(135)。賞典額にも示されているように馬政局が重視していたレースだったが、とにかく低レベルであった。単独では六レース、池上春季抽籤新馬(以下、「池上抽籤馬」と記す)との混合が二レース行われた。このカテゴリーの賞金は、優勝戦と撫恤戦を除けば、一着四〇〇円、二着一〇〇円、三着五〇円。

優勝戦は、四日目第五レース、一マイル、今開催勝馬登録義務、ハンデキャップ、賞金一着六〇〇円及び馬政局賞典五〇〇円、二着馬政局賞典二〇〇円、四頭立。三日目までに行われた計四レースの勝馬のニイカップ(初日)、ゴウン(初日)、キタ(二日目)、カワサキ(三日目)が顔をそろえた。ハンデは、ゴウン一五〇斤(約六八・一キロ)、カワサキ一二七斤(約五七・七キロ)、ニイカップ一三七斤(約六二・二キロ)。

ゴウンが圧倒的一番人気。ゴウンは、開催前から評判が高く(136)、初日第一一レース、四分三マイル、斤量馬齢(137)、第一一レース出走馬出走不可、五頭立を一分五一秒五〇で楽勝、配当八円。時計は第三レースのハコダテよりも一六秒も遅かったが、新馬のなかでの力は抜けていた。京浜電鉄取締役田中亀之助、仮定名称ニシキの名義。その名は、川崎大師の守札にあやかって「御運(ゴウン)」と命名されたものだったという(138)。

新馬戦の勝馬が、二日目、三日目に出走可能なレースは、池上抽籤馬三勝未満との混合戦しか編成されていなかった。ゴウンはその二日目第八レース、八分七マイル、斤量馬齢、登録時の勝鞍一勝毎に五斤増、初日第一〇レースの勝馬七斤増、増量は加算、川崎抽籤馬は七斤減、一着四五〇円、二着一〇〇円、三着五〇円、一五頭立に出走した。ここには、池上春季開催の新馬チャンピオンのパーテボンヘルも出走。ワカナはその優勝戦の二着だったが、つぎの博覧会記念開催ではパーテボンヘルに雪辱を果たしていて、ここはワカナの力が上との評価、それに斤量も軽いということで一番人気はワカナ、ついでゴウン。斤量は、パーテボンヘルとベンケイが一五一斤（約六八・六キロ）、ワカナ一三七斤（約六二・二キロ）、ソトヤマ一三六斤（約六一・七キロ）、ゴウン一二〇斤（五四・五キロ）。

ソトヤマが先行。向こう正面半ば過ぎからワカナがあがっていき、ついでベンケイが二頭との差をつめていった。直線、三頭の追い比べになり、勝ったのはゴール前、「突如として」抜け出したベンケイ。一馬身差の二着がワカナ。三着がソトヤマ。勝時計一分五三秒、配当四一円五〇銭。中波乱だった。だがレース後、ソトヤマの騎手が、ベンケイに「馬路」を奪われたと異議を申し立て、これが容れられてベンケイは失格になった。一着ワカナ、二着ソトヤマと繰り上がった。繰り返せば当時の規定では、このような失格があっても、払戻は変更されなかったので、配当はベンケイに対して行われた。ベンケイは、池上の春季開催、二日目、三日目と連勝、四日目の優勝戦はパーテボンヘルの三着だったが、博覧会記念開催では初日、三日目の優勝戦と連勝してここに臨んでいた。この成績の割に、評価が低かった。ベンケイは横浜の時計商で熱心な馬主だった河北直蔵の名義、ワカナは歌舞伎座近くの采女町で料亭若菜を経営する多賀半蔵の名義。ゴウンとパーテボンヘルは着外に終わった。川崎の抽籤馬の力が池上の抽籤馬より落ちることを明らかにしたレースとなった。

ついで三日目、第八レース、四分三マイル、一着四〇〇円、二着一〇〇円、三着五〇円、池上抽籤馬三勝未満及び川崎抽籤馬、斤量馬齢、登録時一勝毎に三斤増、初日一〇レース及び二日目第八レース勝馬七斤増、増量積算、川崎抽籤馬七斤減、一一頭立に出走。このレースは二日目の第八レースの遺恨レース。ベンケイは必勝を期し、ソトヤマも妨害がなければ勝っていたと両頭ともに「意気軒昂」[139]。斤量がベンケイ一四六斤（約六六・二キロ）、ソトヤマ一三七斤（約六二・二キロ）に対し一一七斤（約五三・一キロ）と軽量のゴウンも「両馬を脊負投げせんとの底意」。他にワカナ、ツバメなど。

ベンケイが出遅れ、ソトヤマが先行、そしてそのまま逃げ切った。ゴウンも追い込んできたが二着まで。ベンケイは三着に終わった。ソトヤマの勝時計一分三〇秒、配当五五円五〇銭と波乱になった。後に活躍を見せることになるソトヤマの初勝利だった。ソトヤマは槇吉一郎、仮定名称ナンチョウの名義。一方ゴウンは、二〇斤（約九・一キロ）の斤量差があっても勝てなかった。

こうしてゴウンは、川崎の新馬の優勝戦に臨んだ。二日目、三日目の敗戦があり斤量も背負っていたが、それでも力が上との評価は変わらず、断然の一番人気。ニイカップが先行、ゴウンは二番手を追走。ゴウンは、向う正面で先頭に立ち、そのまま押し切った。二着は、三番手から追込んできたカワサキ、着差三馬身。三着ニイカップ。勝時計二分一八秒、配当七円五〇銭。ゴウンは、一着賞金六〇〇円及び馬政局賞典五〇〇円を獲得して新馬チャンピオンの座についた。とはいえこの日の勝時計も遅く、ゴウンの力も自ずから明らかだった。そしてゴウンは、やはり他場では力が通用せず、つぎの秋季川崎で初日、二日目と連勝したのを除けば、目立った戦績をあげることはできなかった。この第一回の「劣等を補うため」、倶楽部は第一回開催後、新馬二五頭を購入、九月四日抽籤配布したが(140)、ここからも活躍馬は出現しなかった。

そして根岸豪州産馬、一一レースが組まれ、川崎抽籤豪州産新馬と並んで編成の中心であった。メルボルン二世とヒタチは適切なレースがないと回避、有力馬はラカンテニヤ、チハヤ、ミツビキ（旧ゴールドスター）、アムルースたちであった。このカテゴリーの賞金は、優勝戦と撫恤戦を除いて、一着六〇〇円、二着一五〇円、三着七五円。斤量は馬齢、四勝以上一勝毎に三斤増、ただし二一斤を越えない、だった。

その優勝戦は、四日目第三レース、今開催勝馬登録義務、一マイル四分一、ハンデキャップ、一着七五〇円、五頭立。一番人気はラカンテニヤ。二番人気アムルース。ハンデはラカンテニヤ一四五斤（約六五・八キロ）、アムルース一四二斤（約六四・五キロ）、ミツビキ一三七斤（約六二・二キロ）。馬券の発売概数はラカンテニヤ四〇〇〇、アムルース一七〇〇。距離が長いと思われたミツビキは人気を下げていた。

ラカンテニヤの緒戦は、初日第二レース、スカーリー・ステークス、四分三マイル、七頭立。このレースの一番人気は、この開催から若尾龍太郎に名義が移り、ゴールドスターから名を改めたこの距離得意のミツビキ。ラカンテニヤは二番人気。斤量はミツビキとラカンテニヤともに一四一斤（約六四・〇キロ）。ラカンテニヤが出遅れて、ハナを切ったミツビキがそのまま逃げ切った。勝時計一分二九秒、配当一三円。二着ラカンテニヤ、騎手は不良馬場のなかで同馬に無理をさせなかった。

ラカンテニヤの二戦目は、二日目、第九レース、パドック・カップ、一マイル、八頭立。ラカンテニヤは増量規定で二着馬、三着馬よりそれぞれ九斤（約四・一キロ）、一四斤（約六・四キロ）重い一四一斤（約六四・〇キロ）を背負ったが、メンバーは弱く、一番人気で順当に勝った。勝時計二分一秒、配当一〇円。

三戦目は、三日目第九レース、ジャパン・ダービー、一マイル二分一、斤量馬齢、四勝以上一勝毎に三斤増、ただし一五斤を越えない、初日第二レース及び二日目第九レースの勝馬五斤増、増量は積算、六頭立。ダービーの名が付くレースで賞金も一着七〇〇円、二着二〇〇円、三着一〇〇円。有力馬の斤量は、ラカンテニヤ一四三斤（約六四・九キロ）、アムルース一三五斤（約六一・三キロ）、ミツビキ一四六斤（六六・三キロ）。一番人気はラカンテニヤ。いつものようにミツビキが逃げたが、向う正面であがってきたラカンテニヤ、アムルースの二頭に交わされるとあっさりと後退。直線、先頭に立っていたラカンテニヤがそのまま押し切るかと思われたが、アムルースがゴール直前でラカンテニヤを交わした。着差クビ。ラカンテニヤと八斤の斤量差を活かしてのアムルースの勝利だった。勝時計二分五六秒四〇、配当二六円。

アムルースは、明治三九年秋季抽籤馬、ここまで目立った成績を残していなかったが、槇田吉一郎がレースに出走させずに繁殖牝馬にするという約束で、先の東京勧業博覧会記念開催後、アール・ルーネンから譲り受けた(141)。槇田は、その約束に反してこの開催に出走させ、初日第九レース、一マイル、八頭立を三着の後、二日目第七レース、根岸春季開催優勝戦の覇者チハヤやこの開催の川崎の新馬の一番馬の評価のあったイサオを、二、三着に降して（後述）、ここに臨んでの勝利だった。このダービーの勝利でアムルースは、四日目の優勝戦では人気になった。

だが優勝戦はあっけなかった。アムルースが先行、二番手がラカンテニヤ。残り四〇〇メートルでラカンテニヤが楽な手応えで先頭に立ち、結局、アムルースに六馬身差をつけて楽勝した。勝時計二分二七秒五〇、配当九円五〇銭。半馬身差の三着ミツビキ。距離が長かったがミツビキも健闘した。ラカンテニヤは、繰り返せば、京浜競馬倶楽部副会頭コグリン、仮定名称マジョールトリックの名義、この春のシーズン、根岸と池上の優勝戦を勝っていた力をここでも見せ、つぎの根岸秋季開催ではエンペラーズ・カップを獲得することになる。またここで二勝をあげたアムルースは、この後、各地を転戦する。

最後に川崎抽籤豪州産新馬、出走してきたのは四二頭(142)。一二レースが組まれ、繰り返せば根岸豪州産馬と並ぶ編成の柱であった。このカテゴリーの賞金は、優勝戦と撫恤戦を除いて、一着五〇〇円、二着一二五円、三着七五円。他に根岸との混合が二、こちらは一着六〇〇円、二着一五〇円、三着七五円。斤量は馬齢、五歳と六歳一三二斤（約五九・九キロ）。この川崎抽籤豪州産新馬の優勝戦は、四日目第二レース、今開催勝馬登録義務、一マイル八分一、ハンデキャップ、一着八〇〇円及び馬政局賞典四〇〇円、八頭立。人気は、フライングスターとイサオ。ハンデは両馬同斤の一五〇斤（約六八・一キロ）。

フライングスターの緒戦は初日第七レース、一マイル一ハロン、第五レース出走馬出走不可、八頭立。斤量は一三二斤。一番人気でレースに臨んだが、不良馬場でゴール前で脚をとられて、騎手も追わずウネメの三着に沈んだ。ウネメの勝時計二分五一秒六〇、配当三二円五〇銭。時計は、フライングスターが制した四日目の同距離の優勝戦のものより四一秒も遅かった。この日の不良馬場がいかにひどかったかがわかる。なおウネメは、多賀半蔵の名義。その名は、半蔵が経営する料亭若菜の所在地の采女町（現・中央区銀座五丁目）に因んだものだった。フライングスターの二戦目は初日から中七日で馬場も回復した二日目第五レース、一マイル、斤量馬齢、今開催勝馬出走不可、九頭立。斤量一三二斤。評価は少し下がったが、それでも一番人気。予想通り、先行、他馬を引き離していき、向う正面では一〇〇メートル以上の差をつけ、「流星の優勢には孰れも舌を巻きて驚かぬはなかりき」という大楽勝だった(143)。勝時計二分二秒六〇、配当九円五〇銭。

中五日の三日目、フライングスターは勝つことを見込んで、根岸豪州産馬との混合戦に挑んだ。第七レース、明治三九年秋季及び明治四〇年春季根岸抽籤馬五勝以下及び川崎抽籤新馬、斤量馬齢、登録時勝鞍一勝毎に三斤増、明治四〇年春季根岸抽籤馬五斤減、川崎抽籤馬一〇斤減、初日第九レース及び二日目第七レースの勝馬出走不可、一マイル八分一、九頭立。一番人気はチハヤ。チハヤは明治三九年秋季根岸抽籤馬、デビューの開催、初日、二日目と連勝したが、三日目、四日目はイスズ(のちのメルボルン二世)に挑み、ともに着外、明治四〇年春季根岸では、初日着外、二日目二着、三日目勝ちあがって四日目の優勝戦に臨んでゴールドスターを二着、メルボルン二世を三着に降してチャンピオンの座につき波乱を呼んでいた。この優勝戦勝利もあって、力はフライングスターよりも上との評価だった。とはいえこの川崎の開催では、二日目第七レースでアムルースの二着に敗れていたのに加えて、斤量もチハヤが一四六斤(六六・二キロ)に対して、フライングスター一二五斤(五六・八キロ)と二一斤(九・五キロ)も軽量だったことで、フライングスターも四・四倍の二番人気。レースはあっけなかった。チハヤが出遅れて最後方、一方フライングスターは好スタートを切って先行、そのまま逃げ切った。チハヤは、二着にあがるのが精一杯。その着差三馬身。勝時計二分一秒四〇、配当二二円。

一方イサオの緒戦は、初日第六レース、一マイル八分一、第四レース出走馬出走不可、三頭立、斤量は一三二斤。出遅れたが、徐々にあがっていき、二着馬に二馬身差をつけてデビュー勝ちを飾った。勝時計二分四二秒二〇、配当一〇円五〇銭。この初日フライングスターが三着に負けたレースよりも時計は九秒余上回っていたが、それでも非常に時計を要していた。

二戦目は、根岸の豪州産馬に挑戦、二日目第七レース、グランドスタンド・カップ、明治三九年秋季及び明治四〇年春季根岸抽籤馬五勝以下及び川崎抽籤新馬、一マイル四分一、斤量馬齢、明治四〇年春季根岸抽籤新馬五斤減、川崎抽籤新馬一〇斤減、七頭立、明治三九年秋季根岸抽籤馬のチハヤ、アムルースが出走してきた。斤量はチハヤとアムルースが一四四斤（約六五・四キロ）、イサオ一一七斤（約五三・一キロ）。この軽量もあってイサオは二番人気、一番人気はチハヤ。チハヤが先行、イサオが追走、向う正面でアムルースがあがっていった。直線、チハヤとアムルースの追い比べになったが、人気薄のアムルースが一馬身差で制した。勝時計二分三三秒四〇、配当二九円の小波乱となった。イサオは、さらに二馬身半差の三着。

三戦目は、三日目第五レース、川崎抽籤新馬、一マイル八分一、斤量馬齢、今開催勝馬一〇斤増、六頭立。イサオの斤量は一四二斤（約六四・五キロ）。イサオが先行して、そのまま逃げ切った。二着馬とは一〇馬身差。新馬のなかでは力が抜けていることを示した勝ち方だった。勝時計二分一二秒八〇、配当一〇円五〇銭。初日の不良馬場のときより三〇秒近く時計を縮めていた。

このようにフライングスターとイサオ両頭ともに川崎の新馬のなかでは強さを発揮しての優勝戦だった。一番人気イサオ、二番人気フライングスター。ハンデは、繰り返せば同斤の一五〇斤（約六八・一キロ）。レースもやはりこの二頭の争いになった。フライングスターがスタートからハナを切り、イサオが二番手を追走、そのまま直線の攻防となり、フライングスターがイサオの追込みを半馬身差しのいだ。勝時計二分一〇秒二五、配当一七円五〇銭。三着馬は両頭より二〇斤（九・一キロ）軽量、それでも六馬身差をつけられていたので、両頭との力の差は歴然だった。

フライングスターは、横浜の石油取引商和田福蔵、仮定名称ヨドの名義。先にも紹介したように和田は明治二〇年代から根岸の馬主であった。ここでは強さを見せたフライングスターだったが、他の競馬会の開催では通用せず、あとはしりすぼみの成績となった。イサオは、日清紡績取締役で倶楽部理事佐久間福太郎、仮定名称コットンの名義。ここではフライングスターの後塵を拝したが、つぎの川崎秋季開催、そして日本競馬会（目黒競馬場）第一回開催でも豪州産馬のチャンピオンになる。

このようにこの開催、各カテゴリーの優勝戦の勝馬は、内国産馬がイダテン、抽籤内国産新馬がゴウン、抽籤豪州産新馬がフライングスター、豪州産馬がラカンテニヤ。ラカンテニヤを除けば、残りの三頭のレベルは高くはなかった、というより低いものだった。

京浜競馬倶楽部は、スターティング・ゲート、パトロールタワーの導入などの面では、日本レース倶楽部、東京競馬会をリードしていたが、競走馬の質では遅れをとっていた。その質をあげるためには、内国産、豪州産双方の抽籤新馬のテコ入れ、また内国産馬、豪州産馬の有力馬の誘致が必要だった。

### 第一回開催を受けて

繰り返せば、競馬会は利潤をあげることを目的としない社団法人であり、収益の使途も馬匹改良や慈善事業などに限定されていた。だが競馬場を設置、所有する会社を立ち上げ、倶楽部に貸与する形式をとって、高額の賃貸料などを取れば、会社は短期間で高い利潤をあげることができた。こういった方式を最初にとったのが、京浜競馬倶楽部と日本馬匹改良株式会社（以下、「日本馬匹」と記す）だった。とはいえ、他の競馬会では、営利会社は競馬会の単なるトンネル会社で、双方は事実上一体であるものがほとんどであったが、京浜競馬倶楽部と日本馬匹の場合はそれとは事情が異なっていた。そのことは、日本馬匹の役員は、日本人がほぼ全員を占めてその主導権を握っていたが、倶楽部の会員は横浜在住の西洋人が三分の二を占め、役員も一三名中五名が西洋人であったことに示されていた。東京京橋区日吉町の倶楽部、日本馬匹の事務所とは別に、横浜市山下町（旧居留地）に倶楽部の出張所が置かれ、牧野暎次郎、A・L・プッフィエらが常務理事として「万事を処弁」した(144)。そして実際、倶楽部の総会では、会社の営利第一の姿勢を追及する声があがった。倶楽部の支出は、競馬場施設の貸借料などの日本馬匹に対するものが大部分を占めていたが、コストも曖昧、会計処理も不明朗だったからである。他の競馬会では一心同体だったので、こういった対立はなかった。あらかじめいっておくと、日本馬匹の利益、配当（年率）は、明治四〇年三月～八月が二万八八九四六円七五銭で一割五分[145]、次の九月から明治四一年二月が七万九二二円で二割であった[146]。この間、コースの造成、改修、第二号館、豪華な第一号館のスタンドの建設などに投下した資金を考えれば、高い利益をあげていることが一目瞭然だった。その大きな収益源が、前記の明治四〇年三月～八月六万四〇〇〇円[147]、明治四〇年九月～明治四一年二月の九万五〇〇〇円[148]という競馬場施設の賃貸料であった。倶楽部と日本馬匹の契約期間は三〇年間であったから、もしこのまま開催が続き、馬券の売上が伸びていけば、株価の上昇も含めて、日本馬匹が非常な高収益をあげる会社であり続けることが確実であった。

明治四〇年七月の第一回開催を受けて、九月二三日に開かれた京浜競馬倶楽部の総会は、日本馬匹側と倶楽部側の衝突の場になった[149]。日本馬匹側の木村重太郎、木村新之助、佐久間福太郎、鈴木久次郎、河北直蔵ら対倶楽部側の牧野暎次郎、横浜在住の西洋人という図式だった。木村重太郎と牧野は先の五月には折り合っていたが、それも長く続かなかった。こういった対立から、倶楽部は京浜喧嘩倶楽部とも称されることになる[150]。

この日の議題は決算及び事務報告、終了後に臨時総会に移行して定款第一八条に関する件（委員の三年任期を一年に変更）だった。なおこの日の議長は、理事であったA・M・S・ウッドワード。ちなみに第一回開催の中国馬の紳士競走で三回の内二回一着（内一回は進路妨害で失格）をあげていた人物だった。九月二三日総会で提案された三月～八月の決算報告は、以下のようなものだった（表1参照）。

支出では、貸借料が五四％、賞金が二四・七％を占めていた。他に馬匹改良奨励費が四・二％、交際費三・五％が目に付く。交際費には、馬政官、新聞記者らへの接待、侠客への支出などが含まれていたに違いなかった。収入では馬券の売得金及び入場料・番組販売料等が八八％と圧倒的な割合を占めた。ついで正会員と賛助員合わせての会費七・五％（賛助員会費四・五％、正会員費三・一％）、出馬登録料三・七％であった。

総会の冒頭、木村重太郎が、多くの委任状に署名がないとして、その取扱いを質した。横浜在住の西洋人の委任状が多いことを踏まえての倶楽部に対する牽制だった。これにプッフィエは、議長ウッドワードへの委任という取扱いを提案、支持された。ここでウッドワードが、監査を行っていないのにもかかわらず会計報告に自分の名前が記載されているとして辞任を申し出た。木村重太郎らに対する不満、抗議だったが、結局、撤回した。なお会計監査人は、ウッドワード、石浦徳太郎、木村新之助の三名だった。木村重太郎が、この撤回を会計報告の承認と見なして、「競馬場施設貸借料等」六万六〇〇〇円の支出を要求した。だが議長ウッドワードは、この支出は馬政局の承認が必要として受け入れなかった。事実上、会計報告案の再検討が必要との姿勢を示したものだった。H・レフィバーが、監査のウッドワードが会計帳簿を見ていないこと、また残りの一名も帳簿の一部しか見ていない状態で、賃借料の基になっている建築費などのコストの確認はできないはずと、適切に監査されるまでの決算報告の審議の延期

**【支出】**

| | | 次期予算額 |
|---|---|---|
| 役員報酬 salaries | 2,100円 | 2,400円 |
| 委任料 commissions | 368円40銭 | — |
| 旅費 travelling expences | 262円50銭5厘 | 250円 |
| 宣伝費 advertisements | 1,565円83銭 | 700円 |
| 印刷費 prntings | 2,209円09銭 | 1,500円 |
| 什器費等 stationeries &c | 220円22銭5厘 | 200円 |
| 交際費 entertainments | 4,347円32銭 | 1,500円 |
| 事務所賃借料 office rent | 90円 | 240円 |
| 通信費等 postage・etc | 175円82銭 | 150円 |
| 馬車及び人力車費<br>carriages and rikisyas | 537円58銭 | 500円 |
| 会議費 meetings | 58円99銭 | 100円 |
| 功労金 gratuities<br>（給与、退職金） | 1,200円 | 1,500円 |
| 雑費 sundries | 2,655円20銭 | 1,500円 |
| 雑役費 sundry wages | 2,925円58銭 | 1,500円 |
| 賞金 prizes | 30,396円 | 35,000円 |
| 競馬場施設賃借料<br>rent of course・buildings stalls etc | 66,000円 | 75,000円 |
| 馬匹奨励費<br>horse breeding encouragement | 5,192円76銭7厘 | 7,600円 |
| 慈善事業への寄付<br>charitable contribution | 2,000円 | 2,000円 |
| 予備費 reserve | 809円 | 1,000円 |
| 繰越金<br>amount carried to next year acct | 88円87銭3厘 | 209円 |
| 計 | 123,213円80銭*3 | 132,849円 |

**表１　京浜競馬倶楽部明治四〇年三月〜八月決算報告**

**【収入】**

| | | 次期予算額 |
|---|---|---|
| 正会員費 full members*1 | 3,760円 | 3,760円 |
| 賛助員会費 subscribers*2 | 5,484円 | 5,484円 |
| 馬名及び服色登録料 racing names and colours | 206円 | 206円 |
| 出馬登録料 entries | 4,590円 | 4,590円 |
| 騎手免許料 jockeys' licenses | 255円 | 255円 |
| 馬名変更料 changing names of horses | 50円 | 50円 |
| 馬房賃貸料 rent of stalls | 204円 | 404円 |
| 馬券収益及び入場料・番組販売料等 gate-money・books etc | 108,607円60銭 | 118,000円 |
| 雑費 sundries | 56円58銭 | 100円 |
| 計 | 123,213円18銭 | 132,849円 |

＊1　年会費、20円。会員２人の推薦、理事会の承認などの入会資格の審査があった。
＊2　年会費、12円。入会資格の審査はなく、会費を納入すれば賛助員となった。
＊3　上記の金額の総計は123,203円18銭となるが、資料の数字にしたがっておく。
(J. W. M. September, 28, 1907.『国民』明40・10・2より作成)

を提案。理事で開催執務委員長だったB・C・T・グレーも、延期の動議に賛成した。このような流れに、木村重太郎は、妥協案として、賃貸料六万六〇〇〇円の内六〇〇〇円を繰り越すことを提案したが、これにもレフィバーは、さらなる監査、検証が必要と提案、これが可決された。ついで賃借料だけでなく役員報酬の引き下げ、また馬匹奨励費の引き上げなどを求める声もあがった。ウッドワードが、他の監査人とともに監査するために四日間の時間が必要と述べたのを受けて、改めて臨時総会を九月二七日に開催することになった。なおこの日、M・J・デイエットの不在中、森謙吾を理事とすることが可決された。

二七日の総会は、荒れ模様になった(151)。この日の議長は倶楽部副会頭のコグリン、出席者三一名、それに八三名の委任状だった。議事録を読み上げる前、冒頭に木村政次郎が立ちあがって質問を行おうとしたが、コグリンは無視、議事を進行した。木村政次郎は、毎夕新聞社社長兼主筆(152)。コグリンは、一三日提出のものを修正した監査人の決算報告を帳簿に記載すること、あわせて将来、倶楽部、あるいは倶楽部の代わりに日本馬匹が行った全部の支出入を倶楽部の会計簿に記載し、毎月、監査人のチェックを受けることを提案。日本馬匹側に対する牽制だった。これを受けて牧野暎次郎は、前回の会計報告では六万六〇〇〇円であった賃借料等を馬政局の承認を受けている六万四〇〇〇円、また五一九二円七六銭七厘であった馬匹奨励費（ただしコースの改良も加えて）を六九九二円七六銭、予備費八〇九円を一〇〇九円、繰越金八八円八七銭三厘を八八一円へとそれぞれ変更することを報告した。二〇〇〇円とはいえ貸借料を引き下げ、逆に馬匹改良奨励費を一八〇〇円、予備費を二〇〇円引き上げていた。日本馬匹への利益供与をわずかとはいえ減少させるものだった。これに木村政次郎が、審議事項は、総会開催一週間前に提示しなければならないという規定に反するとして、総会そのものの無効を主張、解散を求めた。理事の佐々木文一、プッフィエ、瓜生留吉らが木村政次郎に反論して原案支持を主張、木村との応酬になったが、結局、原案が可決された。木村は、この採決を受けて出席者数を質問、少ないことを確認し、委任状の取扱いを問い質して、総会の無効を再度訴えようとした。議長コグリンは、全員から賛成の委任を受けていると表明、これで決算報告の決着をつけた。

ついで、二三日に選出された森が繁忙を理由に理事就任を断ったことについての取扱を審議、ここでも双方の応酬があったが、結局、倶楽部側が推薦する和田福蔵を選出した。この後も木村政次郎は、再々度、日付が後に記入されたとして、委任状の無効を主張した。議長は慣例に則ったものであると却下、総会は終了した。木村は、終了後も、執拗に抗議の声をあげ続けたという。

この総会後、日本馬匹も総会を開き、取締役の牧野、プッフィエ、監査役の瓜生留吉らを解任した(153)。新体制は、取締役大河内輝剛、徳田正蔵、新井清太郎、佐久間福太郎、木村重太郎、木村新之助、三宅豹三、鈴木久次郎、監査役田中亀之助、田辺熊一、佐々木文一。五月の体制との異同は、牧野暎次郎、プッフィエ、檜山鉄三郎の代わりに大河内、新井、三宅が取締役に就任、瓜生留吉の代わりに田中、田辺が監査役に就任したことだった。なお三宅は歌舞伎座専務取締役だった(154)。檜山は別として、倶楽部での対立を受け、会社から牧野派が追放された形になった。この対立は以後も続くことになる。

## 2　日本競馬会

昭和七（一九三二）年四月二四日、現在の目黒区下目黒四、五、六丁目一帯に位置していた目黒競馬場（東京競馬倶楽部）で東京大優駿（日本ダービー）の第一回が行われた(155)。現在、スタンドがあった地点に近い目黒通りには元競馬場前というバス停があり、そこから五〇メートルほど先には目黒競馬場跡記念碑として第一回ダービー馬ワカタカの父トウヌソル号の像が建っている。跡地は住宅地となっているが、それでも、かつての一コーナーから二コーナー、向こう正面から三コーナー付近まではその面影を細い道路にたどることができる。また向こう正面中央辺りに相当する「さくらの里街かど公園」には競馬場ゆかりの桜の木も残っている。なお目黒競馬場が、現・東京競馬場に移転したのは翌昭和八年のカブトヤマが勝った第二回ダービーののちのことになる(156)。

図15　目黒競馬場

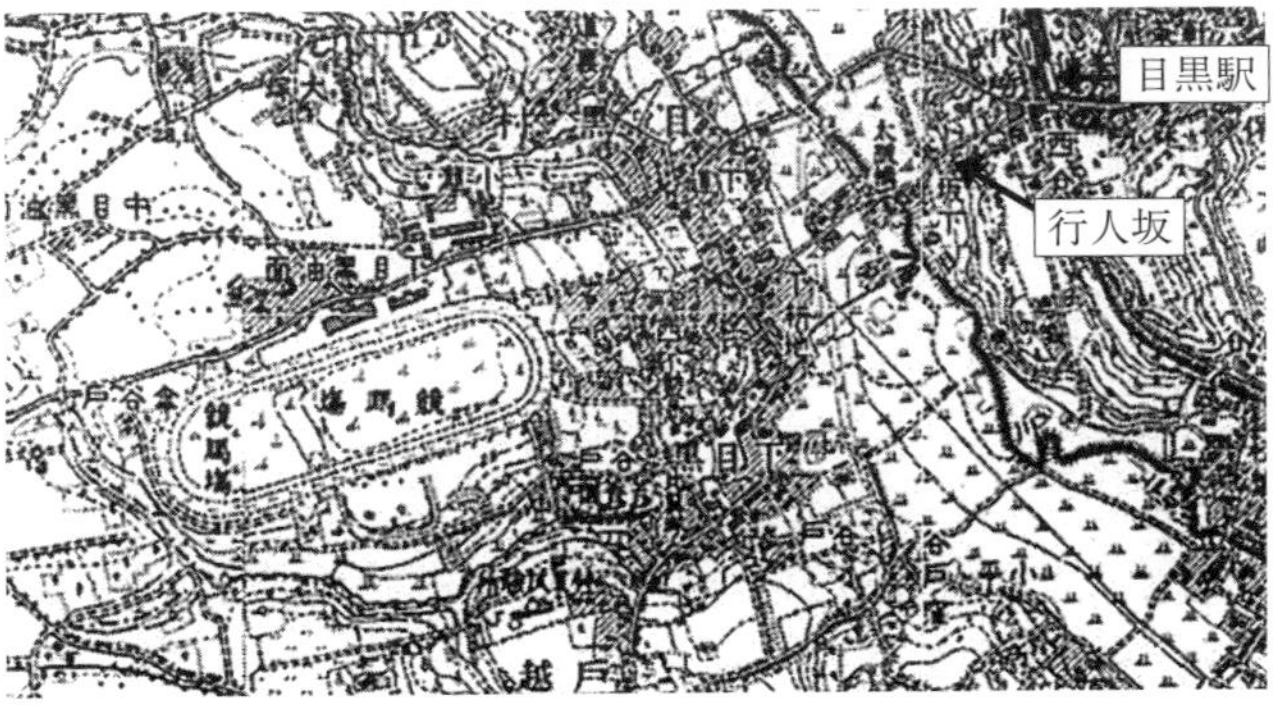


（1/20000「東京南部」明治42年測図・大正4年製版『今昔マップ on the web』より）

目黒競馬場は、第一回ダービーから遡ること二五年前の明治四〇（一九〇七）年一二月、社団法人日本競馬会の営利会社、東京馬匹改良株式会社が竣工させたものだった。荏原郡目黒村下目黒、近くに目黒不動、林業試験所（現・林試の森）などがある寺山と呼ばれた丘陵地一帯、周辺の台地には見渡す限り農村風景が広がっていた(157)。目黒が市街地化するのは昭和に入ってから、昭和七年の東京市の市域拡張で目黒区となるが、それまでは武蔵野の面影を色濃く残した近郊蔬菜類の生産地域であった。敷地は約六万坪（ちなみに現・東京競馬場は約二四万坪）、馬見

図16　トウヌソル像

（2018年3月28日撮影）

図17　さくらの里街かど公園

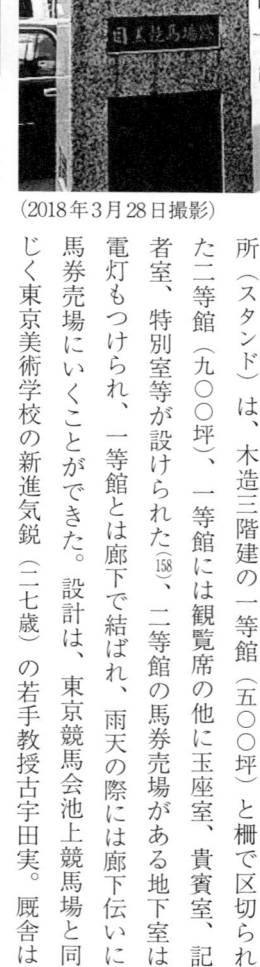

（2018年3月28日撮影）

所（スタンド）は、木造三階建の一等館（五〇〇坪）と柵で区切られた二等館（九〇〇坪）、一等館には観覧席の他に玉座室、貴賓室、記者室、特別室等が設けられた(158)、二等館の馬券売場がある地下室は電灯もつけられ、一等館とは廊下で結ばれ、雨天の際には廊下伝いに馬券売場にいくことができた。設計は、東京競馬会池上競馬場と同じく東京美術学校の新進気鋭（二七歳）の若手教授古宇田実。厩舎は、道路（現目黒通り・都道三一二号線）をはさんで競馬場の反対側に位置していた。

コースの形態は、一周約一六〇〇メートル、地形上、直線と向こう正面が六〇〇～六五〇メートルという長円形をとらざるを得なかったので、コーナーが急で、また幅員も一五間（約二七・三メートル）と狭く、現在の川崎競馬場をそのまさらに横に伸ばした扁平の楕円形のものだった。また平坦ではなく、向こう正面半ば過ぎから三コーナー手前までの下りと上り、そして直線に入ってから下りその半ばから上る二ヶ所の勾配差二メートルほどのアップダウンがあり、直線も五〇〇メートルと長かった。逆にいえばゴールから一コーナーまでは一〇〇メートルほどしかなかったから、一マイルのレースは、スタートしてからすぐ一コーナーとなり、他の距離でも各コーナーは危険で、騎手の苦心は一通りでなかったという。翌明治四一年四月の第二回開催前に「馬見所の方より左右の回り角の外側へ余程広めた」(159)。また場内のスペースがほとんどなく、下見所（パドック）は、二等館とコースの間に設けざるをえなかったが、逆に観客にはスタンドに座ったままで見ることができたから便利だった。下見所は、第二回開催からは一等等馬見所裏手に移された(160)。馬見場とコースの間には傾斜（一／二〇）がつけられた。ま

図18 「目黒競馬会社」

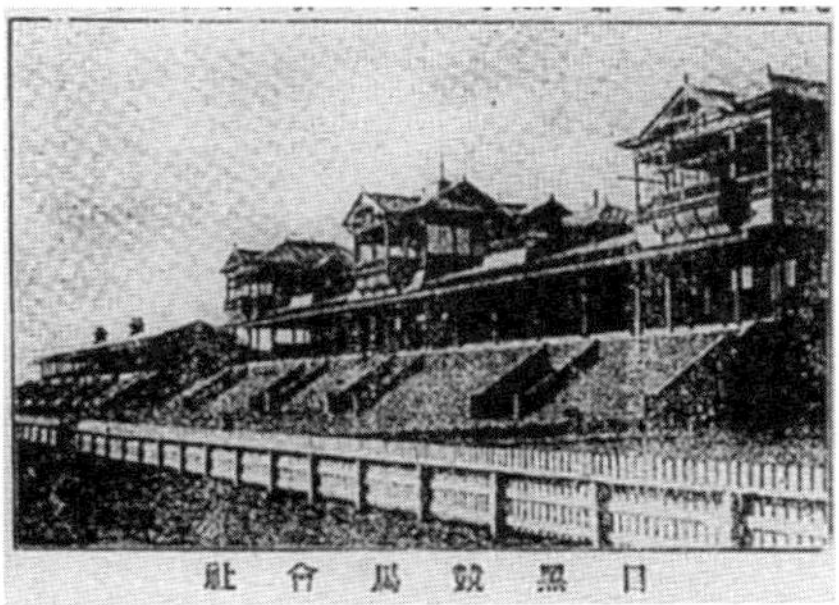


(『日本』明40・12・7)

図19 「目黒競馬場の光景」

(『競馬世界』第2号、明40・12・15)

た一四〇〇、二四〇〇メートルなどのレースのスタート地点は、向こう正面の二コーナーよりでコース内の畑地にその視界が妨げられていたが、地主との交渉が成立し、第二回開催を前に掘り下げられた(161)。また午後になると西日を受けて、望遠鏡ではレースを見づらかったという。現・目黒駅あたりの台地は「夕日の岡」と呼ばれた名所だったが、競馬場が存在する台地も夕日がきれいで、その自然が織りなす風景美が却って仇となっていたものだった。

当時、各競馬場の開催時には、臨時列車が出されるのが通例だったが、明治四〇年一二月第一回開催時、日本競馬会の場合の時刻表を見ると、新橋発が午前八時一〇分、目黒着八時四〇分、帰りが午後五時三四分発、五時五六分新橋着、横浜(現・JR桜木町駅)からは午前七時三〇分発、目黒着八時一八分目黒着、帰りが午後四時五七分発、横浜着が五時五二分というから(162)、現在のそれぞれ一五分、四〇分よりは時間がかかるが、都市近郊の競馬場として便利のよいところにあった。列車でやってきた人々は、目黒駅で下車すると、急な行人坂を下り、目黒川に架かる太鼓橋を渡って、蟠竜寺(岩屋弁天)にぶつかるとそこを右に折れ、現・山手通りを進んで大鳥神社の所で今度は左に折れ、現・目黒通りに入って金比羅坂(のちにオケラ坂と呼ばれた)を上り、右手に厩舎群、そしてその先の左手にスタンドが見ながら入場門をくぐった。駅からは権之助坂を下り、新橋を渡ってそのまま大鳥神社を過ぎて競馬場という現在の目黒通りのルートもあったが、当時は行人坂の方がメインストリートだった。駅から競馬場までは、いずれのルートでも二キロ弱だった。

日本競馬会が、馬政局から馬券発売を黙許する社団法人として認可されたのは明治四〇年三月一五日[163]。設立の目的は、申請時は、「本会は馬匹に関する国民の思想を涵養し産馬事業の発達と馬術の進歩を期し兼て社交を幇助せんが為」と[164]、東京競馬会と同一のものであったが、五月、「主として産馬事業の発達を期し内外産良種の馬匹を購入し其良否を鑑別して馬匹の改良を謀る為め競馬を挙行し兼て社交を助く」[165]と、京浜競馬倶楽部と同一のものに修正した。日本競馬会と同じ日に認可された京都競馬会は当初から、またこれ以降認可される他の競馬会も、京浜競馬倶楽部と同じもの目的として掲げるので、これが定型のものになった。馬政局が、日本競馬会の認可を西園寺首相宛に上申したのは一月二三日、その決定は二月二五日。馬政局は、前年九月一三日の京浜競馬倶楽部以降、認可を一時中断していたが、日本競馬会は、同日付で認可された京都競馬会とともにその再開第一号だった。

日本競馬会が認可を申請したのは前年八月三〇日付、その申請人として名を連ねたのは安田伊左衛門、松平容大、関直彦、松尾清次郎、中山孝一の五名。安田は、東京競馬会設立の中心人物。松平容大は、先にも紹介したように旧会津藩主容保の嗣子、貴族院議員、元騎兵大尉で安田の知己、東京競馬会の理事、安田の競馬人脈の一人。関は後述。松尾清次郎は弁護士、京橋区選出東京府会議員（憲政本党）、東京競馬会認可時からの常議員、また静岡競馬会発起人の一人でもあった[166]。中山は、千葉農工銀行支配人、加納久宜が日本体育会の事業として競馬会を設立した際に、加納に資金提供等を申入れていた人物、東京競馬会認可時からの常議員[167]、中山も東京競馬会の人脈の一人。このように申請人の五名の内三名は、いわば東京競馬会系だった。のちに園田実徳の馬政への「功労」を記録したものによれば、競馬場濫設の形勢が見えてきたので、東京競馬会の理事たちが、その動きを牽制することもあって競馬場用地を目黒方面に選定、加納久宜会長の承認のもとに安田、松平、松尾清次郎、中山孝一が、ついでそこに関直彦と園田実徳が加わって認可申請したものだったという[168]。ただし、濫設の動きの牽制が目的だったというよりは、京浜競馬倶楽部の認可が近いのを知り、さらに他の申請の動きが出てくる前に東京周辺での競馬に関する権益を確保しておくというのが実情であったと思われる。なお園田は発起人には名を連ねていなかったが、その競馬に関するキャリアからも、この計画に加わってからは、その中心的な役割を果たしていたはずであった。園田も関も、東京競馬会の設立当初からの会員で、この明治四〇年二月、園田は理事、関は常議員（翌年から理事）に就任していた(169)。ちなみに日本競馬会の認可で、その他の東京周辺における競馬会設置をめぐる動きは、東京ジョッケー倶楽部と総武競馬会の二つに糾合される形になった（後述）。

あらかじめいっておけば、認可後の日本競馬会の中心となったのは、安田ら東京競馬会系ではなく、園田と関直彦であった。日本競馬会という呼称には、おそらく園田の日本の競馬界をリードしていくという自負の念を込めていたが、園田はそれにふさわしい人物であった(170)。

園田（一八四八～一九一七）は、薩摩出身、藩主の小姓を務め、西郷隆盛の知遇を得て維新で「国事」に奔走、後に園田の長女は隆盛の嗣子寅太郎と結婚、明治五（一八七二）年開拓使に出仕、明治一五年の開拓使廃止後は、実業界に転じ、北海道共同運輸会社社長を皮切りに、鉄道、炭鉱、銀行などの分野にも進出、政財界に幅広い人脈をもった。それとともに、明治一六年九月函館で創立された北海道共同競馬会社の発起人の一人となり、以後も函館の競馬の中心人物として活動、また明治一九年からは開拓使七重勧農試験場を引き継ぎ馬産にも従事、ついで明治二八年には、函館の桔梗野一帯に軽種馬生産を主とする牧場を経営し、ハンガリー、英国、オーストラリアから種牡馬、繁殖牝馬を積極的に輸入した。その園田牧場からは明治、大正、昭和と活躍馬が輩出された。園田は、鹿鳴館時代にも、明治二四年に日本レース倶楽部の役員を務めたあたりから東京、横浜の競馬でその持馬が活躍を見せた。明治四一年八月には京都競馬会の運営を全面的に引き継ぐなど、この馬券黙許時代には競馬界の押しも押されもしない牽引者になった。各競馬場では、園田夫妻とその娘が、愛馬に声援を送る姿がよく見られた

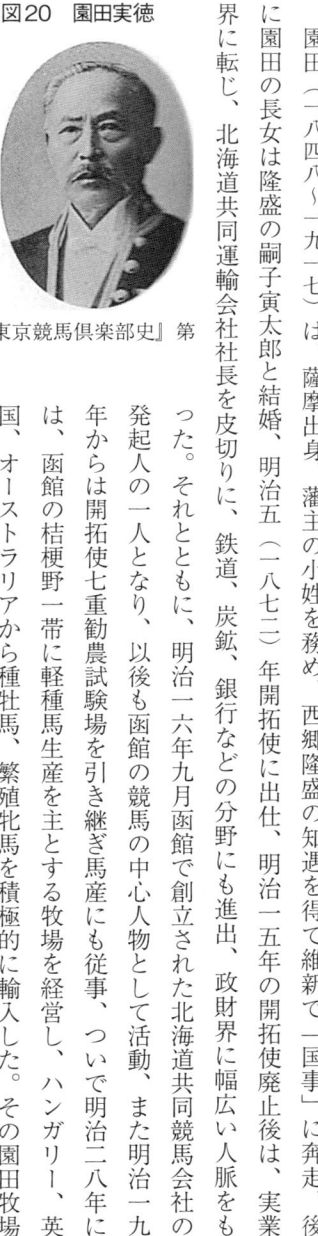

図20　園田実徳

図21　関直彦

（ともに『東京競馬会及東京競馬倶楽部史』第1巻）

が、その際には二頭立の馬車三台で出かけるのが常だった(171)。この時代の代表的な所有馬は、シノリ（父第二スプネー、母ミラ、新冠御料牧場産）、ハナゾノ（父豊平、母千里、日高大塚牧場産）、ホクエン（父豊平、母不詳、日高大塚牧場産）だった。

園田は、目黒競馬場から六〇〇メートルほどの大鳥神社の近くに外厩を構えたが、専属騎手は菅野小次郎(172)。菅野は、昭和期を代表する調教師となる尾形藤吉の師匠。尾形（当時大河原姓）の騎手としてのデビューは、馬券禁止直後の明治四一年一二月の日本競馬会秋季開催、ホクエンに騎乗してのものであったが、「小僧騎手大河原の技能も多少称するに足る」といった将来を予感させる記録が残されている(173)。園田は、競馬界でも安田伊左衛門と並ぶかあるいは安田を上回る指導的人物であり、競馬史のうえでその名を安田以上に残す可能性があったが、明治四四年以降、競馬会の運営からは退き、持馬の出走も止め、自らその道を閉ざしてしまった。大正三（一九一四）年北海道庁函館外三支庁管内選出の衆議院議員（政友会）となる。

なお園田は、桔梗野の牧場の経営を実弟の武彦七に任せていたが、この彦七は、武邦彦、武宏平両元調教師の祖父、武豊騎手、幸四郎調教師の曾祖父にあたる(174)。彦七は騎手としても活躍、また函館競馬会、日本競馬会の理事に就任、開催にあたってはスターター、ハンデキャッパーなどを務め、また馬主でもあった（後述）。ちなみに彦七は美男子で函館の花街での人気も高く、道南一帯の婦女子の憧れの的だったという(175)。

そして園田とともに会の中心的存在だったのが関直彦（一八五七〜一九三四）であった(176)。関は、明治一〇年代後半から二〇年代前半の東京日日新聞記者、社長を経て、その後は弁護士、代議士として活躍、当時は憲政本党に所属して役員を務め、本党の内紛以降は犬養毅と共に行動、後に立憲国民党の幹事長、総務などを歴任、大正二（一九一三）年八月〜大正三年一二月衆議院副議長、大正一二年以降は東京弁護士会会長を三度務め、昭和二（一九二七）年貴族院議員に勅選された。金のかからない選挙を標榜し、一人の選挙違反者を出さなかったことが関の終生の誇りであったという。東京大学法学部時代の同級生には、加藤高明、穂積八束、岡倉天心、高田早苗、坪内逍遥、加納治五郎らがいた。関と競馬の関係は、おそらく明治三九年六月の馬政局設置前後だと推測されるが、馬政長官曾禰荒助から、「社会の先頭に立ちて、指導する地位にあるものが率先して、健全なる競馬会を設立して貰えないか」と勧誘され、「我が国にても英仏の競馬に則りてこれを奨励すれば必ず効果ある」と引き受けたときから始まっていた(177)。関は、新聞記者時代の明治一九年から明治二一年、ヨーロッパを歴訪、その際、英国ダービーを観戦し、「その秩序ある方法と盛況」を経験したという。書き残したものを見ると、勝馬を予想する楽しさ、馬主として愛馬が勝つ喜びなどを十分に知っていた人物であった。関は、この馬券黙許時代の競馬界で重きをなす存在となったが、早くも明治三九年一一月段階で、各地七、八ヶ所の馬匹改良会社の定款及び起業目論見書の起草を依頼されるようになっていたという(178)。そして関西競馬倶楽部、その営利会社の発起人及び取締役、東洋競馬会、鳴尾速歩競馬会、京都競馬会などの理事もつとめ、明治四一年一〇月から明治四二年三月にかけての馬券禁止反対運動、馬券復活をめざす競馬法案制定の動きのなかで中心的役割を果たし、「競馬法案運動者の隊長」とも称されることになる(179)。

この二人のリーダーシップもあって、日本競馬会は、内部対立がないか、あるいは少なくとも表面化しない競馬会になった。そして園田と関のコンビは、馬券黙許時代の競馬界をリードしていくことになる。

日本競馬会の認可申請は、京浜競馬倶楽部の一ヶ月後であったが、認可は半年も遅れた。先述したように、各地での申請の動きは、京浜競馬倶楽部認可と相前後して、次第に増えはじめ、年が明ける頃には五六、二月までには全国で七二以上の競馬会になっていた。馬政局は、一県で複数の競馬会が認可をめざしている場合、合同して一競馬会になることをその申請受付の条件にした。東京周辺では複数の認可が考えられていたが、それでも可能な限りの合同が必要だった。前年八月三〇日付の日本競馬会の申請以降、東京周辺でも認可をめざす動きが複数存在するようになり、そのなかに同名の二つの帝国競馬倶楽部が含まれていた(180)。設立時期はともに不詳だが、一つは小山田信蔵外二四名、もう一つは斉藤峰三郎外一一名が、それぞれ馬政局に認可を出願した。そして小山田らが帝国馬匹株式会社、斉藤らが帝国馬匹改良会社という営利会社も設立した。小山田は、実業家、茨城水戸市選出、政友会の衆議院議員(181)、

図22 「帝国馬匹株式会社株式募集広告」

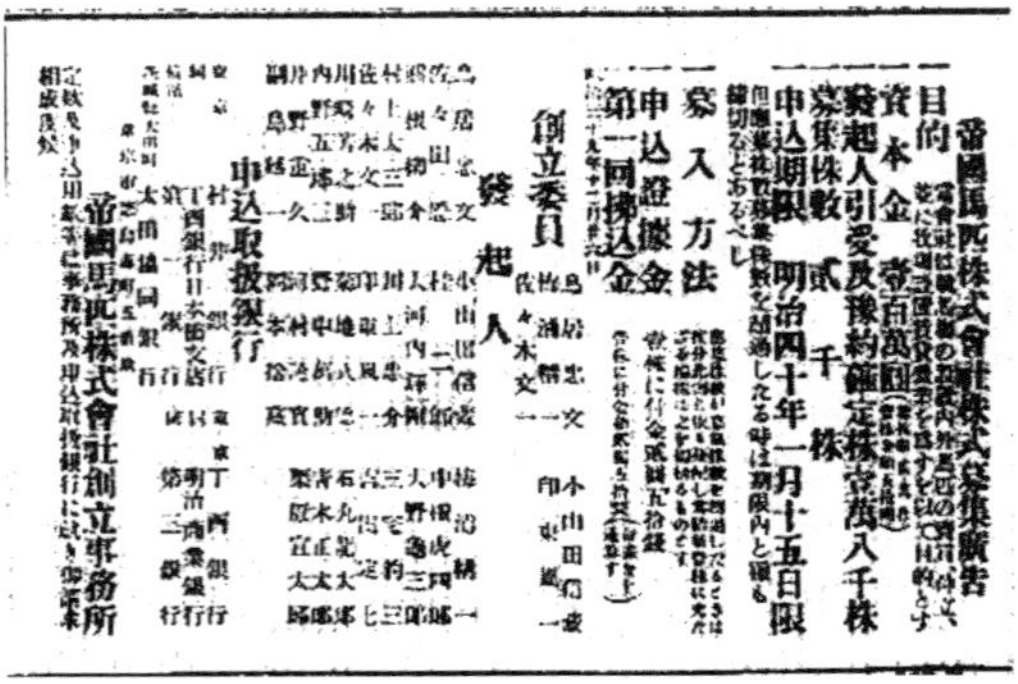


(『国民』明39・12・28)

図23 「〆切広告」

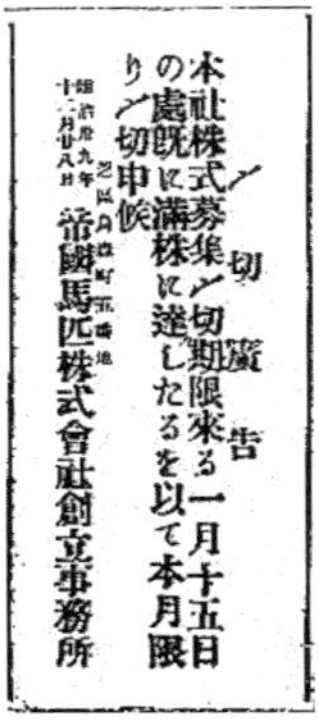

〆切廣告
本社株式募集〆切期限來る一月十五日の處既に滿株に達したるを以て本月限り〆切申候
帝國馬匹株式會社創立事務所


(『東京日日』明39・12・29)

日本競馬会設立に伴い理事、馬主ともなる。斉藤峰三郎は東京高等師範学校を卒業し，明治二〇年に第一国立銀行に入行、明治三〇年東京海上副支配人に転出、その後斉藤ビルブローカー社長(182)。斉藤も、東京馬匹改良株式会社取締役に就任、また日本競馬会第一回開催執務委員検量係、明治四二年春季開催も検量係をつとめることになる(183)。

小山田らの帝国馬匹株式会社の設立は、明治三九年一二月二六日(184)。資本金一〇〇万円（総株数二万株）、発起人引受及び予約確定株一万八〇〇〇、募集株数二〇〇〇。申込期限は翌明治四〇年一月一五日だったが、募集二日目の一二月二七日には満株となるほどの人気だった。その創立委員、発起人には鳥居忠文、梅浦精一、小山田信蔵、佐々木文一、大河内輝剛、桂太郎前首相の弟二郎、大野亀三郎、三宅豹三、石丸龍太郎、川上忠助らが名を連ねていた。鳥居は、元下野壬生藩主、貴族院議員(185)、札幌での競馬会認可をめざす北海道競馬倶楽部の発起人としても名を出す。梅浦は石川島造船所重役(186)、先に紹介したように大河内は歌舞伎座社長、佐々木は弁護士、三宅は歌舞伎座専務取締役、この三人は京浜競馬倶楽部の営利会社日本馬匹改良株式会社の社長、監査役、取締役にも就任する。大野は、岐阜県郡部選出、大同倶楽部の衆議院議員、実業家(187)、関西競馬倶楽部の発起人、理事となり、北海道競馬会の営利会社の北海道馬匹改良株式会社監査役にも就任する。石丸は、元老院議官、元日本銀行員、園田の二女の娘婿(188)。川上忠助は園田の四女の娘婿(189)。石丸と川上の名があるのは、園田もこの会社に何らかの形で関与していたことをうかがわせている。またこの帝国馬匹は、東京とともに小山田の地元水戸にも競馬場設置する計画があった(190)。一方斉藤らの帝国馬匹改良会社は大橋新太郎（博文館社主）らが発起人だったいう以外は不詳。なお日本競馬会も、その営利会社として、遅くとも二月には、関直彦らが日本馬匹改良会社を発起していた(191)。

馬政局は、「基礎の確実并数の制限上より」この日本競馬会と二つの競馬倶楽部に合同を命じ、これを受けて三団体は協議に入り、「先願者の日本競馬会に許可を与えられたい」とあとの二倶楽部が願い出る形をとっての合意がなった(192)。馬政局が、認可の上申を首相宛に行ったのが一月二二日付だったので、遅くとも一月中旬頃には、この合意がなされていたはずである。馬政局馬政課長増田熊六騎兵少佐は、一月三一日衆議院予算委員第三分科で、今後の取締、認可方針について尋ねられ、一時に認可する馬匹の供給との「権衡」がとれなくなるので抑えたいと考えてはいるとしながらも、つぎのように答弁した(193)。

……此大都会付近に於ては若干の競馬会は許したらよかろう、其他の県に於ては凡そ此産馬の供給が許す範囲内に於て必要なる土地と認めた所に於て、審査をして此会は確かなる会で組織し得られるものである、即ち政府の方針に従って産馬の改良の助けになることの出来る会であると認めたものは、政府は漸次許可したいと云う積りです

日本競馬会、そして京都競馬会、関西競馬倶楽部、北海道競馬会の認可が内定していることを念頭においた答弁だった。西園寺首相、法制局長官岡野敬次郎が、日本競馬会を「稟申の通り決定相成可然と認」めた決済をしたのは二月二五日付。そして三月一五日付の認可になった。上申から認可の間、少し時間を要したのは、先の一二月認可基準を示した閣令一〇号に、「第二条の二　競馬開催を目的とする法人が設立の許可を得たる日より満一ヶ年内に設備を完成せざるときは主務官庁は設立の許可を取消すことあるべし」、「第六条　競馬開催を目的とする法人が馬政長官の命令を遵守せざるときは主務官庁は設立の許可を取消すことあるべし」を追加した閣令二号公布、施行（三月一

図24

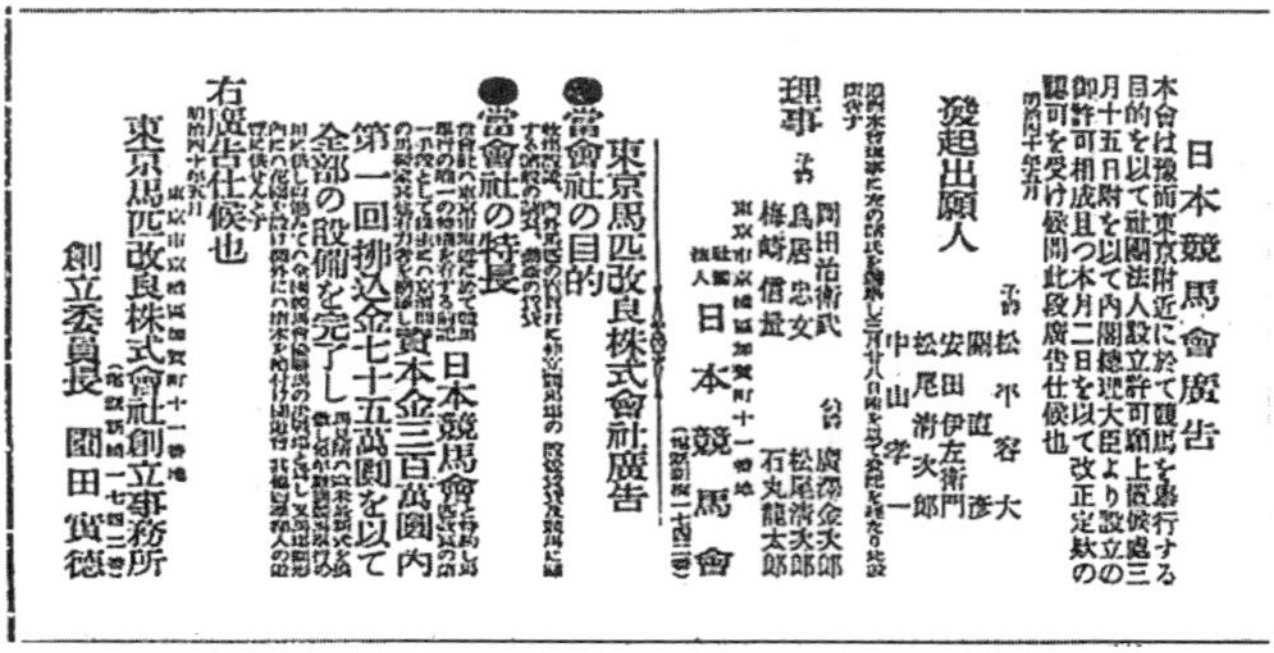

日本競馬會廣告

本會は豫而東京附近に於て競馬を專行する目的を以て社團法人設立許可願上置候處三月十五日附を以て内閣總理大臣より設立の御許可相成且つ本月二日を以て改正定款の認可を受け候間此段廣告仕候也

發起出願人

松平容大
關直彦
安田伊左衛門
松尾清次郎
中山孝一

理事

岡田治衛武
廣澤金次郎
鳥居忠文
松尾清次郎
梅崎信量
石丸龍太郎

日本競馬會

東京馬匹改良株式會社廣告

●當會社の目的

●當會社の特長

日本競馬會
資本金三百萬圓内
第一回拂込金七十五萬圓を以て
全部の設備を完了し

右廣告仕候也

東京馬匹改良株式會社創立事務所

創立委員長　園田實德

（『万朝報』明40・5・5）

五日）を待ってのものだった(194)。日本競馬会は、認可を受けて、岡田治衛武、広沢金次郎、鳥居忠文、松尾清次郎、梅崎信量、石丸龍太郎の六人を理事に選出、東京区裁判所に三月二八日付で登記した(195)。岡田は山口県郡部選出、大同倶楽部の衆議院議員、実業家(196)、北海道競馬会に合流する札幌競馬倶楽部にも名を出した。広沢金次郎は、広沢真臣の嗣子、元スペイン兼ポルトガル公使、貴族院議員、英国各地の競馬を視察した経験をもち競馬に関する「有数の通人」だったという(197)。鳥居は先に紹介したように小山田の帝国馬匹株式会社の発起人、元下野壬生藩主、貴族院議員。広沢と鳥居は会の顔として担がれたもので運営には関与しなかった。松尾も先に紹介したが、弁護士、東京府会議員。梅崎は退役騎兵大佐、元福知山俘虜収容所委員長、第一回開催の馬場取締に就任する(198)。馬場取締は、コースの管理とともに開催の運営責任者という重責を担う地位だった。石丸は園田の窓口役であった。

日本競馬会への合同とともに、二月上旬、先にあげた日本馬匹改良株式会社などその三つの営利会社も合同して、東京馬匹改良株式会社の設立に合意(199)、日本競馬会の認可を受けて、期間三〇年の競馬場等施設の賃借契約を締結した(200)。日本競馬会は、四月一二日付で、その旨を盛り込んだ定款改正の認可を馬政局に申請、同局は二二日付でその認可を西園寺首相に稟申、五月一日付で認可された(201)。これを受けて、日本競馬会と東京馬匹改良株式会社は、五月五日以降、東京で発行されていた各新聞に広告を掲載した(202)。体外的にその存在を明らかにし、会社が株式の募集を開始する宣言であった。

東京馬匹改良株式会社の創立委員長は、先に日本競馬会の発起人、理事にはその名がなかった園田実徳(203)。同社は、競馬場施設を建設、所有し、開催毎に日本競馬会に貸与するという、川崎の京浜競馬倶楽部と日本馬匹改良株式会社と同じ方式のものだった。目的として、「牧場設置、内外馬匹の売買並びに仲立ち、競馬場の設置賃貸及び競馬に関する諸般の請負、動産の賃貸」を掲げ、そして日本競馬会と三〇年を年限としてその間の開催は必ず会社の施設を使用するといった契約を結ぶとした。同社の資本金三〇〇万円、内第一回払込金七五万円で、「全部の設備を完了し、馬見所は欧米最新式を模倣し、毎年数回競馬興業の用に供し、尚進みては全国競馬会優勝馬の決戦場と為し、又馬場円形内には花園を設け、柵外に樹木を植え付け、園遊会其他四季都人の遊覧に供せんとす」と謳った。その創立事務所の所在地、京橋区加賀町一一番地は、日本競馬会と同一だった。

資本金三〇〇万円は、東京馬匹、帝国馬匹改良、帝国競馬の三会社の一〇〇万円ずつをとりあえず合計したものだったので、その後調整し、七月に一〇〇万円に減資、第一回払込金二五万円で競馬場施設を整備することになった(204)。ちなみに川崎競馬場を建設した日本馬匹改良株式会社は資本金三〇万円、東京競馬会の当初の創業資金は一〇万円だった。なお施設の建設は、第一回払込分では資金が不足、改めて一〇万円を臨時に借入れて竣工させた(205)。その他の「特徴」として、繰り返せば、将来的に、目黒競馬場を全国競馬会優勝馬の決戦場とすることを謳っていたが、これも日本の競馬界を領導しようとする園田や関らの意気込みを示すものであった。これは、結果的に明治四四（一九一一）年連合二マイル競走(206)、そして昭和七（一九三二）年東京大優駿（ダービー）として実現することになる。だがこの後も、三営利会社の利害調整には手間取り、東京馬匹改良株式会社の創立総会は一〇月五日になった(207)。同日の議長は園田実徳、関直彦が創立経過を報告、定款の改正等を決定して、取締役会頭に園田、常務取締役に関、飯田三治、取締役に梅浦精一、斉藤峰三郎、小山田信義、安田伊左衛門の四名、監査役に中山孝一、印東胤一の二名を選出した。一二日付で東京区裁判所南品川出張所で登記が公告された(208)。飯田は、歌舞伎座株式会社取締役(209)、印東胤一は弁護士、芝区会議員(210)。同社も、高収益を誇り、明治四〇年一二月の第一回の開催の収益で、臨時借入金一〇万円を償却、年率一割（一万二五〇〇円）に加えて特別配当四割（五万円）、役員報酬九〇〇〇円、それに創立委員への報酬一万円の寄付を行うことができたほどだった(211)。

東京馬匹株式会社は、創立総会開催までには時間は要したが、それより先、抽籤豪州産馬の輸入を手配、その馬たちは八月二二日横浜に到着予定だった(212)。また日本競馬会は、八月中旬、開催を一二月六日(土)、七日(日)、一三日(土)、一四日(日)と内定した(213)。この開催を実現するためにも、用地の買収と借地交渉を進展させなければならなかった。そのためもあってだろう一坪五厘が相場だった借地料に会社が四倍の二銭を提示、地主たちは喜んで応じたという(214)。九月初旬、一万二千坪の買収、四万五千坪の借地契約にも目途が立ち、競馬場建設に着工した(215)。一〇月五日の創立総会に一ヶ月先立っていた。そして九〇日間の突貫工事で一二月三日、目黒競馬場の落成式を迎えた(216)。当日は、関係者、「朝野知名の士」、付近の有志者などが招かれ、施設の披露とともに豪州産及び内国産の倶楽部抽籤新馬の調教を見学、また素人相撲、駆足競走の余興、立食の饗応なども行われた。園田の競馬会でいうことで、注目は大きかった。

そして日本競馬会は、予定通り一二月七日第一回開催初日を迎えた。この時点での競馬会の体制は、会長園田実徳、理事は広沢金次郎、中山孝一、鳥居忠文、石丸龍太郎、梅崎信量、森謙吾、松尾清次郎、松山吉三郎、武彦七の九名、監事は益田英作、津田興二、川上忠介の三名だった(217)。益田はよく知られているように三井の総帥益田孝の実弟、三井呉服店取締役、古美術蒐集家、津田は元富岡製糸所長、実業家だった(218)。

東京及びその周辺では、九月二二日(日)、二三日(祝祭日)、二八日(土)、二九日(日)の総武競馬会(松戸競馬場)から始まり、一旦間が空いたが、一〇月二五日(金)、二六日(土)、一一月一日(金)、二日(日)の日本レース倶楽部(根岸競馬場)、一一月九日(土)、一〇日(日)、一六日(土)、一七日(日)の東京競馬会(池上競馬場)、一一月二三日(土)、二四日(日)、三〇日(日)、一二月一日(日)の京浜競馬倶楽部(川崎競馬場)と続いた毎週末の開催の蛇尾を飾るものになった。シーズンが進むにつれて各競馬会は売り上げを伸ばしていたが、日本競馬会も、開催中、騒ぎは続いたが、その波に乗ることになる。

## 3 京都競馬会

京都競馬会が、馬政局から馬券発売を黙許する社団法人として認可されたのは、明治四〇年三月一五日(219)。日本競馬会と同日付、時系列でいえば、馬政局が、京浜競馬倶楽部の認可以後、一時棚上げにしていたものを再開した際の日本競馬会と並ぶその第一号だった。京都競馬会の法人登記は当初、東京で行われ、京都での登記は、同年九月のことになった(220)。認可当時の会員は三九名(221)。関西地方では、五日後の二〇日に関西競馬倶楽部が認可されるが、逆に第一回開催は、関西が明治四〇年一一月、京都が明治四一年五月のことになる。開催まで時間を要したのは、京都競馬会は、京都在住のグループにとどまらず、東京在住のグループ、島根の資産家のグループなど、いくつかのグループが合同して認可を受けたが、京都のグループ内での主導権争い、また京都在住のグループと東京在住グループなどとの対立があって、競馬場施設の建設にあたる営利会社の設立に時間を要し、その間、競馬会も活動停止状態となっていたからである。そして明治四一年五月第一回開催にようやくこぎつけたが、開催後、競馬会の執行部は、赤字への対応や今後の開催の見通しが立たないことで、その全権を営利会社とともに日本競馬会の園田実億、関直彦に移譲することになる。なぜこのような京都競馬会が、早期に認可されたのかは不詳であるが、おそらく申請の時点でとにかく一つの組織にまとまっていたこと、そして実兄広橋賢光を会長に据えることの含みで馬政局次長藤波言忠の力が働いたことがあったと思われる(222)。

競馬場は、当時の葛野郡大内村と西七条村、現在でいえば五条通りの北の万寿寺通、北小路通り、新千本通り、御前通りに挟まれた一帯に位置した(223)。コースは一周一マイル、幅員一七間(約三〇・九メートル)、総坪数は三万七千坪、コース内を含めると八万七千坪だった。コース用地の地質は堅く、粘土を敷いて均したという。馬見所は、現・中央卸売市場の新千本通りを挟んだ朱雀分木町から宝蔵町にかけた辺りに位置し、幅一六間(約二九・一メートル)、長さ二四間

図25　京都市街と競馬場

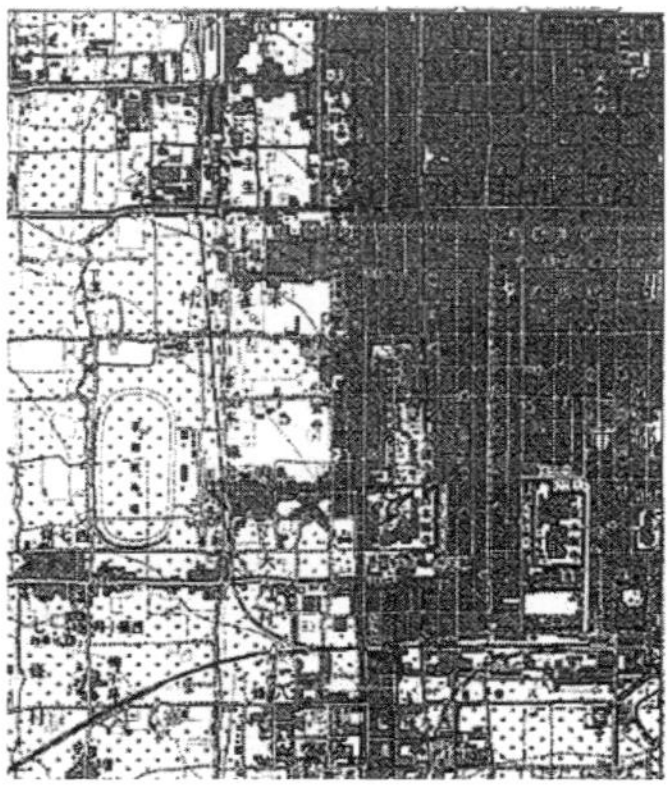

図26　京都競馬場（島原）

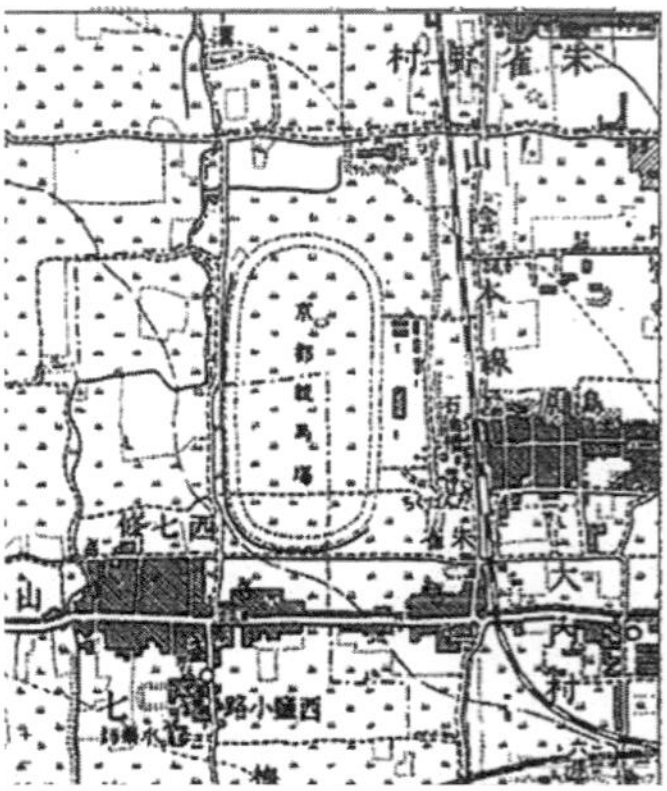

（ともに、1/20000「京都南部」明治42年測図大正1年8月15日発行「今昔マップ on the web」より）

図27　「京都競馬会馬見所」

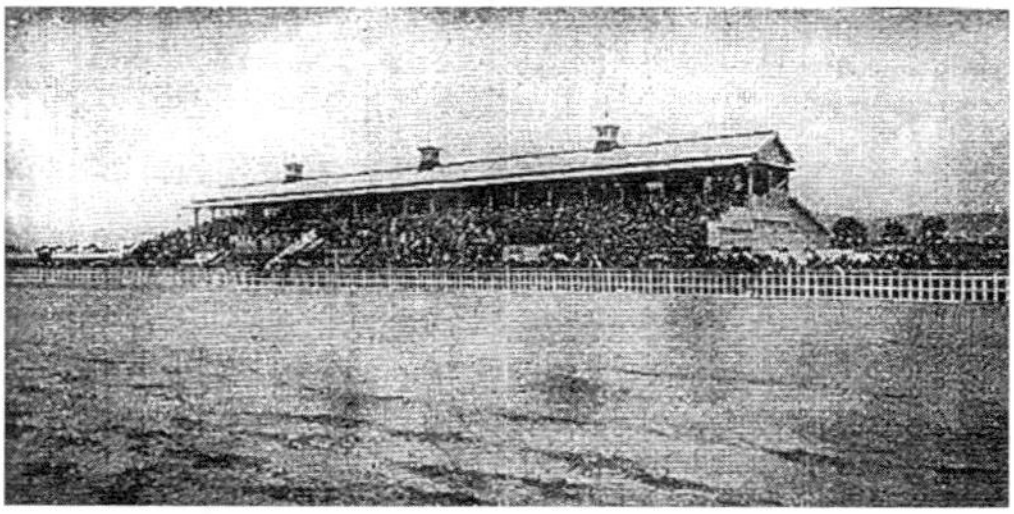

（『馬匹世界』第8号、明41・6・15）

（約四三・六㍍）の木造建築、南方を貴賓席及び一等席、北方を二等席に分けていた。なおこの馬見所は本来二等館で、一等館は後に建設予定だったが実現しなかった。このように二等館で第一回開催を迎えたのは、他に京浜競馬倶楽部、東京ジョッケー倶楽部があった。厩舎は馬見所北に六棟を設置、一二〇余頭を収容できた。馬場の西方には愛宕山系、北方には衣笠山から大文字山、東方には京都鉄道（現・ＪＲ山陰線）の線路を挟んで島原遊郭が位置し、その彼方に市街地、東山が一望できた。島原遊郭、南方の七條通りの集落、北東の壬生寺周辺を除けば、競馬場の周囲には麦畑が広がっていた。現在、跡地一帯は、京都リサーチパーク（ＫＲＰ）、住宅地、学校、京都市中央卸売市場になっており、競馬場の面影はまったく残されていないが、ただ御前通りの一つ東側の通りは向う正面のコースをほぼなぞり、また西高瀬川もほぼ当時のままに流れている。

この京都競馬会が、馬政局に認可を申請したのは、明治三九年一二月八日付(224)。発起人に名を連ねていたのは、安田種次郎と岩村茂らを含む京都及び東京の一七名。発起人の筆頭は多村知興、多村は別雷神社宮司だった(225)。予

図28

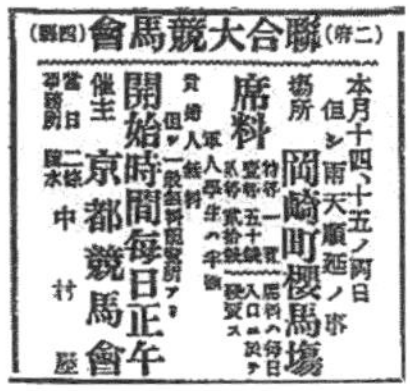
（二府）聯合大競馬會（四縣）
本月十四、十五ノ兩日
但シ雨天順延ノ事
場所　岡崎町櫻馬場
席料　特等一圓　壹等五十錢　三等貳拾錢
席料ハ毎日入口ニ於テ徴收ス
軍人學生ハ半額
貴婦人無料
開始時間毎日正午
催主　京都競馬會

（『京都日出』明39・10・13）

図29

図30

ともに、安田種次郎京都競馬会第二回開催記念絵葉書「京都於桜馬場催主京都競馬会39-10-14・15」（立川蔵）

定資本金は二五万円。この時点での競馬場候補地は伏見三栖とその他二ヶ所だった(226)。岩村は、弁護士、京都商業会所書記長、大谷派本願寺法律顧問(227)。ちなみに東本願寺の大谷光瑩法王は競馬好きで、競馬場によく姿を現すことになる(228)。安田は、京都乗馬会会長、この明治三九年四月、京都競馬会を設立、岡崎公園桜馬場（数百メートルの馬場、現・京都会館、京都市美術館別館、平安茶寮一帯）で二府四県連合大競馬会を開催した(229)。騎兵第四連隊の全面的支援を受け、久邇宮多賀王も臨場。「明治の島原時代から京都の競馬とともに半生をすごした山尾徳三」(230)も騎手として参加、勝鞍をあげた。京都競馬会は、一〇月にも、同様の第二回大会を開催、記念絵葉書も発行された(231)。

安田は、馬術界では名の通った人物であり、この連合競馬会の実施に示されたように組織、運営力も兼ね備えていた。おそらく安田は、東京競馬会の結成、馬政局の設置を知り、将来の馬券黙許の認可を視野に入れて、この京都競馬会を設置、一〇月には、「資本金五万円乃至十万円」で競馬会社設立に向け賛同者を募りはじめた(232)。そして一二月、岩村とともに京都及び東京の「有力者十数名」を加えて、申請を行ったものだった(233)。その東京の賛成者として子爵加納久宜（東京競馬会会長）、子爵藤波言忠（馬政局次長）、子爵松平容大（東京競馬会理事）、伯爵広橋賢光の名が報じられた。ちなみに京都の地元紙京都日出新聞は、社長雨森菊五郎が京都競馬会の発起人に名を連ねることになるが、この動きを主筆大道雷淵は、社説でつぎのように批判した(234)。

……公開賭博は馬匹改良に対して殆無関係、畢竟射倖心の挑発と助長とあるのみ、馬貴きか、人貴きか、人を以て馬に代ゆ、吾人固より其の可なるを知らず、而かも事実は却りて人を傷けて馬に加ふる所あらず、公開賭博を以て馬匹改良の資に供すと云う、馬若し知るあらば其の迷惑を喞たん、吾人は泰西文明の醜悪なる陋習を随喜する所以を知らず。

この社説は、東京競馬会第一回開催を受けての東京の各新聞が反競馬へ姿勢に転換したのに影響を受けたものだろう。その他、コラムでも馬券に対する批判を続けた(235)。だがこれらの批判が、京都での競馬会設立に向けての動きに影響を及ぼした形跡はなく、その動きは弱まるどころか逆に強まっていった。

馬政局は、八日付の申請に対して、一旦、一二月二五日付で、「許可を与えられ可然存候」と西園寺首相に上申した(236)。京都から申請が京都競馬会のみであったこと、そして安田らに二度の競馬会の開催実績があったこと、さらには藤波言忠の後押しも加わっていたことで短時間での上申になったのであろう。だが馬政局が認可が妥当との判断を下そうとしていたまさにその時、この京都競馬会の他に三つのグループが競馬会を設立、馬政局の認可を求める動きに出た。馬政局は、東京、神奈川、北海道を除けば、認可は一府県、一競馬会に限定する方針であり、複数の競馬会設立の動きがあれば、一本化することを認可の絶対条件にしていた。京都競馬会は、おそらくこういった馬政局の方針を把握したうえで、この三グループの認可申請の動きに対して、他のグループが望めば、受け入れは拒まないという姿勢を表明した(237)。安田、岩村らは、認可対象はあくまでも自らが主導する競馬会であるとの確信をもっていた。

まず一つ目のグループは、近江製糸、長浜銀行頭取、かつて貴族院多額納税議員であった下郷伝平(238)を中心と滋賀県の実業家たちであった。馬政局に申請の願書を出す準備を進めていたが、同局の指導もあって一二月二〇日より前に、京都競馬会への合同に同意した(239)。

また京都の森田三郎を中心に、大阪、滋賀在住の近江出身の錚々たる実業家ら数十名が発起人に名を連ねた京都競馬会だった[240]。創業資金五〇万円、会員の出資額は一口五〇〇円、京都市「付近に競馬場を新設し本邦産馬事業の発達を期せん」ことをその目的として謳い、一二日付で、府庁に認可の出願を行った。森田三郎は、京都区裁判所検事から弁護士に転じ、かたわら名古屋ホテル社長、大阪ホテル、京都信託などの取締役を務めた人物[241]。このグループも、一二月下旬、安田らの京都競馬会への合流にほぼ合意した[242]。この二つのグループのなかからは、その後、競馬に関与した人物は出てこなかったので、投資話としてとりあえず手をあげたものだったと思われる。

そして村井貞之助、岡崎邦輔、林謙一郎ら数十名が発起人に名を連ねて、一二月二八日、京都府庁を通じて認可を申請した京阪競馬倶楽部だった[243]。村井は、村井銀行役員、申請直前の一一月創立の京阪電気鉄道の監査役、その京阪鉄道の取締役岡崎邦輔、渡邊嘉一、佐分利一嗣、林謙吉郎も発起人であったので[244]、おそらくこの京阪競馬倶楽部は、その名にも示されているように創立したばかりの京阪鉄道の役員たちが中心になって申請に動いたものだった。この倶楽部は、中川三七（四十三銀行頭取）を発起人代表とする営利会社、京阪競馬株式会社の併設も計画していた[245]。この村井のグループも一二月三〇日と岩村らと合同の協議を行い、年明けには合意に達した[246]。

このように以上の三グループは、岩村、安田の京都競馬会に合流して、公認をめざしていくことになった[247]。そして一月一〇日過ぎ、一旦は、京阪電気鉄道の理事林謙吉郎（東京）ら二〇余名を発起人とする社団法人京都競馬倶楽部として、改めて設立認可申請を行うことになったが、このときは、手続が正規のものでないと書類が市役所から申請人に返戻された[248]。この後、早い段階で名称を京都競馬会にもどしたようである。

そして京都競馬会は、内貴甚三郎、雨森菊太郎、西村治兵衛、大澤善助、中井三郎兵衛、飯田新七、井上治郎兵衛、濱岡五雄、伊藤平三、稲垣恒吉、西川幸兵衛、津田栄太郎、新実八郎兵衛、田中敷之助、兼田義路、植田長三郎、船槻源徳、松井庄七、渡辺伊之助、池田清助、平井仁兵衛、井上利助、芝原嘉兵衛、芝広吉、隈田源太郎といった京都の政財界の中心的人物たちを発起人に加えていった[249]。この内貴らを発起人に加えるという計画は一二月の認可申請時にはもたれていたものだった[250]。内貴甚三郎は衆議院議員、京都織物、京都商工銀行、京都織物株式会社の取

締役、初代京都市長(251)。雨森菊太郎は元衆議院議員、京都日出新聞社長、京都府農工銀行頭取。西村治兵衛は呉服商千切屋店主、京都商業会議所会頭、商工貯蓄銀行頭取。大澤善助は大沢商会主、京都電気鉄道創業者。中井三郎兵衛は中井商店主、京都織物、東京印刷、京津電気鉄道、王子製紙などの役員。飯田新七は高島屋店主。井上治郎兵衛は京都西部煙草元売捌合名会社代表社員。濱岡五雄は京都の政財界の中心的存在である濱岡光哲の娘婿、日本銀行員。伊藤平三は伊藤平商店主、日本製布株式会社取締役、京都織物株式会社監査役。稲垣恒吉は、稲垣合名会社業務担当社員、第一絹糸紡績社長。西川幸兵衛は京都商業銀行取締役、呉服商（枡屋）。津田栄太郎は西陣織物商、京都織物株式会社、西陣撚糸再整株式会社、京都瓦斯株式会社各監査役。新実八郎兵衛は天蠶糸商。田中敷之助は京都府農工銀行取締役頭取、丹波寒天株式会社取締役、薪炭商。兼田義路は愛宕郡長。上田長三郎と船槻源徳は上賀茂村の有力者、それぞれ村長も務めた。松井庄七は京都電灯株式会社、京都工商株式会社、絹糸紡績株式会社取締役、半襟商。渡辺伊之助は西陣織物商、京都織物株式会社専務取締役、京都工商株式会社取締役、商工貯金銀行、京都商工銀行各監査役。池田清助は池田合名会社長、京都美術倶楽部各取締役。平井仁兵衛は織物商。井上利助は商工銀行取締役、京都商工銀行監査役、呉服商。芝原嘉兵衛は京都取引所理事、京都電気鉄道株式会社監査役。芝広吉は京都商工銀行元支配人。隈田源太郎は不詳。

京都の有力者のオールスターキャストといってもよい顔ぶれだったが、逆にそのことが機動力を削ぎ、意思決定を遅らせることにもなった。ちなみに、当初は、認可後にこれらの有力者の「賛成を乞う」段取りであったが(252)、認可が棚上げになるなかで、認可前に加える形になったようである。このなかで実際に動くことになるのは、内貴、雨森、渡辺伊之助、芝原嘉兵衛、津田栄太郎、稲垣恒吉ら。残りの人物たちは名を貸した格好だったと思われるが、それでも少なくとも京都に競馬会を設立することに賛意を示したことは確かであった。会長には在東京の大有力者を推薦する由と報じられたが(253)、この時点で誰が候補だったかは不詳だが、先にもふれたように馬政局次長藤波言忠の実兄伯爵広橋賢光だった可能性が高い。

京都競馬会は、これらの新たな人物たちの名を発起人に名を連ねたことで、多村らの京都競馬会の発起人に内貴甚三郎外二三名を加え、発起人を多村外四〇名とする修正を馬政局に上申、これを馬政局は、一月二三日付で長官曾禰、内閣書記官長石渡敏一宛に申進した(254)。その後、京都競馬会は、内容は不詳だが、改めて「府庁示命の通り訂正し」、二月四日、認可申請書を「再度発起人より市役所に差出」した(255)。

このように京都競馬会が認可に向けて動いている一方で、時期は不詳だが、遅くとも年が明けた頃には、先の京阪競馬倶楽部とは別の東京のグループも京都での申請に動いていた。この頃には、「権利を壟断せんと」各地に競馬会設立を計画する「東京の運動家連」が増加していたが(256)、京都もその対象になっていた。

そしてこの東京の動きが、認可が遅れる要因になった。のちの動向に鑑みると、その東京グループの中心は川村惇、清水文二郎らであった。川村は、元衆議院議員、元朝野新聞主筆兼社長、実業家(257)、清水は、島根出身、明治二〇年代から三〇年代前半にかけて、島根第四区（邇摩、安濃、邑智郡）から衆議院選挙に出馬、第二回に当選(258)。資金を持つ有力者を糾合していたのであろう、この東京のグループの存在を無視することはできなかった。清水は、創立から明治四一年五月第一回開催にかけて京都競馬会の中心の一人になり、園田への全権移譲後も理事として残る。

たとえ後から割り込んできた形であっても、繰り返せば、馬政局は、各府県に複数の動きがある場合、一つにまとまることを認可の条件としていたので、認可を受けるためには、この東京のグループとの合同が必要になった。京都競馬会は、このグループとの協議を進め、遅くとも二月中旬までには、その合意に達し、二月二二日付で、発起人として川村惇外一名を加え、一名を削除し計四一名とする申請書の修正を馬政局、西園寺首相宛に申進した(259)。さらにこの段階で、おそらく清水文二郎との関係からだったと思われるが、森山義八郎、佐川豊穡らの島根在住あるいは出身のグループも、京都競馬会に加わった(260)。森山は、島根県安濃郡の富農で畜産功労者(261)、正式に発足後、京都競馬会理事として名を連ねる。また京都競馬会の営利会社の発起人としても田平喜六、清水米太郎ら島根在住の人間が加わる(262)。田平は不詳だがおそらく有力者、清水は島根の著名な酒造家だった(263)。

このようにともかくも京都での競馬会認可の申請が、一つにまとまったことで、その点での認可の条件が整った。馬政局は、二月二五日、京都競馬会の認可を首相宛に上申、三月一五日付で認可した(264)。前述した日本競馬会の認可と同じ手順であった。なお、京都競馬会の事務所は東京市赤坂区一ツ木町七〇番地（清水文二郎宅）に置かれた(265)。認可時の理事は、岩村茂、兼田義路、安田種次郎、船槻源徳、清水文二郎、森山義八郎、佐川豊穡の七人(266)。当初からの発起人は岩村、安田の二人、一月の段階で発起人に名を連ねたなかからは兼田義路（愛宕郡長）、船槻源徳（上賀茂村の有力者）の二人、東京グループからは清水一人（なお清水は島根出身）、島根グループからは森山、佐川の二人。このように京都競馬会は、京都のグループ、東京のグループ、島根のグループの三者から構成されていた。後から振り返れば、認可が優先され、グループ間の利害調整が進められておらず、京都、東京のグループが対立して、競馬会運営、営利会社設立、競馬場建設が遅れることになった。そのうえ、地元京都のなかでも、新旧の発起人たちの間での対立もあった。認可を受けて京都競馬会は、馬政局が求める一マイル以上の馬場の設置を一年以内に行わなければならなかったが、この時点で、競馬場施設の建設等に競馬会自らがあたるのか、それとも営利会社を設立して建設するのかも、まだ公には検討されていなかった。

認可を受けて、三月二〇日、京都在住の発起人たちが集まりをもった(267)。雨森菊太郎が、「東上中在京の発起人と協議を遂げたる事項」を報告、雨森は、衆議院議員で東京滞在中であった内貴甚三郎とともにその在京の発起人との協議の任にあたっていた。これを受けて二四日、雨森、芝原嘉兵衛、兼田義路、岩村茂、安田種次郎らが、京都在住者の競馬会創立委員会を開き、二八日に京都発起人会を開催すること、出資金は一口一〇〇円（証拠金五円は申込時払込）、京都分一五万円の三分二（一〇〇〇口）を発起人が引き受け、残り三分一（五〇〇口）は「同会設立の功労者其他」に割り当てること、その内訳は二〇〇口を賛成人、一〇〇口を「馬主その他知名の有力者」、二〇〇口を設立の功労者及び競馬会「事業の発展を援助すべきもの」、そして「敷地の買収及び馬見所の建設等」にあたる営利会社結成については委員を選出して検討することを確認した(268)。この日の合意事項に鑑みると、雨森が東京側と行った協議のポイントは、出資金の割当割合と営利会社の設立であった。京都競馬会は、競馬会が施設を建設することを前提として設立準備を進めてきたが、その方針転換をはかろうとするものだった。そして二八日、その発起人協議会で「民法上の社団法人を単一組織とすべきか或は民法上の社団法人たる本社以外に競馬場馬見所等の設備に当らしむる商法上の株式会社を併設するかの利害得失に就いて研究」する「定款修正調査委員」を選出することに合意した(269)。事実上、営利会社の「併設」を決めたものだった。調査委員に、芝原嘉兵衛、渡辺伊之助、津田栄太郎、稲垣恒吉、船槻源徳の五名を選出。商人出身の実業家、競馬場用地の村長と実務にたけた陣容だった。営利会社と競馬会の役員は兼任しないという原則に則っての選出でもあった。なおこの日、競馬会出資金に関する二四日の創立委員会の合意を変更したが、営利会社を設立すれば、競馬会が多くの資金を募ることが不要になることを想定したものだった。実際、営利会社の設立に伴い、競馬会の資本金は二万円に減額される(270)。

四月八日、京都在住者による創立委員会と定款修正委員会が開かれた(271)。帰京した内貴から、この間の東京側との協議の説明を受け、凝議、資本金三五万円の営利会社を設立、その名称を帝国馬匹改良株式会社とすることに合意した。翌九日、岩村が、この案をもって上京、東京側との協議にあたり、東京側も同意、あわせて事務所を東京から京都に移すことにした(272)。ただし営利会社の資本金に関して京都側が三五万円、東京側の多くは五〇万円を主張して折り合わなかったという。とはいえこのように一旦、設立に向けての詰めの段階に入った。

そして会社の東京側発起人の川村惇、清水文二郎、槇田吉一郎が入洛、四月二三日、二六日、二八日と京都側との合同委員会を開き、創立及び定款改正、そして敷地買収、競馬場施設の建設等について協議、ほぼ合意に達し、結了した(273)。ここで初めて名を出した槇田は、先にも紹介したように山梨県南都留郡の素封家、日露戦争には予備騎兵大尉として出征、明治三九年五月の関八州競馬会に参加、根岸、池上の開催に持馬を出走させ、その内のカツラが池上の第一回帝室御賞典を獲得。槇田は、この頃、第一回開催に向けて体制を整えつつあった京浜競馬倶楽部の常務理事に就任、またこの年八月認可を受ける東京ジョッケー倶楽部の理事となり、その実権を握る。その槇田が京都競馬会にもかかわっていた。ただし、この後、槇田の名は登場しない。

協議の結了を受けて開かれた二九日の京都競馬会理事会も、競馬会定款変更案及び馬匹改良株式会社との契約案を承認、それを付議するために五月八日の臨時総会の開会を決めた(274)。その八日の発起人臨時総会、東京の川村惇、清水文二郎、清水米太郎（島根在住）、京都の内貴甚三郎、雨森菊太郎、中井三郎兵衛、稲垣恒吉、芝田源左衛門などが出席、三時開会、（一）競馬会は馬匹改良株式会社を並立する、（二）競馬会定款の改正は原案通りとする、（三）競馬場建設などの事業の大部分は馬匹改良株式会社が施設する、（四）競馬会と馬匹改良株式会社との契約条件は原案通りとする、（五）会費一年二〇円等を可決して、七時過ぎ散会した(275)。なお（二）の定款の改正は、「馬匹に関する国民の思想を涵養し産馬事業の発達と馬術の進歩とを期し兼て社交を幇助せんが為め競馬を挙行するを以て目的とす」から「本会は主として産馬事業の発達を期し内外産馬良種の馬匹を購入し其良否を鑑別して馬匹の改良を謀る為め競馬を挙行し兼て社交を助くるを以て目的とす」に変更するものだった。これで京浜競馬倶楽部と日本競馬会のものと同一になった。そして名称を京都競馬会から社団法人京都競馬会と改称すること、さらに事務所を東京（清水文二郎方）から京都（岩村茂方）へ移転すること、馬匹改良株式会社設立を前提に予定資本金二二五万円を二万円に減額することだった。以上のように、認可以降からこの日の臨時総会まで、京都側の前面に出ていたのは、内貴、雨森、中井などの追加発起人であった。だが、これに対して申請までの中心的存在だった安田、今村らは反発、主導権を奪い返す動きに出た。

この安田、岩村の動きに、帝国馬匹改良株式会社の東京側発起人川村惇、清水文二郎、清水米太郎は応じた。五月一五日、前日夜、東京から再び入洛した川村ら三人と安田、岩村らは協議の場をもった(276)。焦点は、資本金三〇万円の総株数六〇〇〇の引受株数の割当と内貴、雨森らを実質的に排除して発起人を確定することだった。なお先にもふれたように資本金に関しては東京側が五〇万円、京都側が三〇万円の主張だった。そしてこの日、京都側、東京側それぞれの発起人を五、六名ずつとし(277)、約四〇〇〇株をその発起人に割り当て、内貴、雨森、中井三郎兵衛、稲垣恒吉、芝田源左衛門ら二二名には賛成人として「幾部分」を割り当てることに合意した。京都側の発起人は安田、今村らが占めて株式を引き受け、繰り返せば、内貴、雨森、中井らを後景に退けるものだった。二一日、京都競馬会事務所が置かれていた岩村茂方（上京区東洞院竹屋町下る）で、馬匹改良会社の内協議会を開き、東京側からは川村惇、清水文二郎、清水米太郎、京都側からは安田、岩村、兼田義路、船槻源徳、上田長三郎らが出席、会社創立事務所（市内寺町綾小路下る）の設置、二五日午後一時から発起人総会を開いて株式の割当、創立委員の選挙等を行うことに合意した(278)。

だがその二五日の発起人総会を開くことはできなかった(279)。安田、岩村らが、内貴、雨森、中井らとの交渉にあたったが、その同意を得ることができなかったからであろう。内貴らが京都でもつ力は大きなものであり、その意向に反して事を進めることは難しかった。その後も京都側の安田らの当初の発起人と内貴らの追加発起人の間の折り合いはつかず、それに加えて東京側発起人との意思の疎通も欠いた。こうして帝国馬匹改良株式会社の設立は、最終段階で頓挫した。

会社設立が行き詰まっているなかでも、京都競馬会は、先に紹介した五月八日発起人臨時総会で改正した定款を、六月七日付で、馬政局に出願(280)。これを受けて馬政局は八月一四日付で内閣総理大臣へその認可を稟申、西園寺は二四日付で「稟申の通決定相成可然と認」め、二九日付で認可した。京都競馬会は、この変更等の登記を九月六日付で東京区裁判所へ申請、一一日付で登記公告がなされた(281)。営利会社は営利会社として、競馬会の方は体制を整えておくということだった。

八月、東京側発起人は、京都側の内部対立の解消を求め、駆け引きもあったのだろうが、設立に関する一切の権利を京都側に委任する姿勢を見せたが、それでも埒が明かず(282)、一〇月にも、「会社の設立に関する全権を京都側発起人に一任するか若しくは東京側発起人をして該設立の任に当らしめ京都側発起人は一切関与」しないか、その「二者其一を選ぶ」ように迫った(283)。要するに、東京側発起人は、条件を呑まなければ、手を引くと京都側に圧力をかけ

図31

(『京都日出』明40・10・17)

た。京都側の紛糾の要因は、繰り返せば、安田、岩村らの当初からの発起人と内貴、雨森らの追加発起人との対立が続いていたことであった。東京側は、五月の協議にしたがって、内貴、雨森らを後景に退けるように安田、岩村らに迫っていたようである。

このような行き詰まりの状態のなかで、春の四月一四日(日)、一五日(月)[284]に続き、一〇月一五日(火)、一六日(水)、一七日(木)、安田種次郎が会長となって二府五県(京都、大阪、奈良、滋賀、三重、兵庫、広島)合同の大競馬会を開催した[285]。出走総数三〇〇頭。この開催も、騎兵第四連隊の全面的な支援を受け、同連隊長騎兵中佐三岳於菟勝が審判長、同隊第一中隊長騎兵大尉河辺立夫、同隊副官騎兵中尉堀丈夫、同騎兵少尉澤田淳、同助手騎兵曹長永井熊太郎らが審判官を務めた。

このまま対立が続けば、会社は解消を余儀なくされる可能性もあった。それもあってだろう、一〇月二八日の「会合」で、内貴、雨森ら追加発起人が、折れて会社から手を引くことに同意したようである[286]。そして三〇日、打開に向けての協議会を開くことになった[287]。この日、名称を帝国馬匹改良株式会社から京都馬匹改良株式会社に改めること、資本金を二五万円から一五万円に減資すること、創立委員に川村惇、清水文二郎、安田種次郎、船槻源徳を選出すること、そして改めて発起人を「勧誘」することに合意した。この四人は、川村、清水の東京側二人と安田、船槻の京都側二人からなり、五月下旬、追加発起人を一旦は排除する形になって設立寸前までにこぎつけた際の中心人物たちであった。結果的に川村、安田らが主導権を確保することに五ヶ月を要したことになった。

内貴ら追加発起人が手を引いたことで予測される資金不足に対応して、一一月二〇日までに、新たな発起人を募り、そのなかから創立委員六人を追加することにし[288]、川村は、一五日前後に帰洛の予定で、東京での追加発起人及び引受株数の確定のため東京にもどった[289]。京都側の発起人は、東京での追加発起人の顔ぶれを見て判断するということだった。川村の東京での調整は難航、川村は帰洛できず、代わりに清水が二二日に入洛、それを機として、二五日、創立事務所で発起人総会を開くことになった(290)。だがその二五日、出席者が少なく開会することができなかった(291)。京都側も、この間の動きに不満が強かったのであろう。「発起人の引受株数に付き内協議を凝らし」たうえで、改めて一二月五日、横浜から木村重太郎も入洛して総会を開くことになった。木村は、ここまで何度も紹介したように、横浜の実業家、京浜競馬倶楽部常務理事及び日本馬匹改良株式会社取締役、東京競馬会理事、競馬界では名が知られた人物だった。その木村の調整役としての登場だった。だがその総会も、東京側の示す条件に京都の「有力者の向背」が決定していなかったことで成立しなかった(292)。翌六、七日と、京都側の旧発起人は内協議会を開き、ともかく旧発起人が実際に引き受ける株式数を確定することで打開をはかることにした(293)。その後、東京側との調整がなされ開会は一六日と決定されたが、これもまた延期となった(294)。引受株数の割当、つまり資金の負担、とりわけ敷地借入の資金一万二〇〇〇円の負担方法をめぐって折り合いをつけることができなかったからだったという。ようやく発起人会が開かれたのは二〇日(295)。そしてこの日、敷地借入資金を株式で募集するのではなく、田平喜六、清水米太郎、菅野保之進（砲兵少佐、総武牧場株式会社理事）、清水文二郎、船槻源徳、上田長三郎、木村重太郎、福本新三郎ら発起人一五、六名が一人一〇〇〇円の出資で負担、さらに不足を生じた場合は田平、清水（米）、上田、船槻の四名で「立替出金」するということでようやく合意がなった(296)。結局、合意が得られる人間たちの間で、資金を出し合うということであった。これまで関与していた人間の多くは折り合うことができずに手を引き、この最終段階まで残ったのは、先の一〇月三〇日に選出された四名の創立委員の内からは清水と船槻の二名、五月以来動いていたなかでは上田長三郎一名。菅野、福本らは、ここではじめて名が出た人物だった。京都在住者として名が通っているといえるのは船槻、上田の二名、京都人の競馬会という形を維持するという思いもあったのだろう。他の京都の政財界人は、手を引き、株式を引受けなかった。このように京都のグループが後景に退く形での出発になったが、事実上、会社が発足したことで、四月の開催をめざすことになった(297)。なお出資金の払込期限は発起人会の翌二一日、引受株数の申出期限は二三日だった。間髪を入れずの決断を求めた。二二日、京都競馬会は理事会を開き、京都馬匹改良会社創立委員と協議、川村惇から創立までの経過大要の説明を受けた[298]。競馬会の理事のなかには、それまでの会社の紛糾の経緯について知らされていないものもいたようである。そして競馬会は、この日、開催に向けて、会社発起人に対して「洋馬」一〇数頭、内国産馬二〇数頭買入れ方を依託した。「洋馬」は豪州産馬を意味していたが、翌年五月の第一回開催に際しては導入できず、また購買、配布された抽籤内国産新馬の質も悪く、競走馬と呼ぶことのできるレベルのものは僅かだった。第一回開催の出走馬の主力は、関西競馬倶楽部や東京及びその周辺の競馬会からの遠征馬たちとなった。

ようやく難産だった会社の設立が現実のものになった。その間も、経緯等は不詳だが、競馬場用地選定作業を行い、葛野郡大内村と西七条村の地に決定、借入交渉も進めていた[299]。先にも述べたように認可が相前後していた関西競馬倶楽部は、すでに一一月、第一回開催を終えていた。競馬場建設を急がなければならなかった。繰り返せば、認可を受けて、一年以内に競馬場を設置しなければ認可を取り消される可能性があったからである。そして明治四一(一九〇八)年一月一八日、競馬会は理事会[300]、ついで三〇日、定時総会を開き、前年度の事業報告、収支決算を承認、明治四一年度予算案を可決、理事岩村茂、兼田義路、清水文治郎、船槻源徳、佐川豊穡、安田種治郎、森田義八郎を重任、新たに広橋賢光を加え、会長に推薦した[301]。当面二号館だけを建設して開催を行うこととし[302]、一月中には、競馬場用地地主との借地契約の合意にこぎつけ、二月二日地鎮祭[303]、一七日着工[304]。そして五月一六日(木)、一七日(金)、一九日(日)、二〇日(月)、京都競馬会は、第一回開催を迎えることになる。

冒頭に述べたように京都競馬会は第一回開催の失敗、損失を受けて、京都競馬会、京都馬匹改良株式会社双方の全権を園田実徳、関直彦に移譲するが、園田らに全面的支援を約束してその依頼を行ったのは内貴甚三郎、雨森菊太郎、中井三郎兵衛らであった[305]。内貴らは、京都競馬会創設時にかかわりながらも排斥されたが、それでも京都の競馬を守ろうとした。

## 4　関西競馬倶楽部

関西競馬倶楽部が、馬政局から馬券発売を黙許する社団法人として認可されたのは、明治四〇（一九〇七）年三月二〇日付(306)。同倶楽部は、大阪の財界の重鎮岩下清周につながる人物たちが中心となって設立したものだった。前年九月の京浜競馬倶楽部以降、認可は棚上げ状態であったが、直前の三月一五日の日本競馬会、京都競馬会に続く認可だった。その第一回開催は一一月、認可が五日早かった京都が翌年五月であったから、関西では馬券発売の嚆矢になった。馬政局は、同倶楽部を関西、西日本における中核の存在として重視、東京競馬倶楽部に準じて処遇した。後身の阪神競馬倶楽部は、東京競馬倶楽部と同じく帝室御賞典が下賜されることになる。

図32　「関西競馬倶楽部の競馬場馬見所」

（『神戸新聞』明40・11・17）

図33　「競馬大会決勝点（其二）」

（『神戸新聞』明40・11・19）

競馬場は、兵庫県武庫郡鳴尾村西浜（現・西宮市甲子園九番町、古川町、枝川町、浜甲子園団地を含む一帯）、鳴尾潟の海岸沿いに位置し、前に西宮の海、右に淡路島を望む風光明媚な白砂青松の地、一等、二等馬見所からは行き交う船を眺めることができた(307)。コースは一周一八〇〇メートル、右回り、本馬場一万九〇八一坪、幅員二〇間（約三六・四メートル）、その内側に練習馬場九〇〇三坪、幅員一〇間（約一八・二メートル）、馬見所敷地一万三八〇坪、その他溝敷及び中央空地等の八万五一四二坪で総敷地面積一二万六四〇六坪、一等馬見所は洋風、間口三〇間（約五〇・五メートル）、奥行七間（約

図34　「鳴尾競馬場の平面図」

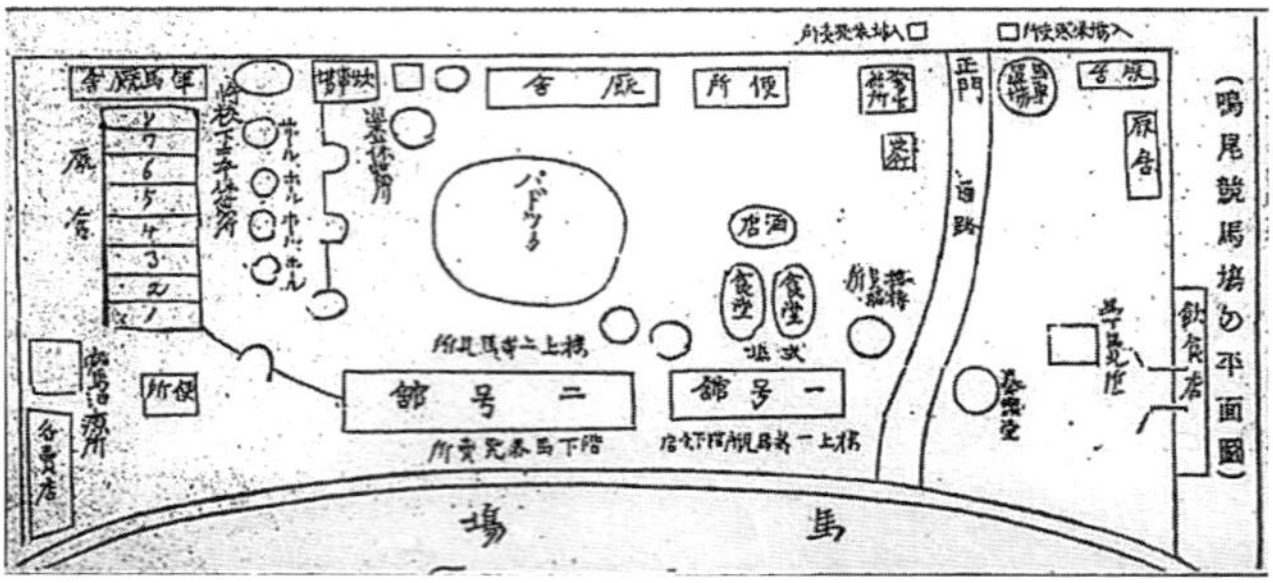


（『大阪毎日』明40・11・17）

一二・七メートル）の階段造、一二五〇〇人収容、階下は事務室、検量室、貴婦人休憩所、便所、東端には神戸のオリエンタルホテルのレストラン、二等馬見所も洋風、間口四〇間（約七二・七メートル）、奥行七間半（約一三・六メートル）の階段造、三五〇〇人収容、階下は馬券売場だった。第一回開催時点では、一、二等馬見所ともに仮家屋だったが、それでも十分に偉容を誇っていた。ゴールは、一等馬見所正面。厩舎は一〇頭入りが九棟、七頭入りが四棟。厩舎には一棟毎にアーチを建て、厩舎の近くには、シャンパンルームを設け、レース毎に勝馬の馬主が歓喜の乾杯をあげた。後に大正六（一九一七）年の第三回から大正一二年の第九回まで全国中等学校優勝野球大会が競馬場内の野球場で開催されるが、当初から「場内に於て野球其他の催しを為すに足るべき設備を為」す計画だった(308)。

競馬場は、明治三八年四月開通の阪神電鉄鳴尾停留所（現・鳴尾・武庫川女子大学前駅）から海の方に真っ直ぐ進んだ約一〇町（約一〇九〇メートル）の地にあった。周辺は田圃や野が広がり、その停留所からは屹然と聳えるスタンド、競馬場が一望のもとに眺めることができた。「車馬往来の便」に供するために、阪神電鉄鳴尾停留所から競馬場までの直線の幅八間（約一四・五メートル）、延長四百八十間（約八七二・六メートル）の道路が、また停留所とその道を結ぶ幅八間の道路が開かれた。そして鳴尾停留所の北に位置していた中国街道までの幅五間（約九・一メートル）、延長二五〇間（約四五四・五メートル）の道路も開かれた。局線西宮停車場（現・ＪＲ西宮駅）からは二五町（約二七〇〇メートル）。この道路敷地は、倶楽部から寄付金が提供されることを前提に、鳴尾村が無償で提供、その新道路は、現在の本郷交差点－古川町交差点－西宮東高校に至る本郷学文筋（正式には競馬場線）、通称「競馬道」または「西競馬道」である。翌明治四一年五月、鳴尾川を挟んで関西競馬倶楽部の競馬場の東側に、鳴尾速歩競馬会の競馬場（現・武庫川団地一帯）が竣功、六月に第一回開催が行われることになる。本書では、関西競馬倶楽部のものを関西競馬場、鳴尾速歩競馬会のものを鳴尾競馬場と呼ぶ。

明治三九（一九〇六）年一二月末、阪神地方では、それまで認可に向けて動いていた関西競馬倶楽部、大阪競馬会、大阪競馬倶楽部の三つのグループの合同が模索されていた(309)。馬政局は、相次ぐ認可申請を受けて、この頃には、東京、北海道、神奈川を例外として、一府県に一競馬会しか認可しない方針を明確にしていた。申請も一本化していることが条件になり、認可を受けるためには、合同が絶対条件だった。関西競馬倶楽部が、馬政局へ認可の申請を行ったのは明治三九年八月一七日付(310)。安田伊左衛門の回想によれば、安田は、当初、東京競馬会と日本レース倶楽部以外の競馬会は馬産地に設置すべきと考えていたが、売上の面から判断すると都会地の方がよいと思い直し、まず大阪と名古屋の二ヶ所を目標とし、加納久宜と相談の結果、その大阪での競馬会設置を呼びかける相談相手として大阪経済界の重鎮である北浜銀行頭取の岩下清周、日本綿花社長の田中市太郎（大阪商工会議所副会頭）を適当な人物と考えた(311)。競馬、馬匹改良に理解があるということよりも、大阪経済界に大きな影響力をもち資本を集めることができるということを優先したものだった。そこで安田の友人で岩下と東京商業学校（現・一橋大学）で同級であった三井物産の田口礼五郎を通じて、岩下に働きかけた。岩下は、この話を受けて、大林組社長の大林芳五郎、摂津製油社長・日本綿花重役の志方勢七等に諮って競馬倶楽部の設立、出願に動いた(312)。大林と岩下清周を結びつけたのは今西林三郎、大林と今西は刎頸の友、大林と志方は幼馴染だった(313)。今西は阪神電鉄社長、石炭商として成功、数多くの会社の創立にかかわった実業家(314)。競馬場を沿線に設置することにな

図35　関西競馬場と鳴尾競馬場

（1/20000「西ノ宮」明治42年測図・明治44年9月30日発行「今昔マップ on the web」より）

れば明治三八年四月開業したばかりの阪神電鉄にとっても集客策になり、渡りに船の計画だった。そして岩下は、安田らを出し抜き、田口を倶楽部設立の準備から外した。安田らの影響力を排除し、大阪の実業家中心で設立するためだった。八月一七日、志方勢七外七名の名で関西競馬倶楽部は馬政局への認可申請を行った(315)。この申請は、七月二〇日の京浜競馬倶楽部と一ヶ月も違わなかった。あわせて岩下は、川崎造船社長松方幸次郎、同副社長川崎芳太郎、そして藤本ビルブローカー経営の藤本清兵衛等、これも関西の錚々たる実業家に呼びかけ、競馬場、施設を建設、所有し、倶楽部に貸与する営利会社である関西馬匹改良株式会社（以下、「関西馬匹」と記す）の設立に動いた(316)。その岩下の意を受け、会社設立の動きの中心になっていたのは田中市太郎、志方勢七の日本綿花のコンビ、少し時間を要したが、一二月二〇日、関西馬匹の発起人会が開かれた。資本金五〇万円、競馬場は、阪神沿線、おそらく香櫨園が予定地だった。

ついで大阪競馬会だった(317)。元裁判官の弁護士で実業家の入江鷹之助(318)らが発起、会長に前留守第四師団長、貴族院議員の茨木惟昭中将(319)を招聘、南海沿線の大阪市接近の地に一〇万坪の競馬場を設置するという計画だった。同競馬会も資本金五〇万円の営利会社の設立を並行させた。一二月上旬には、府庁へ認可を出願、大阪市東区久宝寺町四丁目に仮事務所を置いた。資金力、人脈に関しては、関西競馬倶楽部に劣っていたが、倶楽部が正式に発足したとき、茨木が会頭、入江も相談役に就任することになる。

そして横田虎彦、久能木宇兵衛、和泉栄ら、東京、岐阜の有志一三名が発起した大阪競馬倶楽部、資本金五〇万円であった(320)。横田は、弁護士、北海道庁函館外三支庁管内選出、大同倶楽部の衆議院議員(321)、久能木は茶商、久能木商店経営(322)、和泉はビルブローカー業(323)。一二月一七日、府庁に出願。馬匹改良のため大阪付近に公園的競馬場を設置するという計画だった。この倶楽部の中心は久能木、久能木は関西競馬倶楽部に合同後はその中心的存在の一人となる。なお久能木は東京在住だった(324)。

繰り返せば、馬政局は、認可の条件として、東京府下、北海道、神奈川を除き、一府県一競馬会を絶対条件としていた。馬政局は、最初に申請した関西競馬倶楽部を中心とした三派の合同を「勧誘」(325)、大阪競馬会と関西競馬倶楽部は、この勧誘、大阪府庁の意向を受けて、一二月末までには、合同の合意に達した(326)。明けて明治四〇年一月六日、大阪競馬倶楽部の久能木が在住する東京で三派は協議、関西競馬倶楽部の名称の下に合同することに合意した(327)。

そして一三日、大阪で大阪競馬会から中西平兵衛、谷崎新五郎、関西競馬倶楽部から大林芳五郎、秋山恕卿、大阪競馬倶楽部から久能木宇兵衛、和泉栄らが出席して委員会を開き、合同後の倶楽部会頭就任を視野に委員長に茨木中将を推すことに合意した(328)。中西は綿商、大阪綿業会社取締役なども務める実業家(329)、谷崎も実業家で当時大阪商工会議所常議員(330)、秋山は福島県、山口県知事を務めた元内務官僚の実業家(331)、ちなみに秋山は、関西競馬倶楽部の営利会社である関西馬匹改良株式会社社長に就任する。倶楽部とあわせて各営利会社の合同をはかり、資本金を二〇〇万円とし、その負担などについて協議、認可が下り次第、株式募集に着手の予定だった(332)。この協議の中心になっていたのは、岩下清周、宮崎敬介、大林芳五郎、中西平兵衛、藤本清兵衛等、旧関西競馬倶楽部の営利会社関西競馬会社の発起人たちだった。なお宮崎は、大阪土地建物社長、株式仲買業、大阪米穀取引所理事(333)。

このようにして三派の合同がなったが、その他に認可をめざす動きがあった。三派が東京で合同に合意した翌日の七日、奥野市次郎外二〇余名が発起した資本金二〇万円の阪神競馬倶楽部が認可を馬政局に出願した(334)。奥野は、先に紹介したように、新聞記者を経て京都市選出、政友会の衆議院議員、のちに東京ジョッケー倶楽部、京都競馬会の理事に就任するなど、当時の競馬界でも名が知られた存在になるが、この倶楽部の発起が競馬界への関与のはじまりだった。また同じ頃、堺競馬会も認可申請に動いていた。さらに檜山鉄三郎、桂二郎、守屋此助、山県勇三郎ら東京周辺の人物が中心となって発起した阪神競馬会だった(335)。檜山は、先に紹介したように前年九月京浜競馬倶楽部の認可を獲得した中心人物、この頃、京浜競馬倶楽部、日本馬匹改良株式会社で主導権争いのさなかであった。また山県は北海道の実業家、牧場も経営、東京競馬会理事、檜山と山県は、この頃、北海道競馬倶楽部の認可申請にも動いていた。桂は、桂太郎の弟、様々な投資話にも関与していたが、この競馬会もその一つだった。守屋此助は、弁護士、岡山県郡部選出、憲政本党の衆議院議員、実業家(336)。合同なった新関西競馬倶楽部側も、この阪神競馬会と合同に向けての協議をすることを余儀なくされた。とはいえ協議はすぐにまとまり、一月一八日、双方の各発起人が合同に調印した。そして、これと相前後してだろう、阪神競馬倶楽部、堺競馬会も合同に同意していたようである。

こうして大阪の競馬会は一本化された。そして関西競馬倶楽部、大阪競馬会、大阪競馬倶楽部の三者が協議の結果、「先願者たる関西競馬倶楽部に許可せられたき旨更に出願」という形式をとって、改めて馬政局に認可の申請を行った(337)。この先願者への許可願という形式は、日本競馬会と同じものであった。馬政局は、二月一日付で、西園寺首相宛に、認可を上申した(338)。この動きを受けて、各営利会社も合同に決し、大林芳五郎、秋山恕卿、入江鷹之助、奥山正敬、久能木宇兵衛、和泉栄らが各派の代表として推薦され、二月六日大阪ホテルで委員会を開き、三月一日までに資本金四分の一を払い込み、倶楽部との馬場使用等の契約を行うことに合意した(339)。こののち、発起人に関しての調整が必要となり、倶楽部は三月一二日付で、発起人一六名の内の八名を取り下げ、志方勢七、奥山政敬、秋山恕卿、吉村曹四郎、渡邊菊之助、星野範三郎、久能木宇兵衛、大野亀三郎の八名と訂正した。この時点で辞退した人物は、大林芳五郎、井上静雄、入江鷹之助、小島長四郎、青木通孝、島徳蔵、関直彦、檜山鉄三郎。この八名が営利会社関西馬匹改良株式会社の発起人になったことに鑑みれば(340)、この訂正は、倶楽部と営利会社の役員は重任しないという馬政局の原則に則った対応だった。そして一八日許可決定、二〇日の認可だった。一五日付の日本競馬会、京都競馬会より五日遅れたのは、この訂正があったからだったと思われる。なお関は、この時期、日本競馬会設立でも中心的な役割を果たしていたが、遅くともこの一月には、おそらく阪神競馬会を通じて関西競馬倶楽部の合同に関係し、同倶楽部の馬政局への認可申請の発起人の一人になっていた。

倶楽部の発起人の内、ここで初めて名を出したのは、奥山、吉村、渡辺、星野、大野の五名。奥山は、貴族院勅撰議員、元広島控訴院長(341)、倶楽部の設立後はその運営に積極的にかかわっていく。吉村は北浜銀行経理課長(342)。渡邊は弁護士、大林芳五郎の代理人（顧問弁護士）であった(343)。星野は大阪新報社販売部長(344)。大野は興業銀行取締役、岐阜県郡部選出、大同倶楽部の衆議院議員(345)、大野はこのほかに北海道馬匹奨励株式会社監査役を務め、仙台でも競馬会設立計画などにも名を出す(346)。

会社の発起人の内、ここで初めて名を出した井上静雄は三井銀行を経て井上鉱業合資会社社長(347)、小島長四郎は神戸の貿易茶商(348)、青木通孝は不詳、島徳蔵は当時巨利を博していた株式仲買業(349)。このように関西競馬倶楽部、営利会社は、大阪の岩下清周につながる大阪の財界人、実業家が顔を揃え、そこに倶楽部は久能木、大野、会社は関、檜山と、双方ともに二人ずつの非関西の人間を加えていた。大林芳五郎の伝記によれば、この関西競馬倶楽部は、大林が、「一般事業界に手を染めた最初の仕事」であり、合同の矢面に立ったのは久能木と大林、万般の事務は、西宮の素封家前田庄助が処理したという(350)。

三月二〇日の倶楽部認可の時点で、競馬場は、阪神電鉄香櫨園駅の北側一帯の一〇万余坪にほぼ内定していた(351)。この地の造園は、一月から開始されており、四月には遊園地香櫨園が開業、ウォーターシュート、メリーゴーランド、博物館、動物園、音楽堂など当時としては珍しい施設が多数設けられて関西では最大の遊園地として親しまれることになるが、大正二（一九一三）年九月閉園した(352)。この香櫨園の施設の一つとして競馬場設置が計画されていたものだった。だが倶楽部理事の意向と香櫨園の地主香野蔵治と櫨山慶次郎二名の内の一人である香野との間に、賃貸料などで「一致し難きもの」があって最終的な合意にまでは至っていなかった(353)。そこに、鳴尾村の灘の酒の醸造元辰馬商店主で大地主の辰馬半右衛門が「ある条件の下に必要なる土地提供の申込」んできたことで、発起人中に香櫨園設置に対する「異論者」、鳴尾村設置を主張する者が現れることになった(354)。これを受けて四月六日、倶楽部理事は協議を行い、辰馬の申込を受けて、香櫨園から鳴尾村西浜への変更を決定した(355)。当時、寒村であった鳴尾村は、地域振興策として、阪神鳴尾駅から競馬場までの道路敷地の無償提供、その建設などを申し出て、町をあげて誘致をはかり(356)、それが功を奏した。

競馬場用地の決定を受けて、関西馬匹は総額二〇〇万円、四分の一の払込五〇万円の募集を開始した(357)。当初の払込期限は四月一五日だったが、「各派間に於ける意思扞格上」五月一〇日に延期した。それでも約一万株の未払いがあり、会社は、さらに六月一五日に延期して、改めて払込通知書を送り、払い込まなければ「失権処分」とすることにした(358)。この未払いは、明治四〇年一月、株のバブルがはじけ、会社への投資予定者の多くがその影響を受けていたこともあったが、それよりも合同後も続いていた旧三派（関西競馬倶楽部、大阪競馬会、大阪競馬倶楽部）の対立が、その大きな要因となっていた(359)。あるグループは、七月の開催を主張したのに対して他のグループが容れず、また別のグループが「財界の現状に鑑み開催を九月まで延期して」、東京周辺の競馬会の実況を見たうえでの払込を主張。また理事が合同時のままにその地位にとどまっていることに対して、認可を受けての理事の改めての選任を行う必要があるとして、理事会「通知」の正当性を認めないというグループも存在した。このようにそれぞれの思惑、利害が対立、理事と会長茨木は「交渉談判」を繰り返したが「要領を得ず」、四月に開かれた発起人会も「何等得る処」がなかった。この行き詰まりの打開のためには、とりあえず株の払込期日の延期、開催の七月から九月への延期、新理事の選出が必要だったが、五月二一日改めて開いた発起人会でも進展はなかった。

そして未払いは失権となるにもかかわらず、払込期限前日の六月一四日までの払込はそれほど多くはなかった(360)。払込期日が過ぎ、現状打開に向けて動き出すことが決断された。一七日、創立委員会を開き、「判然失権の処分を為す事に決し、後継引受者確定し次第来月十日頃創業総会を開き役員選挙」を行い、競馬場の建設、開催に向けて、「事業の進行を図」っていくことに合意した(361)。またこの日、これまで理事役を担っていた関西競馬倶楽部発起人の志方勢七、奥山政敬、秋山恕卿、吉村曹四郎、渡邊菊之助、星野範三郎、久能木宇兵衛、大野亀三郎に加えて、新たな理事として茨木惟昭、鹿島秀麿、吉岡直一、東常久、稲田穣の五名を選出した。ここで初めて名が出てきたのは鹿島、吉岡、東、稲田の四名。鹿島は兵庫県郡部選出、憲政本党の衆議院議員、神戸の政財界で重きをなしていた(362)。吉岡は大阪府第四区選出、自由党の元衆議院議員で石鹸製造所経営(363)、東は元陸軍騎兵第二連隊長騎兵大佐、元名古屋俘虜収容所委員長(364)、稲田穣は元内務官僚、元北京警務学堂教頭(365)。理事の定員は二〇名、この新たな五名を別にして、これまでの理事の改選も含めて、残りは総会で選出するという段取りだった(366)。

そして倶楽部は、七月八日、その総会を大阪商業会議所で開催した(367)。会頭の陸軍中将茨木惟昭は留任したが、これまで理事役を担っていた倶楽部発起人の八名は任期満了として辞任、改めて志方勢七、星野範三郎、島徳蔵、大林芳五郎、岡松忠利、江森緑郎、内藤政明、久宗朝光、七里清助、前田庄助を理事に、吉村曹四郎、西村真太郎、大野亀三郎を監事に選任した。旧理事の内、留任は志方、星野の二名、吉村と大野が監事に転じた。岡松忠利は大阪府知事官房から日銀をへて三六年北浜銀行入行、城北土地重役(368)、江森緑郎は広島電灯、日本ペイント重役(369)、内藤政明は大阪競馬倶楽部出願人、後備陸軍中将(370)、久宗朝光は元第四師団長副官(371)、七里清助は大阪運河社長、大阪電氣軌道専務、元大阪市會議長、大阪市選出、大同倶楽部の衆議院議員(372)、西村は実業家、兵庫県郡部選出、憲政本党の衆議院議員(373)。主導権をにぎっていたのは、志方、島、大林ら岩下につながる大阪の人間たちであった。元軍人が二名加わっていたのは会頭茨木とともに、陸軍、第四師団との関係を示すものであった。なお定款では理事二〇名の規定だったが、この段階で会員は四〇名、入会が続いていることで、とりあえず四名を欠員にしたという(374)。旧三派の対立はあったが、倶楽部入会希望者は多く、明治四〇年三月二〇日から一二月三一日の間の正会員としての入会一二二名、賛助員二四六名、合計三六八名(375)、九月中旬には早くも正会員は「満員に付入会申込謝絶」となった(376)。配当など経済的利益につながるのは倶楽部ではなく会社の方であったが、それでも競馬は儲かるとその人気が高かったことを示すものだった。競馬会の設立登記は一〇月三一日付、資産総額八〇〇〇円だった(377)。

この七月八日の総会後、同じ大阪商業会議所で、関西馬匹も創立総会を開いた(378)。懸案だった第一回払込が完了したことが報告され、四月から五月にかけて協議されていた資本金の一〇〇万円への減資が改めて提案されたが、今後の検討に委ねるということになった。ちなみに、その後の検討の結果、二〇〇万円の資本金を前提に、「第一回払込金五十万円を以て経営し得べき計画」が「確立」しているとして、減資は合意されなかった(379)。ついで定款を承認、そして取締役に秋山恕卿、奥山政敬、入江鷹之助、鹿島秀麿、久能木宇兵衛、渡邊菊之助、関直彦、監査役に今西林三郎、川崎治三郎、三谷軌秀を選出した。大阪の実業家を中心に東京の久能木、関が加わった陣容だった。この内、奥山、秋山、渡邊、久能木は、倶楽部の理事から転じたものだった。ここで初めて名を出した三谷は実業家、大阪府議会議員、同議長(380)、川崎治三郎は不詳。翌九日、理事たちが協議の上、社長に秋山恕卿、専務取締役に入江鷹之助、相談役に久能木宇兵衛を推薦した(381)。なお本社は大阪市東区安土町四丁目に置かれた。ちなみに第一回開催後の一二月一〇日、関西馬匹は取締役奥山政敬、鹿島秀麿、渡邊菊之助、関直彦を関西競馬倶楽部の取締役に推薦することになる(382)。

倶楽部と会社は、双方の会員総会、創立総会が開催されるまえに、先に紹介した倶楽部の出願人八名と会社の発起人八名との間で、以下のような契約を締結した(383)。多くの競馬会とその営利会社は同様の契約を結んでいたが、その全文が残されている数少ない例なので、その実例としてここにあげておく(384)。

契約書

関西競馬倶楽部出願人・志方勢七外七名と関西馬匹改良株式会社発起人大林芳五郎外七名との間に左の各項の契約を締結す。

第一　関西競馬倶楽部に於て開催する競馬は、必ず関西馬匹改良株式会社の馬場に於て挙行すべきこと

第二　関西馬匹改良株式会社は関西競馬倶楽部の請求により、馬場、馬見所、其の他競馬開催に関する必要なる相当の設備修繕を為すべきこと

第三　関西馬匹改良株式会社は、関西競馬倶楽部の需要に応ずる為め、毎年、血液均等なる二歳駒三〇頭以上を購入育成し、実費を以て之を供給するものとす

第四　競馬場、馬見所、厩舎、其の他の諸使用料は関西競馬倶楽部定款第四一条第二項に依り之を定むるものとす

第五　関西競馬倶楽部は一ヶ年内に少なくとも一二日間以上の競馬を開催し、一日の競馬回数は八回を下らざること。但し開催の日時は双方協議の上、之を定む

第六　関西馬匹改良株式会社に於て、関西競馬倶楽部以外の依頼に依り、馬場、馬見所等を使用せんとする時は、予め関西競馬倶楽部に協議を為し、其の承諾を得て之を挙行するものとす

第七　此の契約は締結の日より、向う満三〇ヶ年有効とし、尚ほ双方合意の上、延期することを得

第八　此の契約条項中、変更の必要を生じたる時は、関西競馬倶楽部に於ては、倶楽部員一〇分八以上、関西馬匹改良株式会社に於ては、株式権利の一〇分八以上の賛成を得て、決議することを要す

第九　本契約有効期間内、一方に於て任意解散するか、又は違約したる時は、之に基く相当の損害を負担する義務あるものとす

第一〇　此の契約は関西競馬倶楽部に於ては会員総会に、関西馬匹改良株式会社に於ては創立総会に提出し、其の承認を経べきものとす

関西競馬倶楽部出願人　志方勢七、奥山政敬、秋山恕郷、吉村曹四郎、渡邊菊之助、星野範三郎、久能木宇兵衛、大野亀三郎

関西馬匹改良株式会社発起人　大林芳五郎、井上静雄、入江鷹之助、小島長四郎、青木道隆、島徳蔵、関直彦、檜山鉄三郎

競馬場の使用義務、その期間三〇年は、他の競馬会と営利会社でも通例であった。この独占契約で、営利会社は、開催ごとに競馬会に競馬場施設を貸与し、高額の賃貸料をとれば高い収益をあげることができた。なおこの契約は、

図36

馬匹抽籤執行期日の広告（『大阪毎日』明40・9・18）。

図37

当籤者が告知されている（『大阪毎日』明40・10・2）。

第一〇に基いて、倶楽部は会員総会、会社は創立総会でぞれぞれ承認された。

倶楽部は、第一回開催に向けて、一頭六〇〇円で豪州産牝馬二八頭を、また一頭三五〇円で内国産牡馬四〇頭を購入(385)。倶楽部は豪州産牝馬一頭に二〇〇円、内国産牡馬一頭に一五〇円の補助金を出し、抽籤で会員並びに賛助会員に譲渡した。倶楽部は、その豪州、内国産抽籤馬の内の二頭ずつを、会員に無代配布することとし、この配布予告と九月二九日に行われた無代配布の当籤者を各新聞に広告、その存在をアピールするものとして活用した（図36、図37参照）。アール・ルーネン（大阪市北区ローヤル刷子、横浜のルーネンとは別人）に内国産馬の一頭があたりジクタトールと名付けられたが、調教で目を惹いた力は評判を呼び、実際にも第一回開催で圧倒的な強さを発揮して抽籤馬のチャンピオンとなる。

そして倶楽部が追求したのが大阪の第四師団の参画、協力、支援だった。会頭に日露戦争中、留守第四師団長であった茨木が、また副会頭に東常久（元陸軍騎兵第二連隊長騎兵大佐）、理事に内藤正明（退役陸軍少将）、久宗朝光（元第四師団長副官）が就任したのも、その含みでもあったと思われる。それに陸軍大臣寺内正毅は、競馬及び競馬会支援に積極的であり、東京競馬会という先例があった。繰り返せば、日露戦争で軍馬として徴発された馬匹が劣悪で作戦遂行上に大きな支障を来した事態への危機感から、戦後、馬匹改良が国策として推進され、馬券黙許の競馬もそのなかで誕生していた。後に茨木は、倶楽部の会頭に就任したのは、日露戦争の際、馬匹の徴発が第四師団管区で充足できず他管区の馬匹を徴発しなければならなかったこと、そして戦後師団の増加でさらに馬匹の需要が高まったにもかかわらず、徴発可能な軍馬不足という状況は変わっておらず、その打開のためには、多少の弊害があっても競馬が捷径である、と考えたことだとしてつぎのように語った(386)。

……要するに、馬の良否は、以て国家の安危に関するものなれば、馬を愛せざるものは、国を愛せざるものであるから、予は盛んに競馬会を開催して、馬は愛すべきものであって、決して恐るべきものではない、との思想を喚起し、徐に馬事思想を発達せしめ、以て戦時に望んで徴発に応ずる位の馬匹をば、平時に於て飼養せしめたいものだ、是れ予が非難の声高きにも拘らず、奮然起って競馬倶楽部に入った、其理由の一端である……

第四師団も、倶楽部の要請を受け、将校による軍馬競走の実施など全面的といってよいほどの協力、支援を行った。東京競馬会の事例に鑑みれば、この競走の実施が、寺内陸相に報告され、その許可、推奨を得てのものだったのは確実だった。騎手の確保についても、倶楽部が、まず相談したのが陸軍当局だったという[387]。なお鳴尾速歩競馬会も、馬政の中心的存在であった大蔵平三中将の意向を受けて安田伊左衛門が設立に参画するなど、陸軍との関係は深く、同競馬会も軍馬改良向けとしての繋駕速歩レースを設立理由として打ち出した（第9節）。

この陸軍の支援とともに、倶楽部の格を高めるために追求されたのが皇族の来場、宮内省からの賞品の下賜だった[388]。これは一一月に入り決定。二日目一八日に京都在住の賀陽宮邦憲、久邇宮多嘉が来場、賞品の授与にあたることになった。この黙許時代に皇族の臨場、宮内省からの賞品下賜が行われたのは、日本レース倶楽部を除けば、関西競馬倶楽部と東京競馬会の二つだけであった。さらに倶楽部は、第一回開催時、大阪府知事高崎親章、京都府知事大森鐘一、兵庫県知事服部一三、神戸地方裁判所長田丸税稔、神戸地裁検事正山本辰六郎を名誉会員に就任させた[389]。これもまた倶楽部の格を示すためのものだった。だが皮肉なことに、山本検事正は、馬券反対論者であり、明治四一年一月神戸築港記念開催での馬券発売に検挙、取締の警告を発し、馬匹鑑定券の導入を促す人物となる（第7章第7節）。

そして競馬場の建設だった。倶楽部と会社内の対立は続いていたが、そのなかにあっても、競馬場用地を武庫郡鳴尾村に確定し、五月二一日同村に事務所を設置した(390)。これより先の五月初旬から、西宮の素封家前田庄介が、各地主に対し、総敷地一二万六四〇六坪の賃借交渉を開始、六月三日、大地主の辰馬半右衛門、続いてこれも大地主の樋口市右衛門の地所を借り入れ、その他小地主、土地関係者数十名の地所の賃借、旧国道に通じる道路敷地を鳴尾村から無償提供を受けることにも奏功、八月末に敷地全部の交渉を完了した(391)。この土地の交渉、契約が円滑に進んだ背景には、第四師団が地主らに倶楽部への協力を要請したことがあったという(392)。ちなみに鳴尾は、大正期から昭和初期、イチゴ狩りでにぎわうようになるが、鳴尾がイチゴの名産地となったきっかけが、この競馬場建設だった(393)。競馬場用地の多くは、辰馬半右衛門、樋口市右衛門らが所有する小作地のイチゴ畑で、僅かな補償だけでその畑地をとりあげることになり、そこでその代わりに、収穫できなかったイチゴ苗が配られ、それとともに当時秘密にされていたイチゴの栽培方法が全村に知られて普及することになったという。

八月一〇日付で、兵庫県から起工の許可を受けた(394)。施行にあたったのは大林組、大林組は設計にあたって、馬政局次長藤波言忠が所有する外国競馬場の写真を借りて参考にしたという(395)。九月一〇日起工、九月下旬には厩舎八棟、納屋二棟等が落成、馬場地均し工事も大半竣工して、一〇月中旬迄には全部竣成の見込がたつほどの昼夜兼行の突貫工事だった(396)。工事の監督にあたっていたのは久能木宇兵衛だったという(397)。一一月の開催に間に合せるための仮建築であったが、馬見所、コースはその偉容を誇った。竣工は一一月一〇日(398)。

倶楽部が、一一月一七日(日)、一八日(月)、二三日(土)、二四日(日)の日程で第一回開催を行うと、関西の各新聞に「公告」を打ったのは九月五日(図39)、あわせて番組表、賞金総額二万八二五〇円、出馬登録締切一〇月一〇日も公表した。東京の各新聞も、六日以降この「公告」を掲載した。そして一一月に入ると、再び集客策として東京の各新聞にも開催広告を掲載した(図40)。

大阪朝日新聞を筆頭に、関西の各新聞は競馬への批判を強めつつあったが、倶楽部側の働きかけに応じたのだろう関西地方初の開催であったこともあって、競馬場の偉容、芸妓の持馬、勝馬の選定法、皇族の来場、鳴尾競馬場への交通機関、スタンドや競馬場の写真等も掲載するなど、競馬への関心を高めるような情報を連日、大々的に報じた[399]。

このなかで話題作り、集客策として、関西競馬倶楽部が特に力を入れたのは、芸妓人気の活用だった。実際の持主は別にいたが、抽籤内国産新馬の名義を大阪、神戸の芸妓とし、それを新聞を通じても世間にアピールした。芸妓への名義の割り当ても、話題作りのために、倶楽部の中心的存在だった大林芳五郎、志方勢七、岩下清周が、茶屋遊びの最中に行い、それを報じさせた[400]。また大林らは、開催時に、芸妓や俳優たちに馬券も配ったという[401]。こうして第一回開催を迎えることになった。ちなみに、神戸元町の花柳界では、第一回開催が行われている時点で、既につぎのような言葉が流行するようになっていた[402]。

図38　関西競馬倶楽部馬見場（建築中）

（立川蔵）

図39「競馬開催公告　社団法人関西競馬倶楽部大阪出張所」

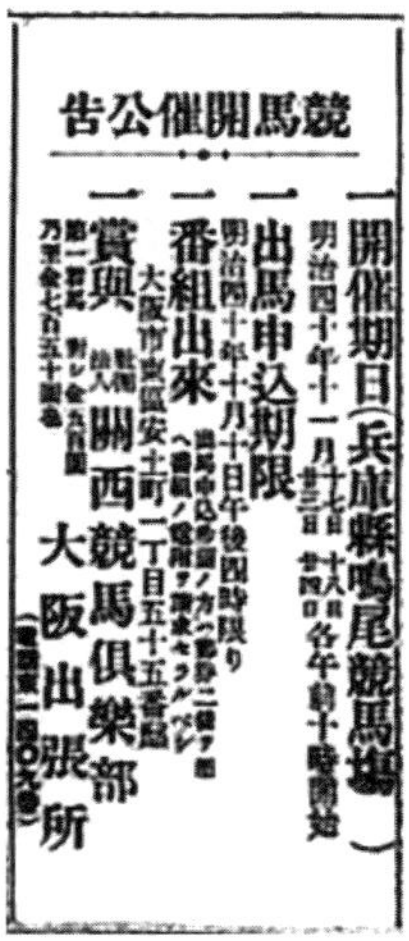


（『大阪毎日』明40・9・5。その他『東京日日』明40・9・6、『報知』明40・9・7、『万朝報』明40・9・8などにも掲載された）

図40「秋季大競馬会　兵庫県鳴尾村　関西競馬倶楽部」

馬匹総数158頭、賞与金総額28250円外、金盃27個、銀製美術品2点、馬政局賞典1800円外、金銀時計各2個、と広告されている（『国民』明40・11・13。他に『二六』明40・11・12、『時事新報』明40・11・13、『中外商業』明40・11・13、『東京日日』明40・11・15、『報知』明40・11・19などにも掲載）。

彼の妓はハンデキャップするから好かん（客を取らんと競走る妓をいう）、彼の人はガラも無い癖にエラそうにする（金なくて威張る客をいう）、今夜は売場のような晩だ（馬券売場の薄暗きより斯くいう）、一哩で四分の三足りない（一円より無く四三銭不足の時）、昨宵のお客は内国産じゃないの豪州産さ（日本人にあらず外人）、昨日から赤〇さ（不浄の時をいう）、騎手が三人もあるんだよ（騎手とは旦那の事）、あの晩トートー決勝点まで行かずさ（事を果さぬ事）、彼の妓は馬持で此子は馬匹（馬持は自前、馬匹とは抱え、飼はれる意味）、発馬係はいないかい（妓丁の事）、賞金は未ださ（ハナの出ぬ事）、番外ですよ（再三杯を薦むる場合）。

図41　「関西大競馬会芸妓馬騎手」

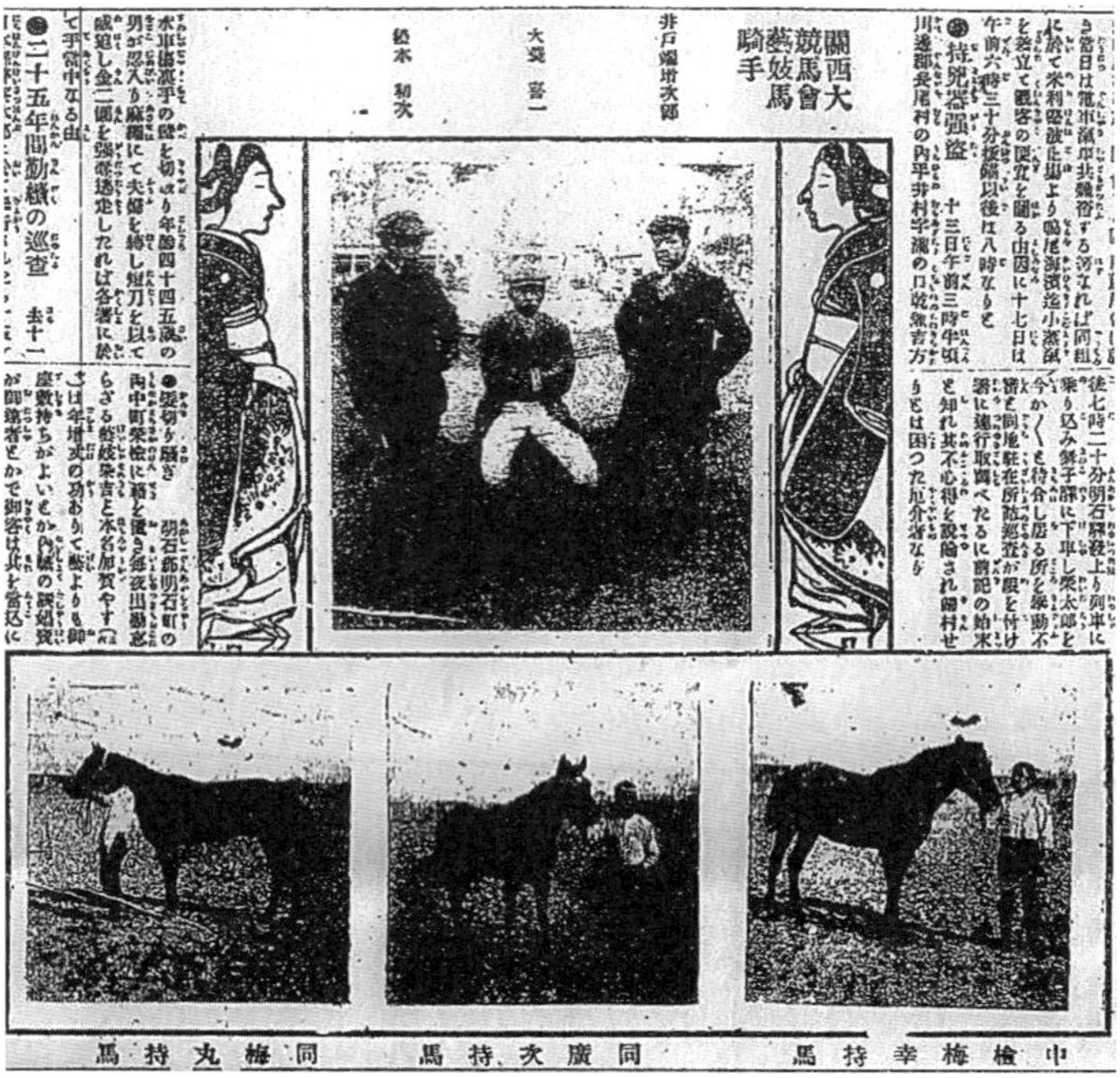

（『神戸新聞』明40・10・15）

## 5　北海道競馬会

北海道競馬会が、馬政局から馬券発売を黙許する社団法人として認可されたのは、明治四〇（一九〇七）年四月二四日[403]。前年九月の京浜競馬倶楽部以降、認可は棚上げになっていたが、三月一五日日本競馬会と京都競馬会、二

○日関西競馬倶楽部と再開されたものに続くものだった。

持田謹也を中心とする北海道在住の馬事関係者が結成した北海道中央競馬会が、馬政局に認可を申請したのは、明治三九年一〇月一〇日付(404)。持田は、北海タイムス社主筆、昭和戦前期まで北海道の競馬界の中心的存在として活躍する人物(405)。北海道にとどまらず日本の競馬界に果たした功績は大きかった。この一〇月の時点で、馬券発売を認可されていたのは、横浜の日本レース倶楽部、東京競馬会、函館競馬会、京浜競馬倶楽部の四つ。一〇月初旬までに、認可を出願していたのは、関西競馬倶楽部、関東競馬倶楽部、広島競馬倶楽部、群馬競馬倶楽部、青森競馬倶楽部、鎮西競馬会（福岡）、静岡競馬会、名古屋競馬会の九つ(406)。そのなかに北海道中央競馬会も加わった。持田らは、北海道の競馬の歴史が遠く明治一一（一八七八）年までに遡り、北海道の馬産と結びつくなど「従来の仕方が他の内地に於ける競馬興行者の類にあらずして幾多の特色を有する模範的のもの」と自負、短期間で認可されると考えていた(407)。

図42　札幌競馬場

（『札幌競馬沿革誌』明治44年）

図43

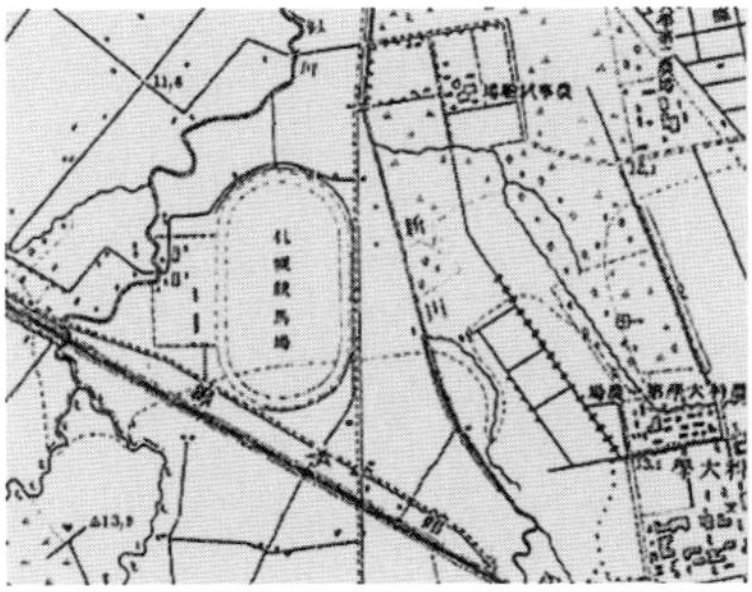


（1/25000「札幌」大正5年測図・大正7年11月30日発行「今昔マップ on the web」より）

だがその後、東京を中心に衆議院議員を加え他の四つのグループが札幌での認可を出願、これらとの競合になった(408)。馬政局は、札幌地区での認可を予定していたが、他府県と同様に一つにまとまることが必須条件だとして、その合同を命じた。これを受け、北海道中央競馬会を含む五つのグループは合同に合意、北海道競馬会として、明治四〇年三月一八日付で改めての申請を行い、それが四月二四日付で認可されたものだった。一ヶ月余の時間での認可は、札幌地区の競馬会の認可があらかじめの方針であったことを明らかにしていた。

競馬場は、現在の札幌競馬場所在地（札幌市中央区北一六条西一六）に設置された(409)。一周一マイル、幅員二一間（約三八・二メートル）。北海道中央競馬会が申請した時点では、明治二〇年設置の中島遊園地の馬場（現・札幌市中央区中島公園）での開催を予定していたが、一周五五〇間（約一〇〇〇メートル）、幅員八間（約一四・五メートル）、と馬政局の認可条件一周一マイル、幅員二一間（約三八メートル）を満たすことができず、また拡張の余地もなかったことで、現在地を選定したのだった。

当時にあっては、札幌区の西北端、周囲には子取川農場、湿潤地が拡がり、東南方には札幌農学校（現・北海道大学）、点々と生い茂る樹林をへだてて、はるかに札幌市街が、西南方には藻岩山、西方には手稲山が望まれた(410)。当時の札幌の世帯数は約一万一七四〇世帯、人口約七万三二〇〇人。なお函館本線には桑園駅はなく、明治四一年八月の開催で競馬場前に「仮昇降場」が置かれ、臨時列車が運行、以後、継続されることになる(411)、桑園駅設置は、大正一三（一九二四）年五月のことだった(412)。

## 北海道競馬会の前史

この北海道中央競馬会設立の直接の発端になっていたのは、明治三八年六月、北海道乗馬会が、明治一〇年代から開催を続けてきた札幌共同競馬会の事業を無条件で継承することを決定したときだった(413)。北海道乗馬会の当初の名称は札幌乗馬会、明治三三年、馬術練習を謳い、第二五連隊が中核になって設立された「文武官及び地方有識の士、銀行諸会社員等」からなる軍官民一体の会であった(414)。同会は、遠乗り、散紙会（狐狩りの模擬的存在であるペーパーハント）などを実施、明治三六年五月の総会で馬種改良も謳ったことを契機に、全道的な存在になることを意識して、北海道乗馬会と改名、会頭には第二五連隊長陸軍大佐渡邊水哉が就任した(415)。明治三七年五月からは、それまでの遠乗り、散紙会に加えて、速歩競馬、襲歩（ギャロップ）競馬、曲線競馬、打毬を実施[416]、また明治三八年四月の総会では、種牡馬改良、去勢奨励、馬匹改良、馬産奨励の諸事事業を行うことを決議した[417]。

振り返れば、札幌での競馬は、開拓使育種場（現・北海道大学構内）に一周半マイルの馬場が常設された明治一一年頃から開拓使の「官営」として六月札幌神社祭および八月の屯田兵招魂祭の日に、各二日間開催が行われ、開拓使の廃止に伴い、明治一五年からは、札幌共同競馬会の主催で続けられていた[418]。なお札幌共同競馬会は、会頭を屯田兵副本部長の永山武四郎（明治二一年北海道長官兼務、明治二二年屯田兵司令官）が務め、永山の方針で、明治一五年から明治二四年の間は、官吏から強制的に会費を徴収するなど官製色の強い会だった。明治一九年、それまで開催していた育種場の馬場が廃止を余儀なくされ、翌明治二〇年、中島遊園地に一周五二五間（約九五五メートル）、幅員八間（約一四・五メートル）の馬場を設置、八月に開催を行った。この中島競馬場の設計は新冠御料牧場の基礎を作るなど、北海道の馬匹の育成、馬匹改良、競馬普及に大きな足跡を残したエドウイン・ダン。なお育種場の馬場も、ダンの設計だった。以後、札幌共同競馬会は、中島遊園地の馬場で開催を継続、ここでの活躍馬は、たとえば英（ハナブサ）、鬼小島やいろはなどが、鹿鳴館時代の横浜の日本レース倶楽部、上野不忍池の共同競馬会社の開催にも出走、良績をあげた[419]。だが「明治二七、八年日清戦役の馬匹徴発以来、俄然不振の状況に陥り」、明治二九年から、年一回開催（八月二日招魂祭）、会費も廃止されて有志の寄付金で運営されるようになった。明治三〇年代に入り、財政難や運営方針の対立もあって、施設も荒廃、出走馬も減り、かろうじて開催が行われていた[420]。明治三五年には、共同競馬会としては開催できず、六月、八月の二回、二人の個人の「興行」として行われ、資金不足で、優勝馬等には賞金ではなく賞品が与えられた[421]。

明治三六年の開催については、その目途が立たなかったことで、札幌共同競馬会は、乗馬会にその事業の移譲を打診、これを受けて乗馬会は、五月三日の総会で、会の事業として競馬を開催することを論議したが[422]、同意が得られず、継承は立ち消えになった[423]。そこで共同競馬会会長本間国蔵は、寄付金を募って開催を追求しようとしたが、北海道庁からその呼びかけを行うことを禁止された(424)。かつて共同競馬会は、先にふれたように北海道庁の官制色の強い会であったが、それも遠い過去の話になっていた。結局、会長本間個人の責任で六月、八月開催された(425)。なお本間は札幌区会議員、実業家で大土地所有者でもあった(426)。

そして日露戦争が始まった明治三七年には、共同競馬会として開催ができず、槇鍛が個人的に責任を持ち、その槇が役員を務める北海道畜産協会の「保護の下」、乗馬会も協賛して、六月一三日から開催の畜産共進会にあわせて、一五、一六日に開催した(427)。出走頭数一四頭、それでも観客も多く、レースも白熱、盛況だったという。かろうじて札幌の競馬の伝統が守られた。槇は、明治二四年以降札幌共同競馬会の役員として実務に尽力、またのちに北海道乗馬会の幹事を務めることになる(428)。

だが札幌共同競馬会はもはや会としての実態をなくし、「廃滅の外なき悲境に瀕し」ていた(429)。その結果、中島遊園地の施設も放置された状態が続き、審判所は破損、倒壊したまま、コースの木柵も腐り、馬見所は姿を消し、後に北海道乗馬会が、共同競馬会から引き継いだ財産は、半壊の審判所と半鐘一個だったという(430)。恒常的に札幌での開催を実施する札幌共同競馬会に代わる組織が求められていた。それは北海道乗馬会以外には考えられなかった。乗馬会は、明治三八年四月二三日の総会で、「模範的競馬会設置に関する件」を協議、「再び札幌共同競馬会に交渉して漸次実行を期することに決定」した(431)。ついで五月二一日臨時総会を開き、持田と槇を幹事に選任(432)。そして乗馬会は、六月一五日の臨時総会で、札幌共同競馬会の競馬開催を無条件に継承、八月二日、三日に第一回開催を挙行することを承認、さらに二七日「北海道中央模範競馬」の設立を告げる「檄文」を全道に配布することを決定した(433)。この「檄文」は、北海タイムスにも掲載されたが、その前書きとして、持田は、つぎのように書いた(434)。

民間乗馬の団体として、殆ど全国唯一と称せらるる北海道乗馬会は、日露戦争の示す処、又其気運の赴く処によりて、北海道は日本の一大牧場たらざるべからざる戦後の将来を察し、その気運に率先して曩に本道馬匹改良の為め諸種の事業を始め、今回其事業の一部として、札幌に北海全道を目標とせる競馬会を起し、来る八月二日三日を以て其第一回を挙行し、年々六月一回之を挙行する筈にて、左の檄文を全道に配布することと為れり、而して其理想とする処は、北海道中央模範競馬を起すに在り、産馬家に密接なる競馬を作るに在り、其方針及目的のある処は、左の檄文に徴して分明なれば、長文を厭わず掲記して有識の士の一粲を博す

乗馬会が描く札幌（北海道）の競馬の将来ヴィジョンを提示するということだった。そしてその「檄文」の要点は以下のものだった(435)。

……（札幌共同競馬会は、明治二〇年代順調に開催を続けてきたが）然るに明治二七、八年日清戦役の馬匹徴発以来、俄然不振の状況に陥り、今年に及んでは時局の影響到底定期競馬の挙行覚束なきに到り、歴史ある札幌（共同）競馬会は、茲に本年を以て廃滅の外なき悲境に瀕し候、然るに一方我が北海道乗馬会は、文武官及地方有識の士と相通して、会運日に月に隆盛に向い、雄を国内民間の乗馬社会に争うに到り、遠乗打球其他馬上の技芸の外、本年よりは馬術研究会を興して毎週非常の盛況に向うものあり、之と同時に其会の一部事業として、模範的競馬会を起すの必用を生じ、則ち札幌共同競馬会と交渉して、其廃滅を救うと同時に、聊か本会の理想とする競馬会を執行するの気運に臨み、講究幾回の末、遂に本年より執行に決したる次第に候

本会の執行する競馬の方法に就ては、細大共に周到なる研究の結果に據るべしと雖も、予め本会の特色として窃に期する処二、三を披瀝すれば

一、共進会的意味に於て競馬を執行する事
一、馬匹産出者に名誉を及ぼす事
一、種馬選択の目標たることを期する事

一、牝馬における馬匹の本能を発揮して、牝牡両性の遺伝的性質を子孫に伝達せしむるを目的とする事

……

明治三〇年代に入り、北海道各地では、明治一〇年代半ばから本格的な開催を継続してきた函館競馬会は別にしても、岩見沢、早来、苫小牧、帯広、余市、滝川、石狩、砂川などで競馬大会が盛んに開催され、チャンピオン級の馬たちは全道的に活躍を見せるようになっていた(436)。乗馬会は、このような各地の競馬会の現状を踏まえ、自らを北海道各地の競馬会の「中央模範競馬」と位置づけ、各競馬会の優駿を一同に会して種牡馬と繁殖牝馬を選択する能力検定の場としての機能を果たし、あわせて馬の生産者の意欲を高める奨励策をとり、馬匹改良に資していくとして、全道に協賛と参画を呼びかけたものだった。苫小牧の競馬会は即座にこの「檄文」に反応、この乗馬会の競馬に「逸足を送り出すことを目的にして会則等を札幌競馬に準拠し、今年より着々之を改善して中央部に送り出す競走馬の試験場と為す目論見」だっという(437)。

レース番組も、こういったヴィジョンにふさわしく、従来の短距離を廃止し、主として「強健持久主義」を実行するために、原則として一マイル以上で編成することにした(438)。またスタミナをはかるための一〇キロの長距離持久力競走、育成技術を高めるための三歳馬競走、繁殖牝馬の質を高めるための牝馬競走の奨励も構想していた。さらには、その「中央模範競馬」にふさわしい舞台として、中島遊園地の馬場の再建、というより新設に向かった(439)。三年計画が立てられ、一年目は総工費二〇〇〇円の予定で、幅一五間(二七・三メートル)、奥行三間(五・五メートル)を五段にとった馬見所(一〇余坪の二階建)一棟、外に五〇間(約九〇・九メートル)の桟敷、六〇頭収容の厩舎を建設、また走路の五二五間(九五四・五メートル)を五四七間(九九四・四メートル)に拡張した。この拡張のために、園内を流れる鴨々川の二ヶ所に橋梁を架設した。なおこの橋梁は、向う正面の三コーナー寄りと四コーナー近くに位置した。

この将来ヴィジョンを立て、乗馬会を主導したのは、乗馬会幹事の持田謹也。持田は、競馬も含めて馬事全般に関

する高い見識をもち、北海タイムス紙上でその持論を折にふれて展開していたが、乗馬会が札幌共同競馬会の事業を継承したこの時期、持田が特に強調したのは、日露戦争の戦勝記念事業は、「乗用馬匹改良の一法たる競馬」であるということだった(440)。

競馬場施設建設費など資金集めの中心も持田であった。持田は、将来の夢を語り、賛同者を募っていたに違いなかった。持田は、まず北海道炭鉱汽船会社専務取締役井上角五郎の支援を取り付け、同社から三〇〇円の寄付を受けた(441)。井上は、北海道、東京の五グループを合同させて北海道競馬会を設立する際、中心的な役割を果たすとともに、営利会社である北海道馬匹改良株式会社の取締役に就任することになる。井上は、先にも紹介したように広島県郡部選出の衆議院議員、第一回総選挙から一四回連続当選するとともに様々な企業に関与、実業家としても名をなしていたが、競馬事業への意欲をもち、この札幌の競馬会だけでなく京浜競馬倶楽部理事にも就任していた。

寄付総額は、第一回開催終了後の八月二〇日までに、二四八二円、内納入済分は二二七五円(442)。そのなかの会社、銀行などは、北海道炭鉱鉄道の三〇〇円の他に、北海道拓殖銀行一〇〇円、札幌麦酒株式会社七〇円、北海道製麻株式会社七〇円、今井合名会社五〇円、また北海道畜産協会五〇円、北海道貯蓄銀行三〇円、北海道商業銀行三〇円、北海銀行三〇円、北海電気株式会社三〇円、個人に関していえば、一〇円~五〇円が六六名、一〇円未満が三九一名、計四五七名。そのなかに、乗馬会監査役の重谷繁太郎が五〇円、北海道拓殖銀行頭取美濃部俊吉が三〇円、札幌共同競馬会第三代会長、一九三二年ロサンゼルスオリンピック陸上男子三段跳金メダリスト南部忠平の父である札幌屈指の大商店の三国屋店主南部源蔵が三〇円、三石郡大塚牧場主、明治時代の大種牡馬豊平を所有、活躍馬を輩出した大塚助吉も三〇円を寄付していたのを見ることができる。なお持田は一〇円だった。二ヶ月という短期間、経済的な見返りがないなかで二四八二円はよく集まった方であった。

七月一〇日前後には、日程を、当初予定の八月二日、三日ではなく、八月一九日(土)、二〇日(日)の二日間に決定、仮規則全二六条及び騎手章程を制定、公表した(443)。仮規則には馬齢は満年齢で記すこと(第六条)、左回り

図44　「時事新報銀洋盃」

時事新報社は明治35年8月の開催にも銀盃を寄贈していた（「時事新報社寄贈の銀盃」『時事新報』明35・8・1）。（『時事新報』明38・7・28）

図45　「競馬広告」

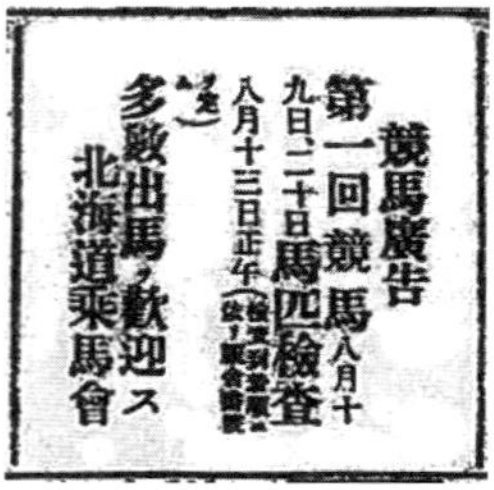

競馬廣告
第一回競馬八月十九日二十日
馬匹檢査八月十三日正午
多数出馬ヲ歡迎ス
北海道乘馬會


（『北海タイムス』明38・8・11）

（第五条）を規定した条項もあった。一二日には創立事務所を設置、そして全道に向けて先にふれた檄文も含む三〇〇〇余通の書状を発送した(444)。

北海道の「中央模範競馬」を謳って立ち上げたときから開催まで約二ヶ月。開催準備の時間は少なく、競馬場施設の建設費をまかなって寄付金から賞金に回せる額はそれほど多くなかった。賞金額は、畜産協会からの五〇円も含めて三六五円(445)。苫小牧が一八〇円、根室が二四五円、早来と砂川が三〇〇円、という各地の競馬会の賞金(446)と比べてもそれは一目瞭然だった。またこれより先の七月の函館競馬会開催（第三一次）の賞金は一三三〇円(447)、これに比べると、乗馬会の賞金額はほぼ四分一、「中央模範競馬」を謳う開催の賞金額としては低いものだった。ちなみに翌明治三九年の競馬部（同年七月設置）の九月開催の賞金総額は八〇〇円、翌明治四〇年一〇月の北海道競馬会の開催では五〇〇〇円が予定されることになる（後述）。

八月一三日、馬匹審査（馬体検査）を、偕行社（陸軍将校の集会場・社交場）で実施(448)。審査部長持田、残りの審査員七名のなかには槇鍛、飯田藤作が含まれていた。飯田は、明治一〇年代以降、騎手として北海道を中心に活躍、英に騎乗して明治一九年共同競馬会社春季開催、不忍池競馬場でも勝鞍をあげていた(449)。偕行社で実施したのは、乗馬会と第二五連隊の密接な関係からだった。その検査に合格して、実際に出走したのは、新馬一七頭、古馬三頭の計二〇頭(450)。新馬は、「従来の札幌競馬及び函館競馬に出場したること無き」という規定で、その他の競馬会に出走経験があっても構わなかった。その新馬のなかでも評判を呼んでいたのは、先に東京競馬会明治四〇年春季開催のところで紹介したハナゾノ（この開催では大印）、名種牡馬豊平の産駒で三歳とは思えない雄大な馬格を誇っていた。他に、これも先に紹介した松島、松風、この両馬は篠路、早来の開催でのチャンピオン馬、のちに東京競馬会第一回開催に出走することになる。頭数が少なくなったのは、これらの有力馬たちの前評判が高く、特に札幌付近の馬主には出走を断念する者が多かったからだという。

図46　「中の島競馬場」

（『北海タイムス』明38・8・22）

図47　「北海道の名馬大印」

（『時事新報』明38・9・21）

こうして八月一九日、初日を迎えた(451)。開催に際しての乗馬会の役員は、総務部長兼審査部長持田謹也、庶務部長兼審査係槇鍛、接待部長兼会場係伊地知四郎兵衛（元第二大隊第一中隊長、大尉）、会計部長兼会場係笠原嘉平という陣容だった(452)。笠原は、千代田生命保険相互会社札幌代理店主、慶応義塾出身で井上角五郎とも面識があった(453)。

初日、二日目ともに天候に恵まれ、函館競馬会からも理事の松山吉三郎、その他「増毛苫小牧岩内其他各地競馬会より代表者若しくは個人をして来観」したものを含めて数多くの観客が観戦に訪れた。初日三万、二日目はそれを上回る熱気だったという。初日九、二日目一〇の計一九レースが実施された。

この開催で最も注目されたレースは二日目の第九レース内国種優勝馬戦、六六〇間（約一二〇〇メートル）。出走馬は、大印、松風、松島の三頭。ここまでの三頭の成績は、大印が初日二戦二勝、二日目一戦一勝。松風が初日三戦二勝二着一回、この二着は大印に負けたもの、二日目二戦二着一回三着一回、二着は松島、三着は大印に負けたもの。松島は開催前日の調教中に転倒して後肢を負傷したので初日出走せず、二日目から出走、その二日目三戦二勝、大印の二着一回で、ここに臨んでいた。なお北海道では、このように一日の内に複数のレースに出走するのが通例だった。

道中、大印と松風の攻防があったが、残り二ハロンで大印が先頭に立った。ついで最初先行しながらも一旦は下がっていた松島が、再び盛り返して松風を交わし、直線、大印に迫ろうとしたが、二間（三・六メートル）余まで詰めるのが精一杯。結果は、ここまでの力関係通りに、一着大印、二着松島、三着松風。着差はそれほどなかったが大印の力が抜けていた。勝時計一分二八秒。当時としては「意外の好記録」、東京競馬会明治四〇年春季開催で帝室御賞典馬となる片鱗を見せていた。またここで三番手だった松風は、後に東京競馬会をはじめとする東京周辺、そして関西競馬倶楽部などの京阪神の開催に出走、活躍を見せることになる。後から振り返ると、この札幌の競馬も、函館とともに、馬券黙許時代の内国産馬、それも強豪馬の供給地としての存在となることを予感させていた。

二日目最終レース終了後、表彰式が行われた[454]。その際、持田謹也が、総務委員・審査部長として、出走馬匹、騎手、競走に分けて、それぞれの「審査報告」を「朗読」した。まず出走馬匹に関して、今回の出走馬を見ると、この四、五年の「馬匹進歩の著大」なことが明らかであるとしながらも、まだ「馬匹体格性質調教等に就て謂うべき事」が多く、「大に改良を要するもの」があるとして、「競馬及び総ての騎乗を促進するの要」があると述べた。ついで騎手に関しては、「今回出場の騎手は概して馬術の何物たるやを解せざる第二流以下の騎手甚だ多」いとしながらも、勝つためには何でもするという「従来の悪風」が改められ、「其勝敗を争うの真面目にして常規を重んずるの色」が見られたとして、その点は評価した。そして競走に関しては、従来よりも勝時計は速くなったが、函館や横浜の競馬会よりは「多少の遜色」があるとして、今後の奮起を促した。持田の乗馬会における指導的な立場が、この「審査報告」の「朗読」にも示された。

北海道乗馬会が、この明治三八年八月の段階で、馬券発売を黙許されることになる東京競馬会設立に向けての動きについてどれほど情報を得ていたかは不詳だが、この開催直前の七月藤波言忠が来道した際、園田実徳も交えて、持田が意見を交換していたことに鑑みれば[455]、この第一回の開催を終えた時点で、将来の馬券黙許の認可を視野に入れた可能性もなくはなかった。

北海道乗馬会が、その認可に向けて実際の準備に着手したと確認できるのは翌明治三九年七月上旬のことだった[456]。持田は、北海タイムス紙上で、その意気込みを「時運の促す処によりて北海道は厭でも応でも日本馬匹改良の母地と為り、模範場と為らざるべからざる位置に立てり、其気運に乗じて第一着に動くものは競馬を以て第一とす」と語った(457)。そして前年八月に続く第二回の競馬会の九月開催を計画、全道に出走を呼びかけた(458)。七月に入る頃には、それに応えて、日高の岩根静一、瀬川栄三郎、函館の園田牧場、根室の山県牧場、日高の赤心社など、北海道の代表的な馬産家、牧場が出走を表明した(459)。乗馬会も、準備事務所を設置、競馬事務を開始した(460)。

そして乗馬会は、七月二八日、定期総会を開き、そこで乗馬会の「一部事業」としていた競馬部を九月の開催終了後に分離独立させ、「北海道中央模範競馬の実を全からしむること」とし、あわせてその「総ての方法手段一切の件」を、副会頭持田謹也に一任することを決定した(461)。また会頭だった第二五連隊長渡辺大佐を名誉会頭とし、また同連隊連の佐官、将校を役員から外した。馬券黙許の認可に向けての準備だった。なお後任の会頭には北海道拓殖銀行頭取美濃部俊吉が就任した。そして九月の開催を大々的に行うこととし賞金総額を前年の三六五円の二倍以上の八〇〇円に増額、また開催に関する印刷物を、「全道の馬に関する知名の士」宛に、こちらは前年の約三〇〇〇から五倍の約一万五〇〇〇人に送付することにした(462)。また内地に向けても出走を呼びかけた(463)。

この定期総会の直前、持田謹也は、この馬券黙許の認可に向けての分離独立を予め説明することを意図したのであろう、北海タイムス紙上で、つぎのように論じた(464)。

図48

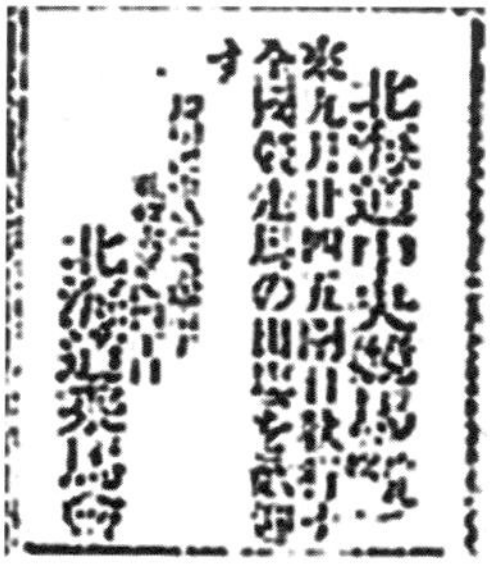


「全国競走馬の出場を歓迎す」と呼び掛けた(『万朝報』明39・8・10)。

……今其(馬匹改良の最捷径である競馬実施の)気運全国に勃興するに際して、帝国の驥北たるべき我が北海道の中央部に一大競馬の起こさるるは、時運の必要上、道民の以て栄誉とすべき処なり、殊に其模範的競馬を其手に有する札幌区民、以て聊か区民の誇りとし、驥北の中原たる実を示すに足れり、斯る気運の勃興に際しては、欧米は勿論横浜函館に於て已に実行せる競馬籤も亦之を実行せざるべからず、之を実行すれば、競馬に関する世人の注意は一段を加え、馬に対する国民の趣味は急に其脳裡に侵入して又決して離るべからず……

簡単にいえば、横浜（日本レース倶楽部）、函館競馬会に続いて「競馬籤」（馬券）を発売する競馬会が札幌に必要とされているということだった。

これより先、乗馬会は、前年からの三年計画を前倒しにして、その施設整備をこの年で完成することも決定した(465)。工費三〇〇〇円で、柾葺平家建三〇間（約五四・五メートル）の観覧席一棟を増設、南東方の一角の急カーブを修正するなどして、一周五四七間から五五〇間（約一〇〇〇メートル）に拡張、コースには二ヶ所の橋梁が存在していたが、その内一ヶ所の修理、馬場の高低差（最大九尺）の解消、土盛り（最大二尺）等の馬場改修をめざし、七月下旬に着工した。なお「昨年新築の馬見所に三倍せる大馬見所」は八月一〇日前後に竣工した(466)。早期の認可を実現するための馬場、設備の整備だった。ただしこの時点では明らかではなかったが、一マイル以上のコースが認可条件になり、この中島遊園地の馬場はこれ以上の拡張が無理であったことで新たな用地が必要になる。

この明治三九年の七~九月、北海道各地では、前年にもまして盛んに各地で競馬会が開催された。たとえば、士別が七月一五、一六日、賞金二〇〇円、旭川七月二二、二三日、賞金三〇〇円、早来（安平村共同競馬会）八月八、九日、浦河競馬会八月一一、一二日、追分競馬会八月一五、一六日、賞金三〇〇円以上、余市競馬会九月二、三日、眞苅競馬会九月三、四日、賞金四〇〇円、砂川競馬会九月三、四日、賞金三〇〇円、粟津村共同競馬会九月一〇、一一日、賞金三〇〇円、北見紋別九月一二、一三日、名寄競馬会九月一五、一六日、賞金三〇〇円、岩見沢競馬会九月一五、一六日などであった(467)。この頃、北海道には「全道三百有余の牧場と札幌函館を始め三〇余の大小競馬会」があったという(468)。

七月の函館競馬会出走組からは大印、松島、松風などが出走してきた(469)。先に紹介したように、大印は、抽籤豪州産牝馬との混合レースの優勝戦を勝ち、松風も六戦三勝二着三回と力を示したが、松島は四戦二着一回三着一回着外二回と未勝利に終わっていた。なお松風は、函館のあと、九月三、四日の砂川競馬会に転戦して、洋種雑種内国種優勝戦を制した(470)。また八月一一、一二日の浦河競馬会には、名種牡馬豊平を繋養する大塚牧場の大塚助吉が、札幌の開催に向けて生産馬六頭を出走させたが、このなかには第二豊平、第三豊平（のちのホクエン）が含まれていた(471)。

図49　「札幌大競馬会初日」

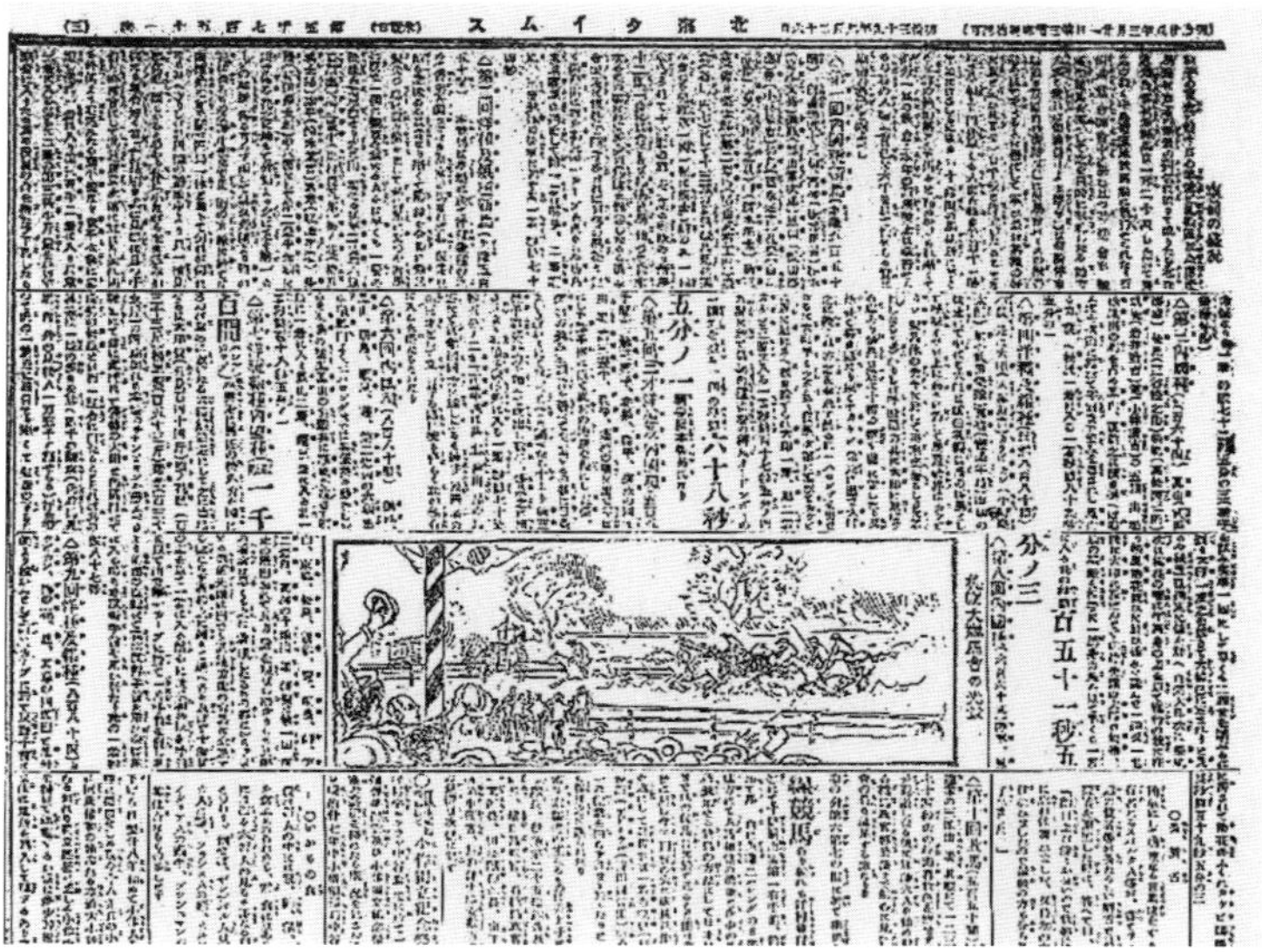

開催初日を大きく報じた（『北海タイムス』明39・9・26）。

このように函館競馬会も含めて各地で競馬会が開かれ、そこでの活躍馬が北海道乗馬会への出走の姿勢を見せ、乗馬会の開催は北海道各地の競馬会の集約、チャンピオン決定の場になろうとしていた。先に紹介した乗馬会の将来ヴィジョンが具現化しつつあった。開催に向けての馬体検査を一五日に実施、当初五〇余頭の出走が見込まれていたが、札幌競馬のレベルが高くなることを見込んで出走を断念する馬主も出て、検査を受けたのは三四頭になった(472)。折から開かれていた北海道畜産協会大会とこの乗馬会の開催視察のために、馬政局馬政課長増田熊六、馬政官石橋正人の両騎兵少佐が札幌を訪れていたが、開催二日前の九月二二日、北海道畜産協会大会の講演のなかで、増田少佐は「競馬の方法、賭場の事等」についても説明した(473)。乗馬会が馬券黙許に向けて動き

図50「札幌大競馬会の光景」

（『北海タイムス』明39・9・26）

始めていたことを踏まえてのものであった。増田は、積極的な馬券発売論者だった。東京競馬会の話に加えて、先の函館競馬会の馬券発売のことも話題になっていたはずである。

そして九月二四日（月）、二五日（火）、馬券黙許の認可申請を視野に入れた北海道乗馬会の開催を迎えた(474)。この開催から、横浜、函館と共通の回りにするということで、それまでの左回りから右回りに変更した。これも認可を意識したものだった。その結果、なれない右回りで、騎手もとまどい、一周（約一〇〇〇メートル）の時計は例年だと七〇秒内外だったものが、一～二秒時計を要するようになっていた。

初日、好天気に恵まれ、開始一一時半の時点で、馬見所は立錐の余地なく、入場者六〇〇〇人、馬見所外も含めれば観客は一万五〇〇〇人に及んだという。主な来場者は井上勝子爵、第二五連隊長伊藤瀬平及び将校、騎兵第七連隊長白石、釧路軍馬補充部長坂野金作騎兵少佐、田澤獣医部長、新冠御料牧場長山下盛次、増田、石橋の両馬政官等。レースの合間には音楽隊が演奏、また花火も打ち上げられた。レースは、内国種新馬、内国種古馬、洋雑種、洋雑種及び内国種の四つのカテゴリーに分けて実施された。

この大観衆が見守るなかの注目のレースが、評判の高い第二豊平、第三豊平が出走してくる第二レース洋雑種の新馬戦、五五〇間（約一〇〇〇メートル）、一着四〇円、二着一〇円、三着五円。二頭に加えて梅ノ花、藤平らの六頭立。なお以下、各レースの賞金は、特に記さない限り、このレースと同様。

第二豊平は、母トロッター種香月、牡四歳、第三豊平は、母不詳、牡三歳、ともに大塚牧場産で父は豊平(475)。豊平（明治二二年～明治四三年）は、血統不詳、数多くの活躍馬を輩出した大種牡馬であった(476)。八月一一、一二日の浦河競馬会では初日第三豊平が二着、第二豊平が着外、二日目二頭ともに着外に終わったが、その馬格、走りに将来性を感じさせるものがあったのだろう評判は高まっていた(477)。なおこの浦河競馬会には大印も出走、二日目不覚の

図51

り再び直線に入り最後の曲線と為るや橋の邊よ
り眞鐵再び突き込み來り今度は外方より大印に
迫りて將に並ばんとする時大印最後の一蹴に第二の橋
を超へ半馬身にて一着に入る本回眞鐵の奮戰は
前日一哩に於ける松風の勇戰と共に本場の二
大異色と稱せらる大印一着秒數百三十二秒
△第八内國種勝馬競走(八百八十間)
松風、明烏、岬の三頭は内國種勝馬として
出場の資格を有するものなれども明烏、岬共に
松風を恐れて出場せず騎手間の妥協にて明烏
漸く出で松風一着は謂ふまでも無く其秒數百三
十五秒五分の二、本回二頭にも反對手前の誤
謬操作は見るべきこと限り無し
△第九洋雜種勝馬競走 本回
は則ち今回競馬の洋種及雜種勝馬の決勝競
走にして之に出場せる資格あるもの大印、藤平
乘馬、旭、第三豐平、カケビカンの七頭の中
カケビ第三豐平は棄權して他の五頭當場の月
桂冠を得んが爲め出場せり此時已に五時を過
ぎ雨も稍小降りと爲りたれば觀客の熱心此に到
りて極點に達して見へ渡れり藤平疾しと雖も漸く
三才の幼駒乘馬は其力量遠く大印の敵にあらず
旭も亦頼み難く見へたるが騎て紅旗の下るや旭
先頭に飛ぶこと飛燕の如く大印之を追ふ亦猛烈
を極め三ハロングにして大印一度旭
を抜き最早や大勢は定まれりと見るや旭
競前面の直線に於て見事に又之
を抜きたる時は觀客の眼睛旭の身邊に
集まりて場内又一語を發するもの無く森々として
全く人無きに似たり斯くて前方の曲線を過ぎ終
るや大印又再び速度を加へ半馬身の差を以て
大印一着に入る喝采湧くが如く歡呼
の聲暫らく止まず此に於て大印號は當場の月桂
冠を得るの榮譽を擔ひ日高國々旗を樹てゝ場
内を一周す其の一着秒數百二十八秒五分の三
騎手佐野清治氏なり

大印の優勝を大きく報じている(「札幌大競馬(後日)空前の盛況」『北海タイムス』明39・9・27)。

二着はあったが、優勝戦を含めて四戦三勝で強さを見せていた。

この第二レースの大本命は第三豊平、誰もが勝つと思っていた。第二豊平が先行、一コーナーで梅ノ花が並びかけ、その外から藤平も接近、向う正面で四頭が並走、直線、第三豊平と藤平の追い比べになった。制したのは藤平。勝時計一分一二秒六〇。第三豊平は二着。藤平は、この後の第五レース三歳洋雑種及び内国種、五五〇間、四頭立ではハナを切った第三豊平に雪辱されて二着に敗れたが、その勝時計は一分一五秒四〇と第二レースより三秒近く遅く、藤平が全力を出したかどうか怪しかった。そして藤平は翌日の第二レース、第六レースでも第三豊平を降し、その力がほんものであることを示した。まず第二レース洋雑種新馬、五五〇間、七頭立。藤平は、初日の勝鞍で七斤(約三・二キロ)増量されていたが、第三豊平を二着、梅ノ花を三着に降して一分一三秒六〇、ついで第六レース三歳洋雑種及び内国種、五五〇間、四頭立でも先行する第三豊平を楽に交わして一分二〇秒(遅すぎるが記録にしたがっておく)で勝った。第三豊平は三着。この二戦の敗北で、第三豊平は、この日の第九レース洋雑種勝馬競走を回避。藤平はこのレースぶりで、売買価格が、開催前五〇〇円だったが二〇〇〇円にあがったという(478)。なお藤平は、明治四一年春のシーズン、横浜の木村重太郎名義となり、東京及びその周辺の各競馬会を転戦したが、期待されたような成績を残すことはできなかった。第三豊平は、この開催では不振だったが、その後、園田実徳が購入して北園ホクエンと改名、明治四〇年一一月東京競馬会秋季開催で帝室御賞典を獲得、引退後、種牡馬になった(479)。

古馬の洋雑種、洋雑種及び内国種のカテゴリーでは、昨年の八月乗馬会開催、今年七月の函館競馬会、八月の浦河競馬会に続いて、大印が強さを発揮した。大印は、初日は二つのレースに出走、連勝した。まず第四レース洋雑種、八八〇間（約一六〇〇メートル）、四頭立を一分五七秒五分四で楽勝。ついで第七レース洋雑種及び内国種、一一〇〇間（約二〇〇〇メートル）、ハンデキャップ、賞金一着五〇円、二着一五円、三着七円、四頭立に出走。他に松風、梅ノ花。ハンデは、大印一四四斤（約六五・四キロ）、松風一五三斤（約六九・五キロ）、梅ノ花一三三斤（約六〇・四キロ）。道中、大印が先行、ついで松風、梅ノ花の順で追走、直線は大印と松風の激しい追い比べになったが、大印が一馬身の差で制した。勝時計二分三一秒六〇。この時計は当時としては出色、また大印と松風二頭の激戦の記憶は長く残されることになった(480)。

そして二日目。この日の主な来場者は、宮内次官男爵花房義質、北海道長官（知事）園田安賢、騎兵第七連隊長白石、貴族院議員前田正名（元農商務省次官）、衆議院議員浅羽靖（北海道庁札幌区選出、大同倶楽部）、馬政官石橋正人等。正午頃には約三〇〇〇の観衆だったが、一二時半頃から強い雨が降り始め、客足がとだえたという。

その二日目第四レース洋雑種、八八〇間（約一六〇〇メートル）、大印、旭、良鎮、乗馬、四頭立。ここで大印は、意外にも旭の三着に敗れた。勝時計不詳。前年の開催の四勝で二〇斤（約九・一キロ）増量されたことに加えて、前肢が強健でなく悪い馬場を嫌ったことと騎手の拙劣な技術で、一コーナーで転倒寸前となってしまった結果の敗戦だったという。とはいえ旭も弱い馬ではなかった。

つぎの第七レース洋雑種、八八〇間、六頭立。大印は、ここは定量戦で二分一二秒で勝った。二着とは半馬身であったが、力の差は歴然で抑えたままの楽勝だった。

そして迎えた優勝戦、第九レース、洋雑種勝馬競走、八八〇間、一着五〇円、賞状及び北海道乗馬会名誉賞牌だった。ここまでに勝鞍をあげた大印、藤平、乗馬、旭、第三豊平、カケビカンの七頭には出走義務があったが、カケビカン、第三豊平が回避して五頭立になった。藤平は三歳と若く、また旭は第四レースの勝利があったが力が劣ると思われていた。旭が先行、大印が追走、残り一周のゴール地点で大印が先頭に立った。このまま大印が押し切るかと思われたが、向う正面で旭が抜き返し、そのままの態勢で四コーナーをまわり直線に入った。最後まで旭も健闘して食い下がり、第四レースがフロックでないことを示したが、大印が半馬身差で制した。勝時計二分八秒六〇。大印の騎手は、この勝利に日高国国章旗を立てて場内を一周したという。

先の函館競馬会に続くこの乗馬会での勝利によって大印及びその系統に属する馬の評価が高まり、価格が上昇したが、馬政課長増田熊六騎兵少佐は、このことについてつぎのように語った(481)。

……最も喜ぶべき現象として紹介すべきは、馬の能力に依りて馬匹の価格を発揮したることにして、競馬会に於て勝利を占めたる大印は曩にも函館競馬会に於て勝利を得たるものなるが、二回続勝の結果、従前は四百円にて売買されしもの今日にては二千円にもて尚之を購買し得ざる程の価格を生じ、従って此の大印馬の系統に属する馬匹の価格が一般に騰貴したる事是れなり、斯くの如く馬の能力に依りて馬匹の価格を生ずるに至らば産馬家の熱心、良馬の飼養に勉むるに至るべく本邦馬事界の為め大に喜ぶべき事なり……

このように増田には、競馬で能力発揮→価格の上昇→生産意欲の刺激→馬産全体の質の向上→馬匹改良というサイクルが回り始めていると映った。なお大印は、先にも紹介したようにその後園田実徳に購入されハナゾノと改名、明治四〇年六月東京競馬会春季開催の帝室御賞典を獲得する。

内国種古馬の松風も、前年八月の開催、この七月の函館の開催に引き続いて、ここでも力を発揮した。なおこのカテゴリーの賞金は、特に記さない限り、一着二〇円、二着七円、三着三円。

まず初日第三レース内国種、六六〇間（約一二〇〇メートル）、五頭立を一分二九秒二〇で勝ち、先に紹介した第七レース洋雑種及び内国種、一一〇〇間（約二〇〇〇メートル）、ハンデキャップ、一着五〇円、二着一五円、三着七円、では大印の二着になったが、内国種同士ではさすがに強く、二日目第三レース内国種、六六〇間（約一二〇〇メートル）、四頭立を一分三七秒で、第五レース内国種、八八〇間（約一六〇〇メートル）、一着三〇円、二着七円、三着三円、八頭立も二分八秒四〇で、両レースともに、前年の開催の勝鞍による一〇斤（四・五四キロ）の増量をものともせずに勝った。そして第八レース内国種勝馬競走、八八〇間（約一六〇〇メートル）、賞金二〇円、賞状及び寄贈銀盃は、松風を含めて三頭が出走資格をもっていたが、他の二頭は松風を恐れて回避の姿勢だった。「騎手間の妥協」でようやく一頭が出走してきたが、やはり松風の前に問題にならなかった。松風が楽勝、勝時計二分一五秒四〇。

このように洋雑種新馬では藤平、洋雑種古馬では大印、内国種では松風が、それぞれチャンピオン馬になった。戦績は、松風が五戦四勝二着一回、大印に負けただけだった。大印は五戦四勝三着一回。洋雑種新馬の藤平が四戦三勝二着一回だった。そして松風は、先に紹介したように、この後、東京競馬会の書記長中台忠蔵の名義となり、内地に転戦、日本レース倶楽部の秋季開催では未勝利に終わったが、東京競馬会第一回開催では一勝、ついで静岡の富士競馬倶楽部の開催にも出走、ここでは記録が残されている初日だけで二戦二勝という成績を残す。またその後、佐藤清次の名義となって、各地の競馬会に出走、活躍を見せることになる。

## 北海道競馬会、馬匹改良株式会社の設立

乗馬会の開催を終えて、持田謹也、南部源蔵外五名は、これまでの札幌の競馬の歴史、そして中島遊園地馬場の施設の整備、この北海道乗馬会の開催実績を背景にして、乗馬会から分離独立させた競馬部を北海道中央競馬会とし、一〇月一〇日付で、馬政局に対して馬券発売が黙許される社団法人としての認可申請を行った(482)。先にも述べたように、持田らは、これまでの札幌の競馬の歴史、また施設を整備した中島遊園地馬場の存在及び北海道乗馬会の開催実績、また馬産との結びつきなど「従来の仕方が他の内地に於ける競馬興行者の類にあらずして幾多の特色を有する模範的のもの」と自負、それを馬政局も認識しているとして、短期間で認可されると考えていた。

だが各地と同じように、東京を中心にいくつかのグループが、北海道での認可申請に向かって動いていた。結局、

持田らの北海道中央競馬会に加えて、札幌での認可に動いたグループは、㈠山県勇三郎、檜山鉄三郎外五名らの北海道競馬倶楽部、㈡田健治郎、鳥居忠文外五名らの北海道競馬倶楽部、㈢荻野芳蔵、岡田治衛武外二二名らの札幌競馬倶楽部、㈣大井卜新、戸狩権之助外一七名らの北海道競馬倶楽部、の計五つだった。

㈠の山県は、先に紹介したように、北海道の実業家、牧場も経営、東京競馬会理事、また檜山は、東京競馬会の設立にもかかわっていたが加納久宜、安田伊左衛門らと決別、京浜競馬倶楽部、日本馬匹改良株式会社設立の中心的存在、そして山県と檜山の二人は阪神地区での競馬会設立に向けても動いていた。この二人のタッグであったから強力であった。

㈡の田は、貴族院議員、東京競馬会の役員、石炭などの鉱山にも投資していたが(483)、競馬もそういった投資事業の対象と考えていた。鳥居は子爵、貴族院議員、先に紹介したように明治三九年一二月帝国馬匹改良会社創立委員長を経て、日本競馬会理事に就任する。この田らも、競馬投資グループの一つであった。

㈢の荻野は、紡績業を中心にした会社の役員を務めるとともに福井県郡部選出、政友会の衆議院議員、北海道の鉱山経営と牧畜にも携わっていた(484)。岡田治衛武は実業家、日本競馬会理事、山口県郡部選出、大同倶楽部の衆議院議員(485)。荻野らも競馬投資グループの一つ。

㈣の大井は大阪で大井卜新商店主、三重県郡部選出、政友会の衆議院議員(486)、戸苅は山形の実業家、元山形県郡部選出、政友会の衆議院議員(487)。大井と戸苅の二人は、他の競馬会、営利会社に名前を見ることはないが、彼らも投資グループの一つだったと思われる。

このようにここに登場した人物たちは、大井らの北海道競馬倶楽部を除けば、その他の競馬会、営利会社に関係しており、札幌も、そういった競馬の権益を押えておこうとするグループの標的だったことが示されていた。とはいえ札幌での馬券発売が利益を生みだすかどうかは疑問であり、仮にあったとしても少額であることは予測できた。それでも、「東京方面に於て、同一出願を為したるもの四派各其目的に向って暗中飛躍を試み、盛んに先願者たる中央競馬会を迫害せんと謀る者あ」って、「各派の競争者は札幌団体の出願に向って肉薄」していた(488)。一一月二六日、持田は、「馬政局に止み難き用事があって」、札幌を出発、上京した(489)。この認可申請競合という状況を打開するために、馬政局と協議を行うためであったと思われる。だが一週間の予定を二週間に延ばして、北海道中央競馬会単独での認可の道を探ろうとしたが、それが難しくなっていることを認識せざるを得なかった(490)。帰札後、持田の他のグループの認可申請の動きを「新たに山師に依りて計画された権利株転売目的の計画者」によるものだとしてつぎのように批判した(491)。

……此頃出来る計画者の顔ぶれを見ると、其多くは政治家とか、実業界の食い詰めものとか、いずれ似寄た者ばかりで、馬に就ては経歴も、趣味も、何等の用意も無い者が多数を占めて居る、競馬なるものは、全く一の不正な営利の目的物と為った形である……

実情に相応した批判であった。とはいえ、馬政局の認可の条件は、たとえ持田が批判するような動きであっても、一つにまとまることであった。

また持田の上京の目的には、折からの東京競馬会の第一回開催（一一月二四日、二五日、一二月一日、二日）の観戦も含まれていた。日本人主導の倶楽部としては初めて本格的に馬券発売を行う開催であり、認可をめざす全国の競馬関係者の関心を引いていた。たとえば、先に紹介したように宮崎競馬会を設立することになる児玉伊織も観戦していた。この二人に限らず、競馬会の設立に向けて動いている関係者が、観戦に訪れていたと思われる。持田は、東京競馬会三日目、四日目の観戦記を北海タイムスに掲載、「馬見場立派なれども馬場は決して完全とは謂い難し、之が為め其速力の遅き結果を招けるは、競馬会の面目として更に一大遺憾事とせざるべからず」という批判とともに、「内国種中の勝馬は多く北海道より出で勝利の騎手も亦北海道より出でたるもの多きは特に注目に値する点なり」、と北海道産の競走馬、北海道出身騎手の活躍を強調した[492]。持田の北海道の馬産、競馬に対する自負を明らかにしたものだった。さらに持田は、北海タイムスの一二月二〇日～二七日の「編輯局にて」で、上京時に見聞、収集した情報をもとに、馬政局及び馬政の方針、全国の競馬熱を紹介、その最後が先に述べた投機、権利株目的の認可の動きを批判するものだった。さらに一月一五日～一七日の「編輯局にて」では「競馬の賭に就て」を掲載、競馬には馬券発売が不可欠であることを論じた。いうまでもなく北海道中央競馬会の認可をにらんでのものだった。

馬政局は、東京周辺を除いて、一府県に複数の動きがある場合、これまで繰り返し述べてきたように、どれか一つのグループを選定するのでなく、それらの統合を絶対条件にしていた。とはいえ馬産地ということで、函館競馬会は存在したが、北海道も例外とし、札幌地区での認可を予定していた。もちろんその数は一つであり、馬政局は、五派の合同を命じた[493]。これを受けて、五派の調整が図られたが、その中心になって動いたのが、井上角五郎、浅羽靖だった[494]。井上は、先にふれたように北海道との関係が深く、また明治三八年には乗馬会を支援、そして実業界、政界にも影響力をもち、北海道中央競馬会以外の四派にもにらみが利いた。浅羽は、北海道庁理事官、札幌区長を務め、明治三七年から北海道庁札幌区選出、大同倶楽部の衆議院議員[495]。浅羽も北海道の政財界に影響力をもっていた。ちなみにかつて明治二〇年、当時札幌区長だった浅羽は道庁長官岩村通俊とともに、中島遊園地の馬場設置を斡旋していた[496]。

北海道中央競馬会もまた四派の方も合同しなければ認可を得られないことを認識していた。その内容は不詳だが、井上らの調整が奏功、三月九日「会名を北海道競馬会と改め」、一八日付で、井上角五郎、浅羽靖ら六〇余名を発起人とした馬政局への申請になった[497]。

この合同と並行して、というより一心同体のものとして、営利会社の北海道馬匹奨励株式会社の設立計画も進められた[498]。創立委員は、井上角五郎、山県勇三郎、浅羽靖、中谷宇平、荻野芳蔵、持田謹也の六名。ここで初めて名を出した中谷は石川県郡部選出、大同倶楽部の衆議院議員[499]。営業項目は、他の競馬会の営利会社と同様の競馬場の施設等建設、競馬会への貸与というものに加えて、「札幌及び全道枢要の地」への競馬場の設立、競走馬の育成とその売却、種牡馬種付及び競馬事業馬匹の売買仲立ち等をあげていた。種牡馬種付及び競走馬の養成だけで一年一割乃至二割の配当も難しくないと謳った。馬政局は、毎年欧州での種牡馬購入を行っていたが、北海道馬匹株式会社は、この年、一万五〇〇〇円で購入を依頼したという(500)。

当初予定の資本金は五〇万円、発起人が全部を引き受け、予約申込期限は三月末日、証拠金払込期限は四月二〇日(501)、予約申込は二倍以上に及んだという(502)。四月三日、東京で、競馬会と馬匹奨励株式会社の創立委員会を開き、委員長に井上角五郎、同委員に荻野芳蔵、浅羽靖、中谷宇平、持田謹也、須永清を選出、常務委員として荻野芳蔵、持田謹也がその任にあたることを確認した(503)。なお須永は政商として北海道で活躍、相場師でもあった(504)。競馬会及び会社関係発起人は六五名。主な顔ぶれは、前記の委員の他に四派の中に名を出していた山県勇三郎、田健治郎、鳥居忠文、荻野芳蔵、大井卜新、大野亀三郎、戸狩権之助、内山吉太、北海道中央競馬会の発起人南部源蔵、また北海道乗馬会委員の槇鍛、田中清輔。そして他の競馬会等の役員では、函館競馬会の松山吉三郎、武彦七、京浜競馬倶楽部の大河内輝剛、佐々木文一、関西競馬倶楽部の久能木宇平、東京ジョッケー倶楽部の小山田信蔵、奥野市次郎ら、また衆議院議員はここまでに名を出していた佐々木文一、奥野市次郎、大野亀三郎、大井卜新、中谷宇平、戸狩権之助、小山田信蔵の他に、恒松隆慶（島根県郡部選出、政友会）、佐竹作太郎（甲府市選出、政友会）、森茂生（三重県郡部選出、政友会）、瀬下秀夫（米沢市選出、政友会）、駒林廣運（山形県郡部選出、大同倶楽部）であった(505)。当時、衆議院議員は、選挙人の増大に伴う政治資金の不足に悩まされていたが(506)、競馬を有望な投資事業として考えていたことがここにも示されていた。

東京で、認可、会社設立に向けて奔走していたのは荻野、持田だったという(507)。そして馬政局は、四月二四日、馬券発売を黙許する社団法人として北海道競馬会を認可した。繰り返せば、札幌での認可をめざす五派の合同がなって新たに申請されたのが三月一八日、一ヶ月余の時間での認可は、札幌の競馬会を認可するというのがあらかじめの方針であったことを明らかにしていた。一年以内の競馬場設置を実現できなければ認可取消もあったから、雪のことを考えれば、競馬場建設を急がなければならなかった。馬政局は、一周一マイル以上のコースを求めていたので、五五〇間（約一〇〇〇メートル）の中島遊園地の馬場は拡張の余地がなく新たな用地が必要だった。北海道馬匹奨励株式会社（以下、「北海道馬匹」と記す）は、札幌市付近に新たな競馬場を建設する計画だった(508)。認可前後に、その新設馬場の選定に着手、候補地の地主たちと交渉を行ったが、価格などが折り合わず頓挫した格好となっていた(509)。そこで競馬会は、雪の季節までに工事が間に合わないと馬政局に数次にわたって、今季限りの中島遊園地の馬場での開催を要請したが却下された。結局、用地の選定、競馬場建設を急がねばならなった。そのためにも、北海道馬匹を正式に発足させ、用地買収、建設資金を調達することが必要だった。だが北海道馬匹の創立総会の開催は、創立委員会から三ヶ月余を要して七月一〇日になってしまった(510)。この年一月の株式のバブルの崩壊を契機とした不況の影響で資金の募集に支障を生じていたことに加えて五派の主導権争い、さらには株主に北海道在住以外の者が多く札幌との意思の疎通、調整に時間を要したことが、その要因になっていた。その一〇日、東京赤坂三会堂で開かれた創立総会、当日の出席者は六七名。山県勇三郎が会長席に着き、まず創立に関する諸般の報告が行われた。ついで荻野芳蔵、持田謹也が各議案を説明、定款改正、資本金五〇万円の二五万円への減額、これにあわせて総株数一万株を五〇〇〇株にすること、発起人が北海道競馬会と契約した事項の承認、取締役監査役の員数及び其報酬の決定などが異議なく可決された。資本金の減資は、不況の影響が大きかったという(511)。

ついで役員選出に移り、会長山県が取締役六名、監査役三名を指名することになった。山県は、取締役に井上角五郎、山県勇三郎、荻野芳蔵、持田謹也、中村定三郎、田中清輔、監査役に大野亀三郎、重谷繁太郎、恒松隆慶を指名、右の外合同五派の功労者に金品を寄贈することを可決して、同一一時散会した。この九名のなかで元北海道中央競馬会の役員は、持田、田中、重谷の三名。田中は、五千五町歩の大地主、実業家、牧場も経営(512)、重谷は重谷木挽所主、北海タイムス社員(513)、中村は山県の実弟だった(514)。

図52

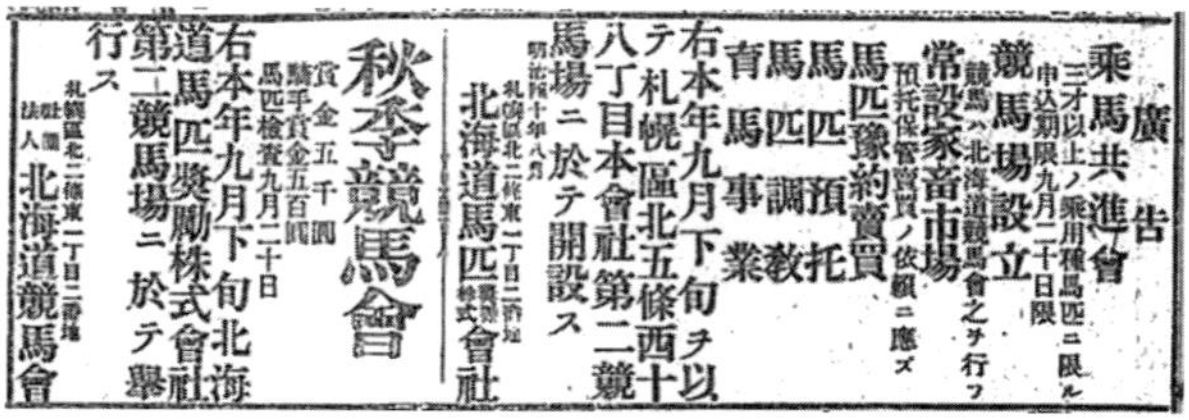

乗馬共進会・3歳以上の乗用種馬匹に限る申込期限9月20日限、秋季競馬会・賞金5千円、騎手賞金5百円、馬匹検査9月20日、常設家畜市場・預託保管売買の依頼に応ず、馬匹予約売買、馬匹預託、馬匹調教、育馬事業、右本年9月下旬を以て札幌区北五条西18丁目本会社第2競馬場に於て開設す、などを広告している。同じものが、『時事新報』明40・8・20、『報知』明40・8・27など、東京の新聞にも広告された（『北海タイムス』明40・8・17）。

図53

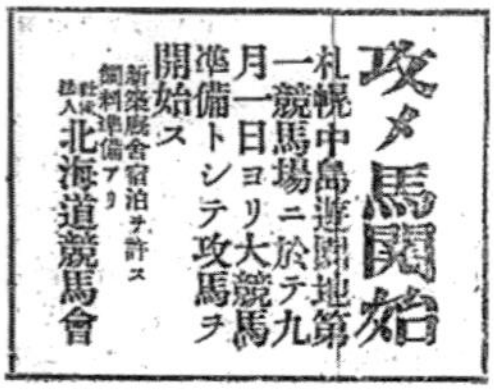

（『北海タイムス』明40・8・22）

総会散会後、重役会を開き、取締役会長に山県勇三郎、専務取締役に持田謹也の就任を承認、計画通り、中島遊園地馬場を買収して之を第一競馬場（支場）とし、別に札幌付近に第二競馬場（本場）を建設することを決定。その競馬場用地として、既に札幌の西北端琴似川の東岸、谷七太郎所有、子取川農場地内二七町歩（現・札幌競馬場所在地）を選定していた(515)。なおこの頃、山県商店の経営が行き詰まり、山県には暗雲が立ち込めていたが(516)、北海道馬匹の実権を握り、その経営に意欲を示した。山県の腕力には誰もが一目を置いていた。

競馬場用地は泥炭地、泥炭層は上層三〇センチ位、内層は粘土、場所によっては五、六〇センチで砂利盤に達する個所もあって、競馬場に向いているとは言い難かった。だが他の用地を探す時間も残されておらず、札幌駅からの距離がいわゆる「半みち」の一八町（約二キロ、約一九六二メートル）であり、札幌と琴似の中間に位置、函館本線の北方一〇〇間（約一八一・八メートル）であるということで決定したものだった。

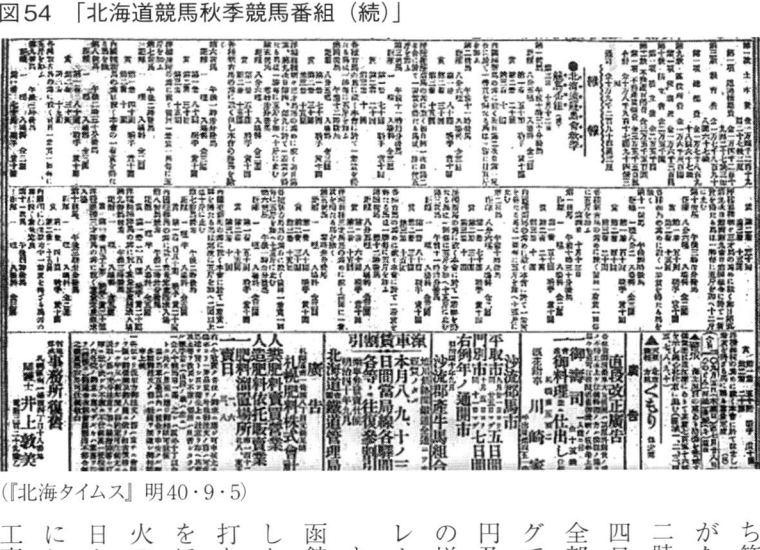

地主の谷七太郎は、農場経営、屯田銀行頭取、札幌実業界で重きをなし、道会議員（副議長）をつとめ、札幌共同競馬会の二代目会長（明治二四～二六年）の経験もあった(517)。当時、谷は、株価の暴落で大きな損失を受けていたが、その谷にとってこの買収は渡りに船であった。谷とは一万五〇〇〇円で売買が成立したが、これを札幌在住の関係者と協議、さらに東京の関係者の同意を得る必要があり、売買契約の締結は七月三〇日のことになった。ついで八月七日、谷と永代小作契約を結んでいた小作人との栽培作物（大小麦類玉

葱蔬菜）の買収価格、一〇余棟の小作小屋の移転等についての合意に達したのを受けて、当日、直ちに作物刈取りに着手した。その間も、嘱託技師は、工事に備えて、二〇数人の人夫を使って実施測量を行い、「競馬場設計実地杭打ち等起工前最も重大なる要務」を四日間で完了していたという。急がなければならなかった。だが札幌大火（明治四〇年五月一〇日午前二時）の後で工事請負業者が不足していたこともあって、着工は一四日、それも一部。そこで大工と人夫を函館、小樽から呼び寄せて、全部が着工したのは八月二〇日前後になった。この着工のタイミングで、北海道競馬会は、九月下旬の開催を公表、賞金総額五〇〇〇円及び騎手賞金五〇〇円、前年九月の乗馬会の八〇〇円から六倍強の増額だった(518)。調教は、九月一日から中島遊園地馬場で開始(519)、レース番組も公表した(520)。

図54　「北海道競馬秋季競馬番組（続）」

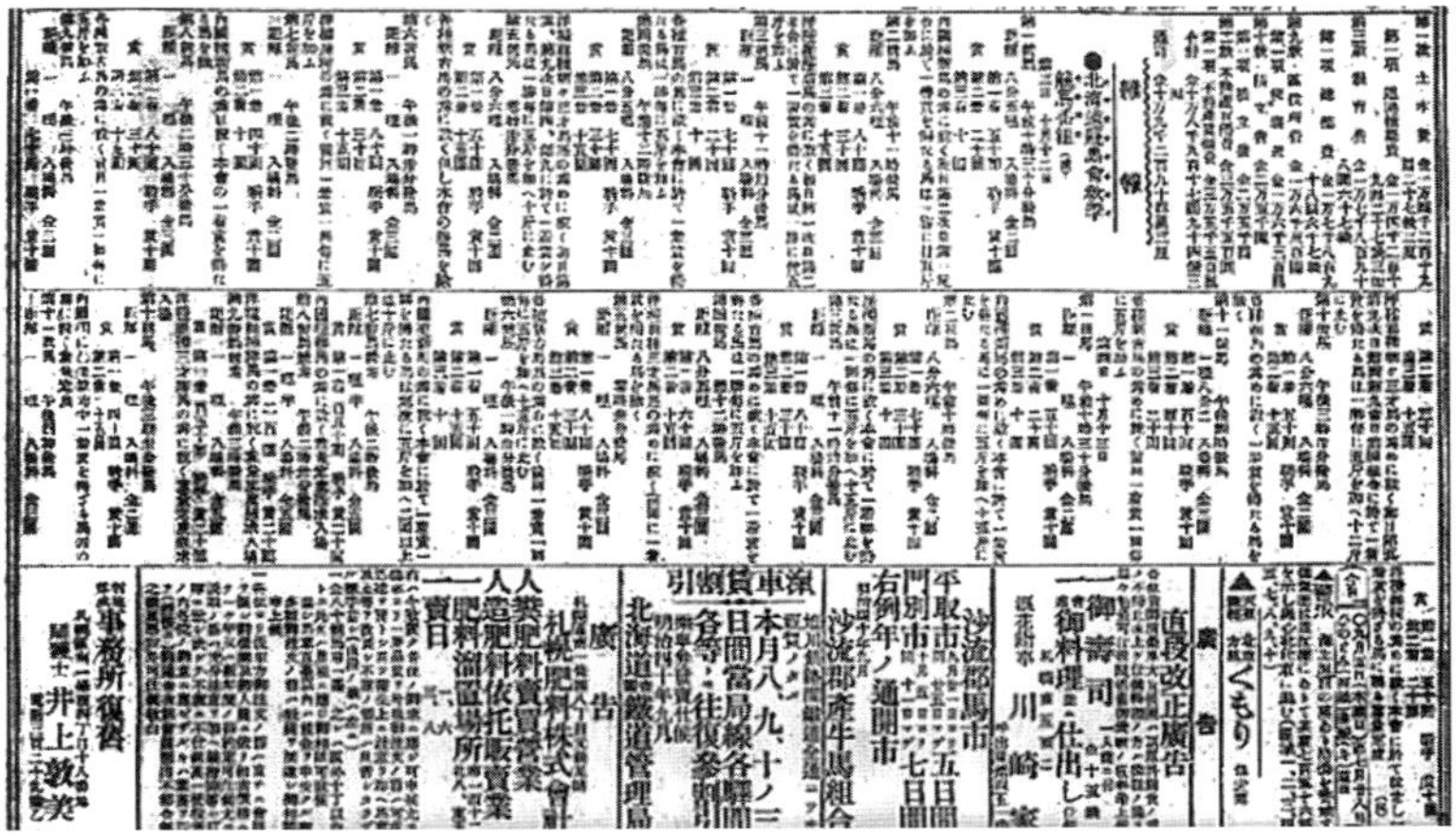

（『北海タイムス』明40・9・5）

　ところが八月二五日夜一〇時二〇分から二六日朝九時にかけての函館の大火で、再び大工と人夫の人出不足となり、工事に支障を来した(521)。この大火は石川啄木の一時の穏かな函館生活に終止符を打たせるものになり、また地元紙をはじめとして函館競馬会の記録をほぼ全部焼失させてしまったものでもあった。そしてこの函館大火の影響での人出不足に加えて、長雨が加わった。着工の八月一四日からほぼ竣工した九月三〇日の間で、晴天の日はわずか一〇日にしか過ぎなかった。そのなかで開催に間に合わせるための突貫工事が行われ、幅員二一間（約三八・二メートル）、一周八八〇間（約一マ

図55　開催延期の急告

急告
本會第一回競馬ハ本月五日六日、十二日、十三日ノ豫定ノ處天候ノ都合ニ依リ本月十二日、十三日、十九日、二十日ニ延期ス
既ニ馬匹ハ會場本廄新築廄舍ニ收容ス
社團法人北海道競馬會

（『北海タイムス』明40・10・2）

イル）のコース、内埒と外埒の木柵二〇〇〇間（約三六三六メートル）、厩舎二棟（奥行七間、間口二〇間）、門標三ヶ所、垣二〇〇間（約三六三・六メートル）、他に建物七棟、競馬場までの巾八間（約一四・五メートル）の道路三〇〇間（約五四五・四メートル）が新設された。馬見所は、中島遊園地の間口五〇間（約九〇・九メートル）、奥行三間（約五・五メートル）のものが移築された。場内の本格的地均しと本建築物竣工は翌年春季開催にあわせての予定だった。なお北海道馬匹は中島遊園地の馬見所等の競馬場設備を五〇〇〇円で北海道乗馬会から購入して移築等を行ったが、乗馬会はこの五〇〇〇円と剰余金七〇〇余円を基本財産として北海道乗馬学校の設立を決議した(522)。

最大の問題は、元来湿地、泥炭地で地盤が悪い用地を、極めて短期間で競走が可能となるような状態にまで整備してコースを設置出来るかどうかであった。コースの内と外に巾二間、深さ四尺の排水溝を設置、その土をコースに敷き均し、砂利、石炭滓を敷いて地固めを行い、雨水排水のため二ヶ所に暗渠、三ヶ所に土管を敷設した(523)。だが九月の中旬から晴れたと思えば雨が降り続き、結局、九月末は汚泥状態だった(524)。一〇月一日、この馬場の地固めを目的として、乗馬会の競技会（速歩競走、曲乗競馬、打球の後）の余興として、土俵を満載した荷馬車の競走も実施することになったが、前夜の降雨で、盛土をした個所に馬蹄の没するところを生じるなど、コースの泥濘がひどく、荷馬車のレースを中止せざるをえなくなった(525)。他の競技は実施したが、それで地固めができるはずもなかった。

開催初日の五日が迫っていたが、コースはレースが行えるような状態ではなかった。二日、「急速地固めを行う」ために、開催は一二日からに延期することを発表した(526)。開催に向けて大量の砂利炭滓を敷入れ、四〇〇余人の人夫を使役、それに加えて七〇〇貫一個、一〇〇〇貫一個の「ロール」を引いて、開催前日までコースの地固めを行ったが、それでも、コース状態は、競馬会側が「未だ完全ならず故に競馬は延期するの外なし」と判断せざるをえないものであった(527)。そこで持田らの競馬会側は、開催前日一一日の午後五時、競馬場に騎手と馬主を招集、開催か延期かの判断を彼らに諮った、あるいは委ねた(528)。これを受けて、騎手たちは、数名が騎乗して状態を検分、意見は分かれたが、凝議の結果、予定通りの実行と回答した。これ以上の長期間の滞在に堪えられない、また「村落の馬場」に比較すれば「多少の慰安の点もこれなしとせず」という意見が勝った結果だったという。馬主も、一一日夜、会合、「馬場は如何も完全と思われぬ故、協議の上賞金は勝敗に拘わらず出場馬匹全部へ平均に分配し安全なる競馬を為さん」、との提案がなされたが、「催主より故障出て」、まとまらなかったという(529)。それにしても、故障を回避するためであったとはいえ、馬券が発売されることを忘れたかのような「八百長的動議」であった(530)。繰り返せば、開催を強行しなければならなかったのは、認可一年以内に開催しなければ、認可が取り消しになる可能性が出てくることを回避するためだった。一一日夜は徹夜で、「人夫を督して」地固めが行われた(531)。

なお競馬場工事が進行中の九月一七日、北海道馬匹は、札幌豊平館で第一回の定時総会を開いた(532)。出席者は札幌在住株主一〇余人、委任状提出者とあわせての株数二五〇〇株、議長席に着いたのは、専務取締役持田謹也、創業七月一〇日から決算期同三一日までの二〇日間の営業報告、財産目録、貸借対照表、損益勘定書其他議案を議了、総会終了後、持田が、北海道産馬匹を内地各競馬会へ供給すること、横浜、東京の競馬会（日本レース倶楽部、京浜競馬倶楽部、東京競馬会、日本競馬会）で輸入の豪州産牝馬を北海道の牧畜家に分配すること、種牡馬購買の件等といった将来の営業方針について説明した。この日、報告、承認された第一回決算報告によれば、払込済の株金は六万五〇〇〇円、未払込が一八万五〇〇〇円、損金九八五円四七銭一厘だった(533)。

### 第一回開催

馬場状態に大きな不安を抱えた状況で一三日の開催初日を迎えた。内地約二〇〇人、北海道約八〇〇人に招待状を出していた(534)。賞金は前年の六倍強の五〇〇〇円、これに加えて馬政局賞典五〇〇円、騎手賞五〇〇円も交付予定だった(535)。また出走馬も洋種九頭、雑種内国産馬五一頭、その内新馬三五頭、「価格二千円以上のもの其過半を占め、

図56 「失敗せる競馬会　責任果たして何者にか帰すべき」

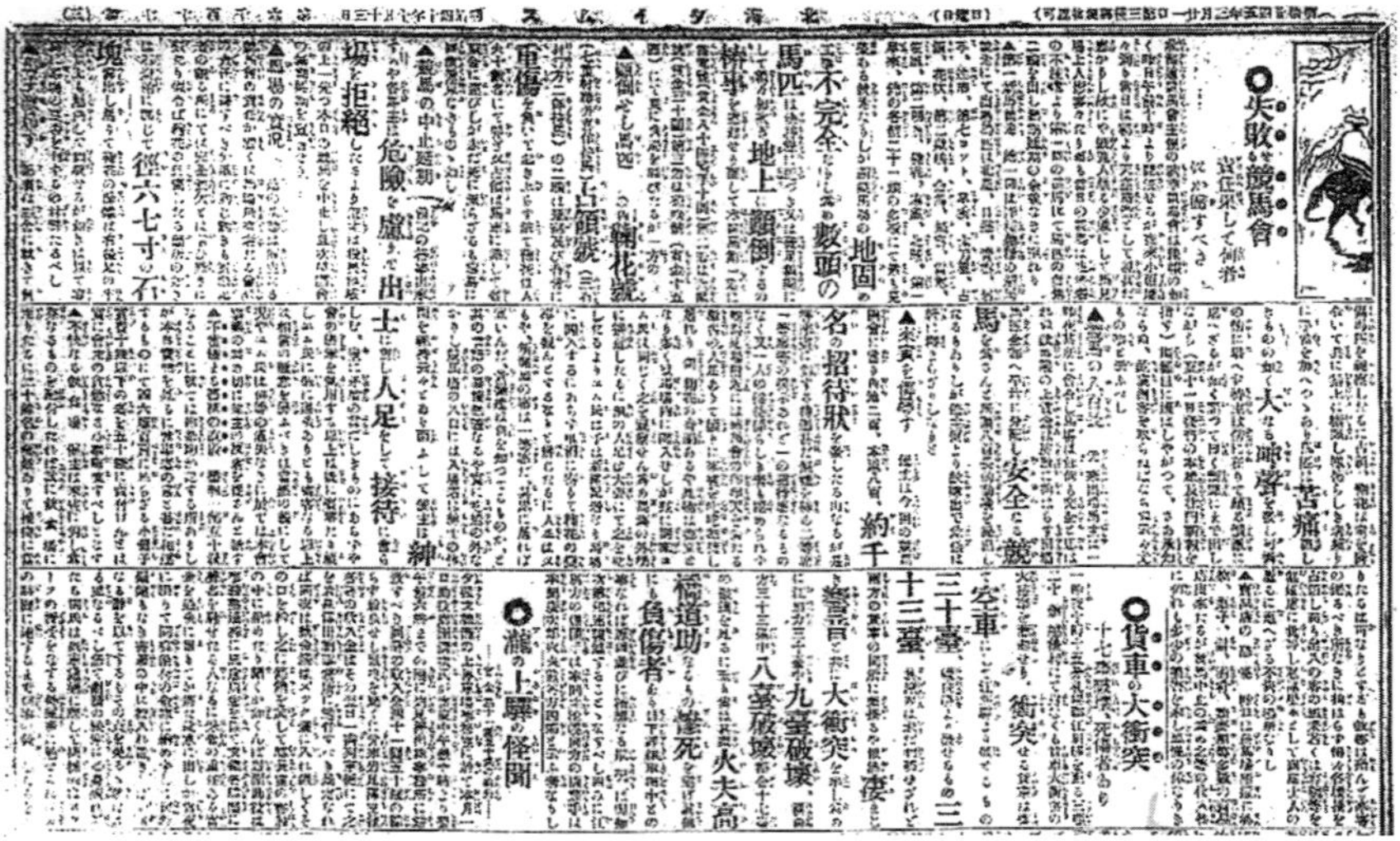
○失敗せる競馬會　責任果して何者にか歸すべき

○貨車の大衝突

（『北海タイムス』明40・10・13）

随って其速力の点に於ても従来北海道に見るを得ざる駿足のものあり、当時東京に名をなせる大印号の如きものは今回の競馬に於て少なくも一四、五頭の輩出を見るに至るべし」と喧伝した[536]。審判、旗切（スターター）などの開催執務には、特別の技術と経験が必要であり、東京競馬会でも日本レース倶楽部で経験を積み重ねていた横浜在住の西洋人の力を借りていたが、北海道競馬会には、これまでの経験の蓄積があり、関係者だけで開催を担うことができた。馬券発売に関しては、記録が残されていないが、翌明治四一年六月の開催時には北海道拓殖銀行員が担当していたこと[537]に鑑みて、第一回でも同様だったと思われる。そして馬券は、北海道の実情から見て高いという判断から、他の競馬会が一枚五円だったのに対して二円五〇銭とした[538]。

「夜来小雨屡々到り当日は朝より天空暗澹として風甚だ寒」く、「観覧人頗る少数にして馬見場人影寥々」だった[539]。開催強行を決断したが、悪い馬場状態に鑑みて、かなりの確率で事故が懸念された。当日スタートに際して、競馬会は、特に各騎手に注意して、「騎座の堅確馬上総ての注意を加え」た[540]。そして懸念は現実のものになった。

第一レースは洋種雑種の新馬競走、賞金一二五円（一着八〇円、二着三〇円、三着一五円、一着騎手一〇円）、二一頭立。スタート直後、そしてゴール近くで脚をとられて数頭が転倒した。この内の二頭、鞠花、占領は頸部及び背骨に重傷を負っており、鞠花は人夫十数人で担いで、占領は馬車に載せられて各厩舎に運ばれた。結局占領は死亡、鞠花も一三日に死亡、競馬会は若干の香典を贈った(541)。鞠花が顛倒した個所は、石炭滓に混じて径六、七寸の石塊が露出していて、同馬の蹄鉄は右後足の半分以上も屈曲して剥脱していたという(542)。

この事態に、各馬主は危険だとして、以後の出走を拒絶。コース状態は、レースが続行不可能であることは明らかだった。役員は、開催そのものの中止を決断せざるを得なかった。皮肉なことに、その後五日間、晴天が続き、馬場はほぼ回復した(543)。

一三日夜、北海道競馬会は、豊平館に馬主及び騎手を招待して「告別の式」を開いた(544)。競馬会は「其顛末を陳述」、馬主・騎手に対して「入馬料と多少の入費とを同会より補助」し、「雪期を利用し砂利火山灰等の材料を蒐集」、「明年を期し完全なる馬場に於て安全なる競馬を執行すること」を説明、併せて競馬事業の将来についての希望を述べた。札幌村で牧場も経営する武井磯吉が、馬主騎手一同を代表して謝辞を述べ、別盃を汲み交した。終了後、馬主及び騎手は、札幌を代表する料亭東京庵で懇親会を開き、各々明春の競馬を期して、一四日より夫々帰村の途についたという。

北海道競馬会は、『北海タイムス』一〇月一六日号につぎのような「謹告」を掲載した（図57）。

本会社秋季競馬は工事中連日の降雨に急造馬場干燥不充分の個所あり、初日第一競馬限り執行を中止し、雪中完全なる工事を加えたる上明年春季を以て更に計画を大にし、花々敷春季競馬を執行致度此段謹告候也

図57

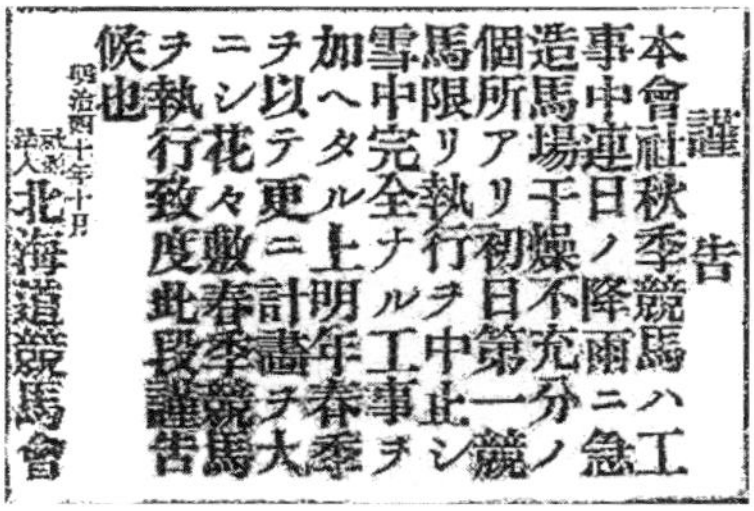
謹告
本會社秋季競馬ハ工事中連日ノ降雨ニ急造馬場干燥不充分ノ個所アリ初日第一競馬限リ執行ヲ中止シ雪中完全ナル工事ヲ加ヘタル上明年春季ヲ以テ更ニ計畫ヲ大ニシ花々敷春季競馬ヲ執行致度此段謹告候也
明治四十年十月
社團法人 北海道競馬會

（『北海タイムス』明40・10・16）

図58 「競馬場工事顛末（一）」

○競馬場工事顛末(一)

一、馬場の選定

（『北海タイムス』明40・10・25）

この開催強行、レース中の事故、開催の中止といった事態に対する「内外の悲報悪声」は持田に集中した[545]。この非難を受けて持田は、明治四〇年一〇月二五日、二六日、二七日、二九日の四回にわたって、「競馬場工事顛末」を北海タイムスに連載し、この間の事情を説明、理解を求めた。認可後一年以内に開催しなければ、認可が取り消されることで工事を急ぎ開催を強行せざるをえなかったこと、その結果に関しては責任をとること、来春はコース改修に万全を期して開催することなどを詳述したものだった。そして翌年、膨大な労力を投入してコースを整備、六月実質的な第一回開催を迎えることになる。

## 6 総武競馬会

明治四〇（一九〇七）年七月一二日、馬政局は、馬券発売を黙許する社団法人として総武競馬会を認可した[546]。目的として謳われたのは、「主として内外産良種の馬匹を購入し其良否を鑑別して馬匹の改良を図る為競馬を挙行し兼て社交を助くるに在り」、という他の競馬会と同じ定型のものだった。この年、三月一五日、日本競馬会、京都競馬会、同二〇日関西競馬倶楽部、四月二四日北海道競馬会と認可が続き、その後、中断の形となっていたが、その再開第一号だった。馬政局が認可するようになった京浜競馬倶楽部以降の時系列でいえば六番目、それ以前の日本レース倶楽部、函館競馬会、東京競馬会も含めれば九番目だった。東京周辺では、五つ目となった。ついで八月二九日には板橋の東京ジョッケー倶楽部が認可されることになる。

競馬場は、これより先の三月、一応竣工していた(547)。当時の東葛飾郡松戸町、総武鉄道常磐線の松戸駅東口側、丘陵の相模台、通称向山（現・松戸市中央公園、相模台住宅、聖徳大学一帯）に位置、相模台は、かなり急な勾配で標高は二〇～二五メートルの台地、松戸駅から見ると岬のように目の前に聳え立っていた(548)。現在では駅前に林立するビル群に視界を遮られてはいるが、競馬場からは、当時であれば、江戸川、水戸街道沿いの平坦な松戸の町のランドマークのように遠くからもその姿を見ることができた。一方競馬場からは、北総台地、幾多の船が行き交う江戸川、葛飾から東京から方面、遠く秩父連峰、富士山を望むことができた。近くの戸定には徳川昭武邸（現・戸定歴史館）があり、最後の将軍の兄慶喜とともに写真マニアであった昭武は松戸競馬場の写真も残している(549)。競馬場からの眺望は抜群ではあったが、コース形態は極めて特異で、スピードを競うレースができるとは到底思えないものであった。

根岸競馬場にならって当時の競馬場は右回りが通例だったが、それとは逆の左回り、図59を参照にすると、一コーナーを回って約一〇〇メートル進んだところで、右斜めに少し折れて約一五〇メートルの直線、そこで二コーナーでヘアピンカーブを回るように急に進行方向を左に替え、突き出た崖の縁を斜めにたどって約一五〇メートルのほぼ直線、そして崖を右に回って約八〇メートルの直線を進んで、再び崖の縁をたどって右に回り、緩やかにUターンするように三コーナーを左へ曲がった。二コーナーから三コーナーにかけての凹字形の地点が天狗の鼻と呼ばれた。三コーナーからは約一〇〇メートルの直線、少し右斜めに折れて約一五〇メートルの直線、そこで今度は左に折れ約一〇〇メートルの直線、さ

図59　松戸競馬場

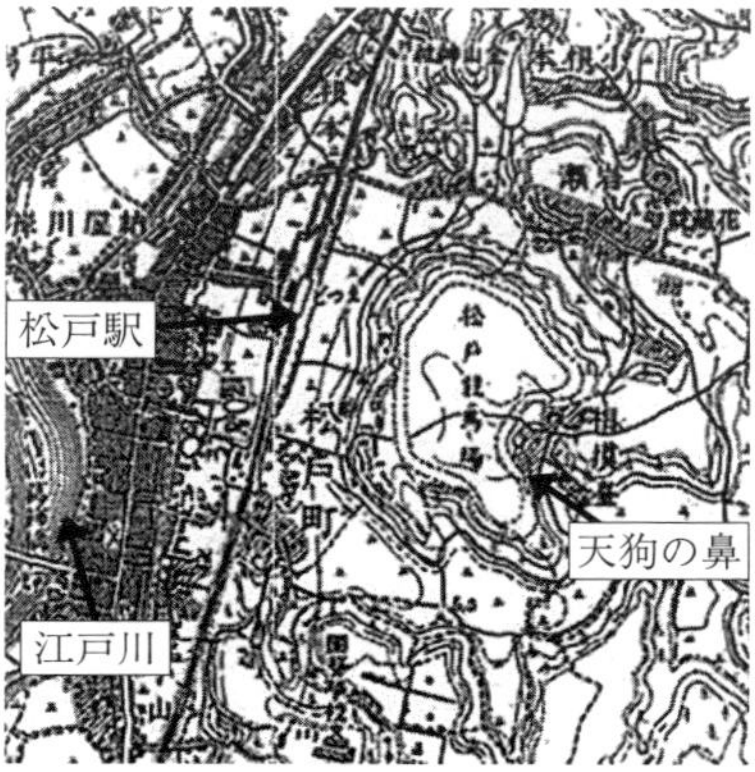

（1/25000「松戸」大正6年測図・大正8年12月28日発行「今昔マップ on the web」より）

図60　「明治四一年六月第三回開催時の馬見所」

（『馬匹世界』第9号、明41・7・15）

らに左に折れるゴールまでの直線（三〇〇メートル）に入った、このようにへの字のくの字形に急激なる角度のあるジグザグのコース、馬場も凹凸があり、この変則のコースの形態、悪い馬場状態によって落馬が頻発した(550)。この松戸競馬場は、明治三九年一〇月に、まず一周四二〇間（約七六四メートル）、幅員五間（約九・一メートル）で開設された(551)。このときのコースは、上に説明したコースでいえば、一〜二コーナー途中で左にカーブを取り、そのまま直線、三〜四コーナーの途中まで向こう正面とするものだったと思われるから、距離は短いがこちらの形態の方が無理はなかった。馬政局は、明治三九年一二月一〇日付で、一マイル以上の馬場設置、毎年の新馬戦の実施などといった競馬会の認可基準（閣令第一〇号「競馬開催を目的とせる法人の設立及監督に関する件」）を布告したが、その条件を満たすために、総武競馬会は元の松戸競馬場のコースを拡張したため、地形上、先に紹介したような形態になったものだった。

明治四〇年九月第一回開催時、馬見所は仮建築、馬券売場はテントだった(552)。明治四一年一月第二回開催時には、馬見所は、間口五五間（約一〇〇メートル）、奥行三間（約五・五メートル）、屋根は古鐵葉板葺（トタン）の平屋が建てられ、間口を二〇間（約三六・七メートル）の六〇余坪の一等席と三五余間（約六三・六メートル）の一〇五余坪の二等席に区分された(553)。その一、二等馬見所には、杉板製の腰掛台（三〇脚）が設置されたが、腰掛台の設置部分には段差がつけられておらず、背後からはコースを見るのが困難であった。馬見所の出入は、前面に設けられた幅八寸（約二四センチ）ほどの階段で行ったが、急勾配で狭くその昇降には注意が必要だった。このように第二回開催時にもバラック並みの建造物だった。一、二等混合の馬券売場は、二等馬見所の裏手に幅二間（約三・六メートル）の長廊下に左右両袖を張出した建物、右袖の一隅にメートル板を掲げ、正面に板羽目を張って中央に一尺の金網を張り、その上に馬の番号を掲出し、金網の下には小穴を穿て馬券発売口にあてていた。明治四一年七月第三回開催時には、新たに一、二等の中間に間口七間半（約一三・六メートル）の「三階」が作られ、右方を貴賓席、中央を馬政官席、左方を新聞記者席に三分した(554)。

総武競馬会の中心人物は本所小泉町の永岡啓三郎。永岡は、慶応三（一八六七）年上毛（群馬県）生まれ、明治二〇年代には、「貧民救済」などの社会的活動も行う侠客として知られるようになり、「性来の任侠と相俟ちて常に憂国の念に厚く時事問題の起る毎に侃々諤々の議を唱え自ら扶弱挫強を以て任」じ(555)、明治三八年九月の日比谷焼打事件では、電車焼打ちで「都下に著聞」したという(556)。日比谷焼打事件の契機となった九月五日の日露講和条約反対の国民大会の議長であった河野広中は明治三九年一二月総武競馬会理事となるが、遅くともこの焼打事件直後に永岡と河野の関係が生じていた（後述）。また明治三〇年代後半、アメリカでは日本人移民排斥運動が激しくなっていたが、明治三八年その移民問題への対応をめぐって、内容については不詳だが、時の桂太郎首相が永岡の要求を受け入れたことがあったという(557)。ちなみに永岡は、明治四〇年頃には、数百の「壮漢」を抱えていた(558)。

永岡が、競馬との関係をもったのは、明治三九年五月、上野不忍池で関八州競馬会が開催されたときのことだった。不忍池で開催を計画したグループには関東競馬会、上野競馬会など複数のものが存在し、それらのグループの合同が一旦なって開催したのが関八州競馬会だったが、永岡は、その内の関東競馬会と関係していたようである(559)。先述したように、その後、各グループはそれぞれ千住、東扇橋（東京本所）、あるいは松戸などで馬券を発売する開催を計画、実行に移していった。このなかで関八州競馬会を経て松戸に拠ったグループの中心が永岡啓三郎だった。永岡は、不忍池での興行後、競馬場として適当な場所を探し、馬券を発売しての開催を模索していたが、そのなかで、日本鉄道（明治一五年創立、現・JR東北本線）の社有地だった相模台の用地の譲り受けに成功

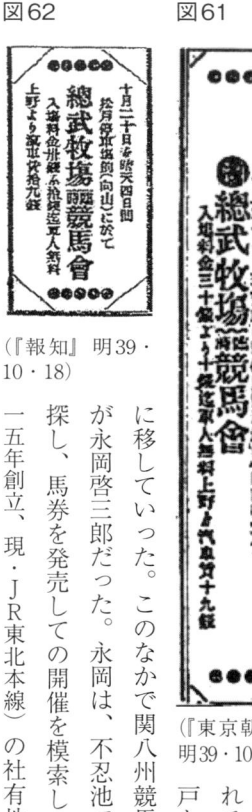

図61

（『東京朝日』明39・10・6）

図62

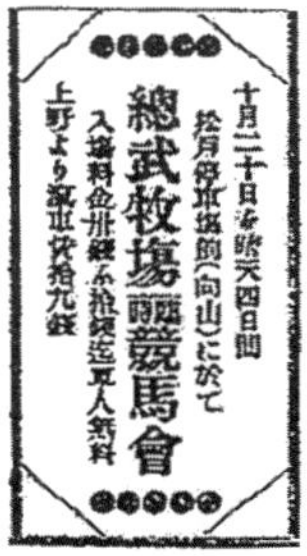


（『報知』明39・10・18）

図63　「総武牧場株式会社株式募集広告」

総武牧場株式會社株式募集廣告

（『万朝報』明39・11・12）

した(560)。日本鉄道は、華族たちが大株主となり、岩倉具視が尽力し設立されていたが、用地は会社がその岩倉を祀る神社の勧請地に予定していたものだった。だがその建立の目処が立っていなかったことで、永岡が譲り受けたものだった。永岡の工作力、資金力が相当なものであったことを明らかにしていた。それとともに、松戸の町長、商人、医者などの有力者の協力も取り付け、総武牧場団（当初は総武牧場社団）を設立、馬匹改良を実現するために「模範飼馬場」の設置、馬匹売買の仲介、競馬会の開催の三つを事業目的として謳い、同年一〇月には、相模台に一周八〇〇メートルほどのコースを竣功させた(561)。水戸街道の宿、江戸川の水運でかつては賑わっていた松戸の町も、鉄道の開通があって衰退の兆しを見せていたことで、競馬は地元の活性策として歓迎され、そして実際にも、低調になっていた松戸の商業、企業に刺激を与えることになった(562)。

コース設置後、早速、一〇月二〇日（土）から馬券を発売して四日間の予定で開催を行った(563)。全出走頭数が「二十幾頭三十頭に満た」なかったが、「ガラ買いの連中は横浜東京より弗々繰出し勝負を争」っていた。台風の影響による雨で三日目の二二日から順延になり、二五日（木）に再開。その二五日、警察から馬券発売を差し止められ、翌二六日入場料を無料にしたが、馬券禁止の圧力もあって入場者は一〇〇人足らずだったという。

その後、永岡は、総武牧場団を二つに分ける形をとって、施設を建設、所有、競馬会への貸与を行う総武牧場株式会社を設立した(564)。将来的に社団法人の競馬会とその営利会社という京浜競馬倶楽部方式をにらんでのものだった。株式募集広告は、以下のものだった(565)。ここで発起人の一人として河野広中が名を出した。

　国家当面の急務に応じ真に馬匹の改良を企図せんと欲せば飼育、売買、競馬の三事業を併行せざる可らず、是

れ本会社を発起せる所以にして、株金は四分一払込にて即時営業を開始し、少くとも三割以上の配当を得べき見込なり

目的　馬匹の飼育、売買、仲介及び競馬
資本金　拾万円　株式数弐千株（壱株金五拾円第一回払込証拠金共拾弐円五拾銭）内発起人賛成者引受株数壱千株　募集株数壱千株
申込期限　十一月十二日より十五日迄（但し満株の際は期限内と雖も締切ることあるべし）
申込証拠金　壱株に付金壱円
取扱銀行　東京市京橋区尾張町　東海銀行支店　東京市本所区亀澤町　東海銀行支店　千葉県松戸町　松戸銀行
創立假事務所　東京市本所区小泉町三五番地
発起人　石井儀三郎、戸張伝兵衛、大炊御門幾麿、河野広中、横山肇、田中武右衛門、永岡啓三郎、山下寅吉、福岡藤八、浅見喜兵衛、木内伊勢松、森岡源三

目的の三事業は、会社計画当初に作成された「総武牧場社団設立の趣旨」では、日露戦後の馬匹改良計画が踏まえられ、つぎのように具体的に説明されていた(566)。

一、模範的馬場を設立し欧米各国飼馬法を参酌し各種用途に応じて緩急相宜しきに適する（例せば平時は之を、乗馬、車馬、荷馬に用い、戦時は直に騎兵、砲兵、輓馬の用途に充用するにたるが如し）完全なる飼育法を試用し以て世の参考に資し以て各種の良馬を供給すること
一、定期馬匹市場を設立し競売に関する従来の総ての費用を一掃し実費を計上せる明白なる価格を定めもっとも

確実なる方法を以て自由に且つ安全に売買授受せしむること

一、随時競馬会を催し各牧場産馬の優劣長短を試験し産馬家の参考に資し且つ公衆の愛馬心を喚起すること

創立仮事務所は、永岡啓三郎の自宅所在地(567)。発起人の内、河野は、よく知られているように、自由民権運動を代表する人物の一人、第一回衆議院選挙から連続当選を続け、明治三六年一二月には衆議院議長に就任したが奉答文事件で辞任、そして明治三八年九月五日の日比谷焼打事件を受けて一一月一一日、兇徒聚衆罪で逮捕、起訴され、一二月二日保釈、この明治三九年四月二一日無罪判決を受けて、時の人にもなっていた(568)。永岡と河野の関係は、資料的に確認できるところでは、明治三八年九月三〇日、九五〇〇円の約束手形を河野が永岡に対して振り出したときに始まっていた(569)。これより先の同月五日、河野は日比谷焼打事件のきっかけになった日露講和条約反対の国民大会の議長を務めたが、この手形の振り出しは、そのしばらく後のことだった。河野の政治行動に賛同した永岡が河野を支援したものと思われる。この金額から考えると、おそらく二人の関係はこの前からのものだった可能性が高い。永岡は、政治的にもシンパシーをもつ河野を競馬会の顔として活用、また河野にとっても経済的利益を得ることが期待できる、双方の利害は一致していた。なお河野と永岡の関係はその後も続き、大正二（一九一三）年のいわゆる大正政変の際、河野は桂新党、立憲同志会に参加、この立憲同志会は、世論の強い批判を受けたが、その際、永岡は憂国労働者同志会を組織、河野らを支持して演説会を主催することになる(570)。なおこの同志会、また河野と永岡の関係は、少なくとも大正九（一九二〇）年まで続いた(571)。

大炊御門は、貴族院議員、打毬の達人として知られ、この発起人だけでなく総武競馬会の認可申請代表者にもなった(572)。真偽は不詳だが、大炊御門は、この競馬会、会社との関係で二万円を得たという風評も流れた(573)。森岡源三は永岡啓三郎が社員の永岡鉱業合名会社の代表社員(574)、横山肇は同合名会社社員で東京市京橋区築地在住(575)。山下寅吉は松戸三丁目の医師、町長（明治四〇年四月辞任）、木内伊勢松は不詳、戸張伝兵衛は東葛飾郡選出県議会議員、

石井儀三郎は松戸町の荒物屋、田中武右衛は呉服商かあるいは薪炭商、下総に牧場を開いた、浅見喜兵衛は流山町長、福岡藤八は薪炭商、町会議員、渋谷平蔵は納屋川岸の材木商、町会議員(576)。このように発起人は、永岡、河野、大炊御門らに地元の有力者を加えたメンバーだった。地元の有力者は田中をはじめとして馬主にもなった。

株式募集は、配当三割以上の見込みを謳い、期間は、一一月一二~一五日の四日間、一四日までに申込は三倍を越える人気だった(577)。株式のバブルはまだ続いていた。満鉄株の熱狂は、一〇月のことだった。

この株式の募集開始にあわせて、総武牧場団は、一一月一三日から五日間の「第二回開催」を行った(578)。馬券の発売の有無は不詳だが、後の一二月の開催に鑑みても、禁止の命令を受けても、発売を強行したはずである。河野も、五日目の一七日、競馬場に姿を現した(579)。

そして一二月五日、総武牧場株式会社は、創立総会を、永岡の地元本所の料亭伊勢平楼で開いた(580)。この日も、河野は参会。創立に関する事項が報告され、定款を承認、取締役社長森岡眞、常務取締役山下寅吉、取締役横山肇、河野広中、那須宥高、戸張伝兵衛、平沢乙治、田中武右衛門、浅見伝兵衛、監査役永岡啓三郎、福岡藤八を選出した。定款第二条は、「本会社は、馬匹の売買仲介、牧場競馬場の設置、賃貸を為すを以て目的とす」と謳った。資本金一〇万円(第三条)、本店を東京市(永岡の自宅)、出張所を松戸町に置いた(第四条)。ここで初めて名を出した森岡はペルーなど南米移民に携わった森岡商会主、平沢(東京青山在住)は不詳、那須は高田村根生院住職(581)、なお那須は住所を河野宅としていた。

ちなみに河野は、先にふれた約束手形を落とすことができず、手形は債権化、総武牧場株式会社が創立されたこの一二月、他の債権も含めてその返済にあてるために、河野の資産が競売にふされた(582)。このなかで、河野は、総武株式会社五〇株の第一回払込分六二五円を一二月七日付で、残金三七五円を翌年二月九日付で支払った(583)。

図64

十一月十三日より晴天五日間
競馬會
千葉縣松戸町常設地に於て


(『都』明39・11・11)

図65

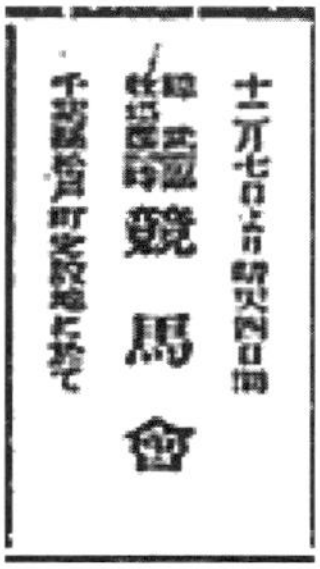


(『万朝報』明39・12・5)

図66

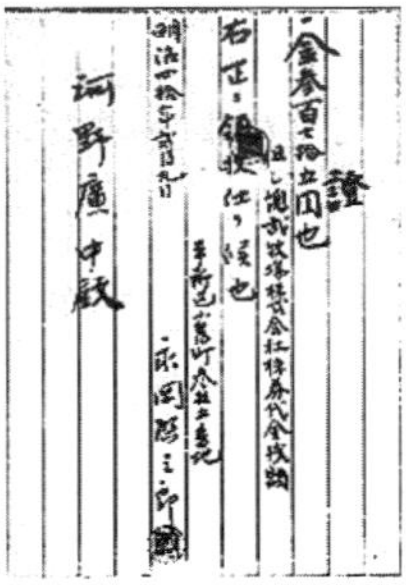


図67

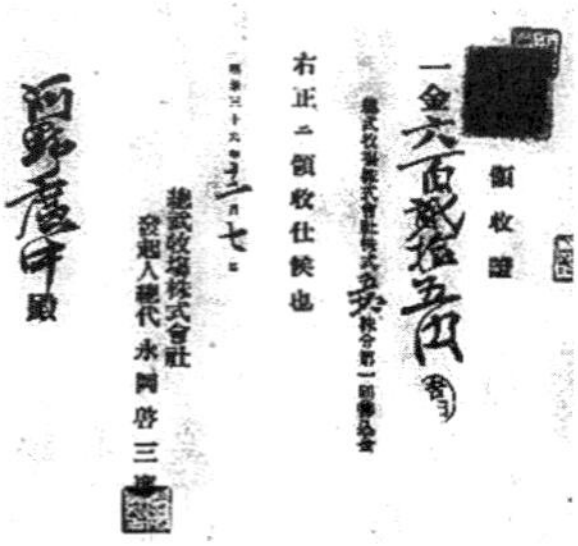


右から、明治40年2月9日付、明治39年12月7日付総武牧場会社領収書（「総武牧場株式会社書類」『河野広中文書』国立国会図書館憲政資料室）。

そしてこの会社の創立にあわせて、総武競馬団は、一二月七日からも四日間、三回目の競馬を開催した[584]。ここでも、禁止命令を受けたが、「独り池上の競馬会のみに賭金を黙許し我々に限り之を禁ずるとは承服し難しと主張」して[585]、馬券発売を強行した。初日の馬券の売上高は約一万五〇〇〇円だったという。なお河野も大炊御門も、初日に姿を見せた。東京競馬会の第一回開催が一週間前に終えたばかりで、その馬券発売の余韻もあってか、頗る盛況であったという。出走馬は、「総武一円並びに白河南部辺の産地より来た」「殆ど内国産雑種」で、「横浜より五六頭の体躯矮小たる支那馬が来て興を添えた」という[586]。この「支那馬」の出走は、永岡のネットワークの広さを示していた。ともあれ馬券黙許を認可された競馬会が、その認可前に非合法の馬券を発売して開催を行ったケース、それも一回だけでなく三回というのは他にその例を見なかった。これだけでも永岡の剛腕ぶりが明らかだった。

その開催最終日の一二月一〇日、先に紹介したように内閣総理大臣名で、一マイル以上の馬場設置、毎年の内国産新馬競走の実施などの競馬会の認可基準である閣令第一〇号「競馬開催を目的とせる法人の設立及監督に関する件」が布告された。これで松戸の現状のコースでは、認可が得られないことが明らかになった。認可条件をクリアしようとする永岡の動きは早かった。非合法で馬券を発売するよりも、「合法的」に発売した方がよいことは自明だった。まず一二月二〇日、馬政局の認可条件の一つであるコース一周一マイル以上に拡張するために、その工事に着手、翌年三月九日に竣工させてしまった[587]。競馬場のある相模台は二段の台地になっており、コースの周辺は崖だったので、二段目の縁を回り込む形で拡張を行った結果、先に紹介したような形態になった。

そしてこのコース拡張に着工後の一二月二七日付で、総武競馬会は、侯爵大炊御門幾麿外四名の名で、馬券発売が黙許される社団法人としての認可を馬政局に申請した(588)。なお総武競馬会の発起人は、永岡啓三郎、河野広中外十数名だった(589)。そして認可申請と同日の二七日、総武牧場株式会社は商業登記を行った(590)。

総武競馬会は、馬政局への認可申請と並行して、明治四〇年二月、附属事業として本所向島須崎町（現・墨田区向島）に乗馬練習会を設置した(591)。この練習会は、会社が、明治三九年五月上野不忍池の関八州競馬会で古馬術を披露した中根寅之助の馬術所を一月に買収、他に一二〇〇坪を借り受けて設置したものだった。総武競馬会は、その事業目的として、「競馬の開催並に附帯事業として馬術練習所（乗馬練習会）を開設し博く会員を募集し馬事思想の普及を図る」ことを謳ったが(592)、その実践であり、競馬会の独自性をアピール、認可につなげようとするものだったと思われる。練習会は総武牧場株式会社が所有、競馬場と同じく競馬会と賃貸契約が結ばれた。この練習会は、芸妓、歌舞伎役者も含めて、かなり利用されることになる(593)。

図68

○會員募集

近來馬匹に關する人の智識漸く進歩し來りた
るも尚未だ之を顧る者少し
ずる本會茲に見るあり總武競馬會附屬事業として
て馬術練習會を興し地を向島須崎町秋葉境内に
トし馴良なる馬匹十數頭を備へ附近に熟練な
る教師を聘し以て廣く來る馬術を練習せしめんと
するは江湖有志の士來て本會の趣旨を賛成せ
られん事を
會費は一ヶ月金貳圓とし軍人學生は特に半減
規則書望の士は郵券二錢封入申込まれ
本所區小泉町三十五番地
總武牧場株式會社

（『都』明40・1・26）

図69

乗馬練習會員募集

來る二十五日を以て本會附屬乗馬練習會發會式
を向島秋葉社内練習場に於て開く
入會希望の士は本所區小泉町三十五番地總武牧
場株式會社へ申込まれよ
規則書入用の方は郵券貳錢を郵送あれ
二月
總武競馬會事務所

（『都』明40・2・14）

図70「広告　総武牧場株式会社」

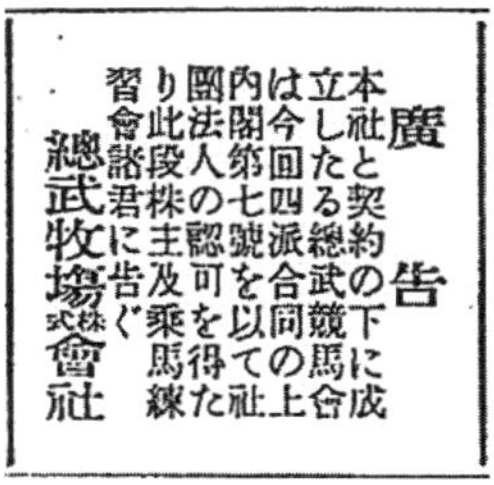
廣告

本社と契約の下に成立したる總武競馬會は今回四派合同の上内閣第七號を以て社團法人の認可を得たり此段株主及乗馬練習會諸君に告ぐ

總武牧場株式會社

（『万朝報』明40・7・15）

そして千葉で認可を求める動きは、総武競馬会だけではなかった。他に、関東競馬会、三里塚競馬倶楽部、鴻之台競馬が存在していた(594)。ここまで繰り返し述べてきたように、馬政局の方針は、東京周辺、北海道を除いて、一県一競馬会の認可であった。複数の動きがある場合には、どんな形であれ一つにまとまることが認可の絶対条件だった。関東競馬会は、前年五月、関八州競馬会開催の際、四月七日付で不忍池での開催を一番早く申請している会（会長寺島秋介）と同名だが、同一組織かどうか、また他の二つも名前以外は不詳。たとえ他の三つがどんな存在であれ、このままでは認可は立ち行かない。交渉の経緯は不詳だが、永岡はおそらく強引に働きかけたに違いなかった、五月には、この三競馬会の総武競馬会への合併、資本金は二〇万円との協議がまとまった。

話を少しもどすと、永岡は、当然、総武競馬会の認可に向けて馬政局への働きかけ、あるいは工作を行っていた。河野広中も永岡とともに動いた。河野の日々の動向を記録した「日誌」（『河野広中関係文書』国立国会図書館憲政資料室蔵）によれば、永岡が河野宅を頻繁に訪れるようになったのは、四月二三日からのこと(595)。前日、河野は馬政長官曾禰荒助に書簡を出していたが、これも総武競馬会の認可に関したものであったと思われる。認可決定は七月一二日のことになるが、それまでの間に永岡が河野宅を訪ねたのは、四月二四日、五月八日、翌九日には使者、六月一二日、一四日（この日は二回）、二三日、二四日、三〇日、七月八日、一一日。永岡の弟佐々木英(596)も、六月一四日、二五日と河野宅を訪れた。また総武牧場会社常務取締役で前松戸町長であった山下寅吉も、六月一五日の河野からの電報を受けて、一七日、二二日と河野宅を訪れた。馬政局が総理大臣宛の上申を行ったという情報を受けての地元の代表格としての河野との面談だったと思われる。その他、総武競馬会の馬政局への認可申請の代表者大炊御門幾麿が六月一二日、総武牧場会社取締役横山肇が一四日、それぞれ永岡とともに河野宅を訪れた。認可上申が迫っているとの情報を受けてのものだっただろう。以上のように永岡の河野宅訪問は計一〇回にも及んでいたが、永岡が、認可に向けて河野の力が必要と見込んでいたことをうかがわせている。また先に紹介した三競馬会との合同話についても河野に伝えていたはずである。この間、河野は、六月三日、神奈川県片瀬の別荘に曾禰を訪ね、さらに一九日に馬政局も訪れた。そして七月八日、河野は、認可のダメ押しであろう、自宅を訪れた永岡、島根隠岐選挙区選出、大同倶楽部の衆議院議員原田赳城(597)とともに馬政局に赴いた。

こういった認可に向けての動きとともに、総武競馬会は、馬券を発売する五月一二日（日）から開催の準備も進めていた(598)。この開催に備え、鉄道庁は、上野－松戸間の列車増結、往復切符の発売を予定した。だが一旦、六月三日（月）からの三日間に順延、さらに一五日（土）からと延期したが、結局、この開催を中止した。中止の決断は一四日夜だったようである。一五日、首相への認可上申が行われることが明らかになって、開催の中止に応じたものと思われる。河野宅をかなりの数、永岡が訪れていたのは、この開催のこともあったのだろう。

そして六月一五日の馬政局による上申を受けて一旦、二六日付で認可の指令案が西園寺首相名で出されたが、競馬会は「発起人中辞任届書及願書中訂正願（を）提出」、これを受け馬政局は六月二八日付で改めて「詮議」を上申、七月一二日、認可の運びとなった(599)。翌一三日、競馬会は、この認可を受けて、競馬場で「浪花節、蓄音機、手踊、花火等」を催し、「松戸町は中々の盛況を呈し」たという(600)。

七月一八日、総武競馬会は、本部所在地、つまり永岡宅で河野広中も出席して、認可後第一回の理事会を開いた(601)。翌一九日永岡と原田赳城が河野宅を訪れ、河野は曾禰荒助を馬政局に訪ねた(602)。既に東京周辺では四ヶ所も認可されていて濫設という批判もあり、また競馬場もまともなレースが困難であることが明らかであるなかでの認可だった。永岡は先に紹介したような侠客として広くその存在を知られており、この認可については、そういった永岡の圧力に屈したものとの風評も立った(603)。のちに、安田伊左衛門も、「松戸の競馬は草競馬として、当時社団法人とならない競馬であったが、脅迫的に社団法人の認可を得た」と記した(604)。総武競馬会は、七月二三日付で東京区裁判所が法人登記を公告、資産総額四万円、理事は河野、原田、永岡の三名だった(605)。

馬政官の陸軍騎兵少佐石橋正人は、馬政長官曾禰荒助らが、競馬会を次々と認可していく方針をとっていることに批判的であった(606)。あるとき神奈川県片瀬の曾禰の別荘に呼ばれ、そ

図71

（『万朝報』明40・5・31）

図72

（『万朝報』明40・6・3）

図73 「河野明治四〇年日誌」
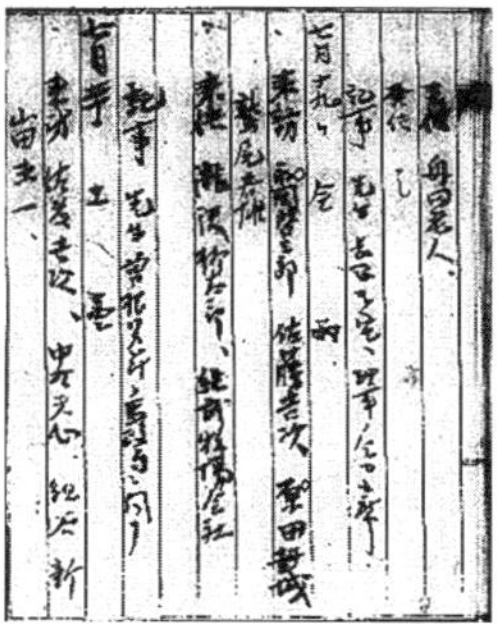
明治40年7月18日永岡宅の理事会出席、19日永岡、原田が来訪、河野が曾禰を馬政局に訪ねたことが記されている（国立国会図書館憲政資料室蔵）。

こで永岡、河野らと芸者も入れての宴席をともにすることになるが、これは総武競馬会の認可に反対していた石橋の懐柔策であった。河野の「日誌」から判断すると、この日は、認可後の七月二九日のことだった。なお河野は、その三日前の二六日、片瀬の別荘に行く曾禰を新橋駅に見送っていたが(607)、この二九日の訪問の挨拶、確認をかねてのものだっただろう。石橋は、この日のことをつぎのように回顧している。

(神奈川県片瀬の曾禰荒助の別荘を訪ねた際、すでに二人の先客があった)その一人は新聞の写真でおなじみの政客河野広中氏であることが、絶えず片手で撫でおろしているあの見事な白髭ですぐ分ったが、他の一人、五十格好の色の黒い人は誰れだか見当がつかずにいると、その人は私達が座につくのを待って、しきりに活動をはじめ、しばしば別室に出入して忙しそうにやっているので、多分曾禰さんの秘書役か何かだろうぐらいに思っていました。

長官は例のとおり黙々として喋らず、河野氏も座談は不得手なのか余り多くを云わないので、とかく座が白けそうになるのをみて吉田(馬政課長)君が接待役を買って出て、取りとめもないことをしゃべり始めた。その話の合いまに、私は次の間になまめかしい女の笑い聲がして絹ずれの音が聞こえたように思ったので、じっと耳を傾けてその方を振り向いたとたん、突如隔ての唐紙がさっと開いて、そこに三人の粉粧をこらした美形(新橋芸者)、しかも一見して片瀬あたりの住人でないことの頷かれる美人が「今晩あり!」の姿勢で両乎をついたのを見ると、さすがに鈍感な私も、これはおかしいぞと悟らずにおられないのでした。

続いて杯盤が運ばれ、その御料理がこれまた到底この辺の田舎料理でないことに気がつくと同時に、かの色の黒い人が東京付近のある競馬会の発起者N氏であることを思い出した。そしていつのまにか、吉田君がお客の態度を一変して主人役のように振る舞っているのをみると、初めて今日の片瀬訪問が先生の計画的狂言だったことが明瞭になったのです。

その儀なら大いに頂戴しようと、美人のお酌で良い気持ちで飲み始める。曾禰さんもにこにことして今は全くお客さんになって、主客転倒の宴席を楽しんでござる。吉田君はしきりに主人役を発揮する。そんな風で二時間ばかりたってそろそろ夕闇がおとずれ、お酒も利いてきてこれからほんとうに面白くなろうという際に吉田君がわれわれになんの合図もなく、急にかしこまってお暇乞いの挨拶を始めた。まだ飲み足らない私は不平でたまらなかったが、最初からあやつられている人形の身の悲しさ、事ここにいたっては三浦、岸本の両氏と共に吉田君の後に続いて辞去する外はなかったのです。

色の黒いN氏というのが永岡啓三郎だった。吉田（馬政課長）と記されているが、これは石橋の記憶違いで馬政課長は吉田ではなく増田熊六、三浦は三浦清吉（農商務省技師）、岸本は岸本雄二（農商務省技師）両馬政官だった。そして、石橋が回顧したこの日の場面は、永岡、河野らと馬政局、曾禰との認可をめぐっての関係を明らかにしたものでもあった。

認可後、総武競馬会は、会長河野広中、副会長原田赳城、常務理事佐々木英、理事永岡啓三郎の体制となった(608)。佐々木は、先にもふれたように永岡の弟。実権は、もちろん永岡が握っていた。

図74

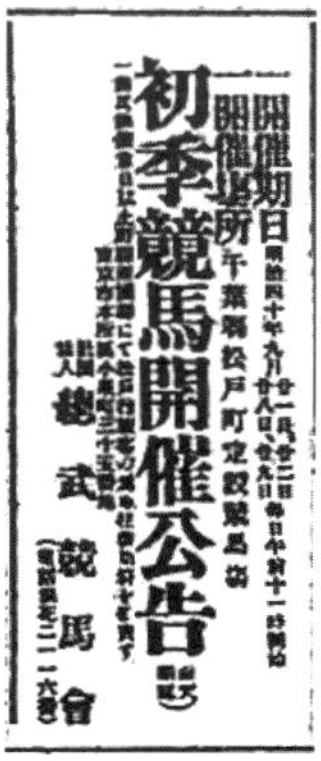


（『東京日日』明40・9・11）

また時期は不詳だが、総武競馬会は、総武牧場株式会社と「競馬開催が年四回の場合は開催の都度毎回五千円を、年二回の場合は毎回一万円を支払う」という契約を締結した(609)。つまり年の賃貸料は二万円ということだった。会社の存続期間が三〇年であったことに鑑みれば(610)、競馬会との契約期間も他の競馬会と営利会社の通例にしたがって三〇年だったと思われる。馬政局の規定では、開催は年二回だったが、永岡の「政治力」が発揮された結果、馬券が禁止される明治四一年一〇月までに、明治四〇年九月、翌明治四一年一月、六月、一〇月と計四回開催することになる。ちなみに総武牧場社団のときから開催は年四回の計画だった(611)。競馬場用地のほとんどを永岡が所有していたが(612)、永岡は高い賃貸料をとっていわば私腹を肥やすのではなく、他競馬会に比べて安い年間二万円と設定、その分収入は少なくなったが、それでも総武牧場株式会社は、明治四〇年四月から明治四一年三月の期間、年二割の配当を行った(613)。ちなみに、先に紹介したように、京浜競馬倶楽部、第二期、明治四〇年三月から八月半年の賃借料六万六〇〇〇円、第三期決算報告(明治四〇年九月一日~明治四一年二月二九日)の九月から翌年二月までの賃借料は九万五〇〇〇円、日本馬匹改良株式会社の配当は、年率換算でそれぞれ一割五分、二割だった。なお一〇月、総武競馬会に対抗して、千葉町に、習志野競馬倶楽部が設立され馬政局に認可を申請、認可され、近日中に開催予定と報じられたが(614)、そういった申請の動きがあるというのが実際だったと思われる。仮に申請されていたとしても認可はありえなかった。

## 第一回開催

総武競馬会の評判は、一言でいってしまえば、侠客自らが開催といったもので競馬会のなかでも悪評が高かった。それでも、我関せず、我が道を行った。馬政局も、侠客永岡の存在の前に、それをかなりの程度に黙認した。

馬政局の認可を受けての第一回開催は、明治四〇年九月二二日(日)(当初二一日から雨天順延)、二三日(月、祝日)、二八日(土)、二九日(日)(615)。先に紹介したように、三月には、一期工事が竣功し、五月、ついで六月の開催が追求されていたはずだが、馬見所は仮建築(バラック)、馬券売場は急造天幕張と施設は不十分なままであった。この状態での開催に、馬政局はまったをかけたが、永岡が、「若し認可なき暁には血を見るも躊躇する所に非ずと放語」、脅かして開催を押し切ったという(616)。その真偽は置くとしても、この施設の状態、そして目黒の日本競馬会の認可が三月で、その第一回開催が一二月であったことに鑑みても、七月認可、九月開催というのは、永岡の「圧力」が功を奏していたことが明らかであった。

そして松戸の馬券の控除率は、他の競馬会が一割だったのに対して一割五分(617)。これで配当が安いということもあったのだろう、開催後、発売枚数と配当金額が不正確だとの不評の声があがった(618)。ちなみに一割五分でも規定違反ではなかったが、明治四一年六月開催からは馬政局の指示で一割に変更する(619)。

初日は、雨天順延されたこともあって、観客少なく馬見所は六分の入りであったが、二日目は観客は増え、横浜からの西洋人たちも含めて四〇〇〇人、三日目は五、六〇〇〇人、四日目には馬見所は満員になった。

会長であった河野広中は、連日、臨場、最終日には「打ち上げ」であろう松戸に一泊、河野も力が入っていた(620)。なお二四日、二五日にも河野は、上野八時四〇分発で松戸に行き、二五日は夜一二時帰宅。二六日永岡から来電があり、河野広一が原田を訪問、二七日原田、永岡が河野宅を訪問、夜に河野は、馬政長官曾禰を訪問したが(621)、何かへの対応を協議する必要があったのだろう、あわただしく動いていた。

開催執務委員は、委員長永岡啓三郎、馬場取締香宗我部順、会計主任山下寅吉、審判係中台忠蔵、伊

図75

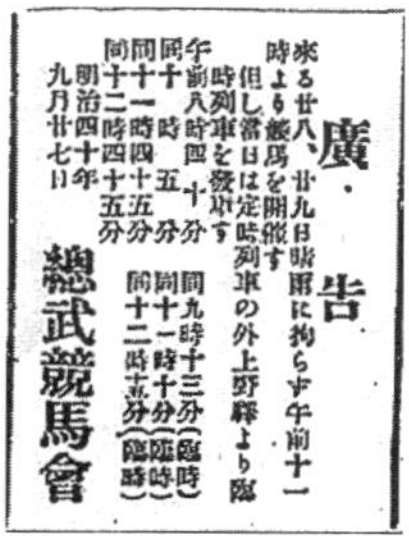

廣告

來る廿八、廿九日晴雨に拘らず午前十一時より競馬を開催す
但し當日は定時列車の外上野驛より臨時列車を發車す
午前八時四十分　同九時十三分(臨時)
同十時五分　同十一時十分(臨時)
同十一時四十五分　同十二時廿五分(臨時)
同十二時四十五分
明治四十年九月廿七日
總武競馬會

上野から臨時列車が運行予定であることが告知されている(『中外商業』明40・9・27)。

図76

明治40年9月29日、徳川昭武撮影(『中山競馬場70年史』)。

図77 「松戸の秋季競馬会」

(『万朝報』明40・9・28)

図78 「河野明治四〇年日誌」

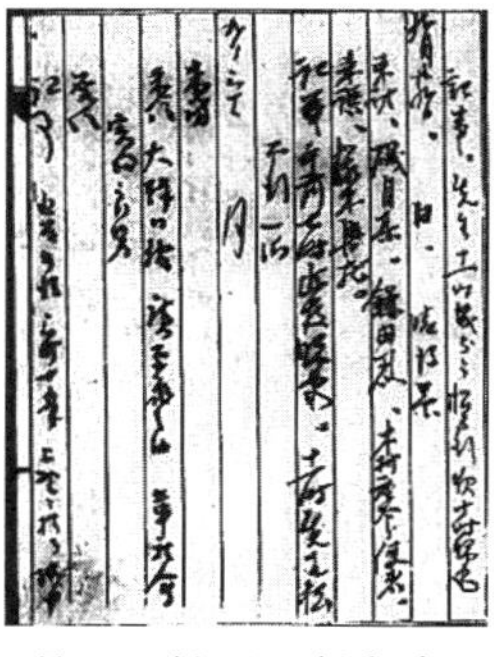

9月28日松戸に行き夜11時帰宅、翌29日も松戸に行き一泊したことが記されている。

藤順吾、検量係平沢乙治、金山吉五郎、ハンデキャッパー中台忠蔵、佐々木幸吉、平沢乙治、速力検定係佐古惣次郎、発馬係戸張伝兵衛、大谷宇吉。香宗我部順は後備役騎兵中佐、士官学校第五期(622)、この香曽我部中佐の他に、宇野、菅野、岩田の三少佐、その他二三の陸軍尉官が「審査官出馬等」に熱心に奔走していたという(623)。この軍人たちは香宗我部と同じく後備役か退役していたと思われるが、永岡は、こういった軍人も総武競馬会に取り込んでいた。先に紹介したように、山下は医師、前松戸町長、審判とハンデキャッパーの中台は東京競馬会書記。金山は洲崎甲子楼主の侠客、かつては井上吉五郎と名乗っていた(624)。金山は東京競馬会の創業資金を拠出しての会員、安田伊左衛門は、池上競馬場がかかえていた土地問題を金山の「義侠」に任せて解決をはかった(625)。戸張は、先に紹介したように県議会議員、大谷宇吉は、認可時の東京ジョッケー倶楽部役員。伊藤、佐々木、平沢、佐古は不詳。

カテゴリー別の出走頭数は、抽籤内国産新馬二四頭、内国産馬四五頭、抽籤豪州産新馬八頭、抽籤豪州産馬一四頭の計九一頭(626)。松戸は抽籤豪州産新馬を輸入していなかったので、新馬は日本レース倶楽部春季抽籤新馬と京浜競馬倶楽部第一回開催抽籤新馬、抽籤豪州産馬は日本レース倶楽部の明治三九年秋季以前の抽籤馬であった。なお抽籤豪州産新馬と抽籤豪州産馬のレースは、あわせて洋種として実施された。

賞金は、不詳の三日目を除いて、内国産新馬が一着四〇〇円、二着一〇〇円、三着五〇円と一着二五〇円、二着七〇円がそれぞれ二、優勝戦一着六〇〇円、撫恤戦一着二〇〇円、二着七〇円、三着二五円。内国産馬が一着五〇〇円、二着一五〇円、三着七五円、一着四五〇円、二着一二五円、三着六〇円がそれぞれ二、一着四〇〇円、二着一〇〇円、三着五〇円が四、一着三〇〇円、二着八〇円、三着三〇円が一、一着二五〇円、二着七〇円、三着二五円が四、一着二〇〇円、二着五〇円、三着二〇円（撫恤戦二を含む）が五、優勝戦八〇〇円。洋種が一着五〇〇円、二着一五〇円、三着七五円が二と一着二五〇円、二着七〇円、三着二五円（撫恤戦一を含む）が三、一着三〇〇円が一、優勝戦七〇〇円。このように賞金額は内国産馬が高く、ついで洋種、内国産新馬という順で設定されていた。馬政局に報告した賞金総額一万九三三五円(627)。

レースの距離は、内国産新馬と内国産馬はほぼ四分三マイルと一マイルで実施。優勝戦は新馬が一マイルで、内国産馬が一マイル四分一。洋種は一マイルが主で、優勝戦は一マイル二分一。洋種のほうが長めの設定だった。勝時計は、四分三マイルで新馬が一分四〇秒台前半、内国産馬もほぼ同様だが早いもので一分三七秒。一マイルで新馬の優勝戦は二分一秒、内国産馬も二分一秒、洋種のなかで一番早い時計が一分五九秒。一マイル四分一で内国産新馬が二分四一秒、洋種が二分二四秒、一マイル二分一で内国産馬三分七秒、洋種優勝二分五七秒。このように時計が遅いのは、コースの特性に加えて、馬のレベルも低いことがあった。

配当の判明分は、初日七円〜二五円、二日目一一円〜五〇円、三日目七円から一五円、他に二五円、三八円、五〇円、三五円が目立つ程度、四日目も七円五〇銭から一二円、一つだけが三八円と、変則コースの割に大きな番狂せはなく、配当は順当だった。ちなみに第二回開催でも配当が低く五円五〇銭の配当にちなんで五〇銭競馬との「悪口」が出たほどだった(628)。

各カテゴリーの四日目の優勝戦を制したのは、内国産新馬がナルカゼ、内国産馬がタカタマ、洋種がスズソノ。なおこの三頭のここでの名義は不詳。ナルカゼは、優勝戦、第五レース、一マイル、九頭立を二分一秒で勝ち、配当二〇円。この後も松戸で走ったが、他の競馬会の馬たちが出走してくると歯が立たなかった。タカタマは、先に紹介したように、逃げるとしぶとく、東京勧業博覧会記念開催で、ハナゾノ、スイテンを降した勝利も含めて、二勝をあげ、京浜競馬倶楽部第一回開催では、三日目に勝鞍をあげたが、二日目、四日目の優勝戦はともにイダテンの三着に終わってこの開催に臨んでいた(629)。タカタマは、ここでは力が違い、優勝戦、第一〇レース、一マイル二分一、六頭立を三分七秒、一番人気で楽勝、配当九円だった。スズソノは、日本レース倶楽部明治三九年秋季抽籤豪州産馬、安田伊左衛門の名義でデビュー、三日目に勝鞍をあげたが、その後、東京競馬会第一回開催、明治四〇年日本レース倶楽部春季、同年東京競馬会春季、京浜競馬倶楽部第一回開催と未勝利。この開催、初日第八レース、一マイル、四頭立、ウオルキュレの二着、三日目第八レース、一マイル四分三、四頭立では逆に二分二四秒でウオルキュレを二着に降して久々に勝鞍、配当一五円、そして四日目の優勝戦、一マイル二分一、四頭立に臨み、二分五七秒で制したものだった。配当は、三日目よりは人気をあげて一一円五〇銭。なおウオルキュレも、日本レース倶楽部明治三九年秋季抽籤豪州産馬、R・ルンゲの名義。同開催、翌年日本レース倶楽部春季開催、東京競馬会春季開催、博覧会記念開催と未勝利に終わり、その後、総武牧場株式会社取締役の田中武右衛門の名義となってここに臨んでいた。

開催後、「馬券売高と配当金との勘定甚だ不正確」だった疑念があるとして、馬政局は「此種の弊害が増徴す」れば、「競馬奨励の本質を失う」として「自今此点に対しても厳格なる監督を加ふる方針」を表明した(630)。この第一回開催の騒ぎに関しては、二日目第六レースの判定をめぐり、群集が「犇々」と審判席の周囲を取り巻いたが、軍人の審判、おそらく伊藤が、「断々として最初の判定を曲げ」ず、「群衆も遂に根気負けして事なきをえた」という記録しか残されていない(631)。だが「馬券売高と配当金との勘定甚だ不正確」だった疑念に対して、人々の間から不満の声があがり、それを威嚇して押さえ込もうとする永岡配下のものたちとの摩擦を生じていたことは、第二回開催に鑑みても（第7章第7節）、確実であった。それらが伝えられていないのは、池上、川崎の開催を詳しく報じていた時事新報、報知新聞、東京二六新聞、また反競馬のキャンペーンを展開していた東京朝日新聞が、松戸の競馬に対して無視の姿勢をとり、この第一回開催を一切報じなかったことによる。これらの新聞が、第二回開催を詳しく報じたことで、松戸の実態が明らかになる。

ともあれ第一回開催の馬券売上高は約六〇万円(632)。七月の川崎の京浜競馬倶楽部の約一一〇万円には及ばなかったが、一一月の関西競馬倶楽部の六二万一二〇八円とほぼ同額、競馬会の悪評から考えれば健闘だった。開催後、総武競馬会は、一、二等馬見所の建設に着手、一一月末までに竣工、一二月中の第二回開催をめざし、「今回馬政局を介して豪州より新たに七〇〇円乃至二千円位の豪州産馬二〇頭を註文する外、内国抽籤産馬三〇頭を福島其他の各産地より買入れ共に一二月の競馬に出場」させると喧伝した(633)。実際の開催は、翌年一月、馬政局の中止要請を無視して強行したものになるが、それまでに施設の改善も豪州産新馬、抽籤内国産新馬の導入も実現してはいなかった。

## 7　東洋競馬会

明治四〇（一九〇七）年七月一六日付で、馬政局は、馬券発売を黙許する社団法人として、福岡県小倉市に事務所をおく社団法人東洋競馬会を認可した(634)。同会がその目的として謳ったのは、他の競馬会と同様の「内外産良種の馬匹を購入し其の良否を鑑別して馬匹の改良を図る為競馬を挙行し兼て社交を助くる」だった。直前の一二日に認可された総武競馬会と並んで、この年、三、四月の日本競馬会から北海道競馬会に続く第二弾だった。馬政局による認可としては京浜競馬倶楽部からの時系列でいえば七番目であった。退役陸軍大佐田中種光外一五名が馬政局に対して、東洋競馬会の法人認可申請を行ったのは明治三九年一〇月五日付(635)。先述した一〇月一〇日付の北海道中央競馬会（のちの北海道競馬会）と同じ時期であったが、東洋競馬会の場合、複数のグループの合同に時間を要したことで、認可は北海道よりも三ヶ月遅れたものになった。第一回開催は、競馬場の選定に時間を要し、認可から一年後の翌明治四一年七月二五日（土）、二六日（日）、二八日（火）、二九日（水）のことになる。

競馬場用地は、認可の時点では未定だったが、結局、福岡県遠賀郡戸畑町の歴史的景勝の地、名護屋岬周辺一帯（現・北九州市戸畑区新日鉄製鉄八幡製鉄所一帯）に設置された(636)。竣工は、明治四一年七月第一回開催の直前(637)、鹿児島本線戸畑駅からは、直線距離で五町（約五四五メートル）だったが、小倉街道を三〇〇メートルほど歩いて競馬場入口まで作られた新道を通って徒歩二〇分程のところにあった(638)。

現在は、名護屋岬にちなむ地名は名古屋緑地としてしか残されておらず、その緑地を訪れても、若戸大橋、北九州都市高速道路二号線、そこを行き交う車両、そして八幡製鉄所しか視界に入らず、その面影を偲ぶことはまったくできない。だが当時は、洞海湾（響灘）に面して若松港、遠くは六連島、厳流島を臨む、青松白砂が数十丁続く風光明媚な、しかも神功皇后の「三韓征伐」の「神話」にちなむ歴史的景勝の地であった(639)。そしてその青松の内陸側に

図79　建設中の戸畑競馬場

（『小倉競馬倶楽部沿革史』）

図80　戸畑競馬場

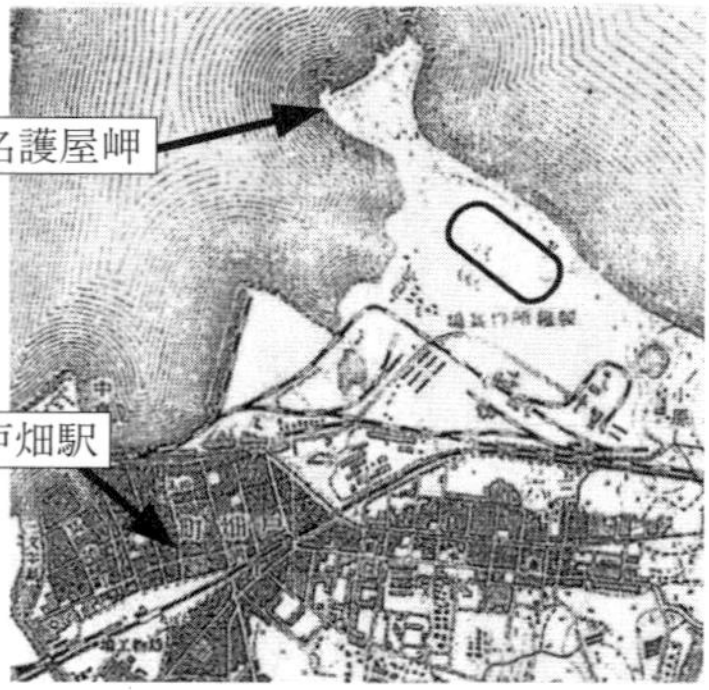


（1/25000「八幡市」大正11年測図、大正14年10・25発行〈「今昔マップ on the web」より〉に立川がコースを推定して作図）

は、コースを十分に建設できる田畑が広がっていた。買収した敷地はコース坪数一万五三七〇坪、馬見所其他八八九九坪、コース内の田畑は買収できずに残されたが、「競馬の馳駆せるを観覧するに遮影物を建設せざる如く地上権設定の契約」を結んだ(640)。

馬場は、一周内径一マイル、外径一マイル九チェーン（約一七八一メートル）、幅員一二間（約二一・八メートル）、海岸一帯の松林を避け田畑地に設け、東西に長い楕円形だった(641)。コースは右回り、ゴールは、一等馬見所前。スタンド側が小高くなっているという自然の勾配を活かして、一コーナーから二コーナーにかけて下り、三コーナーから四コーナーにかけて上がり、ゴール付近も緩やかな坂というアップダウンがあった(642)。施設は、一、二等馬見所、三階段の腰掛を設備、馬券売場、厩舎一〇棟、事務所、馬糧炊事場等の計六〇〇〇余坪、明治四一年七月竣工時は、馬見所は仮建築の状態、総工費は七万余円だった(643)。

当時の戸畑町は、戸数は約一四〇〇、その内、農家が二三〇戸、漁民が七〇戸、人口は約六〇〇〇(644)。天籟寺、戸畑駅周辺を別にして、田畑、開豁な平地が広がっていた。隣接する八幡が製鉄所、対岸の若松も石炭の積出港として急激に発展、また江戸期から城下町、宿場町として栄えた小倉も軍都、北九州地域の行政・商業中心として発展していた。これに比して、戸畑は、小倉と結ぶ戸畑線が明治三五年開通していたとはいえ、周辺の発展からは取り残されていた。なお戸畑線は明治四〇年五月から支線から鹿児島本線に昇格した。このような戸畑町にとって、競馬場の誘致は地域振興策として大歓迎だった。

東洋競馬会が発起人会を開いたのは、馬政局に認可を申請した直後の明治三九年一〇月一三日(645)。そしてその設立と併せて、競馬場及び馬見所厩舎等の施設の建設、運営にあたる営利会社の東洋馬匹改良会社も設立した(646)。同社は、蘇我健次郎、松尾常四郎、土方千種などの福岡県在住の人物及び「京浜間の実業家及び外国人の発起」、資本金三〇万円（一株五〇円）、「牧場の設置、内外馬匹の売買並びに仲立ち、競馬場の設置、種馬の購入、交尾の請求に応ずることを営業の目的」とし、「株式は全部発起人及び関係者」が引き受け、「一般公衆よりの募集を見合せ」ることにしたという。株式のバブルはまだ続いていた。

一〇月発起人会の時点での東洋競馬会の理事は、田中種光、松尾常四郎、山本鳳弼、土方千種、古賀庸三、桜内幸雄、城戸巌治、蘇我健次郎、蔵内保房、松井辰三郎。東洋競馬会と馬匹改良会社の事務所は小倉市堺町の土方宅に置かれた(647)。田中は予備騎兵大佐、大宰府在住(648)、松尾は福岡市新柳町の遊郭あるいは料亭主(649)、山本は医師、明治四四年下関市議会議長(650)、土方は弁護士、小倉市堺町在住、元憲政本党福岡支部幹事、明治四五年に門司市選出の衆議院議員(651)、古賀は豊洲郡・田川郡の炭鉱主、小倉市選出、政友会の衆議院議員(652)、蘇我は小倉市の炭鉱主(653)、蔵内は峰池、大峰炭鉱主(654)、松井は弁護士、小倉瓦斯社長(655)城戸は酒造業(656)。製鉄、炭鉱を中心に活気を帯びていた北九州の新興工業地帯の実業家、代議士、弁護士らが名を連ね、そこに東京在住の実業家を志す桜内が加わっていた。もちろん建前の目的は先にあげたものではあったが、地元にとっても有利な投資話、地域振興策であった。

図81　桜内幸雄

（『桜内幸雄自伝　蒼天一夕談』）

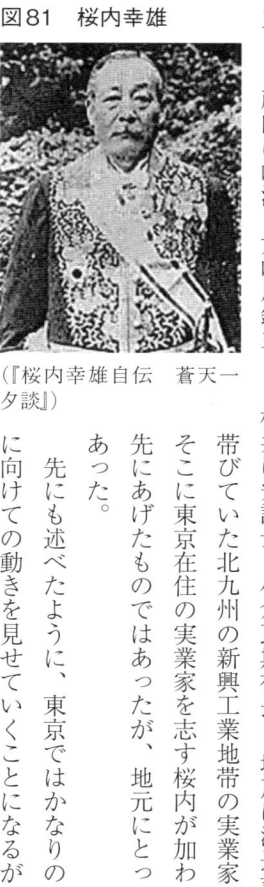

先にも述べたように、東京ではかなりのグループが、各地での競馬会設立に向けての動きを見せていくことになるが、福岡もその対象であった。東京

で展開されていた福岡での競馬会設立の動きの中心だったのが桜内であった(657)。桜内は、明治一三(一八八〇)年島根生まれ、印刷工、新聞記者を経て、明治三五年以降、甲州財閥の実業家雨宮敬次郎の傘下に投じ、実力を認められ、実業界に入り、明治四〇年代以降電力事業などで成功し、大小四〇余会社の社長や重役に就任、大正九(一九二〇)年からは衆議院議員、政友会、政友本党を経て、昭和二(一九二七)年民政党の初代幹事長、昭和六年商工大臣(第二次若槻内閣)、昭和一四年農林大臣(平沼内閣)、昭和一五年大蔵大臣(米内内閣)を歴任。昭和二〇年四月鈴木貫太郎内閣顧問、五月枢密院顧問官に就任したが、昭和二一年公職追放、昭和二二年死亡した。この桜内が、最初に手掛けた事業が福岡での東洋競馬会、東洋馬匹改良株式会社であった。

桜内の自伝によれば、桜内は、雨宮敬次郎が主宰する財界人の集まりである八日会で、檜山鉄三郎が急先鋒となって「全国の重要都市」に競馬会を設立しようと主唱するのを受けて、競馬を有望な事業として考え、設立の地として目をつけたのが小倉と仙台だった(658)。まず小倉に赴いて、「蔵内、友枝、小河の各代議士、其の他地方の有力者を網羅して」東洋競馬会を発起した。そして仙台だった。明治三九年一二月三〇日、桜内らのグループが、菅原伝(政友会)、藤沢幾之輔(憲政本党)、村松亀一郎(憲政本党)の宮城選出の衆議院議員及び有力者に呼びかけて設立した仙台競馬会が、東京で発起人会を開いた(659)。同会は、資本金一〇万円(五万円用地買収資金、五万円資本金)、桜内も認可に向けて尽力したが、仙台で競合する他の競馬会との合同、一本化がうまくいかず、結局、認可に至らなかった。

福岡県でも、東洋競馬会の他にも認可に向けての動きがあって競合になった。まず東洋競馬会に先行してある競馬会が馬政局への出願を行ったが、条件不備で却下されていた(660)。そして鎮西競馬会、福岡競馬会、福岡競馬倶楽部等であった(661)。この内、鎮西競馬会は、安田伊左衛門が松平容大らとともに、遅くとも東洋競馬会と同じ一〇月上旬までには、馬政局に認可を出願した(662)。安田は、各地に競馬会が濫設されるのには反対だったと回想しているが(663)、実際には、各地の競馬会設立に積極的にかかわっていた。関西(大阪)では出し抜けにあって失敗したが、福岡で取り組んだのが鎮西競馬会だった。なおその他、安田が設立に関与した競馬会には、東京の日本競馬会、兵庫の鳴尾速歩競馬会、新潟の越佐競馬会があった。

東京周辺、神奈川、北海道を別にして、馬政局の方針は、繰り返してきたように、一府県に、複数の認可申請の動きがある場合、どれか一つではなく、合同、一本化がならなければ認可は行わないというものであった。時間と交渉の経緯は不詳だが(664)、鎮西競馬会が東洋競馬会との合同出願に同意したことで、明治四〇年六月二九日付で、馬政局は、西園寺首相宛に東洋競馬会の認可を上申した(665)。他の競馬会の動向は不詳だが、両会が合同するまでの間に、東洋競馬会かあるいは鎮西競馬会に合同していたと思われる(666)。他の競馬会の中には博多地区に本拠を置くものもあっただろうが、結局、認可の競馬会は北九州地区になった。

七月四日認可了承、一六日付で認可となった。一二日の総武競馬会に続くものだった。七月の認可時点での理事は一五名。そのなかで名前が判明するのは、安田伊左衛門、関直彦、小河源一、古賀庸三、土方千種、桜内幸雄と山本米太郎、東常久、田中種光の三人の元陸軍大佐だった(667)。

関が、かかわった経緯は不詳だが、理事就任は認可までに重きをなす存在になっていたことを示している。先に紹介したように、関は園田実徳とのコンビで明治四〇年三月認可された日本競馬会の設立を主導、また関西競馬倶楽部とその営利会社の設立、そして安田とともに、鳴尾速歩競馬会、新潟の越佐競馬会の設立にも関与した。関は鎮西競馬会、あるいは先にあげたいずれかの競馬会で申請する動きを見せていたのであろう。桜内は、「先ず東京で関直彦、安田伊左衛門等の賛成を得、次いで小倉」の土方、蔵内、友枝の有力者を網羅したと回想しているが(668)、順序は逆で、まず土方らと東洋競馬会を設立し、ついで鎮西競馬会、関らとの合同に進んでいたはずである。一方安田は、小倉の競馬は鎮西競馬として同志の者と出願し、そして東洋競馬会設立に援助を与えたと回想しているが(669)、こちらが実情に近いと思われる。

小河源一は弁護士で山口県郡部選出、大同倶楽部の衆議院議員(670)、山口でも競馬会認可が申請されていたので(671)、それを代表する人物だったのだろう。小河は、明治二八年、日清戦争の講和交渉中の李鴻章の狙撃事件犯人の弁護を担当、また明治三七年三月衆議院で秋山定輔露探事件を追及して秋山を辞任に追い込んだことでも知られていた(672)。

三人の元・予備役の陸軍大佐の理事就任は、東洋競馬会と陸軍との協調関係を対外的にもアピールするものだった。この内、山本米太郎は、かつて小倉の騎兵第一二連隊長、当時は予備騎兵大佐であったが(673)、その経歴を活用して、東洋競馬会のスポークスマンとしての役割を果たした。たとえば明治四〇年一一月一七日、福岡市で「当市及び市付近の馬匹改良有志三十余名に馬匹改良の急務及び東洋競馬会并に東洋馬匹改良株式会社創立の事に付き有益なる談話」を行ったが、その参会者は、「感激して同会社の設立に付いても十分尽力すべき旨を約した」という(674)。また名護屋岬の競馬場用地買収の斡旋にもあたった(675)。第一回開催では、真紅のフロックコートに絹帽子で馬場取締役をつとめることになる(676)。

東は、先にも紹介したように、元陸軍騎兵第二連隊長騎兵大佐、元名古屋俘虜収容所委員長、関西競馬倶楽部副会頭、仙台の競馬会にも顔としてかつがれる。競馬に関する見識をもっていた(677)。

そして八月一日、東洋競馬会は、創立総会を東京築地の同気倶楽部(京橋区築地三丁目)で開き、定款その他を議決した(678)。小倉ではなく東京で開いたのは、東京周辺の会員も多く、それに加えて何よりも認可に尽力した中心的存在が東京在住の桜内幸雄、関直彦、安田伊左衛門らであったからであろう。認可には、人脈、政治力が必要であり、この三人はそれを持ち合わせていた。なお東洋競馬会は、東京にも事務所を置いた(679)。

東洋競馬会の認可を受けて、九月二八日、同会の営利会社である東洋馬匹改良株式会社(以下、「東洋馬匹」と記す)は、小倉市の小倉倶楽部で創立総会を開いた(680)。資本金は五〇万円。福岡県下で申請の動きをみせていた福岡競馬会、福岡競馬倶楽部も営利会社を並立させていたが、こちらも東洋馬匹に一本化された(681)。春秋冬三回の開催で、「優に一割五分乃至二割の株主へ収益配当をなし得べき筈」と謳った(682)。なお開催は年二回というのが馬政局の規定であり、三回はありえなかった。総株数一万株、申込は一〇月五日締切、この二八日の総会時点で、既に東京五〇〇〇株、大阪二〇〇〇株の応募状況だったという。東洋馬匹も、東京、大阪の影響が大きいものになっていた。この段階では競馬会にも東洋馬匹の方にも名を出していないが、関西競馬倶楽部の設立の中心の一人であった大林組の大林芳五郎が、経緯は不詳だが、どこかの時点で関与するようになり、第一回開催時には競馬会の監事に就任する(683)。なお東洋馬匹は、この時点で正式に発足したわけではなく、創立事務所としてその業務を行う形をとり、第一回株主総会は、翌年一月二九日のことになる(684)。

この九月二八日の総会の席上、山本予備騎兵大佐は、創立主旨及び馬匹改良に関してつぎのような「談話」を行った(685)。

……我邦軍馬が各国のそれに比し温順を欠き速力劣り体量亦尠なければ今日の軍馬によりて各国騎兵と輸贏を争うとも勝算なし、果して然らば一日も早く軍馬の改良に意を注ぎ各国の軍馬と同様のものを得ること必要なり、火器の如き各国競うて精鋭なるものを造らんと研究しつつあるが如く馬も亦同様なり、去れば日清戦後馬の改良をなすべく若干の費金を抛ちて欧州より種馬を求めたるも其結果未だ良成績を収むる能わざるに日露の戦役起り当局者をして軍馬の補給に心配せしめたるなり、又日本の軍馬単に歴史の然らしむるのみならず国民一般馬を虐待すること甚だしきが故に温順なるべき筈の馬も反抗心を起こすと見え家畜たるべき要素を脱するものなれば飼養者に於て充分留意して馬を愛し少許の過失を責めず愛育せんには彼れ又飼主に馴るるに至らん。

日露戦役に於て軍馬の劣れること及び不足を認めたる国民間には戦役後に於て馬改良の動機を与え、競馬会の興るもの一二にして止まらず、政府にては馬政局を設けて馬の改良を企図し、国民は競馬会によりて馬の改良をなさんとし競馬会に対しては帝室、馬政局、陸軍大臣より賞品を下付して奨励され、会亦数百の賞金を懸くるが故に実に予想以外なり、目下東京にては数団体の競馬会あり大阪にても二三の組織を見んとし北は北海道に起り西は本県に設置されんとす寔に喜ぶべき現象なり……

日清、そして日露戦争を踏まえ、馬匹改良が急務として、馬への愛の重要性、競馬会の必要を説く、といったこの時代を競馬をめぐる言説の定番を山本も語っていた。

認可を受けて、競馬場の当初の当初の候補地は、門司の大里（現・北九州市門司区柳原町、大里原町一帯）、戸畑の中原（現・北九州市戸畑区）、天籟寺（現・北九州市戸畑区天籟寺）周辺と伝えられた(686)。この内、中原は、明治専門学校（現・北九州工業大学）の敷地に内定（明治四〇年設立、明治四二年開校）していたので可能性はなかった(687)。戸畑町が地域振興策として誘致に熱心だったこともあって一旦、天籟寺周辺と内定し、買収交渉が進められた。しかしその交渉が難航したことで、一一月には戸畑町の名護屋岬に変更された。その後も、大里を競馬場用地と主張する、おそらく門司及び下関のグループが存在した。そして名護屋岬も交渉が難航、再び天籟寺設置に向けての交渉も行われたようだが、結局名護屋岬と決定、翌年二月末日までに地主たちとの契約も終了した(688)。

それからも紆余曲折があったが、なんとか七月に競馬場を竣工させ、七月二五日（土）、二六日（日）、二八日（火）、二九日（水）、第一回開催を行うことになる。開催の成功に向けて東京、関西方面での集客策の中心となっていたのは桜内であった。

## 8　東京ジョッケー倶楽部

明治四〇（一九〇七）年八月二九日付で、馬政局は、東京ジョッケー倶楽部を馬券発売を黙許する社団法人として認可した(689)。倶楽部がその設立目的として謳ったのは、「主として産馬事業の発達を期し内外産良種の馬匹を購入し其良否を鑑別して馬匹の改良を図る為競馬を挙行せんとするに有之」、とこれまでの認可された競馬会に謳われていた「社交を助くる」という文言がなくなった。同日付認可の鳴尾速歩競馬会も同様だったが、理由は不詳。なおこの直後に認可された宮崎競馬会は「社交を幇助」、越佐競馬会は「社交を助くる」、と謳っていた（本章第10節、第11節）。

東京及びその周辺では、横浜の日本レース倶楽部、池上の東京競馬会を別として、馬政局が認可したものとしては川崎の京浜競馬倶楽部、目黒の日本競馬会、松戸の総武競馬会につづく四番目であった。これで馬券を発売する東京及びその周辺の競馬会は六つになった。

競馬場は、当時の北豊島郡板橋町大字下板橋、石神井川と千川上水の間に位置、高燥で展望もよかった[690]。現在の板橋区氷川町、栄町、中板橋、仲町一帯、馬見場や厩舎施設は、栄町一五〜一八番地、中板橋一〜二、一〇〜一一番地辺りにあたる。現在は住宅地になっているが、当時は中山道沿いの旧板橋宿の街並みを除けば、周辺には田畑が広がり、近くには火薬製造所（現・帝京大学医学部、金沢小学校、東京家政大一帯）、兵器庫（現・西が丘競技場）、鉄砲製造所（現・陸上自衛隊駐屯地）という軍事施設も存在した地域だった。最寄駅は品川線板橋駅（現・JR埼京線板橋駅）、そこから南東から北西に弓なりに続く中山道を一一町（約一二〇〇メートル）ほど進んだところで、左に折れ三〇〇メートルほど行けば、一、二コーナーの中間にぶつかり、そこをコース沿いに三〇〇メートルほどたどれば競馬場の馬見場入口だった。なお品川線は東海道線の品川と東北本線の赤羽を結ぶ路線だった[691]。

図82　板橋競馬場

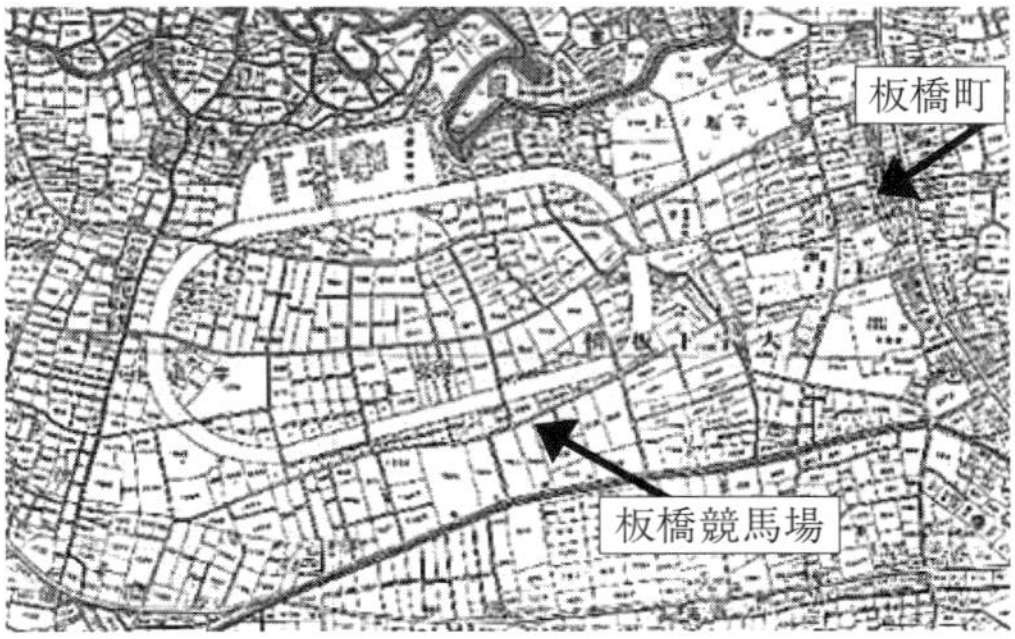


（逓信管理局「東京府北豊島郡板橋町」逓信協会、明治44年）

一周は馬政局の認可基準に従って約一マイル、コースは土、敷地五万五四二八坪、自然の勾配を活かして、コースにはアップダウンがあり、右回りで、一コーナーから二コーナーを経て向う正面半ばまで上り坂、三コーナから四コーナーにかけて下り坂があった[692]。馬見所、スタート・ゴール地点が低地、向こう正面が高台という地形で、その勾配差は五メートルほどあった。平坦な池上や川崎競馬場よりはるかにタフで、また同じ坂があるといっても根岸や目黒競馬場のような危険個所はなかったから、コースの形態だけ見れ

図83 「日本産馬株式会社株式募集広告」

日本産馬株式会社株式募集広告
営業の目的
営業牧場の特長
営業競馬場の特色
近時各所に計畫中なる濶潤なる水田を埋立て、開かんとするものゝ如き比にあらず
利益配當金
資本金總額 金一百萬圓
募集株數 三千株
申込證據金 一株ニ付金二圓五十錢也
第一回拂込金 一株ニ付金十二圓五十錢也
申込期限
株式申込取扱所
發起人
日本産馬株式會社創立事務所

(『時事新報』明40・3・4)

ば、東京周辺では一番というのが当時の評価だった。「屈指の騎手が再三にわたって実地調査、横浜根岸の馬場以上との鑑定を下し」たことで、この板橋の地が選定されたという(693)。だが、形態はそうであっても、実際には整備が行き届かず、せっかくのものを活かすことができなかった。

馬見所は桁行四八間半(約八八・二メートル)、梁間一五間(約二七・三メートル)の日本形切妻作、荒木造りで屋根は亜鉛引鉄生子板(波形)、側面は裏面の板羽目(板張り)は生渋塗、その前面には、六個の面長六尺(約一・八メートル)幅一七尺(約五・二メートル)の階段を六個所設け、中央で区切り右方を一等(五円)、左方を二等席(三円)にした(694)。だが馬見所はいかにも急ごしらえ、一等席にしても、白布に天井を張籠め杉葉にて柱を包んだもので、腰掛も粗雑な木製だった。馬券売場は、馬見所の階下に設置されていたが、階上の床を支える小柱が一坪に一本位の割合で、前方は階段に光線を遮られて薄暗く、メートル板の表示もかなり近づかなければ見えなかった。この建物は、二等館として建てられた「小屋掛的仮普請」(695)、結局、一等館は建てられなかった。厩舎は、馬見所の裏手に、四〇頭、七〇頭、三〇頭収容の建坪三〇坪余の三棟を設置した。馬見所は、当初、根岸のイギリス風、川崎のアメリカ風に対抗して、長田秋濤(後述)の発案でフランス風のものを建設すると謳われたが、多額の借財、内紛を抱えていたこともあって、実際には、最後となった明治四一年一二月の開催時点でもバラック並み、荒木作りの粗雑なもののままに終わった(696)。

この東京ジョッケー倶楽部に直接つながる動きが表面化したのは、明治四〇年三月四日、五日、時事新報、東京日日新聞、東京二六新聞、万朝報、東京朝日新聞、国民新聞などが、「日本産馬株式会社株式募集広告」を掲載したときであった(697)。日本産馬株式会社（以下、「日本産馬」と記す）は、日本ジョッケー倶楽部の営利会社として併設されたものだった。日本ジョッケー倶楽部は、長田秋濤らが設立、遅くともこの三月上旬、認可に向けて動いていた(698)。競馬場予定地は、先に紹介した場所が既に選定されていた。

日本産馬の資本金は一〇〇万円（総株数二万株）、三月五日の募集開始時には、既に一万七〇〇〇株の発起人引受け及び予約が確定しており、募集株は三〇〇〇株、当時の通例の方式に則り、申込証拠金は一株に付二円五〇銭（期限三月一一日）、第一回払込金一二円五〇銭（証拠金共）だった。この直前の一月下旬には、株のバブルがはじけ、株価は急落していたが、そのなかにあっても日本産馬は、この株式募集に際して、「第一期より優に年四割の利益金配当確実」と喧伝した。他の競馬会の営利会社もそうであったが、競馬会社は、株式の暴落後も、高配当を見込める絶好の投資の対象と見なされていた。また会社は、競馬場施設の貸与とともに、千葉県下総御料牧場の近くに牧場を所有して「馬匹の飼育殖産及び売買」を行うことをその事業に掲げたが、これは馬政局が、馬匹改良の一環として競馬会が牧場を併置（所有）することを求める方針をとろうとしていたことを受けてのものだった(699)。そしてコースは、湿潤な水田を埋立てた池上や川崎と異なり、板橋町付近の「高燥なる畑地を開拓」し「地形天然の傾斜あり馬場として殆ど理想に近」いものを設置して、「内外知名の士相計り、右の馬場にて競馬を挙行せんが為め日本ジョッケー倶楽部を組織し」、「我国未曾有の完全なる組織となさんが為め、欧州より優秀なる調馬師を雇聘し、範を仏国ロンシャン、オートイユ、英国ダービー、アスコット等の競馬場に採り、特別の構造により最新式の競馬を挙行」する計画、「近々認可」される予定であると謳い、また競馬制度の調査のため、長田秋濤をフランスに派遣する予定とも喧伝した(700)。日本産馬の発起人は、長田秋濤の岳父小崎利準、入江秀槌、柴原亀二、奥野市次郎、大谷宇吉、岡崎平四郎、松浦五兵衛ら二二名だった。入江と大谷はおそらく実業家、東京ジョッケー倶楽部の理事となる、柴原は、台湾総督府官吏、翻訳家を経て新聞記者、この当時は記者を止めていた(701)、おそらく秋濤との関係で関与したものと思われる。奥野は、先に紹介したように京都市選出、政友会の衆議院議員。岡崎は藤枝の豪家、藤枝銀行頭取、県会議長(702)、松浦は静岡県郡部選出、政友会の衆議院議員、静岡県農会長、掛川銀行頭取(703)。岡崎は、明治四一年四月に馬政局から馬券発売を黙許された藤枝競馬倶楽部の会長、松浦は同理事となる。このように日本産馬には、その経緯は不詳だが、のちの藤枝競馬倶楽部の中核になる人物が関与していた。株式募集開始は三月六日、一一日午後三時が締切だったが、事は順調に運ばなかったようである。

倶楽部の認可に向けて、キーパーソンともいうべき存在だったのが長田秋濤、本名忠一(一八七一~一九一五)(704)。この秋濤、今では忘れ去られた人物になっているが、明治二〇年後半から大正期にかけては、「著名人」だった。当初は、フランス文学者、フランス演劇の紹介者、劇作家・演劇改良家、ついでロシア公使館にも出入する親ロシア派、あるいは伊藤博文との密接な関係、そして露探(ロシアのスパイ)疑惑、鹿鳴館に対して日本風の社交場として設置された料亭である芝の紅葉館で一、二を争う人気であった芸妓お絹を引かしての妻妾同居、さらにはこの東京ジョッケー倶楽部の理事長、大正期に入っては北守南進論の実践としてのシンガポールでのゴム園経営など、その生涯は、常に人々の注目を浴び続けた。世間の評判は芳しいものではなかったが、その人柄は、伊藤博文をはじめ、曾禰荒助、井上準之助など多様な分野の人々から愛された。父銈一郎は山県有朋とも親しく、秋濤は、一時は同居するなど子どものときから山県家に出入り、養子に望まれたこともあったという。また秋濤は、幼い時から伊藤や曾禰に可愛がられていたが、それもこの二人と父との関係からだった。のちに、秋濤は、第一の恩人が伊藤、第二の恩人が曾禰であったと語ることになる(705)。

東京周辺では、横浜の日本レース倶楽部と東京競馬会は別格にしても、川崎の京浜競馬倶楽部がすでに認可され、目黒の日本競馬会の認可も迫っていた。濫設との批判が強くなるなかで、さらなる認可は、余程のことがなければ難しいはずであった。だがこの日本ジョッケー倶楽部には、秋濤と馬政長官曾禰の密接な関係という、その余程のことが存在した。曾禰は、いつも秋濤の「貧乏を心配」、「一日も早く金持にしてやりたい」と「常に口に出」していたという(706)。秋濤が競馬会設立に関与したのはその曾禰のアドバイスがあったか、あるいは逆に秋濤が曾禰に相談、それを受けた曾禰が認可への支援を約束していたのかもしれない。いずれにしろ、秋濤の関与で認可を見込んで、日本ジョッケー倶楽部、日本産馬株式会社を設立、三月上旬、馬政局への認可申請と、競馬場設置へ向けて動き始めたと思われる。

日本ジョッケー倶楽部は、日本競馬会の後の認可を見込み、馬政局も倶楽部の認可に向けて動きを見せていたのだろう、六月一〇日前後には、認可内定と報じられた(707)。総武競馬会とともに認可の予定であったと思われる、だが認可は、一時棚上げになった。日本競馬会の認可後、日本ジョッケー倶楽部とは別に東京周辺での認可を求める動きがあったからである。ここまで繰り返してきたように馬政局は、認可予定の競馬会であっても、そこに競合する競馬会が出現した場合、合同、一本化を認可の条件としていた。それは複数認可の方針である東京周辺でも例外ではなかった。

その動きを見せていたのは、一月、資本金一〇〇万円で創立された帝国競馬株式会社だった(708)。帝国競馬倶楽部を併設し、全国に一二ヶ所の競馬場を設置するとの計画をたて、発起人を募集すると、即座に二〇〇余名の承諾者が手をあげたという。株のバブルがはじける直前だった。日時は不詳だが、おそらく一月中の発起人総会で、委員長に後備役陸軍中将比志島義輝を推し、飯村丈三郎、高梨哲四郎、丸山名政、岩谷松平他二名を委員に選出した。飯村は実業家、元茨城県第三区選出の衆議院議員、高梨は弁護士、東京市選出、政友会の衆議院議員、丸山も弁護士、実業家、元東京市助役、元東京市選出の衆議院議員、岩谷は実業家、元煙草製造及び販売業（天狗煙草）、元東京市選出の衆議院議員(709)。各発起人から五〇円ずつの払込みを受け、とりあえず七三〇〇円の創立資金を集め、事務を開始したという。

比志島は、薩摩出身、歩兵第一連隊長、第四師団参謀長などを歴任していたが、借金癖から明治二五年休職、日清戦争で現役に復活したが、その借金癖は治らず、予備役編入になった(710)。だが日露開戦に伴い、予備役少将から明治三七年四月召集されて後備歩兵第九旅団長を務め、明治三九年二月に召集解除、その解除に際して予備役ながら中将に進級し、功三級の行賞を受けた。おそらく金が欲しい比志島と顔が欲しい担ぐ方の利害が一致しての委員長就任

図84　比志島中将閣下

(『東京朝日』明41・10・4)

だった。

ちなみにアナーキスト大杉栄の父は軍人で明治二〇年代の新発田連隊時代の上官が比志島であったが、栄はその自叙伝のなかで比志島についてつぎのように書いている(711)。

> その後父の兄から聞いた話であるが、そのころ父は師団長と喧嘩していたのだそうだ。旅団長の比志島義輝が師団長の誰とかと仲が悪くて、というよりもむしろその師団長に憎まれていて、副官たる父はいつも旅団長を擁護する地位に立たなければならなかった。比志島は以前にも借金のために休職になったのだが、日清戦争で復活して、また以前のように盛んに借金していた。そして父は、表向きの副官であるよりも、より以上に比志島家の財産整理のために忙しかった。旅団長はまた幾度も休職になりかかった。父はそのたびに仙台へ行って、旅団長のために弁解して、師団長と激論した。そんなことから、旅団長の出す進級名簿の中からは、いつも師団長の手で父の名が削られた。そしてついに比志島は休職となって、そのあとへ師団長のそばにいたなんとかいう参謀長がやってきた。その結果が父の左遷となったのだそうだ。
>
> さらにその後、これは父が誰かに話しているのを聞いたのだが、比志島は日露戦争でまた復活して、戦地から一万円二万円というような金を幾度もその債権者のもとに送って、帰る頃には借金を全部済ました上に、なおかなりの財産までもつくっていたそうだ。

これが事実だとすると、比志島が営利会社で一儲けを考え、また馬券好きになっても不思議ではなかった。ともあれ比志島が、各競馬場に出入して馬券に興じるその姿は新聞の格好の材料になった(712)。

七月、帝国競馬株式会社には、事務員が種々の名義で、その創立費七〇〇〇円を遊蕩費に濫用しているなどの疑惑がもちあがった(713)。一五日、南波登発が発起人等の総代になって、裁判所に対して帳簿等の書類保全の申請を行い、それを受けて一六日裁判所から判事が出張、事務長が保全を拒否したことで、その手続を一八日に行うと定め金庫に封印を施して引き揚げた。

ここに登場した南波は、この年一一月から競馬専門雑誌『競馬世界』（翌年四月第六号から『馬匹世界』と改題）を発行することになる(714)。南波は、かつての自由民権運動家で、幸徳秋水の親友であり、秋水と師岡千代子の結婚の媒酌人をつとめ(715)、明治四二年一〇月には秋水に社会主義、無政府主義運動から離脱することを説得することになる人物(716)であった。ちなみに南波は、河野広中とも交流があった(717)。また馬券禁止を受けて、明治四三年七月、補助金競馬の嚆矢となった東京競馬倶楽部の目黒競馬場の開催で、私設馬券の売買をめぐって歌舞伎役者中村芝翫、桂首相の弟桂二郎の夫妻などが検挙された事件の首謀者として実刑判決を受けることにもなる(718)。その南波の競馬の舞台への初登場であった。だがこの帳簿保全の申請は、南波が、創立費も証拠金も出しておらず、すでに発起人の資格がないことが判明して無効になり、臨検判事は前日の封印を解いた。事務所側の言によれば創立費濫費はまったく事実無根で、「発起人中支出決算を知らんと望む者あれば直に披見せしむる事」になったという(719)。

馬政局は、おそらくこの騒ぎが起こる前には、帝国競馬倶楽部に対して日本ジョッケー倶楽部との合同を「内諭」していた(720)。これを受けて、交渉の経緯は不詳だが、日本ジョッケー倶楽部と帝国競馬倶楽部は合同して東京ジョッケー倶楽部を設立することに合意、七月二九日付で長田忠一（秋濤）外四名の名で改めて認可を馬政局に申請した(721)。秋濤が筆頭で名を出していたのは、繰り返せば曾禰のバックアップがあることを踏まえてのものだったに違いなかった。そしてこの東京ジョッケー倶楽部の設立、認可申請を受けて、帝国競馬会社も「合同の止むなきこと」になり、八月五日、発起人会で満場一致で日本産馬会社との合同を承認、五〇〇万円の資本を一〇〇万円に減資、この一〇〇万円を日本産馬のそれまでの一〇〇万円にプラスして、合同後の日本産馬の資本金は二〇〇万円に増額することになった(722)。新たな日本産馬の発起人は、長田忠一（秋濤）、一柳良太郎、入江秀槌、渡辺信夫、藤江峯吉郎

図85

認可を受けての東京ジョッケー倶楽部、日本産馬株式会社の広告。本年12月中に第一季競馬を開催すること、北海道黄金菜牧場（室蘭付近の海浜面積2千町歩）の買入契約をしたことを告知している（『報知』明40・8・31）。

（千葉県の富農）、奥野市次郎、比志島義輝、森則義、松岡健一、柴原亀二、大谷宇吉、押川方義（キリスト教指導者、東北学院創立者）の一二人(723)。旧日本産馬と帝国競馬から六人ずつであったが、秋濤、藤江、奥野、比志島、柴原、押川以外の人物の経歴等は不詳。なお帝国競馬内には合同に対して強い反対もあり、のちにいたるまでそれが尾を引くことになる。

馬政局は、八月五日付で東京ジョッケー倶楽部の認可を西園寺首相宛に上申、二二日付で認可を決定、そして二九日付での認可の通告となった(724)。あらかじめ合同が成立すれば認可をする方針であったことを示す申請から一ヶ月という短時間での認可だった。繰り返せば、東京周辺では、すでに日本レース倶楽部、東京競馬会、京浜競馬倶楽部、日本競馬会が存在していたが、総武競馬会に続く認可だった。総武競馬会は侠客永岡啓三郎の存在、東京ジョッケー倶楽部の場合は、秋濤と馬政局長官曾禰荒助の関係が物を言っていたに違いなかった。

認可を受けて、東京ジョッケー倶楽部と日本産馬会社は、他の競馬会と営利会社と同じく、向う三〇年間、開催毎に会社所有の板橋競馬場を使用するという契約を締結したこと、またあわせて、一二月中に第一回を開催予定であること、先の下総御料牧場付近への設置計画ではなく、北海道室蘭付近に一一万円（手付金五〇〇〇円）で二〇〇〇町歩という広大な黄金菜牧場の買入契約を済ませたことも告知した(725)。三一日と九月一日、東京ジョッケー倶楽部と日本産馬会社は、江の島の恵比寿楼で、認可の祝賀会、披露会を開いた(726)。

倶楽部の役員として、九月二〇日付で、長田忠一（秋濤）、奥野市次郎、槇田吉一郎、広岡宇一郎、森則義、大谷宇吉を登記した(727)。理事長は長田秋濤、常務理事は槇田と奥野、実務を担い実権を握ったのは槇田だった(728)。ここまで別の場面でも登場していた槇田が、東京ジョッケー倶楽部で初めて名を出した。なお広岡は、弁護士、大正四（一九一五）年、兵庫県郡部選出、政友会の衆議院議員(729)、東京ジョッケー倶楽部の常務理事として馬券禁止反対運動に参画する。

九月半ば、東京ジョッケー倶楽部は、日程を他競馬会と調整、馬政局の内諾を受け、第一回開催を一二月二〇日(土)、二一日(日)、二七日(土)、二八日(日)に行うと公表した(730)。これに向け、九月中には、理事長秋濤、槇田らが北海道、東北に馬匹購入に赴き、一〇月一五日、会員に抽籤配布した(731)。

一方競馬場の施設等の設置にあたる合同後の日本産馬会社の創立委員長には比志島が就任した(732)。だが日本産馬、帝国競馬の両会社の合併は、双方が納得づくというわけではなく、また双方の内部にも不満を残すものであった(733)。予想される収益をめぐって、ここでも主導権争いを展開した。合併の契約は、二つの会社が解散して、双方から六名ずつの発起人を出して新会社を設立、株式も新会社のものに書き換えて、新たに日本産馬株式会社を創立することなどからなっていた。しかし旧帝国競馬会社側の役員の内、合併の際に発起人あるいは役員から排除されたものが、これに不満だった。日本産馬株式会社は、九月二〇日から一〇月五日を期限として、旧日本産馬株式会社、帝国競馬株式会社の証拠金を引き継いで第一回の払込を求めたが(734)、旧帝国競馬内には合同への反発、払込を拒絶するなどの動きがあって思うようにはかどらなかった(735)。このため新会社の資本金二〇〇万円の第一回払込分五〇万円の内、払込が行われたのは一七万円、創立総会も開催できない事態になった。内訌は長引き、創立総会の開催は、馬券禁止後の明治四一年一〇月六日になってしまう(736)。だがそれでも東京ジョッケー倶楽部が、認可とともに一二月の第一回開催を公表ができたのは、その時点で、板橋町長の尽力もあって、用地の買収、借地契約を結ぶ目途が立っていたからであったと思われる(後述)。とはいえコース、馬見所などの建設にも多額の資金が必要だった。だが、この会社の状態では、その資金調達の目処は立たなかった。日本産馬会社はまだ正式に発足していなかったが、その中心的存在である秋濤、一柳良太郎、槇田吉一郎、柴原亀二、佐久間福太郎、入江秀槌、石田千之助らが取った対応が、社長の比志島義輝を名義人に東京ジョッケー倶楽部が裏書して、佐久間福太郎と鈴木久次郎から一四万円、石田千之助から四万円、計一八万円を借り入れるというものだった(737)。佐久間、鈴木は川崎の日本馬匹改良株式会社取締役で

図86

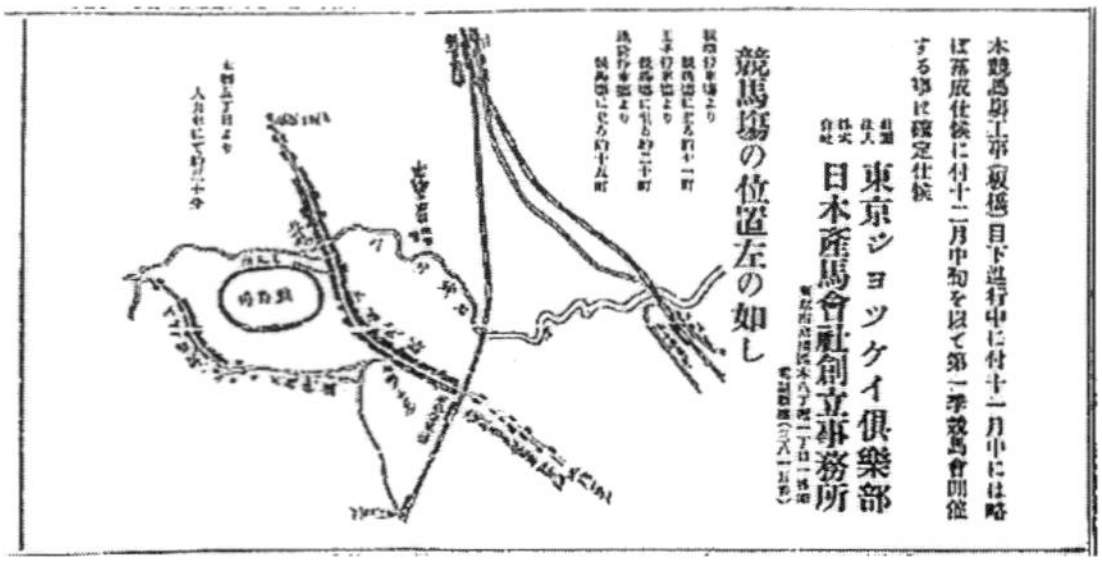


第1回は12月中旬開催予定であることと競馬場へのアクセスを告知している(『二六』明40・11・3)。

図87

市長(尾崎行雄)と長田氏(秋濤)(「競馬十千面相　板橋の初日」『中央』明41・3・30)。

もあり、一四万円の内五万円はその日本馬匹から私的に流用したものであった。ちなみに佐久間は新潟の越佐競馬会にも四万三千円の貸付を行った(738)。先に紹介したように、佐久間は、日清紡績専務取締役、鈴木久次郎は、千葉県郡部選出、憲政本党の衆議院議員、実業家。また石田は、東京芝の貿易商、東京ジョッケー倶楽部、京都競馬会、東京競馬会、関西競馬倶楽部、鳴尾速歩競馬会、東洋競馬会の馬券発売を請け負うことになる人物だった(739)。この三名からの借入条件は、利子一割二分に加えて、佐久間、鈴木に馬券収益の三割五分、石田には二割を支払うというものであった。実際、第一回開催で四万円、第二回で五万八千円、計九万八〇〇〇円が支出された。だがこのような金額が三人に支払われたにもかかわらず元金の一八万円はそのまま残った。一開催分の施設の賃貸料が三万二〇〇〇円であったことに比較しても、いかに法外な条件だったかが明らかであった。このような条件だったのは、後に抵当物件がなく、開催を急ぐためにやむをえなかったと説明されたが、当の佐久間、石田が日本産馬株式会社がまだ正式に発足していない段階で、これらの決定にかかわっていたことは、露骨な収益簒奪策の共謀といってよかった。用地の買収価格も、先の七名が決定し、総額三一万四四六八円にものぼっていた。当初、四円二、三〇銭であったものが、用地決定で漸次騰貴し、三万九坪を六円、七四一五坪を六円五〇銭、一万七九五四坪を四円七八銭で買収せざるを得なかったというのが、後の七名側の説明であった。だがこの金額のなかには自らの懐を肥やした分が含まれていたと疑わせるところが十分であった。

板橋町側でこの買収を主導したのが、当時の町長であった[740]。町長は、板橋に競馬場という動きが出た三月の段階で、弟を通して日本産馬と交渉、一坪五円で買収を請負うことで話をまとめていた。弟は、多少競馬界の事情に通じていたという。競馬場を誘致して、街道としての役割を終えていた板橋を活性化させる起爆剤とするのがねらいだったと思われる。そして町長は、東京ジョッケー倶楽部が認可を受けた八月下旬には、用地の買収契約の見込みをほぼつけていた。だが、会社は内訌もあって株式の払込も少なく資金不足であったから、買収を自らも行っていた町長も含めた地主への支払いが滞り、工事を始めることができなかった。そこでとられた方策が先に述べた佐久間、鈴木、石田から資金の貸与を受けるということであった。そしてまだ買収に応じていない地主も存在していたが、それでも町長は、地主の承諾の有無に関係なく、着工のゴーサインを出し、一〇月一七日の起工式になった[741]。ちなみにこの工事で、競馬場敷地内に通っていた村道が廃止されて通じる道がなくなった耕作地、また競馬場敷地に沿って流れる石神井川の流れが変更されて地価が半額に低落した個所もできたという[742]。このように紛糾の種は残されたが、ともかくも、一二月中の開催に向けて、工事が進められ、一一月半ばには、コースも馬見所も仮設ではあったが、その竣工の目処がついた[743]。

一一月、番組表を公表、一二月初め、出馬登録を締め切った[744]。そして一一月二五日には、倶楽部の会頭に東京市長兼衆議院議員尾崎行雄を選出した[745]。日本レース倶楽部は英国大使マクドナルド、東京競馬会は加納久宜、京浜競馬倶楽部は板垣退助、総武競馬会は河野広中というのがそれぞれを代表する顔であったが、東京ジョッケー倶楽部は尾崎行雄ということだった。当時は、首長と議員を兼ねられ、尾崎の衆議院の選挙区は三重だった。尾崎は、よく知られているように、第一回（一八八〇年）から第二五回（一九五二年）までの総選挙で連続当選、「憲政の神様」と呼ばれるようになるが、明治三六年に就任した市長としての評価は必ずしも芳しいものではなかった[746]。それでも市長、倶楽部の顔としては充分であった。それに尾崎も、馬券を発売する競馬を推進していくことに積極的だった。政治史あるいは尾崎研究の分野でも言及されることはないが、尾崎は、先述したように東京競馬会の発起人でありその設立に積極的で初代理事に就任、また京浜競馬倶楽部の名誉会員、そして馬券禁止直後には、馬券禁止は政府の落度と表明、競馬連合会の運動にも積極的に関与する(747)。その後も明治四四年五月には東京競馬倶楽部(東京競馬会、京浜競馬倶楽部、日本競馬会、東京ジョッケー倶楽部の四倶楽部が合同して明治四三年五月設立)の会長(748)、ついで大正元(一九一二)年一二月には全国公認競馬倶楽部委員会の委員長にも就任(749)、馬券復活にも尽力した。ちなみに尾崎は、夫人の英国生まれのテオドラとともに乗馬が趣味だった(750)。東京ジョッケー倶楽部の明治四一年三月下旬からの第一回開催、尾崎はテオドラ夫人とともに臨場することになる(751)。

こうして一二月二一日からの開催をまつばかりとなった。ところが倶楽部は一二月八日頃、突然、二一日からの第一回開催の延期を発表することになる(752)。競馬(馬券)を非難する政治的、社会的、司法的な圧力の強まりのまえに、「暫時競馬熱に対する息を抜」くという馬政局の延期要請を受けてのものだった(第8章第1節)。

## 9 鳴尾速歩競馬会

鳴尾速歩競馬会が、馬政局から馬券発売を黙許する社団法人として認可されたのは、明治四〇(一九〇七)年八月二九日付(753)、東京ジョッケー倶楽部と同日付だった。ちなみに速歩は、はやあし、と読んだ(754)。馬政局が認可したものとして、京浜競馬倶楽部から数えれば東京ジョッケー倶楽部と並んでの八番目、この七月から再開された明治四〇年第二段の認可として、七月一二日総武競馬会、同一六日東洋競馬会に続くものだった。関西では三月一五日の京都競馬会、同二〇日の関西競馬倶楽部に続く三番目。第一回開催は明治四一年六月二〇日(土)、二一日(日)、二七日(土)、二八日(日)のことになる。

鳴尾速歩競馬会が認可される理由となったのが、「産馬事業の発達を期し内外産良種の馬匹を購入し其良否を鑑別して馬匹の改良を図る為普通競馬の外速歩競走を挙行せん」と他の競馬会のものに加えて、繋駕速歩競走(トロチングレース）を実施することを設立の目的として謳ったことだった(755)。繋駕速歩の実施で、戦場で弾薬、食糧を運搬する輜重用の輓馬の改良に資するためということであった。速歩競馬会と名乗ったのも、繋駕速歩競走を実施する競馬会ということを前面に押し出すためであった。兵庫で認可申請が競合している競馬会、また明治四〇年三月認可された関西競馬倶楽部と京都競馬会との差異化をはかり、京阪神地方にもう一つの競馬会を設立する理由にするものであった。ちなみに繋駕速歩競走は、馬につけたバギー（軽車）にライダー（騎手）が乗り、決められた走法で競走するもので、人間の競歩競走のように違反走法に関しては失格規定があった。馬券黙許時代に実施したのは速歩競馬会が唯一、のち大正一五（一九二六）年東京競馬倶楽部、翌年から阪神、京都両倶楽部で施行されることになる(756)。

図88

右は麥少彰氏持馬黄龍、左は松本頼親氏持馬サツマなり（「鳴尾トロチング競走」『大阪時事』明41・6・15）。

図89　鳴尾競馬場と関西競馬場

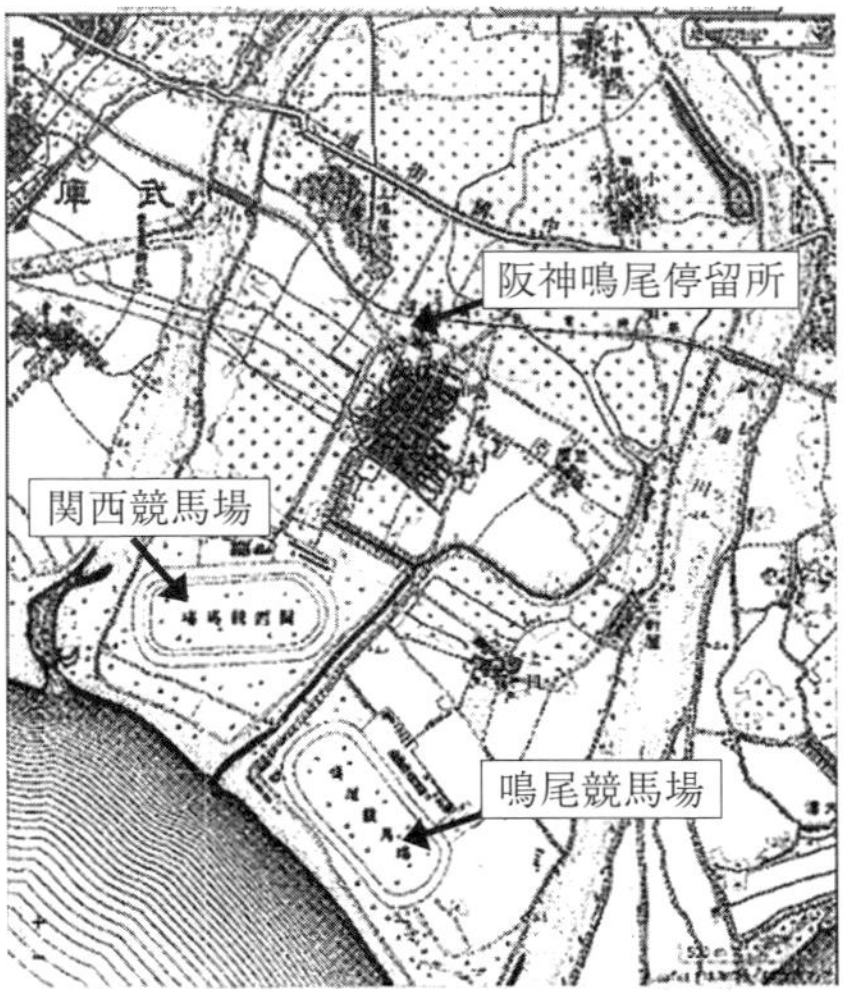


（1/20000「西ノ宮」明治42年測図、明治44年9月30日発行「今昔マップ on the web」より）

なおこの繋駕速歩競走に関しては、第一回、第二回開催ともに出走馬の力の相異が大き過ぎて、鑑定券（馬券）発売は行われなかった(757)。また鳴尾速歩競馬会は、戦場をかけめぐるための能力を検定するためとして、障碍競走の実施もめざし、鳴尾競馬場には、八字形固定障害コースを設置した(758)。だが障碍レースも、馬も騎手も準備ができておらず、実際には行われなかった。なお黙許時代、障碍レースは、先に紹介したように東京競馬会が明治四〇年春季、博覧会競馬で陸軍、騎兵等の将校競馬、また北海道競馬会が、明治四一年六月、八月の開催で実施した(759)。こ

図90

右は二等馬見所、左は一等馬見所（中央貴賓館）（「鳴尾速歩競馬会秋季競馬開催馬見所の光景」『馬匹世界』第12号、明41・10・15）。

の障碍レースも、陸軍が後に、各競馬倶楽部に実施を「強制」することになる(760)。

鳴尾速歩競馬会の競馬場は、鳴尾川と武庫川に挟まれた鳴尾潟の海岸沿い、兵庫県武庫郡鳴尾村東浜（現・西宮市高須町の住宅・都市整備公団武庫川団地一帯）、つまり関西競馬倶楽部の関西競馬場と鳴尾川を挟んで対置していた(761)。阪神鳴尾停車場から約一二町（約一三〇九メートル）。関西競馬場と同じく、中国街道からも、阪神電鉄鳴尾駅からも、局線（現・JR）西宮駅からも、競馬場までの道がなかったが、こちらも阪神電車の線路から競馬場まで幅八間の東競馬道、そして鳴尾川の堤防の上を通り競馬場入口に至るまでの道を敷設した。用地は鳴尾村からの借地、明治四一年二月に着工したが、その堤防の工事をめぐって村民との軋轢を生じ、工事中止を余儀なくされたが、この問題はほどなく解決した。

敷地面積一六万坪。一周一マイル、幅員二〇間（約三六・四メートル）。一等馬見所（スタンド）は幅三三間（約六〇メートル）、階下が食堂、検量場、化粧室、救護室、会議室、事務室等、三階には貴賓室、二等馬見所は幅五〇間（九〇・九メートル）、それぞれの収容人員は九〇〇〇人、一万五〇〇〇人。二等馬見所の階下が馬券売場、一等、二等に区別されていた。厩舎は、一〇頭収容の一七棟が、鳴尾川堤防付近に設けられていた。敷地の形態上、右回りでは、四コーナーのカーブが鋭角となり、また一マイルのレースで直線に入ってからゴールまでの距離が短くなるため、左回りになった。当時、左回りは、松戸競馬場と京都・島原競馬場とこの鳴尾競馬場の三ヶ所だけだった。コース、一、二等馬見所以外の空地は狭く、馬見所の後部の「見馬場」（パドック）も非常に狭隘だった。明治四一年秋季開催までに芝を植える予定だったが、これは実現しなかった。前に西宮の海、右に淡路島を望む風光明媚な白砂青松の地で、一等、二等馬見所からは行き交う船、また六甲山系も眺められた。右には神戸港、左には大阪の築港、紀淡の連山、眺望は関西競馬場よりもすばらしく、おそらく日本第一であろう、との評もあったほどだった[762]。

鳴尾速歩競馬会につながる東洋競馬倶楽部が、馬券発売を黙許される社団法人としての認可を兵庫県庁を通して馬政局に出願したのは、明治四〇年一月二三日付[763]。この時点ですでに、繋駕競走と障碍物競走の実施を謳っていた[764]。同倶楽部の発起人として名を連ねたのは、九鬼隆輝、相部十八、山本繁蔵、後藤勝造、皆川芳造、麥少彭、森本六兵衛、佐々木得介、深沢富太郎、A・E・クーパー、F・E・ホワイト、J・M・コラム、F・B・アペンハイム、J・C・ウィルソン[765]。

相部十八は相部商店主（株式仲買業）、山本繁造は神戸家畜株式会社社長、神戸市選出、政友会の衆議院議員、後藤勝造は後藤回漕店、ミカドホテル及びミカド食堂経営、皆川芳造は貿易商、麥少彰は日本に帰化した中国人投資家、この頃鐘紡の仕手戦で名を馳せていた、森本六兵衛は森本倉庫創業者、洋酒缶詰食料品商と各種営業、佐々木得介は不詳、深沢富太郎は綿糸商、A・E・クーパーは、ジャーデンマセソン商会神戸支店の支配人、ホワイトはサミュエル商会、アペンハイムはアペンハイム館主、ジェ・シー・ウィルソンはウィルキンソン館主[766]。九鬼隆輝は元三田藩主隆義の家督を相続して子爵[767]、この時点での会の顔として担がれたもので、実際に動いていたわけではなかった。大阪の人物が中心の関西競馬倶楽部に対して、東洋競馬倶楽部は神戸の内外の人物を集めての倶楽部といった観があった。

中心となって動いていたのは相部十八、創立事務所も神戸市栄町三丁目相部商店におかれた[768]。相部は、明治三九年九月以来、馬場敷地に購入に尽力、この頃にはすでに後に鳴尾競馬場となる地を候補地として選定していた[769]。また施設を建設、競馬会に貸与する営利会社の設立にも動いており、その予定資本金一〇〇万円だった[770]。

賛成人として名を連ねていたのは、陸軍中将勝田四方蔵、陸軍少将池田正介、松方幸次郎、英国大使館武官トーク。松方幸次郎は川崎造船所社長、九鬼隆輝の妹好子と結婚していた[771]。ちなみに松方は、明治三九年一一月二四日第一回東京競馬会初日を観戦、少なくとも五、六〇〇円を馬券で儲けていたという[772]。この他に倶楽部の賛成人になることを希望する神戸在住の西洋人は一二〇名、また「京浜間の外人の加入申込者」も少なくなかったという(773)。勝田中将は、以後、名前を出さないが、池田少将は、鳴尾速歩競馬会の会頭に就任することになる。池田は、この時点でも東洋競馬倶楽部の顔になる含みであったと思われる。池田は、一月二三日の倶楽部の認可申請直後、競馬場予定地を視察しており(774)、池田の方にもその意欲があったことをうかがわせている。池田は、清仏戦争後、明治二一年、フランス軍が軍馬として活用していたアラブ馬の購買を担当(775)、またその後八ヶ年間フランス公使館に在勤、その間、競馬にも親しみ、「外国の競馬会に付、大いに研究する所」があったという(776)。池田は、日露戦争中、後備第一七旅団長、明治三九年七月休職、明治四〇年三月予備役編入となるので(777)、競馬会が設立されれば「天下り先」として絶好のものであった。

そして池田は、この時代の馬政のキーパーソンで競馬の推進者であった陸相寺内正毅と友人関係にあった(778)。池田が、あるいは倶楽部が池田を通して、認可に向けて寺内の後ろ盾を期待しても不思議ではなかった。寺内はこれに応え、陸軍馬政の牽引者である大蔵平三中将に池田の支援を要請、大蔵は、これを受けて、安田伊左衛門に「池田少将が会長となり、組織をなすに十分な援助を与えられたしと」依頼した(779)。この依頼が、東洋競馬倶楽部時代からかどうかは不詳だが、安田にとっても、この依頼は渡りに船だった。安田は、先述したように、明治三九年、大阪での競馬会設置に向けて、北浜銀行頭取の岩下清周、日本綿花社長の田中市太郎らに働きかけを開始したが、岩下らに出し抜かれ、関西競馬倶楽部は、安田らを排除して大阪の実業家中心で設立されていたからである。このときの失敗を取り戻す、安田は関西地方で自分の影響力が及ぶ競馬会設立への意欲を充分にもっていた。安田は大蔵の依頼に同意、「大いに援助を与えた」(780)。ちなみに大蔵も池田もフランスの留学体験をもち、フランスの繋駕競走、障碍レースに親しんでおり、速歩競馬会が繋駕や障碍レースの実施を謳ったのは、大蔵や池田のアイデアでもあった可能性がなくもなかった。

この東洋競馬倶楽部の動きとは別に、東京の伯爵広沢金次郎、男爵松平正直、横浜の木村重太郎、S・アイザックス、臼井儀兵衛、大阪の磯野良吉、阿部彦太郎、辻忠右衛門、菊池侃二等が、阪神地方での認可を求めて大東競馬倶楽部を発起した(781)。東洋競馬倶楽部は兵庫県庁を経由していたが、大東は臼井らが大阪府庁を経由しての出願の動きだった。設立時期は不詳だが、東洋競馬倶楽部にそれほど遅れてはいなかったはずである。

広沢金次郎は、先に紹介したように、広沢真臣の嗣子、元スペイン兼ポルトガル公使、貴族院議員、英国各地の競馬を視察した経験をもっていた競馬に関する「有数の通人」だったという。この三月、日本競馬会の理事に就任した。松平は貴族院議員、元宮城県、熊本県知事(782)。広沢と松平は、各地の競馬会と同様に、華族であるということで会の顔として担がれたものだったろう。木村は、先にも紹介したように、横浜の実業家、明治三〇年代からの横浜の日本レース倶楽部の馬主としての経歴とともに京浜競馬倶楽部理事を務め、各地での競馬会設置の投資グループの中心的存在でもあった。アイザックスも、先に紹介したように横浜在住の貿易商、日本レース倶楽部の理事長で運営の中心を担っていた。臼井は、京浜競馬倶楽部発起人一〇名の内の一人、日本馬匹改良株式会社取締役。浦賀銀行と浦賀ドック重役、株式投資でも名をなしていたが、この年一月の株式暴落を受け五月に破産する(783)。木村、アイザックス、臼井は同グループだった。木村は、鳴尾速歩競馬会の副会頭となる。

磯野良吉は大阪窯業社長など多くの会社に関与する実業家、辻は大阪窯業株式會社監査役、菊池は、弁護士、大阪府知事(明治三二年七月~明治三五年二月)、明治四一年五月から大阪市選出、政友会の衆議院議員、阿部彦太郎は米穀商、実業家(784)。この磯野、辻、菊池、阿部は同グループだったと思われる。磯野は鳴尾速歩競馬会の営利会社の鳴尾速歩馬匹改良株式会社社長、菊池は鳴尾速歩競馬会の中心的存在の一人となる。

このように大東競馬倶楽部は、木村ら京浜競馬倶楽部、日本馬匹改良株式会社の競馬投資グループと関西競馬倶楽部に加わっていなかった大阪の人物たちが名を連ねていた。だが大東競馬倶楽部にとって、関西競馬倶楽部の三月二〇日認可後、馬政局の一府県一競馬会の方針があって、大阪では認可の望みはなくなり、また京都競馬会も三月一五日認可済、京阪神で認可をめざすならば、兵庫しか残されていなかった。となれば先行する東洋競馬倶楽部との合同に進む以外はない。東洋側にとってもこれに応じなければ、認可を望むことはできない。そして、その間の経緯は不詳だが、東洋競馬倶楽部と大東競馬倶楽部は合同に合意、改めて鳴尾速歩競馬会として七月二三日付で荒木英一（大阪市北区堂島浜通一丁目、米仲買商）外四八名の名で兵庫県庁を通しての認可申請を行った(785)。

このようにして鳴尾速歩競馬会は、神戸の人物たちを中心に、関西競馬倶楽部に参画しなかった大阪の人物、横浜の木村らを加えて成立した。これに馬政局は八月三日付で西園寺首相宛に認可を上申、一五日認可内定、同二九日付で認可になった。東京ジョッケー倶楽部と同じく、あらかじめ合同が成立すれば認可の方針であったことを示す短時間での認可だった。先にふれたように寺内、大蔵の強い後押しがあったことをうかがわせている。競馬場は隣接することになるが、双方の事務所所在地は、関西競馬倶楽部が大阪、鳴尾速歩競馬会が神戸、申請も関西が大阪府庁、鳴尾は兵庫県庁であった。認可を受けて競馬会は、一〇月九日、神戸諏訪山の中常盤で「設備完成、競馬挙行計画の披露会」を開いた(786)。会頭は池田少将に内定、この時点での第一回開催は翌年四、五月の予定だった(787)。なお内容は不詳だが、鳴尾速歩競馬会は、これより前の一〇月七日付で定款の変更を申請、三一日付で馬政局はその認可を西園寺首相宛に上申、一一月八日付で認可された(788)。

同競馬会も、営利会社の鳴尾馬匹改良株式会社を併設、同社は、一〇月一三日、梅田駅近くの料亭静観楼で発起人会を開いた(789)。その創立委員として、磯野良吉、辻忠右衛門、宗像祐太郎、高橋卯之輔（以上大阪）、相部十八、山本繁造、深沢富太郎、麥少彰（以上神戸）を選挙、社長に磯野、専務取締役に相部、相談役には菊池侃二が就任予定だった。大阪は大東倶楽部系、神戸が東洋競馬倶楽部系、そのバランスがとられていた。ここには大東競馬倶楽部の木村重太郎ら横浜の人間の名はないが、木村は競馬会の副会頭に就任するので関係が切れたわけではなかった。ここで初めて名を出した宗像は、大日本塩業株式会社常務取締役、梅津製紙株式会社取締役、高橋は、清快丸等の家庭薬を製造していた盛大堂（現・盛大堂製薬）の社主(790)。鳴尾馬匹改良株式会社は、資本金一〇〇万円（一株五〇円）、証拠金五円の支払期間は一〇月一五日から二五日、第一回払込金七円五〇銭（計一二円五〇銭）の支払期限は一一月末[791]。だがこの期限は、明治四〇年一月の株式暴落以後続く不況もあって、明治四一年一月二〇日まで延長されて、ようやく満了になった[792]。これもあってだろう同社の設立総会は翌年三月一〇日のことになる[793]。

とはいえ創立委員らは、設立総会を待たずに、六月中旬開催に向け、用地買収の交渉を進め、この二月には地均しに着手、馬見所とともに五月一五日竣工をめざした[794]。また兼松商店を通じて抽籤豪州産馬、そして一月には池田少将が九州で内国産の抽籤馬の購入にあたった[795]。なお兼松は神戸の貿易商、日豪貿易のパイオニア、兼松経営の兼松商会は、各競馬会からの委託を受けてオーストラリアからの抽籤馬の輸入にあたった[796]。

そして三月一〇日、神戸市東常盤楼で開かれた設立総会で、社長磯野良吉、専務取締役相部十八、取締役深沢富太郎、浜崎健吉、麥少彭、梅原亀七、山本繁造、監査役辻忠右衛門、野村徳七、坪田十郎、相談役菊池侃二の体制を承認した。なおこれより先の二月二〇日、大阪ホテルで開いた創立委員会で、三月一〇日に総会を開き役員の選出すること、また前にふれた用地買収などの事業の進行をはかっていくことなどが確認されていた[797]。この一〇日の段階で、先の一〇月の創立委員からは高橋卯之輔の名が消え、新たに浜崎、梅原、野村、坪田が加わった。梅原は大阪株式取引所仲買人、のち大日本冷蔵社長、帝国新聞社長、大阪商工銀行頭取などを務める、浜崎も大阪株式取引所仲買人、実業家、野村徳七は野村商店主、野村證券創設者、坪田は実業家、元兵庫県議会議長、この年五月の第一〇回総選挙で神戸市二区選出政友会の衆議院議員となる[798]。なおこの内、大東競馬倶楽部の系譜であることが明確なのは菊池だけだったが、大阪の梅原、浜崎、野村の三名も同系だったと考えられる。

一方鳴尾速歩競馬会は、一月二六日、第一回総会を開き[799]、二月二〇日の鳴尾馬匹改良株式会社の創立委員会には池田少将、吉弘左乙（大阪株式取引所取引員）らが出席、同日、会社とは別に競馬会の組織に関して協議していた[800]。競馬会は、六月開催に向けての準備を進めていたはずであった。そして時期は不詳だが、速歩競馬会の体制作りの支援にあたっていた安田伊左衛門が、その一環として馬場取締、理事として退役騎兵大佐河野春庵を推薦、競馬会側も受け入れた[801]。河野は、安田の同郷の岐阜県安八郡出身、第一〇代近衛騎兵連隊長、騎兵第三連隊（名古屋）第二代連隊長、日露戦争中の松山俘虜収容所委員長を歴任した。安田が明治二六年名古屋第三師団騎兵隊に一年志願兵として入隊した時の直属上官（中隊長）であり、中隊長時代安田に目をかけていた[802]。競馬会の書記長には東京競馬会書記の土岐玉治が就任[803]、これもいうまでもなく安田の推薦だった。

鳴尾速歩競馬会第一回開催は、京都競馬会第一回開催が五月一六日（土）、一七日（日）、一九日（火）、二〇日（水）、関西競馬倶楽部の春季開催が六月六日（土）、七日（日）、一三日（土）、一四日（日）という日程を受けて、六月二〇日（土）、二一日（日）、二七日（土）、二八日（日）になった。この春季開催のそれぞれの売上高は、京都が七二万四七〇〇円、関西が一三六万六〇〇〇円、鳴尾が一八四万五〇〇〇円[804]。鳴尾は九月二〇日（日）、二三日（祝祭日）、二六日（土）、二七日（日）に第二回を開催するが、その売上高は二二七万二九八〇円、六月の第一回とあわせて計四一一万七九八〇円。これに対して関西競馬倶楽部の方は、明治四〇年一一月第一回開催六二万一二〇八円、明治四一年一月神戸築港記念開催七一万四二七五円、これに六月の春季を加えて計二七〇万一四八三円、と総額でも開催が一つ少ない鳴尾速歩競馬会の方が関西競馬倶楽部を大きく上回った。隣接するという立地条件を考えれば、鳴尾速歩競馬会の方が、後発の利を活かしたこともあったのだろうが、集客策、売上拡大策で関西競馬倶楽部を上回る力をもっていたことを明らかにする数字だった。その一方で、第一回開催では、騒擾事件が起き、その責任をとらせる形で理事河野、書記長土岐を解任、河野はこれを受けて競馬会を詐欺取財で告訴、この告訴を機に神戸地方裁判所検事局は、第二回開催の四日目の九月二七日、賭博開帳罪の立件をめざして鳴尾競馬場に乗込んで捜索を行う。この摘発劇が、結果的に一〇月五日の馬券禁止の前奏曲になった。

## 10　宮崎競馬会

宮崎競馬会が、馬政局から馬券発売を黙許する社団法人として認可されたのは、明治四〇（一九〇七）年九月四日

図91　宮崎競馬場

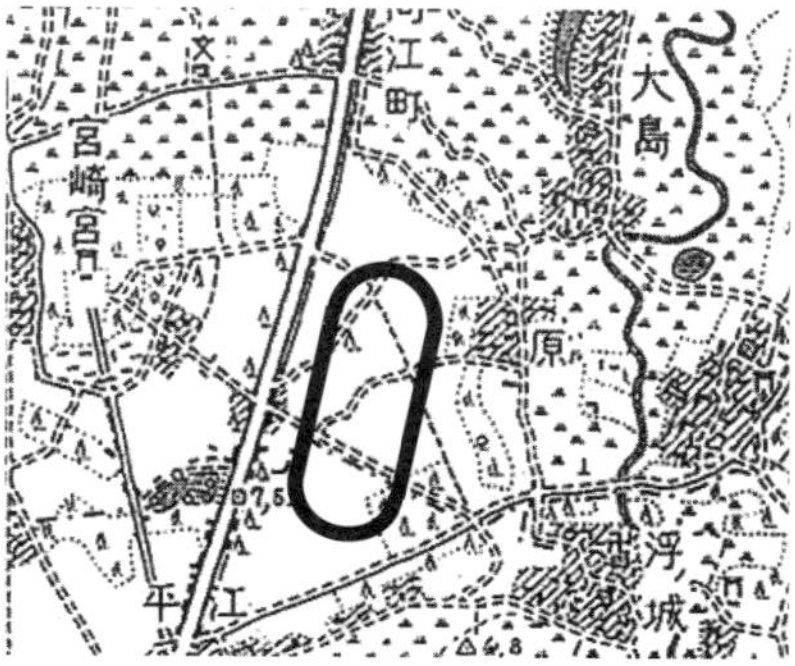


（1/50000「宮崎」明治35年測図、明治37年12月28日発行〈「今昔マップ on the web」より〉に作図）

図92

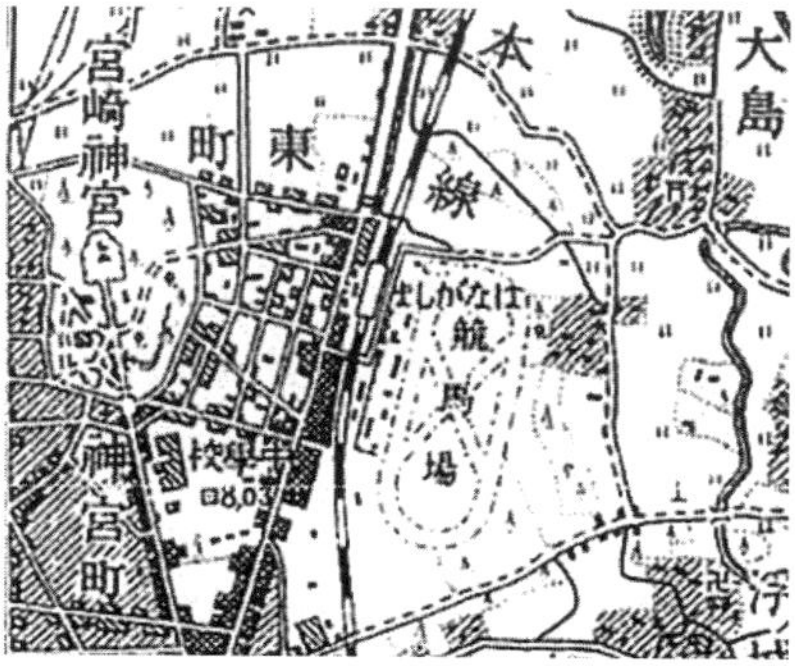


（1/50000「宮崎」昭和10年測図、昭和12年3月30日発行「今昔マップ on the web」より）

付(805)。馬政局が初めて認可した京浜競馬倶楽部からの時系列でいえば一〇番目。第一回開催は一一月。他の競馬会が認可から第一回開催まで時間を要したのに対して宮崎競馬会は早かった。申請は五月、事は必ずしもスムーズに運んだわけではなかったが、認可までの時間は短く、また開催に向けての準備を認可前から進めていた。

競馬場は、宮崎郡大宮村大字大島、宮崎町大字江平に跨る一帯（現・宮崎市花ヶ島町）、一周一マイル、幅員一五間（約二七・三メートル）、馬場敷面積一万三三五九坪、馬見場敷地面積三六〇〇坪、一等馬見場一棟　総坪数四八坪、二等馬見場三棟　総坪数一二〇坪、その他に厩舎八棟、総坪数一二〇坪、事務所一棟一八坪、厠一棟総坪数五坪(806)。競馬場を設置するにあたり宮崎宮社前から競馬場正門までに道路が開削（八六〇坪）された(807)。同競馬場は、ＪＲＡ宮崎育成場として現在もその姿をとどめている。

宮崎競馬会の設立、競馬場の設置に向けての動きが具体化したのは、明治三九年六月頃。中心は宮崎県農会書記長、元宮崎町長の児玉伊織（一八六七～一九三六）だった(808)。児玉は、この時期から昭和戦前期までの宮崎の競馬を主導することになる。

宮崎は、鹿児島や熊本とともに、九州、四国、中国地方に馬匹、いわゆる日向馬を供給する馬産地としてその存在を知られていた(809)。宮崎県は、明治一六年置県以降、積極的に馬産振興、馬匹改良に取り組

図93「宮崎競馬会馬見所」

(『日州』明40・10・22)

み、その一環として県内各地に設立された競馬会が明治一〇年代後半から開催を続けていた(810)。その代表格が明治一七年四月、官民有志で設立された宮崎競馬会だった。同会は、翌明治一八年五月宮崎宮社前に一周五五〇メートルの円馬場を新設、明治二一年二月には社前の東南に移転して半マイルの楕円形の馬場を設置、四月三日の神武天皇祭、一〇月二六日の例大祭の春秋二回の開催を続け、明治三一年一〇月、同会は財団法人となった。県下各郡でも、春秋のシーズンは毎週のように開催されていたが(811)、宮崎競馬会は、その中核の位置づけをもち、「宮崎、東諸県、児湯の三郡を主要とし臨時に其他の出会を促し」て開催されていた。

設立後の宮崎競馬会の会長となる県産牛馬組合長、県会議員の瀬戸口長通(812)は、明治三九年八月、つぎのように語った(813)。

……まず馬匹改良の第一着手として種牡馬を増加して此(種牡馬の質が悪い)弊を避けるを最も肝要とすと云うと雖も、之とて望みて容易に得べからざれば、出来得る事なれば種牡馬を悉く国有として民間の牝馬に交配せしむるを最高の改良方法とす、左れど之も亦目下の財政にては到底行わるべきにあらざるを以て、民間にて出来得る限り改良を施さざるべからず、其方法としては各地方に競馬会を催させしめ、優勝のものを選びて更に県下を通じ大競馬会を催さば、畜主に競争心を惹起せしめ、延いて飼育管理に留意するに至るべきより自然に完全の実を挙ぐるならん……

馬政一八年計画を踏まえてのさらなる競馬振興、競馬会設立に向けての発言であった。

## 東京競馬会の視察

明治三九（一九〇六）年六月前後から、各地では、馬券発売が黙許される競馬会の設立、認可に向けての動きが起こったが、宮崎の動きも早かった。以下、宮崎県立図書館が所蔵する児玉伊織の日記「児玉日誌」(814)を中心にして、宮崎競馬会の設立の経緯から第一回開催を終えた後までをたどっていく。以下、児玉や競馬会等の諸動向に関する典拠が「児玉日誌」の当該日による場合は、原則として註記しない。

児玉は、明治三九年一一月二二日、二六日から三〇日に東京で開催される全国農会協議会、農事大会への参会、また宮崎県も出品していた五二会共進会の一二月四日閉会（開会は九月一日）に伴う業務、そして馬券発売黙許に向けた馬政局への打診、及び東京競馬会第一回開催の視察、また同会から競馬会設立に向けてのアドバイスを受けることを目的として上京した。当時、宮崎には鉄道が通じておらず、東京に行くには、宮崎の細島港から船で神戸に行き、神戸駅で東海道線に乗り新橋駅に着くまで、あしかけ四日を要した。なお細島港は神戸港との往復定期航路がある宮崎の主要港。一一月二五日、午前七時四〇分に新橋駅に着いた児玉は、食事をして入浴後、とるものもとりあえず、東京競馬会第一回開催二日目の観戦に池上競馬場を訪れた。各地で馬券発売を黙許される競馬会の設立、認可をめざす人々もこの開催を注目していたが、児玉もその一人だった。

児玉らが、競馬会設立に向けて動き始めたのは六月、そしてそれが七月に行われた馬政局次長藤波言忠一行の宮崎視察を機に具体化した。藤波は、六月の馬政局設置、次長就任後、同局の業務を精力的に主導、七月一日からは全国の種馬牧場、種馬所巡視を開始、まず鹿児島に向けて出発した(815)。藤波には、馬政課長増田熊六騎兵少佐、馬政官広沢弁二、三浦清吉、大橋豊之助らが同行した。増田や広沢に関しては先に紹介したが、三浦清吉は農商務省技師、明治二九年奥羽種馬牧場の初代場長、明治三〇年代度々欧米に種馬購買に渡り、明治四二年の際にはフランス政府から勲章を授与された(816)。大橋は騎兵中佐（翌年大佐）、前軍馬補充部三本木支部長、九州を所轄する第六管区担当(817)。児玉が、藤波が九州を訪れるという情報を知ったのは六月一六日。一八日県庁に問い合わせ、東京に電報を打ち、一

図94　「児玉日誌」

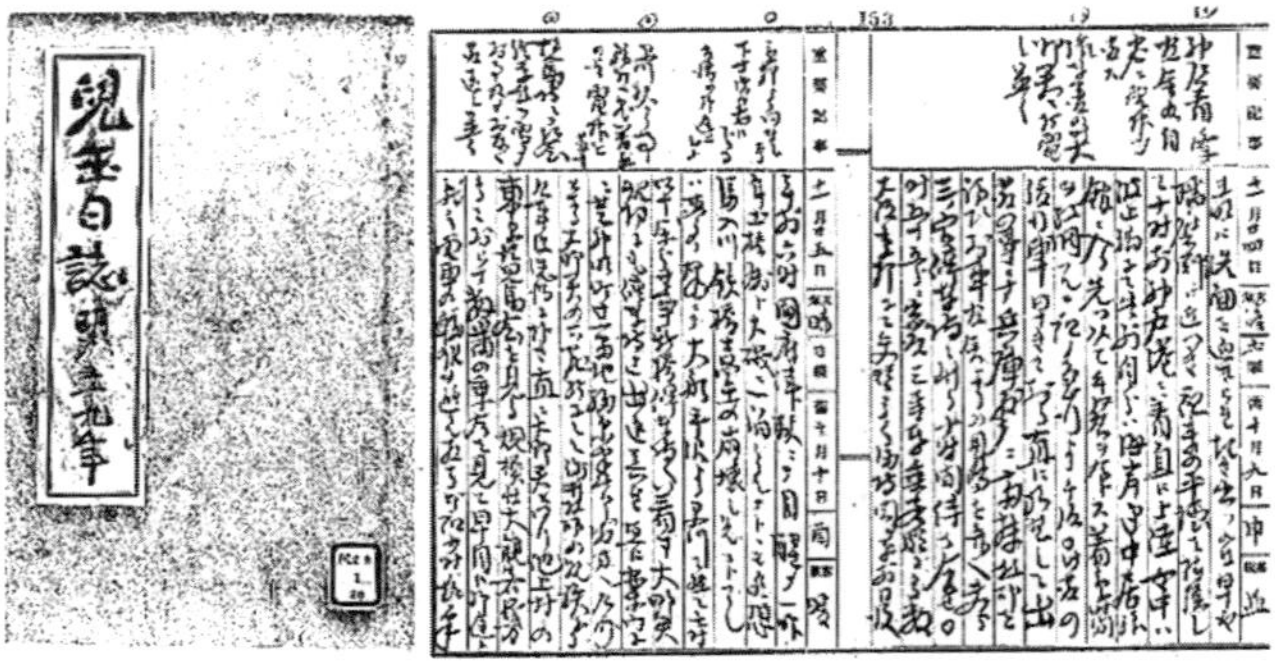

明治39年11月24日、25日。24日神戸発、25日新橋着。同日東京競馬会第1回開催2日目の観戦に池上競馬場を訪れたことなどが記されている。

九日に宮崎も訪れる予定であることを確認。藤波は、馬政、競馬会認可のキーパーソンであったが、児玉は、そのことを把握しており、宮崎の産馬事業の将来のために馬券発売を黙許される競馬会の設立に向けて藤波から情報を収集し、その指示を仰ごうとしたのだろう。七月九日、藤波一行は、宮崎に入ったが、その夜、児玉らは歓迎の宴を開き、藤波の講話を聞いた。藤波一行は、一〇日宮崎種馬所（明治三二年設置、西諸縣郡小林村・現小林市）に向かった。児玉も同道し、三浦と同じ馬車になり、「競馬奨励その他の件に付種々懇談」した。三浦は、馬券を発売する競馬会の必要論者だった[818]。馬券発売のモデルとして東京競馬会が設立されたことの説明、そして宮崎での競馬会設立に関してのアドバイスを受けたに違いなかった。

この藤波一行の来宮を知る以前から、児玉らは、新たな競馬場の設置に向けての検討を始めていた。六月一〇日、「競馬場敷地調書を携え」た大島村村会長と「種々の畜産事業に就き懇談する処あり将来の改善策に就き協議」。「児玉日誌」には、この段階では、馬券発売を黙許された東京競馬会設立のことが登場してこないが、その認可に関する概略を知り、従来の宮崎宮社前の円馬場競馬場では一マイルという認可基準に満たないことをつかんだうえでの動きだったはずである。宮崎宮社前の楕円形の馬場は公称半マイル、翌年一月一五日児玉らが実測すると三九五間（約七一八メートル）しかなかった。

藤波一行に会った直後から、児玉らは、具体的に新競馬会、新競馬場設置に向けて動き始めた。七月一四日、宮崎県農業技師有川哲二と競馬会設置に関する調書草書について協議、一六日、有川や畜産組合評議員原田勝助らと「競馬場新設に関する協議会を開き設計予算に関し取調を為」し、一七日には馬政局宮崎種馬所渡部技師と「競馬場設置の件に付」「内談」した。有川は、明治三一年設置以来の産牛馬組合連合会幹事(819)、県の宮崎競馬会担当係といってよい存在となる。

そして二一日、二三日と先に話が出ていた大宮村大字大島（のちに児玉は「大島下地等」と記すようになる）の新たな競馬場設置予定地の踏査をはじめた。なお実際にこの予定地に競馬場が設置された。二八日には県庁事務官から「競馬場敷地購入補助詮議」になるとの「内談」があった。ちなみにこの事務官は先の一〇日、児玉と馬政官三浦が「競馬奨励その他の件に付種々懇談」した馬車に同乗していた人物だった。八月一二日には、後に宮崎競馬会の実務を児玉とともに取り仕切ることになる産牛馬組合連合会幹事中村幸吉(820)が「神武競馬場予定地を検査」した。児玉らは、すでにこの段階でこのように予定地を神武競馬場と呼んでいた。

馬政局の認可を受けるためには、社団法人であることが絶対条件であったが、宮崎競馬会は財団法人であった。それに関連してのものだろう児玉は、九月一七日宮崎区裁判所で法人登記謄本を閲覧、一〇月二日、その法人登記謄本の下付を受けた。またこの二日には、児玉は馬政局技師湯地彦二に書簡を送ったが、折から各地で認可申請の動きもあったことに鑑みて、認可申請の手続、また設立に関してのアドバイスを求めるものだった可能性が高かった。湯地は、農務省官吏で馬政局に出向、かつて宮崎県農学校で教鞭をとっていたこともあって児玉と面識があった(821)。その後、競馬会設立のことは一二月まで、競馬場用地のことは翌年一月まで「児玉日誌」には登場しないが、その間にも、話は進められていた。

先にふれたように児玉は、一一月二五日東京に着いた。翌二六日以降、五二会共進会閉会に伴う出品物の宮崎への返送などの指示にあたった。三〇日全国農事大会を終え、児玉は、競馬会設立準備にその用務の中心をおいて動き始めた。これより先の二七、二九日と、児玉は、馬政局に湯地を訪ね、宮崎県へ払い下げられる馬のことなどの「畜産談」を交わしていたが、あわせて宮崎競馬会設立に向けてのアドバイス、協力を依頼していたと思われる。

二九日、馬政局で湯地に会った後、宮崎県選出の衆議院議員籾木郷太郎（政友会、医師）をその東京宅に訪問したが不在、翌朝籾木が宿所に児玉を訪ねてきた。児玉は、「一時間余に渉」って、「馬匹売買会新組織一条に付要談」、また「池上競馬場のことも問合」した。「馬匹売買会新組織」については不詳、「池上競馬場のことも問合す」というのは、かねて籾木に東京競馬会に関する調査を依頼していたのだろう。一二月一日にも、児玉は、開催三日目の池上競馬場を訪れ、先に紹介したように、この日の日誌に「ガラの購買力頗る盛なり、出馬の賭など迚も話しになったことにあらず」、「中外商業新報の予報頗る的中」と記し、翌二日の四日目も観戦に訪れた。児玉は開催に刺激を受けていた。

七日、児玉は、湯地を自宅に訪ね、夜一一時半まで「種々畜産上の件を談合」、翌八日にも馬政局で湯地と会って「要談」、この日には、七月来宮の際に会っていた九州（第六管区）の担当馬政官である大橋豊之助とも面会した。九日、籾木が、児玉を訪ねて来て夜まで「要談」、籾木は児玉の依頼を受けて東京競馬会側とのコンタクトの約束を取り付けていたのだろう、翌一〇日、児玉は、池上競馬場を訪問、東京競馬会書記長中台忠蔵と会い、設立の経緯、運営の在り方等に加えて「地方競馬のことも談じ」た。あわせてコースの広さ、施設設備に関しても事情を聞き、実際に馬場内を「踏査」、また二日目を観戦した際、その仕組み、方法がわからないと日誌に記した審査部等も見学した。いうまでもなく宮崎に新設する競馬場の参考にするためだった。なお児玉は、以後、東京競馬会書記土岐玉冶と連絡を取り合う。

一一日、児玉は、籾木宅を訪れて、「畜産談」を「盛」んに交わした。日誌には記されていないが、前日の中台との話を伝え、競馬会設立に関しても意見を交換したに違いなかった。籾木は、これ以降、宮崎競馬会の東京での窓口としての役割を果たすことになる。児玉は、この一一日の日誌の重要記事欄に、おそらく新聞を通して知ったのだろう、大きく産馬奨励規程及競馬奨励規程と記した。この規程は競馬会の認可基準を公にした一〇日に公布・施行された閣令一〇号、宮崎で競馬会を認可されるために必要な条件に関して、これまでも情報を入手していただろうが、それを改めて確認したことになった。児玉は、一二日新橋駅から夜行で神戸に向かい、一五日早朝、宮崎に着いた。なお児玉は、この上京中、一一月三〇日、一二月一一日の二度、旧佐土原藩主の子爵島津忠亮を「伺候」。一回目は、旧藩主への儀礼であっただろうが、二回目には、競馬会認可への協力を依頼していたものと思われる。島津は貴族院議員、日向鉄道期成同盟会（理事の一人が籾木郷太郎）でも尽力するなど、宮崎の県益のために活動することに積極的だった(822)。

### 宮崎競馬会の設立

児玉は、帰宮後、東京で得た情報を踏まえて、競馬会設置に向けて動き始めた。一二月一九日、先の七月に候補地にあがっていた宮崎郡大宮村大字大島一帯の「競馬場敷地借用申出来る」者があり、翌二〇日にはある人物が「競馬場敷地一条に付来談」、二一日には、後の宮崎競馬会会長となる県産牛馬組合長、県会議員の瀬戸口長通と競馬会組織の「内議」を行った。

年が明けて一月一三日、児玉は、馬政局技師湯地に「長文の電報を発」し、翌日にも書簡を送った。認可申請書の作成など競馬会設立に向けての相談だったと思われる。一五日湯地から返信の電報を受け取り、同日児玉は返信。そして二月上旬には、「資金一〇万円の株式会社組織」で「大規模の競馬場を新設」するとの計画を立て、「既に発起人も決定し、不日発起人会を開き株式の募集に着手する」、競馬場は大宮村大字大島に内定、コースは一周一マイル、幅員一〇間等と公表する段階までに来た(823)。先にもふれたが、宮崎宮の前の馬場は、一周半マイルで、一マイル以上という先の規程、馬政局の認可基準を満たさず、新たな用地の確保が絶対に必要だった。児玉が、一月一五日、円馬場を測量したところ三九五間（約七一八メートル）で、実際は、半マイルより八〇メートル近く短かった。

この株式会社設立の計画と相前後して、宮崎の日刊新聞の日州は、二月三、七、八日と「本県の馬政」という連載で明治一六年置県以降の歩みを紹介したが、その「筆の序を以て」八、九日と、「宮崎競馬会の来歴（上）、（下）」を

図95

本縣の馬政（三）

▲諸規則制定

畜產の改良發達を期する上に於て單に……牛馬組合のみに一任するは聊か寒心の次第なるを以て明治三十九年三月縣下獸醫畜產會を組織せしめ獸醫及畜產家相呼應して產牛馬組合の事業に爲扱へ若しくは補佐せしむる事とし三十一年には牛馬賣買商取締規則を設けて不正なる賣買を豫防し以て畜產發達上に阻害なからん事を期せり翌三十八年には主任官吏を東北地方に派して畜產業の視察をなさしめ同年九月更に畜產取締規則を制定して組合の施行せる牝馬檢査及び糶市の効力をして確實ならしむ要するに本縣が從來馬匹に對して施したる政略は指示誘導にして聞て之が爲め今日まで費したる金額は二萬九千六百餘圓に達せり而して一昨三十九年よりは奨勵保護の域に入れるもの如し本縣の馬政に關する事は以上大略述べし如くなるが今第の序を以て宮崎競馬會の來歴を記述して馬匹改良に稗益する競馬會の往古を追懐する資に供せん

宮崎 競馬會の來歴（上）

宮崎競馬會は去る明治十七年十月即ち本縣再置の翌年官民有志相謀り地方育馬事業の改善發達を期せん爲め一致協力して地を官幣大社宮崎宮社前に卜し周圍五百五十米突の圓形馬場を新設し地方村落古來の直線馬場に於て競走せしものゝ內其優逸なるものを選出し競走せしに始まり爾來年々春秋二期に於て競馬を擧行し來りたり然るに其形狀正圓なるのみならず距離亦短縮に失するの弊を認め變更の止むべからざるに至り明治二十一年二月同社前東南の地を求めて移轉さ兆に之を周圍二分の一哩の楕圓形に改設する事となり十一箇會務の擴張は方め基礎の鞏固を謀り幾干の資金を互の勢力を醵出して完全を告ぐるに至らしめ明治三十一年十月更るに財團法人組織に改め以て今日に繼承せり而して競馬場區域は宮崎、東諸縣、兒湯の三郡を主要とし臨時に其他の出會を促し擧行の期日は例年四月三日の神武天皇祭十月二十六日宮崎宮祭日にして出場馬匹は春季の分凡三百頭秋季の分三百餘頭に上りたること往々あり之れ秋季は二歳駒の乘込みを爲すに基因するなり

（『日州』明40・2・8）

掲載した。

二月八日（上）が、先に紹介した宮崎競馬会の明治一七年四月設立以降の歩みについて述べたものだった。後に五月八日付で宮崎競馬会が西園寺公望首相宛（馬政局が内閣総理大臣直轄の機関だったことによる）に提出した「社団法人御許可願」(824)にほぼそのまま活用されていることからみて、この来歴、そして「本県の馬政」が、児玉ら競馬会設立の準備を進めていた当事者が書いたものであることが確実であった。九日（下）では、日露戦後の「経営として大に馬匹改良の必要が是認」され、「官民均しく融和結合之が改善に」つとめている、この機を利用して競馬会の組織を変更し、新たな競馬場を設置してその要請に応えるための準備を進めていかねばならないと訴えた。要するに、馬政局の認可を受けるために新たな競馬会を設立するという宣言であった。

用地選定に関しては、一月二一日、児玉が有川哲二、加藤源一ら県の農業技師らとともに、「大島下地等」の競馬場新設候補地を踏査、翌二二日、その「模様」を有川とともに瀬戸口長通に「談じ」、「午後も亦引続き競馬会の件相談」した。そして二四日、午前中は有川、午後は加藤とともに税務署で「競馬場設置見込地の地図借覧併せて謄写」、翌日も土地台帳を内覧して登記所に行った。このように、用地選定は内定の段階にまできていた。なお二〇日には、東京競馬会から購買委員三名（騎兵少佐田淵蔵、書記土岐玉治、石神彦太郎）が来県、候補馬四〇余頭のなかから四頭を購入して、二一日早朝宮崎を離れていた。

ここで競馬場候補地として、檍村が名乗りをあげた。檍村村長の申出を入れ、児玉らは、二月六、七日の地図の謄写、調査を行って、八日、村長とともに同村の候補地を踏査。その結果、馬政局の認可基準を満たす一マイルのコースを設置するには狭隘なことが判明、これで用地は「大島下地等」に「決定」した。翌九日、児玉は、「競馬場敷地収用一条」について大島村の地主たちと「大体の要談を為」した。その後、二〇日から候補地の測量が行われ、二三日に結了。だがこういった土地買収の動きが進められていくのに対して、大島村民のなかから「満腔の不平」の声があがった(825)。三月四日になって児玉もそれを知り、一一日、大島村村長及び地主三〇余名と会合、委員を選定し交渉を行うことになった。一三日、児玉とその「大島競馬場敷地地主委員会」との間で反歩当り九〇円での買収という内約がなったが、その後、事は必ずしもスムーズに進まず、対立は続いた。

この間の九日、児玉、有川、瀬戸口が馬政局宮崎種馬所渡部技師と「競馬場新設一条に付協議」、その後、「測量地の踏査に立会」い「東南部の借地全部踏査して帰」り、翌一〇日には、児玉と瀬戸口が「競馬場図面の調製」を行った。一一日、児玉は、瀬戸口とともに永井環知事に会い、「競馬場の件」を申し出た。これより先の二月二六日には「競馬場の件に付」永井知事宛に「上申書を差出」していたが、後から考えれば、この「上申書」には、工事の際、周辺の町村民が労役の「寄付（労働奉仕）」を行うことへの協力、また社団法人化に向けての財団法人の認可取消要請も含まれていた。永井知事は、三月二一日付で、財団法人の認可取消を許可、これを受けて同会は、臨時総会（日付不詳）で解散を決議した(826)。ちなみにこの取消から解散の経緯は、「児玉日誌」には記されていない。

そして、児玉らは、急遽、二八日、翌二九日に宮崎県産牛馬組合臨時会を開会することを決めた。競馬会の社団法人化、また競馬会の設立趣意書の承認など組合として認可申請に向けての早急な対応が必要となったのだろう。会長が瀬戸口、副会長が児玉である同組合は、競馬会の母体であった。当時の通信、交通事情を考えると仕方がなかったが、二九日、参会者が定足数に足らず不成立、審議は三〇日からになった。予算案の承認後、競馬会問題の検討に移った。議論が「稍々乗気となり、株数の調査には設計書参考書類の調製を為すこと」になり、児玉は、産牛馬組合連合会技手中村幸吉、加藤源一らの「加勢」を受けて夜一一時過ぎまでその「調製」にあたった。「設計書参考書類」は、馬見所等建設に要する費用の積算に必要な「参考書類」だったと思われる。翌三一日朝、児玉は、これも前日の要求を受けて「創立趣意書草案添削を為し、九時より出務、設計書参考書類の刷成に頗る多数を要し」、臨時会の開会は午後になった。そして「競馬会問題」が「最も手間取」って、ようやく「株式配当の数をも略決定」した。この「株式配当の数」は、産牛馬組合の各支部に競馬会の創業資金を割り当てるものだったと思われる。宮崎競馬会は、時期は不詳だが、競馬会が直接資金を調達して、用地買収、施設建設にあたることを決め、営利会社を設置しない方針をとった。

四月九日、社団法人としての宮崎競馬会の登記事務に着手、一〇日宮崎区裁判所へ法人登記変更を申請、書類に不備の点があって、翌一一日改めての手続を行い受理された。同日付で宮崎区裁判所は、解散登記を公告(827)、清算人は、児玉伊織と中村幸吉だった。社団法人の宮崎競馬会を設立する手順であった。

そして一八日、郡会議事堂で、「庁下」の有力者、関係町村長二〇余名が参会して、「競馬会創立有志者集会」を開いた(828)。瀬戸口が「競馬会新設の理由に付て其大要を述べ」、ついで児玉が、「旧競馬会解散の理由より新設予定地選定の末、測量設計の現状等詳細に説明し、是非共今秋御大祭前に完成せん事を熱望する旨を述べ」た(829)。ここで児玉がふれた「今秋御大祭」とは一〇月二一日予定の宮崎宮竣功奉告祭のこと(830)。宮崎宮は明治三二年、総裁二条基弘、会長島津忠亮、幹事長高木兼寛（宮崎穆佐出身、元海軍軍医総監、貴族院議員）として、神武天皇御降誕大祭会を設立、全国から寄付金を募り、また政府からの補助、天皇からの内帑金も受けて、神域拡張、社殿整備などを進めていた。この明治四〇年九月竣功、一〇月二一日奉告祭、そして臨時祭を一一月一〇日まで連日挙行するという予定だった。競馬会を設立、競馬場を完成させて、奉告祭にあわせて第一回開催を実施しようということだった。

ついで児玉は、馬政局からの認可を受けるためには競馬会の社団法人化、一マイルのコースが必要なことなどを説明したうえで、競馬場用地を二、三の候補地から大宮村字大島周辺を選定したこと、建設予定の施設の概要、また創業資金一万四五〇〇円を一口一〇円で募集することなどを述べた(831)。さらに児玉は、創業資金の調達の懸念があるとして、新競馬会は、その調達を「育馬家」だけでなく、「一般に勧誘」すると表明した。またこの日、競馬場設置及びその関連工事に各村民を動員すること（寄付人夫）への理解を求めたのに対して、関係町村長は「甘諾」した。競馬場設置、競馬会設立を地域全体で推進していくということであった。

翌々二〇日、児玉は、競馬場敷地借地の件について地主委員と協議、二五日には、加藤とともに「競馬場敷地調」に赴き、「数多出役丈量に従事」した(832)。そして二七日、宮崎競馬会創立委員会を県の「嘱託集会」として県会議事堂で開いた(833)。「嘱託集会」としたのは、競馬会が私的なものではないことをアピールするためであったと思われる。参会者は、児玉、菅波鶴治ら一〇数名、約四時間を要して、「定款の議定を了へ」た。この議定を受けて、仮役員を選任、会員の募集に着手した(834)。二九日、児玉は、競馬場の件を県土木営繕係と「要談」、また競馬会への県費補助願を県当局に「差出し」た。

そして五月八日付で、宮崎競馬会は、西園寺首相宛に「社団法人御許可願」を提出した(835)。創立者総代は、瀬戸口長通、児玉伊織、菅波鶴治、渋谷元武、日高健助の五人。菅波は弁護士、宮崎町町会議員、渋谷は元南那珂郡長、元西臼杵郡長、日高は大淀村村長、元県会議員、産牛馬組合連合会評議員(836)。この間、三日、六日と県と認可申請書類の調査、手続を打ち合わせていたが、「差出」当日の八日、県庁は、「少々悪敷由に云」ったという。

全国各地の馬政局への認可申請は、地元だけでなく東京のグループも加わって、ほぼ全部といってよいほど、一県に複数のグループの動きがあり、衆議院議員もからんで、利権争いの様相を呈するのが常であった。ここまで度々述べてきたように、馬政局の方針は、そのうちのどれか一つを選定するのではなく、合同、一本化を条件に認可する、逆にいえば一本化がならなければ、認可はしないというものだった。宮崎の場合、投資話として魅力がなかったこともあって営利会社も設立されず、産牛馬組合、農会を中心に、官民一体の色彩を帯び、当初から一本化されていて、他に設立の動きもなかった。

宮崎競馬会は、認可申請にあわせて、競馬場用地及びその関連の工事にとりかかった。五月四日、「競馬会に関する有志者の会合」を開き、近隣各町村からの「寄付人夫及分担額の件」を「協議」。七日、中村幸吉が、赤絵大淀両村へ「出張」、「競馬場の件に付要談」、児玉も大宮村役場で村長その他と「要談」、九日、関係町村長に「力役寄付方依頼書」を発送、一〇日大宮村役場に出張、「諸般の取調」を了えて、地主総代会場へ赴き打合せを行った。先にふれたように、寄付人夫提供の同意は、町村長から取付済だった。なお児玉は、九日、競馬場用地の大島の地主たちへ作毛賠償金三〇〇円を支払い、翌一〇日には地主総代会にも赴いた。ついで一一日には小作人との交渉に臨んだが、こちらは「蔬果類の分故障」を生じた。児玉は、一二日、菅波に事情を説明、「実地踏査」を依頼。その後の経緯は不詳だが、交渉はまとまり、作毛損害其他として総額一一九一円一五銭五厘を支払った(837)。

工事は、一二日から一五日の四日間で、一気に競馬場の「骸形」を造った(838)。一二日には大宮村大字大島の各一〇〇名で「延長八〇間を開鑿」、一三日には「檍村住吉村及び瓜生野村三ヶ村より千余名の夫役出勤して競馬場の大半を大体上を築造」、一四日は「赤江大淀及び本花の各村より千余名の出役」で「馬場面を一周できるまでに造成(839)」、一五日には、「宮崎町の全体及池内南方下北方より数百名の出役あり、馬場敷馬見場等の敷地実測を為」した。工事に必要な明俵も各村に割当て、計三三六〇俵の寄付を受けた(840)。結果的に一五日で、コースを含め競馬場用地の第一段階の工事が終わっていたようである(841)。この時点での競馬場施設も含めての完成は遅くとも八月中を見込んでいた(842)。繰り返せば、このように競馬場の建設は、各町村が協力する公的な色彩を帯びた事業だった。とはいえ、「惰性」で力役、時間前に現場を去ってしまう者が出るなど、この力役の士気が高かったかというと必ずしもそうではなかった(843)。この後、農民たちは農

図96　「宮崎競馬場の改築工事」

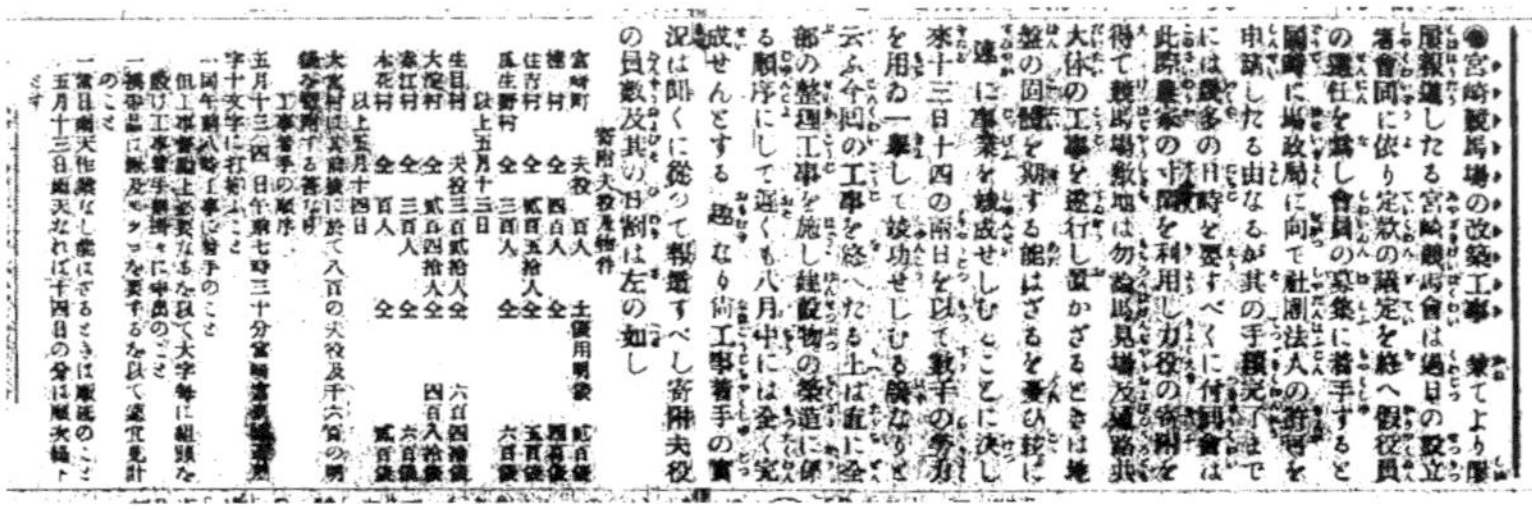
●宮崎競馬場の改築工事　兼てより屡報道したる宮崎競馬会は過日の設立者会同に依り定款の議定を終へ假役員の選任を為し会員の募集に着手すると同時に県政局に向て社団法人の許可を申請したる由なるが其の手續完了迄でには幾多の日時を要すべくに付同会は此際農家の寸暇を利用し力役の寄附を得て競馬場敷地は勿論馬見場及通路共大体の工事を遂行し置かざるときは地盤の固結を期する能はざるを憂ひ茲に速に事業を竣成せしむることに決し来十三日十四の両日を以て数千の労力を用ゐ一挙して竣功せしむる筈なりと云ふ今回の工事を終へたる上は直に全部の整理工事を施し建設物の築造に係る順序にして遅くも八月中には全く完成せんとする趣なり尚工事着手の實況は聞くに従つて報道すべし寄附夫役の員数及其の日割は左の如し

寄附夫役及物件
宮崎町　夫役　百人　土俵用明俵　貳百俵
檍村　仝　四百人　仝　[illegible]
住吉村　仝　貳百五拾人　仝　五百俵
瓜生野村　仝　三百人　仝　六百俵
以上五月十三日
生目村　夫役三百貳拾人　仝　六百四拾俵
大淀村　仝　貳百四拾人　仝　四百八拾俵
赤江村　仝　三百人　仝　六百俵
本花村　仝　百人　仝　貳百俵
以上五月十四日
大宮村は[illegible]に於て八百の夫役及千六百の明俵を寄附する筈なり
工事着手の順序
五月十三日午前七時三十分[illegible]字十文字に[illegible]のこと
一同午前八時工事に着手のこと
但工事監督上必要なるを以て大字毎に組頭を設け工事着手[illegible]のこと
一携帯品は鍬及モッコを要するを以て適宜見計のこと
一當日雨天作業なし能はざるときは順延のこと
五月十三日雨天なれば十四日の分は順次繰下[illegible]

児玉が13、14日の工事の件を寄稿したもの（『日州』明40・5・11）。

繁期に入り、工事の再開は、七月中旬のことになる。なお第一期工事前後、ある人物との地上権をめぐる補償問題が難航、連日のように苦情を訴えられ、児玉は悩まされ、七月六日、一旦は「土地売買約定」がまとまりかけたが決裂、一〇月半ばになっても解決していなかった(844)。

## 認可に向けて

児玉は、六月三日夜、「俄かに」翌四日から上京することを決めた。速やかな認可に向けて、馬政局と直接、接触をはかるためであった。これより先、宮崎県技師浅井が、児玉の意を受け、五月中旬からの東京出張(五月七日上京、六月八日退京)を利用して、馬政局と接触していた(845)。五月二四日、児玉は、浅井からの葉書を受け取り、浅井と馬政局技師湯地彦二へ文信。三〇日浅井からの返信があり、六月三日、児玉は、浅井へ上京すべきかどうか電報で問合せたところ、すぐに浅井からの返信があり、急遽、上京を決めたものであった。この展開を見ると、この上京は、認可に関して対処が必要なことが生じた、おそらく「各府県より同様の出願頗る多く、従って競争の余弊を醸すものさえなきにあらざれば、調査上多大の繁雑を来し容易に認可を与ふべくも思われざる状況」(846)を浅井が知らせてきたことがあった。馬政局は、この頃、先の三月に続き、各地の競馬会の認可に向けての動きを見せ、七月一二日総武競馬会、同一六日東洋競馬会、八月二九日東京ジョッケー倶楽部、同日鳴尾速歩競馬会と認可していくことになるが、その流れに取り残されかねないとの懸念を抱いたのだろう。

児玉は、七日朝、新橋駅に着いた。とるものもとりあえず浅井を宿所に訪ね、馬政局との「交渉の顛末」を聞いた。そして翌八日、児玉は、昨年一二月に続いて今回も池上競馬場を訪れた。東京勧業博覧会記念開催の二日目だった。一一日、在京中の宮崎選出の衆議院議員城重雄(大同倶楽部)、ついで同籾木郷太郎(政友会)を訪ね「要談」した。これまでの状況を聞くとともに、引き続いて「宮崎競馬会の将来に関し内外共奔走の事を託し置く」ためだった。先にもふれたように籾木は、宮崎競馬会の東京での窓口的役割を果たしていた。翌一二日、児玉は、馬政局を訪れ、技師湯地に会い、「過般来種々御手数を煩わしたる件に付多謝し、尚今後の運行に付内願し」た。児玉は、繰り返せば、かねてから湯地に、競馬会に関して相談、そのアドバイスを受けていた。この日は多くの高等官が「外出中」で、児玉は、一四日に再訪することを伝えて馬政局を去った。

その間の一三日、「競馬会法人認可願の件に付内願方託す」るために神奈川県片瀬の別荘に馬政長官曾禰荒助を訪ねた。出京直前、曾禰邸近隣に住む旧高鍋藩主秋月家分家の秋月復郎への添書を持参してのものだった(847)。この日復郎は不在で、父の良種が対応した。当時の馬政官石橋正人騎兵少佐の回想によれば、競馬会の認可に関しては、「一切馬政官会議に掛けられず、長官（曾禰荒助）と次長（藤波言忠）と馬政課長（増田熊六）で秘密裡にさっさと処理し、ただ形式的に認可の書類を閲覧するという状況」だったという(848)。おそらく当時もこういったことは知られており、それを踏まえて、この日、児玉は、曾禰へ直接「内願方を託」そうとしていた。だが結局、曾禰に来客があって面接することができなかった。秋月良種に「後日のことも頼み置」いて、東京にもどった児玉は、城を訪問、「片瀬行の顛末」を話した。この日、児玉は、宮崎に運動費一〇〇円の送付を依頼する電報を発した。

翌一四日、児玉は予定通り、馬政局を訪れ、馬政課長増田に、宮崎に競馬会が設立されることの意義などを「篤と具陳」。北海道、東北視察で折から不在の次長藤波に、その帰京後(849)、この日の「面接」のことを伝え、判断を求めるように増田に依頼、増田はこれに応じることを児玉に約した。なお児玉は、この日も、湯地と「要談」した。そしてこの日、日誌には記していないが、児玉は、「意志の疎通して」馬政局が「其情を容れん事を示すに至」ったという感触を得たようである(850)。おそらく、藤波の判断を待って、申請書類の返戻を行うが、その指示にしたがって訂正、変更を行えば認可が決定される可能性が高いというようなことが伝えられていたと思われる。

翌一五日、児玉は、旧佐土原藩の当主島津忠亮伯爵の東京邸を訪問。「競馬会が法人認可を出願したる顛末に付長官次長へ交渉方を嘱託し置く」ためだった。島津は、曾禰、藤波と面識があった。また児玉は、この日も池上競馬場を訪れ、「土岐玉治と面会、要談、場内案内を受けて帰」った。この一月、児玉は、土岐が馬匹購買委員として宮崎に来県したときに会い、その後も手紙のやりとりを重ねていた(851)。翌一六日朝、土岐は訪ねてくることを約していたが現れず、「心待ちし」ていた児玉を落胆させた。ちなみに児玉は、この日、上野公園で折から開催中の東京博覧会見物に出かけた。土岐は、この後の七月、安田伊左衛門とともに再び九州に抽籤馬購買に赴き、宮崎では二五日最低二六〇円、最高七五〇円で八頭を購買したが、その際、児玉は二人と会い「面談」、二六日、安田を見送り、二七日、土岐と再び「面談」する。土岐は、こののち、先に紹介したように鳴尾速歩競馬会の書記長に就任する。

在京も一〇日に及び、認可に向けてのよい手ごたえをつかんだ児玉は、一九日の夜行で東京を離れることを決めた。同日朝、籾木を訪ねて「跡始末方託し置き」、ついで城を訪問して「要談」。その後、「一層勇気を鼓舞して」島津伯爵邸を訪問。島津に経過を報告、さらなる尽力を依頼するためだったのだろう。そしてその場で、島津から、この日、新橋駅で曾禰と「邂逅」することになっていると告げられた。これを受け、児玉は四時前から新橋駅で待ち受けていたが、両者ともに姿を現さなかった。児玉は、同日の夜行で東京を離れ、二三日宮崎にもどった。

帰宮後、児玉は、競馬会理事らとの「要談」を重ねていった。まず七月一日午後三時から、渋谷元武と競馬会の件について「要談」。なおこの日は、日高健助と菅波鶴治も、「要談」に加わる予定だったが欠席。六時頃からは、「比較的多数」の地主委員と「会合」、一〇時前に及んで「漸く議了」した。翌二日、日高を大淀村役場に訪ねて「要談」、ついで三日には、菅波を自宅に訪ねて「競馬会の大要及電報到来の始末を談じ」た。ちなみにこの電報は、後でふれるように認可申請の書類返戻の連絡で、認可の手順にかかわるものであった。このように児玉は、競馬会理事渋谷、日高、菅波らに、認可の見込などを報告、それに加えて用地買収、また寄付労役の予定など今後の工事についての協議を行った。なお児玉は、三日、四日と「上京報告書」をとりまとめた。

馬政局から戻された書類が県庁に届いたのは一〇日。競馬会定款の変更を求めるものだった(852)。児玉は、その到着を待ち望み、七日から連日、県庁を訪れてその確認を行っていたが、これは、先の六月一四日の馬政局での増田らとの面談の際、伝えられていたことを受けての動きだった。藤波が帰京したのは六月二五日(853)、その後、藤波が断を下し、事は動いたに違いなかった。ちなみに馬政局は、六月二八日付で総武競馬会、翌二九日付で東洋競馬会の認可を西園寺首相に上申、西園寺は前者を七月一二日付、後者を同一六日付で許可を通達した（本章第6節、第7節）。

この間の九日、宮崎競馬会長の瀬戸口長通が児玉のもとを訪れ、競馬会の「用務」を打合せ、一一日に開く理事と町村長による集会のことを議した。その一一日の集会、児玉が、「今日迄の経過を報告し今後の施設に付協議」するとともに、一三日から再開される工事の寄付労役の確認を町村長と行った。その前に理事たちは、馬政局から求められた宮崎競馬会定款変更について協議、その確認を行っていた。翌一二日、前日の「協議に係る定款変更の箇所等取調、県庁へ向け訂正の分執達方上申」、これを受け、県庁は改めて一三日付で馬政局へ認可申請書を提出した。さらにこの一二日夜、児玉は、東京の城代議士と島津家の家僕へ「依頼書を発」した。認可に向けてのさらなる尽力を依頼したのだろう。これより先の八日城から返信、二〇日には城へ「問合の電報を発」した。またこの一二日には、児玉は中村、加藤とともに「橋口小八重方へ赴」き、そこで二〇余名と会し「競馬会資金出資口数の件略決定」した。

七月二五日、児玉は、県会議員の多数が競馬場を臨検するということで「現地案内」、ついで二九日、折から開会中の産牛馬組合連合会通常会の席上、「競馬会の模様形行を談じ」、その後、同会員を新設競馬場に案内した(854)。馬政局が、宮崎競馬会の認可の方針であることを児玉が確信していたことを示す動きであった(855)。そして実際、馬政局は宮崎競馬会の認可に向けての手続を進めていた。この七月二九日、馬政局は、西園寺首相宛に宮崎競馬会認可をつぎのように上申した(856)。

> 宮崎県宮崎郡宮崎町宮崎競馬会を法人と為すの件に付同県諸縣郡高原村瀬戸口長通外四名より別紙定款添出願有之、調査するに本競馬会は産馬事業の発達と馬術之進歩を期し兼て社交を幇助せんが為競馬を挙行するを以て目的とするものに有之、民法第三四条に規定せる公益社団と被認候に付法人の許可を与えられ可然存候、依て別紙指令案添此段上申候也

明治四十年七月二九日
馬政長官男爵曾禰荒助　内閣総理大臣侯爵西園寺公望殿

八月一五日、西園寺首相名で法制局長官宛に、審査の結果、許可は支障がないと通知。そして九月四日、認可が決定した。この手続のスピードに鑑みると、書類の返戻から定款の変更を受けて宮崎競馬会を認可するというのは既定の方針、そしてそれが児玉に伝えられていた可能性が高かった。児玉は認可をにらみ、八月二日、五日と籾木郷太郎に文信、一六日日高健助に「競馬会の件を通じ置」き、ついで二三日には永井環知事に「競馬会の一条上申書面提出」、また三一日、馬政局馬政課長増田熊六に「長文の電報を発し」た。知事には近いうちに認可があることを見込んでの県の支援の要請、増田への電報は、二九日に東京ジョッケー倶楽部、鳴尾速歩競馬会が認可されたことを知り、認可の最終確認を依頼したものであろう。そして九月四日付の認可であった。児玉が、認可を知ったのは翌々六日、上京中の宮崎県農業技師有川哲二の電報を通じてであった。この日、湯地からの祝電も受け取った。児玉は、七日、県に認可の件を伝えた。この日、児玉は、事務所で法人登記申請書、ついで裁判所では書式の取調にあたった。一〇日、馬政局からの法人認可指令書を受け取り、宮崎区地方裁判所に法人登記を申請したが、翌一一日訂正を命じられ、一三日改めて手続、一六日付で宮崎競馬会謄本は認証（登記）された[857]。児玉が、東京で認可の支援にあたっていた宮崎選出の城重雄、籾木郷太郎の両代議士へ「礼書」を出したのは一四日、この法人登記を終えた翌日のことだった。

九月一八日午前、宮崎競馬会は、認可、法人登記、認証を受けて、理事会を開いた。この日、児玉を含め、菅沼、渋谷、日高、瀬戸口の五名の理事全員が出席、県技師有川哲二も「列席の上、総裁推選其他の件等を協議」した。総裁には旧佐土原藩の当主島津忠亮を推薦することが既定路線だった。なお島津は、一〇月一八日、児玉、瀬戸口らが島津邸に伺候、瀬戸口が「懇々上申」したのを受けて、総裁就任を承諾する。この九月一八日の午後、永井知事が馬見所を「実検」、皇太子の行啓に備えたものだった。児玉と瀬戸口が随行、有川も立ち会った。永井は「階段及楼上面積の狭隘なるを告げ」た。本節冒頭に掲載した写真を見ると明らかなように、狭隘なことに加えて、いかにも粗雑で、御座所として適切なものとは思われなかった。この「実検」後、児玉は大宮村役場村会議員の会合に出席、認可の状況、今後の工事日程などを説明した。

翌一九日には馬政局から一一日付の曾禰長官名の業務命令を受け取った(858)。業務命令は、認可を受けた各競馬会に通達されるもので、内容は以下のものだった(859)。

第一条　競馬開催一ケ月前左の事項を馬政長官に報告すべし、但し報告後変更を生じたるときは、そのつど速かに報告するを要す
一、競馬開催の日時
一、競馬番組
一、競馬方法
第二条　競馬の終りたる後一ケ月以内に左の事項を馬政長官に報告すべし
一、入場馬匹の総頭数
二、各番組に対する勝負の種類、名称、性、年齢、毛色、体尺、特徴、産地、所有者の氏名、競争の種類、距離および速度
三、競馬開催に関する経費収支の概要
四、入場者参観者の日々数
五、競馬会場における概況
第三条、毎会計年度経過後三ヶ月以内に予算に対照したる収支決算、財産目録および会員の員数を馬政長官に報

告すべし

そして児玉は、九月二七日、三〇日と宮崎連隊区司令官（福島知雄少佐）を訪問、将校が騎手として出場できるように協力依頼した。それとともに東京競馬会にならって、将校競馬の実施を要請した可能性もあったが、ただしそうであっても、実現はしなかった。折も折、一〇月宮崎連隊区は都城連隊区へ改編改称され、翌四一年三月司令部も宮崎から都城へ移されるので(860)、協力は現実的に無理なものであった。

また児玉は、九月二八日、中村幸吉に「競馬規則の草案方を托し」た。中村は一〇月七日脱稿、一三日児玉はそれを印刷に回した。その間の二日には、「騎手の教授を為し修得の上承認状を付与」(861)。ちなみにこの時代、騎手の免許は、認可を受けた各競馬会が交付した(862)。九日、児玉は、番組編成にも着手、一〇日、競馬番組の草案を「取調」、ここでも中村に相談、一三日、編成した競馬番組を「馬政局へ届出」た。その一三日、県に「奨励金交付方願書」も「呈出」。競馬会が、県にこういった願を出すといった事例が確認できるのは宮崎競馬会だけであった。この年、奨励金が交付されたかどうかは不詳だが、翌明治四一年一〇月馬券発売が禁止されたのを受けて、宮崎県は、競馬会へ補助金を交付した(863)。また翌一四日には、馬政局へ賞典下付願を「呈出」した。

図97

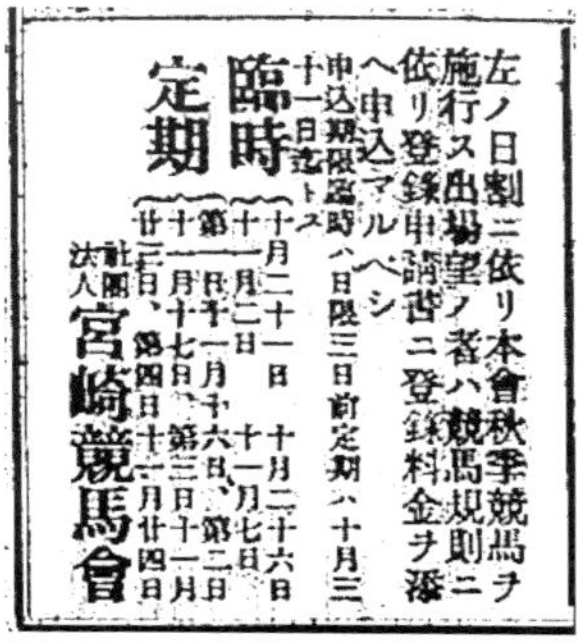
左ノ日割ニ依リ本會秋季競馬ヲ施行ス出場望ノ者ハ競馬規則ニ依リ登録申請書ニ登録料金ヲ添ヘ申込マルヘシ
申込期限臨時ハ日限三日前定期ハ十月三十一日迄トス
臨時（十月二十一日　十月二十六日　十一月二日　十一月七日）
定期（第一日十一月十六日、第二日十一月十七日、第三日十一月廿三日、第四日十一月廿四日）
社団法人宮崎競馬會

10月21日（宮崎宮造営奉告祭）競馬場落成式、同26日宮崎宮例大祭、11月2日皇太子行啓、同7日馬匹共進会最終日、褒賞式に合わせて開催することが告知されている（『日州』明40・10・19）。

これらの準備を進め、宮崎競馬会は、一〇月一九日付で、第一回開催を、一一月一六日（土）、一七日（日）、二三日（土）、二四日（日）に行うことを広告した(864)。「業務命令」では、開催一ヶ月以上前に馬政局長官へ「競馬開催の日時」、「競馬番組」、「競馬方法」の報告が義務付けられていたから、一〇月一三日か一四日付で報告、その許可をまっての広告だった。あわせてその他の競馬の開催のスケジュールも組んだ。この一〇月、宮崎では、二一日の宮崎宮造営奉告祭、三一日から一一月四日までの皇太子の行啓、三一日から一一月七日の馬匹共進会という三つの大きな行事が控えていた。これらにあわせて、宮崎競馬会は、かねての予定通り、臨時競馬会を開くことを告知(865)、引き続いて一一月一六日、一七日、二三日、二四日の第一回開催、さらに一二月四日、五日の赤十字社支部総会記念臨時競馬会だった。宮崎は、一気に競馬の季節を迎えた。

### 銀行からの借用金、馬見所などの建設、宮崎宮からの道路の新設

ここで、時間を少しもどして馬見所等の競馬場施設工事、そして銀行からの借用金についてふれておく。五月一八日以降、農繁期を迎えて一時休止となっていた競馬場用地の敷設工事が、七月一三日、赤江村、広瀬村からの寄付人夫で再開された。だがこの日、「赤江村早仕舞い」、広瀬も午後二時に引き上げ」て捗らず、一四日も、予定の倉岡、木脇、本庄の各村からの出役がなく、「大に手筈を狂わせ」て、事はスムーズに運ばなかった。ようやく一五日から競馬場用地の拡張開鑿、排水路などの工事が進み、二一日には降雨のなかで九〇〇人に近い寄付人夫が出役して、コースを含む用地の工事をほぼ終えた(866)。五月のものとあわせても工期は一三日間、明らかに速成だった。

この工事が終了した二一日、馬見所など施設建設に向けての地鎮祭が行われたが、その翌日、競馬場用地の大島町の地主たちとのトラブルが生じた。このタイミングを見計らっていたのだろう、地主たちは馬場の破壊にとりかかった。三月九日、反歩当り九〇円での買収という内約がなっていたが、その価格への不満からだった。即座に児玉は、当日、地主二〇余名と交渉したが、地主たちは「中々のヘチヤラ云」って難航した。二三日、江田村からの「加勢人夫」で、破壊を受けた馬場を修理、翌二四日、児玉らは地主と交渉、地代金三八〇〇円を提案したが、地主の内の二人が激昂するなど紛糾。前日二三日、地主は総出で「地価等取り調べ」を行って、この日の交渉に臨んできていたという。なお、この地主との交渉のその後の経緯は不詳だが、結局、買収費は引き上げられた。その総額は、大島町以外のものも含まれているが、予定の五五六五円から六一七九円八一銭になった(867)。

宮崎競馬会は、こののち、銀行からの借用金の返済に悩まされることになるが、同会が銀行が初めて借り入れを行わざるを得なくなったのは、買収交渉が最終段階を迎えるとともに競馬場施設の建設資金の調達が必要となったこの地鎮祭のタイミングだった。馬政局に五月提出した認可申請書添付の計画書によれば、「敷地買入費」五五六五円、「建築費」四六六五円、「土工費」二一八五円、その他もあわせた創業資金は一万四五〇〇円(868)。この創業資金のすべてを会員の出資金でまかなう計画であった。地鎮祭前日の二〇日、競馬会理事の児玉、菅波、日高、渋谷は協議、七〇〇〇円の借用を決定。七〇〇〇円は創業資金予定額一万四五〇〇円の半分に及ぶ額。会員募集、出資金募集の締切は七月末だったが(869)、会員、出資金の募集は期待に反して進んでいなかったことを受けてのものだった。競馬会の営利会社の株式募集に対して、東京周辺、関西では数倍の出資希望があったが、宮崎では、状況がまったく異なっていた。馬券が禁止された明治四一年一〇月段階でも、宮崎競馬会の出資金の募集は終わっていなかった。この決定を受けて、二二日、日州銀行から四〇〇〇円、一四七銀行から三〇〇〇円を借り入れた。なお日州銀行（本店宮崎町）と一四七銀行（本店鹿児島市）は宮崎の二大銀行だった(870)。八月以降、競馬場施設の建設工事が進められていくが、すぐに工事資金の不足に直面、競馬会は、九月三日、日州銀行から二〇〇〇円を借り入れた(871)。これで先の七〇〇〇円とあわせて借用金総額は九〇〇〇円、創業資金の六割に及ぶ額になった。

七月二六日、宮崎競馬会は、大工と馬見所など施設の建築工事の請負契約を取り交わした。八月一一日、「工事場は土工連共に数多の人夫を使役」、建物敷地を指定、二四日一等馬見所の建築に着手、二九日旧競馬場の馬見所の移転を終えた。九月九日には農産物陳列所の南門を移築、一〇日には馬見所の棟上式を行った。馬見所の階段修理、瓦葺、コース整備、埒（杭木）、排水等の工事も進められていった。

四月の段階で、競馬場落成式は、一〇月二一日の宮崎宮造営奉告祭当日に施行と決定しており、工事を遅らすことはできなかった。とはいえ、九月下旬段階でも工事は「一体に不進」(872)、一〇月に入って「工事を取急」がせたが、「諸事整頓」しなかった(873)。児玉は、連日のように、現場を訪れ、ときには督促もしたが、業者たちの建設への意欲が低かったのか、計画に無理があったのか、あるいはその双方か、ともかく、一〇月二一日の落成式までに完全に竣工するにはいたらなかった。一方馬場は、七月に工事が一応終わっており、一〇月六日には、一〇〇余頭の出走で「馬寄」を行い、「地乗稽古」を開始した(874)。なお馬寄とは、馬に競走させてその力をはかるためのものだった。だが一三日の雨で生じていた凹部に水が滞り、一四日、一七日も雨、一九日、終日雨、翌日も降り続き、落成式前日の二〇日にも雨の中、数多の人夫が出役して、内外整地に従事、夕方からようやく晴れて二一日の開場式に競馬を実施することができた。とはいえその後も補修工事が必要だった(875)。

一方宮崎宮から競馬場までの新たな道路の開鑿の方は、地主たちとの買収交渉が難航、九月に入っても、着工の見込すら立っていなかった(876)。三月初めには開鑿の計画を立て、四月下旬には用地の選定(一三〇間)も終えていた。八月中旬から九月下旬にかけて、買収の協議、説得が進められたが、打開の糸口は見つかっていなかった。このままでは宮崎宮前から競馬場へ行くには大きく迂回しなければならなくなる。

それも一〇月三日、皇太子が宮崎宮参拝後、競馬場への台臨が決定したことで、事情が一変した(877)。皇太子の宮崎宮から競馬場までの順路を作ることは錦の御旗になり、地主も妥協を余儀なくされた。

皇太子は、一〇月一〇日から一一月一四日の間、韓国、長崎、鹿児島、宮崎、大分、高知を行啓したが、宮崎を訪れたのは一〇月三〇日から一一月四日の間(878)。当初この行啓は、山口、四国(高知、徳島)、九州(大分、宮崎、鹿児島)が予定され、その内旨を六月に公表、七月五日には各県に向けて巡啓の決定を通達、八月中には日程が決定された。ところが九月それが急遽変更され、二〇日、韓国訪問の決定をみた。明治天皇が伊藤からこの韓国行啓の話を聞いたのは一六日、決定が韓国に伝えられたのは二一日。八月一時帰国した韓国統監伊藤博文が韓国への行啓を強く要請したことを受けてのものだった。そして九州、四国への行啓は、韓国からの帰路、鹿児島、宮崎、大分、高知と行われることに変更された。その一〇月一〇日からの日程、「御旅程」の概略が公表されたのは九月二三日、確定は一〇月二日。児玉が、皇太子の行啓の日割を知ったのは、翌三日だった。これを受けて、一一月二日の台臨競馬の実施を決めた。先にも紹介したが、九月一八日、永井環知事が馬見所を「実検」、永井が児玉らに二四日、「上京に付競馬会地図調整方を命」じていたように、児玉らは、宮崎行啓決定前から皇太子の競馬場台臨の実現に向けて動いていた。競馬場台臨決定を受け、一〇月一三日「通路買入代金の件」を地主の代表二人と「点灯」まで相談、一四日にも、時間をかけて「通路買入代金の件相談」、翌一五日、先の地主の代表に対して「通路の代金六百円」を「現金交付」した。これを受けて一七日、「大淀村の人夫四百余人の出役にて参拝道路の開鑿」が一気に行われ、道路が造られた。児玉が、二一日競馬場落成式の際、この「参拝道路の開鑿」について、「村内に一千有余の力役寄附を請い、僅かに三時間のうちに延長二四〇間、幅員四間の新道を開通し」たと言及したものだった(879)。開鑿後も砂利敷き、修理、砂運び、掃除等が続けられた(880)。ちなみにこの道は、現在も宮崎神宮東郵便局から宮崎神宮駅前の神宮東三丁目交差点までが活用されている。

なお厩舎八棟、総坪数一二〇坪に関しては、県が全面的に補助した(881)。建設費は一〇〇〇円、馬匹共進会（会期一〇月三一日から一一月七日）にも使用するということを理由に県が負担、共進会終了後、無償で競馬会に供与した。こういった形での厩舎建設は、四月一七日、県から「内議」があり(882)、その後、折にふれて協議が進められて決められたものだった。県は、ここでも競馬会をバックアップしていた。

**競馬場落成式、臨時競馬会、台臨競馬**

宮崎競馬会は、一〇月二一日、競馬場落成式を一等馬見所で挙行した(883)。一九日から降り続いた雨も、二〇日夕方には止み、この日は晴天だった。宮崎競馬会会長瀬戸口長通の挨拶を受けて、同会総裁島津忠亮（旧佐土原藩当主）が式辞を読み上げ、児玉伊織が「競馬会新設事業報告」を行った。これを受けて永井環知事の答辞の予定だったが、永井が欠席を余儀なくされたので、競馬会理事日高健助が代読した。なおこの「挨拶」、「報告」、「答辞」は、『日州』明治四〇年一〇月二二日号に全文掲載された。

図98

宮崎宮造営奉告大祭、共進会開会式、競馬場落成式が掲載されている。写真は、宮崎競馬会馬見所（「大祭紀念付録」『日州』明40・10・20）。

この落成式の前、宮崎宮造営奉告祭及び宮崎県重要物産共進会開会式が行われた、というより落成式が奉告祭の施行日に合わせて挙行されたものだった。児玉は、四月一八日の宮崎競馬会発起会の席上、奉告祭までに競馬場を竣工させたいと述べていたが、それが実現したことになった。この造営の推進母体であった神武天皇御降誕大祭会の総裁二条基弘、会長島津忠亮、幹事長高木兼寛は、奉告祭に続いて競馬場落成式にも臨んだ。

そして落成式の祝宴のあと、臨時競馬会を実施した。馬場の公式の披露であった。児玉は持馬をこれまでの競馬会に出走させてきたが、この日は、第四競馬で千代田が勝鞍をあげた。千代田は鹿毛、四歳、体高四尺九寸五分（約一五〇・〇センチ）、青森七戸産[884]。

ついで二六日の「臨時大馬寄」。これを前にした二四日、児玉と中村幸吉は、馬主一〇〇余名を集めて、皇太子の台臨にも備えて、「第一時間の励行、第二厩舎の整備、第三発馬及び騎手の用意等悉く厳重に実行」することなど、「出場心得其他」を「談示」していた[885]。二六日正午から「臨時大馬寄」を開始、鹿児島、大分からも出走があった[886]。例大祭の参拝者から流れてくる観覧者も加わって、一時頃には、「差しもに広き埒の周囲は人を以て垣堤を築きたる位」になったという[887]。

この日、賞金が出されたレースは七、その他に二歳レースが一五行われた。賞金総額は八九円、最高賞金レースは一着一五円、二着七円、計二二円の第五競馬、一マイル八分一、二番目は一着一二円、二着五円、計一七円の第四競馬、一マイル。そのそれぞれの勝馬は、第五競馬が宮崎県西諸県郡加久藤の斎藤貞利所有の第二フエドール、農商務省九州種馬牧場産、六歳、栗毛、体高五尺（約一五一・五チセン）、第四競馬が宮崎県宮崎郡大淀村の奥野儀作所有の時政、宮崎八代産、六歳、鹿毛、五尺一寸（約一五四・五チセン）(888)。ちなみに児玉の千代田は、第四競馬で二着に敗れた。また第五競馬の二着は大分の矢野三代司の豊国、北海道産、四歳、栗毛、体高四尺八寸（約一四五・四チセン）、三着が鹿児島の別府巳之助所有の藤時、下総御料牧場産、一二歳、体高五尺二寸五寸（約一五九チセン）だった。矢野と別府は、活躍馬を所有する馬主として、宮崎でも知られていた(889)。これらの馬は、宮崎にとどまらず、九州各地の競馬を転戦していた。

そして一一月二日、皇太子を迎えての台臨競馬だった(890)。これより先の一六日、競馬会総裁でもある子爵島津忠亮（旧佐土原藩当主）が、児玉に同道を命じて競馬場に臨み、「殿下御案内に関する要件内示」を行い、二四日には行啓に備えて、児玉が知事と「会場全部実地踏査」、翌二五日、宮崎県警察は競馬場の「殿下の御座所消毒方内見」を行った。競馬場行啓前日の一一月一日、児玉は、夜に入るまで奉迎の準備に忙殺された。二日行啓当日、皇太子は、宮崎宮参拝後、午前一〇時一〇分、競馬場へ台臨、県会議員の外、貴衆両院議員、旧日向国四藩主（延岡、高鍋、佐土原、飫肥の四藩）等とともに、臼太鼓踊及棒踊り数組を見た後、三つのレースを観覧した。

そのメインは第三競馬、一着は第二フエドール、二着が満葉。第二フエドールは、先の二六日の最高賞金レースの優勝馬、そして直後の宮崎競馬会第一回開催のチャンピオン馬にもなる。満葉は、鹿毛、四歳、体高五尺一寸（約一五四・五チセン）、下総御料牧場産(891)、前年一二月二七日、児玉が、八七五円で坂本袈裟蔵へ売却した馬だった。二一日の落成式後の臨時競馬会の第五競馬の「優等」でも二着に惜敗していた。

### 第一回開催

一〇月三一日から一一月七日までの八日間開催される馬匹共進会の出席のために、五日、馬政長官代理として馬政課長増田熊六騎兵少佐、共進会の審査長として馬政局技師湯地彦二が来宮した(892)。この共進会は、今回が第一回、大々的に行われた。児玉が、宮崎競馬会の認可に向けて六月上京した際、同道した事務官は増田にこの共進会への支援、臨席などを陳情していたが(893)、増田と湯地の来宮はそれに応えたものだった。馬政局は馬匹共進会を積極的に支援していく姿勢であった(894)。

増田と湯地は、宮崎競馬会第一回開催の視察を予定に入れておらず、増田は八日、湯地は九日に、宮崎を離れた。その八日、児玉は、増田が細島港に向う馬車に途中まで同乗、「競馬補助の件内談」した。宮崎競馬会は、馬政局への「補助願」をこれより先の一〇月一四日に提出していた。宮崎競馬会は、会員、出資金の募集が低迷、資金不足に悩まされ、銀行からの借用金は九〇〇〇円にのぼり、また馬券売上も期待できなかった。それに鑑みての「内談」だったのだろう。同日夜、児玉は「多数の同志」と湯地を宿所に訪問したが、増田へと同様に補助への尽力を依頼していたと思われる。児玉は、一三日、この補助に関して馬政局に電報で問合せ、翌一四日同局から賞典二〇〇円交付の通知があった。なお第一回開催二日目の一七日、児玉は、会長島津忠亮を宿所の旅館に訪ね、瀬戸口とともに「競馬会馬政局補助金の件申出置」いた。おそらく島津にも尽力を依頼しており、交付までの経緯とその礼を述べたか、あるいは増額への尽力を依頼したものだろう。馬政局は、抽籤内国産新馬、ついで抽籤豪州産新馬を重視して賞典を交付していたが、宮崎競馬会は、双方ともに導入できず、この二つを欠いたことで二〇〇円、一四の競馬会の中では最低額だった。最高額は、宮崎と同じくこの明治四〇年一一月に第一回開催を行った関西競馬倶楽部と東京競馬会秋季開催への一八〇〇円だった(895)。

第一回開催の前に宮崎宮直会式にあわせて一一月一〇日に臨時大競馬を行った(896)。この日、賞金が出されたのは、「選抜競争」も含めて七レース、賞金総額一〇七円。ここには島津忠亮寄贈の三〇円が含まれているので、それを別にすれば、一〇月二六日とほぼ同じ額であった。なお当初、この大競馬は、馬匹共進会の最終日、褒賞式が行われる七日の予定だったが、雨天でこの日に順延されたものだった。この日、宮崎宮直会式の参列者に入場券を配布、一等馬見所に二〇〇余人を案内、その他場内への入場者数百人、場外観覧者は三万に及んでいたという。注目されるのは、この日、「馬券」を配布したことだった。もっとも「馬券」といっても馬番を記した福引券を配り、勝馬の番号の券に賞品を授与するといった類のものだった。第一回開催での馬券発売の予行演習だったのだろう。「馬券」は、場内に熱気をもたらし、児玉はその日誌に、「馬券配布は頗る興味ありたるを覚ゆ、勝敗の決する毎に喝采起る」と記した。そして最終の「一等乗りの選抜競走」に、宮崎競馬会総裁島津伯爵が一着二〇円、二着一〇円を寄贈。このレースを勝ったのは先の二六日の「大馬寄」、二日の台覧競馬に続いて第二フェドール。賞品の授与にあたったのは伯爵令息忠麿の夫人。婦人が賞金を寄付して勝者に授与、最も名誉とされた、鹿鳴館時代の社交としての競馬の象徴だった婦人財嚢競走の残像だった。宮崎競馬会は、東京競馬会にならって、その目的として社交の帮助も謳ったが、その実行だった。

この直会式の競馬を終え、いよいよ第一回開催。一二日には、「競馬会の件に付四〇余名の馬主へ端書通知書を発し」、夜一〇時まで瀬戸口らと「競馬の件、相談会」を行い、一三日には、先にも紹介したように「馬政局へ競馬補助金の問合電報を発」し、翌一四日同局より二〇〇円交付の通知、また同日多くの「出馬料金納付」があった。「競馬執行に付追々多忙」となり、一五日、児玉は夜一二時まで「勉励」した。

図99

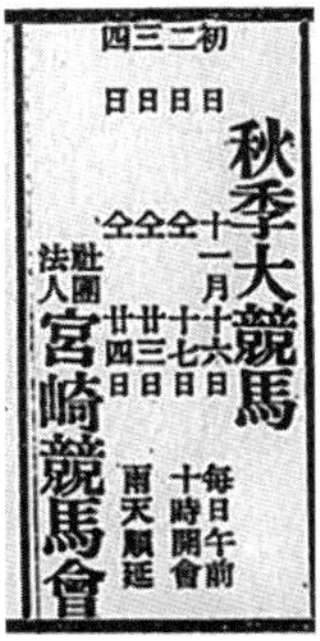


(『日州』明40・11・17)

こうして宮崎競馬会は、一六日(土)、一七日(日)、二三日(土)、二四日(日)、実際には雨天順延で二四日、二五日の日程で第一回開催を迎えた(897)。一二日以来晴天が続いていたが、一五日は曇り、空模様が怪しくなり、児玉は日誌に翌日の「天気気遣わし」と記した。

レース数は初日から三日目までが九、四日目が八の計三五、その距離は、初日から三日目までが各四分三マイルが三、八分七マイルが二、一マイルが四、と同一のもので行われ、四日目が四分三マイルが四、八分七マイルが一、一マイルが二、一マイル八分一が一だった。斤量は馬齢、四歳一二五斤（約五六・八キロ）、五歳一三〇斤（約五九・〇キロ）、六歳一三三斤（約六〇・四キロ）、七歳以上一三五斤（約六一・三キロ）、洋種は各一三七斤（約六二・二キロ）、牝馬と騸馬は五斤（約二・三キロ）減(898)、東京競馬会にならったものだった。出走馬は、北海道産、下総御料牧場産、鹿児島などの九州産、その他は宮崎産だった。判明する出走延頭数は、初日九六頭、四日目が四八頭。賞金は、初日から三日目までは距離と同じく各レースともに同じ賞金額、最低が一着五円、二着二円、最高が一着三〇円、二着一〇円、総額は一八九円、ただし三日目は分割レース分だけ増えて一九八円。四日目は、宮崎競馬会では破格の一着一〇〇円のレースがあったが、それでも総額三一三円。四日間の総計八八九円及び他に優勝旗、反物、一レース平均賞金額は二四円。馬政局賞典は、五〇円二つ、一〇〇円と三レースに分割され、最高賞金はこれがあてられたものだった(899)。ちなみにこの秋のシーズンの各競馬会の賞金額は、日本レース倶楽部が三万五一五円及びエンペラーズ・カップ、馬政局賞典八〇〇円、東京競馬会が三万三二七五円及び帝室御賞典、馬政局賞典一八〇〇円、京浜競馬倶楽部が三万三四七五円及び馬政局賞典一三〇〇円、日本競馬会が三万一六一九円及び馬政局賞典一三〇〇円、関西競馬倶楽部が三万一三七九円及び馬政局賞典一八〇〇円だった（第7章各開催）。このように全国で断トツの最下位、宮崎競馬会の開催がささやかなものであることを端的に示す数字だった。

初日一六日は、日誌にも言及がなく、その原因は不詳だが、馬券を発売しなかった。当日、前夜の懸念通り、「朝来晴雨定まら」ず、児玉が、競馬場に着いた一一時には「人出更にな」かった(900)。「晴雨尚定」まらず「時々降雨」が「襲来」した。二時過ぎ、競馬会総裁島津忠亮とその「一族全部」が臨場、やがて雨の中でレースが開始された。なおこの島津の臨場の前に、賞金がなく競馬に向けての実践調教と能力検定の意味をもつ二歳馬のレースを四つ行った。児玉によれば、この日のレースは、「割合面白か」った。ちなみに児玉の持馬千代田は、当日第二番の賞金額である準メインの第四レース、一マイル、一着二五円、二着八円、一〇頭立に勝ち、会長島津伯爵から祝酒を贈られた。

そして、千代田の勝利に喜んだのであろう、児玉の父も、児玉宅に宿泊、その夜「勝馬談盛」んだった。

馬券は一七日の二日目から発売した。合法的なものとしては、宮崎、というより九州初だった。この日は日曜日、初日と打って変り、小春日和、快晴であったが、「割合に人出多」くなかった。だが、「馬券の売出を為したるに案外の買手」があった。ちなみに千代田は、この日も第四レース（距離、賞金初日と同じ）に勝った。この日、初日の勝馬は、初日の第一レースから第五レースまで勝馬は八斤（約三・六キロ）、第六レースから第九レースまでは四斤、とそれぞれ増量されたが、千代田は問題にしなかった。

新嘗祭で祝日の二三日の三日目は、雨天で、一日順延され二四日（日曜）になった。初日に続いて、同会総裁島津伯爵同令息及び同夫人並びに同令息も来場。「朝来軟風吹き肌しまりし好天気」だったが、この日も人出は多くなかった。それでも第一競馬から、「馬券の売行盛」んで、児玉も馬券を購入したが、「不結果に終わ」った。この日は番狂わせが多く、そのなかで、大島村の地主で競馬用地買収の交渉委員であった人物が、「一九円余の一口配当を受」けた。

二五日、四日目を迎えた。この日も好天気。馬政局からの賞典、それを受けて宮崎競馬会としては高額の一着一〇〇円の優勝戦も行われるとあって、開催中、最大の観客となり、馬券の売上も伸びた。児玉も、「本日は入場者の色めき来りて馬券の売行頗る盛なりき、一競増す毎に員数増加し四、五競馬は正に極点に達したり」、と記した。

その熱気のなかで迎えた優勝戦の第五レース、一マイル八分一、

図100

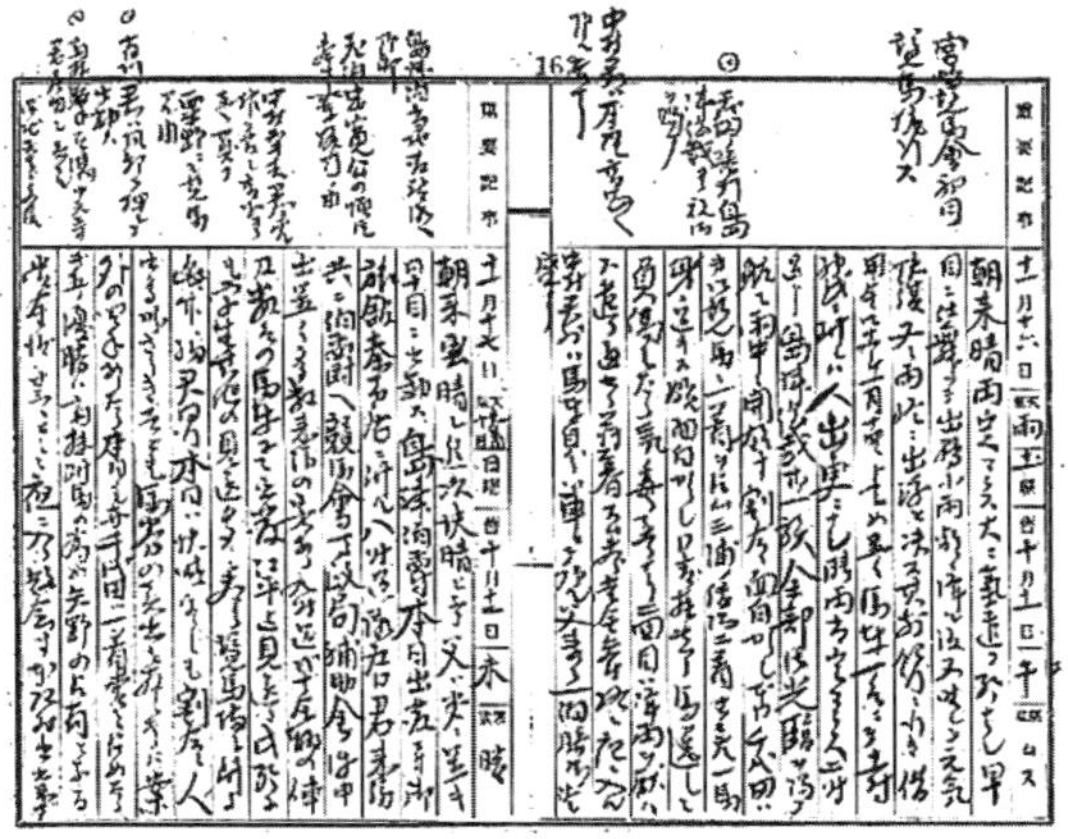

初日、2日目の開催の様子が記されている（「児玉日誌」明治40年11月16、17日）。

一着一〇〇円、二着三〇円、六頭立。満清が勝ったが、「旗手の命令に背」いたとの異議が認められ、第七レース後の再競走になった。満清は、鹿毛、赤江村の小倉庄太郎の名義、その他は不詳。再競走でも満清が勝った。だがこのレースをめぐっては「八ヶ間敷手間取り」、落着をみたのは夜に入ってからだった。開催を終えて酒宴が開かれたが、この紛糾が尾を引いていたのだろう、「不満足なりき八時前帰る」と児玉は記した。なお児玉の持馬千代田は、おそらく準メイン第四レースに出走し、敗れていた。

この四日目、馬券の売上は伸びたが、僅かでも収益が出たかどうかも怪しかった。というより赤字が確実であった。宮崎競馬会第一回開催の売上の記録は残されていないが、この直後の一二月の臨時競馬会二日目の売上の推定は、七レースで約八〇〇円。単純に九レースに換算すると約一〇三〇円、この倍の売上があったとしても二〇〇〇円、第一回で馬券が発売されたのは三日間だったので六〇〇〇円。控除率が一割なのでその収入は六〇〇円、賞金は全国で断トツの最下位であったが、その賞金だけで赤字になる。翌年四月第二回開催の賞金を六五二円と約四割も引き下げていたのは(901)、第一回の売上を踏まえてのものだっただろう。ちなみにこの秋のシーズンの各競馬会の売上は、日本レース倶楽部が一〇九万九五〇〇円、京浜競馬倶楽部が一六四万八〇五円、日本競馬会が一八五万六四七五円、関西競馬倶楽部が六二万一二〇〇円(902)、翌四一年七月東洋競馬会第一回開催が九六万八一〇〇円だった(903)。このように宮崎競馬会は、売上でも全国の最下位であったが、ブービーは北海道競馬会の翌明治四一年六月春季開催の約六万七〇〇〇円(904)、それでも宮崎の約六倍。ちなみに北海道競馬会の八月秋季開催は約一八万円と伸びた(905)。

児玉は、先に紹介したように、明治三九年一二月、翌年六月の東京競馬会の開催を観戦、そこでの馬券の熱狂ぶりを経験していたが、あまりの落差の大きさのために比較する意味がなかったのか、宮崎競馬会との相違を日誌に書き留めていない。当時の宮崎は、鉄道も開通しておらず陸の孤島、関東圏からはあしかけ四日、関西圏からはあしかけ三日、周辺の近県からでもあしかけ二日かかったので、その観戦は望み薄、当初から馬券の売上が期待できないことは十二分に予測できたことであった。それでも競馬会を設立し、開催をめざし、続けたのは、馬産地としての自負、使命感もあったからだと思われる。宮崎競馬会は、九〇〇〇円に及ぶ銀行からの借用金があったが、この売上では、返済がまったく見込めなかった。

このように第一回開催は赤字であったが、その開催中に、宮崎競馬会は、一二月四日（水）、五日（木）、馬券を発売しての臨時競馬会を行うことを決定した(906)。一二月四日神武神苑で、赤十字社総裁の閑院宮載仁を迎えて開かれる同宮崎支部総会の「余興」という名目だった、閑院宮は、先にも紹介したように、フランスの騎兵学校、フランス陸軍大学校卒業、明治三四年騎兵第二旅団長、明治三四年根岸秋季開催に臨場、明治三七年陸軍中将、東京競馬会の総裁に目されるなど馬匹、競馬に関心をもっていることは知られていたから、閑院宮に歓迎の意を示す、そしてその結果として、少しでも収入を得ようということだったと思われる。だが、警察はこれに介入の姿勢を見せた。第一回開催の合間の一一月二〇日、宮崎競馬会は警察と相談の場をもったが、警察は発売見合せを求めてきた。二二日、児玉と瀬戸口は、知事が馬券発売承認の意を示していることを内務部長、そして宮崎警察署長に告げたが、その後、二人の警部に保安課に呼ばれ、「馬券売出知事の承認ありしを不平」として、馬券発売禁止、あるいは自粛を求められた。だが児玉らは、その要請を断り、馬券発売に踏み切った。馬政局へ申請した形跡はなかったが、知事の許可で発売できると判断していたようである。第1章で述べたように、内務省は、馬券黙許の「四大臣合議書」に従って、馬券に寛容な姿勢をとっていたから、知事はそれに則り、また宮崎の警察も内務省の指示を仰いだ結果、結局、容認せざるを得なかったと思われる。二七日、各馬主へ四日の「臨時競馬会挙行の旨」を通知、二八日、赤十字社との「赤十字総会競馬の件協議」を受けて、児玉は、宮崎競馬会会長瀬戸口、宮崎県農業技師有川哲二とも協議、馬券を発売することを改めて確認した(907)。

こうして一二月四日の開催を迎えた(908)。午前に赤十字社支部総会、午後に愛国婦人会が開かれた。閑院宮は、第二レースが終わった際に台臨、第三から第五レースを観覧して、帰館した。児玉の持馬、千代田は第四レースを勝っていたが、その後のレースで大敗、翌日は出走を取りやめた。この日の夜、ついで翌五日の午前、産馬組合臨時会を開き、「馬匹共進会及競馬会資金の件」を議論、四日の夜はある人物の「不平并反対異見盛ん」だったが、五日の朝で「略済」んだ。その五日、二日目の競馬は、「出馬并に人出少なく二時過より始め都合七組余」が行われた。この日の馬券売上が、七レースで八〇〇余円、一レース平均約一一五円、馬券一枚五円とすると二三枚、賭けが成立する枚数とはいえないほど少ないものであった。借用金返済など到底覚束ない額だった(909)。開催を終え、「夜に入り賞金交付計算して」児玉は、自宅に帰った。

先にふれたように宮崎競馬会は、七月二〇日に七〇〇〇円、九月三日には二〇〇〇円、計九〇〇〇円を銀行から借り入れた。一〇月一五日、「日州及一四七銀行へ借用金延納申込」んだ後、「再び両銀行へ到り手形差入置」いたが、銀行からは分割での返納を迫られた。これに、宮崎競馬場落成式翌日の一〇月二二日、「五百円を返金」、ついで第一回開催直前の一一月一五日、「銀行借用金四百五十円」、あわせて九五〇円を返却。そのうえで第一回開催初日当日の一六日には、借用金の翌年一月一四日までの返納延期を銀行に承諾させた。これらが、すべて競馬会のものかどうかは不詳だが、いずれにしろ宮崎競馬会は、借用金の返済に追われた。

このような競馬会分の借用金の返済には、開催前には、額はそれほどにあがらなくても、馬券売上の収益を見込んでいたはずであった。だが実際には、全国で断トツの最下位、賞金だけで赤字となる売上しかあげることができなかった。臨時競馬会も含め二回の開催を終え、収益どころか赤字を出さないことが先決であることが明らかだった。そして当然、借用金返済の見込は立たず、競馬会は銀行に対して返還猶予、延期の要請になった。年末を迎え、一四七銀行からの借用金三〇〇〇円の返却期限が迫っていた。一二月一〇日、銀行からの「借用金の件に付詳細の申談」、翌一一日児玉は、瀬戸口と協議、一四日、「無理」に「延期又延期何らかの工風」を懇願、「内金」を支払うことで妥協がはかられた。一六日、一四日の内示額より低い一〇〇〇円の返金で猶予を願い出たが、銀行側から「不足困る」と拒絶された。二〇日にも、児玉は、銀行側と「応談」、その強硬な姿勢に「大当惑」したが、「漸く」のことで一〇〇〇円の「返金」を約束したことで猶予になった(910)。無い袖はふれない式で、無理を一四七銀行側に受け入れさせ、一時妥協がなったと思われる。日州銀行に関しては、二八日が返済期限のものがあり、延期を「応談」したが「果さず」、「利息丈支払」って、当面を乗り切った。

一二月二六日、宮崎競馬会は総会を開いた。入会、出資金応募は期待外れ、それに借用金をかかえ、第一回開催、赤十字社支部総会記念臨時競馬会の売上は低く、その返済の見込もたたず、宮崎競馬会は、財政的には危機的状況だった。だが児玉は、この日のことを日誌に、「本日は出席意外に多く百名に近き人あり、協議案成案等悉く議了円満に終局を告げたり」と簡潔に記しただけだった。

宮崎競馬会は、馬券黙許時代、このような赤字をかかえ、借用金の返済に悩まされるなかで明治四一年一〇月の馬券禁止を迎えることになる。禁止は、宮崎競馬会にとっても衝撃だった。だが宮崎競馬会は、他の競馬会と異なり、馬券禁止によって救われた格好になった。というのは、馬券禁止を受けて、明治四三年から再編された一一の競馬倶楽部に補助金が交付されるが、宮崎競馬会（明治四三年宮崎競馬倶楽部）は開催補助費四七二〇円、施設償還費一四三〇円、指定賞金一〇〇〇円の総額七一五〇円(911)、この額は全一一競馬倶楽部のなかで最低の額ではあったが、それでも最大に見積もって一〇〇〇円が馬券黙許時代の馬券売上からの収入だったのに対して、その七倍をえることになったからである。つまり宮崎競馬会は、馬券禁止で焼け太りすることになった。他には北海道競馬会（明治四三年札幌競馬倶楽部）も同様であった。

## 11　越佐競馬会

明治四〇（一九〇七）年一〇月一二日付で、馬政局は、新潟市に事務所をおく越佐競馬会を、馬券発売を黙許する社団法人として認可した(912)。同会は、定款第一条で、その設立目的を、「本競馬会は主として産馬事業の発達を期し内外産良種の馬匹を購入しその良否を鑑別して馬匹の改良を諮るため競馬を挙行し兼て社交を助くる」、と謳った。

京浜競馬倶楽部以降のものを踏襲した当時の定型だった。日本レース倶楽部、函館競馬会、東京競馬会を別にして、馬政局が認可した第一号の京浜競馬倶楽部からの時系列でいえば一一番目、この後、明治四一年四月に認可される残りの二つの藤枝競馬倶楽部と武州競馬会は開催前に馬券禁止を迎えてしまったから、結果的にいえば、実際に馬券を発売した競馬会としては最後の認可になった。第一回開催は、翌明治四一年九月六日（日）、七日（月）、九日（水）、一〇日（木）。

競馬場は、新潟市字関屋（現・新潟市文京町、信濃町一帯）、現在は住宅地になっているが、当時は新潟市白山浦に続く砂丘の上に松林、原野が広がっていた[913]。そこを切り開いて設置されたコースは、周囲一マイル、幅員一五間（約二七・三メートル）、その内に幅員五間（約九・一メートル）の調教コース、またその内に四、五尺程の堀があり、コース内は公園風に整備されていた。本場場面積一万四二六五坪九合、稽古馬場面積六八五八坪二合、馬場内部面積四万三四三五坪一合。新潟市方面から信濃川沿いに進んで、硫酸会社の前（現・新潟第一高等・中等学校）を通り、油烟製造所の横を更に三〇〇メートル歩いて右に曲がり、関屋の村落の方に数十メートル戻れば、そこから競馬場入口までの新たな道、幅約六間（約一〇・九メートル）で長さ約三〇〇間（約五四五・四メートル）の道が開かれていた。第一回開催時の馬見所は、天幕張、馬券場はバラック建だった[914]。

新潟県下で、初めて競馬会認可に向けての動きが伝えられたのは、明治三九年一二月一二日、新潟市の齋藤巳三郎、関彦太郎、小原悠平、銅治祐蔵、齋藤徹、早通村の清水甚蔵、堀伸八郎らが北越競馬会を設立して新潟市役所へ競馬場設置を出願したときであった[915]。中心は齋藤巳三郎、齋藤は関屋の地主、石油会社重役・社長、明治四一年五月第一〇回衆議院選挙、新潟市選挙区、無所属で出馬して初当選[916]。その他の関、小原、銅治、齋藤徹は関屋の地主で市会議員、清水甚蔵、堀は早通村の地主だった[917]。北越競馬会は、競馬場を建設して競馬会に貸与して収益をあげる北越馬匹改良株式会社の設立計画を併行させていた[918]。そして北越競馬会は、時期は不詳だが、新発田町で明治二九年以来、馬匹の改良を目的とし年々馬匹品評会並びに競馬会を挙行してきた越佐馬匹改良会と合同したという(919)。

また長岡市でも、認可に向けての動きがあった。明治三九年一二月三〇日の協議を受けて(920)、翌年一月二二日、渡辺藤吉、小川清次郎ら一〇数名の発起で、社団法人長岡競馬会設置の「請願書」を提出した(921)。渡辺は長岡商業会議所会頭、小川は相場師、鉱業関係の経営者(922)。同会も、資本金一〇万円の営利会社の設立を併行させ、六万円で長岡市蔵王金峯神社裏手の土地一一町歩を買収して競馬場を設置する計画だったという。

その後、高田町（現・上越市）では高田競馬倶楽部、新潟市でも新潟競馬倶楽部からの認可申請があった(923)。高田競馬倶楽部の出願人は高野孟矩外四名、高野は元台湾総督府高等法院長（明治三〇年懲戒免職）、弁護士、衆議院議員を経て、当時は新潟の新宝石油会社社長であった(924)。新潟競馬倶楽部の出願人は玉井貞太郎外十九名、玉井は早通村の大地主、県会議員、発起人は「東京人七分、越後人三分」だったという(925)。「東京人」のなかには日本競馬会理事で馬主でもあった茨城県水戸市選出の衆議院議員小山田信蔵も含まれていた(926)。利権確保に向けて各地の競馬会、営利会社の設立に東京のグループが関与することが多かったが、新潟競馬倶楽部もその例であった。

このように新潟県下では、四つの競馬会が馬券発売を黙許される社団法人としての認可に向けて動いていた。ここまで繰り返してきたように馬政局の方針は、東京周辺、神奈川、北海道は別にして、

図101　「関屋競馬場」

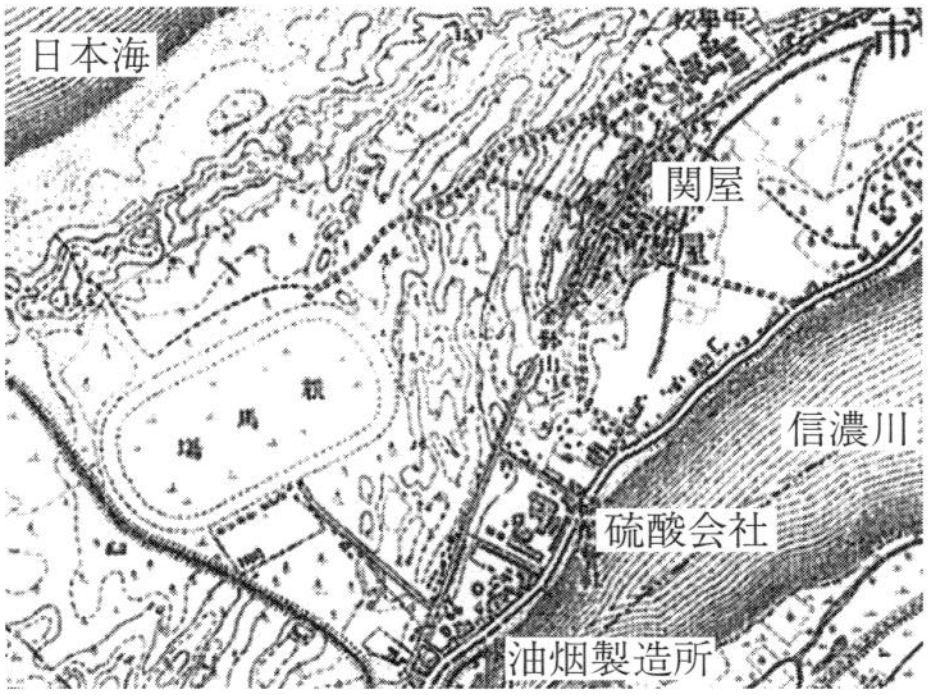


（1/25000「新潟南部」明治44年測図、大正3年4月30日発行「今昔マップ on the web」より）

図102　「越佐競馬会初季開催馬見所の光景」

（『馬匹世界』第12号、明41・10・15）

一府県に、複数の認可申請の動きがある場合、どれか一つを選定するのではなく、その統合、一本化を認可の絶対条件とするものだった。逆にいえば統合がならなければ、認可はされないということだった。馬政局は北越競馬会に他の三者と合同するように「慫慂」、同競馬会はこの三者と折衝を重ねた(927)。

これを踏まえてのことだろう、新潟知事清棲家教は、「最先願者の北越競馬会」に対して、「各派とも此際競争を止め合同の協議を凝すべきよう口達」した(928)。先にも紹介したように、日本競馬会、関西競馬倶楽部、北海道競馬会の場合と同じ形式だった。清棲は、日清戦争後の馬匹改良策の基本方針を定めた馬匹調査会の委員の一人として活発に発言していたように(第2章第2節)、馬政に関しては一家言をもっていた。八月五日、長岡競馬会を除いた北越、高田、新潟の三競馬会は集会協議して合意に達し、北越競馬会の名称を越佐競馬会と改称して、申請することに合意した。そして九月一六日付で、齋藤巳三郎の他一三名が連署のうえ、馬政局に認可の申請を行った(929)。あわせて三つの競馬会の営利会社が合同、北越馬匹改良株式会社が越佐馬匹改良株式会社（以下、「越佐馬匹改良」と記す）と改称する形をとることにし(930)、八月二二日、その創立委員会を開いた(931)。各営利会社は各々株式の予約を先行させていたが、合同したことで、改めてその予約が行われることになった。これにも多数の申込があり、二二日の創立委員会の主要な議題は、その分配方法、割当比率だった。この日の内定案を受けて、二五日発起人会を開き、発起人の持株は二分の一若しくは三分の一、予約申込株は四分の一若しくは五分の一に減じ、「分配標準」を「東京及び各方面を通じて三割、長岡柏崎方面、上越方面、新発田村上方面へ各一割、新潟市西蒲原中蒲原方面に三割を分配し残余の一割を一般公衆の希望に応ず」とした(932)。東京や旧越佐競馬会の関係者で六割を占めていたが、これは越佐馬匹改良内における各地域別の力関係に照応したものだった。元新潟競馬倶楽部の発起人は、繰り返せば「東京人七分越後人三分」の割合であったが、「越後」地域の発起人は、割当が少なかったことに不満で、是正されない場合は「東京派」に抗議するといきまいていたという(933)。株式のバブルがはじけたこの年一月以降、株価は低迷を続けていたが、各地の馬匹改良株式会社は別で、価格は額面を上回り、好配当も期待できたことがその背景にあった。だが越佐馬匹

図103

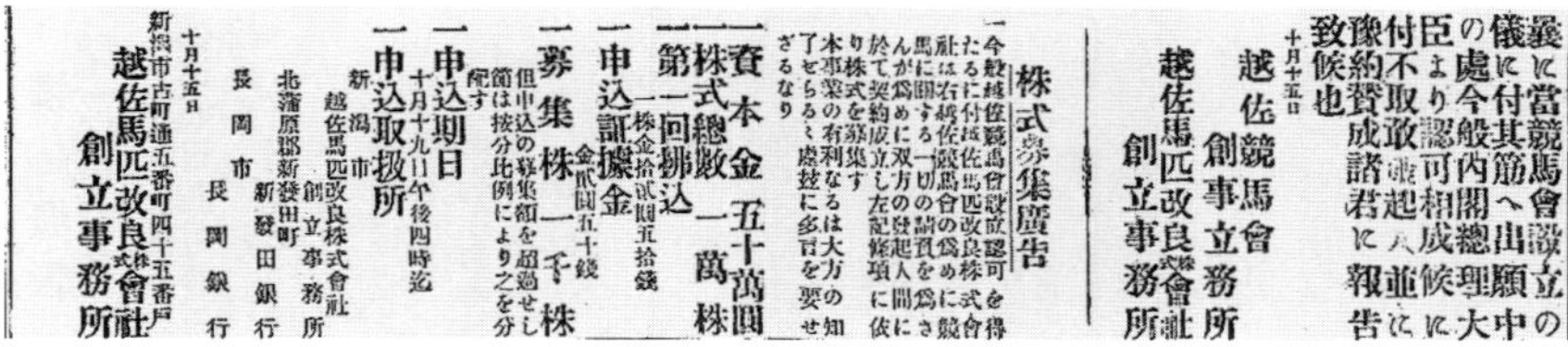

曩に當競馬會設立の儀に付其筋へ出願中の處今般内閣總理大臣より認可相成候に付不取敢發起人並に豫約賛成諸君に報告致候也

十月十五日

越佐競馬會
創立事務所
越佐馬匹改良株式會社
創立事務所

株式募集廣告

一今般越佐競馬會設立認可を得たるに付越佐馬匹改良株式會社は右越佐競馬會の爲めに競馬に關する一切の請負をなさんが爲めに双方の發起人間に於て契約成立し左記條項に依り株式を募集す
本事業の有利なるは大方の知了せらるゝ處故に多言を要せざるなり

一資本金 五十萬圓
一株式總數 一萬株
一第一回拂込 一株金拾貳圓五拾錢
一申込證據金 金貳圓五十錢
一募集株 一千株
但申込の募集額を超過せし節は按分比例により之を分配す
一申込期日 十月十九日午後四時迄
一申込取扱所
新潟市 越佐馬匹改良株式會社 創立事務所
北蒲原郡新發田町 新發田銀行
長岡市 長岡銀行

十月十五日

新潟市古町通五番町四十五番戸
越佐馬匹改良株式會社
創立事務所

(『新潟新聞』明40・10・17)

の株価は低迷し、その例外になってしまう(934)。

この合同の前から、東京競馬会理事安田伊左衛門、日本競馬会取締役関直彦、同理事中山孝一らは「進んで発起人」になり、「斡旋の労」をとった(935)。かねて安田、関らと馬政局との関係は深く、認可に向けて有利に働いただろう。また今後の競馬会、開催運営にも経験者のバックアップを必要としていたこともあった。その後、安田、関らの影響力は拡大したようで、新潟の重役たちは名義のみで、越佐競馬会の実権は「東京人士」が握っていると評されることになる(936)。認可直前の一〇月一日、発起人たちは、折から新潟を訪れた東京競馬会会長である加納久宜と面会、加納は関直彦らから越佐競馬会の「奔走」を聞いているとして、「大に同情を表しつつあり、認可の上は国家の為め十二分の努力あらんことを望む」と激励を受けた(937)。「国家の為め」というのは、競馬会の目的は「国家的事業」の「産馬の改良」にあるということだった。

そして一〇月一二日付での認可となった(938)。申請から認可までが一ヶ月未満というのは、越佐競馬会も、東京ジョッケー倶楽部、鳴尾速歩競馬会と同じく、合同のうえで申請すれば認可というのが馬政局のあらかじめの方針であったことを明らかにしていた。

これより先の九月、越佐競馬会と越佐馬匹改良は、競馬会が、会社が建設した施設の三〇年間の貸借義務を負うことなどを盛り込んだ契約を締結した(939)。三〇年というのは、競馬会と営利会社の通例の契約期間だった。先に紹介した関西競馬倶楽部と関西馬匹改良株式会社と同一のものであった。越佐競馬会の出願人の代表として名を出していたのは齋藤巳三郎、越佐馬匹改良の創立委員の筆頭は小出淳太、小出は中蒲原郡五泉町の実業家、北越競馬会発起人の一人清水甚蔵の実弟だった(940)。

図104

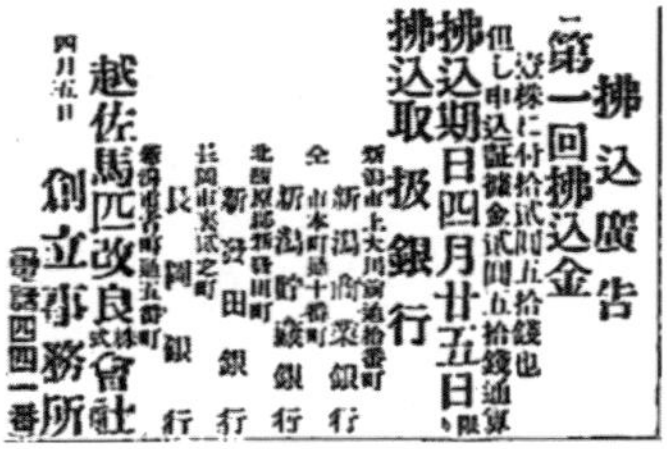
拂込廣告
一第一回拂込金
一株に付拾貳圓五拾錢也
但し申込證據金貳圓五拾錢通算
拂込期日四月廿五日限り
拂込取扱銀行
新潟市上大川前通拾番町 新潟商業銀行
全 山本町通十番町 新潟貯蓄銀行
北蒲原郡新發田町 新發田銀行
長岡市表町 長岡銀行
越佐馬匹改良株式會社
創立事務所
電話四四一番
四月五日

(『新潟新聞』明41・4・5)

図105

廣告
當競馬會内閣總理大臣より認可相成直ちに馬場設計中の處實測相濟み候に付き此段會員諸君に告ぐ
十二月十五日
越佐競馬會
越佐馬匹株式會社
創立事務所
(電話三十六番)

(『新潟新聞』明40・12・16)

越佐馬匹改良の募集株一〇〇〇は、総数の一割、八月二五日の発起人会の決定にそったものだった(941)。この時点での払込は、二円五〇銭の証拠金のみ、その証拠金も含めた一二円五〇銭の第一回払込の期限は一一月一九日だった(942)。人気が伝えられてはいたが、その期限までに満口にならず、まず翌明治四一年四月二五日まで(943)、ついで八月二九日まで延期されたが(944)、結局発足できなかった。なおこの越佐馬匹改良は、払込株金が不足したこと、また明治四一年三月の口達で競馬会が競馬場を所有することを義務付けられたことで、競馬場等施設の建設にあたることなく、九月の第一回開催後、発起人は会社設立廃止を決議、解散することになる(945)。

話をもどすと、認可を受けて一一月五日、越佐競馬会は理事会及び発起人会を開き、「施設方法並びに同会の発展に関し協議」、名誉会頭に清棲知事、名誉顧問に元第一五旅団長小原芳次郎少将並びに第一六連隊長水嶋辰雄、第三〇連隊長宇宿行輔を推薦することを決定した(946)。知事、日露戦争の旅団長、そして新潟県下の両連隊長を競馬会の顔に戴くという計画だったが、実現はしなかった。この認可、発起人会の時点で、第一回開催は、翌明治四一年春頃の予定だった(947)。

また競馬場用地も、認可時点で関屋に決定していた。先にも紹介したように、同地は、現在は住宅地となっているが、当時は新潟市白山浦に続く砂丘の上に松林、原野が広がっていた。競馬会の中心的存在の齋藤巳三郎が関屋の旧庄屋であったから、齋藤所有の地もあり、その他の買収にも齋藤の力が活用できた。認可後、設計に入り、一二月中旬には用地の実測も終わった(948)。また一二月末には、用地の地主たちとの交渉も終わり、二五町八反歩の売買契約も締結した(949)。とはいえすでに雪の季節を迎え、着工は無理であり、雪解けをまたなければならなかった。この段階で、開催予定を六、七月に延ばしたが(950)、実際には、着工が六月、開催は九月になる。

越佐競馬会は開催準備の一環として、一二月六日、二名を東京競馬会、京浜競馬倶楽部、日本競馬会の実地調査に派遣した(951)。日本競馬会第一回開催は七日からだった。また新潟市の地元有力紙である新潟新聞、東北日報は、越佐競馬会の中心的人物が提供した「はなし」を、それぞれ「競馬会のはなし」(一六～一九日の四回)、「競馬の話し」(一六日～二一日の五回)と題して連載した。新潟新聞に一部未掲載部分があることを除いて、その内容は同一だった(952)。馬券を発売する競馬の目的、意義を論じ、越佐競馬会への入会を呼びかけていた。そしてその最後で、自らの存在をつぎのように高らかに謳いあげた(953)。

「西洋文明諸国」の例に則り、「我国にても馬匹の改良を以て国家の急務となし、新制度の下に競馬会なるものを官許せらるるに至った」もので、競馬会は「単に紳士の娯楽的倶楽部であるのみならず、一面には国家政策の一部を実行する機関であると言っても宜しい」、そのような「特殊の関係があるから」「池上に於ける加納子爵、川崎に於ける板垣伯爵、総武競馬会に於ける河野広中氏」、東京ジョッケー倶楽部に尾崎東京市長と「競馬会の会頭は何れも名誉ある知名の紳士を戴」いている、全国の各地(都市)で数多くの申請が行われる中で越佐競馬会が認可されたことは、「之を大にしては県の名誉であり、之を小にしては新潟市直接の利益として、祝賀すると同時に、更に大に奮励して、諸君と共に、競馬会の健全なる発達を計り、一は国家の為め馬匹改良策の一端に寄与し、一は地方の繁盛を増進せんことを期するのである」。

競馬会の健全な発達をはかって、国家のために馬匹改良に寄与するとともに、地方の繁盛を増進させる、ということだった。このアピールを掲載したように、両紙はともに、越佐競馬会を積極的に支援する姿勢であった。だが翌明治四一年九月の開催を前にしたときには、激烈な反競馬、反越佐競馬会キャンペーンを展開することになる。

## 7 明治四〇年秋のシーズン、馬券熱の高まり

明治四〇（一九〇七）年秋のシーズン。東京及びその周辺の競馬場は、それまでの二から五になった。開催は、九月二二日（日）、二三日（祝祭日）、二八日（土）、二九日（日）の総武競馬会（松戸競馬場）から始まり、一旦時間が空くが、一〇月二五日（金）、二六日（土）、一一月一日（金）、二日（土）の日本レース倶楽部（根岸競馬場）、一一月九日（土）、一〇日（日）、一六日（土）、一七日（日）の東京競馬会（池上競馬場）、一一月二三日（土）、二四日（日）、三〇日（土）、一二月一日（日）の京浜競馬倶楽部（川崎競馬場）、一二月六日（土）、七日（日）、一三日（土）、一四日（日）の日本競馬会（目黒競馬場）と、毎週末、開催された。このように当時の開催は、横浜の日本レース倶楽部が金曜、土曜であることを除けば、土曜、日曜であった。なお先に紹介したように、九月二〇日頃、馬政局の承認をえて公表された各競馬会の日程には一二月二〇日（土）、二一日（日）、二七日（土）、二八日（日）の東京ジョッケー倶楽部（板橋競馬場）も含まれていたが、競馬熱を「冷ます」という馬政局の政治的判断で中止された。総武競馬会も東京ジョッケー倶楽部と同じく、馬政局の中止要請を受けていたが、応ぜず、一一月一一日（土）、一二日（日）、一八日（土）、一九日（日）と開催した。関西では、関西競馬倶楽部（関西競馬場）が一一月一七日（日）、一八日（月）、二四

日(日)、二五日(月)に第一回、ついで年が明けた一月五日(日)、六日(月)、七日(火)にも開催した。

以下、総武競馬会第一回は先にふれたので、日本レース倶楽部から時系列順で各開催のレースを紹介していく。繰り返しておけば、配当金額はアナ(単勝式馬券)一枚五円に対するものだった。

## 1 日本レース倶楽部秋季開催、一〇月二五日、二六日、一一月一日、二日

この開催の売上高は一二二万七六〇〇円(1)、根岸での史上初の一〇〇万円超え、根岸も馬券熱とともに存在するようになった。そしてこの馬券熱と関連していたが、この開催の最大の出来事が三日目の騒擾事件だった。この事件が、倶楽部、競馬界、社会に与えた衝撃は大きかった。競馬は新たな位相に入っていた。なおこの開催から、日本レース倶楽部は、抽籤豪州産馬に関して、「本倶楽部に於いて共同購入抽籤せる馬匹を云う」と規定して、他の競馬会の抽籤豪州産馬の出走が不可であることを明記(2)、また異議申立があった場合、その裁定が下されるまで着順を確定せず、払戻も行わないこととした(3)。そして根岸でも、川崎にならいこの開催からバリアー式のスターティング・ゲートを設置した(4)。

レースのカテゴリーは、抽籤中国産新馬、明治四〇年春季抽籤以前の中国産馬(以下、「中国産馬」と記す)、明治四〇年春季抽籤中国産馬、抽籤豪州産新馬、明治四〇年春季抽籤以前の豪州産馬(以下、「豪州産馬」と記す)、明治四〇年春季抽籤豪州産馬、豪州産馬及び内国産馬、内国産馬の八(5)。各カテゴリー別の賞金とレース数は、抽籤中国産新馬が一着三五〇円、二着一〇〇円、三着五〇円が三、一着三〇〇円、二着一〇〇円、三着五〇円が一、優勝戦はなくコンソレーション(開催未勝利馬限定)が一着三五〇円、二着一〇〇円、三着五〇円が一の計五。中国産馬が一着四〇〇円、二着一〇〇円、三着五〇円が一、一着四五〇円、二着一二五円、三着七五円が一、チャイナ・ダービーが一着五〇〇円、二着一五〇円、三着七五円、明治四〇年春季抽籤中国産馬限定が一着三五〇円、二着一〇〇円、三着

五〇円が二、一着三〇〇円、二着一〇〇円、三着五〇円が一、双方あわせての優勝戦一着六〇〇円、コンソレーション一着三五〇円、二着一〇〇円、三着五〇円の計八。抽籤豪州産新馬が一着七〇〇円、二着二〇〇円、三着一〇〇円が一〇、優勝戦一着八〇〇円、コンソレーション一着六〇〇円、二着一五〇円、三着七五円が二の計一三。豪州産馬が、一着六〇〇円、二着一五〇円、三着七五円が六、ヨコハマ・ダービー一着七〇〇円、二着二〇〇円、三着一〇〇円が一、明治四〇年春季抽籤馬限定一着四五〇円、二着一五〇円、三着七五円が一、双方あわせての優勝戦一着七五〇円、コンソレーション一着五〇〇円、二着一五〇円、三着七五円の計一〇。豪州産馬及び内国産馬が一着エンペラーズ・カップ、二着二〇〇円、三着一〇〇が一、内国産馬が一着五〇〇円、二着一五〇円、三着七五円が三。全レース数四〇、新馬も含めた中国産馬が一三、豪州産馬が二三、豪州産馬及び内国産馬が一、内国産馬が三、賞金総額三万五一五円。各カテゴリー別のレース数は春季と、抽籤中国産新馬二減、中国産馬一増、豪州産馬と内国産馬は変らず、全レース数は一減となったが、賞金は二四四〇円の増。豪州新馬の一着が五〇〇円から七〇〇円、内国産馬の一着が三〇〇円から五〇〇円に引き上げられた結果だった。馬政局賞典は、初日第九レース内国産馬に五〇〇円、四日目第二レース抽籤豪州産新馬優勝に八〇〇円の計一三〇〇円だった。

以下、中国馬を除き、各カテゴリー別にレースを紹介してゆく。

図1　「秋季根岸競馬の光景」

（『横浜貿易』明40・10・31）

### 内国産馬

まず内国産馬のレースから。三日目を除いて一日一レース、勝ち抜け制で計三レースを実施した。賞金は一着五〇〇円、二着一五〇円、三着七五円。春季開催までは中国産馬より低い一着三〇〇円、二着一〇〇円、三着五〇円だったが、そこから引き上げられた。斤量は一三五ポンド（約六一・二キロ）、根岸での勝鞍一勝毎に五ポンド増、ただし一五ポンドを超えない、だった。主な出走馬は、イダテン、ハコダテ、スイテン、そして「新馬」のタマノオ。タマノオは騸馬、六歳、体高五尺一寸（約一五四・五センチ）、下総御料牧場産(6)。盛岡でこの明治四〇年五月開催された臨時競馬の優勝戦に勝ち、その能力を見込んで麻布獣医学校長與倉東隆（元駒場農学校教授）が購入した馬、開催前から評判を呼んでいた(7)。園田実徳は、持馬のハナゾノ、ホクエンらをこの開催には出走させなかった。

内国産馬の一戦目は初日第一〇レース、四分三マイル、六頭立。初日の天候は「恰も半晴にて寒からず暑からざる好駈け頃」だった(8)。このレースは内国産馬の優勝戦の位置づけで、勝馬には馬政局から五〇〇円の賞典が交付された。イダテン、ハコダテも出走したが、タマノオが一・六倍の一番人気。各馬の斤量は、根岸の勝鞍があるイダテンとハコダテが一四〇ポンド（約六三・六キロ）、初登場のタマノオ一三五ポンド（約六一・二キロ）。タマノオが先行、イダテンが二番手、ハコダテが三番手。三〜四コーナーで、イダテンが半馬身差まで追い上げたが、直線に入りタマノオが仕掛けてリードを広げ、そのまま押し切った。勝時計一分二七秒。タマノオが前評判通りの強さを見せた。配当八円。二馬身差の二着がイダテン、それから八馬身差の三着がハコダテだった。表彰式は、倶楽部の役員が立会い、ヒップヒップフラーの歓声のなかで與倉が賞典を受けた。

二戦目は二日目第九レース、一マイル、六頭立。イダテン、ハコダテに加えてスイテン、それにキヌタも出走してきた。この日も好天気。キヌタは、盛岡牧場産、木村重太郎が四〇〇〇円で購入、この馬も開催前から評判を呼んでいた(9)。各馬の斤量はイダテン、ハコダテ、スイテンが一四〇ポンド、キヌタが一三五ポンド。一番人気は一・七倍のイダテン。脚の不調が伝えられていたスイテンは人気を下げていた。イダテンが好スタートを切って先行、キヌタ、スイテンの順でこれを追走、ハコダテはその後に置かれた。シェイクスピアでスイテンが追い上げにかかったが、本来の脚が見られず、イダテンがそのまま先頭でゴール。三馬身の二着がスイテン、さらに三馬身差の三着がキヌタ。ハコダテは着外に終わった。勝時計一分五五秒三二。配当八円五〇銭、イダテンが人気に応えた。後から考えれば、能力的にスイテンがイダテンに負けるはずがなかったが、スイテンの脚はやはり万全ではなかった。

三戦目が四日目第一レース、一マイル四分一、七頭立。この日は、三日目に引き続いて快晴だった。各馬の斤量は二日目と同じ。脚部の不安を抱えていてもスイテンが一・三倍の圧倒的一番人気。一周目のスタンド前、キヌタが先行、ハコダテが二番手、スイテンは出遅れて三番手を進んだ。二コーナーの坂をあがって向こう正面でスイテンが一気に追い上げて、キヌタ、ハコダテを交わして先頭に立ち、そのまま楽な手ごたえで勝った。ハコダテが食い下がって二馬身差の二着。キヌタは、さらに八馬身差の三着であった。勝時計二分二七秒。配当六円五〇銭。

このように根岸では「新馬」のタマノオが強さを見せ、イダテンもメンバーによってはまだ力が通用することを結果として示した。スイテンは、脚部に不安があったが、そのなかでも勝ってまがりなりにも力は見せた。ハコダテは勝てなくなっていた。キヌタは期待外れ、この後の各開催でも勝鞍をあげることはなかった。

## 豪州産馬

ついで豪州産馬、このカテゴリーの第一の注目はやはりメルボルン二世だった。今開催から平沼八太郎、仮定名称スナイプの単独名義となった。開催前、太目で調教も不調と伝えられ、つぎのような「悲観説」が流れていた(10)。

メルボルン二世の近状に就て昨今頻りに悲観説を唱ふるものあり、其説に曰く同馬に春季レース後、多量の内地産小麦の搗粉を食料とせる結果脂肪腹部に停滞し、加ふるに本月初旬調教の頃は毛布を以て蔽い、為めに著しく皮膚を弱めしに依り、昨今は思わしき時を出さず、二三日朝の如きも一哩に約二分を要したる程なれば、同馬の得意とする二日目の一哩半も或は息切れの為め勝機を失するやも料られずと、是れ稍や穿てる説ながら参考の為め掲ぐ。

だがメルボルン二世は、その「悲観説」を簡単に吹き飛ばした。エンペラーズ・カップを獲得した豪州産古馬のチャンピオンクラスのローテーションは、初日コロニアル・プレート、二日目ヨコハマ・ダービー、三日目コスモポリタン・ハンデキャップ、四日目オーストラリアン・ウイナーズ・ハンデキャップ（豪州産馬優勝戦）。メルボルン二世も当然、この路線を歩んだ。春季開催は、同じローテーションで、初日コロニアル・プレート、四日目オーストラリアン・ウイナーズ・ハンデキャップで敗北を喫していた。なお豪州産牡馬の馬齢斤量は、三歳一二五ポンド（約五六・八キロ）、四歳一三〇ポンド（約五九・〇キロ）、五歳一三五ポンド（約六一・三キロ）、六歳一四〇ポンド（約六三・六キロ）、牡馬は五ポンド増(11)、今開催の出走馬もすべて牡馬だった。このカテゴリーの斤量規定は、馬齢、通算四勝以上が一勝毎に三ポンド増、ただし一五ポンドを越えない、だった。

緒戦は、初日第二レース、コロニアル・プレート、四分三マイル、六頭立、一着六〇〇円、二着一五〇円、三着七五円。有力馬の斤量は、メルボルン二世一四六ポンド（約六六・三キロ）、ヒタチ一五二ポンド（約六九・〇キロ）、パルマバイオレット一三八ポンド（約六二・七キロ）、ミツビキ（旧ゴールドスター）一四三ポンド（約六四・九キロ）、ソーヤ一三七ポンド（約六二・二キロ）。メルボルン二世は「悲観説」と斤量が嫌われたのか三番人気、一番人気はデビュー以来六年目となる古豪のヒタチ、二番人気はパルマバイオレットだった。

レースは、メルボルン二世がハナを切り、パルマバイオレット、ヒタチ等が二番手を追走、ヒタチが残り半マイルから仕掛けていったが、メルボルン二世を捕らえきれず、一馬身差の二着、さらに二馬身差の三着がこの距離得意のミツビキだった。勝時計一分二三秒三七、配当一五円。この好配当は、つぎのように報じられた(12)。

此の配当一五円とは驚く可き拾い物で、恐らくメルボルンの配当としては頗る珍しい方であろう。誰やらが是れだから競馬を止められぬと笑ったのは、無理もない話しである。

二日目、メルボルン二世は、第二レース、ヨコハマ・ダービー、一マイル二分一、一着七〇〇円、二着二〇〇円、三着一〇〇円、に出走を表明した。登録は一七頭だったが、残りの一五頭はメルボルン二世の出走を前に回避、また出走と見られていたヒタチも騎手伊庭野次郎の病気を理由に回避、そしてメルボルン二世の持主の平沼八太郎も他馬の「付合的」な出走を望まなかったことで、単走になったようである。ちなみに伊庭野は初日、二万六〇〇〇円で譲渡されてこの開催で評判を呼んで圧倒的一番人気で出走したヒヨシで敗戦（後述）、そのショックもあっての「病気欠場」だった。

メルボルン二世は、一四六ポンド（約六六・三キロ）を背負い、二分五六秒六〇で駆け抜けた。ちなみに春季開催のヨコハマ・ダービーのヒタチの勝時計は二分四七秒三七だった。当時の根岸の規定では単走の場合、賞金はそのレースの全登録料だけだったが、倶楽部は特に一着賞金を与えた。これを報じた横浜貿易新報も、二日目のレース総評で、メルボルン二世の単走は、「優秀馬匹の一に対し他馬が抵抗し得ざる場合」であるとし、また、倶楽部が規定を改めて、メルボルン二世に一着賞金を与えた経緯に関しても、「今季レース中の美譚の一として」、つぎのように評した(13)。

……ただに馬匹のために名誉たるのみならず、馬匹改良の上より論ずれば優逸抜群の最良貴種を輩出せる馬場は全国の牧場に向って其の範を表白したる効果の大なるを見るに余りあり、特に此単走が第二日目の横浜ダービーに於て現はれたりとせば第二メルボルンの為めに名誉中の最名誉、光栄中の最光栄として馬史上に錦名を伝ふるの値あり……（単走の場合、賞金は全登録料だけの規定）然るに倶楽部は当日メルボルンが単走となれる事情と其の持主が敬すべき行為を表明し、一に名誉の為めにせる事等に切なる同情を寄せ、規定を改めて所定の一着賞を其侭贈与する事とせり、乃ち此一事は持主の濸懐と馬匹の優秀とがクラブを動かして茲に至らしめたるものにして、クラブもまた此次の規定改良に依りて根岸レースの根岸レースたる特色を発揮すること数段たるは勿論、今季レース中の美譚の一として永く記念せらるべき出来事たるべし。

ちなみに、メルボルン二世は、イスズ時代の明治三九年一一月二四日東京競馬会第一回開催初日第八レースでも単走となっていたが、「馬場の名誉として、将た馬匹改良の理由」から、一着賞金全額の「贈与」を受けていた（第3章第3節）。

三日目第八レース、コスモポリタン・ハンデキャップ、一マイル、一着六〇〇円、二着一五〇円、三着七五円。メルボルン二世のハンデは満量（ハンデの上限）一六〇ポンド（約七二・六キロ）、それでも一・七倍の一番人気。一五五ポンド（約七〇・四キロ）という二番目に重いハンデのヒタチも、メルボルン二世との差はあったが、人気を集めていた。レースは、一一八ポンド（約五三・六キロ）という軽ハンデのラジカル（明治三九年秋季抽籤馬）が先行、二番手がヒタチ、メルボルン二世はその後を追走。途中、パルマバイオレットが転倒、それにポピンジェイが躓いて騎手を振り落としたが、先行グループには関係なかった。ちなみにこの二頭は、E・C・デービス、仮定名称ノーフォークの名義だった。直線に入ると、ブレメン（明治三九年秋季抽籤馬）とソーヤ（同）が猛然と追い込んできて、一旦はメルボルン二世を交わし、場内騒然となったが、神馬惣作騎手が懸命に追うのに応えて差し返し、結局、ブレメンに一馬身差をつけて、ここも制した。ソーヤが二分一馬身差の三着。勝時計一分四九秒三二。配当八円五〇銭。メルボルン二世の勝ちに万歳と叫ぶ者、また「メルは強いね」「矢っ張り横綱だな」「然し随分ハラハラさせたぜ、嚇かしやがるじゃ無いか」、との声もあがったという(14)。

メルボルン二世の四戦目は、豪州産馬の優勝戦、第三レース、オーストラリアン・ウイナーズ・ハンデキャップ、（明治四〇年秋季抽籤馬を除く）、今開催勝馬登録義務、一マイル八分一、一着七五〇円及び馬政局賞典八〇〇円、五頭立。メルボルン二世のハンデはここも一六〇ポンドだったが、一・五倍の一番人気。二番人気は今開催のエンペラーズ・カップを勝ったラカンテニヤ、三番人気がこの明治四〇年春季抽籤馬でロシア公使バクメチエフの持馬トーマリン。各馬の馬券売上概数は、メルボルン二世が四〇〇〇以上、ラカンテニヤが七〇〇、トーマリン四〇〇。レースは、二コーナー過ぎの坂を上ったところで先頭に立ったメルボルン二世が、そのまま押し切った。二着トーマリンとの差は六馬身、勝時計二分五秒六〇。力の違いを見せつけた。「悲観説」が流れていたが、このように終わってみれば四戦四勝、獲得賞金三四五〇円、馬政局賞典八〇〇円、計四二五〇円だった。

一方の古豪ヒタチ、名義は引き続き河北直蔵。初日コロニアル・プレート、三日目コスモポリタン・ハンデキャップで、それぞれメルボルン二世の二着。これまでのヒタチであるならば、オーストラリアン・ウイナーズ・ハンデキャップに出走するのが通例だったが、今開催は未勝利、四日目のコンソレーションに臨んだ。第五レース、今開催未勝利限定の豪州馬ハンデキャップ、一マイル四分一、一着五〇〇円、二着一二五円、三着七五円、五頭立。ハンデは、ヒタチ一五〇ポンド（約六八・一キロ）、ブレメン一三〇ポンド（約五九・〇キロ）、モンブラン一一二ポンド（約五〇・八キロ）、ソーヤ一三一ポンド（約五九・五キロ）、パトリシア一三三ポンド（約六〇・四キロ）。一番人気は、エンペラーズ・カップで三着の判定を下されたが実際には勝っていたと思われるソーヤ。軽ハンデの利も見込まれていた。ヒタチが二番人気、ついでパトリシア、ブレメン。ハナを切ったのはパトリシア、道中の隊列は、ヒタチ、ブレメン、ソーヤ、モンブランの順。向こう正面半マイル地点で、ヒタチ、ブレメンが、パトリシアに並びかけ、ソーヤ、モンブランもあがっていった。直線、五頭の追い比べになった。そのなかから半馬身抜け出したのがヒタチ、二着ブレメン、さらに半馬身差の三着がモンブランだった。勝時計二分一九秒三〇、自らの明治三七年秋季開催の二分一九秒六〇を僅かに〇・三秒とはいえ破るレコード。配当は二二円。ヒタチとしては好配当。この勝利に「ヒタチの名誉は尚依然として衰えず」との評もあがったが(15)、引退までに残された時間はそれほどなかった。

### 抽籤豪州産新馬

そしてこの開催、メルボルン二世やヒタチよりも大きな話題を呼んでいた豪州産馬がいた。ヒヨシだった。六月中

図2　「木村重太郎氏の持馬例の二万六千円のヒヨシ」

（『競馬世界』第3号、明41・1・15）

旬、この秋季開催の抽籤豪州産新馬として四二頭（全頭牝馬）が到着(16)。配布価格は一頭九四〇円、これまでが五〇〇円であったことと比較してほぼ二倍(17)、それでこの明治四〇年秋季抽籤馬は千円馬と称されることになった(18)。ちなみにこの内、調教を進めることができたのは三八頭(19)。根岸競馬場での調教は、八月一九日から開始された(20)。そのなかでひときわ目立つ馬体をもち、抜群のスピードを見せて、非常な評判を呼んでいたのが、日本レース倶楽部の書記ジョージ・フードが配布を受けた栗毛の馬だった(21)。フランス人の有力オーナー、アール・ルーネンも「頗りに嘆称して二万円の価値あり」と評していたという(22)。

この評判の高まりにフードは手離すことを決め、せりにかけた。実際強いかどうかは走って見なければわからないが、せりに出せば確実に高く売却できる。せりは熱気を帯び、五〇〇〇円、六〇〇〇円、そして一万円、さらに一万五〇〇〇円、ついに二万円を越え、結局二万六〇〇〇円で落札、せり落としたのは木村重太郎。ちなみにこの春のメルボルン二世（旧イスズ）の譲渡価格は一万円(23)、それもデビュー前の明治三九年秋季開催で圧倒的な強さを発揮したのを受けてものだったから、デビュー前の馬の価格としては異常な高さであった。ただし、いつの時代も価格が競走成績にそのまま反映するとは限らない。木村重太郎は、先にも紹介したように、横浜の実業界の中心的人物で多額納税の貴族院議員を務めたこともある木村利右衛門の長男、父親の事業経営にかかわるとともに、競馬にも強い意欲を示し、明治三〇年代からカチドキなどの活躍馬を所有、京浜競馬倶楽部とその営利会社の設立の中心となったのをはじめとしてその他の競馬会、営利会社の設立にもかかわった。二万六〇〇〇円は、当時の帝国議会議員と現在の国会議員のそれぞれの歳費二〇〇〇円と二一八一万円で単純に換算すると二億八三五三万に相当、木村の競馬にかける意欲と黙許時代の熱気が生み出した金額だった。木村は、この馬をヒヨシ（日吉）と名付けた。

ただしヒヨシを購入した資金の内、二万円（約束手形）は平沼八太郎から出ていたようである(24)。その「契約条件」は、ヒヨシが評判通りの駿馬であったら平沼が半額を負担して共有する、期待外れの「駄馬」であったら木村が全面的に「背負込む」、斃死したらこれも全部木村の負担というものだったという。平沼八太郎は、先にも紹介したように、仮定名称スナイプ、メルボルン二世のオーナー、横浜の大実業家の専蔵の二男で、横浜銀行取締役などを務めていた。ヒヨシの調教には、当時のトップジョッキーの一人伊庭野次郎があたり、開催が近づくにつれ、さらにその評価はつぎのように高まっていた(25)。

頭肩部及び背腹部の完全なる発達と、飛節の軽快悍威の鋭凛たると、皮毛一切の柔軟精緻なる点とを一見しては、新馬三八頭中抜群の最上美格として、サラブレッド純血種中の唯一貴種として、何人もヒヨシを駿足と認めざるは無かるべし。

こうしてヒヨシは秋季開催を迎えた。この開催、抽籤豪州産新馬は抽籤番号の偶数だったものをA級、奇数をB級に分類して番組が編成された(26)。ヒヨシはB級。開催初日、この抽籤新馬を対象として、四分三マイルと一マイルのレースがA、Bそれぞれ一つずつ計四レースが組まれていた。このカテゴリーの賞金は一着七〇〇円、二着二〇〇円、三着一〇〇円、斤量は馬齢、ただし新馬は五ポンド減。第五、第六レースが四分三マイル、第八、第九レースが一マイル、第五、第八がA級、第六、第九レースがB級だった。ヒヨシが、第六、第九レースがいずれに出走してくるか、そして勝つのは当然として、どんな勝ち方を見せるか。調教ぶりから、ヒヨシが短距離馬ではないかとの評価もあったが、ヒヨシが選んだのは第九レース。いよいよ二万六〇〇〇円馬の登場だった。斤量一三二ポンド（約五九・九キロ）。ヒヨシが圧倒的な一番人気、馬券の売上枚数三六〇〇以上、他の七頭を合わせても五、六〇〇枚。仮に三六〇〇枚と六〇〇枚とすれば、ヒヨシのオッズは一・〇五倍。

図3　「秋季根岸競馬会（第一日）」

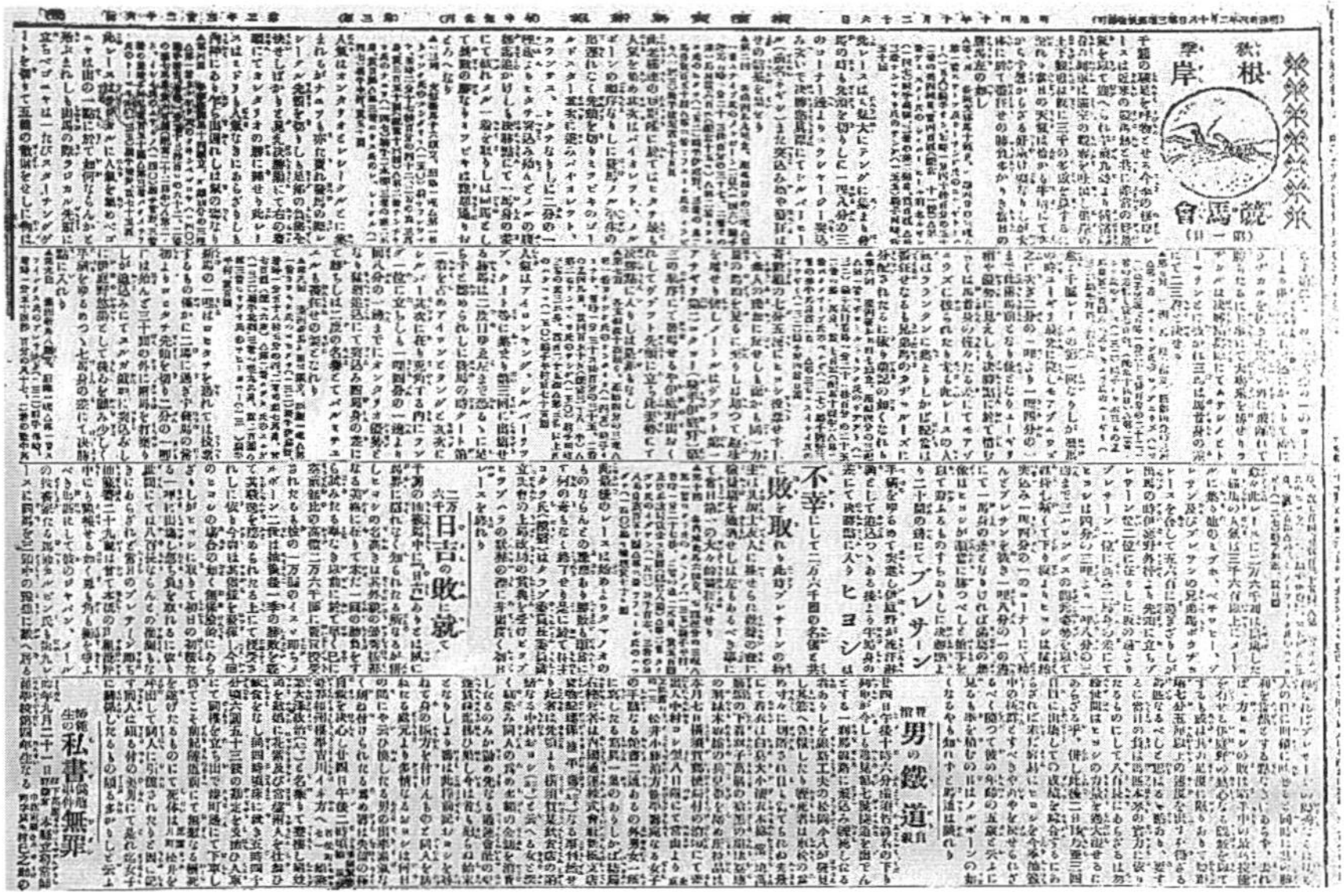

秋季根岸競馬會

不幸にして二万六千圓の名優 ブレサーン 敗を取る

二万六千圓 日吉の敗に就て

男の鐵道

私書無罪

ヒヨシの敗戦が大きく報じられている（『横浜貿易』明40・10・26）。

ヒヨシが外枠からハナに立ち、ブレサーンが二番手。一コーナーから二コーナーでボジョレーズが先頭に立ち、ヒヨシが二番手、三番手がブレサーン、向う正面はそのままの態勢で進み、ツリーズでヒヨシがボジョレーズを交わして先頭に出た。ブレサーンも仕掛け、直線いい脚でヒヨシに迫っていった。ゴール手前でヒヨシの脚色が鈍り、ついにブレサーンがヒヨシを半馬身交わしてゴール。ブレサーンの斤量も一三二ポンド。ヒヨシの力負けであった。勝時計一分五四秒八七、配当一三五円、二七倍の大波乱になった。ちなみにA級の第八レースの勝時計は一分五八秒八〇。四秒このレースの方が早かった。

オーナーの木村は、この敗戦に怒ったのか、あるいは落胆したのか、レース後、競馬場から姿を消してしまった。木村も、また当時は騎手も馬券を買うことができたから、木村も伊庭野も馬券で損害を蒙った可能性が高かった。二日目、木村は、ヒヨシに名手坪内元三郎を乗せた。伊庭野は、二日目以降は病気を理由に他のレースにも騎乗してこなかったが、木村はそれがなくても、伊庭野を降ろしていたはずであった。二日目のメインは、エンペラーズ・カップ。ヒヨシには出走という選択肢もあったが、そうはしなかった。経験を積んでいうこともあったが、それは後日、「帝室御賞典受領受合保険付で売るため」でもあったという(27)。他の新馬たちのオーナーも、「千円を投ぜる事とて今季は名よりも実を取るを利益とする点なきにあらず」と回避した(28)。

二日目には新馬のために三レースが用意され、第三レースがA級、第四レースがB級、ともに一マイル八分一、斤量馬齢、ただし初日勝馬一五ポンド増量、第七レースがA、B混合で四分三マイル、初日勝馬出走不可。賞金は初日と同様に一着七〇〇円、二着二〇〇円、三着一〇〇円。ヒヨシは第四レース、六頭立に出走。初日の敗戦があっても、また距離が約二〇〇メートル伸びても、ヒヨシは圧倒的一番人気だった。オーナーの木村も「今日負けたら俺は腹を切る」とまで公言していたという(29)。そしてヒヨシは、その人気に応え、衝撃的な走りを見せた。乗り替わった坪内は、ヒヨシにハナを切らせた。気分よく走らせてそのスピードを活かすためであった。ヒヨシは、それに応え、一〇馬身、あるいは二〇馬身差をつけて、二分六秒五〇で圧勝した。配当八円。ヒヨシは、ゴール後も、勢い余って一周してしまったという。「嗚呼ヒヨシは如何にも駿足なり新馬中の抜群なるべし」というのがこのレースの評価だったが(30)、この一走だけでヒヨシの力を断ずるのはまだ早かった。

新馬のために三日目にはハンデ戦、四日目には優勝戦が組まれていた。ヒヨシとメルボルン二世の対戦を望む声もあったが、ヒヨシは新馬限定戦第五レース、ハンデキャップ、一マイル四分一、六頭立に出走した。賞金は、ここも一着七〇〇円、二着二〇〇円、三着一〇〇円。ヒヨシのハンデは、新馬の上限一五〇ポンド（約六八・一キロ）、見込まれていた。他の五頭は二頭が一二一ポンド（約五四・九キロ）、一二四ポンド（約五六・三キロ）、一二九ポンド（約五八・六キロ）、一三〇ポンド（約五九・〇キロ）。ここでもヒヨシは一・四倍という一番人気。そしてその人気に応えた。道中三番手から二コーナーの坂を上がった地点で先頭に立ち、そのまま差を広げていった。坪内騎手は少しも追わず、そのまま七馬身差をつけて楽勝した。勝時計二分二一秒一六、配当七円。

初日の敗戦を完全に払拭するためには、新馬の優勝戦、四日目第二レース、ハンデキャップ、今開催勝馬登録義務、一マイル八分一、一着賞金八〇〇円、を圧勝すればよかった。出走してきたのは五頭。各馬のハンデは、ヒヨシがここも一五〇ポンド、二番目に重いのがペネロピーの一二八ポンド（約五八・一キロ）、残りの三頭は一〇七ポンド（約四八・六キロ）、一〇九ポンド（約四九・五キロ）、一二五ポンド（約五六・八キロ）だった。初日ヒヨシを破ったプレサーンは出走してこなかった。ヒヨシは、この重いハンデだったが、ここも一番人気。ヒヨシは先行、二コーナーの坂を上った地点では後続に一〇馬身の差をつけていた。シェイクスピアでペネロピーが仕掛けてその差を詰めてきた。ヒヨシの脚色が鈍り、その差が詰まり、直線に入ると二頭の追い比べになったが、ハンデ差が二二ポンド（約一〇・〇キロ）もあって、明らかにペネロピーの方が勢いがあった。そしてペネロピーがヒヨシを一馬身半交わしてゴール。勝時計二分五秒七〇。レコードに〇・三秒足りなかったが、二日目のヒヨシの時計を〇・八秒上回る好時計だった。配当は二七円五〇銭。ちなみに馬券の売上概数はヒヨシ四〇〇〇に対して、ペネロピー七〇〇〇だった。

ペネロピーは、初日ヒヨシが二着だった第九レースの新馬戦で三着、二日目ヒヨシが圧勝した第四レース新馬戦では着外に終わっていた。デビュー前、調教時の動きから、ペネロピーの評価も高かったが、脚を痛め、調教をひかえたところ「油が全然付いて了った」のが、初日、二日目の敗戦の原因になっていたという(31)。だがそれから中五日、熱心な調教を積んで本来の動きを取り戻し、三日目第三レース、一マイル、新馬ハンデキャップ戦、一〇頭立を一分五〇秒七〇で初勝利をあげた。二着に六馬身差をつけた楽勝、配当一八円。優勝戦、ヒヨシから離されてはいたが、この勝ちぶりが評価されての二番人気だった。

ヒヨシの敗戦は、つぎのように揶揄された(32)。

> 愈々四日目の優勝レースで又してもペネロピーの為めに、至極鮮やかな勝星を取られて了った。サア今度は腹帯がゆるんだ訳でもあるまい。何うしたんでしょうと傍人が血相変えて尋ねるから、二万六千円が重かったんでしょうと言えば、ハハア成程、西洋は金貨ですからね、と済まされたには、呆れて二の矢が継げず。

この揶揄は別にしても、後から考えれば、ペネロピーも力があり、そこにこのハンデ差が加われば、ヒヨシの敗戦も仕方がない面があった。ペネロピーの力は、この後、三週間後、京浜競馬倶楽部の二日目でメルボルン二世を破ることで立証されることになる。なお明治四一年春季がヒヨシ改めレデーヴオユー、同年秋季はペネロピーが、エンペラーズ・カップを獲得し、この明治四〇年秋季抽籤馬、千円馬組の強さを見せることになる。ヒヨシはまだ五歳、メルボルン二世のように強くなる可能性もあると今後の成長を期待する向きもあったが(33)、前評判が高かっただけに、四戦二勝二着二回、獲得賞金一六〇〇円の成績では、馬主の木村重太郎にとってはまったくの期待外れであった。

## エンペラーズ・カップ

この開催のエンペラーズ・カップも開催二日目、今回も倶楽部会頭の駐日英国大使マクドナルドが八月一三日付で宮内大臣田中光顕宛に行幸、行啓を願い出たが、もちろん実現せず、一〇月一五日付で天皇の名代として東伏見宮依仁が差遣されることがマクドナルドに通知された(34)。二六日当日、会頭のマクドナルド、役員の周布公平県知事が東伏見宮を出迎え、先導にあたった(35)。なお皇太子は、先にふれたように韓国、九州の行啓中だった。

繰り返せば、エンペラーズ・カップのレース条件は、明治三八年春季開催から固定化されており、一着天皇から下賜のカップ、二着二〇〇円、三着一〇〇円、豪州産馬及び内国産馬、一マイル、斤量エントリー時三勝以下馬齢、エントリー時四勝以上の馬は一勝毎に三ポンド増、ただし一五ポンドを超えない、抽籤豪州産馬で日本国内二開催目の出走馬三ポンド減、未勝利馬五ポンド減、減量は積算、抽籤豪州産新馬一二ポンド減、エントリー以降の勝馬五ポンド増量、これまでのエンペラーズ・カップの勝馬出走不可だった。

当時の最強の豪州産馬メルボルン二世は春季開催でカップを獲得していて出走権がなく、また二万六〇〇〇円で購入された新馬のヒヨシも不出走を表明したことで、チャンスが大きいと判断されたのだろう、この秋季開催の出走馬は一七頭に及んだ。サミユル・サミユル商会のE・C・デービス、仮定名称ノーフォークはパトシリア、パルマバイオレット、ポピンジューの三頭を出走させてきた。この内のポピジェーは、エンペラーズ・カップ獲得のために木村重太郎のチハヤを二五〇〇円で譲り受け、改名した馬だった(36)。京浜競馬倶楽部副会頭のJ・デケア・コグリン、仮定名称マジョールトリックは、ラカンテニヤ、ヴデット、貿易商の牧野暎次郎、仮定名称カナガワはクインベゴニア、カウンテス、第七十四銀行取締役の森謙吾、仮定名称タツタはソーヤを送り込んできた。同一馬主の出走馬はカップリングされたので、馬券的には、パトリシアたちが一番人気、ラカンテニヤたちが二番人気。穴党たちは、気性難を出さずコーナーでふくれなければとクインベゴニアに注目した。ソーヤは勝つ可能性もなくはないという伏兵の評価だった。

レースは、クインベゴニヤがスタートできずに脱落、一六頭の争いになった。デービス所有のパトシリア、パルマバイオレット、ポピンジューの三頭が先行。向う正面では、この三頭と残りの一三頭の差は六馬身以上あった。ラカンテニヤが仕掛け、シェークスピアでこの三頭に接近、ソーヤもあがっていった。直線、パトリシア、ラカンテニヤ、ソーヤ三頭の叩き合いとなり、三頭一歩も譲らず、一団でのゴールとなった。審判はソーヤ三着、ラカンテニヤとパトリシアの一着同着との判定を下した。当時はもちろんまだ写真判定ではなく、ゴール前に設置された審判小屋で複数の審判員が肉眼で判定していた。この開催の審判はH・T・S・グリーン、副審判はE・C・デービス、パトリシアのオーナーだった。勝時計一分五〇秒一七。配当はラカンテニヤ、ヴデットが八円、チハヤ、パーマバイオレット、パトリシアが七円五〇銭だった。

第七レース後、両馬にとっては約四五分の休息を挟む格好で、決定戦が行われた。規則に従えば、最終レース後であったが、東伏見宮の帰京の都合で早めて実施された(37)。ちなみにその決定戦までの間、東伏見宮は、マクドナルド、ロシア公使バクメチエフ、ベルギー公使アルベール・グルタン、周布知事らを召してシャンペン、茶菓を下賜した。人気はラカンテニヤ七に対してパトリシア三。スタートは両頭ともによかった。まずラカンテニヤが先行。しかしすぐにパトリシアがハナを奪い、シェークスピアでは二馬身の差をつけていた。だがそこからラカンテニヤが仕掛けてパトリシアを交わし、そのままリードを広げ、四馬身の差で楽勝した。勝時計は前回と同様だったという。配当六円五〇銭。ラカンテニヤは、体調不良で今季の出走が危ぶまれていたが、開催を前にして、やや回復し出走に踏み切っての勝利だった。ラカンテニヤの持主コグリンは、エンペラーズ・カップの表彰式の慣例に則り、東伏見宮に従った式部官からの祝辞とともに銀製花瓶を授与され、倶楽部会頭の英国大使マクドナルドの発声で、「ヒップ、ヒップ、フラー」の三唱、胴上げを受け、その花瓶を捧持して退場した。コグリンは嬉しそうにラカンテニヤの口を取り、夫人とともにシャンパンルームに引き上げた。なおシャンパンルームは、勝馬の馬主が祝賀の乾杯を行う部屋だった。

このような再レース、セレモニーの一方で、エンペラーズ・カップの判定は誤審との声があがり、騒ぎとなっていた。着順発表を受けて、場内はどよめいた。多くの人の目には、勝ったのはソーヤ、ごく僅かの差の二着がラカンテニヤ、パトリシアは三着と見えていたからだったという。あちこちで疑問の声があがり、審判小屋に詰め寄って「ソーヤが一着だ」と叫ぶ者、さらには「審判者無能、競馬場を打ち壊せ」という怒号も飛び交い、騒擾まであと少しという緊迫した状況になった。かねて着順判定が西洋人の持馬に有利に下されているという不満があったところに、実際には三着のはずのパトリシアのオーナーのデービスが副審判だったこと、それに加えてこのレースのパトリシア、ラカンテニヤの馬券購入が「外人九分日本人一分の比例」であったこと(38)もそれに拍車をかけていたようである。観戦していた檜山鉄三郎は、「其の不公平を責め、こんな競馬は潰せ」と「怒鳴り」、馬政局馬政課長増田熊六騎兵少佐はやり直しを勧告したという(39)。だがこの騒ぎも、ソーヤのオーナーの森謙吾が、異議を申し立てずにこの判定を受け入れたこともあって、これ以上は大きくならなかった。とはいえ、こういった推移、決着に不満を募らせたのであろう、横浜貿易新報は、

図4 「ラカンテニヤ」

(『競馬世界』第1号、明40・11・15)

つぎのように記した(40)。

此レースの多数の観客は審判の宣示せる如くラカンとパトとに意を注げるに依り、ソーヤの勝を好まざるが人情なれど、何故乎損益を忘れて大にソーヤの勝を主唱し、ラカンとパトとを一着とするならばソーヤも一着とし三頭をして決勝レースを為さしむるを相当とすべしと云うもの多かりき、甚だしきは審判者が外人なりとの故を以て外人の馬に肩を持ち邦人の持馬を故さらに貶したるのみならず、森氏は役員の一人なれど絶えて外人と論議するが如き事なかりしほどの君子人なれば、正当の理由ありても無造作に看過するを例とするが故に、カップは遂にデチケス氏の有となりたれば、此事柄を紙上に載せ永久に記念とす。

事は競馬に過ぎなかったが、その競馬でも西洋人たちが主導権を握り続けること、その「専横」への不満が、折にふれてその後も顔を出すことになる。なおソーヤは、この後の東京競馬会秋季開催二日目第九レースで左前足を骨折、予後不良となる(41)。

## ミドリ号事件、根岸初の騒擾

そしてエンペラーズ・カップの疑惑の判定が伏線となって三日目の一一月一日、根岸の競馬の歴史の記録上初めての騒擾事件が引き起こされた(42)。きっかけになったのは、第一〇レース、明治四〇年秋季抽籤中国産新馬限定、ただし今開催勝馬出走不可、四分三マイル、斤量体高、一着賞金三五〇円、二着一〇〇円、三着五〇円、一〇頭立、このレースの一着同着馬の内の一頭が斤量規定違反で失格になり、一旦は的中となったその馬券が不的中となってしまったことであった。

このレースの抜けた一番人気はミドリ、ついでジョージア二世、三番人気がレシクール。この三頭の規定の斤量はそれぞれ一四八ポンド（約六七・二キロ）、一四四ポンド（約六五・四キロ）、一四七ポンド（約六六・七キロ）。レースは、ミドリとレシクールが先行していたが、直線、三番手から追い込みを見せたジョージア二世が差し切ったように見えた。だが判定はミドリとの同着。ところが後検量で、ミドリの騎手北郷五郎の斤量が一ポンド不足していることが判明、倶楽部は同馬の失格、馬券の払戻を行わないことを決定、その旨を発表した。この決定に、ミドリの馬券の購入者が、「斤量の真偽如何は問う所にあらず、唯だ勝敗の掲示とパリミュチュエル場払出口の掲示とを見るのみなれば、此掲示をみだりに取消すが如きは不法」と「非常に激昂」した(43)。現在でも、レース後の後検量で規定以上に負担重量から一キロ以上の不足があることが判明すれば、失格となり、馬券も不的中となるが(44)、当時も何ポンド以上の増減かは不詳だが、同様の規定だった(45)。ただレース後着順が掲示されるのは同じだが、現在では後検量が終了するまで着順が確定しないのに対して、当時はそれが不明瞭であり、少なくとも観客は着順が掲示された段階で確定と受け取っていたことだった。着順掲示後の失格、それも一・四倍という一番人気の馬券不的中の発表だった。

横浜在住の西洋人も含めて、観客たちは納得しなかった。騒ぎは一等スタンドから起こったという。興奮した観客の一群は、スタンドの役員の座席近くに押し寄せた。騒ぐ群集三〇〇〇余人。このなかで、「我々東京人は光輝ある九月五日の歴史を有せる」と叫ぶ者もいたという(46)。いうまでもなく九月五日の歴史とは、明治三八年の日比谷焼打事件のことだった。おそらくきっかけを作ったのは、騒ぎを煽動して、ある条件で落着させて、その「解決金」などをとるグループ（以下、「騒ぎ屋」と記す）だった。だが三〇〇〇余人というのは、騒ぎ屋だけの数字ではなかった。何かのきっかけで観客の不満に火がつくと競馬場では多くの人が騒ぎ立て、競馬会側に大きな圧力をかける群衆状態が現出するようになっていたことを示す数字だった。明治三八年九月の日比谷焼打事件、翌年三月、九月の東京の市街電鉄の運賃値上げ反対運動から大正七年の米騒動までの時期、東京を中心として都市での暴動が相次ぎ、この時期は「都市民衆騒擾期」とも呼ばれるが、競馬場もそういった空間になろうとしていた。

この事態を前にして倶楽部側は、五名の委員と役員が交渉することに同意した。翌年になると競馬場の騒ぎも増えていくが、その際も、このような「観客」の代表と倶楽部側の交渉、騒ぎ、観客の不満を背景にして競馬会側に要求をつきつけ、譲歩を迫る、という形態をとることが通例となるがその先行例となった。騒ぎは要求が通るまでおさまりそうになかった。交渉中の事務所は包囲され、焼打ちしろといった怒号が飛び交い、石も投げられ、硝子戸の一部も毀された。一一月初旬の横浜は、五時を過ぎると日は暮れ、その暗さも加わって場内は一層不穏になった。六時半頃、倶楽部側は、群衆の圧力に屈した格好で、馬券購入の元金五円を払い戻すことで委員との交渉には決着をつけた。だがこれで騒ぎは終わらなかった。一〇〇〇余人が、元金ではなく的中額七円の払い戻しを要求して気勢をあげ続けた。「会社の重役審判等の責任を問い解決しなければ大に公衆に訴えて制裁を求めるとの意気込み」だったという(47)。

このように騒ぎが続く一方で、ミドリの馬主、仮定名称ミヤコ（不詳）から、一ポンド（〇・四五四キロ）不足での失格決定に対する異議が申し立てられた(48)。倶楽部の規則には、斤量不足と判断される具体的なポンド（斤量）が規定されておらず、そういった場合は、ニューマーケット・ルールに則るというのが日本レース倶楽部の規則であった(49)。だが、そのニューマーケット・ルールでは「一ポンド位の不足を咎め」てはいなかった。そのことをミドリの馬主から依頼されて確認したA・L・プッフィエは、その旨の抗議書を起草し、倶楽部側に提出した。もしこれが騒いでいる内外の観客、あるいは交渉役の委員に伝わっていたとするならば、その勢いに拍車をかける役割を果たしていたであろう。ちなみに真偽は不詳だが、倶楽部にはニューマーケット・ルールが所蔵されていなくて、この後、京浜の書店を探したが見当たらず、電報でイギリスに注文したという(50)。

時間とともに人数は減ってはいったが、七円の払い戻しを求める騒ぎは、一向に収まる様子が見えず、深夜の一二時を超えてしまった。ついに警察が介入、倶楽部側を諭して七円の払い戻しを認めさせた。その時点で払い戻しを開始したのか、その前に五円の返還を始めていたとするならば差額分をどうしたのか、また翌四日目にもこの払い戻しに応じたのか、その点に関しては不詳だが、ともかくこれでようやく群衆は解散した。とはいえ競馬場は市街地から離れており、その多くは競馬場に泊りこんだはずである。倶楽部の損失は一万数千円に及んだという(51)。また倶楽部は、ミドリ側からの異議を却下していたが、この異議に対して逆に騒ぎを煽動したとしてプッフィエに「将来斯る行為なからんことを注意す」との書面を送ることを決議した(52)。プッフィエに責任を押し付ける意図が、そこにはあったという。またプッフィエは京浜競馬倶楽部常務理事だったが、日本レース倶楽部の役員たちは京浜競馬倶楽部に良い感情をもっていなかったから、そのこともこの対応につながっていたようである。

この責任問題は別として、騒ぎは騒ぎだった。そして繰り返せば、記録でみる限り、根岸競馬場で初めての騒擾事件だった。日本レース倶楽部は、その歴史を幕末以来に遡り、明治三一年までは度々の行幸も行われ、会頭は駐日英国大使であるということに象徴されるように、外交的、政治的な意味も持つ特別な存在であった。だがこの事件は、その根岸も、この馬券黙許時代の渦のなかに巻き込まれ、他の競馬場と同じような空間、存在となっていたことを露出させた。当然、この騒擾事件が倶楽部に与えた衝撃は大きかった。倶楽部役員のなかには、「相変らず治外法権時代の夢を見つつありて、役員等は今後一般観客を一等馬見所外に放逐せんと画策し、且つ漸次日本人の会員を除名せんと企て」者がいて(53)、また馬券を「会員及び招待券所有者に限りて発売するや否や」について「熟慮」もしていたという(54)。「其の傲慢不遜度し難し」というのが、それに対する横浜貿易新報の論評だった(55)。だが、騒擾の衝撃、波紋は、そういった倶楽部の姿勢を越えた広がりを持つものであった。

## 2 東京競馬会秋季開催、一一月九日、一〇日、一六日、一七日

東京競馬会は、一一月九日(土)、一〇日(日)、一六日(土)、一七日(日)、秋季開催を迎えた(56)。二日目帝室御賞典には伏見宮貞愛が差遣され、三日目には皇太子が代理を差遣、四日目には久邇宮邦彦、朝香宮鳩彦、北白川宮成久が臨場した。この開催の新たな出来事は、抽籤豪州産新馬を導入、そのレースを新設したこと、そしてコースを芝生化したことだった。なお時計は、土の時代とあまり変わらなかった。レースのカテゴリーとそのレース数は、こ

図5「池上の競馬（決勝点）」

（『日本』明40・11・10）

の抽籤豪州産新馬が一〇、東京競馬会及び京浜競馬倶楽部の春季抽籤内国産馬が五、東京競馬会秋季抽籤内国産新馬が一〇、内国産馬（明治三九年第一回開催抽籤馬も含む）が八、明治四〇年秋季以前の日本レース倶楽部抽籤豪州産馬（以下、「豪州産馬」と記す）が八、内国産馬及び外国からの輸入馬の各種馬が三、計四四レースだった。将校競馬は、先にふれたように陸軍大演習をひかえて頭数がそろわないことを理由に中止となっていた。出走頭数は、抽籤内国産新馬二七、抽籤豪州産新馬三〇、抽籤内国産馬一六、内国産馬二二、豪州産馬三六の計一三一、総数としては第一回一二五、春季一三八とあまり変わらない数だった(57)。

賞金は、抽籤内国産新馬が一着五〇〇円、二着一五〇円、三着七五円が八、優勝戦一着七〇〇円及び馬政局賞典五〇〇円、二着馬政局賞典三〇〇円、撫恤戦一着四〇〇円、二着一〇〇円、三着五〇円、池上と川崎の明治四〇年春季抽籤内国産馬が一着五〇〇円、二着一五〇円、三着七五円が四、一着四〇〇円、二着一〇〇円、三着五〇円が一。内国産馬が一着六〇〇円、二着一五〇円、三着一〇〇円が三、帝室御賞典一着御賞典、二着二〇〇円、三着一〇〇円が一、一着七〇〇円、二着二〇〇円、三着一〇〇円が一、一着八〇〇円、二着二〇〇円、三着一〇〇円が一、優勝戦一着九〇〇円及び馬政局賞典四〇〇円、撫恤戦一着五〇〇円、二着一五〇円、三着七五円。抽籤豪州産新馬が一着五〇〇円、二着一五〇円、三着七五円が八、優勝戦一着七〇〇円及び馬政局賞典六〇〇円、撫恤戦一着五〇〇円、二着一五〇円、三着七五円。豪州産馬が一着六〇〇円、二着一五〇円、三着一〇〇円が五、ダービー一着八〇〇円、二着二〇〇円、三着一〇〇円、優勝戦一着九〇〇円、撫恤戦一着五〇〇円、二着一五〇円、三着七五円。各種馬が一着六〇〇円、二着一五〇円、三着一〇〇円が一、一着七〇〇円、二着二〇〇円、三着一〇〇円が二。抽籤内国産新馬と抽籤豪州産新馬は馬政局賞典を除けば同一に設定。内国産馬と豪州産

馬もほぼ同一であり、内豪の差をつけていなかった。新馬と古馬では、これまで通り、古馬を高く設定していた。優勝戦の賞金は、春季開催よりも、豪州産新馬が六〇〇円から七〇〇円、豪州産馬が七〇〇円から九〇〇円、内国産新馬が五〇〇円から七〇〇円、内国産馬が七〇〇円から九〇〇円とそれぞれ引き上げられていた。総賞金三万四九〇〇円、第一回一万八八八〇円の一・八倍、春季開催三万一七二五円の一・一倍、ちなみに博覧会記念開催は三日間で二万二一七五円だった(58)。

新たに導入された抽籤豪州産新馬以外で、番組の変化で目立つのは、帝室御賞典がこれまでの三日目から二日目に移されたことだった。これにより、根岸の豪州産馬と同様に、チャンピオンクラスの内国産馬のローテーションは、二日目御賞典、三日目のハンデ戦、四日目の優勝戦になった。また各種馬のレースの新設だった。オーストラリア以外からの外国産馬、サラブレッドの輸入を視野に入れてのものだったが、この開催では該当馬はゼロ、内国産馬の出走もなかったので、豪州産馬のレースになった。その結果、事実上、豪州産馬のレースは、一着六〇〇円、二着一五〇円、三着一〇〇円がプラス一で計六、一着七〇〇円、二着二〇〇円、三着一〇〇円が二の増となった。

そして開催を重ねて、人々は競馬、馬券に慣れ、その熱気は高まっていた。天候は、初日は秋晴れの好天気、二日目も同様、三日目は曇天、時折細雨が降った、四日目一〇時頃から降り出した雨が終日続き、入場者数に多少の影響を及ぼしたが、売上は伸びた。あらかじめいっておけば、この開催の馬券売上高は、初日二九万四四九五円、二日目四一万七一五〇円、三日目四一万〇三二〇円、四日目四四万三五八〇円　計一五六万五五四五円(59)と春季開催一〇六万一一五五円の約一・五倍に伸びた。ちなみに第一回が約九六万円、博覧記念競馬が八一万五八四五円（四日間換算で約一〇九万円）だった。池上より先に開催

表1　明治四〇年秋季観覧者入場者数

| 開催日 | 招待会員券 | 1等 | 2等 | 小計 |
|---|---|---|---|---|
| 初日 | 約2,579 | 297 | 1,244 | 4,120 |
| 2日目 | 約3,718 | 400 | 1,876 | 5,994 |
| 3日目 | 約2,892 | 299 | 2,311 | 5,502 |
| 4日目 | 約3,305 | 354 | 1,989 | 5,648 |
| 合計 | 約12,494 | 1,350 | 7,420 | 21,264 |

＊「招待会員券」の「約」は史料ママ。この外に「飼養委任其他従者」に対し入場券1日平均1215枚付与していた（前掲『東京競馬会及東京競馬倶楽部史』第2巻、67頁）。

した根岸も同様だったが、馬券の売上は大きく伸びた。一、二等の有料入場者も増加、春季の一万六〇一八人（招待八八九二人、一等一七一五人、二等五四一一人）から秋季二万一二六四人（招待一二四九四人、一等一三五〇、二等七四二〇人）と約一・三倍になった(60)。このように入場者の伸びよりも馬券の伸びの方が上回っていた。一人当りの購買額が増加した結果だった。

各カテゴリーのレースは以下のものだった。

図6「ホクエン」

（『競馬世界』第3号、明41・1・5）

### 内国産馬

このカテゴリーの有力馬はハナゾノ、ホクエン、タマノオ、イダテン、ハコダテ、キンカザン、クインタツ、タカタマら。賞金は、帝室御賞典、優勝戦・撫恤戦などを除いて、一着六〇〇円、二着一五〇円、三着一〇〇円、斤量規定は馬齢、池上・根岸・川崎の一勝毎に二斤増、ただし二二斤を超えない、抽籤馬七斤減であった。なお馬齢の斤量は、三歳一一七斤（約五三・一キロ）、四歳一二五斤（約五六・八キロ）、五歳一三〇斤（約五九・〇キロ）、六歳一三三斤（約六〇・四キロ）、七歳以上一三五斤（約六一・三キロ）(61)。

このうちタマノオ、ホクエンらは初日第三レース、四分三マイル、一〇頭立に、ハナゾノ、イダテン、ハコダテ、クインタツらは第九レース、一マイル、第三レースの勝馬出走不可、一〇頭立に出走した。賞金に鑑みるとレースは同格、相違は距離だった。まず第三レース、一番人気は先の根岸で強い勝ち方を見せたタマノオ。そしてその人気通り、タマノオが力の差を見せつけ、ハナを切ってそのまま逃げ切った。キンカザンが二着。三着には出遅れたホクエンが入った。勝時計一分二九秒二〇、配当八円。ちなみにタマノオの根岸の同距離での勝時計は一分二七秒だった。上位三頭の斤量はタマノオ一三〇斤（約五九・〇キロ）、キンカザン一三二斤（約五九・九キロ）、ホクエン一三四斤（約六〇・八キロ）。

ついで第九レースの一番人気は当然ハナゾノ。ハナゾノは出遅れたが、問題にせず圧勝した。勝時計二分五秒。配当八円五〇銭。二着クインタツ、三着スイテン。上位三頭の斤量はハナゾノ一四三斤（約六四・九キロ）、クインタツ一三一斤（約五九・五キロ）、スイテン一三九斤（約六三・一キロ）。スイテンは脚部不安がまだ癒えていなかった。旧勢力組のイダテン、ハコダテは大差の着外だった。クインタツは、株式仲買人高井治兵衛(62)、仮定名称カブトの名義、松戸第一回開催四日目撫恤戦を勝って(63)、ここに臨んでいた。そして二着と池上でも通用することを示し、翌日の帝室御賞典に出走した。

二日目第八レースが帝室御賞典、一マイル、一着御賞典、二着二〇〇円、三着一〇〇円、これまでの帝室御賞典馬出走不可。タマノオ、ホクエン、クインタツらの五頭立。スイテンは脚部不安で出走回避、ハナゾノはすでに第二回帝室御賞典を勝っていたので出走権がなかった。有力馬の斤量はタマノオ一三二斤（約五九・九キロ）、ホクエン一三四斤（約六〇・八キロ）、クインタツ一二八斤（約五八・一キロ）。一番人気は根岸に続く初日の強さからタマノオ。離れた二番人気がホクエン。馬券の総売上枚数一万一〇七二枚中、タマノオ四〇〇〇枚以上、ホクエン一二四五か六枚。三番人気がクインタツ。スタートから気合をつけてハナを奪ったのはホクエン。快調に飛ばし、そのまま逃げ切った。タマノオはよく追込んできたが及ばず二着。三着クインタツ。勝時計二分四秒、配当四〇円、ちょっとした波乱だった。

ホクエンは、園田実徳の名義。先に紹介したように牡五歳、体高五尺一寸七分（約一五七センチ）、北海道日高・大塚牧場産。第三豊平の名で明治三九年九月北海道乗馬会デビュー。前評判は高かったが、初日二戦一勝、二着一回、二日目二戦二着一回、三着一回、計四戦一勝、二着二回、三着一回の期待外れの成績に終わった。だが将来性を感じた園田実徳が購入、ホクエンと改称して先の明治四〇年五月東京競馬会春季開催に出走、二着二回三着一回と未勝利だったが、続く東京勧業博覧会記念開催初日に勝ち、二日目タカタマの着外を挟んで、三日目優勝戦では、園田は、ハナゾノを抑えさせてホクエンを勝たせていた。御賞典のレース後、馬見所前で、園田は、委員一同から胴上げ、そして御賞典「伊万里焼御紋入花瓶一対」を授与された。園田にとって、春季開催のハナゾノに続く帝室御賞典連覇だった。

この日差遣されていた伏見宮貞愛は正面階段下でホクエンを「観覧」した。

なおイダテン、タカタマらが出走したこの二日目の第三レース、八分七マイル、今開催勝馬出走不可、一六頭立。イダテンが一番人気だったが、タカタマが注文通りハナを切り、そのまま逃げ切った。二着キンカザン。イダテンは三着、人気を裏切った。勝時計一分四七秒二〇、配当二一円五〇銭。斤量はタカタマ一三三斤（約六〇・四㌔）、キンカザン一三二斤（約五九・九㌔）、イダテン一四一斤（約六四・〇㌔）。だがレース後、キンカザン陣営からタカタマに対して進路妨害の異議が申し立てられた。結局、異議が容れられ、タカタマは失格、キンカザンが繰り上げ一着の裁定が下された。ただし払戻はタカタマのままだった。なお日本レース倶楽部では、この明治四〇年秋季開催から、異議申立があった場合、その裁定が下されるまで着順を確定せず、失格となった場合払戻も行わないと規則を変更していたが(64)、東京競馬会はこれまで通り一着馬が失格となってもその一着馬に払戻を行った。とはいえ、キンカザンの馬券購入者が騒がなかったのが不思議であった。キンカザンは東海一の侠客と呼ばれ馬好きであった大庭平太郎の名義。

ついで三日目、各カテゴリーのハンデ戦、内国産馬は二つ行われた。一つ目が第五レース、一マイル八分一、一着七〇〇円、二着二〇〇円、三着一〇〇円、一一頭立。タマノオ、スイテン、イダテン、フクゾノが出走してきた。各馬のハンデはタマノオ一四四斤（約六五・四㌔）、スイテン一四二斤（約六四・五㌔）、イダテン不詳、フクゾノ一一五斤（約五二・二㌔）。ここでも一番人気はタマノオ、とはいえ帝室御賞典の二着で人気を下げ二・八倍。二番人気は脚部不安があってもスイテン、イダテンは四番人気だった。ハナゾノ、ホクエンが不在のここではタマノオの力が抜けていた。タマノオはスタートから先頭に立ち、そのまま押し切った。勝時計二分一〇秒四〇はレコード。配当一四円。三馬身半差の二着がスイテン、さらに半馬身差の三着が最軽量のフクゾノだった。スイテンはやはり、脚部不安で、本来の走りではなかった。ここでもイダテンは着外。なおフクゾノは、牡四歳、体高五尺二寸五分（約一五九・一㌢）、下総御料牧場産(65)、園田の娘婿の石丸龍太郎名義、明治四一年一一月の第五回帝室御賞典を獲得することになる。

二つ目がハナゾノが出走した第一一レース、一マイル二分一、一着八〇〇円、二着二〇〇円、三着一〇〇円。賞金額と距離からみて今回設けられた豪州産馬ダービーに対応した内国産馬ダービーだった。こちらはハナゾノの出走ということで、回避馬が相次いで四頭立になった。ハナゾノのハンデは、他馬よりも一五斤(約六・八キロ)も重い一五〇斤(約六八・一キロ)。それでも得意の長距離ということで、馬券の総売上枚数一〇〇八二枚中の七九一三枚の一・一倍という圧倒的一番人気(66)。ハナゾノはこれに応えて勝ったが、その走りは調教よりも楽なものだったという。土と芝の相異はあるが、勝時計は春の自身のレコードを〇・七一秒とはいえ破った三分四秒、配当五円五〇銭。

優勝戦は、四日目、第四レース、一マイル四分一、一着九〇〇円及び馬政局賞典四〇〇円、斤量馬齢、二勝馬一〇斤増、三勝以上一五斤増、今開催勝馬登録義務、四頭立。出走各馬の斤量はハナゾノ一五一斤(約六八・六キロ)、ホクエン一三四斤(約六〇・八キロ)、タマノオ一四〇斤(約六三・六キロ)、キンカザン一三三斤(約六〇・四キロ)。一番人気はハナゾノとホクエンのカップリングで一・八倍、もっと人気になっても不思議ではなかったが、意外の好配当。二番人気はタマノオで二・一倍。タマノオは帝室御賞典では敗戦を喫していたが、初日を楽勝、三日目第五レースをレコードで勝った力が評価されたものだったが、過剰人気気味。道中、タマノオが先頭に立ったが、半馬身差でハナゾノがぴったりとマーク。タマノオとハナゾノは力の差があり、ハナゾノにつぶされた格好でタマノオは失速。ところが直線、ハナゾノは、ホクエンが追い込んでくるのを待つかのようにスピードを緩めた。その結果、ホクエンがハナゾノを半馬身交わして一着。ハナゾノから二馬身差の三着がキンカザン。タマノオは四着であった。ホクエンを勝たせる園田陣営の作戦通りの結果になった。勝時計二分二七秒、配当九円。ハナゾノは誰もが認める力をもっていたので、ホクエンに帝室御賞典に加えてさらに箔をつけるためだったと思われる。六月の東京勧業博覧会記念開催の優勝戦でも、園田はハナゾノを抑えてホクエンを勝たせていたのに続くものであった。馬券的にはどちらが勝っても関係なかったとはいえ、出来レースは出来レースだった。

この日の第一〇レースが、内国産馬の今開催未出走及び未勝利馬限定の撫恤戦、一マイル、一着五〇〇円、二着一五〇円、三着七五円、一一頭立。タカタマが抜けた一番人気、その後にクインタツ、フクゾノが続き、イダテンは四番人気。斤量は、タカタマ一三三斤（約六〇・四キロ）、クインタツ一三一斤（約五九・五キロ）、フクゾノが一二五斤（約五六・八キロ）。フクゾノが、タカタマの本領を発揮させないためにスタートで気合をつけて進路を妨害してハナに立ち、それが功を奏した格好でそのまま逃げ切った。勝時計一分五八秒二〇、配当三一円。六馬身差の二着がタカタマ。二日目第三レースとは立場が逆となり、ここではタカタマ陣営が、レース後、フクゾノに対して異議を申し立てたが、あまりに進路妨害が露骨であったのだろう、あっさりと異議が認められ、フクゾノは失格、タカタマが繰り上げ一着になった。タカタマは麻布獣医学校長與倉車隆の名義。なお馬券は、規定に従い、そのままフクゾノで払い戻された。イダテンは、ここも見せ場もなく着外に終わった。イダテンは、川崎で復活劇を演じてはいたが、やはり呼馬たちには歯が立たなかった。

このように、この東京競馬会第三回開催の内国産馬チャンピオンの座には、形式的にはホクエンがついた。だがそれも園田の指示によるものであり、ハナゾノの方が強いことは誰の目にも明らかであった。

### 抽籤内国産馬

池上秋季抽籤内国産新馬は一〇レースが組まれていた。賞金は、一着五〇〇円、二着一五〇円、三着七五円が八。優勝戦は一着七〇〇円及び馬政局賞典五〇〇円、二着馬政局賞典三〇〇円、撫恤戦が一着四〇〇円、二着一〇〇円、三着五〇円、斤量は馬齢が基準だった。

優勝戦は、四日目第二レース、一マイル、斤量馬齢、今開催二勝馬一〇斤増、三勝以上一五斤増、今開催勝馬登録義務、五頭立。有力馬の斤量は、アザミ一三五斤（約六一・二キロ）、ハツセ一三〇斤（約五九・〇キロ）、サンボンギ一二五斤（約五六・八キロ）。圧倒的一番人気のアザミが順当に勝った。勝時計二分四秒二〇、配当七円。八馬身差の二着ハツセ、さらに一馬身差の三着サンボンギ。二番人気のルゴルワは出遅れて最下位に落ちた。脚を痛めていたという。

アザミは、牡四歳、体高四尺八寸四分（約一四六・七チセン）、鹿児島県西志布志産、塩澤藤吉（砂利販売業）の名義(67)。ルゴルワは、牡四歳、体高五尺八分（約一五三・九チセン）、岩手外山御料牧場産、ニュース（不詳）の名義。ハツセは、牡五歳、体高四尺八寸五分（約一四七・〇チセン）、岩手県藪川産、平岡広高の名義、サンボンギは、牡四歳、体高四尺九寸六分（約一五〇・二チセン）、青森県三本木産、平岡広高の兄多賀一か弟多賀半蔵の名義。先に紹介したように、平岡は、京橋竹川町で料亭花月楼を経営、多賀一は宮内省主馬寮調馬手、多賀半蔵は歌舞伎座近くの采女町で料亭若菜を経営、この三兄弟は、厩舎を構えることになる。

アザミは、開催前から評判を呼んでいた馬だった(68)。そして実際、初日、二日目とその力を見せた。初日第八レース、一マイル、五頭立、時計は遅かったが、二着馬に五馬身、三着馬はさらに一二馬身、勝時計二分一一秒四〇、配当八円。二日目第五レース、一マイル八分一、今開催勝馬一〇斤増、アザミの強さの前に三頭立になった。ここでも時計は遅かったが、一〇斤増もまったく問題とせず二着馬になんと二五馬身差をつけて圧勝、勝時計二分二八秒二〇、配当六円五〇銭。ついで三日目第三レース、ハンデキャップ戦、一マイル、六頭立。有力馬のハンデは、アザミ一四五斤（約六五・八キロ）、ルゴルワ一二七斤（約五七・七キロ）、カモ一三〇斤（約五九・〇キロ）。アザミは出遅れた。カモが先行、追走していたアザミとルゴルワは三コーナーからあがっていった。アザミはハンデが応えたのか、これまでの脚を見せず、伸びを見せたルゴルワがカモを二馬身交わしてここを制した。アザミはカモにも一馬身差届かず三着。勝時計二分四秒二〇、配当一八円。同じ一マイルで、初日のアザミの時計を七秒縮めていた。またアザミが負けた割に配当がそれほどついていなかったのは、ルゴルワの評価もあがっていたこと、それに加えて、アザミが四日目の優勝戦の増量を避けるために勝ちにいかないとの情報が流れていたからのようである。カモとルゴルワは、初日、四分三マイル、二一頭立に出走。ここは両頭ともに人気がなかったが、カモが一分三八秒で勝ち、ルゴルワが二着。配当五九円だった。カモの二走目は、二日目第五レース、ここはアザミにまったく歯が立たず三着。カモは牡五歳、体高五尺（約一五一・五チセン）、鹿児島百引産、佐久間福太郎、仮定名称コットンの名義。ルゴルワの二走目は、二日目第六レース、八分七マイル、今開催勝馬と二日目第五レース出走馬出走不可、六頭立。二着ハッセに五馬身をつけて一分五四秒四〇で楽勝、配当一四円五〇銭。そして先にふれた三日目第三レースでの三頭の対戦での勝利だった。ハッセが初勝利をあげたのは、三日目第七レース、四分三マイル、ここまでの未勝利馬限定、一四頭立。勝時計一分三〇秒、人気は割れていたが一番人気で配当一五円。二着馬とは一馬身差。サンボンギが勝鞍をあげたのは、二日目第一〇レース、八分五マイル、一五頭立、勝時計一分一七秒、配当七五円と人気薄でのものだった。

このように今回の抽籤内国産新馬のなかではアザミが抜けた力を示した。二番手はルゴルワ、他は力が落ちた。だがそのアザミも一二月の日本競馬会第一回開催ではソトヤマ、ギョウテンにまったく歯が立たず、その後出走した形跡はない。一方ルゴルワはその後、日本競馬会明治四一年秋季開催、明治四二年春季開催の各抽籤馬の優勝戦を制することになる。とはいえ、全体として見れば、今季の新馬も春季に続いて低レベルだった。

そして池上及び川崎の春季抽籤内国産馬、このカテゴリーは五レースが組まれていた。賞金は一着五〇〇円、二着一五〇円、三着七五円。池上及び川崎合せて三勝以上出走不可、斤量馬齢、池上及び川崎での勝鞍一勝毎に五斤増。池上、川崎双方ともに傑出馬は出現していなかったが、そのなかで、この開催で成長した力を見せた馬が出現した。ソトヤマだった、ソトヤマは、池上明治四〇年春季抽籤馬。名義は槇田吉一郎、仮定名称ナンチョウ。牡五歳、体高四尺九寸七分（約一五〇・六センチ）、岩手外山御料牧場産(69)。デビューの春季開催では未勝利、つぎの川崎第一回開催では三日目に初勝利をあげたが目立った存在ではなかった(70)。ところがこの開催、変身した姿を見せ、初日から三日目まで三連勝した。まず初日第一レース、四分三マイル、一二頭立を一分三四秒で逃げ切り、配当一一円。ついで二日目、第一レース、一マイル八分一、九頭立、初日の勝鞍で七斤増の一四二斤（約六四・五キロ）だったが、ここもハナを切ってそのまま逃げ切った。勝時計二分二五秒、配当一一円五〇銭。そして三日目第一レース、ハンデキャップ、一マイル、池上及び川崎合せて三勝以上も出走可、六頭立。一番人気は春のチャンピオンだったパーテボンヘル、ついで博覧会記念開催と第一回川崎の優勝戦を勝っていたベンケイ。ハンデは、ソトヤマ、パーテボンヘル、ベンケイの三頭ともに一五五斤（約七〇・四キロ）。ソトヤマは、この二頭の前に人気を下げていたが、ここもその成長した力を見せて、二着パーテボンヘルに三馬身差をつけて制した。勝時計二分一秒、配当二三円五〇銭。このカテゴリーの優勝戦は設定されていなかったが、このレースが事実上の優勝戦だったのでチャンピオンの座についたといってよかった。

## 豪州産馬

そして豪州産馬のレースには、強豪馬たちが出走してきた。各種馬のカテゴリーの三レースも新設されたが、先にもふれたように内国産馬も豪州産馬以外の出走もなく、賞金も同額で、実質的に豪州産馬のレースとなったので、ここであわせて紹介する。このカテゴリーの賞金は、優勝戦、撫恤戦を除いて原則、一着六〇〇円、二着一五〇円、三着一〇〇円。斤量馬齢、とはいっても、繰り返せば豪州産牝馬はすべて一三七斤（約六二・二キロ）、牡馬は五斤増、騸馬は牝馬と同じ、新馬は五斤減だった、増量規定は、内国産馬と同じく、以前の開催一勝毎に二斤増、ただし二二斤を超えない、だった。

このカテゴリーの注目馬はやはりメルボルン二世。その緒戦は、初日第一〇レース、各種馬、一マイル、斤量内国産馬一二五斤（約五六・八キロ）、輸入馬一三九斤（約六三・一キロ）、第二、第三レース出走馬出走不可、五頭立だった。主な出走馬とその斤量はメルボルン二世一五四斤（約六九・九キロ）、ラカンテニヤ一五〇斤（約六八・一キロ）、クインベゴニア一四二斤（約六四・五キロ）。メルボルン二世が一・三倍という圧倒的一番人気。ラカンテニヤが先行、二番手にクインベゴニア、メルボルン二世は三番手を進んだ。直線に入り、メルボルン二世が仕掛けると、スピードの違いを見せつけて楽々と二頭を交わした。勝時計二分一秒、配当六円五〇銭。二着は粘りを見せたラカンテニヤ、三着クインベゴニア。

ラカンテニヤは、先に紹介したように、根岸明治四〇年春季抽籤馬、同開催、続く池上の春季開催、それに加えて川崎第一回開催の新馬優勝戦に勝ち、秋季根岸開催のエンペラーズ・カップも獲得して、強さを発揮していたが、同開催四日目の優勝戦ではメルボルン二世の前に敗れ去っていた。ここでもその雪辱はならなかった。名義は、京浜競馬倶楽部副会頭J・デケア・コグリン、仮定名称マジョールトリック。クインベゴニアも、根岸明治四〇年春季抽籤馬、牧野暎次郎、仮定名称カナガワの名義、同開催、池上春季開催の勝鞍はともに四日目のコンソレーションと撫恤戦、博覧会記念開催では二日目、三日目と連勝したが、七月の川崎第一回開催では未勝利、根岸秋季開催では、初日に勝ち上がり、二日目エンペラーズ・カップに出走したが着外に終わってここに臨んでいた。ラカンテニヤより力は下で、根岸明治四〇年春季抽籤馬組の二番手のグループの一頭。出遅れ癖があった。

メルボルン二世の二戦目は、二日目第七レース、豪州馬ダービー、一マイル二分一、今開催勝馬七斤増、一着八〇〇円、二着二〇〇円、三着一〇〇円、四頭立。出走馬とその斤量は、メルボルン二世一六一斤（約七三・一キロ）、シルバーダウン一三四斤（約六〇・八キロ）、ブレメン一四九斤（約六七・六キロ）、カブト不詳。このレースは、根岸のヨコハマ・ダービーを意識して新設されたものだった。この斤量でもメルボルン二世が一・四倍の一番人気。緒戦の一・三倍からわずかながらもオッズが下がったのは満量（一六〇斤）を越えた斤量のため。カブトが先行、メルボルン二世は二番手を進んだ。残り半マイルで、シルバーダウンが二頭を抜いて先頭に立った。メルボルン二世はあわてず、シルバーダウンを二馬身差で追走、直線、軽く仕掛けると瞬く間にシルバーダウンを二馬身交わしてゴール。三着ブレメン。勝時計三分二秒、配当七円。一六一斤を背負って、自らのレコードを四秒も破るという圧倒的な強さだった。

シルバーダウンは、根岸明治四〇年秋季抽籤馬、四日目のコンソレーションを勝ち上がってのここへの出走だった。名義はネモ。ネモは、明治一〇年代後半から明治二〇年代初めにかけての日本レース倶楽部の有力厩舎を経営、同時期に騎手としても活躍していたE・H・アンドリュースの仮定名称だったが(71)、その本人か、仮定名称を引き継いだ人物だろう。ブレメンは、メルボルン二世と同じ明治三九年秋季抽籤馬、同開催ではその二番手としての走りを見せていた。池上第一回開催、四日目優勝戦でキヌガサの三着に敗れたが、初日から三日目まで三連勝。その後、目立った成績を残せず、直前の根岸秋季開催でも未勝利だったが、この開催初日、ヒタチを二着に降してここに臨んでいた。名義はハンサ（不詳）。カブトは、根岸明治四〇年春季抽籤馬、その開催不出走で、川崎第一回開催三日目で初勝利、松戸第一回開催二日目に勝ち、四日目優勝戦二着、そしてこの開催初日第一〇レース、メルボルン二世の着外でここに臨んでいたが、明かに力不足であった。名義は梅本（不詳）。

三戦目は、三日目第六レース、オールカマーズ・ハンデキャップ、一マイル八分一、一着七〇〇円、二着二〇〇円、三着一〇〇円、七頭立。有力馬のハンデはメルボルン二世一六〇斤（約七二・六キロ）、ヒタチ一四八斤（約六七・二キロ）、クインベゴニア一三六斤（約六一・七キロ）。このレース、二日目に満量を超える一六一斤（約七三・一キロ）で圧倒的な強さを見せたメルボルン二世を前に、他の登録馬たちが出走を回避、単走になろうとしていた。これに牧野暎次郎が、「他馬がメルを恐怖して他のレースへ逃げ込めることを慨き、メルの為めに其実力を発揮せしめんとの熱心なる任侠的精神に依り」、所有馬のクインベゴニアの出走に踏み切ったことでヒタチを含む五頭が呼応してきたという[72]。当然一番人気はメルボルン二世で一・四倍。レースは、二四斤（約一〇・九キロ）の斤量差もあってクインベゴニアが、直線、メルボルン二世とのたたき合いにもちこみ、一旦内から半馬身先に出るなど、しぶとく食い下がったが、健闘もそこまで、メルボルン二世が抜き返してゴール。着差は一馬身であったが余裕を残してのものだったという。勝時計二分六秒、ここもレコードだった。配当七円。

四戦目は、豪州産馬の優勝戦、四日目第五レース、今開催勝馬登録義務、一マイル四分一、一着賞金九〇〇円、今開催二レース勝馬一〇斤増、三レース以上一五斤増、五頭立。メルボルン二世の斤量はここも一六〇斤（約七二・六キロ）。それでも当然メルボルン二世が一番人気、一・四倍、離れた二番人気がペネロピー、ついでヒヨシ、他にラカンテニヤ、トーマーリン。斤量は、トーマリン一三八斤（約六二・七キロ）、ヒヨシ一三六斤（約六一・七キロ）、ペネロピーとラカンテニヤは不詳。

ヒヨシが先行、直線に入っても粘っていたが、メルボルン二世は、二四斤（約一〇・九キロ）の斤量差を問題とせず

図7

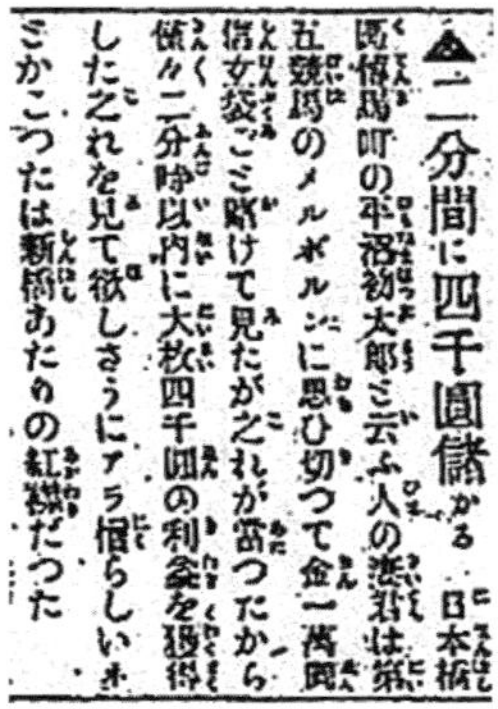
▲二分間に四千圓儲かる　日本橋區堀留町の平沼初太郎と云ふ人の細君は第五號馬のメルボルン二世に思ひ切つて金一萬圓信玄袋ごと賭けて見たが之れが當つたから僅々二分時以内に大枚四千圓の利益を獲得した之れを見て欲しさうにアラ憎らしいおごかこつたは新橋あたりの紅裙だつた

（『読売』明40・11・18）

「優然」とヒヨシを抜き去った。着差は一馬身だったが楽勝だった。二着がヒヨシ、三馬身差の三着がトーマリン、ペネロピーとラカンテニヤを交わして追い込んできたものだった。勝時計二分二三秒二〇、またもレコードだった。配当七円。オーナーの平沼八太郎の夫人は、一万円を賭け、四〇〇〇円儲けていたという（図7）。メルボルン二世は、このように芝に替わった池上でも、四戦四勝、内三つはレコードという圧巻の走り、獲得賞金三〇〇〇円、斤量も問題にしなかった。

ここで二着のヒヨシ、先にも紹介したように、二万六〇〇〇円の馬として高い注目を浴びて、根岸秋季開催でデビューしたが、四戦二勝二着二回、獲得賞金一六〇〇円の期待外れに終わってこの開催に臨んでいた。初日第二レース、四分三マイル、八頭立では、一着馬よりも二斤軽い一三二斤（約五九・九㌔）で力負けの二馬身差の二着、二日目第二レース、八分七マイル、今開催勝馬出走不可、一〇頭立では、出遅れて、ゴール前、急襲したがここもトーマリンの二着。斤量はトーマリン一三八斤（約六二・七㌔）、ヒヨシ一二六斤（約五七・二㌔）、この斤量差を活かしきれなかった。ともに一番人気を裏切って番狂わせとなり、一〇五円、七六円の高配当を提供していた。ちなみにヒヨシの馬券売上枚数は、初日第二レースが四〇五一枚中の三〇三五枚、二日目第二レースが五九四五枚中の三五〇四枚、トーマリン三五二枚だった(73)。

トーマリンは、根岸明治四〇年春季抽籤馬、ロシア公使バクメチエフの名義。その開催二日目に勝ち上がったが、三着一回、二着一回、着外一回、東京博覧会記念開催では二着一回三着二回、川崎第一回開催も勝ち切れなかった。根岸の秋季開催、初日クインベゴニヤの三着に終わったが、二日目、三日目と連勝して、四日目の優勝戦に臨み、メルボルン二世の二着と健闘していた。この開催初日第一一レース、ブレメンの着外でここに臨んでの勝利だった。

ヒヨシの三戦目は、三日目第四レース、ハンデキャップ、一マイル、九頭立。主な出走馬とハンデは、ヒヨシ一三四斤（約六〇・八キロ）、ラカンテニヤ一四八斤（約六七・二キロ）、ブレメン一四〇斤（約六三・六キロ）。このハンデもあってヒヨシはここも一番人気、僅かな差でラカンテニヤが続いた。三番人気がブレメン。ヒヨシは、道中二番手を進み、直線ラカンテニヤとの追い比べになった。ここまでの二走とは異って、粘り強い脚を見せて、ラカンテニヤを半馬身交わして制した。勝時計一分五二秒二〇は、土と芝の違いはあったが、メルボルン二世が春季開催三日目に出したレコードタイム一分五三秒八〇を上回るものだった。配当一二円五〇銭。ラカンテニヤは、初日メルボルン二世に完敗したが、二日目第九レース、一マイル四分一、一着七〇〇円、二着二〇〇円、三着一〇〇円、一四頭立を、一五〇斤（約六八・一キロ）を背負って二分三一秒、配当一五円五〇銭で勝ってここに臨んでいた。ヒヨシは、この勢いで、四日目の優勝戦、第五レーに臨み、先に紹介したように善戦はしたが、メルボルン二世の力の前に屈していた。ヒヨシの池上での戦績は四戦一勝二着三回、獲得賞金九〇〇円、ここでもデビューの根岸に続き期待外れの成績に終わった。

また根岸明治四〇年秋季抽籤馬でヒヨシを下して新馬優勝戦を制していたペネロピーは、初日、二日目不出走かあるいは出走していても四着以下だったが、三日目第一〇レース、一マイル四分一、一〇頭立を一・九倍の一番人気に応えて二分二三秒で勝って、優勝戦に臨んでいた。ここでは四着以下に終わったが、次の川崎でメルボルン二世を破ることになる。

### 抽籤豪州産新馬

今開催から導入して会員に抽籤配布された抽籤豪州産新馬たちのレース。出走予定は三六頭だったが(74)、実際の出走馬は三〇頭(75)、計一〇レースが組まれていた。その優勝戦は、四日目第三レース、一マイル八分一、今開催勝馬登録義務、一着七〇〇円及び馬政局賞典六〇〇円、斤量一三二斤（約五九・九キロ）、今開催二勝一〇斤増、三勝以上一五斤増。出走馬はクサナギ、ランザン、クモイ、スパークレットの四頭、あとニイタカとベンテンの二頭が勝鞍をあげていたが不出走だった。クサナギが二勝、残りの三頭が一勝だったので、斤量は、クサナギ一四二斤（約六四・

五キロ）、ランザン、クモイ、スパークレットが一三二斤。一番人気はクサナギ。ランザンが先行、スパークレットとクサナギがそのあとを追走したが、直線でも交わすことができず、ランザンがそのまま逃げ切った。道中四番手だったクモイがよく追い込んできたが、二馬身届かずの二着。さらに一馬身差の三着がスパークレット。クサナギは四着に沈んだ。勝時計二分八秒、配当四〇円。波乱だった。

ランザンは久米（不詳）の名義。クサナギは槇田吉一郎、仮定名称ナンチョウの名義、開催前は新馬のなかで「最も呼声高」かった(76)。クモイは森謙吾、仮定名称タツタの名義。なおクモイは、翌年春のシーズンから三井家の三井得右衛門、三井守之助、仮定名称エムシーの名義となり、明治四一年日本競馬会春季開催、外国産馬の優勝戦を勝つことになる(77)。

このカテゴリーの賞金は、一着五〇〇円、二着一五〇円、三着七五円、斤量は一三二斤（約五九・九キロ）の定量。初日は三レース、二日目は二レース実施した。クモイは、初日の二つ目の第五レース、八分七マイル、九頭立に出走、三、四番人気だったが、ゴール前二〇〇メートルで外によれながらも勝った。勝時計一分四六秒、配当三三円。スパークレットとクサナギとランザンは、初日三つ目の第七レース、一マイル、七頭立に出走。直線、スパークレットとランザンが先頭に立ったが、ランザンが脱落、スパークレットが一着、クサナギが追い込んでの二着、ランザンが三着だった。勝時計二分一秒、配当一二円。スパークレットの名義はスパーク（不詳）。なお初日一つ目の第四レース、四分三マイル、一二頭立は、ニイタカが一分三〇秒八〇で勝ち、配当一二円。名義は、東京競馬会書記長の中台忠蔵だった。

二日目、一つ目が第四レース、一マイル八分一、今開催勝馬一〇斤増、七頭立。初日の勝馬ニイタカ、スパークレット、クモイと二着だったクサナギが出走してきた。初日に勝っていた三頭は一四二斤（約六四・五キロ）、他は一三二斤（約五九・九キロ）。馬券の売上概数はスパークレット二五〇〇、クサナギ一五〇〇、ニイタカ五〇〇、その他五〇〇。スパークレットが少し出遅れたのを利して、クサナギがハナに立ち、そのまま押し切った。半馬身差の二着が追い込んできたスパークレット、六馬身差の三着がクモイだった。勝時計二分一六秒五〇、配当一四円五〇銭。クサナギは、斤量がスパークレットよりも一〇斤軽く、開催前の評判も高かったが(78)、初日二着に敗れていたことでの二番人気だった。二つ目が第一一レース、八分七マイル、今開催勝馬と二日目第四レース出走馬出走不可、二〇頭立。一番人気はランザンだったが、勝ったのは人気薄のベンテン、ランザンは二着だった。勝時計一分四四秒、配当七五円、波乱だった。ベンテンの名義は、総武競馬会の営利会社総武牧場会社取締役田中武右衛門。このベンテン、日本競馬会第一回開催初日のレース中に骨折、人々の面前で銃殺されることになる（本章第5節）。

三日目も二つ行われた。一つ目が第二レース、ハンデキャップ、一マイル、一一頭立。ハンデはクサナギとベンテン一三八斤（約六二・七キロ）、クモイ一四〇斤（約六三・六キロ）。一番人気はクサナギ。そのクサナギが出遅れ、五、六番手の追走となった。直線先頭に立っていたベンテンがそのまま勝つかと思われたところに、クサナギが猛然と追い込んできて、ついにはベンテンを半馬身交わし、人気に応えた。勝時計一分五四秒二〇、配当九円。さらに一馬身差の三着がクモイだった。

二つ目は、第八レース、四分三マイル、今開催勝馬と三日目第二レースの出走馬出走不可、斤量は一三二斤（約五九・九キロ）の定量、一三頭立。人気は初日ニイタカの二着、二日目ベンテンの三着だったオリンピヤ。そのオリンピヤが先行したが、直線追い込んできたランザンがオリンピヤを二馬身交わしてゴール。勝時計一分二四秒、配当一二円五〇銭。ここを勝ったとはいえ弱いメンバーのなかでのものだったので、ランザンが優勝戦で人気がなかったのも当然だった。

この開催のレース全般を振り返ると、内国産馬は、帝室御賞典馬となったホクエンが成長を見せ、長距離への適性を示した。相変わらずハナゾノは強く、力が抜けていた。この直前の根岸でデビューして、帝室御賞典の本命となって敗けていたタマノオも、今後の成長が見込まれ、活躍が期待された。イダテンとハコダテの力では、ハナゾノらに対抗できなかった。スイテンは、脚部難で、本来の走りではなかった。フクゾノは今後の期待を抱かせたが、クインタツは思ったほどではなかった。内国産新馬はルゴルワを除いて低レベルで、その後の開催でも活躍する馬は出なかった。初めて導入した抽籤豪州産新馬は、クサナギ、ランザン、クモイ、スパークレットなど何頭かは今後を期待させるような馬もいたが、秋季はいうまでもなく春季の根岸の抽籤馬に比して力は劣り、対戦するとまるで歯が立たなかった。ただ川崎、目黒の抽籤豪州産馬とは互角のレースを繰り広げていくことにはなった。馬券の売上は春季の一・五倍の一五六余万円と伸び、収益もあがった。そしてここまでは、火種はあっても大きな騒ぎは起こっていなかったが、翌年五月の第四回開催では、大騒擾事件が引き起こされることになる。

## 3　関西競馬倶楽部第一回開催、一一月一七日、一八日、二四日、二五日

東京競馬会四日目の一一月一七日（日）に関西競馬倶楽部は初日を迎えた(79)。京浜競馬倶楽部は二三日からの開催だったので、三日目は、その二日目二四日と重なっていた。東京の新聞に開催広告を九月から打ってはいたが、この日程では東京横浜方面からの観客はほぼ期待できなかった。開催執務委員長東常久、馬場取締神永千代吉、名誉会計稲田穣、審判係市川又次郎、シー・ダウン、検量係久宗朝光、ハンデキャップ作成者H・P・バイク、東常久、速力検定係F・ベルヅック(80)。ちなみにシー・ダウンは、明治四二年九月のウラジオストクの日露大競馬会の日本側の代表になる神戸在住の英国人だった(81)。

図8「阪神電車広告」

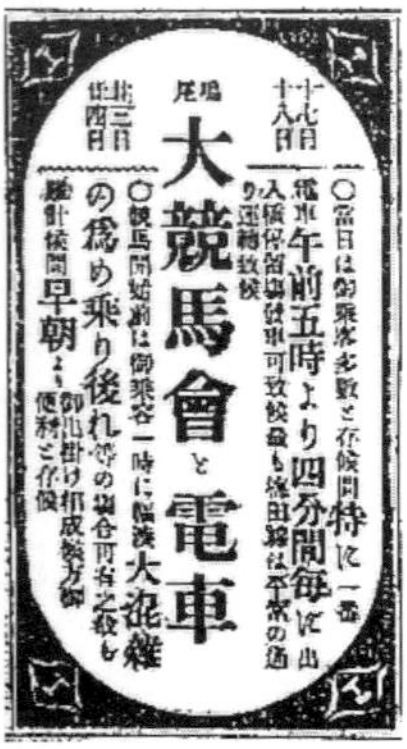


（『大阪毎日』明40・11・16）

未明からの豪雨も七時前後には止んだ。阪神電車の鳴尾停留場から競馬道への入り口に、関西競馬と記された大アーチが建てられた（図9）。そのアーチから、競馬場正門までの間、道の両側に建てられ紅白の布が段々羅に巻きつけられた高さ二〇尺余の柱には、万国旗と同会徽章入彩旗が隙間なく吊され、数千個の電灯も張り渡されていた。

図9 「鳴尾停留所競馬会特設道路入口の緑門」

（『神戸新聞』明40・11・18）

場内一〇数ヶ所にも緑門（アーチ）が建てられた。

阪神電車は、午前五時より四分毎に出入橋及神戸停留場で相互発車(82)、明治三八年四月開通したばかりの阪神電鉄は、初日一七日三七九二円、二日目一八日三九三三円と両日で平常収入より約三三〇〇円の増収になった(83)。局線（現・JR）も、普段通過の列車を西宮駅に停車させた。局線西宮駅には約五〇〇台、阪神鳴尾駅には約二〇〇台の人力車が待ち構えていた。また大阪－神戸間の海上輸送にあたっていた艀曳船会社も午前七時から一〇時までの間、一時間ごと堂島浜通柳橋の浜から鳴尾までを臨時運行、鳴尾からは午後四時、五時の二回の帰りの便を運航した。神戸港メリケン波止場からは、神岡組が送迎船を運航した(84)。

図10 「昨日の鳴尾競馬場開場式」

（『大阪毎日』明40・11・18）

関西地方で初の開催ということもあって、人々は待ちかねたように押し掛け、早朝から、人力車、徒歩で競馬場に向かう者で「広い八間の特設道路も人をもって織るが如し」だったという(85)。正門、スタンド入口には、横浜の日本レース倶楽部にならい、西洋人が立って門番をつとめた。入場料は一等四円、二等二円。番組は一冊一円。一五歳未満と学生には入場券を発売しなかった。

午前九時、「一声の撃柝」がはじまりを告げ、第四師団軍楽隊が奏楽するなか、開場式が開始された。この軍楽隊は、初日馬見所の隅で演奏していたが、二日目からはその正面に移され、レース間など四日間ともに演奏にあたった。一等馬見所の正面、紫の幔幕を張った式場には菊花の大花瓶が飾られ、大阪府知事高崎親章、兵庫県知事服部一三、第四師団長井上光中将、第四師団の佐官たち、神戸地方裁判所長田丸税稔、警察部長、その他「官衙長官」の来賓が参列した。シルクハットにフロックコートの貴族院議員の陸軍中将茨木惟昭会頭が、神永千代吉常務理事以下の役員を随えての簡単な祝辞、ついで服部知事の挨拶だった。ちなみに服部は、馬券発売の積極的な支持者だった(86)。招待客は約二〇〇〇人、一等席は来賓、招待客で満員になった。招待客、入場者のドレスコードは、羽織袴若くはフロックコート、シルクハット、婦人は紋服着用、とはいえ場内の男性の服装は、フロックコートが二分、羽織袴が三分、残りは「勝手服装」、西洋人と「清国人」が入場者の五分の一を占めた。人出は大阪七分、神戸三分、また盛んに馬券を買う外国婦人の姿が目立ったという。

一等馬見所内には神戸オリエンタルホテルのレストラン、他に一等馬見所の前には、二つの大テントが置かれ、昼休み、立食の饗応が行われた。その接客にあたったのは、大阪の南、北、新町、堀江から三〇人ずつ一二〇人、神戸から三〇人、西宮一〇人、合計一六〇人の赤前垂の芸妓だった。二等馬見所前の東隅と西南隅の各テントでは、魚岩、大阪ホテル、日本ホテル、前田、自由亭、内本、渡辺、亀末広、朝日ビール、村田、入野、高橋等の名の知れた店が営業した。また毎日二回、大風船を飛揚させて、平野水、平野シャンペンサイダー、同ジンジャエールの進呈券一万枚を撒き、会場内にある同販売店で引き換えるというアトラクションも行われた(87)。

場内で目に付くのは、馬場取締の神永千代吉が緋羅紗のフロックコートに黒の絹帽を着し、髭をぴんとカイゼル式に捩じ上げ葉巻を加えて悠然と大股で歩き廻る姿だった。馬場取締はコースの管理とともに開催の運営責任者という重責を担う地位だった。東京競馬会の開催でも馬場取締の安田伊左衛門も同様の緋羅紗のフロックコートにシルクハット姿だったが、これは横浜根岸の日本レース倶楽部にならったものだった。神永は、馬政局属から九月一四日付で倶楽部の常務理事、馬場取締に就任していた(88)。

この第一回開催のレース編成は、関西競馬倶楽部抽籤内国産新馬(以下、「内国産新馬」と記す)、関西競馬倶楽部抽籤豪州産新馬(以下、「豪州産新馬」と記す)、各外国産馬、各内国産馬、そして各種馬の五カテゴリー。各外国産馬は文字通り外国産馬が出走可能であったが実際に出走したのはほとんどが根岸、池上、川崎の競馬会の抽籤豪州産馬、各内国産馬は他の競馬会の抽籤内国産馬及び呼馬、各種馬は全てのカテゴリーの馬が出走可能だった。各カテゴリー別の出走頭数は、内国産新馬四〇頭、豪州産新馬二六頭、各内国産馬四三頭、各外国産馬一〇頭の計一一九頭(89)。

初日から四日目までのレース数は、内国産新馬三、二、三、三の計一一、豪州産新馬が二、三、二、三の計一〇、各内国産馬三、三、二、三の計一一、各外国産馬一、一、一、一の計四、各種馬〇、〇、一、一の計二。一〜三着賞金は、初日から三日目までは、内国産新馬、豪州産新馬、外国産馬、各種馬が六〇〇円、一二五円、七五円、内国産新馬が五〇〇円、一二五円、七五円。内国産新馬の一着賞金だけを一〇〇円低く設定していた。四日目は、内国産新馬、各内国産、豪州産新馬には優勝戦と撫恤戦が行われた。優勝戦の賞金は、内国産新馬が一着六五〇円及び馬政局賞典五〇〇円、二着馬政局賞典三〇〇円、豪州産新馬が一着七五〇円及び馬政局賞典六〇〇円、各内国産馬が一着七五〇円及び馬政局賞典四〇〇円、なお各外国産馬の優勝戦は組まれていなかった。撫恤戦と一般戦は同額で一着五〇〇円、二着一〇〇円であった。賞金総額三万一三八〇円、東京競馬会三万四九〇〇円、京浜競馬倶楽部三万三四七五円、日本競馬会三万一六二〇円の東京の三競馬会を若干下回る額であった(90)。馬政局賞典は一八〇〇円と東京競馬会と同額、日本レース倶楽部八〇〇円、京浜競馬倶楽部と日本競馬会の一三〇〇円よりも多く、ここにも馬政局の関西競馬倶楽部重視が示されていた。

レースは、午前一〇時過ぎ、番外の輜重第四大隊将校による内国産軍馬競走でその幕が切って落とされた。軍馬の改良が、この時代の競馬、馬券の存在根拠だったが、第四師団も、関西競馬倶楽部に対する積極的な支援を行った。それに会頭茨木惟昭は、日露戦争開戦時の留守第四師団長だった。先にもふれたように発会式には井上師団長、佐官たちが出席、その後も連日、師団長、乗馬隊長、将校らが観戦した。そして四日間二つづつ、計八レースの将校競馬が実施された、初日午前内国産馬（輜重）、午後外国産馬（砲兵）、二日目午前外国産馬（騎兵）、午後内国産馬（輜重）、三日目午前外国産馬（騎兵）、午後内国産馬（砲兵）、四日目午前外国産馬（砲兵）、午後内国産馬（騎兵）、と部隊別に分けての実施だった。東京競馬会では、各部隊対抗として行われたが、その対抗意識を煽って、「種々の弊害」を生

図11　初日各レースの予想

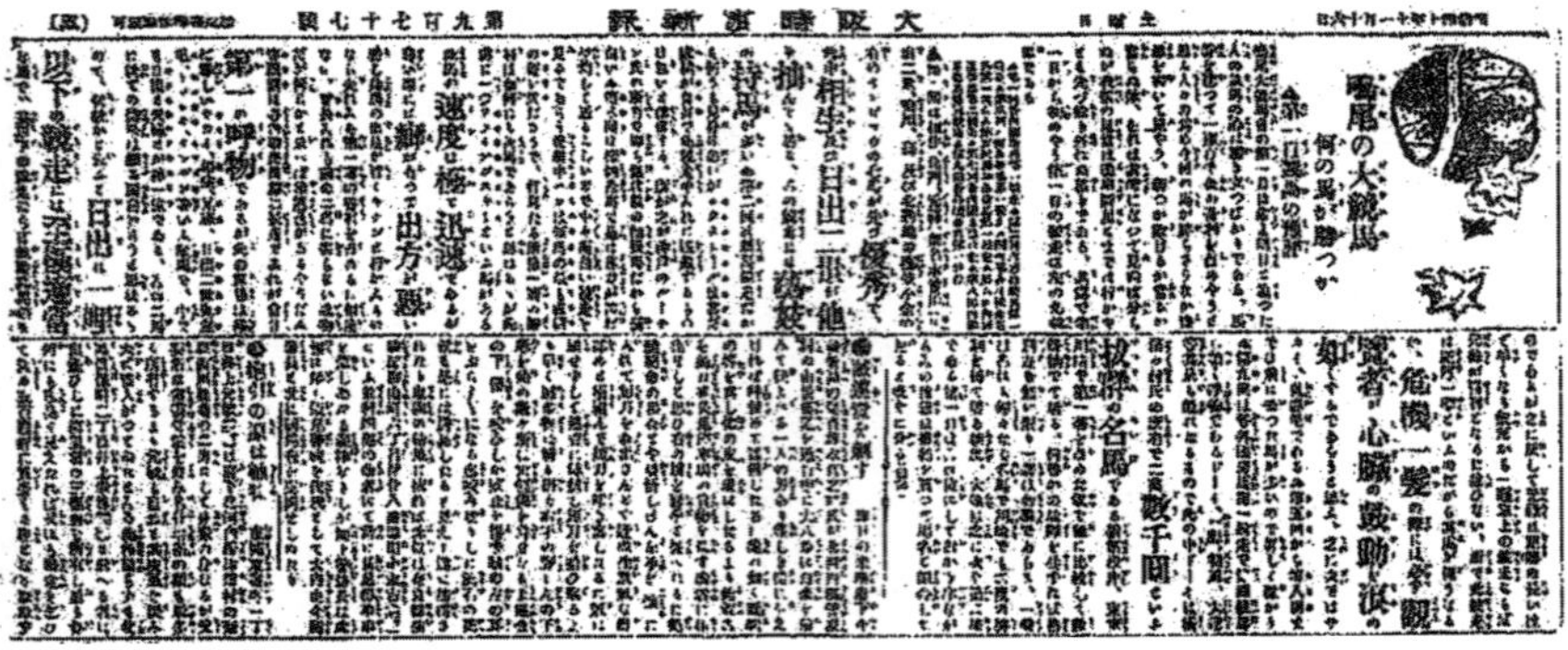

（『大阪時事』明40・11・16）

じたことを「恐れ」てのものだった[91]。また東京競馬会の将校競馬は馬券が発売されたが、それへの批判もあって、関西競馬倶楽部では発売されなかった。賞品は、倶楽部から一着金盃三組、二、三着に金盃が授与され、将校団の共有になった。四日目の二つのレースには馬政局賞典一着金時計、二着銀時計、倶楽部賞一着銀製美術品が授与された。将校競馬への馬政局賞典の交付は、東京競馬会と並ぶものだった。第四師団騎兵第四連隊は、レースに力を入れるために、鳴尾村付近で宿舎二、三ヶ所を借り受けていたという[92]。なおこの将校競馬は、競馬への批判が高まったのを受けて、明治四一年三月二四日寺内陸相が「陸軍現役将校同相当官は自今陸軍部外の開催に係る競馬会に出場して競馬を行うことを得ず」と通達したので[93]、この第一回限りとなった。

以下、レースに関して、カテゴリー別の優勝戦を中心に紹介してゆく。

### 抽籤内国産新馬

このカテゴリーの賞金は、優勝戦と撫恤戦を除いて、一着五〇〇円、二着一二五円、三着七五円。内国産新馬四〇頭のなかで圧倒的な力をみせつけたのがジクタトール、四歳、体高五尺一寸（約一五四・五センチ）、栗毛、血統不詳[94]。先に紹介したように関西競馬倶楽部が、振興策の一環として、抽籤で無料配布したその一頭、当籤したのは、大阪市北区ローヤル刷子のアール・ルーネン。ジクタトールの緒戦は、初日第六レース、内国産新馬第二競走、一マイル、六頭立。ジクタトールは、調教で一頭目立つ動きを見せており、各新聞に掲載された初日の予想でも大本命の評価だった。たとえば、つぎのものだった(95)。

第二回は新馬競走だからどうも見分け悪いが、ジクタトールは甚だ成績が良好でこの競走中これに匹敵するものは無いと確信する。

ジクタトールは一・六倍の一番人気。レースもあっけなかった。スタートからスピードの違いを見せてハナに立ち、そのまま差を広げ二〇馬身もの大差をつけて圧勝。勝時計二分八秒。配当八円。二着チハヤ、三着コウロエン。斤量は、四歳のジクタトール、コウロエンが一三〇斤(約五九・〇キロ)、五歳のチハヤが一三五斤(約六一・二キロ)。コウロエンは大阪新町の人気芸妓床龍の名義。この床龍も馬券好きとなり、翌年一月、総武競馬会の開催に「旦那」とともに東上して姿を現すことになる(96)。チハヤは、これより前の第二レースでフライングをしてコースを一周したことで出走を回避、時間をおいてここに臨んでいた。

初日、内国産新馬戦でこの第六レースの他に注目を浴びたのが大阪新町大西席の人気芸妓お浪の名義サザナミが出走した第八レース、内国産新馬第三競走、八分五マイル、一四頭立。マヤ、ダイツルが人気だったが、三コーナーから仕掛けたサザナミが、直線追い込んで、二着のフヨウに三馬身差をつけてデビュー勝ちを飾った。勝時計一分一五秒六五。配当二六円。芸妓名義の馬としての初めての勝鞍だった。サザナミは四歳、血統不詳、前評判はあまり高くなかったが、三日目にも勝つなど力があった。

二日目、抽籤内国産新馬のレースは二つ行われた。二つともに初日二着以下限定、勝馬の三頭は出走不可。その二つ目が、宮内省から粟田焼桐鳳凰御紋章付の花瓶一対の下賜を受けた第六レース、一マイル、九頭立。京都在住の賀陽宮邦憲、久邇宮多嘉が来場、賞品の授与にあたった。東京競馬会の帝室御賞典に準じるもので、関西競馬倶楽部の

図12　「騎手の惨死」

▲両殿下の台臨　賀陽、久邇両宮殿下は御豫定の如く昨日午前[illegible]三十七分小藤、角田家令以下の從者を隨へ京都發列車にて西の宮驛に御着茨木會頭以下役員の御先導にて差廻しの御馬車に召され十一時三十分會場に御成りあり一等席中央の式場前に御下賜の賞品を整列して熱心に御覧あり午後四時頃再び西の宮驛より京都へ御歸還相成つた

▲騎手の慘死　騎馬腦溢血に倒る

別項にもあるやうに昨日の第五競馬は一場の悲慘なる出來事を以て終結を告げた此競馬は濠洲産新馬競走で第一着のフライングスター以下七頭の馬は發馬合圖の赤旗が動くと共に一齊に驅出して各馬何れも凡そ二分の一哩ばかり奔馳した時第五番目に進んで來た辰馬[illegible]氏所有のトッピは不意に横さまに倒れ同時に騎手の柴田は眞逆樣に三間許り投げ出され頭部を柵に打着けし一刹那後より續て驅けて來た馬の爲に右の前額部を太か蹴立られ額骨は蹄鐵の大きさに割れ碎け見る〳〵血汐が瀧のやうに吹き出す土を蹴る後續の馬が二頭必死の驅様に見境もなく飛で來て倒れた人と馬の腹部を蹴立て踏立て驅け越したから氣の毒にも柴田は悲鳴を揚る暇さへなく五分間續るか續ぬに黑貫綢黑帽の姿は血塗れ泥塗れとなつて卽死した此時は先頭のフライングスターが決勝點に達する際とて馬の一匹人の一人位が死ぬる位は何のその誰あつて騎手の屍骸を取片附様とするやうなものはなく審判了つて去る者は去り止るものは止るとなつた後漸く[illegible]フロックの[illegible]場内取締が人夫を指揮して柴田の身体を擔がせて馬見所裏手の救護所へ運て來た、この時見物に來て居た柴田の妻女は血相變へて飛で來て無殘の姿となつて居る夫の屍体に取着きながら人目も構はず聲を揚げ泣き出したのには[illegible]ばかりの見物も思はず貰ひ泣きをしたが[illegible]び次の競馬番組を[illegible]出すと共に人は忽ち馬券發賣口に奔つて血に染む屍体の傍には泣き崩れた妻のみが淋しく殘つた、此騒擾の

（『大阪毎日』明40・11・19）

格を示すものであった。この日、局線西宮駅に、会頭茨木以下役員が両宮を出迎え、両宮は倶楽部差し向けの馬車で、君が代が演奏されるなか一一時半に来場、一等スタンドに設けられた「御座席」に着いた。なお初日の未勝利限定の格下のレースが、なぜ宮内省からの賞品を受ける対象となったかは不詳。

チハヤが一番人気、マヤとダイツルがこれに次いでいた。そして実際もこの三頭の争いになった。マヤがハナを切り、ついでダイツル、チハヤの順。二コーナーからチハヤがダイツルを交わして二番手にあがり、直線に入ってマヤに半馬身に迫って懸命に追ったが、マヤは譲らず、一馬身差で制した。勝時計二分一〇秒、配当一九円。チハヤは、この日の第二レース、四分三マイル、一六頭立に出走して二着、また初日に続いてここでもスタートで二回のフライングをおかしていたので、これによる体力の消耗がなかったなら勝負の行方もどうなったかわからなかった。マヤは、五歳、血統不詳、関西競馬倶楽部相談役、弁護士の入江鷹之助の名義、初日第八レースでサザナミの三着に終わったが、入江はここでは力が上と確信していたという(97)。ちなみにチハヤが二着に終わった第二レースを勝っていたのが、初日サザナミの二着のフヨウだった。

表彰式を終え、君が代が演奏されるなか両宮は馬車で退場した。新聞各紙は、このレースについては、その事実を伝えるだけでそれ以上のことは報じなかったが、この日、各紙が大きく報じたのが、騎手の死亡事故であった。この宮内省下賜のレース直前の第五レース、豪州産新馬、四分三マイル、八頭立。辰馬半右衛門所有の馬（トッピ）に騎乗していた柴田五郎が、同馬がレース途中脳溢血で倒れて放り出され、後続馬に頭部、腹部を蹴られて死亡したものだった。悲惨な事故としかいいようがなかった。柴田は

図13 「ジクタトール」

（『競馬世界』第3号、明41・1・15）

岩手県三戸郡中山村出身、今回辰馬から招かれて東京から参戦したものだった(98)。

柴田は、「不幸の時の救済、芽出度い時の祝いにも此団体から出資し互いに助け合う」関西競馬倶楽部騎手団体を立ち上げ会長となっていたが、柴田がその対象の第一号となり、「柴田の葬式万端は一切団体の騎手が負担して其他に騎手一同の俸給の十分の一（約五〇円）を香料として贈った」という(99)。

三日目の内国産新馬は、ハンデ戦の三レースが行われた。そのなかで初日、二日目の勝馬、上位馬であるサザナミ、マヤ、チハヤらが出走したのは第五レース、一マイル八分一、六頭立。ジクタトールはこの日も出走しなかった。マヤが先行、一コーナーでサザナミが交わしてハナに立ち、二コーナーを回り向う正面でマヤがサザナミを交わそうとしたが、サザナミは譲らなかった。そのまま直線に入り、結局サザナミがマヤに二馬身差をつけてゴール。チハヤも四コーナーから追い上げたが、マヤにクビ差届かず三着まで。勝時計二分二七秒。配当二九円五〇銭。ここでもサザナミは伏兵視されていた。お浪は、馬券も的中、得意満面だったという。他の二つの第一レース、八分七マイル、一一頭立、第六レース、四分三マイル、一六頭立は、力の落ちるメンバー。それぞれの勝馬はダイツル、ナルカミだった。

四日目第一レースが、内国産新馬優勝ハンデキャップ競走、一マイル八分一、七頭立、一着六五〇円及び馬政局賞典五〇〇円、二着馬政局賞典三〇〇円。出走馬は、初日以来の勝馬、ジクタトール、サザナミ、マヤ、フヨウ、ダイツル等の七頭。当然一番人気はジクタトール、だが初日以来の出走ということがあったのだろうオッズは二倍。各馬のハンデは不詳。ハナを切ったのはサザナミ。すぐにジクタトールが迫ったが、一コーナーでふくれてしまった。向う正面でフヨウがあがって行き、サザナミと併走。ジクタトールが立て直して走り始めると、スピードがまったく違い、見る間にその差を詰め、三コーナーでフヨウ、サザナミを交わし先頭に立った。あとは差が広がる一方、二着フヨウに二〇馬身差をつけて圧勝した。勝時計一分三九秒六〇、配当一〇円。三着サザナミ。このように内国産新馬では、ジクタトールが一頭、抜けた力を示した。つぎの一月の神戸築港記念の開催でも強さを発揮したが、五月京都競馬会の第一回開催、そして六月関西競馬倶楽部春季開催では、東京から遠征してきた抽籤内国産馬の前に歯が立たなかった。

## 抽籤豪州産新馬

抽籤豪州産新馬のチャンピオンの座についたのはダイヤモンド、六歳牝馬、血統不詳。倶楽部会頭茨木惟昭の持馬、名義は神戸柳原の芸妓松子。

ダイヤモンドの緒戦は、初日第五レース、豪州産新馬第二競走、一マイル、五頭立。斤量は一三七斤（約六二・二キロ）の定量。三日目までのこのカテゴリーの賞金は一着六〇〇円、二着一二五円、三着七五円。一番人気はハツ、調教の動きもよく、開催前から評判になっていた馬だった(100)。倶楽部副会頭、開催執務委員長東常久（元陸軍騎兵第二連隊長騎兵大佐）の名義。ついでダイヤモンド、フライングスター。フライングスターは、先に紹介した神戸在住の英国人シー・ダウンの名義。なお川崎の同名馬とは別馬。

フライングでスタートは三回のやり直しとなった。これが影響し、ハツが出遅れた。フライングスターが先行。ダイヤモンドが、三コーナー手前から仕掛け、フライングスターを交わして先頭で直線に入り、そのまま押し切った。四、五馬身差の二着がフライングスター。勝時計二分五秒、配当一九円。三着ハツ。この勝利に、茨木は「狂喜し雀踊りしつつ自ら轡を執って検量室に入」ったという(101)。

ダイヤモンドの二戦目は、二日目第八レース、豪州産新馬第五競走、一マイル八分一、ダイヤモンドの強さの前に二頭立。もう一頭のクワンコウは、初日の第三レース豪州産新馬第一競走、四分三マイルで大差の三着に負けていた馬で、レース前から結果はわかっているようなものだった。その通り、ダイヤモンドは、まったく問題とせず、四〇馬身もの大差をつけて二分一一秒で圧勝、配当六円五〇銭、両頭の力差を考えれば意外の好配当だった。

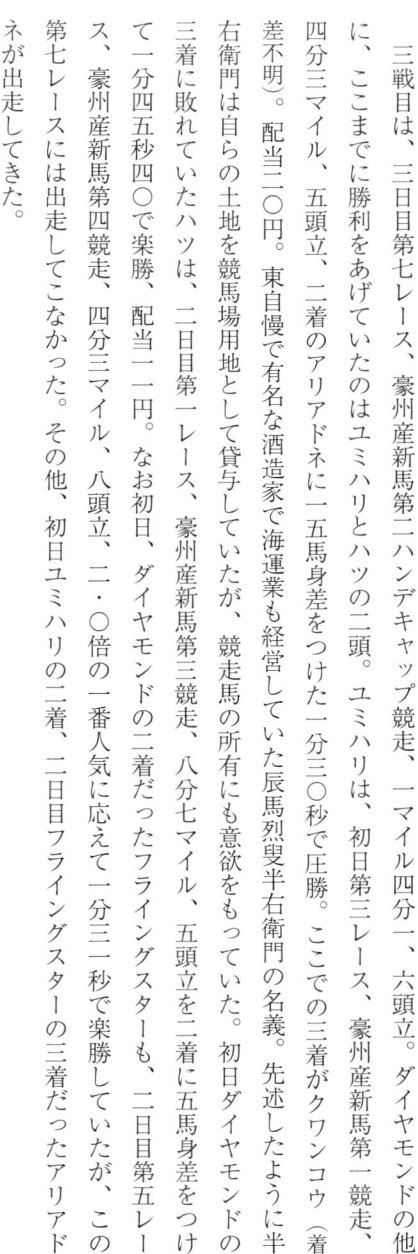

三戦目は、三日目第七レース、豪州産新馬第二ハンデキャップ競走、一マイル四分一、六頭立。ダイヤモンドの他に、ここまでに勝利をあげていたのはユミハリとハツの二頭。ユミハリは、初日第三レース、豪州産新馬第一競走、四分三マイル、五頭立、二着のアリアドネに一五馬身差をつけた一分三〇秒で圧勝。ここでの三着がクワンコウ（着差不明）。配当二〇円。東自慢で有名な酒造家で海運業も経営していた辰馬烈叟半右衛門の名義。先述したように半右衛門は自らの土地を競馬場用地として貸与していたが、競走馬の所有にも意欲をもっていた。初日ダイヤモンドの三着に敗れていたハツは、二日目第一レース、豪州産新馬第三競走、八分七マイル、五頭立を二着に五馬身差をつけて一分四五秒四〇で楽勝、配当一一円。なお初日、ダイヤモンドの二着だったフライングスターも、二日目第五レース、豪州産新馬第四競走、四分三マイル、八頭立、二・〇倍の一番人気に応えて一分三一秒で楽勝していたが、この第七レースには出走してこなかった。その他、初日ユミハリの二着、二日目フライングスターの三着だったアリアドネが出走してきた。

各馬のハンデは不詳だが、ダイヤモンドが一番重く、次がハツ、そしてユミハリだったと思われる。ダイヤモンドが圧倒的一番人気だった。アリアドネが先行、ユミハリが続いた。向う正面に入り、ダイヤモンドとハツが上昇を開始、まずダイヤモンドがユミハリを交わし二番手につけ、三コーナーではアリアドネも交わして先頭に立った。ハツも追い上げ、四コーナーでダイヤモンドにとりつき、直線は両頭の叩き合いになった。制したのはハツ、着差不詳、勝時計二分三五秒六〇、配当五三円、波乱だった。ダイヤモンドは二着。

四日目の優勝戦、第三レース、豪州新馬優勝ハンデキャップ競走、一マイル八分一、一着七五〇円及び馬政局賞典六〇〇円、五頭立。三日目第七レースに出走したダイヤモンド、ハツ、ユミハリに加えてフライングスター、また三日目第三

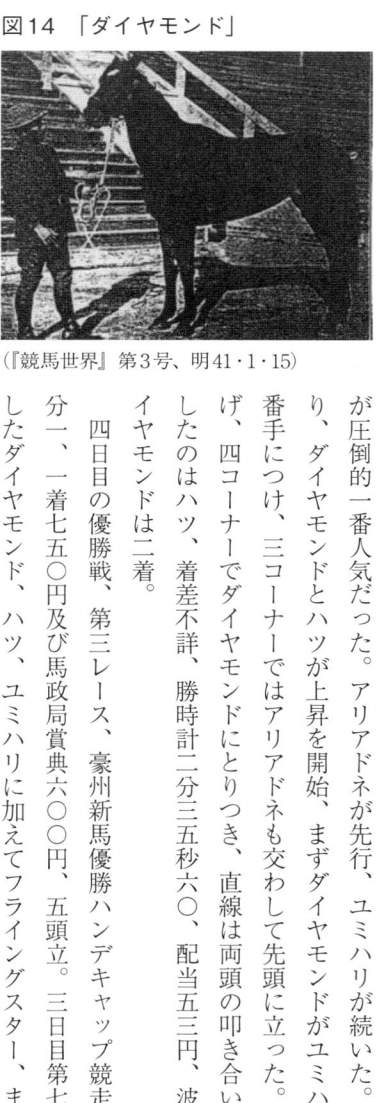

図14　「ダイヤモンド」

（『競馬世界』第3号、明41・1・15）

レースで勝鞍をあげたライトニングというメンバーだった。各馬のハンデは不詳。前日のレースぶりを受けてハツが一番人気、ダイヤモンドは少し人気を下げて二番人気。レースは、ユミハリが先行、二番手にフライングスター。向う正面でダイヤモンドが二番手にあがっていった。三コーナー手前からライトニングが仕掛け、フライングスターは脱落、ユミハリ、ダイヤモンド、ライトニングの先行争いになった。直線の追い比べで、ダイヤモンドが力を見せ、二着のライトニングに三馬身半差をつけ二分三三秒二〇で制した。配当一三円五〇銭。ハツは後方から追い込んできたが、ユミハリを交わして三着にあがるのが精一杯。この結果を見ると、当時、四日目の優勝戦の斤量増を回避するために三日目に力を発揮せず負ける例が散見されたが、ダイヤモンドもその例だったようである。

この勝利に、茨木は、コースにおりて、ダイヤモンドの手綱をとって一等馬見所前まで牽いてきたところで、万歳の声が響き渡り、茨木も万歳を連呼。茨木は馬政局次長藤波言忠と「談話を交換」、そこへ「紳士の一団」が集まり、フラーフラーと叫びながらの階上での胴上げになった。その後は、シャンパンルームでの乾杯だった。開催後行われたせりでは、ダイヤモンドの開始価格五〇〇〇円、ハツが三〇〇〇円(102)。この開催の走りを反映した価格であったが、主取りとなった。ダイヤモンドは、関西競馬倶楽部の抽籤豪州産新馬のなかでは、確かに強かったが、それはあくまでも倶楽部内の豪州産新馬の間のものであり、問題は、根岸、川崎、池上の抽籤豪州産馬との対戦でその力が通用するかであった。この開催に東京から遠征してきた二線級のドーイでも、一マイルを二分三秒で走りダイヤモンドの二分五秒を二秒上回っていた(後述)。これに鑑みても、五〇〇〇円は高く、その価格であれば、根岸などの開催後のせりで他の強い馬を購入すればよいとの判断があったのだろう。

### 外国産馬

外国産馬、といってもほとんどが根岸、池上、川崎の抽籤豪州産馬だった。このカテゴリーの賞金は、事実上の優勝戦を別として、一着六〇〇円、二着一二五円、三着七五円。このカテゴリーでチャンピオンとなったのがドーイ。

同馬は、根岸明治三九年秋季抽籤豪州産馬、五歳牝馬、静岡の畜産界の重鎮浜村理平の名義。そのデビューは、明治三九年一一月根岸秋季開催、ついで池上第一回開催、そして明治四〇年五月根岸春季開催に出走したが、この三開催ともに未勝利に終わった。初勝利は根岸から一週間後の池上春季開催二日目、続く博覧会記念開催二日目にも一勝をあげ、ついで七月川崎第一回開催にも出走したが、初日二着の他は着外に終わった。ドーイは、この川崎の前に、七月上旬の静岡の富士競馬倶楽部の開催に出走していたが、明治四〇年秋のシーズンから、このような非公認競馬に出走した馬は、根岸、池上、川崎の馬券を黙許された開催に出走が禁止となった(103)。そこでここへの遠征となったようである。目立った実績があったわけではなかったが、それでもこの開催では、ドーイの前評判が一番高かった。他に評判にあがっていたのは深沢米太郎（静岡県議会議員）名義のヒトコエ、川崎第一回開催では、浜村理平の名義で外国産呼馬のカテゴリーに出走、初日二着の後、二日目、三日目と連勝していた(104)。開催後、浜村が深沢に譲渡したのであろう。あとはダイタツ、福原遊郭の顔役・板井辰五郎（通称福原大辰）が数千円を投じて購入(105)、「関西第一」という評判を呼んでいた(106)。おそらく別の名で根岸、あるいは池上、川崎で走っていた馬だったと思われる。

ドーイらの緒戦は、初日第九レース、各外国産馬第一競走、一マイル、八頭立、斤量は一三七斤（約六二・二キロ）の定量。ドーイが一・六倍の一番人気。ヒトコエが先行したが、すぐにダイタツが交わして先頭に立った。向う正面でドーイがあがりはじめ、四コーナーでダイタツを交わし、直線リードをひろげてゴール。勝時計二分三秒、配当八円。五馬身差の二着がダイタツ。

ドーイは二日目に出走可能のレースがなく、二戦目は、三日目第八レース、各外国産馬第三競走、一マイル八分一、一着七〇〇円、二着一二五円、三着七五円、四頭立。四日目に外国産馬の優勝戦は組まれておらず、これが事実上のチャンピオン決定戦であった。残り三頭のなかでドーイの他に、この開催で勝

図15　「ドーイ」

「競馬会第一の駿馬ドーイ号 黒鹿毛六歳」（『大阪時事』明40・11・24）

鞍をあげていたのはダイタツとヒトコエ。ダイタツは二日目第九レース、各種馬競走、一マイル、七頭立、二着馬に一〇馬身差をつけた二分二秒で楽勝、配当一二円だった。ヒトコエは、二日目第四レース、各外国産馬第二競走、一マイル二分一、五頭立、逃げた馬を直線一気の追い込みで二馬身差交わして勝っていた。勝時計三分九秒五分三、配当一七円。なおこのレースの払戻をめぐってはトラブルを生じていた（後述）。ヒトコエは、三日目第八レースには、出走してこなかった。レースはあっけなかった。ドーイが出遅れてダイタツが先行したが、向う正面でドーイがダイタツを交わすと、あとは差が開く一方。二着のダイタツに三五馬身もの大差をつけての圧勝だった。勝時計二分一三秒五分一、配当八円五〇銭。

このように外国産馬のレースは、ドーイが圧倒的な強さを見せていたが、そのドーイも根岸、池上、川崎の抽籤馬たちのなかでは平凡な馬であったことを考えれば、自ずからこの開催の外国産馬のレベルも明らかだった。

## 各内国産馬

このカテゴリーに出走したのは北海道、東京及びその周辺の競馬会からの遠征馬たちであった。賞金は、優勝戦、撫恤戦を除いて、一着六〇〇円、二着一二五円、三着七五円。そのチャンピオンの座についたのはカケピカン。カケピカンは、明治三八年八月浦河競馬会のチャンピオンだったが(107)、北海道各地の活躍馬がそろった明治三九年九月北海道乗馬会の開催では、初日第四レース大印（のちのハナゾノ）の三着、第九レースには勝ったが、二日目第七レースでは大印の着外と必ずしも目立った成績を残してはいなかった(108)。カケピカンは生産者の日高の大塚助吉の名義だったが、乗馬会では三石郡本桐村の平野浅太郎(109)、この開催では今井（不詳）だった。

同馬の緒戦は、初日第一レース、各内国産馬第一競走、四分三マイル、一二頭立。一番人気は短距離得意のヒノデ二世。だが同馬は出遅れ、道中最後方。三コーナー辺りで先頭に立った人気薄のテンリウがそのまま逃げ切る勢い。道中三番手を進んでいたカケピカンが、直線、猛然と追い込んできたが、半馬身届かずの二着。テンリウの勝時計一分三〇秒。ヒノデ二世も追い上げてきたが、カケピカンからさらに五馬身差の三着に終わった。配当八〇円五〇銭という波乱、初日の最高配当額だった。

カケピカンの二走目は、二日目第七レース、各内国産馬第五競走、四分三マイル、一二頭立。初日の走りが評価されてカケピカンは二・二倍の一番人気。ここは、スタートからハナに立ち、そのまま逃げ切って人気に応えた。二馬身差の二着がオニカゲ。勝時計一分二八秒六〇、配当一一円。

三走目は、三日目第四レース、各内国産馬第二ハンデキャップ競走、一マイル四分一、一四頭立。ホクモンとの対戦で注目を浴びた。ホクモンは、戦績は不詳だが、北海道の競馬の出走経験があった。先に紹介した函館の馬具商、実業家で函館競馬会の理事であった松山吉三郎の名義。松山は遠征に積極的だった。

ホクモンの緒戦は、初日第七レース、内国産馬第三競走、八分七マイル、一一頭立、ここを一分一三秒五〇で勝った。配当二三円であったから、二、三番人気。ホクモンの騎手函館大次の好騎乗が光っての勝利だったという。大次は、明治の大馬術家函館大経の実弟で大経の養子となり、馬術の修業を積むとともに騎手としても函館競馬会などで活躍、名騎手との評が高かった(110)。この関西競馬倶楽部の開催でも、大次の騎乗ということだけで、その馬の人気があがったという(111)。

ホクモンは、二日目の出走をパスして、この三日目第四レースに臨んできていた。おそらく一番人気がカケピカン、二番人気がホクモン。レースは予想通り、この二頭の争いになり、向う正面で二頭と他馬の差は広がっていった。直線に入るとホクモンが抜け出し、そのままカケピカンに四馬身差をつけて制した。勝時計二分三四秒、配当一五円。ここでも函館の好騎乗が光ったという。

そして四日目の内国産馬の優勝戦、第二レース、各内国馬優勝ハンデキャップ競走、一マイル八分一、一着七五〇円及び馬政局賞典四〇〇円、六頭立。出走馬はテンリウ、オニカゲ、ホクモン、カケピカン、キンザン、ヒノデ二世。テンリウは、先に紹介したように初日第一レースの勝馬。オニカゲは、二日目の第七レースのカケピカンの二着が最高着順、未勝利でここに出走してきた。キンザンは、初日第四レース、各内国産馬第二競走、一マイル、六頭立を二着に六馬身をつけての二分二秒八〇、ついで二日目第三レース、一マイル二分一、八頭立も二着に四馬身差をつけて三分一〇秒四〇で楽勝、そして三日目第九レース、各種馬競走、一マイル四分一、六頭立も二分三四秒四〇で制した。なお各種馬といっても出走馬は、内国産馬だけであった。キンザンの配当はそれぞれ三二円、一六円、二四円五〇銭、と二日目を除いて評価はそれほどではなかったが、ここまで三連勝、遠藤（不詳）の名義。

ヒノデ二世は槇田吉一郎、仮定名称ナンチョウの名義、明治四〇年五月池上春季開催初日にデビュー勝ちを飾ったが、残り三日間は未勝利(112)。続く同会の博覧会記念開催では三日目の撫恤戦でも二着と未勝利(113)。そして名義が浜村理平に移り、七月の川崎第一回開催に出走したが、ここも初日と四日目の三着以外は着外に終わっていた(114)。このようにヒノデ二世は、東京周辺の競馬では二線級であったが、この開催に出走するにあたっての評価は高かった。その結果、先に紹介したように初日第一レースには一番人気となり、テンリウの三着に敗れて波乱の立役者になっていた。二戦目は二日目第一〇レース、各内国産馬第六競走、八分七マイル、七頭立。初日の敗戦があって人気は少し下がったが、それでも二・〇倍の一番人気。そしてその人気に応え、二着に二馬身差をつけた一分四七秒二〇で勝って、ここに臨んでいた。

さて優勝戦、一番人気ホクモン、二番人気ヒノデ二世、三番人気キンザン、カケピカンは前日の敗戦で人気を下げていた。テンリウがハナを切り、ホクモンが一コーナーでテンリウを交わしたが、向う正面でカケピカンが仕掛けて先頭に立った。三コーナーでホクモンがカケピカンを交わそうとしたが、カケピカンは譲らずそのまま直線に入った。ホクモンは前日の様な脚を見せず、逆にカケピカンに離され、ゴールでは五馬身差をつけられた。カケピカンの勝時計二分二八秒、配当五〇円五〇銭の波乱になった。三着テンリウ。キンザンはまったくよいところがなく四着か五着、ヒノデ二世はしんがりだった。

そしてこの結果に、八百長との声があがった。ホクモンの騎手函館が、直線、本気で追わず、またキンザンの騎手も、同馬を最後まで引張っていたように見えたからだという。キンザンの騎手は、饗応を受けて、あるいは脅迫されたという情報が、レース後に流れた。さらにヒノデ二世のシンガリ負けも「奇異」なものであったという。だがここは疑惑の声に呼応するものが少なく、結局、騒ぎにはいたらなかった。またこの後の第三レース豪州新馬優勝戦のハツのレースぶりにも、「頗る可笑しな噂が諸方に起り苦情喃々たり」だった(115)が、ここも騒ぎにならなかった。後述するように場内警備にあたっていた大阪の親分の配下のものたちのにらみが利いていた。そしてこの二つ以外にも、八百長と疑われるレースがいくつかあったという。倶楽部側も、八百長が行われたという認識をもっており、翌年一月の神戸築港記念開催の際には、八百長が行われた場合、その騎手の永久追放など厳格な対応を表明することになる(116)。

その他、この開催では目立ったのが、第一回ということもあって、レースの執行、運営の不手際だった。そのなかでも、とりわけてスタートをめぐるものだった。関西競馬倶楽部のスタートは、馬を整列させて、スターターが旗を振って発馬させる方式であったが、この方式では、馬の呼吸を調わせるのに時間を要し、またスタートが正常かどうかの判断も難しかった。その結果、全力で走った後で、フライングとしてスタートがやり直しとなることもあった。初日第一レースは、先に紹介したように、本命のヒノデ二世が出遅れてテンリウが勝って波乱になっていたが、スタートに時間を要したことが、ヒノデ二世の出遅れの要因になっていた。続く初日第二レース、内国産新馬第一競走では、二番人気のチハヤが、フライングで走ってしまったことで出走を回避した。これに倶楽部は、チハヤが、規定時間内にコースに入っていなかったとして、その馬券の返還を決定した。この処置自体が馬政局の規定違反であったが、「最初のこととて観覧者の中に呼吸の分からぬものあるを慮り」、騒擾を回避するために「会社が自腹を切っ」たものだったという(117)。さらに問題はこの決定の周知をはからず、結局その返還を受けたものは一部にとどまったことだった。またダイヤモンドが勝った初日第五レースは、フライングでスタートが三回もやり直しとなってその影響でハツが出遅れ、そしてもう一頭別の馬はさらに大きく出遅れてレースを放棄していた。またマヤが勝った二日目第六レ

図16

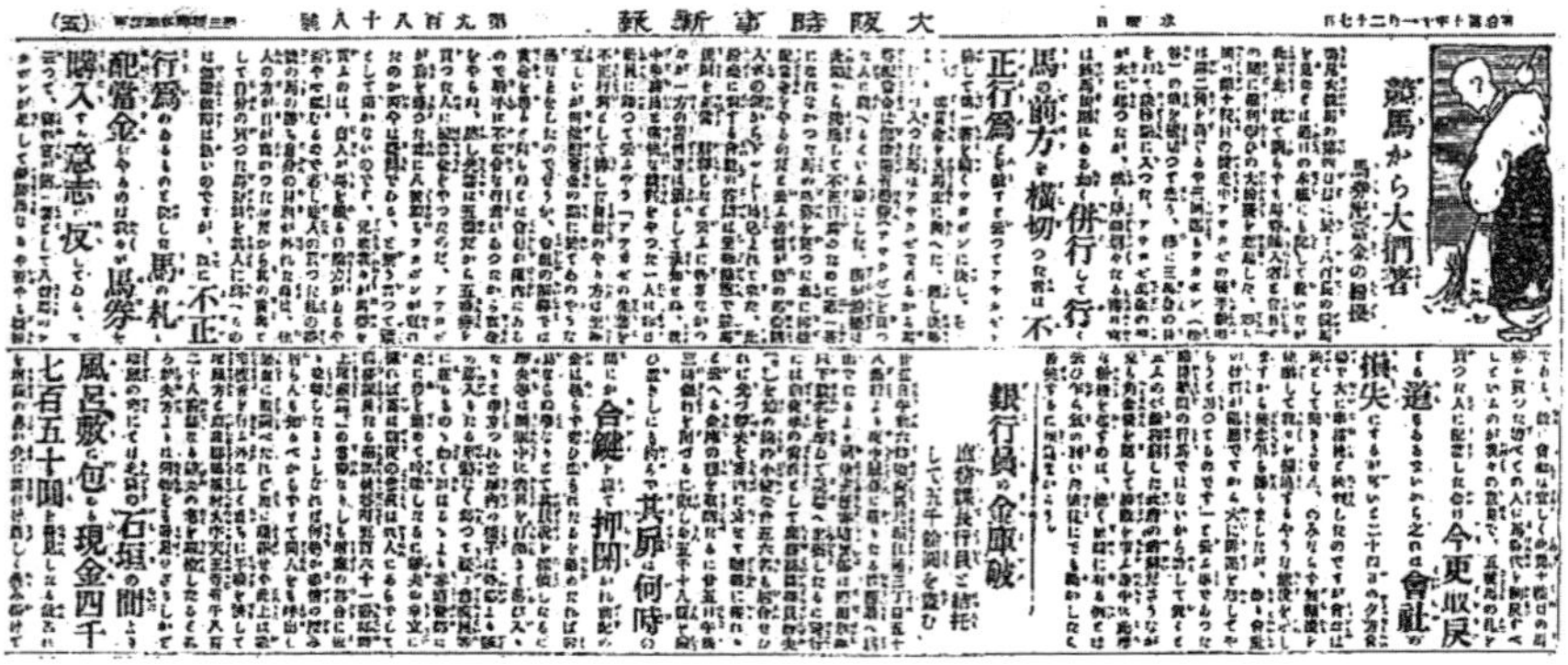
大阪時事新報　第九千八百八十八號

競馬から大悶着

今更取戻す道もあるまいから之れは會社の損失

馬の前方を横切つて併行して行くは不正行爲

行爲の不正

馬の札

配當金を貰ふ馬券購入の意志に反

銀行員の金庫破

合鍵で押開

其扉は何時

石垣の間より風呂敷包の現金四千七百五十圓

4日目第10レースをめぐる騒ぎが大きく報じられている（『大阪時事』明40・11・17）。

ースでは、人気の一頭であったチハヤが敗れたが、その敗因は二回フライングを繰り返して力を消耗したことにもあった。この他にもスタートのトラブルが続いた。これを受けて、倶楽部は、一月の神戸築港記念開催からバリア式のスターティング・ゲートを設置することになる(118)。

さらにこの二日目第四レース、ヒトコエが勝っていたが、その馬券的中者が払戻に行ったところ、第三レースの馬券であると払戻を拒否された。倶楽部側の誤った発売か、あるいはいいがかりであるかは不詳だが、いずれにしろ観客たちは「同盟を作って現金払渡口に犇々と押しかけ金網も何も叩き破らん勢いにて一時は大変な騒ぎ」になった(119)。倶楽部側は、この騒ぎを「無頼漢」を使い暴力的に押さえ込んだ。

そして四日目第一〇レース、各外国産馬の撫恤戦、四分三マイル、五頭立をめぐっての騒ぎだった。人気は、初日、二日目と善戦していたアサカゼ。レースはそのアサカゼが勝ち、三馬身差の二着がツカボシ。配当一五円、払戻が開始された。ところがその一方で、二着のツカボシ陣営が、アサカゼが、向う正面でツカボシの前を三回も横切って進路を妨害したと異議を申し立てた。結局、この異議が容れられ、アサカゼの失格、ツカボシの一着繰り上がり、馬主への賞金授与が決定された。ただこの裁定が下されても、当時の規定により、ツカボシの払戻は行われなかった。これにツカボシの馬券購入者が、ツカボシへの配当を要求、また他の馬の馬券購入者も、馬券の返還を求めたが倶楽部側は拒絶、その結果、騒ぎになっ

図18　図17

▲藝妓の大入　相變らず大阪からは北の連中が多く前日負が込みて焦ち立つたる清子、小金、力幸、おりう、呂之助、德幸なんどの面々、老妓おゑんまでが加はり九十圓許當てたといふ、何もレースブツクと首ツ引きお白粉氣なしの忍の姿にて馬券所を出たり這入つたり知合のお客と見ればトツ捉へてどれよからうと相談するさま眼の色は全然違つてゐると見えたり、中にも呂之助の如きは金時が火事見舞といふ格にて美しい顔を火のやうにしてゐたるは大方持馬のコウロエンが第一號馬に二着を占めた中腹の自棄氣味かも知れず、さて新町連に至つては倶樂部役員連の根據地とて何れも參謀長を控へ居る様子小德、小八重、床龍の如きはいの一番に入場してお客の異人さんと駆けづり廻つて目を丸くしてゐたりまた神戸連は春助、六兵衛、梅奴、梅勇、梅幸、花歌裡、德八なんどの連中買つてゐるのもあり買はないでブラついてゐるのもあり顔の少いのは南地にて目に留つたのでは伊丹幸の富田屋の小奴おふく位なり

▲ロロロロロロロロ
三日目藝妓の勝敗　ぞろ〳〵と押出した藝妓連の勝敗如何と見るにこれはまた馬の勝敗よりは別の面白味がある表を作れば左の通り
▲勝の部　林席小金（八十三圓）同おゑん（九十圓）玄粹佐樂くに（四十一圓）同稻田ちか（四十一圓）（以上北新地）大西席千代（三十八圓）同小金（三十圓）小山席まさ（二十五圓、以上新町）
▲負の部　大西席清子（六十一圓）堀川席福榮（六十五圓、以上北新地）富田屋ふく（十九圓、南地）

芸妓が馬券を買う姿、その勝敗が報じられている（ともに『大阪毎日』明40・11・24）。

た。最後の最後にそれまでの不満に火がついた格好だった。倶楽部側は、「馬に賞金を与えるのは倶楽部の権利、レースの勝敗に関係なしとはねつけ」、頑として決定を覆さなかった(120)。さらに倶楽部は、ここでも「無頼漢を使嗾して」、人々を「強迫するような態度を示し」て押さえ込んだ(121)。倶楽部の中心的存在だった大林組の大林芳五郎は、大阪随一の顔役木屋市野口栄次郎親分の手を借りて事業を拡大していたが、その木屋市からの「連鎖」で、伝法の伊之助、幸町の淡熊、梅田の難波福、九条の永福、新町の小常等といった親分たちとも関係があった(122)。おそらく倶楽部は、この大林の人脈を活用し、大阪の親分に場内取締を依頼、事が起こりそうになった際には、その配下のものたちが威嚇していたのだと思われる。だが翌年一月の神戸築港記念開催では、こういった形では、騒ぎを押さえ込むことはできなかった。

この第一回開催について、各新聞は、多くの観客が訪れ、馬券売場の混雑ぶりを連日報じた。そして著名人、たとえば、緒方医院の緒方博正清、銈次郎（緒方洪庵の孫）、収次郎らの緒方家の医師が馬券に興じる姿、さらには先にもふれたように大阪・神戸の芸妓連の馬券の勝ち負けをその名をあげて報じた（図17、図18）。だが売上は、初日一〇万三〇〇〇円、二日目九万九〇〇〇円、三日目一八万六八三〇円、四日目二四万四五七〇円、と三日目、四日目にかなり伸びを見せたとはいえ、四日間六三万三四〇〇円に終わっていた。東京周辺の各競馬会と比べると、その売上高は低く、たとえば同じ一一月に開催していた池上と川崎の一五六万円、一六四万円の四割前後にしか過ぎず、松戸の第一回

図20　「競馬雑観（二）」

図19　「競馬雑観（一）」

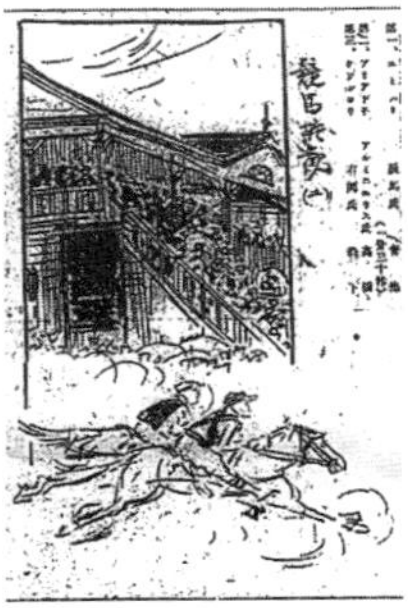

（ともに『大阪毎日』明40・11・18）

図21　「競馬賭博の公行」

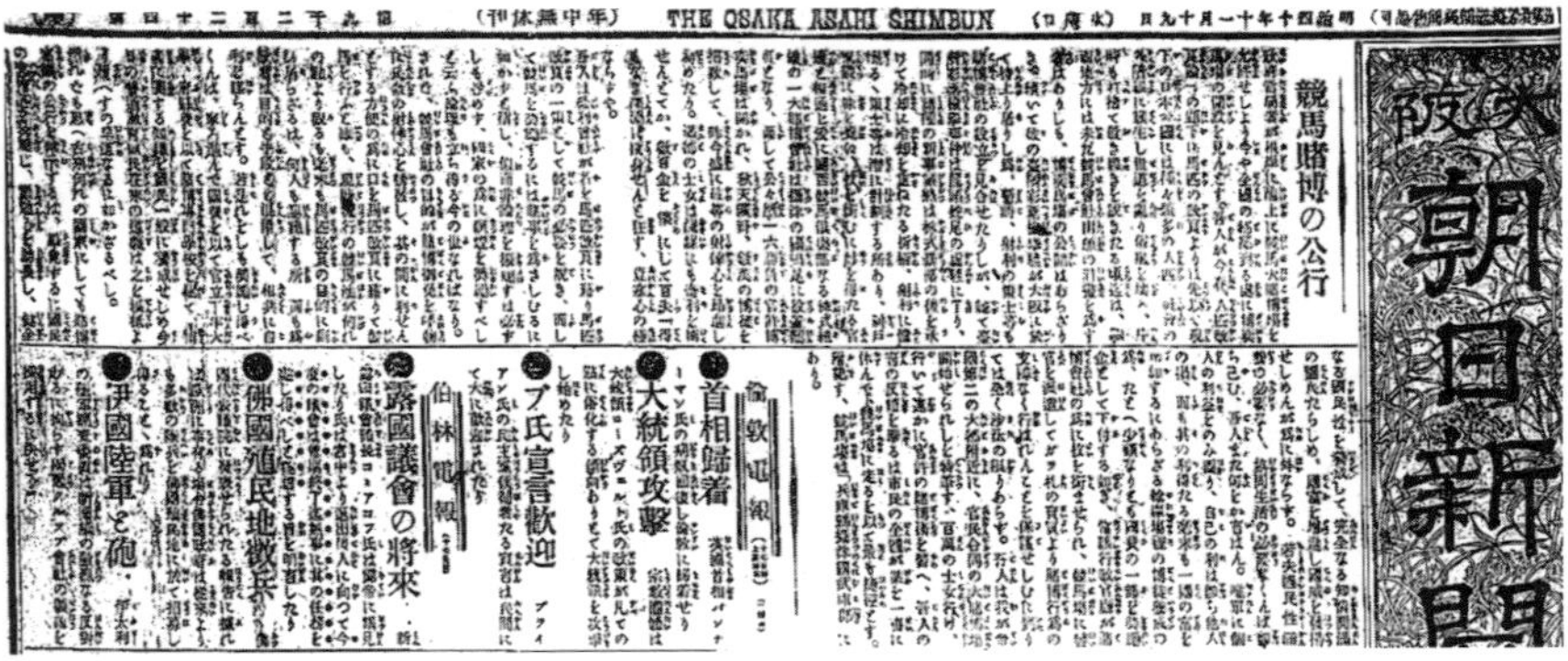

THE OSAKA ASAHI SHIMBUN

大阪朝日新聞

競馬賭博の公行

倫敦電報

首相歸着

大統領攻撃

プ氏宣言歡迎

伯林電報

露國議會の將來

佛國殖民地徴兵

伊國陸軍と砲

（『大阪朝日』明40・11・19）

開催並みであった。東京周辺では、馬券熱が高じていたが、関西では、初めてということで人々が馬券を買うことに慣れていなかったこともあったのだろう。とはいえ、それでも関西で初めて馬券が舞い、現金が飛び交う空間の出現であった。大阪朝日新聞は社説で、大賭博場が現出し、国民の怠惰心を助長し、勤勉心を抑圧、健全なる国民性を破壊していると激しく非難した(123)。この後、大阪朝日新聞は、反競馬、反馬券のキャンペーンを展開していくことになる。

　この第一回開催の馬券の収益、入場料、抽籤馬売却代金等の総収入は一一万五〇〇〇余円、それに対して総支出は賞金などの開催経費及び抽籤馬の購入代金等一三万二〇〇〇余円、差引一万七〇〇〇余円の赤字だった(124)。馬券の買い戻し等の損金、親分たちへの供与もあっただろう。だが赤字の第一の要因は、半期三万七五〇〇円という馬匹改良会社への高額な賃借料の支払いだった(125)。しかし倶楽部としては、高額の賃借料など赤字を厭わない放漫な運営をしても、何回か開催を重ねれば、収益をあげることができると踏んでいたはずであった。つまり赤字は織り込みずみだった。倶楽部は、明治四一年一月三一日の総会で関西馬匹改良会社への賃借料などは借入金で支弁することに合意、これを受け改良会社は、同日の総会で年一割(二万五〇〇〇円)の配当、五〇〇〇余円の後期への繰り越しを承認した(126)。

そして関西競馬倶楽部は、第一回開催直後、その赤字補填も目的に、神戸築港記念を名目として、早期の第二回開催を模索、一月五、六、七日の開催を馬政局に申請、交渉、その認可を受けた(127)。馬政局は、同倶楽部への優遇策として、第一回から時間をおかずに第二回開催を認めることを早くから決めていたと思われる。だが競馬(馬券)熱の高まりへの対応が必要となり、事がすんなりと運んだわけではなかったが、結局、開催を認可した。そしてこの開催に、神戸地方裁判所検事正が、一旦は、馬券禁止の旨を申し渡すことになる。

## 4 京浜競馬倶楽部秋季開催、一一月二三日、二四日、三〇日、一二月一日

第一回開催後、秋季開催に向けて、二号館、コースなどの施設の改修が行われた(128)。モーターローラーで馬場は、見違えるほどのものになっていたという。一号館(貴賓館)の建設も計画されていたが、こちらは基礎工事までだった(129)。スターティング・ゲートも、見張り台も二回目となり、その効果がより発揮されることになった。またこの開催を前に、名誉会員に日本レース倶楽部正副会頭であるイギリス大使マクドナルド、Dr・ウィラーが加わった(130)。開催執務体制は、執務委員長、馬場取締、審判、ハンデキャッパーなど二一名中一四名が横浜在住の西洋人が占め、西洋人主導を継続した。

川崎の売り物であった抽籤豪州産新馬の輸入は、来春に向けての準備を進めてはいたが、今回は行われなかった。

図22

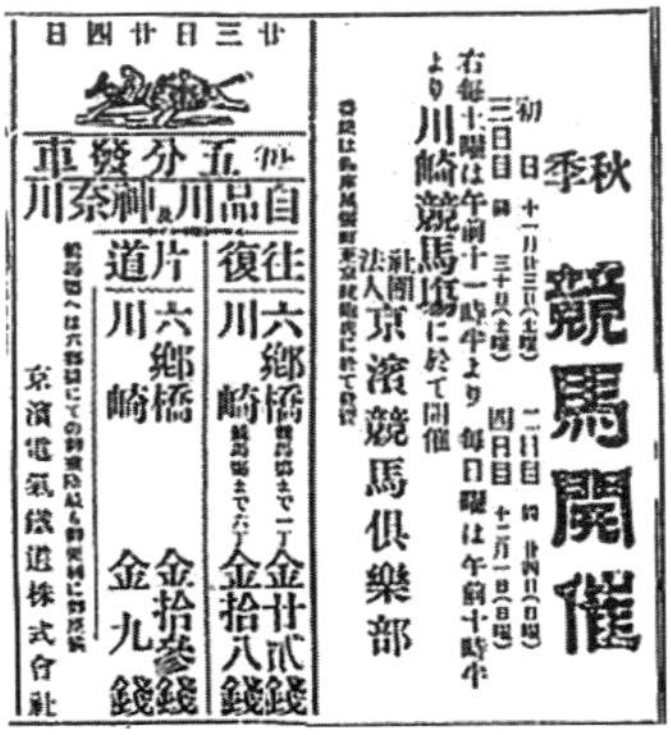


(『二六』明40・11・22)

したがって秋のシーズンの豪州馬は、新馬に関しては、根岸と池上、古馬に関しては、川崎の春の抽籤馬二五頭と根岸からの出走馬たちで編成した(131)。内国産馬に関しては、倶楽部の抽籤新馬は二〇頭（購入は二五頭）と春よりも四頭増えていたが、第一回に続いて能力に問題があり番組は五レース、優勝戦も第一回の新馬との混合で実施した。なおレベルが低かった第一回の新馬は五頭を残して、後は廃馬としていた(132)。呼馬も目立った馬はいなかった。したがって内国産馬は、新馬も呼馬も池上からの出走馬が主力になった。このように川崎の弱点は、豪州産馬、内国産馬ともに川崎を本拠地とする有力馬がいないことであった。だがこれは馬券の売上とは関係なく、レースの質はどうであれ馬券は売れた。なお中国産馬のレースは廃止された。

レース編成は、抽籤内国産新馬五、川崎池上混合抽籤内国産新馬一、川崎第一回及び抽籤内国産新馬混合三、各会抽籤内国産馬二、内国産馬六、川崎抽籤豪州産馬未勝利五、川崎抽籤豪州産馬三、川崎池上混合抽籤豪州産馬四、各豪州産馬四、根岸秋季新馬を除いた豪州産馬四勝以下四、計内国産馬一七、豪州産馬二〇、出走頭数が内国産馬五一頭、豪州産馬六六頭であったことに鑑みれば妥当な編成だった(133)。

その上でレースは豪州産馬、内国産馬ともに一戦級と二戦級に分けて編成、賞金も、二線級は豪州産馬一着六〇〇円、二着二〇〇円、三着一〇〇円、内国産馬が一着五〇〇円、二着一二五円、三着七五円、これに対して一線級は豪州産馬、内国産馬ともに、初日一着七〇〇円、二着二〇〇円、三着一〇〇円、二日目一着一〇〇〇円、二着二五〇円、三着一二五円、三日目一着八〇〇円、二着二〇〇円、三着一〇〇円、四日目一着一〇〇〇円、二着二五〇円、三着一五〇円だった。また今開催から目玉として二日目のハンデ戦と四日目の優勝戦に、当時にあっては高額賞金の象徴となる一着一〇〇〇円を設定、それに加えて根岸や池上では一着のみであった優勝戦の賞金を三着まで出した。賞金総額は、馬政局の指導でレース数を第一回の四四から三七に減らしたが(134)、三万三四七五円と第一回三万一七九六円の約一割弱の三〇〇〇円増となっていた。そのうえで一着一〇〇〇円の設定とメリハリをつけた。これは第一回開催に有力馬が出走してこなかったことを踏まえてのその招致策であったが、功を奏し、豪州産馬、内国産馬ともにメルボルン二世、ヒタチ、ヒヨシ、ハナゾノ、ホクエンといった当時のチャンピオン級の馬たちが出走してきた。なお馬政局賞典は、京浜競馬倶楽部抽籤内国産新馬優勝一着五〇〇円、二着二〇〇円、各内国馬優勝一着三〇〇円、各豪州馬優勝一着三〇〇円、計一三〇〇円が交付された。

こうして京浜競馬倶楽部は、一一月二三日(土)、二四日(日)、三〇日(土)、一二月一日(日)に秋季開催を迎えた(135)。東京及びその周辺では、九月二一日、二三日、二八日、二九日の松戸から始まり、一旦間が空いたが、一〇月二五日、二六日、一一月一日、二日の根岸、一一月九日、一〇日、一六日、一七日の池上に続くものであった。売上も、松戸が約六〇万円、根岸が約一二二万円、池上が約一五六万円、とシーズンが進むにつれて伸びていた。この競馬熱の高まりのなかでの二回目の開催、川崎の町をあげて歓迎ムードだった。そして売上も、初日三一万四三五〇円、二日目四五万七二七五円、三日目三四万三三七五円、四日目五二万五八〇五円、計一六四万八〇五円に及び、ここまでの各競馬会開催のなかで最大額になった(136)。ちなみに四日目は、一日当りのレコードだった。

初日こそ「朝来の微雨」であったが、二日目は小春日和、三日目は「数日来の陰雨全く晴れ渡り一天秋晴の快気」、四日目も好天気、と二日目以降は天候にも恵まれた。

図23 「メルボルン二世」

(『競馬倶楽部』第2巻第1号、明42・1・8、木村錠太氏蔵)

## 豪州産馬

何よりもこの開催で話題を呼んでいたのは豪州産馬メルボルン二世だっ

た。同馬は、この秋のシーズン、根岸、池上ともに四戦四勝と八連勝でここに臨んでいた。先にふれたように豪州産馬のレースは一線級と二線級に分れていた。繰り返せば、一戦級のレースの賞金は、初日一着七〇〇円、二着二〇〇円、三着一〇〇円、二日目一着一〇〇〇円、二着二五〇円、三着一二五円、三日目八〇〇円、二着二〇〇円、三着一〇〇円、四日目優勝戦一着一〇〇〇円及び馬政局賞典三〇〇円、二着二五〇円、三着一二五円だった。二線級の賞金は、一着六〇〇円、二着二〇〇円、三着一〇〇円。この他、川崎抽籤馬限定戦も行われた。

一線級の初日のレースは、第五レース、スカリー・ステークス、四分三マイル、斤量馬齢、四勝以上、一勝毎に三斤増、ただし二四斤を超えない、一三頭立。主な出走馬は、ヒヨシ、クインベゴニヤ、ラカンテニヤ、ペネロピー。一番人気は期待外れの成績が続いたが、それでもヒヨシで一・八倍、ついでクインベゴニア、ラカンテニヤ、ペネロピーという順。斤量はヒヨシ一三七斤（約六二・二キロ）、クインベゴニア一四二斤（約六四・五キロ）、ペネロピー一三二斤（約五九・九キロ）。メンバーはそろっていたが、ヒヨシが、スタートからハナに立ち、そのまま逃げ切り、人気に応えた。勝時計一分二一秒四〇はレコード、配当九円。三馬身差の二着がクインベゴニア、二馬身差の三着がペネロピー。ここでのヒヨシの勝利は、根岸、池上の芝から土へのコースとなって変身、「これまでの失敗を少しは償い、評判をやっと繋ぎ止めた」ように見えた[137]。だがその後がいけなかった。

図24　「緊急告白」

（『横浜貿易』明40・11・24）

そして二日目、第六レース、オータムハンデキャップ、一マイル二分一、一着一〇〇〇円、二着二五〇円、三着一二五円、距離と賞金に鑑みるとダービーの位置づけだった。メルボルン二世、ヒヨシ、ヒタチ、ペネロピー、クインベゴニアらの一一頭立。ハンデは、メルボルン二世が満量（上限）の一六〇斤（約七二・六キロ）、ペネロピー一二七斤（約五七・七キロ）、クインベゴニア一二〇斤（約五四・五キロ）、ヒヨシとヒタチは不詳。

メルボルン二世の出走は開催前から話題を呼んでいたが、さらにこのレース

図25

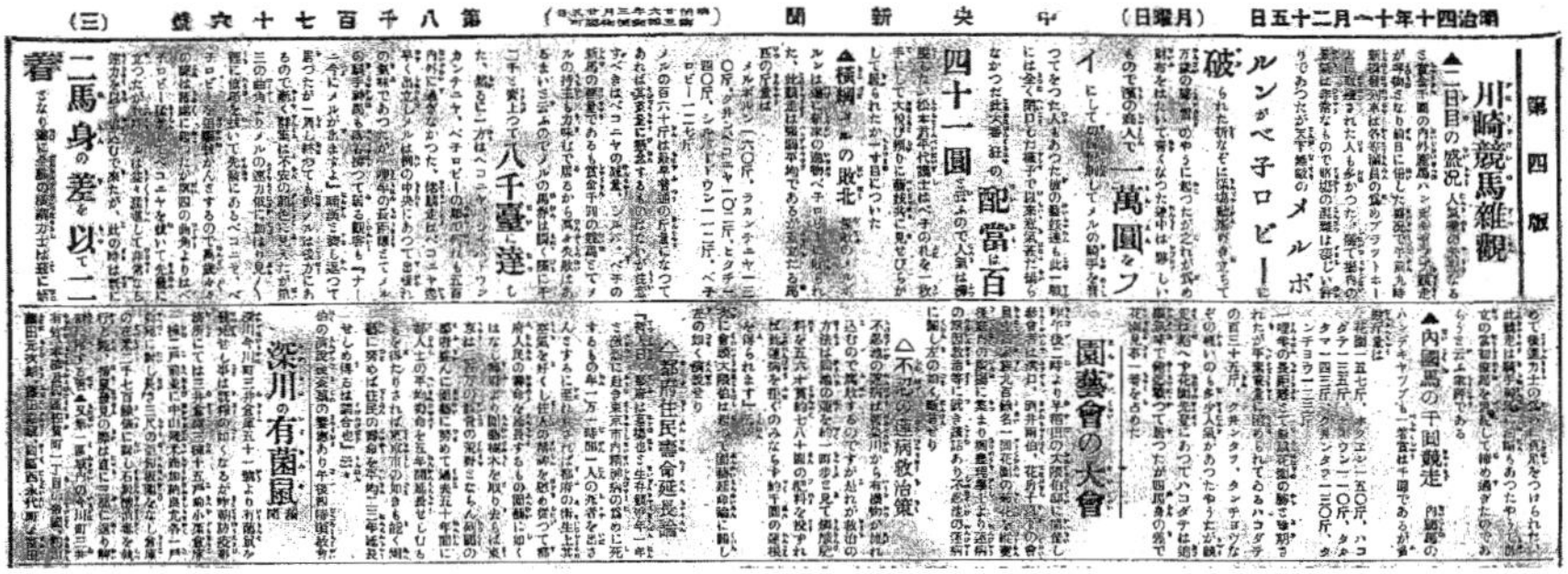
明治四十年十一月二十五日（月曜日）　中央新聞　第八千百七十六號　（三）

第四版

川崎競馬雑觀

メルボルン二世の敗北が大きく報じられている。配当141円と報じられているが、146円の誤り（『中央』明治40・11・25）。

を注目させたのは、デビュー以来メルボルン二世に騎乗していた神馬惣策が、八百長の誘いに乗って同馬を負けさせるとの噂が広がっていたことだった。これに対して、神馬は、横浜貿易新報と時事新報両紙の明治四〇年一一月二四日号に、つぎのような「緊急告白」を掲載して、その疑惑を全面否定した。

去二三日有東京四ツ谷局消印ある注告生の御名にて、小生に対して川崎競馬会に於いてメルボルン二世が他動的勧誘の結果八百長レースを為すべしとの噂あり注意をせよとの懇篤なる葉書を賜はりしが、小生未熟ながら大方の愛顧に依り今や熱心に馬術研究中にありて、寸毫も八百長的騎乗を為さざる決心なれば、よしや勝敗は其時の運に任すと雖も、かりにも賤しき行為は誓って敢てせざる事を此機会を利し注告生及び大方に告白し、併せて小生の騎乗は大方の厳なる監視に待たんことを期す

十一月　騎手神馬惣策

馬券の発売枚数は一万五六五七、その内メルボルン二世が一万一七五四枚、ついでクインベゴニアとヒヨシが約一五〇〇枚、大きく離れた四番人気がペネロピーで四八二枚。ヒタチはまったく人気がなかった[138]。八百長の噂は立っていたが、やはりメルボルン二世が圧倒的一番人気。同馬の厩舎関係者も「少なくとも二千枚を下らざる」馬券を購入していたという[139]。

レースは、つぎのようなものだった。クインベゴニアが先行、一周目のス

タンド前は、二番手にヒタチ、次いでメルボルン二世だったが、メルボルン二世は他馬に回りを囲まれた。ペネロピーは手綱を控えて後ろから二番手。向こう正面に入ってペネロピーが仕掛けてあがっていった。メルボルン二世が三コーナー手前で外に出そうとしたとき、後ろからきたペネロピーが進路をカット、さらにペネロピーと同一オーナーのポピンジェイ（旧チハヤ）が進路をふさぎ、そのうえ、ポピンジェーの騎手は同馬をメルボルン二世にぶつけようとしてきた。メルボルン二世は、進路があかないまま直線に入り、やっとあいて追い出したときには時すでに遅し。ペネロピーとメルボルン二世二頭の斤量差は三三斤（約一五キロ）もあって、ペネロピーの脚色は衰えず、最後には手綱を緩めてゴールに入るほどだった。メルボルン二世は、クインベゴニアにも迫られ、二着を死守するのが精一杯であった。勝時計二分五五秒六〇、第一回開催のアムルースの二分五六秒四〇を〇・八秒とはいえ破るレコード。配当一四六円、二九・二倍の大波乱であった。メルボルン二世は二馬身差の二着、半馬身差の三着がクインベゴニア。ヒタチは、問題外の走りで着外。ヒヨシもまったく見せ場がなかった。

レース後のある戦評によれば、敗因は、ペネロピーが残り半マイルで仕掛けていったとき、メルボルン二世がその内を突こうとして、ペネロピーと同一オーナーのポピンジェイが壁となって抜け出せなかったことであり、神馬が初めから馬群の外を回って追い込んでいれば、確実に勝てたレースだったという(140)。後に神馬は、他の騎手たちがメルボルン二世を負かそうと意志を一致させていて、スタートすると「ジンワリ外枠から左右の馬に包囲され」、出るに出られなくなった。メルボルン二世も「非常にを気を焦燥ってややもすると前の馬と衝突を仕兼ねまじき有様」となり「手綱を十分に引締めて無理から喰止めて居る中に」、二度も躓き、残り三ハロンを過ぎて、外があいたので外へ出そうとしたところ、ペネロピーに前に入ってこられた。外に出さずに、そのままじっとしていればよかった、と語った(141)。おそらく神馬の弁が実情だったと思われるが、いずれにしろ敗北を喫したことには変わりはなかった。

ペネロピーは、根岸明治四〇年秋季抽籤馬、E・C・デービス（サミユル・サミユル商会）、仮定名称ノーフォークの名義。デビューの根岸開催、先にも紹介したように、初日第九レース、一マイル、八頭立は三着、二日目第四レース、一マイル八分一、六頭立は着外に終わった。デビュー前、調教時の動きから、同馬の評価は高かったが、脚を痛め、調教をひかえたところ「油が全然付いてしま」ったのが、その敗戦の原因になっていたという。だがそれから一週間、熱心な調教を積んで本来の動きを取り戻し、三日目第三レース、一マイル、ハンデキャップ、一〇頭立で初勝利をあげて、四日目第二レース、新馬優勝戦、一マイル八分一、五頭立に臨み、そこでヒヨシを降してチャンピオンの座についていた。続く池上の開催、ペネロピーは、初日、二日目は四着以下だったようだが、三日目第一〇レースで勝ち上がって四日目第五レースの優勝戦、一マイル四分一、メルボルン二世に挑んだがその着外に敗れていた。もっともこの敗戦も、騎手後藤禄三郎が、川崎でハンデを軽くしてメルボルン二世に勝つために、「非常な苦心をして、いつも出ては敗け、出ては敗け、一方には斤量を減らすと共に、他方には密かに呼吸を量って居た」ものだったという(142)。川崎初日第五レースでも、先に紹介したようにヒヨシから五馬身差の三着に終わっていた。

後藤は、メルボルン二世との対決となったこのレース、それまでとは打って変わってペネロピーに拍車をかけて懸命に追い、レース後、同馬は馬勒部に数ヶ所の傷を生じ、鮮血が両腹に流れるほどだったという(143)。後藤は、よほど自信があったのだろう、オーナーのデービスが一〇枚しか買わなかった馬券を四〇枚、さらに人から金を借りて一〇枚買い足していたという。これが事実だとすると、後藤は二五〇円で七三〇〇円の配当を得ていたことになる。逆に、このレースで、メルボルン二世のオーナー平沼八太郎夫人が一万円の損、また横浜関内の料理屋の女将が根岸秋季開催から五〇円の元金でメルボルン二世ばかりに買い続けて一〇〇〇円近くになっていたにもかかわらず、この敗戦で元の木阿弥になってしまったという(144)。

大量買いは別にしても、多くの人がメルボルン二世の馬券を買っていた。それに加えての八百長の噂があるなかでの詰まって追えなかった神馬騎手のレースぶり、後藤騎手の大量の馬券購入、と騒ぎが起こる条件はそろっていた。先の根岸では、本命馬が失格となり、その馬券が不的中となったことで騒擾事件が起こっていた。川崎がそれに続いても不思議ではなかった。だが騒ぎは起こらなかった。繰り返せば、川崎競馬場の場内警備の任にあたっていた保土ヶ谷の半鐘兼こと三谷組の堀井兼吉という侠客の大親分のにらみが利いていたに違いなかった。

この敗戦を受けてメルボルン二世のオーナーの平沼八太郎は、「最重量（一六〇ポンド）を負へる馬匹は雨天泥地に脆ければ出場して敗を取るより寧ろ出さずして趣味深きレースを公衆に示すを得策として出場せしめざるに在りと云う」意向を表明(145)、三日目以降の出走を回避した。一方ペネロピーは、三日目は不出走、四日目の優勝戦に出走する。

一線級の三日目のレースは、第四レース、オーストラリアン・ハンデキャップ、一マイル、一二頭立。賞金一着八〇〇円、二着二〇〇円、三着一〇〇円。有力馬のハンデは、ヒヨシ一五二斤（約六九・〇キロ）、ヒタチ一四五斤（約六五・八キロ）、ラカンテニヤ一四二斤（約六四・五キロ）、パトリシア一三八斤（約六二・七キロ）、トーマリン一三七斤（約六二・二キロ）、クインベゴニア一三二斤（約五九・九キロ）、ブレメン一三一斤（約五九・五キロ）。ハンデ頭であったがヒヨシがここでも一番人気だった。二番人気がヒタチ、「軽量」で、調教でも、「お婆さん大喜びにて非常の元気を出」しているとして期待された(146)。クインベゴニア、ラカンテニヤ、トーマリンがそれに続いた。好スタートを切ったヒヨシが先行、パトリシアとクインベゴニアが追走、トーマリンは向こう正面残り半マイル地点で追い上げにかかったが不発。二番手のクインベゴニアが仕掛けてヒヨシに並びかけていった。直線に入ってヒヨシを交わすと手綱を抑える余裕、脚色がちがった。そのままヒヨシに二馬身差をつけてゴール。勝時計一分五六秒、配当二二円。ハンデ差二〇斤（約九・一キロ）を利しての完勝だった。

ヒタチは、四日目、開催未勝利限定戦の第二レース、一マイル、一着五〇〇円、二着一〇〇円、三着五〇円、五頭立に出走。池上に続いての撫恤戦だった。斤量は一三二斤（約五九・九キロ）、ヒタチにとって裸同然。ただし他の有力馬のラカンテニヤも一三二斤、アバンガードが一二七斤（約五七・七キロ）と軽量だった。ラカンテニヤが一番人気、ヒタチは二番人気。ついでブレメン、シルバーダウン。スタート直後ブレメンが落馬。ハナを切ったのはラカンテニヤ、そのまま逃げて直線に入った。道中四番手を進んでいたヒタチが良い脚で追い込んできて、ラカンテニヤを交わし、最後は二馬身差をつけて勝った。勝時計一分五八秒、配当二二円。ヒタチは、この秋のシーズン、根岸のコンソレーションを除けば、敗戦続きだったので人気を下げていた。ラカンテニヤは、この根岸秋季開催でのエンペラーズ・カップ獲得馬、アバンガードも明治四三年根岸春季開催でエンペラーズ・カップを獲得することになるが、ヒタチは、その力がまだこういったメンバーのなかでも通用することを示した。とはいえ、今シーズンの勝鞍は根岸も川崎も開催未勝利馬限定戦のみ、池上は未勝利、明治三五年秋季以来六年に及ぶ競走馬生活、力の衰えは明らかだった。馬主の河北直蔵も、この川崎での勝利が潮時と判断、北海道の牧場での繁殖生活に入らせた(147)。だが数回種付を行ったが受胎せず、そこで、カムバックを決め、出走をめざして、再び横浜に戻り、調教を開始したが、態勢が整わず、再びターフに姿を現すことはなかった。その後のヒタチの消息は不詳。

そしてこのカテゴリーの優勝戦が、四日目第八レース、オーストラリアン・ウィナーズ・ハンデキャップ、一マイル四分一、一着一〇〇〇円、二着二五〇円、三着一五〇円、八頭立だった。有力各馬のハンデはヒヨシ一五四斤(約六九・九キロ)、ペネロピー一四〇斤(約六三・六キロ)、イサオとクインベゴニア一三五ポンド(約六一・二キロ)、クサナギ一二〇斤(約五四・五キロ)。人気はクインベゴニア、パトリシアの二頭。ところが結果は、道中四番手を進んでいた人気薄のイサオが、残り四〇〇メートルから仕掛け、直線、先頭を走るクインベゴニアに迫っていき、ゴール前で交わすという鮮やかなレースぶりを見せて勝ったものとなった。ヒヨシは道中三番手を進んでいたが、イサオに交わされるとずるずる後退して最下位の七着、ペネロピーもよいところがなく着外に沈んだ。クサナギが直線するどく追い込んできて、クインベゴニヤと二着同着。イサオとは二馬身差だった。イサオの勝時計二分二九秒六〇、配当五二円、波乱だった。

イサオは、川崎第一回開催抽籤馬、そのデビューの開催では新馬優勝戦覇者フライングスターに次ぐ二番手の存在。池上秋季開催では、未勝利に終わり、この川崎の開催、初日池上抽籤新馬との混合戦三着だったが、二日目その混合戦に勝ち、三日目川崎の秋季開催抽籤新馬との混合戦にも勝ってこの優勝戦に臨んでいた。根岸の馬たちとの力差があると考えられ、評価はそれほどでなかった。イサオの騎手は神馬、後の回想によれば、二日目のメルボルン二世とは違って快心の騎乗だったという(148)。だがこの優勝戦のレース後、騒ぎにはいたらなかったが、クインベゴニヤが、直線失速してイサオに交わされたのは不自然で八百長ではないかとの声があがっていた。だがイサオは、次の日本競馬会第一回開催の各抽籤豪州馬の優勝戦を制するので、ここを勝つ力を充分に持ち合わせていたことも確かで、それに神馬の好騎乗が加わっての勝利だったと思われる。イサオは佐久間福太郎、仮定名称コットンの名義。

この他に、川崎の第一回開催抽籤豪州産新馬限定のレースが、初日と二日目に未勝利馬限定、一着六〇〇円、二着二〇〇円、三着一〇〇円が二ずつ、三日目にも一の計五、また三日目には春季開催で勝鞍をあげた馬たちも出走できるレースが一、四日目には撫恤一着五〇〇円、二着一〇〇円、三着五〇円、優勝戦一着八〇〇円、二着二〇〇円、三着一〇〇円の計八レースが行われた。事実上、第一回開催の未勝利馬たちのカテゴリーだった。その優勝戦は、四日目第九レース、一マイル、四頭立。本命のジョンダークが、スタートからハナを切り、そのまま逃げ切った。二着との着差は二馬身だったが、力差は歴然だった。勝時計二分二秒六〇、配当一〇円。ジョンダークは、静岡の畜産界の重鎮浜村理平の名義。デビューの第一回開催、初日二着、二日目以降の出否不詳。それでもこの秋季開催を前にして未勝利馬のなかでは力上位と評価されていた(149)。それに違わず、初日第四レース、一マイル、三頭立では二着に一〇馬身差の圧勝、勝時計一分五八秒は好時計、配当六円五〇銭、二日目出否不詳、三日目第二レース、一マイル四分一、五頭立、春季開催勝馬らとの一戦に臨み、イサオの二分二九秒の二馬身差の二着に健闘して、この優勝戦に臨んでいた。その後、ジョンダークは、各地を転戦、優勝戦を勝つことはなかったが、中堅級として活躍を見せる。なおジョンダークの欧文表記は Jeanne d'Arc で、現在でいえばジャンヌダルクとなるが、当時の表記にしたがっておく。

## 内国産馬

先の第一回開催では、倶楽部の運営方針に反対して持馬の出走を回避した園田実徳が、今回はハナゾノ、ホクエンの両帝室御賞典馬を出走させてきた。豪州産馬と同様に、内国産馬も一線級と二線級に分けて編成。一線級は初日一着七〇〇円、二着二〇〇円、三着一〇〇円、二日目と三日目に一着一〇〇〇円、二着二五〇円、三着一五〇円の高額賞金レース、四日目優勝戦一着一〇〇〇円及び馬政局賞典三〇〇円、二着二五〇円、三着一五〇円、二線級は一着五〇〇円、二着一二五円、三着七五円の賞金だった。ハナゾノ、ホクエンは当然、一線級の路線を選んだ。一方、第一回開催で二戦二勝であったイダテンは、先の根岸、池上の秋季開催で力の限界を見せており、二線級路線を選んだ。スイテンは脚部不安で出走回避、タマノオが出走した形跡はなかった。

まずイダテン。その緒戦は初日第一レース、ネギシ・プレート、四分三マイル、一三頭立。一番人気はイダテン、少し離れた二番人気がソトヤマ。斤量はイダテン一五一斤（約六八・六キロ）、ソトヤマ一四七斤（約六六・七キロ）。イダテンが出遅れ、ソトヤマがハナに立ち、快調に飛ばしてそのまま逃げ切った。イダテンは追い込んできたが、四馬身差までが精一杯。勝時計一分二八秒二〇、配当一五円五〇銭。ソトヤマは、先の池上の三連勝に続き、ここでも成長した姿を見せた。槇田吉一郎、仮定名称ナンチョウの名義。

イダテンの二戦目は、二日目第五レース、ケイヒン・カップ、ただし初日第一レースの勝馬出走不可、一マイル八分一、八頭立。主な出走馬の斤量は、イダテンと春の池上抽籤新馬のチャンピオンであるバーテボンヘルが一五〇斤（約六八・一キロ）、コタカ一三五斤（約六一・三キロ）。イダテンは一・二倍の圧倒的一番人気。ここはそれに応えて、スタートからハナに立ってそのまま逃げ切った。二着コタカに八馬身、そこから四馬身の三着にパーテボンヘルという大楽勝、このメンバーであれば、川崎得意の力を見せることができた。勝時計二分一八秒二〇。配当六円。「此勝はイダテンの為めに祝すよりも寧ろ此クラスに於て勝たざるを得ざりし事を悲しまざるを得ず」というのがある新聞の評だった(150)。コタカは、池上明治四〇年春季抽籤馬、そのデビューの春季開催、博覧会記念開催と未勝利に終わり、初勝利は川崎第一回開催初日、松戸第一回開催二日目にも勝ったが、気性難もあって、ここまでそれほど目立った成績を残していなかった。名義は佐藤（不詳）。

イダテンの三戦目は三日目第一レース、カワサキ・カップ、ハンデキャップ、一マイル四分一、七頭立、ここも二線級の一戦。トップハンデはイダテンとソトヤマの一五八斤（約七一・七キロ）、他馬に比べてかなり重かったが、人気はこの二頭。これに続いたのが一二七斤（約五七・七キロ）の軽量のパーテボンヘル。レースは波乱になった。まずスタートでコタカの騎手が落馬、イダテンも出遅れた。ベンケイがハナに立ち、一二〇斤（約五四・五キロ）という軽量を活かしてそのまま逃げ切った。斤量が重いイダテン、ソトヤマは追い上げることができず、二頭ともに着外。勝時計二分三七秒八〇、配当一〇一円五〇銭。馬券の総発売枚数六〇五四枚中、イダテン一九五六枚、ベンケイ二六九枚(151)、大波乱だった。ベンケイは、牡五歳、体高五尺六分（約一六九・七センチ）、青森県広沢牧場産(152)、横浜の時計商で熱心な馬主であった河北直蔵の名義。池上明治四〇年春季抽籤馬、そのデビューの開催、先に紹介したように二日目判定疑惑はあったが、パーテボンヘルと一着同着、三日目も勝ち、四日目優勝戦に臨んだがパーテボンヘルの三着。博覧会記念開催は初日と三日目一着。川崎第一回開催では二日目一着失格、四日目撫恤戦勝利、池上秋季開催では判明するところで三着一回でここに臨んでいた。軽ハンデ、人気薄だったが、抽籤馬のなかでは力はもっていた方であった。四日目は出走していても四着以下。

このようにイダテンは、二線級路線を歩んだが三戦一勝の成績。それでもハナゾノ、ホクエンが出走する四日目の優勝戦に出走した。

一方ハナゾノの緒戦は、初日第二レース、内国産馬第一競走、四分三マイル、一着七〇〇円、二着二〇〇円、三着一〇〇円、一四頭立。主な出走馬と斤量はハナゾノ一六一斤（約七三・一キロ）、ホクエン一五二斤（約六九・〇キロ）、タカタマ一四七斤（約六六・七キロ）。馬券はハナゾノとホクエンは同馬主でカップリング、当然一番人気だった。馬券売上総数七五九三枚の内、この二頭に四九七一枚。タカタマが一二六五枚と差のある二番人気。ホクエンが先行、タカタマが二番手、ハナゾノは出遅れて後ろから三番手を追走。ハナゾノはあがっていく気配をまったくみせなかった。ホクエンが、そのまま逃げ切って楽勝した。五馬身差の二着がタカタマ。さらに一馬身差の三着がハナゾノ。勝時計一分二八秒二〇、ホクエン、ハナゾノのカップリングで配当七円。出来レースだったが、馬券には影響がなかったこともあって抗議の声はあがらなかった。

一線級の二戦目は二日目第八レース、オータム・ハンデキャップ、一マイル二分一、一着一〇〇〇円、二着二五〇円、三着一五〇円、九頭立。主な出走馬のハンデはハナゾノ一五七斤（約七一・三㌔）、ハコダテ一三五斤（約六一・三㌔）、クインタツ一三〇斤（約五九・〇㌔）。ホクエンは、ハナゾノとの使い分けでここに出走してこなかった。この時代はじめての一着一〇〇〇円の高額レース。ハンデが重くても他馬との力差は歴然、初日の三着はホクエンを勝たせるためのもので、ハナゾノの独擅場となることが明らかだった。一・二倍の圧倒的一番人気。道中、何度もハコダテがハナゾノに迫ろうとしたが、追うこともなくハナゾノはゴール。それでも二着のハコダテとは四馬身差、さらに一馬身差の三着がクインタツ。勝時計三分六秒二〇、配当六円。

三戦目は、三日目第五レース、内国産馬ハンデキャップ、一マイル四分一、一着一〇〇〇円、二着二〇〇円、三着一〇〇円、九頭立。ここにホクエンが出走してきた。主な出走馬のハンデはホクエン一五七斤（約七一・三㌔）、タカタマ一四二斤（約六四・五㌔）、ハコダテ一四〇斤（約六三・六㌔）。ハンデ差もあってホクエンが二番人気、一番人気はハンデ差をついて逃げると期待されたタカタマ。予想通りタカタマが逃げ、ハコダテが二番手を進んだ。だが直線、ホクエンが仕掛けると、一気に二頭を抜き、タカタマに四馬身差をつけてゴール。力差は歴然だった。クビ差の三着がハコダテ。勝時計二分三五秒六〇、配当一六円。

四日目第七レースが、内国産馬の優勝戦のハンデキャップ、一マイル、一着一〇〇〇円及び馬政局賞典三〇〇円、二着二五〇円、三着一五〇円、ハナゾノ、ホクエン、イダテン、ソトヤマの四頭立。ハンデはハナゾノとホクエンが一六〇斤（約七二・六㌔）、イダテンとソトヤマが一四七斤（約六六・七㌔）。ハンデがもっと軽くても力差はいかんともしがたかったが、一三斤（約五・九㌔）のハンデ差では、ハナゾノとホクエンの二頭の相手ではないことは明らかだった。レースもその予想通り、ハナゾノが大楽勝、五馬身差の二着がホクエン、さらに一〇馬身差の三着がイダテン。勝時計二分一秒二〇、配当六円。ハナゾノとホクエンのカップリングであったことを考えれば、六円でも好配当であった。

このようにハナゾノは、初日の敗戦はあったが、それは意図的なもので、その他では断然の強さをみせてこの開催のチャンピオンになった。二番手がホクエン。この両頭とイダテン、ハコダテ、ソトヤマとの力差はあまりに大きかった。ここでも新興勢力の台頭はなかった。

### 抽籤内国産新馬

倶楽部の抽籤内国産新馬の優勝戦は、第一回開催の新馬との混合で行われた。全体としてのレベルが低かったことへの対応だった。このカテゴリーの賞金は、池上の抽籤馬との混合戦も含めて、一着五〇〇円、二着一三五円、三着七五円、優勝戦は一着七〇〇円及び馬政局賞典五〇〇円、二着二〇〇円及び馬政局賞典二〇〇円、三着一〇〇円、撫恤戦は一着四五〇円、二着一〇〇円、三着五〇円。斤量は一三五斤（約六一・三キロ）、勝鞍数に応じての増量であった。

優勝戦は、四日目第一〇レース、ハンデキャップ、一マイル、秋季新馬のギョウテン、マルハ、第一回の抽籤馬のチャンピオンであるゴウンの三頭立となった。秋季新馬の力が第一回の抽籤馬たちを上回っていたが、その秋季組のなかでギョウテンとマルハの二頭が強く、第一回組でなんとかその相手になりそうなのはゴウン一頭だけだった。

ギョウテンとマルハのデビュー戦は、初日第八レース、八分五マイル、一八頭立。ギョウテンは、開催前から評判が高く(153)、一番人気でここに臨んだが、着外に沈んでしまった。レース中に脚を挫いたか、痛めていたという。勝ったのがマルハ。出遅れながらも、二着に六馬身差をつけての圧巻の勝利だった。勝時計一分一八秒八〇、配当二二円五〇銭。マルハもギョウテンにつぐ評判だったが(154)、離された二番人気だった。二着コーヨー。マルハの名義は、川崎競馬場建設を請け負った橋本組の橋本忠次郎。

マルハの二走目は、二日目第二レース、四分三マイル、斤量初日第八、第九レース勝馬一五斤増、一〇頭立。マルハは、初日の勝利で一五斤増量の一五〇斤（約六八・一キロ）を背負ったが、二着馬に四馬身をつけて楽勝。勝時計一分三五秒二〇、配当九円五〇銭。人気に応えた。
一方ギョウテンの二走目は、二日目第一〇レース、一マイル、斤量初日第八、第九レース勝馬一五斤増、七頭立。ギョウテンは、初日のレースで脚を痛めたということで人気を下げていた。一番人気は初日マルハの二着だったコーヨー。向う正面過ぎからギョウテンとコーヨーが並走していたが、四コーナーでコーヨーがふくれた間隙をついてギョウテンが先頭に出て、そのままコーヨーに二馬身差をつけてゴール。ちなみに他の馬は二頭から五〇馬身以上離されていた。ギョウテンは、仮に脚を痛めていたにしても、それでも勝ったことになる。勝時計二分八秒六〇。配当二五円五〇銭。ギョウテンの名義は佐藤清次（不詳）。コーヨーは第七十四銀行取締役、日本レース倶楽部と東京競馬会理事でもあった森謙吾、仮定名称タツタ。なおコーヨーは三日目第九レース、今開催未勝利馬限定、八分五マイル、一二頭立を一分一八秒二〇で勝った、配当一一円。

一方第一回開催の優勝戦の覇者ゴウンの緒戦は、初日第九レース、池上春秋抽籤内国産新馬及び川崎第一回と秋季抽籤内国産新馬、四分三マイル、斤量一四〇斤（約六三・六キロ）、一勝馬一〇斤増、二勝以上一五斤増、新馬五斤減、五頭立。ゴウンは、勝鞍の増量で一五五斤（約七〇・四キロ）を背負っていたが、一・四倍の一番人気。道中、後方、大外を走っていたが、直線、猛然と追い込んできて、先頭に立つ一五〇斤（約六八・一キロ）のカワサキに迫っていった。そして、カワサキがゴール前よれたこともあって、差し切った。勝時計一分三三秒二〇、配当七円。ゴウンは、京浜電鉄取締役田中亀之助の名義。カワサキの名義はエド（不詳）、第一回開催三日目第一〇レース、四分三マイルで初勝利をあげて、四日目第五レース、一マイルの新馬優勝戦に臨み、ゴウンの二着と、春の抽籤新馬組では上位の力をもっていた。短距離が得意で距離の壁があった。

ゴウンの二走目は、二日目第一レース、一マイル八分一、川崎第一回と秋季抽籤内国産新馬、斤量一四〇斤（約六三・六キロ）、一勝毎に五斤増、新馬五斤減、四頭立。ここもカワサキとの対決となった。ゴウンの斤量はこれまでの勝鞍で一六〇斤（約七二・六キロ）、カワサキは一四五斤（約六五・八キロ）、その差一五斤（約六・八キロ）。道中二頭で併走、残り二〇〇メートルでゴウンがスパート、距離が長くなったことでスタミナが切れてしまったカワサキに五馬身差をつけてゴール。直線、今回もカワサキはよれていた。勝時計二分二九秒、配当一三円、満量の斤量が懸念材料となっていたのだろう、ゴウンにしては好配当だった。

こうしてそれぞれに強さを見せたマルハとゴウン、脚元を不安視されながらも勝鞍をあげたギョウテン、それにカワサキを加えた四頭は、川崎第一回と秋季抽籤馬のハンデキャップ戦、三日目第八レース、一マイル、一着五〇〇円、二着一三五円、三着七五円、五頭立で対戦した。ハンデは、ギョウテン一四五斤（約六五・八キロ）、カワサキ一四〇斤（約六三・六キロ）、ゴウン一六〇斤（約七二・六キロ）、マルハ一五五斤（約七〇・四キロ）。一番人気はマルハ。ついでギョウテン。その二番人気のギョウテンがスタートを決めて先行、快調に飛ばした。道中、カワサキが幾度かギョウテンを交わそうとしたがギョウテンの脚色は衰えず、そのまま逃げ切った。カワサキが二馬身差の二着。四馬身差の三着がゴウン。マルハは四着に沈んだ。勝時計二分一〇秒二〇、配当一六円五〇銭。

そして四日目の優勝戦だった。ハンデはギョウテン一五五斤（約七〇・四キロ）、マルハ一四八斤（約六七・二キロ）、ゴウン一六〇斤（約七二・六キロ）。前日の快勝ぶりから一番人気ギョウテン。スタート後の馬順は、ギョウテン、マルハ、ゴウン。道中、ゴウンが一旦マルハを交わして二番手にあがったが、向う正面で三頭が並び、そこからまたギョウテンが先頭に出て、再び馬順は二番手マルハ、三番手ゴウンになった。直線に入ってもそのままの態勢、結局ギョウテンが押し切って、マルハに一馬身半差をつけてゴール。そこから五馬身差の三着がゴウン。勝時計二分一一秒六〇、配当八円。この日のハナゾノの一マイルの勝時計は二分一秒二〇、大きな差があったが、脚元の不安が囁かれながらもギョウテンは新馬組のなかでは強かった。その後、ギョウテンは、各地を転戦、中堅級として活躍、翌年五月の京都競馬会第一回開催では優勝戦を勝つことになる。

このように、豪州産馬ではメルボルン二世の敗戦、優勝戦でのイサオの予想外の勝利、内国産馬ではホクエンとハナゾノの出来レースはあったが優勝戦ではハナゾノが順当に勝利、内国産新馬はギョウテン、ついでマルハだったが、その他のレベルは低かった。川崎の抽籤内国産新馬は、やはりテコ入れが必要だった。

馬券は好調、というより熱気を帯び、冒頭にも紹介したように一六四万八〇五円と第一回の一・五倍以上に伸びた。その結果、京浜競馬倶楽部の明治四〇年後半期（明治四〇年八月一日から明治四一年二月二九日まで）の収入は一五万五三七七円、内馬券売上及び入場料番組等は一四万三七六円、一方支出は賃借料等が九万五〇〇〇円（内一万五〇〇〇円を特別留保）、理事（常任委員）にも二五九四円の功労金が支払われた(155)。前期より、収入は一・二六倍、馬券売上等は一・二九倍となり、また貸借料等は先の半期の六万四〇〇〇円から、一万五〇〇〇円の特別留保があったが、三万一〇〇〇円も引き上げられていた。この好調さは倶楽部にも、日本馬匹改良株式会社にも余裕を与えた。明治四一年四月下旬の春季開催に向けて豪華な一号館も建築、厩舎も増設した(156)。排水工事も計画通りに実施、調教コースも改善、上水道も改善。抽籤豪州産新馬も春季開催に向けて四〇頭到着、希望者全員に配布、内国産馬も下総、新冠両御料牧場から三歳馬二五頭を購入した。そして賞金も、第一回三万一七九六円、第二回三万三四七五円から第三回は一気に四万八四二五円に引き上げた(157)。

## 5　日本競馬会第一回開催、一二月七日、八日、一四日、一五日

日本競馬会は、明治四〇（一九〇七）年一二月七日（土）第一回開催初日を迎えた。東京及びその周辺では、九月二二日からの松戸に始まり、一旦間が空いたが、一〇月二五日の根岸から、池上、川崎と毎週末の開催に続くものだった。売上は、松戸約六〇万円、根岸約一二二万円、池上約一五六万円、川崎約一六四万と開催が進むにつれて伸びていたが、その勢いのままに日本競馬会は一八五万六四二〇円とシーズン最大の売上を記録する(158)。

当時、各競馬場の開催時には、臨時列車が出されるのが通例だったが、明治四〇年一二月第一回開催時、日本競馬会の場合の時刻表を見ると、新橋発が午前八時一〇分、目黒着八時四〇分、帰りが午後五時三四分発、五時五六

図26

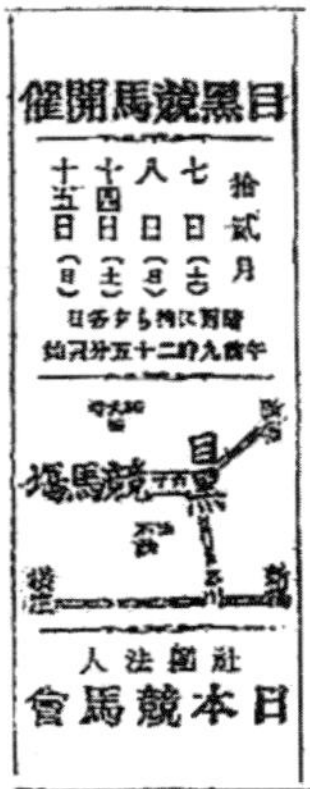


（『時事新報』明40・12・2）

分新橋着、横浜（現・桜木町駅）からは午前七時三〇分発、目黒着八時一八分目黒着、帰りが午後四時五七分発、横浜着が五時五二分と(159)、都市近郊の競馬場として便利のよいところにあった。これを見込んで停車場にも種々設備を加えたが、各列車は非常に混雑、帰路につく人々は幾度か遅れて乗った人も出るほどだったという(160)。

主立った開催執務委員は、委員長が園田実徳、馬場取締が梅崎信量（退役騎兵大佐）、審判係に安田伊左衛門と武彦七、ハンデキャッパーに松山吉三郎、和田福蔵、速力検定係にA・L・モッチュ（輸出入商）、スターターは松山吉三郎とG・スチーブンソン（医師）だった(161)。モッチュとスチーブンソンは根岸での開催執務経験者、池上、川崎、後には板橋の東京ジョッケー倶楽部でも同様の係を務めることになる。前述したように松山と武は、函館競馬会の中心人物。開催執務の重要なセクションであるスターター、審判、ハンデキャッパーを函館競馬会、つまり園田実徳の関係者が務めていたことになる。また松山と武彦七は日本競馬会の理事にも就任、第一回開催直前の一一月二七日付で公告された(162)。このように日本競馬会は、函館系の競馬会ともいえた。ハンデキャッパーの和田は、先にも紹介したように、石油取引商、明治二〇年代からの日本レース倶楽部会員、また翌明治四一年京浜競馬倶楽部常務理事となる。ここに、東京競馬会の実質的な責任者である安田伊左衛門を加えていたのだから、開催執務態勢は周到なものだったということができる。

図27

（『横浜貿易』明40・12・14）

東京競馬会も京浜競馬倶楽部も、会員には横浜在住の西洋人を抱え、役員、開催執務にも日本レース倶楽部での経験をもつその西洋人たちが従事していたが、日本競馬会も同様で、明治四三年六月段階でのものではあるが、会員総数八八名の内西洋人が一一名だった(163)。馬券発売は、根岸、池上でも従事していたJ・L・O・イートン（イートン

&プラット商会）が請け負った(164)。馬券発売は、経験者が必要だった。また遅くとも第一回開催時には森謙吾（第七十四銀行取締役）を理事に加えた(165)。森は、繰り返し紹介してきたように、日本レース倶楽部の日本人側を代表する理事であり、東京競馬会も倶楽部運営、開催執務に関して森のアドバイスを受けていたが、日本競馬会も、同様の役割を期待してのものだったと思われる。

初日、二日目、三日目、四日目のカテゴリー別のレース数は、目黒抽籤内国産新馬が二、一、二、二の計七、池上の春秋開催及び川崎の第一回と秋季開催の抽籤内国産新馬が二、三、二、二の計九、各内国産馬が三、三、二、三の計一一(166)。目黒抽籤豪州産新馬が二、二、二、二の計八、池上及び目黒抽籤豪州産新馬が一、豪州産馬が〇、一、二、二の計五、外国産馬が二、一、〇、〇の計三。豪州産馬は、根岸の抽籤豪州産馬の出走がなかったので、川崎の第一回開催抽籤馬及び池上と目黒抽籤豪州産新馬がその対象、外国産馬はオーストラリア以外からのサラブレッドなどの輸入を視野に入れてのものだったが、この開催はゼロ、したがっては外国産馬は豪州産馬のレースとなったので事実上豪州産馬八。全四四の内、内国産馬二七、豪州産馬一七。根岸の抽籤豪州産馬の出走がなかったことで、内国産馬のレースを多く編成していた。

賞金は、抽籤内国産新馬が一着五〇〇円、二着一二五円、三着七五円が五、優勝戦一着六五〇円及び馬政局賞典五〇〇円、二着馬政局賞典二〇〇円、撫恤戦一着四〇〇円、二着一〇〇円、三着五〇円の計七。池上及び川崎抽籤内国産馬が一着五〇〇円、二着一二五円、三着七五円が六、同未勝利馬限定一着四〇〇円、二着一〇〇円、三着五〇円が一、事実上の優勝戦一着六〇〇円、二着一五〇円、三着七五円、撫恤戦一着四〇〇円、二着一〇〇円、三着五〇円の計九。内国産馬が、一着六〇〇円、二着一五〇円、三着七五円が六、一着五〇〇円、二着一二五円、三着七五円が一、一着七〇〇円が一、優勝戦一着七五〇円及び馬政局賞典三〇〇円、撫恤戦一着四〇〇円、二着一〇〇円、三着五〇円が二の計一一。目黒抽籤豪州産新馬が一着五〇〇円、二着一二五円、三着七五円が六、同額の池上の新馬との混合が一、双方あわせての優勝戦一着六五〇円及び馬政局賞典三〇〇円、撫恤戦一着四〇〇円、二着一〇〇円、三着五〇円

図28

「目黒競馬会社に於ける倫貝勒殿下」
(『東京朝日』明40・12・9)

の計九。外国産馬が一着六〇〇円、二着一五〇円、三着七五円が二、一着五〇〇円、二着一二五円、三着七五円が一の計三、豪州産馬が一着六〇〇円、二着一五〇円、三着七五円が二、一着七〇〇円、二着二〇〇円、三着一〇〇円が一、優勝戦一着七五〇円、撫恤戦一着五〇〇円、二着一二五円、三着七五円の計五、総額三万一五七五円(167)。このように内国産馬と豪州産馬の賞金額は同一だった。なお馬政局賞典の計一三〇〇円は京浜競馬倶楽部と同額、東京競馬会と関西競馬倶楽部の一八〇〇円よりは少なかったが、これは馬政局の各競馬会の格付けに対応したものだった。

一二月七日、初日、晴天だった。折から来日していた清国皇族溥倫貝勒が、清国公使胡惟徳、伊藤勇吉式部官とともに宮内省の馬車二台で来場、皇族室で馬政局次長藤波言忠、倶楽部理事広沢金次郎の説明を受けながら観覧した。

溥倫貝勒は、中国での競馬にも大変関心が強く、馬術にも堪能、臨場中に聞いた日本の競馬の沿革と馬匹改良に趣旨に賛同の意を示し、直ちに賞金として一〇〇円を下賜した(168)。それが付加されたレースが第九レース、内国産馬、一マイル四分一、一着六〇〇円及び溥倫貝勒下賜一〇〇円、二着一五〇円、三着七五円。ここにはハナゾノが出走を表明、その結果、多くの馬が出走を回避、タカタマ、ハツハナとの三頭立になった。ハツハナのこれまでの戦績は不詳。斤量はハナゾノ一五一斤(約六八・六キロ)、タカタマ一三七斤(約六二・二キロ)、ハツハナ一二七斤(約五七・七キロ)。ハナゾノが一・二倍の圧倒的一番人気。いつもの通りタカタマが逃げたが、ハナゾノはもったままで追走、三コーナーでならびかけ四コーナーで交わし、直線も余裕をもった走りでタカタマに三馬身差をつけてゴール。勝時計二分三二秒、配当六円。三着ハツハナとの差は六〇馬身もあった。溥倫貝勒は、このレース後、一等観覧席玉座下でハナゾノを「監覧」、その際、園田と騎手坪内元三郎にハナゾノを称える言葉をかけた。当時としては栄誉の証となるセレ

図29 「目黒競馬会の初日」

目黒競馬の初日

清國答禮大使の御臨場

辨天の慘死群集を泣す

清國答禮大使殿下御臨場

全身より血を混じて吹き出づる汗

銃殺の慘劇

其御前にて公衆環視の中に於て

溥倫貝勒の臨場とベンテンの銃殺が大きく報じられている（『国民』明40・12・9）。

モニーだった。なお以下、内国産馬のレースの賞金は、特に記さない限り、一着六〇〇円、二着一五〇円、三着七五円だった。

園田は、もちろんホクエンもこの開催に出走させた。そのホクエンの緒戦は、初日第四レース、一マイル、七頭立。ここにはタマノオも出走、他の有力馬はキキョウ。斤量は、ホクエン一四三斤（約六四・九キロ）、タマノオとキキョウが一三四斤（約六〇・八キロ）。一番人気は斤量差もあってタマノオ、ホクエンは二番人気。タマノオが先行、ホクエンは道中四番手からが徐々にあがっていった。直線、この人気馬二頭の追い比べになり、一馬身差でホクエンが制した。勝時計二分〇秒四〇、配当一二円五〇銭。二着タマノオ、三馬身差の三着がキキョウ。キキョウは、先にも紹介したように、牡六歳、体高五尺三寸（約一六〇・一センチ）、北海道大塚牧場産。旧名は大川、生産者大塚助吉の名義で北海道の競馬会に出走（成績不詳）、その力をを見込んで園田が購入、この開催での名義は、園田の娘婿で日本競馬会常務理事石丸龍太郎だった。

そしてこの後の第五レースで「事件」が起こった。初日第五レース、外国産馬、四分三マイル、一着六〇〇円、二着一五〇円、三着七五円、一一頭立、ベンテンが接戦でゴールに入線する際、転倒、そこを後続馬に引っかけられ、前肢を折ってしまったことから始まった。ちなみにここを勝ったのはランザン（後述）。ベンテンの馬主は総武競馬会の営利会社総武牧場株式会社取締役田中武右衛門。田中は熱心な馬主で各地の競馬会に持馬を出走させていた。

ベンテンは池上明治四〇年秋季抽籤豪州産馬、牝五歳、鹿毛、価格五〇〇円(169)、同開催二日目に勝って三戦一着一回二着一回着外一回(170)、つぎの川崎は初日着外、二日目、三日目は出走していても四着以下、四日目撫恤戦で勝利をあげて(171)ここに臨んでいた。

すぐに処置が必要な状態であり、依頼を受けたスターターのスチーブンソンが、その場で四肢を縛り、眉間に二発を打ち込み銃殺、運び去った。根岸でも池上でも、同様の事故の際は、人目を避ける形で行われていたが(172)、目黒では故障した馬を運ぶ準備がなかったためにとられた処置だった。またスチーブンソンにしても、苦しむ時間を少しでも短くするということだったが、観客の目の前ということで、凄惨さだけが前面に出てしまう結果になった。観客は目をそむけ、顔を覆ったという。各紙は、この事態を、センセーショナルに取り上げ、愛馬思想の涵養を唱いながらと酷評、競馬会の責任を問う声をあげた。たとえば、つぎのものだった(173)。

第五回競走の際、田中氏の持馬ベンテンは決勝点に入ると同時に地中に前脚を突き込み顚倒して片脚を折り、騎手も落馬して気絶したる椿事あり、然るに同馬は後来競馬用として使用に耐えざるものと認めたりとて、一外人は馬場の中央、衆人の面前にて四肢を縛せしめ置き、眉間にピストルを当て之を銃殺したり、吁何たる暴状ぞ、轟然たる爆声と共に鮮血は鼻孔と云わず口腔と云わず滾々として迸出し、四辺を染め、馬は体をふるわして瞑目せり、如何に利欲に駆られて集合せる観客とは云え、之を正視し得たる者果たして幾人かある。吾人は親しく此の残酷なる処置を見るに及んで憎悪の念、洵湧せざるを得ざりき。諸外国の馬場に於ける習慣はイザ知らず、我国情は此の如き残忍を断じて許さず。殊に当日は我友邦の皇族殿下の台臨あり、高楼より此状を親覧せられたりとすれば、其御感想や果して如何。口に馬匹改良を唱え、愛馬観念を云爾するもの其の真状や斯くの如し。而して茲に注意すべき日本側獣医は其の処置を非認したるに拘わらず且つ監督者たる馬政官、憲兵、警官の臨場あるに拘わらず此の非行を敢てせしめたり。吾人は道義の為め之を一言して其非を鳴らさざるを得ず。

この「事件」は、競馬批判に油を注ぐことになった（第8章第1節）。ともかく日本競馬会は三日目までにズック製の覆いをかけた特別車両（患馬搬送器）を準備することになった(174)。ちなみにこの初日、第二レースで一一九円五〇銭、第六レースで二〇一円五〇銭、第七レースで六一円五〇銭と波乱が続き、「もうこうなったら穴捜しです」と「人気馬に失敗の連中は血眼になって怒鳴って」いたという(175)。

翌八日の二日目、寒気は一入烈しかった。第一レースの頃に小雨となり、その後も曇天だったが、日曜日ということもあって、初日より観客も売上も伸びた。この日、朝香宮鳩彦、久邇宮邦彦が台臨したが、通例に則り、入場に際しては君が代が奏楽された。皇族が臨場するのは、東京周辺では、日本レース倶楽部、東京競馬会についでのもので、馬政局賞典は置くとして、日本競馬会がこれらの二つの競馬会に準じる位置付けだったことを示していた。

そしてこの日も騒ぎが起こった。その伏線となったのが、第六レース、内国産馬、一マイル四分一、九頭立のスタートのやり直しだった。キキョウが一・四倍という一番人気、先にもふれたように同馬は、園田の娘婿で日本競馬会理事石丸龍太郎名義。ところがこのキキョウが出遅れた。旗が振り下ろされ、審判台のベルが鳴らされたら、スタートは成立という規定であったが、その手順が踏まれたにもかかわらず、スターターは、すぐさまカンパイ（再スタート）を命じた。これに、観客は、園田関係の馬だからこのような措置がとられたと思ったという。そして再スタートとなったレースでは、当のキキョウが勝ってしまった。勝時計二分三〇秒、配当七円。二馬身差の二着が関八州競馬会、池上第一回開催以来のなじみのキンカザン、東海の侠客大庭平太郎の持馬だったが、この開催からその名義は衆議院議員で競馬に意欲をもつ奥野市次郎に替わっていた。キキョウの勝時計は、初日の同距離のハナゾノのタイムを上回っていたから、実力勝ちではあった。だが騒ぎにはいたらなかったとはいえ、他馬の馬券購入者の不満はおさまらずくすぶったはずだった。牧野暎次郎は、この再スタートに抗議して、イダテン、クインベゴニヤなどの持馬を引き上げ、三日目以降の出走を拒否したほどであった(176)。

図30　「血染の競馬場（目黒の二日目）」

●血染の競馬場（目黒の二日目）
▽馬札買場の大騒動
▽檜山鉄頭を破らる

▲檜山鉄の演説　午後三時頃第九回競馬の終りて園田實徳氏のハナゾノが、高非治兵衛氏のクインタツに勝つや、檜山鉄三郎は酒気を帯びて一等席に在り、満面朱を濺ぎつゝ、蹣跚たる酔脚を踏みて、新聞記者の方を眺め、喋々数十言を費したる後「園田の馬は巳に屡勝てり、然るに又ハナゾノを出して勝を貪れり、之は宛ろ園田の名の為に惜むべきに非ずや、新聞記者諸君の感は如何」と、一記者曰く「排説は御尤もなり、檜山君にして然く言はざりせば、予は或はさる批評をせしならむ」と。之を聞くより檜山は野卑なる口調にて「筆を執る新聞記者なんかに出て貰はなくとも可い」と罵りしに、記者席の一隅より誰ともなく「もつと赤い顔をして喋舌れ」との叫びは起りぬ

▲血迷ひたる檜山鉄　然るに檜山は「何を云ふか、此の檜山鉄を馬鹿とは誰が云ふた、云ふた新聞記者は前へ出ろ」と權を捲いて記者席に闖入し、不埒極まる暴言を吐きしも、誰一人對手にする者なきより、檜山は手持無沙汰なる面持してインチの上に

（『東京朝日』明40・12・10）

そして第九レース、内国産馬、一マイル二分一、一着七〇〇円、二着二〇〇円、三着一五〇円。これまでの内国産馬よりも高額の賞金のレースだった。だがハナゾノが出走するとあって、出走回避が相次ぎ、他に出走してきたのはクインタツ一頭。これで賞金は一着のみになった。レースはもちろん、ハナゾノの大楽勝。勝時計三分二五秒四〇。前日ハナゾノが楽勝した第九レースに鑑みてもキャンター並みの走りで勝っていた。配当五円と発表された。

そしてこのレース後、二つの騒ぎが起った。一つは、ハナゾノが勝ったのを見て、泥酔した檜山鉄三郎が一等館内で、園田は勝ちを貪りすぎている、園田は偽紳士、辞職を勧告するなどといった演説を始めたことが契機になった。檜山と新聞記者たちとの間で口論が始まり、そこに野次馬も加わった。檜山は、このシーズン、横浜、池上、川崎の各開催に顔を出し、些細なことでも大声で主催者を批判して騒ぐなど、かねて新聞記者たちの反感を買っていたようである(177)。そうこうする内に檜山はゴール前に出て、そこで今度は次のレースを準備中の馬場取締梅崎信量に殴りかかり、仲裁に入った速力検定係モッチュまでを殴打、群衆もあちらこちらで揉み合いを始めた。そのさなか、園田が殴られていると聞いた園田の「馬丁」が駆けつけ、檜山の頭部をビール瓶で殴打、鮮血が飛び散り、負傷した檜山は病院に運ばれ、入院するという事態になった。当日、臨場の朝香宮、久邇宮は、騒動が起こると還啓の沙汰を伝えたという。当時の感覚では大失態だった。

安田伊左衛門の回想によれば、宮内省主馬頭で馬政局次長藤波言忠、園田実徳、檜山鉄三郎らが東京競馬会にも営利会社の設置を画策していたが、園田の「裏切り」によって頓挫、檜山が園田に対して「激怒と恨み」を持ち、また檜山がそれで侠客の大親分の佃政（金子直吉）に園田襲撃を頼んだところ、園田が逆に佃政に手を回して檜山を要撃するような計画となったことも加わって、この日の檜山の行動になったという(178)。檜山の東京競馬会に営利会社を

図31　「競馬の大騒動（檜山鐵三郎、馬丁に頭を割らる）」

（『都』明40・12・9）

設置する動きは明治三九年前半のことであったので、原因がその画策をめぐる園田の裏切りだったというこの安田の回想は疑わしい。この日の檜山の行動は、おそらく、日本競馬会、東京馬匹改良株式会社に檜山が加わろうとしたのに対して、園田が拒絶したことだったはずである。

園田も檜山も社会的に名の通った人物であったから、新聞紙上には、「血染めの競馬場」といった見出しがおどり、競馬がもたらしている社会、風教紊乱の絶好の例証として各紙も大々的に取り上げ、前日の「事件」と相まって競馬全体への非難に火を付けた格好となった（第8章第1節）。なお、園田の「馬丁」は逮捕されたが、園田と檜山がこの件では和解したことで釈放された。

そして、この檜山の事件と並行して、第九レースの配当をめぐって大騒動が起こっていた。先にふれたようにこのレースはハナゾノが勝って、配当が五円の元払いと発表された。この第九レースの馬券発売総数は一万二六七九枚、その内ハナゾノ一万二一六七枚(179)、当時の控除率一割で計算すると配当金は四円六八銭九厘、五円を割り込んでいたので規定で元払い。このように競馬会側の持ち出しとなっていたが、ともかく配当があるはずだといった声がきっかけとなって、群衆状態が出現した。馬券売場と払戻口のある地下に押し寄せ、払戻口の金網、硝子などを打ち壊し始める者もいた。「焼き払え」、「叩き殺せ」といった怒号が飛び交い、礫も投げられ、コース内には砂や土が放り込まれた。この群衆状態を前に、競馬会は、一方で檜山事件への対処もあり、事の鎮静化をはかるため、配当を五円五〇銭に改めることを告知した。ちなみに全部を五円五〇銭で払い戻したとして、競馬会の損失は計算上一三〇〇円。「群衆」は要求を実現させた。これでさらに勢いづき、今度はすでに五円の払戻を受けてしまった、五〇銭を支払えと騒ぎ出した。クインタツの購入者も、払戻を受けてしまったと称すれば、五〇銭を要求することができる。この騒ぎで第一〇レースの出走馬は、下見所から引き上げざるをえなくなり、一時は中止との判断が下されそうになった。だが、配当金の訂正で、ともかく事がおさめられて、第一〇レースは行われた。これより先の一一月一日の横浜の日本レース倶楽部でも一着馬の失格をめぐって大騒擾が起こり、結局解決金を支払って事をおさめたが、おそらく日本競馬会も、これにならったに違いなかった。その第一〇レース、豪州産馬、一マイル二分一、五頭立はイサオが順当に勝って配当五円五〇銭だった。だが、つぎの最終の第一一レース、一マイル、七頭立では本命のギョウテンが敗れ、配当は二三四円五〇銭という大波乱になった。騒ぎの余韻が残るなか、これに八百長という声があがっても不思議ではなかったが、競馬会が、先の第九レースの際に騒ぎの中心となるようなグループと話を付けていたのだろう、事は起こらなかった。

日本競馬会は、二日目終了後、理事会を開き、設備の改善、場内取締を警視庁に依頼すること、園田が直接諸般事務の指揮を執り責任の衝にあたることなどの対応処置を決定した(180)。そして実際、三日目から多数の警官、角袖(私服巡査)が配置された。また競馬会は、馬券売場の窓口には厚い松板を打ち付けて上部の金網には太い鉄棒を引渡して野次馬が暴れ込んでもビクともしない準備を整えたという(181)。加えて園田は、二日目の檜山事件、払戻金訂正の責任を取るということを理由に、ハナゾノ、ホクエンの三日目以降の出走を取り止めることを表明した(182)。

三日目、晴れて暖かかったが、烈風で目も口も開けていることができないほどの土砂が舞った。ハナゾノ、ホクエンの二頭はやはり出走してこなかった。内国産馬の一線級の第三レース、ハンデキャップ、一マイル、九頭立。タマノオ、ヒノデ二世らが出走。ヒノデ二世は、関西競馬倶楽部の第一回開催に遠征して三戦一着一回三着一回着外一回の成績でもどってきていた。ハナゾノ、ホクエンが不在ならば、これまでの実績から一番人気は当然タマノオ、一四五斤(約六五・八キロ)のハンデ頭だったが一・二倍。タマノオは、初日ホクエンに敗れていたが、二日目第三レース、一マイル、一一頭立。一・七倍の一番人気に応えて一分五九秒で楽勝し、ここに臨んでいた。そしてタマノオは、ここでも人気に応えて、二着に五馬身差をつけて楽勝、力の違いを見せた。さらに二馬身差の三着がヒノデ二世だった。勝時計二分二秒三一、配当六円。タマノオは、麻布獣医学校長與倉東隆の名義。

なお二日目第六レース、キキョウの二着に敗れていたキンカザンは、この三日目の第九レース、一マイル四分一、八頭立を二分三二秒二〇で勝っていた。配当一二円五〇銭。二馬身半差の二着がホクウン。斤量は、キンカザン一三四斤（約六〇・八㌔）、ホクウン一三五斤（約六一・二㌔）とほぼ同斤だった。ホクウンは、函館競馬会及び日本競馬会理事の松山吉三郎の名義、おそらく北海道での出走経験をもつ馬だった。ホクウンは、二日目第六レースでもキンカザンに次ぐ三着、ここでの二着を経て、四日目第二レース、撫恤戦、一マイル、六頭立に出走。ヒノデ二世と一着同着となり、一月の神戸築港記念開催に遠征、内国産馬のチャンピオンの座につくことになる。またそのヒノデ二世も神戸築港記念開催に再び遠征、同馬は静岡畜産界の重鎮浜村理平の名義。繰り返せば、松山と浜村は遠征に積極的であった。東京周辺の二線級でも、関西では一線級となることができた。

四日目、日曜に加えて、前日と打って変わっての小春日和の好天気。観客も売上も伸び、五〇万円を超えた。第五レースが内国産馬の優勝戦、一マイル二分一、一着七五〇円及び馬政局賞典三〇〇円、四頭立。ハナゾノに加えて、理由は不詳だがタマノオも出走回避。ところが三日目以降の出走を取止めたはずのホクエンが出走してきた。馬政局による出走の指導があったという。他はキキョウ、キンカザン、残り一頭不詳。ハンデはホクエン一四二斤（約六四・五㌔）、キキョウ一三八斤（約六二・七㌔）、キンカザン一三四斤（約六〇・八㌔）。一番人気はそのホクエン、一・三倍。そしてホクエンが、この圧倒的人気に応えた。勝時計三分二秒八〇、配当六円五〇銭。キキョウが一馬身半差の二着。半馬身差の三着キンカザン。もっとも園田はこのレース、娘婿の石丸龍太郎名義のキキョウを勝たせるつもりだったが、キンカザンがキキョウを交わす勢いだったので、ホクエンが力を出さざるを得なくなってこの結果になったものだったという(183)。その真偽はともかく、ハナゾノが不在ならば、ホクエンの力が上であることが示された。

なおこの四日目、第一レースの二着馬が三着馬に進路を妨害されて勝てなかったと七〇〇人ばかりが事務所を囲み、また第三レースではスタート前に落馬した馬の馬券購入者が金を返せと騒いだが、競馬会は一切応じなかったという。二日目を教訓にしての強硬姿勢だったが、事がそれだけでおさまったとは考えられず、ここでも解決金の供与も含めて何らかの懐柔策がとられたはずである。

## 各抽籤豪州産馬

外国産馬のレースを四つ編成したが、事実上各抽籤豪州産馬（以下、「豪州産馬」と記す）のレースだったのでこのカテゴリーに含めると、初日外国産馬二、二日目豪州産馬一、外国産馬一、三日目豪州産馬二、四日目豪州産馬二の計八レースが実施された。特に記さない限り、このカテゴリーの賞金は、一着六〇〇円、二着一五〇円、三着七五円。メルボルン二世など根岸の豪州産馬の一線級は出走してこなかった。時間を積み重ねてきたルートで輸入された根岸の豪州産馬の前に、川崎、池上、目黒の豪州産馬たちの力が劣ることは歴然としていたから、日本競馬会側が、事実上、出走を拒否していたと思われる。

その優勝戦は、四日目第四レース、一マイル二分一、ハンデキャップ、一着七五〇円、四頭立。有力馬とそのハンデは、イサオとジョンダークが一五二斤（約六九・〇キロ）、ランザン一二九斤（約五八・六キロ）。ランザンが軽量だったのは、秋季抽籤新馬ということでのものだった。抜けた一番人気はイサオ。名義は日清紡績専務取締役、川崎の営利会社日本馬匹改良株式会社取締役、そして熱心な馬主でもあった佐久間福太郎、仮定名称コットン。

イサオは、川崎の第一回開催抽籤馬、そのデビューの開催の優勝戦ではフライングスターの二着に終わったが、秋季開催では、二日目、三日目と連勝、四日目の優勝戦にも勝って、その成長した力を発揮してこの開催に臨んでいた。初日第一〇レース、外国産馬、一マイル、一〇頭立を一・四倍の一番人気に応えて一分五五秒四〇で勝ち、ついで二日目の最高賞金レースの第五レース、豪州産馬、一マイル二分一、一着七〇〇円、二着二〇〇円、三着一〇〇円、五頭立も一・一倍の圧倒的一番人気に応えて三分二〇秒二〇で連勝、そして三戦目がこの優勝戦だった。

ランザンは、池上明治四〇年秋季抽籤馬、そのデビューの開催で優勝戦の勝ちを含む四戦一着二回二着一回三着一回で、この目黒の開催に臨んでいた。ベンテンが銃殺された初日第五レース、外国産馬、四分三マイル、一一頭立を勝ったのは、このランザンだった。勝時計一分二五秒、配当二三円五〇銭であったから、池上の抽籤馬ということもあってその力が高く評価されていたわけではなかった。ジョンダークもここに出走していて三着だった。ついでランザンは、二日目第五レースでイサオに挑んだが二着、三日目第二レース、池上及び目黒豪州産新馬、一マイル、一着五〇〇円、二着一二五円、三着七五円、五頭立では、目黒の新馬シンレイの二分二秒三一の三着に敗れてこの優勝戦に臨んでいた。名義は久米（不詳）。

ジョンダークは、先に紹介したように、川崎第一回開催抽籤馬、そのデビューの開催、初日二着、二日目以降の出否不詳だったが、秋季開催では初日第四レース、一マイル、三頭立では二着に一〇馬身差の圧勝、二日目出否不詳、三日目第二レース、一マイル四分一、五頭立ではイサオの二馬身差の二着と健闘して、優勝戦の四日目第九レース、一マイル、四頭立を逃げ切ってこの開催に出走してきた。この馬も浜村理平の名義。この目黒の開催、初日第五レース、ランザンの三着に終わり、二日目第四レース、一マイル、七頭立では三・五倍と人気を下げていたが、一分五五秒四〇で勝ち、三日目第四レース、一マイル、五頭立では一・三倍の圧倒的一番人気となり、その人気に応えて一分五九秒四四で連勝してここに臨んでいた。

その優勝戦。ランザンが好スタートからハナを切って逃げた。イサオは、いつもの癖をみせて出遅れたが、二コーナーから追い上げにかかり三コーナーでは逃げるランザンに迫っていった。直線に入ると、ランザンを交わし、瞬く間に六馬身差をつけてゴール。一二三斤（約一〇・四キロ）のハンデ差をものともしない力強い勝ち方であった。勝時計二分五三秒六八、配当七円。さらに半馬身差の三着がジョンダーク。このようにイサオは強かった。だがそれも根岸の豪州産馬が不在という条件付でのものだった。イサオは、この後、目立った成績を残すことはできなかった。

## 各抽籤内国産馬

このカテゴリーは、この明治四〇年の池上の春秋抽籤馬及び川崎の第一回と秋季抽籤馬を対象にしたものだった。これらの抽籤馬とハナゾノ、ホクエンなどの呼馬たちとの能力差は大きく、同一のレースでは勝負にならず別立てで行う必要があった。池上春季開催のチャンピオンのパーテボンヘルは不出走だったが、川崎の第一回と秋季のチャンピオンであるゴウンとギョウテン、そして池上秋季開催のチャンピオンのアザミ、それに加えて力をつけてきた池上春季開催新馬組のソトヤマ、ベンケイら、このカテゴリーの力上位と見られていた馬たちが出走してきた。賞金は一着五〇〇円、二着一二五円、三着七五円、未勝利馬限定及び今開催未勝利馬限定が一着四〇〇円、二着一〇〇円、三着五〇円だった。

まずソトヤマ、初日第三レース、四分三マイル、一一頭立、一・四倍の人気に応えて一分三一秒四〇で勝ち、その成長した力をここでも見せた。ギョウテン、ベンケイ、ゴウンは初日第六レース、一マイル、九頭立に出走、ギョウテンが総売上枚数五八二二枚中の三二五四枚という一番人気(184)、だが勝ったのは一三〇枚、四〇・三倍の伏兵のヤクモ二世（後述）、二着ベンケイ、三着ゴウン、ギョウテンは着外に終わった。ベンケイは、翌二日目、第五レース、一マイル、三頭立では、一・二倍の圧倒的人気に応えて、力の違いを見せ二分八秒八〇で勝ったが、ギョウテンは二日目、第一一レース、一マイル、七頭立でも総売上枚数六七七六枚中の二一八六枚という人気を裏切りキヌガワの二分四秒四〇の二着に敗れて二三四円五〇銭の大波乱を呼んでいた(185)。ここにはゴウンも出走していて三着だった。ギョウテンは、三日目第一レース、一マイル、一四頭立に出走、ここは、二・三倍と人気を少し下げていたが、順当に二分六秒七五で勝ち上がった。池上秋季新馬のなかではあれほど強かったアザミは、初日第三レースでソトヤマの三着、三日目第一レースもギョウテンの三着と勝ち切れなかった。それでも四日目第一一レース、撫恤戦、四分三マイル、一六頭立では、三・八倍と評価を下げていたが、さすがに未勝利馬のなかでは力上位、一分三二秒四二で勝った。ゴウンは、この四日目の第一一レースの撫恤戦も三着と未勝利に終わった。こういった馬たちを前にして、強さを発揮したのは、ここまで凡庸な成績に終っていたヤクモ二世だった。

このカテゴリーの優勝戦は組まれていなかったが、事実上それに相当したのが四日目第六レース、一マイル、一着六〇〇円、二着一五〇円、三着七五円。賞金は抽籤内国産新馬、抽籤豪州産新馬の六五〇円よりも五〇円低かったが、二着、三着にも賞金が出された。ここを二分二秒六二で勝ったのがヤクモ二世。配当二四円。一馬身差の二着がギョウテン、四馬身差の三着がソトヤマ。斤量はヤクモ二世一三八斤（約六二・七キロ）、ギョウテン一三七斤（約六二・二キロ）、ソトヤマ不詳。このように実力馬二頭を倒しての勝利、この開催前の評価を思えば、四・八倍という信じられないほどの人気を集めていた。ヤクモ二世の名義は横浜の生糸問屋、実業家の若尾幾太郎、仮定名称ネギシ。若尾は熱心な馬主で多くの馬を所有し、意欲的に各地を転戦させた。ヤクモ二世は、池上春季開催の抽籤馬だったが、この直前の川崎秋季開催までは三着が精一杯で未勝利。ところがこの目黒の開催で一変した。まず初日第六レース、一マイル、九頭立を二分五秒五〇で、ベンケイを二着、ゴウンを三着、ギョウテンを着外に降して、デビュー以来の初めての勝利をあげた。人気薄で配当二〇一円五〇銭という大波乱だった。この馬券を馬主の若尾は五〇枚、競馬好きが知れ渡っていた歌舞伎役者中村芝翫は三枚、市村羽左衛門も一枚買っていたという。それぞれの斤量はヤクモ二世一三一斤（約五九・五キロ）、ベンケイ一四五斤（約六五・八キロ）、ゴウン一四〇斤（約六三・六キロ）、この斤量差も活かした格好だったが、優勝戦での勝利も思えば、ヤクモ二世は、この目黒のコースへの適性を有していた。

ヤクモ二世の二日目の出否は不詳だが、三日目第七レース、一マイル、五頭立でも、直線粘る一番人気のソトヤマを、ゴール前で半馬身交わして二勝

図32

從つて器械せの損貨多かりしが第二日以後は凡て安全に賭ふべしといへり此賭狂ぜに一寸儲けたるは芝翫なり第六回目に何んにも馬の事を御存じなき成駒屋の事なれば行當りべつたりに二十四番のヤクモ二世を三枚買ひしに是れが大穴にて一枚二百一圓五十錢都合三枚にて六百四圓五十錢を贏ち得て大喜びに喜び居たり羽左衛門も此時總みに一枚買つて見たのが首一圓五十錢になつて大に圖に乘り其後二三回買ひしが結局百六十圓許りの儲けとなれり「イヤハヤ役者が勝つやうでは我々が出る幕ではない」と云る黑人らしき人が話し居たり婦者連では日本橋のお八重おとめなどの顏が見え赤坂の來樂のおこうといふ女も少ロ付居たるが何れも青息吐息の體たらくなりし

初日ヤクモ二世の二〇一円五〇銭の配当を芝翫が三枚、羽左衛門が一枚、的中させたことを報じている（『国民』明40・12・9）。

図33

▲歌舞伎俳優の一團　風の吹き廻しと云ふ譯でもあるまいが、昨日は歌舞伎座付の俳優芝翫が袴お羽を連れたるを初めとし八百藏、門人の蝶、羽左衛門、菊五郎、門人榮三郎利、猿之助親子、猿十郎、團八、關子の面々が揃ひも揃つて洋服で一等席に陣取つて居た合組からは特に委員を一人付けて種々の世話をする騎手は札買ひの餘裕に盡力すると云ふ風で當日余人の注目する處となつた。菊五郎は第三競馬に十圓札十枚出してヒノデ二世を二十枚買ひ八百藏の選は勝利。お浜等とベンチに虎の皮を敷いて馬の番號を紙切れに認め其を銘々に丸めてパクと撒き其中の一ツを取つて見衛にしたら二番と云ふが出た其處で二番の馬札一枚を買つた。斯の如くして發馬を待つて居るとやがて合圖の鐘が鳴つて馬は出た此時役者の一團は興奮の挑戦此一擧にありと云ふ見得で總立となつてヒノデー、ヒノ常ならば自分達が喝采を受ける大向式の聲を今日は此方から張り上げ夢中になつて居たが一等はタマノオ(十九番)とあつて菊五郎は百圓八百藏の懸札は大枚五圓を烟にし「惜しいとをしましたネー」と云ひたい顔、菊五郎は「ナーニ此次は勝つよ」と不悉なもの聞ならく羽左衛門も此時二十圓程損つたさうだ。併し第四第五と數の進む中菊五郎は第五競馬でダイマルを買つて前の損を恢復した ▲新橋の榮龍　新作一流の女形河合武夫と長田秋濤[illegible]に駈けてゐる新橋の榮龍も誰れかに連れられて來て居た「口惜しい ヨ……」孫と言つて居た所を見ればあまり上等の出來ではなかつたらしい ▲一擧千百四十圓　横濱の蠶商若尾幾太郎氏は第七競馬の勝負が始るとミ三十枚々々と叫んで馬見場を下りて札場に驅け込んだ三十枚が何うしたかと聞くとヤクモ二世を三十枚買つて一枚四十圓の配當で千二百九十圓を獲得た其實收が實に千百四十圓であつたと云ふ事が分つた

三日目芝翫ら、また新橋の芸妓栄龍が馬券で損をしたこと、若尾幾太郎が1140円の「実収」を手にしたことを報じている（『読売』明40・12・15)。

目。勝時計二分六秒四〇。今回の配当は四七円。初日の快走、それにヤクモ二世が一三七斤（約六二・二キロ）に対してソトヤマが一五五斤（約七〇・四キロ）という一八斤の斤量差もあって、初日よりは馬券は売れていたが、それでも総売上枚数一一四四一枚中の八一三枚の九・四倍、ソトヤマは四七七八枚の二・二倍だった(186)。初日、三日目の勝利があっても四・八倍と、まだヤクモ二世の力は完全には信頼されていなかったが、開催前の評価からは急上昇だった。そのなかで三井の朝吹英二は、ヤクモ二世の馬券を三日目のレースでかなりの枚数を的中させ、四日目も一〇〇枚買っていたという。事実であったならば、四日目のこのレースだけで一九〇〇円のプラスになっていた。馬主の若尾は三日目は三〇枚買っていたが、一〇〇円以上と思っていた配当が四三円で力を落したという。ヤクモ二世は、その後、関西競馬倶楽部、越佐競馬会も含めて各開催を転戦するが、明治四一年六月の総武競馬会で優勝戦を勝ったことを除けば、この開催のように活躍することはなかった。

### 抽籤内国産新馬

このカテゴリーは、初日二、二日目一、三日目二、四日目優勝戦、撫恤戦の計七レースが行われた。賞金は一着五〇〇円、二着一二五円、三着七五円、優勝戦は一着六五〇円、撫恤戦は一着四〇〇円、二着一〇〇円、三着五〇円。

優勝戦は、四日目第一レース、一マイル、一着六五〇円及び馬政局賞典五〇〇円、二着馬政局賞典二〇〇円、四頭立。ここまでの勝馬シラギク、ダイマル四世、ライデン、ヤブタマが出走してきた。

シラギクは、開催前から評判を呼んでいた馬だった。歌舞伎座近くの采女町（現・中央区銀座五丁目）で料亭若菜を経営していた多賀半蔵の名義。先に紹介したように半蔵の長兄が宮内省主馬寮調馬手の一、次兄が京橋竹川町で料亭花月楼を経営する平岡広高。この三兄弟は、厩舎を構えて競走馬を所有、当初は美馬孝之、のちに尾形藤吉に厩舎の運営を任せることになる。この目黒競馬劈頭の初日第一レース、四分三マイル、六頭立。一・三倍の大本命。レースもそれに応えて二着に七馬身の差をつけて楽勝。勝時計一分三五秒八〇、配当六円五〇銭だった。ダイマル四世は、初日第八レース、一マイル、六頭立を二分一〇秒二〇でデビュー勝ち、配当一五円。鈴木（不詳）の名義。このレースで一馬身差の二着だったライデンは、二日目第七レース、四分三マイル、九頭立を一分三三秒八〇で勝ち上がった。配当二四円だったから、二、三番人気だった。名義は中島（不詳）。

この三頭は、三日目第五レース、ハンデキャップ、一マイルで顔をそろえた。ハンデは、ダイマル四世一四〇斤（約六三・六キロ）、シラギクとライデンが一三八斤（約六二・七キロ）。一番人気はシラギク、少し離れた二番人気がダイマル四世。シラギクは四日目をにらんだ走りで、ここはダイマル四世が二分一二秒二〇で勝った、配当二四円。一馬身差の二着がシラギク、さらに三馬身差の三着がライデンだった。

この日の第一〇レース、今開催未勝利馬限定戦、一マイル、五頭立、を二分一二秒四二で勝ったのがヤブタマ、配当七円、一・四倍の一番人気に応えた。ヤブタマは、二日目ライデンから半馬身差の二着が評価されての人気だった。名義は古門九一郎、仮定名称トモエ。

そして優勝戦。斤量は、シラギク一二五斤（約五六・八キロ）、ライデン一二七斤（約五七・七キロ）、ダイマル四世一四三斤（約六四・九キロ）、ヤブタマ不詳。一番人気はシラギク。同馬の三日目の敗戦は、斤量を増量させないためで力負けではないと考えられていた。レース描写の記録がなく、その内容は不詳だが、

図34 「シラギク」

（『競馬世界』第2号、明40・12・15）

本命のシラギクがゴール前の接戦を制して、馬首、半馬身差で勝った。勝時計二分六秒二二、配当八円。二着ライデン、三着ダイマル四世。馬政局はこの抽籤内国産新馬のカテゴリーを重視し、日本競馬会も力を入れていたはずであるが、そのレベルは低く、ここで名を出した馬たちがその後、目立った成績を残すことはなかった。横浜貿易新報は、この新馬たちに関して、「兎も角目黒理事等は今一層奮発して来季の開催には池上川崎に劣らざる駿足を出すことに努められたし、是れ馬匹改良のために切望する所なり」と書いた(187)。もっともその池上、川崎のレベルも決して高いものではなかったが。

### 抽籤豪州産新馬

このカテゴリーは、一着五〇〇円、二着一二五円、三着七五円が六レース、同額の池上の新馬との混合が三レース、計九レースが組まれていた。優勝戦は、四日目第三レース一マイル四分一、六五〇円及び馬政局賞典三〇〇円、五頭立。ここを勝ったのはシンレイ、勝時計二分二七秒三五、配当一〇円。シンレイは、初日は出走していても四着以下、二日目第八レース、一マイル、六頭立では二着。そして三日目第二レース、一マイル、五頭立、ここには池上秋季の新馬チャンピオンのランザンも出走していたが、ここまで未勝利でも池上組より力が上との評価で一・四倍の一番人気。シンレイは、この人気に応え、二分二秒三一でランザンを三着に降し、優勝戦に臨んでの連勝だった。シンレイは今株華太郎(雑貨商)の名義。シンレイのレースぶりはよく、その後の活躍を期待させるものだったが(188)、目立った戦績を残すことはできなかった。その他の新馬のレベルは問題外であった。

以上のように内国産馬を除いては、レースのレベルは低調だった。また初日、二日目と騒ぎも相次ぎ、目黒も「都市民衆騒擾」の空間になろうとしていた。さらにはこの開催は、その騒ぎもあって新聞などの強い批判を受け政治問題化した(第8章第1節)。だが何よりも、この開催が明らかにしたのは、そういった批判があっても、あるいはそういった批判に油を注ぐほどに競馬、馬券人気が非常に高まっていたことであった。馬券売上は、繰り返せば、初日三七万五一二五円、二日目四五万九二三〇円、三日目四六万五一二〇円、四日目にはついに五五万六九四五円というレコードを記録して、総売上一八五万六四二〇円、総入場者も六万五〇〇〇余人を数えた(189)。このなかには、競馬好きでよく知られるようになっていた中村芝翫、市村羽左衛門、そして市川八百蔵、尾上菊五郎、市川猿之助父子、澤村訥升、市川団子、市川団右衛門等の歌舞伎役者の一団、さらに新橋や柳橋などの芸妓たちが含まれていたが(190)、馬券に興じる彼ら、彼女らの姿は、すでに馬券熱に湧く競馬場の日常の光景になっていた。

開催終了後の一二月二〇日、園田は、芝区西久保巴町(現・港区虎ノ門)の自宅で、母親の快気祝いと自身の誕生日、そして持馬のハナゾノ、ホクエンがそれぞれ五月、一一月の東京競馬会で獲得した帝室御賞典の祝賀会を兼ねて園遊会を催した(191)。来会者三五〇余名。当時の歌舞伎界の大スターであった尾上梅幸、中村羽左衛門、尾上菊五郎が舞を踊り、また陸軍元帥野津道貫元帥が、園田の馬匹改良への貢献を讃える演説を行った。野津も含めていずれも薩摩出身の陸軍大将大迫尚敏、海軍大佐有馬良橘、海軍大将井上良薫、元陸軍騎兵中佐(軍馬局)で鹿鳴館時代の競馬の中心的存在の一人、維新の十傑の一人小松帯刀の兄相良長発、そして元海軍軍医総監・貴族院議員高木兼寛なども参会した。「談話は終始競馬で持切り」だったという(192)。

明けて一月二五日、日本競馬会の営利会社東京馬匹改良株式会社は定時総会を開き、「事業の進捗競馬会の盛況なりし為め、配当は普通年一割(一株に付金六〇銭五厘)特別年四割(一株に付金二円五〇銭)を可決し尚(創立)委員の報酬として一万円を寄付すべきことを承認し」た(193)。臨時借入金一〇万円を償却したうえで、東京馬匹改良株式会社の七月一日から一二月三一日の半期の純利益は九万五六二一円九五銭七厘だった(194)。騒ぎがあり、また払戻での損失を招くという不手際もあったが、財政的には大成功だった。

## 6　関西競馬倶楽部神戸築港記念開催、明治四一年一月五日、六日、七日

第一回開催直後、関西競馬倶楽部は、神戸築港記念を名目として、早期の第二回開催を模索、明治四一（一九〇八）年一月五日（日）、六日（月）、七日（火）の開催を馬政局に申請、交渉した(195)。なお倶楽部は、七月には、第一回を含めて計七日間の開催を計画、一二月中の開催をめざそうとしていた(196)。神戸築港とは、関西の貿易の発展を受けて、明治四〇年九月から開始されていた神戸港の小野浜新港、兵庫浜の突堤と上屋、防波堤などの修築工事のことであった(197)。前例は、六月の東京競馬会の内国勧業博覧会の記念開催。収益を博覧会へ寄付することもなく逆に賞品の提供を受けていたが、この築港記念も、寄付は考えられていなかった。実際の目的は、借入金の返済、第一回開催の赤字補塡、配当一割を履行するための収益確保策であった(198)。馬政局は、一二月二五日、その開催を許可した(199)。これを受け、倶楽部は開催広告を関西だけでなく東京の新聞に打った。もちろん馬券ブームに沸く東京方面からの誘客策であった。

馬政局は、先にも述べたように、議会開会をひかえ、騒ぎが起って批判が強まることを恐れ、一二月二一日からの開催が決っていた東京ジョッケー倶楽部の第一回開催を延期させた。開催日が差し迫っての許可は、馬政局が東京ジョッケー倶楽部へと同じような懸念を関西競馬倶楽部の開催にもち、ぎりぎりの決断だったことをうかがわせていたが、結局、関西競馬倶楽部を優遇、ダブルスタンダードになった。この許可には、兵庫県知事服部一三の強力な働きかけもあったという(200)。この決定に、神戸地方裁判所山本辰六郎検事正は、「馬券売買を目して賭博なりとする予は、予の管内に於ける鳴尾の競馬倶楽部を看過し能わず、東京の事は知らず、馬政局の意見は関せず、予はただ予の見解と終結せんのみ」と表明(201)、倶楽部役員の検事局への出頭を命じた(202)。先に紹介したように、山本は、大阪府知事高崎親章、京都府知事大森鐘一、兵庫県知事服部一三、神戸地方裁判所長田丸税稔らと並んで、倶楽部の名誉会員であった。山本は、出頭してきた奥山政敬（関西馬匹改良株式会社取締役）に対して「馬券の発売は賭博類似のものであ

るから注意すべし」と警告(203)、「何等かの他の方法を発見すべき旨忠告」した(204)。奥山は、薩摩出身、文部官僚の後、司法官に転じ、広島控訴院検事正、同院長を務めた後、勅撰貴族院議員(205)。倶楽部が、この奥山を交渉役としたのは、司法官僚として先輩にあたるという経歴を活かして山本に翻意を促し、摘発を回避しようとするものであったと思われる。

この山本の動きに対して、競馬批判の急先鋒である大阪朝日新聞の「天声人語」は、「その痛快中の痛快は神戸裁判所の山本検事正が馬券に対する痛快なる意見である」と喝采を送った(206)。

図35 「開催広告」

『横浜貿易』明40・12・28.『時事新報』・『万朝報』明41・1・3などに同一の広告が掲載された（『大阪毎日』明40・12・27）。

図36 「狼狽したる競馬会」

（『神戸新聞』明40・12・31）

明治四〇年秋のシーズン、東京周辺では、一〇月二五日の根岸から一二月一四日の目黒まで、毎週末、開催された。前述したように、九月末の松戸を加えれば、売上高は約六六〇万円、予算規模、内容、経済状況は異なるが、当時の国家予算（歳出）約六億二六七九万円と二〇二〇年度一〇二兆円から単純に換算すれば、一兆三一二四億円に相当。これと比較すれば約一〇分の一と少ないとはいえ、関西競馬倶楽部も約六二万円、山本は取締に動こうとした。

内務、警察当局が、馬匹改良という国策の前に馬券黙許に寛容だったのに対して、司法部の姿勢は、原則、馬券発売は賭博罪に該当するというものであった。とはいえ、その司法部も、この時点では、馬券黙許という政治判断の前に、取締に乗り出すことが困難であることは認識していた。だが東京と離れた関西では政治的な配慮は小さくて済む、そこで瀬踏み的に馬券への強硬な姿勢を示す。大阪毎日新聞は、この頃、松室致検事総長が、一大検挙を断行するやも知れずと発言したと報じていたが(207)、これは山本の振る舞いの予兆だったのかも知れない。この年二月、台湾彩票の売買に対して大阪府警がその検挙に踏み切った際、彩票が、社会を紊乱、堕落させるものとしてその取締を支持。射倖心を刺激するものは法的に存在を許してはならないというのが山本の考えであった(208)。とはいえ山本が独断でこのような行動に出ることはありえなかった。東京の司法部の了承を得てのものだったはずである。いずれにしても倶楽部にとっては寝耳に水だった。

倶楽部は対策を「熟議」、改めて山本検事正との協議を行い、その経緯は不詳だが、結局、山本から「従来の方法に依る馬券売買は断じて不可なる故、来る一月の競馬会に於て依然之を改めざれば容赦なく検挙すべし」、だが「寄付という行為ならば差支え無し」との回答を引き出した(209)。要するに、山本検事正は「寄付という行為」の新たな馬券発売方式を容認した。表面的には奥山の交渉が功を奏した格好だった。その名称は馬匹鑑定券、方式はつぎのようなものだった(210)。観客は、自分が勝馬と鑑定した出走馬の馬主に一枚五円の寄付金をおさめる、そして各馬の馬主たちはその寄付金を受領する、レース後、勝馬の馬主は、その寄付総額の一割を倶楽部に寄付して残りの九割を馬匹鑑定賞与金として寄付者に「配贈」する、二着以下の馬主たちは、その全額を倶楽部に寄付する。このように、結果的に、山本検事正、あるいは司法部は、馬券発売を、馬匹の優劣の鑑定に伴う寄付、それへの配贈行為であるという建前に転換させただけで、この段階ではよしとした。馬券発売口は鑑定券発売口、配当も寄付金の割戻と改称され、実際発売された鑑定券にも、「一金五円也 右は馬匹改良奨励金として御寄付相成」と記載された(211)。また鑑定券売場は高い板塀で囲まれたが、これも、先の五月の東京競馬会にならい視界から馬券売買を消そうとする、山本が出した条件に違いなかった(212)。結局、このように実質的にはこれまでの馬券発売と変わらず、実際に発売された鑑定券も馬券を転用したものだった。以後の関西競馬倶楽部春季開催、鳴尾速歩競馬会の第一回、第二回開催も、馬券としてではなく鑑定券として発売された。

山本の姿勢を禁止も辞さないと受け取って喝采を送り、「馬鹿に褒めちぎってしまったが、若しこれが実行が出来ねば、天の声に情実も遠慮もない、轡を翻して大に検事正に向かう積りだ、しかしソンナ事は万々あるまい」[213]と書いていた大阪朝日新聞は、この決定に、「山本検事正の健在を祈る」と皮肉り[214]、その腰くだけを揶揄した[215〉。というの山本への批判は強かったが、この段階では、山本、というより司法部は、これでよしとしたはずであった。というのは、この一月から政府、馬政局は、競馬、馬券に対する批判の高まりのなかで、新たな競馬取締法の策定に向かわざるを得なくなっていたが、山本の動きは、それを促す圧力の一つとなり、また単に名称を変更しただけに見えても、馬券発売は許されないという建前を押し通すことにもなってもいたからである。

開催に目を移すと、第一回開催の際にも、東京、横浜からの遠征馬が出走していたが、今回も同様だった[216]。というよりレースの質を維持するためにはその遠征が不可欠だった。レース編成は、関西競馬倶楽部の第一回開催の抽籤馬限定の抽籤豪州産馬、同未勝利、抽籤内国産馬、同未勝利、そして遠征馬たちによる各内国産馬、各内国産未勝利馬、さらに各種馬からなっていた。なお各種馬は、他の競馬会の抽籤豪州産馬及び関西競馬倶楽部第一回開催外国産呼馬が対象だった。

各カテゴリーの初日、二日目、三日目のレース数は、関西競馬倶楽部の抽籤馬限定の内国産馬二、二、二、同第一回開催未勝利馬限定一、一、一、倶楽部の抽籤馬限定豪州産馬一、一、二、同第一回開催未勝利馬限定一、一、〇。呼馬の各内国産馬二、二、三、各内国産第一回開催未勝利馬限定一、一、〇、各種馬一、一、一。賞金は関西競馬倶楽部の抽籤馬限定の内国産馬が一着五〇〇円、二着一二五円が二、一着五〇〇円、二着一二五円、三着七五円が一、一着五〇〇円が一、同未勝利馬限定が一着四〇〇円、二着一〇〇円、三着五〇円が二、一着五〇〇円、二着一二五円が一。豪州産馬が一着六〇〇円、二着一二五円、三着七五円が二、同未勝利馬限定一着五〇〇円、二着一二五円が二。各内国産馬が一着五〇〇円、二着一二五円、三着七五円が二、一着六〇〇円、二着一二五円、三着七五円が二、ジョッケーカップ一着三五〇円、二着一〇〇円、三着五〇円が一、同第一回開催未勝利馬、一着六〇〇円、二着一二五円、三着七五円が二、各種馬が一着六〇〇円、二着一五〇円、三着一〇〇円、一着六〇〇円、二着一五〇円、一着五〇〇

円、二着一二五円が各一。優勝戦に相当するレースは、豪州産抽籤馬と内国産馬が一着七〇〇円、二着一五〇円、内国産抽籤馬一着六〇〇円、二着五〇円。撫恤戦は内国産抽籤馬、内国産馬、豪州産抽籤馬ともに一着五〇〇円、二着一〇〇円。このように賞金は、内国産馬、抽籤豪州産馬、各種馬をほぼ同額、抽籤内国産馬だけを低めに設定していた。賞金総額は一万七七九五円。四日間開催に換算すると二万三七二七円。第一回は三万一三八〇円、赤字補填の開催であり、その約四分三に引き下げていた。馬政局賞典の交付はなかった。なお馬の名義を芸妓とすることは第一回開催だけで中止になった。

各カテゴリーのレースは以下のものだった。

倶楽部の抽籤内国産馬は、ここでも第一回開催で圧倒的な強さを示したジクタトールの独擅場になった。このカテゴリーの賞金は一着五〇〇円、二着一二五円。その緒戦は、初日第四レース、一マイル、五頭立。「ジクタトール始終優勢を占め間もなく決勝点に入り殆ど呆気なし」(217)と、ジクタトールの圧勝に終わった。二着は、第一回開催で宮内省下賜賞典を獲得していたマヤ。ジクタトールとマヤとの勝負づけは第一回開催で済んでいた。勝時計二分四秒、配当六円五〇銭。ついで二日目、第八レース、一マイル八分一。ジクタトールとダイツルの二頭立、二頭立になって賞金は一着のみとなった。スタートから力の差は歴然、勝負にならなかった。ジクタトールは楽走、勝時計二分二九秒。配当六円、この日一番の低配当だった。そして三日目、事実上の倶楽部抽籤内国産馬の優勝戦、第一レース、ハンデキャップ、一マイル八分一、一着六〇〇円、二着五〇円、五頭立。各馬のハンデは不詳。先行したのはフヨウ、この馬との勝負づけも第一回開催で済んでいた。向う正面でジクタトールがフヨウを交わすと、あとは引き離す一方。勝時計は、前日より九秒も縮めた二分二〇秒。配当はここも六円だった。このようにジクタトールは三戦三勝、第一回開催と変わらないメンバーだったので当然といえば当然の結果、圧巻の強さだった。ただしこのジクタトールも、繰り返しておけば、次に出走した五月京都競馬会の第一回開催、そして六月関西競馬倶楽部春季開催でも、東京から遠征してきた抽籤内国産馬の前に歯が立たなかった。

ついで倶楽部の抽籤豪州産馬、一日一レース、計三レース。賞金は三日目を除いて、一着六〇〇円、二着一二五円、三着七五円。第一回開催のチャンピオン馬であったダイヤモンドが調子を崩して、この開催に出走してこなかった。ダイヤモンドに次ぐ力を示していたハツが順当にチャンピオン戦を勝つことになるが、アリアドネも成長をみせた。同馬は、第一回開催では、初日ユミハリの二着、二日目フライングスターの三着、三日目ハツの着外、四日目撫恤戦でも着外で、未勝利に終わっていた。そのアリアドネが、初日第二レース、四分三マイル、六頭立を一分二六秒、ついで二日目第七レース、一マイル八分一、五頭立を二分一五秒で連勝。この二つのレースでハツは三着、二着だった。アリアドネの配当は一二円、一三円。第一回の力から考えれば、もっと好配当になっても不思議ではなかったが、アリアドネの調教の動きが前回からは一変したことなどがあったのだろう。ともかくアリアドネはその人気に応えた。両頭の名義は、第一回開催に引き続き、アリアドネがアルミニウス（不詳）、ハツが倶楽部副会頭、開催執務委員長東常久（元陸軍騎兵第二連隊長騎兵大佐）だった。

そしてアリアドネとハツはチャンピオン決定戦、三日目第三レース、ハンデキャップ、一マイル四分一、一着七〇〇円、二着一五〇円、四頭立に臨んだ。ハンデは不詳。二日目までの敗戦があったが、ここではやはりハツが一番人気、鑑定券売上総数四〇四六枚中一六五五枚、とはいえ二番人気アリアドネも一四四〇枚で僅かの差。レースは、ハツが二日目までは本気で走っていなかった思わざるをえないようなものになった。アリアドネが先行したが、二コーナーでハツが交わして先頭に立つと、そのまま差を広げていき、ゴールではアリアドネに一〇馬身差をつけるという圧勝だった。勝時計二分三一秒、配当一一円。ハツは、その後も京都競馬会、関西競馬倶楽部、鳴尾速歩競馬会に出走するが、ジクタトールと同様に東京からの遠征馬に歯が立たず、撫恤戦を勝つのが精一杯の成績となる。

内国産馬のレースは、倶楽部の会員所有の呼馬の出走はなく、ホクウン、ホクモン、フクゾノ、キンカザンなどの東京からの遠征馬によるものになった。なお第一回開催の内国産馬チャンピオンとなっていたカケピカンは、出走してこなかった。このカテゴリーの賞金は、特に記さない限り、一着六〇〇円、二着一二五円、三着七五円。ホクモンとホクウンは、函館の馬具商、実業家、函館競馬会と日本競馬会の理事である松山吉三郎の持馬。繰り返せば、松山は、遠征に積極的であった。関西競馬倶楽部での仮定名称はナンカイ。ホクモンは、関西競馬倶楽部第一回開催に続く出走。同開催では初日、三日目と連勝して、優勝戦に臨んだがカケピカンの二着に終わっていた。その後、東京に戻り、一二月の日本競馬会第一回開催に出走、二日目第三レース、タマノオの二着以外は着外に終わって、再び西下してきていた。ホクウンも、日本競馬会第一回開催に出走、二日目第六レース、キキョウの三着、三日目第九レース、キンカザンの二着、そして四日目第二レースの撫恤戦ではヒノデ二世と同着ながらも初勝利をあげていた。両頭ともに牡馬、血統不詳、北海道での出走歴があったと思われる。

フクゾノは、先に紹介したように、牡四歳、体高五尺二寸五分（約一五九・一センチ）、下総御料牧場産、園田実徳の娘婿で日本競馬会常務理事石丸龍太郎名義、明治四〇年一一月池上秋季開催でデビュー、三日目第五レース、タマノオの三着、四日目第一〇レース、撫恤戦一着で入線したが進路妨害で失格となっていた。なおフクゾノは、明治四一年一二月、池上秋季開催で帝室御賞典を獲得することになる。

キンカザンも、先に紹介したように、牝六歳、体高四尺八寸三分（約一四六・三センチ）、下総御料牧場産、明治三九年五月上野不忍池での関八州競馬で勝鞍をあげ、東京競馬会第一回開催にも「駿馬」の一頭として出走、明治四〇年に入り、各地の競馬会を転戦、六月池上東京勧業博覧会記念開催、七月川崎第一回開催ではそれぞれ撫恤戦を勝ち、一一月池上秋季開催初日二着、二日目も二着だったが、勝馬の失格で繰り上がり、四日目の優勝戦に臨んだがホクエンの三着。一二月目黒第一回開催では、それまでの大庭平太郎から奥野市次郎に名義が替わり、二日目二着を経て、三日目に勝ち、優勝戦に臨んだがここもホクエンの三着。この築港記念の開催では、名義がサンダー（不詳）に替わり、ヒマラヤと改名した。

ヒノデ二世も、先に紹介したように、関西競馬倶楽部第一回開催に有力馬として出走、二日目に勝鞍をあげたが、優勝戦はカケピカンの着外。その後、東京に戻って一二月の目黒第一回開催に臨み、三日目三着、四日目撫恤戦でホクモンと一着同着となって、再度西下してきていた。

この築港記念開催でのフクゾノの緒戦は、初日第三レース、内国産未勝利馬、一マイル、六頭立。この未勝利という条件は関西競馬倶楽部第一回開催でというもの。池上で勝鞍をあげていたこともあって、フクゾノが一・一倍という圧倒的一番人気。フクゾノは、出遅れたが、力の違いを見せつけて楽勝した。勝時計二分二秒、配当五円五〇銭。

ヒマラヤの緒戦は、第六レース、各内国産馬第一競走、四分三マイル、一五頭立。ヒマラヤの前評判も高く、一・六倍の一番人気。頭数が多く、スタートに時間を要した。ようやくスタートが切られたように見え、ヒマラヤ以外の一四頭は疾走、テンリウが先頭でゴール。ちなみにこのテンリウは第一回開催初日第一レースを勝っていた馬だった。ところがスタートが正常でなかったとして、やり直しとなった。元々力が上であるところに、ただ一頭消耗していなかったことも加わってヒマラヤが楽勝。勝時計一分二七秒七、配当八円。このやり直しに対して少なくともテンリウの鑑定券購入者が不満をもたなかったはずはなかったが、そういった動きは報じられていない。

ホクモンの緒戦は、第八レース、各内国産馬第二競走、八分七マイル、八頭立。第一回開催の内国産馬戦で人気だったヒノデ二世、他にキンザンも出走してきたが、ホクモンが一番人気の一・六倍。そしてホクモンがその人気に応えて、三コーナー手前から仕掛けて一分四三秒八〇で楽勝した。配当八円。二着キンザン、三着ヒノデ二世。

図37　「鳴尾競馬大会審判所」

（『神戸新聞』明40・11・20）

ついで二日目。第二レース、内国産馬第三競走、一マイル二分一、九頭立。初日に勝鞍をあげていたフクゾノ、ヒマラヤ、そしてホクウンが出走。斤量はフクゾノ一四〇斤（約六三・六キロ）、ヒマラヤ一五二斤（約六九・〇キロ）、ホクウン不詳。ヒマラヤよりも軽い斤量もあってフクゾノが一・四倍の一番人気。二番人気ヒマラヤ。ホクウンが先行、ヒマラヤが二番手を進んだ。二周目に入りフクゾノが二番手にあがっていき、直線、ホクウンとの追い比べになったが、フクゾノが人気に応えてホクウンに一馬身差をつけてゴール。勝時計三分一秒、配当七円。三着ヒマラヤ。

この日の二つ目の内国産馬のレースが、第六レース、紳士騎乗レース、一マイル、一着三五〇円、二着一〇〇円、三着五〇円、六頭立。開催の目玉で、会員か倶楽部が認めた「紳士」が騎乗するレース。

横浜在住のモッチュ騎乗のホクモンが一番人気。離れた二番人気が続秀太郎騎乗のヒノデ二世。

モッチュは、明治三〇年代初めから日本レース倶楽部の開催、主として中国馬のレースで活躍を見せていた(218)。函館の競馬会で騎乗を始めた(220)。「小児の時から」横浜で「騎り馴れて居るだけにうま」かったという(219)。続は、明治三〇年代初頭、函館以外での騎乗の嚆矢がこの築港記念開催、以降各地の競馬会で騎乗するようになった。早稲田大学予科に在学中だったという。続は、明治四二年渡仏、厩舎で修業、翌年帰国、その後、函館でホテル経営とともに平出農場の牧場長となり、競走馬の生産、育成、調教にもあたった。その間、騎乗も続け、大正二(一九一三)年一一月には、東京競馬倶楽部(目黒競馬場)の帝室御賞典をフレッチポリーで勝つことになる。

ホクモンが先行したが、向う正面でヒノデ二世がハナに立ち、そのまま二頭が併走して直線に入った。二頭の追い比べがゴールまで続いたが、ヒノデ二世が馬首の差で勝った。勝時計二分一三秒。時計は初日の第三レースより一秒も遅かった。レース後、モッチュが、直線、続が馬をぶつけてきて外枠に押しつけられ、進路を妨害されたと抗議。ヒノデ二世の持主浜村理平が審判だったことで、観客が審判所を取り囲むという騒ぎになった。この騒ぎを鎮静化するためもあってか、浜村は続の違法を認め、ヒノデ二世を失格、ホクモンを一着に繰り上げる決定を下した。ところが今度は、ヒノデ二世の鑑定券購入者が騒ぎ出した。これに倶楽部は、二頭の同着とし、鑑定券を払い戻す、ただし一着賞金はホクモン、二着賞金は繰り上げた三着馬に授与、ヒノデ二世は賞金なしという裁定を改めて下した。配当はヒノデ二世二〇円、ホクモンは五円の元返し。それぞれの配当は安くなったが、ともかく騒ぎはおさまった。その間、一時間余を要したという。この騒ぎが、翌日の騒擾の伏線になった。

内国産馬の事実上の優勝戦は、三日目第二レース、内国産馬ハンデキャップ競走、一マイル四分一、一着七〇〇円、二着一五〇円、一一頭立。フクゾノ、ホクウン、ホクモン、ヒマラヤらが出走。ハンデは不詳。評判通りの強さを見せて初日、二日目と連勝したフクゾノが一番人気。ホクモンとホクウンのカップリングが二番人気。道中、ホクウン、フクゾノ、ホクモンの馬順で進み、四コーナーでホクモンが二番手にあがっていった。フクゾノも追い出し、直線、三頭の追い比べとなったが、制したのはホクウン。勝時計二分二七秒三分一、配当二三円。ホクウンは二日目、フクゾノに敗れていたが、ここは函館大次騎手の好騎乗が光ったレースだったという。二着ホクモン、三着フクゾノ。こうしてホクウンが今開催の内国産馬のチャンピオンの座についた。ホクウンは、この後の春のシーズン、東京及びその周辺の各競馬会の開催では、スイテン、ハナゾノらには歯が立たなかったが、五月京都競馬会第一回開催に西下してくると、やはり関西では強く四戦四勝で内国産馬チャンピオンとなる。

つぎに各種馬。一日一レース、計三レースが行われた。出走馬は他競馬会の抽籤豪州産馬、関西競馬倶楽部第一回開催の外国産呼馬。有力馬はパトリシア、ブレーメン、ゼリミット。

パトリシアは、先に紹介したように、根岸明治三八年春季抽籤豪州産馬、ヒヤシンスの名でデビュー、初日に勝ち、二日目創設されたエンペラーズ・カップに臨んだが着外、四日目の優勝戦は三着。同年秋季開催から、E・C・デービス（サミュエル・サミュエル商会）、仮定名称ノーフォークの名義となり、その後、根岸では目立った成績をあげていなかったが、明治三九年池上第一回開催で豪州産馬の優勝戦を人気薄で制した。明治四〇年春の根岸と池上では、東京勧業博覧会記念開催の撫恤戦の一勝のみに終わった。根岸秋季開催の二日目エンペラーズ・カップ、疑惑の判定ではあったが一着同着、決定戦は敗れ、川崎秋季開催では、初日に勝ち上がったが、あとの三戦は着外という成績での西下だった。築港記念開催での名義は義太夫節三味線方の梅本和三郎（後の鶴沢観西）に替わり、フクムスメと改名した。

ブレメンは、先に紹介したように、根岸明治三九年秋季抽籤豪州産馬、同開催二日目に勝鞍をあげた、名義はハンサ（不詳）。続く池上第一回開催、初日、三日目と勝ったが、優勝戦ではイスズ（後のメルボルン二世）の三着に敗れた。明治四〇年五月根岸春季開催は、四日目のコンソレーションを勝ったが、同池上春季開催は未勝利。一一月根岸秋季開催、三日目メルボルン二世、四日目ヒタチの二着はあったが未勝利、続く池上秋季開催は初日に勝ったが、二日目メルボルン二世の三着、三日目ヒヨシの三着、ついで川崎秋季開催では未勝利に終わっての西下だった。ブレメンの名義も、この開催からアルミニウス（不詳）に替わり、アンチゴネと改名した。

ゼリミットは、川崎第一回開催抽籤豪州産馬、スポーツ（不詳）の名義。デビューの開催は二日目二着から三日目に勝ち上がり、四日目優勝戦に挑んだフライングスターの着外、一一月川崎秋季開催から木村重太郎の名義となり、春季と同様に二日目の二着を挟んで三日目に勝鞍をあげて、ここも四日目の優勝戦に挑んだがイサオの着外に終わっての西下だった。ゼリミットも、この開催からヨコハマ（不詳）の名義となり、ハツネと改名した。以上の三頭は、根岸や池上、川崎では頭打ちになった馬であったが、関西ではその力は上と見込んでの譲渡、転入だった。

この三頭が出走した緒戦は、初日第九レース、各種馬第一競走、一マイル、一着六〇〇円、二着一五〇円、三着一〇〇円、九頭立。スタート後、三番手を進んでいたフクムスメが、向う正面に入ると先頭に立ち、そのまま逃げ切った。勝時計一分五三秒、配当八円、人気に応えた。四馬身差の二着がアンチゴネ、三着ハツネ。根岸、池上での力通りの結果だった。

二日目は第三レース、各種馬第二競走、一マイル二分一、一着六〇〇円、二着一五〇円、六頭立。三日目には撫恤戦しか組まれていなかったので、このレースが事実上の各種馬の優勝戦。初日に引き続き、フクムスメ、アンチゴネ、ハツネの争い。一番人気はフクムスメ。東京横浜方面からの観客は、距離が延び、長距離得意という過去の実績からアンチゴネの鑑定券を買う者が多かった、二番人気。ちなみに倶楽部が何らかの便宜をはかったのだろう東京横浜方面から「態々来会」すると倶楽部に通知があった分だけでも「約二千有余名の多数」に上っていたという(221)。フクムスメが先行、二周目の向う正面でアンチゴネがフクムスメに並びかけ、交わしにかかったが、フクムスメは譲らず、逆に差を広げ、五馬身差をつけてゴール。勝時計二分五二秒。配当一五円。二着アンチゴネ、三着ハツネ。東京横浜方面からの遠征組は、このアンチゴネの敗戦に力を落したという。

各種馬の撫恤戦は三日目、第六レース、各種馬第三競走、四分三マイル、一着五〇〇円、六頭立。ここは、道中三番手を進んだアンチゴネが、三コーナーで仕掛けて、一分二四秒で楽勝した。配当七円、一番人気に応えた。二馬身差の二着がダイタツ、三着ハツネだった。なお先に紹介したように、ダイタツは福原遊郭の顔役、板井辰五郎(通称福原大辰)が、関西競馬倶楽部第一回開催に向けて数千円を投じて購入した馬だった。

以上のようにこの開催の各レースは、ほぼ力通りの結果に終わり、配当も、初日が第一レースの一二一円を除けば五円五〇銭から一二円、二日目も第五レースの六二円を除けば六円から二二円、三日目も六円から二三円という安い額だった。売上は、第一回の六三万三四〇〇円から、開催が一日減の三日間であったにもかかわらず七六万余円と伸びた(222)。単純に四日間換算すれば、約一〇一万円。池上、川崎、目黒の約三分の二ではあったが、健闘の数字。今後の伸びも期待できた。とはいえ、この開催、平穏に開催されていたわけではなかった。先に紹介したように、レースをめぐるトラブルが初日から続き、とうとう三日目には大きな騒ぎとなった。

三日目第五レース、内国産馬第四競走、四分三マイル、一着五〇〇円、二着一二五円、三着七五円、一六頭立。ヒノデ二世とテンリウが人気だった。一六頭という多頭数でスタートの態勢が整うのに時間を要した。旗が振り下ろされ、号鈴(ベル)がなり、バリアーがあがったように見えた。そこでスタートが切られた思い、テンリウを除く他の一五頭は疾走。道中四番手を進んでいたヒノデ二世が三コーナーと四コーナーの中間で仕掛けて先頭に立ち、そのままゴールした。ヒノデ二世の鑑定券を買っていた人々は歓呼の声をあげたという。

ところがレース後、開催執務責任者である馬場取締神永千代吉が、スタートは無効だったとして、レースのやり直しを宣告した。スタートの手順は、出走馬が態勢を整えたのを確認して、合図の旗を降り下ろして、号鈴(ベル)を鳴らし、バリアーをあげるというものだったが、この手順が踏まれないで、スタートが切られたということだった。前年の一一月の第一回開催の際には、スタートは旗の合図で切られるものであったが、トラブルが続いたことで、倶楽部は、この開催からバリアー式のスターティング・ゲートを導入していたが、効を奏さなかったことになる。

図38　「鳴尾詐欺競馬会」

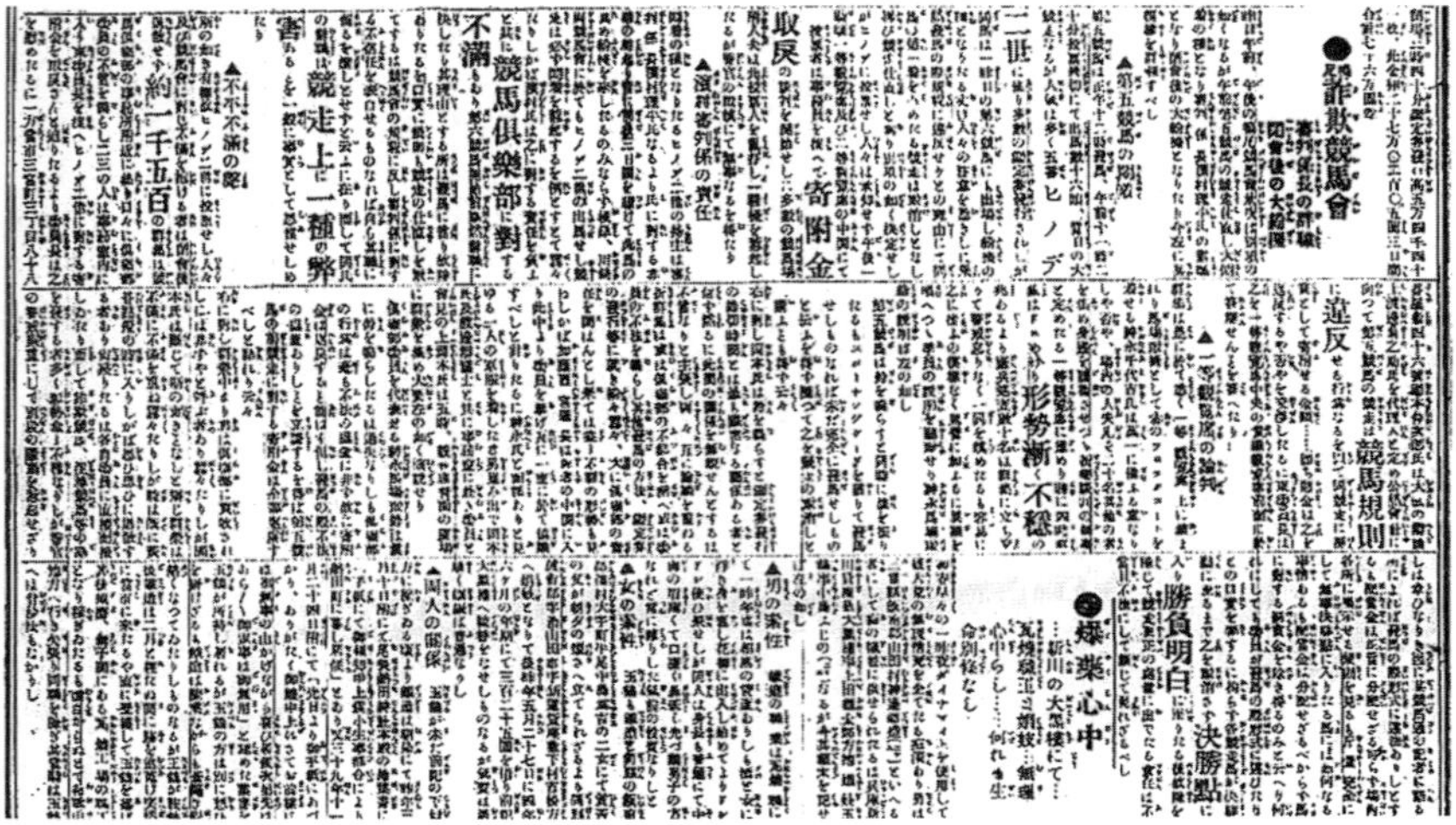

3日目の騒ぎが大きく報じられている（『神戸又新』明治41・1・8）。

ただ一頭走らなかったテンリウは、当然、余力充分。スタートからハナに立ち、そのまま逃げ切った。勝時計一分二六秒二〇、配当一九円。初日第六レースでも、同じことが起こり、スタートのやり直しとなっていたが、このとき無効となったレースの一着となっていたのがテンリウ。再レースで勝ったのがヒマラヤ。この日のテンリウは、その時の教訓を活かした格好だった。二馬身差二着がゴウン。ヒノデ二世は四着に終わった。ゴウンは、先に紹介したように、川崎第一回開催の抽籤内国産馬、同開催の優勝戦を勝ったが、その後は目立った成績をあげられず、一二月の目黒第一回開催でようやく四日目撫恤戦を二頭同着ながら勝ってここに臨んでいた。この開催での名義は梅本和三郎。

　ヒノデ二世の名義は静岡畜産界の重鎮浜村理平。浜村は、各地の競馬会で持馬を走らせていたが、ヒノデ二世もその一頭だった。浜村は、経験を買われて、この開催の審判係長を務めていたが、このレース後、辞任、「発馬に当り故障ありたるを口実に幾回も競走の仕直しを敢てするは、競馬会の規程に反し審判係に対する不信任を表白せるものなれば、自らその職に留まるを潔しとせず」というのが理由だった(223)。

　先述したように前日の二日目第六レース、一着で入線したヒノデ二世の騎手が二着のホクモンの進路を妨害したとして、ヒノデ二世は失格、賞金は没収、ただし鑑定券の払戻は、ヒノデ二世と繰り上がり一着のホクモンの両頭に対して行われた。ヒノデ二世の鑑定券購入者が騒ぐことを回避するためであった。テンリウはここにも出走しており、ヒノデ二世の失格で、二着に繰り上がっていた。浜村は、この失格に不満をもっていたところに、この日の裁定が加わっての辞任劇だった。

ちなみに前年一一月の関西競馬倶楽部第一回開催、初日第一レースで、ヒノデ二世とテンリウの両頭は対戦。ヒノデ二世が一番人気だったが、出遅れて三着。テンリウは三コーナーから先頭に立ち、そのまま押し切って勝ち、配当八四円五〇銭という波乱になっていた。この時の半馬身差の二着が、同開催の内国産馬チャンピオンとなったカケピカン。そのカケピカンが勝った四日目の優勝戦ではテンリウ三着、ヒノデ二世は着外。このようにヒノデ二世とテンリウは、因縁つきで勝ったり負けたりのレースを繰り返し、そしてこの三日目第五レースだった。スタートの無効、レースのやり直し、その結果の敗戦、これにヒノデ二世の鑑定券購入者はおさまらなかった。繰り返せば、ヒノデ二世は本命だった。

「五円を返せ、戻せ」の声とともに、興奮した観客が係員に掴みかかって殴り合いが始まった(224)。これを、場内の警備にあたっていた多数の「競馬場付人夫」が暴力的に押さえ込もうとしてさらに騒然となった。だが、巡査が駆け付けて、ここはなんとかおさまって、後のレースが続けられた。とはいえ不満はくすぶっていた。最終第九レース後、残っていた一五〇〇人が、倶楽部事務所付近に押し掛け、レースのやり直しの不当性を訴え、第五レースの無効、ヒノデ二世とその他の馬の鑑定券の返戻を求めて気勢をあげ始めた。時は四時。これに、倶楽部副会頭で開催執務委員長東常久（元陸軍騎兵第二連隊長騎兵大佐）が、一等観覧席中央の「貴顕観覧席」の前面で、事情を説明しようとした。だが人々は要求を繰り返し、その説明を聞こうとしなかった。そこで馬場取締神永が登場。神永は、場内の警備にあたっていた「人夫」約二〇人に「身辺を護衛」させて交渉に臨んだ。繰り返せば、関西競馬倶楽部は、大林芳五郎の人脈を活用し、大阪の親分らに場内取締を依頼していたが、レース直後、そしてここに登場した「人夫」たちは、その親分らの配下のものであったはずである。だが第一回の時と異なり、騒ぎを押さえ込むことはできなかった。

おそらく、騒ぎのきっかけを作ったのは騒ぎ屋たちであったが、倶楽部側が押さえ込むことができなかったのは、ここまで不満を募らせていた多数の観客がそれに呼応、群衆状態が現出し、力関係が拮抗、あるいは逆転したからだったと思われる。そして群衆のなかからも、倶楽部の不当性を追及する声があがるなか、先の根岸秋季開催三日目の騒擾の際もそうであったが、ここでも観客の代表と倶楽部側が交渉という形態がとられることになった。その代表となったのは、神戸二宮町三丁目砂糖商岡本伸次郎ら五名。岡本らの主張は、スタートのやり直し決定が不法の措置である、仮にやり直しが正当であったとしても再レースを実施する際には、改めて発売締切時間を設けてそれまでは鑑定券を発売する必要があった、それが行われなかったので再レースは無効である、すべての鑑定券は返戻すべきというものだった。岡本らは、観客の不満を背景に団体交渉を行っているという趣であった。真偽は不詳だが、岡本らが購入したヒノデ二世の鑑定券は計二〇〇枚、この要求を認めさせるかどうかには一〇〇〇円もの大金がかかっていたという。事実であるならば、岡本ら五名は引くに引けなかっただろう。岡本らの要求に、神永は、さきに号鈴を鳴らして旗を降り下ろした過失に加えて、バリアーがあがる前に、バリアーを破って発馬した馬がいたので無効にした、とスタートのやり直しの正当性を主張、また再レースを決定してから三分間鑑定券を発売したと反論、互いの主張の応酬になった。回りを取り囲んだ群衆は、「或は倶楽部の不都合を唱え或は委員の不法を鳴らし、其他発馬の方法、鑑定券の発行等に就き紛々囂々、大に倶楽部の責任を問わんとして果ては益々不穏の形勢」になった(225)。この状況に、西宮警察署長が両者の中に割って入り、「一室に於て協議」するようにすすめた。いわばボス交で相互の妥協をはかれということだった。それが効を奏した格好で五時、一旦は交渉がまとまった。岡本が、観覧席の後の広場に群衆を集めて、その内容をつぎのように説明した(226)。

倶楽部委員を代表せる神永馬場取締は、曩に鈴を鳴らしたるは過失なりしも倶楽部の行為は毫も不法の処置に非ず、故に寄付金は返戻すること能わず、但し発馬の際不法の処置ありしことを立証するを得ば第五競馬の競走に対する寄付金は全部返戻すべしと語れり……

号鈴を先に鳴らした過失を認めたうえで、それ以外にということだろう、「発馬の際不法の処置ありしことを立証」すれば鑑定券は返戻するということだった、事実上それは不可能で、この内容は、倶楽部の返戻拒否を受け入れたものに他ならなかった。これに、群衆のなかから「君は倶楽部に買収されしには非ずや」など不満の声が次々とあがったのも当然だった。群衆は、やみくもに騒いでいるわけではなかった。理が通ることも求めていた。時は一月、すでに外は真っ暗だった。あきらめて退散する者もいたが、その一方で「詐欺競馬、泥棒競馬等の語を発」したりなどして残っている者も数多くいた。形勢がさらに不穏となっていくなか、東開催委員長、神永馬場取締ら競馬会側は、いつのまにか姿を消した。おそらく群衆を説得することで、岡本らは、自分たちの鑑定券の返戻、あるいは「解決金」をもらうという約束がなっていたと思われるが、それはご破算になった。ここで岡本が率いる数十人は、五時半、改めての交渉を求めて、東が寓する西宮町の材木商宅に押し掛けて行った。東はまだ帰宅していなかったが、岡本らは待ち続けた。深夜一一時半頃、東ではなく、競馬会の雇人一〇人が帰ってきた。岡本らは、この一隊に詰め寄り、「大喧嘩」になろうとしたが、警戒にあたっていた西宮署が制して、ここはなんとかおさまった。一方、競馬場内に取り残された人たちは、煽動者を失った形になったうえに、「警官の警戒厳重」で、解散を余儀なくされた。

翌朝、岡本らは、競馬場の競馬会事務室に赴き、改めて神永と交渉を行った。その際、神永は、まず懐柔にかかった。だがうまくいかないとわかると態度を豹変、今度は威嚇に転じた。またヒノデ二世に乗っていた騎手も岡本らの説得にあたったが、それもうまくいかなかった。おそらく鑑定券の返戻、あるいは「解決金」の額が、当初より低いものとなっていたのだろう。この日は、倶楽部側への圧力となる群衆が不在、結局、岡本らは引き揚げざるをえなかった。その際、岡本は、倶楽部の不法を追及する姿勢を崩さず、「仮令私は検挙さるるの一人となってもあくまでもやり通す積りです」と語っていたという(227)。このように事はまだ済んでいなかったので、その後の交渉も行われ、いわば手打ちとなったと思われるが、表向きは、有耶無耶の内に終わってしまった。とはいえ、きっかけがあれば、この関西競馬会でも群衆状態が現出することが明らかとなった。

そして当然、この騒ぎは競馬倶楽部の不祥事であった。その他にもこの開催では、いくつかトラブルを生じていた。神戸地方区裁判所山本検事正、というより司法部は、その気があれば、これをとらえて、さらに倶楽部に介入することができたはずであった。だがそうはしなかった。繰り返せば、まだ馬券黙許という政治判断を司法部単独で覆す状況にはなかった。それに政府、馬政局は、新たな取締策の策定に動こうとしており、司法部は、その推移をみて、新たな取締策が不十分、あるいは実効性がないと判断すれば、機会をとらえて摘発に動き、政府に馬券売買禁止の決断を促していく姿勢であったと思われる。そして実際、九月、鳴尾速歩競馬会の開催に対して、政府に馬券禁止を迫るべく、賭博開帳罪での摘発に踏み切ることになる。

## 7　総武競馬会冬期開催、明治四一年一月一一日、一二日、一八日、一九日

明治四〇（一九〇七）年九月二三日の松戸から始まった秋のシーズンは、一旦間が空いたが、一〇月二五日からの根岸から一二月一五日の目黒まで毎週末開催され、競馬（馬券）人気は熱狂の度を加えていた。競馬（馬券）を非難する政治的、社会的、司法的な圧力は強まり、馬政局、西園寺内閣は何らかの対応をしなければ治まらない様相を呈した。一二月二五日開会される第二四議会での追及も必至であった。そのとりあえずの対応策として馬政局は、一二月二一日から予定されていた板橋の東京ジョッケー倶楽部の開催の延期を促した。議会開会を迎えて、経験不足の開催運営でこれまで以上の大きな騒ぎでも起こってしまうと、司法部、貴族院、新聞などの圧力で一気に馬券禁止にまで追い込まれかねなかったからである。当時の新聞の言葉を借りれば、「競馬の熱冷」、「暫時競馬熱に対する息を抜」

くためという政治的判断だった(228)。東京ジョッケー倶楽部は、馬政局が翌年に代替開催を認めることを条件にこれを受け入れた（第8章第1節）。

当然、馬政局は、冬期（一月）の開催を予定していた総武競馬会にも中止を要請した(229)。だが総武競馬会は、その要請を無視して、明治四一年一月一一日（土）、一二日（日）、一八日（土）、一九日（日）、明治四〇年秋季開催として「冬期開催」を強行した。馬政局は、競馬会の生殺与奪権を握っているはずだったが、総武競馬会を抑えることはできなかった。さらに馬政局は、この開催に賞典までも交付した。これを見ると、馬政局と競馬会側に密約、たとえば認可前の六月の開催を中止にする交換条件として「冬期競馬」を認めるといったものがあり、競馬会を仕切る永岡啓三郎がその履行を迫った可能性があった。ただしそうだったとしても状況が変わっていたにもかかわらず、馬政局は永岡を抑えることができず、そのうえ賞典までを交付した。

その開催、馬見所は、第一回の「仮小屋式より多少の面目を改め」てはいたが(230)、それでも人が動くと「全屋ミシミシと鳴る」ようなもの、また厩舎も極めて狭隘な急造バラックで収容力は僅かに三〇頭、他は野外繋留(231)、喧伝した施設改善も、一〇月以来、それほどの時間もなかったとはいえ、ほとんど行っていなかった。とはいえ賞金は二万九七二五円、第一回の成功を踏まえ、その一万九三三五円の一・五三倍に引き上げていた(232)。レース編成は、抽籤内国産新馬一二、第一回開催抽籤内国産馬七、内国産馬一三、豪州産馬八、内国産馬及び外国産馬一の計四一。豪州産馬は、根岸などからの抽籤馬及びそれらを購入した総武競馬会員の持馬。編成の中心は、一九が組まれた総武競馬会の第一回と今開催の抽籤内国産新馬のレース。各出走頭数は、抽籤内国産新馬一九頭（二四頭、以下カッコ内は第一回）、内国産馬五九頭（四五頭）、抽籤豪州産馬二二頭（一四頭）、の計一〇〇頭（第一回は抽籤豪州産新馬を加えて九一頭）(233)。

図39

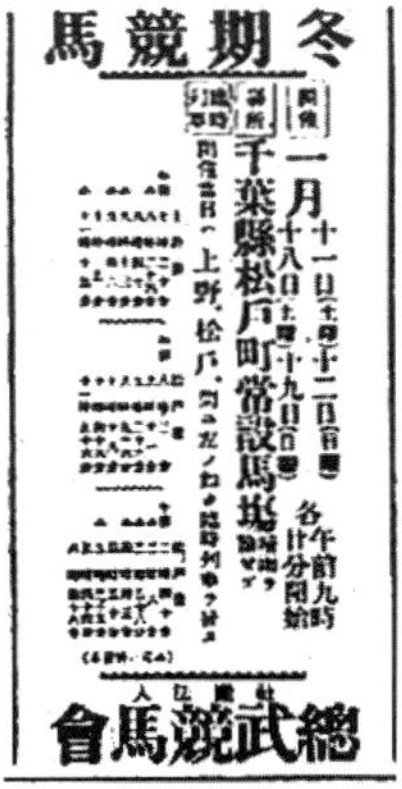


（『中央』明41・1・9）

各カテゴリーの一着賞金を第一回と比較すると、抽籤内国産新馬に関しては、優勝戦の六〇〇円は変わらなかったが、撫恤戦を二〇〇円から四〇〇円、他は二五〇円と四〇〇円を五〇〇円に引き上げた(234)。内国産馬は、優勝戦を八〇〇円から七〇〇円に引き下げてはいたが、第一回開催抽籤馬の優勝戦七〇〇円を新設、また第一回開催は一着賞金が五〇〇円の他に、二〇〇円、二五〇円、三〇〇円、四〇〇円、四五〇円というものだったが、今回は、それを四〇〇円、五〇〇円、六〇〇円、また撫恤戦も二〇〇円から四〇〇円に引き上げていた。豪州産馬は優勝戦を七〇〇円から八〇〇円に、撫恤戦も二五〇円から五〇〇円にそれぞれ引き上げ、その他の二五〇円と三〇〇円を五〇〇円に引き上げるとともに六〇〇円一を新設。馬政局賞典とあわせた各カテゴリーの最高賞金は、抽籤内国産新馬優勝一着六〇〇円及び馬政局賞典三〇〇円の計九〇〇円、内国産馬優勝七〇〇円及び馬政局賞典二〇〇円の計九〇〇円、豪州産馬優勝が八〇〇円及び馬政局賞典三〇〇円の計一一〇〇円だった。馬政局賞典は、抽籤内国産新馬二着の二〇〇円と合わせて計一〇〇〇円、日本レース倶楽部の八〇〇円を別にして、他の東京競馬会一八〇〇円、京浜競馬倶楽部と日本競馬会一三〇〇円に比べると、豪州産新馬がない分低かったが、京浜、日本競馬会に準じたものだった。

そして迎えた一月一一日の初日、騒ぎが続いた(235)。まず劈頭、第一レースの誤配当だった。実際には五円五〇銭だったものを誤って二四円五〇銭で払戻を開始してしまった。一〇〇余枚を払い戻した時点で気付いて訂正。だが大本命であったこの馬券の購入者は多く、この措置にまだ払戻を受けていない者たちが騒ぎ始めた。おそらくこの騒ぎのきっかけとなったのは、永岡と対立する地元の顔役の配下、または騒ぎ屋、あるいは双方が協力しての煽動だった。そして利害にかかわっていたことで多くの者がそれに呼応、支払口の板戸を乱打、掲示板を内部へ投げ返し、破れ、壊せ、殴れを口々に叫んで事務所に乱入しようとするなどの群衆状態が現出した。永岡配下のものが駆け付け、威嚇、双方一触即発の情勢になった。だが群衆の圧力が優り、競馬会側が力で押さえ込むことを選択できるような状態ではなかった。ここで永岡が登場、「声を限りに会社の粗漏を謝したる上」、個人で引き受けて二〇円五〇銭を支払う、「四円だけは勘弁せられよ」と演説(236)。これを聞いた群衆は万歳を絶叫、事はおさまった。競馬会の損失は二万円に

図40

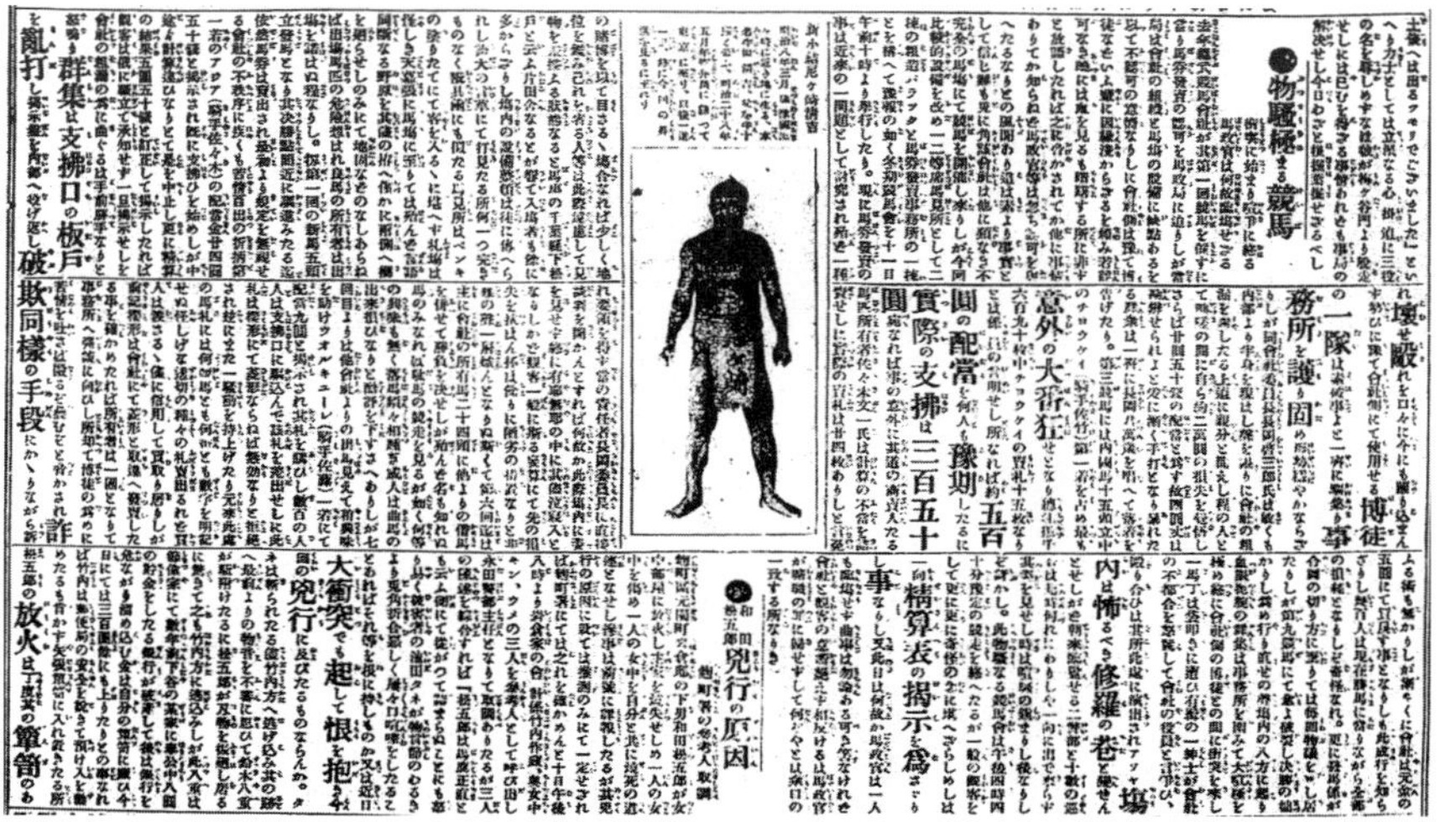

●物騒極まる競馬

一隊は事務所を護り固め

内は怖るべき修羅の巷

意外の大番狂せ

五百圓の配當を何人も豫期したるに

實際の支拂は二百五十圓

一向精算表の掲示を爲さざりし事

發行の原因

大衝突でも起して恨を抱き

群集は支拂口の板戸を亂打し

破欺同樣の手段

放火

「物騒極まる競馬」の見出しで初日の騒ぎが大きく報じられている（『日本』明41・1・12）。

及んだという。

ついで第三レースの配当額だった。レース後、係員が公表した発売総数は一六九〇枚、的中枚数一五枚、配当は三五〇円。他の競馬会のように控除率が一割ならば五〇七円、だが松戸は一割五分だったので四七九円、三五〇円はその四七五円よりも一三〇円近くも安かった。その差額は一九三五円。ちなみに三五〇円ならば発売枚数は二一～二枚のはず。この配当金額に疑念の声があがった。勝馬の持主で京浜競馬倶楽部の営利会社日本馬匹改良株式会社監査役、弁護士であった佐々木文一も「計算の不当を詰責」したが要領を得ず、永岡との直談判を要求、だが、永岡は姿を現さず、結局有耶無耶になった。大穴馬券で的中者が少ないことが幸いした格好で、大きな騒ぎとならなかった。二万円に遠く及ばない額だが、観客のなかからは、第一レースの損失を埋めようとする「陋劣の措置」との非難の声があがったという。

そして第七レースだった。このレース一五番が勝ち、配当九円。ところがその一五番発売の窓口で購入された馬券の払戻に応じなかったことだった。その数二〇〇余人。一三番の馬の馬券だというのが競馬会の主張。松戸の馬券は番号でなく、角、丸、梅鉢、十字等の暗号パンチを刻んだもので、一五番は菱形、一三番は桜形。競馬会側がその誤りを認めなかったら、どうしようもなかった。今回のこの騒ぎは、場内警備の「破落戸」が、威嚇して押さえ込んだ。それでも数十人が事務所に「至りて詰責」、だがここでも「破落漢」が威嚇。それでも警官に訴えるなどして、役員との交渉に持ち込んだ。役員は、当初、「言を左右」にして応じなかったが、結局、他の購求者には内々にすることを条件に元金（一枚五円）を支払ったという。誤った発売であったことをうかがわせるものだった。

さらに第九レースでのスタートだった。一頭がまだスタート地点に至っていないのに、スタートが切られ、数十馬身も出遅れ、この馬の馬券購入者がレース中から騒ぎはじめた。それに加えて一着の判定だった。実際には二着馬が勝っていたのではないかとの疑惑だった。この二つをめぐって、レースをやり直せなどの怒号が飛び交い、群衆は、審判所、また事務所に押し寄せた。会社側の「破落漢」との衝突となり、そこかしこでの撲り合いがはじまった。この騒ぎは約三〇分も続いたが、結局、レースはそのまま確定となった。何らかの妥協がはかられたと思われる。警戒にあたっていた巡査たちが姿を現したのは騒ぎがおさまった後だったという。

このレースに限らず、スタートは毎回物議を醸していた。騎手は、スターターに「袖の下」を渡さないとその馬にあわせてスタートを切ってもらえないという風評が立っていたほどであった(237)。この騒ぎの最中、ある若者が、新聞記者席に飛び込んできて、名乗って、その「旗振りの不公平を並べ」る一場の演説を行なってもいた。このように観客のなかには、演説として競馬会の非、騒ぎの正当性を訴えることができるリテラシーをもつ人間が含まれていた。これも時代であった。

このように、初日は騒ぎが繰り返された。総武競馬会は、数百の乾児を抱える侠客の理事永岡啓三郎が仕切る競馬ではあったが、このように騒ぎが起こると、永岡配下の「無頼漢」でも、押さえ切れなかった。永岡の本拠地は東京本所、ここ松戸を縄張りとする顔役との話がついておらず、その配下たち、または騒ぎ屋、あるいは双方が協力して煽動していたと思われる。しかしそういった顔役の配下、騒ぎ屋が相手であれば、いわば侠客同士の争いにとどま

**表2　配当金一覧**

| | 第1 | 第2 | 第3 | 第4 | 第5 | 第6 | 第7 | 第8 | 第9 | 第10 |
|---|---|---|---|---|---|---|---|---|---|---|
| 初日 | 5円50 | 26円 | 350円 | 22円 | 5円50 | 6円50 | 9円 | 7円 | 18円 | 16円 |
| 2日目 | 5円50 | 5円50 | 6円 | 10円 | 10円 | 6円50 | 5円50 | 9円 | 5円50 | 7円 |
| 3日目 | 7円 | 12円 | 6円 | 5円50 | 75円 | 6円50 | 8円 | 39円 | 10円50 | 5円50 |
| 4日目 | 6円50 | 15円50 | 16円50 | 6円50 | 13円 | 6円 | 11円 | 40円 | 8円50 | 5円50 |

＊円のあとの数字の単位は銭（典拠：註235、238、244、249）。

るものであった。だが競馬場では、それに加えて、群衆も相手にしなければならなかった。その群衆は、競馬会にとって大きな圧力となり、時には妥協を強いられることになった。

二日目にも、毎レースのように配当をめぐって、不正が行われているとして、票数、計算を明らかにすることを求める声があがった(238)。そのなかでも、第四レースでは配当が安すぎると「売れたる札を売れずと披露して不正の配当を為すは詐欺行為なりと絶叫する者」、第九レースではメートル板と掲示の発売枚数が大きく相異、「会社は配当金を瞞着」と、人々が事務所に押し掛け不平、苦情を申し立てて騒然となった。だが、「結局不得要領」に終わって泣き寝入りの格好になった(239)。競馬会側、永岡は初日の事態を踏まえて、騒ぎの中心になっていた人物たちへ「解決金」の支払いなどの手を打ったと思われるが、この日はそれらが効を奏していたのだろう。ちなみにこの日の配当は、第一レースから順に五円五〇銭、五円五〇銭、六円、一〇円、一〇円、六円五〇銭、五円五〇銭、九円、五円五〇銭、七円。この低配当の連続に「五〇銭競馬」との「悪口」(240)、また的中しても負けた分の埋め合せが付かないとの声もあがり(241)、そして松戸競馬の控除率が、他場の一割に対して一割五分であることを知ってその不当性を訴えるものもいたという(242)。ちなみに松戸でも、馬政局の三月の口達（第8章第3節）を受けて、次の同年六月の開催から一割に引き下げた(243)。

ちなみに四日間の配当金額は、五円五〇銭が初日二、二日目四、三日目二、四日目一の計九、六円が二日目一、三日目一、四日目一の計三、六円五〇銭が初日一、二日目一、三日目一、四日目二の計五、七円が初日一、二日目一、三日目一の計三、八円が三日目一、八円五〇銭が四日目一、九円が初日一、二日目一の計二、計二四レース。一〇円台が初日、一八円、一六円の計二、二日目一〇円が二、三日目一二円、一〇円五〇銭の計二、四日目一五円五〇銭、一六円五〇銭、一三円、一一円の計四、計一〇レース。二〇円台が初日二六円、二二円の計二、三〇円台が三日目三九円の一、そして初日三五〇円、三日目七五円、四日目四〇円が各一だった（表2）。このように、第一回もそうであったが、変則的なコースの割に、低配当のレースが多かった。出走各馬の実力差が大きかったことがあってのことだと思われる。

初日、二日目の騒ぎを踏まえて、三日目に向けて競馬会もさらに手を打った[244]。馬券を番号等も明瞭なものに変更、馬券売場を広げ、メートル版の位置を変更、それに加えて配当発表まで発売枚数も各レース掲示するようになった。そして「例の破落漢の一団」も人目につかないようにした。そして、運営を円滑に行うためだろう、開催経験を積み重ねていた東京競馬会から書記長中台忠蔵らを招いた。なお中台は、第一回も開催執務委員だった。

だがこの三日目も、スタートをめぐって騒ぎが起こった。第八レース、一番人気の馬が後を向いている時に旗を切り、五、六間（九〜一〇メートル）もの不利があったその馬が、直線、良い脚で追い込んできたが届かず一馬身差の二着になったことがきっかけになった。ちなみにハンデは一着馬が一六〇斤（約七二・六キロ）、二着馬が一三九斤（約六三・一キロ）、この斤量差もあっての一番人気だった。その二着馬の馬券所有者一〇〇〇余人が、「騎手を出せ」、「やり直せ」、「金を返せ」、「泥棒会社」等を口々に叫び、また柵を乗り越えて事務室に躍り込もうとするなどの騒ぎになった。一〇〇〇余というのは、騒ぎ屋や顔役の配下の数字ではなく、初日からの不満に火が付いた産物だった。群衆状態の出現に、競馬会側は、ここも「破落漢」で押さえ込むことを諦めざるを得ず、「観客代表者との間に数回の談判を試み」た[245]。ここも関西競馬倶楽部と同様の交渉形態となった。そして競馬会は代表者らの希望を容れ、旗手（スターター）の失態と認め、旗手を解任することに同意した。この際、なんと黒い馬に乗った競馬会の人間が、「会社が悪かったです、ご勘弁を願います、御静まりを願います」、と大声で叫びつつ観客のなかを進んで、事務室の正面に「旗手の職務を免ず」と告知を貼り出したという[246]。芝居掛かっていた。だがこれで鎮まるはずもなかった。逆に

「会社自身も既に旗手の失策を認むるならば当然競馬をやり直せ」、「それが厭なら金を返せ」などといった声が次々とあがるなど騒然となった(247)。ここで競馬会は、「印半纏」の力を使って押さえ込もうとしたが、ここでも群衆の圧力の前に断念。結局、最終レース後の交渉、解決を約した。これで、やっとその場はおさまった。

最終レース後、「不平党」は事務所に押し掛けた。競馬会の代表は会計主任兼馬場取締香宗我部順（後備役騎兵中佐）。香宗我部は、「旗手の罪にあらざる事」と「弁解」、人々のなかからは、それならばなぜ旗手を免職としたのかと反問の声があがったが、これに香宗我部は、罪はないが「旗手の挙動」が「此騒擾を惹起した」と認めたからであると応答するなどして、「兎に角諸君の言うが如き要求は容るる能わず」と、交渉を打ち切った(248)。当然、その後も不満はおさまらなかったが、競馬会はこれ以上の対応を行う動きをみせなかった。そして事は有耶無耶の内に終わった。競馬会は、当初から、既に払戻が進んでおり、先送りにして時間を稼ぎ、観客側の要求を容れる気はなかったという。騒ぎ屋などとの手打ちもなっていたのだろう。

この日、騒ぎ以外で目についたのは、ロシア公使のバクメチエフが熱心に馬券を買っていた姿だった。先にも紹介したように、バクメチエフは、日本レース倶楽部の名誉役員だったばかりでなく、馬主としても意欲をもち、トーマリンなどを転戦させていたが、各場の開催にも姿を現し、馬券を購買する姿は有名だった。松戸もその例外ではなかった。

最終日の四日目は平穏に終わった(249)。繰り返せば、永岡は騒ぎ屋などとの話をつけていたのであろう。たとえば第三レース撫恤戦、人気馬の騎手が進路を妨害されて落馬、その妨害した馬が勝ったが、これに当該騎手が異議を申し立て、観客も騒いだが、「忽ち事なく鎮定した」(250)。ちなみに、このレースを勝ったオオスミは河野広中の名義だった。

この開催の各カテゴリー別の優勝戦の勝馬は、内国産新馬がムカイヤマ(251)、師井万千代（不詳）の名義。初日から三連勝して四日目第四レース、一マイル、五頭立の優勝戦に臨み、一・三倍という人気に応えて順当に勝った。勝時計二分九秒、配当六円五〇銭。ムカイヤマは、この開催の新馬のなかでは力が違った。だが、六月春季開催、他の競馬会の抽籤馬に敗れることになる。

松戸第一回開催抽籤内国産新馬はシンニッシン。この馬の名義も師井万千代。初日二着、二日目一着、三日目二着で、四日目第一〇レース、一マイル四分一、三頭立の優勝戦に臨み、三日目までの成績に鑑みると人気になり過ぎであるが、一・一倍という圧倒的一番人気に応えて制した。勝時計二分四〇秒、配当五円五〇銭。この馬は、第一回の際にはその名がないので、別の名で走っていたか、不出走だった。なお第一回開催チャンピオンのナルカゼの成績は、この開催、初日出走していても四着以下、二日目三着、三日目一着、四日目不出走だった。

内国産馬はマツカゼ、佐藤清次の名義。初日クインタツの二着の後、二日目、三日目と連勝して、四日目第九レース、一マイル八分の一、七頭立の優勝戦に臨み、この馬も一・七倍の人気に応えた。勝時計二分一一秒、配当八円五〇銭。マツカゼは、先に紹介したように、北海道でデビュー、東京競馬会第一回開催以来、各地を転戦、その間未勝利だったが、直前の目黒では四日目の撫恤戦で久しぶりの勝鞍をあげていた。関西競馬倶楽部の神戸築港記念開催に出走したヒノデ二世も、もどってきて三日目から出走、その緒戦はナルカゼの四着以下に敗れたが、翌四日目撫恤戦で勝鞍をあげた。

豪州産馬は第二カトリ、名義は木村（不詳）。初日、出走していても四着以下、二日目三着、三日目一着で、四日目第五レース、一マイル二分一、四頭立の優勝戦に臨み、第一回のチャンピオンで一番人気だったスズソノを二着に降して制した。勝時計三分、配当一三円。第二カトリのこの開催までの成績は不詳だが、おそらく根岸の抽籤馬で、この開催から木村の名義となり改名したのであろう。

以上の勝時計は、第一回と変わらないレベルだった。他の競馬会では勝ち切れなかったマツカゼがチャンピオンの座に着いていたように、馬のレベルは他の競馬会と比べて低かった。その低レベルのなかで、馬の実力差が大きく、多くのレースを本命馬が勝って「五〇銭競馬」といわれ、また先に紹介したように四つの優勝戦の内の三つもが一番人気の馬が勝ち、残りの一つも二番人気の馬が勝つということにつながっていた。

こうして馬政局の意向に反して強行された開催は終わった。売上は、五七万六五九五円(252)。第一回並だった。この二回の開催を経た総武牧場株式会社の明治四〇年九月から明治四一年三月の決算報告によれば、差引純益七三〇五円六〇銭二厘、株主配当二割、後期繰越八〇五円六〇銭二厘(253)。財政的には成功だった。

振り返ってみると、各新聞が、松戸競馬会の開催を本格的に報じたのはこの開催からだった。その結果として、ここで紹介したような開催光景、不公平なスタート、時には的中馬券に文句を付けて払い戻さない、配当額に操作を加えているのではないかとの疑念、さらに払戻の際に金額をごまかす、これらに不満を示すと、「破落戸」、「倶利伽羅紋々」が威圧、暴力で抑え込む、といった開催の光景が明らかになり(254)、そしてこういった光景は、松戸式と呼ばれるようになった(255)。だが松戸でも、群衆状態が出現すると、そういった威圧、暴力では抑え込むことはできなかった。この開催は、競馬(馬券)を非難する政治的、社会的、司法的な圧力を一層強める、その「証拠」を与えてしまった観があった。

# 8　諭達、馬券売買継続へ

## 1　東京ジョッケー倶楽部への開催延期要請

明治四〇（一九〇七）年五月、司法部は、第二回東京競馬開催を前にして、「賭事の発見又は告発ありたる場合」は検挙するという方針を確認した。この方針をめぐって、馬政局、陸軍、内務省側との協議が行われたが、その結果、「告発ありたる場合又は競馬会の行為が風俗を乱し検事が検挙せざるを得ざるまでに甚だしき場合」には馬政長官曾禰荒助にまず連絡するという条件付ながらも、司法部の方針を馬政局、陸軍、内務省側が受け入れたことで、この段階での関係者間の折り合いがつき、馬券発売は続けられることになった（第4章第5節）。司法部も、強硬姿勢をとってはいたが、馬券黙許という政治判断を覆すだけの状況にはまだないことを認識していた。この後、七月総武競馬会、東洋競馬会、八月東京ジョッケー倶楽部、鳴尾速歩競馬会、九月宮崎競馬会、一〇月越佐競馬会と馬券発売を黙許される社団法人（競馬会）の認可が続いた。

そして明治四〇年秋のシーズンを迎えた。先にも紹介したように、東京及びその周辺では、九月二二日、二三日、二八日、二九日の総武競馬会（松戸競馬場）から始まり、一日間が空いたが、一〇月二五日、二六日、一一月一日、二日の日本レース倶楽部（根岸競馬場）、一一月九日、一〇日、一六日、一七日の東京競馬会（池上競馬場）、一一月二三日、二四日、三〇日、一二月一日の京浜競馬倶楽部（川崎競馬場）、一二月六日、七日、一三日、一四日の日本競馬会（目黒競馬場）と、毎週末の開催となった。ちなみに当時の開催は、横浜の日本レース倶楽部が金曜、土曜であることを除けば、土曜、日曜であった。なお一〇月中旬、馬政局への申請を踏まえて公表された日程には、一一月二〇日、二一日、二七日、二八日の東京ジョッケー倶楽部（板橋競馬場）の開催も予定されていたが(1)、競馬熱を「冷ます」という政治的判断から中止された（後述）。この他、関西競馬倶楽部（関西競馬場）が一一月一七日、一八日、二四日、二五日、また宮崎競馬会（宮崎競馬場）が一一月一六日、一七日、二四、二五日にそれぞれ第一回開催を行った。その他、一〇月一二日北海道競馬会（札幌競馬場）が第一回開催を迎えたが、馬場が酷くて続行不可能の状態であることが明らかとなり、初日一レースだけで中止となっていた。

売上は、総武競馬会第一回が約六〇万円、日本レース倶楽部が約一二三万円、東京競馬会が約一五六万円、京浜競馬倶楽部が約一六四万、日本競馬会が一八五万六四二〇円、一二月一日の京浜競馬倶楽部、一五日の日本競馬会の四日目は、それぞれ五二万五八〇五円、五五万七〇〇〇円、とそれまでの一日の売上レコードを連続して破るなど、競馬（馬券）人気は開催を重ねていくなかで過熱していった(2)。これに関西競馬倶楽部第一回六二万一二〇〇円を加えれば、この秋のシーズンの売上は総計約七五〇万円に及んでいた。なお宮崎競馬会は一万円にも満たなかった。予算規模、内容、経済状況は異なるが、明治四〇年度の国家予算（歳出）約六億二六七九万円と二〇二〇年度一〇二兆円を単純に対応させて換算すれば、約一兆二二〇五億円、現在のJRAの二〇一九年度年間売上高二兆八八一七億円(3)の半年分の約八五％に当り、当時、場外もネット投票もなく、入場者を対象とした場内での単勝式のみの発売であったことを考えれば、驚異的な額であった。ちなみに、この年一月二一日、それまで上昇を続けていた株式が暴落したのを機に、経済は深刻な不況に陥り(4)、さらに一〇月からのアメリカの恐慌が追い打ちをかけたので(5)、この熱狂ぶりが一層際立った。

この馬券熱のなかで、幕末以来の歴史を積み重ねてきた横浜の日本レース倶楽部でも開催三日目の一一月一日、深夜に至るまでの騒擾、また一二月八日の日本競馬会の開催二日目にも、暴力沙汰（檜山事件）や払戻をめぐっての騒ぎが、そして関西競馬倶楽部でも一一月一八日の開催二日目、二五日の四日目と払戻をめぐっての混乱が起こっていた。第4章第1節で述べたが、繰り返しておけば、日露戦後、戦時中の緊張感、国家、社会への一体感が霧散し、体制のタガが緩み、社会も弛緩して様々な欲望が蠢き、人心は悪化し、社会全般に軽佻浮薄、利己主義、個人主義的風潮が拡散しているかのように見える状況だった(6)。のちの徳富蘇峰が責任編纂した『公爵桂太郎伝』の言葉を借りれば、「人々投機を喜び、競馬は到処に流行したり。風俗は浮華に流れ、社会は驕奢に傾きたり。其弊滔々として殆ど底止する所を知らざらんと」するものとなり、「躬行実践、驕奢の風を除き、浮華の俗を正うし、由て以て社会人心の嚮ふ所を一にせんことを期」さなければならないほど思想が悪化しているかのように見えた(7)。東京競馬会の第一回開催からたった一年、競馬場は、馬への愛を育む馬匹改良の場ではなく、馬券が狂乱する賭博場としての悪所性が露出した、日露戦後の社会の変化、人々の思想の悪化を象徴する空間になった。この状況に、各新聞も、競馬、馬券に対する非難をさらに強めた。

たとえば横浜の地元紙で、日本レース倶楽部を中心に各開催を熱心に報道してきた横浜貿易新報だった。一一月一一日の「賭博黴菌の伝播」と題した社論で、「満州の野を血染めにし、内外に十幾億の国債を連発し、非常特別税の痛苦を忍んで漸く制し得たる大戦捷の影を追うて帝国を見舞へるものは何者にてありたるか、賭博病は慥かにその一たらずんばあらず」として、つぎのように強く警鐘を鳴らした(8)。

……而かも賭博病の黴菌は一方馬匹改良論の裏より侵入して今や盛んに伝播しつつあり、競馬団体の起されしもの頗る多数、競馬会の挙行さるること甚だ殷繁、馬匹改良のためなりと称すと雖も、俗にガラと謂うスウイープ

図1　社論「賭博黴菌の伝播」

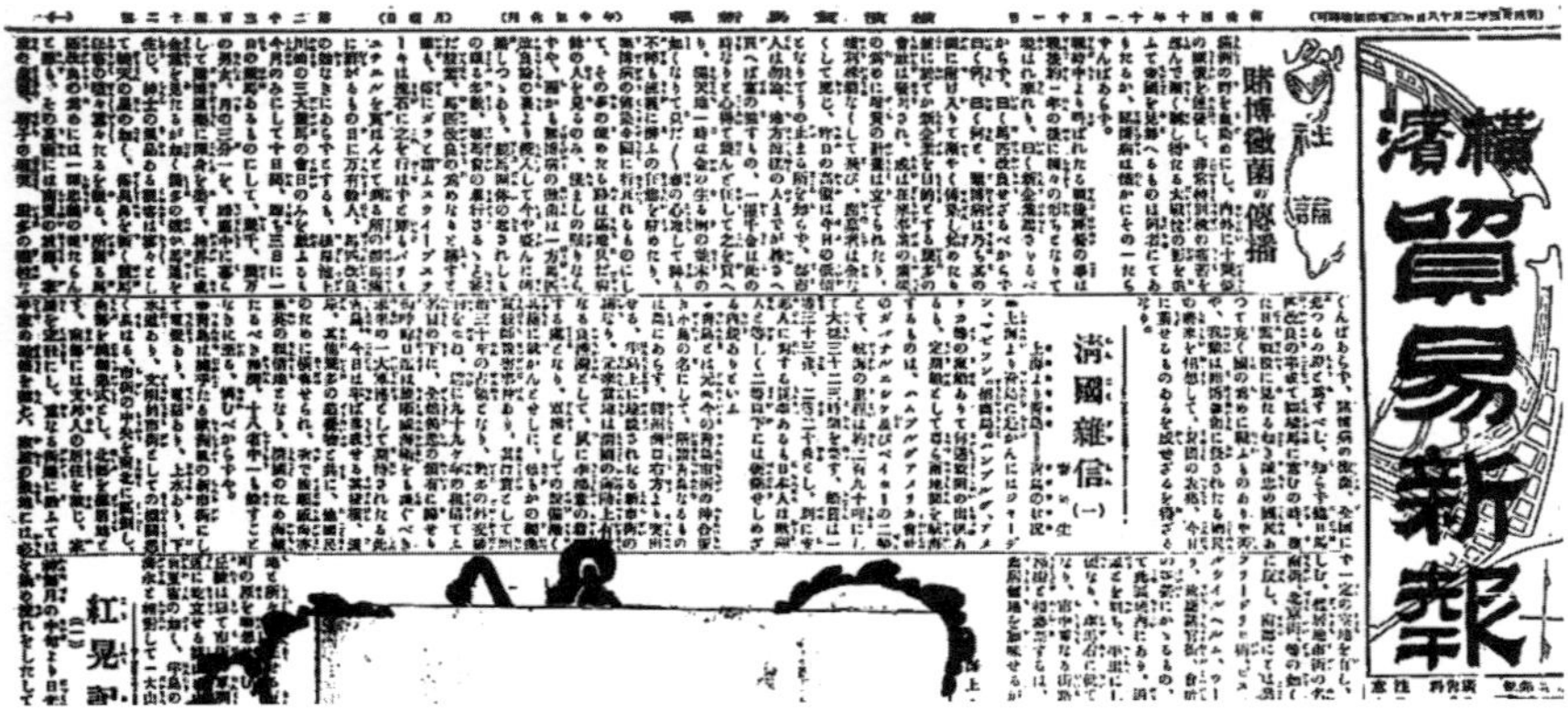
横濱貿易新報

社説　賭博黴菌の傳播

清國雜信(一)

(『横浜貿易』明40・11・11)

ステーキは流石に之を行わずと雖もパリミチュエルを買はんとて到る所の競馬場に群がるもの日に万有余人、馬匹改良の効なきにあらずとするも、根岸池上川崎の三大競馬の会日のみを数ふるも今月のみにして十日間、即ち三日に一日の競馬あるものにして、幾千、幾万の男女、月の三分の一を、蹄塵中に暮らして賭博道楽に渾身を委す、株界に成金党を見たるが如く幾多の俄か馬通を生じ、紳士の気品ある観客は寥々として暁天の星の如く、俗臭鼻を衝く競馬狂客の喧々囂々たるを観る、所謂馬匹改良の為めには一種忠義の徒たらんと雖も、その裏面には商売の放擲、家産の蕩尽、妻子の嘆哭、幾多の犠牲なくんばあらず、賭博病の黴菌、全国に充つるの証と為すべし、知らず他日馬匹改良の事成て国駿馬に富むの時、復た日露戦役を見たる如き誠忠の国民あつて克く国の為めに戦うものありや否や、我輩は賭博黴菌に侵されたる国民の将来を惆想して衰国の表兆、今日に萌せるものあるを感ぜざるを得ざるなり。

ついで、横浜貿易新報は、日本競馬会第一回開催二日目の檜山鉄三郎が引き起した暴力事件、及び配当をめぐる騒ぎを受けて、一二月一〇日の社論「競馬会の下落」でも、この「賭博黴菌の伝播」に続いて、つぎのように「馬匹改良論よりは人匹改良論を叫ばざるを得」ないと論じた[9]。

図2　社論「競馬会の下落」

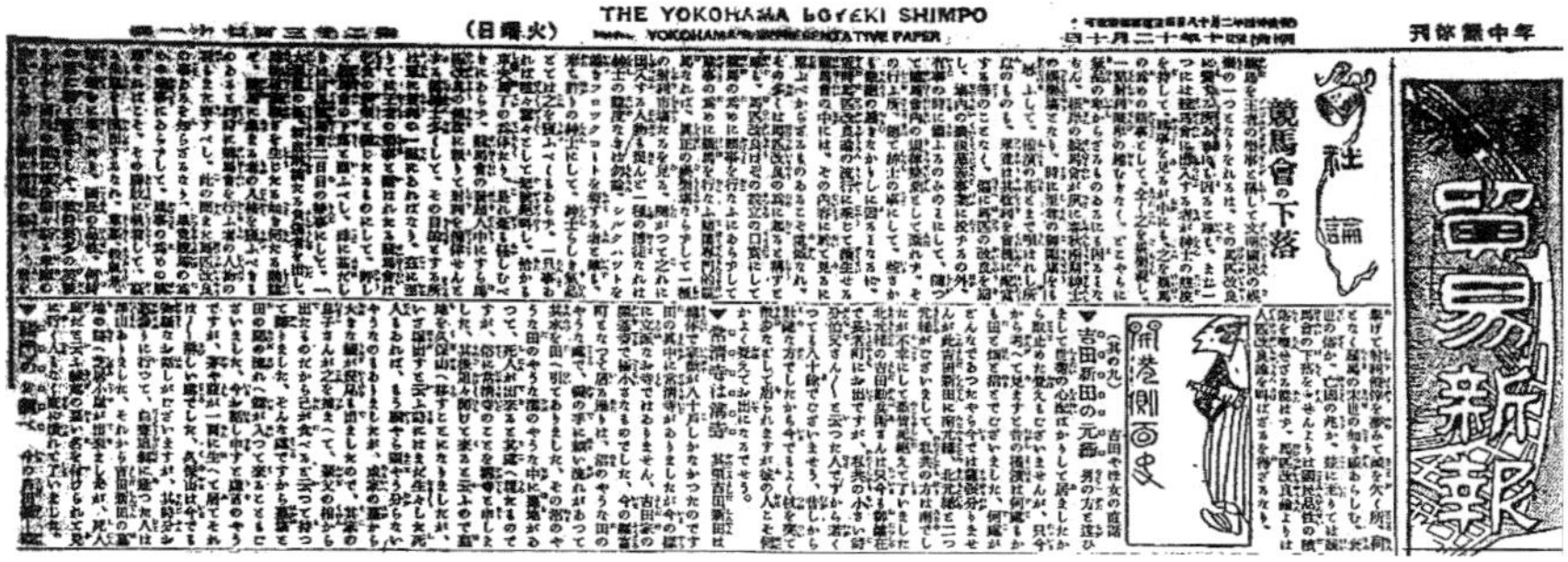


（『横浜貿易』明40・12・10）

……その目的とする所は単に射利の一点あればなり、茲に至りては王者の楽事と謂はれたる競馬会は乞食の娯楽と変じたるものにして、評して競馬界の下落と謂うべし、殊に甚だしきは目黒二日目の椿事にして、一大混乱の極、鮮血淋漓たる負傷者を出し建物破壊騒ぎを生じたる如き何たる醜態ぞ、競馬に集る者の人格を窺うべきものあると同時に競馬会を行う者の人物の程もまた察すべし、此の間また馬匹改良の事あるを知らざるなり、畢竟競馬の為めの賭事にあらずして、賭事の為めの競馬なればこそ、その勝敗に執着して、斯る失態をも演出するなれ、草悪（ママ）、殺風景、額を潜むに堪へたり、国民の品性、何時の間に斯く堕落せしや、戦時幾多の美談を生みし国民の間に戦後続々斯る卑陋の沙汰のみ聞く恂に痛嘆の極なり、世を挙げて射利僥倖を夢みて誠を欠く所、何となく羅馬の末世の如き感あらしむ、衰世の俗か、亡国の兆か、茲に至りては競馬会の下落を嘆ぜんよりは国民品性の堕落を嘆ぜざる能はず、馬匹改良論よりは人匹改良論を叫ばざるを得ざるなり。

競馬開催を歓迎していた新報が、続けてこのような社論を掲載したことは、競馬に対する社会のムードの変化を明らかにしていた。

そしてかねて東京競馬会第一回開催を機に、馬券に対して批判を続けて来た東京日日新聞も、日本競馬会での騒ぎを受けて、社説「競馬会の悪弊」で、つ

図3　「競馬会の悪弊」

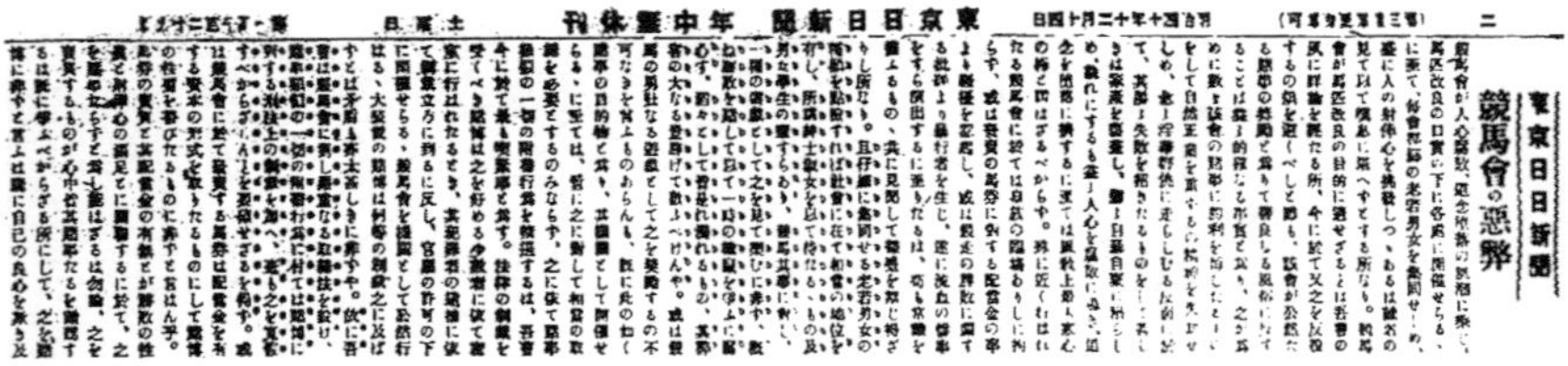

東京日日新聞

競馬會の惡弊

（『東京日日』明40・12・14）

ぎのように馬券売買の禁止を強く求めた(10)。

競馬会が人心腐敗、道念堕落の風潮に乗じ、馬匹改良の口実の下に各所に開催せらるるに至て、毎回都鄙の老若男女を集同せしめ、盛んに人の射倖心を挑発しつつあるは識者の見て以て嘆息に堪えずとする所なり。競馬会が馬匹改良の目的に適せざることは吾曹の夙に詳論を経たる所、今に於て又之を反覆するの傾を避くべしと雖も、該会が公然たる賭事の奨励と為りて善良なく風俗に反することは益々的確なる事実と為り、之が為めに数々該会の賭事に勝利を博したるものをして自然正業を重ずるの精神を失却せしめ、愈々浮華軽佻に走らしむる半面に於て、其屡々失敗を招きたるものをして、甚だしきは家産を蕩尽し、彌々自暴自棄に陥らしめ、孰れにするも益々人心を腐敗に導き、道念を堕落に擠するに至ては風教上最も寒心の極と謂わざるべからず……法律の制裁を受くべき賭博は之を好める少数者に依て密室に行われたとき、其犯罪者の逮捕に依て制裁立つに到るに反し、官庁の許可の下に開催せらる競馬会を機関として公然大装置の賭博は何等の制裁之に及ばずとは矛盾も亦太甚だしきに非ずや。故に吾曹は競馬会に対し厳重なる取締法を設け、賭事類似の一切の附帯行為に付ては賭博に対する刑法上の制裁を加え、毫も之を寛假すべからざらんことを要望せざるを得ず……

中小商人の読者が多かった報知新聞は(11)、日本競馬会第一回開催三日目、四日目の全レースの予想を掲載、「我社の予報着々的中」、「我社の予報神の如く的中す」とその的中

図4　論説「公開の賭場」

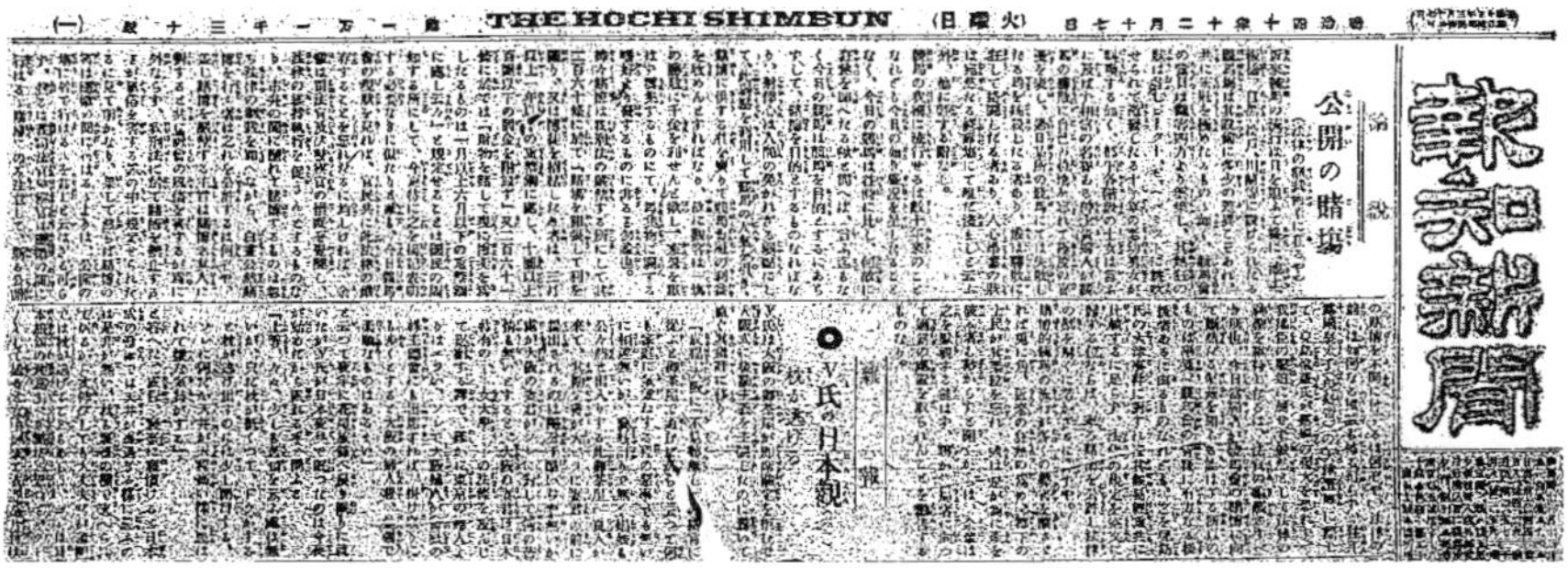

報知新聞
THE HOCHI SHIMBUN
論説
公開の賭場
V氏の日本観

（『報知』明治40・12・17）

率の高さを誇るなど(12)競馬熱に乗じて販路の拡大をはかっていた。その一方で、日本競馬会の騒ぎに反応して、論説「公開の賭場（法律の制裁何くに在るや）」で競馬場は賭場に過ぎない、とつぎのように強く取締を求めた(13)。

近来競馬の流行は日を追うて盛んに、池上、板橋、目黒、松戸、川崎等に設けられたる競馬場は其設備に多少の差異こそあれ、共に宏壮を極めたるものの如く、競馬会の当日は観客四方より雲集し……都下各階級の子女は言うに及ばず相当の名誉ある紳士貴婦人が競馬の勝敗に自己の位地を忘れて極度の喜憂を表し、過日某所の競馬にては失敗したる馬を銃殺したる者あり、或は勝敗に狂して格闘したる者あり、人心昂奮の状は宛然たる修羅場にて唯浅ましと云う外、他に表する辞なし……賭博的競馬の流行が多くの弊害を醸さざれば兎に角、近来の狂熱の為め、都下の士民が其業務を忘れ、或は是が為めに産を破る者尠からずと聞くからは、余輩は之を黙視する能わず、聊か当局者に向って適当の処置を取られんことを勧告するものなり。

そして各紙が報じたこれら競馬批判の社説などもそういった側面をもっていたが、この秋のシーズンの毎週末の競馬開催を報じる記事は、東京周辺では、競馬（馬券）熱が社会現象となっていることを伝えるものに他ならなかった。

この競馬（馬券）熱に政治的に敏感に反応したのが、貴族院であった。来る

図5　「目黒初季大競馬（第三日）」・「目黒競馬会雑観」

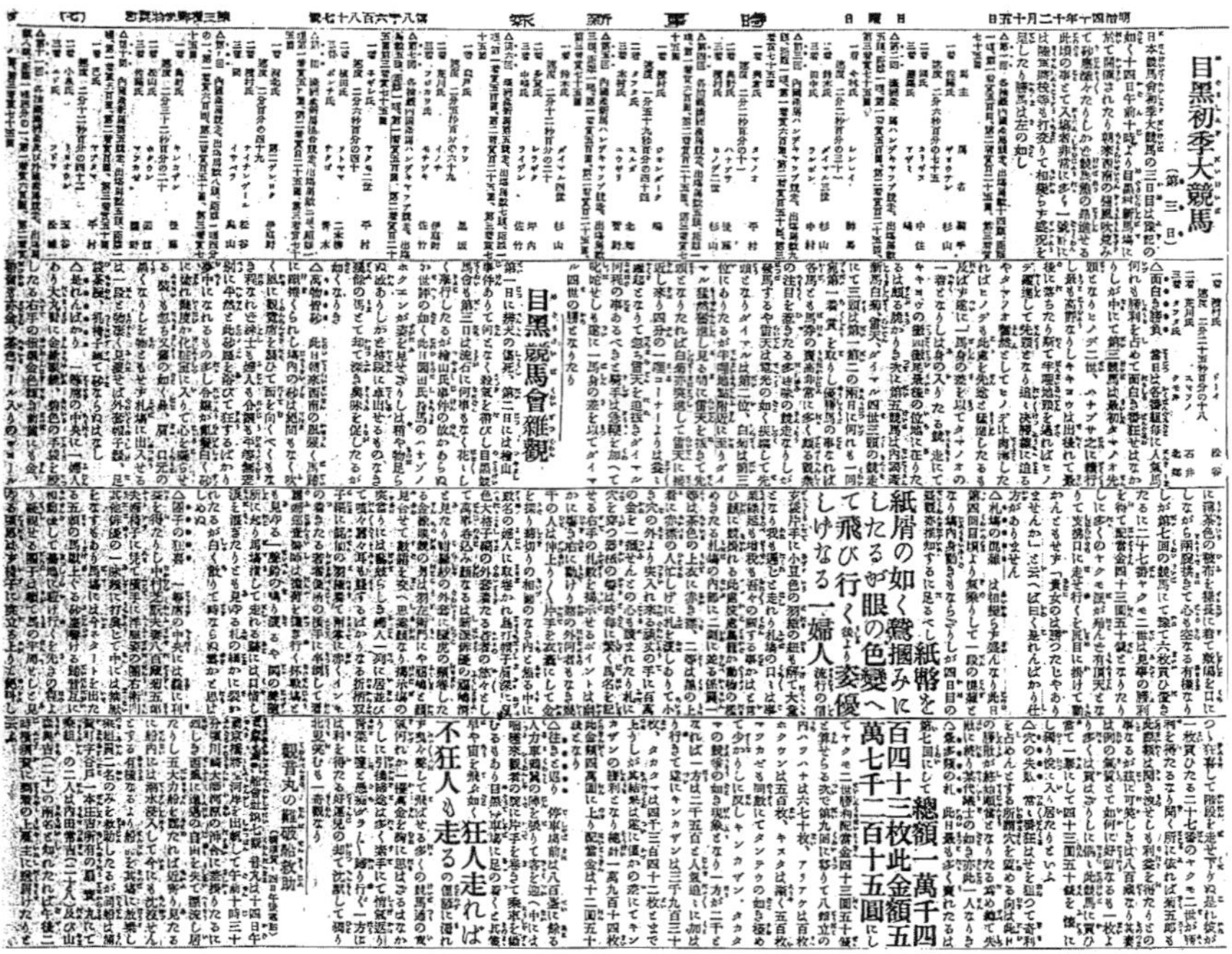
目黒初季大競馬（第三日）

目黒競馬會雜觀

紙屑の如く鷲掴みに紙幣を

したるが眼の色變へて飛び行く一婦人

狂人走れば不狂人も走る

觀音丸の難破船救助

目黒競馬第1回開催3日目、馬券に熱狂する婦人、芝翫、八百蔵などの歌舞伎役者の姿が報じられている（『時事新報』明40・12・15）。

べき議会での馬券禁止を含めての競馬取締策制定を求める動きを強めた。また司法部、とくに検察も強い危機感を抱き、そのエネルギーを抑え込むために、この年の五月に見せていた態度を硬化させていた。その一つが、先述した神戸地方区裁判所山本検事正による関西競馬倶楽部の神戸築港記念開催に対する介入だった(14)。

馬政局は、このような反競馬（馬券）の非難、圧力を強く感じていた。馬政局が、まずその対応策として執ったのが、一二月二〇日から第一回開催を予定していた東京ジョッケー倶楽部、また一月冬季開催を予定していた総武競馬会に対する開催延期の要請だった(15)。藤波は、二つの競馬会に対してその理由をつぎのように説明した。

……多少世間に物議有之、多分何れかの方面より議会の問題となすならん、此際に於て競馬開催するは対議会策と

図６　「四日目目黒競馬会雑観」

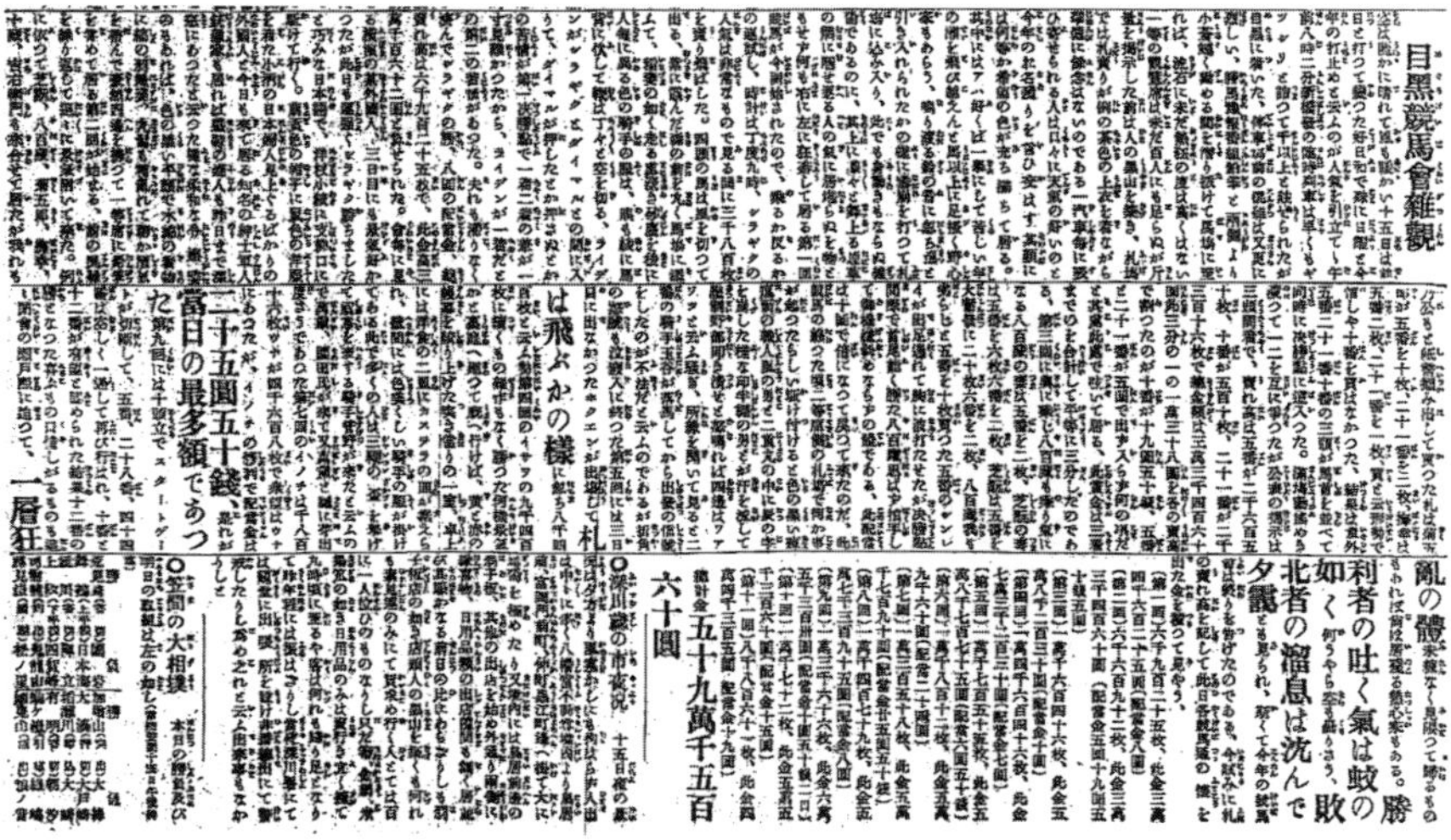
目黒競馬會雜觀

勝利者の吐く氣は蛟の如く敗北者の溜息は沈んで夕靄

六十圓

總計金五十九萬千五百

は飛ぶかの樣に札

二十五圓五十錢が當日の最多額であつた

一層狂

4日目の売上高59万1560円が強調されている（『時事新報』明40・12・16）。

して面白からず、是非議会開会中は遠慮可致、右期間は断じて競馬開催を思い止る可きを以てせられたり……

このように、議会の問題、もっといえば貴族院を刺激することを回避するために、開催の中止を求めたものだった。この要請を受けて東京ジョッケー倶楽部は馬政局馬政課長増田熊六騎兵少佐と交渉、倶楽部が「開催致度旨縷々陳述」したが、増田も、これに対して、やはりつぎのように中止要請を繰り返した。

……議会開催後に於ける十二月下旬に於ける開催は、初季としては目黒の競馬会騒動之実例もあり、畢竟初季開催に付不馴の点より較もすれば間違を来し易く一般競馬会の為めに不利益なる可きのみならず、馬政局に於ても亦迷惑を感ずる処なるを以て、是非議会閉会後に延期す可きを以てせられたり……

これに東京ジョッケー倶楽部、その営利会社日本産馬株式会社は、開催での収益を織り込んで事を進めていたので、当然すんなりとは承諾せず、「本年内に挙行せざれば収支決算並法人永続之困難も有之候に付」と訴えた。その結果、馬政局が議会閉会後の代替開催の「必ず便宜之取斗を為すべしとの御諭」によって延期を受け入れた。そして「多数会員に於ては到底総会に於て延期承認する筈」がないとして、倶楽部は一二月一一日の「重役会議」（理事会）で、わざわざ工事を遅滞させ、その不完全を理由として自ら延期を申請する形をとることを決めた(16)。延期が議会、世論対策といった政治的事情であることを公にしないためであった。これもまた馬政局の要請を容れてのものだった。そして延期を公表した。なお東京ジョッケー倶楽部は、翌年五月、この約束の履行を迫り、七月の開催を実現させることになる(17)。

一方一月一一日から冬期開催を予定していた総武競馬会は、先に述べたように、馬政局の議会閉会後までの延期要請を拒否、予定通りの開催を強行した。初日から騒ぎが相次ぎ、競馬会側の「倶利伽羅紋々」も跋扈して、さらに同会の悪評を高め、競馬を叩こうとしている側に絶好の攻撃材料を与える格好になった。そしてこれも先述したが、関西競馬倶楽部に対しては、東京と離れていて、事情は東京ジョッケー倶楽部と異なるということだったのだろうが、馬政局は、特別の配慮をみせ、一月五日、六日、七日の開催を認可した。この開催は、神戸地方裁判所検事局から馬券の発売禁止、自主的な開催中止の勧告を受けることになったが、馬匹鑑定券という代替措置をとることで開催した。この開催でも、三日目に大きな騒ぎが起こっていた。このように、馬政局の対応はダブルスタンダードだったが、総武競馬会の永岡啓三郎に対しては、この後も「弱腰」だった。

一月下旬、その総武競馬会を除く、東京周辺の各競馬会は、春のシーズンの日程を調整の上、三月七日から五月九日までの各四日間の毎週末の開催を馬政局に申請した(18)。これに、馬政局は、東京ジョッケー倶楽部の第一回開催と同じく、「競馬の流行は社交賭博の悪風を養成し公徳を傷害するものなるとの議、貴族院各団体の間に起り競馬取締問題の不日、議会に現れんとする形勢あるより」、「該院の鋭鋒を避くる為め」、と議会開会中の開催を許さなかった(19)。この命令を受け、各競馬会は、三月二八日から五月三一日までへの日程の変更を余儀なくされた(20)。貴族院の反競馬（馬券）の圧力は、確かに強まっていた。

また馬政局は、明治四〇年一二月には内定していた藤枝競馬倶楽部（静岡）、武州競馬会（埼玉）の認可も一時棚あげにした(21)。これも、圧力を強めていた貴族院との折り合いをつけるための新たな競馬取締策の目玉の一つとして、新競馬会の認可の制限が視野に入れられていたことに対応したものだった。

## 2　貴族院の馬券禁止要求から西園寺内閣の方針転換、馬券熱鎮静に向けて

「国家的見地」をもつ良識の府たる存在であるとの自負からだと思われるが(22)、貴族院は、かねて反競馬（馬券）の姿勢が強かった(23)。競馬（馬券）熱がもたらす社会、風教の紊乱に警鐘を鳴らし、それを正すのは貴族院の使命であるということでもあった。先に紹介したように、貴族院は、台湾彩票再発行に関しても、強く反対していた。一二月二〇日、研究会、茶話会など貴族院有力各派は、第二四議会（明治四〇年一二月二五日開会）に向けて、月例の定例会で折から東京市会で決定をみていた東京鉄道（以下、「東鉄」と記す）の市有化問題とともに、競馬取締問題にも取り組むことに合意、「場合によっては進んで禁止的法案を提出することを申合せ」た(24)。

これより先の一二月一八日、政友会が支配する東京市会は、再度、東鉄の市有化を決定（前年一一月にも決定していたが参事会が否決）、その六七五〇万円という多額の買収資金は、市債（外債）を発行して調達という計画だった(25)。九〇〇〇万円の市債の発行（買収七〇〇〇万、未成線二〇〇〇万円）は、既発の公債価格の低落につながることが確実であり、その観点からも強く反対の声があがった。ちなみに明治四一年度予算編成にあたって、前首相桂太郎、また井上馨、松方正義の財政政策に大きな影響力を持つ元老、そして財界も、新規の公債募集の中止と公債の償還による公債価格の維持を西園寺内閣に強く迫っていた(26)。また明治三九年の市会での東鉄市有化の決定、参事会での否決という動きのなかで東鉄の株価が乱高下、市会の実力者利光鶴松はその売買で莫大な利益をあげていたという。そして東鉄は、利光を筆頭に政友会の影響力が強い会社であり、その株価がこの明治四〇年一月株式のバブルの崩壊で暴

落、政友会関係者の損失も大きく、市有化は、その損失を補填するだけでなく、利益をあげることにもつながるものだった。こういった状況のなかでの東鉄市有化の決定に対して、貴族院は、投機者の救済目的であるとともに、公債価格の低落をもたらして財政の基礎を危殆させると反対の声をあげた(27)。それに加えて政友会の東京市会支配に対する反発もあった。貴族院には、「国家、国民を代表していこうとする意識も強いものがあった」が(28)、この問題にもそういった意識が示されていた。

そして貴族院の反競馬（馬券）派は、内務当局にも競馬取締を「忠告」した(29)。これに、警保局長古賀廉三は、「競馬の現況に於て当局者は犯罪事実の存在することを認めず、随て風教上差したる害なきものと認むるが故に許し居るものなり」(30)、貴族院は「恐らくは其皮相を観察するに過ぎざる」と反論した(31)。この古賀の発言は、「競馬の弊害到底矯正の法なき、此上はいよいよ議会問題として充分講究するの外なし」といった貴族院側の反発を招いた(32)。これに、古賀は改めてつぎのように語った(33)。

各競馬場に於ける馬券の売買が賭博なるや否やの問題は、未だ曽て司法上の実地問題として判決例の存するなきを以て、法律上より之を論ずるに至らば一の疑問と見るの外なく、随て今日に於ては之に対して直ちに刑法上の処分を加ふる事は不可能事と言わざるべからず、然れども馬券の売買が射倖的行為なる事は自から明白なるを以て警察方面に於ては之に対し取締得るだけの取締を加え、現にガラの如きは全然之を禁止し、同時に馬券の如きも馬見所と隔離せし場所に於て之を発売せしめつつあり、警務当局者の苦心は実際斯くの如くなるも、如何せん多数群衆の場所とて時に或は風教上の問題を惹起する事なきにあらず、是れ余の最も遺憾とする所なるも今日に於ては是以上に取締るべき方法あらざるを以て、強いて輿論の反対とあらば当局者は敢て之に反抗して馬券発売を保護するに者にあらざるに依り、断然之を厳禁するの外なきなり、然れども翻て一方を顧みれば馬券発売の為め競馬会は旺盛を極め、随て邦人の馬に関する智識は俄かに発達し、同時に各牧場の発達亦顕著となり、軍事上の急務たる馬匹改良の実は漸く是より挙らんとするは争われざる事実なるを以て、馬券の発売が射倖的行為にして偶々風教上に多少の影響を及ぼす事ありとするも、此一事を以て直ちに馬券を禁止するは馬匹改良の為め大に惜しむべきことと言わざるべからず、物総て一利一害の伴うは免れざる所にして小害の為と国家の大利を犠牲に供するは聊か考慮を要する所なるべし、然れども前述の如く馬券が風教に及ぼすの害大なりとすれば当局者は断然之を厳禁するに吝ならざるを以て、之より徐ろに世論（ママ）の趨向に鑑み且つ慎重の調査を加えたる上に於て、果して風教上大なる害ありとすれば断然之を厳禁するあるのみ……

このように現在の取締以上のことはできないとしながらも、「輿論の反対」あるいは「世論（ママ）の趨向」で「風教上大なる害ありとすれば断然之を厳禁する」と語ってはいた。だがここで古賀が、強調したかったのは、厳禁することではなく、「馬券を禁止するは馬匹改良の為め大に惜しむべきことと言わざるべからず」として「小害の為と国家の大利を犠牲に供するは聊か考慮を要する所なるべし」ということだった。明治三八年一二月「競馬賭事に関する農商務、陸軍、内務、司法四大臣合議書」を踏まえ、当時の内務省の馬券馬券に対する寛容な立ち位置を明らかにするものだった。もちろん貴族院側への牽制であった。内務大臣原敬のこの問題に関する姿勢も、馬券黙許の競馬が馬匹改良に必要であれば「大概の弊害は之を黙過するの外なし」、というものであった(34)。古賀のここでの発言もその方針に則っていた。ちなみに古賀と原敬は司法省法学校時代の同級生で関係が深く、古賀を警保局長に任命したのも原だった(35)。内務省が、貴族院の意に沿って、自ら積極的に取締に動く可能性はないといってよかった。

一方、松田正久法相は、訪れた記者に対し、この問題について貴族院の動きには大賛成であるとしながらも、司法省は「競馬賭事行為が刑法上の賭博と検事が解釈すれば該行為者を仮借なく検挙せんのみ」という従来の姿勢が変わらないことを述べたうえで、内務省及び法制局の責任で「速に法律を以て競馬法を設定し行政官庁の権限を以て風教上害なき程度に於て競馬賭事を許可」することが望ましい、その結果、「若し弊害ある場合に於ては速かに会社に解散を命じ競馬を禁止せば可ならん」と語っていた(36)。松田は、新刑法制定を実現させたことで司法官僚との関係が良好となっていたが(37)、その大勢が馬券禁止論である司法官僚との信頼関係を損なわず、それとともに馬券発売の競馬が馬匹改良に不可欠との姿勢をもつ西園寺内閣の一員であることを折り合わせた弁であった。

年末からの第二四議会休会明け前後の政局に目を転じると、明治四一年一月中旬、西園寺首相が、一旦内閣総辞職を決めるなど、緊迫、波乱の様相を呈していた(38)。西園寺内閣は、明治四一年度予算編成に関して、一億五〇〇〇万円の歳入不足に直面。明治四〇年一二月には、前首相桂、また財政政策に大きな影響力をもつ井上馨、松方正義の両元老からも、歳出入の均衡を強く求められた西園寺内閣は、結局、陸海軍軍事費を削減、逓信省の鉄道費や内務省の河川費なども繰り延べ、その一方で酒税・砂糖消費税の増徴、石油消費税を新設して増税することで、桂、井上、松方らと合意した。増税は、間近に迫る総選挙で不利に働くことが予想されたが、軍事費削減の減額や公債発行の見直しの穴埋めとして決断されたものだった。だが桂、井上、松方は、その予算案のなかに一二年計画に基づく一億三〇〇〇万円の鉄道拡張費が盛り込まれていることを知り、それを合意違反だとして、見直しを強く迫った。結局、妥協点を見出すことができず、ついに一月一三日、鉄道を所轄する逓信大臣山県伊三郎、その予算案を認めた大蔵大臣阪谷芳郎とともに西園寺首相も辞表を提出、翌一四日の閣議で、内閣総辞職が一旦は決断された。しかし伊藤博文、桂太郎による調整、同日の天皇の勅語を受ける形をとって、責任大臣の山県、阪谷二大臣の辞任のみで、内閣総辞職は撤回された。なおこの辞任を受け、蔵相は松田法相、逓相は原内相が兼任することになった。そして一月二三日、議会は、年末、年始の自然休会から再開、その冒頭、野党（憲政本党、猶興会、大同倶楽部）は、財政策を理由として、内閣不信任案を提出した。結局、否決されたが、その賛否の差は十数名、事実は必ずしもそうではなかったが、桂が、内閣の移譲を画策しているとの認識は、原内相も含めて(39)、政界に広まっていた。

こういった予算案編成の混乱、内閣不信任案の余波が続くなかで、貴族院五派交渉会、そのなかでも研究会が中心になって、土曜会、茶話会とともに、一月下旬には、競馬取締に関する質問書、建議案を提出(40)、「政略問題に供し」て(41)、西園寺内閣に対して競馬(馬券)取締を求める姿勢を強めた。競馬問題は「政略問題に供」することができるものになっていた。

貴族院、そして新聞、司法などの反競馬(馬券)の圧力が強まっていくなかで、何らの対応をしなければ、政局の運営にも支障を来しかねない。それまで競馬(馬券)の弊害に関して、原内相と同様に、馬匹改良に不可欠として寛容だった西園寺首相も、「一層厳重なる取締を」することを、おそらく一月下旬から二月上旬の閣議で表明した(42)。西園寺は、政局に影響を及ぼさず、予算案を可能な限りスムーズに通過させるためにも、この競馬問題で貴族院との軋轢を回避することを選んだ。結果的に、競馬取締問題は、内閣と貴族院の宥和をはかる政治的な取引材料の一つになった。こうして内閣も、競馬取締へと舵を切った。だがそれはあくまでも馬券発売を継続するためであった。軍事上の喫緊の課題である馬匹改良を推進するためには馬券を発売して競馬を興隆させていくことが必要であるという姿勢には変わりはなく、それがここでも馬券の身を守る盾になっていた。

一月下旬か二月上旬、西園寺が競馬に対して厳重な取締を行うことを表明した閣議で、原は、馬匹改良に必要であれば「大概の弊害は之を黙過するの外なし」、という認識を示したうえで、問題は陸軍と農商務省の意向、とりわけ競馬の推進者である陸軍大臣寺内正毅の考え如何であり、寺内の「意見を問う」ことが必要である、いいかえれば寺内がこの問題に関するキーパーソンであるという判断を示した(43)。原は、この閣議後、司法、内務の各省、陸軍、馬政局の当局者に「注意」を与え、「実行上の打合せ」を行わせた(44)。原は、前年明治四〇年五月、司法部が強硬に馬券取締を主張した際の対応を踏襲していた(第4章第5節)。これを受け、取締策の制定で政治問題化を回避する方向で貴族院各派との調整が図られた。一方寺内も、当初、多少の弊害はあっても馬券発売を伴う競馬は馬匹改良のためには必要との立場を堅持していたが、この頃には、競馬(馬券)熱の非難が陸軍にも及び始めていたこともあって、取締の必要を認識するようになっていた(45)。

その取締策の策定を行っていたのは馬政局次長藤波言忠、遅くとも年明けにはその作業に着手し、西園寺が競馬取締への舵を切った頃には、詰めの段階に入っていた。藤波は、一二月九日夜、寺内邸を訪れ、競馬其他の件について「談話」、ついで一三日、藤波の腹心の馬政官新山荘輔が、寺内宅を訪問、そして一八日（閣議の日）、寺内は、「競馬に於て馬券を売る件に関する馬政局の意見書」に対する「卑見」を内閣書記官長南弘に述べ(46)、南が、その「卑見」を馬政局に伝えた(47)。寺内は、競馬のキーパーソンであったことに加えて、この議会でも、「貴族院誘導」を行い、貴族院への強い影響力をもっていた(48)。藤波は、寺内の「卑見」も入れ、意見書に修正等を加えたうえで、南に改めて提出、南は、西園寺首相と貴族院委員の面談の日の二〇日、それを西園寺に差し回した。

この作業と並行して、藤波は、世論にもアピールする必要があると考えたのであろう、一月二〇日、都下で最大の発行部数を誇っていた報知新聞を通じて、つぎのように競馬の必要性を訴えた(49)。

……馬匹の良否は戦闘行為に至大の関係を有するを以て各国が鋭意馬匹の改良に努めつつあるは故なきにあらず、我国にても日清戦役、北清事変、日露戦役を経て本邦馬匹の不良其の用に堪えざる事実を認めたるを以て政府は馬政局を創設して馬匹の一大改良を企図せり、是れ蓋し時勢の要求に応じたるものなるは言を俟たず……然るに近年馬匹改良の一手段として競馬会の起るや単に競馬場に於ける皮相の見を以て之を排斥せんとするものあるは畢竟馬匹改良の緊要なる所以を知らず、其改良に対する競馬の効益を知らざるが故に非ざる乎……

また藤波の言は、時事新報にも一月二一日、二三日と「競馬の利害に就て」と題して掲載された。そこでも、「競馬の馬匹改良上に及ぼす効益」が「偉大」であり、「弊害も深く憂ふるに足ら」ないとして、「茲に於て世人は其効益を看破して競馬の効益を利用せんことを望むや甚だ切なり」と訴えていた。

そして藤波は、貴族院各派との交渉も行っていた(50)。藤波は、前記のような競馬必要論を訴えながら、「政府自ら適当の取締を行うべきを以て議会問題と為すことは見合されたし」と要請するとともに、自らが責任者として取締案の策定中であることも説明、これに各派の委員は、藤波の言が「果して政府全体の意向なるや否やを確め」たうえで、確認できれば「議会問題と為すことを見合」せることに同意したという。また貴族院側は、二月の早い段階で、取締策が制定されれば、「攻撃的質問」をして反省を促すだけで、政治問題化させないとの姿勢を示したともいう(51)。取締策の制定は、貴族院に対して効を奏そうとしていた。

衆議院でも、貴族院ほどの圧力とはならなかったが、二月六日衆議院予算第三分科会（大蔵省所管）の審議のなかで、馬券禁止を求める声があがった(52)。この日、加藤政之助（憲政本党）、島田三郎（猶興会）、山本悌二郎（政友会）、渡辺修（政友会）は、社会風教の紊乱をもたらしているとして、競馬（馬券）の廃止、別の奨励策の実施を強く求めた。これに馬政官丹下謙三は、多少の弊害があっても馬匹改良のために必要との姿勢をまったく崩さなかったが、そのうえで、馬券発売による弊害を矯正する必要があることは認めて、取締策を策定中であることを繰り返し、その取締策は、競馬会の数の制限、削減にポイントをおいていることを明らかにした。たとえば、加藤の「博奕」の弊害をこのまま放置するのかといった問いに対するつぎの答弁だった。

……唯遺憾なことには馬政局創設以来、一時に沢山の東京近傍に競馬場が出来ましたので、競馬を挙行する人も競馬を見まする人も、共に慣れて居りませぬから、従って種々遺憾な点もありましょうし、又非難も屡々聞こえるのであります、併しながら此通りで進んで往くことは到底許さぬことであろうと思いますので、馬政局もどうか将来許可する競馬場は成るたけ数を制限しまして、従来許可してある者にも、成るべく相当の取締方法を付けまして、成るべく弊害の少なくなるような方針を採って往く考であります、どうも数が余計になって来て、一時に沢山出来ましたので、為めに種々の弊害が起ったのですが、其取締はどうか成るたけ厳しくやりたいと思って居ます。

二月一八日、貴族院各派は、先にふれたような藤波との交渉を行うとともに、西園寺首相に対して、二〇日に競馬問題と電車市有化問題に関して面談することを求めた[53]。首相が「忠告」を聴き入れない場合は、各派が連合して競馬取締法案を議会に提出すること、また電車市有問題に関しては市有化を許可するような姿勢を示した場合、予算案に対し復讐的手段を採ることを決していたという。この面談の申し入れは、翌一九日に懸案であった酒税・砂糖消費税の増徴、石油消費税の新設案が貴族院予算委員会で審議[54]、ついで二二日貴族院本会議が待ち構えているというタイミングをとらえ、効果的に圧力をかけようとするものだった。なおその増徴、新税案は二二日貴族院本会議で可決された[55]。競馬取締問題も予算案審議に影響を及ぼす可能性があることを貴族院側は、ちらつかせていた。

そして二〇日、曾我祐準（土曜会）、三島彌太郎（研究会）、青山元（木曜会）、沖守固（無所属）、南郷茂光（茶話会）らは、競馬取締問題に関して西園寺と面談した[56]。この日の「会見」に関しては、西園寺の姿勢が「競馬の弊害を憂える点、同感だが今後の処置に就ては篤と熟考の上答弁する」というもので、「極めて不得要領」に終わったと報じられたが[57]、実際には、競馬会の新設を抑え、既設のものを統合して競馬会の数を減少させる、入場者を制限することなどの取締策の要旨を貴族院側に伝えていた[58]。繰り返せば、西園寺も、貴族院側の意向を受け入れる形をとって、取締を強化することを決断していた。貴族院側は当然、推移を見守るという条件はつけただろうが、この西園寺の回答を了承、「貴族院としては何等の措置を取らな」いとしたようである[59]。

貴族院の予算審議も最終段階を迎えていたが、そのなかで競馬取締をめぐっての質疑も行われた。二七日の貴族院予算委員第一分科会で、牧野忠篤、桑田熊蔵、柳原義光、稲垣太祥らが社会風教の紊乱など競馬（馬券）の弊害を指摘して、政府、馬政局の対応を質した[60]。これに丹下謙吉、西川勝蔵の両馬政官は、「多少の弊害があっても産馬改良の上に必要な事業、多少の弊は忍んでよい」との基本姿勢を表明したうえで、馬券を黙許する競馬会認可の見直し、厳格化をあげて、「其弊に付いては十分出来得るだけの矯正は致して、其風紀上のことも厳重に取締りたいと云うので、其方法などは折角十分調査して居る次第であります」と、取締策の制定作業を行っていることを明らかにした。

先の二月六日の衆議院予算第三分科会と同様の答弁だった。質問者は、さらに取締策の具体的内容を質したが、丹下らはここではその内容を明かさなかった。

このような貴族院の攻勢が伝えられるなかで、つぎのように陸軍のなかから馬匹改良に馬券発売の競馬が必要と訴える声があがっていると報じられた(61)。

……我邦に於ける馬匹は目下の処競馬を廃止するに於ては殆んど発達の見込みなし云うも不可なるべく……陸軍にても出来得る限り馬政局の事業を助け之れが改良を計りつつある次第にて今日の処、競馬に伴う多少の弊害は之れを黙許するも進んで馬匹の改良を断行せざるべからず……

陸軍大臣寺内正毅、陸軍軍馬補充本部長大蔵平三中将、陸軍省軍務局騎兵課長浅川敏靖騎兵大佐は、馬券黙許を実現させた中心的存在であり、東京競馬会や関西競馬倶楽部で将校競馬実施などの支援を踏まえると、陸軍のなかにこういった声が存在、このタイミングでその声をあげても不思議ではなかった。

貴族院予算各分科会は二九日までに審議を結了し、三月三日貴族院予算委員会でその報告が行われたが、そこで谷干城（予算委員第二分科会主査）が、第一分科会の報告がふれていなかった競馬問題を特に取り上げ、馬券（博奕）を許さなければ馬匹改良ができないのかと質した(62)。これに松田法相は、馬券が博奕であるかどうかは目下調査中であり、必要があれば弊害矯正の手段をとる、という素っ気ない答弁を行った。谷にとって馬券禁止は貴族院の存在価値にかかわる問題であり、翌年の議会で馬券復活を目指す競馬法案を貴族院で葬り去るために主導的な役割を果たすことになるが、この日の質問は馬券禁止にかける谷の使命感を予め示すものだった。とはいえ、この時点で競馬の取締策に関して、内閣と貴族院側との合意は成立しており、ここでの質疑は、谷のガス抜きのため行われた観があった。

なおこの委員会後、藤波が谷の自宅を訪れ、「頻りに馬匹改良は競馬奨励による外なく、競馬を奨励せんとせば又勢い馬券の売買を公許せざるべからずと弁明、暗に予（谷）の意見を撤回せしめんとした」が、谷は「十分確信」があって、「一歩も譲ら」なかったという(63)。なおこの三日貴族院予算委員会、五日本会議でも、予算案は無修正で可決された(64)。

またこれより先の二月二七日、衆議院本会議の刑法改正案討議のなかで花井卓蔵が、現行刑法、そして新刑法での「馬券の売買は賭博にあらざるや否や」を質した(65)。ちなみに花井は馬券禁止論者ではなかった。これに松田法相は、新刑法下での解釈については実施後でなければ答えるつもりはないと応じたあとで、つぎのように答弁した。

……軍事上其他の点に付て考えても此馬匹の改良と云うことは、是は決して小事でない、最も大事と思われるのであります、然るに競馬は曩に申す如くに最も馬匹の改良に必要なものであると云う説が出て居るのであります、然れども亦競馬をするに付ては一面に弊害を起しはせぬか、是も亦考えなければならぬ、唯馬ばかり良くなっても、社会の人間が馬より以上になって来ますと云うことでは随分之も困ったことである（笑声起る）、それ故に政府は目下それ等の点に付て弊害が大なるか、又馬匹の改良に最も重きを置いて、多少の弊害はあっても、馬匹の改良に最も有益なりと云うことがありますれば、寛大に見らるるだけのことは見るも差閊ないかも知らぬ、故に其点に付ては目下深く講究しつつあるのでありまする、尚実地に就てよく取調を致したるところで馬匹の改良どころではない、風俗を壊敗して遂に人間を馬以上のものになすと云うことになっては、とてもそれは国家有益の事業とは認められぬに依って、其場合に至っては躊躇なく処分を致す積りであります……

松田の答弁は、このように禁止の可能性を否定をするものではなかった。先にもふれたように馬券禁止が基本姿勢である司法官僚との信頼関係を損なわないためには必要なものだった。とはいえ、閣員としては当然だが、実質的にこの答弁は、取締策を定めて馬券発売を継続するという閣議の方針に則ったものだった。

この二七日と先に紹介した三月三日の谷の質疑を受けての松田の答弁に対して、取締策を受け入れる姿勢を見せていた貴族院は特に反応を示さなかったが、かねて馬券禁止を主張して来た各新聞は、強く反発した。たとえば東京日日新聞は、三月一日付社説「法相と競馬賭博」で、二七日の松田法相の答弁に対して、「馬券の売買即ち賭博犯なりとの認識を更に明白に確立的ならしめんことは又目下の急務に非ずや、吾曹更に貴衆両院の注意を促す」と論じ、三日の谷の質問に対する答弁に対しては、七日付の社説「政界の醜聞」で、「言を研究に託して以て今に検挙を断ずる能わざる」と非難、さらには一一日付の社説「政府の調査研究（電車と競馬）」で「吾曹は寧ろ司直の職にある者の断然賭博の行為者を検挙して試験的訴訟を提起し、以て速かに之が判決例を作らんことの賭博禁止の捷径たるを信ぜんとす」、と司法による摘発を訴えた。東京朝日新聞も、先に紹介した二月六日の衆議院予算第三分科会での質疑に対する二月八日の社説「議院の競馬悪弊論」、ついで二〇日の貴族院各派が西園寺首相との交渉を行ったことに対する二六日の社説「貴族院の競馬悪弊」でも、競馬の悪弊の解消には、司法による摘発が不可欠と、その摘発を司法に求めることが必要と論じた(66)。これらは九月二七日鳴尾速歩競馬会の賭博開帳罪での摘発で現実のものになる。また大阪朝日新聞は三月六日の社説「競馬に関する答弁」で、「馬匹改良は根本的に国俗をして馬匹の趣味を帯ばしむるにありと信ず」、と述べたあとで、先の二〇日の西園寺首相の対応、松田の三日の答弁に対して、「曖昧模稜、捕捉すべからず、ひとり松田氏の為に惜しむのみならず、現内閣の為に惜しむ」と強く非難して、一刻も早い馬券禁止を求めた。多くの新聞が主張することによって醸し出される雰囲気を世論と呼ぶならば、このような馬券禁止を求める声は世論となっていた。だがそうではあっても、政府、馬政局が、新たな取締策を制定して馬券発売を継続するという方針を変えることはなかった。

## 3　取締策の制定

馬政局次長藤波言忠が中心となって司法、内務、陸軍並に馬政局の当局者間で調整、まとめられた競馬取締策は、三月三日付「競馬会社の取締並監督方」(以下、「取締並監督方」と記す) としてまとめられ、三月四日の閣議で承認された(67)。それだけ懸案だったのだろう、その概要は、先の二月二八日の閣議で報告されていた(68)。なおこの二、三月、その内容、及び目的は不詳だが、森本駿(兵庫県郡部選出)らが政友会内で、「鑑定券」として馬券発売の認可を含む「競馬取締法案(競馬法)」の制定に向けて内々で動き、各部会の賛成をえて、政府の意向を確かめるところまでにこぎつけていたが(69)、政府、馬政局がこの取締法を制定する姿勢を示したことで断念したという(70)。

取締策制定の目的は、あらかじめ簡単にいっておけば、五つあった。一つ目は、新設を抑え、既設を統合して競馬会の数を減少させること。二つ目は、競馬会と高い利益を目的に競馬会のトンネル会社として併設されていた営利会社との関係を解消させること。三つ目が、レースと払戻に関する不正をなくすこと、四つ目が射倖性・賭博色を除去して競馬場を高尚な空間にすること、五つ目が馬券売上の収益を馬匹改良策とともに慈善事業などに振り向けさせることだった。貴族院側に約束した取締策のポイントは、一つ目の競馬会の数の制限、減少だった。「取締並監督方」は、以下の一四項目だった(71)。

近来競馬会に於て弊害頗る多く為に物議を招き此儘に打ち捨て置き難しと認め是に就ては自今一層取締を厳にせられ左記要項に依り監督相成可然と認む

一、競馬会社の数を制限すること

但既設の会社と雖も一定の期間内に之を廃止又は合併せしむること

二、競馬会社設立の許可は閣議に於て決定すること

三、営利を目的とする会社との提携を許さざること
既設の会社は当分已むを得ずとするも、競馬場其他の営造物に対する賃借料を制限し、且つ此種の競馬会に対しては一定の期間内に専用設備を完成せしむること
四、競馬会社解散の場合に於て残余財産の分配は出資額を超えさらしむること
五、競馬会社の利益の処分は、馬政長官の認可を受けしめ、且其大部分を純然たる産馬奨励又は慈善の目的の為支出せしむること
六、新聞に於て競馬に関し射幸心を挑発するか如き記事を掲げしめざること

図7

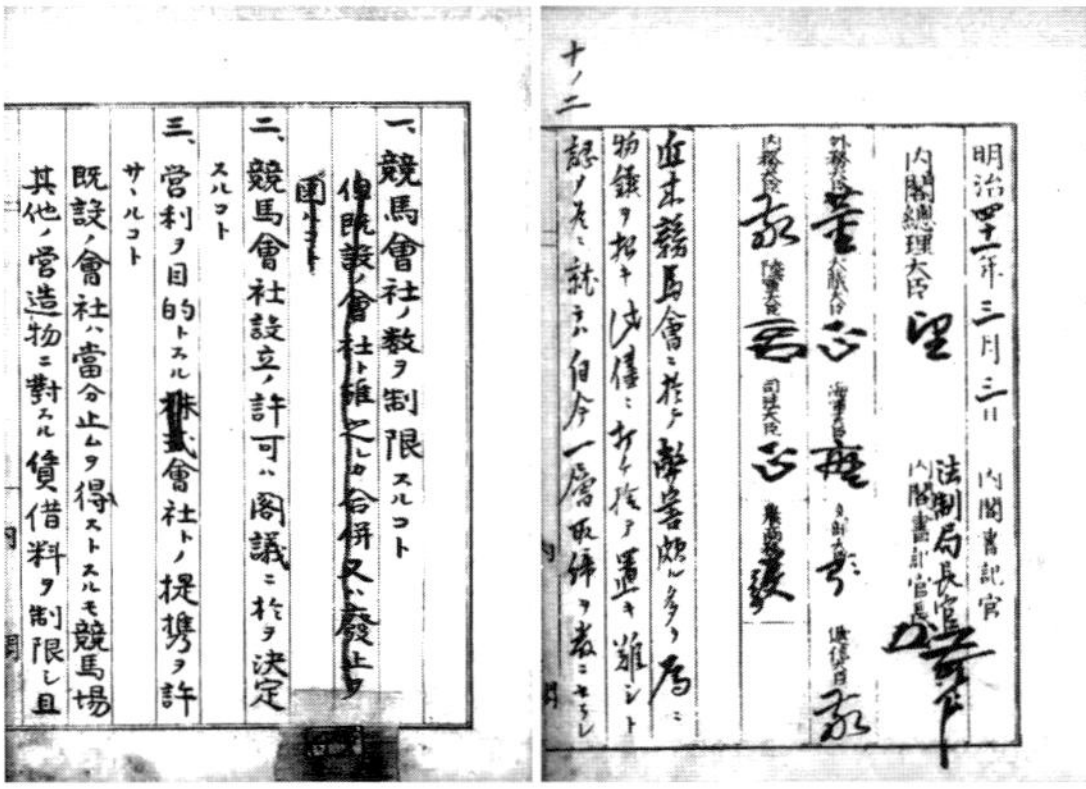


3月4日の閣議に提出された明治41年3月3日付「取締並監督方」閣議決定書。閣員等が花押を書して承認した（明治41年3月20日付「競馬の監督及取締事項実行手続を定む」国立公文書館デジタルアーカイブ）。

七、競馬の開催は春秋二回とし、各四日以内とすること
但会社合併の上は四日以内とすること
八、未成年者及学生の入場を禁ずること
九、入場料は二等三円以上、一等五円以上とすること
但馬券を発売せざる競馬会は此の限に在らず
十、馬券発売所は外部より決して見ることを得ざる様になし、且混雑せざる様相当の設備をなすべし
十一、馬券の価格を十円とすること
十二、馬券は競馬会社の計算に於て之を発売すること
十三、競馬会の行為にして風紀を害するの虞甚だしき場合に於ては相当の処分に出つること
十四、競馬会に対する監督をして一層厳密ならしむること

一は既設競馬会の一定期間内の廃止または統合も含む競馬会数の制限、減少。なお閣議に提出された原案(72)では、「但既設の会社と雖も之が合併又は廃止を図ること」、であったが、前記のように「一定の期間内」が付加された。おそらく貴族院、司法省側の強硬な姿勢に配慮し、可能な限り早期の履行を図るためであった。

二は、これまでも「競馬会社」の許認可権は、馬政局が首相直轄の組織だったので、形式的には首相がもっていたが、馬政局の上申がそのまま認可されるのが通例だった。それを、閣議で最終チェックを行って、認可に歯止めをかけようとするものであった。これも貴族院に対して伝えていた新設制限の一環だった。

三は、営利会社が競馬会にまつわる弊害の元凶と目されていたが、その高い収益をあげる仕組みである競馬場施設の競馬会への賃貸料の制限、一定の期間内での専用設備の完成、実際には買収を指示し、競馬会との関係を解消させることが目的だった。まお原案は「営利を目的とする株式会社」であったが株式が削除された。

この一から三が、貴族院との協議、折り合いをつける過程で約束した「取締並監督方」の目玉だった。

四は、三を受けて競馬会が解散する際、競馬会社の出資者が焼け太りするのを防ぐためのものであった。五は、馬券売上の収益を馬匹改良策とともに慈善事業などに振り向けることを指示するもの。六は、射倖性の抑制。簡単にいえば、予想記事、また予想で穴馬券を的中させたとか、あるいは大穴馬券が出たとか、その馬券を的中させて多くの配当金を得た人物とか、そういった射倖心を煽るような材料を新聞に提供をしてはならないということだった。新聞は、大穴が出た場合その金額のポイントを大きくして掲載、またその大穴の的中話も、逆に取り逃がした話も掲載するのが常であった。

七は、これまでの開催日数を踏襲していたが、以内として日数減を可能としたもの。但書は合併しても、開催日数は合算しないということだろう(73)。

八は、原案では「婦女」の入場も禁じるものであったが、削除された(74)。未成年者及学生はかねて批判の強かった声への対応だった(75)。

九と十一は、競馬場を高尚な空間にするために、入場料を引き上げ、馬券も高額にして、「人格賤劣なる下等者流の入場を制限する一策」だった(76)。ちなみに日本レース倶楽部は、二月二八日、理事の「相談会」で、「二等席は勿論、紳士淑女の観覧席たるべき一等席に迄いかがわしき風体の者出入し、自然風紀を紊乱するが如き行為」を防ぐことができないのは「比較的下層者」でも支出できる入場料の「悪結果」であるとして、これまでの一等四円、二等二円を、それぞれ一〇円、五円に値上げすることを決していた(77)。

図8

横濱競馬雜觀
▲未曾有の人出
來の人出
創立以
▲五圓で百七十六圓

根岸明治40年春季開催初日第5レースで176円の配当が出たことを報じている（『中央』明40・5・4）。

図9

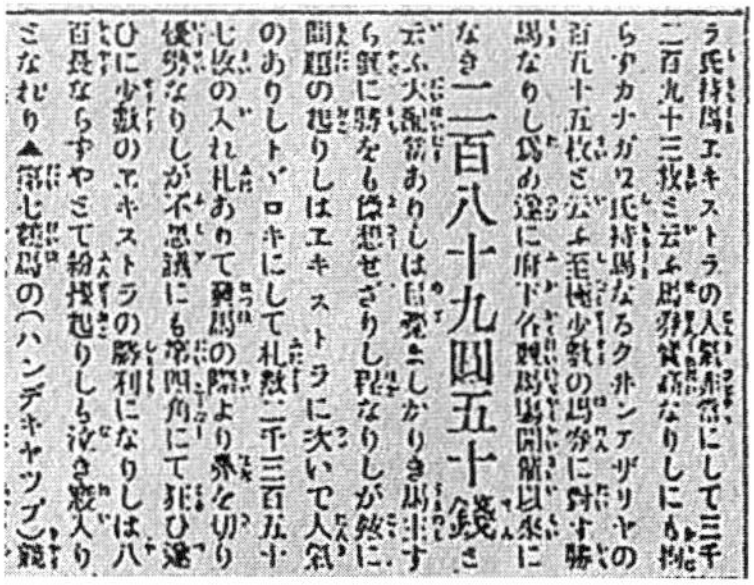
二百八十九圓五十錢

川崎明治40年秋季開催3日目第6レースで289円50銭の配当が出たことを報じている（『二六』明40・12・2）。

十は、先にも述べたように、遊郭などの「悪所」は区画された空間に隔離、あるいは「外から見通せない構造」とするというのが戦前の風俗取締のポイントだったが(78)、馬券売場もその対象ということだった。いいかえれば、馬券売場は、遊郭並みの「悪所」として、「外から見通せない構造」を義務付けたものだった。馬券がどのようにみなされていたかを端的に示していた。ちなみに東京競馬会では、既に明治四〇年五月春季開催から馬券売場をそのように改造していた（第3章第5節）。

十二は、馬券発売が、外部の業者に委託されて行われていたものを、競馬会直営にすることを指示したものだった。手数料は三割(79)と高率でその分競馬会の収入減となることを避けるとともに、配当金に対する疑惑もあり、馬券発売と払戻の責任の所在を明確にし、その公正さを担保しようとするものだった。

十三、十四は、馬政局が競馬会に対して絶対的な監督権を権限をもつことを可能とするものであった。

そしてこの「取締並監督方」の四日の閣議決定を受け、馬政局は、その各項目にわたって具体案策定の作業に入った。原敬は、閣議当日の三月四日の日記につぎのように記した(80)。「取締並監督方」策定の経緯が、簡潔にまとめられている。

……午後首相邸に閣議を開き余も出席せり。競馬取締に関し従来に比し厳重の方針を取ることに決定せり、首相の意は一層厳重なる取締をなさんとするに在りて過日の閣議に於て其意思を発表したるに因り、余は内務並司法にて取締をなすことは固より難事にあらざるも、要は今日の如き競馬は馬匹改良に必要なるや否やに在るも、もし必要なりとせば大概の弊害は之を黙過するの外なし、若し又必要ならずとせば馬券の発売を禁止せば一切の弊を除くべし、但し同時に競馬の廃滅を来すならん、而して其必要と否とを認むるは陸軍と農商務とにあり、故に寺内も出席せば其意見を問うべしと述べ、且つ内々首相に此事は寺内の意見を徴せらるること必要なり、否らざれば必ず後に苦情あらんと告げ置きたるが、果たして寺内に多少の意見あり、遂に同人の意見を容れて取締法を決定したり。尤も事実其前余の注意により司法、内務、陸軍並に馬政局の当局者に於て実行上の打合せをなしたる案に決したる訳なり……

先に紹介した二月二七日衆議院本会議で花井卓蔵が刑法改正案の賭博罪について質問した際、松田法相が答弁したものが、ここで原が語っていることに則っていたことが明らかであった。また寺内陸相も、この四日の日記に閣議で「兼て懸案なりし競馬の取締」などが「決定」したと記した(81)。

この閣議決定を受けて、馬政局次長藤波言忠は、三月七日付で、この「取締並監督方」を、前年九月二一日第二代韓国統監に任命され、ソウルに赴任している馬政長官曾禰荒助に伝えた(82)。藤波は、これまでこの件に関して、曾禰にまったく知らせていなかった。かねて曾禰と藤波の間には、馬政、競馬会の認可方針などをめぐって確執があり、曾禰は、何かと独断で動く藤波を嫌っていた(83)。曾禰は、ソウル赴任後、馬政長官に藤波が就任するとの情報が流れているのを受けて(84)、前年一二月、西園寺に対して、「現在之儘に据置かれ候方御得策」、藤波の長官案に絶対反対の意思を示した書簡を送っていた(85)。藤波も曾禰とはそりが合っていなかったことで、この「取締並監督方」制定に関して、事後報告で済まそうとした。

これに曾禰は、三月一一日付藤波宛書簡で、この「取締並監督方」の閣議決定は、馬政、馬匹改良を破壊するものであり、そのような決定を「当局長官の意見も徴せずして其実行の責に任ぜとは実に言語道断之義にあらずして何ぞや」として、「国費多端の今日に在て軍事に仍ほ平均三千五百万円の支出にても不足を感ざしむるが如き処置を執るは為国家実に忍びざる所なり」と、抗議のために辞任の意を西園寺に伝えるように藤波に求めた(86)。いうまでもなくこの書簡は、藤波に対する曾禰の怒りの産物であった。弊害はあっても、過度な締め付けは行わず、原則、放任してその成熟を待つ方がよい、というのが曾禰の競馬会に対する姿勢であった(87)。のちに、この監督方の目玉であった合併に関して、曾禰はつぎのように語った(88)。

……競馬会社を合併させる、そんなことが出来るものか、各会社の発達は助成してやっても合併させるなどという必要は何処にもない、人民の既得権は尊重せらるる限り尊重してやらんけりゃならぬ、其代り会社に不法行為があったら中止させるなり解散させるなり処分の方は幾等もある……

曾禰の考えをよく示すものであった。

三月四日の閣議決定を受けて、馬政局は、「取締並監督方」の各項目にわたって具体案策定の作業に入り、「競馬の監督及取締事項実行手続」（以下、「実行手続」と記す）としてまとめ、一七日の閣議に提出した(89)。この「実行手続」をまとめる作業のなかで、馬政局は、各競馬会にこの「手続」についての意見を照会、回答を求めていた(90)。

「実行手続」は、「(甲) 競馬会一般に達する事項」、「(乙) 東京競馬会に特に達する事項」、「(丙) 営利会社より競馬会挙行に関する諸設備を賃借しある競馬会へ特に達する事項」、「(丁) 競馬会の数を制限すること」の四つの事項からなっていた。

「(甲) 競馬会一般に関する事項」は、「競馬開催に関する件」、「賞典に関する件」、「新馬購入費補助の件」、「競馬開催日数の件」、「競馬会財産処分の件」、「競馬会の収益処分の件」、「競馬会解散の場合に於ける残余財産処分の件」の七項目に分け各競馬会が遵守すべき事項を列挙したものだった。まず「競馬開催に関する件」は、つぎのように、「取締並監督方」の六から一三を受けて、項目を増加させ、指示をさらに具体的にしたものだった。なお原資料には番号が付されていないが、説明の便宜上番号を付した。

一、競馬開催に関する件

一、競馬場出入口は勿論各所に相当の服装をなしたる守衛を配置すること①

一、馬見所は一等席二等席の区画を明にすること②

一、入場料は一等席五円以上二等席三円以上たるべきこと、但し馬券を発行せざる競馬会に在りては馬政長官の認可を経て之を低減することを得③

一、相当の服装をなさざる者は一等席に入場せしめざること④

一、当該競馬会騎手及馬丁の観覧席は各別に之を設くること⑤

一、学生及未成年者は入場せしめざること⑥

一、招待券は記名者の外無効とし相当の資格ある者にあらざれば発送せざること⑦

一、発馬係及審判係は出場馬匹に関係なき者を用ゆること⑧

一、不正不良の行為をなしたる騎手は何れの競馬場へも出場を許さざること⑨

図10

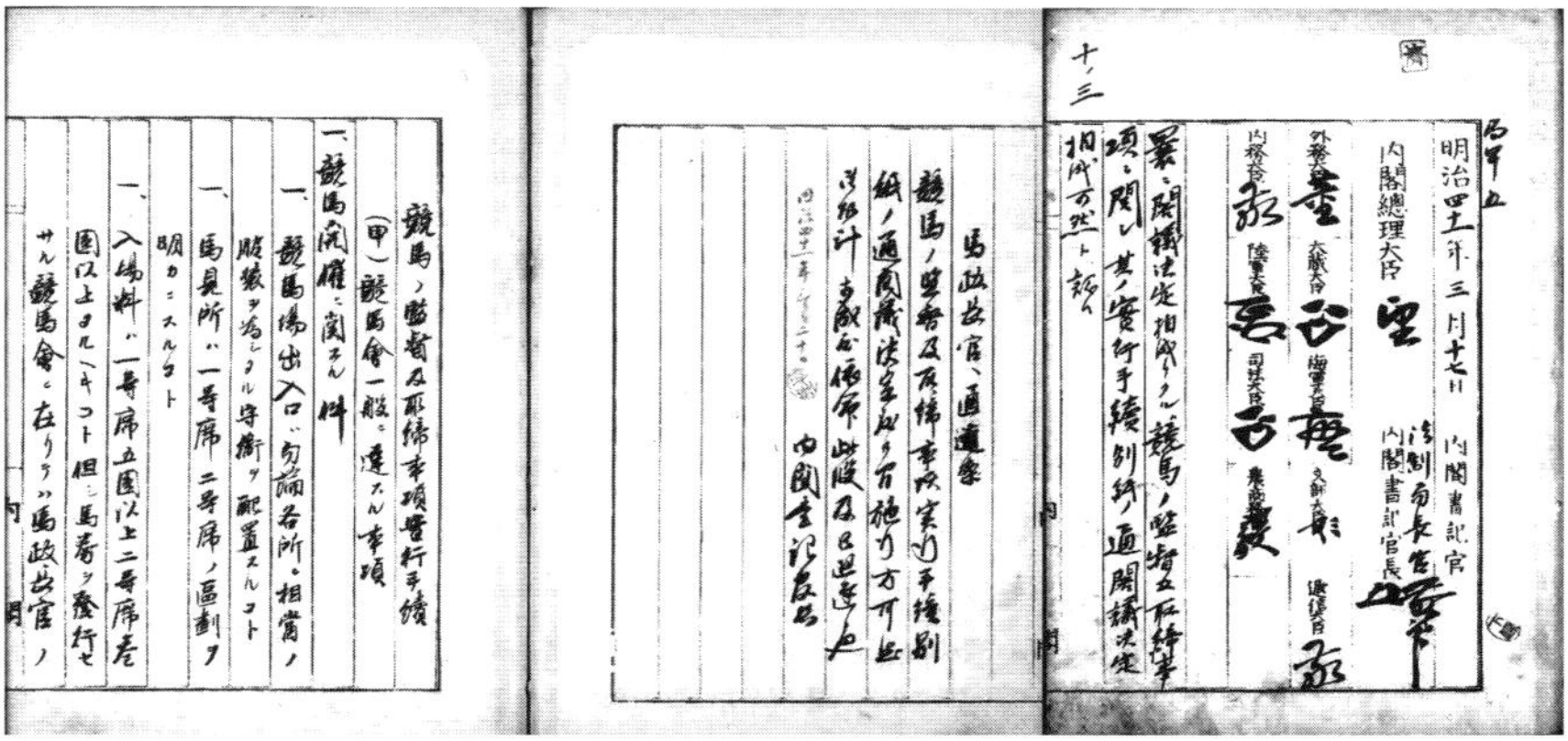

明治41年3月17日付「実行手続」閣議決定書（明治41年3月20日付「競馬の監督及取締事項実行手続を定む」国立公文書館デジタルアーカイブ）。

一、馬券の売買を勧誘し若くは露に馬券又は金銭を玩ぶ者あるときは役員をして相当の注意を与へしむること⑩
一、馬券発行所に婦人を出入せしめざること⑪
一、役員の記章を帯びたる者に馬券の購買を禁ずること⑫
一、当該競馬会の騎手及馬丁は馬券を購買し又は馬券発行所に出入を許さざること⑬
一、騎手には当該競馬会に於て一定の記章を帯用せしむること、但し競馬服着用の場合は此の限に在らず⑭
一、馬券発行は外部より決して見えざる場所に於てすること⑮
一、馬券発行所入口は一、二等の区別を為し観覧所より隔りたる場所に設くること⑯
一、馬券発行所の混雑を避くる為入口と出口とを異にし相当の設備を為すこと⑰
一、馬券は一枚拾円とすること⑱
一、競走を経る毎に馬券発行数を発行所内に掲示すること⑲
一、馬券発行数掲示板は成るべく発行所入口の反対の位置に設くること⑳
一、馬券発行は競馬会自ら之を行い其手数料は一割以内と

すること㉑

一、配当金計算方法を一定し発行所内に掲示すること㉒

一、新聞紙に競馬に関し射倖心を挑発するが如き記事の材料を供給せざること㉓

一、競馬場入口には左の趣旨を掲示し且入場券と共に入場者心得とし印刷に付し之を入場者に交付すること㉔

一　場内の静粛を保ち喧騒の行為あるべからざること

二　相当の服装をなさざる者は一等席に入場せしめざること

三　学生及未成年者は入場せしめざること

四　招待券の譲渡を禁ずること

五　業務上に関し意見あるときは書面を以て理事に申出ずること

六　役員より注意したる事項は直ちに履行すること

七　右掲示事項に違う者は退場せしむること

一、左の場合に於ては監督官庁又は臨場官憲は競馬を停止し其他相当の処分を為すこと㉕

一　競馬会に不当若しくは不正の行為ありと認むるとき

二　競馬挙行に関し危害ありと認むるとき

三　場内の秩序混乱するの虞ありと認むるとき

四　競馬会の行為にして風紀上に害ありと認むるとき

①から⑤、⑦は、競馬場を高尚な空間にするために場内の秩序を維持することの指示。なおのちに③の一等席五円以上が各競馬会に諭達されたのに対して「京都小倉兵庫北海道等」の競馬会は、「地方の状況に照し実際高きに過ぎ」

ると三円への値下げを請願するが、却下される(91)。⑥は、「取締並監督方」八を受けたもの、学生及未成年者は競馬場という「悪所」に立ち入らせないということだった。⑧、⑨は、レースの公正の維持を命じるもの。⑩は、的中馬券を自慢し、払戻金を人前で数えるといった行為は射倖心を煽るので競馬会の責任で取締れということであった。⑪婦人の馬券売場への立入禁止は、当時の注目の的であった芸妓、そして婦人たちが馬券を買う姿が新聞等でことさらに報じられていたことへの対応であった。「取締並監督方」八の原案では、競馬場への入場を禁止するものであったが、それが削除されたことを受け、馬券売場と限定したものだった。これに関して、この取締方が各競馬会に口達された直後の三月二九日から開催された東京ジョッケー倶楽部第一回開催で、臨場した芸妓が抗議した様子が、つぎのように報じられた(92)。

之を聞いた芸者連は「妾連の入場が何故風紀紊乱とやらになるのです、愛馬思想の養成には妾達も国家のお道具ですよ」と新橋のおかね先ず柳眉を逆立て啖呵を切れば幾多の美妓も賛成の意を表して事務所の一室時ならぬ騒ぎを演じたも面白い、若し夫れ赤坂党の慷慨悲憤するに於ては馬政局員も少なからざる打撃であろうとは解ったような解らぬ話。

馬政局員云々は、赤坂の料亭が同局員の馴染であったことを踏まえたものであった。

⑫は役員の記章を帯びていなければ馬券を購入できるということにもなるが、この禁止は、当時、役員たちの馬券絡みの不正が噂されていたことへの対応であった。⑬騎手馬丁の馬券云々は、これも現在と異なり、当時は騎手たちが馬券を購入するのは「違法」ではなく、その騎手らの馬券購入が「八百長」の疑惑を深め、騒擾につながるケースがあったことへの対応であった。⑭は、⑬との関係で、不正への関与を防ぐために騎手であることの明示を義務付けるものだった。⑮は、「取締並監督方」十でふれた通り。馬券発行所を外部から見えないようにして、一、二等に分

離して観覧席からできるだけ遠くに設置すること、繰り返せば馬券売場を、遊郭並みの「悪所」として、「外から見通せない構造」、「隔離」することを義務付けたものだった。⑯は、馬券売場は多くの場合、二等館の地下に存在していたので、それを馬見所とは別の場所に分離しての設置を命ずるもの。⑮とあいまっての馬券売場の隔離策だった。⑰入口と出口の分離は、混雑緩和が目的だったが、後の大正一二（一九二三）年、競馬法で馬券発売が復活した際は、一人一枚という購入制限を実行するための仕組みになった。⑱馬券一枚五円から一〇円の引き上げは、「取締並監督方」十一でふれたように、購入のハードルをあげて「人格賤劣なる下等者流の入場を制限する一策」(93)。一枚一〇円との声もあったようだが(94)、さすがに現実のものとはならなかった。そして一枚一〇円となったこの明治四一年春のシーズンの馬券の売上は、抑制されるどころか逆に伸び、馬券熱の鎮静化に役立たなかった。それでもこの発想は、後の大正一二（一九二三）年の馬券を「合法化」した競馬法の一枚二〇円に引き継がれることになる。

⑲競走を経る毎に云々は、当時は、馬券購入締切後に、各馬の確定枚数ではなく、概数を表示するだけであったので、配当額への疑惑が騒ぎの引き金となる場合もあった。そこで終了後直ちに馬券発行数を掲示することでそういった不正、あるいは疑惑を解消しようとするものであった。⑳馬券発行数掲示板（メートルと称された）を観覧所より後方に設備させるというのは、発売所を外部に見えないように設置し、観覧所から隔離するという措置を受けてのものだった。

㉑馬券発売は、「取締並監督方」十二では、競馬会社の計算で発売ということだったが、それとともに控除率を一割と規定したものだった。馬券発売が、外部の業者に委託されていたものを、競馬会直営を指示し、委託料が三割と高率でその分競馬会の収入減となることを避けるとともに、かねて配当金額の算出に対する疑惑もあり、責任の所在を明確にしようとするものだった。なおここに記されている手数料は控除率の意味。当時の控除率は一割、国庫納付金などはなく、すべてが倶楽部の収入だった。先にも紹介したように、松戸の控除率は一割五分だったが、他は一割。その松戸も、この諭達を受けて六月の第三回開催から一割に引き下げた。㉒配当金計算方法は、「（全発売枚数—的中

枚数）×〇・九／的中枚数×五円（発売金額）」で計算していた(95)。配当金計算方法の掲示は、配当額への疑念、不満から騒ぎになることを回避するためのもの。そして㉓は、「取締並監督方」六のまま、射倖心の抑制というこの「実行手続」のねらいを象徴的に示すものだった。㉔は、前記の二三項目に関連する事項を入場者に周知徹底させることを命じたもの、㉕は配当額や着順などに関する不正行為、騒擾に対し厳しい姿勢で臨むことを明記したものだった。なおこの㉔と㉕は実行手続で新たに付加された。

二三日には、以上のものが「競馬の開催に関する件、其の他口達」として競馬会に諭達された(96)。その際、内容を変えるものではなかったが、指示を明確にするためのいくつかの手が加えられていた。⑩の「馬券の購買を勧誘し若くは露に馬券又は金銭を玩ぶ者あるときは役員に於て取締を為すこと」から㉓の「一、新聞紙に競馬に関し射倖心を挑発する記事の材料を供給せざること」までが、「馬券発行競馬会に関する件」として別立てとなった。また⑩は、「一、競馬場内に於て馬券の売買を勧誘し或は馬券を露に示し或は露に金銭の勘定をなすものあるときは役員に於て取締を為すこと」、⑫は、「役員の徽章を帯びたるものは馬券を買うことを得せしめざること」に改められた。そしてつぎの監督条項が付加された。

馬政局が競馬会に対し監督条項は右の外左記の通り心得べし

一、諸般の設備完全なるや否や

一、競走の種類

一、競馬番組の編成

一、競走馬匹の種類

一、競馬の回数

一、競走距離

一、会計の経理
一、業務の成績
一、実施の監督
一、定款通りに競馬会が実行するや否や

要するに、設備、開催に関するあらゆることを監督の対象にするということだった。以上が「一、競馬開催に関する件」の事項だった。

つぎの「一、賞典に関する件」から「一、競馬会解散の場合に於ける残余財産処分の件」は、「実行手続」で新たに付加された事項であった。

一、賞典に関する件
賞典額は競走距離に応じ殊に内国産馬に厚くすること但し既に番組の編成を終りたる競馬会は今年秋季より実施すべきこと
一、新馬購入費補助の件
競馬会に於て会員が競馬用に供する為め新馬を購入する場合に於て補助を必要とするときは其補助額は之が購入価格の五割以内とすること
一、競馬開催日数の件
競馬開催は春秋二季とし毎季四日以内とす
一、競馬会財産処分の件
競馬会は財産処分の件に関し総て馬政長官の認可を受くべきこと

一、競馬会の収益処分の件
競馬会は馬政長官の認可を経て毎年其収入より経費及酬金を控除したる残額を以て左記の如く使用すること
一、一割を積立金とすること
一、八割を馬匹改良事業に支出すること其事業の種別左の如し
一、馬匹共進会の補助及賞金
一、競走勝利馬の生産者奨励
一、馬術奨励に関する事業の補助
一、糶駒市に於ける優等馬匹生産者奨励
一、軍馬に合格せる馬匹を多数に生産したる者の奨励
一、産馬事業に関する功労者奨励
一、牧場経営費補助
一、他の競馬会へ賞典寄贈
一、優等馬匹所有者奨励
一、組合其他の団体に於ける優等馬匹購入費補助
一、一割を慈善事業に寄附すること
一、競馬会解散の場合に於ける残余財産処分の件
競馬会は解散の場合に於ける残余財産処分の方法を定めて馬政長官の認可を受くること但し分配額は出資額を超ゆることを得ざること

まず「一、賞典に関する件」は、長距離、内国産馬重視の指示だった。ついで「一、新馬購入費補助の件」は、競

馬会は、抽籤馬に関して過分な補助金を支出していたが、それは収益金を会員間で私物化する側面もあったので、抽籤馬への補助が五割を超えないことを指示するものだった。なお東京競馬会の当初の補助金は三割だった(97)。また三月二三日の諭達の際には、つぎのような具体的な指示が付加された。

一、競走馬匹の種類は内国産馬及外国産馬にして明け四歳以上とす但し馬匹改良上に効益なきものを除く

一、競走距離の件

競走距離は遠距離なるを要す但し当分の内新馬(優勝競走を除く)及撫恤競走は四分の三哩に下すことを得るも其他は総て一哩以上とす

「但し馬匹改良上に効益なきものを除く」は、騸馬の出走不可、日本レース倶楽部の中国馬のレースの禁止などを意味した。「競走距離の件」は、馬政局にはかねて「短距離競走は真に馬匹の能力を検定し能わず」との考えがあり(98)、それを盛り込んだものだった。

そして「一、競馬開催日数の件」は、「取締並監督方」七のままであったが、二三日に各競馬会に伝えた諭達では、「但し京浜競馬倶楽部、東京競馬会、日本競馬会、東京ジョッケー倶楽部、総武競馬会は四一年秋季より当分の内毎季三日間とすべきこと」が付加された。つまりこの明治四一年秋のシーズンから、東京周辺では、それまでの四日間開催を継続することができるのは日本レース倶楽部だけで、残りの京浜競馬倶楽部、東京競馬会、日本競馬会、東京ジョッケー倶楽部、総武競馬会は、当分の間、それまでの四日間から三日間に減らせとの命令だった。ただし馬政局は、三日間でも四一レース前後の実施を認めていたから、レース数としては四日間開催と変らないものだったが、番組編成上は大きな影響を与えるものだった。というのは、当時、ほぼ毎日出走していたので、二日目と三日目の間が五日間あいて休養となっていたが、これが三日間となれば、多くの馬が三連闘となり、初日、二日目で力関係を計り、

三日目のハンデ戦、四日目の優勝戦に臨むというパターンも崩れることになるからであった(99)。なお東京周辺以外の競馬会はこの指示の対象外であった。

また「一、競馬会財産処分の件」は、「取締並監督方」の四を受けていた。その四は限定的であったが、ここで競馬会の財産処分は、全て馬政長官の認可事項になった。さらに「競馬会の収益処分の件」は、「取締並監督方」「五、競馬会社の利益の処分は、馬政長官の認可を受けしめ、且其大部分を純然たる産馬奨励又は慈善の目的の為支出せしむること」を受けて、具体的に一三項目をその対象としてあげたものだった。当時、控除率は一〇%、国庫納付金等はなく、収益はすべて倶楽部の収入、その使途も馬匹改良に振り向けるという方向性があっただけで、競馬会の自主性にまかされていた。その結果、ほとんどの競馬会では、その収益から非常に高い施設賃借料などを営利会社へ支払っていた。この状況に対して、後述の丙で競馬会に営利会社名義の施設等を二年以内に買収することを命じてその関係を解消させるとともに、その収益金の使途を具体的に、一割を積立金、八割を馬匹改良事業、一割を慈善事業・競馬場周辺の環境整備に振り向けることと命じたものだった。明治四一年から大正一二年の間の馬券禁止、補助金競馬時代は除いて、馬券復活後から今日にいたるまで馬券の収益金の使途に関してはこのような枠がはめられることになるが、その源流はここにたどりつく。なおこの積立金の当面の使途として念頭に置かれていたのは、競馬場の施設等を営利会社から買収するための費用だった。

そして「競馬会解散の場合に於ける残余財産処分の件」は、解散時において、出資額以上の分配の不可を指示したもの。この「実行手続」の（乙）で東京と関西の競馬会の合併が指示されており、そのことに対応したものだった。ただしこのことは、二三日、各競馬会に諭達された際にはふせられた(100)。

以上が「（甲）競馬会一般に関する事項」だった。

ついで、「（乙）東京競馬会に特に達する事項」、「（丙）営利会社より競馬会挙行に関する諸設備を賃借しある競馬会へ特に達する事項」、であった。「取締並監督方」の「三、営利を目的とする会社との提携を許さざること、既設の会社は当分已むを得ずとするも、競馬場其他の営造物に対する賃借料を制限し、且つ此種の競馬会に対しては一定の期間内に専用設備を完成せしむること」を受けたものだった。（乙）と（丙）の順序を入れ替えて説明した方がわかりやすいので、まず（丙）をとりあげる[101]。この取締策のポイントは新設の抑制と競馬会数減、営利会社と競馬会の関係の清算だったが、（丙）は後者に関したものだった。つぎの六項目の指示だった。

（丙）営利会社より競馬会挙行に関する諸設備を賃借しある競馬会へ特に達する事項

一、競馬会は二年内に競馬挙行に必要なる専有諸設備を完成すること
二、営利会社より諸設備を買収するものに在ては両者に於て価格を協定すべきこと
三、諸設備を所有するまでは営利会社に支払うべき諸設備の賃借料は営利会社の資金中実際競馬挙行に関する諸設備の為に支出したる金額に対し年壱割五分以内とすべきこと
四、競馬会が諸設備を所有する為に生ずる負債は競馬挙行の収益を以て速に償還すべきこと
本項負債に対する利子は壱割貳分以内とす
五、負債の償還を終るまでは積立金及馬匹改良事業並びに慈善事業に支出すべき金額を減じて其償還に充つることを得ること
六、右諸項の実施に関しては馬政長官の認可を受くべきこと

要するに、この（丙）は、二年以内に施設等を買収して、営利会社との関係の清算を指示したものだった。営利会社の存在は、競馬会に向けられた非難の大きな要因になっていたが、翌明治四二年の第二五帝国議会の競馬の善後策急施に関する請願、競馬法案をめぐる審議で、馬政長官兼務の陸相寺内正毅は、この（丙）が口達の大きな目的だったと答弁した[102]。ちなみに、この（丙）を受けて、京浜競馬倶楽部では、六月以降、その営利会社日本馬匹改良株

式会社が、倶楽部の主導権を握ろうとする争いが表面化して対立が続くことになる。

そして「(乙)東京競馬会に特に達する事項」は、東京競馬会は、営利会社を併設していなかったので、前掲の「(丙)」に相当するものとして、以下の五項目を同会に命じたものだった。

一、社員の出資は競馬会の収益を以て速に償還すべきこと
二、償還金額は出資額を超ゆることを得ず
但し償還結了後会員に通計して出資額以内の報酬を与ふることを得ること
三、償還結了までは未済額に対する報酬年額は一割二分を超ゆることを得ざること
四、償還結了までは積立金及馬匹改良事業並に慈善事業に支出すべき金額を減じて出資の償還に充つることを得ること
五、右諸項の実施に関しては馬政長官の認可を受くべきこと

東京競馬会は、一口五〇〇円、総額二〇万円(第一回開催時の明治三九年一二月段階)の出資金で創業資金を集めており、その出資者に馬券売上から得た利益の配当を行っていた。この(乙)は、その出資者への過大な配当を行うことを防ぐためのもの。出資金以上の償還は許さないということだった。

そして先にも述べたように、この取締策の目玉として貴族院に確約していたのが、新設の抑制と既設の競馬会数減だったが、それを指示したのが、つぎの「(丁)競馬会の数を制限すること」だった。「取締並監督方」「一、競馬会社の数を制限すること　但既設の会社と雖も一定の期間内に之を廃止または合併せしむること」を受けていた。原案は、つぎのものだった(103)。

（丁）競馬会の数を制限すること

一、既設競馬会は向後二ヶ年を期して左の如く減少すること

東京付近　二　兵庫　一

二、競馬会設立の地を予定せず其の都度閣議に於て許否を決定し、又既に馬政局より上申したる武州競馬会及藤枝競馬倶楽部は、此の際閣議に提出し其の許否を決定すること

第一項に関しては、原案通りになった。これは関係競馬会の強い反発、抵抗が確実な問題であった。そのため、この「実行手続」が、二三日に各会社の担当者を馬政局に集めて諭達された際には、この統合案はふせられた(104)。藤波によれば、「近日縷々相話す積」りであったという。実際には関係競馬会には伝えられなかった。なお明治四一年一〇月の馬券禁止、翌年帝国議会で議員提案の馬券復活を目的とする競馬法案が否決されたのを受けて、明治四三年から馬政局が補助金を支出して開催が継続されていくことになるが、その際、この合同に向けての協議が進められ、その結果、「東京付近」は、総武競馬会を除いて、東京競馬会、京浜競馬倶楽部、日本競馬会、東京ジョッケー倶楽部の四競馬会が合同、「兵庫」の関西競馬倶楽部、鳴尾連歩競馬会は、前者が後者を吸収合併することになる。

第二項は馬政局が同意せず、将来認可すべき競馬会を確定することを望むとして八ヶ所（青森、岩手、宮城、福島、愛知、石川、広島、静岡）及び各地に一会社を認可をすることを適当とし、また前年末にその認可を総理大臣に上申していた武州、藤枝の両競馬会の認可許否（事実上認可）の決定を要求、陸相寺内正毅、内相原敬、海相斎藤実、農相松岡康毅は賛成したが、結局原案の末尾の「決定すること」を「決定することを望む」と修正して原案を承認した(105)。馬政局の要求は、競馬会社の数の制限が今回の取締法のポイントであったことで認められなかったが、馬政局（藤波）は、八ヶ所の候補地確定の代わりに、既に上申していた総武、藤枝は認可するという含みで妥協した。

そして、三月一七日、この「(甲) 競馬会一般に達する事項」、「(乙) 東京競馬会に特に達する事項」、「(丙) 営利会

社より競馬会挙行に関する諸設備を賃借しある競馬会へ特に達する事項」、「(丁) 競馬会の数を制限すること」の四つからなる「競馬の監督及取締事項実行手続」が、閣議決定された[106]。

これを受けて二〇日、馬政長官宛にこの「手続」を回送[107]、馬政局は、二三日、全国の競馬会の担当者を馬政局に集めて「実行手続」を諭達した[108]。以下、この日に伝えられたものを「口達」と呼ぶ。ちなみに宮崎競馬会に「呼出の電報」が届いたのは二二日[109]、当然上京しても間に合わず、児玉は在京中の衆議院議員籾木郷太郎、また東洋競馬会も在京理事に出頭を依頼した[110]。

この際、「手続」の趣旨を生かすためだろう、先にふれたように手を加えていた。簡単に繰返せば、「口達」では、「手続」の区分けの変更、事項の追加、字句の修正等が行われており、「(丙) 営利会社より競馬会挙行に関する諸設備を賃借しある競馬会へ特に達する事項」が「競馬会の設備に関する口達」として、「(甲) 競馬会一般に達する事項」が、字句の若干の付加と修正を加えて「競馬の開催に関する件、其の他口達」、「馬券発行競馬会に関する件」の二つに分けられ、さらに「競走馬匹の種類」と「競走距離」の二項が、また「競馬開催に関する注意」は三日間開催の場合の一日のレース数の増大が認めることが付加された。また馬政局は、最後に、「競馬を高尚にすることに一致すべきこと」、「各競馬会は相互に助け合いをすること」、「総て諭達の件は秘密にすること」、「諭達の件に関し若し故障を云うて実行せざるときは遂に馬券売買を禁止することあるべし」などの注意事項を通告した[111]。ただし秘密にすることとの指示は、この「実行手続(諭達)」の概要が、一五日過ぎには、各新聞に報じられるようになり[112]、また二五日以降には主要な内容が掲載されたので[113]、その実効性はなかった。

藤波は、「競馬取締之一件」を二三日に各会社に「夫々説明申聞かせ」たことを伝えた西園寺首相宛の書簡のなかで、当日「東京付近二、兵庫一」の統合はふせたが「近日縷々相話す積」であると述べたうえで、「両会社(武州競馬会、藤枝競馬倶楽部)共御許可に相成度き小生の御願に御座候」と、強く両競馬会の認可を求めた[114]。実際、この藤波の要請に応えた格好で、四月一六日藤枝競馬倶楽部、同二三日武州競馬会の認可が閣議決定される[115]。この認可は、司法、貴族院の神経を刺激したに違いなかった。なお両会ともに、馬券発売を伴う開催を行う前に一〇月の馬券禁止迎えることになる。

今回の「口達」、競馬会取締・監督を実現させることになった圧力の主役は貴族院だったが、三月一〇日過ぎには、貴族院各派委員に、この「実行手続」の内容が通知された(116)。貴族院各派は、この「手続」を承諾、その効果の推移を見守ることになった(117)。いいかえれば、貴族院と政府、馬政局との折り合いは、この「口達」でつけられた。

一方、司法部のこの「口達」策定の過程での動きは不詳であるが、原内相からその指示があったことに鑑みて、その調整、協議には司法部も加わっていたはずであった。司法部の姿勢は、告発があれば、あるいは弊害が大きくなれば、賭博罪や賭博開帳罪で摘発するというものであった。前年五月、東京競馬会春季開催を前に、検挙、摘発に強硬な姿勢を見せていた司法部が、明治四〇年の秋のシーズンの状況に強い危機感を抱かないはずがなかった。ただ目立った動きが見られなかったのは、司令塔の平沼騏一郎が欧米研修中であったことも影響していたと思われる。平沼の帰国は、この二月一四日だった(118)。「口達」が明らかになった段階で、松室致検事総長は、「口達」は、「単に馬政局として競馬会社に対し弊害を少なからしめんがために設定したるものなれば検事局とは何等の関係な」く、馬券売買が賭博行為であることは明白で、「検事局は刑法の明文に照し仮借なく検挙するを断行するを以て妥当」と考えている、だが、「唯当面に横われる難問題は即ち検挙の手心問題にして検事局は目下其手心につき種々調査研究中」であると表明した(119)、要するに司法部は従来の姿勢は変えず、この段階では、検挙、摘発には乗出さないということだった。実際、三月下旬から六月中旬までの春の競馬のシーズン中、司法部は、検挙、取締に向けた表立った動きを見せなかった。

二月下旬以降、秘密裡に、政友会の貴族院への影響力拡大策、あるいは壟断策として、研究会の堀田正養、木曜会の千家尊福の入閣に向けての工作が行われていた(120)。千家の入閣は、親政友会的な傾向を示しつつあった木曜会の功に報いるため、一方、堀田の入閣は、従来、政党との接近を強く警戒していた貴族院の最大会派研究会に、政友会の影響力を混入させようとしたものであった。二五日、千家の法務大臣、堀田の逓信大臣就任を公表、原はこれに関してつぎのように日記に記した(121)。

図11　「競馬取締方針」

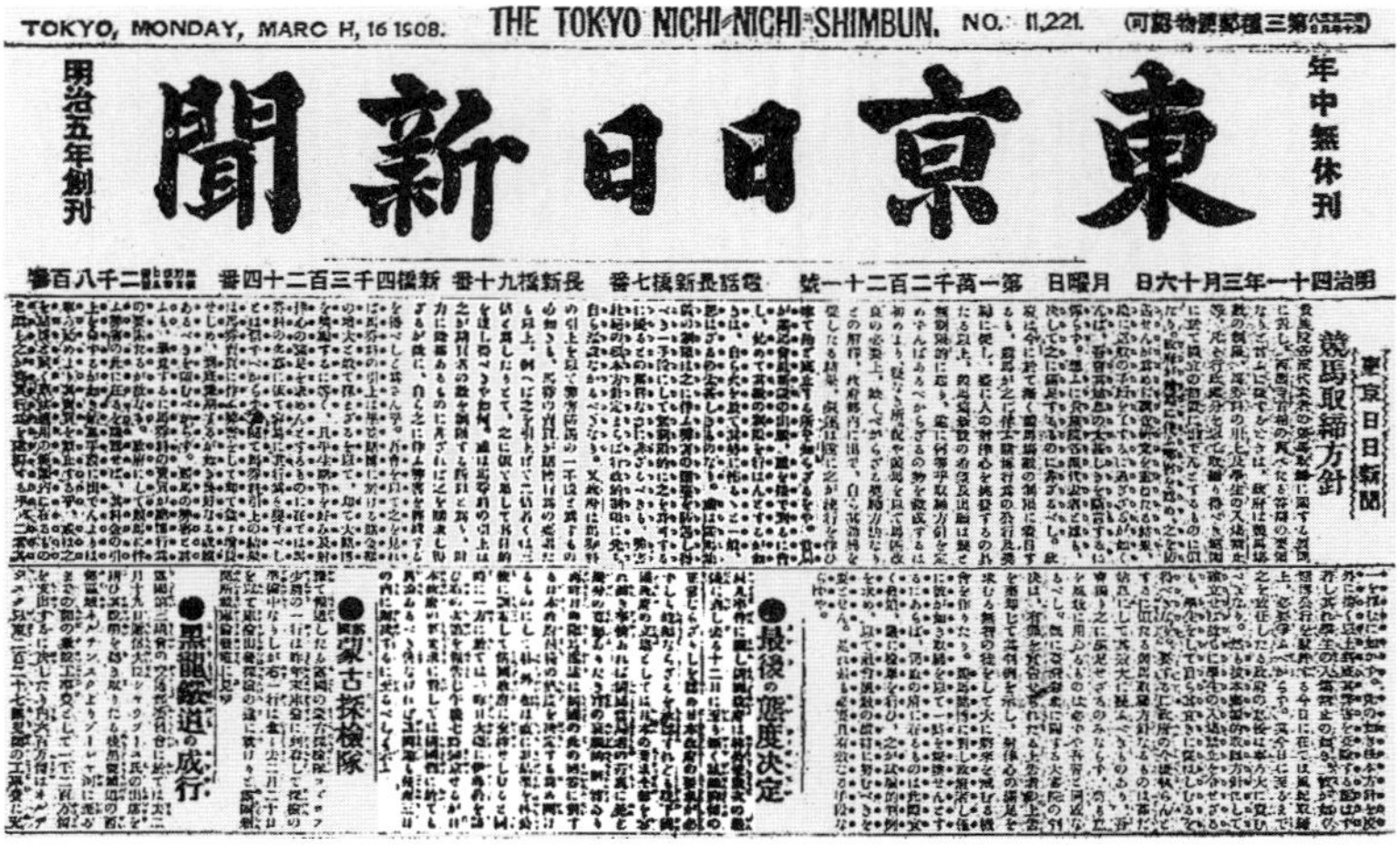


(『東京日日』明41・3・16)

……此更迭により木曜会は純然たる政府党となり、研究会亦従来の態度を改めて現内閣に接近する筈なれば政友会の勢力範囲は多少貴族院に及ぶの端を啓きたるなり

つまり千家と堀田二人の入閣を、原は成功と認識していた。この入閣に比較すれば、事は取るに足らず、また攻勢ではなかったが、競馬取締に関しても西園寺内閣は貴族院側と妥協することに成功した。しかし西園寺内閣が倒壊すれば、そのタガが外れ、貴族院が競馬取締に関して新たな動きを見せる可能性が大きかった。また堀田、千家も、いわば梯子を外された形となって、研究会、木曜会の反堀田、反千家の攻勢に曝されることになるのが確実であった(122)。そして、競馬（馬券）も堀田と千家の運命も、実際にそうなってしまった。

先に述べたように、多くの新聞は、政府の競馬（馬券）に対する姿勢への批判を強めていたが、この「口達」の実効性を疑問とし、こういった「口達」ではなく馬券の禁止を訴えた(123)。たとえば東京日日新聞は三月一六日の社説「競馬取締方針」でその内

図12　「競馬の取締」

（『万朝報』明41・3・27）

容を報じながら、「要するに政府の今後執らんとするに似たる競馬取締方針なるものは甚だ姑息にして其効大に疑うべきものあり、苟も意を風教に用いるものは必ずや吾曹と同感なるべし」として、大審院が、直前の一三日、台湾彩票に関連する裁判で、彩票は明治元年布告に規定されている富籤と同等のものであるとし、興行者の官民を問わず、内地での売買は明治一五年太政官布告第二五号に抵触するとの判断を下したこと（第5章）を受けて、つぎのように論じた。

……競馬賭博に対し、政府、若し僅に彼が如き取締を以て一時を糊塗せんとするにあらば、司直の府に在るものは此際宜しく発憤、厳に検挙を行い、之が試験的判例を求め、以て社会風教の維持に努むべきを要とせん。是れ最も必要且有効なる手段ならずや。

また万朝報も、三月二七日一面の言論「競馬の取締」で、「口達」は「徹頭徹尾当局者が競馬賭博に伴う弊害を承認したるもの、さほどに之を知るならば何が故に断然之を禁止することを為さざるや」と取締より禁止を訴え、ついで三〇日付の言論欄の「競馬の弊依然たり」では「競馬取締の制令実地に於て効なく、競馬に関する弊害依然たり、馬、人よりも重しとの観念当局者の頭脳を去らざる限りは、其の弊害を根除するを得ざるべき也」と批判した。

このように競馬会取締、馬券熱抑制策として、「口達」に対する批判は強く、また「口達」が馬券熱鎮静にどれほどの効果、実効性があるかどうかも大きく疑問符がつくものではあったが、批判の急先鋒であった貴族院は矛をおさめた。そしてこの「口達」は、当初そのことを目的としたわけではまったくなかったが、現在から振り返ってみると、その後の日本の競馬の歩み、方向を決定づけたという意味をもっていた。馬政局が、競馬会を全面的に監督下におくことができるようになり、「官」が統括する日本の競馬の枠組が形作られることにつながったからである。

この「口達」後、競馬は、明治四一年春のシーズンを迎え、東京及びその周辺では、三月二九日から六月一五日までの毎週末、開催されていった(124)。三月二八日、二九日、四月四日、五日の東京ジョッケー倶楽部（板橋競馬場）から始まり、ついで四月一一日、一二日（八日の大雪で一二日、一三日に順延）、一八日、一九日の日本競馬会（目黒競馬場）、四月二五、二六日、五月二、三日の京浜競馬倶楽部（川崎競馬場）、五月八日、九日、一五日、一六日の日本レース倶楽部（横浜・根岸競馬場）、五月二三日、二四日、三〇日、三一日の東京競馬会（池上競馬場）、六月七日、八日、一四日、一五日の総武競馬会（松戸競馬場）。東京ジョッケー倶楽部は七月一一、一二、一八、一九日も開催したので、これを含めれば、東京及びその周辺での開催日数は二八日となった。売上は、東京ジョッケー倶楽部一〇〇万二一六〇円、日本競馬会一五二万四七七〇円、京浜競馬倶楽部約一八〇万円、日本レース倶楽部一一五万五五六〇円、東京競馬会二〇一万一六六〇円、総武競馬会約一〇〇万円、七月の東京ジョッケー倶楽部が約二一〇万円、合計約一〇五九万円。当時は、場内での単勝式のみの発売であったことを考えれば、驚異的な額であった。

その他、春のシーズン、宮崎競馬会（宮崎競馬場）が三月二八日、二九日、四月三日、六日、関西では京都競馬会（島原競馬場）が五月一六日、一七日、一九日、二〇日、関西競馬倶楽部（関西競馬場）が六月六日、七日、一三日、一四日、鳴尾速歩競馬会（鳴尾競馬場）が六月二〇日、二一日、二七日、二八日、北海道では、北海道競馬倶楽部（札幌競馬場）が六月一四日、一五日、二〇日、二一日、函館競馬会（柏野競馬場）が七月四日、五日、一一日、一二日、そして東洋競馬会（戸畑競馬場）が七月二五日、二六日、二八日、二九日と開催した。売上は、京都競馬会が七二万四七〇〇円、関西競馬倶楽部が一三六万六〇〇〇円、鳴尾速歩競馬会が一八四万五〇〇〇円、計関西三場で三九三万五七〇〇円、七月の東洋競馬会が九七万七〇七〇円、宮崎は多く見積もって約一万円、札幌が約六万七〇〇〇円、函館は不明だが札幌と同程度だったとすると、合計で五〇〇万円を上回っていた。東京及びその周辺と合わせると、この春のシーズンの全国の総売上は少なくとも一五〇〇万円、当時と二〇二〇年度の国家予算額、約六億二六七九万円と一〇二兆円を単純に対照して換算すると二兆四四一〇億円、これは半年分であるから、年額にすると約四兆八八二〇億円に相当、ＪＲＡの売得金額のピークである一九九七年の約四兆円を上回るものであった(125)。

「口達」が、競馬（馬券）熱を鎮静化する役割をまったく果たさなかったことは明らかだった。そしてこの競馬（馬券）熱のなかで、東京競馬会も含めて各競馬場では騒擾が相次いだ。この状況を前に、司法部、貴族院、各新聞は馬券禁止を求める圧力をさらに強めた。西園寺は、この明治四一年五月の総選挙で自らが総裁をつとめる政友会が過半数に迫る多数を制したにもかかわらず、財政政策の行き詰まりが決定打となっているところに、「社会党取締」が「不完全」であるとの責任問題も加わって、政権を投げ出し、七月第二次桂内閣が誕生する。馬匹改良に必要と馬券発売の競馬に寛容な姿勢をとっていた西園寺内閣の退陣は、競馬（馬券）の運命も変えることになった。

# 註

## はじめに

1 宮内庁『明治天皇紀』第一〇巻、吉川弘文館、一九七四年、七四六頁。
2 長森貞夫編『東京競馬会及東京競馬倶楽部史』第一巻、東京競馬倶楽部、昭和一六年、一七五頁。
3 「第二三回帝国議会貴族院予算委員会第一分科会（歳入大蔵省）議事速記録第四号」明治四〇年三月二日。
4 「第二五回帝国議会貴族院競馬法案特別委員会議事速記録第一号」明治四二年三月二三日。
5 板垣守正編纂『板垣退助全集』板垣退助全集刊行会、昭和八年、覆刻版、原書房、一九六九年、七五五～六頁。
6 「第二三帝国議会衆議院予算委員第三分科会（大蔵省所管）第二回」明治四〇年一月二九日。
7 たとえば、「競馬会社と条例の制定」『二六』明治四〇年二月一八日、「馬匹改良と競馬（馬政当局者談）」『東京朝日』明治四〇年一〇月三〇日。
8 第一表「明治初年度以降一般会計歳入歳出予算決算」〈https://www.mof.go.jp/budget/reference/statistics〉二〇二〇年九月一一日閲覧。
9 ＪＲＡ売得金額に関しては〈http://jra.jp/company/about/outline/growth/pdf/g_22_01.pdf〉二〇二〇年九月一一日閲覧。
10 たとえば、宮地正人『日露戦後政治史の研究』東京大学出版会、一九七三年、藤野裕子『都市と暴動の民衆史――東京・

1905 - 1923年』有志舎、二〇一五年。

11 「根岸競馬倶楽部の陋劣」『横浜貿易』明治四〇年一一月九日。

12 以下、馬券禁止から明治四三年各競馬会が、馬政局の全面的な監督下、統制下におかれるまでに関しては、第三巻で詳述する。

13 明治四一年一一月一六日付「競馬規程を定む」国立公文書館デジタルアーカイブ。

14 このことに関しても第三巻で詳述する。

15 雨宮昭一「日糖事件——汚職事件と検察権の拡大」我妻栄編『日本政治裁判史録』明治・後 第一法規出版、一九六九年、四九四頁。

## 1 東京競馬会の設立

### 1 東京競馬会披露会

1 以下、大蔵平三中将ら四人の参会も含めて、この日の披露会に関しては、「東京競馬会成立」『東京朝日』明治三九年五月一七日、「東京競馬会」『国民』明治三九年五月一七日、「東京競馬会」『時事新報』明治三九年五月一八日、「東京競馬会の成立」『二六』明治三九年五月一八日、「大蔵中将の馬匹改良談」『二六』明治三九年五月一九日。

2 前掲『東京競馬会及東京競馬倶楽部史』第一巻、一六二頁。

3 たとえば、「法人登記公告」『国民』明治三九年五月一七日。

4 拙著『文明開化に馬券は舞う』世織書房、二〇〇八年、「第4章　共同競馬会社、不忍池時代」。

5 大蔵に関しては、大江志乃夫『日露戦争の軍事史的研究』岩波書店、一九七六年、二四頁、山田仁市編輯「陸軍中将男爵大蔵平三氏」『明治大正馬政功労十一氏事蹟』帝国馬匹協会、昭和一二年、所収、一八七〜二四一頁。

6 増田に関しては、『日本馬政史』第四巻、八四八頁、前掲『明治大正馬政功労十一氏事蹟』二五七頁、陸軍省編纂『明治三七八年戦役陸軍政史』第二巻、湘南堂書店、一九八三年、四二〇〜三、四三一〜三、四三七頁。

7 加藤周一『羊の歌——わが回想』岩波新書、一九六八年、一一〜一二頁。

8　広沢に関しては、「広沢弁二氏」前掲『明治大正馬政功労十一氏事績』五六三〜六五一頁。
9　'The Japan Directory', 1896-1906, Japan Gazette.
10　「東京競馬会成立」『東京朝日』明治三九年五月一七日。
11　前掲『東京競馬会及東京競馬倶楽部史』第一巻、一六六〜七頁、他にたとえば、「閑院宮と東京競馬会」『読売』明治三九年五月一八日、「東京競馬会の成立」『報知』明治三九年五月一八日。
12　長森貞夫編『東京競馬会及東京競馬倶楽部史』第二巻、東京競馬倶楽部、昭和一二年、九〇頁。
13　同前、八頁。
14　「閑院宮殿下総裁奉戴願草案」前掲『東京競馬会及東京競馬倶楽部史』第一巻、三六三頁。
15　閑院宮に関しては、たとえば、大江志乃夫『明治馬券始末』紀伊國屋書店、二〇〇五年、八〇頁、太平洋戦争研究会編『日本陸軍将官総覧』ＰＨＰ研究所、二〇一〇年、一四四頁。
16　たとえば、「東京競馬協会の成立」『東京朝日』明治三九年五月九日、「東京競馬協会」『東京日日』明治三九年五月九日、「閑院宮と東京競馬会」『読売』明治三九年五月一八日。
17　「東京競馬会成立」『東京朝日』明治三九年五月一七日。
18　以下、加納に関しては、特に記さない限り、加納久宜「東京競馬会追懐録」（明治四三年編述）前掲『東京競馬会及東京競馬倶楽部史』第一巻、所収、四四八〜四七〇頁、子爵加納久宜述／小松謙堂編『加納久宜全集』子爵加納久宜遺稿刊行会、大正一四年、「子爵加納久宜氏」前掲『明治大正馬政功労十一氏事績』帝国馬匹協会、昭和一二年、一〇五〜八三頁、伊佐秀雄『馬産界の功労者　加納久宜』日本出版社、昭和一八年、大圃純也『加納久宜――鹿児島を蘇らせた男』高城書房、二〇〇四年、内藤一成『貴族院と立憲政治』思文閣出版、二〇〇五年、五九〜六〇頁、六四〜五頁、学校法人日本体育会／日本体育大学八十年史編纂委員会『学校法人日本体育会　日本体育大学八十年史』日本体育会、一九七三年、二二一〜二頁、山口愛川『横から見た華族物語』一心社出版部、昭和七年、一一〇頁。
19　前掲『学校法人日本体育会　日本体育大学八十年史』二〇〜四頁。
20　大濱徹也『アーカイヴズへの眼』刀水書房、二〇〇七年、九九〜一〇二頁。
21　以下、増田の演説に関しては、前掲『東京競馬会及東京競馬倶楽部史』第一巻、一六八〜七四頁。なおこの増田の演説は、

「競馬の話（一）」『東京朝日』明治三九年五月一八日、「競馬の話（二）」『東京朝日』明治三九年五月一九日、「競馬の話（三）」『東京朝日』明治三九年五月二一日、「競馬の話（四）」『東京朝日』明治三九年五月二二日、また「競馬雑話（上）」『東京日日』明治三九年五月一九日、「競馬雑話（中）」『東京日日』明治三九年五月二〇日、「競馬雑話（下）」『東京日日』明治三九年五月二一日として掲載された。

22 前掲『東京競馬会及東京競馬倶楽部史』第一巻、一七五頁。

23 同前、一七七～八頁。

24 以下、大蔵の演説に関しては、特に記さない限り、前掲『東京競馬会及東京競馬倶楽部史』第一巻、一七八～八〇頁。のちに大蔵は、この日の披露会についてつぎのように回想した（堀田知廣『競馬及競馬法史』帝国競馬協会、昭和一一年、六六～七頁）。

明治三六年欧州から帰朝したる当時欧州土産として、何か馬匹の改良を図る上に就ての捷径は無いかと考えて見たが、なんといっても競馬以外に捷径はない。併しながら競馬を開始するには賭け事を併せて行わねばならぬ、然るに恰もよし今の東京競馬会の名誉会長たる加納子爵が来訪されて馬匹改良を計るには競馬の外捷径は無いとの事だが果して然るや否や意見を聞きたいとのことであったから予は馬匹改良は刻下の一大急務であることを始めとして此の一大急務たる馬匹の改良を計るには競馬の外断じて捷径は無いことを以て説明した。殊に子爵が嘗て鹿児島県知事たりし時の如きは私財を抛って産業に尽瘁され治績大いに挙って良二千石の名を博した人であるから同子爵にして果して競馬を発起せらるるならば至極適任であると思った。処が愈々発起されることとなって、予にも発起人になって呉れとの事であったけれども予の身分として発起人になることは出来ないから其代り賛成員となった。東京競馬会創立の趣意書を見て呉れたら判るが賛成員には曾禰荒助藤波言忠酒匂常明清浦奎吾及び余の五名が記入してある。扨は暫く擱き之が計画に着手するに先ち競馬の何物たるかを社会一般に周知せしめて置かねば世の誤解を招くの恐れがあるところからして各新聞記者を華族会館に招待して競馬の何物たるかを説明することとなった。

かくて加納子爵には愈々各新聞記者を華族会館に招待して競馬の何物たるかを説明することとなって、予に是非一場の演説をして貰いたいとの依頼があったけれども予の身分としては聊か憚るところがあるのみならず、演説では不審なところがあっても演説中質問するという訳にも到らず、斯くては意思の疎通を欠くの恐れがあるので演説は増田少佐になさしめ、予は質問勝手次第と云う訳で一席の談話をした。処が各新聞記者諸君よりは、質問の矢を雨の如く浴びせかけられたが一々答えたので、記者諸君も大に会得せられたものと見え、当時新聞紙上に於ても、反対説を見なかったのは、競馬会設立の意思を強からしめ随って設立の時機を早からしめたのである。若し当時新聞で反対されたならば或は躊躇したかも知れぬ云々。

25　大蔵中将「馬匹改良談」『東京日日』明治三八年八月二六日。

26　「陸軍中将男爵大蔵平三氏」前掲『明治大正馬政功労十一氏事績』一三四頁。本文中にも述べたように、大蔵はかねてからの馬券推進論者であったが、折あるごとにそれを語っていた。この披露会の後にも、つぎのように語った（「馬匹改良談（下）」『やまと』明治三九年六月一七日）。

▼競馬と賭事　唯独り需要の推奨とも云うべきは競馬の隆盛を期する事であるが之が盛大を期せんと欲せば勢い賭事を許さなければならぬ、勿論賭を許す許さぬと云う事は大分議論のある問題で道徳上より見たならば余り賞揚すべき事柄であるまいが、去りとて非常の事を為すには非常の英断を要する如く自然的地勢の影響を打破して人為的に愛馬の念を普及せんとするには競馬に賭事を許す位は何の害もあるまいと思う、尤も一口に賭を云うは全然金銭の輸贏にして甚だ劣等なるが如しと雖も苟も多少馬を視るの眼識ある人が自己の信ずる処に桂冠を掛くるは最早金銭上の問題にあらずして人生活動の半面を代表する意気に依るのである、此の時に於ける賭は寧ろ一種の制裁に過ぎざるのである……いくら保護金を以て奨励しても賭を許さぬ競馬であったならば到底盛大になりようがない……

27　「大蔵中将の馬匹改良談」『二六』明三九年五月一九日。

28　前掲『東京競馬会及東京競馬倶楽部史』第一巻、一八二～三頁。

29　たとえば、明治三七年八～九月の臨時馬制調査委員会（第2章第3節）。

30　以下、ブラットの演説に関しては、前掲『東京競馬会及東京競馬倶楽部史』第一巻、一八三頁。

31 「中外日誌」『中外商業』明治三九年五月一〇日。

32 以下、戸山競馬場に関してまでは、拙著『文明開化に馬券は舞う』「第1章 国家的行事の競馬」、「第2章 共同競馬会社、戸山競馬場時代」、「第4章 共同競馬会社、不忍池時代」。

## 2 競馬会奨励をめぐる歩み

33 「一〇月一〇日農商務大臣榎本武揚の開会演説」『馬匹調査会議事録』第一回（明治二八年）上巻、農商務省農務局、明治二九年、九頁。同調査会設立の経緯とその検討については、第3章2節で論じる。

34 同前、一二〇頁。

35 「三浦清吉」山田仁市『馬事功労十九氏事蹟』日本馬事会、昭和一八年、所収、三三五～六頁。

36 以下、廃止の要因までは、拙著『文明開化に馬券は舞う』「第1章 国家的行事の競馬」「第2章 共同競馬会社、戸山競馬場時代」、「第3章 横浜の競馬」「第4章 共同競馬会社、不忍池時代」。

37 帝国競馬協会編『日本馬政史』第四巻、昭和三年 覆刻版、原書房、昭和五七年、六〇頁。

38 同前、六一頁。

39 たとえば、拙著『文明開化に馬券は舞う』三頁。

40 前掲『日本馬政史』第四巻、六一頁。

41 前掲『馬匹調査会議事録』第一回（明治二八年）上巻、一三〇頁。

42 前掲『日本馬政史』第四巻、六八頁。

43 前掲『馬匹調査会議事録』第一回（明治二八年）上巻、一四三～四頁。

44 同前、二一四頁。

45 拙著『文明開化に馬券は舞う』三八五頁。

46 『第三回馬匹調査会議事録』、農商務省農務局、明治三〇年一〇月、二頁。

47 同前、七一頁。

48 同前、七〇頁。

49 同前、七三〜四頁。
50 小畑岩次郎は、「……先ず競馬会の数は日本全国で一箇所位大きなものを設けて置けば宜い積でしたが、将来進んで奥羽地方にも大きな競馬会を設けて、良い馬を寄せて競馬会を開く場合にもなりましょうが、そうすると一箇所と限って置くと不自由ですから二箇所と致しました」、と説明していた（同前、八二頁）。
51 以下、共同競馬会社に関しては、拙著『文明開化に馬券は舞う』「第1章 国家的行事の競馬」、「第4章 共同競馬会社、不忍池時代」。
52 たとえば、小畑岩次郎の発言（前掲『馬匹調査会議事録』第三回、八〇、一〇四頁）。
53 以下、札幌の競馬に関しては、日本中央競馬会総務部調査課編纂『日本競馬史』巻三、日本中央競馬会、一九六八年、二六一〜七二頁。
54 以下、函館共同競馬会に関しては、同前、三一四〜二二頁。
55 以下、日本レース倶楽部に関しては、拙著『文明開化に馬券は舞う』「第2章 共同競馬会社、戸山競馬場時代 3ニッポン・レース・クラブ（日本競馬会社）の誕生」「第3章 横浜の競馬」。
56 前掲『第三回馬匹調査会議事録』七四頁。
57 同前、八六、一〇八頁。
58 以下、西端の「御祭競馬の方が効能がある」との主張までに関しては、同前、八二〜三頁。
59 西端学／述『日本馬匹改良指針』発行兼編輯者高橋正照、明治三一年、序。
60 前掲『第三回馬匹調査会議事録』八二〜三頁。
61 以下、今泉の発言に関しては、同前、八三〜九二頁。この今泉の発言は議事録八頁余（一頁あたり凡そ六六〇字）にわたるものであった。
62 今泉に関しては、寄川条路『今泉六郎』ナカニシヤ出版、二〇一五年。
63 前掲『第三回馬匹調査会議事録』九六頁。
64 同前、九七頁。
65 同前、九七〜八頁。

66 前掲加納「東京競馬会追懐録」四五三頁。
67 前掲『第三回馬匹調査会議事録』九八頁。
68 同前、九八～一〇〇頁。
69 同前、一〇一～四頁。
70 以下、午前中審議がまとまらなかったことまでに関しては、同前、一〇五～七頁。
71 同前、一〇八～九頁。
72 大友源九郎編『馬事年史』3、昭和二三年、覆刻版、原書房、一九八五年、二八〇頁。
73 「第七回全国畜産大会（第一日）」『読売』明治三二年一一月一三日。
74 前掲『馬事年史』3、三一三頁。同上は、開催日を一二月一日と記しているが、「第九回全国畜産大会」『東京朝日』明治三四年一一月一三日に大会開催の記事が掲載されており誤りと思われるので訂正した。
75 「西川勝蔵氏」前掲『明治大正馬政功労十一氏事績』四三四頁。
76 「陸軍中将男爵大蔵平三氏」前掲『明治大正馬政功労十一氏事績』一三八頁。
77 前掲『日本馬政史』第四巻、九二～一〇〇頁。

## 3 馬券黙許

78 安田伊左衛門「競馬夜話」前掲『東京競馬会及東京競馬倶楽部史』第一巻、所収、四八〇頁。
79 前掲『明治三七八年戦役陸軍政史』第二巻、三八九頁。
80 長森貞夫編纂『競馬と共に歩んだ安田伊左衛門翁伝』日本競馬会、昭和二三年、四三頁。
81 佐久間亮三／平井卯輔編『日本騎兵史』上、原書房、一九七〇年、三九八頁。
82 前掲大江『明治馬券始末』七八頁。
83 以下、この出会いに関しては、前掲安田『競馬夜話』四八一～二頁、「加納久宜氏」前掲『明治大正馬政功労十一氏事績』一三六頁。
84 「東京競馬会設立に関する加納子爵と石井千太郎氏との間に取結ばれたる仮契約（明治三七年一月七日）」前掲『東京競馬

会及東京競馬倶楽部史』第一巻、一五七頁。
85 前掲加納「東京競馬会追懐録」四五三〜四頁。
86 日本体育会は、明治三一年度から年額一万円の国庫補助を受けていたが、明治三六年度で打ち切られることになって資金不足になることが明らかになったのも（前掲『学校法人日本体育会　日本体育大学八十年史』三四、四〇頁）、競馬会設立の動機の一つになっていたと思われる。
87「東京競馬会設立に関する加納子爵と石井千太郎氏との間に取結ばれたる仮契約（明治三七年一月七日）」前掲『東京競馬会及東京競馬倶楽部史』第一巻、一五七頁。
88 以下、石井に関しては、特に記さない限り、「日本体育学校」『読売』明治三七年四月一七日、「甲州の銅山」『東京朝日』明治四二年五月八日、柳元静馬編『財界名士失敗談』上巻、毎夕新聞社出版部、明治四二年、二八四〜八頁、都留市史編纂委員会『都留市史　通史編』都留市、一九九六年、八四〇頁。
89「日本体育学校」『読売』明治三七年四月一七日。
90 前掲安田『競馬夜話』四八二頁。
91 安田伊左衛門は、この計画以降、石井が加納にほとんど近寄らなくなったと回想しているが（前掲安田『競馬夜話』四八三頁）、石井は、明治三九年に設立時の東京競馬会の理事（前掲『東京競馬会及東京競馬倶楽部史』第一巻、一六四頁）、また同会から設立に際しての功績への感謝状も贈られているので（同上、一九六頁）、関係は続いていた。ただし中山の名は消える。
92 前掲安田『競馬夜話』四八二頁。
93 明治三九年一二月二日付加納久宜より公爵岩倉具定宛「東京競馬会の由来概要」前掲『東京競馬会及東京競馬倶楽部史』第一巻、一九二頁。「品川町北方の高地」は、おそらく東海道新幹線をはさんだ現・西品川一丁目、二丁目一帯だった。
94「東京競馬会設立願（明治三七年）」前掲『東京競馬会及東京競馬倶楽部史』第一巻、一五八頁。
95 前掲『学校法人日本体育会　日本体育大学八十年史』二一九頁。
96 前掲加納「東京競馬会追懐録」四五四頁。
97 馬政局馬政課長増田熊六答弁「第二三回帝国議会衆議院予算委員第三分科（大蔵省所管）会議録第三回」明治四〇年一月

三一日。答弁は、つぎのものだった。

僅かに其一部の体育会の中に競馬会が設けられんとしたのを、それよりは本当の規模の競馬会を興して見たらどうかというような政府の意思があったものですから、それで大森に競馬会が興った。

98 前掲『競馬と共に歩んだ安田伊左衛門翁伝』五三頁。

99 前掲安田『競馬夜話』四八三頁。

100 前掲加納「東京競馬会追懐録」四五四頁。この「追懐録」は、この時期を明治三七年五、六月頃としているが、時間を一年取り違えていると考えられる。（1）の黙許に関しては、明治三七年八月からの臨時馬制臨時委員会の前身の委員会で、議論されたのはその八月であり、（2）、（3）に関しては、議論された形跡はない。またこのことを伝えられた数ヶ月の後、清浦奎吾農相より、「競馬に対する賭金一條は閣員異議なきことに内決したる旨、親しく内示された」と記しているが（同上、四五四〜五頁）、これは明治三八年の後半のことであったからである。

101 前掲安田「競馬夜話」四八四頁。

102 安田伊左衛門「大正八年加納子爵追悼文」前掲『日本馬政史』第四巻、五九八頁。前掲安田「競馬夜話」四八四頁では、これが資金集めにつながっているが、追悼文の方が夜話のもとになっているので、追悼文にしたがっておく。なおここに名を出している木村介一は、宮内省御厩課の調馬師、鹿鳴館時代の競馬では騎手として活躍（拙著『文明開化に馬券は舞う』五四七頁）。木村は、臨時馬制調査委員会には参加していなかったが、東京競馬会設立に参画、常議員（「主記」）として運営を担うことにもなる（前掲『東京競馬会及東京競馬倶楽部史』第一巻、一九四頁）。明治三九年一二月の第一回開催後、それまでの功に対して特別の慰労金三〇〇円が出されている（同上、一九七頁）。また根村も、鹿鳴館時代の競馬に関与していた（拙著『文明開化に馬券は舞う』三〇七、三〇九頁）。

103 新倉善之『池上本門寺百年史』大本山池上本門寺、昭和五六年、一二二頁。

104 前掲明治三九年一二月二日付加納久宜より公爵岩倉具定宛「東京競馬会の由来概要」一九二頁。

105 「馬匹改良談 大蔵中将」『東京日日』明治三八年八月二六日。

106　以下、「四大臣合議書」作成の経緯に関しては、特に記さない限り、前掲加納「東京競馬会追懐録」四五四～五頁、前掲安田『競馬夜話』四八五～六頁、前掲『競馬と共に歩んだ安田伊左衛門翁伝』五八～九頁、「競馬公許の確証」『日本』明治四一年一二月一〇日。「合議書」となったのは一二月二三日付で四大臣、各次官、各局長等の捺印が終了を受けてのことになるが、便宜上、この段階でも「合議書」と呼んでおく。

107　以下、西園寺内閣の発足までに関しては、たとえば、立命館大学西園寺公望伝編纂委員会『西園寺公望伝』第三巻、岩波書店、一九九三年、二三、三一頁、千葉功『桂太郎』中公新書、二〇一二年、一二六、一二八～九頁。

108　清浦奎吾「馬券禁止前後」『優駿』第二巻第三号、日本競馬会、昭和一七年三月。

109　以下、この「合議書」に関しては、「競馬賭事に関する農商務、陸軍、内務、司法四大臣合議書」前掲『東京競馬会及東京競馬倶楽部史』第一巻、一一頁。

110　同右。

111　前掲加納「東京競馬会追懐録」四五五頁。

112　前掲安田『競馬夜話』四八五頁。ただし、文案は一二月一二日より以前に作成されている。

113　これに関しては第三巻で詳述する。

114　前掲『東京競馬会及東京競馬倶楽部史』第一巻、一二～三頁。

115　「東京競馬会に対し警察上適宜の取計相成度旨内務省警保局長より警視総監へ通牒（明治三八年一二月二八日）」前掲『東京競馬会及東京競馬倶楽部史』第一巻、一三～四頁。

116　「司法次官河村譲三郎より農商務省次官和田彦次郎宛回答」前掲『東京競馬会及東京競馬倶楽部史』第一巻、一五～六頁。

117　参考までに新刑法と旧刑法の賭博に関する条項をあげておく。

新刑法（明治四一年一〇月施行）（『官報』明治四〇年四月二四日付第七一四二号）

第一八五条　偶然の輸贏に関し財物を以て博戯又は賭事を為したる者は千円以下の罰金又は科料に処す

但し一時の娯楽に供する物を賭したる者は此限に在らず

第一八六条　常習として博戯又は賭事を為したる者は三年以下の懲役に処す
賭博場を開帳し又は博徒を結合して利を図りたる者は三月以上五円以下の懲役に処す
第一八七条　富籤を発売したる者は二年以下の懲役又は三千円以下の罰金に処す
富籤発馬の取次を為したる者は一年以下の懲役又は二千円以下の罰金に処す
前二項の外富籤を授受したる者は三百円以下の罰金又は科料に処す

*

旧刑法（明治一三年太政官布告第一三号、明治一五年施行）Wikisourse 所収
第二六〇条　賭場を開帳し利を図り又は博徒を招結したる者は三月以上一年以下の重禁錮に処し十円以上百円以下の罰金を付加す
第二六一条　財物を賭して現に賭博を為したる者は一月以上六月以下の重禁錮に処し五円以上五十円以下の罰金を附加す其情を知て房屋を給与したる者亦同じ
但飲食物を賭する者は此限に在らず
賭博の器具財物其現場に在る者は之を没収す
第二六二条　財物を醵集し富くじを以て利益を僥倖するの業を興業したる者は一月以上六月以下の重禁錮に処し五円以上五十円以下の罰金を附加す

118 「第二五回帝国議会衆議院請願委員第一分科会議録（速記）第二回」明治四二年二月一日。
119 前掲加納「東京競馬会追懐録」四五五頁。
120 以下、一二月二八日の第二回会合までに関しては、前掲加納「東京競馬会追懐録」四五七頁、前掲『競馬と共に歩んだ安田伊左衛門翁伝』六一頁。
121 以下、趣意書に関しては、「東京競馬会設立趣意書」前掲『東京競馬会及東京競馬倶楽部史』第二巻、六頁。この趣意書にはつぎのような文書も添付されていた（同上）。

別啓新設の競馬場は距離一哩幅二十間にして、場内の設備其の他競馬に関する方法等は概ね横浜共同競馬（日本レース倶楽部）の夫れと御承知相成度、将又入会御申込又は本文に関し御照会書等は当分荏原郡入新井村千四九四番加納久宜宛にて御送達被下度候也。

122 大蔵は、「身分として発起人となることは出来ないから其代り賛成人」になったという（陸軍中将 男爵大蔵平三「現今の競馬は如何なる動機に依て産れたる歟（其二）」『馬匹世界』第九号、明治四一年七月一五日）。

123 前掲『東京競馬会及東京競馬倶楽部史』第二巻、六頁。

124 鹿鳴館時代の競馬に関しては、拙著『文明開化に馬券は舞う』参照。

125 関直彦氏述「馬券発売の由来と禁止の来歴」『競馬倶楽部』第二巻第一号、明治四二年一月五日。

126 たとえば、明治四〇年三月一五日認可された日本競馬会、京都競馬会（第6章第2節、第3節）。

127 前掲『東京競馬会及東京競馬倶楽部史』第二巻、四五頁。

128 明治三九年三月二七日付「内閣書記官長より農商務次官に照会案」国立公文書館デジタルアーカイブ。

129 前掲『東京競馬会及東京競馬倶楽部史』第一巻、一六二頁。

130 前掲『東京競馬会及東京競馬倶楽部史』第二巻、四五頁。

131 衆議院／参議院編『議会制度百年史　貴族院・参議院名鑑』大蔵省印刷局、一九九〇年、七五頁。以下、同上書は『貴族院・参議院名鑑』と記す。

132 藤波家文書研究会『大中臣祭主藤波家の歴史』続群書類聚完成会、一九九三年、二四三頁。

133 山県に関しては、前田康『火焔樹の蔭　風雲児山縣勇三郎伝』近代文藝社、一九九五年。

134 「丁未日誌　明治四〇年九月二三日」『啄木全集』第五巻、筑摩書房、一九六七年。一六八頁。

135 前掲『競馬と共に歩んだ安田伊左衛門翁伝』一二三～四頁、前掲『貴族院・参議院名鑑』五五頁、前掲大江『明治馬券始末』七九頁。

136 日本レース倶楽部関係の理事に関しては、第3章第1節。

137 森に関しては、森邦雄「横浜競馬史 その二」『横浜貿易』明治四〇年一月二日、横浜商況新報社編『横浜成功名誉鑑』横

浜商況新報社、明治四三年、復刻版、有隣堂、一九八〇年、三三三～四頁、須藤義衛門「我邦競馬界の長老森謙吾翁を追憶す」『馬の世界』第一〇年第四号、昭和五年四月、「生糸商茂木商店と二人の旧大村藩士——森謙吾と長與専斎——」『開港のひろば』第九六号、横浜開港資料館、二〇〇七年四月二五日。

138 拙稿「鹿鳴館時代の競馬——明治12～25年　資料編」『富山大学人文学部紀要』第二二号、一九九五年。

139 前掲須藤「我邦競馬界の長老森謙吾翁を追憶す」。

140 たとえば、'Spring Meeting of the Nippon Race Club', J. W. M., May 13, 1899. 'Nippon Race Club', J. W. M., December 30, 1899. 'Nippon Race Club', J. W. M., December 23, 1905.

141 江副に関しては、末岡暁美『改訂増補　大隈重信と江副廉造』洋学堂書店、二〇一一年。吉川英治『かんかん虫は唄う』は、明治三〇年代初頭の横浜を舞台とし、根岸競馬も描き込まれているが、その中で登場人物たちが吸っているタバコは、江副が輸入販売していたピンヘッド。ただしタバコは明治三七年七月、日露戦費の調達のため国有化され、江副もその販売権を手放すことになる。

142 「競馬と賭事の話　審判官江副連蔵氏談」『中央』明治三九年一一月二四日。

143 前掲『横浜成功名誉鑑』六二～三頁。

144 以下、サミュエル・サミュエル商会に関しては、山内昌斗『日英関係経営史』渓水社、二〇一〇年。

145 早坂昇治『文明開化うま物語　根岸競馬と居留外国人』有隣堂、一九八九年、一五四～九頁、日高嘉継・横田洋一『浮世絵明治の競馬』小学館、一九九八年、九〇頁、『ハイカラケイバを初めて候』馬事文化財団、二〇一六年、六〇頁。

146 たとえば、'Spring Meeting of the Nippon Race Club', J. W. M., May 24, 1902. 'Spring Meeting of the Nippon Race Club', J. W. M., May 12, 1906.

147 前掲安田『競馬夜話』四九六頁。

148 以下、農商務省、三井への資金提供要請がうまくいかなかったことまでに関しては、特に記さない限り、前掲安田『競馬夜話』四八四、四八六頁、前掲安田「大正八年加納子爵追悼文」五九八頁。

149 前掲安田「競馬夜話」四八六～七頁。

150 拙著『文明開化に馬券は舞う』三七五～八五頁。

151 前掲『貴族院・参議院名鑑』三九頁、拙著『文明開化に馬券は舞う』一五七頁。
152 前掲加納『東京競馬会追懐録』四五七頁。
153 前掲安田『競馬夜話』四八七頁。
154 前掲加納『東京競馬会追懐録』四五七頁、前掲『競馬と共に歩んだ安田伊左衛門翁伝』六一頁。
155 以下、渋沢栄一の応募への尽力までに関しては、前掲安田『競馬夜話』四八八～九頁。
156 前掲『東京競馬会及東京競馬倶楽部史』第二巻、六二三頁。
157 たとえば、拙著『文明開化に馬券は舞う』二九九、三〇七、三一一頁。
158 以下、寄付に関しては、「東京競馬会創業資金醵出者名簿」前掲『東京競馬会及東京競馬倶楽部史』第二巻、六一五～二五頁。
159 この時期から昭和初期にかけての小岩井農場の育馬事業に関しては、麓三郎『小岩井農場七十年史』小岩井農牧、一九六八年、二一四～三七頁、神翁顕彰会編『続 日本馬政史』二、神翁顕彰会、一九六三年、三〇頁。日本の馬産の質の向上に大きな功績を残した種牡馬インタグリオー、繁殖牝馬フローリスカップなどの輸入にあたったのは新山荘輔だった（前掲『小岩井農場七十年史』二一五～六頁）。
160 たとえば「日本競馬会雑観▲三井家の馬運」『馬匹世界』第七号、明治四一年五月一五日、「競馬会社の全潰△愈々馬券発売の禁止△我利我利亡者の泣面」『万朝報』明治四一年一〇月六日。明治四一年春の時点で、三井得右衛門は五頭飼養していた（「春風に駒が嘶く（三） 競馬社会の諸問題と来るべき競馬会は如何」『やまと』明治四一年三月二四日、「競馬の最好期来る（二） 春季競馬界の好望　日本競馬会の開催」『中央』明治四一年三月一四日）。
161 前掲『競馬と共に歩んだ安田伊左衛門翁伝』七一頁。
162 「競馬会の競争」『読売』明治三九年六月一四日。
163 前掲安田『競馬夜話』四八四頁、前掲『東京競馬会及東京競馬倶楽部史』第一巻、一九一頁。
164 「東京競馬会成立」『東京朝日』明治三九年五月一七日。なお横浜在住の西洋人からの寄付（出資）は一八人、神戸在住は二人だった（前掲『東京競馬会及東京競馬倶楽部史』第二巻、六一五～二四頁）。
165 「第二回以降の払込通知（明治三九年五月一九日）」前掲『東京競馬会及東京競馬倶楽部史』第一巻、一八四～五頁。

166 「年々会費を納付する会員を創業資金を醵出する会員に変更す」前掲『東京競馬会及東京競馬倶楽部史』第一巻、一九一頁。

167 たとえば、「競馬会出願」『読売』明治三九年一〇月四日、「競馬会社と条例の制定」『東京朝日』明治四〇年二月一八日、「競馬会の認可、出願」『やまと』明治四〇年五月一七日、「馬匹改良と競馬（馬政当局者談）」『東京朝日』明治四〇年一〇月三〇日。

168 以下、用地選定に関しては、特に記さない限り、前掲加納「東京競馬会追懐」四五六頁、「創立事項報告（明治三九年初頃）」前掲『東京競馬会及東京競馬倶楽部史』第一巻、一五九～六一頁、前掲安田「競馬夜話」四九〇～四頁、前掲新倉『池上本門寺百年史』一二二頁、鈴木勇一郎「池上をめぐる郊外開発と本門寺」鈴木勇一郎・高嶋修一・松本洋幸編『近代都市の装置と統治 一九一〇～三〇年代』日本経済評論社、二〇一三年、一九七～八頁。

169 安田伊左衛門は、大正八年記した加納久宜追悼文のなかで、「次に土地の選定方については加納子爵と協議の上、同子爵から前以て交渉してあった候補地府下荏原郡南品川と大崎の中間地と今一つは同池上に検すべく、私は増田少佐と同伴して行き結局池上と決定」したと述べている（前掲安田「大正八年加納子爵追悼文」五九八頁）。

170 前掲『池上本門寺百年史』一二三頁。

171 以下、この問題に関しては、「池上に於ける競馬場工事を観る（下）」『東京朝日』明治三九年六月一二日、「池上競馬場の紛紜」『二六』明治四〇年五月二二日、「競馬会を食物にす」『日本』明治四〇年五月二二日、「競馬場の紛議　馬場の真中の建築物」『国民』明治四〇年五月二四日、「東京競馬会の紛紜」『東京朝日』明治四〇年五月二五日、「池上競馬場に対する紛紜」『東京朝日』明治四〇年一〇月二七日、「池上競馬場の紛紜（秋季競馬は中止?）」『東京日日』明治四〇年一〇月二七日、「池上競馬場の紛紜」『横浜貿易』明治四〇年一〇月二七日、「競馬会の紛議　本門寺に係る訴訟」『国民』明治四〇年一〇月二八日、「池上競馬場の紛紜」横浜貿易』明治四〇年一〇月二九日。

172 以下、この件に関する後始末までに関しては、前掲安田「競馬夜話」四九四頁。

173 「東京競馬会社の起工」『東京日日』明治三九年六月四日、「池上に於ける競馬工事を観る（上）」『東京朝日』六月九日。なお前掲『東京競馬会社及東京競馬倶楽部史』第二巻、四六頁は起工契約締結日を二日としている。

174 前掲『東京競馬会及東京競馬倶楽部史』第二巻、四六頁。

175 以下、池上競馬場の施設等の設計案に関しては、特に記さない限り、「東京競馬場の新設」『万朝報』明治三九年五月八日、「東京競馬会の起工」『時事新報』明治三九年五月二八日、「東京競馬会の競馬場起工」『東京日日』明治三九年五月二八日、「東京競馬会の起工」『報知』明治三九年五月二八日、「東京競馬会の起工」『国民』明治三九年五月二八日、「東京競馬会の起工」『日本』明治三九年五月二八日、「東京競馬会の起工」『東京朝日』明治三九年五月二八日、「東京競馬会の起工」『やまと』明治三九年五月二八日、「池上に於ける競馬場工事を観る（上）」『東京朝日』明治三九年六月九日、「池上に於ける競馬場工事を観る（中）」『東京朝日』明治三九年六月一〇日、「池上に於ける競馬場工事を観る（下）」『東京朝日』明治三九年六月一二日、「東京競馬会の現況」『やまと』明治三九年八月一八日、「東京競馬会競馬場」『時事新報』明治三九年九月一四日、「池上競馬場」『東京朝日』明治三九年一一月八日、「池上の新競馬場　東洋第一の設計」『中央』明治三九年一一月一八日、「池上の競馬場に就て」『横浜貿易』明治三九年一一月二〇日、「東京競馬会（帝室より賞典の下賜）」『報知』明治三九年一一月二〇日、「本日の競馬会」『報知』明治三九年一一月二四日、前掲『日本競馬史』巻三、三七〜九頁。

176 「池上競馬場」『東京朝日』明治三九年一一月八日。

177 「池上の新競馬場　東洋第一の設計」『中央』明治三九年一一月一八日。

178 埒の外側に犬走を三尺おいた地点を一周として一マイルだった（「池上に於ける競馬場工事を観る（上）」『東京朝日』明治三九年六月九日）。

179 「東京競馬会社の競馬準備」『都』明治四〇年五月二一日、「東京競馬彙報」『やまと』明治四〇年五月二一日、「競馬見聞録」『東京朝日』明治四〇年一一月一〇日。

180 「池上の競馬場に就て」『横浜貿易』明治三九年一一月二〇日、「東京競馬会帝室より賞典の下賜」『報知』明治三九年一一月二〇日。

181 以下、馬見所に関しては、「池上競馬場」『東京朝日』明治三九年一一月八日、「東京競馬会」『東京日日』明治三九年一一月二一日、「東京競馬会」『読売』明治三九年一一月二四日、「池上初競馬雑観」『東京朝日』明治三九年一一月二五日、「競馬雑観」『東京朝日』明治三九年一二月二日。「東京競馬会」『読売』明治三九年一一月二四日によれば、第一号館の階下は二〇八坪、二階一九七坪、三階一一坪の計五一七坪、第二号館は、階下二八四坪余、二階一四五坪余の計四三〇坪余。

182 「横浜根岸競馬談（承前）」『東京朝日』明治四〇年五月一三日、「競馬会の賭事　ガラ及びアナとは何」『国民』明治四〇

年六月二日、「競馬と賭博（一）」『東京日日』明治四〇年七月一一日。
183 「渋民日記」前掲『啄木全集』第五巻、九四頁。
184 「競馬会と賭事」『読売』明治三九年一一月二三日。
185 「池上競馬場」『東京朝日』明治三九年一一月八日。「東京競馬会」『読売』明治三九年一一月二四日によれば一〇棟四六八坪。
186 「池上競馬前況」『東京朝日』明治四〇年五月二一日。
187 たとえば、「秋季大競馬」『東京朝日』明治三九年一一月二三日、「東京競馬会（彙報）」『中央』明治三九年一一月二四日、「本日の競馬会」『報知』明治三九年一一月二四日、「池上初競馬雑観」『東京朝日』明治三九年一一月二五日、「東京競馬会第一回競馬（第一日）」『東京日日』明治三九年一一月二五日。
188 以下、大森に関しては、「大森植民地（上）大森停車場」『東京朝日』明治三七年一月二五日、「大森植民地（中）社交と自治」『東京朝日』明治三七年一月二六日、「大森植民地（下）自然と生活」『東京朝日』明治三七年一月二七日、「大森の未来（上）」『東京朝日』明治三九年五月四日、「大森海岸の一日」『東京朝日』明治三九年八月一三日、「東京競馬の妄評」『横浜貿易』明治三九年一二月四日、大田区史編さん委員会『大田区史』下巻、東京都大田区、一九九六年、二三八〜四八頁。
189 前掲『太田区史』下巻、二八六〜九〇、九四一頁。
190 「東京競馬の妄評」『横浜貿易』明治三九年一二月四日。
191 「競馬会と行幸御道筋」『時事新報』明治三九年九月四日、「池上競馬場」『東京朝日』明治三九年一一月八日、「池上の新競馬場　東洋第一の設計」『中央』明治三九年一一月一八日。
192 「池上に於ける競馬場工事を観る（上）」『東京朝日』明治三九年六月九日。
193 たとえば、「会式の一夜」『東京日日』明治三九年一〇月一四日、前掲鈴木勇一郎「池上をめぐる郊外開発と本門寺」一九三頁。
194 たとえば、「秋季大競馬」『東京朝日』明治三九年一一月二三日。
195 「池上会式の前景気」『二六』明治四〇年一〇月八日、前掲鈴木勇一郎「池上をめぐる郊外開発と本門寺」一九六頁。

## 4　関八州競馬会

196　黙許を認める「四大臣合議書」のことを指すような情報も流れていたので（たとえば、「馬匹改良と競馬」『横浜貿易』明治三九年四月二七日、「競馬場の賭に就て」『横浜貿易』明治三九年六月一日）、それも風説のもとになっていたと思われる。

197　不忍池競馬場に関しては、拙著『文明開化に馬券は舞う』「第4章 共同競馬会社、不忍池時代」。

198　たとえば、四月三日、東洋捷輪会主催の東北飢饉救済全国連合自転車大競走会（「全国聯合自転車大会」『東京日日』明治三九年三月三〇日、「全国聯合自転車大競走番組」四月三日、「自転車大競走会」四月四日、「自転車大会」『読売』明治三九年四月三日）、一五日明治大学の運動会が開かれていた（「明治大学運動会」『東京朝日』明治三九年四月一一日、「明治大学の大運動会」『読売』明治三九年四月一六日）。

199　「関東競馬会」『東京朝日』明治三九年四月一六日、「関東競馬会」『読売』明治三九年四月一六日、「関東競馬会」『二六』明治三九年四月一六日、「関東競馬会」『読売』明治三九年四月一八日、「関東競馬大会」『日本』明治三九年四月一八日、「帝国馬匹改良協会覚書」『河野広中文書』国立国会図書館憲政資料室蔵。以下、『河野広中文書』については「国立国会図書館憲政資料室蔵」を略する。

200　「上野競馬会の性質」『東京朝日』明治三九年五月二六日。

201　寺島に関しては、日本歴史学会編『明治維新人名辞典』吉川弘文館、一九八一年、六四五頁、大植四郎編著『明治過去帳』新訂初版、東京美術、一九八八年、一一七四頁、前掲『貴族院・参議院議員名鑑』一四一頁。

202　「鶴見の競馬会」『東京朝日』明治四〇年一月一〇日、「競馬会社設立運動」『下野新聞』明治四一年九月二七日。

203　以下、四月九日付の許可までに関しては、「帝国馬匹改良協会覚書」『河野広中文書』。願出は以下のものだった。

上野公園の内不忍池周囲の地拝借使用の件
右は明治三七八年戦役記念馬匹改良奨励として明治三九年五月一〇日より一三日に至る三日間雨天順延競馬会を執行致し度候に付何卒御許可相成度此段奉願上候也
但し設備に付・地毀損有之候時取片付之上復旧修理可仕候
明治三九年四月七日　東京市麹町富士見町二丁目三三番地　関東競馬会長　男爵　寺島秋介

この資料が、『河野広中文書』に残されているのは、同会に永岡啓三郎が関与していたからであろう（第6章第6節）。

204　以下、五月九日の関八州競馬会の開催許可までに関しては、「関東競馬会に就て」『東京朝日』明治三九年五月八日、「不忍池畔の競馬」『中外商業』明治三九年五月八日、「東京の競馬大会」『都』明治三九年五月八日、「不忍池畔の競馬会」『東京朝日』明治三九年五月一〇日、「競馬会合併成る」『日本』明治三九年五月一〇日、「競馬会の合併」『読売』明治三九年五月一〇日、「関八州競馬会」『国民』明治三九年五月一〇日、「関八州競馬会」『中外商業』明治三九年五月一〇日、「関八州競馬会彙報」『東京朝日』明治三九年五月一六日、「上野競馬会の性質」『東京朝日』明治三九年五月二六日。

205　根岸に関しては、櫻井良樹「戦前期群馬県・埼玉県における県議会議員総選挙の結果について」『麗澤大学論叢』一一号、二〇〇〇年三月、海野大地「官民調和への移行と院外者――20世紀転換期に於ける自由党系青年運動を通して」『立命館大学人文科学研究所紀要』No.117、二〇一九年一月〈http://www.ritsumei.ac.jp/acd/re/k-rsc/hss/book/pdf/no117_08.pdf〉二〇二〇年八月一日閲覧。

206　『銀行会社要録』第六版、東京興信所、明治四五年、一〇九頁。

207　「関八州競馬会彙報」『東京朝日』明治三九年五月一六日。

208　「上野競馬会の性質」『東京朝日』明治三九年五月二六日。

209　「関八州競馬会彙報」『東京朝日』明治三九年五月一四日。

210　「不忍池畔の競馬会」『東京朝日』明治三九年五月一〇日、「競馬会の合併」『読売』明治三九年五月一〇日、「関八州競馬会」『中外商業』明治三九年五月一〇日。また馬匹改良を目的とし、陸軍部内及び華族紳士等二五名賛助員を得て、馬券発売を率先挙行する、総裁には追って皇族殿下奉戴予定と報じられもしたが（「関八州競馬会彙報」『東京朝日』明治三九年五月一六日）、これは東京競馬会と混同されたものだろう。

211　以下、不忍池周囲の整備に関しては、たとえば、「関八州競馬会彙報」『東京朝日』明治三九年五月一二日、「関八州競馬会彙報」『東京朝日』明治三九年五月一四日、「関八州の彙報　同会の組織」『東京朝日』明治三九年五月一六日、「関八州競馬（第一日）不整頓、不準備、苦情百出」『中央』明治三九年五月二〇日。

212　以下、芸者の試乗までは、たとえば、「関八州競馬会彙報」『東京朝日』明治三九年五月一二日、「関八州競馬会彙報」『東

京朝日』明治三九年五月一四日、「関八州競馬会彙報」『東京朝日』明治三九年五月一六日、「関八州競馬会彙報」『東京朝日』明治三九年五月一七日、「関八州競馬会　前況」『東京朝日』明治三九年五月一八日、「公園芸者の乗馬研究」『東京朝日』明治三九年五月一八日、「関八州競馬会彙報」『東京朝日』明治三九年五月一九日、「関八州競馬会」『読売』明治三九年五月一四日、「イロハ便」『読売』明治三九年五月一五日、「関八州競馬会彙報」『読売』明治三九年五月一六日、「大競馬会の美人組」『読売』明治三九年五月一七日、「関八州競馬会」『読売』明治三九年五月一九日、「イロハ便」『読売』明治三九年五月一九日、「競馬会規定」『東京日日』明治三九年五月一四日、「関八州競馬会」『東京日日』明治三九年五月一四日、「関八州競馬会彙報」『東京日日』明治三九年五月一六日、「関八州競馬会彙報」『東京日日』明治三九年五月一七日、「競馬会彙報」『東京日日』明治三九年五月一八日、「競馬会彙報」『東京日日』明治三九年五月一九日。その他東京発行の各紙も詳しく報じていた。各紙が掲載した記事は、関八州競馬会が提供した情報を受けてのものだったと思われる。

213　たとえば、「第一日関八州競馬会（昨日の景況）」『東京朝日』明治三九年五月二〇日、「関八州競馬会」『読売』明治三九年五月二〇日、「競馬大会（第一日の景況）」『東京日日』明治三九年五月二〇日、「不忍池畔の競馬」『二六』明治三九年五月二〇日、「競馬場雑観」『中外商業』明治三九年五月二〇日、「第二日目関八州競馬会」『東京朝日』明治三九年五月二一日、「不忍池畔の競馬（二日目）」『二六』明治三九年五月二一日、「関八州競馬会」『読売』明治三九年五月二一日。

214　「関八州競馬会彙報」『読売』明治三九年五月一六日、「関八州競馬会彙報」『東京日日』明治三九年五月一六日、「関八州の彙報　同会の組織」『東京朝日』明治三九年五月一六日、前掲『馬事年史』3、二七五頁。

215　たとえば、「競馬大会（第一日の景況）」『東京日日』明治三九年五月二〇日。

216　「中山競馬倶楽部沿革小史（第一輯）」中山競馬場70年史編集委員会編『中山競馬場70年史』日本中央競馬会中山競馬場、一九九九年、所収、一五四～五頁。

217　「競馬会規定」『東京日日』明治三九年五月一四日。

218　以下、審判に関しては、たとえば、「関八州競馬会前況」『東京朝日』明治三九年五月一八日、「競馬会彙報」『東京日日』明治三九年五月一八日、「関八州競馬会彙報」『中外商業』明治三九年五月一八日。

219　山崎有信「相良長発伝」『彰義隊戦史』隆文館、明治三七年、六七一～五頁、「相良長発翁の危篤 徳川征討軍の先鋒」『やまと』明治四一年八月二日、「相良長発先生伝」『やまと』明治四一年八月三日、前掲『明治過去帳』一〇八三頁、拙著『文明開化に馬券は舞う』三〇七、三一一頁。

220 「第一日関八州競馬会（昨日の景況）」『東京朝日』明治三九年五月二〇日。

221 以下、出走馬に関しては、たとえば、「関八州競馬会彙報」『東京朝日』明治三九年五月一四日、「関八州競馬会」『読売』明治三九年五月一四日、「関八州競馬会」『東京日日』明治三九年五月一四日、「関八州競馬会彙報」『東京朝日』明治三九年五月一七日、「関八州競馬会彙報」『東京日日』明治三九年五月一七日、「競馬会彙報」『中外商業』明治三九年五月一七日。

222 以下、番組編成に関してまでは、たとえば、「関八州競馬会彙報」『東京朝日』明治三九年五月一七日、「関八州競馬会前況」『東京朝日』明治三九年五月一八日、「関八州競馬会彙報」『東京朝日』明治三九年五月一九日、「関八州競馬会彙報」『東京日日』明治三九年五月一七日、「競馬会彙報」『東京日日』明治三九年五月一八日、「競馬会彙報」『東京日日』明治三九年五月一九日。

223 「関八州競馬会前況」『東京朝日』明治三九年五月一八日。ただし直接、馬券が難しいという趣旨の記事ではない。

224 片山慶隆『日露戦争と新聞』講談社選書メチエ、二〇〇九年、一六頁。

225 山本武利『新聞と民衆　日本型新聞の形成過程』紀伊國屋書店、一九七八年、一〇九頁。

226 「イロハ便」『読売』明治三九年五月一五日。

227 以下、初日に関しては、「第一日関八州競馬会（昨日の景況）」『東京朝日』明治三九年五月二〇日、「競馬大会（第一日の景況）」『東京日日』明治三九年五月二〇日、「不忍池畔の競馬」『二六』明治三九年五月二〇日、「関八州競馬会」『読売』明治三九年五月二〇日、「関八州競馬（第一日）不整頓、不準備、苦情百出」『中央』明治三九年五月二〇日、「関八州競馬会」『やまと』明治三九年五月二〇日、「関八州競馬会」『時事新報』明治三九年五月二〇日、「関八州競馬会　初日の景況」『国民』明治三九年五月二〇日、「関八州競馬会（初日）」『中外商業』明治三九年五月二〇日、「上野の競馬会（初日）」『万朝報』明治三九年五月二〇日。

228 「第三日目関八州競馬会」『東京朝日』明治三九年五月二三日。

229 以下、二日目に関しては、「競馬大会（第二日）」『東京日日』明治三九年五月二一日、「第二日目関八州競馬会」『東京朝日』明治三九年五月二一日、「関八州競馬会」『読売』明治三九年五月二一日、「関八州競馬会　二日目景況」『国民』明治三九年五月二一日、「関八州競馬会（二日目）」『やまと』明治三九年五月二一日、「関八州競馬会（二日目）」『中外商業』明治三九年五月二一日、「関八州競馬（第二日）」『中央』明治三九年五月二一日、「上野の競馬会（二日目）」『万朝報』明治三九年五月二一日。

230 以下、三日目に関しては、「第三日目関八州競馬会」『東京朝日』明治三九年五月二二日、「競馬大会（第三日）」『東京日日』明治三九年五月二二日、「関八州競馬会」『読売』明治三九年五月二二日、「関八州競馬会」『時事新報』明治三九年五月二二日、「関八州競馬会　三日目景況」『国民』明治三九年五月二二日、「関八州競馬会（三日目）」『やまと』明治三九年五月二二日、「関八州競馬会（三日目）」『中外商業』明治三九年五月二二日、「上野の競馬会（三日目）」『万朝報』明治三九年五月二二日。

231 「関八州競馬会（初日）」『中外商業』明治三九年五月二〇日、「上野競馬会（初日）」『報知』明治三九年五月二七日。初日は、警官の命令で第七競馬から発売中止（「関八州競馬会（初日）」『中外商業』明治三九年五月二〇日）、あるいは「午後二時三〇頃其筋の注意を受けて中止」（「関八州競馬（第一日）不整頓、不準備、苦情百出」『中央』明治三九年五月二〇日）、二日目に関しては、「賭札売は其筋より差止められし由」（「関八州競馬会　二日目景況」『国民』明治三九年五月二一日）、「横浜の賭師も追々入込み大に運動を試み競馬会理事も共に尽力し江間俊一氏に依頼し警視庁に交渉の結果三日目より横浜のパリミチュエルに準じて一枚一円宛の札を得る事となれり」（「関八州競馬会（二日目）」『中外商業』明治三九年五月二一日）と報じられてもいた。

232 以下、計画から開催までに関しては、特に記さない限り、「慈善競馬会開催」『読売』明治三九年五月二四日、「慈善競馬会」『読売』明治三九年五月二五日、「上野競馬会」『読売』明治三九年五月二六日、「震災救済慈善競馬」『東京朝日』明治三九年五月二五日、「上野競馬会の性質」『東京朝日』明治三九年五月二六日、「東京上野競馬会」『東京朝日』明治三九年五月二六日、「不忍の競馬　本日より三日間興行」『中央』明治三九年五月二六日。

233 「東京上野競馬会」『東京朝日』明治三九年五月二六日、「東京上野競馬会」『静岡民友』明治三九年五月二七日。

234 たとえば、「競馬会広告」『静岡民友』明治三九年三月二四日。

235 たとえば、「遠江共同競馬会」『朝野新聞』明治一八年一〇月二六日、「遠州の競馬会」『読売』明治二〇年一〇月二九日。

236 以下、この条例に基づいての富士競馬倶楽部、磐田原競馬会の開催に関しては第3章第3節。

237 以下、初日に関してまでは、「上野競馬会（初日）」『報知』明治三九年五月二七日、「上野競馬会第一日」『東京朝日』明

治三九年五月二七日、「上野競馬会（第一日）」『東京日日』明治三九年五月二七日、「上野競馬会」『読売』明治三九年五月二七日、「上野競馬会」『時事新報』明治三九年五月二七日。

238　以下、二日目に関しては、「上野競馬会（二日目）」『報知』明治三九年五月二九日、「上野競馬会第二日」『東京朝日』明治三九年五月二九日、「慈善競馬会（第二日）」『東京日日』明治三九年五月二九日、「上野競馬会」『読売』明治三九年五月二九日、「上野競馬会」『時事新報』明治三九年五月二九日。

239　「競馬場の賭に就て」『横浜貿易』明治三九年六月一日、「不問に附せらるる競馬場の賭け」『二六』明治三九年六月一日。

240　「上野競馬会（三日目）」『報知』明治三九年五月三〇日、「上野競馬会第三日」『東京朝日』明治三九年五月三〇日、「慈善競馬会（第三日）」『東京日日』明治三九年五月三〇日、「上野競馬会」『読売』明治三九年五月三〇日、「上野競馬会」『時事新報』明治三九年五月三〇日、「上野競馬会（第三日）」『毎日』明治三九年五月三〇日。

241　以下、カツラとキンカザンのレースに関しては、「第一日関八州競馬会（昨日の景況）」『東京朝日』明治三九年五月二〇日、「競馬大会（第一日の景況）」『東京日日』明治三九年五月二〇日、「不忍池畔の競馬」『二六』明治三九年五月二〇日、「関八州競馬会」『読売』明治三九年五月二〇日、「関八州競馬（第一日）不整頓、不準備、苦情百出」『中央』明治三九年五月二〇日、「関八州競馬会」『やまと』明治三九年五月二〇日。

242　前掲『東京競馬会及東京競馬倶楽部史』第二巻、四二頁、「関八州競馬会番組（午前一〇時より開始）」『東京朝日』明治三九年五月一九日。

243　以下、槇田とカツラに関しては、「池上競馬三日目雑観」『東京朝日』明治三九年一二月二日、「競馬の珍譚」『中外商業』明治四一年一月一日。

244　「競馬場雑観」『中外商業』明治三九年五月二〇日、前掲『東京競馬会及東京競馬倶楽部史』第二巻、四二頁。

245　大庭に関しては、「侠客大庭平太郎（彼の一生は面白い講談に）」『静岡民友』明治四五年四月二八日。

246　「競馬大会（第二日）」『東京日日』明治三九年五月二一日、「第二日目関八州競馬会」『東京朝日』明治三九年五月二一日、「関八州競馬会」『読売』明治三九年五月二一日。

247　「第三日目関八州競馬会」『東京朝日』明治三九年五月二二日、「競馬大会（第三日）」『東京日日』明治三九年五月二二日、「関八州競馬会」『読売』明治三九年五月二二日。

248 「上野競馬会第一日」『東京朝日』明治三九年五月二七日、「上野競馬会（第一日）」『東京日日』明治三九年五月二七日、「上野競馬会」『読売』明治三九年五月二七日。

249 「函館競馬と騎手」『北海タイムス』明治三七年七月九日。

## 2 明治三七年四月七日の勅諚から馬政局の設置

### 1 明治三七年四月七日の勅諚

1 以下、この勅諚に関しては、宮内庁『明治天皇紀』第一〇巻、吉川弘文館、一九七四年、七四六頁。

2 日本中央競馬会総務部調査課編纂『日本競馬史』第六巻、日本中央競馬会、一九七二年、一四五〜六頁、小津茂郎『昭和の群像　私の八十年』創林社、一九八四年、一〇〇頁。

3 たとえば、立命館大学西園寺公望伝編纂委員会『西園寺公望伝』第三巻、岩波書店、一九九三年、三七頁。

4 前掲『明治天皇紀』第一〇巻、七〇一頁。

5 拙著『文明開化に馬券は舞う』一二〜二〇頁。

6 以下、二〇日までに関しては、山本四郎編『寺内正毅日記』京都女子大学、一九八〇年、二二六、二三九頁。

7 前掲『明治天皇紀』第一〇巻、七四六頁。

8 「子爵藤波言忠氏」山田仁市編輯『明治大正馬政功労十一氏事績』帝国馬匹協会、昭和一二年、八、一七頁、藤波家文書研究会『大中臣祭主藤波家の歴史』続群書類聚完成会、一九九三年、二三五、二五〇頁。

9 「子爵藤波言忠氏」前掲『明治大正馬政功労十一氏事績』一七頁。

10 「藤波子爵講話筆記」（第一稿）大正六年一一月二日（農研機構北海道農業研究センター所蔵）、九頁。

11 同前、二七頁。

12 明治三九年一〇月一〇日付「神奈川県属鈴木重実外八十名叙位ノ件〇馬政局属原田種穂」国立公文書館デジタルアーカイブ。

13 「子爵藤波言忠氏」前掲『明治大正馬政功労十一氏事績』一六〜七、二一〜三頁、「獣医学博士　新山荘輔氏」前掲『明治大正馬政功労十一氏事績』三四一、三四四頁、前掲『大中臣祭主藤波家の歴史』二四五頁。
14 「獣医学博士　新山荘輔氏」前掲『明治大正馬政功労十一氏事績』三四四頁。
15 たとえば、前掲『大中臣祭主藤波家の歴史』二五六頁。
16 以下、伏奏までに関しては、前掲「藤波子爵講話筆記」（第一稿）、九頁。なお前掲『明治天皇紀』第一〇巻、七四五頁では、伏奏を二六日のことと記しているが、ここは「藤波子爵講話筆記」によって二七日とする。天皇紀が、典拠の一つとしている『寺内正毅日記』は、この伏奏のことを記していない。
17 「明治三七年六月一四日付山縣有朋宛藤波言忠書簡」尚友倶楽部山縣有朋関係文書編纂委員会編『山縣有朋関係文書』3、山川出版社、二〇〇八年、所収、一九〇～一頁。
18 陸軍馬政緻「馬政局の成立及業務経過」（大正元年八月）前掲『競馬及競馬法史』所収、二六九頁。
19 『明治三十七年臨時馬制調査委員会議事録』農林省、昭和一〇年、三頁
20 たとえば、「一事一言」『報知』明治三九年六月六日、「故曾禰子▲林田亀太郎氏談　一七歳の小隊長　今少し奉公したし病中経論を説く」『時事新報』明治四三年九月一五日。
21 前掲『明治三十七年臨時馬制調査委員会議事録』一～二、六〇～二頁。

## 2　馬匹調査会（明治二八年～明治三〇年）

22 前掲『日本馬政史』第四巻、四五頁。
23 拙著『文明開化に馬券は舞う』一二～六頁。
24 前掲『日本馬政史』第四巻、三二九～三四頁。
25 同前、四六、六〇～二頁。
26 同前、六三頁。
27 前掲大江『明治馬券始末』四七頁。
28 前掲『日本馬政史』第四巻、七〇九頁。
29 同前、六三頁。

30　以下、会長、幹事などに関してまでは、前掲『馬事年史』3、二六三頁。
31　金子堅太郎が、明治二九年一月一五日衆議院予算委員会で行った調査会に関する説明（「第九回帝国議会衆議院予算委員会速記録明治二九年一月一五日（第四科第三号）」）。
32　『馬匹調査会議事録』第一回（明治二八年）上巻、農商務省農務局、明治二九年、二二頁。
33　同前、一～二頁。
34　「榎本農商務大臣挨拶」前掲『馬匹調査会議事録』第一回（明治二八年）上巻、九頁、『馬匹調査会議事録』第一回（明治二八年）下巻、農商務省農務局、明治二九年、三〇二頁。
35　以下、この調査要領に関しては、前掲『日本馬政史』第四巻、四六～六二頁。要領の各項は、つぎのものだった。

（一）本邦馬匹の現況
　（甲）本邦軍馬の現状及独仏軍馬との比較
　（乙）農業と馬匹との関係
　（丙）商業と馬匹の関係
（二）輸入種馬の成績
（三）放牧地の状況
（四）産馬改良の着手及地方種馬の選定
（五）産馬組合の方法
（六）産馬奨励の方法

36　前掲『馬匹調査会議事録』第一回（明治二八年）上巻、八～九頁。
37　前掲『日本馬政史』第四巻、六八頁。
38　同前、六九頁。
39　同前、七〇頁。

40　前掲『馬匹調査会議事録』第一回（明治二八年）上巻、一三六頁。
41　同前、五八～一六〇頁。
42　同前、一六一～二四八頁、前掲『馬匹調査会議事録』第一回（明治二八年）下巻、一～二二七頁。
43　前掲『馬匹調査会議事録』第一回（明治二八年）下巻、三〇一～八二頁。この特別委員会の答申に関して、つぎのように述べられている（前掲『馬事年史』3、二六四頁）。

調査会は特に特別委員会を設けて慎重協議の上之が答申を為せり、就中種馬牧場及種馬所の設置は特に其の急を要する所以を決議し、更に建議するところありたり

44　前掲『馬匹調査会議事録』第一回（明治二八年）上巻、一頁。
45　前掲『日本馬政史』第四巻、六五頁、前掲『馬匹調査会議事録』第一回（明治二八年）下巻、三〇二頁。
46　前掲『馬匹調査会議事録』第一回（明治二八年）上巻、六〇～一頁。
47　西端学／述『日本馬匹改良指針』発行兼編輯者高橋正照、明治三一年、序。
48　前掲『馬匹調査会議事録』第一回（明治二八年）上巻、六六～七頁。
49　工藤に関しては、「【上北地方近代化の父】工藤轍郎（くどう・てつろう）・青森の偉人」〈http://blog.livedoor.jp/ijinroku/tag/%E5%B7%A5%E8%97%A4%E8%BD%8D%E9%83%8E〉二〇二〇年八月一日閲覧。
50　前掲『馬匹調査会議事録』第一回（明治二八年）上巻、六八～九頁。
51　同前、七一頁。
52　増子に関しては、『福島県産馬沿革誌』福島県産馬組合連合会、明治三五年、一七六頁。
53　前掲『馬匹調査会議事録』第一回（明治二八年）上巻、七一頁
54　以下、議案の調査を特別委員に付託して報告を行うことまでに関しては、特に記さない限り、同前、一二二～四三頁。
55　同前、一三六頁。
56　同前、一四七～六〇頁。

57 同前、一七三頁。
58 同右。
59 同前、一七三〜四頁。
60 同前、一七五頁。
61 同前、一七七頁。
62 同前、一七八〜九頁。
63 同前、一七九〜八〇頁。
64 同前、一八二頁。ちなみに西端は、のちに前掲西端学／述『日本馬匹改良指針』のなかでつぎのように論じた（二二、二四、三〇〜一頁）。

馬匹を改良するに当り強健善良なるものを以て要求少なき農馬に応用するは決して支障なしと雖も、虚弱劣等の農馬を以て要求厳密なる軍馬に応用せんとするは決して堪ゆる所にあらず、何れの国に於ても馬匹の改良を国家の事業となし巨額の国費を抛ち惜しむ所なきは、全く国防の完全を計り人民をして安全に農工商の事業を営ましめんが為めに外ならず、故に馬匹の改良は直接に国を富ますの目的にあらずして間接に富国の業を安全ならしめ専ら国防の要素を完全せしむるにあり、然るに世上の論者は往々馬匹の改良を以て直接に富国の基なるものと主張するものあり、然れども馬匹は直接国の富源とならざることは前に述ぶるが如し……馬匹改良の標準は素より軍馬を以て標準となさざるべからず……ただ著述者中軍馬改良と農馬改良を並行せしめんが為め農馬に重きを置くが如き議論をなすものあるも（欧羅巴の諸国の）政府の実行する所を見れば決して農馬改良の為め官設牧場に於て其種馬を生産する所なし、何れも個人の牧場より此種の種馬を買上げて種馬所に交付するのみ、蓋し政府の精神は軍馬改良の傍ら義務として農馬の改良をなすものの如し

65 前掲『馬匹調査会議事録』第一回（明治二八年）上巻、一八三頁。以下が小畑が言及していた各用途の「体尺」、「体量」の標準（同上）。
乗馬　四尺八寸乃至五尺　九〇貫乃至一三〇貫

輓馬　四尺八寸乃至五尺二寸　一〇〇貫乃至一三〇貫
駄馬　四尺五寸乃至七寸　七〇貫乃至一〇〇貫

66 同前、一八四頁。
67 同右。
68 同前、一八六～一九〇頁。
69 以下、金子の提案が受け入れられるまでに関しては、同前、一八九～九〇頁。
70 古屋哲夫「帝国議会の成立――成立過程と制度の概要」内田健三他編『日本議会史録』一、第一法規、一九九一年、五二～六頁。同書によれば、第一読会は、委員会は法案を審議にふし（提出された法案は委員会審議にふされる、委員会はその結果を本会議に報告、本会議はそれを受けて審議する、この本会議が第一読会）、その結果の報告を受けて本会議で審議するもの。その採決は、第二読会を開くかどうかのもの（開会の可否）。第二読会は、規則上は、第一読会後最低二日の時間を置き、逐条審議、議員は修正案を提出することができたが、第一読会後、問題がなければ、簡単な追加質問、あるいはそのまま採決に移された。第二読会での採決も第三読会を開くかどうかのもの。第三読会では修正動議は許されず、議案全体を改めて審議するものであったが、実際には形式的なものになっていた。
71 以下、答申の修正までに関しては、前掲『馬匹調査会議事録』第一回（明治二八年）下巻、三〇六～七、三〇九～三一三頁。
72 『馬匹調査会調査書』「一、主意書」『曾禰家文書』第三号。なお『馬匹調査会調査書』に関しては本章第3節、『曾禰家文書』に関しては註153。
73 前掲『馬匹調査会議事録』第一回（明治二八年）下巻、一五頁。
74 前掲『馬匹調査会議事録』第一回（明治二八年）上巻、一九八頁。
75 同前、二頁。
76 前掲『日本馬政史』第四巻、五四頁。
77 前掲『馬匹調査会議事録』第一回（明治二八年）下巻、三〇三頁。
78 以下、この議論に関しては、前掲『馬匹調査会議事録』第一回（明治二八年）上巻、六七～七四頁。

79 以下、この日の委員会に関しては、同前、二〇五~四八頁。
80 同前、二二一頁
81 前掲『馬匹調査会議事録』第一回（明治二八年）下巻、一~一五頁。
82 同前、三〇二頁。
83 同前、一五~六頁。
84 前掲『日本馬政史』第四巻、六一頁。
85 前掲『馬匹調査会議事録』第一回（明治二八年）下巻、三三頁。
86 同前、一六頁。
87 以下、小畑の修正案の説明までに関しては、同前、一八~九頁。
88 同前、二三~四頁。
89 同前、二五~三二頁。
90 以下、小畑案が賛成多数となったまでに関しては、同前、三三~五〇頁。
91 同前、五四頁。
92 同前、五四~六頁。
93 以下、小畑案の承認までに関しては、同前、五六~六七頁。
94 同前、六七~八頁。
95 同前、六八~七〇頁。
96 以下、今泉の修正案の否決までに関しては、同前、七〇~四頁。
97 同前、九〇頁。
98 同前、九〇~一頁。
99 同前、九一~二頁。
100 同前、九三~九四頁。
101 同前、九七~八頁。

102 以下、小畑案の承認までに関しては、同前、九九～一〇〇頁。
103 同前、一〇〇～一頁。
104 同前、一〇二～三頁。
105 同前、一〇三～五頁。
106 同前、一〇五～一一三頁。
107 以下、幼駒の繋養方法及びその場所に関しては、同前、一一三～二七頁。
108 この答申は、二一日の審議から立川がまとめた。
109 前掲『馬匹調査会議事録』第一回（明治二八年）下巻、二一八～二七頁。
110 同前、二二七～八頁。
111 以下、金子に文案修正を一任して、提出することまでに関しては、同前、三三八～四二頁。特別委員会が原案を修正して起草した建議案は、以下のものだった（前掲『馬匹調査会議事録』第一回（明治二八年）下巻、三三九～四〇頁）。

本邦馬匹の改良に最も緊急の要務は良種馬供給の途を開くに在り、良種馬供給の源は種馬牧場及種馬所設置に在り、故に政府は速かに適当の地を相し種馬牧場及種馬所を設置するが為め其設計予算案を調整し第九議会に提出して帝国議会の協賛を得以て馬匹改良の基礎を確立せられんことを希望す、抑も本邦の馬匹輓近漸次劣悪に陥りたるは掩うべからざる事実なり、聞く昨年征清の役起り軍用馬匹の徴発あり、徴用せられたるもの各師団を通して四万余頭の多きに達せり、然るに体尺年齢等軍用の目的に適するもの尠なく某師団の如きは徴発馬匹総数八千余頭の内体尺四尺五寸を下るもの二七〇〇余頭、年齢五歳以下のもの大約三千頭、十五歳以上のもの第約三百頭あり、且戦地に於ける病患馬匹の最多数は重に臨時徴用のものに属し、某師団に於ける徴用馬匹総数七千余頭は概ね慓悍御し難く為めに多くの負傷者を生ぜりと、如斯徴用馬匹成績不良なりしは畢竟軍馬たるの資格を具ふるもの国内に乏しく僅かに必要の頭数を充たせしに由る、而して方今本邦馬匹の一般に劣悪となりたる原因一ならずと雖も職として良種馬の欠乏に基由するを信ず、故に政府は種馬牧場及種馬所の設計予算案を第九議会に提供し其協賛を得て速かに良種馬供給の途を開かんことを希望す
右馬匹調査会規則第二条に拠り及建議候也

112　明治二八年一〇月三一日付馬匹調査会会長金子堅太郎より内閣総理大臣侯爵伊藤博文宛「種馬牧場及種馬所設置の件に付建議」国立公文書館デジタルアーカイブ。
113　以下、明治二九年度予算概算が閣議決定されていたことまでに関しては、前掲『日本馬政史』第四巻、六九～七〇頁。
114　以下、一月一〇日の閣議決定までに関しては、明治二九年一月一一日付「馬匹改良費及東京商船学校所属学生練習用船購入費を臨時軍事費の財源に充てたる二七年度歳計剰余金の内より転用し二九年度歳入歳出予算を追加として議会に提出す」国立公文書館デジタルアーカイブ。
115　前掲『日本馬政史』第四巻、七〇～一頁。
116　以下、種馬所設置予定までに関しては、農務局長藤田四郎答弁「第九回帝国議会衆議院予算委員会速記録明治二九年三月一七日（第四科第八号）」。
117　以下、この件に関しては、「第九回帝国議会衆議院予算委員会速記録明治二九年三月二三日（総会第一一号）」。
118　前掲『日本馬政史』第四巻、一四九～五一頁。
119　同前、二七頁。
120　同前、二八三頁。明治三〇年牧場監督官新山荘輔、小野打悦次郎、明治三一年萩原盛種、西川勝蔵両技師、明治三二年種馬牧場技師三浦清吉、水原勝之助、明治三三年農務局長和田彦次郎、種馬所技師丹下謙吉、明治三四年農商務省技師広沢弁二、安井種馬所技師などを派遣した（同上、二八三～四頁）。
121　前掲『馬匹調査会議事録』第一回（明治二八年）下巻、二五九頁。以下、この日のこの件の審議に関しては、同上、二六〇～五頁
122　同前、二一六頁。
123　同前、二六二～三頁。
124　同前、二六三頁。
125　同前、二六三～五頁。
126　同前、二六五頁。

127 同前、三〇一頁。
128 同前、三四七頁。
129 同前、三四九頁。建議案全文は三四七～九頁。
130 同前、三五〇～三頁。
131 前掲『馬匹調査会議事録』第一回（明治二八年）上巻、三一頁。
132 前掲『馬匹調査会議事録』第一回（明治二八年）下巻、三六四～五頁。
133 同前、三六七頁。
134 同前、三五六～八頁。ここで言っていることはわかりづらいが、西端は、のちにこのことに関してつぎのように語った（前掲西端学／述『日本馬匹改良指針』二五頁）。

墺太利洪牙利に在ては農務省内に馬政局を置き直接馬匹の改良に関する職員は悉く現役軍人を用ゆ、蓋し馬政の権は軍人の掌中を去らしむべからずとの格言を遵守するものなり、其牧場の農業経済に関する職員は各々専門文官を用ゆるの方法を採れり、蓋し馬政局を陸軍省内に置かずして農務省内に置く所以は一挙両得の方法にして、馬政は軍人の掌中にあらしむべしと雖も、馬産事業と他の畜産業とは相類似せるものなるを以て一政府内に両局を設置するは経済上不経済なると、人民は相類似せる事業の為めに両省の命令を受くるの煩雑なるとに因れり

135 前掲『馬匹調査会議事録』第一回（明治二八年）下巻、三五六頁。
136 同前、三五九～六二頁。
137 同前、三六二～七〇頁。
138 同前、三七〇～一頁。
139 同前、三七二～三頁。
140 同前、三七四～五頁。
141 同前、三七六～七頁。

142 「広沢弁二氏」前掲『明治大正馬政功労十一氏事績』五九八頁。
143 前掲『馬匹調査会議事録』第三回、二二一～二頁。
144 前掲『日本馬政史』第四巻、二八頁。
145 前掲『大中臣祭主藤波家の歴史』二五六頁。ちなみに第四次伊藤内閣の在任期間は、明治三三年一〇月一九日から明治三四年六月二日。藤波は、明治二八年九月、第一回馬匹調査会にあわせて、「馬匹改良意見書」を作成、「国連日月に将就し百般の事物散々としてその歩を進むるに随い」軍馬も、農馬も、馬車の需用を増し、国家的事業として「馬匹改良の事業は務めて其の方筆を定め早く其の実地に着手するに非ずんば他日必ず噬臍の悔あらん」と（「子爵藤波言忠氏」前掲『明治大正馬政功労十一氏事績』八七～一〇一頁）、この時は、軍馬の改良を目的とするのではなく馬匹一般であったが、すでに馬匹改良に国家として取り組むことの必要を訴えていた。
146 「新山荘輔氏」前掲『明治大正馬政功労十一氏事績』三三八～九頁。
147 「大蔵平三氏」前掲『明治大正馬政功労十一氏事績』二一六頁。
148 同前、二二二頁。
149 明治三六年八月一九日付陸軍大臣寺内正毅より農商務大臣清浦奎吾宛「馬匹改良上に関し陸軍大臣より農商務大臣へ照会の件」前掲『日本馬政史』第四巻、九二頁。
150 同前、九九～一〇〇頁。

## 3 臨時馬制調査委員会（明治三七年）

151 前掲『明治三十七年臨時馬制調査委員会議事録』三頁。
152 前掲『明治天皇紀』第一〇巻、七四六頁。
153 以下、『調査書』に関しては、『馬匹調査会調査書』『曾禰家文書』第三号『近代諸家文書集成5』（マイクロフィルム）ゆまに書房、一九八七年、所収。この『馬匹調査会調査書』は、国立公文書館に所蔵されている曾禰家文書（第一号～第三号）の第三号に含まれており、同館のデジタルアーカイブでは閲覧できないが、その曾禰家文書のマイクロフィルムが、国立国会図書館憲政資料室蔵の曾禰文書を加えて、ゆまに書房から『曾禰家文書』（全四巻、第一号～第三号、憲政資料室所蔵曾禰文書が第四巻）、『近代諸家文書集成5』一九八七年、として刊行されている。なお馬政局官制案は、提出されていたが、この曾禰家文書では欠落してしまったと考えられる。
154 前掲『日本馬政史』第四巻、二〇一頁。
155 明治三六年八月一九日付「馬匹改良上に関し陸軍大臣より農商務大臣へ照会の件」前掲『日本馬政史』第四巻、九八頁。
156 「主意書　産馬の将来」前掲『馬匹調査会調査書』。
157 前掲『明治三十七年臨時馬制調査委員会議事録』四頁。
158 以下、一木の質疑と藤波の応答に関してまでは、同前、四頁。
159 同前、四～五頁。
160 同前、五頁。
161 大江志乃夫『日露戦争の軍事史的研究』岩波書店、一九七六年、五〇頁。
162 以下、去勢法の施行延期の経過の報告までに関しては、前掲『明治三十七年臨時馬制調査委員会議事録』六頁。
163 同前、六～七頁。
164 同前、八～九、二一頁。
165 同前、九～一一頁。
166 以下、産馬の将来の検討を行うことの承認までに関しては、同前、一一～二一頁。
167 「修正主意書」前掲『馬匹調査会調査書』。
168 明治三八年六月五日付臨時馬制調査委員長男爵曾禰荒助より内閣総理大臣伯爵桂太郎宛「臨時馬制調査委員会第二回復命書」『臨時馬制調査委員会復命書の件』国立公文書館デジタルアーカイブ。
169 前掲『明治三十七年臨時馬制調査委員会議事録』一二頁。
170 以下、この延長に関しては、同前、一二～五頁。
171 以下、原案の承認までに関しては、特に記さない限り、同前、一五～六頁。
172 前掲『日本馬政史』第四巻、一五〇～一頁。
173 前掲『明治三十七年臨時馬制調査委員会議事録』八頁。

174 明治三七年九月付臨時馬制調査委員長男爵曾禰荒助より内閣総理大臣伯爵桂太郎宛「明治三十七年臨時馬制調査委員会復命書」国立公文書館デジタルアーカイブ。
175 前掲『明治三十七年臨時馬制調査委員会議事録』一八頁。
176 前掲『馬事年史』3、四四四頁。
177 前掲『明治三十七年臨時馬制調査委員会議事録』一七～八頁。
178 以下、牧場管区、種馬購買までに関しては、同前、一八～二一頁。
179 同前、二一頁。
180 同前、二七頁。
181 同前、三〇頁。
182 同前、三二頁。
183 同前、五〇頁
184 以下、陸軍の「馬産保護奨励法」に関しては、同前、二三～六、二七～三二頁。
185 前掲『日本馬政史』第四巻、九九頁。
186 前掲『明治三十七年臨時馬制調査委員会議事録』二二頁。
187 同前、二五～六頁。
188 拙著『文明開化に馬券は舞う』一一～二〇頁。
189 同前、一四七～五二、三四三頁。
190 前掲『明治三十七年臨時馬制調査委員会議事録』五四頁。
191 同前、二七頁。
192 同前、五〇頁。
193 同前、五〇～五頁。
194 「修正主意書　産馬の保護奨励」前掲『馬匹調査会調査書』。
195 以下、この日の馬政局官制をめぐる審議に関しては、前掲『明治三十七年臨時馬制調査委員会議事録』五七～七六頁。なお「主意書」に添付されていた馬政局官制案は、曾禰家文書で欠落していて、この時点の全文は不詳。「産馬の将来」の馬政局の項は、以下のように記している。

全国産馬に関する馬政の事務は挙げて本局に蒐集し、常に産馬の状況を鑑査して善く機に適し時に応ずるの施設をなし、一定の方針を以て宜しく奨励勧誘し以て産馬の改良発達を促し、種馬牧場及種馬所を監督して、国是とするところの方針目的を実行す

馬政局に於ては総裁及馬政総監の下に三部六課を設け各々事務を分掌せしめ、馬政議官を置き馬政に関する須要の事項を議せしめ、其宜しきを採て以て施政の方針となし、馬政官を以て部長となし課長となし或は牧場管区を担当せしめ種馬牧場及種馬所の事業民有馬改良繁殖に至るまで之を監督し又親しく其状況を調査せしめて馬政実施の機関とす



196 前掲『明治三十七年臨時馬制調査委員会議事録』六〇頁。
197 同前、六一頁。
198 以下、承認までに関しては、同前、六二頁。
199 同前、六六頁。
200 前掲大江『明治馬券始末』五九頁。
201 前掲『明治三十七年臨時馬制調査委員会議事録』六〇～一頁。
202 同前、六〇頁。
203 同前、六一頁。
204 同前、六二～三頁。
205 同前、五頁。
206 同前、六三頁。
207 同前、六四頁。
208 以下、酒匂の妥協案の提示までに関しては、同前、六四～五頁。

209　同前、六六頁。
210　同右。
211　『明治三十七年臨時馬制調査委員会議事録』に、その経緯は記載されていないが、この日の議論の結果を受けて、原案（註190参照）の意図をより明確するためだろう、「修正主意書」の馬政局の項は、つぎのように馬政局は内閣直属、総裁は親任官、馬政総監は勅任官と明記された（前掲『曾禰家文書』3、所収）。

馬政局は内閣に直属し、全国馬政に関する一切の事務を統轄し、常に民間産馬の情況を審らにし、一定の方針を以て諸般の施設に臨み馬産を保護し馬事を奨励し大に産馬の改良発達を促し、種馬牧場種馬育成所及び種馬所を指揮監督し、国是とする所の目的方針を実行す

馬政局に於ては其の最高長官として総裁を置き総裁は親任とす、総裁の下に馬政総監一名、馬政官十三名、事務官三名、技師四名并に属技手五一名を置く、馬政総監は勅任とし、馬政官事務官技師は奏任とす、但し馬政官の中二名は勅任とし得るを要す

総裁は局務を総理し職員を監督し、馬政総監は総裁を補佐し局務を整理し事務を監督し、馬政官は経営及び監督に関する事務を分掌し、事務官は庶務及び会計に関する事務を分掌し、技師は局内に止まり又は局外に出でて技術に関する事務を分掌す

総裁の顧問として馬匹調査委員会を設け其の委員は馬政統監并に宮内陸軍農商務三省高等官各若干名を以て組織す

212　前掲『明治三十七年臨時馬制調査委員会議事録』六七頁。
213　同前、六六～七頁。
214　以下、予算案に関しては、同前、七七～九頁。
215　以下、已案採択までに関しては、同前、七九～八〇頁。
216　以下、拝借が実現した場合丙案を提出することまでに関しては、同前、八〇頁。
217　同前、八一頁。

218 同前、八一～二頁。

219 同前、八二～三頁。

220 以下、新山の反論に対する大蔵の応酬、それに対する新山の切り返しに関してまでは、同前、八四頁。

221 以下、一木、藤波の提案に対してあくまで大蔵が半数論を主張したことまでに関しては、同前、八五頁。

222 同前、八五～六頁。

223 以下、一木が、農商務省と宮内省はともに委員二人が必要と反駁したことまでに関しては、同前、八七頁。

224 同前、八七～八頁。

225 以下、曾禰の裁定までに関しては、同前、八八頁。

226 ここで馬政委員会の構成は、馬政総監、陸軍省二人、農商務省一人、宮内省一人の計五人と決定していたが、「修正主意書」はその修正が反映されていなかった。ちなみに、この「修正主意書」の表紙には、「印刷に方り多忙にして反復校正に遑あらず誤字又は脱字なきを保せず展読の際注意あらんことを希う　印刷係」と記されているが、これはその「多忙にして反復校正に遑」がなかったためのミスであったと思われる。

しかし委員会での審議をまとめ、九月二六日付で、委員長曾禰荒助名で桂太郎首相宛に提出された復命書でも、「馬政に関する諮詢機関として馬政調査（ママ）委員会を設け其委員は馬政総監并に宮内陸軍農商務三省高等官各若干名を以て組織す」と不十分な修正しか行われていなかった（前掲「臨時馬制調査委員会復命書」）。ただし、復命書に添付された馬政委員会官制は、つぎのように審議の修正、決定を受けたものに改められていた（同上）。

第一条　馬政委員会は内閣総理大臣の監督に属し馬匹改良に関する事項及其の施行方法を審議す

第二条　馬政委員会は内閣総理大臣又は馬政局総裁の諮詢に応じて意見を開申す

前項の外馬政委員会は其の議決に依り内閣総理大臣又は馬政局総裁に意見を具申することを得

第三条　馬政委員会は委員五人を以て之を組織す

委員は左に掲げるものを以て之に充つ

馬政総監

宮内省高等官　一人
陸軍将官又は上長官　二人
農商務省高等官　一人
委員は馬政総監を除く外内閣総理大臣の奏請に依り内閣に於て之を命ず
第四条から第六条略

227 明治三七年九月二一日付「臨時馬制調査委員会官制を定む」国立公文書館デジタルアーカイブ。
228 明治三八年八月二三日付臨時馬制調査委員長男爵曾禰荒助より内閣総理大臣伯爵桂太郎宛「臨時馬制調査委員会第二回復命書」国立公文書館デジタルアーカイブ。
229 前掲『明治三十七年臨時馬制調査委員会議事録』九四頁。
230 「近事片々」『東京日日』明治三七年一一月五日。

## 4　臨時馬制調査委員会復命書

231 以下、「復命書」に関しては、特に記さない限り、前掲「臨時馬制調査委員会復命書」。なお後の明治三八年六月に「第二回復命書」が提出されるので、ここでは今回のものを「第一回復命書」と呼ぶ。「臨時馬制調査委員会第二回復命書」の冒頭は、「曩に本委員会は明治三七年九月二六日を以て各般の調査を終え馬政振興に必要なる計画を建て之に対する予算案を具し以て閣下に復命せり」と記していた。八月一六日からの委員会が九月一六日に終了し、それを受けてまとめたものを二六日に提出したという意味だろう。

以下、これまでの馬政史で言及されることがなかったので、臨時馬制調査委員会の検討を受けてまとめられた「修正主意書」と「第一回復命書」の別冊の主な異同などを簡単に紹介しておく。

まずその別冊の「主意書」で全面的に書き換えられていたのが「修正主意書」の「経費」であった。「修正主意書」では初年度と最終年の予算見込だけが記されていたが、復命書では、「産馬改良第一期を十九年にて完成するの計画にして其累計経営費二七六二万七二三七円、臨時費一七六万四一八五円、合計二九三六万一五二二円を要す」、と一九ヶ年計画の総額見込が記されていた。一九年に及ぶ継続的な予算が必要なことをより明確に示すためであったと思われる。

八月三〇日の委員会で、馬政議官を削除し馬政局の外に馬政委員会を設置すること、ついで九月一六日、その構成を宮内省高等官一人、馬政総監、陸軍将校二人、農商務省一人とすることに合意していたが、「修正主意書」では「総裁の顧問として馬匹調査委員会を設け其の委員は馬政統監并に宮内陸軍農商務三省高等官各若干名を以て組織す」、また『第一回復命書』でも「馬政に関する諮詢機関として馬政調査委員会を設け其委員は馬政総監并に宮内陸軍農商務三省高等官各若干名を以て組織す」と名称、構成がともに誤って記されていた。ただし別冊の馬政委員会官制では正確に記されていた。

また計画は一九ヶ年と一年短縮されていたが、「第一回復命書」の「主意書」では元の二〇ヶ年がそのまま記載されていた。これらは準備委員会の審議を終えたのが九月一六日、それを受けて「修正主意書」を作り、二六日には復命書の提出というあわただしさのなかでのケアレスミスであったと思われる。

そして「第一回復命書」の「主意書」では、「軍事上の機密」に関わると、種馬所に配置する国有種牡馬数一五〇〇頭、種馬牧場の奥羽、北海道甲乙牧場に繋養する繁殖牝馬、種牡馬数など、種馬育成所の繋養予定頭数、種馬所の種馬牧場から提供される種牡馬数、輸入種牡馬頭数、また繁殖用牝牡馬の充実及び補充では牝馬定数などの具体的数字が削除された。さらにこれに対応して附表でも、種馬牧場のなかの奥羽、北海道甲乙牧場に繋養する繁殖牝馬、種牡馬数など、また種馬育成所のなかの購入幼牡馬数、そして種馬所組織表のなかの毎年種馬牧場から提供される種牡馬数なども削除された。

その附表は、『馬匹調査会調査書（主意書及び調査要綱）』の修正版では、「第一号種馬牧場種馬頭数表（明治三七年〇月調）」、「第二号種馬所種牡馬表（明治三七年〇月調）」、「第三号民有種牡馬頭数表（明治三（不明）年調べ）」、「第四号自明治三一年至明治三六年岩手県外五県輸入種牡馬表」、「第五号自明治二九年度至明治三七年度産馬改良支出金額表」、「第六号馬政局組織表」、「第七号種馬牧場組織表」、「第八号幼駒育成所組織表」、「第九号種馬所組織表」、「第一〇号牧場管区表」、「第一一号制度改正事業拡張の為め新たに要する金額概見表」が添付されていたが、「第一回復命書」の別冊では、新たに第一号として「農商務外国経費馬匹表（明治三〇年から明治三六年）」が付加され、それに応じて修正版の附表番号が一つずつ繰り下げられ、「第一一号制度改正事業拡張の為め新たに擁する金額概見表」が削除された。

なお委員会に提出された『馬匹調査会調査書』は「一．主意書、二．調査要綱（馬政局職員数、種馬所種馬牧場職員雇及牧農夫定員、飼料標準、種馬牧場に於ける購買馬数及価格、管内種馬数、生産頭数など）、三．（馬政局）分課規程草按・官等俸給令草按・種馬牧場種馬所及び種馬育成所官制草按・同庶務規程及庶務細則草按、四．予算率（俸給及諸給などの本局予算率、種馬牧場及育成所種馬所予算率など）、五．馬匹繁殖表、六．種馬所管区表」からなっていたが、「第一回復命書」の別冊には、馬政及び馬政局関連の資料であった「二．調査要綱」から「六．種馬所管区表」は添付されなかった。委員会での討議資料であったからだったと思われる。

232 前掲『明治三十七年臨時馬制調査委員会議事録』九五頁。

233 以下、委員会が予算案の未提出に遺憾であったことまでに関しては、前掲「臨時馬制調査委員会第二回復命書」。

234 前掲『馬事年史』3、三三四頁。

235 衆議院／参議院編『議会制度百年史　衆議院議員名鑑』大蔵省印刷局、一九九〇年、一一二頁。

236 「第二一回帝国議会衆議院議事速記録　馬匹改良に関する建議案」明治三八年二月一九日。

237 以下、この日の審議に関しては、「第二一回帝国議会衆議院馬匹改良に関する建議案委員会会議録（速記）第二回」明治三八年二月二一日。

238 「第二一回帝国議会衆議院議事速記録第二一号　馬匹改良に関する建議案」明治三八年二月二六日。

239 前掲『馬事年史』3、三三四頁。

240 明治三八年三月四日付「馬匹改良に関する件」国立公文書館デジタルアーカイブ。

241 葦名ふみ「帝国議会衆議院における建議と請願――政府への意見伝達手段として」『レファレンス』No.718．二〇一〇年一一月。

242 以下、第二回復命書に関しては、前掲「臨時馬制調査委員会第二回復命書」。

243 以下、日露戦争の馬匹の状況に関しては、前掲大江『日露戦争の軍事史的研究』四四九～六〇頁、前掲『日本馬政史』第四巻、五二二～七頁。

244 前掲大江『日露戦争の軍事史的研究』四四九頁。

245 「第二二回帝国議会貴族院予算委員第四分科会（陸軍省海軍省）議事速記録第二号」明治三九年二月二二日。

246 黒田甲子郎編『元帥寺内伯爵伝』元帥寺内伯爵伝記編纂所、大正九年、復刻版、大空社、伝記叢書40、一九八八年、四一四頁。

247 「浅川敏靖氏」前掲『明治大正馬政功労十一氏事績』二五七頁。

## 5 第二二帝国議会、馬政局関連予算

248 「明治三八年八月二二日閣議稟議書」前掲「臨時馬制調査委員会第二回復命書」。

249 以下、西園寺内閣の発足までに関しては、たとえば、前掲『西園寺公望伝』第三巻、三一頁。

250 以下、この日の衆議院予算第三分科会に関しては、「第二二回帝国議会衆議院予算委員第三分科会（大蔵省所管）会議録（速記）第三回」明治三九年一月三一日。

251 以下、この日の衆議院予算委員第五分科会に関しては、「衆議院予算委員会第五分科会（農商務省所管）会議録（速記）第三回」明治三九年二月一日。

252 「第二二回帝国議会貴族院予算委員第一分科会（歳入大蔵省）議事速記録第一号」明治三九年二月二二日、「第二二回帝国議会貴族院予算委員会第五分科会（農商務省逓信省）第三号」明治三九年二月二四日。

253 たとえば「馬政局の所轄」『東京日日』明治三八年一一月三〇日。

254 たとえば「馬政局の設置」『東京日日』明治三九年三月二三日。

255 「馬政官制と長官」『東京日日』明治三九年四月一八日。

256 「第二二回帝国議会衆議院議事速記録第六号」明治三九年二月一一日、「第二二回帝国議会貴族院議事速記録第一二号」明治三九年三月六日。

257 以下、藤波の「挨拶」までに関しては、関直彦氏述「馬券発売の由来と禁止の来歴」『競馬倶楽部』第二巻第一号、明治四二年一月五日。

258 前掲「藤波子爵講話筆記」（第一稿）、一一頁。

## 6 馬政局官制案に対する寺内陸相の修正意見

259 「明治三九年三月六日付臨時馬制調査委員会主事森賢吾より内閣書記官長石渡敏一宛」『馬政局官制関連資料』国立公文書館デジタルアーカイブ。国立公文書館に馬政局官制に関連する一連の資料「馬政局官制〇馬政局職員特別任用令〇馬政局高

等官の官等に関する件○陸軍現役将校同相当官にして馬政局職員に任ぜられたる者に関する件○馬政委員会官制を定め○高等官官等俸給令中を改正し○種馬牧場及種馬所官制並明治三十五年勅令第百十三号・（馬匹去勢法施行準備に関する臨時職員の件）を廃止す」が所蔵されている。この資料群のファイル名はつけられていないが、ここでは『馬政局官制関連資料』と呼ぶ。

260 「馬政局官制」前掲『馬政局官制関連資料』。

261 以下、寺内陸相の修正意見に関しては、「陸軍大臣修正意見」前掲『馬政局官制関連資料』。

262 前掲『陸軍政史』第二巻、四四七～八頁。

263 「五月三日付馬政局官制外六件閣議上申」前掲『馬政局官制関連資料』。閣議は四日。

264 以下、寺内の「付箋」に関しては、「馬政局官制に対する寺内陸相付箋」前掲『馬政局官制関連資料』。

265 「馬政委員会官制」前掲『馬政局官制関連資料』。

266 勅令第一二六号（前掲「馬政局官制関連資料」）。勅令は、以下のものだった。

陸軍現役将校同相当官にして馬政局職員に任ぜられたる者は陸軍に在りては之を定員外と為すことを得

前項に依り定員外と為りたる者に対しては在職陸軍現役武官に関する規定を適用す但し給与に関するものは此の限に在らず

267 「明治三九年三月二七日付内閣書記官長より農商務次官に照会案」前掲『馬政局官制関連資料』。

268 たとえば、「馬政局新設期」『二六』明治三九年三月二一日、「馬政局の設置」『東京日日』明治三九年三月二三日。

269 以下、第二予備金からの支出に関しては、明治三九年四月九日付「馬匹に関する諸費を第二予備金より支出す」国立公文書館デジタルアーカイブ。

270 たとえば、「馬政局の組織」『時事新報』明治三九年四月一〇日、「馬政局設置」『東京朝日』明治三九年四月一六日。

271 以下、この件に関しては、明治三九年五月五日付「馬匹に関する諸費を第二予備金より支出す」国立公文書館デジタルアーカイブ。

272 以下、予備金に関しては、「会計法（明治二二年）第七条、第八条」国立公文書館デジタルアーカイブ。
273 「第二四回帝国議会衆議院明治三九年度予備金支出の件外六件（承諾を求むる件）委員会第三号」明治四一年三月六日、「第二四回帝国議会貴族院明治三九年度予備金支出の件外六件（承諾を求むる件）委員会第一号」明治四一年三月二四日。

## 7　馬政局官制の枢密院での審議

274 明治三九年五月二六日付枢密院書記官長都築馨六より枢密院議長侯爵山県有朋宛「馬政局官制、馬政局職員特別任用令及馬政局高等官の官等に関する件審査報告」国立公文書館デジタルアーカイブ。
275 以下、審議に関しては、「枢密院会議筆記　一馬政局官制　一馬政局職員特別任用令　一馬政局高等官の官等に関する件」明治三九年五月二九日『枢密院会議議事録』十、東京大学出版会、一九八四年。
276 前掲『枢密院会議議事録』十、四一五～六頁。
277 同前、四一六頁。
278 三谷太一郎『日本の近代とは何であったか——問題史的考察』岩波新書、二〇一七年、一七二頁。
279 たとえば「馬政局の組織」『時事新報』明治三九年四月一一日、「馬政局の制度」『東京朝日』明治三九年五月一三日。
280 前掲『枢密院会議議事録』十、四一六～七頁。
281 同前、四一七～八頁。
282 同前、四一八頁。
283 同前、四一八～九頁。
284 同前、四一九～二〇頁。
285 同前、四二〇頁。
286 以下、九鬼の発言に関しては、同前、四二一～二頁。
287 同前、四二二頁。
288 同前、四二二～三頁。
289 同前、四二三～四頁。

290 同前、四二四～八頁。
291 同前、四二八頁。
292 同前、四二九～三〇頁。
293 同前、四三〇頁。
294 たとえば、「馬政局の新設（官制を無視す）」『報知』明治三九年六月四日、「馬政局の存廃」『読売』明治四一年九月二九日。
295 「馬政局の存廃」『読売』明治四一年九月二九日。
296 前掲『枢密院会議議事録』十、四三〇～五頁。
297 同前、四三二～三頁。
298 同前、四三四～五頁。
299 「勅令第一二六号」前掲『馬政局官制関連資料』。
300 たとえば、「馬政局官制」『東京朝日』明治三九年五月三〇日、「馬政局官制の修正」『万朝報』明治三九年五月三一日、「馬政局官制」『時事新報』明治三九年五月三一日。
301 「枢密院の警戒」『東京日日』明治三九年六月一一日。

## 8 馬政局の始動

302 「曾禰男と馬政」『東京朝日』明治三九年六月二日。
303 たとえば、前掲大江『明治馬券始末』六三頁。
304 「曾禰長官と官制疑義」『毎日新聞』明治三九年六月四日、「評論　顧問と長官」『二六』明治三九年六月六日。
305 たとえば、「馬政次長と藤波子」『報知』明治三九年六月六日、「馬政次長任命行悩」『東京朝日』明治三九年六月六日。
306 以下、次長就任までに関しては、明治三九年六月八日付「主馬頭子爵藤波言忠馬政局事務を嘱託するの件」国立公文書館デジタルアーカイブ。
307 前掲『大中臣祭主藤波家の歴史』二四四頁。

308 以下、馬政局の職掌に関しては、『日本馬政史』第四巻、三四頁、前掲大江『明治馬券始末』六三〜四頁。
309 前掲大江『明治馬券始末』六四頁。
310 たとえば、「馬政局職員任命」『二六』明治三九年六月二日、前掲『明治大正馬政功労十一氏事蹟』三三九、三九七頁。
311 たとえば、「馬政局予算減額」『東京日日』明治三九年六月五日、「馬政局予算大減額」『万朝報』明治三九年六月五日。
312 前掲『馬事年史』3、三四六頁。訓令は、以下のものだった（同上）。

馬匹の需用は国家の進運に伴い軍事たると産業たるとを問わず益必要を増大し、特に軍事に在りて愈急切の度を加え其の能力の如何は延て国力の消長に関す、故に政府は夙に馬匹改良の方策を立て種馬牧場種馬所を全国枢要の地区に設置し、以て種畜の供給を図り或は布令を布き以て民業の発展に努めたりと雖も馬匹改良の国家に急要なる須臾も現況に委するを容さず、是れ新に馬政局を設けて大に斯業の振興を期し速に改良の効果を挙げんする所以なり。

然るに馬匹の生産は多大の資財を要し、其の成功を多年の後に期すべき亘久の事業たり、故に馬匹の改良は政府の施設のみを以て足れりとせず主として当業者の精励忍耐に待たざるべからず、之を従来の事蹟に徴するに産馬の事業は多く僻陬の地に起り其の経営動もすれば世運に伴わざるの傾ありて往々蹉跌を来すものあり、是れ蓋し営業者各其の見る所を異にし方針の確的ならざるに職由せずんばあらず、茲に全国を六馬政管区に分ち担任馬政官を定め苟も産馬の事業に関する事項は周密之を調査監察して其の実況を明にし、以て斯業の改良発達を図り時に営業者を指導誘掖し以て其の嚮う所を一にし官民協力して所期の目的を達せんとす、地方長官は宜しく此の趣旨を体し斯業に関する事項に就ては必要に応じ其の管区担任の馬政官に商議し遺算なきを期すべし。

313 同前、三四六〜七頁。
314 同前、三四七頁。
315 たとえば、「馬政局に就て」『時事新報』明治三九年六月一日、「馬政局雑事」『東京朝日』明治三九年六月一日。
316 前掲『馬事年史』3、三四七頁。
317 前掲『日本馬政史』第四巻、三七〜八頁。

318 たとえば、「馬政局の暑中無休」『東京日日』明治三九年七月五日、「馬匹改良視察」『東京日日』明治三九年七月七日、「公人私人」『万朝報』明治三九年七月二七日、「馬政局雑俎」『東京日日』明治三九年八月三日、「馬政局雑俎」『東京日日』明治三九年八月九日、「馬政局会議」『東京日日』明治三九年八月一二日、「馬政局会議」『東京日日』明治三九年八月一七日、「馬政局と新法規」『東京日日』明治三九年八月二〇日、「馬政局会議」『東京日日』明治三九年八月二一日、「種馬牧場長会議」『東京日日』明治三九年八月二二日、「馬政局会議終了」『東京日日』明治三九年八月二五日。

319 「馬政局の暑中無休」『東京日日』明治三九年七月五日。

320 たとえば、「種馬牧場長会議」『東京日日』明治三九年八月二二日、「馬政局会議終了」『東京日日』明治三九年八月二五日、前掲『馬事年史』3、三四七頁。

321 前掲「藤波子爵講話筆記」（第一稿）一一頁、「渡部平治郎（馬政局創設の日より大正一二年三月同局廃止まで庶務課に奉職、官房秘書）、歴代長官の面影と題し申し述べたこと」前掲『明治大正馬政功労十一氏事績』六九～七〇頁。

322 前掲「藤波子爵講話筆記」（第一稿）一一頁。

323 「明治四〇年一二月一一日付曾禰荒助より西園寺公望宛書簡」山崎有恒・西園寺公望関係文書研究会『西園寺公望関係文書』松香堂書店、二〇一二年、三七頁。

324 以下、同倶楽部の認可に関しては、明治三九年九月一三日付「京浜競馬倶楽部を法人と為すの願出を許可す」国立公文書館デジタルアーカイブ。

325 以下、この閣令の制定の経緯に関しては、明治三九年九月一二日付「馬政局の主管に属する社団又は財団にして法人たるの許可を得んとするとき若しくは其の法人より願出又は届出を為す手続」国立公文書館蔵デジタルアーカイヴ。

326 「各地競馬会の勃興」『時事新報』明治三九年九月一九日。

327 「競馬会出願」『読売』明治三九年一〇月四日。

328 「馬政局と競馬会」『万朝報』明治四〇年一月八日。

329 「競馬会社と条例の制定」『東京朝日』明治四〇年二月一八日。

330 前掲『東京競馬会及東京競馬倶楽部史』第一巻、四一～二頁。閣令は、以下のものだった（同上、四一頁）。

競馬開催を目的とせる法人の設立及監督に関する件

第一条　競馬の開催を目的とする社団又は財団を民法第三四条に依り法人と為さんとする者は定款又は寄附行為を以て定めたる事項の外資産の総額調書及設計書を差出す可し

第二条　前条設計書には左の事項を具備すべし

一　競馬開催に必要なる建物及一哩以上の馬場を設備すること

二　毎年二回以上定期に競馬を行うこと

三　競走馬匹の年齢は明け四歳以上たること

四　毎年新馬を競走馬匹中に加ふること

前項第一号の事項に付ては其設備方法及図面を添付すべし

明治四〇年三月閣令第二号本条追加

第二条の二　競馬開催を目的する法人が設立の認可を得たる日より満一ヶ年内に設備を完備せざるときは主務官庁は設立の認可を取消すことあるべし

第三条　競馬開催を目的とする法人を設立せんとする地方に於て既に法人たる競馬会あるときは後の設立者は競馬開催の時機を異にすべし

第四条　競馬会は毎年度剰余金の幾分を以て産馬奨励の目的に之を使用すべし

第五条　馬政長官は競馬開催を目的とする法人の義務を監督し必要と認むるときは競馬会より報告を徴し又はその業務及財源の状況を検査することを得

明治四〇年三月閣令第二号　本条追加

第六条　競馬開催を目的とする法人が馬政長官の命令を遵守せざるときは主務官庁は設立の認可を取消すことあるべし

331　前掲『東京競馬会及東京競馬倶楽部史』第一巻、四三頁。

332　たとえば、「競馬会評判記」『大阪時事』明治四〇年一月一一日。

9　去勢法案——去勢も軍事の問題だった

333　以下、酒匂の発言までに関しては、前掲『明治三十七年臨時馬制調査委員会議事録』六頁。
334　前掲『日本馬政史』第四巻、七〇九頁、あわせて、以下、紹介する第一回馬匹調査会の去勢に関する建議案の議論参照。
335　以下、この建議案に関しては、前掲『馬匹調査会議事録』第一回（明治二八年）下巻、二七二～三頁。
336　同前、二七九～八〇頁。
337　以下、新山の反対までに関しては、同前、二七四頁。
338　この日、去勢に先立ち、軍馬の購入価格平均一〇〇円増加の建議に関する議論が行われたが、そのなかで西川勝蔵（農商務省技師）が、去勢馬の購入価格を一〇〇円増額することを陸軍大臣に建議してはどうかと述べたのに対して（同前、二三〇～一頁）、新山は去勢馬の割増をかつて試したが面白く行かなかった（同前、二三四頁）……去勢の必要は種々ありまするが之を実行すると云うことに就ては随分困難と思います……と述べていた（同前、二三四～五頁）。
339　同前、二七七～八頁。
340　同前、二八〇頁。
341　同前、二八一頁。
342　同前、二八二頁。
343　同前、二八六～七頁。
344　同前、二八八頁。
345　同前、二八八～九頁。
346　同前、二八九～九〇頁。
347　同前、二九〇頁。
348　同前、二九〇～一頁。
349　同前、二九一頁。
350　同前、二七六頁。
351　同右。

352 同前、二九一～二頁。
353 同前、三〇一頁。
354 渡辺京二『逝きし世の面影』日本近代素描I、葦書房、一九九八年、四一六頁。かつての日本の馬事文化、コスモロジーについては、渡辺同上書の「第十二章 生類とコスモス」（四〇三～三三頁）、石川英輔『大江戸テクノロジー事情』講談社文庫版、一九九五年（初出一九九二年）の「馬」（二一八～三九頁）が参考になる。
355 『馬匹調査会議事録』第二回（明治二九年）、農商務省農務局、明治三〇年、五頁。
356 以下、農務局長藤田の答弁までに関しては、同前、八六頁。
357 同前、八六～九頁。
358 同前、八九～九〇頁。
359 以下、金子の切り返しに関してまでは、同前、九〇頁。
360 以下、新山の発言までに関しまでは、同前、九〇～九六頁。
361 同前、九六～一〇四頁。
362 同前、一〇四～七頁。
363 同前、一〇七～一一一頁。
364 同前、一一一～二頁。
365 同前、一一二～三頁。
366 同前、一一三～五頁。
367 同前、一一四～六頁。
368 同前、一一六～八頁。
369 同前、一一八～九頁。
370 同前、一一九頁。
371 同前、一二六頁。
372 同前、二〇六頁。

373 同前、二〇五〜六頁。
374 同前、二一五〜六頁。
375 同前、二一六頁。
376 同前、二一九頁。
377 同前、二二〇〜二頁。
378 前掲「第三回馬匹調査会議事録」二頁。
379 同前、七九頁。
380 以下、この検査法に関しては、明治三〇年三月二四日付「種牡馬検査法を定む」国立公文書館デジタルアーカイブ。なお条文中の「毎年」は明治三一年に付加されたもの（明治三一年三月二五日付「種牡馬検査法中を改正す」国立公文書館デジタルアーカイブ）。
381 以下、審議のメンバーまでに関しては、前掲『日本馬政史』第四巻、七〇九頁。
382 前掲『馬政功労十一氏事蹟』三三八、五六七頁。
383 明治三一年一月二一日付「馬匹去勢法制定の件」明治三四年四月二日付『馬匹去勢法を定む』国立公文書館デジタルアーカイブ、所収。
384 明治三一年一月二一日付「馬匹去勢法制定の件」に添付された「馬匹去勢法」前掲『馬匹去勢法を定む』所収。
385 「明治三三年二月七日付馬匹去勢法を帝国議会に提出を求める閣議への上申」に添付された「馬匹去勢法」前掲『馬匹去勢法を定む』所収。
386 「明治三三年二月七日付馬匹去勢法を帝国議会に提出を求める閣議への上申」に付けられた「付箋」前掲『馬匹去勢法を定む』所収。
387 「明治三二年一二月一九日付大蔵次官男爵田尻稲次郎より法制局長官平田東助宛回答」前掲『馬匹去勢法を定む』所収。
388 北清事変の馬匹の状況に関しては主として、太田横太郎「清国事件に於ける我軍馬に就き」、岡源太郎「清国事件に於ける我軍馬に就き」『中央獣医会雑誌』第一三巻第一二号、明治三三年一二月、前掲『日本馬政史』第四巻、七〇九頁、前掲『日本騎兵史』（上）、八九頁。

389 「軍馬去勢」『東京朝日』明治三三年九月一九日、前掲『馬事年史』3、三〇六頁。去勢法制定時、農商務大臣であった清浦奎吾は、後に去勢法の制定について、つぎのように回想した（清浦奎吾「馬券禁止前後」『優駿』第二巻第三号、日本競馬会、昭和一七年三月）。

……ことに北清事変当時諸外国の武官等が日本の馬を見て、蹴る噛むの有様に、これでは家畜ではなく、猛獣のようだという酷評を下したものである。これは北清事変参加連合国軍の軍馬は騸馬又は牝馬であったのに対し、我が国の馬は徴発馬が大多数で、しかもそれが去勢してなかったからである。そこで、これはどうしても去勢を実施しなければならないということになって、明治三四年我が国に去勢法の制定を見るに至ったのである……

390 以下理由書までに関しては、「明治三三年一一月一七日付陸軍大臣子爵桂太郎農商務大臣林有造より内閣総理大臣臨時代理枢密院議長侯爵西園寺公望宛馬匹去勢法案理由書」前掲『馬匹去勢法を定む』所収。

391 「明治三三年一二月八日付大蔵省双務長官田尻稲次郎より法制局長官奥田義人宛馬主から手数料を徴収することを提案」前掲『馬匹去勢法を定む』所収。

392 「明治三三年一二月四日付馬匹去勢法を帝国議会に提出を求める閣議への上申」、「馬匹去勢法案　右勅旨を奉し帝国議会に提出す　明治三四年二月五日　内国総理大臣　陸軍大臣　農商務大臣」前掲『馬匹去勢法を定む』所収。

393 「法律第百二十二号　馬匹去勢法」前掲『馬匹去勢法を定む』所収。

394 「馬匹改良と去勢法案の提出に就て」『読売』明治三四年一月一六日。

395 「第一五回帝国議会貴族院議事速記録第六号」明治三四年二月八日。

396 以下、この日の審議に関しては、「第一五回帝国議会貴族院議事速記録第七号」明治三四年二月一三日。

397 以下、この日の本会議での審議に関しては、「第一五回帝国議会貴族院議事速記録第一三号」明治三四年三月一八日。

398 「第一五回帝国議会衆議院馬匹去勢法案委員会録（筆記）第一回」明治三四年三月一九日、「第一五回衆議院議事速記録第一五号」明治三四年三月二〇日、「法律第二二号明治三四年四月二日付」前掲『馬匹去勢法を定む』所収。

399 「第一五回貴族院本会議第七号」明治三四年二月一三日。

400 「馬匹去勢法実施」『東京朝日』明治三四年九月一七日、「馬匹去勢法実施の準備」『東京朝日』明治三四年一二月一七日。
401 「馬匹去勢法実施の準備」『東京朝日』明治三四年一二月一七日。
402 前掲『馬事年史』3、三一六頁。なお明治三六年一二月四日、農務局技師は四人から三人となった（「明治三六年勅令第二四四号」アジア歴史資料センターデジタルアーカイブ）。
403 「馬匹去勢術練習生規則発布」『読売』明治三五年二月二三日、「馬匹去勢術練習生規則」『東京朝日』明治三五年二月二三日。
404 「去勢技手の練習」『東京朝日』明治三五年四月一三日。
405 「馬匹去勢法施行準備委員会議」『読売』明治三六年七月一一日、「馬匹去勢法実施準備委員会」『読売』明治三六年七月二一日、「馬匹去勢法実施準備委員会」『東京朝日』明治三六年七月二一日。
406 「馬匹去勢法実施準備委員会」『読売』明治三六年七月二一日、前掲「明治三十七年臨時馬制調査委員会議事録」四六、七三頁。
407 「馬匹去勢術細則」『読売』明治三六年一〇月二四日。
408 「馬匹去勢法実施費」『東京朝日』明治三六年九月二日、「馬匹去勢法実施費復活」『東京朝日』明治三六年一〇月一七日、「馬匹去勢法実施準備」『東京朝日』明治三六年一〇月一九日。
409 「馬匹去勢法実施」『読売』明治三七年一月三〇日。
410 以下、この件に関しては、「馬匹去勢法実施の延期」『読売』明治三七年二月二八日、前掲「明治三十七年臨時馬制調査委員会議事録」六頁。
411 「馬匹去勢法実施の延期」『読売』明治三七年二月二八日。
412 以下、四月一四日付陸軍大臣から農商務大臣宛照会までに関しては、前掲『陸軍政史』第二巻、三八八頁。
413 同前、三九六頁、前掲『日本馬政史』第四巻、七一五頁。
414 前掲『陸軍政史』第二巻、三九五～六頁。
415 同前、三九六～七頁。
416 明治三七年五月二三日付「馬匹去勢施行奨励に要する経費を臨時事件予備費より支出す」国立公文書館デジタルアーカイ

ブ。
417 「馬匹去勢奨励金下付（昨日公布農商務省令第一〇号）」『東京朝日』明治三七年六月一五日、前掲『馬事年史』3、三三九頁。
418 「馬匹去勢法実施奨励」『読売』明治三七年八月二日、「馬匹去勢奨励」『東京朝日』明治三七年八月二日、前掲「明治三十七年臨時馬制調査委員会議事録」四六頁。
419 「馬匹去勢の実施」『読売』明治三七年九月一四日、「馬匹去勢奨励の現状」『東京朝日』明治三七年一〇月一五日。
420 「神奈川県知事の演達」『東京朝日』明治三八年六月二八日。
421 前掲『馬事年史』3、三三二頁。
422 前掲『陸軍政史』第二巻、三九七～八頁。
423 前掲『明治三十七年臨時馬制調査委員会議事録』二七頁。
424 同前、四六～七頁。
425 以下、この奨励案の質疑に関しては、同前、四七頁。
426 同右。
427 「主意書」前掲『馬匹調査会調査書』。
428 前掲「明治三十七年臨時馬制調査委員会議事録」四七～八頁。
429 以下、新山の先送り賛成までに関しては、同前、四八頁。
430 以下、曾禰が、奨励案を「採用」し、「其の計画及予算は之を馬政局に引継ぐことを」を提案、採択されたことまでに関しては、同前、四九頁。
431 「修正主意書」前掲『馬匹調査会調査書』、「主意書」前掲「臨時馬制調査委員会復命書」。
432 「主意書　経費」前掲「臨時馬制調査委員会復命書」。

## 3 黙許競馬のはじまり

### 1 日本レース倶楽部

1 以下、明治二一年倶楽部がパリミチュエル式の単勝式馬券発売を開始するまでの日本レース倶楽部及び根岸競馬場に関しては、特に記さない限り、拙著『文明開化に馬は舞う』「第2章 共同競馬会社、戸山競馬場時代 3ニッポン・レース・クラブ（日本競馬会社）の誕生」「第3章 横浜の競馬」。

2 「行幸被仰出」『横浜貿易』明治三二年五月九日。帰路は、競馬場－山元町－山手本町通り－地蔵坂－石川町河岸通元町－前田橋－阿波町通り－本町通り－弁天橋－横浜駅だった（同前）。

3 以下、昭和一二年の記録までに関しては、日本中央競馬会総務部調査課編纂『日本競馬史』巻三、日本中央競馬会、昭和四三年、二五二頁。

4 「セークスピヤホテル」『時事新報』明治三八年七月七日、鳥居民『横浜山手 日本にあった外国』草思社、一九七七年、一二〇〜一頁。

5 たとえば、'Autumn Meeting of Nippon Race Club', J. W. M., November 18, 25, 1905. 'Spring Meeting of Nippon Race Club', J. W. M., May 12, 1906.

6 日高嘉継「共同（共有）馬主コロネル・ボギーと日本レースクラブ・ゴルフ・アソシエーション」『馬の博物館 研究紀要』第九号、財団法人馬事文化財団、一九九六年一二月。

7 「根岸の大賭場を如何する」『横浜貿易』明治三二年五月七日、「横浜競馬の賭博問題」『東京朝日』明治三二年五月二一日、「根岸競馬会に於ける富籤興業に就て」『横浜貿易』明治三二年一一月一九日、「横浜根岸の秋季競馬 賭けの事」『時事新報』明治三二年一一月二二日、「根岸競馬会の賭博に就て」『横浜貿易』明治三二年一一月二二日、「日本レース・クラブ小史」『日本レース・クラブ五十年史』日本中央競馬会、昭和四五年、所収、九七頁。このことに関しては、メールマガジン「もきち倶楽部」の「横浜競馬史」第一回「根岸競馬場への最後の臨幸：明治三二（一八九九）年五月九日」（二〇〇九年九月六日号）、第二回「居留地廃止と馬券（前）」（二〇〇九年九月一三日号）、第三回「居留地廃止と馬券（後）：強いて差止めずとの寛大の処置」（二〇〇九年九月二〇日号）で論じたが、バックナンバーが閲覧できなくなってしまった。第五巻で補訂して、改めて論じる予定。

8　宮内庁編『明治天皇紀』第九巻、吉川弘文館、一九七三年、六四五～九頁。

9　前掲「日本レース・クラブ小史」『日本レース・クラブ五十年史』所収、九八頁。この社団法人化は、直接的には前年七月倶楽部名義で土地等の資産取得を可能にするためであった（同上）。

10　たとえば拙著『文明開化に馬券は舞う』一三五～七、二六一～五、二九二～五頁。

11　以下、この開催のエンペラーズ・カップに関しては'Spring Meeting of Nippon Race Club', J. W. M., May 13, 1905.

12　たとえば、JRAは二〇二〇年春の天皇賞が行われる際、その歴史を、「1905年（明治38年）の5月6日に横浜の日本レースクラブが、明治天皇から「菊花御紋付銀製花盛器」を下賜されたことにより創設した「エンペラーズカップ」が天皇賞の前身」〈http://jra.jp/keiba/thisweek/2020/0503_1/race.html〉二〇二〇年五月三日閲覧、と紹介している。

13　以下、レース名、品種、距離、斤量までに関しては、特に記さない限り、'Spring Meeting of the Nippon Race Club', J. W. M., April 30, 1898. 'Autumn Meeting of the Nippon Race Club', J. W. M., October 29, 1898. 'Spring Meeting of the Nippon Race Club', J. W. M., May 13, 1899. 'Nippon Race Club', J. W. M., November 25, 1899. 'Spring Meeting of the N. R. C.', J. W. M., May 19, 1900. 'Autumn Meeting of the N. R. C.', J. W. M., November 10, 1900. 'Spring Meeting of the Nippon Race Club', J. W. M., May 18, 1901. 'Autumn Meeting of the Nippon Race Club', J. W. M., November 9, 1901. 'Spring Meeting of the Nippon Race Club', J. W. M., May 24, 1902. 'Autumn Meeting of the Nippon Race Club', J. W. M., November 12, 1902. 'Spring Meeting of the Nippon Race Club', J. W. M., May 16, 1903. 'Autumn Meeting of the Nippon Race Club', J. W. M., November 14, 1903. 'Spring Meeting of the Nippon Race Club', J. W. M., May 21, 1904. 'Autumn Meeting of Nippon Race Club', J. W. M., November 5, 12, 1904. 「日本競馬倶楽部定款及び競馬規程」前掲『日本競馬史』巻三、二一四頁。

14　「明治三八年春季競馬会記事」『日本競馬会録一（自明治三五年至明治四一年）』宮内公文書館蔵（書陵部所蔵資料目録・画像公開システム）。

15　「根岸競馬雑記」『時事新報』明治三五年一一月一九日。下総御料牧場からの新馬導入に「奔走」したのは森謙吾、和田福蔵らだったという（同上）。このレースを勝ったのは、森のツキガセだった（同上）。和田は、石油取引商、明治二三年から日本レース倶楽部の馬主となっていた（たとえば、「競馬の珍譚」『中外商業』明治四一年一月一日）。

16 「日本競馬倶楽部定款及び競馬規程」前掲『日本競馬史』巻三、二一四頁。

17 'Autumn Meeting of Nippon Race Club', J. W. M., November 18, 1904.

18 「一九〇二年四月二八日大不利顛国特命全権公使サー、クラウド、マクドナルドより宮内大臣子爵田中光顕宛」、「一九〇二年一〇月二三日大不列顛国特命全権公使サー、クラウド、マクドナルドより宮内大臣子爵田中光顕宛」、「一九〇三年五月二日大不列顛国特命全権公使サー、クラウド、マクドナルドより宮内大臣子爵田中光顕宛」、「一九〇三年一〇月二九日大不列顛国特命全権公使サー、クラウド、マクドナルドより宮内大臣子爵田中光顕宛」、「明治三七年秋季横浜競馬会記事」、「一九〇五年一〇月二五日サー、クロウド、マクドナルドより宮内大臣田中子爵宛」、前掲『日本競馬会録一（自明治三五年至明治四一年）』所収。この願いのなかで、行幸がなされないことに遺憾の意を示すとともに賞品が下賜されることに「満腔の謝意」を表すことが「慣例」となった（たとえば、「一九〇二年五月一九日大不利顛国特命全権公使サー、クラウド、マクドナルドより宮内大臣子爵田中光顕宛」、「一九〇三年一一月五日大不列顛国特命全権公使サー、クラウド、マクドナルドより宮内大臣子爵田中光顕宛」前掲『日本競馬会録一（自明治三五年至明治四一年）』所収）。

19 「一九〇六年三月二七日大不列顛国大使クロード、マクドナルドより宮内大臣田中子爵閣下」前掲『日本競馬会録一（自明治三五年至明治四一年）』所収、「横浜競馬便り（第一信）」『中外商業』明治三九年四月一七日、「横浜春期大競馬」『時事新報』明治三九年四月二五日、「大日本競馬会東宮行啓」『東京朝日』明治三九年五月三日。

20 たとえば、前掲三谷『日本の近代とは何であったか——問題史的考察』一五〇頁。

21 原武史『大正天皇』朝日選書、朝日新聞社、二〇〇〇年、一〇一頁。

22 「英国大使へ回答按」前掲『日本競馬会録一（自明治三五年至明治四一年）』所収。

23 原武史『可視化された帝国　増補版』みすず書房、二〇一一年、一五一頁。

24 「横浜根岸秋季競馬会雑記（第二日）」『時事新報』明治三四年一一月六日、'Autumn Meeting of the Nippon Race Club', J. W. M., November 9, 1901.

25 「競馬場の東宮」『万朝報』明治三九年五月六日。

26 たとえば、'Spring Meeting of the Nippon Race Club', J. W. M., May 16, 1903. 'Autumn Meeting of the Nippon Race Club', J. W. M., November 14, 1903. 'Nippon Race Club', November 7, 14, 1903.

27　たとえば、'Spring Meeting of the Nippon Race Club', J. W. M., May 24, 1902. 'Autumn Meeting of the Nippon Race Club', J. W. M., November 12, 1902.「馬蹄の塵」『横浜貿易』明治三八年五月七日、「馬蹄の塵」『横浜貿易』明治三八年五月八日、「根岸競馬の三日　人名より馬命を尚ぶ」『国民』明治四〇年一一月三日。

28　以下、この日の行啓に関しては、明治三九年五月六日付土岐善之助「備考」前掲『日本競馬会録一（自明治三五年至明治四一年）』所収、「競馬場お成の東宮殿下」『横浜貿易』明治三九年五月七日、宮内省図書寮編修・岩壁義光補訂『大正天皇実録』補訂版第二、自明治三四年至明治四十年、ゆまに書房、二〇一七年、二五九～六〇頁。

29　「英国大使の参内」『読売』明治三九年五月七日、「英国大使の御礼」『時事新報』明治三九年五月八日。

30　前掲『大正天皇実録』補訂版第二、二八〇～一頁。

31　以下、ヒタチへの改名までに関しては、'Autumn Meeting of the Nippon Race Club', J. W. M., November 12, 1902, 'Autumn Meeting of the Nippon Race Club', J. W. M., November 14, 1903. 'Spring Meeting of the Nippon Race Club', J. W. M., May 21, 1904. 平野光雄『時計亦楽』青蛙房、昭和五一年、一三三頁。

32　たとえば、「横浜春期競馬会（四日目）」『東京朝日』明治三九年五月一三日、「競馬雑観」『横浜貿易』明治三九年五月一四日、「博覧会競馬（第三日）」『東京朝日』明治四〇年六月一〇日、「博覧会記念競馬（第三日）」『時事新報』明治四〇年六月一〇日。

33　前掲平野『時計亦楽』一三三～四頁。

34　たとえば「広告」『横浜貿易』明治三九年一一月二二日、「広告」『横浜貿易』明治四〇年五月三一日、「広告」『横浜貿易』明治四〇年七月一三日、「広告」『横浜貿易』明治四〇年一一月二八日、「広告」『横浜貿易』明治四一年三月二二日、「広告」『横浜貿易』明治四一年四月八日。

35　以下、この開催に関しては、'Autumn Meeting of the Nippon Race Club', J. W. M., November 12, 1902.

36　以下、この年の春秋の開催に関しては、'Spring Meeting of the Nippon Race Club', J. W. M., May 16, 1903. 'Autumn Meeting of the Nippon Race Club', J. W. M., November 14, 1903.

37　以下、この年の春秋の開催に関しては、'Spring Meeting of the Nippon Race Club', J. W. M., May 21, 1904. 'Autumn Meeting of the Nippon Race Club', J. W. M., November 5, 12, 1904.

38 以下、この開催に関しては、'Spring Meeting of Nippon Race Club,' J. W. M., May 13, 20, 1905. 'Training Notes,' J. W. M., October 21, 1905.

39 以下、この開催に関しては、'Training Notes,' J. W. M., October 21, 1905. 'Autumn Meeting of Nippon Race Club,' J. W. M., November 18, 25, 1905.

40 以下、この開催に関しては、特に記さない限り、'Spring Meeting of the Nippon Race Club,' J. W. M., May 12, 19, 1906. 「横浜根岸の春季競馬（初日）」『万朝報』明治三九年五月五日、「根岸春季競馬会（初日）」『横浜貿易』明治三九年五月六日、「競馬雑観」『横浜貿易』明治三九年五月六日、「横浜根岸の春季競馬（二日目）」『万朝報』明治三九年五月六日、「根岸春季競馬会（二日）」『横浜貿易』明治三九年五月七日、「横浜根岸の春季競馬（三日目）」『万朝報』明治三九年五月一二日、「春季根岸競馬会（三日目）」『横浜貿易』明治三九年五月一三日、「競馬雑観」『横浜貿易』明治三九年五月一三日、「横浜根岸の春季競馬（最終日）」『万朝報』明治三九年五月一三日、「春季根岸競馬会（最終日）」『横浜貿易』明治三九年五月一四日、「競馬雑観」『横浜貿易』明治三九年五月一四日。

41 以下、江副に関しては、前掲末岡『改訂増補　大隈重信と江副廉造』、「競馬と賭事の話　審判官江副連蔵氏談」『中央』明治三九年一一月二四日。

42 横浜商況新報社編『横浜成功名誉鑑』横浜商況新報社、明治四三年、復刻版、有隣堂、昭和五五年、六二～三頁。

43 同前、一三五～六頁。

44 前掲『東京競馬会及東京競馬倶楽部史』第一巻、六五三頁。

45 'Training Notes,' J. W. M., October 31, 1903. 'Autumn Meeting of the Nippon Race Club,' J. W. M., November 14, 1903.

46 'Spring Meeting of the Nippon Race Club,' J. W. M., May 12, 1906.

47 'Horse Sale,' J. W. M., November 26, 1904.

48 「根岸競馬の前景気」『横浜貿易』明治三九年五月三日。

49 「秋季競馬便り」『横浜貿易』明治四〇年一〇月一六日。

50 「蹄の塵」『横浜貿易』明治三八年一一月一三日。

51 前掲『横浜成功名誉鑑』二九〇頁、羽田博昭「牧野家の人びと」『市史通信』第九号、横浜市史資料室、二〇一〇年一一月二五日。

52 軍司貞則『ナベプロ帝国の興亡』文春文庫、一九九五年、五九頁、前掲羽田「牧野家の人びと」『市史通信』第九号。

53 「横浜春季競馬会」『中外商業』明治三九年五月一三日。

54 「横浜競馬会」『中外商業』明治三九年一一月一〇日。

55 'Autumn Meeting of the Nippon Race Club', J. W. M., November 5, 12, 1904.

56 以下、中国馬と日本側の中国馬のレースの排除に関しては、拙著『文明開化に馬券は舞う』「第2章 共同競馬会社、戸山競馬時代 1共同競馬会社の設立——社交と馬匹改良の交錯」「第3章 横浜の競馬 3競馬をめぐって——社交、スポーツ、馬匹改良、4日本馬か、中国馬か——競馬の目的」。

57 以下、賞金も含めて、註40を参照にしてまとめた。

58 拙著『文明開会に馬券は舞う』「第3章 横浜の競馬 7パリミチュエル方式馬券の導入——本格的競馬への道」二八一〜五頁。

59 前掲「日本レース・クラブ小史」『日本レース・クラブ五十年史』九四頁。

60 以下、倶楽部が豪州産馬の導入に向けて動くまでに関しては、拙著『文明開会に馬券は舞う』「第3章 横浜の競馬 7パリミチュエル方式馬券の導入——本格的競馬への道」二八一〜九五頁。

61 以下、この馬たちに関しては、前掲「日本レース・クラブ小史」『日本レース・クラブ五十年史』所収、九六頁。

62 'The Nippon Race Club Annual General Meeting', J. W. M., December 23, 1897. 'Nippon Race Club', J. W. M., December 17, 1898. 'Nippon Race Club', J. W. M., December 30, 1899.

63 前掲「日本レース・クラブ小史」『日本レース・クラブ五十年史』所収、九六〜七頁。

64 ミラに関しては、たとえば中央競馬ピーアール・センター編『日本の名馬・名勝負物語』(株)中央競馬ピーアール・センター 一九八〇年、六〜一一頁、ミラの繁殖成績、及びその牝系の物語は、伊与田翔「名牝ミラ神話の彼方へ」『書斎の競馬』No.1、飛鳥新社、一九九九年四月に詳しい。

65 拙著『文明開会に馬券は舞う』「第3章 横浜の競馬 4日本馬か、中国馬か——競馬の目的、6鹿鳴館時代のニッポン・レース・クラブ——明治10年代、7パリミチュエル方式馬券の導入——本格的競馬への道」、'Nippon Race Club', J. W. M.,

66 December 17, 1898. 'Nippon Race Club', J. W. M., December 30, 1899. 'Nippon Race Club', J. W. M., January 15, 1901. 'Spring Meeting of the Nippon Race Club', J. W. M., May 1, 8, 1897. 'Autumn Meeting of the Nippon Race Club', J. W. M., October 30, 1897. 'Spring Meeting of the Nippon Race Club', J. W. M., April 30, 1898. 'Autumn Meeting of the Nippon Race Club', J. W. M., October 29, 1898. 'Spring Meeting of the Nippon Race Club', J. W. M., May 13, 1899. 'Nippon Race Club', J. W. M., November 25, 1899. 'Spring Meeting of the N. R. C.', J. W. M., May 19, 1900. 'Autumn Meeting of the N. R. C.', J. W. M., November 10, 1900. 'Spring Meeting of the Nippon Race Club', J. W. M., May 18, 1901. 'Autumn Meeting of the Nippon Race Club', J. W. M., November 9, 1901. 'Spring Meeting of the Nippon Race Club', J. W. M., May 24, 1902. 'Autumn Meeting of the Nippon Race Club', J. W. M., November 12, 1902. 'Spring Meeting of the Nippon Race Club', J. W. M., May 16, 1903. 'Autumn Meeting of the Nippon Race Club', J. W. M., November 14, 1903. 'Spring Meeting of the Nippon Race Club', J. W. M., May 21, 1904. 'Autumn Meeting of Nippon Race Club', J. W. M., November 5, 12, 1904. 'Spring Meeting of Nippon Race Club', J. W. M., May 13, 20, 1905. 'Autumn Meeting of Nippon Race Club', J. W. M., Novenber 18, 25, 1905. 'Spring Meeting of the Nippon Race Club', J. W. M., May 12, 19, 1906.

67 'Nippon Race Club', J. W. M., July 5, 1902. 'Nippon Race Club', J. W. M., January 3, 1903. 'Horse Racing in Yokohama', J. W. M., December 19, 1903.

68 'Nippon Race Club', J. W. M., December 30, 1899.

69 'Nippon Race Club', J. W. M., January 5, 1901.

70 以下、ブラッドの演説に関しては、前掲『東京競馬会及東京競馬倶楽部史』第一巻、一八三頁。

71 前掲「日本レース・クラブ小史」『日本レース・クラブ五十年史』所収、一〇五～六頁。

72 同前、九八～九頁。

73 以下、東京競馬会の回答までに関しては、前掲『東京競馬会及倶楽部史』第一巻、一八九～九〇頁。

74 以下、この合意に関しては、'Nippon Race Club', J. W. M., November 10, 17, 1906. 'Tokyo Race Association', J. W. M., December 1, 1906. 「東京競馬会（帝室より賞典の下賜）」『報知』明三九年一一月二〇日、前掲『東京競馬会及東京競馬倶楽部史』第一巻、二二三頁。

75　「東京競馬会（帝室より賞典の下賜）」『報知』明三九年一一月二〇日、前掲『東京競馬会及東京競馬倶楽部史』第一巻、二二三頁。なお『東京競馬会及東京競馬倶楽部史』第一巻、二二三頁には内国産馬競走に対して三〇〇円が交付されたと記されているが二〇〇円の誤り。

76　「東京競馬会第一回競馬（第一日）」『東京日日』明治三九年一一月二五日。

77　「競馬会雑観」『二六』明治三九年一一月二五日。

78　前掲『日本競馬史』巻三、一七七、二五八頁。

79　前掲『東京競馬会及東京競馬倶楽部史』第二巻、四一頁、'Nippon Race Club', J. W. M., November 3, 10, 17, 1906.

80　以下、この開催に関しては、特に記さない限り、'Nippon Race Club', J. W. M., November 3, 10, 17, 1906.

また初日に関しては、「横浜秋期大競馬会（初日）」『東京朝日』明治三九年一一月二日、「横浜の秋季競馬会」『中外商業』明治三九年一一月二日、「根岸競馬（初日）」『横浜貿易』明治三九年一一月三日、「馬蹄の塵」『横浜貿易』明治三九年一一月三日。

二日目に関しては、「秋期横浜競馬会（二日目）」『東京朝日』明治三九年一一月三日、「横浜の秋季競馬会（第二日）」『中外商業』明治三九年一一月三日、「秋季競馬（二日目）」『万朝報』明治三九年一一月三日、「根岸競馬（二日目）」『横浜貿易』明治三九年一一月四日、「蹄塵録」『横浜貿易』明治三九年一一月四日、「横浜の競馬会」『国民』明治三九年一一月四日。

三日目に関しては、「横浜秋期競馬大会（三日目）」『東京朝日』明治三九年一一月一〇日、「横浜競馬会」『中外商業』明治三九年一一月一〇日、「横浜秋季競馬会（三日目）」『万朝報』明治三九年一一月一〇日、「根岸競馬（三日目）」『横浜貿易』明治三九年一一月一一日、「蹄塵録」『横浜貿易』明治三九年一一月一一日。

四日目に関しては、「横浜秋期競馬大会（四日目）」『東京朝日』明治三九年一一月一一日、「横浜競馬会」『中外商業』明治三九年一一月一一日、「横浜根岸秋季競馬会（千秋楽）」『万朝報』明治三九年一一月一一日、「根岸競馬（四日目）」『横浜貿易』明治三九年一一月一二日、「蹄塵録」『横浜貿易』明治三九年一一月一二日。

81　「臨時県会（第一日）」『横浜貿易』明治三九年一一月二日、「神奈川県会」『東京朝日』明治三九年一一月二日。

82　以下、小学校生徒、市民の奉迎までに関しては、「東宮競馬場に行啓」『横浜貿易』明治三九年一一月三日。

83　前掲『大正天皇実録』補訂版第二、二八〇～一頁。

84 宮内庁編『明治天皇紀』第一一巻、吉川弘文館、一九七五年、六二二頁。

85 「競馬場の官紀振粛」『東京朝日』明治三九年一〇月三一日。

86 賞金について、秋季に関しては、前掲『日本競馬史』巻二、二五八頁、春季に関しては、'Spring Meeting of the Nippon Race Club', J. W. M., May 12, 19, 1906. に基づき、立川が計算した。

87 「競馬の数々」『横浜貿易』明治三九年一〇月二八日、「横浜根岸競馬会前況（森謙吾氏の談）」『報知』明治三九年一〇月三一日。

88 'Nippon Race Club', J. W. M., November 10, 1906. は一分五四秒八〇と報じているが誤り。

89 前掲『東京競馬会及東京競馬倶楽部史』第一巻、四三頁。

90 「第四回競馬会（初日）」『岩手日報』明治三八年九月一〇日、「競馬会二日目」『岩手日報』明治三八年九月一二日。

91 「競馬馬匹購買広告」『岩手日報』明治三九年七月二一日、「東京競馬会評判」『中外商業』明治三九年一一月二三日、「本県馬匹の名誉」『岩手日報』明治三九年一一月一八日、前掲『競馬と共に歩んだ安田伊左衛門翁伝』一一九頁。購買にあった安田伊左衛門は、騎乗してみたところ、「非常に反動が高く、極めて強く横振する馬でその上熊癖があり、抽籤馬としてはたとえ如何に軽微であっても何等かの癖のある馬は、絶対に避ける方針であったけれども、馬格として申分がなかったから、若しこの馬を買わなければ当業者に競走馬たる資格に対し疑念を起させる恐れもあり、かつ競走馬として何としても優秀であるから買わないのも残念と思い、買うことに決心した」という（前掲『競馬と共に歩んだ安田伊左衛門翁伝』一一九頁）。熊癖とは「馬房内で肢を踏みかえ身体を左右に間断なくゆする癖」のこと（「ＪＲＡ競馬用語辞典 馬の癖」〈https://www.jra.go.jp/kouza/yougo/w355.html〉二〇二〇年九月一七日閲覧）。

92 「横浜根岸競馬会前況（森謙吾氏の談）」『報知』明治三九年一〇月三一日、前掲『競馬と共に歩んだ安田伊左衛門翁伝』一一九頁。

93 「日本ラグビーフットボール史」日本ラグビーフットボール協会／日本ラグビー デジタルミュージアム〈https://trc-adeac.trc.co.jp/WJ11D0/WJJS05U/1310375100/1310375100100000?dtl=all〉二〇二〇年九月一七日閲覧。

94 前掲『東京競馬会及東京競馬倶楽部史』第一巻、六五四頁。

95 同右。

96　前掲『東京競馬会及東京競馬倶楽部史』第二巻、四三頁。
97　「本県馬匹の名誉」『岩手日報』明治三九年一一月一八日。
98　以下、キソガワ木曽川に関しても、前掲『東京競馬会及東京競馬倶楽部史』第二巻、四三頁。
99　「横浜根岸競馬会前況（森謙吾氏の談）」『報知』明治三九年一〇月三一日。
100　「蹄跡録」『横浜貿易』明治三九年一一月一一日。
101　前掲『東京競馬会及東京競馬倶楽部史』第二巻、四四頁。
102　たとえば、「秋季競馬信」『横浜貿易』明治四〇年一〇月二一日。森謙吾によれば、「海関税其他一切で四百五六十円」だったという（「横浜根岸競馬前況（森謙吾氏の談）」『報知』明治三九年一〇月三一日）。倶楽部は翌年からの購入価格を約一〇〇〇円に倍増させる（'Nippon Race Club', J. W. M., December 15, 1906.「根岸の競馬会」『東京朝日』明治四〇年五月一一日、「横浜競馬便り」『中外商業』明治四〇年九月一九日、「秋季競馬信」『横浜貿易』明治四〇年一〇月二一日、'Nippon Race Club', J. W. M., December 21, 1907.）。
103　佐久間に関しては、前掲『財界名士失敗談』上巻、二三八～四二頁、「佐久間福太郎氏逝」『横浜貿易』明治四四年一一月二二日。明治四四年一一月死去、享年四二歳（同上）。
104　「競馬の珍譚」『中外商業』明治四一年一月一日、「馬券禁止と其影響（二）」『都』明治四一年一〇月八日。

## 2　函館競馬会、馬券黙許第一号の開催

105　以下、函館の競馬会に関しては、前掲『日本競馬史』巻三、三一四～三二二頁、中央競馬ピーアール・センター編『函館競馬場100年史』日本中央競馬会函館競馬場、平成八年、二〇～六六頁。
106　以下、この開催に関しては、「函館競馬会（前日の部）」『北海タイムス』明治三七年七月七日、「函館競馬会（後日の部）」『北海タイムス』明治三七年七月八日、「函館競馬と騎手」『北海タイムス』明治三七年七月九日。
107　「函館競馬会（前日の部）」『北海タイムス』明治三七年七月七日。
108　明治三八年七月八日、九日の第三一次開催の賞金総額に関しては、「函館競馬の時日決す」『北海タイムス』明治三八年六月六日。

109 「函館競馬会」『北海タイムス』明治三九年七月一〇日。

110 「編輯局にて　小阿居士」『北海タイムス』明治三九年七月二一日。

111 以下、この開催に関しては、「函館競馬会」『北海タイムス』明治三九年七月一〇日、「函館競馬の盛況」『北海タイムス』明治三九年七月一一日、「函館競馬の盛況（後日）」『北海タイムス』明治三九年七月一二日、「函館競馬の盛況　後日の続」『北海タイムス』明治三九年七月一三日、「函館競馬の盛況　後日の続」『北海タイムス』明治三九年七月一四日。

112 「乗馬会第一回競馬会の景況　無前の盛況　非常の光景」『北海タイムス』明治三八年八月二二日。

113 前掲『東京競馬会及東京競馬倶楽部史』第二巻、五八頁、札幌競馬場馬主協会編『北ぐにの競馬』札幌競馬場馬主協会　一九八三年、四七〜八頁。

114 'Autumn Meeting of Nippon Race Club', J. W. M., Novenber 18, 25, 1905. 'Spring Meeting of Nippon Race Club', J. W. M., May 12, 19, 1906.

115 「競馬用馬匹の競売」『国民』明治三九年六月九日。

116 「函館競馬会（前日の部）」『北海タイムス』明治三七年七月七日、「函館競馬会（後日の部）」『北海タイムス』明治三七年七月八日、「函館競馬と騎手」『北海タイムス』明治三七年七月九日。

117 内尾直二編『人事興信録』第三版、人事興信所、明治四四年、ま九〇頁、前掲『日本競馬史』巻三、三三三頁。

118 「函館競馬の盛況」『北海タイムス』明治三九年七月一一日。

119 「函館競馬の盛況（後日の続）」『北海タイムス』明治三九年七月一四日。

120 同右。

121 「名馬花園問題」『時事新報』明治四一年一二月一五日。

122 「東京競馬会の盛況」『北海タイムス』明治三九年一二月七日。

123 「函館競馬会（前日の部）」『北海タイムス』明治三七年七月七日、「函館競馬会（後日の部）」『北海タイムス』明治三七年七月八日。

124 「早来競馬会の実況」『北海タイムス』明治三九年八月一四日。

125 たとえば、「四千円の大穴　函館競馬会の大椿事」『横浜貿易』明治四一年九月一八日。

## 3　東京競馬会第一回開催

126　たとえば、「東京競馬会の起工」『時事新報』明治三九年五月二八日、「東京競馬会の競馬場起工」『東京日日』明治三九年五月二八日。

127　たとえば、「東京競馬会の現況」『やまと』明治三九年八月一八日。

128　「東京競馬会番組」『時事新報』明治三九年九月二〇日、「競馬出馬申込」『時事新報』明治三九年一〇月三日、「競馬会の出馬手続」『時事新報』明治三九年一〇月九日。

129　前掲『東京競馬会及東京競馬倶楽部史』第一巻、二一九頁。『東京競馬会及東京競馬倶楽部史』第一巻は、この「将校競馬施行の願出」を七月一〇日付としているが（二一八頁）、一〇日には東京朝日新聞が許可とその条件を掲載しているので、「請願」は、それより前のことになる。その請願に対する回答が、七月五日付の石本次官から加納宛の「将校競馬施行の回答」（同）だと思われる。倶楽部史が番号　甲第一六号　三九年七月七日起案　主任、決定　三九年七月七日　三九年七月十日発送　中台印、会長　久宜印　理事　安田印と記しているのは（同）、その五日の回答を受けての文書だったと考えられる。

130　前掲『東京競馬会及東京競馬倶楽部史』第一巻、二一九～二〇頁。

131　前掲安田『競馬夜話』四九六頁、前掲『競馬と共に歩んだ安田伊左衛門翁伝』八六頁。これに関しては、陸軍側が提案した可能性もなくもなかった。大蔵中将は、「軍馬の振わないのを憤慨し、各国の例に頓着なく馬匹奨励の目的」で、軍馬競走の実現に中心的役割を果たしていたと報じられてもいるからである（「東西南北」『横浜貿易』明治三九年一一月二七日）。

132　たとえば、「競馬会と陸軍将校」『東京朝日』明治三九年七月一〇日、「東京競馬会と将校」『万朝報』明治三九年七月一〇日。

133　条件は以下のものだった（「競馬会と陸軍将校」『東京朝日』明治三九年七月一〇日）。

池上の東京競馬会今後開催に際し陸軍将校同相当官は所管長官の認可を受け職務に支障なき限り左記の条件にて該競馬会に出場し得らることに定められたり

一、競馬に使用せし馬匹にして出場馬匹が其実施の為廃斃に帰したるときは東京競馬会をして其賠償を負担せしむ
二、前項の賠償額は所轄乗馬委員と競馬会と予め協議決す
三、競馬に出場せし将校同相当官にして之が実施の為負傷せしものの等症は二等傷とす

134 前掲『東京競馬会及東京競馬倶楽部史』第二巻、四五頁、「東京競馬会（最終日午後）」『東京朝日』明治三九年一二月三日。
135 「東西南北」『岩手日報』明治三九年一一月二八日。
136 前掲『東京競馬会及東京倶楽部史』第一巻、二二一、三六六頁。
137 同前、三六六頁。
138 前掲『明治天皇紀』第一一巻、六四〇頁。
139 「競馬雑観」『東京朝日』明治三九年一二月三日。
140 前掲『東京競馬会及東京競馬倶楽部史』第一巻、三六四頁。
141 同前、三六五頁。
142 「東宮競馬会行啓」『東京日日』明治三九年一一月一一日、「東宮競馬会行啓」『東京朝日』明治三九年一一月一一日、「東京競馬会（最終日午後）」『東京朝日』明治三九年一二月三日。
143 宮内省図書寮編修・岩壁義光補訂『大正天皇実録』補訂版第三、自明治四一年至明治四四年、ゆまに書房、平成三〇年、三五頁。
144 「日本競馬倶楽部規則」神翁顕彰会編『続日本馬政史』二、農山漁村文化協会、昭和三八年、所収、二八二〜三頁。
145 以下、レース編成、賞金に関しては、註163、168、172、196の資料を参照して立川がまとめた。
146 前掲『東京競馬会及東京競馬倶楽部史』第一巻、二二二頁。
147 同前。
148 註145と同様に立川が計算。なお馬政局への報告では一万八八八〇円（前掲『日本競馬史』巻三、一七七頁）。
149 前掲『日本競馬史』巻三、二五八頁。

150 「東京競馬会（帝室より賞典の下賜）」『報知』明三九年一一月二〇日。

151 六月に行われた宮崎への照会は以下のものだった（「競馬用馬購入」『日州』明治三九年六月一〇日）。各地にも同様のものが照会されていたと思われる。

拝啓陳者当競馬会馬匹改良の目的を以て今般設立の官許を受け目下創業事務進行中に有之然るに馬匹の供給に障碍なきや否やは是れ本会が命脈の係る処に候間先以て左記各項に就き御承知致置き度不堪希望候

競馬に使用する馬匹購買条件

一種類　内国産雑種馬（二回又は一回及牝牡馬共に差支えなし）
二年齢　三年以上八年以下
三毛色　月色、芦毛を除く
四身幹　四尺八寸以上（本年に限り七寸以上）
五購買頭数　本年は三十頭

右馬匹は力量の等一を保たん為め同程度の雑種馬を要し候最も購買は奥州方面九州方面に分ち一ヶ年以前に於て購買期日及其頭数等を予め御報告可致候
購買馬匹中最優勝を得たる馬匹には元飼育者に対し賞品を贈与する筈に付購買馬匹には血統証の添付相添候哉
前段の条件を具有致し候て一回及び二回雑種の馬匹一頭平均凡何程なれば購買出来可申哉右乍御手数御回答を煩はし度候

152 「東京競馬会（第一回秋季大会の前況）」『都』明治三九年一一月二二日、「秋季大競馬」『東京朝日』明治三九年一一月二三日。

153 「鉄道敷設の先駆者（特別インタビュー）R・J・ウォード」『外国人が見た幕末・明治の横浜 全訳『ジャパン・ガゼット横浜50年史』『市民グラフ ヨコハマ』一九八二年、七一～二頁、拙著『文明開化に馬券は舞う』五七三頁。

154 拙著『文明開化に馬券は舞う』五四七頁。

155 たとえば、'Nippon Race Club', J. W. M, November, 3, 1906.

156 「池上競馬雑観」『中央』明治四〇年五月二七日。トレドウェイに関しては、他に「競馬場雑観」『都』明治四〇年五月二六日。

157 日本競馬場会総務部調査課編纂『日本競馬史』巻四、日本中央競馬会、一九六九年、七頁。

158 以下、ガラに関しては、「横浜根岸競馬談（承前）」『東京朝日』明治四〇年五月一三日、「競馬と賭博（一）」『東京日日』明治四〇年七月一一日。

159 前掲安田『競馬夜話』四九七頁。

160 たとえば、「東京競馬会と賭事」『中央』明治三九年一一月二三日、「東京競馬会と賭事」『読売』明治三九年一一月二三日、「東京競馬会と賭事」『東京朝日』明治三九年一一月二三日、「東京競馬会の賭」『二六』明治三九年一一月二三日、「東京競馬会と賭事」『日本』明治三九年一一月二三日、「東京競馬会と賭事」『横浜貿易』明治三九年一一月二三日。

161 「競馬の賭に就て」『都』明治三九年一一月一一日。その他に、たとえば、「多少は差支え無し」『中外商業』明治三九年一一月一一日。

162 その経緯は第4章第1節。

163 以下初日に関しては、特に記さない限り、「東京競馬会（第一日）」『東京朝日』明治三九年一一月二五日、「池上初競馬雑観」『東京朝日』明治三九年一一月二五日、「東京競馬会（初日午後の分）」『東京朝日』明治三九年一一月二五日、「東京競馬会第一回競馬（第一日）」『東京日日』明治三九年一一月二五日、「池上競馬大会（第一日）」『二六』明治三九年一一月二五日、「競馬会雑観」『二六』明治三九年一一月二五日、「池上競馬会（初日）」『時事新報』明治三九年一一月二五日、「池上競馬会雑記」『時事新報』明治三九年一一月二五日、「東京競馬会　初日の景況」『読売』明治三九年一一月二五日、「東京競馬会」『中外商業』明治三九年一一月二五日、「中外日記」『中外商業』明治三九年一一月二五日、「東京競馬会（第一日）」『やまと』明治三九年一一月二五日、「東京競馬会（第一日）」『中央』明治三九年一一月二五日、「池上競馬の第一日」『報知』明治三九年一一月二四日夕刊、「競馬場に於ける外国婦人」『報知』明治三九年一一月二五日、「競馬場雑観」『報知』明治三九年一一月二五日、「池上の競馬会（昨日）」『都』明治三九年一一月二五日、「競馬会の初日」『国民』明治三九年一一月二六日、「競馬場雑感」『中央』明治三九年一一月二六日、「東京競馬会（第一日）」『横浜貿易』明治三九年一一月二六日、「馬蹄の塵」『横浜貿易』明治三九年一一月二六日、'Tokyo Race Association,' J. W. M., December 1, 1906. 観客数は、前掲

『東京競馬会及東京競馬倶楽部史』第二巻、四一頁。
164 「秋季大競馬」『東京朝日』明治三九年一一月一三日。
165 以下、根岸の秋季開催に関しては、'Nippon Race Club', J. W. M, November 3, 10, 1906.
166 「競馬の賭 一日の勝負一一万円」『大阪毎日』明治三九年一一月二七日。
167 尚友倶楽部・広瀬順晧編『田健治郎日記 1〈明治三九年〜四三年〉』芙蓉書房出版、二〇〇八年、六三、六七頁。
168 以下、二日目に関しては、特に記さない限り、「東京競馬会（第二日）」『東京朝日』明治三九年一一月二六日、「競馬雑観」『東京朝日』明治三九年一一月二六日、「東京競馬会（午後）」『東京朝日』明治三九年一一月二六日、「競馬雑観（午後の分）」『東京朝日』明治三九年一一月二六日、「東京競馬会（第二日）」『やまと』明治三九年一一月二六日、「東京競馬会（第二日）」『中央』明治三九年一一月二六日、「池上の競馬会（二日目）」『都』明治三九年一一月二六日、「東京競馬会（第二日目）」『日本』明治三九年一一月二六日、「池上競馬大会（第二日）」『二六』明治三九年一一月二六日、「競馬会雑観」『二六』明治三九年一一月二六日、「東京競馬会第一回競馬（第二日）」『東京日日』明治三九年一一月二六日、「池上競馬会（二日目）」『時事新報』明治三九年一一月二六日、「池上競馬会雑記」『時事新報』明治三九年一一月二六日、「池上競馬の第二日」『報知』明治三九年一一月二五日夕刊、「壮快観る者をして狂奔せしむ」『報知』明治三九年一一月二六日、「東京競馬会 二日目の景況」『読売』明治三九年一一月二六日、「東京競馬会（二日目）」『横浜貿易』明治三九年一一月二七日、「蹄塵録」『横浜貿易』明治三九年一一月二七日。
169 「昨日の馬賭（競馬会雑観）」『万朝報』明治三九年一二月二日。
170 たとえば、「目黒競馬会」『報知』明治四一年四月一三日、「目黒春季競馬（第一日）」『時事新報』明治四一年四月一三日。ただし馬券は明治四一年三月から一枚五円から一〇円になっていた。
171 「児玉日誌」明治三九年一一月二五日（宮崎県立図書館蔵）。児玉とその日誌に関しては第6章第10節。
172 以下、三日目に関しては、特に記さない限り、「東京競馬会（第三日）」『東京朝日』明治三九年一二月二日、「池上競馬三日目雑観」『東京朝日』明治三九年一二月二日、「東京競馬会（午後）」『東京朝日』明治三九年一二月二日、「競馬の賭」『東京朝日』明治三九年一二月二日、「池上の競馬（第一回第三日）」『東京日日』明治三九年一二月二日、「東京競馬会（第三日）」『やまと』明治三九年一二月二日、「競馬場雑観」『やまと』明治三九年一二月二日、「池上の競馬（三日目）」『都』明

治三九年一二月二日、「池上競馬大会（第三日）」『二六』明治三九年一二月二日、「競馬会雑観」『二六』明治三九年一二月二日、「池上競馬会（三日目）」『時事新報』明治三九年一二月二日、「池上競馬会雑記」『時事新報』明治三九年一二月二日、「東京競馬会（第三日）」『横浜貿易』明治三九年一二月二日、「蹄塵録」『横浜貿易』明治三九年一二月二日、「池上競馬の第三日」『報知』明治三九年一二月一日夕刊、「池上競馬会雑観」『報知』明治三九年一二月二日、「番狂わせの勝負」『報知』明治三九年一二月二日、「競馬会の三日目」『読売』明治三九年一二月二日、「東京競馬会（第三日）」『中央』明治三九年一二月二日、「競馬会三日目雑観」『中央』明治三九年一二月二日、「池上の競馬（三日目）」『都』明治三九年一二月二日、「東京競馬会（第三日目）」『日本』明治三九年一二月一日、'Tokyo Race Association,' J. W. M., December, 8, 1906.

173 前掲『東京競馬会及東京競馬倶楽部史』第一巻、四二頁。

174 「秋季大競馬」『東京朝日』明治三九年一一月二三日。

175 「東京競馬会規則第二五条」前掲『日本競馬史』巻三、三五頁。

176 前掲『東京競馬会及東京競馬倶楽部史』第一巻、四二頁、「東京競馬会の盛況」『北海タイムス』明治三九年一二月七日。

177 「早来競馬詳報」『北海タイムス』明治三八年八月一三日、「早来競馬詳報（続）」『北海タイムス』明治三八年八月一五日。

178 「乗馬会第一回競馬会の景況　無前の盛況　非常の光景」『北海タイムス』明治三八年八月二二日。

179 「函館競馬会」『北海タイムス』明治三九年七月一〇日、「函館競馬の盛況」『北海タイムス』明治三九年七月一一日、「函館競馬の盛況（後日）」『北海タイムス』明治三九年七月一一日、「函館競馬の盛況　後日の続」『北海タイムス』明治三九年七月一三日、「函館競馬の盛況　後日の続」『北海タイムス』明治三九年七月一四日。

180 「札幌の競馬会　空前の盛況」『北海タイムス』明治三九年九月二六日、「札幌の競馬（後日　空前の盛況）」『北海タイムス』明治三九年九月二七日。

181 前掲『東京競馬会及東京競馬倶楽部史』第一巻、六六五頁。

182 「東京競馬会（三日目）」『東京朝日』明治三九年一二月二日。

183 前掲『東京競馬会及東京競馬倶楽部史』第一巻、四二頁。

184 「競馬会三日目（一二月一日午前の分）」『国民』明治三九年一二月二日。

185 「東京競馬会（三日目）」『東京朝日』明治三九年一二月二日。

186 尾形藤吉『競馬ひとすじ――私と馬の六十年史』徳間書店、一九六七年、四八頁。

187 「東京競馬会（三日目）」『東京朝日』明治三九年一二月二日。

188 以下、カツラに関しては、「池上競馬三日目雑観」『東京朝日』明治三九年一二月二日、前掲『東京競馬会及東京競馬倶楽部史』第二巻、四二頁。

189 『児玉日誌』明治三九年一二月一日。

190 たとえば、「横浜競馬便り（第一信）」『中外商業』明治三九年四月一七日、「横浜競馬便り（第二信）」『中外商業』明治三九年四月二〇日、「横浜競馬便り（第三信）」『中外商業』明治三九年四月二五日、「横浜競馬便り（第四信）」『中外商業』明治三九年五月四日、「横浜競馬便り（第六信）」『中外商業』明治三九年五月一〇日、「横浜競馬便り（第六信の続き）」『中外商業』明治三九年五月一一日、「横浜競馬便り」『中外商業』明治三九年一〇月二一日、「横浜競馬便り」『中外商業』明治三九年一〇月二四日、「横浜競馬便り」『中外商業』明治三九年一〇月二七日。

191 「東京競馬会三日目」『都』明治三九年一二月一日。

192 「競馬鑑定の秘伝」『中外商業』明治四〇年六月二日。また「衆評万口一致して疑い無しという駿足の現れたる勝負には手出しすべからず、儲かりて利薄く損して大なり」といった馬券戦術の心構えともいうべき「競馬勝利秘訣十ヶ条」も掲載した（『中外商業』明治四〇年五月二五日）。

193 「競馬の賭」『東京朝日』明治三九年一二月二日。

194 たとえば、「目黒競馬前記（下）」『横浜貿易』明治四〇年一二月六日。

195 たとえば、「秋季競馬▲本日の予想」『二六』明治四〇年一〇月二五日、「池上競馬予想」『中外商業』明治四〇年一一月九日、「鳴尾の大競馬」『大阪時事』明治四〇年一一月一六日、「明日の競馬」『神戸又新』明治四〇年一一月二二日、「四日目の予報　本日の目黒競馬会勝負」『報知』明治四〇年一二月一三日夕刊。

196 以下、四日目に関しては、特に記さない限り、「東京競馬会（最終日）」『東京朝日』明治三九年一二月三日、「東京競馬会（最終日午後）」『東京朝日』明治三九年一二月三日、「競馬雑観」『東京朝日』明治三九年一二月三日、「池上の競馬（第一回第四日）」『東京日日』明治三九年一二月三日、「東京競馬会（最終日）」『やまと』明治三九年一二月三日、「雑観」『やまと』明治三九年一二月三日、「競馬会雑観」『二六』明治三九年一二

月三日、「池上競馬会（最終日）」『時事新報』明治三九年一二月三日、「池上競馬会雑記」『時事新報』明治三九年一二月三日、「東京競馬会（第四日）」『横浜貿易』明治三九年一二月三日、「東京競馬の妄評」『横浜貿易』明治三九年一二月四日、「池上競馬の第四日」『報知』明治三九年一二月二日夕刊、「馬見場に於ける各若宮殿下」『報知』明治三九年一二月三日、「池上競馬会雑観」『報知』明治三九年一二月三日、「競馬会の四日目」『読売』明治三九年一二月三日、「東京競馬会（第四日）」『中央』明治三九年一二月三日、「競馬会四日目雑観」『中央』明治三九年一二月三日、「池上の競馬（四日目）」『都』明治三九年一二月三日、「目覚しき札場の後景」『都』明治三九年一二月三日、「東京競馬会（第四日目）」『日本』明治三九年一二月三日、「最終の競馬会（二日午前の分）」『国民』明治三九年一二月三日、「最終の競馬会（二日午後の分）」『国民』明治三九年一二月四日、「中外日記　池上競馬会」『中外商業』明治三九年一二月四日、'Tokyo Race Association,' J. W. M., December 8, 1906.

197 たとえば、「競馬叢談　馬狂生」『中央』明治四一年五月三一日

198 『児玉日誌』明治三九年一二月二日。

199 「目覚しき札場の光景」『都』明治三九年一二月三日、「最終の競馬会（二日午後の分）」『国民』明治三九年一二月四日。

200 「東京競馬会（午後）」『東京朝日』明治三九年一一月二六日。

201 同前。

202 「東京競馬会（三日目）」『東京朝日』明治三九年一二月二日。

203 監修森永卓郎『明治／大正／昭和／平成　物価の文化史事典』展望社、二〇〇八年、三九四頁。

204 「東京競馬会規則」はつぎのように規定していた（前掲『日本競馬史』巻三、三五頁）。

第二六条　豪州産馬の負担の斤量は総て一三七斤とす、但前条の斤量は牝馬の負担とす　牡馬は五斤を増す、騸馬は牝馬に準ず

205 「両日間競馬談（一）」『横浜貿易』明治四〇年一〇月二九日。

206 以下、このレースのアナの発売枚数に関しては、「目覚しき札場の光景」『都』明治三九年一二月三日。

207 'Tokyo Race Association,' J. W. M., December 8, 1906. によれば、二着はキヌガサ。
208 以下、日本レース倶楽部明治三九年秋季開催に関しては、'Nippon Race Club,' J. W. M., November 3, 10, 1906.
209 「目覚しき札場の光景」『都』明治三九年一一月三日、「最終の競馬会（二日午後の分）」『国民』明治三九年一一月四日。
210 同右。
211 たとえば、「東京競馬会」『東京日日』明治三九年一一月二一日。
212 前掲『東京競馬会及東京競馬倶楽部史』第二巻、四四頁。
213 同前、四五頁。
214 「秋季大競馬」『東京朝日』明治三九年一一月二三日。
215 「池上競馬会雑記」『時事新報』明治三九年一一月二六日。
216 以下、この撒紙競馬に関しては、「騎兵の撒紙競走」『東京日日』明治三九年一一月一五日、「撒紙競争の計画」『東京日日』明治三九年一一月一七日、「撒紙競馬彙報」『東京日日』明治三九年一一月一八日、「撒紙競走」『東京日日』明治三九年一一月一八日、「近衛師団撒紙競馬」『東京日日』明治三九年一一月一九日、「撒紙競馬の記」『東京日日』明治三九年一一月一九日、「撒紙競馬彙報」『東京朝日』明治三九年一一月一八日、「近衛師団撒紙競馬結果」『東京朝日』明治三九年一一月一九日、「後藤騎兵大尉の談（撒紙競馬に就て）」『東京朝日』明治三九年一一月二〇日、「近衛撒紙競馬」『二六』明治三九年一一月一七日、「近衛撒紙競馬」『二六』明治三九年一一月一九日、「撒紙競馬の結果」『万朝報』明治三九年一一月一九日、「近衛の撒紙競馬」『国民』明治三九年一一月二〇日。また騎兵第一旅団下の騎兵第一三連隊、第一四連隊、及び近衛騎兵連隊が、一一月五日から九日にかけて、東京、習志野から出発、水戸白河福島、宇都宮白河福島を回って帰京するという長途騎乗を行ったが、こちらも大きく報じられた（たとえば、「長途騎乗の効果」『東京朝日』明治三九年一一月七日、「叡慮と長途騎乗（宇都宮）」『東京朝日』明治三九年一一月八日、「長途騎乗彙報」『東京朝日』明治三九年一一月九日、「長途騎乗彙報」『東京朝日』明治三九年一一月一三日、「長途騎乗に就て」『東京日日』明治三九年一一月七日、「長途騎乗採点規定」『東京日日』明治三九年一一月九日、「長途騎乗彙報」『東京日日』明治三九年一一月一一日、「長途騎乗の成績（本多騎兵第一旅団長談）」『東京日日』明治三九年一一月一二日、「長距離以上の発程」『二六』明治三九年一一月六日、「長途騎乗特報」『二六』明治三九年一一月九日、「長途騎乗彙報」『二六』明治三九年一一月一〇日、「名誉の長途騎乗」『二六』明治三九年一一月一一日、「長途騎乗と馬匹」『二六』明治三九年一一月一二日）。

217 前掲『大正天皇実録』補訂版第二、二八三頁。

218 たとえば、拙著『文明開化に馬券は舞う』一七一頁。

219 「競馬雑観」『東京朝日』明治三九年一一月二六日。

220 前掲『貴族院・参議院議員名鑑』一八頁、前掲『東京競馬会及東京競馬倶楽部史』第二巻、六二三頁、「四條徳川両家結婚」『時事新報』明治三九年七月二日。

221 「池上競馬会雑観」『報知』明治三九年一二月三日。

222 以下、このレースのアナの発売枚数に関しては、「目覚しき札場の光景」『都』明治三九年一二月三日、「最終の競馬会（二日午後の分）」『国民』明治三九年一二月四日。

223 以下、有料入場者数、売上高に関しては、特に記さない限り、「東京競馬会（第一日）」『やまと』明治三九年一一月二五日、「東京競馬会（初日午後の分）」『東京朝日』明治三九年一一月二五日、「東京競馬会（第二日）」『やまと』明治三九年一一月二六日、「競馬の賭」『東京朝日』明治三九年一二月二日、「池上の競馬（三日目）」『都』明治三九年一二月二日、「競馬雑観」『東京朝日』明治三九年一二月三日、「目覚しき札場の光景」『都』明治三九年一二月三日、前掲『東京競馬会及東京競馬倶楽部史』第二巻、四一頁、前掲『日本競馬史』巻三、一七七頁。

224 開催前に配布した招待券会員券婦人券従者券の総数は五九二八枚だった（前掲『東京競馬会及東京競馬倶楽部史』第二巻、四二頁）。

225 前掲『東京競馬会及東京競馬倶楽部史』第一巻、三九〇頁。

226 前掲安田『競馬夜話』四九八頁。

227 同前、四九七〜八頁。

228 「第一表明治初年度以降一般会計歳入歳出予算決算」〈https://www.mof.go.jp/budget/reference/statistics〉二〇二〇年八月二〇日閲覧。

229 「横浜根岸競馬談（承前）」『東京朝日』明治四〇年五月一三日。

230 前掲『東京競馬会及東京競馬倶楽部史』第一巻、三九〇頁。

231 同前、一九七～八頁。
232 前掲『東京競馬会及東京競馬倶楽部史』第二巻、五〇頁。
233 同前、四一頁。
234 「競馬の後景気」『やまと』明治三九年一二月四日。
235 「競馬会の晩餐会」『時事新報』明治三九年一二月一〇日、「東西南北」『横浜貿易』明治三九年一二月一〇日。
236 以下、清浦の警告的演説までに関しては、前掲安田『競馬夜話』五一四～五頁。

## 4 静岡の馬券黙許

237 明治四一年四月一八日付「藤枝競馬倶楽部を法人と為すの願出を許可す」国立公文書館デジタルアーカイブ。
238 戦後の闇競馬に関しては、拙著『地方競馬の戦後史』世織書房、二〇一二年。
239 以下、この「競馬取締規則」に関しては、「競馬取締規則」『静岡県公報』第五二二号、明治三九年四月二七日（静岡県立図書館蔵）。
240 「競馬会と賭事」『新愛知』明治三九年一一月七日。
241 「富士競馬倶楽部の春季競馬」『読売』明治四〇年四月一四日。
242 「富士郡の競馬場」『静岡民友』明治三九年一〇月二一日、「富士産牛馬組合の運命」『静岡民友』明治四三年一〇月一日。
243 「富士競馬倶楽部の春季競馬」『読売』明治四〇年四月一四日、「富士競馬倶楽部春季競馬」『都』明治四〇年四月一九日。
244 「競馬会広告」『静岡民友』明治三九年三月二四日。
245 以下、鈴川地区が別荘地と知られていたことまでに関しては、「元吉原の史跡」〈http://www2.city.fuji.shizuoka.jp/~j-motoyoshi/sozai/motoyoshi_shiseki.pdf#search=%27%E9%88%B4%E5%B7%9D+%E5%88%A5%E8%8D%98%27〉二〇二〇年八月二〇日閲覧。
246 以下、第一回開催に関しては、特に記さない限り、「富士の競馬」『静岡民友』明治三九年一二月二日、「鈴川の競馬会」『静岡民友』明治三九年一二月七日、「富士の競馬会」『静岡民友』明治三九年一二月一一日。
247 以下、小松宮、清浦の大庭との親交までに関しては、「磐田原大競馬会景況」『静岡民友』明治三九年四月二八日。

248 「侠客大庭平太郎（彼の一生は面白い講談に）」『静岡民友』明治四五年四月二八日。

249 「富士の競馬会」『静岡民友』明治三九年一二月一一日。

250 以下、馬見所までに関しては、「磐田原競馬会」『静岡民友』明治四〇年一月二三日。

251 以下、この開催に関しては、特に記さない限り、「磐田原競馬会」『静岡民友』明治四〇年一月一二日、「磐田原の競馬」『静岡民友』明治四〇年一月二〇日、「遠州競馬会懸賞時事新報銀盃」『時事新報』明治四〇年一月二〇日、「磐田原競馬会（第二日）」『静岡民友』明治四〇年一月二一日、「磐田原競馬会」『静岡民友』明治四〇年一月二三日、「磐田原競馬会」『静岡民友』明治四〇年一月二五日、「磐田原競馬会」『時事新報』明治四〇年一月二五日。

252 「磐田原競馬会」『静岡民友』明治四〇年一月二二日。

253 前掲『日本馬政史』第四巻、五七八～九頁。

254 「競馬場取締規則」『静岡県公報』第五九一号、明治四〇年三月二九日（静岡県立図書館蔵）、「競馬場取締規則」『静岡民友』明治四〇年三月三一日。

255 以下、この開催に関しては、「鈴川競馬の前景気」『静岡民友』明治四〇年四月一四日、「富士競馬倶楽部の春季競馬」『読売』明治四〇年四月一四日、「我社寄贈の銀杯」『二六』明治四〇年四月一七日、「富士競馬倶楽部春季競馬」『都』明治四〇年四月一九日、「鈴川砂山の競馬（第一日）」『静岡民友』明治四〇年四月二一日、「鈴川の競馬会（第一日）」『中央』明治四〇年四月二二日、「鈴川競馬の第一日」『二六』明治四〇年四月二二日、「鈴川砂山の競馬（第二日）」『静岡民友』明治四〇年四月二三日、「鈴川競馬の第二日」『二六』明治四〇年四月二三日、「鈴川の競馬会（第二日）」『中央』明治四〇年四月二三日、「鈴川砂山の競馬（第三日）」『静岡民友』明治四〇年四月二四日、「鈴川競馬第三日」『二六』明治四〇年四月二四日、「鈴川の競馬会（第三日）」『中央』明治四〇年四月二五日、「富士競馬倶楽部の競馬（第三日）」『読売』明治四〇年四月二五日、「鈴川砂山の競馬（第四日）」『静岡民友』明治四〇年四月二五日、「鈴川の競馬（本社寄贈の賞品を獲たる馬）」『都』明治四〇年四月二五日。

256 たとえば「競馬の賭博」『東京日日』明治四〇年四月二七日、「競馬と当局者」『神戸新聞』明治四〇年四月二七日、「競馬と賭博」『京都日出』明治四〇年四月二八日。

257 以下、この開催に関しては、特に記さない限り、「富士競馬倶楽部」『静岡民友』明治四〇年六月二三日、「富士倶楽部競

馬会」『東京朝日』明治四〇年六月三〇日、「鈴川競馬会」『東京朝日』明治四〇年七月三日、「鈴川競馬会」『静岡民友』明治四〇年七月三日、「鈴川競馬会」『静岡民友』明治四〇年七月九日。

258 「東西南北」『横浜貿易』明治四〇年七月四日。

259 「秋季競馬信」『横浜貿易』明治四〇年一〇月二二日。

260 「広告」『静岡民友』明治四〇年三月一二日、「広告」『静岡民友』明治四〇年五月一一日、「広告」『静岡民友』明治四〇年五月一九日、「競馬会場新設」『静岡民友』明治四〇年六月二三日。また馬券発売は不詳だが、志太郡吉永村望月友太郎（清水銀行取締役）他数名が駿南競馬会（五月の段階で馬匹改良奨励会、開催時には駿南競馬会）を設立、海岸に面した同村宮島へ周囲一二町の競馬場を建設、「其筋」の認可を得て、六月一日から四日間の開催を行った（「競馬挙行広告」『静岡民友』明治四〇年五月一一日、「競馬場新設」『静岡民友』明治四〇年五月一二日、「競馬挙行広告」『静岡民友』明治四〇年五月一二日、「新競馬場」『静岡民友』明治四〇年五月三一日、「駿南競馬会」『静岡民友』明治四〇年六月四日、「駿南競馬会」『静岡民友』明治四〇年六月五日）。

261 以下、五団体の申請までに関しては、「本県競馬全廃」『静岡民友』明治四〇年八月一五日、「愈々競馬廃止」『静岡民友』明治四〇年八月一七日、前掲明治四一年四月一八日付「藤枝競馬倶楽部を法人と為すの願出を許可す」。

## 4 東京競馬会第一回開催を受けて、ガラの禁止

### 1 新聞の論調の転換

1 前掲『日本競馬史』巻三、一七七頁。

2 「競馬と賭博（二一万円）」『神戸又新』明治三九年一二月五日。

3 ただし『時事新報』は、東京競馬会第一回開催を、一二月四日号の社説「競馬と射的」で、馬券発売も含めて、「馬匹改良の奨励の為に我輩の大に賛成するところにして此一時に於ては年来の希望の空しからざるを見たるを喜ぶ」と歓迎した。

4 「射倖投機の風」『東京朝日』明治三九年一二月一四日。

5 「射倖心の挑発」『東京日日』明三九年一二月六日。馬券禁止を受けて、東京日日新聞は、「輿論に迫られ政府禁令を発す

輿論の先鋒は即我日日新聞競馬屋は嘸本紙を怨まん」（「近事片々」『東京日日』明治四一年一〇月七日）と自賛することになるが、いわばその出発点にあたる社説だった。

6　有山輝雄「日露戦後における「国民新聞」の転換」『総合研究所報』六巻二号、一九八一年三月、桃山学院大学学術情報機関リポジトリ。

7　山本武利『新聞と民衆　日本型新聞の形成過程』紀伊國屋書店、一九七八年、一三七頁。

8　「評論　丙午一年」『二六』明治三九年一二月三一日。

9　たとえば、岡義武「日露戦争後における新しい世代の成長」（上）、（下）『思想』五一二号、一九六七年一二月、五一三号、一九六八年三月、坂野潤治『近代日本の出発』大系日本の歴史13、小学館ライブラリー、一九九三年、三四八～九頁。

10　徳富猪一郎『公爵桂太郎伝』坤巻、故桂公爵記念事業会、大正六年、三五九～六〇頁。

11　たとえば、「権利株」『東京日日』明治三九年一〇月四日、「時弊を戒む」『東京日日』明治三九年一一月一一日、「評論　丙午一年」『二六』明治三九年一二月三一日。

12　以下、満鉄株に関しては、その批判も含めて、たとえば、「満鉄株予想談」『国民』明治三九年九月一四日、「社論　満鉄株と投機熱」『東京朝日』明治三九年九月二八日、「論説　満州鉄道株の虚影」『やまと』明治三九年九月三〇日、「社論　満鉄株と投機熱（再び）」『東京朝日』明治三九年一〇月五日、「満鉄株と金融」・「満鉄株の大景気　一千倍に上る」・「満鉄株の盛況」『中央』明治三九年一〇月七日、「論説　満鉄募株の成績」『中央』明治三九年一〇月八日、「満鉄一〇八〇倍」『東京朝日』明治三九年一〇月八日、「満鉄応募と銀行」『東京日日』明治三九年一〇月九日、「中外日記▲満鉄応募株式」『中外商業』明治三九年一〇月九日、「満鉄株権利相場」『国民』明治三九年一〇月一〇日、「論説　満鉄の投機熱と外人の勘定」『やまと』明治三九年一〇月一一日、「財界時評」『東京日日』明治三九年一〇月一一日、「社説　満鉄株の教訓?」『中外商業』明治四〇年一〇月一二日、「満鉄株と陸相」『東京日日』明治三九年一〇月一三日、「財界時評」『東京日日』明治三九年一〇月一三日、「新事業の計画」『国民』明治三九年一〇月一六日、「財界の回想（一）南満州鉄道株式会社」『東京日日』明治三九年一二月二九日、加藤聖文『満鉄全史　「国策会社」の全貌』講談社選書メチエ、二〇〇六年、二六～七頁。

13　「射倖投機の風」『東京朝日』明治三九年一二月一四日。

14　「射倖心の挑発」『東京日日』明三九年一二月六日。

## 2　司法部による取締の表明

15　明治三九年一〇月一〇日付「公益法人以外の競馬会が為す馬券発売類似行為取締に関する馬政長官より司法、内務両次官宛照会」前掲『東京競馬会及東京競馬倶楽部史』第一巻、一九〜二〇頁。三項目の文末は原文では「黙許すること」であるが明らかに誤りなので、「黙許せざること」に改めた。

16　「馬政局への建議書」前掲『東京競馬会及東京競馬倶楽部史』第一巻、一九五頁。同上は、建議の時期を第一回開催後の一二月頃と推定しているが、上の司法、内務次官宛照会よりも前のことであるのが確実である。

17　明治三九年一一月一九日付「平沼民刑局長より増田馬政官宛回答」前掲『東京競馬会及東京競馬倶楽部史』第一巻、二〇頁。

18　三谷太一郎『政治制度としての陪審制　近代日本の司法権と政治』東京大学出版会、二〇〇一年、七九〜八〇頁。

19　「競馬の賭事（平沼民刑局長談）」『時事新報』明治三九年一二月一日。

20　「競馬場雑観」『中央』明治三九年一一月二六日。

21　以下、この日の面会に関しては、明治三九年一一月二九日付「同増田馬政官と平沼民刑局長との交渉覚書」前掲『東京競馬会及東京競馬倶楽部史』第一巻、二一頁。

22　たとえば、「競馬賭博問題」『二六』明治三九年一二月一一日。

23　たとえば、「競馬賭博問題」『横浜貿易』明治三九年一二月一七日、「競馬賭事と司法当局」『読売』明治三九年一二月一七日。

24　「競馬賭博問題」『二六』明治三九年一二月一一日、「競馬賭博問題」『報知』明治三九年一二月一一日。この他、司法省某高等官が、東京競馬場での「光景を目睹」して、「此際賭博犯として検挙せずとも他に一種の取締法を設定して斯くの如き弊害を除去せざるべからず」と語ったとも報じられた（「競馬賭博取締に就き」『日本』明治三九年一二月四日）。いずれにしろ、司法部が危機感を抱いたことを明らかにしている。

25　明治三九年一二月一〇日付「競馬開催を目的とする法人の設立及監督に関する件を定む」国立公文書館デジタルアーカイブ、「明治三九年一二月一〇日閣令第一〇号」・「明治四〇年三月閣令第二号」前掲『日本馬政史』第四巻、五七八〜九頁、

前掲『東京競馬会及東京競馬倶楽部史』第一巻、四一〜二頁。

26 前掲『東京競馬会及東京競馬倶楽部史』第一巻、四三頁。

27 明治三九年一二月一二日付「社団法人にあらざる競馬会の取締に関し馬政長官より内務次官へ照会」前掲『東京競馬会及東京競馬倶楽部史』第一巻、一六頁。

28 明治四〇年一月一一日付「同内務次官より馬政長官に対する回答」前掲『東京競馬会及東京競馬倶楽部史』第一巻、一七〜八頁。

29 ちなみに古賀は、一二月一〇日、馬券に対する古賀の意見を聞くべく訪ねてきた都新聞の記者に対して、「池上競馬会の後各所にいかがわしき競馬が踵を次いで続出し中には毫も産馬改良に関係なく全然賭博を目的とするもの少なからず、我刑法が賭博を禁止しながら一面に是を黙認するは甚だ奇異の観あり、さりとて競馬会は馬種改良に大なる功を奏し而して競馬会に賭札を売る事を要すとせば絶対に是を禁止する事も出来難く、それ故目下馬政局と交渉し相当の処分法を研究中なり、而して処分法と云えば絶対に賭札を発売する事を禁止するか或は競馬に限り賭博を放任するか或は産馬改良に功労あるべき競馬会に限り許可して、賭博を目的とする似而非競馬会の賭札は厳禁するかの三種に過ぎず」と語っていた（「競馬の賭は禁止すべきか（古賀警保局長の談）」『都』明治三九年一二月一四日）。

## 3 千住、深川、鶴見の競馬会

30 以下、この開催に関しては、「戦没馬匹追悼会」『東京日日』明治三九年七月八日、「戦没馬匹追悼会」『横浜貿易』明治三九年七月八日、「戦没馬匹追悼会」『国民』明治三九年七月一〇日、「斃馬追悼競馬会」『国民』明治三九年七月一八日、「向両国競馬（四日目）」『二六』明治三九年七月二〇日。現・千歳町墨田川沿いで行われたと思われる。

31 「斃馬追悼競馬会」『国民』明治三九年七月一八日。

32 広告「東洋競馬会」『二六』明治三九年九月三日、広告「東洋競馬会」『東京朝日』明治三九年九月四日、広告「東洋競馬会」『万朝報』明治三九年九月一一日、広告「東洋競馬会」『報知』明治三九年九月一一日、広告「東洋競馬会」『二六』明治三九年九月一八日。当初は九月七日より五日間、九月一九日より三日間であったが雨の影響で変更されていた。

33 「千代田競馬会」『読売』明治三九年一〇月一六日、広告「千代田競馬会」『東京朝日』明治三九年一〇月一六日。現・千住関屋町で行われたものと思われる。
34 広告「千代田競馬会」『横浜貿易』明治三九年一〇月二五日。
35 「千代田競馬会」『読売』明治三九年一〇月一六日。
36 「松戸の競馬会」『東京朝日』明治三九年一〇月二七日。
37 「松戸の競馬大会」『横浜貿易』明治三九年一一月一〇日、「松戸の競馬会」『読売』明治三九年一一月一三日。
38 「松戸の競馬」『中央』明治三九年一二月八日。
39 「江東競馬会開催広告」『万朝報』明治三九年一一月四日。
40 広告「江東競馬会」『東京朝日』明治三九年一一月二九日。
41 広告「東馬匹改良競馬会」『東京朝日』明治三九年一一月二五日。予定通りに開催していたら、三〇日は江東競馬会と競合することになるので調整が必要だった。
42 以下、同会の開催から閉会の申出までに関しては、「千住競馬の禁止　千住の警察官競馬場の賭を博奕と認む」『中央』明治三九年一二月一六日、「馬券ガラ札の禁止」『読売』明治三九年一二月一八日。
43 以下、この開催に関しては、特に記さない限り、「競馬と賭の問題」『万朝報』明治三九年一二月二一日、「深川の競馬賭を禁止さる」『報知』明治三九年一二月二一日、「深川競馬会の賭札禁止」『万朝報』明治三九年一二月二二日、「競馬の賭け（昨日の深川扇橋の賭場）」『報知』明治三九年一二月二二日、「深川の競馬会」『東京日日』明治三九年一二月二二日、「深川の競馬会（初日）」『東京日日』明治三九年一二月二三日、「手持無沙汰の競馬会」『中央』明治三九年一二月二三日、「近事片々」『東京日日』明治三九年一二月二四日。
44 たとえば、「板橋競馬の計画（会員組織と勝馬予選投票）」『日本』明治四一年一一月四日、「板橋競馬会」『時事新報』明治四一年一一月四日。
45 「競馬と賭の問題」『万朝報』明治三九年一二月二一日。
46 「手持無沙汰の競馬会」『中央』明治三九年一二月二三日。
47 同右。真偽は不詳だが、それでも「博徒連」は十数万円の大勝負を行っていたという（「近事片々」『東京日日』明治三九年一二月二四日）。

48　以下、この開催計画に関しては、特に記さない限り、「鶴見競馬場新設計画」『横浜貿易』明治三九年一二月三〇日、「鶴見の競馬会」『報知』明治四〇年一月六日、「鶴見の競馬会」『横浜貿易』明治四〇年一月八日、「帝国馬匹奨励会の競馬」『万朝報』明治四〇年一月一〇日、「鶴見の競馬会」『東京朝日』明治四〇年一月一〇日、「鶴見の競馬会」『東京日日』明治四〇年一月一〇日、「鶴見の臨時競馬会」『都』明治四〇年一月一〇日、「鶴見の競馬会」『日本』明治四〇年一月一〇日、「鶴見競馬会と臨時停車」『時事新報』明治四〇年一月一一日。なお同名の帝国馬匹奨励会が、明治三九年一一月新潟でも動きを見せたのに対して、新潟県は、各郡市長へ同会は馬政局と無関係であり「誤信なきよう通牒」していた（「帝国馬匹奨励会に就て」『新潟新聞』明治三九年一一月一三日）。おそらくこの会も、鶴見での開催を計画したグループであったと思われる。

49　「鶴見競馬場新設計画」『横浜貿易』明治三九年一二月三〇日。

50　「鶴見競馬の延期」『横浜貿易』明治四〇年一月一三日。

51　「昨日の競馬はお流れ」『横浜貿易』明治四〇年一月一三日、「鶴見の競馬は禁止」『二六』明治四〇年一月一三日。

52　「競馬会の濫設」『横浜貿易』明治四〇年一月九日。

53　以下、一二日の競馬会の対応までに関しては、「馬匹奨励会の競馬頓挫す」『万朝報』明治四〇年一月一一日、「鶴見競馬会と其筋の取締」『東京日日』明治四〇年一月一二日、「鶴見競馬会の延期」『東京日日』明治四〇年一月一三日、「鶴見競馬の延期」『横浜貿易』明治四〇年一月一三日、「昨日の競馬はお流れ」『横浜貿易』明治四〇年一月一三日、「鶴見の競馬会延期」『万朝報』明治四〇年一月一三日、「鶴見競馬会中止」『時事新報』明治四〇年一月一三日、「鶴見の競馬は中止」『二六』明治四〇年一月一三日。

54　「鶴見の競馬は無期延期」『横浜貿易』明治四〇年一月一四日、広告「帝国馬匹奨励会」『東京朝日』明治四〇年一月一四日。

55　「鶴見競馬禁止の理由」『中央』明治四〇年一月一四日。

56　「又々鶴見競馬場の新計画」『横浜貿易』明治四〇年二月二日。

57　「又々鶴見競馬場の計画」『横浜貿易』明治四〇年四月二五日。

58　「秋季競馬便」『横浜貿易』明治四〇年一〇月一四日。

59　「吾妻牧場と競馬会」『時事新報』明治四〇年一〇月一一日。
60　「帝国馬匹奨励会」『神戸新聞』明治四〇年五月一四日、「帝国馬匹奨励会関西支部設立」『大阪時事』明治四〇年五月一五日、広告「帝国馬匹奨励会神戸支部」『神戸新聞』明治四〇年五月一九日。

### 4　馬政局、司法部、内務、陸軍の馬券をめぐる攻防、競馬法案制定の動き

61　以下、この日に合意された「協定」までに関しては、明治三九年一二月二七日付「馬政局、内務、陸軍の各当局者及び司法省民刑局長協定文」前掲『東京競馬会及東京競馬倶楽部史』第一巻、二三頁。
62　以下、ガラへの批判、ガラの人気に関しては、たとえば、「某氏の競馬賭博談」『東京日日』明治三九年一二月一七日、「競馬と賭博（二）」『東京日日』明治四〇年七月一一日。
63　ちなみに古賀は、一二月一〇日、馬券に対する古賀の意見を聞くべく訪ねてきた都新聞の記者に対して、「ガラは全然賭博たるを以て禁止したきものと考ふ」と語っていた（「競馬の賭は禁止すべきか（古賀警保局長の談）」『都』明治三九年一二月一四日日）。
64　馬政局は、ガラ禁止に同意した内務省に対して「慊焉」たるものがあったという（「馬政局側の非難」『万朝報』明治四〇年一月三日）。
65　「競馬賭博問題決す」『万朝報』明治四〇年一月一五日。
66　「競馬法制定の議」『万朝報』明治四一年四月七日。
67　以下、司法省の刑法改正か特別法制定の主張までに関しては、「馬券売買の解釈（司法部の禁遏方針）」『日本』明治四一年一〇月四日。
68　明治四〇年秋のシーズン、日本レース倶楽部、東京競馬会、京浜競馬倶楽部、日本競馬会と開催が続いて、馬券の売上が驚異的な額にのぼり、また騒ぎも引き起こされたことで、貴族院が急先鋒となって馬券の取締を求める声が大きくなった。西園寺内閣も、取締の強化が必要として、それまで馬券黙許に寛容だった方針を転換する。これを受けて、馬政局は、明治四一年一〜三月、貴族院、司法、内務、陸軍とも協議、調整して、新たな取締策（「口達」）をまとめることになるが（第8章第2節、第3節）、それはここで馬政局が主張した「行政取締」であった。

69 日本競馬史編纂委員会『日本競馬史』巻二、日本中央競馬会、昭和四二年、二〇六頁。
70 「競馬法案の起草」『東京日日』明治四〇年一月二八日。
71 明治四〇年五月二〇日付「競馬賭事に関し馬政長官より司法省次官宛再照会」前掲『東京競馬会及東京競馬倶楽部史』第一巻、二四頁、「競馬に対する取締」『国民』明治四〇年一月六日、「競馬法案の起草」『東京日日』明治四〇年一月二八日、「競馬に関する特別法」『大阪毎日』明治四〇年一月二八日。
72 「松田法相の談」『大阪毎日』明治四〇年一二月二六日。
73 馬券禁止を受けての松田法相の回想によれば、司法省内にはフランスのように「単行法を設け公許すべし」という意見と、東京周辺は根岸、池上の二ヶ所及び産馬地方の北海道、青森等に限定し、その他の競馬会は一年の間に合同させるという意見があり、「ほとんど後者に決すべく予期され」ていたという（「馬券売買禁止問題」『万朝報』明治四一年一〇月七日）。
74 「公人私人」『万朝報』明治四〇年四月一九日、「年譜」岩崎栄『平沼騏一郎伝』偕成社、昭和一四年、伝記叢書二六八、大空社、一九九七年。
75 「競馬取締法起草」『東京朝日』明治四一年三月一三日。
76 以下、この法案に反対の曾禰の態度までに関しては、「東西南北」『東北日報』明治四〇年一一月二六日、「競馬賭事問題」『競馬世界』第二号、明治四〇年一二月一五日。
77 美濃部俊吉編『西湖曾禰子爵遺稿竝伝記資料』大正二年、五三〜四頁。
78 前掲『日本競馬史』巻二、二〇六頁。
79 明治四〇年五月二〇日付「同馬政長官より司法次官宛再照会」前掲『東京競馬会及東京競馬倶楽部史』第一巻、二四頁。
80 原奎一郎編『原敬日記』第二巻、明治四〇年六月一二日、福村出版、一九八一年、二四六頁。
81 田上十四夫「あの頃の話――石橋正人氏の懐旧談」『優駿』昭和二三年六月号、日本競馬会。
82 「根岸の春季競馬会」『横浜貿易』明治四〇年三月一二日、「東京競馬会の挙行日」『東京朝日』明治四〇年四月九日。
83 以下、同倶楽部のガラ禁止受け入れまでに関しては、「根岸競馬 ガラの廃止」『横浜貿易』明治四〇年四月二三日、「根岸競馬と賭金」『時事新報』明治四〇年五月六日、「横浜根岸競馬談（承前）」『東京朝日』明治四〇年五月一三日。
84 「横浜根岸競馬談（承前）」『東京朝日』明治四〇年五月一三日。馬政長官曾禰はガラの「公許」を求めて貴族院、衆議院両院議員へ働き掛け、一五〇余名の賛成者（『万朝報』明治四〇年一月二五日）、また各地に計画中の一二の競馬倶楽部も協力して、貴衆両院議長、新聞記者等に、ガラの「公許」への働きかけを行っていたという（『読売』明治四〇年一月二八日）。

85 「根岸競馬と賭金」『時事新報』明治四〇年五月六日。

86 「競馬の賭博」『東京日日』明治四〇年四月二七日。

87 「競馬賭博に就て」『都』明治四〇年四月二九日。

88 「隣の噂」『読売』明治四〇年四月六日、「丁未（明治四〇年）春の競馬を見んとて」『万朝報』明治四〇年四月一九日。

89 以下、この日の協議に関しては、「競馬と司法省」『東京朝日』明治四〇年五月五日。この日の協議は、外にもれて、あるいは司法部側がリークして、「その検挙につきては一率に検挙するものとすれば、その結果面白からざる事情も生ずべければとて結局司法省及び警察官より手を下して検挙せざること、告発を受けた場合にはその受理不受理は当該検事の処理に一任することに決定したりと、去れば来るべき池上の競馬会には有力なる告発提起せられ、その判決例を作り賭博問題に対する法律の解釈を決定するに至るべしと云ふ」と報じられた（「競馬賭金と検挙」『東京日日』明治四〇年五月六日）。同じ内容のものが、「競馬賭金の取締（司法官の態度決す）」『報知』明治四〇年五月五日夕刊、「競馬賭金問題」『やまと』明治四〇年五月六日、「競馬賭金問題決す」『二六』明治四〇年五月六日、「競馬賭金問題解決」『読売』明治四〇年五月七日、「競馬の賭」『横浜貿易』明治四〇年五月七日にも掲載された。

90 たとえば「平沼騏一郎年譜」平沼騏一郎回顧録編纂委員会『平沼騏一郎回顧録』学陽書房、昭和三〇年、歴代総理大臣伝記叢書第二六巻、ゆまに書房、二〇〇六年、三四四〜五頁。

91 「彩票事件に就き」『大阪朝日』明治四〇年三月二一日。

92 明治四〇年五月七日付「競馬賭事取締に関し馬政長官より司法省次官宛照会」前掲『東京競馬会及東京競馬倶楽部史』第一巻、二二二頁。

93 「競馬会へ訓令（ガラ禁止）」『東京朝日』明治四〇年五月八日、「競馬会へ訓令」『東京日日』明治四〇年五月八日、「競馬会へ訓令」『二六』明治四〇年五月八日。このうち、東京朝日新聞と東京日日新聞は内務省が訓令、東京二六新聞は当局が訓令したと報じているが、訓令が出される経緯、また競馬会を監督するのが馬政局であったことからも、東京二六新聞が報じた当局、つまり馬政局によるものと考えられる。

94 「競馬賭博の取締」『東京日日』明治四〇年五月九日、「ガラ禁止の半面」『横浜貿易』明治四〇年五月九日。
95 明治四〇年五月七日付「競馬賭事取締に関し馬政長官より司法省次官宛照会」前掲『東京競馬会及東京競馬倶楽部史』第一巻、二二頁。
96 たとえば、「「馬」なる観念」『横浜貿易』明治四〇年五月一〇日、「馬政局の意見（?）」『やまと』明治四〇年五月一〇日。この増田の談話はガラ禁止への対抗とみてよいと報じられた（「馬政局の意見（?）」『やまと』明治四〇年五月一〇日）。
97 明治四〇年五月一八日付「同司法次官より馬政長官宛回答」前掲『東京競馬会及東京競馬倶楽部史』第一巻、二二～三頁。
98 明治四〇年五月二〇日付「同馬政長官より司法次官宛再照会」前掲『東京競馬会及東京競馬倶楽部史』第一巻、二四頁。
99 明治四〇年五月二一日付「同司法次官より馬政局長宛再回答」前掲『東京競馬会及東京競馬倶楽部史』第一巻、二四～五頁。
100 前掲『原敬日記』第二巻、明治四〇年五月二一日、二四一頁。
101 以下、この日の「会合」に関しては、明治四〇年五月二二日付「馬券取締に関し司法内務両大臣、馬政長官等会同に関する覚書」前掲『東京競馬会及東京競馬倶楽部史』第一巻、二五～六頁。
102 以下、この件に関しては、特に記さない限り、前掲安田「競馬夜話」四九八～五〇〇頁、前掲『競馬と共に歩んだ安田伊左衛門翁伝』一一〇～二頁。
103 「競馬賭金と検挙」『東京日日』明治四〇年五月六日。
104 前掲『競馬と共に歩んだ安田伊左衛門翁伝』一一〇頁。
105 「アナ恐るべし」『東京朝日』明治四〇年五月二五日。
106 中央亭に関しては、『西洋料理事始――中央亭からモルチェまで』中央亭、一九八〇年。ただし同書では開業を明治四〇年としているが（三九頁）、明治三九年一一月東京競馬会第一回開催の折に一号館でコース料理を提供しており（第3章第3節）、開業は明治四〇年より前のことだったはずである。
107 以下、馬券売場までに関しては、たとえば、「池上競馬前況」『東京朝日』明治四〇年五月二一日、「東京競馬彙報」『やまと』明治四〇年五月二一日。
108 永井良和『風俗営業取締り』講談社選書メチエ、二〇〇二年、四三～七頁。

109 「今日の競馬（池上の前景気）」『都』明治四〇年五月二五日。

110 「池上の競馬会（第一日）」『都』明治四〇年五月二六日。

111 たとえば、「池上競馬場雑観」『横浜貿易』明治四〇年五月二八日。

112 広告「競馬と読売新聞」『東京朝日』明治四〇年五月二三日。

113 「池上競馬の予想」『読売』明治四〇年五月二四日。

## 5 日本レース倶楽部明治四〇年春季開催

114 以下、この開催に関しては、カテゴリー別のレース数と賞金を含めて、特に記さない限り、'Spring Meeting of the Nippon Race Club', J. W. M., May 11, 18, 1907. 加えて、初日に関しては、「根岸春季競馬会（初日）」『横浜貿易』明治四〇年五月四日、「横浜春季競馬会（一日）」『東京日日』明治四〇年五月四日、「根岸春季大競馬（初日）」『時事新報』明治四〇年五月四日、「横浜根岸の競馬（初日）」『万朝報』明治四〇年五月四日、「横浜根岸の競馬会（初日）」『読売』明治四〇年五月四日、「横浜春季競馬会（初日）」『中外商業』明治四〇年五月四日、「横浜春季大競馬（初日）」『中央』明治四〇年五月四日、、「根岸春期の大競馬会（初日）」『東京朝日』明治三九年五月四日、「競馬初日の雑観」『東京朝日』明治三九年五月五日。

二日目に関しては、「根岸春季競馬会（二日）」『横浜貿易』明治四〇年五月五日、「根岸春季大競馬（二日目）」『時事新報』明治四〇年五月五日、「横浜根岸の競馬会（二日）」『読売』明治四〇年五月五日、「横浜春季競馬会（二日目）」『東京朝日』明治四〇年五月五日、「競馬二日目の雑観」『東京朝日』明治四〇年五月六日、「横浜春季競馬会（二日）」『東京日日』明治四〇年五月五日、「横浜春季競馬会（二日目）」『中外商業』明治四〇年五月五日、「横浜春季大競馬（二日）『中央』明治四〇年五月五日。

三日目に関しては、「根岸競馬（三日）」『横浜貿易』明治四〇年五月一一日、「根岸春季大競馬（三日目）」『時事新報』明治四〇年五月一一日、「横浜根岸の競馬会」『読売』明治四〇年五月一一日、「横浜春季競馬会（三日目）」『東京日日』明治四〇年五月一一日、「雨中の大競馬」『中外商業』明治四〇年五月一一日、「横浜春季大競馬（三日）」『中央』明治四〇年五月一一日、「根岸競馬三日目」『東京朝日』明治三九年五月一二日。

四日目に関しては、「根岸競馬（四日）」『横浜貿易』明治四〇年五月一二日、「根岸春季大競馬（四日目）」『時事新報』明治四〇年五月一二日、「横浜根岸の競馬会」『読売』明治四〇年五月一二日、「横浜春季競馬会（四日目閉場）」『東京日日』明治四〇年五月一二日、「横浜競馬会」『中外商業』明治四〇年五月一二日、「横浜春季大競馬（第四日目）」『中央』明治四〇年五月一二日、「横浜春期競馬会（第四日）」『東京朝日』明治三九年五月一三日、「横浜競馬四日目の雑観」『東京朝日』明治四〇年五月一三日。

なお幕末以来続けられていた婦人財嚢がこの開催から姿を消した。婦人財嚢と同じく、会員の騎乗を条件とするジョッキー・カップが春秋実施されることになったが、その廃止は女性を主人公とする競馬場でのセレモニーが意味をもたなくなったこを示していた。また東京競馬会の定款、またその他の競馬会も社交の幇助を謳っていたが、婦人財嚢が行われることはなかった。

115 前掲「日本レース・クラブ小史」『日本レース・クラブ五十年史』所収、九九頁。

116 日本競馬場会総務部調査課編纂『日本競馬史』巻四、昭和四四年、四八二頁。

117 「横浜競馬雑観」『中央』明治四〇年五月四日、「横浜春季競馬会（二日）」『東京日日』明治四〇年五月六日、「横浜春季競馬会（三日目）」『東京日日』明治四〇年五月一一日、「横浜春季競馬会（四日目閉場）」『東京日日』明治四〇年五月一二日、「横浜春季大競馬（第四日目）」『中央』明治四〇年五月一二日。

118 倶楽部は三、四万円の収益減になると見込んでいたという（「蹄塵録」『横浜貿易』明治四〇年五月四日）。初日二日目で四万円の減だったが、「漸次ガラの賭金はアナに移」るので「別に損得」はないだろうとの観測もあった（「根岸競馬と賭金」『時事新報』明治四〇年五月六日）。

119 「競馬会の賞金」『中央』明治四〇年四月二四日、「日本競馬会の賞金」『時事新報』明治四〇年四月二五日。

120 和田は、明治二三年から馬主となり、明治三一年まで持馬が一度も勝つことはなかったが、その後勝鞍を積み重ね、「方今斯界にて馬匹飼養の巧者と称せら」れるようになったという（「競馬の珍譚」『中外商業』明治四一年一月一日）。

121 前掲『東京競馬会及東京競馬倶楽部史』第二巻、五八頁。

122 以下、スイテンに関しては、「四日間の大競馬概評」『中央』明治四〇年六月四日、「名馬スイテン」『時事新報』明治四一年五月一七日、前掲『競馬と共に歩んだ安田伊左衛門翁伝』一四八頁。

123 「根岸春季大競馬（三日目）」『時事新報』明治四〇年五月一一日。
124 「根岸競馬（四日）」『横浜貿易』明治四〇年五月一二日。
125 以下、譲渡のエピソードまでに関しては、たとえば、「名馬五十鈴一万円」『中外商業』明治四〇年二月一六日、「横浜の平沼氏 一万円の馬を買う」『読売』明治四〇年二月二二日、前掲『財界名士失敗談』上巻、二五一〜二頁。
126 「蹄の塵」『横浜貿易』明治三八年一一月一三日。
127 たとえば、'Spring Meeting of the Nippon Race Club,' J. W. M., May 16, 1903.
128 'Spring Meeting of the Nippon Race Club,' J. W. M., May 16, 1903. 'Training Notes,' J. W. M. October 13, 1903.「根岸競馬会（初日）」『横浜貿易』明治三六年一一月一一日、「根岸競馬会（二日目）」『横浜貿易』明治三六年一一月一二日、「根岸競馬会（千秋楽）」、明治三六年一一月一三日。
129 たとえば、「平沼延次郎氏変死は事実なり」『横浜貿易』明治四〇年四月一一日、「平沼延治郎氏の葬儀」・「故平沼氏の事」『横浜貿易』明治四〇年四月一二日、「横浜の豪商 平沼延次郎氏 耶馬渓に於て死す」『二六』明治四〇年四月一一日。
130 ヒタチは開催前に足を痛め（「横浜競馬たより」『中外商業』明治四〇年四月三〇日）、「入場不可能」とも伝えられた（「横浜根岸春季大競馬」『東京朝日』明治四〇年四月二五日）。
131 「競馬雑聞」『横浜貿易』明治四〇年四月二八日、「競馬雑聞」『横浜貿易』明治四〇年五月三日。
132 メルボルン二世は今開催の目標である二日目のエンペラーズ・カップ、ヒタチは二日目のヨコハマ・ダービーでの増量を嫌って、ゴールドスターを追いかけなかったという風評が立ったようである。だが両頭は、勝鞍が増量の上限を超えており、ここで勝っても増量されなかった。
133 「横浜根岸春季大競馬」『東京朝日』明治四〇年四月二五日。
134 「根岸競馬（二日）」『横浜貿易』明治四〇年五月五日。
135 「帝室賞盃拝受祝宴」『横浜貿易』明治四〇年六月二三日。
136 「ジェー、デケヤス、コゴリン君」『横浜貿易』明治四一年一〇月一六日。
137 「池上春季東京競馬会（第一日目）」『やまと』明治四〇年五月二六日、「池上春季東京競馬会（第三日目）」『やまと』明治四〇年六月二日。

138　「競馬初日の雑観」『東京朝日』明治四〇年五月五日。

139

## 6　東京競馬会明治四〇年春季開催

以下、春季開催初日に関しては、特に記さない限り、「池上大競馬（二五日）」『東京朝日』明治四〇年五月二六日、「東京競馬会春季大会（初日）」『時事新報』明治四〇年五月二六日、「池上春季競馬会」『横浜貿易』明治四〇年五月二六日、「池上競馬大会（第一日）」『二六』明治四〇年五月二六日、「池上の競馬雑観」『東京日日』明治四〇年五月二六日、「池上春季競馬（第一日）」『東京日日』明治四〇年五月二六日、「池上の競馬会　足代事件も無事落着」『国民』明治四〇年五月二六日、「競馬会雑観」『やまと』明治四〇年五月二六日、「池上競馬会」『中外商業』明治四〇年五月二六日、「競馬雑観」『中外商業』明治四〇年五月二六日、「池上の競馬会（第一日）」『都』明治四〇年五月二六日、「池上大競馬（第一日）」『日本』明治四〇年五月二六日、「池上大競馬会（初日）」『中央』明治四〇年五月二六日、「池上競馬雑観」『中央』明治四〇年五月二六日、「池上競馬場雑観」『報知』明治四〇年五月二六日、「池上の競馬（第一日）」『万朝報』明治四〇年五月二六日、「どの馬が勝ったか――昨日の池上競馬――」『読売』明治四〇年五月二六日、「池上競馬雑観」『読売』明治四〇年五月二六日。

二日目に関しては、特に記さない限り、「池上大競馬（二六日）」『東京朝日』明治四〇年五月二七日、「競馬雑観（二日目）」『東京日日』明治四〇年五月二七日、「池上春季競馬会（二日目）」『横浜貿易』明治四〇年五月二七日、「池上競馬大会」『二六』明治四〇年五月二七日、「東京競馬会大会（二日目）」『時事新報』明治四〇年五月二七日、「池上の競馬会（第二日）」『都』明治四〇年五月二七日、「池上大競馬（第二日）」『日本』明治四〇年五月二七日、「池上大競馬会（二日）」『中央』明治四〇年五月二七日、「池上競馬雑観」『中央』明治四〇年五月二七日、「池上競馬会」『中外商業』明治四〇年五月二七日、「競馬諸観」『中外商業』明治四〇年五月二七日、「池上競馬場雑観（二日目）」『報知』明治四〇年五月二七日、「池上の競馬（第二日）」『万朝報』明治四〇年五月二七日、「二日目の勝馬は」『読売』明治四〇年五月二七日、「東京競馬会雑観」『読売』明治四〇年五月二七日。

三日目に関しては、特に記さない限り、「池上競馬番組（第三日目は今日）」『東京朝日』明治四〇年六月一日、「池上大競馬（三日目）」『東京朝日』明治四〇年六月二日、「東京競馬会（三日目）」『横浜貿易』明治四〇年六月二日、「池上大競馬会（第三日目）」『二六』明治四〇年六月二日、「東京競馬会大会（三日目）」『時事新報』明治四〇年六月二日、「競馬会雑観

（第三日）」『やまと』明治四〇年六月二日、「池上大競馬（第三日）」『日本』明治四〇年六月二日、「池上競馬会」『中外商業』明治四〇年六月二日、「東京競馬会雑観」『報知』明治四〇年六月二日、「池上の競馬」『万朝報』明治四〇年六月二日、「どの馬が勝ったか……池上競馬会三日目……」『読売』明治四〇年六月二日、「池上の競馬会雑観」『読売』明治四〇年六月三日。

四日目に関しては、特に記さない限り、「池上大競馬（四日目）」『東京朝日』明治四〇年六月三日、「東京競馬会大会（第四日）」『時事新報』明治四〇年六月三日、「池上大競馬会（第四日目）」『二六』明治四〇年六月三日、「東京競馬会（四日目）」『横浜貿易』明治四〇年六月三日、「池上大競馬（第四日）」『日本』明治四〇年六月三日、「池上競馬会」『中外商業』明治四〇年六月三日、「池上競馬会（第四日目）」『中央』明治四〇年六月三日、「競馬場雑観」『報知』明治四〇年六月三日、「池上の競馬（第四日）」『万朝報』明治四〇年六月三日、「四日目の勝馬は……池上競馬会に於ける……」『読売』明治四〇年六月三日、「四日間の大競馬概評」『中央』明治四〇年六月四日、「池上競馬の塵」『横浜貿易』明治四〇年六月四日、「池上競馬の塵」『横浜貿易』明治四〇年六月六日。

カテゴリー別の賞金とレース数については、以上の資料、博覧会記念競馬のものについては、註175を参照にした。

140 「池上の春期競馬」『時事新報』明治四〇年四月六日。

141 前掲『東京競馬会及東京競馬倶楽部史』第一巻、六六頁。

142 「競馬会臨幸奏請」『東京朝日』明治四〇年五月二二日。

143 賞金は、新聞掲載のものを累計した。前掲『日本競馬史』巻三、は三万六〇二四円としている（一七〇頁）。

144 以下施設に関しては、「池上競馬前況」『東京朝日』明治四〇年五月二一日、「東京競馬会社の競馬準備」『都』明治四〇年五月二一日、「東京競馬彙報」『やまと』明治四〇年五月二一日、「池上競馬の前景気」『万朝報』明治四〇年五月二一日、「東西南北」『横浜貿易』明治四〇年五月二二日、「池上競馬の前景気」『横浜貿易』明治四〇年五月二二日、「池上競馬場設備」『報知』明治四〇年五月二三日、「池上競馬の前景況」『時事新報』明治四〇年五月二五日。

145 前掲『東京競馬会及東京競馬倶楽部史』第一巻、四一、六五頁。

146 「東京競馬会規則第二五条」前掲『日本競馬史』巻三、三五頁。

147 前掲『東京競馬会及東京競馬倶楽部史』第一巻、五八頁。

148 前掲『北ぐにの競馬』四三〜四、四七頁。
149 「乗馬会第一回競馬会の景況　無前の盛況　非常の光景」『北海タイムス』明治三八年八月二三日。
150 「函館競馬会」『北海タイムス』明治三九年七月一〇日、「函館競馬の盛況」『北海タイムス』明治三九年七月一一日、「函館競馬の盛況（後日）」『北海タイムス』明治三九年七月一二日、「函館競馬の盛況　後日の続」『北海タイムス』明治三九年七月一三日、「函館競馬の盛況　後日の続」『北海タイムス』明治三九年七月一四日。
151 「札幌大競馬　空前の盛況」明治三九年九月二五日、「札幌大競馬（後日　空前の盛況」『北海タイムス』明治三九年九月二七日。
152 「増田馬政官の北海道馬匹談」『北海タイムス』明治三九年一〇月一〇日。
153 「名馬花園問題」『時事新報』明治四一年一二月一五日。
154 「内外名馬の決戦　昨日の池上競馬」『中央』明治四一年五月三一日。
155 以下、初日のアナの売上枚数に関しては、「池上春季東京競馬会（第一日）」『やまと』明治四〇年五月二六日。
156 「今年の人気馬（池上競馬の予想）」『東京日日』明治四〇年五月二二日。
157 以下、二日目のアナの売上枚数に関しては、「池上春季東京競馬会（第二日）」『やまと』明治四〇年五月二七日。
158 前掲『東京競馬会及東京競馬倶楽部史』第一巻、五八頁。
159 「第四回競馬会（初日）」『岩手日報』明治三八年九月一〇日、「競馬会二日目」『岩手日報』明治三八年九月一二日、「競馬余録」『岩手毎日新聞』明治三八年九月一二日。
160 前掲『東京競馬会及東京競馬倶楽部史』第一巻、五八頁。
161 『札幌競馬沿革誌』北海道畜産連合会、昭和三年、五二頁。
162 前掲『東京競馬会及東京競馬倶楽部史』第一巻、五八頁。
163 「競馬場所見」『報知』明治四〇年五月二六日。
164 'Spring Meeting of the Tokyo Race Association,' J. W. M., June 1, 1907. によれば八円。
165 前掲『東京競馬会及東京競馬倶楽部史』第一巻、五九頁。
166 「札幌の競馬会　空前の盛況」『北海タイムス』明治三九年九月二五日、「札幌の競馬（後日　空前の盛況」『北海タイムス』明治三九年九月二七日。

167 「池上大競馬（二六日）」『東京朝日』明治四〇年五月二七日。

168 「北白川宮御転務」『読売』明治三九年二月一一日、「池上大競馬（二六日）」『東京朝日』明治四〇年五月二七日。上記東京朝日新聞は、北白川宮と報じているが、成久は砲兵であり、騎兵を本科としてたのは恒久であっので竹田宮と訂正した。恒久は明治三九年三月竹田宮家を創設していたが、それ以前北白川宮であったことでの誤認であったと思われる。

169 「東京競馬会（三日目）」『横浜貿易』明治四〇年六月二日、「競馬場の一時間（昨日の池上）」『東京日日』明治四〇年六月二日、「池上大競馬（三日目）」『東京朝日』明治四〇年六月二日。

170 「池上便り」『中外商業』明治四〇年五月三一日。

171 「池上大競馬会（第三日目）」『二六』明治四〇年六月二日。

172 同右。

173 「競馬界近事」『中外商業』明治四〇年六月三日。

174 「東京競馬会（四日目）」『横浜貿易』明治四〇年六月三日。

175 以下、初日に関しては、特に記さない限り、「東京競馬会」『報知』明治四〇年六月七日夕刊、「東京競馬会」『報知』明治四〇年六月八日、「博覧会競馬（第一日）」『東京朝日』明治四〇年六月八日、「東京記念競馬（初日）」『横浜貿易』明治四〇年六月八日、「東京博覧会記念池上競馬会」『東京日日』明治四〇年六月八日、「博覧会記念競馬（初日）」『時事新報』明治四〇年六月八日、「池上記念競馬会（初日）」『中央』明治四〇年六月八日、「池上競馬雑観」『中央』明治四〇年六月八日、「東京博覧会記念競馬大会」『二六』明治四〇年六月八日、「池上に於ける博覧会記念競馬（第一日目）」『やまと』明治四〇年六月八日、「競馬場見聞記」『やまと』明治四〇年六月八日、「池上競馬会」『中外商業』明治四〇年六月八日、「博覧会記念競馬会（第一日）」『都』明治四〇年六月八日、「池上の博覧会記念競馬（第一日）」『万朝報』明治四〇年六月八日、「博覧会記念競馬」『読売』明治四〇年六月八日、「競馬会雑観」『読売』明治四〇年六月八日、「池上記念競馬　意外に淋しき競馬会」『国民』明治四〇年六月九日。

二日目に関しては、特に記さない限り、「東京競馬会」『報知』明治四〇年六月八日夕刊、「東京競馬会」『報知』明治四〇年六月九日、「博覧会競馬（第二日）」『東京朝日』明治四〇年六月九日、「東京記念競馬（二日）」『横浜貿易』明治四〇年六

月九日、「東京博覧会記念池上競馬会（第二日）」『東京日日』明治四〇年六月九日、「博覧会記念競馬（第二日）」『時事新報』明治四〇年六月九日、「池上大競馬会（第五日目〔ママ〕）」『二六』明治四〇年六月九日、「池上記念競馬会（二日）」『中央』明治四〇年六月九日、「池上競馬雑観」『中央』明治四〇年六月九日、「池上に於ける博覧会記念競馬（第二日目）」『やまと』明治四〇年六月九日、「二日目競馬場見聞記」『やまと』明治四〇年六月九日、「池上競馬会」『中外商業』明治四〇年六月九日、「池上の博覧会記念競馬（第二日）」『万朝報』明治四〇年六月九日、「博覧会記念競馬……二日目の勝負……」『読売』明治四〇年六月八日、「競馬会雑観」『読売』明治四〇年六月八日、「池上記念競馬　活気に乏しき競馬会」『国民』明治四〇年六月一〇日。

　三日目に関しては、特に記さない限り、「東京競馬会」『報知』明治四〇年六月九日夕刊、「東京競馬会（夕刊の続き）」『報知』明治四〇年六月一〇日、「東京記念競馬（三日）」『横浜貿易』明治四〇年六月一〇日、「博覧会競馬（第三日）」『東京朝日』明治四〇年六月一〇日、「東京博覧会記念池上競馬会（最終日）」『東京日日』明治四〇年六月一〇日、「博覧会記念競馬（第三日）」『時事新報』明治四〇年六月一〇日、「東京博覧会記念競馬大会」『二六』明治四〇年六月一〇日、「池上記念競馬会（終日）」『中央』明治四〇年六月一〇日、「池上競馬雑観」『中央』明治四〇年六月一〇日、「池上に於ける博覧会記念競馬（最終日）」『やまと』明治四〇年六月一〇日、「競馬場見聞記（最終日）」『やまと』明治四〇年六月一〇日、「池上記念競馬（九日）」『日本』明治四〇年六月一〇日、「博覧会記念競馬会（第三日目）」『都』明治四〇年六月一〇日、「池上の記念競馬（第三日）」『万朝報』明治四〇年六月一〇日、「池上記念競馬」『国民』明治四〇年六月一一日。

176 「池上記念競馬　意外に淋しき競馬会」『国民』明治四〇年六月九日。

177 「博覧会記念競馬（初日）」『時事新報』明治四〇年六月八日。

178 以下、この八百長の件に関しては、「東京博覧会記念池上競馬会」『東京日日』明治四〇年六月八日、「競馬場見聞記」『やまと』明治四〇年四〇年六月八日、「池上記念競馬会（初日）」『中央』明治四〇年六月八日。

179 「東京博覧会記念池上競馬会」『東京日日』明治四〇年六月八日。

180 日本レース倶楽部では、この明治四〇年秋季開催から、異議申立があった場合、その裁定が下されるまで着順を確定せず、払戻も行わないことになった（「秋季競馬信」『横浜貿易』明治四〇年一〇月二〇日）。

181 「池上の博覧会記念競馬（第二日）」『万朝報』明治四〇年六月九日。

182 「池上記念競馬　活気に乏しき競馬会」『国民』明治四〇年六月一〇日。
183 「東京博覧会記念池上競馬会（最終日）」『東京日日』明治四〇年六月一〇日。
184 前掲『東京競馬会及東京競馬倶楽部史』第二巻、六〇頁。
185 『競馬に生きた　鈴木信太郎』鈴謝会、昭和四七年、七五頁。拙著『文明開化に馬券は舞う』五三六～七頁。
186 前掲『東京競馬会及東京競馬倶楽部史』第二巻、六〇頁。
187 同右。
188 以下、半蔵らが尾形藤吉に厩舎を任すまでに関しては、尾形藤吉『競馬ひとすじ――私と馬の六十年史』徳間書店、一九六七年、八〇頁、齋藤美枝『鶴見花月園秘話　東洋一の遊園地を創った平岡廣高』鶴見区文化協会、二〇〇七年、一七～八頁。
189 前掲『東京競馬会及東京競馬倶楽部史』第二巻、六〇頁。
190 同右。
191 「競馬の珍譚」『中外商業』明治四一年一月一日。
192 ハヤセに関しては、前掲『競馬と共に歩んだ安田伊左衛門翁伝』二八四～五頁。
193 前掲『東京競馬会及東京競馬倶楽部史』第二巻、七七頁。体高は、明治四一年のもの。
194 「近づける板橋競馬　セッツ、カウベの東上」『中央』明治四一年七月五日。
195 前掲『東京競馬会及東京競馬倶楽部史』第二巻、六〇頁。
196 前掲安田『競馬夜話』五〇五頁。安田は、ダイマルをこの春季開催のチャンピオンと回想しているが、ここに紹介したように誤り。
197 「池上春季東京競馬会（第一日）」『やまと』明治四〇年五月二六日。
198 このレースの配当を報じたのは、「池上大競馬会（第三日目）」『二六』明治四〇年六月二日と、'Tokyo Race Association, Third Day', J. G. Jane 1, 1907. の二紙。誤りであるのは確実だが、他紙が報じておらず検証できないのでそのまま記しておく。
199 なお以下、この根岸の春季開催に関しては、'Spring Meeting of the Nippon Race Club', J. W. M., May 11, 18, 1907.
200 「池上大競馬（四日目）」『東京朝日』明治四〇年六月三日。

201 「博覧会競馬（第一日）」『東京朝日』明治四〇年六月八日。
202 「博覧会競馬（第二日）」『東京朝日』明治四〇年六月九日。
203 江藤淳『漱石とその時代』第四部、新潮選書、一九九六年、四五頁。
204 「博覧会競馬（第三日）」『東京朝日』明治四〇年六月一〇日。
205 「東西南北」『横浜貿易』明治四〇年五月二二日。
206 以下、優勝馬の馬齢、体高等に関しては『東京競馬会及東京競馬倶楽部史』第一巻、六四頁。
207 「池上大競馬（四日目の続き）」『東京朝日』明治四〇年六月四日。
208 「博覧会記念競馬（初日）」『時事新報』明治四〇年六月八日。
209 「博覧会競馬（第二日）」『東京朝日』明治四〇年六月九日。
210 「二日目競馬場見聞記」『やまと』明治四〇年六月九日。
211 以下、騎兵第一連隊が和解条件を受け入れなかったことまでに関しては、「博覧会記念競馬（第三日）」『時事新報』明治四〇年六月一〇日。
212 「東京博覧会記念競馬大会」『二六』明治四〇年六月一〇日。
213 「池上の東京競馬会」『横浜貿易』明治四〇年九月二三日。
214 「競馬と軍人」『大阪朝日』明治四一年三月二九日、前掲『日本馬政史』第四巻、五八一〜二頁。
215 春季開催の売上に関しては、「池上競馬大会（第一日）」『二六』明治四〇年五月二六日、「池上競馬大会」『二六』明治四〇年五月二七日、「池上大競馬会（第三日目）」『二六』明治四〇年六月二日、「池上大競馬会（第四日目）」『二六』明治四〇年六月三日。
216 博覧会記念の売上に関しては、「東京博覧会記念競馬大会」『二六』明治四〇年六月八日、「池上大競馬会（第五日目）」（ママ）『二六』明治四〇年六月九日、「東京博覧会記念競馬大会」『二六』明治四〇年六月一〇日。
217 なお前掲『日本競馬史』巻三、春季開催、博覧会記念競馬をあわせての売上高を一八七万七〇〇〇円と記している（一七七頁）。東京二六新聞による一八二万六二七五円よりも約五万円多いが、ここでは各日の売上高が記録されている東京二六新聞にしたがっておく。

「競馬と賭博（八）所謂個人的害毒」『東京日日』明治四〇年七月一九日。この「競馬と賭博」は、七月一一日からこの二二日まで九回にわたって連載された。ガラだけでなくアナも禁止すべきこと、また加納久宜の競馬論を俎上に載せて批判した。ちなみにガラ、アナの発売、配当の方式についての説明も行っている（「競馬と賭博（一）」『東京日日』明治四〇年七月一一日、「競馬と賭博（二）」『東京日日』明治四〇年七月一二日）。

## 5 台湾彩票

＊この第5章の台湾彩票の発売方法、発売状況、大阪での彩票売買者の検挙、裁判、東京での摘発等の経緯に関しては、平和宏道「台湾彩票～明治期における官営富籤の発行から中止に至る過程～」一九九九年度富山大学大学院人文学部研究科修士論文を参照にした。私が指導教員ではあったが、平和氏の新聞等の丹念な資料調査の成果に教えられるところが大きかった。

### 1 発行

1 「台湾彩票に付曾我子爵質問に対する答弁」『第二三回帝国議会貴族院予算委員会議事速記録第八号付録』明治四〇年三月二五日。

2 「宝くじ・公営競技・サッカーくじの実効還元率」『第一回宝くじ活性化検討委員会』参考資料、総務省自治財政局、平成二三年一〇月一三日〈https://www.soumu.go.jp/main_content/000084191.pdf〉二〇二〇年九月二日閲覧。

3 「表1 台湾彩票の発売状況」も含めて、第一次：「彩票のしるべ」『台湾日日』明治三九年九月七日、「彩票発行（登録停止）」『台湾日日』明治三九年九月二二日、「登録彩票の交付」『台湾日日』明治三九年一〇月一九日、「五万円彩票の当籤者 堺市の会社員 平生勤勉の人」『大阪毎日』明治三九年一二月二三日、「五万円当籤者（大阪）」『東京朝日』明治三九年一二月二三日、「彩票の台湾」『神戸又新』明治三九年一二月二八日「台湾彩票一等当籤者」『二六』明治四〇年二月六日。

第二次：「第二次彩票當籤割合」『台湾日日』明治三九年一一月八日、「第二次彩票の公示」『台湾日日』一一月二八日、「第二次彩票売出に就き」『台湾日日』一二月一四日、「第二次彩票抽籤」『台湾日日』明治四〇年二月一日、「五万円の当籤者」『東京朝日』明治四〇年二月一三日、「第二次台湾彩票当籤者」『東京朝日』明治四〇年二月六日、「彩票当籤（台北）」『東京朝日』明治四〇年三月一日。

第三次：「第三次彩票」『台湾日日』明治三九一二月一八日、「第三次彩票」『台湾日日』明治三九年一二月三一日、「第三次の彩票」『台湾日日』明治四〇年一月五日、「第三次彩票売出」『台湾日日』一月一三日、「第三次台湾彩票の当籤」『大阪朝日』明治四〇年三月一四日、「「当籤五万円の引張凧 自首と告訴と台湾出張」」『大阪毎日』明治四〇年三月一四日。

第四次：「第四次彩票登録」『台湾日日』明治四〇年一月二二日、「富籤叢談」『台湾日日』明治四〇年一月二五日、「第四次彩票売出」『台湾日日』明治四〇年二月一三日、「彩票叢談」『台湾日日』明治四〇年二月一七日、「彩票叢談」『台湾日日』明治四〇年三月二七日、「第四次彩票抽籤」『台湾日日』明治四〇年三月三一日。

第五次：「第五次彩票」『台湾日日』明治四〇年明治四〇年二月一日、「彩票登録の制限を解く」『台湾日日』明治四〇年二月五日、「彩票叢談」『台湾日日』明治四〇年二月一三日、「彩票全部登録」『台湾日日』明治四〇年二月二四日、「富籤叢談」『台湾日日』明治四〇年二月二四日、「彩票叢談」『台湾日日』明治四〇年二月二七日、「第五次彩票の交付」『台湾日日』明治四〇年三月九日。

第六次：「第六次彩票」『台湾日日』明治四〇年明治四〇年三月一日、「第六次彩票登録」『台湾日日』明治四〇年三月一六日、「彩票叢談」『台湾日日』明治四〇年三月二一日。

発売全般に関しては、黒谷了太郎編著『宮尾舜治伝』昭和一四年、植民地帝国人物叢書12〔台湾編12〕、ゆまに書房、二〇〇九年、二〇七〜二一一頁。

4　以下、台湾の富籤市場の独占までに関しては、「台湾富規則制定　理由書」『後藤新平文書』二七、マイクロフィルム版、水沢市立後藤新平記念館発行・雄松堂刊行、一九八〇年、所収、鶴見祐輔著／一海知義・校訂『〈決定版〉正伝　後藤新平　3　台湾時代　一八九八〜一九〇六年』藤原書店、二〇〇五年、二六七〜七二頁、前掲『宮尾舜治伝』一三五頁。

5　「祝長官の彩票中止談」『大阪毎日』明治四〇年三月二五日。

6　たとえば、「台湾彩票の収入」『万朝報』明治三九年六月二〇日、「台湾富籤の収入」『大阪朝日』明治三九年六月二〇日。

7　「台湾の収入」『大阪朝日』明治三九年六月二四日。

8　『東京朝日』明治四〇年三月六日。

9　以下、益田孝、井上馨の容認に関してまでは、「当籤彩票五万円問題 新聞社の教唆犯」『大阪毎日』明治四〇年三月一六日、「益田、早川両氏の暗闘（彩票検挙問題の裏面）」『大阪毎日』明治四〇年三月二二日、「三井重役と井上伯」『大阪毎日』明治四〇年三月二六日、前掲『原敬日記』第二巻、明治四〇年三月一七日、二三三頁、「彩票検挙事件」『時事新報』明治四〇年三月二〇日。

10　前掲『原敬日記』第二巻、明治三九年五月八日、一七九頁、前掲『西園寺公望伝』第三巻、四四頁。

11　明治三九年五月三一日付「彩票に関する件を定む」国立公文書館デジタルアーカイブ。

12　たとえば、「市事業と富籤」『二六』明治三九年四月一五日、「富籤は如何」『読売新聞』明治三九年四月二二日、「博覧会と富籤発行」『東京朝日』明治三九年六月一六日、「大博覧会委員総会」『時事新報』明治三九年七月二四日。

13　たとえば、「雑報 東京より（五月廿二日）東京一記者」『台湾日日』明治三九年五月三〇日、「台湾富籤に就て」『台湾日日』明治三九年六月三日。

14　原敬は、この「明治三九年五月八日」の日記に、台湾彩票の発行の件がこの日の閣議にあげられたが、西園寺首相の帰京をまっての決定することにしたと記した後で、明治三四年の際、閣議の承認が得られなかったことにふれて、その時とは状況が異なっているとして、「然るに新刑法案には許可を得て富籤発行する事となせしに因り此方針に因るときは何等差支なき事なるが如し」と記していた（前掲『原敬日記』第二巻、一七九頁）。

15　以下、発行計画が閣議にあげられるまでに関しては、特に記さない限り、「台湾富規則制定の件」前掲『後藤新平文書』二七、所収、前掲『宮尾舜治伝』一三四〜五頁、経緯については、前掲『〈決定版〉正伝 後藤新平 3 台湾時代一八九八〜一九〇六年』二六七〜七四頁。

16　「児玉総督の台湾富籤談」『東京朝日』明治三四年八月一三日、前掲『原敬日記』第二巻、明治三九年五月八日、一七二頁。

17　原奎一郎編『原敬日記』第一巻、明治三四年四月二三日、福村出版、一九八一年、三三六頁、「台湾の富籤問題」『読売』明治三四年八月八日、「台湾の富籤と曾禰蔵相」『読売』明治三四年八月九日、「台湾富籤の成行」『読売』明治三四年八月二〇日、前掲『原敬日記』第二巻、明治三九年五月八日、一七九頁。

18　前掲『原敬日記』第二巻、明治三九年五月八日、一七九頁。原は、「台湾富籤は先年伊藤内閣のとき児玉より提議ありて余等は同意せしも、加藤外相はマニラに於て既に之を禁止したる由なるが右様の場合に日本にて之を許すは妙ならずとて反対し（後に聞けば海相山本も反対せし由なるも記憶せず）、遂に決定に至らざりしものなり」、と記している（同上）。
19 「台湾の富籤問題」『読売』明治三四年八月八日、「台湾富籤について」『東京朝日』明治三四年八月二四日。
20 「本日の閣議」『東京朝日』明治三四年八月二〇日、「台湾の富籤」『東京朝日』明治三四年八月二一日、「富籤類似禁止」『東京朝日』明治三四年一〇月四日、「昨日の閣議」『東京朝日』明治三四年一〇月九日、「昨日の内閣会議」『読売』明治三四年八月二一日、「一昨日の閣議」『読売』明治三四年八月二三日、「台湾富籤の可否」『読売』明治三四年八月二三日、「台湾の富籤問題」『読売』明治三四年一〇月三日、「台湾富籤　不成立の形勢」『読売』明治三四年一〇月六日、「台湾富籤の否決」『読売』明治三四年一〇月一〇日。
21 「台湾の富籤問題」『読売』明治三四年一〇月三日。当日、平田農相が欠席したことでまとまらなかったという（同上）。
22 「桂首相へ内旨」『東京朝日』明治三四年一〇月一一日。
23 「台湾富籤の是非」『読売』明治三四年八月一二日、「台湾富籤の発行に就て」『読売』明治三四年八月一三日、「台湾富籤と刑法改正」『東京朝日』明治三四年八月一三日。
24 「論説　更に勇断を望む」『読売』明治三五年六月一三日。
25 貯蓄債券については、たとえば、「貯蓄勧業債券」『東京朝日』明治三七年三月一八日、「貯蓄債券実施期」『東京朝日』明治三七年七月三一日、「を号債券の売出」『東京日日』明治三九年一〇月一四日、「勧業銀行の一〇年間」『東京日日』明治四〇年一〇月一八日。
26 以下、「貯蓄勧業法案」成立までに関しては、「第二〇回帝国議会貴族院貯蓄勧業債券法案特別委員会議事速記録第一号」明治三七年三月二七日、「第二〇回帝国議会貴族院議事速記録第五号」明治三七年三月二九日、「第二〇回帝国議会衆議院議事速記録第五号」明治三七年三月二九日、「貯蓄勧業債券復活協議」『読売』明治三七年三月二九日、「貯蓄債券実施期」『東京朝日』明治三七年七月三一日、「貯蓄債券の成績」『東京日日』明治三九年一〇月一八日。
27 前掲『西湖曾禰子爵遺稿竝伝記資料』五一頁、「貯蓄勧業債券」『東京朝日』明治三七年三月一八日。
28 『日本勧業銀行七十年史』日本勧業銀行、昭和四二年、五～六頁。
29 「勧業銀行の一〇年間」『東京日日』明治四〇年一〇月一八日。
30 たとえば、広告「貯蓄（五円）債権売出」『万朝報』明治三七年九月一二日。

31 「日本債券株式会社」『大阪毎日』明治三九年五月二一日。
32 たとえば、「十円勧業債券について」『読売』明治四〇年四月一三日、「新勧業債券発行」『読売』明治四〇年四月二八日、「新勧業債券発行」『東京朝日』明治四〇年四月二八日、「勧業債券の売出」『東京日日』明治四〇年五月二一日。
33 以下、大連彩票に関しては、特に記さない限りは、「大連彩票私見」前掲『後藤新平文書』二―七、所収。
34 「台湾の富籤案」『東京朝日』明治三九年六月一一日。
35 前掲『宮尾舜治伝』一九六頁。
36 「大連彩票買占めの取締　内地持行は厳禁」『門司新報』明治四一年五月八日。
37 たとえば、学者や経済家その他有力者に対して、勧業債権と台湾彩票の「差異が如何という表題」で質問し、「暗に反対の出来ない口実を収集」して発行案の提出に臨んだという（「天声人語」『大阪朝日』明治四〇年三月二一日）。
38 「台湾の富籤実行」『大阪毎日』明治三九年四月二三日、「東京電話（一日発　台湾富籤令」『大阪朝日』明治三九年六月二日。
39 前掲、明治三九年五月三一日付「彩票に関する件を定む」。
40 同右。
41 たとえば、「台湾に富籤発行」『読売』明治三九年五月一八日、「台湾富籤発行の議」『大阪朝日』明治三九年五月一八日、「台湾富籤問題」『万朝報』五月一九日。
42 前掲『原敬日記』第二巻、明治三九年五月八日、一七九頁。
43 前掲『西園寺公望伝』第三巻、四四頁。
44 同前、四四～七頁。
45 「雑報 東京より（五月二二日）東京一記者」『台湾日日』明治三九年五月三〇日。
46 前掲『原敬日記』第二巻、明治三九年五月一五日、五九頁。
47 前掲『原敬日記』第二巻、明治三九年五月二九日、一八一頁。
48 「彩票は愈廃止乎」『万朝報』明治四〇年七月一七日。
49 「第二二回帝国議会貴族院明治二九年法律第六三号に代わるべき法律案特別委員会議事速記録第一号」明治三九年三月二

二日、「第二二回帝国議会貴族院明治二九年法律第六三号に代わるべき法律案特別委員会議事速記録第二号」明治三九年三月二四日。

50 『官報』第六八九四号、明治三九年六月二三日。

51 たとえば、「台湾富籤と水道」『大阪毎日』明治三九年六月二五日、「台湾の富籤」『万朝報』明治三九年七月四日。

52 「彩票と後藤男片」『大阪時事』明治四〇年三月二二日。

53 「非射倖奨励」『東京朝日』明治三九年五月二三日。

54 「台湾の富籤」『東京日日』明治三九年五月二二日。

55 「評論　丙午一年」『二六』明治三九年一二月三一日。同紙は、彩票の発売が決定したのを受けて、六月四日の評論「台湾の富籤」で、植民地に適当な財源がないならば、長期にわたらないという条件付で消極的に是認する、と記していた。

56 「台湾の富籤」『台湾日日』明治三九年六月三日。

57 たとえば、「彩票問答（質問随意）」『台湾日日』明治三九年九月二〇日、「富籤叢談」『台湾日日』明治三九年一〇月六日。

58 「台湾の富籤」『万朝報』明治三九年七月四日。

59 たとえば、「台湾富籤の取締」『東京日日』明治三九年六月一七日、「台湾富籤取締」『東京朝日』明治三九年六月一七日、「台湾富籤取締」『国民』明治三九年六月一七日。

60 「富籤叢談」『台湾日日』明治三九年一〇月一二日。

61 「台湾富籤と内地人」『大阪朝日』明治三九年九月二〇日。なおこの記事は、「台湾富籤に関し種々の問合せを寄せらるる向少なからねば左に有吉台湾課長の談話を紹介す是にて内地人と台湾富籤との関係を知りたまへ」として掲載されたもの。有吉は、「内地人」の購入についての見解を、つぎの三点にまとめていた（同上）。

第一　内地人と雖も購入所持自由なる事

第二　其の購入は必ずや各個人直接出張してなさざるべからず、然らざれば総ての場合に於て犯罪たるべき事

第三　正式の購入所持と雖も内地に於ては全然転売譲渡等不能なる事

なおやまと新聞は、この記事と同一のものを大阪朝日と同じ九月二〇日に「内地人と台湾富籤」と題して、また東京朝日新聞は、九月二二日「台湾彩票」として掲載した。

また、一一月に台湾日日新報が発行した『台湾彩票案内』もつぎのように説明していた（三九頁）。

日本内地にては禁止の規則があるから売ることも買うことも譲り受けることもできませぬ、併しながら台湾にて買入れた彩票を内地に持帰るとも頓と差支えは有りません、それは台湾にて表向き買入れたるものを所持することはならんとの禁止は有りませんからです。

62 「台湾彩票購入問題」『二六』明治三九年一〇月一三日、「内地人の台湾彩票問題」『大阪時事』明治三九年一〇月一四日。
63 たとえば、『時事新報』明治三九年一〇月五日、『万朝報』明治三九年一〇月一三日。
64 たとえば、『大阪毎日』明治三九年一一月一一日。
65 広告「台湾彩票案内」『台湾日日』明治三九年一一月二九日。
66 広告「台湾彩票案内」『大阪毎日』明治三九年一二月七日、広告「増訂三版 台湾彩票案内」『大阪毎日』明治四〇年一月二六日、広告「台湾彩票案内」『大阪毎日』明治四〇年三月一日。

## 2 黙許状態の現出

67 宮尾に関しては、前掲『宮尾舜治伝』。
68 同前、一三四〜五、一九六頁。
69 同前、一九八頁。
70 「彩票問題の成行」『台湾日日』明治三九年六月二七日、「台湾の富籤」『万朝報』明治三九年七月四日、「台湾の富籤準備」『国民』明治三九年七月一五日、前掲『宮尾舜治伝』一八九頁。
71 以下、満鉄総裁就任承諾までに関しては、北岡伸一『後藤新平』中公新書、八四〜五頁、鶴見祐輔著／一海知義・校訂『〈決定版〉正伝 後藤新平 4 満鉄時代 一九〇六年〜一九〇八年』藤原書店、二〇〇五年、三一〜五五頁。

72 「彩票条件の交渉」『台湾日日』明治三九年七月一五日。

73 たとえば、「台湾富籤の発行」『東京朝日』明治三九年七月三一日、「台湾の富籤」『東京日日』明治三九年七月三一日、「雑報 彩票発行期と条件」『台湾日日』明治三九年八月一〇日。

74 加藤聖文『満鉄全史 「国策会社」の全貌』講談社選書メチエ、二〇〇六年、三〇頁。

75 「台湾彩票細則発行」『万朝報』明治三九年八月七日、「台湾富籤発行期」『大阪毎日』明治三九年八月七日、「雑報 彩票発行期と条件」『台湾日日』明治三九年八月一〇日。

76 「宮尾専売局長」『台湾日日』明治三九年九月七日、「叙任辞令」『東京朝日』明治三九年九月一八日。

77 『官報』第六九六七号 明治三九年九月一七日。以下、第一次彩票の発売、購入方法に関しては、「雑報 台湾彩票施行細則」『台湾日日』明治三九年九月六日、「彩票番号委託登録」『台湾日日』明治三九年九月一八日、「彩票問答」『台湾日日』明治三九年九月一九日。

78 前掲『宮尾舜治伝』一九八頁。

79 「彩票番号委託登録」『台湾日日』 明治三九年九月一八日。

80 「彩票指定番号登録」『台湾日日』明治三九年一一月八日、「第四次彩票登録」『台湾日日』明治四〇年一月一二日。

81 「登録済彩票交付」『台湾日日』明治三九年一二月一一日。

82 以下、小売人の手数料までに関しては、「台湾彩票施行細則」『台湾日日』明治三九年九月六日、「彩票元売捌人」『台湾日日』明治三九年一〇月一〇日、「富籤叢談」『台湾日日』明治三九年一〇月一七日、「彩票の売出し期日」『台湾日日』明治三九年一〇月一九日、「登録彩票の交付」『台湾日日』明治三九年一〇月一九日。

83 「台北の彩票元売捌人」『台湾日日』明治三九年一〇月七日、「彩票元売捌人」『台湾日日』一〇月一〇日、「全島彩票元売捌人」『台湾日日』一〇月一二日。

84 「彩票彙聞（基隆）」『台湾日日』明治四〇年三月一三日、「彩票叢談」『台湾日日』明治四〇年三月一六日。

85 「富籤叢談」『台湾日日』明治三九年一二月四日。

86 以下、海外元売捌人に関しては、「彩票小売人」『台湾日日』明治三九年一〇月一四日、「彩票小売人」『台湾日日』明治三九年一〇月一六日、「彩票検挙事件」『時事新報』明治四〇年三月二〇日、「三井の賭博組」『やまと』明治四〇年四月一日。

87 「彩票の配付数」『台湾日日』明治三九年一〇月二一日。
88 「彩票発行（登録停止）」『台湾日日』明治三九年九月二一日。
89 「彩票の売出し期日」『台湾日日』明治三九年一〇月一九日。
90 「彩票発売期日」『台湾日日』明治三九年九月二三日。
91 以下、当籤金額、本数などに関しては、「雑報 彩票発行期と条件」『台湾日日』明治三九年八月一〇日、「台湾彩票（富籤）発売」『東京朝日』明治三九年一〇月一日。
92 「五万円当ったら（二）」『台湾日日』明治三九年八月二八日。
93 江藤淳『漱石とその時代』第三部、新潮選書、一九九三年、一〇五、四一二頁。
94 前掲『明治／大正／昭和／平成 物価の文化史事典』三九四頁。
95 たとえば「内地に於ける彩票」『万朝報』明治三九年九月二九日。
96 「台湾富籤の取締」『東京日日』明治三九年六月一七日。
97 「彩票の発行期」『台湾日日』明治三九年七月八日、「日日草」『台湾日日』明治三九年八月二五日。
98 以下、彩票の相場に関してまでは、「富籤叢談」『台湾日日』明治三九年九月一六日、「雑報 内地の彩票熱」『台湾日日』明治三九年九月二〇日、「富籤叢談」『台湾日日』明治三九年一〇月六日。台湾の業者は当籤した場合、その一割を手数料として天引きして支払うとしていたので、十分商売になる見込みだった（「富籤叢談」『台湾日日』明治三九年九月一六日）。
99 「富籤叢談」『台湾日日』明治三九年一〇月六日。
100 たとえば、「台湾富籤と内地人」『大阪朝日』明治三九年九月二〇日、「台湾富籤」『東京朝日』明治三九年九月二一日。
101 『東京朝日』明治三九年一〇月一〇日。
102 「台湾彩票」『東京朝日』明治四〇年一月九日。
103 「台湾彩票の発売」『大阪毎日』明治三九年一〇月二九日。
104 「富籤叢談」『台湾日日』明治三九年一二月四日。
105 「富籤叢談」『台湾日日』明治三九年一〇月二〇日。
106 「台湾彩票の仕入」『東京朝日』明治四〇年一月一三日。

107 「彩票叢談」『台湾日日』明治四〇年一月二九日。

108 以下、売り惜しみまでに関しては、特に記さない限り、「彩票の売出し期日」『台湾日日』明治三九年一〇月一九日、「彩票連合発売の光景」『台湾日日』明治三九年一〇月二一日。

109 「台湾富籤好況（台北）」『東京朝日』明治三九年一〇月一一日。

110 「彩票の売出し期日」『台湾日日』明治三九年一〇月一九日。

111 「富籤叢談」『台湾日日』明治三九年一〇月二四日。

112 「五万円彩票の当籤者 堺市の会社員 平生勤勉の人」『大阪毎日』明治三九年一二月二三日、「五万円当籤者（大阪）」『東京朝日』明治三九年一二月二三日、「彩票の台湾」『神戸又新』明治三九年一二月二八日、「台湾彩票一等当籤者」『二六』明治四〇年二月六日。

113 「第二次台湾彩票当選者」『東京朝日』明治四〇年二月六日。

114 「第三次台湾彩票の當籤」『大阪朝日』明治四〇年三月一四日、「当籤五万円の引張凧 自首と告訴と台湾出張」『大阪毎日』明治四〇年三月一四日。

115 「台北電報（一日発）頭彩当選者」『大阪朝日』明治四〇年四月二日。

116 「台湾彩票大検挙の状況」『東京朝日』明治四〇年三月一三日。

117 「評論 無制裁の制裁」『二六』明治四〇年四月六日。

118 「台湾彩票売買の黙許」『都』明治四〇年一月一〇日。

119 「台湾彩票の話（昨今の景気）」『都』明治四〇年一月二二日。

120 たとえば、「台湾富籤に就て」『時事新報』明治三九年一一月二一日、「台北電報（十日発）彩票売買に就て」『大阪朝日』明治四〇年二月一一日、「台湾富籤の大検挙」『大阪朝日』明治四〇年二月一一日、「彩票売買に就て」『時事新報』明治四〇年二月一七日、「台湾彩票の購入について 内地人が郵便にて買入れたるもの有効と認めらる 民刑局長の談」『大阪毎日』明治四〇年二月二〇日。

121 たとえば、「絹川商会」『東京朝日』明治四〇年三月六日。

122 たとえば、「彩票信託取扱元祖　信託商会」『万朝報』明治四〇年三月一八日。

123 たとえば、「台湾の近状 祝長官談」『大阪毎日』明治四〇年一月一五日、「台湾彩票の話（昨今の景気）」『都』明治四〇年一月二二日、前掲『〈決定版〉正伝 後藤新平 3 台湾時代 一八九八～一九〇六年』二七六頁。
124 「台湾彩票の話（昨今の景気）」『都』明治四〇年一月二二日。
125 同右。
126 「三井の賭博組」『やまと』明治四〇年四月一日。これを『台湾日日』明治四〇年四月九日が「三井の検挙と内容」と題して転載した。
127 以下、益田の委託販売了承までに関しては、特に記さない限り、「益田、早川両氏の暗闘（彩票検挙問題の裏面）」『大阪毎日』明治四〇年三月二二日、「三井重役と井上伯」『大阪毎日』明治四〇年三月二六日、「合財嚢」『大阪毎日』明治四〇年三月二六日。実際の契約では五万枚の内の二万枚の四割だったようである（「彩票検挙事件」『時事新報』明治四〇年三月二〇日）。
128 前掲『宮尾舜治伝』一九八頁。
129 「益田早川両氏の暗闘（彩票検挙問題の裏面）益田氏の勢力」『大阪毎日』明治四〇年三月二二日。
130 「合財嚢」『大阪毎日』明治四〇年三月二六日。
131 同右。
132 以下、引受枚数までに関しては、「彩票検挙事件」『時事新報』明治四〇年三月二〇日。
133 「益田、早川両氏の暗闘（彩票検挙問題の裏面）」『大阪毎日』明治四〇年三月二二日。
134 「机の塵」『万朝報』明治四〇年四月二二日。
135 前掲『平沼騏一郎回顧録』二二九頁。
136 前掲『原敬日記』第二巻、明治四〇年四月一日、二三四頁。
137 「三井重役と井上伯」『大阪毎日』明治四〇年三月二六日
138 「台湾彩票問題質疑」前掲『後藤新平文書』二七、所収。全文は、以下のものであった。

彩票発行の利害は彩票問題論究の第一次に於て考核せらるべき所なれども、此には端を累ねて之を説くの要あらざるべし、蓋し台湾彩票は既に年来の調査説明に因りて其発行の允認を経るに至りたるものなればなり、今日の問題は何故に此既決の一按が就緒未だ幾ならず、成績良好なるに当りて突然中止の運に遇えるやの事由繹ね以て其落着を思わざるべからざるに在り

之を物論に徴するに一般には単に彩票の両字を以て人聴を不浄にすと為せる胡乱の潔癖主義に厄せられたるに似たり、是れ蓋し現今世界各地に於ける彩票発行の何なるを解せず漫然目して旧時民間流弊の富籤と同一視するの誤解に出でたるものにして中止の宿因此に在りとせば其謬見杜撰は始より多く議するに足るものあらず

又一簾の観察よりすれば台湾彩票発行中止の事実は一に内地司法部面感情の緩急に揶揄せらるるに似たり、然らずんば当初発行允認の日に当りて峻議究察、予め今日を防ぐ能わざりし司法部面の商量が何故に発行数次好望漸く属するの即今に至りて俄かに一偏縄墨の苛論を弄するや、加之其初彩票内輸の当否に関しても司法家の所見特に一定せず苟且以て其輸入を増致し、而る後倉皇として俄かに刔摘を加えたるが如き其結果蔓引既に滋く累細人に止まらざるを見て、又急に掊撃の手を歛めたるが如き、其形たるや利を繋げて罪を誘い人を見て法を舞わすに異なることなきは皆是れ時情の疑惑を惹くに足るものなり、夫れ彩票発行は中央政府が既に台湾の為に自ら允認せし所なり、而るを今日尚ほ何ぞ更に彩票其物の是非を言うや、台湾彩票にして内地に輸入せしむべからざるものならば、何ぞ発行允認の当初に於て自ら其関防を飭めざりしや、何ぞ事後の寛猛其処置を二三にして民心を疑惑せしむることをなすや、彩票輸入果して法の必ず問うべき所ならば何ぞ時を顧み人を憚りて余力を糾弾に遣すや、道路或は彩票発行の中止を以て台湾企画の成功に対する内地司法の媢嫉となす、之を聞いては媿づべく之を解くには辞なきを恨むに足れり

投機僥倖射利冒険の念は人類の終に免れざる所古今の必ず断つ能わざる所なり、名に即して用に疎なるは経世の術に非ず、物に利害あるは楯に両面あるが如し、事に実の不祥なし、不祥の実は唯政治家其用をして其弊に勝たしむること能わざるもの之に当らざるべからず、若し彩票の名を嫌いて其用を問わずと云わば議者必ずや言わん、現今内国に於ける独逸彩票の輸入は如何、支那賭博の流行は如何、公利正業の名に藉りて国民の賭心に啇われつつある各種の営業は如何、是れ実に台湾彩票の行止に先ちて先づ解決を得ざるべからざるの問題なりと

法網の疎密は賭博罪犯の数を消長すれども賭博行為の実数を消長するに足らず、人類固有の僥倖心にして終に消滅せざるより以上は之を満足せしむるの度は、唯其害用を防ぐに在るのみ、且世俗の非彩票説なるものは誤てり、彼れ一般国民を

看るに一片の奇利心に魅せられて直ちに一生の道徳問題経済問題を忘却し容易に亡身破家を甘んずべきの如き幼昧者を以てす、是れ豈共に時代の情操を商量するに足らんや、世に福引の戯あり、子女歓讌の間に公行せられて其楽むべきを見れども、未だ其徳性を傷つくべきを見ず、故に若し国民の僥倖心殊に支那種民族の好賭心をして彩票の公開に集中すること彼の福引に於ける程度ならしめば、其検束上社会に益あらんも私徳上民心に害なきは数の睹易き所に非ずや、而るを必ず彩票の名を疾みて是を禁遏すべしと云わば、此等の賭心は旧に依りて社会の裡面に渙漓し法に抵り害を流さゝるを得ず、畢竟国民の道徳経済自衛の程度をして鞏固ならしめ彩票を見て以て福引と同一視するに至らしむるを要す、低担なる社会道徳は人心をして自愛を生ぜしめ陰鬱なる名教は社会をして完人なきに至らしむ、為政の活識を有するもの擇ぶ所を知らざるべからずなり

台湾彩票挙措緊縦の制機は全く台湾総督の責任に在り、其収入支出の途には始より一定の範囲条目あり、其利を制し害を防ぐの道は固より既に千究百備せられたり、台湾小なりと雖も未だ僅かに二十万乃至五十万円の彩票欵額に由りて民心醇漓の変を来すべきが如き虞を有せず、而るに母国内地は却て匈々焉として其幾分の輸来を以て国民道徳経済事情の凶機なりとなし、文に拘わり法を弄して国家の大罪按を検索するか如く爾かするは果して何の所見に拠るか、若し台湾人民をして母国官民斯の如きの惶遽を嘲笑せしめば如何、而も諸処訊状の結果、其犯を一にして其罪を一にせざるものあるが如きに至りては、公論終に咎を執法者の無定見に帰せざるを得ざるべし

中央政府既に台湾に聴きて彩票の発行を允認しながら顧みて自ら其後を善くせず、却て台湾総督をして之が中止を令するの止むなきに至らしむ、是れ何ぞ人を枉げて己の失を償わしむるに異らんや、何ぞ台湾総督をして倒まに内地利害の命を制せしむるに異らんや、是に由りて之を言わば発行中止の実情には中央政府自ら事前の不明に坐するに非ずんば亦必ずや事後の無能に坐せざるべからず

以上指陳する所、其観察一ならずと雖も要するに台湾彩票発行の中止に関する当然の事由を認むるに由なく世情の疑惑を解くに足らざるに至りては一なり、今物論既に発行中止の主因台湾自体に在りと信ずるものなく内地司法糾弾の失宜を疾むものは比々皆是なり、中央政府篤論の以て台湾年来の成見を覆へすべきものあるか、将た許否翻覆飽くまで無定見の名に居らんとするか、当局者の心意は問う所に非ざれとも台湾彩票問題の予後終に如何に決着すべきかに至りては切に開示を望まざるを得ざる所なり

139 「彩票と後藤男の決心」『神戸新聞』明治四〇年八月一四日。

140 「彩票事件の公判 後藤前民政長官の喚問請求忌避の申請 裁判の中止」『大阪毎日』明治四〇年二月二七日。ただし大阪朝日新聞は、この武内の喚問要求の理由に関して、「一体此の彩票は前の台湾総督府民政長官後藤新平の発意になったもので後藤は日本全国へ売っても差支ないという意見であろうと信じますから是非にも同人を喚問せられたし」という武内の推測として報じていた（「彩票事件の公判（第二回）」『大阪朝日』明治四〇年二月二七日）。また大阪時事新報は、発売は、「一般の内地人及び諸外国在住者にも売得せしむべき精神」だったとして、立案者後藤の証人喚問を申請した、といった趣旨で報じていた（「彩票公判の波瀾 後藤総裁喚問の申請▲法廷の大波瀾▲遂に判事を忌避す▲弁論中止」『大阪時事』明治四〇年二月二七日）。なおこの証人申請は却下された（「彩票事件の公判」『大阪毎日』明治四〇年三月二七日）。

141 もう一つの傍証は、中国の全領事に対して、公許のような売買にならなければ、黙許するように指示していたことだった。彩票の発売の迫った明治三九年九月二〇日付で厦門領事館事務代理が、林薫外務大臣に対して、内地法を適用すべきなのか、黙許に付すのか、その回訓を至急求めてきた書簡に対して、外務省通商局は「裁量に任せる」旨の回答、そして本邦人が大々的に売買しないようあらかじめ相当の注意を与えるよう付言していた（明治三九年九月二〇日付厦門領事事務代理吉田義利より外務大臣林薫宛「台湾総督府発行彩票に関する件（一〇月一日授受）」外務省外交史料館蔵）。また一一月下旬には高橋橘太郎在福州領事が林外相に、内地人や台湾籍の者が彩票の取り扱い（売捌き）許可を願い出た場合の対処方法を問い合わせてきたが（明治三九年一一月二一日付在福州領事高橋橘太郎より外務大臣林薫宛「台湾彩票に関する疑義之件請訓件（一二月五日授受）」外務省外交史料館蔵）、外務省はこれに対しても、厦門領事のときと同様の回答をしている（明治三九年一二月七日起草一四日送遣林薫外務大臣より高橋領事宛「台湾彩票に関する件」外務省外交史料館蔵）。

これらを踏まえて第一次彩票抽籤前日の一二月一四日付で、外務大臣の名で在清国各総領事、領事宛に、「彩票売買に関しては中国においても内地法を遵守すべきだが、各地の事情を参酌し領事の裁量をもって差し支えない限り黙許に付し、関係者（内地人や台湾籍を有する者）が公許のように売買しないよう内々に相当の注意を与えておく」旨回訓があった（機密明治三九年一二月一四日付外務大臣より在清国各総領事同各領事（福州を除く）同各副領事同各分館主任宛「台湾彩票に関する件」外務省外交史料館蔵）。なおこの回訓は台湾総督にも伝えられた（明治三九年一二月一四日外務次官起草発遣内務次官宛「台湾彩票に関する件」外務省外交史料館蔵）。

この訓令等は、中国内の日本人、台湾籍者を対象としたものではあったが、「法は遵守しなければならないが、差支えない限り黙許する」という政府の国内流通に対する基本的姿勢が、そこにも反映されていたと考えることができる。

142 以下、平沼の答弁までに関しては、「第二三回帝国議会衆議院刑法改正案委員（特別調査委員）会議録（速記）第七回」明治四〇年三月七日。

## 3 発行中止

143 「台湾彩票と当局」『大阪時事』明治四〇年二月一五日。

144 前掲三谷『政治制度としての陪審制　近代日本の司法権と政治』六二～三頁。

145 以下、第三次彩票の転売までに関しては、「台湾富籤大検挙」『大阪朝日』明治四〇年二月一〇日、「台湾彩票売買者の捕縛」『大阪毎日』明治四〇年二月一〇日、「台湾富籤の大検挙」『大阪朝日』明治四〇年二月一一日、「彩票密売者の拘引」『大阪毎日』明治四〇年二月一一日、「台湾富籤の公判」『大阪朝日』明治四〇年二月一七日、「彩票売買事件の公判」『大阪毎日』明治四〇年二月一七日、「台湾彩票事件の判決」『大阪朝日』明治四〇年二月二〇日。

146 「彩票密売者の拘引」『大阪毎日』明治四〇年二月一一日、「台湾富籤と検事局」『大阪朝日』明治四〇年二月一四日、「彩票購入者起訴さる」『大阪毎日』二月一六日、「彩票事件の公判（第二回）」『大阪朝日』明治四〇年二月二七日。

147 「台湾富籤大検挙」『大阪朝日』明治四〇年二月一〇日、「台湾富籤の大検挙」『大阪朝日』明治四〇年二月一一日、「彩票密売者の拘引」『大阪毎日』明治四〇年二月一一日。

148 「台湾富籤の大検挙」『大阪朝日』明治四〇年二月一一日、「彩票密売者の拘引」『大阪毎日』明治四〇年二月一一日。

149 「彩票自首者の無罪」『大阪朝日』明治四〇年二月二七日。

150 『明治一五年太政官布告』国立国会図書館デジタルコレクション〈https://dl.ndl.go.jp/info:ndljp/pid/994268〉二〇二〇年一〇月一一日閲覧

151 以下、起訴されたのが北川一人であったことまでに関しては、「彩票事件と公吏の検挙」『大阪時事』明治四〇年二月二一日「台湾彩票又検挙さる」『大阪朝日』明治四〇年二月二一日、「再び彩票購買者の検挙」『大阪毎日』明治四〇年二月二一

日、「彩票事件の検挙」『大阪朝日』明治四〇年三月一四日。

152 「台湾富籤と検事局」『大阪朝日』明治四〇年二月一四日、「台湾彩票検挙について」『大阪毎日』明治四〇年二月一四日。

153 「台湾彩票検挙 当検事局の方針奈何」『神戸又新』明治四〇年二月一八日。

154 「三たび彩票検挙について 松室検事総長」『大阪毎日』明治四〇年二月一七日。

155 「台湾彩票事件の判決」『大阪朝日』明治四〇年二月二〇日、「彩票売買の判決」『大阪毎日』明治四〇年二月二〇日。

156 「彩票売買人の服罪」『大阪朝日』明治四〇年二月二八日。

157 「彩票売買者入監（大阪）」『東京朝日』明治四〇年三月九日。

158 以下、裁判の延期までにに関しては、「彩票事件の公判（第二回）」『大阪朝日』明治四〇年二月二七日、「彩票事件の公判 後藤前民政長官の喚問請求忌避の申請 裁判の中止」『大阪毎日』明治四〇年二月二七日。

159 「彩票事件の公判」『大阪毎日』明治四〇年三月二七日、「彩票事件の結審」『大阪毎日』明治四〇年三月二八日、「彩票事件の公判続行」『大阪朝日』明治四〇年三月二九日。

160 「台湾彩票事件」『大阪朝日』明治四〇年四月三日。三名は、控訴したが結局、同二四日棄却された（「彩票事件の控訴」『大阪朝日』明治四〇年四月七日、「彩票事件控訴判決」『大阪毎日』明治四〇年四月二五日）。

161 以下、無罪の理由までに関しては、「台湾彩票貰受の公判」『大阪朝日』明治四〇年三月二三日、「富籤購買事件の無罪」『大阪朝日』明治四〇年三月二八日、「彩票購買者の無罪 彩票売買は罪として論ずべきものにあらずとの判決」『大阪毎日』明治四〇年三月二八日。

162 「富籤購買事件の控訴」『大阪朝日』明治四〇年三月二九日。

163 以下、貿易商の自首までに関しては、「第三次台湾彩票の當籤」『大阪朝日』明治四〇年三月一四日、「森下弁護士の談」『大阪朝日』明治四〇年三月一四日、「当籤五万円の引張凧 自首と告訴と台湾出張」『大阪毎日』明治四〇年三月一四日。

164 「彩票の支払停止 彩票持参者姿を隠す」『大阪毎日』明治四〇年三月一六日、「富籤彩票五万円事件 彩票支払の解禁」『大阪毎日』明治四〇年三月一七日、「彩票売買に就て」『大阪朝日』明治四〇年三月一九日。

165 「彩票売買に就て」『大阪朝日』明治四〇年三月二二日、「五万円彩票事件」『大阪朝日』明治四〇年三月二三日、「彩票事件犯人大阪に来る」『大阪毎日』明治四〇年三月二五日、「野田梅吉等の収監」『大阪朝日』明治四〇年三月二六日。

166 「彩票売買に就て」『大阪朝日』明治四〇年三月一七日。
167 「五万円彩票の成行」『大阪朝日』明治四〇年三月二四日。
168 以下、この裁判に関しては、「五万円彩票事件（第一回公判）」『大阪朝日』明治四〇年五月一六日、「五万円彩票事件（第二回公判）」『大阪朝日』明治四〇年六月一八日、「五万円彩票事件（第三回）」『大阪朝日』明治四〇年六月二七日、「頭彩五万円没収の判決」『大阪朝日』明治四〇年七月九日、「彩票五万円没収の公判」『大阪毎日』明治四〇年五月一六日、「彩票五万円没収の公判（第二回）」『大阪毎日』明治四〇年六月一八日、「彩票五万円の公判（結審）」『大阪毎日』明治四〇年六月二七日、「頭彩五万円没収の判決」『大阪毎日』明治四〇年七月九日。
169 「彩票当籤金の還付 彩票購買は有罪なり 彩票当籤金は下渡さる」『大阪朝日』明治四〇年一二月二六日、「彩票三万五千円の復活 没収せられたる台湾彩票当籤金還付の裁判」『大阪毎日』明治四〇年一二月二六日。
170 「五万円は如何なるか▲台湾彩票事件上告公判」『大阪朝日』明治四一年二月二六日、「彩票の三万五千円」『大阪毎日』明治四一年二月二六日。
171 「当籤彩票上告判決」『時事新報』明治四一年三月一四日、「彩票事件の恩典」『大阪朝日』明治四一年三月二九日、「司法行政の衝突 台湾彩票と競馬券」『大阪毎日』明治四一年四月五日。
172 「司法行政の衝突 台湾彩票と競馬券」『大阪毎日』明治四一年四月五日。
173 前掲『〈決定版〉正伝 後藤新平 3 台湾時代 一八九八～一九〇六年』二七六頁。
174 以下、この日の摘発に関しては、たとえば、「市内彩票検挙談」『東京朝日』明治四〇年三月一四日、「彩票密売検挙」『国民』明治四〇年三月一五日、前掲『原敬日記』第二巻、明治四〇年三月一七日、二三二頁。
175 たとえば、「市内彩票大検挙（八王子に及ぶ）」『東京朝日』明治四〇年三月一二日、「東京に於ける台湾彩票売買者検挙の励行」『読売』明治四〇年三月一三日。
176 「彩票検挙事件」『時事新報』明治四〇年三月一七日。
177 以下、一一日の検挙までに関しては、「台湾彩票売買検挙」『やまと』明治四〇年三月一二日、「市内彩票大検挙（八王子に及ぶ）」『東京朝日』明治四〇年三月一二日、「台湾彩票売買検挙」『やまと』明治四〇年三月一三日、「東京に於ける台湾彩票売買者検挙の励行」『読売』明治四〇年三月一三日、「台湾彩票事件」『万朝報』明治四〇年三月一三日、「彩票検挙の続

行」『時事新報』明治四〇年三月一四日、「彩票密売検挙」『国民』明治四〇年三月一五日、「彩票検挙事件」『時事新報』明治四〇年三月一七日。

178 「彩票密売検挙」『国民』明治四〇年三月一五日。

179 「台湾彩票事件」『万朝報』明治四〇年三月一三日、「彩票売買検挙」『やまと』明治四〇年三月一三日、「彩票検挙の続行」『時事新報』明治四〇年三月一四日。

180 前掲『平沼騏一郎回顧録』二二八頁。

181 「市内彩票検挙談」『東京朝日』明治四〇年三月一四日。

182 以下、支局長の取次売買までに関しては、たとえば、「彩票密売人就縛」『東京日日』明治四〇年三月一三日、「昨日の彩票検挙」『東京朝日』明治三九年三月一三日、「彩票売買検挙」『やまと』明治四〇年三月一三日。

183 「彩票密売検挙」『国民』明治四〇年三月一五日。

184 前掲『原敬日記』第二巻、明治四〇年三月一七日、二三二頁。

185 以下、牧野、泉二の二検事も協議に参画したことまでに関しては、「彩票検挙事件」『時事新報』明治四〇年三月一五日、「彩票検挙事件」『時事新報』明治四〇年三月一六日、「又々昨日の大捜索　台湾彩票事件に就て」『中央』明治四〇年三月一五日、「昨日の大検挙（彩票検挙の為め）」『東京朝日』明治四〇年三月一五日、「台湾彩票　大仕掛の検挙　判検事の車八方に飛ぶ、検挙さるべき人数凡そ六百名、徹夜の調査、教科書問題の二の舞（とんでもない人物に及ぶ可能性）」『毎日電報』明治四〇年三月一五日、「三井銀行捜索さる」『やまと』明治四〇年三月一八日。

186 「彩票検挙事件」『時事新報』明治四〇年三月一六日。

187 たとえば、「彩票検挙事件」『時事新報』明治四〇年三月一六日、「彩票購買者の大検挙」『万朝報』明治四〇年三月一六日。

188 「彩票被告人の責付」『東京朝日』明治四〇年三月二七日。

189 「彩票事件の成行」『東京朝日』明治四〇年四月一四日。

190 たとえば「彩票嫌疑の処分」『時事新報』明治四〇年三月二五日。

191 たとえば、「彩票中止善後」『大阪朝日』明治四〇年四月一日。

192 「彩票検挙事件」『時事新報』明治四〇年三月一六日。

193 「彩票売買は確に矛盾（松室検事総長の意見）」『横浜貿易』明治四〇年二月一八日。

194 「三井銀行捜索さる」『やまと』明治四〇年三月一八日、「台湾彩票の検挙：紳士の家宅捜索頻々たり」『二六』明治四〇年三月一八日、「彩票事件彙報」『東京日日』明治四〇年三月一八日、「彩票大検挙続聞（益田高橋両家の捜索）」『東京朝日』明治四〇年三月一八日、「彩票検挙事件」『時事新報』明治四〇年三月二〇日。

195 「彩票検挙事件」『時事新報』明治四〇年三月二〇日。

196 以下、原と佐久間、祝との協議までに関しては、前掲『原敬日記』第二巻、明治四〇年三月一七日、二三二頁。

197 たとえば、「公人私人」『万朝報』明治四〇年三月一七日。

198 「市内彩票事件　捜索の下火」『東京朝日』明治四〇年三月二〇日、「彩票検挙事件」『やまと』明治四〇年三月二〇日、「彩票事件立消にならん　松田法相と小林検事正」『中央』明治四〇年三月二〇日。

199 前掲三谷『政治制度としての陪審制　近代日本の司法権と政治』八〇頁。

200 以下、このことに関しては、前掲『寺内日記』明治四〇年三月一八日、三九六頁。

201 前掲『原敬日記』第二巻、明治四〇年三月一九日、二三三頁。

202 「台湾総督府告示号外」『官報』第七一一四号、明治四〇年三月二〇日。

203 広告「得頭彩拾万円」『二六』明治四〇年四月九日。

204 広告「有価証券彩票売買」『二六』明治四〇年四月一〇日。

205 前掲『〈決定版〉正伝　後藤新平　3　台湾時代　一八九八～一九〇六年』二七九頁。その他、中止の理由として、数多くの陸海軍の関係者、高等官、代議士などが捜索、検挙の対象となることを回避するという判断も働いていたようであるが（「台湾彩票と警視庁の方針」『東京日日』明治四〇年三月一四日、「市内彩票検挙に就て（某署長の談）」『東京朝日』明治四〇年三月一四日、「彩票大検挙の中止事情」『都』明治四一年三月二四日、「検挙中止の一事由」『万朝報』明治四〇年三月二五日、「「評論 無制裁の制裁」」『二六』明治四〇年四月六日）、決定打は、原敬日記にも明らかなように三井ルートであった。

206 以下この件に関しては、「台湾総督府の発行する彩票に関する質問書」『第二三回帝国議会　衆議院議事速記録第一七号』明治四〇年三月一九日。

207 前掲北岡『後藤新平』五四頁。

208 「衆議院議員山本悌二郎君外一名提出台湾総督府の発行する彩票に関する質問に対する答弁書」『官報号外　明治四〇年三月二八日　衆議院議事速記録第二三号　質問に関する答弁書』。
209 「第二三回帝国議会衆議院議事速記録第一八号」明治四〇年三月一九日。
210 「第二三回帝国議会衆議院議事速記録第一九号」明治四〇年三月二一日。
211 「彩票公許運動（台湾彩票除外令の件）」『東京毎日』明治四〇年三月二〇日、「彩票問題の除外例」『二六』四〇年三月二〇日。
212 「富籤官営の弊」『東京朝日』明治三九年九月二四日。
213 「台湾富籤の流毒」『東京朝日』明治四〇年三月一四日。
214 「彩票授受者検挙」『時事新報』明治四〇年三月二〇日。
215 「彩票嫌疑の処分」『時事新報』明治四〇年三月二五日。
216 「一種の暴政」『やまと』明治四〇年三月二〇日。
217 「彩票発行の中止」『中外商業』明治四〇年三月二二日。
218 「彩票売買者検挙」『日本』明治四〇年三月一八日。
219 「彩票の検挙」『台湾日日』明治四〇年三月一四日。
220 前掲『原敬日記』第二巻、明治四〇年三月一九日、二三三頁。
221 『第二三回帝国議会貴族院予算委員会議事速記録第八号付録』明治四〇年三月二五日。
222 「彩票発行と産業　祝台湾民政長官談」『中央』明治四〇年四月一九日。
223 「祝長官の台湾彩票談」『大阪毎日』明治四〇年五月四日。
224 前掲『原敬日記』第二巻、明治四〇年六月一二日、二四六頁。
225 たとえば、「彩票再発行」『大阪毎日』明治四〇年四月一七日、「台湾彩票再発行」『読売』明治四〇年六月一〇日、「台湾彩票再発行」『二六』明治四〇年六月一〇日、「台湾彩票再発行説」『東京朝日』明治四〇年六月一二日、「奇怪なる彩票再発行の理由」『東京日日』明治四〇年六月一二日、「彩票再発の怪説」『東京日日』明治四〇年八月五日、「台湾彩票再発行」『二六』明治四〇年八月五日、「台湾彩票の前途（再発行）」『大阪朝日』明治四〇年八月五日。

226 「彩票再発行説に就て（松田法相の直話）」『東京日日』明治四〇年八月七日。とはいえ、表面的には、司法省も内務省とならんで、彩票の内地売買が違法であるかどうかの大審院での判決を待って再発行の判断を下すとの姿勢をもってはいた（「台湾彩票前途」『読売』明治四〇年一〇月二一日）。結局、明治四一年三月一三日、大審院は、彩票は明治元年布告に規定されている富籤と同等のものであるとし、興行者の官民を問わず、内地での売買は一五年布告に抵触するとの判断を下した（「司法行政の衝突 台湾彩票と競馬券」『大阪毎日』明治四一年四月五日）。これで除外例を規定した法律を制定しない限り、彩票が違法となることが確定した。

227 「彩票は愈廃止乎」『万朝報』明治四〇年七月一七日、「首相と彩票及競馬」『東京日日』明治四〇年七月二一日、「貴族院の彩票反対」『横浜貿易』明治四〇年八月七日、「台湾彩票と貴族院」『二六』明治四〇年八月七日。

228 たとえば、「市事業と富籤」『二六』明治三九年四月一五日、「富籤は如何」『読売新聞』明治三九年四月二二日。なお読売新聞は、以後も折りにふれて関連の記事を掲載した。

229 「入場券は福引付」『中外商業』明治四一年四月一〇日、「大博福引問題」『やまと』明治四一年五月一日、「大博福引券問題（渡瀬市博覧会局長の談）」『東京日日』明治四一年八月七日、「福引直営説」『中外商業』明治四一年八月一二日など、この時期、かなりの数、財源のための福引（富籤）発行に関する記事が掲載された。

230 勝札に関しては、『夢は世につれ……宝くじ30年のあゆみ』第一勧業銀行宝くじ部、一九七五年、一一二～四頁。

231 大正五年一月二七日付「台湾彩票に関する律令を廃止す」国立公文書館デジタルアーカイブ。

## 4 政治、社会の番人としての検察、検察の権力化

232 「馬券と検事局」『大阪毎日』明治四一年三月二七日。

233 以下、明治三九年七月、倉富勇三郎が退任、あるいは転任要求を相応の理由がない限り拒否、検事長の地位に留まる覚悟であると所信を表明するまでに関しては、永井和「日比谷焼打事件と倉富勇三郎」〈http://www.ritsumei.ac.jp/acd/cg/lt/rb/605/605PDF/nagai.pdf〉二〇二〇年九月一九日閲覧、に依拠しながら述べる。

234 前掲『原敬日記』第二巻、明治三九年四月二五日、一七七頁。

235 たとえば、糸屋寿雄『幸徳秋水研究』青木書店、一九六七年、二二〇頁、坂野潤治『近代日本の出発』大系日本の歴史13、

小学館ライブラリー、一九九三年、三六〇～一頁。

236 前掲『原敬日記』第二巻、明治三九年三月一五日、一七一頁、前掲坂野『近代日本の出発』大系日本の歴史13、三六〇～一頁。

237 以下、大審院での有罪確定までに関しては、荻野富士夫「明治期司法権力の社会運動抑圧取締（2）」『商学討究』小樽商科大学、第三九巻第二号、一九八八年。

238 『日本社会主義運動史』（『社会科学』第四巻第一号）改造社、昭和三年、三九～四一頁、糸屋寿雄『幸徳秋水研究』青木書店、一九六七年、二五〇頁。

239 以下、『都会』の告発、有罪判決までに関しては、ジェイ・ルービン／今井泰子・大木俊夫・木股知史・河野賢司・鈴木美津子訳『風俗壊乱　明治国家と文芸の検閲』世織書房、二〇一一年、一一三～一二一頁。

240 前掲荻野「明治期司法権力の社会運動抑圧取締（2）」、糸屋寿雄『幸徳秋水研究』青木書店、一九六七年、二五〇頁。

241 第三巻で詳述する。

242 前掲『平沼騏一郎回顧録』二二一頁。

243 以下、日糖事件に関しては、雨宮昭一「日糖事件――汚職事件と検察権の拡大」我妻栄編『日本政治裁判史録』明治・後、第一法規出版、一九六九年、前掲三谷『政治制度としての陪審制　近代日本の司法権と政治』六二～五頁。

244 前掲『平沼騏一郎回顧録』三九頁。

245 前掲雨宮昭一「日糖事件――汚職事件と検察権の拡大」四九四～五頁。

246 以下、大逆事件に関しては、前掲糸屋『幸徳秋水研究』、糸屋寿雄『増補改訂　大逆事件』三一書房、一九七〇年、神崎清『革命事件　大逆事件　①黒い謀略の渦』子どもの未来社、二〇一〇年、神崎清『革命事件　大逆事件　②密造された爆裂男』子どもの未来社、二〇一〇年、神崎清『革命事件　大逆事件　③この暗黒裁判』子どもの未来社、二〇一〇年、神崎清『革命事件　大逆事件　④十二個の棺桶』子どもの未来社、二〇一〇年。

247 前掲三谷『政治制度としての陪審制　近代日本の司法権と政治』六六～七頁。

248 前掲『平沼騏一郎回顧録』五七～六三頁。

249 前掲三谷『政治制度としての陪審制　近代日本の司法権と政治』六六頁。

250 前掲『平沼騏一郎回顧録』二二八～九頁。

251 たとえば「公人私人」『万朝報』明治四〇年三月一七日、「大阪電報」『万朝報』明治四〇年三月二〇日、「神戸電報」『万朝報』明治四〇年三月二一日、「神戸電報」『万朝報』明治四〇年三月二二日、「地方電報」『万朝報』明治四〇年三月二四日、「京都電報」『万朝報』明治四〇年三月二八日。

252 「公人私人」『万朝報』明治四〇年四月一九日、「年譜」岩崎栄『平沼騏一郎伝』昭和一四年、偕成社、伝記叢書二六八、大空社、一九九七年。

## 6 各競馬会の設立

### 1 京浜競馬倶楽部

1 以下、認可に関しては、明治三九年九月一三日付「京浜競馬倶楽部を法人と為すの願出を許可す」国立公文書館デジタルアーカイブ。

2 「法人登記公告」『国民』明治三九年一〇月三日。

3 前掲『衆議院議員名鑑』五三〇～一頁、王鉄軍「近代日本文官官僚制度の中の台湾総督府官僚」『中京法学』四五巻、1・2号、二〇一〇年、〈https://www.chukyo-u.ac.jp/educate/law/academic/hougaku/data/45/p97_to_300.pdf〉二〇二〇年九月二八日閲覧。

4 「競馬野心家の角突合」『万朝報』明治四〇年三月二〇日。

5 前掲安田『競馬夜話』五〇八頁。

6 同右。

7 「競馬場の紛議　馬場の真中の建築物」『国民』明治四〇年五月二四日、前掲安田『競馬夜話』五〇九頁。国民新聞の記事は、おそらく檜山の談話に基づくもの。

8 『桜内幸雄自伝　蒼天一夕談』蒼天会、昭和二七年、三七頁。

9 「法人登記公告」『中外商業』明治三九年一〇月二日。翌年九月、事務所は京橋区日吉町十番地に移転する（「法人登記公告」『中外商業』明治四〇年九月二一日。

10 「日本馬匹改良会社の内訌に就て」『横浜貿易』明治四〇年四月六日。

11 前掲『東京競馬会及東京競馬倶楽部史』第二巻、六六〇頁。

12 徳田正蔵に関しては、たとえば「一家四人の死」『読売』明治四三年一月二五日、「相模灘の大惨事（続報）」『万朝報』明治四三年一月二五日、宮内寒弥『七里ヶ浜』新潮社、一九七八年。徳田、瓜生はヒギンボサム商会員とも報じられたが（「日本馬匹改良会社の敗訴」『横浜貿易』明治四〇年四月三日）、牧野は、徳田、瓜生は番頭でないと否定していた（「日本馬匹改良会社の内訌に就て」『横浜貿易』明治四〇年四月六日）。徳田は、明治四一年三月、逗子浜田へ移転（「広告」『横浜貿易』明治四一年三月三〇日）別荘を建てた。宮内は死亡した四人の父の名を徳田正茂と記しているが（前掲宮内『七里ヶ浜』一五三頁）、おそらく正蔵が正しいと思われる。

13 佐久間に関しては、前掲『財界名士失敗談』上巻、二三八〜四二頁、「佐久間福太郎氏逝」『横浜貿易』明治四四年一一月二二日。明治四四年一一月死去、享年四二歳（同前）。

14 前掲『衆議院議員名鑑』三三一頁。

15 井上に関しては、井上角五郎先生伝記編纂会編『井上角五郎先生伝』昭和一八年。

16 本章第5節、第6節。

17 たとえば、「臼井家の倒産」『中外商業』明治四〇年五月一九日、「三浦御前の倒産」『万朝報』明治四〇年五月二二日、「名家の没落」『報知』明治四〇年五月二四日、「臼井儀兵衛」『中外商業』明治四〇年七月一九日、前掲『貴族院・参議院議員名鑑』一八九頁。

18 たとえば、「平沼延次郎氏変死は事実なり」『横浜貿易』明治四〇年四月一一日、「平沼延治郎氏の葬儀」『横浜貿易』明治四〇年四月一二日、「故平沼氏の事」『横浜貿易』明治四〇年四月一二日。

19 「フランソワ・ブッフィエ」フリー百科事典『ウィキペディア（Wikipedia）』〈https://ja.wikipedia.org/wiki/%E3%83%95%E3%83%A9%E3%83%B3%E3%82%BD%E3%83%AF%E3%83%BB%E3%83%96%E3%83%83%E3%83%95%E3%82%A3%E3%82%A8〉二〇二〇年一〇月三日閲覧。

20 以下、この閣令の制定の経緯に関しては、明治三九年九月一二日付「馬政局の主管に属する社団又は財団にして法人たる

（1/25000「川崎」大正11年修正・大正14・2・25発行「今昔マップ on the web」より）

の許可を得んとするとき若しくは其の法人より願出又は届出を為す手続」国立公文書館デジタルアーカイブ。

21　以下、競馬場に関しては、「競馬野心家の角突合」『万朝報』明治四〇年三月二〇日、「川崎競馬会の日取」『中外商業』明治四〇年六月一一日、「川崎新競馬場と設備」『時事新報』明治四〇年六月一七日、「川崎新競馬場」『横浜貿易』明治四〇年七月九日、「川崎の競馬会」『東京日日』明治四〇年七月九日、「川崎の新競馬場　明後一三日より挙行」『中央』明治四〇年七月一一日、「本日より開催の京浜競馬」『やまと』明治四〇年七月一三日。

京浜競馬倶楽部時代の川崎競馬場は、明治四一年の馬券禁止を受け、明治四三年同倶楽部が東京競馬倶楽部に統合されたことによって廃場（たとえば「四競馬愈々合同す　新競馬は目黒、開催は七月中旬」『横浜貿易』明治四三年五月二一日）。その後、同場は、大正元（一九一二）年、富士瓦斯紡績会社に売却され、大正四年からその川崎工場が操業することになる（川崎市編『川崎市史』通史編3 近代、川崎市、平成七年、二六九頁）。

右の地図を見ると、同工場の敷地内にコースの形状を残していると思われる部分が、寄宿舎や工場の南側一帯に多摩川に対して斜めに位置している。そして図3の「川崎競馬場側面」おそらく四コーナー付近の写真（『競馬大観』競馬雑誌社、明治四〇年）を見ると、現在の競馬場のものよりコーナーが緩やかであることが確認できる。ここから推測すると、現在のコースがほぼ多摩川に平行して東西に長い楕円形の一周一二〇〇メートルであるのに対して、当時のものはこれを北東にほぼ四五度回転させ、直線及び向う正面を長くし、コーナーも緩やかにして大きくした一周一六〇〇メートルのコースで、現在の競馬場敷地に加えて川崎市体育館、富士見公園テニスコートの半分を含む一帯に位置していたと考えられる。

22　「工業に栄ゆる川崎町（三二）職工で賑う川崎の寄席活動写真」『横浜貿易』大正七年三月二七日。

23　以下、第二号館に関しては、「川崎馬匹改良会社工事」『横浜貿易』明治四〇年三月二二日、「川崎新競馬場と設備」『時事新報』明治四〇年六月一七日、「川崎競馬会」『万朝報』明治四〇年六月二六日、「川崎新競馬場」『横浜貿易』明治四〇年七月九日、「川崎競馬会」『中外商業』明治四〇年七月一一日。

24　以下、第一号館に関しては、「春季競馬便り（五信）」『横浜貿易』明治四一年三月一一日、「競馬の最好期来る（三）春季

25 「川崎新競馬場と設備」『時事新報』明治四〇年六月一七日、「川崎競馬会」『中外商業』明治四〇年七月三〇日。
26 「川崎新競馬場と設備」『時事新報』明治四〇年六月一七日。
27 「京浜競馬倶楽部雑観」『馬匹世界』第七号、明治四一年五月一五日。
28 「競馬会の競争」『読売』明治三九年六月一四日、「近事片々」『東京日日』明治三九年六月一七日。
29 「川崎競馬場問題」『横浜貿易』明治三九年八月七日。
30 前掲安田『競馬夜話』五一〇頁。
31 「日本馬匹改良会社の内訌に就て」『横浜貿易』明治四〇年四月六日、「競馬場の紛議　馬場の真中の建築物」『国民』明治四〇年五月二四日。
32 前掲「日本レース・クラブ小史」『日本レース・クラブ五十年史』所収、九八～九頁。
33 「競馬野心家の角突合」『万朝報』明治四〇年三月二〇日、「日本馬匹改良会社の内訌に就て」『横浜貿易』明治四〇年四月六日。
34 「競馬野心家の角突合」『万朝報』明治四〇年三月二〇日、「日本馬匹改良会社の敗訴」『横浜貿易』明治四〇年四月三日。
35 「馬匹改良株式会社創立」『横浜貿易』明治三九年一一月一七日。
36 「日本馬匹改良会社の内訌に就て」『横浜貿易』明治四〇年四月六日。
37 以下、買収の経緯、檜山と木村の対立までに関しては、特に記さない限り、「川崎競馬会設立計画」『万朝報』明治三九年七月三日、「川崎競馬場問題」『横浜貿易』明治三九年八月七日、「競馬野心家の角突合」『万朝報』明治四〇年三月二〇日。
38 以下、田中に関しては、前掲『衆議院議員名鑑』三五五頁、前掲『川崎市史』通史編3　近代、一九六頁。用地は、結局九万坪となった（「競馬野心家の角突合」『万朝報』明治四〇年三月二〇日）。
39 前掲『川崎市史』通史編3　近代、一七一～二頁。
40 「川崎競馬会設立計画」『万朝報』明治三九年七月三日。

41 前掲『川崎市史』通史編3　近代、一二九頁。
42 同前、二一三〜四頁。
43 以下、この間の経緯に関しては、「競馬野心家の角突合」『万朝報』明治四〇年三月二〇日。
44 「此んな家（一）」『読売新聞』明治四三年一月二三日。
45 「川崎競馬と半鐘兼」『横浜貿易』明治四〇年一二月二日。
46 「半鐘兼拘引せらる」『報知』明治四一年九月一日。
47 「板橋競馬と博徒」『横浜貿易』明治四一年六月二六日。
48 以下、第一回払込の権利株の価格までに関しては、特に記さない限り、「馬匹改良株式会社創立」『横浜貿易』明治三九年一一月一七日、「諸会社彙報 馬匹改良株式会社」『読売』明治三九年一一月一七日。
49 『人事興信録』人事興信所、第二版、明治四一年、一二〇〇頁。
50 前掲『衆議院議員名鑑』二六九頁。
51 広告「日本馬匹改良株式会社」『横浜貿易』明治四〇年七月二八日。
52 'Nippon Horse Improvement Co.', J. W. M., September 28, 1907.
53 以下、木村側の弁護士に磯部四郎の他三人が就任するまでに関しては、特に記さない限り、「馬匹会社訴訟沙汰」『横浜貿易』明治四〇年三月一〇日、「日本馬匹改良会社の訴訟」『読売』明治四〇年三月一〇日、「競馬野心家の角突合」『万朝報』明治四〇年三月二〇日、「日本馬匹改良会社の苦悶」『横浜貿易』明治四〇年三月三〇日。
54 「競馬熱の勃興」『国民』明治三九年一一月一八日、「川崎競馬会場設立」『二六』明治三九年一二月一一日。
55 前掲安田『競馬夜話』五九五頁。
56 前掲『衆議院議員名鑑』六八頁。磯部に関しては、平井一雄・村上一博（編）『磯部四郎研究——日本近代法学の巨擘』信山社、二〇〇七年。
57 「馬券禁止に対する全国各競馬会連合会活動日誌」『馬匹世界』第一二号、明治四一年一〇月一五日。
58 前掲安田「競馬夜話」五九五頁。
59 「商業登記公告」『中外商業』明治四〇年九月一九日。

60 「日本馬匹改良会社の敗訴」『横浜貿易』明治四〇年四月三日。
61 「川崎競馬場」『横浜貿易』明治四〇年三月六日、「川崎馬匹改良会社仲裁破裂」『東京朝日』明治四〇年四月一九日。
62 「川崎競馬の大恐慌」『万朝報』明治四〇年四月二五日。
63 前掲『日本馬政史』第四巻、五七九頁。
64 「川崎馬匹改良会社工事」『横浜貿易』明治四〇年三月二二日、「川崎競馬の大恐慌」『万朝報』明治四〇年四月二五日。
65 以下、大河内、新井、槇田の取締役就任、五月一六日臨時株主総会までに関しては、特に記さない限り、「日本馬匹改良株式会社総会」『横浜貿易』明治四〇年五月一七日、「川崎競馬会の紛議解決」『万朝報』明治四〇年五月二五日。
66 三田商業研究会編『慶応義塾出身名流列伝』実業之世界社、明治四二年、二二一～二二頁、前掲『衆議院議員名鑑』一二六頁。
67 前掲『横浜成功名誉鑑』一九〇頁。
68 たとえば、広告「新井商店」『横浜貿易』大正四年一月一〇日。
69 前掲『日本競馬史』巻三、一四六頁、「春季根岸競馬」『横浜貿易』大正六年五月二〇日、「根岸競馬」『横浜貿易』大正六年一一月三日。
70 たとえば、「東北馬匹改良株式会社株式募集広告」『東京朝日』明治四〇年一月二六日、「株式会社牛莊競馬会社株式募集広告」『万朝報』明治四〇年一〇月三〇日。
71 以下、理事及びアイザックスらの辞退に関してまでは、'Keihin Keiba Club', J. W. M., May 11, 1907.「法人登記公告」『中外商業』明治四〇年五月一九日、「川崎新競馬場」『横浜貿易』明治四〇年七月九日。
72 以下、この日の役員会に関しては、「京浜競馬倶楽部役員会」『横浜貿易』明治四〇年五月一五日、「京浜競馬倶楽部の選挙」『読売』明治四〇年五月一九日、'Keihin Keiba Club', J. W. M., July 20, 1907. Japan Gazette, *The Japan Directory*, 1907.『ジャパン・ディレクトリー　幕末明治在日外国人・機関名鑑』第36巻（一九〇七年上）ゆまに書房、一九九七年。
73 「京浜競馬倶楽部の選挙」『読売』明治四〇年五月一九日、「川崎競馬会に就て」『横浜貿易』明治四〇年五月二一日。
74 「川崎競馬初季開会決定」『横浜貿易』明治四〇年六月一三日。
75 「京浜競馬倶楽部規則」『横浜貿易』明治四〇年七月四日。

76　「春季競馬便り（五信）」『横浜貿易』明治四一年三月一一日。
77　「目黒競馬馬蹄の塵（上）」『横浜貿易』明治四一年四月二一日。
78　たとえば、「京浜競馬倶楽部」『読売』明治三九年九月一八日、「京浜倶楽部成る」『二六』明治三九年九月一八日、「京浜競馬倶楽部の設備」『東京日日』明治三九年九月一八日、「川崎競馬会場設立」『二六』明治三九年一二月一一日。一頭六〇〇円の予定だったという（「川崎競馬会場設立」『二六』明治三九年一二月一一日）。日本レース倶楽部の抽籤馬が五〇〇円以下であることを意識したものだった（「京浜競馬倶楽部」『時事新報』明治三九年九月一八日）。
79　たとえば、「京浜競馬倶楽部賛助会員諸君に謹告」『東京朝日』明治四〇年四月七日、「京浜競馬倶楽部賛助会員諸君に謹告」『二六』明治四〇年四月一〇日、「馬匹の抽籤」『横浜貿易』明治四〇年五月一四日。前年九月、認可直後には、会員賛助員が一〇〇名を超えるごとに豪州産抽籤馬価格五〇〇円以上を一頭、抽籤無料配布すると謳った（たとえば、「京浜競馬倶楽部」『時事新報』明治三九年九月一八日）。
80　「川崎馬場の素人騎手」『横浜貿易』明治四〇年五月二五日。
81　以下、スターティング・ゲートに関しては、「川崎競馬会に就て」『横浜貿易』明治四〇年五月二一日、「川崎新競馬場と設備」『時事新報』明治四〇年六月一七日。
82　以下、バリアーをめぐる問題に関しては、「雨中川崎の競馬（馬匹の改悪?）」『東京朝日』明治四〇年七月一四日。
83　以下、スタートの改善に関しては、「東西南北」『横浜貿易』明治四〇年七月一五日。
84　たとえば、「秋季競馬便り」『横浜貿易』明治四〇年一〇月八日、「横浜競馬会」『東京日日』明治四〇年一〇月一八日。
85　以下、見張り台に関しては、「本日の川崎競馬」『横浜貿易』明治四〇年七月二一日、「東西南北」『横浜貿易』明治四〇年八月三日、「川崎競馬余談」『横浜貿易』明治四〇年一二月四日。
86　「川崎競馬余談」『横浜貿易』明治四〇年一二月四日。
87　「板橋競馬評（四）」『横浜貿易』明治四一年四月一〇日、「両日間の目黒競馬（三）」『横浜貿易』明治四一年四月一三日、「池上競馬前記（上）」『横浜貿易』明治四一年五月二〇日。
88　「春季競馬評（四）根岸生（其二）監視台及び監視員」『横浜貿易』明治四一年六月七日。
89　「京浜競馬倶楽部の賞品」『東京朝日』明治四〇年七月一三日。ちなみに第一回開催は、一位が伊庭野次郎、二位が坪内元三郎で銀杯を授与された（「川崎競馬会（最終日）」『東京朝日』明治四〇年七月二九日）。両者とも、すでに根岸などで大活躍していた騎手で、この馬券黙許時代の一流騎手だった。坪内は函館大経の弟子で柴田寛治などを育てることになる。

90 「川崎競馬会に就て」『横浜貿易』明治四〇年五月二一日。

91 以下、「紳士競走」に関しては、「競馬瑣談」『横浜貿易』明治四〇年六月八日、「川崎新競馬場と設備」『時事新報』明治四〇年六月一七日、「川崎の新競馬場　明後一三日より挙行」『中央』明治四〇年七月一一日。

92 「雨中川崎の競馬（馬匹の改悪？）」『東京朝日』明治四〇年七月一四日。

93 「京浜競馬倶楽部の会長」『中央』明治四〇年七月一〇日、「川崎競馬の不整頓」『中央』明治四〇年七月一四日。

94 「記念競馬会雑観」『日本』明治四〇年六月八日。

95 「雨中川崎の競馬（馬匹の改悪？）」『東京朝日』明治四〇年七月一四日。

96 「競馬の目的」板垣守正編纂『板垣退助全集』板垣退助全集刊行会、一九三三年、覆刻版、原書房、一九六九年、七五三～九頁、「競馬論」同上七六一～七〇頁、「川崎競馬会長板垣伯爵談（馬券の売買に就いて）」『東京朝日』明治四一年二月一〇日。

97 たとえば、「株式会社牛荘競馬会社株式募集広告」『東京朝日』明治四〇年一〇月三一日。

98 たとえば、「天声人語」『大阪朝日』明治四一年二月一〇日、「天声人語」『大阪朝日』明治四一年二月一四日。

99 「板垣伯の窮状（旧友、門下の薄情）」『横浜貿易』明治四〇年一一月二五日。

100 以下、倶楽部役員までに関しては、特に記さない限り、'Keihinn Keiba Club', J. W. M., July 20, 1907.

101 'Keihinn Keiba Club', J. W. M., November 30, 1906.

102 以下、執務委員までに関しては、'Keihin Keiba Club', J. W. M., July 20, 1907. なお常務委員の一人としてK・スズキ鈴木久次郎と記されているが、槇田の誤りであると思われる。また以下、西洋人たちの経営あるいは所属商社などに関しては、Japan Gazette, *The Japan Directory*, 1907. 前掲『ジャパン・ディレクトリー　幕末明治在日外国人・機関名鑑』第36巻（一九〇七年上）。

103 「法人登記公告」『中外商業』明治四〇年九月二一日。臼井は、これより先の六月二一日付で日本馬匹改良株式会社取締役も辞任していた（「商業登記公告」『中外商業』明治四〇年七月三日）。

104 以下、番組編成、賞金に関しては、特に記さない限り、'Keihin Keiba Club', J. W. M., July 20, 27, August 3, 1907.「初季川崎競馬（初日）」『横浜貿易』明治四〇年七月一四日、「川崎競馬（二日目）」『横浜貿易』明治四〇年七月二一日、「川崎競馬（第三日目）」『横浜貿易』明治四〇年七月二八日、「川崎競馬（第四日目）」『横浜貿易』明治四〇年七月三〇日。

105 'Keihin Keiba Club', J. W. M., September 28, 1907. 前掲『日本競馬史』巻三、によれば三万一七九六円（四五頁）。

106 「馬政局の賞典」『時事新報』明治四〇年七月一二日。

107 「川崎競馬特別賞典」『横浜貿易』明治四〇年七月一三日。

108 「京浜競馬倶楽部の賞品」『東京朝日』明治四〇年七月一三日。

109 以下、前日の開催決定の経緯も含めて、初日の開催に関しては、特に記さない限り、「東西南北」『横浜貿易』明治四〇年七月一三日、「初季川崎競馬（初日）」『横浜貿易』明治四〇年七月一四日、「雨中川崎の競馬（馬匹の改悪?）」『東京朝日』明治四〇年七月一四日、「競馬会と東京記者」『横浜貿易』明治四〇年七月一四日、「雨中の競馬会（昨日の川崎）」『東京日日』明治四〇年七月一四日、「川崎の競馬会」『報知』明治四〇年七月一四日、「川崎競馬会」『中外商業』明治四〇年七月一四日、「雨中の川崎競馬」『都』明治四〇年七月一四日、「不評なる京浜競馬倶楽部……三頭傷き一頭斃る……騎手又傷く」『二六』明治四〇年七月一四日、「川崎競馬の不整頓」『中央』明治四〇年七月一四日、「京浜競馬会（第一日）」『読売』明治四〇年七月一四日、「川崎の競馬会（第一日）」『時事新報』明治四〇年七月一四日、「何たる醜態じゃ」『やまと』明治四〇年七月一四日、「昨日の川崎競馬」『万朝報』明治四〇年七月一四日、「初日の川崎競馬に就て」『横浜貿易』明治四〇年七月一五日、「東西南北」『横浜貿易』明治四〇年七月一五日、'Keihin Keiba Club', J. W. M., July 20, 1907.

110 「川崎の競馬会」『報知』明治四〇年七月一四日。

111 「競馬会と官憲　川崎の競馬会に就て」『国民』明治四〇年七月一八日。

112 「雨中川崎の競馬（馬匹の改悪?）」『東京朝日』明治四〇年七月一四日。

113 「初日の川崎競馬に就て」『横浜貿易』明治四〇年七月一五日。

114 前掲『衆議院議員名鑑』一五三～四頁。

115 小泉策太郎『懐往時談』中央公論社、昭和一〇年、二八九頁。

116 「初日の川崎競馬に就て」『横浜貿易』明治四〇年七月一五日。

117　以下、同馬の価格が七〇〇〇円にあがったことまでに関しては、「昨日の川崎競馬」『万朝報』明治四〇年七月一四日、「川崎競馬会」『中外商業』明治四〇年七月一四日、「修繕後の川崎馬場」『横浜貿易』明治四〇年七月二〇日、'Keihin Keiba Club', J. W. M., July 20, 1907. なお上記の『中外商業』は、購入価格を四五〇〇円と報じている。

118　「川崎競馬予評」『中外商業』明治四〇年七月一三日。

119　「昨日の川崎競馬」『万朝報』明治四〇年七月一四日、「修繕後の川崎馬場」『横浜貿易』明治四〇年七月二〇日。

120　「近事片々」『東京日日』明治四〇年七月一五日。

121　以下、一七日の調教の再開までに関しては、「再開の川崎競馬」『横浜貿易』明治四〇年七月一七日、「修繕後の川崎馬場」『横浜貿易』明治四〇年七月二〇日、「川崎競馬会」『東京朝日』明治四〇年七月二二日。

122　「京浜競馬会雑観（第二日）」『読売』明治四〇年七月二二日。三つ目の項目の原文は、「木村新之助氏の重役たるを罷め云々」であるが、罷めさせること、に訂正した。

123　「川崎競馬会」『東京朝日』明治四〇年七月二二日。

124　'Keihin Keiba Club', J. W. M., July 27, 1907.

125　「修繕後の川崎馬場」『横浜貿易』明治四〇年七月二〇日、「本日の川崎競馬」『横浜貿易』明治四〇年七月二一日。

126　以下、二日目に関しては、特に記さない限り、「川崎競馬（二日目）」『横浜貿易』明治四〇年七月二二日、「川崎競馬の二日目（昨日）」『東京日日』明治四〇年七月二二日、「川崎競馬会」『東京朝日』明治四〇年七月二二日、「川崎競馬会（第二日目）」『万朝報』明治四〇年七月二二日、「川崎の競馬（第二日）」『都』明治四〇年七月二二日、「川崎競馬会」『二六』明治四〇年七月二二日、「京浜競馬会」『やまと』明治四〇年七月二二日、「京浜競馬会雑観（第二日）」『読売』明治四〇年七月二二日、「川崎競馬会（第二日）」『時事新報』明治四〇年七月二二日、「川崎競馬会」『中外商業』明治四〇年七月二二日、「川崎の競馬会（二日目）稍々完全に近づきたり」『国民』明治四〇年七月二三日、'Keihin Keiba Club', J. W. M., July 27, 1907.

以下、三日目に関しては、特に記さない限り、「川崎競馬（第三日目）」『横浜貿易』明治四〇年七月二八日、「川崎競馬の三日目（昨日）」『東京日日』明治四〇年七月二八日、「川崎競馬会（第三日）」『東京朝日』明治四〇年七月二八日、「川崎競馬雑観」『中央』明治四〇年七月二八日、「競馬雑観」『やまと』明治四〇年七月二八日、「川崎競馬会」『中外商業』明治四〇年七月二八日、「川崎競馬（第三日目続き）」『横浜貿易』明治四〇年七月二九日、「川崎の競馬（第三日）」『都』明治四〇年七月二八日、「京浜競馬会（三日目）」『読売』明治四〇年七月二八日、「川崎競馬会（第三日）」『時事新報』明治四〇年七月二八日、'Keihin Keiba Club', J. W. M., August 3, 1907.

以下、四日目に関しては、特に記さない限り、「川崎競馬の四日目（昨日）」『東京日日』明治四〇年七月二九日、「川崎競馬雑観」『中央』明治四〇年七月二九日、「川崎競馬会（最終日）」『東京朝日』明治四〇年七月二九日、「川崎の競馬（第四日目）」『やまと』明治四〇年七月二九日、「川崎の競馬（第四日）」『都』明治四〇年七月二九日、「京浜競馬会」『読売』明治四〇年七月二九日、「川崎競馬会（第四日）」『時事新報』明治四〇年七月二七日、「川崎競馬（第四日目）」『横浜貿易』明治四〇年七月三〇日、「川崎の競馬会（四日目）騎手伊庭野の連戦捷」『国民』明治四〇年七月三〇日、「川崎競馬会」『中外商業』明治四〇年七月三〇日、'Keihin Keiba Club', J. W. M., August 3, 1907.

127 「川崎競馬会」『二六』明治四〇年七月二二日。

128 「川崎競馬会（第二日目）」『万朝報』明治四〇年七月二二日。

129 「東西南北」『横浜貿易』明治四〇年七月二五日。

130 「川崎競馬の三日目（昨日）」『東京日日』明治四〇年七月二八日。

131 「修繕後の川崎馬場」『横浜貿易』明治四〇年七月二〇日。

132 「川崎競馬雑観」『中央』明治四〇年七月二二日。

133 典拠は、特に記さない限り、註109、126。

134 「川崎競馬（二日目）」『横浜貿易』明治四〇年七月二二日。

135 「川崎新競馬場」『横浜貿易』明治四〇年七月九日。

136 「本日の川崎競馬」『中央』明治四〇年七月一三日。

137 根岸が三歳一二五ポンド（約五六・八キロ）、四歳一三〇ポンド（約五九・〇キロ）、五歳一三五ポンド（約六一・二キロ）、六歳一四〇ポンド（約六三・六キロ）（「日本競馬倶楽部定款及び競馬規定」前掲『日本競馬史』巻三、二一四頁）。池上が三歳一一七斤（約五三・一キロ）、四歳一二五斤（約五六・八キロ）、五歳一三〇斤（約五九・〇キロ）、六歳一三三斤（約六〇・四キロ）、七歳以上一三五斤（約六一・三キロ）だったが（「東京競馬会規則第二五条」前掲『日本競馬史』巻三、三五頁）、川崎は不詳。

138 「東西南北」『横浜貿易』明治四〇年八月三日。
139 以下、ゴウンの「底意」までに関しては、「川崎競馬（第三日目続き）」『横浜貿易』明治四〇年七月二九日。
140 「根岸及び川崎競馬報」『横浜貿易』明治四〇年九月七日。
141 「板橋競馬評（二）」『横浜貿易』明治四一年四月八日。
142 前掲『馬事年史』3、三六一頁。登録は四四頭だった（「川崎新競馬場」『横浜貿易』明治四〇年七月九日）。
143 「川崎競馬（二日目）」『横浜貿易』明治四〇年七月二一日。
144 「京浜競馬倶楽部総会の紛擾」『東京日日』明治四一年六月五日。
145 「日本馬匹改良株式会社第二期決算報告」『国民』明治四〇年一〇月二日。
146 「第三期決算報告 日本馬匹改良株式会社」『中外商業』明治四一年三月二九日、「第三期決算報告（自明治四〇年九月一日至四一年二月二九日）日本馬匹改良株式会社」『国民』明治四一年三月三〇日。
147 'Keihinn Keiba Club', J. W. M., September 28, 1907.
148 「第三期決算報告」『万朝報』明治四一年三月三一日。
149 以下、この日の総会に関しては、決算報告も含めて、'Keihin Keiba Club', J. W. M., September 28, 1907.
150 「東西南北」『横浜貿易』明治四一年八月二九日。
151 以下、この日の総会に関しては'Keihinn Keiba Club', J. W. M., October 5, 1907.
152 前掲『衆議院議員名鑑』二〇九頁。
153 「商業登記公告」『中外商業』明治四〇年一〇月一二日。
154 前掲『慶應義塾列伝』八二五～六頁。

## 2 日本競馬会

155 前掲『日本競馬史』巻三、一〇二～二五頁、岩川隆『東京優駿大競走事始め』毎日コミュニケーションズ、二〇〇三年。
156 前掲『日本競馬史』巻三、一二八～三二頁。
157 以下、目黒に関しては、東京都目黒区史研究会編『目黒区五十年史』一九八五年、四九～五三頁。

158　以下、競馬場施設に関しては、特に記さない限り、「目黒新競馬場の特色」『中央』明治四〇年一〇月二二日、「馬場巡り」『横浜貿易』明治四〇年一〇月二三日、「目黒の競馬会」『読売』明治四〇年一二月四日、「目黒競馬前記（前）」『横浜貿易』明治四〇年一二月五日、「目黒競馬場竣成」『東京朝日』明治四〇年一二月五日、「騎手泣せの馬場　目黒競馬場の不備」『報知』明治四〇年一二月七日夕刊、前掲『日本競馬史』巻三、四七～八頁。

159　「彙報」『競馬世界』第五号、明治四一年三月一五日。

160　「競馬の最好期来る（二）春季競馬界の好望　日本競馬会の開催」『中央』明治四一年三月一四日。

161　「春期競馬会（第二報）」『中外商業』明治四一年三月二三日。

162　たとえば「競馬と臨時列車」『東京朝日』明治四〇年一二月七日。

163　以下、申請と認可に関しては、特に記さない限り、明治四〇年三月一五日付「日本競馬会を法人と為すの願出を許可す」国立公文書館デジタルアーカイブ。

164　「法人登記公告」『中外商業』明治四〇年三月三〇日。

165　「法人登記公告」『中外商業』明治四〇年五月一〇日。

166　前掲『人事興信録』第二版、九一五頁、前掲『東京競馬会及東京競馬倶楽部史』第二巻、六五四頁、明治四一年四月一八日付「藤枝競馬倶楽部を法人と為すの願出を許可す」国立公文書館デジタルアーカイブ。

167　前掲安田『競馬夜話』四八二頁、前掲『競馬と共に歩んだ安田伊左衛門翁伝』一一一頁、前掲『東京競馬会及東京競馬倶楽部史』第二巻、六五四頁。

168　「履歴書」『明治初年馬政功労十六氏事蹟』第三巻、中央馬事会、昭和一三年、所収、一八～九頁。つぎのように記されている。

川崎競馬会が出来たために却って池上の競馬の方が観覧者も多くなる景気が一層引き立って来た、同時に愈々東京附近其所にも此所にも競馬場が濫設の形勢が見えて来たので池上の理事中に於ても是は一つ牽制的に今の内適当の場所に出願し置く必要があるとして土地を物色したる結果、今の世田谷から目黒方面を以て最適とし即ち安田及び故松平容大、松尾清次郎、中山孝一の諸氏を加えて加納会長の承諾の下に出願をなし後ち更に之に関直彦、園田実徳の両氏が加わって追加出願したのである、処が果たして此の目黒附近二ヶ所も出願者が出で来て認可を得んとして頻りに運動を試みたから、最早安田氏等の目的たる牽制策も無効となり、遂に此の二者を合併して明治四〇年日本競馬会と云うものを起し、会長に廣澤伯爵、副会長は園田氏を推薦したのは抑も今日の東京競馬会の前身であった、而して其の年の一二月の末に第一回を開催したが最初なるに拘らず場所が宜しいので之も非常な盛況を呈したのであった。

169 前掲『東京競馬会及東京競馬倶楽部史』第二巻、六五三~四頁。
170 以下、園田に関しては、特に記さない限り、「履歴書」前掲『明治初年馬政功労十六氏事蹟』第三巻、所収、『人事興信録』人事興信所、第四版、大正四年、そ六頁、稲村徹元・井門寛・丸山信編『大正過去帳』東京美術、一九七三年、一一八頁、前掲『北ぐにの競馬』三〇〇~一頁、前掲『衆議院議員名鑑』三四八頁、拙著『文明開化に馬券は舞う』五六八~七一頁。なお前掲『人事興信録』第四版は、名古屋大学大学院法学研究科『人事興信録』データベース〈http://jahis.law.nagoya-u.ac.jp/who/search〉を利用した。以下、このデータベースを利用した場合は、『人事興信録』データベースと表記する。
171 「隣の噂」『読売』明治四〇年一二月一四日。
172 尾形藤吉『競馬ひとすじ――私と馬の六十年史』徳間書店、一九六七年、五六頁。
173 「秋季目黒競馬会(三日)」『横浜貿易』明治四一年一二月一四日、前掲『競馬ひとすじ――私と馬の六十年史』七二~五頁。
174 前掲『ハイカラケイバを初めて候』一〇八~九頁。
175 『函館競馬場100年史~人と馬と競馬場と』日本中央競馬会、函館競馬場、一九九六年、八〇頁。
176 以下、関に関しては、特に記さない限り、関直彦『七十七年の回顧』三省堂、一九三三年、大空社、伝記叢書一一一、一九九三年、及び同書佐々木隆「解説」。
177 以下、競馬との関係については、前掲関『七十七年の回顧』二七六~八三頁。
178 「馬匹改良株式会社新設流行」『読売』明治三九年一一月一四日。
179 「衆議院(二〇日)四競馬法案」『二六』明治四二年三月二一日。
180 以下、二つの帝国競馬倶楽部及びその営利会社に関しては、特に記さない限り、前掲明治四〇年三月一五日付「日本競馬会を法人と為すの願出を許可す」。
181 前掲『衆議院議員年鑑』一一六頁。
182 島田昌和「明治後半期における経営者層の啓蒙と組織化――渋沢栄一と龍門社」『文京女子大学経営論集』第一〇巻第一号、二〇〇〇年。
183 前掲『東京競馬会及東京競馬倶楽部史』第二巻、六五九、六七四頁。
184 以下、帝国馬匹株式会社に関しては、「帝国馬匹改良株式会社設立」『東京朝日』明治三九年一二月二六日、「帝国馬匹株式会社株式募集広告」『東京日日』明治三九年一二月二七日、「〆切広告」『東京日日』明治三九年一二月二九日、「帝国馬匹株式会社株式募集広告」『時事新報』明治三九年一二月二九日。
185 前掲『貴族院・参議院議員年鑑』四九頁。
186 前掲『明治過去帳』一二四九頁。
187 前掲『衆議院議員名鑑』一三四頁。
188 前掲『慶應義塾出身名流列伝』七一～二頁。
189 前掲『人事興信録』データベース、そ六頁。
190 たとえば、「帝国馬匹改良株式会社創立」『東京朝日』明治三九年一二月二六日、「帝国馬匹株式会社の設立」『やまと』明治三九年一二月二六日。
191 「新会社彙報　馬匹改良会社の合同」『東京日日』明治四〇年二月六日、「馬匹改良会の合同」『読売』明治四〇年二月六日。
192 以下、三月一五日付の認可までに関しては、前掲明治四〇年三月一五日付「日本競馬会を法人と為すの願出を許可す」。
193 「第二三回帝国議会衆議院予算委員第三分科（大蔵省所管）会議録（速記）第三回」明治四〇年一月三一日。
194 前掲『馬事年史』3、三五六頁。
195 「法人登記公告」『中外商業』明治四〇年三月三〇日。
196 前掲『衆議院議員年鑑』一四七頁。
197 前掲『貴族院・参議院議員年鑑』二八～九頁、「英国の競馬（上）広沢伯爵の談」『中央』明治四一年一月三日、「英国の競馬（下）広沢伯爵の談」『中央』明治四一年一月四日。「伯爵広沢金次郎氏は屡々英国各地の競馬を視察せられたる有数の通人で今は目黒の競馬会理事である故に時節柄伯爵の英国競馬談は読者も興味を以て迎えらるるであろう」という紹介で、前記の広沢の「談」が掲載された。

198 前掲安田『競馬夜話』五〇八頁、「俘虜収容所を訪問し教務施行する内外国宗教家取調の件」明治三八年『満大日記 一一月上』（防衛庁防衛研究所所蔵）国立公文書館アジア資料センターデジタルアーカイブ。

199 「新会社彙報 馬匹改良会社の合同」『東京日日』明治四〇年二月六日、「馬匹改良会の合同」『読売』明治四〇年二月六日。

200 「競馬倶楽部の許可」『中央』明治四〇年三月一八日。

201 明治四〇年五月一日付「日本競馬会定款変更の申請を認可す」国立公文書館デジタルアーカイブ。

202 たとえば、「日本競馬会・東京馬匹改良株式広告」『万朝報』明治四〇年五月五日、「日本競馬会・東京馬匹改良株式広告」『東京朝日』明治四〇年五月五日、『東京日日』明治四〇年五月五日。広告は以下のものだった。

本会は、予而東京付近に於て競馬を挙行する目的を以て社団法人設立許可願上置候処、三月一五日付を以て内閣総理大臣より設立の御許可相成、且つ本月二日を以て改正定款の認可を受け候間、此段広告仕候也

明治四〇年五月

発起出願人　子爵　松平　容大

関　直彦

安田　伊左衛門

松尾　清次郎

中山　孝一

追而本会理事に左の諸氏を選挙し三月二八日付を以て登記を経たり、此段広告す

理事

岡田治衛武　伯爵広沢金次郎

子爵鳥居忠文　松尾清次郎

梅崎信景　石丸龍太郎

東京市京橋区加賀町十一番地
社団法人　日本競馬会
（電話新橋一七二四番）

「東京馬匹改良株式広告」

●当会社の目的

牧場設置、内外馬匹の売買並びに仲立ち、競馬場の設置賃貸及び競馬に関する諸般の請負、動産の賃貸

●当会の特徴

当会社は東京市付近に於て競馬興業の唯一の特権を有する前記日本競馬会と特約し、馬匹改良の第一手段として株主には京浜間の馬術家其他有力者を網羅し、資本金三百万円内第一回払込金七五万円を以て全部の設備を完了し、馬見所は欧米最新式を模倣し、毎年数回競馬興業の用に供し、尚進みては全国競馬会優勝馬の決戦場と為し、又馬場円形内には花園を設け、柵外に樹木を植え付け、園遊会其他四季都人の遊覧に供せんとす
右広告仕候也
明治四〇年五月
東京市京橋区加賀町十一番地
東京馬匹改良株式会社創立事務所
（電話新橋一七二四番）
創立委員長園田実徳

203 以下、東京馬匹改良株式会社に関しては、たとえば、「日本競馬会・東京馬匹改良株式広告」『万朝報』明治四〇年五月五日。

204 「東京馬匹会社の減資」『やまと』明治四〇年七月一〇日、「会社彙報　東京馬匹改良株式会社」『読売』明治四〇年七月一

〇日。
205 前掲関『七十七年の回顧』二七八頁。
206 前掲『日本競馬史』巻三、八四〜六頁。
207 以下、この日の総会に関しては、「東京馬匹創立総会」『東京日日』明治四〇年一〇月六日。
208 「商業登記公告」『国民』明治四〇年一〇月一七日。商業登記公告は以下のものだった。

本店　荏原郡目黒村大字下目黒五七〇番地
目的　一 牧場設置、二 内外馬匹の売買并に仲立、三 競馬場設置賃貸及び競馬に関する諸般の請負、四 動産の賃貸
設立の年月日　明治四〇年一〇月五日
資本の総額　金一百万円
一株の金額　金五十円
各株に付払込たる株金額　金十二円五十銭
公告を為す方法　所謂登記所の公告する新聞紙に掲載す
取締役の氏名住所（住所略）
　園田実徳　関直彦　安田伊左衛門　梅浦精一　小山田信義　飯田三治　齋藤峯三郎
監査役の氏名住所（住所略）
　中山孝一　印東胤一
存立の時期及び解散の事由　存立の時期明治七十年十月四日迄解散の事由定めなし
右明治四〇年一〇月一二日登記
　東京区裁判所南品川出張所

209 前掲『慶応義塾出身名流列伝』三五〜六頁。
210 東恵仁編『明治弁護士列伝』周弘社、明治三一年、一三頁、「市参事会員召喚」『読売』明治三九年一〇月九日。

211 「東京馬匹改良会社総会」『中外商業』明治四一年一月二六日、「東京馬匹改良株式会社明治四〇年一二月三一日現在貸借対照表」『中外商業』明治四一年二月二日、前掲関『七十七年の回顧』二七八頁。ちなみに同社は、重役報酬総額を一万円以内とその上限を設定していた（「東京馬匹創立総会」『東京日日』明治四〇年一〇月六日、「東京馬匹創立総会」『都』明治四〇年一〇月六日）。
212 「日本競馬会初季開催日決定」『読売』明治四〇年八月二〇日、「日本競馬会初季競馬」『東京日日』明治四〇年八月二〇日。
213 同右。
214 前掲『目黒区五〇年史』二四～五頁。
215 「日本競馬会」『東京日日』明治四〇年一〇月七日。
216 以下、落成式に関しては、「目黒競馬場の落成式」『東京日日』明治四〇年一二月四日、「目黒競馬竣成」『東京朝日』明治四〇年一二月五日。
217 前掲『東京競馬会及東京競馬倶楽部史』第二巻、六五八～九頁。松山と武の理事就任は一〇月一八日付（「法人登記公告」『中外商業』明治四〇年一一月二七日）、森と中山の理事就任は、一〇月二五日付だった（「法人登記公告」『国民』明治四〇年一〇月二九日）。
218 前掲『慶応義塾出身名流列伝』三九九～四〇〇頁。

3　京都競馬会

219 明治四〇年三月一五日付「京都競馬会を法人と為すの願出を許可す」国立公文書館デジタルアーカイブ。
220 「法人登記公告」『中外商業』明治四〇年四月一〇日、「法人登記公告」『国民』明治四〇年九月二一日。
221 前掲『日本競馬史』巻三、五一六頁。
222 東京の賛成者として藤波言忠とともに広橋の名があがっている（「京都競馬会社発起申請」『京都日出』明治三九年一二月一五日）。
223 以下、競馬場に関しては、「京都競馬会彙報」『京都日出』明治四一年五月八日、「京都競馬春季大競馬会」『馬匹世界』第八号、明治四一年六月一五日。

224 以下、発起人に関してまでは、前掲明治四〇年三月一五日付「京都競馬会を法人と為すの願出を許可す」、「京都競馬会社発起申請」『京都日出』明治三九年一二月一五日。
225 『職員録明治四一年(甲)』明治四一年、印刷局、七七頁。
226 「京都だより」『大阪朝日』明治三九年一二月二二日。
227 『日本現今人名辞典 訂正三版』日本現今人名辞典発行所、明治三四年、いノ七。
228 たとえば、「京都競馬会(第一回)」『京都日出』明治四一年五月一七日。
229 以下、この開催に関しては、「近畿連合大競馬会」『京都日出』明治三九年四月一一日、「競馬大会」『大阪朝日』明治三九年四月一二日、「京都競馬会」『京都日出』明治三九年四月一五日、「連合春期競馬会」『京都日出』明治三九年四月一六日、「京都連合競馬大会(第二日)」『大阪朝日』明治三九年四月一六日。
230 (株)中央競馬ピーアール・センター企画編集『京都競馬場70年の歩み』日本中央競馬会京都競馬場、一九九五年、四三頁。
231 「大競馬会」『京都日出』明治三九年一〇月一三日、「二府四県連合大競馬」『京都日出』明治三九年一〇月一五日、「連合大競馬会(後日)」『京都日出』明治三九年一〇月一六日。
232 「競馬会社創設の計画」『京都日出』明治三九年一〇月一三日。
233 以下、東京の賛成者までに関しては、「京都競馬会社発起申請」『京都日出』明治三九年一二月一五日。
234 「馬貴きか人貴きか」『京都日出』明治三九年一二月一〇日。
235 たとえば、コラム欄「一事一言」、明治三九年一二月五日、六日、七日、三一日。
236 前掲明治四〇年三月一五日付「京都競馬会を法人と為すの願出を許可す」。
237 「競馬会社合同」『京都日出』明治四〇年一月一日。
238 前掲『貴族院・参議院議員名鑑』二〇四頁、前掲『人事興信録』データベース、遠間平一郎『財界一百人』中央評論社、明治四五年、二六七~八頁。
239 「競馬会発起(京都)」『東京朝日』明治三九年一二月二〇日。
240 以下、この京都競馬会に関しては、「競馬会社設立出願」『京都日出』明治三九年一二月二五日。

241 『20世紀日本人名事典』「コトバンク」〈https://kotobank.jp/dictionary/japan20/〉二〇二〇年八月二四日閲覧。前掲『人事興信録』データベース。森田は、前年九月の日露講和条約反対の京都の市民大会の発起人代表をつとめていたように（京都市編『京都の歴史』第八巻 古都の近代、京都市史編さん所、昭和五五年、二九九頁）、京都で名が通っていた人物であった。

242 「競馬会社合同」『京都日出』明治四〇年一月一日。

243 以下、京阪競馬倶楽部に関しては、「京阪競馬倶楽部創立願」『京都日出』明治三九年一二月三一日、「競馬会社合同」『京都日出』明治四〇年一月一日。なお大阪毎日新聞と大阪時事新報は、春秋二回の開催を目的に林、村井らが発起となり、二八日京都府庁に資本金三〇万円の関西馬匹改良会社の創立許可を出願、あわせて京阪競馬倶楽部を設立すると報じたが（「関西馬匹改良会社発起」『大阪毎日』明治三九年一二月三〇日、「関西馬匹改良会社出願」『大阪時事』明治三九年一二月三〇日）、出願したのは京阪競馬倶楽部、営利会社は関西馬匹ではなく京阪競馬株式会社だった。

244 京阪電気鉄道経営統括室経営政策担当編『京阪百年のあゆみ』二〇一一年、資料編、一八頁。

245 「競馬会社の勃興」『大阪朝日』明治三九年一二月三〇日、「競馬会競起（京都）」『東京朝日』明治三九年一二月三〇日。中川については、前掲遠間『財界一百人』二八六～八頁。

246 「競馬会社の勃興」『大阪朝日』明治三九年一二月三〇日、「競馬会社合同」『京都日出』明治四〇年一月一日。

247 「京都競馬倶楽部設立願返戻」『京都日出』明治四〇年一月一三日。

248 同右。この記事では京都競馬倶楽部としているが、その後の経緯からみても、京都競馬会だった可能性もある。

249 前掲明治四〇年三月一五日付「京都競馬会を法人と為すの願出を許可す」、「京都競馬会の設立に就て」『京都日出』明治四〇年二月一九日。

250 「京都競馬会社発起申請」『京都日出』明治三九年一二月二五日。「関西馬匹改良会社出願」『大阪時事』明治三九年一二月三〇日は京阪競馬倶楽部が内貴らを追加発起人とすると報じているが、おそらく京都競馬会と混同していた。

251 以下、京都の人物に関しては、特に記さない限り、『明治大正昭和京都人名録』日本図書センター、一九八九年による。掲載頁に関しては略す。同上の人名録に加えて、内貴に関しては前掲『京都の歴史』第八巻 古都の近代、七三頁、雨森に関しては前掲『衆議院議員名鑑』二五頁。

252 「京都競馬会社発起申請」『京都日出』明治三九年一二月一五日。
253 同右。
254 前掲明治四〇年三月一五日付「京都競馬会を法人と為すの願出を許可す」。
255 「京都競馬倶楽部認可申請」『京都日出』明治四〇年二月五日。
256 「競馬会社の特許」『報知』明治四〇年一月一七日。
257 前掲『衆議院議員名鑑』一九五頁。
258 『新修島根県史』通史編２　近代、一九六七年、復刻版、臨川書店、一九八四年、三八八〜九一、三九三頁、前掲『衆議院議員名鑑』三二五頁。
259 前掲明治四〇年三月一五日付「京都競馬会を法人と為すの願出を許可す」。
260 前掲『京都競馬場70年の歩み』三八〜九頁。
261 前掲『新修島根県史』通史編２　近代、六一二頁。
262 (株)中央競馬ピーアール・センター企画編集『京都競馬場80年史』日本中央競馬会京都競馬場、二〇〇五年、三五頁。
263 井上寛司「島根大学図書館架蔵　石見小笠原文書について」『山陰地域研究(伝統文化)』第二号、一九八六年。
264 前掲明治四〇年三月一五日付「京都競馬会を法人と為すの願出を許可す」。
265 「法人登記公告」『中外商業』明治四〇年四月一〇日。
266 前掲『京都競馬場70年の歩み』三八頁。
267 以下、この会に関しては、「競馬発起人会」『京都日出』明治四〇年三月二二日。
268 「京都競馬会社京都発起人会」、『京都日出』明治四〇年三月二六日、「京都競馬会創立委員会」『大阪時事』明治四〇年三月二七日。
269 「京都競馬会発起人協議会」『京都日出』明治四〇年三月三一日、前掲『京都競馬場70年の歩み』三九頁。
270 「競馬会発起人総会」『京都日出』明治四〇年五月九日。
271 以下、この委員会に関しては、「京都競馬会委員会」『京都日出』明治四〇年四月七日、「京都競馬会委員会」『京都日出』明治四〇年四月一〇日。

272　以下、この協議に関しては、「競馬会設立運動（京都）」『東京朝日』明治四〇年四月一〇日、「京都競馬会委員会」『京都日出』明治四〇年四月二〇日。
273　「京都競馬会委員会」『京都日出』明治四〇年四月二四日、「京都競馬会に就て」『京都日出』明治四〇年四月二六日、「京都競馬会臨時総会」『京都日出』明治四〇年四月三〇日。
274　「京都競馬会臨時総会」『京都日出』明治四〇年四月三〇日。
275　以下、この臨時総会に関しては、「競馬会発起人総会」『京都日出』明治四〇年五月九日、「京都競馬会発起人総会」『大阪朝日』明治四〇年五月一〇日。
276　以下、この日の協議に関しては、特に記さない限り、「帝国馬匹改良株式会社発起人」『京都日出』明治四〇年五月一七日、「馬匹改良会社発起人に就て」『京都日出』明治四〇年五月一九日。
277　京都側の腹案は、発起人を二〇名内外として、東京側が七名、京都側一二、三名というものだった（「帝国馬匹改良会社設立に就て」『京都日出』明治四〇年五月一四日、「京都競馬会近事」『大阪時事』明治四〇年五月一四日）。
278　「馬匹改良株式会社発起人会」『京都日出』明治四〇年五月二三日。『日本競馬史』巻三が、五月二一日、競馬会は、馬匹改良株式会社発起人と契約条項締結したというのは（五二一頁）、この内協議会での契約条項案の合意のことであろう。
279　京都日出新聞には、この二五日の総会が開くことができなかったこと、またそれに関する記事は掲載されなかった。
280　以下、改正定款の認可までに関しては、明治四〇年八月二九日付「社団法人京都競馬会の定款変更を認可す」国立公文書館デジタルアーカイブ。
281　「法人登記公告」『国民』明治四〇年九月二一日。
当初の法人登記は以下のものだった（「法人登記公告」『中外商業』明治四〇年四月一〇日）。
一　名称　京都競馬会
一　事務所　東京市赤坂区一ツ木町七〇番地（清水文二郎の住所―立川）
一　目的　馬匹に関する国民の思想を涵養し産馬事業の発達と馬術の進歩とを期し兼て社交を幇助せんが為め競馬を挙行するを以て目的とす

一設立許可の年月日　明治四〇年三月一五日
一資産の総額　二五万円
一出資の方法　定款認可ありたる日より六〇日以内に金額の百分の五銭残額は理事の指定したる期日に於て一回又は数回に為すものとす其期日と金額は一五日前に理事より之を通知するものとす
一理事の氏名住所（住所略）
岩村茂　兼田義昭　安田種次郎　船槻源徳　清水文二郎　森山義八郎　佐川豊饒
右明治四〇年四月六日登記
東京区裁判所

これが、つぎのように変更された（「法人登記公告」『中外商業』明治四〇年九月一四日）。

社団法人京都競馬会登記事項中左の如く変更す
一明治四〇年九月六日目的を左の如く変更
本会は主として産馬事業の発達を期し内外産馬良種の馬匹を購入し其良否を鑑別して馬匹の改良を謀る為め競馬を挙行し兼て社交を助くるを以て目的とす
一明治四〇年九月六日資産の総額を左の如く変更す
一資産総額　金二万円
一同日出資方法を左の如く変更す
本会所有財産並に財産及事業より生じたる収益会員の会費入会金又は其他の者より寄附金品
一明治四〇年九月六日名称を左の如く変更す
社団法人京都競馬会
一明治四〇年九月六日事務所を左の所に移転す

京都市上京区東洞院通竹屋町下る三本木五丁目八番戸
右明治四〇年九月一一日登記

282 「帝国馬匹改良会社設立に就て」『京都日出』明治四〇年八月九日。

283 「京都馬匹改良会社発起人会」『京都日出』明治四〇年一〇月二七日。またこの状況を打開するために、旧発起人側と京阪電鉄との間に「或種の交渉問題」が行われたが、不調に終わっていたという（「帝国馬匹改良会社設立に就て」『京都日出』明治四〇年八月九日）。東京側の発起人の一人に選ばれていた京阪電気鉄道の理事林謙吉郎（東京）（「馬匹改良会社発起人に就て」『京都日出』明治四〇年五月一九日）及び林とともに一月に京都競馬会に合流した旧京阪倶楽部の京阪電気鉄道の重役たちが中心となって資金と競馬場用地の提供と出資と引替に株式の割当を受けるといったものだったと思われる。

284 「関西連合競馬大会」『京都日出』明治四〇年四月一五日、「関西連合競馬大会（第二日）」『京都日出』明治四〇年四月一六日。京都競馬会認可を受けて、この開催が最後の予定だった（「京都競馬会最終の大会」『京都日出』明治四〇年四月九日）。

285 以下、この開催に関しては、「関西合同競馬大会」『京都日出』明治四〇年一〇月一三日。

286 「京都馬匹改良会社発起人会」『京都日出』明治四〇年一〇月二七日、「京都馬匹改良会社の設立に就て」『京都日出』明治四〇年一一月一日。

287 以下、この日の協議会に関しては、「京都馬匹改良会社の設立に就て」『京都日出』明治四〇年一一月一日、「京都馬匹改良会社設立」『大阪毎日』明治四〇年一一月一日。

288 「京都馬匹改良会社設立」『大阪毎日』明治四〇年一一月一日。

289 「京都馬匹改良会社設立に就て」『京都日出』明治四〇年一一月一六日。

290 「京都馬匹改良会社発起人総会」『京都日出』明治四〇年一一月二二日。

291 以下、改めて一二月五日総会を開くことまでに関しては、「京都馬匹改良会社発起人会」『京都日出』明治四〇年一一月二五日。

292 「京都馬匹改良会社発起人会」『京都日出』明治四〇年一二月六日。

293 「京都馬匹改良会社内協議会」『京都日出』明治四〇年一二月七日。
294 以下、延期の主な要因に関してまでは、「京都馬匹改良会社協議会」『京都日出』明治四〇年一二月九日、「京都馬匹改良会社発起人会」『京都日出』一二月一七日。
295 「京都馬匹改良会社発起人会」『京都日出』明治四〇年一二月二二日。
296 「京都馬匹改良会社発起人会」『京都日出』明治四〇年一二月二二日、「京都馬匹改良会社設立に就て」『京都日出』明治四一年二月一日。
297 以下、出資金の払込期限、引受株数の申出期限までに関しては、「京都馬匹改良会社発起人会」『京都日出』明治四〇年一二月二二日。
298 以下、発起人に対して「洋馬」、内国産馬の買入れ方委託までに関しては、「京都競馬会理事会」『京都日出』明治四〇年一二月二五日。
299 「京都馬匹改良会社設立に就て」『京都日出』明治四一年二月一日。
300 「京都競馬会の臨時総会」『京都日出』明治四一年一月二〇日。
301 「京都競馬会定時総会」『京都日出』明治四一年二月一日。
302 「京都馬匹改良会社設立に就て」『京都日出』明治四一年二月一日。
303 「島原競馬会場地鎮祭」『京都日出』明治四一年二月三日。
304 「京都馬匹改良会社の近時」『京都日出』明治四一年二月一八日。
305 「京都競馬会の将来に就て」『京都日出』明治四一年七月二六日、「京都競馬会の整理」『大阪時事』明治四一年七月二七日、「社団法人京都競馬会臨時総会」『京都日出』明治四一年八月二六日、「京都馬匹改良会社臨時総会」『京都日出』明治四一年八月二六日。なおこの件に関しては、第三巻で詳述する。

## 4 関西競馬倶楽部

306 明治四〇年三月二〇日付「関西競馬倶楽部を法人と為すの願出を許可す」国立公文書館デジタルアーカイブ。
307 以下、競馬場に関しては、特に記さない限り、「関西馬匹会社の設計」『大阪時事』明治四〇年七月一三日、「競馬倶楽部

瞥見」『大阪朝日』明治四〇年一〇月二八日、「鳴尾の競馬場（上）場所は好位置」『大阪毎日』明治四〇年一一月二日、「鳴尾村の関西大競馬会　来る一七、一八両日及び二三、二四の両日開催」『神戸新聞』明治四〇年一一月一〇日、「鳴尾の競馬」『大阪朝日』明治四〇年一一月一五日、「鳴尾秋季大競馬（第一日）来観者無慮一万人煮え返る程の雑踏」『大阪時事』明治四〇年一一月一八日、阪神競馬場のあゆみ編集委員会『阪神競馬場のあゆみ』日本中央競馬会阪神競馬場、一九九一年、一七頁、『阪神競馬倶楽部三十年沿革史——阪神競馬場50年史別冊』日本中央競馬会阪神競馬場、一九九九年、一〇頁、鳴尾村誌編纂委員会『鳴尾村誌1889-1951』西宮市鳴尾区有財産管理委員会、二〇〇五年、二五四、二六〇頁。なお『阪神競馬倶楽部三十年沿革史——阪神競馬場50年史別冊』に関しては、以下『阪神競馬倶楽部三十年沿革史』と略記する。

308　「馬匹改良会社の進捗」『大阪時事』明治四〇年八月三〇日。

309　たとえば、「競馬会評判記」『大阪時事』明治四〇年一一月一一日。

310　前掲明治四〇年三月二〇日付「関西競馬倶楽部を法人と為すの願出を許可す」。

311　以下、岩下清周が安田を出し抜いて倶楽部設立に動いたことまでに関しては、特に記さない限り、前掲安田『競馬夜話』五〇〇頁。岩下に関しては、故岩下清周君伝記編纂会 編『岩下清周伝』昭和六年、前掲『衆議院議員名鑑』八一頁。田中に関しては、前掲『明治過去帳』一〇八五頁。

312　大林に関しては大林芳五郎伝編纂会／編『大林芳五郎伝』大林芳五郎伝編纂会、昭和一五年。志方に関しては、前掲『大正過去帳』二三八頁。

313　前掲『大林芳五郎伝』一七、一五九頁。

314　前掲『衆議院議員名鑑』七八頁。

315　前掲明治四〇年三月二〇日付「関西競馬倶楽部を法人と為すの願出を許可す」。

316　以下、競馬場予定地に関してまでは、「賭博会社建立計画」『大阪朝日』明治三九年一二月二二日。

317　以下、大阪競馬会に関しては、「大阪競馬会創立願」『大阪時事』明治三九年一二月五日。

318　越山鬼城『近畿弁護士評伝』潜竜館、明治三三年、九～一二頁、前掲『人事興信録』データベース。

319　前掲『貴族院・参議院議員名鑑』一三六頁。

320　以下、大阪競馬倶楽部に関しては、「競馬場設置願（大阪）」『東京朝日』明治三九年一二月一八日、「賭博会社建立計画」

『大阪朝日』明治三九年一二月二二日。
321 前掲『衆議院議員名鑑』七〇一頁。
322 古林亀治郎 編『現代人名辞典』中央通信社、明治四四年、ク四三。
323 朝日新聞、中外商業新報を経て藤本ビルブローカー支配人、明治三七年独立してビルブローカー業（小川功「大正バブル期における起業活動とリスク管理――高倉藤平・為三経営の日本積善銀行破綻の背景」『滋賀大学経済学部研究年報』Vo.10.二〇〇三年）。
324 前掲『大林芳五郎伝』五五六頁。
325 「競馬会評判記」『大阪時事』明治四〇年一月一一日。
326 「大阪競馬会社の合併談」『大阪時事』明治三九年一二月二六日、「関西の競馬会社」『大阪毎日』明治三九年一二月二八日。
327 「大阪競馬会社の合同」『万朝報』明治四〇年一月一〇日、「関西競馬倶楽部委員会」『大阪毎日』明治四〇年一月一四日。上記の大阪毎日新聞によれば、協議の日は七日。
328 以下、株式募集までに関しては、「関西競馬倶楽部委員会」『大阪毎日』明治四〇年一月一四日、「関西競馬株式会社」『大阪時事』明治四〇年一月一七日。
329 前掲『人事興信録』データベース。
330 明治四〇年大阪商工会議所常議員「渋沢社史データベース」〈https://shashi.shibusawa.or.jp/details_nenpyo.php?sid=15350&query=&class=&d=all&page=7〉二〇二〇年九月二一日閲覧、議員谷崎新五郎／書記森一兵報告『韓国産業視察報告書』大阪商業会議所、明治三七年。
331 前掲『人事興信録』データベース、柳元静馬編『財界名士失敗談』下巻、毎夕新聞社出版部、明治四二年、八五～九頁。
332 以下、関西競馬株式会社の協議の中心人物までに関しては、「関西競馬株式会社」『大阪時事』明治四〇年一月一七日。
333 「追録」前掲『大林芳五郎伝』、前掲『人事興信録』データベース。
334 以下、堺競馬会に関してまでは、「阪神競馬倶楽部」『東京朝日』明治四〇年一月八日、「競馬会評判記」『大阪時事』明治四〇年一月一一日。
335 以下、阪神競馬会に関しては、「阪神競馬倶楽部の合同出願」『京都日出』明治四〇年一月二〇日。

336 前掲『衆議院議員名鑑』六四八頁。
337 「明治四〇年二月一日付馬政長官男爵曾禰荒助より内閣総理大臣侯爵西園寺公望宛上申」前掲明治四〇年三月二〇日付「関西競馬倶楽部を法人と為すの願出を許可す」所収。前掲『阪神競馬倶楽部三十年沿革史』一二～三頁によれば、出願者は六派だったという。その六派は、関西競馬倶楽部、大阪大競馬会、大阪競馬倶楽部、阪神競馬倶楽部、堺競馬会、阪神競馬会と考えられる。だが、当時各新聞は、三派と報じ続けていた。
338 以下、認可までの経緯に関しては、前掲明治四〇年三月二〇日付「関西競馬倶楽部を法人と為すの願出を許可す」。
339 「関西馬匹改良会社の成行」『時事新報』明治四〇年二月八日。
340 前掲『阪神競馬倶楽部三十年沿革史』一一頁。
341 前掲『貴族院・参議院議員名鑑』一〇八～九頁。
342 小川功「明治30年代における北浜銀行の融資基盤と西成・唐津鉄道への大口融資」『滋賀大学経済学部研究年報』Vol5. 一九九八年、朝岡直治編『銀行実務懸賞答案集 大阪銀行通信録募集』大阪銀行協会、明治三九年、一～五頁。
343 前掲『大林芳五郎伝』五五七頁。
344 「鳴尾の競馬会 第三日（一三日）星野理事の頓死 持馬の勝たるに原因す」『大阪毎日』明治四一年六月一四日。
345 前掲『衆議院議員名鑑』一三四頁。
346 「東北競馬会社に就て」『河北新報』明治四〇年五月一二日。
347 前掲『人事興信録』データベース。
348 楠本利夫『豪商神兵湊の魁』（10）神戸開港効果（1）『セルポート』二〇一六年四月二一日号〈http://toskus.blogspot.com/2016/04/〉二〇二〇年八月二五日閲覧。
349 たとえば、鍋島高明『日本相場師列伝』日経ビジネス人文庫、二〇〇六年、一九四頁。
350 前掲『大林芳五郎伝』五五六頁。前田庄助は、西宮在住の酒造用の水屋として著名な資産家で、後に西宮町議になったという（前掲『阪神競馬場のあゆみ』一七頁）。ただし前田が倶楽部の事務を処理したのは、この時点ではなく、五月初旬土地買収交渉にあたるようになった以降のことであった（後述）。
351 「関西競馬倶楽部の認可」『大阪毎日』明治四〇年四月八日、「競馬場敷地選定協議」『神戸又新』明治四〇年四月八日。

352 前掲『鳴尾村誌1889–1951』二五三頁。
353 「関西競馬倶楽部会場競争」『大阪毎日』明治四〇年四月一七日。
354 「競馬場敷地選定協議」『神戸又新』明治四〇年四月八日。
355 「関西競馬倶楽部会場競争」『大阪毎日』明治四〇年四月一七日。
356 前掲『鳴尾村誌1889–1951』二六〇頁、「惨澹たる鳴尾村▲馬券売買禁止の影響」『万朝報』明治四一年一〇月九日。
357 以下、五月一〇日までの延期に関しては、「競馬会社の払込問題」『大阪時事』明治四〇年五月一二日。
358 「競馬会社の遅疑」『神戸新聞』明治四〇年五月一五日、「関西馬匹改良会社委員会」(『大阪時事』明治四〇年六月一八日。この未払いの状況を受けて、四月から五月にかけては、資本金二〇〇万円の一〇〇万円への半減案が、発起人の間で協議されてもいた(「関西馬匹改良会社の内訌」『大阪時事』明治四〇年五月二一日)。
359 以下、五月二一日の発起人会までに関しては、「関西馬匹改良会社の内訌」『大阪時事』明治四〇年五月二一日。
360 「其後の馬匹改良会社」『大阪時事』明治四〇年六月一五日。
361 以下、この日に理事会に関しては、「関西馬匹改良会社委員会」『大阪時事』明治四〇年六月一八日。
362 前掲『慶応義塾出身名流列伝』三一一〜一二頁、赤松啓介「新聞業界の先覚　鹿島秀麿」『神戸財界開拓者伝』太陽出版、一九八〇年、五五四〜七頁、前掲『衆議院議員年鑑』一六五〜六頁。
363 前掲『衆議院議員年鑑』七〇五頁。
364 前掲『日本騎兵史』上、五九六頁、「俘虜収容所を訪問し教務施行する内外国宗教家取調の件」明治三八年『満大日記 一一月上』(防衛庁防衛研究所所蔵)国立公文書館アジア資料センターデジタルアーカイブ。
365 「警保局保安課長の後任」『読売』明治二五年一一月一〇日、「北京警務学堂近況」『読売』明治三五年二月一六日。
366 前掲『阪神競馬倶楽部三十年沿革史』一〇頁。
367 以下、この日の総会に関しては、「関西競馬倶楽部の役員」『神戸新聞』明治四〇年七月九日。
368 「追懐」前掲『大林芳五郎伝』。
369 小川功「生駒山麓の遊園・観光開発の蹉跌――日下温泉土地を中心として――」『生駒経済論叢』第七巻第一号、二〇〇九年七月。

370 太平洋戦争研究会編『日本陸軍将官総覧』株式会社PHP研究所、二〇一〇年、二五九頁。
371 「追録」前掲『大林芳五郎伝』。
372 前掲『衆議院議員名鑑』三〇六頁。
373 同前、四八二頁。
374 前掲『阪神競馬倶楽部三十年沿革史』一〇頁。
375 同右。
376 広告「関西競馬倶楽部」『大阪毎日』明治四〇年九月一八日。
377 前掲『阪神競馬倶楽部三十年沿革史』一〇頁。
378 以下、この日の総会に関しては、「馬匹改良株式会社総会」『京都日出』明治四〇年七月九日、「関西馬匹改良会社の近況」『大阪時事』明治四〇年八月三日。
379 「関西馬匹改良会社の近況」『大阪時事』明治四〇年八月三日。
380 前掲『衆議院議員名鑑』六一七頁。
381 前掲『阪神競馬倶楽部三十年沿革史』一〇頁。
382 同右。
383 前掲『阪神競馬倶楽部三十年沿革史』一〇～一一頁。
384 他に越佐競馬会と越佐馬匹改良株式会社の契約が残されている（前掲『日本競馬史』巻三、三六一～三頁）。
385 以下、これらの抽籤馬に関しては、前掲『阪神競馬倶楽部三十年沿革史』一一頁、前掲『阪神競馬場の歩み』二三頁。
386 「予は何故倶楽部に入りたる歟　関西競馬倶楽部会頭　男爵茨木惟昭」『馬匹世界』第六号、明治四一年四月一五日。
387 前掲『阪神競馬場のあゆみ』二三頁。
388 以下、この件に関しては「両宮殿下と鳴尾競馬」『大阪時事』明治四〇年一一月六日。
389 前掲『阪神競馬倶楽部三十年沿革史』一三頁。
390 「競馬会社の敷地」『神戸又新』明治四〇年五月二五日、「関西競馬場設備」『神戸新聞』明治四〇年五月二七日。
391 前掲『阪神競馬倶楽部三十年沿革史』一一頁、「惨憺たる鳴尾村▲馬券売買禁止の影響」『万朝報』明治四一年一〇月九日。

392 前掲『鳴尾村誌1889–1951』二五九頁。
393 以下、このイチゴのエピソードに関しては、同前、二二九、二五九～六〇頁。
394 前掲『阪神競馬倶楽部三十年沿革史』一一頁、「関西競馬の工事」『大阪毎日』明治四〇年八月一三日。
395 前掲『大林芳五郎伝』五五七～八頁。
396 「関西競馬の準備」『大阪毎日』明治四〇年一〇月二七日、前掲『大林芳五郎伝』五五七頁。
397 「関西馬匹改良会社工事進捗」『大阪時事』明治四〇年九月二六日。
398 前掲『阪神競馬倶楽部三十年沿革史』一一頁。
399 たとえば、「競馬と馬券」『神戸又新』明治四〇年一〇月二七日、「競馬倶楽部瞥見」『大阪朝日』明治四〇年一〇月二八日、「芸妓の競馬熱」『神戸新聞』明治四〇年一〇月二八日、「競馬場見物」『神戸新聞』明治四〇年一〇月二九日、「鳴尾の競馬場（上）場所は好位置」『大阪毎日』明治四〇年一一月二日、「両宮殿下と鳴尾競馬」『大阪時事』明治四〇年一一月六日、「鳴尾村の関西大競馬会　来る一七、一八両日及び二三、二四の両日開催」『神戸新聞』明治四〇年一一月一〇日、同一二日、同一三日、同一四日、同一五日、同一六日、「競馬談 競走すべき馬匹 勝敗の観察条件」『大阪毎日』明治四〇年一一月一一日、「鳴尾競馬彙報」『大阪毎日』明治四〇年一一月一二日、同一四日、同一六日、同一七日、「鳴尾の競馬」『大阪朝日』明治四〇年一一月一三日、同一四日、同一五日。
400 「芸妓の競馬熱」『神戸新聞』明治四〇年一〇月二八日。
401 前掲『大林芳五郎伝』五五八頁。
402 「競馬と花柳界」『神戸又新』明治四〇年一一月二三日。

## 5 北海道競馬会

403 明治四〇年四月二四日付「北海道競馬会を法人と為すの願出を許可す」国立公文書館デジタルアーカイブ。
404 同右。
405 以下、持田に関しては、札幌市教育委員会文化資料室編『さっぽろ文庫66 札幌人名事典』道新、一九九三年、三〇八頁、前掲『北ぐにの競馬』一五六～九頁、日本中央競馬会札幌競馬場『札幌競馬場100年史』日本中央競馬会札幌競馬場、二〇〇七年、四七頁。
406 たとえば、「全国の競馬会」『読売』明治三九年一〇月五日。
407 「北海道産馬会社設立」『北海タイムス』明治四〇年三月二五日。
408 以下、四月二四日の認可までに関しては、前掲明治四〇年四月二四日付「北海道競馬会を法人と為すの願出を許可す」。
409 以下、札幌競馬場に関しては、『札幌競馬沿革誌』北海道畜産連合会、昭和三年、六一頁、以下、同書は、『札幌競馬沿革誌』第二版と記す。
410 以下、札幌の人口までに関しては、前掲『北ぐにの競馬』一頁。
411 「競馬場臨時停車広告　社団法人北海道競馬会」『北海タイムス』明治四一年八月一日、前掲『北ぐにの競馬』五八〜九頁。
412 前掲『北ぐにの競馬』五九〜六〇頁。
413 前掲『札幌競馬沿革誌』第二版、四三頁。
414 前掲『日本競馬史』巻三、二七四頁。
415 たとえば、「散紙会の景況」『北海タイムス』明治三五年七月一五日、「札幌乗馬会春期遠乗り」『北海タイムス』明治三六年四月三〇日、「乗馬会遠乗りの景況」『北海タイムス』明治三六年五月六日。
416 たとえば、「乗馬会遠乗り及び総会」『北海タイムス』明治三七年五月一五日。
417 「北海道乗馬会総会議案」『北海タイムス』明治三八年四月二〇日、「北海道乗馬会総会」『北海タイムス』明治三八年四月二五日。
418 以下、明治二〇年代までの札幌における競馬の沿革に関しては、特に記さない限り、時岡剛『札幌競馬沿革誌』札幌競馬倶楽部、明治四四年、一〜一四頁、『札幌競馬沿革誌』第二版、一八〜三五頁、前掲『日本競馬史』巻三、二六三〜七二頁。なお時岡剛『札幌競馬沿革誌』は、以下、『札幌競馬沿革誌』第一版と記す。
419 拙著『文明開化に馬券は舞う』三六四、五四〇〜五頁。
420 前掲『日本競馬史』巻三、二七二頁。
421 「競馬予談」『北海タイムス』明治三五年六月一五日、「札幌賞品競馬勝敗」『北海タイムス』明治三五年六月一八日、「札幌共同競馬会八月競馬」『北海タイムス』明治三五年七月六日、「招魂祭当日の札幌競馬」『北海タイムス』明治三五年七月二二日、「競馬叢談」『北海タイムス』明治三五年七月二七日、「競馬叢談」『北海タイムス』明治三五年七月三〇日、「時事新報社寄贈の銀盃」『北海タイムス』明治三五年八月一日。
422 「乗馬会遠乗りの景況」『北海タイムス』明治三六年五月六日。
423 前掲『札幌競馬沿革史』第二版、四二頁。
424 「札幌競馬会」『北海タイムス』明治三六年七月二日、「来月の競馬と競馬会」『北海タイムス』明治三六年七月一七日。
425 「競馬会前日の結果」『北海タイムス』明治三六年六月一六日、「競馬会の結果」『北海タイムス』明治三六年六月一八日、「競馬会の景況（前日）」『北海タイムス』明治三六年八月四日。
426 前掲『北ぐにの競馬』三四頁。
427 「共進会競馬の準備」『北海タイムス』明治三七年五月一五日、「春期競馬出場馬匹」『北海タイムス』明治三七年六月一〇日、「札幌春季競馬会」『北海タイムス』明治三七年六月一五日、「札幌春期競馬会の盛況」『北海タイムス』明治三七年六月一七日、「札幌春期競馬会の盛況（後日の部）」『北海タイムス』明治三七年六月一八日。
428 前掲『札幌競馬沿革誌』第二版、三五頁。
429 前掲『日本競馬史』巻三、二七四頁。
430 前掲『札幌競馬沿革誌』第二版、四四頁。
431 「北海道乗馬会総会」『北海タイムス』明治三八年四月二五日。
432 「北海道乗馬会馬術研究会 打球会及臨時総会」『北海タイムス』明治三八年五月二三日。少なくとも持田は重任だった。
433 「乗馬会競馬挙行に決す」『北海タイムス』明治三八年六月一五日。
434 「編輯局にて　小阿居士」『北海タイムス』明治三八年六月二九日。なお小阿は、持田謹也の号。
435 同右。なおこの檄文は、「競馬創立依頼状」として若干の異同はあるが、前掲『札幌競馬沿革誌』第一版、四三〜八頁、前掲『札幌競馬沿革誌』第二版、四五〜九頁にも掲載されている。
436 たとえば、「岩見沢競馬会（前日）」『北海タイムス』明治三六年九月一七日、「岩見沢競馬会（後日）」『北海タイムス』明治三六年九月一八日、「岩見沢通信（九月一七日発）」『北海タイムス』明治三六年九月二〇日、「早来競馬会の景況」『北海タイムス』明治三七年八月一三日、「早来競馬詳報」『北海タイムス』明治三八年八月一三日、「苫小牧競馬会の改善」『北海タイムス』明治三八年七月二〇日、「苫小牧競馬」『北海タイムス』明治三八年七月三〇日、「苫小牧競馬（続）」『北海タイムス』明治三八年八月二日、「帯広競馬会」『北海タイムス』明治三八年七月二六日、「帯広第十五次大競馬」『北海タイムス』明治三八年一〇月二九日、「余市競馬会の景況」『北海タイムス』明治三七年八月二八日、「余市競馬会（後日）」『北海タイムス』明治三七年八月三〇日、「余市の競馬会」『北海タイムス』明治三八年七月二七日、「滝川競馬会」『北海タイムス』明治三七年八月三一日、「石狩競馬会」『北海タイムス』明治三七年九月二二日、「砂川競馬会」『北海タイムス』明治三八年九月二一日。

437 「苫小牧競馬会の改善」『北海タイムス』明治三八年七月二〇日。

438 以下、牝馬競走の奨励までに関しては、小阿居士「編輯局にて」『北海タイムス』明治三八年六月二九日、前掲『札幌競馬沿革誌』第一版、四三〜八頁、前掲『札幌競馬沿革誌』第二版、四五〜五〇頁。

439 以下、この計画に関しては、「新設馬場の図」『北海タイムス』明治三八年八月一七日、前掲『札幌競馬沿革誌』第一版、一六頁、前掲『札幌競馬沿革誌』第二版、四四頁。「新設馬場の図」は、新設馬見場（スタンド）は横浜、函館、東京の馬見場を折中して仮に設計したものだったと報じているが、このとき東京にはスタンドが設置された競馬場は存在していなかった。なお当時、スタンドは馬見所と称されるのが通例だった。

440 小阿居士「編輯局にて」『北海タイムス』明治三八年七月二一日。

441 前掲『札幌競馬沿革誌』第二版、四三頁。

442 以下、寄附に関しては、「競馬賛助員広告」『北海タイムス』明治三八年八月一九日、「競馬賛助員広告　第二回」『北海タイムス』明治三八年八月二五日。ちなみに乗馬会は、競馬賛助規程を設けて、以下のように寄付金額に応じた対応を決めていた（「北海道乗馬会競馬賛助規程」『北海タイムス』明治三八年六月二九日）。

第一条　本会の事業費中に金百円以上を醵出したるものは名誉賛助員として本会の定めたる賞状及び徽章（黄金色）を贈与す

第二条　本会の事業費中に金五十円以上を醵出したるものは特別賛助員として本会の定めたる賞状及び徽章（銀色）を贈与す

第三条　本会の事業費中に金十円以上を醵出したるものは普通賛助員として本会の定めたる賞状を贈与す
第四条　本会の雑費の中へ金五円以上を醵出したるものには入場券（不明）葉を贈与す
　本規程中の特殊待遇者は北海道乗馬会記録に登録し永く其功労を表彰す

443 「北海道乗馬会競馬仮規則」『北海タイムス』明治三八年七月一五日、前掲『札幌競馬沿革誌』第二版、四四頁。
444 「盛なる競馬の準備」『北海タイムス』明治三八年七月一三日。
445 「第一回競馬決算報告　北海道乗馬会」『北海タイムス』明治三八年八月二五日。
446 「苫小牧競馬会の改善」『北海タイムス』明治三八年七月二〇日、「根室競馬会」『北海タイムス』明治三八年七月二二日、広告「早来競馬会」『北海タイムス』明治三八年八月二日、広告「砂川競馬会」『北海タイムス』明治三八年九月七日。
447 「函館競馬の時日決す」『北海タイムス』明治三八年六月六日、「競馬広告」『北海タイムス』明治三八年六月六日。
448 「明日の競馬馬審査」『北海タイムス』明治三八年八月一二日。
449 拙著『文明開化に馬券は舞う』五四一頁。
450 以下、有力馬たちの前評判が高く、出走を断念する馬主、特に札幌附近が多かったことに関してまでは、「札幌競馬出場馬匹　新馬十七頭顔揃い」『北海タイムス』明治三八年八月一五日。
451 以下、この開催に関しては、特に記さない限り、「乗馬会第一回競馬会の景況　無前の盛況　非常の光景」『北海タイムス』明治三八年八月二二日、『札幌競馬沿革誌』第二版、四九～五〇頁。
452 「競馬会役員決す」『北海タイムス』明治三八年八月一九日。
453 「札幌連合慶応義塾同窓会」『北海タイムス』明治三五年九月五日、「札幌連合慶応義塾同窓会」『北海タイムス』明治三五年九月九日、「新年あいさつ」『北海タイムス』明治三八年一月一日。
454 以下、表彰式の審査報告に関しては、「乗馬会第一回競馬会の景況　無前の盛況　非常の光景」『北海タイムス』明治三八年八月二二日。
455 小阿居士「編輯局にて」『北海タイムス』明治三八年八月二日。
456 小阿居士「編輯局にて」『北海タイムス』明治三九年七月六日。四月から五月の段階で、北海道にも、東京競馬会の設立、関八州競馬会といった形で馬券発売を伴う開催が認可されるという情報が広まっていた（「東京競馬会の成立」『北海タイムス』明治三九年五月一二日、「関八州競馬会（初日）」『北海タイムス』五月二四日、「関八州競馬会（第二日）」『北海タイムス』五月二五日、「関八州競馬会（三日目）」『北海タイムス』五月二六日）。

457 小阿居士「編輯局にて」『北海タイムス』明治三九年七月六日。

458 「本年の競馬準備」『北海タイムス』明治三九年七月三日、小阿居士「編輯局にて」『北海タイムス』明治三九年七月六日。

459 「本年の競馬準備」『北海タイムス』明治三九年七月三日。

460 広告「北海道乗馬会」『北海タイムス』明治三九年七月七日。

461 以下、後任の会頭に美濃部俊吉が就任したことに関してまでは、「北海道乗馬会の送別会 並に定期総会」『北海タイムス』明治三九年七月三一日。

462 「乗馬会競馬番組」『北海タイムス』明治三九年八月一日。

463 広告「北海道中央競馬（於札幌）」『万朝報』明治三九年八月一〇日。

464 小阿居士「編輯局にて」『北海タイムス』明治三九年七月二一日。

465 以下、着工までに関しては、「本年の競馬準備」『北海タイムス』明治三九年七月三日、「競馬準備彙報」『北海タイムス』明治三九年七月二二日。

466 「競馬彙報」『北海タイムス』明治三九年八月一〇日。

467 広告「士別競馬会」『北海タイムス』明治三九年七月一三日、「士別競馬会の初日」『北海タイムス』明治三九年七月一八日、広告「旭川大競馬会」『北海タイムス』明治三九年七月一七日、「早来競馬会」『北海タイムス』明治三九年七月二七日、「早来競馬会の実況」『北海タイムス』明治三九年八月一四日、「浦河競馬会」『北海タイムス』明治三九年八月一六日、「浦河競馬会（後日）」『北海タイムス』明治三九年八月二五日、広告「追分競馬会」『北海タイムス』明治三九年八月七日、「余市競馬会」『北海タイムス』明治三九年八月二二日、「眞狩競馬会事務所」『北海タイムス』明治三九年八月一一日、広告「砂川競馬会」『北海タイムス』明治三九年八月二一日、広告「粟津村共同競馬会」『北海タイムス』明治三九年九月四日、広告「北見紋別共同競馬会」『北海タイムス』明治三九年八月三〇日、広告「名寄競馬会」『北海タイムス』明治三九年九月四日、「岩見沢の競馬会」『北海タイムス』明治三九年九月二三日。

468 「北海道競馬会」『北海タイムス』明治四〇年四月二九日。
469 以下、函館競馬会七月開催に関しては、「函館競馬番組」『北海タイムス』明治三九年七月五日、「番組後日」『北海タイムス』明治三九年七月六日、「函館競馬会」『北海タイムス』明治三九年七月一〇日、「函館競馬の盛況」『北海タイムス』明治三九年七月一一日、「函館競馬の盛況（後日）」『北海タイムス』明治三九年七月一二日、「函館競馬の盛況（後日の続）」『北海タイムス』明治三九年七月一三日、「函館競馬の盛況（後日の続）」『北海タイムス』明治三九年七月一四日。
470 「砂川の競馬会」『小樽新聞』明治三九年九月七日。
471 「競馬彙報」『北海タイムス』明治三九年八月一〇日、「浦河競馬会」『北海タイムス』明治三九年八月一六日、「浦河競馬会（後日）」『北海タイムス』明治三九年八月二五日。
472 「競走馬匹検査」『北海タイムス』明治三九年九月一七日。
473 「畜産協会大会（続）」『北海タイムス』明治三九年九月二四日。
474 以下、この開催に関しては、特に記さない限り、「乗馬会競馬番組」『北海タイムス』明治三九年八月一日、「本日の競馬」『北海タイムス』明治三九年九月二四日、「札幌大競馬 空前の盛況」『北海タイムス』明治三九年九月二五日、「札幌大競馬（後日 空前の盛況」『北海タイムス』明治三九年九月二七日。
475 以下、第二、第三豊平、第三アドミラルに関しては、前掲『札幌競馬沿革誌』第二版、五一～二頁。
476 前掲『北ぐにの競馬』四三～五一頁。
477 以下、この浦河競馬会の大印の成績までに関しては、「浦河競馬会」『北海タイムス』明治三九年八月一六日、「浦河競馬会（後日）」『北海タイムス』明治三九年八月二三日。
478 「八月競馬の前景気」『北海タイムス』明治四一年七月一二日。
479 前掲『北ぐにの競馬』四八頁。
480 前掲『札幌競馬沿革誌』第二版、五二頁、前掲『日本競馬史』巻三、二七七～八頁。
481 「北海道の馬匹」『日本』明治三九年一〇月五日。この記事は、「増田馬政官の北海道馬匹談」として『北海タイムス』明治三九年一〇月一〇日に転載された。
482 以下、札幌での認可に動いた他の四グループまでに関しては、前掲明治四〇年四月二四日付「北海道競馬会を法人と為すの願出を許可す」。
483 たとえば、前掲『田健治郎日記 1〈明治三九年～四三年〉』明治四〇年一月一日～一〇日、七四～七頁、五月一一日、一〇四頁。
484 前掲『衆議院議員年鑑』一五二頁、「代議士生活（九）（田舎と東京に於ける）」『読売』明治四二年一月一七日。
485 前掲『衆議院議員年鑑』一四七頁。
486 同前、一二〇頁。
487 同前、四二一頁。
488 「北海道産馬会社設立」『北海タイムス』明治四〇年三月二五日、前掲『札幌競馬沿革誌』第二版、六〇頁。
489 小阿居士「東上雑感」『北海タイムス』明治三九年一二月五日。
490 小阿居士「編輯局にて」『北海タイムス』明治三九年一二月二〇日。
491 小阿居士「編輯局にて」『北海タイムス』明治三九年一二月二七日。
492 以下、この観戦に関しては、「東京競馬会の盛況」『北海タイムス』明治三九年一二月五日、「東京競馬会の盛況」『北海タイムス』明治三九年一二月七日。
493 前掲明治四〇年四月二四日付「北海道競馬会を法人と為すの願出を許可す」。
494 「北海道産馬会社設立」『北海タイムス』明治四〇年三月二五日、前掲『札幌競馬沿革誌』第一版、二二～三頁。
495 前掲『衆議院議員名鑑』一九頁、札幌市教育委員会編『明治の札幌』札幌市、昭和六〇年、二八四頁。
496 前掲『札幌競馬沿革誌』第二版、三三頁。
497 前掲『札幌競馬沿革誌』第一版、二二～三頁。
498 以下、会社設立の経緯、営業項目、株式予約申込までに関しては、特に記さない限り、「北海道産馬会社設立」『北海タイムス』明治四〇年三月二五日、「馬匹奨励会社創立」『小樽新聞』明治四〇年四月九日、「馬匹奨励会社 八日付東京支局」『北海タイムス』明治四〇年四月一三日、「牧場会社の景気 東京特信十七日付」『北海タイムス』明治四〇年四月二一日、「北海道競馬会」『北海タイムス』明治四〇年四月二九日、前掲『札幌競馬沿革誌』第一版、二三頁。
499 前掲『衆議院議員名鑑』四四七頁。

500 「北海道競馬会」『北海タイムス』明治四〇年四月二九日。

501 「北海道産馬会社設立」『北海タイムス』明治四〇年三月二五日、「牧場会社の景気　東京特信　十七日付」『北海タイムス』明治四〇年四月二一日。

502 「馬匹奨励会社　八日付東京支局」『北海タイムス』明治四〇年四月一三日。

503 以下、会社の発起人までに関しては、「馬匹奨励会社 八日付東京支局」『北海タイムス』明治四〇年四月一三日。発起人六五名は、井上角五郎（広島選出衆議院議員、実業家）、浅羽靖（札幌選出衆議院議員、実業家）、山県勇三郎（実業家、東京競馬会理事）、中村定三郎（山県勇三郎の実弟）、松山吉三郎（函館競馬会理事、馬具商、実業家）、桂井定之助（実業家）、粕谷覚兵衛、武彦七（函館競馬会理事、牧場経営、園田実徳の実弟）、須永清（薩摩出身、政商として北海道で活動、相場師）、田健治郎（貴族院議員、東京競馬会役員）、子爵鳥居忠文（貴族院議員、日本競馬会理事）、大河内輝剛（松竹社長、日本馬匹改良株式会社社長）、植村澄三郎（大日本麦酒常務取締役）、田中清一、村上大三郎、南部源蔵（商店主、元札幌共同競馬会長）、田中清輔（牧場主、道会議員、北海道乗馬会役員）、阿部宇之八（北海タイムス理事）、真下喜久治、槇鍛（北海道畜産協会役員、北海道乗馬会役員）、竹本亀次、持田謹也（北海タイムス主筆）、荻野芳蔵（福井選出代議士、実業家）、島田多四郎、河崎芳之助（神奈川県実業家、北海道で農場経営）、佐々木文一（弁護士、日本馬匹改良株式会社監査役）、遠藤種一、河野剛、佐藤清、足立留次郎、河上廉之助、中川燐之助、奥野市次郎（京都選出衆議院議員、京都競馬会理事）、三宅信太郎、足立吉弼、百東時中、大野亀三郎（岐阜選出衆議院議員、関西競馬倶楽部理事）、大伴頼孝、野村清吉、久能木宇兵衛（実業家、関西競馬倶楽部理事）、河爾忠恕、渡邊熊之進（実業家）、血脇守之助（東京歯科医専校長、後に日本歯科医師会初代校長、野口英世の後援者）、榎本積一（日本連合歯科医会常務委員長）、小山田信蔵（茨城選出衆議院議員、実業家、日本競馬会理事）、恒松隆慶（島根選出衆議院議員、実業家）、一柳惣吉、内山吉太（函館選出衆議院議員）、山本順治、大井卜新（大阪選出衆議院議員、実業家）、佐竹作太郎（山梨選出衆議院議員、実業家）、東村守節、森茂生（三重県選出衆議院議員、実業家）、牛圓競一、中谷宇平（石川選出衆議院議員）、竹内虎松（元石川選出衆議院議員）、斎藤知一（斎藤炭山社主）、依田彌助、曽我部卯三郎、石井信、瀬下秀夫（山形選出衆議院議員）、戸狩権之助（山形選出衆議院議員、実業家）、清崟太郎（尾崎行雄東京市長秘書役）、中川守格、駒林廣運（山形選出衆議院議員）。

504 「百万円夢物語須永清の大儲けと大失敗」『小樽新聞』明治四〇年六月七日、八日、九日。

505 以下、恒松から駒林までに関しては、前掲『衆議院議員年鑑』四一五、二七一、六五〇、三四一、二六三頁。

506 前掲雨宮「日糖事件――汚職事件と検察権の拡大――」我妻栄編『日本政治裁判史録』明治・後、四九三～四頁。明治三九年後半から明治四〇年初頭にかけて投機熱が最高点に達したとき衆議院議員が会社発起人に名を出すことが数多く見られた（たとえば、「政界と投機熱」『時事新報』明治四〇年一月五日）。

507 「牧場会社の景気 東京特信十七日付」『北海タイムス』明治四〇年四月二一日。

508 「馬匹奨励会社 八日付東京支局」『北海タイムス』明治四〇年四月一三日。

509 以下、中島遊園地コースの使用却下までに関しては、「競馬場工事顛末（一）」『北海タイムス』明治四〇年一〇月二五日。

510 以下、この日の重役会までに関しては、特に記さない限り、「北海馬匹の総会」『北海タイムス』明治四〇年七月一〇日、「東京特信十日付 東京支局 馬匹会社の創立」『北海タイムス』明治四〇年七月一五日、前掲『札幌競馬沿革誌』第二版、六〇～一頁、前掲『北ぐにの競馬』五五頁。

511 前掲『札幌競馬沿革誌』第二版、六〇一頁。

512 「人名録」前掲『明治の札幌』五一六～七頁。

513 「恭賀新年」『北海タイムス』明治三八年一月一日、「新年あいさつ」『北海タイムス』明治三八年一月一日。

514 前田康『火焔樹の蔭　風雲児山縣勇三郎伝』近代文藝社、一九九五年、二二八頁。

515 以下、用地の買収、競馬場建設の着工から竣工、馬見所の移築までに関しては、特に記さない限り、「競馬場工事顛末（二）」『北海タイムス』明治四〇年一〇月二五日、「競馬場工事顛末（二）」『北海タイムス』明治四〇年一〇月二六日、「競馬場顛末（三）」『北海タイムス』明治四〇年一〇月二七日、前掲『北ぐにの競馬』五五～六頁。

516 前掲前田『火焔樹の蔭　風雲児山県勇三郎伝』二六二頁。

517 谷に関しては、前掲『北ぐにの競馬』二九頁、「人名録」前掲『明治の札幌』三六一頁。

518 広告「北海道馬匹奨励株式会社　秋季競馬会　社団法人北海道競馬会」『北海タイムス』明治四〇年八月一七日。

519 「攻メ馬開始」『北海タイムス』明治四〇年八月二二日。

520 「北海道競馬秋季競馬番組」『北海タイムス』明治四〇年九月四日、「北海道競馬秋季競馬番組（続）」『北海タイムス』明治四〇年九月五日。

521 「競馬場工事顛末（二）」『北海タイムス』明治四〇年一〇月二六日。
522 「乗馬会総会」『北海タイムス』明治四〇年一〇月三日。
523 「競馬場工事顛末（二）」『北海タイムス』明治四〇年一〇月二六日。
524 「競馬場工事顛末（三）」『北海タイムス』明治四〇年一〇月二七日。
525 以下、一日の競技の実施に関しては、「荷馬車競馬会」『北海タイムス』明治四〇年一〇月一日、「競馬場工事顛末（三）」『北海タイムス』明治四〇年一〇月二七日。
526 「急告　社団法人北海道競馬会」『北海タイムス』明治四〇年一〇月二日、「乗馬会総会」『北海タイムス』明治四〇年一〇月三日。
527 「競馬場顛末（三）」明治四〇年一〇月二七日。
528 以下、この協議に関しては、「失敗せる競馬会　責任果たして何者にか帰すべき」『北海タイムス』明治四〇年一〇月一三日、「競馬場工事顛末（三）」『北海タイムス』明治四〇年一〇月二七日。
529 「失敗せる競馬会　責任果たして何者にか帰すべき」『北海タイムス』明治四〇年一〇月一三日。
530 「札幌競馬会の其後」『小樽新聞』明治四〇年一〇月一四日。
531 「競馬場工事顛末（三）」『北海タイムス』明治四〇年一〇月二七日。
532 以下、この日の総会に関しては、「北海道馬匹奨励株式会社総会」『北海タイムス』明治四〇年九月一八日。
533 「第一回決算報告　北海道馬匹奨励株式会社」『北海タイムス』明治四〇年九月一九日。決算報告は以下のものだった。

自明治四〇年七月一〇日　至同年七月三一日

貸借対照表

貸方

株金　二五〇、〇〇〇円

計　　二五〇、〇〇〇円

借方

払込未済株金　一八五、〇〇〇円
競馬場勘定　五、〇〇〇円
北海道競馬会勘定　一三円九五銭
営業用什器　三〇五円八七銭
仮払金　五、〇七〇円
預金　四七、七一四円一八銭
創立費　三、〇〇〇円
金銀　四一〇円五二銭九厘
第一期損失金　九八五円四七銭一厘
計　二五〇、〇〇〇円
損益勘定書
金　四六円五六銭　当期総益金
金　一〇三二円三戦一厘　当期総損金
差引九八五円四七銭一厘　当期損失金（後期へ繰越）
右之通候也
北海道馬匹奨励株式会社
取締役会長山県勇三郎、専務取締役持田謹也、取締役井上角五郎、荻野芳蔵、中村定三郎、田中清輔
明治四〇年九月　右条項調査候処相違無之候也
監査役大野亀三郎、重谷繁太郎、恒松隆慶

534 「失敗せる競馬会 責任果たして何者にか帰すべき」『北海タイムス』明治四〇年一〇月一三日。

535 広告「北海道馬匹奨励株式会社　秋季競馬会　社団法人北海道競馬会」明治四〇年八月一七日。実際の賞金総額は四四三五円、これに加えて馬政局賞典五〇〇円、騎手賞も五七〇円が予定されていた（「北海道競馬秋季競馬番組」『北海タイム

ス』明治四〇年九月四日、「北海道競馬秋季競馬番組（続）」『北海タイムス』明治四〇年九月五日）。
536 「明日の大競馬　本道空前の壮観」『北海タイムス』明治四〇年一〇月一一日、前掲『札幌競馬沿革誌』第一版、二四頁。
537 「北海道競馬会春季大競馬（特派通信）」『馬匹世界』第九号、明治四一年七月一五日。
538 「秋季大競馬　愈々本日挙行」『北海タイムス』明治四〇年一〇月一二日。
539 以下、第一回開催に関しては、特に記さない限り、「失敗せる競馬会　責任果たして何者にか帰すべき」『北海タイムス』明治四〇年一〇月一三日。
540 「競馬場工事顚末（三）」『北海タイムス』明治四〇年一〇月二七日。
541 「競馬会の善後 明年融雪期まで延期」『北海タイムス』明治四〇年一〇月一五日。
542 「失敗せる競馬会　責任果たして何者にか帰すべき」『北海タイムス』明治四〇年一〇月一三日。
543 「競馬場工事顚末（三）」『北海タイムス』明治四〇年一〇月二七日。
544 以下、この日に関しては、「競馬会の善後　明年融雪期まで延期」『北海タイムス』明治四〇年一〇月一五日。
545 前掲『札幌競馬沿革史』第二版、六二頁、前掲『日本競馬史』巻三、二八〇頁。

## 6　総武競馬会

546 以下、目的までに関しては、明治四〇年七月一二日付「総武競馬会を法人と為すの願出を許可す」国立公文書館デジタルアーカイブ。
547 前掲『日本競馬史』巻三、四五〇頁。
548 以下、競馬場からの眺望までに関しては、「松戸案内」（大正四年）松戸市誌編纂委員会『松戸市史料』［第四集］所収、一九六四年、四四四頁。
549 『将軍・殿様が撮った幕末明治：徳川慶喜・昭武・慶勝写真集』別冊歴史読本四七、新人物往来社、一九九六年。
550 たとえば、「競馬雑観」『やまと』明治四〇年九月二二日、「不埒千万松戸競馬」『東京朝日』明治四一年一月一二日、「物騒極まる競馬　衝突に始まり喧騒に終る　馬政官は何故臨場せざる」『日本』明治四一年一月一二日、「改善の要ある総武競馬会」『二六』明治四一年一月一八日。

551 「松戸の大競馬」『中央』明治三九年一二月八日。
552 「競馬雑俎」『やまと』明治四〇年九月三〇日。
553 以下、第二回開催時の馬見所等に関しては、「松戸の競馬場」『時事新報』明治四一年一月一三日。
554 「混乱の競馬会　馬暴れて氷屋に飛込む　群衆、審判台を包囲す」『日本』明治四一年六月七日。
555 「非人募集の実行」『読売』明治二五年一一月六日、『上毛人物略誌』第一輯、群馬青年団、大正八年、七七頁。
556 横浜健堂『旧藩と新人物』敬文館、明治四四年、二二六頁。
557 「明治四一年一〇月二〇日付社団法人総武競馬会理事永岡啓三郎より内閣総理大臣侯爵桂太郎宛上申」『競馬会関係雑纂』外交資料館蔵。永岡は、この時、あわせて小村寿太郎外相とも交渉していた（「明治四一年一〇月二三日付社団法人総武競馬会理事永岡啓三郎より外務大臣伯爵小村寿太郎宛上申」『競馬会関係雑纂』外務省外交資料館蔵）。
558 「松戸の秋季競馬」『中央』明治四一年一〇月二日。
559 国立国会図書館憲政資料室には河野広中関係の資料群である『河野広中関係文書』が所蔵されているが、そのなかには総武競馬会関連のものも含まれている。そのなかの帝国馬匹改良協会覚書、関東競馬会の不忍池での開催申請、許可の書類の「複写」は、永岡が河野に渡したものと思われる。また河野の日々の動向を記録した「日誌」にも、総武競馬会関連のものが記されている。以下、この「日誌」に関しては、たとえば明治四〇年の「日誌」は「河野明治四〇年日誌」と表記する。
560 以下、岩倉を祀る神社の勧請地に予定していたことまでに関しては、前掲『松戸案内』四四四頁、松戸市史編さん委員会『松戸市史』下巻（二）大正昭和編、一九六八年、三二八頁、中山競馬場70年史編集委員会『中山競馬場70年史』日本中央競馬会中山競馬場、一九九八年、一九頁。
561 「総武牧場社団設立の趣旨」・「総武牧場社団規約草稿」『河野広中関係文書』国立国会図書館憲政資料室蔵、広告「総武牧場臨時競馬会」『東京朝日』明治三九年一〇月一六日、「松戸の競馬会」『東京朝日』明治三九年一〇月二七日、「総武牧場株式会社株式募集広告」『東京朝日』明治三九年一一月一一日。なお以下、『河野広中関係文書』に関しては、国立国会図書館憲政資料室蔵を略す。
562 前掲『松戸案内』四四四頁。
563 以下、二六日の開催までに関しては、「松戸の競馬会」『東京朝日』明治三九年一〇月二七日。

564 「総武牧場株式会社株式募集広告」『東京朝日』明治三九年一一月一一日。

565 同右。

「総武牧場社団規約草稿」『河野広中関係文書』では、目的はつぎのように規定されていた。

第二章　目的

第三条　本団は馬匹の体質を改良し其発達進歩を企図するを以て目的とす

第四条　本団は左の事業を為す

一　模範飼馬場を設置し馬匹の飼育訓練に関する改良方法を研究す

一　定期馬匹市場を設立し馬匹売買の仲介を為す

一　競馬会を開催し各牧場産馬の優劣を試験す

『中山競馬倶楽部沿革小史』には、その主な目的として、「競馬開催の特権を有する総武競馬会と特約し競馬場を設置しこれを同会に貸付け賃貸料金を得ること」を謳ったと記載されているが（二頁）、この広告を見ると、少なくともこの時点でのものではない。

566 「総武牧場社団設立の趣旨」『河野広中関係文書』。

567 たとえば、「商業登記公告」『中外商事』明治三九年一二月二六日。

568 河野に関しては、たとえば、河野磐州伝編纂委員会／編纂『河野磐州伝』上・下、河野磐州伝刊行会、大正一二年、長井純市『河野広中』吉川弘文館、二〇〇九年。

569 「対永岡啓三郎配当加入申請書」『河野広中関係文書』。

河野は、横山肇から明治三八年三月七日が返済期日の五〇〇〇円の債務を背負っていた（明治三八年三月六日作成「対横山肇債務確認並金銭消費貸借証書」『河野広中関係文書』）。永岡からの約束手形を振り出したのはこの返済にもあてるためだったと思われる。この総武牧場会社前の横山と永岡の関係は不詳だが、河野は双方から借金をしていた。

これによれば、河野広中は横山肇宛に明治三七年六月五日付で二八〇〇円、支払期日九月四日の約束手形を振出し、又明治三七年一二月二八日付で二〇〇〇円、支払期日明治三八年二月二五日の約束手形を日向輝武に振出し、日向はこれを横山肇に裏書譲渡したが、その債務を履行しなかった、河野は横山肇の請求に応じ、その元利合計五〇〇〇円の手形債務の存在を確認して更にこれを金銭消費貸借債務に改め、以下各条の事項を契約した。

第一　元金五千円は明治三八年三月七日限り皆済すべし

第二　元金に対する利息は一ヶ年一割二分

第三　一日たりとも遅れると、第二項に等しい損害賠償金を差出すこと

570 「大正二年二月一二日付及び同二月一五日永岡啓三郎より河野広中宛書簡」『河野広中関係文書』。

571 「大正九年一月一五日付永岡啓三郎より河野広中宛書簡」『河野広中関係文書』。

572 前掲『貴族院・参議院議員名鑑』一四頁、「打毬の話」『東京日日』明治四〇年一月四日、前掲明治四〇年七月一二日付「総武競馬会を法人と為すの願出を許可す」。

573 「一事一言」『京都日出』明治四〇年一月二八日。

574 帝国興信所編『帝国会社要録』帝国興信所、大正二年、一一七頁。

575 前掲『帝国会社要録』一一七頁、「商業登記公告」『中外商業』明治三九年一二月二六日。

576 以上、松戸町関係者の職業等は前掲『松戸市史』下巻（二）大正昭和編、三三〇頁、松戸市誌編纂委員会『松戸町誌』（大正六年）前掲『松戸史料』［第四集］所収、一八六、一八八頁。浅見に関しては岩田僖助編『流山町史』秋山房太郎、大正九年、一五頁。なお田中は『松戸町誌』では呉服商、『松戸市史』では納屋川岸の薪炭商と記されている。田中の牧場については、「口絵写真」『馬匹世界』第一二号、明治四一年一〇月一五日。

577 「総武牧場株式会社の株式募集結果」『読売』明治三九年一一月二〇日、「新会社彙報」『都』明治三九年一一月二〇日。

578 「松戸の競馬大会」『横浜貿易』明治三九年一一月一〇日、「松戸の競馬会」『読売』明治三九年一一月一三日。

579 「河野明治三九年日誌」一一月一七日。

580 以下、この日の総会に関しては、「河野明治三九年日誌」一二月五日、「総武牧場会社創立総会」『中外商業』明治三九年

一二月七日、「総武牧場会社創立総会」『国民』明治三九年一二月七日、「中山競馬倶楽部沿革小史」（第一輯）前掲『中山競馬場70年史』所収、一五四頁。なお「中山競馬倶楽部沿革小史」は総会を一二月七日としている（同前）が誤り。また「中山競馬倶楽部沿革小史」（同前）、前掲『日本競馬史』巻三は、資本金を二〇万円と記しているが（四五〇頁）、「商業登記公告」（『中外商業』明治三九年一二月二六日）によれば一〇万円だった。二〇万円に増額されるのは、関東競馬会など三競馬会と合同して認可を受けた明治四〇年七月のことだった（「松戸競馬会（第一日）」『時事新報』明治四一年一月一二日）。

581 森岡に関しては、「秘露移民好望」『読売』明治四一年七月三〇日、前掲『財界名士失敗談』上、二〇八～一四頁、那須に関しては、春城日誌研究会「翻刻『春城日誌』（九）――明治四〇年七月～一二月」『早稲田大学図書館紀要』三八号、一九九三年五月。

582 「河野明治三九年日誌」一二月五日、一二月一一日、「対永岡啓三郎配当加入申請書」『河野広中関係文書』。全額かどうかは不詳。

583 「総武牧場株式会社書類」『河野広中関係文書』。

584 以下、この開催に関しては、「河野明治三九年日誌」一二月七日、「松戸の大競馬」『中央』明治三九年一二月八日、「松戸の競馬会（初日の模様）」『東京日日』明治三九年一二月八日、「松戸の競馬（初日）」『都』明治三九年一二月八日、「競馬賭金問題」『やまと』明治四〇年五月六日。

585 「競馬賭金問題」『やまと』明治四〇年五月六日。『中外商業』明治三九年一二月一〇日の「中外日記」は、当局の馬券に関する方針が不定であることを批判したなかで、「池上松戸には殆ど之を公許し中には警官が見張りして賭場の雑踏をさえ制したり」と報じていた。

586 「松戸の大競馬」『中央』明治三九年一二月八日。

587 「中山競馬倶楽部沿革小史」（第一輯）前掲『中山競馬場70年史』所収、一五四頁。

588 前掲明治四〇年七月一二日付「総武競馬会を法人と為すの願出を許可す」。

589 「中山競馬倶楽部沿革小史」（第一輯）前掲『中山競馬場70年史』所収、一五四頁。

590 「商業登記公告」『中外商業』明治三九年一二月二六日。登記は以下のものだった。

一商号　総武牧場株式会社
一本店　東京市本所区小泉町三五番地
一目的　馬匹の売買、仲立、牧場、競馬場の設置賃貸を為すこと
一設立の年月日　明治三九年一二月二七日
一資本総額　金十万円
一一株の金額　金五十円
一各株に付払込みたる株金額金十二円五十銭
一公告を為す方法　所轄区裁判所の商業登記を公告する新聞紙に掲載す
一取締役の氏名住所　東京市京橋区山城町四番地森岡眞、同氏同区築地二丁目横山肇、千葉県東葛飾郡松戸町山下寅吉、東京府北豊島郡高田村河野広中、同府同郡同村同番地那須宥嵩、千葉県東葛飾郡明村伝兵衛新田戸張伝兵衛、東京市赤坂区青山北町平澤乙吉、千葉県東葛飾郡松戸町田中武右衛門、同郡同郡流山町浅見喜兵衛、同郡松戸町渋谷平蔵
一監査役の氏名住所　東京市本所区小泉町三五番地永岡啓三郎、千葉県東葛飾郡松戸福岡藤八
存立の時期又は解散の事由　明治三九年一二月一七日より同六九年一二月一六日迄満三十ヶ年

591 以下、乗馬練習会に関しては、「乗馬練習会員募集」『都』明治四〇年二月一四日、「中山競馬倶楽部沿革小史」（第一輯）前掲『中山競馬場70年史』所収、一五四～五頁。

592 「中山競馬倶楽部沿革小史」（第一輯）前掲『中山競馬場70年史』所収、一五四頁。なお同上では馬術練習所と記しているが、図69に明らかなように、当時は乗馬練習会という名称であった。

593 たとえば、「乗馬芸妓」『二六』明治四〇年九月七日、「松戸競馬会（二日）」『中央』明治四一年一月一三日、「芸界 歌舞伎座 本日初日」『二六』明治四一年一月一四日。

594 以下、この四競馬会の合同に関しては、「松戸競馬会（第一日）」『時事新報』明治四一年一月一二日。

595 「河野明治四〇年日誌」四月二三日。以下、七月八日に永岡、原田赳城とともに馬政局を訪れた動向までに関しては、その典拠が「河野明治四〇年日誌」による場合は、註記しない。

596 前掲安田『競馬夜話』五六二頁。「同君（永岡啓三郎）の弟佐々木君は松戸競馬倶楽部の常務理事として真面目な人で、我々と競馬運動を共にし、又絶対私を信頼して居られた人にも拘わらず……」（同上）。

597 前掲『衆議院議員名鑑』五二六頁。

598 以下、開催の中止までに関しては、「松戸競馬会春季大会」『中央』明治四〇年五月二日、「松戸町の競馬会」『時事新報』明治四〇年五月六日、「総武競馬会の期日変更」『読売』明治四〇年五月一〇日、広告「総武競馬会」『東京日日』明治四〇年五月三一日、広告「総武競馬会」『二六』明治四〇年六月二日、「松戸の競馬」『東京日日』明治四〇年六月一六日、「無責任なる競馬会」『やまと』明治四〇年六月一六日。

599 前掲明治四〇年七月一二日付「総武競馬会を法人と為すの願出を許可す」。

600 「松戸の競馬会」『やまと』明治四〇年七月一五日。

601 「河野明治四〇年日誌」七月一八日。

602 同前、七月一九日。

603 「秋季競馬便り」『横浜貿易』明治四〇年一〇月一四日。

604 前掲安田「競馬夜話」五〇一頁。

605 「法人登記公告」『国民』明治四〇年七月二七日。

606 以下、片瀬の曾禰の別荘でのエピソードまでに関しては、田上十四夫「あの頃の話――石橋正人氏の懐旧談」『優駿』昭和二二年六月号。

607 「河野明治四〇年日誌」七月二六日。

608 「中山競馬倶楽部沿革小史」（第一輯）前掲『中山競馬場70年史』所収、一五九頁。

609 同前、一五四頁。
永岡は、翌明治四〇年九月武総牧場株式会社を設立する。その「商業登記公告」は以下のものだった（「商業登記公告」『中外商業』明治四〇年九月一九日）。

一商号　武総牧場株式会社
一本店　東京市本所区小泉町三五番地
一目的　馬匹の売買、仲立、牧場、競馬場の設置賃貸を為すこと
一設立の年月日　明治四〇年九月三日
一資本総額　金十万円
一一株の金額　金五十円
一各株に付払込みたる株金額金十二円五十銭
一公告を為す方法　所轄区裁判所の商業登記を公告する新聞紙に掲載す
一取締役の氏名住所（住所略）
永岡啓三郎　香宗我部順　菅野保之助　浜野昇　佐古惣次郎
一監査役の氏名住所（住所略）磯部四郎　横山肇
存立の時期又は解散の事由　明治四〇年九月三日より同五〇年九月二日迄満十ヶ年

このように総武牧場株式会社と同一のものであったが、つぎのように一か月後、武総が総武に合併解散する形をとった（「合併広告」『中外商業』明治四〇年一〇月二二日）。

総武牧場株式会社は株主総会の決議に因り武総牧場株式会社を合併して其権利義務を承継し又武総牧場株式会社は株主総会の決議に因り総武牧場株式会社に合併して解散するに付之に対し意義ある債権者は来る明治四〇年一二月二一日迄に各債務者会社へ御申出相成り度茲に公告す
明治四〇年一二月二二日
東京市本所区小泉町三五番地
総武牧場株式会社　武総牧場株式会社

このような手続きを踏んだ理由の一つは、総武競馬会との契約を明治四〇年から三〇年ということだったと思われるが、その他の目的は不詳。

610 「商業登記公告」『中外商業』明治三九年一二月二六日。

611 「総武牧場社団規約草稿」『河野広中関係文書』。

612 『中山競馬倶楽部沿革小史』（第一輯）前掲『中山競馬場70年史』所収、一五四頁。

613 たとえば、「第二回決算報告」『国民』明治四〇年一一月六日、「第三回決算報告（自四〇年一〇月至四一年三月）」『国民』明治四一年五月一五日。

614 「秋季競馬信」『横浜貿易』明治四〇年一〇月二〇日。

615 以下、開催に関しては、特に記さない限り、「松戸競馬会（第一日）」『やまと』明治四〇年九月二三日、「総武競馬会（第一日）」『読売』明治四〇年九月二三日、「総武競馬会（二日目）」『読売』明治四〇年九月二五日、「第三日目松戸競馬会番組」『東京日日』明治四〇年九月二八日、「総武競馬会（三日目）」『読売』明治四〇年九月二九日、「松戸競馬（三日目）」『やまと』明治四〇年九月二九日、「松戸の競馬（三日目）」『東京日日』明治四〇年九月二九日、「松戸競馬会（最終日）」『やまと』明治四〇年九月三〇日、「松戸の競馬（四日目）」『東京日日』明治四〇年九月三〇日。

616 「物騒極まる競馬　衝突に始まり喧騒に終る　馬政官は何故臨場せざる」『日本』明治四一年一月一二日。

617 「松戸の競馬（二日目）」『やまと』明治四一年一月一三日、「松戸競馬（第三日）」『東京朝日』明治四一年一月一九日、「松戸競馬会（第四日）」『時事新報』明治四一年一月二〇日。また配当金の計算で五〇銭未満は全部切捨てていたが（「松戸競馬（第三日目）」『東京朝日』明治四一年一月一九日）、他の競馬会では、二五銭以下は切捨て、二六銭以上五〇銭未満は五〇銭としていた（前掲『日本競馬史』巻三、七〇四頁）。

618 「競馬賭金に就いて」『横浜貿易』明治四〇年一〇月六日。

619 「松戸春季競馬（初日）」『時事新報』明治四一年六月七日。

620 「河野明治四〇年日誌」九月二一日、二二日、二四日、二五日、二八日、二九日。雨天順延となった二一日も出かけていた。

621 同前、九月二四日、二五日、二六日、二七日。

622 前掲『日本騎兵史』上、原書房、一九七〇年、二六一頁、前掲大江『明治馬券始末』一五五頁。

623 「総武競馬会（第一日）」『読売』明治四〇年九月二三日。

624 「魯迅と日暮里（71）南波登発の「亜細亜」への視線（46）津田官次郎の「武士道」あわせて壮士と博徒の統一戦線（下）」『今日も日暮里富士見坂』〈https://fujimizaka.wordpress.com/2020/02/05/luxun-71/〉二〇二〇年八月二七日閲覧。金山は、かつて古賀吉親分と呼ばれ、明治三五年正業につくとして井上商会も創業、その主力商品はたばこだった（同前）。

625 金山が創業資金を拠出しての会員だったことに関しては、前掲『東京競馬会及東京競馬倶楽部史』第二巻、六一七、六二八頁、安田が金山の「義侠」に任せて解決をはかったことに関しては、前掲『競馬と共に歩んだ安田伊左衛門翁伝』八〇〜一頁。

626 前掲『馬事年史』3、三六一頁。

627 前掲『日本競馬史』巻三、五〇七頁。

628 「松戸競馬会（第二日目）」『二六』明治四一年一月一三日。

629 以下、各馬の成績の典拠に関しては、第3章第1節、第3節、第4章第5節、第6節。

630 「競馬賭金に就いて」『横浜貿易』明治四〇年一〇月六日。

631 以下、この騒ぎに関しては、「総武競馬会（二日目）」『読売』明治四〇年九月二五日。

632 「松戸の競馬（四日目）」『東京日日』明治四〇年九月三〇日。

633 「競馬雑俎」『やまと』明治四〇年九月三〇日。

## 7　東洋競馬会

634 以下、東洋競馬会設立の目的までに関しては、明治四〇年七月一六日付「東洋競馬会を法人と為すの願出を許可す」国立公文書館デジタルアーカイブ。

635 同右。

636 財団法人小倉競馬倶楽部編『小倉競馬倶楽部沿革史』小倉競馬倶楽部、昭和一三年、五頁。

637　「競馬大会前況」『九州日報』明治四一年七月四日、「競馬大会前況」『九州日報』明治四一年七月一八日、「東洋競馬大会（戸畑）」『馬匹世界』第一〇号、明治四一年八月一五日。

638　「戸畑町公園設置計画」『福岡日日』明治四〇年二月一八日、「戸畑町会」『福岡日日』明治四〇年二月二〇日、「戸畑町新道敷設」『福岡日日』明治四〇年二月二七日、「東洋競馬会社の近況」『福岡日日』明治四一年六月二三日。

639　たとえば、「戸畑町公園設置計画」『福岡日日』明治四〇年二月一八日、「競馬大会前況」『九州日報』明治四一年七月四日、「東洋競馬会雑観」『馬匹世界』第一〇号、明治四一年八月一五日。

640　「東洋馬匹会社近況」『九州日報』明治四一年三月一一日。

641　「東洋競馬会社の近況」『福岡日日』明治四一年六月二三日、「競馬大会前況」『九州日報』明治四一年七月四日。一チェーンは約二〇・一メートル。

642　「東洋競馬会の前景気」『大阪時事』明治四一年七月二四日。

643　「東洋競馬会社の近況」『福岡日日』明治四一年六月二三日、「大競馬前況　愈々明日に迫れり」『九州日報』明治四一年七月二四日。

644　以下、戸畑町に関しては、「戸畑町の将来（行政区域に就て）」『九州日報』明治四〇年一月一八日、「戸畑駅の将来」『九州日報』明治四〇年三月一七日、「戸畑町より」『門司新報』明治四一年四月二三日。

645　「東洋競馬会の計画」『福岡日日』明治三九年一〇月二〇日。

646　以下、この営利会社に関しては、「東洋馬匹改良会社」『万朝報』明治三九年一〇月三〇日。

647　「東洋競馬会の計画」『福岡日日』明治三九年一〇月二〇日、「東洋馬匹会社に就て」『九州日報』明治四〇年九月二〇日。

648　「東洋競馬会法人許可」『福岡日日』明治四〇年七月二五日、「競馬会の法人許可」『九州日報』明治四〇年七月二五日、「東洋馬匹理事会（小倉）」『門司新報』明治四一年三月一七日。

649　「八県競馬大会」『九州日報』明治四三年四月二〇日。

650　下関市市史編修委員会『下関年表』下関市、二〇一一年、一三四頁、〈https://www.digital-lib-shimonoseki.jp/nenpyou/_SWF_Window.html?pagecode=137〉二〇二〇年八月二七日閲覧。

651　前掲『衆議院議員名鑑』五三二頁。

652 同前、二五三頁。
653 「東洋馬匹改良会社」『万朝報』明治三九年一〇月二〇日。
654 前掲『人事興信録』データベース。
655 (株)中央競馬ピーアール・センター企画編集『小倉競馬場70年史』日本中央競馬会小倉競馬場、二〇〇一年、二九頁。
656 集報社編『九州紳士録』第一輯、大正三年、一八五頁。
657 以下、桜内に関しては、前掲『桜内幸雄自伝　蒼天一夕談』。なお幸雄の次男が、外相、衆議院議長などを歴任した義雄(前掲『衆議院議員名鑑』二九七頁)。
658 以下、東洋競馬会の発起までに関しては、前掲『桜内幸雄自伝　蒼天一夕談』三七~八頁。
659 以下、仙台の競馬会に関しては、「仙台競馬会発起」『河北新報』明治三九年一二月四日、「仙台競馬会計画(一日東京発)」『河北新報』明治四〇年一月二日、「仙台競馬会社の計画」『河北新報』明治四〇年一月三日、「競馬会社の合同成る」『河北新報』明治四〇年一月二〇日、「仙台競馬会社と当局」『河北新報』明治四〇年三月七日、「仙台競馬会社の現況」『河北新報』明治四〇年四月一七日、「仙台競馬会社の立消え」『河北新報』明治四〇年五月三日、「東北競馬会社に就て」『河北新報』明治四〇年五月一二日。
660 「東洋競馬会の計画」『福岡日日』明治三九年一〇月二〇日。
661 「東洋馬匹改良会社の組織」『福岡日日』明治四〇年九月三〇日。その他、小林林之助(粟おこし商)らが発起した資本金一〇〇万円の小倉競馬会が明治四〇年三月に認可申請を行ったというが(「小倉競馬会社の設置出願」『大阪時事』明治四〇年三月七日)、この情報以外不詳。
662 「全国の競馬会」『読売』明治三九年一〇月五日、前掲明治四〇年七月一六日付「東洋競馬会を法人と為すの願出を許可す」、前掲安田『競馬夜話』五〇一頁。
663 前掲安田『競馬夜話』五〇一頁。
664 明治三九年一〇月の東洋競馬会の発起人会以後、翌明治四〇年七月一六日認可までの福岡での競馬会設立に向けての動向が、地元紙の紙上に報じられることはなく、その他の資料の存在も確認できないので、この間のことは不詳。
665 以下、認可に関しては、前掲明治四〇年七月一六日付「東洋競馬会を法人と為すの願出を許可す」。

666 「東洋馬匹改良会社の組織」『福岡日日』明治四〇年九月三〇日。
667 「東洋競馬会設立」『読売』明治四〇年八月三日。
668 前掲『桜内幸雄自伝　蒼天一夕談』三七頁。
669 前掲安田『競馬夜話』五〇一頁。
670 前掲『衆議院議員名鑑』一〇八頁。
671 前掲『小倉競馬場70年史』二七頁。
672 奥武則『ロシアのスパイ　日露戦争期の「露探」』中公文庫、二〇一一年、一二三頁、フリー百科事典『ウィキペディア（Wikipedia）』〈https://ja.wikipedia.org/wiki/%E5%B0%8F%E6%B2%B3%E6%BA%90%E4%B8%80〉二〇二〇年九月六日閲覧、「デジタル版 日本人名大辞典 +Plus」〈https://kotobank.jp/word/%E5%B0%8F%E6%B2%B3%E6%BA%90%E4%B8%80-1062495〉二〇二〇年九月六日閲覧。
673 「東洋馬匹改良会社の組織」『福岡日日』明治四〇年九月三〇日、「東洋馬匹理事会（小倉）」『門司新報』明治四一年三月一七日。
674 「馬匹改良有志の会合」『福岡日日』明治四〇年一一月一九日。
675 「名護屋岬より　三月二日岫門生」『門司新報』明治四一年三月三日。
676 「競馬の栞（一）」『九州日報』明治四一年七月二八日。
677 「東大佐の競馬談（一）～（三）」『大阪時事』明治四〇年一一月一、二、三日。
678 「東洋競馬会設立」『読売』明治四〇年八月三日。
679 「東洋競馬会前況」『九州日報』明治四一年七月二日。
680 以下、東洋馬匹改良株式会社に関しては、特に記さない限り、「東洋馬匹改良会社の組織」『福岡日日』明治四〇年九月三〇日、「馬匹会社の報告会」『九州日報』明治四〇年九月三〇日。
681 「東洋馬匹会社に就て」『九州日報』明治四〇年九月二〇日。
682 以下、二八日の総会時の株式の応募状況までに関しては、「馬匹会社の報告会」『九州日報』明治四〇年九月三〇日。
683 たとえば、「競馬会雑観」『九州日報』明治四一年七月二七日。

684 「馬匹会社総会」『九州日報』明治四一年二月三日。
685 「馬匹改良の急務（下）」『九州日報』明治四〇年一〇月五日。
686 以下、競馬場用地に関しては、特に記さない限り、「東洋馬匹会社に就て」『九州日報』明治四〇年九月二〇日、「東洋馬匹改良会社の組織」『福岡日日』明治四〇年九月三〇日、「大里の近況」『門司新報』明治四〇年一一月九日、「競馬会社敷地問題」『九州日報』明治四〇年一一月一三日、「戸畑競馬会社の敷地」『九州日報』明治四〇年一一月一七日、「大里の競馬場」『門司新報』明治四〇年一二月四日、「戸畑町競馬会社敷地問題」『九州日報』明治四〇年一二月五日。東洋馬匹は、将来、第二期として福岡市、第三期として熊本付近、ついで山口県、広島県にも競馬場を設置予定と謳った（「東洋馬匹会社に就て」『九州日報』明治四〇年九月二〇日）。
687 「戸畑町より」『門司新報』明治四一年四月二三日。
688 「東洋競馬株式会社（位置は筑前戸畑の海岸）」『門司新報』明治四一年二月一七日、「名護屋岬より　三月二日岫門生」『門司新報』明治四一年三月三日、「名古屋崎の競馬場」『九州日報』明治四一年三月六日、「東洋馬匹会社近況」『九州日報』明治四一年三月一一日、「戸畑町より」『門司新報』明治四一年四月二三日。

## 8　東京ジョッケー倶楽部

689 以下、目的までに関しては、明治四〇年八月二九日付「東京ジョッケー倶楽部を法人と為すの願出を許可す」国立公文書館デジタルアーカイブ。
690 前掲『日本競馬史』巻三、六〇頁。
691 中村建治『山手線誕生――半世紀かけて環状線をつなげた東京の鉄道史』交通新聞社新書、二〇〇五年、八六頁。
692 以下、競馬場に関しては、特に記さない限り、「競馬の最好期来る（一）春季競馬界の好望　騎手倶楽部の開催」『中央』明治四一年三月一三日、「春風に駒が嘶く（一）来るべき競馬会は如何」『やまと』明治四一年三月二一日、「板橋競馬の設備」『時事新報』明治四一年三月二二日、「春季競馬会（第一報）」『中外商業』明治四一年三月二二日、「春季競馬便り（八信）」『横浜貿易』明治四一年三月二六日、「ジョッケー倶楽部の競馬場」『読売』明治四一年三月二七日、「板橋大競馬（初日）」『時事新報』明治四一年三月二九日、「原被両造の口供　日本産馬会社被告事件」『東京日日』明治四一年九月二七日。

693 「大競馬場の設立」『横浜貿易』明治四〇年三月四日。

694 以下、馬見所に関しては、特に記さない限り、「競馬の最好期来る（一）春季競馬界の好望　騎手倶楽部の開催」『中央』明治四一年三月一三日、「板橋競馬の設備」『時事新報』明治四一年三月二二日、「春季競馬便り（八信）」『横浜貿易』明治四一年三月二六日、「板橋大競馬（初日）」『時事新報』明治四一年三月二九日。

695 「春季競馬便り（八信）」『横浜貿易』明治四一年三月二六日。

696 たとえば、「去勢競馬の開催」『中央』明治四一年一二月二日。

697 以下、日本産馬会社に関しては、特に記さない限り、「日本産馬株式会社株式募集広告」『時事新報』明治四〇年三月四日、「大競馬場の設立」『二六』明治四〇年三月五日、「板橋の競馬場」『東京日日』明治四〇年三月七日、「板橋競馬会社告訴さる」『万朝報』明治四一年九月二一日。

698 「大競馬場の設立」『二六』明治四〇年三月四日、「起業彙報」『東京朝日』明治四〇年三月五日。

699 たとえば、「馬匹改良と競馬」『日本』明治四〇年三月八日、「競馬会社の一打撃」『大阪朝日』明治四〇年五月一三日。

700 「競馬場選定難　内外人共同の競馬場」『報知』明治四〇年三月四日、「大競馬場の設立」『二六』明治四〇年三月四日、「完全なる新競馬場」『中央』明治四〇年三月五日。

701 フリー百科事典『ウィキペディア（Wikipedia）』〈https://ja.wikipedia.org/wiki/%E6%9F%B4%E5%8E%9F%E4%BA%80%E4%BA%8C〉二〇二〇年九月六日閲覧。

702 中尾栄次郎『静岡県紳士録』静岡栄一社、大正五年、五七五〜六頁、青島鋼太郎編『志太地区人物誌』青島鋼太郎、昭和三二年、三三二〜三頁。

703 前掲『衆議院議員名鑑』五九二頁。

704 長田秋濤に関しては、中村光夫『贋の偶像』（筑摩書房、一九六七年）が最も詳しい。ただし同書は、「彼は競馬にこっていたらしい」と記してはいるが（三五〇頁）、執筆当時の競馬史研究の状況もあって、秋濤と競馬の関係に関しては論じていない。なお『贋の偶像』の基本資料になっているのは、『秋濤居士』（秋濤会、昭和一二年）である。その他、露探として疑われた第一号であったことを中心に秋濤にふれたものとして、奥武則『ロシアのスパイ――日露戦争期の「露探」』（中公文庫、二〇一一年）、長山靖生『日露戦争』（新潮新書、二〇〇四年）がある。

705 「逝ける曾禰子爵　長田秋涛談」『神戸新聞』明治四三年九月一六日。
706 同右。
707 たとえば「板橋競馬会認可内定」『読売』明治四〇年六月一二日、「近事片々」『東京日日』明治四〇年六月一二日。
708 以下、帝国競馬会社、帝国競馬倶楽部に関しては、「競馬会社の創立」『二六』明治四〇年一月二一日、「帝国競馬会社創立」『日本』明治四〇年二月一四日、「起業彙報　帝国競馬会社」『東京朝日』明治四〇年二月一五日、「競馬株式会社の紛擾……区裁判所より判事出張……比志島中将告発されん」『二六』明治四〇年七月一七日、「帝国競馬会社の内訌」『東京朝日』明治四〇年七月一七日。
709 以下、飯村、高梨、丸山、岩谷に関しては、前掲『衆議院議員名鑑』五一、三七六、六一二、八三頁。
710 以下、比志島に関しては、前掲大江『明治馬券始末』二一二～三頁、大杉栄／飛鳥井雅道編『自叙伝・日本脱出記』岩波文庫、一九七一年、一七〇～一頁、前掲『人事興信録』データベース。比志島は、かつて近衛士官時代、明治天皇の乗馬相手もつとめ、当初、不得手であったが上達、士官に定められた規定以外にも馬を飼養する愛馬家になったという（「天皇陛下の御馬術」『大阪毎日』明治三九年一月一日）。
711 前掲『自叙伝・日本脱出記』岩波文庫、一九七一年、一七〇～一頁。
712 たとえば、「堕落の大教場」『東京朝日』明治四一年四月一四日、「松戸の醜天池（二日目）」『東京朝日』明治四一年一〇月四日。
713 以下、この疑惑に関しては、「競馬株式会社の紛擾……区裁判所より判事出張……比志島中将告発されん」『二六』明治四〇年七月一七日、「帝国競馬会社の内訌」『東京朝日』明治四〇年七月一七日、「帝国競馬会社の紛擾」『時事新報』明治四〇年七月一七日、「帝国競馬会社事件落着」『東京朝日』明治四〇年七月一九日。
714 南波に関しては、「魯迅と日暮里（26）南波登発の「亜細亜」への視線（1）「壮士」の時代「青年自由黨」の結成まで」、「魯迅と日暮里（27）南波登発の「亜細亜」への視線（2）「労働」の時代 あわせて侠客との統一戦線」、「魯迅と日暮里（30）南波登発の「亜細亜」への視線（5）「亜細亜労働協會」の時代 西園寺公望のパリ・コミューン」、「魯迅と日暮里（72）南波登発の「亜細亜」への視線（47）異形の人物との邂逅そして仏教布教者の時代（上）神聖なる占いの世界」、「魯迅と日暮里（73）南波登発の「亜細亜」への視線（48）異形の人物との邂逅そして仏教布教者の時代（中の1）幸徳秋水、そして中村信次郎」『今日も日暮里富士見坂/Nippori Fujimizaka day by day』〈https://fujimizaka.wordpress.com/〉所収、二〇二〇年八月二八日閲覧。
715 前掲小泉『懐往時談』二七〇頁。小泉は、南波に関して、「僕は此人を評して善良なる悪漢と謂う、善玉と悪玉とが混淆した一種の奇材だ」と評した(同前)。
716 「社会主義者沿革 第三 明治四二年八月~同四四年六月」『続・現代史資料(1) 社会主義沿革(一)』みすず書房、一九八四年所収、一九七~八頁。
717 たとえば「河野明治四〇年日誌」一〇月三〇日、「河野明治四一年日誌」四月二日。
718 たとえば、「中村芝翫捕わる ▽競馬賭博の発覚 ▽歌舞伎座の揉消運動」・「競馬賭博事件続報」『東京朝日』明治四三年八月一日、「桂夫婦も芝翫も有罪 ▽馬券被告悉く罰せらる」『東京朝日』明治四三年九月七日。
719 「帝国競馬会社事件落着」『東京朝日』明治四〇年七月一九日。
720 「競馬会社合同」『横浜貿易』明治四〇年八月七日、「会社彙報 競馬会社の合同」『読売』明治四〇年八月七日、「競馬会社の合同」『日本』明治四〇年八月七日、「日本産馬会社の内訌 ▽発起人確認の訴訟 ▽重役攻撃の鬨の声」『東京朝日』明治四一年三月一四日。
721 前掲明治四〇年八月二九日付「東京ジョッケー倶楽部を法人と為すの願出を許可す」。
722 「競馬会社合同」『横浜貿易』明治四〇年八月七日、「会社彙報 競馬会社の合同」『読売』明治四〇年八月七日、「競馬会社の合同」『日本』明治四〇年八月七日。
723 「日本産馬会社の内訌 ▽発起人確認の訴訟 ▽重役攻撃の鬨の声」『東京朝日』明治四一年三月一四日。藤江に関しては、五十嵐重郎編『房総人名辞書』千葉毎日新聞社、明治四二年、三八四頁。押川に関しては、大塚栄三『聖雄押川方義』押川先生文集刊行会、昭和七年、復刻版、大空社、伝記叢書216、一九九六年。
724 前掲明治四〇年八月二九日付「東京ジョッケー倶楽部を法人と為すの願出を許可す」。この認可の情報はもれており、二二日には認可が近いと報じられた(「板橋競馬場開設準備」『やまと』明治四〇年八月二二日)。
725 たとえば、広告「東京ジョッケー倶楽部 日本産馬株式会社」『報知』明治四〇年八月三一日、広告「東京ジョッケー倶楽部 日本産馬株式会社」『東京朝日』明治四〇年八月三一日。

726　「日本ジョッケー倶楽部の披露会」『万朝報』明治四〇年九月二日、「東西南北」『横浜貿易』明治四〇年九月二日、「競馬会近況」『東京日日』明治四〇年九月三日。

727　「法人登記公告」『国民』明治四〇年一〇月二日。これより先の九月九日、一旦、理事長田忠一、大谷宇吉（総武競馬会第一回開催執務委員）、藤江謙吉郎、一柳良太郎、森則義を法人登記していた（「法人登記公告」『中外商業』明治四〇年九月一二日）。

728　たとえば、「春季競馬会（第一報）」『中外商業』明治四一年三月二二日、「板橋の不正競馬」『東京日日』明治四一年四月七日、「板橋競馬評（三）」『横浜貿易』明治四一年四月九日。

729　前掲『衆議院議員名鑑』五四〇頁。

730　「全国各競馬会期日」『横浜貿易』明治四〇年九月二一日、「秋季競馬会期日」『時事新報』明治四〇年九月二一日。

731　たとえば、「板橋競馬場の施設」『二六』明治四〇年九月四日、「ジョッケー倶楽部新馬抽籤」『万朝報』明治四〇年一〇月一六日、「池上の馬匹抽籤」『報知』明治四〇年一〇月一六日、「ジョッケー倶楽部の抽籤馬」『東京日日』明治四〇年一〇月一六日。

732　「第一回払込広告」『東京日日』明治四〇年九月二三日。

733　以下、旧帝国競馬会社側の不満までに関しては、「日本産馬創立委員告訴さる　商法違反と詐欺取財　ジョッケー役員総辞職」『東京日日』明治四一年九月二一日。

734　「第一回払込広告」『東京日日』明治四〇年九月二三日。

735　以下、払込が一七万円で創立総会が開催できなかったことまでに関しては、「日本産馬創立委員告訴さる　商法違反と詐欺取財　ジョッケー役員総辞職」『東京日日』明治四一年九月二一日。

736　「日本産馬会社創立総会」『報知』明治四一年一〇月七日夕刊。

737　以下、この経緯、また買収価格までに関しては、特に記さない限り、「日本産馬創立委員告訴さる　商法違反と詐欺取財　ジョッケー役員総辞職」『東京日日』明治四一年九月二一日、「板橋競馬会社告訴さる」『万朝報』明治四一年九月二一日、「競馬役員の告訴」『日本』明治四一年九月二一日、「原被両造の口供　日本産馬会社被告事件」『東京日日』明治四一年九月二七日、「板橋競馬の告訴事件」『都』明治四一年九月二七日。

738 「新潟競馬倶楽部債権の決定」『馬匹世界』第四年第一〇号、明治四三年一〇月一五日。

739 たとえば、「競馬関係者の拘引 馬券発売請負の逮捕」『大阪毎日』明治四一年九月二九日。

740 以下、この経緯に関しては、「魑魅魍魎城北に跋扈」『二六』明治四二年二月一五日、「板橋の怪聞（承前）……町長菊次郎の悪辣手腕」『二六』明治四二年二月一六日、「板橋の怪聞（承前）……町長の悪事漸次暴露す……建築の魂胆」『二六』明治四二年二月一七日、「板橋の怪聞（承前）……競馬場設置当時の怪事」『二六』明治四二年二月二一日、「板橋の怪聞（承前）……郡長の態度」『二六』明治四二年二月二二日、「板橋の怪聞（承前）……犯罪の跡歴々たり」『二六』明治四二年二月二四日。真偽は不詳だが、これらの記事で、町長は、これを機に、一挙に巨利を得ようとし、斡旋の手数料、成功報酬だけでなく、予定地の田畑を買い占めて会社への転売もはかっている、また町長は、前年の明治三九年、自分の土地を板橋小学校用地として売却した代金とともに、ここでその小学校の新校舎の工事費などの町の予算を流用したものを資金として買収を進めた、そしてこの小学校用地は、「伝染病院（板橋町他一二ヶ町村組合）」（現在の板橋第九小学校辺り）に近く、当時の衛生規則では不適切な地であったが、町長は地位を利用して病院の移転を決定して小学校設置の認可に持ち込み、相場より高く購入させたものだった、しかもその移転先用地（競馬場の三コーナーの一帯）を、今度は競馬会社に売却してしまっていたと報じられた。ともあれ、町長の尽力で、東京ジョッケー倶楽部が認可された明治四〇年八月頃には、用地の買収契約の見込みは、ほぼついていたようである。

741 たとえば、「板橋競馬場起工式」『毎日』明治四〇年一〇月一八日、「日本産馬会社起工式」『中外商業』明治四〇年一〇月一九日、「日本産馬会社競馬場起工式」『東京日日』明治四〇年一〇月一九日。

742 「板橋の怪聞（承前）……競馬場設置当時の怪事」『二六』明治四二年二月二一日。

743 広告「東京ジョッケー倶楽部」『二六』明治四〇年一一月三日、「明治四一年五月七日付東京ジョッケー倶楽部会頭尾崎行雄より馬政長官子爵曾禰荒助宛内願書」明治四一年五月二六日付「東京ジョッケー倶楽部の競馬開催に関する内願の件」国立公文書館デジタルアーカイブ、所収。

744 「春季競馬便り（一信）」『横浜貿易』明治四一年三月三日、「板橋競馬評（上）」『横浜貿易』明治四一年四月七日。

745 「ジョッケー倶楽部と尾崎行雄」『二六』明治四〇年一一月二九日。なお認可当初、会頭候補には元海軍大臣樺山資紀の名が出ていたが（「東西南北」『横浜貿易』明治四〇年九月二一日）、これは長田秋濤が、明治二八年樺山の台湾総督府長官時代にその部下だったという関係（前掲中村光夫『贋の偶像』一三六頁）からのものだっただろう。
746 櫻井良樹『帝都東京の近代政治史　市政運営と地域政治』日本経済評論社、二〇〇三年、四四、一四七頁。
747 たとえば、「尾崎市長馬券談」『日本』明治四一年一二月一一日、全国競馬連合会『競馬連合会報告書』明治四二年、五〜九頁。
748 前掲『東京競馬会及東京競馬倶楽部史』第二巻、六六一頁。
749 日本競馬場会総務部調査課編纂『日本競馬史』巻四、日本中央競馬会、一九六九年、一六頁。
750 伊佐秀雄『尾崎行雄伝』尾崎幸雄伝刊行会、昭和二六年、七〇〇頁。
751 たとえば、「板橋競馬雑観」『中央』明治四一年三月二九日、「泥濘中の競馬会　板橋競馬（三日目）」『読売』明治四一年四月五日。
752 たとえば、「板橋の競馬は来春か」『やまと』明治四〇年一二月九日、「板橋の競馬は一月か」『横浜貿易』明治四〇年一二月一一日、「板橋競馬の延期説　競馬熱冷（さまし）のため」『東京朝日』明治四〇年一二月一一日。

## 9　鳴尾速歩競馬会

753 明治四〇年八月二九日付「鳴尾速歩競馬会を法人と為すの願出を許可す」国立公文書館デジタルアーカイブ。
754 「ハヤアシ競馬」『神戸新聞』明治四一年六月一八日。
755 たとえば、「神戸外人の競馬熱」『大阪朝日』明治四〇年一月二六日、「鳴尾速歩競馬会」『神戸又新』明治四〇年一〇月一二日、前掲明治四〇年八月二九日付「鳴尾速歩競馬会を法人と為すの願出を許可す」。
756 日本中央競馬会総務部調査課編纂『日本競馬史』巻七、日本中央競馬会、一九七五年、七四五頁。
757 たとえば、「ハヤアシ競馬」『神戸新聞』明治四一年六月一八日、「鳴尾速歩競馬会の初季大競馬　初日特別競馬速歩競走」『馬匹世界』第九号、明治四一年七月一五日、「鳴尾速歩競馬（声許りで実は挙らぬ）」『大阪朝日』明治四一年九月二一日。
758 「新設の鳴尾競馬」『大阪時事』明治四一年六月一〇日。
759 たとえば、「今明両日の競馬」『北海タイムス』明治四一年六月二〇日、「競馬会（三面より続く）」『北海タイムス』明治四一年六月二一日、「秋季競馬会」『北海タイムス』明治四一年八月一七日、「秋季競馬会（四日目一六日の続き）」『北海タイムス』明治四一年八月一八日。

760 中央競馬ピーアール・センター編集『近代競馬の軌跡——昭和史の歩みとともに』日本中央競馬会、一九八八年、七八頁。

761 以下、競馬場施設及び新設道路に関しては、「競馬と鳴尾村」『大阪時事』明治四一年二月二三日、「新設の鳴尾競馬」『大阪時事』明治四一年六月一〇日、「鳴尾の速歩競馬」『神戸新聞』明治四一年六月一七日、「鳴尾速歩競馬（第一日）」『大阪時事』明治四一年六月二二日、「鳴尾速歩競馬会の初季大競馬」『馬匹世界』第九号、明治四一年七月一五日、前掲『阪神競馬場の歩み』三二頁、（株）中央競馬ピーアールセンター企画編集『阪神競馬場50年史』日本中央競馬会阪神競馬場、一九九九年、二九頁、前掲『鳴尾村誌1889-1951』二六三頁。

762 「新設の鳴尾競馬」『大阪時事』明治四一年六月一〇日。

763 「競馬場設置出願」『神戸新聞』明治四〇年一月二四日。

764 「神戸外人の競馬熱」『大阪朝日』明治四〇年一月二六日。

765 以下、東洋競馬倶楽部及び賛成人までに関しては「東洋競馬倶楽部（神戸に成立す）」『報知』明治四〇年一月二五日、「東洋競馬倶楽部」『東京朝日』明治四〇年一月二五日、「東洋競馬倶楽部の成立」『日本』明治四〇年一月二五日、「神戸外人の競馬熱」『大阪朝日』明治四〇年一月二六日、「東洋競馬倶楽部の発起」『大阪毎日』明治四〇年二月五日。

766 各人物に関して、相部は広告「鳴尾速歩競馬会」『神戸又新』明治四一年六月一九日、山本は赤松啓介「都市計画の先覚　山本繁蔵」前掲『神戸財界開拓者伝』六一二〜六頁、前掲『衆議院議員年鑑』六九三頁、後藤は赤松啓介「列車食堂の創始者　後藤勝造」前掲『神戸財界開拓者伝』三三一〜八頁、『兵庫県人物事典』中巻、のじぎく文庫、一九六七年、四六七頁、「後藤勝造―人物特集―鈴木商店のあゆみ―鈴木商店記念館」〈http://www.suzukishoten-museum.com/footstep/person/cat13/〉二〇二〇年八月二九日閲覧、皆川は前掲『人事興信録』データベース、麥少彭に関しては松浦章「辛亥革命前の神戸華商麥少彭の経済破綻」『関西大學文學論集』五四巻、二〇〇四年、森本は森本倉庫編『六兵衛の生きた時代と森本倉庫』森本倉庫、二〇〇二年、深澤は「苛斂誅求の産物か納税観念の頽廃か（下）」『大正日日新聞』大正八年一二月六日（神戸大学経済経営研究所新聞記事文庫〈http://www.lib.kobe-u.ac.jp/das/jsp/ja/ContentViewM.jsp?METAID=10049808&TYPE=HTML_FILE&POS=1〉所収、二〇二〇年八月二九日閲覧、クーパー、ホワイト、ウィルソンは「東洋競馬倶楽部の発起」『大阪毎日』明治四〇年二月五日。

767 前掲『人事興信録』データベース、山口武宏「子爵・九鬼隆輝（1870–1948）」『歴ネットさんだ通信』第六五号、二〇一九年一月一日。
768 「東洋競馬倶楽部（神戸に成立す）」『報知』明治四〇年一月二五日。この記事では、相部商店の所在地を四丁目としているが三丁目の誤り。
769 「神戸外人の競馬熱」『大阪朝日』明治四〇年一月二六日。
770 「競馬倶楽部の増資」『大阪毎日』明治四〇年二月五日。当初は五〇万円だった（同上）。
771 前掲『人事興信録』データベース。
772 「競馬場雑観」『中央』明治三九年一一月二六日。
773 「神戸外人の競馬熱」『大阪朝日』明治四〇年一月二六日。
774 同右。
775 前掲『日本馬政史』第四巻、二八一頁、「浅川敏靖氏」前掲『明治大正馬政功労十一氏事績』二五〇頁、前掲『競馬と共に歩んだ安田伊左衛門翁伝』一二三頁。
776 「鳴尾馬匹改良会社」『大阪時事』明治四〇年一〇月一二日。
777 江藤淳『漱石とその時代』第三部、新潮社、一九九三年、一八二頁、前掲『将官総覧』三一八頁。
778 前掲『競馬と共に歩んだ安田伊左衛門翁伝』一二三頁。
779 前掲安田『競馬夜話』五〇一頁。前掲『競馬と共に歩んだ安田伊左衛門翁伝』では、「何分便宜を与えてやるようにと」の表現になっている（一二三頁）。
780 前掲安田『競馬夜話』五〇一頁。
781 以下、大東競馬倶楽部に関しては、前掲明治四〇年八月二九日付「鳴尾速歩競馬会を法人と為すの願出を許可す」、「鳴尾馬匹改良会社」『大阪時事』明治四〇年一〇月一二日。
782 前掲『貴族院・参議院議員名鑑』一六四～五頁。
783 たとえば、「三浦御前の倒産」『万朝報』明治四〇年五月二二日、「名家の没落」『報知』明治四〇年五月二四日、「明治四〇年七月九日横浜地方裁判所第二民事部臼井儀兵衛破産者公告」『中外商業』明治四〇年七月一九日、「明治四一年二月六日月横浜地方裁判所臼井儀兵衛破産公告」『時事新報』明治四一年二月一〇日。

784 各人物に関して、磯野は吉弘白眼『青眼白眼』吉岡実文館、明治三九年、二四一～六頁、前掲『人事興信録』データベース、辻は前掲『人事興信録』データベース、菊池は前掲『衆議院議員年鑑』二一一頁、阿部は前掲『人事興信録』データベース。

785 以下、認可までに関しては、前掲明治四〇年八月二九日付「鳴尾速歩競馬会を法人と為すの願出を許可す」。荒木は『日本紳士録』第九版、交詢社、明治三六年、あ三三三頁。なお関西競馬倶楽部が鳴尾速歩競馬会を吸収する形をとって設立された阪神競馬倶楽部の三〇年史は、「鳴尾速歩競馬会の創立に関係せる人々」としてつぎの人物をあげている（前掲『阪神競馬倶楽部三十年沿革史』一六頁）。なおここで初めて名を出す人物の経歴とその典拠を（　）内に示した。

陸軍少将池田正介、陸軍大佐河野春庵、相部十八、小曾根貞松（実業家、『人事興信録』第八版）、深澤富太郎、濱崎健吉（相場師、濱崎商店（株）取締役、前掲『人事興信録』データベース）、野村徳七（野村商店、野村証券創設者、前掲『人事興信録』データベース）、磯野良吉、荒木英一、後藤勝造、菊池侃二、木村重太郎、梅本和三郎、安田伊左衛門、草鹿甲子太郎（元神戸市選出衆議院議員、政友会、前掲『衆議院議員名鑑』二二五頁）、坪田十郎（実業家、元兵庫県議会議長、明治四一年五月、兵庫県第一区選出衆議院議員、政友会、前掲『衆議院議員名鑑』四一六頁）。

786 「鳴尾速歩競馬会」『神戸又新』明治四〇年一〇月九日、「鳴尾競馬会」『大阪毎日』明治四〇年一〇月九日。

787 「鳴尾馬匹改良会社」『大阪時事』明治四〇年一〇月一二日。

788 明治四〇年一一月八日付「鳴尾速歩競馬会の定款変更を認可す」国立公文書館デジタルアーカイブ。

789 以下、この日の発起人会に関しては、「鳴尾馬匹改良会社」『大阪時事』明治四〇年一〇月一二日。

790 宗像に関しては、前掲『人事興信録』データベース、高橋に関しては、前掲『青眼白眼』二九〇～二頁。

791 「鳴尾馬匹改良会社」『大阪時事』明治四〇年一〇月一二日。

792 「鳴尾馬匹改会社創立委員会」『大阪時事』明治四一年二月二二日。

793 以下、この日の総会に関しては、「鳴尾馬匹改良株式会社」『大阪時事』明治四一年三月二七日。

794 以下、抽籤豪州産馬の輸入までに関しては、「競馬と鳴尾村 村民の沸騰▲競馬でもウマいことはない」『大阪朝日』明治四一年二月二〇日、「鳴尾馬匹改良会社創立委員会」『大阪時事』明治四一年二月二二日。

795 「鳴尾の新競馬会社」『大阪朝日』明治四一年一月二八日。

796 西川文太郎『兼松濠州翁』大正二年（同前書は『兼松房次郎の伝記』の題名で〈http://www.kanegold.com/〉に掲載されている、二〇二〇年八月二九日閲覧）、赤松啓介「豪州貿易の先駆者　兼松房次郎」前掲『神戸財界開拓者伝』一二八〜三四頁。

797 「鳴尾馬匹改会社創立委員会」『大阪時事』明治四一年二月二二日。

798 梅原は前掲『衆議院議員名鑑』九六〜七頁、浜崎は前掲『人事興信録』データベース、野村は前掲『人事興信録』データベース、創業者「野村徳七」〈https://www.nomuraholdings.com/jp/company/basic/founder/〉二〇二〇年八月二九日閲覧、鍋島高明『日本相場師列伝』日経ビジネス人文庫、二〇〇六年、二二六頁、坪田は前掲『衆議院議員名鑑』四一六頁。

799 「鳴尾の新競馬会社」『大阪朝日』明治四一年一月二八日。

800 「鳴尾馬匹改会社創立委員会」『大阪時事』明治四一年二月二二日。

801 以下、河野に関しては『神戸町史』下巻、一九六九年、一七九〜八一頁、神戸町民話友の会『美濃神戸ふるさと百話　第三集』神戸町教育委員会、一九九六年、二〇七〜八頁、「俘虜収容所を訪問し教務施行する内外国宗教家取調の件」明治三八年『満大日記　一一月上』（防衛庁防衛研究所所蔵）アジア歴史資料センターデジタルアーカイブ、「皇国軍人の鑑」『国民』明治三九年一二月二日。

802 前掲『競馬と共に歩んだ安田伊左衛門翁伝』一八、二三頁。

803 たとえば、「鳴尾速歩競馬に係る訴訟」『神戸新聞』明治四一年九月一六日。

804 以下、各開催の売上に関しては、たとえば、「鳴尾秋季大競馬（第一日）来観者無慮一万人煮え返る程の雑踏」『大阪時事』明治四〇年一一月一八日、「鳴尾秋季大競馬（第二日）」『大阪時事』明治四〇年一一月一九日、「鳴尾秋季競馬会（第三日）」『大阪時事』明治四〇年一一月二四日、「鳴尾秋季大競馬（第四日）最終日の光景」『大阪時事』明治四〇年一一月二五日、「鳴尾の新年競馬　第一日競馬の光景　馬券収入激増す」『大阪時事』明治四一年一月六日、「鳴尾の新年競馬　第二日目の競馬会　紳士競走の大紛擾」『大阪時事』明治四一年一月七日、「鳴尾の新年競馬　最終の日の光景」『大阪時事』明治四一年一月八日、「鳴尾速歩競馬会（第四日目）」『神戸新聞』明治四一年九月二八日、前掲堀田『競馬及競馬法史』八五頁。

10　宮崎競馬会

805 明治四〇年九月四日付「宮崎競馬会を法人と為すの願出を許可す」国立公文書館デジタルアーカイブ。

806 原田勝助編纂『宮崎県畜産小史』第二回宮崎県馬匹共進会協賛会、明治四三年、一七四頁、前掲『日本競馬史』巻三、六八七頁。

807 「競馬会新設事業報告」『日州』明治四〇年一〇月二二日。

808 児玉に関しては、山田仁市『馬事功労十九氏事蹟』日本馬事会、昭和一八年、七三三〜七頁。

809 「本県馬の供給地」『日州』明治三九年五月三日、若山甲蔵『宮崎県案内記』明治四〇年、四四〜五頁、宮崎県編『宮崎県史』通史編近・現代1、平成一二年、七八九〜九二頁。

810 以下、宮崎競馬会の開催までに関しては、特に記さない限り、「宮崎競馬会の来歴（上）（下）」『日州』明治四〇年二月八日、九日、前掲『宮崎県畜産小史』一七三〜四頁、『日本競馬史』巻三、六八一〜二頁。

811 たとえば、「昨日の大競馬会」『日州』明治四〇年三月一三日、「北諸県郡時報」『日州』明治四〇年三月一七日、「延岡雑俎」『日州』明治四〇年三月二九日。

812 瀬戸口に関しては、宮武喜三太『宮崎県大観』宮崎県大観編纂部、大正四年、一一七頁。

813 「本県馬匹の改良（瀬戸口産牛馬組合連合会長談話）」『日州』明治三九年八月二六日。

814 「児玉日誌」について、同誌を所蔵する宮崎県立図書館が、つぎのように紹介している（「図書館の名宝（4）」〈http://himukablog.miyazaki-c.ed.jp/blog/library/Entry/34508〉二〇二〇年八月二九日閲覧。

県立図書館が所蔵・管理している名宝紹介の4回目です。今回は、「児玉日誌」（こだまにっし）をご紹介します。「児玉日誌」は、宮崎郡住吉村（現宮崎市）出身で、明治〜昭和時代前期の政治家児玉伊織（こだまいおり 1867－1936）が残した日誌です。児玉伊織の生家は神職でしたが、児玉自身は宮崎郡書記・県属となり官僚の道を歩んだ後、明治32年（1899）に31歳で宮崎町長となりました。そして、県農会書記長、県産牛馬組合副会長などをつとめ、明治40年（1907）には宮崎競馬倶楽部（宮崎競馬会が正しい、競馬倶楽部となったのは明治43年から――立川）をおこしています。宮崎競馬倶楽部は児玉の尽力により大正12年（1923）に公認競馬場（宮崎競馬場）となりました。ちなみに、この競馬場跡が現在のＪＲＡ宮崎育成牧場です。児玉は明治44年（1911）に宮崎県会議員に当選し、以後5期20年間議員を務め、昭和2年（1927）には県会議長となっています。昭和11年9月23日に宮崎市の自宅で死去。70歳でした。「児玉日誌」の特徴は、児玉伊織の日常生活が綴られる中で、児玉の行動や政財界の人々との交流（面会）などが宮崎県政と関わっていること、明治21年（1888）1月から昭和11年（1936）6月まで、ほぼ毎年日記が残されており継続性があること（ただし一部欠本があり、病気などのため記述がない部分もあります）などが挙げられます……

815 「児玉日誌」はデジタル化を終えていて、将来、宮崎県立図書館のＨＰデジタルアーカイブでの全文の公開が予定されているそうだが、現時点でアップされているのは、毎年の一月から二月分まで。その他の月のものは、事前に閲覧を申請し、許可を得たうえで、平日（土日不可）に同図書館に赴いて閲覧する必要がある。
日誌は、日付、天気、曜日、旧暦、十二支、寒暖の記入欄があり、たとえば明治三九年一二月一日の項は、一二月一日、晴、土曜、旧十月一六日、卯、暖、と記されている。上一／四が重要記事覧、三／四が日記覧（12行）、児玉は1行平均18字前後で記している。
※二〇二二年一〇月二四日本稿再校の際、閲覧したところ、全文が公開されていた。私の閲覧方法の記録ということで、右の記述はそのままとしたうえで、訂正する。
816 たとえば、「馬政局員の巡視」『万朝報』明治三九年六月二九日、「馬政局員巡視」『東京朝日』明治三九年六月二九日、「藤波主馬頭の出発」『東京日日』明治三九年七月二日。
817 前掲山田『馬事功労十九氏事蹟』日本馬事会、昭和一八年、三三五〜六頁。
818 前掲『人事興信録』データベース。
819 三浦清吉「英国馬術共進会と馬券復活譚」『馬匹世界』第一六号、明治四二年三月二五日。
820 前掲『宮崎県畜産小史』八二頁。
821 同前、八四頁。
822 同前、一五九頁。
前掲『宮崎県史』通史編　近・現代1、八四一頁。

823　「大競馬場新設の進行」『日州』明治四〇年二月六日。
824　前掲『日本競馬史』巻三、六八四頁。
825　「児玉日誌」明治四〇年三月四日。
826　「社団法人御許可願」前掲『日本競馬史』巻三、所収、六八四頁、前掲『宮崎県畜産小史』一七四頁、「宮崎競馬会解散登記」『日州』明治四〇年四月一三日。
827　「宮崎競馬会解散登記」『日州』明治四〇年四月一三日。
828　日州は、「競馬会設立発起会」と報じた（「競馬会設立発起会」『日州』明治四〇年四月二一日）。
829　「競馬会設立発起会」『日州』明治四〇年四月二一日、なお、児玉日誌のこの集会に関する記述はつぎのように簡潔だった。

定時より出務、瀬戸口君早目に来りて本日集会の件に付相談あり……午後二時より郡会議事堂にて競馬会創立有志者集会を開く、会するもの二〇余名、瀬戸口君の挨拶に引続き詳細に述べ置く、各村長諸君も数多来会するあり、委員撰定のことに約して一先散会す、四時過散会す、事務所に立寄りて帰宅す。

830　以下、この奉告祭に関しては、「大祭記念付録」『日州』明治四〇年一〇月二一日、前掲『宮崎県史』通史編　近・現代1、一五七、九〇二頁。
831　前掲『日本競馬史』巻三、六八五〜七頁に掲載されている、つぎのような「創業資産」、「宮崎競馬会競馬場設計書」は、この日までに準備され、児玉の説明はこれに基いて行われていたと思われる。

資産額、創業資金一万四五〇〇円、但し全員の出金による
敷地買入費五五六五円、建築費四六六五円
土工費二一八五円、需用品費一三八〇円、創業資金四〇〇円、予備費三〇五円
……
宮崎競馬会競馬場設計書

宮崎郡大宮村大字大島字船塚外六字
競馬場周囲一哩、幅員一五間、坪数一万三六八七坪、馬見場敷地縦一二〇間、横三〇間、坪数三六〇〇坪、通路敷地坪数一二六四坪、競馬場本柵延長九四〇間、外周外取設け内周は高さ三尺の土塁を築く、馬見場外周延長一八〇間に木柵を回らす、正門通用門各一ヶ所、馬見場二棟のうち一棟には貴賓席を設く、総坪数一六〇坪、厩舎は常時八〇頭収容、臨時に五〇頭分を設くる見込

832 この二五日、児玉は、県農業技師有川哲二らと相談、宮崎競馬会創立総会を県の「嘱託集会」として県会議事堂で開く手はずを整えた（「児玉日誌」）。

833 「児玉日誌」明治四〇年四月二七日、「宮崎競馬会創立総会」『日州』明治四〇年四月二七日。

834 「宮崎競馬場の改築工事」『日州』明治四〇年五月一一日。

835 以下、創立者総代に関してまでは、「社団法人御許可願」前掲『日本競馬史』巻三、所収、六八四～五頁。「社団法人御許可願」には、「宮崎競馬会資産の総額調書」、「宮崎競馬会競馬場設計書」、「宮崎競馬会定款」（前掲『日本競馬史』巻三、六八四～七頁）を添付していた。

836 人物の略歴に関して、菅波は「広告」『日州』明治四〇年四月七日、「奉迎委員会」『日州』明治四〇年七月一六日、渋谷は前掲『宮崎県大観』九九頁、日高は宮崎市編さん委員会『宮崎市史』続編（下）、宮崎市、昭和五三年、一五四四頁。

837 「大祭記念付録」『日州』明治四〇年一〇月二二日。

838 同右。

839 「競馬場新設工事」『日州』明治四〇年五月一四日。

840 「宮崎競馬場の改築工事」『日州』明治四〇年五月一一日。この記事は児玉の寄稿であった。

841 五月一八日の日誌に、「午後三時より有川君を連れ神武東新設競馬場を案内す、馬車にて急行一通り周囲を踏査す」と記されている。

842 「宮崎競馬場の改築工事」『日州』明治四〇年五月一一日。

843 「児玉日誌」明治四〇年五月一四日。

844 「児玉日誌」には、その人物が怒鳴り込んできたり、一旦まとまりかけた話が壊れるなどの様子が、折にふれて記されている。たとえば、明治四〇年五月二三日、九月一八日、一〇月一日、一一日、一三日。

845 たとえば、「児玉日誌」明治四〇年五月九日、六月七日。

846 「宮崎競馬会の活動」『日州』明治四〇年七月一八日。

847 「児玉日誌」明治四〇年六月三日、四日。

848 田上十四夫「あの頃の話——石橋正人氏の懐旧談」『優駿』昭和二三年六月号。

849 藤波は、これより先の五月一六日から東北、北海道の御料牧場、種馬牧場等の視察に出かけており、帰京したのは六月二五日だった（「公人私人」『万朝報』明治四〇年五月一六日、「公人私人」『万朝報』明治四〇年六月二七日）。

850 「宮崎競馬会の活動」『日州』明治四〇年七月一八日。

851 たとえば、「児玉日誌」明治四〇年二月二一日。

852 「児玉日誌」明治四〇年七月一〇日、「宮崎競馬会の活動」『日州』明治四〇年七月一八日。

853 たとえば、「公人私人」『万朝報』明治四〇年六月二七日。

854 「児玉日誌」明治四〇年七月二九日、「産牛馬組合連合会」『日州』明治四〇年七月三一日。

855 「宮崎競馬会の活動」『日州』明治四〇年七月一八日。

856 以下、認可までに関しては、前掲明治四〇年九月四日付「宮崎競馬会を法人と為すの願出を許可す」。

857 登記の内容は、以下のものだった（前掲『日本競馬史』巻三、六九九～七〇一頁）。

一、名称　宮崎競馬会
二、事務所　宮崎県宮崎郡宮崎町大字上別府四三六番戸其壱
三、目的　本会は馬匹に関する国民の思想を涵養し、産馬事業の発達と馬術の進歩とを期し、兼て社交を幇助せんため競馬を挙行するをもって目的とす
四、設立許可の年月日　明治四〇年九月四日
五、存立時期　——（原文空白）

六、資金の総額　一万四五〇〇円
七、会員は金十円以上を資金として支出すべきこと、その方法は定款の認可ありたる日より六〇日以内に全額十分の五、残額は理事の指定したる期日において一回または数回に分かちて出すものとす
八、理事の氏名住所（住所略、肩書は立川）
瀬戸口長通（宮崎県産牛馬組合連合会長）、児玉伊織（同副会長）、菅沼鶴治（弁護士）、渋谷元武（元南那珂郡長、元西臼杵郡長）、日高健助（大淀村村長、元県会議員）

858 前掲『日本競馬史』巻三、六九八頁。
859 同前、六九八～九頁。
860 前掲『宮崎県史』通史編近・現代1、一〇一一頁。
861 「宮崎競馬会の開会準備」『日州』明治四〇年一〇月二日、年齢は十八才以上体量百弐拾英斤以上（同上）。
862 たとえば、「競馬の騎手（続）」『時事新報』明治四一年二月一八日。
863 前掲『宮崎県畜産小史』一八八頁、「児玉日誌」明治四三年六月九日。
864 「宮崎競馬会開催期日決定」及び広告「社団法人宮崎競馬会」『日州』明治四〇年一〇月一九日。
865 「宮崎競馬会開催期日決定」『日州』明治四〇年一〇月一九日。そして、旧の宮崎競馬会の時代には、春の神武天皇祭（四月三日）、秋の例大祭（一〇月二六日）に定期開催、その他馬寄（二歳、三歳、級別など数組から十数組の競走）を折にふれて実施していたが、この例大祭の定期開催も継続した。馬寄とは、馬に競走させてその力をはかるためのもの。この年「児玉日誌」に記された馬寄は、三月二四日、三月三〇日、九月二〇日、二四日、一〇月三日、一〇日、一五日だった。
866 競馬場落成式当日の一〇月二一日、児玉が行った「競馬会新設事業報告」では、「七月一三日及び同二一日を以て補修を加え全形を示すを得たり」と言及されていたが（「大祭記念付録」『日州』明治四〇年一〇月二二日）、日誌を見ると、「及び」ではなく「七月一三日から同二一日」だった。
867 「大祭記念付録」『日州』明治四〇年一〇月二二日。
868 前掲『日本競馬史』巻三、六八五～六頁。

869 「宮崎競馬会の活動」『日州』明治四〇年七月一八日。
870 前掲『宮崎県史』通史編近・現代1、八二六頁。
871 これより先の八月二九日、一四七銀行へ「借用金追加一条申出」ていたが、宮崎競馬会理事菅波鶴治が「捺印」を拒み、この日は借り入れができなかった。
872 「児玉日誌」明治四〇年九月二四日。
873 「一昨日の馬寄」『日州』明治四〇年一〇月八日。
874 「宮崎競馬会の開会準備」『日州』明治四〇年一〇月二日、「一昨日の馬寄」『日州』明治四〇年一〇月八日。
875 たとえば、「児玉日誌」明治四〇年一〇月二九日。
876 以下、八月中旬から九月下旬にかけての協議、説得でも打開の糸口が見つかっていなかったことまでに関しては、「児玉日誌」明治四〇年三月六日、四月二五日、八月一〇日、八月二一日、九月四日、九月二一日。
877 以下、この道路の敷設に関しては、明治四〇年「児玉日誌」一〇月一三日、「大祭記念付録」『日州』明治四〇年一〇月二二日、前掲『宮崎県畜産小史』一七六～八二頁、『宮崎県行啓誌』宮崎県庁、明治四五年、一一四頁、「皇太子殿下宮崎競馬会御台臨記事」前掲『日本競馬史』巻三、所収、六九三頁。
878 以下、この行啓に関しては、特に記さない限り、前掲『宮崎県行啓誌』、原武史『大正天皇』朝日選書、朝日新聞社、二〇〇〇年、一二〇～三四頁、前掲『大正天皇実録』補訂版第二、三三一～五四頁。
879 「大祭記念付録」『日州』明治四〇年一〇月二二日。なお児玉は、「四百余人」を「一千有余」と誇張していた。
880 たとえば、「児玉日誌」明治四〇年一〇月二八日。
881 以下、この補助に関しては、「大祭記念付録」『日州』明治四〇年一〇月二二日。
882 「児玉日誌」明治四〇年四月一七日。
883 以下、この日に関しては、「児玉日誌」明治四〇年一〇月二一日、「大祭記念付録」『日州』明治四〇年一〇月二二日。
884 前掲『宮崎県行啓誌』一一三頁。
885 「児玉日誌」明治四〇年一〇月二四日、「本日の競馬」『日州』明治四〇年一〇月二六日。
886 以下、この「臨時大馬寄」に関しては、「児玉日誌」明治四〇年一〇月二六日、「本日の競馬」『日州』明治四〇年一〇月

二六日、「一昨日の競馬会」『日州』明治四〇年一〇月二八日。
887 「一昨日の競馬会」『日州』明治四〇年一〇月二八日。
888 以下、各馬に関しては、この第五競馬の二、三着馬を含めて、前掲『宮崎県行啓誌』一一四頁。
889 矢野に関しては、「競馬熱心の人」『日州』明治四〇年一一月二七日、別府に関しては、「本日の競馬」『日州』明治四〇年一〇月二六日。
890 以下、この台臨競馬に関しては、「児玉日誌」明治四〇年一一月二日、「鶴駕巡啓記」『日州付録』明治四〇年一一月三日、前掲『宮崎県行啓誌』一一一～七頁。
891 前掲『宮崎県行啓誌』一一三頁。
892 「児玉日誌」明治四〇年一〇月三一日から一一月七日、前掲『宮崎県畜産小史』二一〇～六頁。
893 「児玉日誌」明治四〇年六月一四日。
894 明治三九年一二月「閣令第九号産馬奨励規程」前掲『日本馬政史』第四巻、五三三頁。
895 たとえば、広告「関西競馬倶楽部」『大阪朝日』明治四〇年一一月四日、「池上競馬会（第四日目）」『横浜貿易』明治四〇年一一月一八日。
896 以下、この開催に関しては、「競馬会の延期」『日州』明治四〇年一一月九日、「児玉日誌」明治四〇年一一月一〇日、「一昨日の大競馬　空前の大盛況」『日州』明治四〇年一一月一二日。
897 以下、第一回開催に関しては、特に記さない限り、「児玉日誌」明治四〇年一一月一六日、一七日、二二日、二三日、二四日、「宮崎競馬会（第一日）」『日州』明治四〇年一一月一九日、「宮崎競馬会（第二日）」『日州』明治四〇年一一月二〇日、「宮崎競馬会（第三日）」『日州』明治四〇年一一月二六日、「宮崎競馬会（最終日）空前の盛況」『日州』明治四〇年一一月二七日。
898 「秋季大競馬会」『日州』明治四〇年一〇月一七日。
899 前掲『日本競馬史』巻三は、宮崎競馬会第一回開催の賞金総額を一〇六五円と記している（七二五頁）。
900 児玉は、三日目まで、三日間ともに観客が少ないと記していたが、逆に『日州』は、三日間ともに連日多くの観客が観戦に訪れていたと報じた。

901 前掲『日本競馬史』巻三、七二五頁。

902 第7章、各開催参照。

903 前掲『日本競馬史』巻三、六七五頁。

904 前掲『日本競馬史』巻三、三〇六頁。

905 「札幌秋季競馬会（初日勝負）」『小樽新聞』明治四一年八月一一日、「札幌秋季競馬会（二日目勝負）」『小樽新聞』明治四一年八月一二日、「札幌秋季競馬会　三日目午前の勝負」『小樽新聞』明治四一年八月一六日、「札幌秋季競馬会　入場者約千八百名」『小樽新聞』明治四一年八月一七日、「札幌秋季競馬会　最終日の入場者は二千五百名に達す」『小樽新聞』明治四一年八月一九日。

906 児玉日誌にはじめて登場したのは一一月二〇日のことだった。

907 なお前掲『日本競馬史』巻三は、第一回に引続いて一二月、臨時競馬が開かれ、この際「宮崎競馬会馬券規定」を適用して馬券を発売したと記しているが（七〇四頁）、これが事実だとすると、おそらく上のような警察との交渉の過程で制定されたものだった。ただし馬券規定は、第一回開催を前に制定、馬政局に届ける必要があったので、届出がなければ馬政局からの注意があったはずである。したがって、この記述には留保が必要だが、もし事実だとすれば、規程の制定も条件として、警察と馬券発売を合意したことになる。ちなみその馬券規定は、以下のものだった（前掲『日本競馬史』巻三、七〇三〜五頁）。

一、馬券一通につき金五円のこと

一、各競走毎に差出したる総計金額のうち手数料として一割を控除し、残部は決勝点を第一に通過し更にその騎手の検量正当なりし馬にたいし馬券所有者に平等に分配するものとす

一、同一持主に属する二頭以上の馬同一競馬に出馬しその一が勝を制したる場合においては、その配当金は該競走に出場せるその同一持主に属するすべての馬にたいする馬券所有者間に分配するものとす

本項の規定は軍馬競走に適用せず

一、分配金端数二五銭以下は競馬会の所得に帰す、但し二六銭以上五〇銭未満は五〇銭、五〇銭以上七五銭未満は七〇銭、

七五銭以上一円未満は一円として計算分配するものとす

一、一度競馬場内に入りたる馬は、たとえいかなる理由をもって発馬せざるもこれを発馬したるものと認め、すでに払込まれたる金員返戻せざるものとす

一、もし二頭もしくは以上の馬匹間に同着ありし場合においては、初め手数料控除後の正味金額を各勝利馬数にたいし平等に分割し、しかして後更にこれを各勝利にたいする馬券所有者間に分配するものとす

たとえばここに二頭の馬同着したるとき、一は馬券十通一は馬券二百五十通差出されたりとせん、すなわちまず正味金額を二分し、その一を十通の所有者に分ち、他の一方を二百五十通の所有者に分配するものとす

一、配当金は各競走後ただちに本会場において払渡すべし

但し本競馬開催期限後三日以内において競馬会事務所において現金の払渡を受くることを得べし、もし馬券所有者なき馬匹勝利を得たるときは、手数料一割を控除し残額は該競走中の馬にたいする各馬券所有者にその数に応じ払戻すべし

一、毎競走後ただちに左の事項を公表の後便宜のため掲示すべし

各馬匹にたいし売出したる馬券の数

右総計金額

分配金額およびその計算

908 以下、この開催に関しては、「児玉日誌」明治四〇年一二月四日。なお明治四〇年一二月の日州は欠号。

909 児玉は、この日のレースは「左程面白からざりも、馬券手数料は八十余円」だったと「日誌」に記した。ここでの「も」が、「八十余円」にも上ったというニュアンスを意味していたとすると、この額でも予想以上だったということになる。それでも手数料は一割であったから、売上高は七レースで八〇〇余円、一レース平均約一一五円、馬券一枚五円とすると二三枚、賭けが成立する枚数とはいえないほど少ないものであった。たとえ八〇円の手数料が予想以上だったとしても、借入金返済には焼け石に水だった。

910 翌二一日、児玉は「延岡四屋氏へ千円の借用金証書郵送す」と記していたが、二〇日一四七銀行に「返金」を約束した一

〇〇〇円は、おそらく延岡の四屋からの借用を見込んだものだった。二四日四屋から一〇〇〇円の入金があった。

911 前掲『日本競馬史』巻二、二五六頁。

## 11 越佐競馬会

912 以下、定款第一条までに関しては、明治四〇年一〇月一二日付「越佐競馬会を法人と為すの願出を許可す」国立公文書館デジタルアーカイブ。

913 以下、競馬場に関しては、「競馬会の馬場を観る」『新潟新聞』明治四一年八月一五日、前掲『日本競馬史』巻三、三六四頁。

914 「新潟の新競馬場」『中央』明治四一年八月三〇日。

915 「新潟競馬会設置の出願」『新潟新聞』明治三九年一二月一三日、「新潟競馬会設置出願」『東北日報』明治三九年一二月一三日。なお一月、「既報せる当市に設置する北越競馬会の出願に対し法律改正の結果書式変更を要するに付、右内閣総理大臣より改訂の上出願すべき旨昨日発起人へ達せられた」という（「北越競馬会出願に就て」『新潟新聞』明治四〇年一月一〇日）。

916 前掲『衆議院議員名鑑』二八六頁。

917 前掲『日本競馬史』巻三、三五五頁、新潟市議会史編さん委員会『百年のあゆみ 新潟市議会小史』新潟市議会、一九八九年、五〇六頁。

918 「競馬会社組織」『新潟新聞』明治四〇年一月一八日。

919 前掲『日本競馬史』巻三、三五五頁。

920 「競馬場設置の計画」『新潟新聞』明治四〇年一月八日。

921 以下、競馬場用地の買収までに関しては、「長岡競馬会設立請願」『東北日報』明治四〇年一月二四日。

922 渡辺に関しては、100周年誌執筆企画委員会『長岡商工人　百年の奇跡』長岡商工会議所、平成二三年、七二頁、小川に関しては、同上、一〇五頁。

923 「北越競馬会の合同成る」『新潟新聞』明治四〇年八月六日、「三競馬会の合併」『東北日報』明治四〇年八月六日、前掲明

治四〇年一〇月一二日付「越佐競馬会を法人と為すの願出を許可す」。以下、両会の出願人に関しては、前掲明治四〇年一〇月一二日付「越佐競馬会を法人と為すの願出を許可す」。

924 前掲『衆議院議員名鑑』三七六頁。

925 「越佐馬匹改良株式会社」『新潟新聞』明治四〇年一一月二日。

926 「競馬会社の合同」『やまと』明治四〇年八月三〇日。

927 前掲『日本競馬史』巻三、三五五頁。

928 以下、越佐競馬会としての申請の合意までに関しては、「北越競馬会の合併なる」『新潟新聞』明治四〇年八月六日、「三競馬会の合併」『東北日報』明治四〇年八月六日。

929 前掲明治四〇年一〇月一二日付「越佐競馬会を法人と為すの願出を許可す」。

930 三つの営利会社の合同に関しては、「越佐馬匹改良株式会社」『新潟新聞』明治四〇年一一月二日。

931 以下、この創立委員会に関しては、「競馬会創立委員会」『東北日報』明治四〇年八月二三日、「競馬会の株式分配法協議」『新潟新聞』明治四〇年八月二三日、「競馬会社の合同」『やまと』明治四〇年八月三〇日。

932 「競馬会発起人会」『新潟新聞』明治四〇年八月二六日。

933 「越佐馬匹改良株式会社」『新潟新聞』明治四〇年一一月二日。

934 たとえば、「株式出来相場」『東北日報』明治四一年三月三一日。

935 「越佐競馬会好望」『東北日報』明治四〇年一〇月一五日、「大競馬会開催準備」『新潟新聞』明治四〇年一〇月一五日。

936 「荒淫市をして更に賭博市たらしむる勿れ（八）市民の競馬熱を警戒す」『新潟新聞』明治四一年八月二六日。

937 「加納子競馬談」『東北日報』明治四〇年一〇月三日。

938 前掲明治四〇年一〇月一二日付「越佐競馬会を法人と為すの願出を許可す」。なお戦前の新潟（関屋）競馬場長、日本競馬会の理事でもあった笹川加津恵は、当時、認可は、名古屋と新潟の競争となっていて、決め手となったのは政友会代議士の齋藤巳三郎の政治力、また競馬場を建設してしまったという既成事実だと回想しているが（「再開される新潟競馬」『優駿』日本中央競馬会優駿編集部、昭和三九年七月号）、競馬場は認可後の設置、また齊藤が衆議院議員に当選したのは明治四一年五月であり、この回想は、そう記憶した要因があるだろうが誤りである。

939 以下、この契約に関しては、『日本競馬史』巻三、三六二〜三頁。
940 前掲『人事興信録』データベース。
941 「競馬会発起人会」『新潟新聞』明治四〇年八月二六日。
942 「払込広告」『新潟新聞』明治四〇年一〇月一七日。
943 「払込広告」『新潟新聞』明治四一年四月五日、「競馬株第一回払込」『東北日報』明治四一年四月五日。
944 広告「越佐馬匹改良株式会社創立事務所」『新潟新聞』明治四一年八月一七日。
945 前掲『日本競馬史』巻三、三六三〜四頁。
946 「競馬会の会頭顧問」『東北日報』明治四〇年一一月六日。
947 「越佐競馬会好望」『東北日報』明治四〇年一〇月一五日、「大競馬会開催準備」『新潟新聞』明治四〇年一〇月一五日。
948 広告「社団法人越佐競馬会　越佐馬匹改良株式会社　創立事務所」『新潟新聞』明治四〇年一二月一六日。
949 「越佐競馬会の敷地売買契約」『新潟新聞』明治四〇年一二月二九日。
950 「名馬新潟に来る」『新潟新聞』明治四一年一月一一日。
951 「競馬会状況調査」『新潟新聞』明治四〇年一二月七日。
952 『東北日報』明治四〇年一二月一九日は「競馬会の話（四）」で「▲競馬会と馬匹改良会社との関係　▲競馬会と産馬組合（産馬組合員に入会をよびかけたもの）」を掲載したが、『新潟新聞』明治四〇年一二月一九日、「競馬会のはなし（四）」は「▲競馬会と産馬組合」を未掲載。その他はまったく同じ内容だった。
953 「競馬会のはなし（越佐競馬会員談）」『新潟新聞』明治四〇年一二月一九日、「競馬会の話し（五）」『東北日報』明治四〇年一二月二一日。上記の内容を立川がまとめた。

## 7 明治四〇年秋のシーズン、馬券熱の高まり

1 日本レース倶楽部秋季開催、一〇月二五日、二六日、一一月一日、二日

1 「競馬会のはなし（二）」『新潟新聞』明治四〇年一二月一七日、競馬会の話（二）」『東北日報』明治四〇年一二月一七日。

また別の記録によれば、三日目まで八九万七六一〇円、四日目五レースまでの売上高一九万三三三六（ママ）円、計一〇九万九四六円（「横浜根岸競馬会（第一日）」『二六』明治四〇年一〇月二六日、「横浜根岸競馬会（第二日）」『二六』明治四〇年一〇月二七日、「横浜根岸大競馬会」『二六』明治四〇年一一月二日、「横浜根岸競馬会（四日目）」『二六』明治四〇年一一月三日）、残り五レースが前半と同じとして約一二九万円となる。

2 「根岸競馬の新馬匹」『横浜貿易』明治四〇年八月二二日。他に、「根岸競馬会の期日」『報知』明治四〇年八月一六日夕刊、「横浜根岸競馬会」『東京日日』明治四〇年八月一七日。

3 「競馬会の近況」『東京日日』明治四〇年九月三日、「秋季競馬信」『横浜貿易』明治四〇年一〇月二〇日。

4 「秋季競馬便り」『横浜貿易』明治四〇年一〇月八日。

5 以下、開催を前にしての情報に関しては、特に記さない限り、「秋季競馬便り」『横浜貿易』明治四〇年一〇月八日、「秋季競馬便り」『横浜貿易』明治四〇年一〇月九日、「横浜根岸の前景気　木村重太郎氏の談」『報知』明治四〇年一〇月九日、「秋季競馬便り」『横浜貿易』明治四〇年一〇月一二日、「秋季競馬便り」『横浜貿易』明治四〇年一〇月一四日、「秋季競馬便り」『横浜貿易』明治四〇年一〇月一六日、「秋季競馬信」『横浜貿易』明治四〇年一〇月一八日、「横浜競馬の前景気」『時事新報』明治四〇年一〇月一九日、「秋季競馬信」『横浜貿易』明治四〇年一〇月二〇日、「秋季競馬信」『横浜貿易』明治四〇年一〇月二一日、「根岸競馬前記」『東京朝日』明治四〇年一〇月二一日、「秋季競馬信」『横浜貿易』明治四〇年一〇月二二日、「秋季競馬　新古馬総評　先ず豪州産古馬」『二六』明治四〇年一〇月二三日、「秋季競馬」『二六』明治四〇年一〇月二四日、「根岸競馬愈々明日より」『横浜貿易』明治四〇年一〇月二四日、「馬蹄の塵」『横浜貿易』明治四〇年一〇月二四日、「秋季競馬」『二六』明治四〇年一〇月二五日、「馬蹄の塵」『横浜貿易』明治四〇年一〇月二五日。

初日に関しては、特に記さない限り、「秋季根岸競馬会（第一日）」『横浜貿易』明治四〇年一〇月二六日、「二万六千日吉の敗に就て」『横浜貿易』明治四〇年一〇月二六日、「根岸秋季大競馬第一日」『時事新報』明治四〇年一〇月二六日、「横浜根岸競馬会（第一日）」『二六』明治四〇年一〇月二六日、「横浜根岸秋期大競馬会（初日）」『東京朝日』明治四〇年一〇月二六日、「横浜競馬初日」『中外商業』明治四〇年一〇月二六日、「横浜競馬雑観　プレサーン号の名誉　噂程でも無い日吉」『中央』明治四〇年一〇月二六日、「横浜根岸競馬会（第一日）」『都』明治四〇年一〇月二六日、「横浜根岸の競馬（第一日）」『東京日日』明治四〇年一〇月二七日。

二日目に関しては、特に記さない限り、「御名代宮差遣と恩賜」『東京日日』明治四〇年一〇月二七日、「秋季根岸競馬場（第二日）」『横浜貿易』明治四〇年一〇月二七日、「根岸秋季大競馬第二日」『時事新報』明治四〇年一〇月二七日、「横浜根岸の競馬（第二日）」『東京日日』明治四〇年一〇月二七日、「横浜競馬会（二日目）」『二六』明治四〇年一〇月二七日、「横浜根岸秋期大競馬会（二日目）」『東京朝日』明治四〇年一〇月二七日、「横浜根岸秋期競馬会雑俎」『東京朝日』明治四〇年一〇月二七日、「横浜競馬雑観　茲暫くはメルの舞台　帝室カップはラカンテニヤ」『中央』明治四〇年一〇月二七日、「横浜根岸競馬会（二日目）」『都』明治四〇年一〇月二七日、「横浜競馬会」『中外商業』明治四〇年一〇月二七日、「横浜競馬会　第二日目の続き」『中外商業』明治四〇年一〇月二八日、「根岸競馬の二日　東伏見宮殿下御臨場」『国民』明治四〇年一〇月二八日、「馬蹄の塵」『横浜貿易』明治四〇年一〇月二八日、また初日、二日目に関しては、「両日間競馬談（一）」『横浜貿易』明治四〇年一〇月二九日、「両日間競馬談（二）」『横浜貿易』明治四〇年一〇月三〇日、「両日間競馬談（三）」『横浜貿易』明治四〇年一〇月三一日、'Autumn Meeting of Nippon Race Club', J. W. M. November 2, 1907.

三日目に関しては、特に記さない限り、「根岸競馬今日の三日目」『横浜貿易』明治四〇年一一月一日、「秋季根岸競馬会（第三日）」『横浜貿易』明治四〇年一一月二日、「勝馬の大苦情」『横浜貿易』明治四〇年一一月二日、「根岸秋季大競馬三日目」『時事新報』明治四〇年一一月二日、「根岸競馬の紛擾」『時事新報』明治四〇年一一月二日、「競馬会の不都合」『二六』明治四〇年一一月二日、「横浜根岸大競馬会」『二六』明治四〇年一一月二日、「横浜根岸の競馬（第三日）」『東京日日』明治四〇年一一月二日、「横浜根岸秋期大競馬会（三日目）」『東京朝日』明治四〇年一一月二日、「根岸競馬雑記」『東京朝日』明治四〇年一一月二日、「横浜競馬会」『中外商業』明治四〇年一一月二日、「根岸秋季競馬会（第三日目）」『都』明治四〇年一一月二日、「横浜競馬雑観」『中央』明治四〇年一一月二日、「横浜根岸競馬場の紛擾　瓦石雨の如くに飛ぶ」『東京朝日』明治四〇年一一月三日。

四日目に関しては、特に記さない限り、「秋季根岸競馬会第四日目」『横浜貿易』明治四〇年一一月三日、「根岸秋季大競馬四日目」『時事新報』明治四〇年一一月三日、「横浜根岸の競馬（第四日）」『東京日日』明治四〇年一一月三日、「横浜根岸競馬会（四日目）」『二六』明治四〇年一一月三日、「横浜根岸秋期大競馬会（四日目）」『東京朝日』明治四〇年一一月三日、「横浜競馬会」『中外商業』明治四〇年一一月三日、「横浜競馬雑観」『中央』明治四〇年一一月三日、また三日目、四日目に関しては、'Autumn Meeting of Nippon Race Club', J. W. M. November 9, 1907.

開催全般に関しては、「秋季根岸競馬評（二）」『横浜貿易』明治四〇年一一月五日、「秋季根岸競馬評（下）」『横浜貿易』明治四〇年一一月八日、赤茶瓶「競馬雑感　根岸十珍」「秋季根岸競馬会（日本レース倶楽部）」『競馬世界』第一号、明治四〇年一一月一五日。

なおレースのカテゴリー、その各カテゴリー別の賞金とレース数に関しても、以上の資料を参照にしてまとめた。

6 前掲『東京競馬会及東京競馬倶楽部史』第二巻、五九頁。

7 「黄金馬場の臨時競馬景況」『岩手毎日新聞』明治四〇年五月一四日、「横浜根岸の前景気　木村重太郎氏の談」『報知』明治四〇年一〇月九日、「秋期競馬の予評　附花柳界の大熱」『中央』明治四〇年一〇月一七日。

8 「秋季根岸競馬会（第一日）」『横浜貿易』明治四〇年一〇月二六日。

9 「秋季競馬」『二六』明治四〇年一〇月二四日、「両日間競馬談（三）」『横浜貿易』明治四〇年一〇月三一日。

10 「根岸競馬愈々明日より」『横浜貿易』明治四〇年一〇月二四日。

11 「日本競馬倶楽部定款及び競馬規程」前掲『日本競馬史』巻三、二一四頁。

12 「秋季根岸競馬会（日本レース倶楽部）」『競馬世界』第一号、明治四〇年一一月一五日。

13 「両日間競馬談（一）」『横浜貿易』明治四〇年一〇月二九日。

14 赤茶瓶「競馬雑感　根岸十珍」『競馬世界』第一号、明治四〇年一一月一五日。

15 「秋季根岸競馬会第四日目」『横浜貿易』明治四〇年一一月三日。

16 たとえば「根岸の競馬会」『東京朝日』明治四〇年五月一二日、「根岸競馬前記」『東京朝日』明治四〇年一〇月二一日。

17 「二万六千円の豪州産馬」『横浜貿易』明治四〇年九月一四日、「二万六千円の駿馬（横浜秋季の一駿足）」『東京日日』明治四〇年九月二一日。上記の東京日日新聞が報じた一頭の価格は九六〇円。

18 たとえば、「秋季競馬信」『横浜貿易』明治四〇年一〇月一八日、「秋季根岸競馬評（一）」『横浜貿易』明治四〇年一一月五日、「東西南北」『横浜貿易』明治四一年五月七日。

19 「秋季競馬信」『横浜貿易』明治四〇年一〇月一八日。

20 「根岸競馬の新馬匹」『横浜貿易』明治四〇年八月二二日。

21 以下、ヒヨシに関しては、特に記さない限り、「二万六千円の豪州新馬」『横浜貿易』明治四〇年九月一四日、「二万六千

円の駿馬（横浜秋季の一駿足）」『東京日日』明治四〇年九月二一日、「横浜根岸の前景気　木村重太郎氏の談」『報知』明治四〇年一〇月九日。
22 「二万六千円の駿馬（横浜秋季の一駿足）」『東京日日』明治四〇年九月二一日。
23 たとえば、「名馬五十鈴一万円」『中外商業』明治四〇年二月一六日。
24 以下、この件に関しては、「馬蹄の塵」『横浜貿易』明治四〇年一〇月二五日。
25 「秋季競馬信」『横浜貿易』明治四〇年一〇月一八日。
26 同右。
27 「馬蹄の塵」『横浜貿易』明治四〇年一〇月二四日。
28 「秋季競馬便り」『横浜貿易』明治四〇年一〇月一四日。
29 赤茶瓶「競馬雑感　根岸十珍」『競馬世界』第一号、明治四〇年一一月一五日。
30 「秋季根岸競馬場（第二日）」『横浜貿易』明治四〇年一〇月二七日。
31 「某名氏の名馬談 シー、エフ、ティー」『競馬世界』第二号、明治四〇年一一月一五日。
32 赤茶瓶「競馬雑感　根岸十珍」『競馬世界』第一号、明治四〇年一一月一五日。
33 「二万六千日吉の敗に就て」『横浜貿易』明治四〇年一〇月二六日。
34 「一九〇七年八月一三日付クロウド、エム、マクドナルドより宮内大臣田中光顕宛」前掲『日本競馬会録一（自明治三五年至明治四一年）』、「明治四〇年一〇月一五日付宮内大臣よりクロウド、エム、マクドナルド宛」前掲『日本競馬会録一（自明治三五年至明治四一年）』、「横浜競馬会と御名代（来る二五日初日と決定す）」『報知』明治四〇年一〇月二三日、「横浜根岸大競馬（第二日）」『日本』明治四〇年一〇月二七日。
35 以下、エンペラーズ・カップに関しては、「秋季根岸競馬場（第二日）」『横浜貿易』明治四〇年一〇月二七日、「横浜根岸の競馬（第二日）」『東京日日』明治四〇年一〇月二七日、「横浜競馬会（二日目）」『二六』明治四〇年一〇月二七日、「横浜根岸秋期大競馬会（二日）東伏見名代　天候好良」『東京朝日』明治四〇年一〇月二七日、「横浜根岸秋期競馬会雑俎」『東京朝日』明治四〇年一〇月二七日、「横浜競馬雑観　茲暫くはメルの舞台　帝室カップはラカンテニヤ」『中央』明治四〇年一〇月二七日、「根岸競馬の二日　東伏見宮殿下御臨場」『国民』明治四〇年一〇月二八日、「両日間競馬談（二）」『横浜貿

易』明治四〇年一〇月三〇日、「両日間競馬談（三）」『横浜貿易』明治四〇年一〇月三一日、'Autumn Meeting of Nippon Race Club', J. W. M., November 2, 1907.

36 「両日間競馬談（二）」『横浜貿易』明治四〇年一〇月三〇日。

37 以下、マクドナルドらへのシャンペン茶菓の下賜までに関しては、「横浜競馬会秋季競馬記事」前掲『日本競馬会録一（自明治三五年至明治四一年）』。

38 「横浜根岸競馬会の紛議」『報知』明治四〇年一〇月二八日。またこの記事によれば、元来、根岸の「賭金は日本人九分外人一分の割合」だったという。

39 「根岸競馬の二日　東伏見宮殿下御臨場」『国民』明治四〇年一〇月二八日。

40 「両日間競馬談（二）」『横浜貿易』明治四〇年一〇月三〇日。

41 たとえば、「池上大競馬（第二日）二万六千円の名馬ヒヨシ又破れ　駿馬ソーヤはヒタチの為膝を挫る」『日本』明治四〇年一一月一一日、「目黒競馬会場の椿事……公衆の眼前に馬を銃殺す……」『二六』明治四〇年一二月八日。

42 以下、この騒擾に関しては、特に記さない限り、「勝馬の大苦情」『横浜貿易』明治四〇年一一月二日、「根岸競馬の紛擾」『時事新報』明治四〇年一一月二日、「競馬会の不都合」『二六』明治四〇年一一月二日、「横浜根岸の競馬（第三日）」『東京日日』明治四〇年一一月二日、「根岸競馬開始以来の紛擾」『やまと』明治四〇年一一月二日、「横浜競馬雑観」『中央』明治四〇年一一月二日、「横浜根岸大競馬　北郷騎手重量を誤魔化し　殺せ毀せの大騒を演出す」『日本』明治四〇年一一月二日、「根岸競馬の紛擾」『時事新報』明治四〇年一一月二日、「横浜根岸競馬会（三日目）落馬二人斃馬一頭を出、馬札売場大悶着」『読売』明治四〇年一一月二日、「根岸競馬紛擾」『中外商業』明治四〇年一一月三日。

43 「勝馬の大苦情」『横浜貿易』明治四〇年一一月二日。

44 「日本中央競馬会施行規程」第一二三条（8）〈http://jra.jp/company/about/law/pdf/07.pdf〉二〇二〇年九月八日閲覧。

45 「日本競馬倶楽部定款及競馬規定第九四条」前掲『日本競馬史』巻三、二二一〜二頁。

46 「根岸競馬倶楽部の陋劣」『横浜貿易』明治四〇年一一月九日。

47 「競馬会の不都合」『二六』明治四〇年一一月二日。

48 以下、倶楽部側への抗議書の提出までに関しては、「根岸競馬倶楽部の陋劣」『横浜貿易』明治四〇年一一月九日。

49 「日本競馬倶楽部定款及競馬規定第一三一条」前掲『日本競馬史』巻三、二二七頁。
50 「東西南北」『横浜貿易』明治四〇年一一月一四日。
51 「根岸競馬倶楽部の陋劣」『横浜貿易』明治四〇年一一月九日。
52 以下、この件に関しては、同右。
53 「根岸競馬倶楽部の陋劣」『横浜貿易』明治四〇年一一月九日。
54 前掲「日本レース・クラブ小史」『日本レース・クラブ五十年史』所収、九九頁。
55 「根岸競馬倶楽部の陋劣」『横浜貿易』明治四〇年一一月九日。

**2 東京競馬会秋季開催、一一月九日、一〇日、一六日、一七日**

56 以下、この開催初日に関しては、特に記さない限り、「今日は池上競馬の初日」『横浜貿易』明治四〇年一一月九日、「池上秋季競馬（第一日）」『東京朝日』明治四〇年一一月一〇日、「競馬見聞録」『東京朝日』明治四〇年一一月一〇日、「池上の秋季競馬会（第一日）」『東京日日』明治四〇年一一月一〇日、「秋季池上競馬会（初日）」『横浜貿易』明治四〇年一一月一〇日、「池上競馬会」『二六』明治四〇年一一月一〇日、「池上秋季大競馬」『時事新報』明治四〇年一一月一〇日、「池上東京競馬会（一日目）」『やまと』明治四〇年一一月一〇日、「池上競馬会」『中外商業』明治四〇年一一月一〇日、「競馬場雑観」『中央』明治四〇年一一月一〇日、「池上大競馬（第一日）」『日本』明治四〇年一一月一〇日、「池上秋季大競馬（第一日）」『都』明治四〇年一一月一〇日、「池上の秋季競馬（第一日）」『読売』明治四〇年一一月一〇日、「池上競馬会雑観」『読売』明治四〇年一一月一〇日、素寒貧「池上競馬負通しの記」『競馬世界』第一号、明治四〇年一一月一五日。
二日目に関しては、特に記さない限り、「秋季池上競馬会（二日目）」『横浜貿易』明治四〇年一一月一一日、「池上秋季競馬（第二日）」『東京朝日』明治四〇年一一月一一日、「競馬雑記」『東京朝日』明治四〇年一一月一一日、「池上競馬会（第二日）伏見宮殿下の御台臨」『東京日日』明治四〇年一一月一一日、「池上秋季競馬大会（二日目）」『二六』明治四〇年一一月一一日、「池上秋季大競馬」『時事新報』明治四〇年一一月一一日、「池上東京競馬会（二日目）」『やまと』明治四〇年一一月一一日、「池上競馬会」『中外商業』明治四〇年一一月一一日、「池上競馬雑観　帝室賞典拝受のホクエン　メルボルンの三鞭酒行水」『中央』明治四〇年一一月一一日、「競馬と美人」『中央』明治四〇年一一月一一日、「黄菊白菊　競馬場の二名妓」『中央』明治四〇年一一月一一日、「池上大競馬（第二日）」『日本』明治四〇年一一月一一日、「池上の秋季競馬（第二日）」『読売』明治四〇年一一月一一日、「池上競馬会雑観（第二日目）」『読売』明治四〇年一一月一一日。また初日、二日目に関して'Tokyo Race Association,' J. W. M., November 16, 1907.

三日目に関しては、特に記さない限り、「池上大競馬（第三日）」『東京朝日』明治四〇年一一月一七日、「池上競馬会（第三回）」『東京日日』明治四〇年一一月一七日、「池上競馬会（三日目）」『二六』明治四〇年一一月一七日、「池上秋季大競馬」『時事新報』明治四〇年一一月一七日、「秋季池上競馬会（第三日）」『横浜貿易』明治四〇年一一月一七日、「池上東京競馬会（三日目）」『やまと』明治四〇年一一月一七日、「池上競馬会」『中外商業』明治四〇年一一月一七日、「池上競馬雑観」『中央』明治四〇年一一月一七日、「池上大競馬（第三日）」『日本』明治四〇年一一月一七日。また初日、二日目、三日目に関して「池上秋季競馬会」『競馬世界』第一号、明治四〇年一一月一五日。

四日目に関しては、特に記さない限り、「池上大競馬（第四日）」『東京朝日』明治四〇年一一月一八日、「池上競馬会（第四日）」『東京日日』明治四〇年一一月一八日、「池上競馬会（四日目）」『二六』明治四〇年一一月一八日、「池上秋季大競馬」『時事新報』明治四〇年一一月一八日、「池上東京競馬会（四日目）」『やまと』明治四〇年一一月一八日、「池上大競馬（第四日）」『日本』明治四〇年一一月一八日、「池上競馬会（第四日）」『横浜貿易』明治四〇年一一月一八日、「競馬余録」『横浜貿易』明治四〇年一一月一九日、「秋季の池上競馬」『中外商業』明治四〇年一一月一九日、「池上競馬競馬余録」『横浜貿易』明治四〇年一一月二〇日。また三日目、四日目に関して'Tokyo Race Association,' J. W. M., November 23, 1907.

なお各カテゴリー別のレース数と賞金に関しても、以上の資料を参照にしてまとめた。

57 前掲『馬事年史』3、三五〇、三六一～二頁。

58 前掲『日本競馬史』巻三、一七七頁。

59 「池上競馬会」『二六』明治四〇年一一月一〇日、「池上大競馬（第二日）」『日本』明治四〇年一一月一一日、「池上大競馬（第三日）」『日本』明治四〇年一一月一七日、「池上大競馬（第四日）」『日本』明治四〇年一一月一八日に記載された売上高をもとに計算。前掲『日本競馬史』巻三によれば一五八万円（一七七頁）。

60 前掲『東京競馬会及東京競馬倶楽部史』第一巻、六五、六七頁。

61 「東京競馬会規則第二五条」前掲『日本競馬史』巻三、三五頁。

62 前掲『人事興信録』第二版、五五六頁。
63 「松戸の競馬（四日目）」『東京日日』明治四〇年九月三〇日。
64 「秋季競馬信」『横浜貿易』明治四〇年一〇月二〇日。
65 前掲『東京競馬会及東京競馬倶楽部史』第一巻、八八頁。
66 以下、三日目の馬券の売上枚数に関しては、「池上東京競馬会（三日目）」『やまと』明治四〇年一一月一七日。
67 以下、各馬の馬齢、体高、産地に関しては、前掲『東京競馬会及東京競馬倶楽部史』第一巻、六〇～一頁。塩澤に関しては、『日本信用録』東京商業興信所、明治四二年、六三五頁。
68 「今日は池上競馬の初日」『横浜貿易』明治四〇年一一月九日。
69 前掲『東京競馬会及東京競馬倶楽部史』第一巻、五九頁。
70 第6章第1節。
71 拙著『文明開化に馬券は舞う』五五六頁。
72 「秋季池上競馬会（第三日）」『横浜貿易』明治四〇年一一月一七日。
73 以下、売上枚数に関しては、初日は「池上東京競馬会（一日目）」『やまと』明治四〇年一一月一〇日、二日目は「池上東京競馬会（二日目）」『やまと』明治四〇年一一月一一日。
74 「東京競馬会」『東京朝日』明治四〇年一〇月一九日。
75 前掲『馬事年史』3、三六一頁。
76 「今日は池上競馬の初日」『横浜貿易』明治四〇年一一月九日。
77 たとえば、「春季目黒競馬（四日）」『横浜貿易』明治四一年四月二〇日。
78 「今日は池上競馬の初日」『横浜貿易』明治四〇年一一月九日。

### 3 関西競馬倶楽部第一回開催、一一月一七日、一八日、二四日、二五日

79 以下、初日に関しては、特に記さない限り、「鳴尾の大競馬　愈々今日が初日」『大阪時事』明治四〇年一一月一七日、「鳴尾競馬会彙報」『大阪毎日』明治四〇年一一月一七日、「競馬雑聞」『大阪朝日』明治四〇年一一月一七日、「本日の関西

大競馬会　雨が降っても開催す」『神戸新聞』明治四〇年一一月一七日、「鳴尾の競馬」『神戸又新』明治四〇年一一月一七日、「硯滴」『大阪毎日』明治四〇年一一月一八日、「鳴尾の大競馬会（第一日）」『大阪毎日』明治四〇年一一月一八日、「鳴尾の大競馬会（第一日）競走の優勝馬」『大阪毎日』明治四〇年一一月一八日、「鳴尾に於ける競馬第一日」『神戸又新』明治四〇年一一月一八日、「鳴尾の大競馬第一日（一七日）」『大阪朝日』明治四〇年一一月一八日、「競馬余興」『大阪朝日』明治四〇年一一月一八日、「鳴尾秋季大競馬（第一日）来観者無慮一万人煮え返る程の雑踏」『大阪時事』明治四〇年一一月一八日、「鳴尾関西大競馬会（一七日）」『神戸新聞』明治四〇年一一月一八日、「鳴尾の競馬別報」『大阪時事』明治四〇年一一月一九日、「硯滴」『大阪毎日』明治四〇年一一月一九日。

二日目に関しては、特に記さない限り、「鳴尾の大競馬会 第二日（一八日）」『大阪毎日』明治四〇年一一月一九日、「鳴尾の大競馬会 第二日（一八日）騎手の惨死　騎馬脳溢血に倒る」『大阪毎日』明治四〇年一一月一九日、「鳴尾に於ける競馬第二日」『神戸又新』明治四〇年一一月一九日、「鳴尾秋季大競馬（第二日）」『大阪時事』明治四〇年一一月一九日、「鳴尾関西大競馬会（一八日）」『神戸新聞』明治四〇年一一月一九日、「鳴尾の大競馬 第二日（一八日）」『大阪朝日』明治四〇年一一月二〇日、「競馬場の珍事（騎手落馬して死す）」『大阪朝日』明治四〇年一一月二〇日、「不幸なる柴田騎手」『大阪時事』明治四〇年一一月二〇日。

三日目に関しては、特に記さない限り、「明日の競馬」『神戸又新』明治四〇年一一月二二日、「鳴尾競馬会彙報」『大阪毎日』明治四〇年一一月二三日、「鳴尾秋季大競馬（本日）」『大阪時事』明治四〇年一一月二三日、「今日の競馬の予想　八百長勝負は不可能」『神戸新聞』明治四〇年一一月二三日、「鳴尾大競馬 第三日（二三日）」『大阪朝日』明治四〇年一一月二四日、「鳴尾の大競馬 第三日（二三日）」『大阪毎日』明治四〇年一一月二四日、「鳴尾秋季競馬会（第三日）」『大阪時事』明治四〇年一一月二四日。

四日目に関しては、特に記さない限り、「鳴尾の大競馬 第四日（二四日）」（『大阪毎日』明治四〇年一一月二五日、「鳴尾大競馬 第四日（二四日）」『大阪朝日』明治四〇年一一月二五日、「鳴尾競馬（第四日）」『神戸又新』明治四〇年一一月二五日、「外人の競馬苦情」『神戸又新』明治四〇年一一月二五日、「鳴尾秋季大競馬（第四日）最終日の光景」『大阪時事』明治四〇年一一月二五日、「鳴尾の大競馬会」『神戸新聞』明治四〇年一一月二五日、「競馬から大捫着　馬券配当金の紛擾」『大阪時事』明治四〇年一一月二七日、「醜聞続出して愈々醜」『大阪時事』明治四〇年一一月二八日。

開催全般に関して、ゼイロク生「関西競馬会見物記」『競馬世界』第二号、明治四〇年一二月一五日。なお各カテゴリー別のレース数と賞金に関しても、以上の資料を参照にしてまとめた。

80 前掲『阪神競馬倶楽部三十年沿革史』五九頁。他に委員として、星野範三郎、吉岡直一、志方勢七、島徳蔵、大林芳五郎、岡松忠利、江森碌郎、前田庄介、内藤正明、七里清介、吉村曹四郎、大野亀三郎、西村真太郎。

81 前掲『財界名士失敗談』下巻、一四七～五七頁、前掲安田『競馬夜話』五一八頁。ダウンは、一八八二年横浜生まれ、幼い時から根岸競馬に親しんでいたという(前掲『財界名士失敗談』下巻、一五五頁)。

82 以下局線、艀曳船会社までに関しては、特に記さない限り、「競馬雑聞」『大阪朝日』明治四〇年一一月一七日。

83 「鳴尾競馬と電鉄収入」『大阪時事』明治四〇年一一月二〇日。

84 広告「競馬観覧客送迎船」『神戸新聞』明治四〇年一一月一四日。所要時間一時間、片道一五銭、上陸場より会場迄半丁、正門迄一丁半だった(同上)。

85 「鳴尾に於ける競馬第一日」『神戸又新』明治四〇年一一月一八日。

86 たとえば、「競馬と服部知事」『大阪時事』明治四一年一〇月三日。

87 「帝国鉱泉会社(梅田)の大風船」『大阪毎日』明治四〇年一一月一六日、「競馬と平野水」『大阪時事』明治四〇年一一月一六日。

88 前掲『阪神競馬倶楽部三十年沿革史』一〇頁、「硯滴」『大阪毎日』明治四〇年一一月一八日。

89 前掲『馬事年史』3、三六二頁。

90 以下、馬政局賞典までに関しては、本章第2節、第4節、第5節。賞金に関しては、関西競馬倶楽部は前掲『日本競馬史』巻三、六二六頁、東京競馬会は同上、一七七頁、京浜競馬倶楽部は同上、四五頁、日本競馬会は同上、五四頁。

91 「鳴尾の競馬」『大阪朝日』明治四〇年一一月一三日。

92 同右。

93 「競馬と軍人」『大阪朝日』明治四一年三月二九日、前掲『日本馬政史』第四巻、五八一～二頁。

94 「関西競馬倶楽部 無代価分与馬匹当籤広告」『大阪毎日』明治四〇年一〇月二日。

95 「鳴尾の大競馬　何の馬が勝つか」『大阪時事』明治四〇年一一月一六日。

96 たとえば、「松戸競馬雑観（四日目）」『読売』明治四一年一月二〇日。
97 「鳴尾関西大競馬会（一八日）」『神戸新聞』明治四〇年一一月一九日。
98 「鳴尾の大競馬会 第二日（一八日）騎手の惨死 騎馬脳溢血に倒る」『大阪毎日』明治四〇年一一月一九日、「不幸なる柴田騎手」『大阪時事』明治四〇年一一月二〇日。
99 「不幸なる柴田騎手」『大阪時事』明治四〇年一一月二〇日。
100 「鳴尾の大競馬 何の馬が勝つか」『大阪時事』明治四〇年一一月一六日。
101 「鳴尾の大競馬第一日（一七日）」『大阪朝日』明治四〇年一一月一八日。
102 「鳴尾競馬場 馬匹の競売」『神戸新聞』明治四〇年一一月二八日。
103 「秋季競馬信」『横浜貿易』明治四〇年一〇月二三日。
104 「初季川崎競馬（初日）」『横浜貿易』明治四〇年七月一四日、「川崎競馬（二日目）」『横浜貿易』明治四〇年七月二二日、「川崎競馬（第三日目続き）」『横浜貿易』明治四〇年七月二九日。
105 「鳴尾に於ける競馬第二日」『神戸又新』明治四〇年一一月一九日。
106 明治三九年「馬匹改良と馬術の進歩乃至国民体育養成の為め」設立された戦捷記念競馬会が（「競馬大会 住吉競馬場開始」『大阪時事』明治三九年一一月一五日）、同年一一月に大阪の住吉村（現・大阪市住吉区）に常設競馬場を設置して第一回（「住吉競馬会開場式」『大阪毎日』明治三九年一一月二四日）、ついで明治四〇年一月第二回（「住吉競馬会」『大阪毎日』明治四〇年一月一三日）、そして四月開催した第三回大会初日、大辰（ダイタツ）という馬が勝鞍をあげていた（「競馬大会（第一日）」『大阪時事』明治四〇年四月四日）。「大辰（神戸）」と記されているので、このダイタツ号の可能性もある、「関西第一と呼」ばれていたという（同前）。
107 「第三回浦河競馬会概況」『北海タイムス』明治三八年一〇月六日。
108 「札幌の大競馬 空前の盛況」『北海タイムス』明治三九年九月二六日、「札幌の大競馬（後日 空前の盛況）」明治三九年九月二七日。
109 「第三回浦河競馬会概況」『北海タイムス』明治三八年一〇月六日、「競走馬匹検査」『北海タイムス』明治三九年九月一七日。

110　たとえば、前掲『函館競馬場100年史』四三〜五一頁。
111　たとえば、「鳴尾の大競馬会」『神戸新聞』明治四〇年一一月二五日。
112　たとえば、「池上大競馬（二五日）」『東京朝日』明治四〇年五月二六日。
113　たとえば、「博覧会競馬（第三日）」『東京朝日』明治四〇年六月一〇日。
114　たとえば、「初季川崎競馬（初日）」『横浜貿易』明治四〇年七月一四日、「川崎競馬（二日目）」『横浜貿易』明治四〇年七月二二日、「川崎競馬（第四日目）」『横浜貿易』明治四〇年七月三〇日。
115　「鳴尾の大競馬 第四日（二四日）」『大阪毎日』明治四〇年一一月二五日。
116　たとえば、「鳴尾の新年競馬　愈々本日より挙行」『大阪時事』明治四一年一月五日。
117　「鳴尾競馬会彙報」『大阪毎日』明治四〇年一一月二三日。
118　「鳴尾の競馬会」『大阪毎日』明治四〇年一二月三一日、「鳴尾の臨時競馬会」『大阪毎日』明治四一年一月五日。
119　「鳴尾の大競馬会 第二日（一八日）雑観」『大阪毎日』明治四〇年一一月一九日。
120　「鳴尾の大競馬 第四日（二四日）」『大阪毎日』明治四〇年一一月二五日。
121　「競馬から大悶着　馬券配当金の紛擾」『大阪時事』明治四〇年一一月二七日。
122　『大林芳五郎伝』七七〜八〇頁、飯田直樹「日露戦後の土木建築請負業者と大林芳五郎」広川禎秀編『近代大阪の行政・社会・経済』青木書店、一九九八年、一四三〜四、一四九〜五〇頁。
123　「競馬賭博の公行」『大阪朝日』明治四〇年一一月一九日。
124　「関西競馬の収支」『大阪毎日』明治四〇年一二月二六日、「関西競馬会の収支決算」『大阪時事』明治四〇年一二月二七日。
125　「関西馬匹改良会社決算案」『大阪時事』明治四一年一月一九日。ちなみに、明治四一年下半期の賃借料は三万二五六四円だった（前掲『阪神競馬倶楽部三十年沿革史』三三頁）。
126　「関西競馬倶楽部総会」『大阪時事』明治四一年二月一日、「関西馬匹改良会社総会」『大阪時事』明治四一年二月一日、「第一回（明治四〇年下半期）報告　貸借対照表　関西馬匹改良株式会社」『大阪時事』明治四一年二月五日。
127　「競馬倶楽部成績と第二大会」『神戸新聞』明治四〇年一二月七日、「鳴尾の新年競馬」『大阪時事』明治四〇年一二月二六日、「鳴尾の臨時大競馬会」『大阪毎日』明治四〇年一二月二六日。

### 4　京浜競馬倶楽部秋季開催、一一月二三日、二四日、三〇日、一二月一日

128 「競馬一巡記」『競馬世界』第二号、明治四〇年一二月一五日。

129 「川崎競馬馬見場工事」『横浜貿易』明治四〇年八月二〇日、「馬場巡り」『横浜貿易』明治四〇年一〇月二三日、「明日より川崎大競馬　馬場の修理と内外籤馬」『中央』明治四〇年一一月二二日。

130 以下、開催執務体制までに関しては、'Keihin Keiba Club', J. W. M., November 30, 1907.

131 以下、レース編成と賞金に関しては、主として「根岸及び川崎競馬報」『横浜貿易』明治四〇年九月七日、「京浜競馬倶楽部競馬会」『東京日日』明治四〇年一一月一九日、「明日よりの川崎大競馬　馬場の修理と内外籤馬」『中央』明治四〇年一一月二二日、「川崎競馬会（初日）」『横浜貿易』明治四〇年一一月二四日、「川崎競馬会（二日）」『横浜貿易』明治四〇年一一月二五日、「川崎競馬会（三日目）」『横浜貿易』明治四〇年一二月一日、「川崎競馬会（四日目）」『横浜貿易』明治四〇年一二月二日、'Keihin Keiba Club', J. W. M., November 30, 1907. 'Keihin Keiba Club', J. W. M., December 7, 1907.

132 「明日よりの川崎大競馬　馬場の修理と内外籤馬」『中央』明治四〇年一一月二二日。

133 前掲『馬事年史』3、三六二頁。

134 「秋季競馬便り」『横浜貿易』明治四〇年一〇月九日。

135 以下、この開催初日に関しては、特に記さない限り、「今日は川崎競馬の初日」『横浜貿易』明治四〇年一一月二三日、「川崎競馬会（初日）」『横浜貿易』明治四〇年一一月二四日、「川崎競馬会（第一日）」『報知』明治四〇年一一月二三日夕刊、「川崎競馬会（第一日）」『報知』明治四〇年一一月二四日、「川崎の競馬会（第一日）」『東京日日』明治四〇年一一月二四日、「川崎秋季競馬会（第一日目）」『二六』明治四〇年一一月二四日、「川崎秋季大競馬（初日）」『中央』明治四〇年一一月二四日、「川崎競馬雑観」『中央』明治四〇年一一月二四日、「雨中の競馬　川崎秋季競馬会第一日」『日本』明治四〇年一一月二四日、「川崎秋季大競馬 第一日」『時事新報』明治四〇年一一月二四日、「京浜競馬会（第一日）」『読売』明治四〇年一一月二四日、「京浜競馬会雑観」『読売』明治四〇年一一月二四日、「川崎秋季競馬（第一日）」『東京朝日』明治四〇年一一月二五日、「川崎競馬会」『中外商業』明治四〇年一一月二六日。

二日目に関しては、特に記さない限り、「川崎競馬会（第二日）」『報知』明治四〇年一一月二四日夕刊、「川崎競馬会（第

二日）」『報知』明治四〇年一一月二五日、「川崎の競馬会（第二日）」『東京日日』明治四〇年一一月二五日、「川崎秋季競馬会（第二日目）」『二六』明治四〇年一一月二五日、「川崎秋季競馬（第二日）」『東京朝日』明治四〇年一一月二五日、「京浜競馬会（第二日）雑観」『読売』明治四〇年一一月二五日、「川崎競馬の二日」『国民』明治四〇年一一月二五日、「川崎競馬雑観」『中央』明治四〇年一一月二五日、「川崎秋季大競馬第二日」『時事新報』明治四〇年一一月二五日、「川崎の競馬（第二日）」『やまと』明治四〇年一一月二五日、「壮烈なる競馬　メルボルン二世遂に敗れ月桂冠ペネロピーに帰す」『日本』明治四〇年一一月二五日、「川崎秋季大競馬（第一、二日）」『都』明治四〇年一一月二五日。

三日目に関しては、特に記さない限り、「川崎競馬会」『報知』明治四〇年一一月三〇日夕刊、「川崎競馬会（夕刊の続）」『報知』明治四〇年一二月一日、「川崎競馬会（三日目）」『横浜貿易』明治四〇年一二月一日、「川崎競馬会」『中外商業』明治四〇年一二月一日、「川崎の競馬会（第三日）」『東京日日』明治四〇年一二月一日、「川崎秋季競馬会（第三日目）」『二六』明治四〇年一二月一日、「京浜競馬会（第四日（ママ））」『読売』明治四〇年一二月一日、「川崎競馬雑観」『中央』明治四〇年一二月一日、「川崎秋季大競馬 第三日」『時事新報』明治四〇年一二月一日、「川崎の競馬（第三日）」『やまと』明治四〇年一二月一日、「川崎競馬会」『中外商業』明治四〇年一二月一日、「川崎秋季大競馬（三日）」『中央』明治四〇年一二月一日、「川崎競馬雑観」『中央』明治四〇年一二月一日、「晦日の競馬会　ヒヨシ又敗らる」『日本』明治四〇年一二月一日、「川崎秋季大競馬（第三日）」『都』明治四〇年一二月一日。

四日目に関しては、特に記さない限り、「川崎競馬会」『報知』明治四〇年一二月一日夕刊、「川崎競馬会（夕刊の続）」『報知』明治四〇年一二月二日、「川崎競馬会（四日目）」『横浜貿易』明治四〇年一二月二日、「川崎の競馬会（第四日目）」『東京日日』明治四〇年一二月二日、「川崎秋季競馬会（第四日目）」『二六』明治四〇年一二月二日、「川崎競馬雑観　怪我の功名千円の配当　弁天さんに限りますね」『中央』明治四〇年一二月二日、「京浜競馬会（第四日）」『読売』明治四〇年一二月二日、「最終の川崎競馬　大番狂せ二八九円の配当」『日本』明治四〇年一二月二日、「川崎秋季大競馬 第四日」『時事新報』明治四〇年一二月二日、「川崎の競馬（最終日）」『やまと』明治四〇年一二月二日、「川崎競馬会」『中外商業』明治四〇年一二月二日、「最終の川崎競馬　大番狂せ二八九円の配当」『日本』明治四〇年一二月二日、「川崎秋季大競馬（第四日）」『都』明治四〇年一二月二日。

136 売上に関しては、「川崎秋季競馬会（第一日目）」『二六』明治四〇年一一月二四日、「川崎秋季競馬会（第二日目）」『二六』明治四〇年一一月二五日、「川崎秋季競馬会（第三日目）」『二六』明治四〇年一二月一日、「川崎秋季競馬会（第四日目）」『二六』明治四〇年一二月二日。

137 「川崎の競馬会（第一日）」『東京日日』明治四〇年一一月二四日。

138 「京浜競馬会（第二日）雑観」『読売』明治四〇年一一月二五日、SY「川崎競馬重なる雑評」『競馬世界』第二号、明治四〇年一二月一五日。

139 「両日間の川崎競馬」『横浜貿易』明治四〇年一一月二六日。

140 同右。

141 「勝敗の感想」『時事新報』明治四一年二月二〇日。

142 「某名氏の名馬談シー、エフ、ティー」『競馬世界』第二号、明治四〇年一二月一五日。

143 以下、後藤の馬券購入までに関しては、「両日間の川崎競馬」『横浜貿易』明治四〇年一一月二七日。

144 「川崎競馬の二日」『国民』明治四〇年一一月二五日。

145 「今三日目川崎競馬会」『横浜貿易』明治四〇年一一月三〇日。

146 同右。

147 以下、態勢が整わず、再び出走することがなかったことまでに関しては、「今日より根岸競馬」『横浜貿易』明治四一年五月八日。

148 「勝敗の感想」『時事新報』明治四一年二月二〇日。

149 「明日よりの川崎大競馬　馬場の修理と内外籤馬」『中央』明治四〇年一一月二二日。

150 「川崎競馬会（二日）」『横浜貿易』明治四〇年一一月二五日。

151 「川崎の競馬（第三日）」『やまと』明治四〇年一二月一日。

152 前掲『東京競馬会及東京競馬倶楽部史』第二巻、六〇頁。

153 「明日よりの川崎大競馬　馬場の修理と内外籤馬」『中央』明治四〇年一一月二二日。

154 同右。

155 以下、決算に関しては、「第三期決算報告　日本馬匹改良株式会社」『中外商業』明治四一年三月二九日、「第三期決算報告　日本馬匹改良株式会社」『国民』明治四一年三月三〇日。

156 以下、内国産新馬の購入までに関しては、「競馬の最好期来る（三）春季競馬界の好望　川崎競馬会の開催」『中央』明治四一年三月一七日、「春風に駒が嘶く（四）競馬社会の諸問題と来るべき競馬会は如何」『やまと』明治四一年三月二五日。

157 前掲『日本競馬史』巻三、四五頁。

## 5　日本競馬会第一回開催、一二月七日、八日、一四日、一五日

158 「目黒競馬会（第一日）」『二六』明治四〇年一二月八日、「目黒競馬会（第二日）」『二六』明治四〇年一二月九日、「目黒競馬会（四日目）」『二六』明治四〇年一二月一六日による。読売新聞によれば、初日三三万四九〇円、二日目四六万四七二五円、三日目四六万五一二〇円、四日目五〇万七六二五円、計一七六万七九六〇円だった（「目黒競馬会（第一日目）」『読売』明治四〇年一二月八日、「目黒競馬会（第二日目）」『読売』明治四〇年一二月九日、「砂烟の競馬会（目黒の三日目）」『読売』明治四〇年一二月一五日、「最終の競馬会（目黒の四日目）」『読売』明治四〇年一二月一五日）。

159 「競馬と臨時列車」『東京朝日』明治四〇年一二月七日、「目黒競馬臨時直通列車」『横浜貿易』明治四〇年一二月一四日。現在は同じ経路をとると、それぞれ一五分、四〇分。

160 「目黒競馬会（三日目）」『二六』明治四〇年一二月一五日。

161 「目黒競馬場の設備　改良の点多し」『中央』明治四〇年一一月二九日、前掲『東京競馬会及東京競馬倶楽部史』第二巻、六七三〜五頁。

162 「法人登記公告」『中外商業』明治四〇年一一月二九日。

163 前掲『東京競馬会及東京競馬倶楽部史』第二巻、六三六〜八頁。

164 たとえば、「又々目黒競馬の椿事」『横浜貿易』明治四〇年一二月九日。

165 前掲『東京競馬会及東京競馬倶楽部史』第二巻、六五八頁。

166 以下、レース編成、賞金、各レースの初日に関しては、特に記さない限り、「目黒競馬会（初日）」『報知』明治四〇年一

二月七日夕刊、「競馬場か賭場か　目黒競馬会の雑観」『報知』明治四〇年一二月八日、「目黒の競馬会（第一日）」『東京日日』明治四〇年一二月八日、「目黒秋季競馬（第一日）」『東京朝日』明治四〇年一二月八日、「目黒競馬会（初日）」『横浜貿易』明治四〇年一二月八日、「目黒競馬会場の椿事……公衆の眼前に馬を銃殺す……」『二六』明治四〇年一二月八日、「目黒競馬雑観　ベンテン短銃にて撃殺さる」『中央』明治四〇年一二月八日、「惨澹たる競馬（目黒の第一日）観客を驚かす銃声二発　ベンテン馬場に射殺さる」『日本』明治四〇年一二月八日、「目黒初季大競馬（第一日）」『時事新報』明治四〇年一二月八日、「目黒競馬会（第一日目）」『読売』明治四〇年一二月八日、「目黒の競馬（第一日）」『やまと』明治四〇年一二月八日、「目黒競馬会（競馬は益々盛んなり）」『中外商業』明治四〇年一二月八日、「目黒秋季大競馬（第一日）」『都』明治四〇年一二月八日、「目黒の競馬（第一日目）」『万朝報』明治四〇年一二月八日、「倫貝勒競馬御覧」『東京朝日』明治四〇年一二月九日、「馬狂八面相」『東京朝日』明治四〇年一二月九日、「目黒競馬の初日　清国答礼大使の御臨場　ベンテンの惨死群集を泣かす」『国民』明治四〇年一二月九日。

二日目に関しては、特に記さない限り、「目黒競馬会」『報知』明治四〇年一二月八日夕刊、「紛擾の目黒競馬会　会社の不公平争闘続々起る」『報知』明治四〇年一二月九日、「目黒競馬会（第二日目夕刊続き）」『報知』明治四〇年一二月九日、「目黒競馬会（二日目）」『横浜貿易』明治四〇年一二月九日、「又々目黒競馬の椿事」『横浜貿易』明治四〇年一二月九日、「目黒の競馬会（第二日）」『東京日日』明治四〇年一二月九日、「目黒競馬会（第二日目）」『読売』明治四〇年一二月九日、「目黒競馬会（第二日）」『二六』明治四〇年一二月九日、「競馬場雑観」『二六』明治四〇年一二月九日、「目黒競馬雑観　檜山鉄三郎馬丁に殴らる」『中央』明治四〇年一二月九日、「殺伐なる競馬（目黒の第二日）檜鐵頭を割られ群集札場を襲撃す」『日本』明治四〇年一二月九日、「目黒初季大競馬（第二日）」『時事新報』明治四〇年一二月九日、「目黒の競馬（第二日目）」『やまと』明治四〇年一二月九日、「競馬の大騒動（檜山鉄三郎、馬丁に頭を割らる）」『都』明治四〇年一二月九日、「目黒秋期大競馬（第二日）」『都』明治四〇年一二月九日、「目黒の競馬（第二日目）」『万朝報』明治四〇年一二月九日、「目黒の競馬（第二日）」『東京朝日』明治四〇年一二月一〇日、「血染の競馬場（目黒の二日目）」『東京朝日』明治四〇年一二月一〇日、「目黒競馬紛擾録（馬丁投）」『横浜貿易』明治四〇年一二月一一日。

三日目に関しては、特に記さない限り、「馬主出馬を拒む　目黒競馬場の三日目」『報知』明治四〇年一二月一四日、「目黒競馬会（我社の予報着々的中）」『報知』明治四〇年一二月一四日夕刊、「目黒競馬会（第三日目夕刊続き）」『報知』明治

四〇年一二月一五日、「目黒競馬会雑観　大風土砂を捲く」『報知』明治四〇年一二月一五日、「目黒の競馬会（第三日）」『東京日日』明治四〇年一二月一五日、「目黒競馬会（第三日目）」『横浜貿易』明治四〇年一二月一五日、「砂烟の競馬会（目黒の三日目）」『読売』明治四〇年一二月一五日、「目黒競馬会（三日目）」『二六』明治四〇年一二月一五日、「目黒競馬雑観」『中央』明治四〇年一二月一五日、「目黒の競馬（第三日目）」『やまと』明治四〇年一二月一五日、「砂塵中の競馬（目黒の第三日）博徒等重役を殴打せんとす」『日本』明治四〇年一二月一五日、「目黒初季大競馬（第三日）」『時事新報』明治四〇年一二月一五日、「目黒競馬会雑観」『時事新報』明治四〇年一二月一五日、「目黒の競馬（第三日目）」『万朝報』明治四〇年一二月一五日、「目黒競馬会（準備頗る整う）」『中外商業』明治四〇年一二月一五日、「目黒秋季大競馬（第三日）」『都』明治四〇年一二月一五日、「目黒競馬三日目　素人の競馬道しるべ　目黒競馬も今日は平穏」『国民』明治四〇年一二月一六日。

四日目に関しては、特に記さない限り、「目黒競馬会（我社の予報神の如く的中す）」『報知』明治四〇年一二月一五日夕刊、「目黒競馬会（第四日夕刊続き）」『報知』明治四〇年一二月一六日、「目黒競馬会雑観　満場悉く慾団」『報知』明治四〇年一二月一六日、「目黒競馬会（第四日目）」『横浜貿易』明治四〇年一二月一六日、「目黒競馬会（四日目）」『二六』明治四〇年一二月一六日、「最終の競馬会（目黒の四日目）」『読売』明治四〇年一二月一六日、「目黒秋季大競馬（第四日）」『都』明治四〇年一二月一六日、「目黒競馬雑観」『中央』明治四〇年一二月一六日、「目黒初季大競馬（第四日）」『時事新報』明治四〇年一二月一六日、「目黒競馬会雑観」『時事新報』明治四〇年一二月一六日、「目黒の競馬（第四日目）」『やまと』明治四〇年一二月一六日、「本年最終の競馬（目黒第四日）馬券の売高六〇万円に達す」『日本』明治四〇年一二月一六日、「目黒秋季大競馬（第四日）」『都』明治四〇年一二月一六日、「目黒の競馬（第四日目）」『万朝報』明治四〇年一二月一六日、「目黒の競馬（最終日）」『東京朝日』明治四〇年一二月一七日、「競馬余聞」『東京朝日』明治四〇年一二月一七日、「目黒競馬会」『中外商業』明治四〇年一二月一七日、「目黒競馬概評」『横浜貿易』明治四〇年一二月一八日。

167 前掲『日本競馬史』巻三によれば三万一六一九円（五四頁）。

168 「倫貝勒競馬御覧」『東京朝日』明治四〇年一二月九日。

169 「目黒初季大競馬（第一日）」『時事新報』明治四〇年一二月八日、前掲『東京競馬会及東京競馬倶楽部史』第二巻、六五頁。

170 たとえば、「秋季池上競馬会（初日）」『横浜貿易』明治四〇年一一月一〇日、「秋季池上競馬会（二日目）」『横浜貿易』明治四〇年一一月一一日、「秋季池上競馬会（第三日）」『横浜貿易』明治四〇年一一月一七日。

171 たとえば、「川崎競馬会（初日）」『横浜貿易』明治四〇年一一月二四日、「川崎競馬会（四日目）」『横浜貿易』明治四〇年一二月二日。

172 「目黒競馬会場の椿事……公衆の眼前に馬を銃殺す……」『二六』明治四〇年一二月八日。

173 「目黒秋季競馬（第一日）非道残忍（衆人の目に傷馬を銃殺す）」『東京朝日』明治四〇年一二月八日。

174 「目黒競馬彙報」『東京朝日』明治四〇年一二月一四日。

175 「目黒競馬雑観　ベンテン短銃にて撃殺さる」『中央』明治四〇年一二月八日。

176 「本日の目黒競馬」『中央』明治四〇年一二月一四日。

177 たとえば、「池上競馬会雑観（第二日目）」『読売』明治四〇年一一月一一日。

178 前掲安田『競馬夜話』五一〇頁。

179 「目黒の競馬（第二日目）」『やまと』明治四〇年一二月九日。上記は、ハナゾノ一万二百千六七枚と報じているが、百と千が逆に記されたと思われるので、一万二一六七枚とした。

180 「目黒競馬彙報」『東京朝日』明治四〇年一二月一四日。

181 「目黒競馬雑観」『中央』明治四〇年一二月一五日。

182 ハナゾノ、ホクエンの不出走に関しては、「日本馬の大競走　ハナゾノホクエン引退説に就て」『中央』明治四〇年一二月一三日、「本日の目黒競馬」『中央』明治四〇年一二月一四日、「目黒競馬彙報」『東京朝日』明治四〇年一二月一四日、「ハナゾノホクエン両駿足退く　馬匹改良上の大問題」『読売』明治四〇年一二月一四日、「ハナゾノとホクエン出場せず」『東京日日』明治四〇年一二月一四日。

183 「競馬断片」『時事新報』明治四一年二月二四日。

184 以下、初日の馬券の売上枚数に関しては、「目黒の競馬（第一日）」『やまと』明治四〇年一二月八日。

185 以下、二日目の馬券の売上枚数に関しては、「目黒の競馬（第二日目）」『やまと』明治四〇年一二月九日。

186 「目黒の競馬（第三日目）」『やまと』明治四〇年一二月一五日。

187 「目黒競馬概評」『横浜貿易』明治四〇年一二月一八日。
188 同右。
189 「競馬余聞」『東京朝日』明治四〇年一二月一七日。
190 たとえば、「目黒競馬雑観」『中央』明治四〇年一二月一五日、「目黒競馬会（三日目）」『二六』明治四〇年一二月一五日、「最終の競馬会（目黒の四日目）」『読売』明治四〇年一二月一六日。
191 以下、この園遊会に関しては、「園田邸の園遊会　野津元帥の大気焔」『報知』明治四〇年一二月二一日、「名馬全勝園遊会」『中央』明治四〇年一二月二一日、「園田氏園遊会」『東京朝日』明治四〇年一二月二三日。上記の中央新聞は、松方正義、海軍元帥伊東祐亨も参会したとしているが誤りであろう。
192 「園田邸の園遊会　野津元帥の大気焔」『報知』明治四〇年一二月二一日。
193 「東京馬匹改良会社総会」『中外商業』明治四一年一月二六日。
194 「東京馬匹改良会社総会」『中外商業』明治四一年一月二六日、「東京馬匹改良株式会社明治四〇年一二月三一日現在貸借対照表」『中外商業』明治四一年二月二日、前掲関『七十七年の回顧』二七八頁。

## 6　関西競馬倶楽部神戸築港記念開催、明治四一年一月五日、六日、七日

195 「一月の関西競馬大会」『大阪毎日』明治四〇年一二月一二日、「鳴尾の新年競馬」『大阪時事』明治四〇年一二月二六日、「鳴尾の臨時大競馬会」『大阪毎日』明治四〇年一二月二六日。
196 「関西馬匹会社の設計」『大阪時事』明治四〇年七月一三日、「鳴尾臨時関西競馬大会（一二月中旬に開催）」『神戸新聞』明治四〇年一一月二六日。
197 たとえば、「築港起工式」『神戸又新』明治四〇年九月一六日、佐藤勝三郎編『神戸築港問題沿革誌』神戸市、明治四一年。
198 「関西競馬会の収支決算」『大阪時事』明治四〇年一二月二七日。
199 「鳴尾の新年競馬」『大阪時事』明治四〇年一二月二六日、「鳴尾の臨時大競馬会」『大阪毎日』明治四〇年一二月二六日。
200 「鳴尾の競馬会（三日目）」『大阪朝日』明治四一年一月八日。
201 「山本検事正の馬券談▲馬券売買は賭博なり」『大阪朝日』明治四〇年一二月二九日。

202 前掲『阪神競馬倶楽部三十年沿革史』一四頁。
203 同右。
204 「一月競馬と馬券売買法」『大阪毎日』明治四〇年一二月三〇日。
205 前掲『貴族院・参議院議員名鑑』一〇八〜九頁。
206 「天声人語」『大阪朝日』明治四〇年一二月三〇日。
207 「競馬賭事と検事局」『大阪毎日』明治四〇年一二月一二日。
208 「台湾彩票検挙 当検事局の方針奈何」『神戸又新』明治四〇年一二月一八日。
209 「一月競馬と馬券売買法」『大阪毎日』明治四〇年一二月三〇日。
210 同右。
211 「初日の競馬　果然大不景気」『神戸又新』明治四一年一月六日、「鳴尾の競馬会 第一日（五日）」『大阪朝日』明治四一年一月六日、前掲『阪神競馬倶楽部三十年沿革史』一五頁。
212 「鳴尾の臨時競馬会」『大阪毎日』明治四一年一月五日。
213 「天声人語」『大阪朝日』明治四〇年一二月三〇日。
214 「御免賭場の開帳」『大阪朝日』明治四一年一月五日。
215 「山本検事正殿」『大阪朝日』明治四一年一月七日。
216 以下、この開催に関しては、賞金総額、売上高も含めて、特に記さない限り、「鳴尾の臨時競馬会」『大阪毎日』明治四一年一月五日、「御免賭場の開帳」『大阪朝日』明治四一年一月五日、「鳴尾の新年競馬　愈々本日より挙行」『大阪時事』明治四一年一月五日、「鳴尾の新年競馬　第一日競馬の光景　馬券収入激増す」『大阪時事』明治四一年一月六日、「鳴尾の臨時競馬（五日）第一日」『大阪毎日』明治四一年一月六日、「鳴尾の競馬会 第一日（五日）」『大阪朝日』明治四一年一月六日、「神戸築港記念競馬会」『神戸新聞』明治四一年一月六日、「馬蹄の塵」『神戸新聞』明治四〇年一月六日、「初日の競馬 果然大不景気」『神戸又新』明治四一年一月六日、「鳴尾競馬会（五日午後六時半摂津西宮特派員発電）」『中央』明治四一年一月六日、「鳴尾の臨時競馬会 第二日（六日）」『大阪毎日』明治四一年一月七日、「鳴尾の競馬会（二日目）」『大阪朝日』明治四一年一月七日、「神戸築港記念競馬会（第二日）」『神戸又新』明治四一年一月七日、「神戸築港紀念大競馬会二日目」『神戸新聞』明治四一年一月七日、「馬蹄の塵」『神戸新聞』明治四一年一月七日、「鳴尾の新年競馬　第二日目の競馬会　紳士競走の大紛擾」『大阪時事』明治四一年一月七日、「鳴尾競馬会（六日午後七時津西宮特派員発）」『中央』明治四一年一月七日、「鳴尾大競馬会（昨三日目景況）」『神戸又新』明治四一年一月八日、「鳴尾の新年競馬　最終の日の光景」『大阪時事』明治四一年一月八日、「鳴尾の臨時競馬会　第三日（七日）」『大阪毎日』明治四一年一月八日、「神戸築港紀念大競馬会三日目」『神戸新聞』明治四一年一月八日、「馬蹄の塵」『神戸新聞』明治四一年一月八日、「浜村審判員辞す」『神戸新聞』明治四一年一月八日、「鳴尾の競馬会（三日目）」『大阪朝日』明治四一年一月八日、「鳴尾競馬会（第三日）（七日午後八時十分摂津西宮特派員発）」『中央』明治四一年一月八日。なお東京及びその周辺からの遠征馬の戦績については、第3章第1節、同第3節、第4章第1節、同第3節、第7章第1節～第5節参照。

217 「神戸築港記念競馬会」『神戸又新』明治四一年一月六日。

218 たとえば、'Spring meeting of the Nippon Race Club', May 8, 1897. 'Autumn Meeting of the N. R. C.', November 7, 1900. 'Autumn Meeting of the Nippon Race Club', November 9, 1901. 'Spring Meeting of the Nippon Race Club', J. W. M., May 21, 1905. 'Autumn Meeting of Nippon Race Club', J. W. M., November 5, 1904. 'Spring Meeting of the Nippon Race Club', J. W. M., May 13, 1905. 'Spring Meeting of the Nippon Race Club', J. W. M., May 12, 1906. 「横浜競馬便り」『中外商業』明治四〇年一〇月二三日。

219 「競馬素人評（続）東西子」『横浜貿易』明治三八年一一月二三日。

220 以下、続に関しては、前掲『函館競馬場100年史』九二～三頁。

221 「鳴尾の競馬会」『神戸新聞』明治四一年一月三日。

222 「鳴尾大競馬会（昨三日目景況）」『神戸又新』明治四一年一月八日。

223 「鳴尾詐欺競馬会 審判係長の辞職、閉会後の大紛擾」『神戸又新』明治四一年一月八日。

224 以下、この騒ぎに関しては、特に記さない限り、「鳴尾の新年競馬　最終の日の光景」『大阪時事』明治四一年一月八日、「鳴尾詐欺競馬会」『神戸又新』明治四一年一月八日、「神戸築港紀念大競馬会三日目」『神戸新聞』明治四一年一月八日、「馬蹄の塵」『神戸新聞』明治四一年一月八日、「浜村審判員辞す」『神戸新聞』明治四一年一月八日、「鳴尾の競馬会（三日目）」（『大阪朝日』明治四一年一月八日、「競馬の紛擾後聞」『大阪朝日』明治四一年一月九日、「賭博競馬に就き」『大阪朝日』明

治四一年一月一二日、「競馬会の詐欺事件」『二六』明治四一年一月一四日。
225 「鳴尾詐欺競馬会 審判係長の辞職、閉会後の大紛擾」『神戸又新』明治四一年一月八日。
226 同右。
227 「賭博競馬に就き」『大阪朝日』明治四一年一月一二日。

## 7 総武競馬会冬期開催、明治四一年一月一一日、一二日、一八日、一九日

228 「板橋競馬の延期説　競馬熱冷のため」『東京朝日』明治四〇年一二月一一日。
229 「明治四一年五月七日付東京ジョッケー倶楽部会頭尾崎行雄より馬政長官子爵曾禰荒助宛内願書」明治四一年五月二六日付「東京ジョッケー倶楽部の競馬開催に関する内願の件」所収、国立公文書館デジタルアーカイブ。
230 「松戸の冬季競馬（昨第一日）」『東京日日』明治四一年一月一二日。
231 「不埒千万松戸競馬」『東京朝日』明治四一年一月一二日。
232 前掲『日本競馬史』巻三、五〇七頁。
233 前掲『馬事年史』3、三六一、三六二頁。
234 以下、賞金に関しては、註235、238、244、249参照。
235 以下、初日に関しては、特に記さない限り、「物騒極まる競馬　衝突に始まり喧騒に終る　馬政官は何故臨場せざる」『日本』明治四一年一月一二日、「松戸競馬会（第一日）」『二六』明治四一年一月一二日、「不埒千万松戸競馬」『東京朝日』明治四一年一月一二日、「松戸競馬会（第一日）」『時事新報』明治四一年一月一二日、「松戸の冬季競馬（昨第一日）」『東京日日』明治四一年一月一二日、「松戸の競馬（一日目）」『やまと』明治四一年一月一二日、「松戸の競馬会（第一日）」『読売』明治四一年一月一二日、「松戸競馬会」『中外商業』明治四一年一月一二日、「松戸秋季大競馬（第一日）」『都』明治四一年一月一二日、「松戸競馬の不整頓」『都』明治四一年一月一二日、「松戸競馬会（初日）」『中央』明治四一年一月一二日、「滑稽松戸の競馬　初競馬から散々なヘマ　旗振りには十円の賄賂」『国民』明治四一年一月一二日、「競馬会雑観　紛議の多き第一日」『報知』明治四一年一月一二日。
236 「物騒極まる競馬　衝突に始まり喧騒に終る　馬政官は何故臨場せざる」『日本』明治四一年一月一二日。

237　以下、ある若者の演説までに関しては、「滑稽松戸の競馬　初競馬から散々なヘマ　旗振りには十円の賄賂」『国民』明治四一年一月一二日。

238　以下、二日目に関しては、特に記さない限り、「松戸競馬会（二日）」『中央』明治四一年一月一三日、「松戸競馬会（第二日目）」『二六』明治四一年一月一三日、「松戸の競馬（第二日）」『東京朝日』明治四一年一月一三日、「松戸競馬会（第二日）」『時事新報』明治四一年一月一三日、「松戸の競馬場」『時事新報』明治四一年一月一三日、「松戸の冬季競馬（第二日目）」『東京日日』明治四一年一月一三日、「松戸の競馬会（第二日）」『読売』明治四一年一月一三日、「松戸の競馬（二日目）」『やまと』明治四一年一月一三日、「松戸競馬会雑観　平々凡々の勝負」『報知』明治四一年一月一三日。

239　「松戸競馬会（第二日）」『時事新報』明治四一年一月一三日。

240　「松戸競馬会（第二日目）」『二六』明治四一年一月一三日。

241　「松戸の冬季競馬（第二日目）」『東京日日』明治四一年一月一三日。

242　「松戸競馬会（第四日）」『時事新報』明治四一年一月二〇日。

243　「松戸春季競馬（初日）」『時事新報』明治四一年六月七日。

244　以下、三日目に関しては、特に記さない限り、「松戸競馬の三日目」『中央』明治四一年一月一八日、「松戸競馬予評」『中外商業』明治四一年一月一八日、「松戸競馬会（三日）」『中央』明治四一年一月一九日、「松戸競馬会（三日目）」『中外商業』明治四一年一月一九日、「松戸の競馬（第三日目）」『二六』明治四一年一月一九日、「松戸競馬（第三日）」『東京朝日』明治四一年一月一九日、「松戸の競馬会（第三日）」『読売』明治四一年一月一九日、「松戸競馬会雑観」『読売』明治四一年一月一九日、「松戸競馬会（第三日）」『時事新報』明治四一年一月一九日、「松戸競馬会（三日目）」『中外商業』明治四一年一月一九日、「旗手の職を免ず　松戸競馬の一狂言」『日本』明治四一年一月一九日、「松戸の競馬（第三日目）」『やまと』明治四一年一月一九日。

245　「旗手の職を免ず　松戸競馬の一狂言」『日本』明治四一年一月一九日。

246　「松戸競馬雑観（三日目）」『読売』明治四一年一月一九日。

247　同右。

248　「松戸競馬会（第三日）」『時事新報』明治四一年一月一九日。

249　以下、四日目に関しては、「松戸競馬予評」『中外商業』明治四一年一月一九日、「松戸競馬会（四日目）」『中外商業』明治四一年一月二〇日、「松戸競馬会（第四日）」『時事新報』明治四一年一月二〇日、「松戸の競馬会（最終日）」『読売』明治四一年一月二〇日、「松戸競馬雑観（四日目）」『読売』明治四一年一月二〇日、「松戸競馬会（終日）」『中央』明治四一年一月二〇日、「松戸大競馬（第四日）」『東京朝日』明治四一年一月二〇日、「松戸競馬会（四日目）」『報知』明治四一年一月二〇日、「松戸の競馬（第四日目）」『やまと』明治四一年一月二〇日。

250　「松戸競馬会（終日）」『中央』明治四一年一月二〇日。

251　以下、レースに関しては、註235、238、244、249に加えて、「総武競馬会（松戸）」『競馬世界』第三号、明治四一年一月一五日、「松戸競馬雑観」『競馬世界』第四号、明治四一年二月一五日。

252　初日一二万円、二日目一五万三〇〇〇円（「松戸競馬会の収入」『二六』明治四一年一月一四日）、三日目一二万七九七〇円（「松戸競馬雑観（三日目）」『読売』明治四一年一月一九日）、四日目一七万五六二五円（「松戸競馬雑観（四日目）」『読売』明治四一年一月二〇）。以上を合計すると五七万六五九五円。馬券総発売高は約六〇万円と報じた新聞もあった（「松戸競馬会（終日）」『中央』明治四一年一月二〇日）。

253　「第三回決算報告（自四十年十月至四一年三月）」『中外商業』明治四一年五月一四日、「第三回決算報告（自四十年十月至四一年三月）」『国民』明治四一年五月一五日。

254　「改善の要ある総武競馬会」『二六』明治四一年一月一八日、「松戸競馬会の不備　言語道断の遣り口」『報知』明治四一年一月二〇日夕刊が、開催の光景を簡潔にまとめている。

255　「松戸春季競馬（初日）」『時事新報』明治四一年六月七日。

## 8　諭達、馬券売買継続へ

### 1　東京ジョッケー倶楽部への開催延期要請

1　たとえば、「競馬会と馬術練習所」『やまと』明治四〇年一〇月九日、「秋季競馬」『二六』明治四〇年一〇月一九日。

2　売上に関しては、第6章第5節、第6節、第10節、第7章の各節参照。

3　ＪＲＡ売得金額に関しては〈http://jra.jp/company/about/outline/growth/pdf/g_22_01.pdf〉二〇二〇年九月一一日閲覧。
4　たとえば、「評論 明治四〇年を送る」『二六』明治四〇年一二月三一日、「四〇年の財政経済（三）」『東京日日』明治四一年一月三日。
5　たとえば、坂野潤治『明治国家の終焉　一九〇〇年体制の崩壊』筑摩書房、二〇一〇年（初出、ミネルヴァ書房、一九八一年）五七〜八頁。
6　岡義武「日露戦争後における新しい世代の成長」（上）、（下）『思想』五一二号、一九六七年一二月、五一三号、一九六八年三月、坂野潤治『近代日本の出発』大系日本の歴史13、小学館ライブラリー、一九九三年、三四八〜九頁。
7　前掲『公爵桂太郎伝』三五九〜六〇頁。
8　「賭博黴菌の伝播」『横浜貿易』明治四〇年一一月一一日。
9　「競馬会の下落」『横浜貿易』明治四〇年一二月一〇日。
10　「競馬会の悪弊」『東京日日』明治四〇年一二月一四日。東京日日新聞は、明治四一年一月二〇日にも「競馬を禁止せよ」との社説を掲載、「吾曹是に於て我尊敬すべき国民的気風性格の破壊を以て彼が如き馬匹改良を償はざるべからざるの理なきを確信し、断じて競馬禁止法を設けんことを勧奨す」と訴えた。
11　片山慶隆『日露戦争と新聞』講談社選書メチエ、二〇〇九年、一七頁。
12　たとえば、「ドノ馬が勝つか」『報知』明治四〇年一二月一三日夕刊、「目黒競馬会（我社の予報着々的中）」『報知』明治四〇年一二月一四日夕刊、「四日目の予報（本日の目黒競馬会勝負）」『報知』明治四〇年一二月一五日、「目黒競馬会（我社の予報紙の如く的中す）」『報知』明治四〇年一二月一五日夕刊。
13　「公開の賭場（法律の制裁何くに在るや）」『報知』明治三九年一二月一七日。
14　だが平沼騏一郎がヨーロッパ視察中で、その司令塔を欠いていたこともあってか、この他に表立った動きは伝えられなかった。平沼の帰国後、司法部の馬券禁止に向けて動きが活発になった（「競馬問題と法相」『東京日日』明治四一年八月二一日、「競馬弊害防止策」『大阪時事』明治四一年八月二一日、「無差別」『二六』明治四一年一〇月八日、前掲『平沼騏一郎回顧録』二二〇〜一頁）。
15　以下、明治四一年五月の約束されていた代替開催の履行を迫ったことまでに関しては、特に記さない限り、「明治四一年五月七日付東京ジョッケー倶楽部会頭尾崎行雄より馬政長官子爵曾禰荒助宛内願書」明治四一年五月二六日付「東京ジョッケー倶楽部の競馬開催に関する内願の件」国立公文書館デジタルアーカイブ、所収。

16 以下、延期の公表までに関しては、「明治四一年五月一五日付馬政長官子爵曾禰荒助より内閣総理大臣侯爵西園寺公望宛秘第九号」前掲明治四一年五月二六日付「東京ジョッケー倶楽部の競馬開催に関する内願の件」所収、「板橋競馬の延期説競馬熱冷のため」『東京朝日』明治四〇年一二月一一日、「板橋競馬会の延期」『東京日日』明治四〇年一二月一一日、「板橋の競馬は一月か」『横浜貿易』明治四〇年一二月一一日、「板橋の競馬は来春か」『やまと』明治四〇年一二月一一日、「板橋競馬の開期」『報知』明治四〇年一二月一一日夕刊、「板橋の延期」『やまと』明治四〇年一二月一二日。

17 前掲「明治四一年五月七日付東京ジョッケー倶楽部会頭尾崎行雄より馬政長官子爵曾禰荒助宛内願書」は、改めて、前年一二月の東京ジョッケー倶楽部の開催延期の経緯を曾禰に説明し、代替開催の「御諭」の履行を求めたもの。

18 たとえば、「競馬開催日の決定」『やまと』明治四一年一月二六日、「競馬開催日の決定」『中央』明治四一年一月二六日、「競馬開催日の決定」『報知』明治四一年一月二六日。

19 「馬政局の一窮策」『万朝報』明治四一年一月三一日。

20 「春季競馬会」『東京朝日』明治四一年二月一七日、「春季競馬期日」『中央』明治四一年二月一七日。

21 明治四一年三月二〇日付「競馬の監督及取締事項実行手続を定む」国立公文書館デジタルアーカイブ。

## 2 貴族院の馬券禁止要求から西園寺内閣の方針転換、馬券熱鎮静に向けて

22 たとえば、小林和幸『明治立憲政治と貴族院』吉川弘文館、二〇〇二年、一〇、三六一頁。

23 たとえば、「首相と彩票及競馬」『東京日日』明治四〇年七月二二日、「貴院と競馬問題」『東京日日』明治四一年一月一一日。

24 以下、電車市有の問題に関してまでは、たとえば、「貴族院各派交渉委員会（電車市有と競馬問題）」『東京日日』明治四〇年一二月二二日、「上院と競馬取締」『万朝報』明治四〇年一二月二二日、「貴族院交渉会」『国民』明治四〇年一二月二二日、「電車と競馬」『都』明治四〇年一二月二二日。貴族院の馬券の取締を求める動きを、東京朝日新聞は歓迎した（「競馬の悪弊」『東京朝日』明治四一年一月八日）。

25　以下、東鉄の株価までに関しては、特に記さない限り、櫻井良樹「東京市街電車の市有化をめぐる政治過程――桂園時代の一側面」『史学雑誌』第九五巻七号、一九八六年。
26　前掲坂野『明治国家の終焉　一九〇〇年体制の崩壊』五八頁。
27　たとえば、「貴族院各派交渉委員会（電車市有と競馬問題）」『東京日日』明治四〇年一二月二二日。
28　前掲小林『明治立憲政治と貴族院』三六一頁。
29　「上院と競馬取締」『万朝報』明治四〇年一二月二三日。
30　「競馬問題に就て古賀警保局長の談」『時事新報』明治四〇年一二月二四日。
31　「競馬賭博と当局」『万朝報』明治四〇年一二月二四日。
32　「警保局長と競馬問題」『東京日日』明治四〇年一二月二七日。
33　「古賀局長と競馬問題」『時事新報』明治四一年一月五日。同じ内容のものが、『やまと』明治四一年一月六日に「競馬問題と当局」として掲載された。
34　前掲『原敬日記』第二巻、明治四一年三月四日、二九一頁。
35　『服部之総全集 18　明治の指導者Ⅱ』福村出版、一九七四年、三九～四〇頁。古賀の生涯については、奥津成子『私の祖父古賀廉造の生涯――葬られた大正の重鎮の素顔』慧文社、二〇一一年。
36　「松田法相の談」『大阪毎日』明治四〇年一二月二六日。
37　前掲三谷『政治制度としての陪審制　近代日本の司法権と政治』八〇頁。
38　以下、この政局に関しては、前掲『原敬日記』第二巻、明治四一年一月八日、一〇日、一一日、一三日、一四日、一五日、一六日、一七日、一八日、二二日、二三日、二五日、二八〇～六頁、前掲坂野『明治国家の終焉』五八頁、佐々木隆『明治人の力量』日本の歴史21、講談社、二〇〇二年、三四〇～二頁。
39　たとえば、前掲『原敬日記』第二巻、明治四一年一月二二日、二三日、二五日、二八四～六頁。
40　「競馬取締質問」『報知』明治四一年一月二六日夕刊、「競馬禁止と貴族院」『横浜貿易』明治四一年一月二九日、「競馬禁止と貴族院」『東京日日』明治四一年一月二九日、「競馬と貴族院」『都』明治四一年一月二九日。
41　「馬券発売の真相」『時事新報』明治四一年一〇月六日。

42 前掲『原敬日記』第二巻、明治四一年三月四日、二九一頁。
43 同前、二九三頁。
44 同右。
45 たとえば、「第二五回帝国議会衆議院請願委員会第一分科会（速記）第二回」明治四二年二月一日寺内答弁、前掲『日本馬政史』第四巻、五八一〜二頁。
46 前掲『寺内正毅日記』明治四一年二月九日、四二三頁、一三日、四二四頁、一八日、四二五頁。
47 以下、二〇日南が西園寺に差回したことまでに関しては、「明治四一年二月二〇日付南弘より西園寺公望宛書簡」前掲『西園寺公望関係文書』所収、六四頁。
48 前掲小林『明治立憲政治と貴族院』二八一頁。
49 「競馬は必要なり」『報知』明治四一年一月二〇日、「競馬は必要なり（承前）」『報知』明治四一年一月二六日。二〇日の記事に対し、東京日日新聞の一月二一日の「近事片々」は、「馬匹改良に対する効果を知らずと藤波馬政局次長競馬会の肩を持つ賭博何の効果」と揶揄した。
50 以下、この交渉に関しては、「馬政局終に屈す」『万朝報』明治四一年二月二一日、「競馬制限問題」『やまと』明治四一年二月二五日、「競馬取締問題」『都』明治四一年二月二五日、「競馬取締の要旨」『二六』明治四一年二月二五日。
51 「貴族院と競馬問題」『東京日日』明治四一年二月七日。
52 以下、この日の審議に関しては、「第二四回帝国議会衆議院予算第三分科（大蔵省所管）会議録（速記）第三回」明治四一年二月六日。
53 以下、この面談に関しては、「競馬と五派交渉」『報知』明治四一年二月一八日夕刊、「上院各派交渉会（競馬及び電車問題）」『日本』明治四一年二月一九日、「貴族院交渉会」『東京朝日』明治四一年二月二〇日、「競馬と電車」『中外商業』明治四一年二月二〇日、「貴族院各派交渉会（競馬問題と電車問題）」『東京日日』明治四一年二月二一日、「貴族院委員の首相訪問」『報知』明治四一年二月二一日、「上院委員の首相訪問」『二六』明治四一年二月二二日。
54 「第二四回帝国議会貴族院予算委員会議事速記録第三号」明治四一年二月一九日。
55 「第二四回帝国議会貴族院議事速記録第九号」明治四一年二月二三日。

56 たとえば、「首相と競馬問題」『東京日日』明治四一年二月二一日、「競馬取締問題（貴族院委員の首相訪問）」『報知』明治四一年二月二一日、「上院委員の首相訪問」『二六』明治四一年二月二二日。この二〇日の会見に関連して、大阪毎日新聞は、貴族院各派のほぼ一致した意向が、一 外人の組織に成る横浜競馬会（日本レース倶楽部）を標準とすべきこと、二 会員は各自相当の会費を負担するものに限ること、三 競馬会設置の場所を局限し極少数の個所に許可すること、四 丁年未満のもの及び学生の観覧を許さざること、五 馬券を売買せしめざること、だったと報じた（「競馬取締の程度」『大阪毎日』明治四一年二月二三日）。なお同じ内容のものをやまと新聞が二月二五日付の「競馬悲観と馬券論」として報じた。この情報の確かさがどこまであるか不詳だが、仮に事実だとすると、一、二は、現行の競馬会と営利会社の状況に鑑みて、営利を目的とせず、不正行為（八百長、役員などの馬券購入）を行わない競馬会に改編させるといった意味合いだろう。三は、東京周辺五ヶ所の統合や新設の制限を意図したもの。四は社会風教の維持という観点からかねてからその声があがっていたものを受けたもの。五に関しては、貴族院側も、本文でふれたように取締策の制定での妥協を考えており、あくまでも要求するものではなかったはずで、交渉を有利に運ぶためのいわばブラフだったろう。結果的には、五の馬券売買禁止を除けば、他の四項目は、取締策のなかに盛り込まれ、実現することになる。

57 「首相と競馬問題」『東京日日』明治四一年二月二一日。

58 「競馬取締の要旨」『二六』明治四一年二月二五日、「競馬制限問題」『やまと』明治四一年二月二五日、「競馬取締と電車市営」『二六』明治四一年三月四日。

59 「上院の競馬と電車」『都』明治四一年三月四日。

60 以下、この日の会議に関しては、「第二四回帝国議会貴族院予算委員第一分科会（歳入大蔵）議事速記録第三号」明治四一年二月二七日。

61 「競馬問題と陸軍」『横浜貿易』明治四一年三月二日。他に同様のものが、「競馬問題と陸軍当局」『都』明治四一年三月二日、「競馬問題と軍馬」『読売』明治四一年三月二日、「競馬と陸軍当局」『大阪時事』明治四一年三月三日と掲載された。

62 以下、この日の審議に関しては、「第二四回帝国議会貴族院予算委員会議事速記録第五号」明治四一年三月三日。

63 「谷子と競馬」『大阪朝日』明治四一年一〇月九日。

64 「第二四回帝国議会貴族院予算委員会議事速記録第五号」明治四一年三月三日、「第二四回帝国議会貴族院議事速記録第一二号」明治四一年三月五日。

65 以下、この日の審議に関しては、「第二四帝国議会衆議院議事速記録第一一号」明治四一年二月二七日。

66 東京朝日新聞は、これより先の一月八日の社説「競馬の悪弊」で「司直府の検挙を煩わすべきものに非ざる乎」、「吾人は我司法省及裁判所が、今少しく眼を開かんことを希望せざるべからざるなり」、また一月一一日の「競馬会の悪弊（再論）」でも「縦令馬政局一派の有司にして、馬券の売買を許容することありとするも、司法警察の官吏はその職責上、独立して違法者を糾明し、律に照して其罪を処断するを適当なりとせん」と論じていた。

67 前掲『原敬日記』第二巻、明治四一年三月三日、二九三頁。馬券発売を黙許された競馬開催を主催するのは競馬会であり、その営利会社ではなかったので、本来、この取締案は、「競馬会の取締並監督方」とするのが適切であった。

## 3 取締策の制定

68 前掲『寺内正毅日記』明治四一年二月二八日、四二八頁。

69 たとえば、「競馬取締法協議」『万朝報』明治四一年二月二七日、「競馬取締案提出」『二六』明治四一年二月二八日、「競馬の善後策」『やまと』明治四一年三月五日、「競馬取締案」『日本』明治四一年三月六日。鑑定券は、神戸地方裁判所検事局検事正山本辰六郎が、この一月の関西競馬倶楽部の神戸築港記念開催に対して、馬券発売は賭博として看過できないと取締を表明したことで、結局、馬券発売を馬匹の優劣の鑑定に伴う寄付、それへの配贈行為であるとして、馬券に代わるものとして発売された。名称を変えただけで、実質的に馬券と変らなかったが、名目上、馬券ではないということだった。

70 「馬券禁止と会社」『時事新報』明治四一年一〇月六日。

71 以下、「取締並監督方」に関しては、特に記さない限り、明治四一年三月三日付「競馬会社の取締並監督方」国立公文書館デジタルアーカイヴ。

72 前記の「取締並監督方」は、付箋や「　」など原案に手を入れた形での文書となっている。

73 但書には、「　」がふされているが、この但書は不要ということであったと思われる。

74 原案には、日本レース倶楽部への配慮から、婦女子に関しては根岸を除外すること、が記されていたが、これに「　」がつけられている。これは「婦女」の削除に伴い不必要ということだろう。

75 たとえば、「競馬賭博と学生」『万朝報』明治三九年一二月五日。
76 「根岸春季競馬（第二日）」『時事新報』明治四一年五月一〇日。
77 「競馬入場料の値上」『やまと』明治四一年三月四日。
78 前掲永井『風俗営業取締り』四九頁。
79 たとえば、「池上初競馬雑観」『東京朝日』明治三九年一一月二五日。
80 前掲『原敬日記』第二巻、明治四一年三月四日、二九三頁。
81 前掲『寺内正毅日記』明治四一年三月四日、四二九頁。
82 「明治四一年三月一一日付藤波言忠宛曾禰荒助書簡」前掲『西園寺公望関係文書』所収、九二頁。
83 「明治四〇年一二月一一日付曾禰荒助より西園寺公望宛書簡」前掲『西園寺公望関係文書』所収、三七頁。
84 曾禰が韓国副統監就任が決まった時点から、藤波が後任に内定との情報が流れていた（たとえば、「馬政長官の後任」『東京日日』明治四〇年九月二〇日）。一一月には、陸軍軍馬補充本部長大蔵平三の後任説が流れていた（たとえば「馬政長官更迭説」『二六』明治四〇年一一月二二日）。
85 「明治四〇年一二月一一日付曾禰荒助より西園寺公望宛書簡」前掲『西園寺公望関係文書』所収、三七頁。
86 「明治四一年三月一一日付藤波言忠宛曾禰荒助書簡」前掲『西園寺公望関係文書』所収、九二頁。
この曾禰の書簡の全文は、つぎのものだった。

去る七日付朶雲難有拝誦。御申越之競馬会之事に付種々御配意御察申上候。然るに閣議決定之事項に付ては小生は之と全然所見を異するのみならず、将来に於其実行之実に任じ難く、又我国に於て馬匹の改良を一日も速ならしむるの途を途絶し到底成功之見込無之。此辺に付ては陸相之意見は如何又農相之考は如何。元来小生が今に於て馬政長官たるは、此政務に付ては大体を決定して而して其細目に至ては諸君に御任せ申候て毫も差支無之旨申出（挿入「候事にして」）貴官に於ても御承知之事なり。競馬会の興廃に関しては馬匹改良に大闇を相生じ、極言すれば改良の速遅は之に根する也と云うも敢て過言にあらざるべし。如此大体に関する事項を決定するに当り当局長官の意見も徴せずして其実行の責に任ぜとは実に言語道断之義にあらずして何ぞや。乍併上長の命也可服従とのことなれば致方無之とは申せ、到底其任に堪え難きを以辞表を提出するの外なし。実に将来に見込目的を達すること能はざるのみならず、国費多端の今日に在て軍事に仍ほ平均三千五百万円（「三千五百万円」に傍点）の支出にても不足を感ぜしむるが如き処置を執るは為国家実に忍びざる所なり。況や躬自から之を為すは堪ゆる所に非らず。就ては貴官に向い御面倒なる御願には候得共、小生之誠意御洞察之上西園寺首相へ御懇談被下後任者御選択之上速に小生之兼官を被免候様取計相成度旨御申入被下度。尤も辞表提出之必要もあらず首相より一電あれば直に可差出候。前回も申上候通矯角殺牛之手伝を為すは不可能之事に候。先は拝復旁願事如此に御座候。不備

三月十一日　荒助拝

藤波子爵閣下

87 たとえば、前掲『日本馬政史』第四巻、五八二頁。

88 「曾禰長官の置土産　競馬は優等の交際機関」『国民』明治四一年七月五日。他に「曾禰さんの端唄　競馬の取締は厳重なれ」『国民』明治四一年六月二七日。

89 以下、この「実行手続」に関しては、特に記さない限り、明治四一年三月二〇日付「競馬の監督及取締事項実行手続を定む」国立公文書館デジタルアーカイブ。

90 『児玉日誌』明治四一年三月一四日。ちなみに児玉は、「其前馬政局より競馬の件照会あり回答し置く」と記した（同上）。

91 「競馬会入場料値下請願」「二六」明治四一年四月一五日、「競馬会入場料問題」『東京日日』明治四一年四月一八日。

92 「板橋競馬雑観」『中央』明治四一年三月三〇日。

93 「根岸春季競馬（第二日）」『時事新報』明治四一年五月一〇日。

94 「競馬会の恐慌（馬券を百円に制限節）」『日本』明治四一年二月二九日。

95 たとえば、「競馬の賭」『東京朝日』明治三九年一二月二日、「競馬と賭博（二）」『東京日日』明治四〇年七月一二日。

96 以下、論達に関しては、特に記さない限り、前掲『東京競馬会及東京競馬倶楽部史』第一巻、四五～八頁。

97 たとえば、「競馬と賭博（七）」『東京日日』明治四〇年七月一八日。

98 たとえば、「短距離競馬の禁止」『やまと』明治四一年一月二九日、「競馬会新消息」『やまと』明治四一年三月一日。

99 たとえば、「開催期間短縮と競馬会　経済が持てぬか」『やまと』明治四一年九月一七日。
100 「明治四一年三月二六日付藤波言忠より西園寺公望宛書簡」前掲『西園寺公望関係文書』五七頁。
101 この丙は、前掲『東京競馬会及東京競馬倶楽部史』第一巻に所収の諭達では、冒頭に「競馬会の設備に関する口達」として掲載されているが（四五頁）、同倶楽部史の編纂者が、口達のなかでこの（丙）が最も重要なものと認識したことで、このようは形となったと思われる。
102 「第二五帝国議会衆議院請願委員第一分科会議録第四回」明治四二年二月一五日、「第二五帝国議会貴族院競馬法案特別委員会議事速記録第一号」明治四二年三月二二日。
103 明治四一年三月二〇日付「競馬の監督及取締事項実行手続を定む」国立公文書館デジタルアーカイブ。
104 以下、藤波が「近日縷々相話す積」りであったことまでに関しては、「明治四一年三月二六日付藤波言忠より西園寺公望宛書簡」前掲『西園寺公望関係文書』所収、五七頁。
105 前掲明治四一年三月二〇日付「競馬の監督及取締事項実行手続を定む」には、以下の付箋がつけられていた。

付箋　競馬会設立の地を予定せず其の都度閣議に於て許否を決定し又既に馬政局より上申したる武州競馬会及藤枝競馬倶楽部は此の際閣議に提出し許否を決定することを望む　花押　寺内正毅、松田正久、松岡康毅、西園寺公望、齋藤実、牧野伸顕、原敬、

第二項　削除、大体に於て馬政局の意見を賛す　花押　寺内正毅、原敬、齋藤実、松岡康毅

第二項に対しては馬政局は同意を表せず同局は将来認可すべき競馬会設立の地及其の数を今日に於て確定するを欲し其の地を青森、岩手、宮城、福島、愛知、石川、広島、静岡の八個所とし且各地に一会社の設立を認可するを適当とせり又馬政局より許可の意見を以て内閣に上申したる武州競馬会及藤枝競馬倶楽部に付此際許否を決定せんと欲す

106 「明治四一年三月一七日付閣議決定書」、前掲明治四一年三月二〇日付「競馬の監督及取締事項実行手続を定む」所収。
107 「明治四一年三月二〇日付内閣書記官長より馬政長官宛通達案」前掲明治四一年三月二〇日付「競馬の監督及取締事項実行手続を定む」所収。

108 「明治四一年三月二六日付藤波言忠より西園寺公望宛書簡」前掲『西園寺公望関係文書』所収、五六頁。
109 『児玉日誌』明治四一年三月二一日。
110 『児玉日誌』明治四一年三月二三日、「競馬取締口達」『九州日報』明治四一年三月二六日。
111 前掲『東京競馬会及東京競馬倶楽部史』第一巻、四七〜八頁。
112 たとえば、「競馬取締方針」『東京日日』明治四一年三月一六日、「競馬取締方針確定」『大阪毎日』明治四一年三月一八日、「競馬問題」『やまと』明治四一年三月一九日、「競馬問題の一段落」『横浜貿易』明治四一年三月一九日。
113 たとえば、「競馬取締」『東京朝日』明治四一年三月二五日、「競馬に関する取締」『東京日日』明治四一年三月二五日、「競馬取締規定」『やまと』明治四一年三月二五日、「競馬会社設備の監督」『東京朝日』明治四一年三月二六日、「競馬の取締厳重　馬政局よりの口頭覚書」『国民』明治四一年三月二六日、「競馬取締規定」『中外商業』明治四一年三月二六日。報じられたものの具体的な内容は、「口達」と合致していた。
114 「明治四一年三月二六日付藤波言忠より西園寺公望宛書簡」前掲『西園寺公望関係文書』五七頁。
115 明治四一年四月一八日付「藤枝競馬倶楽部を法人と為すの願出を許可す」国立公文書館デジタルアーカイブ、明治四一年四月二八日付「武州競馬会を法人と為すの願出を許可す」国立公文書館デジタルアーカイブ。
116 「競馬取締方針」『東京日日』明治四一年三月一六日、「競馬取締励行」『東北日報』明治四一年三月一六日。
117 「競馬問題」『やまと』明治四一年三月一九日、「競馬問題の一段落」『横浜貿易』明治四一年三月一九日、「競馬問題収まる」『都』明治四一年三月一九日。
118 「年譜」前掲岩崎『平沼騏一郎伝』。
119 「馬券と検事局」『大阪毎日』明治四一年三月二七日。
120 以下、このことに関しては、たとえば、前掲小林『明治立憲政治と貴族院』二八九頁、内藤一成『貴族院と立憲政治』思文閣出版、二〇〇五年、一〇二、一一八頁。
121 前掲『原敬日記』第二巻、明治四一年三月二五日。ちなみに公にはならなかったが、これより先に二月二一日報知新聞の記者辰巳豊吉が原を訪問、貴族院の最大会派である研究会の重鎮堀田正養の入閣を打診、研究会をあげて現内閣へ投じるとも伝え、これに原らが応じ、その貴族院対策も佳境に入った（前掲『原敬日記』第二巻、明治四一年二月二一日、二九一頁、

二四日、二九二頁、三月四日、二九三～四頁）。
122 たとえば、前掲内藤『貴族院と立憲政治』二二六～七頁。
123 中央新聞は例外で、「要するに吾人は今回の取締訓令を以て、最も正当にして且つ必要なるものとなし、而も其効果の甚だ少なからざるを疑わざるなり」と、「口達」を高く評価した（「論説　競馬会の取締」『中央』明治四一年三月二七日）。
124 以下、各開催の売上に関しては、とりあえず、前掲堀田『競馬及競馬法史』八五頁、前掲『日本競馬史』巻三、一七七、二五八、三〇六、五〇七、六二六、六七五頁、「板橋競馬会（四日目夕刊続）」『やまと』明治四一年七月二〇日。この明治四一年春のシーズンの売上も含めて、各開催については、第三巻で、詳しく論じる。
125 ＪＲＡ売得金額・入場人員に関しては〈http://jra.jp/company/about/outline/growth/pdf/g_22_01.pdf〉二〇二〇年九月一一日閲覧。

# 資料・参考文献一覧

＊本書で基本資料とした各新聞に関しては、章別ではなく先に一括して掲げる。
＊各章の参考文献は、原則として著者のあいうえお順で挙げる。なお二つ以上の章に及ぶものに関しては、重複して掲げる。
＊国立公文書館デジタルアーカイブ〈http://www.archives.go.jp/〉所蔵の資料に関しては、アーカイブ所蔵であることを示して、そのＵＲＬ名を略す。著作、論文等の後に掲げる。
＊帝国議会の本会議、各種委員会の会議録については、すべて「帝国議会会議録検索システム」〈http://teikokugikai-i.ndl.go.jp/〉を利用したが、そのＵＲＬ名を略して、院別委員会名等年月日で表記する。
＊刊行、発行年については、原則として、昭和三〇年代までに関しては元号、その後は西暦で表記する。

## ●新聞・雑誌資料

『岩手日報』明治三五年一月一日〜明治四三年一二月三一日
『岩手毎日新聞』明治三五年一月一日〜明治四三年一二月三一日、欠号明治三五年五月
『大阪朝日新聞』明治三九年一月一日〜明治四三年一二月三一日
『大阪時事新報』明治三九年一月一日〜明治四三年一二月三一日

『大阪毎日新聞』明治三九年一月一日～明治四三年一二月三一日
『小樽新聞』明治三九年一月一日～明治四二年三月三一日
『九州日報』明治三九年一月一日～明治四三年一二月三一日
『京都日出新聞』明治三九年一月一日～明治四三年一二月三一日
『神戸新聞』明治三九年一月一日～明治四三年一二月三一日
『神戸又新日報』明治三九年一月一日～明治四三年一二月三一日
『国民新聞』明治三九年一月一日～明治四三年一二月三一日
『時事新報』明治三二年一月一日～明治四三年一二月三一日
『静岡民友新聞』明治三九年一月一日～明治四三年一二月三一日
『下野新聞』明治四一年一月～明治四二年三月
『新愛知』明治三九年一月一日～明治四三年一二月三一日
『台湾日日新報』明治三九年一月一日～明治四一年八月三一日
『中央新聞』明治三九年一月一日～明治四三年一二月三一日
『中外商業新報』明治三九年一月一日～明治四三年一二月三一日
『東奥日報』明治三九年一月一日～明治四一年八月三一日
『東京朝日新聞』明治三二年一月一日～明治四三年一二月三一日
『東京二六新聞』明治三七年四月一五日～明治四三年一二月三一日（明治四二年一二月一日から『二六新報』）
『東京日日新聞』明治三七年一月一日～明治四三年一二月三一日
『東京パック』第二巻第一号（明治三九年一月）～第五巻三六号（明治四三年一二月）
『東京毎日新聞』明治三九年一月～明治四三年一二月三一日（明治三九年一月一日～六月三〇日『毎日新聞』）
『新潟東北日報』明治三九年一月一日～明治四三年一二月三一日
『名古屋新聞』明治三九年一月一日～明治四三年一二月三一日
『新潟新聞』明治三九年一月一日～明治四三年一二月三一日

『日州』明治三九年一月一日～明治四三年一二月三一日
欠号明治三九年三月、明治四〇年一、九、一二月、明治四一年七月～明治四二年一二月など
『日本』明治三九年一月一日～明治四三年一二月三一日
『馬匹世界』第一号（明治四〇年一〇月一五日）～第五号一〇月号（明治四四年一〇月一五日）（欠号あり）
ただし第一号～第五号は『競馬世界』
『福岡日日新聞』明治三九年一月一日～明治四三年一二月三一日
『報知新聞』明治三九年一月一日～明治四三年一二月三一日
『北海タイムス』明治三五年一月一日～明治四三年一二月三一日
『報知新聞』明治三九年一月一日～明治四三年一二月三一日
『都新聞』明治三九年一月一日～明治四三年一二月三一日
『門司新報』明治三九年一月一日～明治四三年一二月三一日
欠号明治三九年一月～二月、明治四〇年五月～八月、明治四一年六月～一〇月
『やまと新聞』明治三九年一月一日～明治四三年一二月三一日
『横浜貿易新報』明治三三年一月一日～明治四三年一二月三一日
～明治三七年六月一九日まで『横浜貿易新聞』、明治三七年六月二〇日～三〇日『横浜新報』、明治三七年七月一日～明治三九年一二月二日『貿易新報』、明治三九年一二月三日から『横浜貿易新報』
『読売新聞』明治三三年一月一日～明治四三年一二月三一日
『万朝報』明治三九年一月一日～明治四三年一二月三一日
"JAPAN GAZETTE" 一九〇六年七月～九月、一九〇七年四～九月、一九〇八年一～三月、七～一二月、一九〇九年一〇～一二月、一九一〇年四～九月
"JAPAN WEEKLY MAIL" 一八九七年～一九一〇年

# ●参考文献・資料

## はじめに

雨宮昭一「日糖事件――汚職事件と検察権の拡大」我妻栄編『日本政治裁判史録』明治・後　第一法規出版、一九六九年
板垣守正編纂『板垣退助全集』板垣退助全集刊行会、昭和八年、覆刻版、原書房、一九六九年
糸屋寿雄『幸徳秋水研究』青木書店、一九六七年
大江志乃夫『日露戦争の軍事史的研究』岩波書店、一九七六年
大江志乃夫『明治馬券始末』紀伊國屋書店、二〇〇五年
宮内庁『明治天皇紀』第一〇巻、吉川弘文館、一九七四年
「第一表　明治初年度以降一般会計歳入歳出予算決算」〈https://www.mof.go.jp/budget/reference/statistics〉
筒井清忠『戦前日本のポピュリズム――日米戦争への道』中公新書、二〇一八年
長森貞夫編『東京競馬会及東京競馬倶楽部史』第一巻、東京競馬倶楽部、昭和一六年
中筋直哉『群衆の居場所』新曜社、二〇〇五年
日本中央競馬会総務部調査課編纂『日本競馬史』巻三、日本中央競馬会、一九六八年
坂野潤治『近代日本の出発』大系日本の歴史13、小学館ライブラリー、一九九三年
藤野裕子『都市と暴動の民衆史――東京・1905-1923年』有志舎、二〇一五年
松山巖『群衆――機械のなかの難民』中公文庫、二〇〇九年（初出一九九六年）
三谷太一郎『政治制度としての陪審制　近代日本の司法権と政治』東京大学出版会、二〇〇一年
宮地正人『日露戦後政治史の研究』東京大学出版会、一九七三年
立命館大学西園寺公望伝編纂委員会『西園寺公望伝』第三巻、岩波書店、一九九三年
若槻禮次郎『明治・大正・昭和政界秘史－古風庵回顧録』講談社学術文庫、一九八三年（初出一九五〇年）

*

帝国議会会議録検索システム所蔵資料
「第二三回帝国議会貴族院予算委員会第一分科会（歳入大蔵省）議事速記録第四号」明治四〇年三月二日
「第二三回帝国議会衆議院予算委員第三分科会（大蔵省所管）第二回」明治四〇年一月二九日
「第二五回帝国議会貴族院競馬法案特別委員会議事速記録第一号」明治四二年三月二二日

## 1　東京競馬会の設立


伊佐秀雄『馬産界の功労者　加納久宜』日本出版社、昭和一八年
須藤義衛門「我邦競馬界の長老森謙吾翁を追憶す」『馬の世界』第一〇巻第四号、馬之世界社、昭和五年四月
大植四郎編著『明治過去帳』新訂初版、東京美術、一九八八年
大江志乃夫『日露戦争の軍事史的研究』岩波書店、一九七六年
大江志乃夫『明治馬券始末』紀伊國屋書店、二〇〇五年
大囿純也『加納久宜――鹿児島を蘇らせた男』高城書房、二〇〇四年
大田区史編さん委員会『大田区史』下巻、東京都大田区、一九九六年
大友源九郎編『馬事年史』3、昭和二三年、覆刻版、原書房、一九八五年
大濱徹也『アーカイヴズへの眼』刀水書房、二〇〇七年
『開港のひろば』第九六号、横浜開港資料館、二〇〇七年四月二五日
学校法人日本体育会日本体育大学八十年史編纂委員会『学校法人日本体育会　日本体育大学八十年史』日本体育会、一九七三年
加藤周一『羊の歌――わが回想』岩波新書、一九六八年
片山慶隆『日露戦争と新聞』講談社選書メチエ、二〇〇九年
小林道彦『桂太郎』ミネルヴァ書房、二〇〇六年
神翁顕彰会編『続日本馬政史』二、神翁顕彰会、一九六三年

『競馬倶楽部』第二巻第一号、明治四二年一月五日（木村錠太氏蔵）
競馬雑誌社編纂『競馬大鑑』競馬雑誌社、明治四〇年
子爵加納久宜述・小松謙堂編『加納久宜全集』子爵加納久宜遺稿刊行会、大正一四年
『官報』明治四〇年四月二四日付第七一四二号、国会図書館デジタルコレクション
『河野広中文書』国立国会図書館憲政資料室蔵
佐久間亮三・平井卯輔編『日本騎兵史』上・下、原書房、一九七〇年
佐々木隆『明治人の力量』日本の歴史21、講談社、二〇〇二年
衆議院／参議院編『議会制度百年史　貴族院・参議院議員名鑑』大蔵省印刷局、一九九〇年
衆議院／参議院編『議会制度百年史　衆議院議員名鑑』大蔵省印刷局、一九九〇年
末岡暁美『改訂増補　大隈重信と江副廉造』洋学堂書店、二〇一一年
鈴木勇一郎・高嶋修一・松本洋幸編『近代都市の装置と統治一九一〇～三〇年代』日本経済評論社、二〇一三年
太平洋戦争研究会編『日本陸軍将官総覧』ＰＨＰ研究所、二〇一〇年
『啄木全集』第五巻、筑摩書房、一九六七年
立川健治『文明開化に馬券は舞う』世織書房、二〇〇八年
千葉功『桂太郎』中公新書、二〇一二年
帝国競馬協会編『日本馬政史』第四巻、昭和三年、覆刻版、原書房、一九八二年
都留市史編纂委員会『都留市史　通史編』都留市、一九九六年
内藤一成『貴族院と立憲政治』思文閣出版、二〇〇五年
長森貞夫編『東京競馬会及東京競馬倶楽部史』第一巻、東京競馬倶楽部、昭和一六年
長森貞夫編『東京競馬会及東京競馬倶楽部史』第二巻、東京競馬倶楽部、昭和一二年
長森貞夫編纂『競馬と共に歩んだ安田伊左衛門翁伝』日本競馬会、昭和二三年
中山競馬場70年史編集委員会編『中山競馬場70年史』日本中央競馬会中山競馬場、一九九九年
名古屋大学大学院法学研究科『人事興信録』データベース〈http://jahis.law.nagoya-u.ac.jp/who/search〉＊このデータベース

は、人事興信所編『人事興信録』人事興信所、大正四年を基本資料としたもの。
西尾林太郎『大正デモクラシーの時代と貴族院』成文堂、二〇〇五年
西端学／述『日本馬匹改良指針』発行兼編輯者高橋正照、明治三一年
新倉善之『池上本門寺百年史』大本山池上本門寺、一九八一年
日本中央競馬会総務部調査課編纂『日本競馬史』巻三、日本中央競馬会、一九六八年
『ハイカラケイバを初めて候』馬事文化財団、二〇一六年
『馬匹調査会議事録』第一回（明治二八年）上巻、下巻、農商務省農務局、明治二九年
『第三回馬匹調査会議事録』農商務省農務局、明治三〇年
早坂昇治『文明開化うま物語 根岸競馬と居留外国人』有隣堂、一九八九年
日高嘉継／横田洋一『浮世絵明治の競馬』小学館、一九九八年
藤波家文書研究会『大中臣祭主藤波家の歴史』続群書類聚完成会、一九九三年
麓三郎『小岩井農場七十年史』小岩井農牧、一九六八年
堀田知廣『競馬及競馬法史』帝国競馬協会、昭和一一年
前田康『火焔樹の蔭　風雲児山縣勇三郎伝』近代文藝社、一九九五年
升味準之輔『日本政党史論』第二巻、東京大学出版会、一九六六年
安田伊左衛門「大正八年加納子爵追悼文」帝国競馬協会編『日本馬政史』第四巻、昭和三年、覆刻版、原書房、一九八二年、所収
安田伊左衛門「競馬夜話」長森貞夫編『東京競馬会及東京競馬倶楽部史』第一巻、東京競馬倶楽部、昭和一六年、所収
山内昌斗『日英関係経営史』渓水社、二〇一〇年
柳元静馬編『財界名士失敗談』上巻、毎夕新聞社出版部、明治四二年
山口愛川『横から見た華族物語』一心社出版部、昭和七年
山田仁市編輯『明治大正馬政功労十一氏事蹟』帝国馬匹協会、昭和一二年
山田仁市『馬事功労十九氏事蹟』日本馬事会、昭和一八年

山本武利『新聞と民衆　日本型新聞の形成過程』紀伊國屋書店、一九七八年
山本武利『近代日本の新聞読者層』法政大学出版局、一九八一年
『優駿』第二巻第三号、日本競馬会、昭和一七年三月
横浜商況新報社編『横浜成功鑑』横浜商況新報社、明治四三年、復刻版、有隣堂、一九八〇年
寄川条路『今泉六郎』ナカニシヤ出版、二〇一五年
陸軍省編纂『明治三七八年戦役陸軍政史』第二巻、湘南堂書店、一九八三年
立命館大学西園寺公望伝編纂委員会『西園寺公望伝』第三巻、岩波書店、一九九三年

*

帝国議会会議録検索システム所蔵資料
「第二三回帝国議会衆議院予算委員第三分科（大蔵省所管）会議録第三回」明治四〇年一月三一日
「第二五回帝国議会衆議院請願委員第一分科会議録（速記）第二回」明治四二年二月一日

## 2　明治三七年四月七日の勅諚から馬政局の設置

葦名ふみ「帝国議会衆議院における建議と請願――政府への意見伝達手段として」『レファレンス』No.718. 二〇一〇年一一月
〈https://dl.ndl.go.jp/view/download/digidepo_3050307_po_071806.pdf?contentNo=1&alternativeNo=〉
石川英輔『大江戸テクノロジー事情』講談社文庫版、一九九五年（初出一九九二年）
内田健三他編『日本議会史録』一、第一法規、一九九一年
大江志乃夫『日露戦争の軍事史的研究』岩波書店、一九七六年
大江志乃夫『明治馬券始末』紀伊國屋書店、二〇〇五年
大瀧真俊『軍馬と農民』京都大学学術出版会、二〇一三年
太田横太郎「清国事件に於ける我軍馬に就き」、岡源太郎「清国事件に於ける我軍馬に就き」『中央獣医会雑誌』第一三巻第一二号、明治三三年一二月

大友源九郎編『馬事年史』3、昭和二三年、覆刻版、原書房、一九八五年
岡崎滋樹「近代日本の畜産「雑種化黄金期」と馬匹改良――1896~1935年の馬政／畜産」『立命館経済学』第六三巻第一号、二〇一四年五月〈http://ritsumeikeizai.koj.jp/koj_pdfs/63103.pdf〉
尾形藤吉『競馬ひとすじ――私と馬の六十年史』徳間書店、一九六七年
小津茂郎『昭和の群像　私の八十年』創林社、一九八四年
宮内庁『明治天皇紀』第一〇巻、吉川弘文館、一九七四年
黒田甲子郎『元帥寺内伯爵伝』元帥寺内伯爵伝記編纂所、大正九年、伝記叢書40、大空社、一九八八年
『競馬倶楽部』第二巻第一号　明治四二年一月五日（木村錠太氏蔵）
佐久開発三・平井卯輔『日本騎兵史』（上）原書房、一九七〇年
『外国人が見た幕末・明治の横浜 全訳『ジャパン・ガゼット横浜50年史』『市民グラフ ヨコハマ』一九八二年
衆議院／参議院編『議会制度百年史　衆議院議員名鑑』大蔵省印刷局、一九九〇年
尚友倶楽部山縣有朋関係文書編纂委員会編『山縣有朋関係文書――3』山川出版社、二〇〇八年
「枢密院会議筆記　一馬政局官制　一馬政局職員特別任用令　一馬政局高等官の官等に関する件」明治三九年五月二九日『枢密院会議議事録』十、東京大学出版会、一九八四年
立川健治『文明開化に馬券は舞う』世織書房、二〇〇八年
帝国競馬協会編『日本馬政史』第四巻、昭和三年、覆刻版、原書房、一九八二年
長森貞夫編『東京競馬会及東京競馬倶楽部史』第一巻、東京競馬倶楽部、昭和一六年
西端学／述『日本馬匹改良指針』発行兼編輯者、高橋正照、明治三一年
日本中央競馬会総務部調査課編纂『日本競馬史』第六巻、日本中央競馬会、一九七二年
「馬匹調査会調査書」『曾禰家文書　第三号』『近代諸家文書集成５』（マイクロフィルム）ゆまに書房、一九八七年
『馬匹調査会議事録』第一回（明治二八年）上巻、下巻、農商務省農務局、明治二九年
『馬匹調査会議事録』第二回（明治二九年）、農商務省農務局、明治三〇年
『第三回馬匹調査会議事録』農商務省農務局、明治三〇年

『福島県産馬沿革誌』福島県産馬組合連合会、明治三五年
「藤波子爵講話筆記」（第一稿）大正六年十一月二日（農研機構北海道農業研究センター所蔵）
藤波家文書研究会『大中臣祭主藤波家の歴史』続群書類聚完成会、一九九三年
堀田知廣『競馬及競馬法史』帝国競馬協会、昭和一一年
三谷太一郎『日本の近代とは何であったか——問題史的考察』岩波新書、二〇一七年
『明治三十七年臨時馬制調査委員会議事録』農林省、昭和一〇年
山崎有恒・西園寺公望関係文書研究会『西園寺公望関係文書』松香堂書店、二〇一二年
山田仁市編輯『明治大正馬政功労十一氏事績』帝国馬匹協会、昭和一二年
山田仁市『馬事功労十九氏事蹟』日本馬事会、昭和一八年
山本四郎編『寺内正毅日記』京都女子大学、一九八〇年
由井正臣編『枢密院の研究』吉川弘文館、二〇〇三年
寄川条路『今泉六郎』ナカニシヤ出版、二〇一五年
陸軍省編纂『明治三七八年戦役陸軍政史』第二巻、湘南堂書店、一九八三年
立命館大学西園寺公望伝編纂委員会『西園寺公望伝』第三巻、岩波書店、一九九三年
堀口修監修・編集／臨時帝室編修局史料『「明治天皇紀」談話記録集成』第一巻、ゆまに書房、二〇〇三年
渡辺京二『逝きし世の面影』日本近代素描Ⅰ、葦書房、一九九八年

＊

国立公文書館デジタルアーカイブ所蔵資料
明治二八年一〇月三一日付馬匹調査会会長金子堅太郎より内閣総理大臣侯爵伊藤博文宛「種馬牧場及種馬所設置の件に付建議」
明治二九年一月一一日付「馬匹改良費及東京商船学校所属学生練習用船購入費を臨時軍事費の財源に充てたる二七年度歳計余剰金の内より転用し二九年度歳入歳出予算追加として議会に提出す」
明治三〇年三月二四日付「種牡馬検査法を定む」

明治三二年三月二五日付「種牡馬検査法中を改正す」
明治三四年四月二日付「馬匹去勢法を定む」
明治三七年五月二三日付「馬匹去勢施行奨励に要する経費を臨時事件予備費より支出す」
明治三七年九月二一日付「臨時馬制調査委員会官制を定む」
明治三七年九月付「臨時馬制調査委員会復命書の件」
明治三八年一月二三日付「馬匹去に要する経費○通信機関維持に要する経費を臨時事件予備費より支出す」
明治三八年三月四日付「馬匹改良に関する件」
明治三八年三月二二日付「輸入獣類検査費并馬匹去勢奨励費を明治三八年度臨時事件予備費より支出す」
明治三八年八月二三日付臨時馬制調査委員長男爵曾禰荒助より内閣総理大臣伯爵桂太郎宛「臨時馬制調査委員会第二回復命書」
明治三八年一二月二三日付「馬匹去勢奨励費を臨時事件予備費より支出す」
明治三九年四月九日付「馬匹に関する諸費を第二予備金より支出す」
明治三九年五月五日付「馬匹に関する諸費を第二予備金より支出す」
明治三九年五月二六日付枢密院書記官長都築馨六より枢密院議長侯爵山県有朋宛「馬政局官制、馬政局職員特別任用令及馬政局高等官の官等に関する件審査報告」
明治三九年五月三〇日付「馬政局官制○馬政局職員特別任用令○馬政局高等官の官等に関する件○陸軍現役将校同相当官にして馬政局職員に任ぜられたる者に関する件○馬政委員会官制を定め○高等官官等俸給令中を改正し○種馬牧場及種馬所官制並明治三十五年勅令第百十三号・(馬匹去勢法旅行準備に関する臨時職員の件)を廃止す」
明治三九年九月一二日付「馬政局の主管に属する社団又は財団にして法人たるの許可を得んとするとき若しくは其の法人より願出又は届出を為す手続」
明治三九年九月一三日付「京浜競馬倶楽部を法人と為すの願出を許可す」
明治四〇年三月一五日付「競馬開催を目的とせる法人の設立及監督に関する件」
明治四〇年三月三一日「明け三歳又は四歳牡馬の去勢奨励金下付方」

＊

アジア歴史資料センターデジタルアーカイブ所蔵資料

「明治三六年勅令第二四四号」

＊

帝国議会会議録検索システム所蔵資料

「第八回帝国議会衆議院予算委員会速記録（第五科第四号）」明治二八年一月一七日

「第九回帝国議会衆議院予算委員会速記録（第四科第三号）」明治二九年一月一五日

「第九回帝国議会衆議院予算委員会速記録（第四科第八号）」明治二九年三月一七日

「第九回帝国議会衆議院予算委員会速記録（総会第一一号）」明治二九年三月二三日

「第一五回帝国議会貴族院議事速記録第六号」明治三四年二月八日

「第一五回帝国議会貴族院議事速記録第七号」明治三四年二月一三日

「第一五回帝国議会貴族院議事速記録第一三号」明治三四年三月一八日

「第一五回帝国議会衆議院馬匹去勢法案委員会会録（筆記）第一回」明治三四年三月一九日

「第一五回衆議院議事速記録第一五号」明治三四年三月二〇日

「第二一回帝国議会衆議院馬匹改良に関する建議案委員会会議録（速記）第二回」明治三八年二月二一日

「第二一回帝国議会衆議院議事速記録第二一号」明治三八年二月二六日

「第二二回帝国議会衆議院予算委員第三分科会（大蔵省所管）会議録（速記）第三回」明治三九年一月三一日

「第二二回帝国議会衆議院予算委員会第五分科会（農商務省所管）会議録（速記）第三回」明治三九年二月一日

「第二二回帝国議会衆議院議事速記録第六号」明治三九年二月一一日

「第二二回帝国議会貴族院予算委員第四分科会（陸軍省海軍省）議事速記録第二号」明治三九年二月二二日

「第二二回帝国議会貴族院予算委員会第五分科会（農商務省逓信省）第三号」明治三九年二月二四日

「第二二回帝国議会貴族院議事速記録第一二号」明治三九年三月六日

「第二四回帝国議会衆議院明治三九年度予備金支出の件外六件（承諾を求むる件）委員会第三号」明治四一年三月六日

「第二四回帝国議会貴族院明治三九年度予備金支出の件外六件（承諾を求むる件）委員会第一号」明治四一年三月二四日

## 3　黙許競馬のはじまり

伊与田翔「名牝ミラ神話の彼方へ」『書斎の競馬』No.1、飛鳥新社、一九九九年四月
内尾直二編『人事興信録』第三版、人事興信所、明治四四年
馬の博物館編『根岸の森の物語――競馬は横浜で生まれ育った』神奈川新聞社、一九九五年
宮内庁編『明治天皇紀』第九巻、吉川弘文館、一九七三年
宮内庁編『明治天皇紀』第一一巻、吉川弘文館、一九七五年
宮内省図書寮編修・岩壁義光補訂『大正天皇実録』補訂版第二、自明治三四年至明治四十年、ゆまに書房、二〇一七年
宮内省図書寮編修・岩壁義光補訂『大正天皇実録』補訂版第三、自明治四一年至明治四四年、ゆまに書房、二〇一八年
軍司貞則『ナベプロ帝国の興亡』文春文庫、一九九五年
「競馬取締規則」『静岡県公報』第五二二号、明治三九年四月二七日（静岡県立図書館蔵）
「競馬取締規則」『静岡県公報』第五九一号、明治四〇年三月二九日（静岡県立図書館蔵）
『グラフィック』第三巻第二号、有樂社、明治四四年六月一日（木村錠太氏蔵）
『児玉日誌』明治三九年、宮崎県立図書館蔵
斎藤多喜夫『横浜外国人墓地に眠る人々』有隣堂、二〇一二年
佐久間亮三・平井卯輔編『日本騎兵史』上、下、原書房、一九七〇年
札幌競馬場馬主協会編『北ぐにの競馬』札幌競馬場馬主協会、一九八三年
神翁顕彰会編『続日本馬政史』二、農山漁村文化協会、一九六三年
衆議院／参議院編『議会制度百年史　貴族院・参議院議員名鑑』大蔵省印刷局、一九九〇年
尚友倶楽部・広瀬順晧編『田健治郎日記　1〈明治三九年～四三年〉』芙蓉書房出版、二〇〇八年
末岡暁美『改訂増補　大隈重信と江副廉造』洋学堂書店、二〇一一年

須藤義衛門「我邦競馬界の長老森謙吾翁を追憶す」『馬の世界』第一〇年第四号、馬之世界社、昭和五年四月
「第一表明治初年度以降一般会計歳入歳出予算決算」〈https://www.mof.go.jp/budget/reference/statistics〉
立川健治『文明開化に馬は舞う』世織書房、二〇〇八年
立川健治『地方競馬の戦後史』世織書房、二〇一二年
中央競馬ピーアール・センター編『日本の名馬・名勝負物語』（株）中央競馬ピーアール・センター、一九八〇年
中央競馬ピーアール・センター編『函館競馬場100年史』日本中央競馬会函館競馬場、一九九六年
帝国競馬協会編『日本馬政史』第四巻、昭和三年、覆刻版、原書房、昭和五七年
鳥居民『横浜山手　日本にあった外国』草思社、一九七七年
『天皇賞史話』日本中央競馬会、一九六八年
中区わが街刊行委員会『中区わが街――中区地区沿革外史』横浜市中区役所、一九八六年
長森貞夫編『東京競馬会及東京競馬倶楽部史』第一巻、東京競馬倶楽部、昭和一六年
長森貞夫編『東京競馬会及東京競馬倶楽部史』第二巻、東京競馬倶楽部、昭和一二年
『日本競馬会録一（自明治三五年至明治四一年）』宮内公文書館蔵（書陵部所蔵資料目録・画像公開システム）
日本中央競馬会総務部調査課編纂『日本競馬史』巻三、日本中央競馬会、一九六八年
日本中央競馬会総務部調査課編纂『日本競馬史』巻四、日本中央競馬会、一九六九年
「日本レース・クラブ小史」『日本レース・クラブ五十年史』日本中央競馬会、一九七〇年、所収
『ハイカラケイバを初めて候』馬事文化財団、二〇一六年
日高嘉継「共同（共有）馬主コロネル・ボギーと日本レースクラブ・ゴルフ・アソシエーション」『馬の博物館　研究紀要』
第九号、財団法人馬事文化財団、一九九六年一二月
日高嘉継／横田洋一『浮世絵明治の競馬』小学館、一九九八年
「日本ラグビーフットボール史」日本ラグビーフットボール協会／日本ラグビー　デジタルミュージアム〈https://trc-adeac.trc.co.jp/WJ11D0/WJJS05U/1310375100/1310375100100000?dtl=all〉
野辺好一『競馬専門誌80年の歩み』（株）ホース・アイ、一九八八年

羽田博昭「牧野家の人びと」『市史通信』第九号、横浜市史資料室、二〇一〇年一二月一五日
原武史『大正天皇』朝日選書、朝日新聞社、二〇〇〇年
原武史『可視化された帝国　増補版』みすず書房、二〇一一年
平野光雄『時計亦楽』青蛙房、一九七六年
毎日新聞横浜支局編『横浜今昔』毎日新聞社、一九五七年
三谷太一郎『日本の近代とは何であったか——問題史的考察』岩波新書、二〇一七年
監修森永卓郎『明治／大正／昭和／平成　物価の文化史事典』展望社、二〇〇八年
「元吉原の史跡」〈http://www2.city.fuji.shizuoka.jp/~j-motoyoshi/sozai/motoyoshi_shiseki.pdf#search=%27%E9%88%B4%E5%B7%9D+%E5%88%A5%E8%8D%98%27〉
柳元静馬編『財界名士失敗談』上巻、毎夕新聞社、明治四二年
山田仁市『馬事功労十九氏事蹟』日本馬事会、昭和一八年
横浜商況新報社編『横浜成功名誉鑑』横浜商況新報社、明治四三年、復刻版、有隣堂、一九八〇年
吉川英治『かんかん虫は唄う』吉川英治歴史時代文庫8、講談社、一九九〇年
安田伊左衛門「競馬夜話」長森貞夫編『東京競馬会及東京競馬倶楽部史』第一巻、東京競馬倶楽部、昭和一六年、所収

*

国立公文書館デジタルアーカイブ所蔵資料
明治四一年四月一八日付「藤枝競馬倶楽部を法人と為すの願出を許可す」国立公文書館デジタルアーカイブ

## 4　東京競馬会第一回開催を受けて、ガラの禁止

有馬学『「国際化」の中の帝国日本　1905~1924』日本の近代4、中央公論社、一九九九年
有山輝雄「日露戦後における「国民新聞」の転換」『総合研究所報』六巻二号、一九八一年三月、桃山学院大学学術情報機関リポジトリ

岩崎栄『平沼騏一郎伝』偕成社、昭和一四年、伝記叢書二六八、大空社、一九九七年
江藤淳『漱石とその時代』第三部、新潮選書、一九九三年
江藤淳『漱石とその時代』第四部、新潮選書、一九九六年
岡義武「日露戦争後における新しい世代の成長」(上)、(下)『思想』五一二号、一九六七年一二月、五一三号、一九六八年三月
尾形藤吉『競馬ひとすじ――私と馬の六十年史』徳間書店、一九六七年
加藤聖文『満鉄全史 「国策会社」の全貌』講談社選書メチエ、二〇〇六年
白田秀彰『性表現の規制の文化史』亜紀書房、二〇一七年
鈴木清『競馬に生きた 鈴木信太郎』鈴謝会、一九七二年
齋藤美枝『鶴見花月園秘話 東洋一の遊園地を創った平岡廣高』鶴見区文化協会、二〇〇七年
『札幌競馬沿革史』北海道畜産連合会、昭和三年
佐藤卓己『輿論と世論 日本的民意の系譜学』新潮選書、二〇〇八年
田上十四夫「あの頃の話――石橋正人氏の懐旧談」『優駿』昭和二一年六月号
帝国競馬協会編『日本馬政史』第四巻、昭和三年、覆刻版、原書房、一九八二年
徳富猪一郎『公爵桂太郎伝』坤巻、故桂公爵記念事業会、大正六年
永井良和『風俗営業取締り』講談社選書メチエ、二〇〇二年
長森貞夫編『東京競馬会及東京競馬倶楽部史』第一巻、東京競馬倶楽部、昭和一六年
長森貞夫編『東京競馬会及東京競馬倶楽部史』第二巻、東京競馬倶楽部、昭和一二年
長森貞夫編纂『競馬と共に歩んだ安田伊左衛門翁伝』日本競馬会、昭和二三年
日本競馬史編纂委員会『日本競馬史』巻二、日本中央競馬会、一九六七年
日本中央競馬会総務部調査課編纂『日本競馬史』巻三、日本中央競馬会、一九六八年
日本中央競馬会総務部調査課編纂『日本競馬史』巻四、日本中央競馬会、一九六九年
「日本レース・クラブ小史」『日本レース・クラブ五十年史』日本中央競馬会、一九七〇年、所収

原奎一郎編『原敬日記』第二巻、福村出版、一九八一年
坂野潤治『近代日本の出発』大系日本の歴史13、小学館ライブラリー、一九九三年
日高嘉継／横田洋一『浮世絵明治の競馬』小学館、一九九八年
平沼騏一郎回顧録編纂委員会『平沼騏一郎回顧録』学陽書房、昭和三〇年、歴代総理大臣伝記叢書第二六巻、ゆまに書房、二〇〇六年
三谷太一郎『政治制度としての陪審制　近代日本の司法権と政治』東京大学出版会、二〇〇一年
美濃部俊吉編『西湖曾禰子爵遺稿竝伝記資料』大正二年
望月茂『小林芳郎翁伝』壱誠社、昭和一五年
安田伊左衛門「競馬夜話」長森貞夫編『東京競馬会及東京競馬倶楽部史』第一巻、東京競馬倶楽部、昭和一六年、所収
柳元静馬編『財界名士失敗談』上巻、毎夕新聞社出版部、明治四二年
山本武利『新聞と民衆　日本型新聞の形成過程』紀伊國屋書店、一九七八年
山本武利『近代日本の新聞読者層』法政大学出版局、一九八一年
立命館大学西園寺公望伝編纂委員会『西園寺公望伝』第三巻、岩波書店、一九九三年

＊

国立公文書館デジタルアーカイブ所蔵資料
明治三九年一二月一〇日付「競馬開催を目的とする法人の設立及監督に関する件を定む」

＊

帝国議会会議録検索システム所蔵資料
「第二三回帝国議会衆議院刑法改正委員会議録第七号」明治四〇年三月四日

## 5　台湾彩票

糸屋寿雄『幸徳秋水研究』青木書店、一九六七年

糸屋寿雄『増補改訂　大逆事件』三一書房、一九七〇年
岩崎栄『平沼騏一郎伝』昭和一四年、偕成社、伝記叢書二六八、大空社、一九九七年
江藤淳『漱石とその時代』第三部、新潮選書、一九九三年
大江志乃夫『明治馬券始末』紀伊國屋書店、二〇〇五年
大日方純夫『警察の社会史』岩波新書、一九九三年
荻野富士夫『思想検事』岩波新書、二〇〇〇年
荻野富士夫「明治期司法権力の社会運動抑圧取締（2）」『商学討究』小樽商科大学、第三九巻第二号、一九八八年〈https://core.ac.uk/download/pdf/59180524.pdf〉
加藤聖文『満鉄全史「国策会社」の全貌』講談社選書メチエ、二〇〇六年
神崎清『革命事件　大逆事件　①黒い謀略の渦』子どもの未来社、二〇一〇年
神崎清『革命事件　大逆事件　②密造された爆裂男』子どもの未来社、二〇一〇年
神崎清『革命事件　大逆事件　③この暗黒裁判』子どもの未来社、二〇一〇年
神崎清『革命事件　大逆事件　④十二個の棺桶』子どもの未来社、二〇一〇年
『官報』第六八九四号、明治三九年六月二三日
『官報』第六九六七号　明治三九年九月一七日
北岡伸一『後藤新平――外交とヴィジョン』中公新書、一九八八年
黒谷了太郎編著『宮尾舜治伝』昭和一四年、植民地帝国人物叢書12〔台湾編12〕、ゆまに書房、二〇〇九年
『後藤新平文書』二七、マイクロフィルム版、水沢市立後藤新平記念館発行・雄松堂刊行、一九八〇年
小林和幸『明治立憲政治と貴族院』吉川弘文館、二〇〇二年
ジェイ・ルービン／今井泰子・大木俊夫・木股知史・河野賢司・鈴木美津子訳『風俗壊乱　明治国家と文芸の検閲』世織書房、二〇一一年
『台湾彩票案内』台湾日日新報社、明治三九年
「台湾総督府発行彩票に関し在厦門領事より請訓一件」外務省外交史料館蔵

鶴見祐輔著／一海知義・校訂『〈決定版〉正伝　後藤新平　3　台湾時代一八九八～一九〇六年』藤原書店、二〇〇五年
鶴見祐輔著／一海知義・校訂『〈決定版〉正伝　後藤新平　4　満鉄時代　一九〇六年～〇八年』藤原書店、二〇〇五年
永井和「日比谷焼打事件と倉富勇三郎」〈http://www.ritsumei.ac.jp/acd/cg/lt/rb/605/605PDF/nagai.pdf〉
内藤一成『貴族院と立憲政治』思文閣出版、二〇〇五年
西尾林太郎『大正デモクラシーの時代と貴族院』成文堂、二〇〇五年
『日本勧業銀行七十年史』日本勧業銀行、一九六七年
『日本社会主義運動史』（『社会科学』第四巻第一号）改造社、昭和三年
原杢一郎編『原敬日記』第一巻、福村出版、一九八一年
原奎一郎編『原敬日記』第二巻、福村出版、一九八一年
平沼騏一郎回顧録編纂委員会『平沼騏一郎回顧録』学陽書房、昭和三〇年、歴代総理大臣伝記叢書、第二六巻、ゆまに書房、二〇〇六年
三谷太一郎『政治制度としての陪審制　近代日本の司法権と政治』東京大学出版会、二〇〇一年
美濃部俊吉編『西湖曾禰子爵遺稿竝伝記資料』大正二年
監修森永卓郎『明治／大正／昭和／平成　物価の文化史事典』展望社、二〇〇八年
望月茂『小林芳郎翁伝』壱誠社、昭和一五年
立命館大学西園寺公望伝編纂委員会『西園寺公望伝』第三巻、岩波書店、一九九三年
『夢は世につれ…宝くじ30年の歩み』第一勧業銀行宝くじ部、一九七五年
我妻栄編『日本政治裁判史録』明治・後、第一法規出版、一九六九年

＊

国立公文書館デジタルアーカイブ所蔵資料
明治三九年五月三一日付「彩票に関する件を定む」
大正五年一月二七日付「台湾彩票に関する律令を廃止す」

＊

帝国議会会議録検索システム所蔵資料
「第二〇回帝国議会貴族院貯蓄勧業債券法案特別委員会議事速記録第一号」明治三七年三月二七日
「第二〇回帝国議会貴族院議事速記録第五号」明治三七年三月二九日
「第二〇回帝国議会衆議院議事速記録第五号」明治三七年三月二九日
「第二二回帝国議会貴族院明治二九年法律第六三号に代わるべき法律案特別委員会議事速記録第一号」明治三九年三月二三日
「第二二回帝国議会貴族院明治二九年法律第六三号に代わるべき法律案特別委員会議事速記録第二号」明治三九年三月二四日
「第二三回帝国議会衆議院議事速記録第一八号」明治四〇年三月一九日
「第二三回帝国議会衆議院議事速記録第一九号」明治四〇年三月二一日
「第二三回帝国議会貴族院予算委員会議事速記録第八号」明治四〇年三月二五日
「衆議院議員山本悌二郎君外一名提出台湾総督府の発行する彩票に関する質問に対する答弁書」『官報号外　明治四〇年三月二八日　衆議院議事速記録第二三号　質問に関する答弁書』

## 6　各競馬会の設立

青島鋼太郎編『志太地区人物誌』青島鋼太郎、一九五七年
赤松啓介『神戸財界開拓者伝』太陽出版、一九八〇年
東恵仁編『明治弁護士列伝』周弘社、明治三一年
有馬学編『近代日本の企業家と政治――安川敬一郎とその時代』吉川弘文館、二〇〇九年
板垣守正編纂『板垣退助全集』板垣退助全集刊行会、昭和八年、覆刻版、原書房、一九六九年
板橋区史編さん調査会『板橋区市』資料編5民俗、板橋区、一九九七年
板橋区史編さん調査会『板橋区市』通史編下巻、板橋区、一九九九年
伊藤東一編『過去六十年事蹟・雨宮敬次郎述』武蔵野社、復刻版、一九七六年
井上角五郎先生伝記編纂会編『井上角五郎先生伝』、昭和一八年、大空社、伝記叢書四三、一九八八年

伊佐秀雄『尾崎行雄伝』尾崎幸雄伝刊行会、昭和二六年
稲村徹元・井門寛・丸山信編『大正過去帳』東京美術、一九七三年
岩川隆『東京優駿大競走事始め』毎日コミュニケーションズ、二〇〇三年
内尾直二編『人事興信録』人事興信所、第二版、明治四一年
江藤淳『漱石とその時代』第三部、新潮社、一九九三年
大江志乃夫『明治馬券始末』紀伊國屋書店、二〇〇五年
大植四郎編著『明治過去帳』新訂初版、東京美術、一九八八年
王鉄軍「近代日本文官官僚制度の中の台湾総督府官僚」『中京法学』四五巻、1・2号、二〇一〇年〈https://www.chukyo-u.ac.jp/educate/law/academic/hougaku/data/45/p97_to_300.pdf〉
大杉栄/飛鳥井雅道編『自叙伝・日本脱出記』岩波文庫、一九七一年
大林芳五郎伝編纂会・編『大林芳五郎伝』大林芳五郎伝編纂会、昭和一五年
大友源九郎編『馬事年史』3、昭和二三年、覆刻版、原書房、一九八五年
荻原龍夫・伊藤専成『板橋区の歴史』〈東京ふる里文庫〈17〉〉、名著出版、一九七九年
奥武則『ロシアのスパイ――日露戦争期の「露探」』中公文庫、二〇一一年
尾形藤吉『競馬ひとすじ――私と馬の六十年史』徳間書店、一九六七年
鎌田敬四郎編『大阪朝日新聞　五十年の回顧　創刊五十周年記念』朝日新聞社、昭和四年
川崎市編『川崎市史』通史編3近代、川崎市、一九九五年
競馬雑誌社編纂『競馬大鑑』競馬雑誌社、明治四〇年
『競馬会関係雑纂』外務省外交資料館蔵
神戸町編集『神戸町史』下巻、神戸町、一九六九年
神戸町民話友の会『美濃神戸ふるさと百話 第三集』神戸町教育委員会、一九九六年
京都市編『京都の歴史』第八巻古都の近代、京都市史編さん所、一九八〇年
宮内省図書寮編修　岩壁義光補訂『大正天皇実録』補訂版第二、自明治三四年至明治四十年、ゆまに書房、二〇一七年

桑村常之助『財界の実力』金桜堂、明治四四年
故岩下清周君伝記編纂会編『岩下清周伝』近藤乙吉、昭和六年
小泉策太郎『懐往時談』中央公論社、昭和一〇年
河野磐州伝編纂委員会／編纂『河野磐州伝』上・下、河野磐州伝刊行会、大正一二年
『河野広中関係文書』国立国会図書館憲政資料室
『児玉日誌』明治三九年、明治四〇年、宮崎県立図書館蔵
財団法人小倉競馬倶楽部編『小倉競馬倶楽部沿革史』小倉競馬倶楽部、昭和一三年
櫻井良樹『帝都東京の近代政治史　市政運営と地域政治』日本経済評論社、二〇〇三年
佐久間亮三／平井卯輔編『日本騎兵史』上、下、原書房、一九七〇年
笹川加津恵「再開される新潟競馬」『優駿』日本中央競馬会優駿編集部、昭和三九年七月号
札幌競馬場馬主協会編『北ぐにの競馬』札幌競馬場馬主協会、一九八三年
札幌市教育委員会編『明治の札幌』札幌市、一九八五年
『札幌競馬沿革誌』北海道畜産連合会、昭和三年
札幌市教育委員会文化資料室編『さっぽろ文庫66 札幌人名事典』道新、一九九三年
*The Japan Directory*, Japan Gazette, 1907.
「社会主義者沿革　第三　明治四二年八月〜同四四年六月」『続・現代史資料（1）社会主義沿革（一）』みすず書房、一九八四年、所収
『将軍・殿様が撮った幕末明治：徳川慶喜・昭武・慶勝写真集』別冊歴史読本四七、新人物往来社、一九九六年
『上毛人物略誌』第一輯、群馬青年団、大正八年
尚友倶楽部・広瀬順晧編『田健治郎日記　1〈明治三九年〜四三年〉』芙蓉書房出版、二〇〇八年
『新修島根県史』通史編2　近代、一九六七年、復刻版、臨川書店、一九八四年
衆議院／参議院編『議会制度百年史　衆議院議員名鑑』大蔵省印刷局、一九九〇年
衆議院／参議院編『議会制度百年史　貴族院・参議院議員名鑑』大蔵省印刷局、一九九〇年

『秋濤居士』秋濤会、昭和一二年
関直彦『七十七年の回顧』三省堂、一九三三年、大空社 伝記叢書一一二、一九九三年
全国競馬連合会『競馬連合会報告書』明治四二年
『桜内幸雄自伝　蒼天一夕談』蒼天会、昭和二七年
太平洋戦争研究会編『日本陸軍将官総覧』株式会社ＰＨＰ研究所、二〇一〇年
田上十四夫「あの頃の話――石橋正人氏の懐旧談」『優駿』昭和二三年六月号
立川健治『文明開化に馬券は舞う』世織書房、二〇〇八年
（株）中央競馬ピーアール・センター企画編集『京都競馬場70年の歩み』日本中央競馬会京都競馬場、一九九五年
（株）中央競馬ピーアール・センター企画編集『京都競馬場80年史』日本中央競馬会京都競馬場、二〇〇五年
中央競馬ピーアール・センター編集『近代競馬の軌跡――昭和史の歩みとともに』日本中央競馬会、一九八八年
（株）中央競馬ピーアール・センター企画編集『小倉競馬場70年史』日本中央競馬会小倉競馬場、二〇〇一年
中央競馬ピーアール・センター 編『函館競馬場100年史～人と馬と競馬場と』日本中央競馬会函館競馬場、一九九六年
（株）中央競馬ピーアールセンター企画編集『阪神競馬場50年史』日本中央競馬会阪神競馬場、一九九九年
帝国競馬協会編『日本馬政史』第四巻、昭和三年、覆刻版、原書房、一九八二年
東京都目黒区史研究会編『目黒区五十年史』東京都目黒区、一九八五年
時岡剛『札幌競馬沿革誌』札幌競馬倶楽部、明治四四年
長井純市『河野広中』吉川弘文館、二〇〇九年
中尾栄次郎『静岡県紳士録』静岡栄一社、大正五年
長山靖生『日露戦争』新潮新書、二〇〇四年
中村建治『山手線誕生 - 半世紀かけて環状線をつなげた東京の鉄道史』交通新聞社新書、二〇〇五年
中村光夫『贋の偶像』筑摩書房、一九六七年
長森貞夫編『東京競馬会及東京競馬倶楽部史』第一巻、東京競馬倶楽部、昭和一六年
長森貞夫編『東京競馬会及東京競馬倶楽部史』第二巻、東京競馬倶楽部、昭和一二年

長森貞夫編纂『競馬と共に歩んだ安田伊左衛門翁伝』日本競馬会、昭和二三年
『中山競馬倶楽部沿革小史』(第一輯)
中山競馬場70年史編集委員会『中山競馬場70年史』日本中央競馬会中山競馬場、一九九八年
名古屋大学大学院法学研究科『人事興信録』データベース〈http://jahis.law.nagoya-u.ac.jp/who/search〉＊このデータベースは、人事興信所編『人事興信録』人事興信所、大正四年を基本資料としたもの。
鍋島高明『日本相場師列伝』日経ビジネス人文庫、二〇〇六年
鍋島高明『日本相場師列伝Ⅱ』日経ビジネス人文庫、二〇〇八年
鳴尾村誌編纂委員会『鳴尾村誌1889-1951』西宮市鳴尾区有財産管理委員会、二〇〇五年
西川文太郎『兼松濠州翁』西川文太郎、大正二年
日本中央競馬会札幌競馬場編『札幌競馬場100年史』日本中央競馬会札幌競馬場、二〇〇七年
日本中央競馬会総務部調査課編纂『日本競馬史』巻三、日本中央競馬会、一九六八年
日本中央競馬会総務部調査課編纂『日本競馬史』巻四、日本中央競馬会、一九六九年
日本中央競馬会総務部調査課編纂『日本競馬史』巻七、日本中央競馬会、一九七五年
「日本レース・クラブ小史」『日本レース・クラブ五十年史』日本中央競馬会、一九七〇年、所収
原武史『大正天皇』朝日選書、朝日新聞社、二〇〇〇年
原田勝助編纂『宮崎県畜産小史』第二回宮崎県馬匹共進会協賛会、明治四三年
『阪神競馬倶楽部三十年沿革史──阪神競馬場50年史別冊』日本中央競馬会阪神競馬場、一九九九年
阪神競馬場のあゆみ編集委員会『阪神競馬場のあゆみ』日本中央競馬会阪神競馬場、一九九一年
日高嘉継／横田洋一『浮世絵明治の競馬』小学館、一九九八年
火野葦平『花と龍』(上)(下)岩波現代文庫、二〇〇六年
平井一雄・村上一博(編)『磯部四郎研究──日本近代法学の巨擘』信山社、二〇〇七年
吹浦忠正『捕虜たちの日露戦争』ＮＨＫブックス、二〇〇五年
前田康『火焔樹の蔭　風雲児山縣勇三郎伝』近代文藝社、一九九五年

「松戸案内」（大正四年）松戸市松戸市誌編さん委員会『松戸市史料』［第四集］松戸市役所、一九六四年、所収
松戸市松戸市誌編さん委員会『松戸市史』下巻（二）大正昭和編、松戸市役所、一九六八年
三田商業研究会編『慶応義塾出身名流列伝』実業之世界社、明治四二年
美濃部俊吉編『西湖曾禰子爵遺稿竝伝記資料』大正二年
宮内寒弥『七里ヶ浜』新潮社、一九七八年
宮崎県編『宮崎県史』通史編近・現代1、宮崎県、二〇〇〇年
『宮崎県行啓誌』宮崎県庁、明治四五年
宮崎市編さん委員会『宮崎市史』続編（下）、宮崎市、一九七八年
宮武喜三太『宮崎県大観』宮崎県大観編纂部、大正四年
『明治初年馬政功労十六氏事蹟』第三巻、中央馬事会、昭和一三年
『明治大正昭和京都人名録』日本図書センター、一九八九年
安田伊左衛門「競馬夜話」長森貞夫編『東京競馬会及東京競馬倶楽部史』第一巻、東京競馬倶楽部、昭和一六年、所収
柳元静馬編『財界名士失敗談』上巻、下巻、毎夕新聞社出版部、明治四二年
山崎長吉『さっぽろ歴史散歩――民衆の発掘した歴史の証明――中島公園百年』北海タイムス社、一九八八年
山田仁市編輯『明治大正馬政功労十一氏事績』帝国馬匹協会、昭和一二年
山田仁市『馬事功労十九氏事蹟』日本馬事会、昭和一八年
横浜健堂『旧藩と新人物』敬文館、明治四四年
横浜商況新報社編『横浜成功名誉鑑』横浜商況新報社、明治四三年、復刻版、有隣堂、一九八〇年
吉弘白眼『青眼白眼』吉岡実文館、明治三九年
吉本英明ほか編『宮崎競馬100年記念誌――馬と共に歩み、そして走り続けた歴史』ＪＲＡ宮崎育成牧場、二〇〇七年
「魯迅と日暮里（26）南波登発の「亞細亞」への視線（1）「壯士」の時代「青年自由黨」の結成まで」以下連載中『今日も日暮里富士見坂 / Nippori Fujimizaka day by day』〈https://fujimizaka.wordpress.com/〉所収

＊

国立公文書館デジタルアーカイブ所蔵資料
明治三九年九月一二日付「馬政局の主管に属する社団又は財団にして法人たるの許可を得んとするとき若しくは其の法人より願出又は届出を為す手続」
明治三九年九月一三日付「京浜競馬倶楽部を法人と為すの願出を許可す」
明治四〇年三月一五日付「日本競馬会を法人と為すの願出を許可す」
明治四〇年三月一五日付「京都競馬会を法人と為すの願出を許可す」
明治四〇年三月二〇日付「関西競馬倶楽部を法人と為すの願出を許可す」
明治四〇年四月二四日付「北海道競馬会を法人と為すの願出を許可す」
明治四〇年五月一日付「日本競馬会定款変更の申請を認可す」
明治四〇年七月一二日付「総武競馬会を法人と為すの願出を許可す」
明治四〇年七月一六日付「東洋競馬会を法人と為すの願出を許可す」
明治四〇年八月二九日付「東京ジョッケー倶楽部を法人と為すの願出を許可す」
明治四〇年八月二九日付「鳴尾速歩競馬会を法人と為すの願出を許可す」
明治四〇年八月二九日付「社団法人京都競馬会の定款変更を認可す」
明治四〇年九月四日付「宮崎競馬会を法人と為すの願出を許可す」
明治四〇年一〇月一二日付「越佐競馬会を法人と為すの願出を許可す」
明治四一年四月一八日付「藤枝競馬倶楽部を法人と為すの願出を許可す」
明治四一年四月二八日付「武州競馬会を法人と為すの願出を許可す」
明治四一年五月二六日付「東京ジョッケー倶楽部の競馬開催に関する内願の件」

＊

国立公文書館アジア資料センターデジタルアーカイブ所蔵資料
「俘虜収容所を訪問し教務施行する内外国宗教家取調の件」明治三八年『満大日記　一一月上』（防衛庁防衛研究所所蔵）

＊

帝国議会会議録検索システム所蔵資料
「第二三回帝国議会衆議院予算委員第三分科（大蔵省所管）会議録（速記）第三回」明治四〇年一月三一日

## 7　明治四〇年秋のシーズン、馬券熱の高まり

飯田直樹「日露戦後の土木建築請負業者と大林芳五郎」広川禎秀編『近代大阪の行政・社会・経済』青木書店、一九九八年
板橋区史編さん調査会『板橋区市』資料編５民俗、板橋区、一九九七年
板橋区史編さん調査会『板橋区市』通史編下巻、板橋区、一九九九年
大友源九郎編『馬事年史』３、昭和二三年、覆刻版、原書房、一九八五年
荻原龍夫・伊藤専成『板橋区の歴史』（東京ふる里文庫〈17〉）、名著出版、一九七九年
大林芳五郎伝編纂会／編『大林芳五郎伝』大林芳五郎伝編纂会、昭和一五年
衆議院／参議院編『議会制度百年史　貴族院・参議院議員名鑑』大蔵省印刷局、一九九〇年
立川健治『文明開化に馬券は舞う』世織書房、二〇〇八年
中央競馬ピーアール・センター編『函館競馬場100年史』日本中央競馬会函館競馬場、一九九六年
帝国競馬協会編『日本馬政史』第四巻、昭和三年、覆刻版、原書房、一九八二年
長森貞夫編『東京競馬会及東京競馬倶楽部史』第一巻、東京競馬倶楽部、昭和一六年
長森貞夫編『東京競馬会及東京競馬倶楽部史』第二巻、東京競馬倶楽部、昭和一二年
『日本競馬会録一（自明治三五年至明治四一年）』宮内公文書館蔵（書陵部所蔵資料目録・画像公開システム）
日本中央競馬会総務部調査課編纂『日本競馬史』巻三、日本中央競馬会、一九六八年
「日本レース・クラブ小史」『日本レース・クラブ五十年史』日本中央競馬会、一九七〇年、所収
『阪神競馬倶楽部三十年沿革史――阪神競馬場50年史別冊』日本中央競馬会阪神競馬場、一九九九年
安田伊左衛門「競馬夜話」長森貞夫編『東京競馬会及東京競馬倶楽部史』第一巻、東京競馬倶楽部、昭和一六年、所収
柳元静馬編『財界名士失敗談』下巻、毎夕新聞社出版部、明治四二年

＊
国立公文書館デジタルアーカイブ所蔵資料
明治四一年五月二六日付「東京ジョッケー倶楽部の競馬開催に関する内願の件」

## 8　諭達、馬券売買継続へ

岡義武「日露戦争後における新しい世代の成長」（上）、（下）『思想』五一二号、一九六七年一二月、五一三号、一九六八年三月
岩崎栄『平沼騏一郎伝』昭和一四年、偕成社、伝記叢書二六八、大空社、一九九七年
有馬学『「国際化」の中の帝国日本　1905～1924』日本の近代4、中央公論社、一九九九年
奥津成子『私の祖父古賀廉造の生涯――葬られた大正の重鎮の素顔』慧文社、二〇一一年
片山慶隆『日露戦争と新聞』講談社選書メチエ、二〇〇九年
『児玉日誌』明治四一年、宮崎県立図書館所蔵
小林和幸『明治立憲政治と貴族院』吉川弘文館、二〇〇二年
小林道彦『桂太郎』ミネルヴァ書房、二〇〇六年
櫻井良樹「東京市街電車の市有化をめぐる政治過程――桂園時代の一側面」『史学雑誌』第九五巻七号、一九八六年
佐々木隆『明治人の力量』日本の歴史21、講談社、二〇〇二年
佐藤卓己『輿論と世論　日本的民意の系譜学』新潮選書、二〇〇八年
白田秀彰『性表現の規制の文化史』亜紀書房、二〇一七年
千葉功『桂太郎』中公新書、二〇一二年
帝国競馬協会編『日本馬政史』第四巻、昭和三年、覆刻版、原書房、一九八二年
徳富猪一郎『公爵桂太郎伝』坤巻、故桂公爵記念事業会、大正六年
内藤一成『貴族院と立憲政治』思文閣出版、二〇〇五年

長森貞夫編『東京競馬会及東京競馬倶楽部史』第一巻、東京競馬倶楽部、昭和一六年
西尾林太郎『大正デモクラシーの時代と貴族院』成文堂、二〇〇五年
『服部之総全集 18 明治の指導者Ⅱ』福村出版、一九七四年
原奎一郎編『原敬日記』第二巻、福村出版、一九八一年
坂野潤治『近代日本の出発』大系日本の歴史13、小学館ライブラリー、一九九三年
坂野潤治『明治国家の終焉　一九〇〇年体制の崩壊』筑摩書房、二〇一〇年（初出、ミネルヴァ書房、一九八一年）
平沼騏一郎回顧録編纂委員会『平沼騏一郎回顧録』学陽書房、昭和三〇年、歴代総理大臣伝記叢書第二六巻、ゆまに書房、二〇〇六年
堀田知廣『競馬及競馬法史』帝国競馬協会、昭和一一年
升味準之輔『日本政党史論』第二巻、東京大学出版会、一九六六年
三谷太一郎『政治制度としての陪審制　近代日本の司法権と政治』東京大学出版会　二〇〇一年
山崎有恒・西園寺公望関係文書研究会『西園寺公望関係文書』松香堂書店、二〇一二年
山本四郎編『寺内正毅日記』京都女子大学、一九八〇年

＊

国立公文書館デジタルアーカイブ所蔵資料
明治四一年三月三日付「競馬会社の取締並監督方」
明治四一年三月二〇日付「競馬の監督及取締事項実行手続を定む」
明治四一年四月一八日付「藤枝競馬倶楽部を法人と為すの願出を許可す」
明治四一年四月二八日付「武州競馬会を法人と為すの願出を許可す」
明治四一年五月二六日付「東京ジョッケー倶楽部の競馬開催に関する内願の件」

＊

帝国議会会議録検索システム所蔵資料
「第二四回帝国議会衆議院予算第三分科（大蔵省所管）会議録（速記）第三回」明治四一年二月六日

「第二四回帝国議会貴族院予算委員会議事速記録第三号」明治四一年二月一九日
「第二四回帝国議会貴族院議事速記録第九号」明治四一年二月二三日
「第二四回帝国議会貴族院予算委員第一分科会（歳入大蔵）議事速記録第三号」明治四一年二月二七日
「第二四回帝国議会衆議院議事速記録第一一号」明治四一年二月二八日
「第二四回帝国議会貴族院予算委員会議事速記録第五号」明治四一年三月三日
「第二四回帝国議会貴族院議事速記録第一二号」明治四一年三月五日
「第二五回帝国議会衆議院請願委員会第一分科会（速記）第二回」明治四二年二月一日
「第二五回帝国議会衆議院請願委員第一分科会議録第四回」明治四二年二月一五日
「第二五帝国議会貴族院競馬法案特別委員会議事速記録第一号」明治四二年三月二二日

# 終わりにかえて

私は、一九六〇代前半から後半にかけての中学、高校時代を川崎で過ごした。高度経済成長期の川崎の公害は凄まじく、毎日、工場地帯近くにあった高校の校舎の窓から林立する煙突から吹き出される煤煙を眺めていたが、同級生の親のほとんどはその工場に勤務していた。川崎は競馬の町でもあったので、当時超人的な活躍を見せていた佐々木武見騎手の話題は高校生の私の耳にも入ってきていた。また父親が夜勤明けに競馬場に通っていて儲けたらバナナを買ってくるといった類の話をする同級生もいて、川崎競馬場は自分の町にある競馬場として親近感をもっていた。それに私の通学していた高校は、競馬の収益の恩恵に与ってもいた。

そして私たちの間でまことしやかに話されていたのは、競馬場を掘り返すと女工さんの白骨が出てくるといったことであった。川崎競馬場がかつての富士瓦斯紡績の跡地に造られたということがそのもとになっていたが、それに加えて紡績業全般の劣悪な労働環境に対する女工たちの恨みもその都市伝説の背景になっていたと思う。一九三〇（昭和五）年の富士瓦斯紡績の争議の際には、女工の支援を訴えて、解決までは降りないと、工場の煙突に一三〇時間も登り続け、大きな注目を浴びた煙突男も登場していたが、川崎競馬場に関してこういった記憶が埋もれていると知ったのは、随分後のことであった。

私が川崎競馬場にはじめて出かけたのは、一九七五（昭和五〇）年二月のマルイチダイオーが勝った開設記念（現・川崎記念）のときだったが、まだオッズ掲示はバスの車体を活用したもの、馬券売場の窓口は枠連の組合せ毎というものだった。スタンド、コース内の施設は、現在ではその装いを一新しているが、当時は一〇〇万都市の都心にあって、地方競馬の中で全国第二位の売上高を誇りながら、殺伐とした鉄火場的な趣があって、今から思えばなかなか味わいのあるものだった。山口瞳は、川崎競馬場で正午の「工場街のサイレンがなったとき、なんだか、女の家にいて、一家を支えている長男に迎えにこられたような気分になった」と書いたが（『草競馬流浪記』新潮社、一九八四年、七四〜五頁）、かつての川崎競馬場が醸し出していた雰囲気を的確にとらえたものだと思う。

この川崎競馬場は、一九五〇（昭和二五）年、東京電機（現・東芝、昭和一四年に富士瓦斯紡績から買収）の工場敷地跡に設置されたが、もとをただせば、本書で述べたように馬券黙許時代の一九〇七（明治四〇）年に建設された競馬場だった。馬券禁止に伴いその跡地を一九一二（大正元）年に富士瓦斯紡績が購入、一九一五（大正四）年から操業を開始、そして東京電気、さらに再び競馬場という変遷をたどった。馬券黙許時代の競馬場が一旦その姿を消して復活した形になったのは、この川崎競馬場だけである。いうまでもなくこの川崎競馬場に限らず、馬券黙許時代に認可を受けた各競馬会、競馬場にはそれぞれの物語があった。そして競馬自体が、時代の産物、そして時代に翻弄された存在であった。

こういった馬券黙許時代の競馬をまとめようと、断続的にではあるが資料集めにとりかかったのは三〇年前からだったが、東京を中心に競馬会が存在した地域の新聞を可能な限り網羅的に閲覧することなど、本格的に取り組むようになったのは二〇一〇年からだった。そしてこの作業と併行して、メールマガジン「もきち倶楽部」（山本一生編集）に、「馬券黙許時代」と題してこの時代の競馬及びそれに関する出来事を紹介するという連載を二〇一〇年九月から開始した。予想以上に新聞の閲覧、資料集めとその整理に手間がかかり、この時代の競馬の輪郭をつかむのにも時間を要することになった。ようやく二〇一八年末には著作にまとめることができるところにまでにたどりついたと思ったが、その段になって困ってしまった。というのは、当初、一九〇五（明治三八）年一二月に馬券黙許が政治的に決断されてから一九〇八（明治四一）年一〇月馬券禁止に至るまでの経緯、そして一九一〇（明治四三）年、政府が補助金を交付して各競馬会の開催を継続させるまでを一冊にまとめる予定にしていたが、気付いたときには枚数が膨大になっていたからだった。短くするという選択肢も考えたが、この時代の競馬を網羅的に書いておいてもよいのではないかと思うようになった。たとえば、どんなテーマでよい、その研究のための資料の一つとして、日露戦後の新聞を眺めていくと、必ずおびただしいほどの競馬及び競馬をめぐる出来事の記事、論説などに出会うことになる。だがその概要を見通すことができるものが存在していない。その結果、それらの記事、論説は見なかったこと、あるいは軽視されることになった。そういった際の参照になるためにも網羅的に書いておく。そのわがままを世織書房の伊藤さんが、快く聴き入れてくれたので、四部（第二巻から第五巻）に分けてまとめることにした。その結果の第一部が本書である。

つぎの第三巻では、一九〇八（明治四一年）春のシーズンの各競馬会の開催、馬券熱の高まり、競馬場での騒ぎ、そして七月に誕生した桂内閣による馬券禁止にいたるまでの経緯、禁止後の競馬会側の対応と桂内閣の方針、ついで第二五帝国議会での馬券を合法化する競馬法案をめぐる競馬会側と政府及び貴族院との攻防、競馬会側の敗北を論じる。

第四巻は、一九〇九（明治四二）年、競馬法案の廃案を受けて、海外に打開の場を求めたロシア・ウラジオストクの競馬大会とその挫折、また同年から一九一〇（明治四三年）にかけての東京周辺及び関西の競馬会の合同、そして第二六議会での競馬会補助費の通過を受けての補助金競馬のはじまり、その結果、各競馬会が、政府（馬政局）の全面的な統制下に置かれたことを論ずる。あわせて青森、岩手、宮城、福島、愛知、広島などでも認可がめざされていたが、その動きが一つにまとまらず、結局、認可を受けるまえに馬券禁止を迎え、見果てぬ夢になってしまったことも紹介する。

第五巻では、日本レース倶楽部が継続的に豪州産牝馬を導入した一八九九（明治三二）年秋季開催以降からこの馬券黙許時代の各開催に至るまでの各馬の蹄跡を、伝説になった名馬ミラから始めて網羅的に紹介し、この時代の競馬全般を描いていく予定である。

日本近代史において競馬史は、そういった領域が成り立つのかも含めて、いわばフロンティアといってよいが、『文明開化に馬券は舞う』、『地方競馬の戦後史』に続いて馬券黙許時代についての四部作を加えることによって、〈競馬〉も時代の語り部であることを明らかにしたいと思っている。

立川健治

二〇二三年一二月二三日

## 立川健治（たちかわ・けんじ）プロフィール

一九五〇年佐賀県生まれ。京都大学文学部卒業。年金生活者、富山大学名誉教授。現在は日本近代競馬史研究に専念。著書に『競馬の社会史Ⅰ 文明開化に馬券は舞う 日本競馬の誕生』（世織書房）、『競馬の社会史別巻 地方競馬の戦後史——始まりは闇・富山を中心に』（世織書房）。主な論文には「片山潜」（『史林』）、「明治後半期の渡米熱」（『史林』）、「福沢諭吉の渡米奨励論」（『富山大学教養部紀要』）、共同執筆に『大阪地方社会労働運動史』第一巻・第二巻（大阪社会運動協会）、編訳書に『図説世界文化地理大百科 日本』（朝倉書店）などがある。

### ●競馬及び競馬史に関する略歴●

一九五二年頃　実家近くにあったかつての佐賀競馬場によく連れていかれたようだが記憶はもちろんない。

一九六〇年四月　生れてから七回目の転居で廃止直後の大阪長居競馬場近くに住む、私たち家族が住んだ同敷地内に春木競馬に移った騎手一家が住んでいた縁で春木競馬場に行く。また私が転校した小学校は、粋な事に、運動会のリレー走者を選ぶための競走を長居競馬場のコース跡で行っていた。ちなみに私は四、五年生の時に一着になって、リレーに出走した。六年生の四月に東京に転居、私の脚力は東京の小学生にはまったく通用しなかった。

一九七三年一一月　初めてレース（菊花賞）検討、的中（一着タケホープ、二着ハイセイコー）。

一九七四年三月　大阪難波場外で初めて馬券を購入、その後現在にいたるまで、毎週買い続けている。

一九七四年四月　京都競馬場に初めて行く。同年ダービー五着のエクセルラナーの「追っかけ」になる。

一九七五年二月　川崎競馬場に初めて行く、思い起こせばマルイチダイオーが開設記念（現・川崎記念）の日、オッズ板はバスの車体だった。

一九八六年四月　大井競馬場に初めて行く、その日の帝王賞（トムカウント）で万馬券を初めて的中。

一九八八年一〇月　ロジータと出会う。新馬戦を除いて、引退式も含めて全レースを競馬場で観戦。現在でもその血を引く馬が出走してくると無条件に馬券を買っている。

一九八八年一〇月　筑波大学で、「日本生活史」の講義を行うのが契機になって日本競馬史の勉強を開始する。

一九九〇年一二月　入浴中、日本競馬史について論文を書いていこうと思いつき、新聞等の資料を調べ始めるようになる。

一九九一年三月、「日本の競馬観（1）」を『富山大学教養部紀要』第二四号に掲載。全くの手探りで三ヶ月でまとめたので粗雑なものだったが、とにかく競馬史研究の出発点になった。

一九九五年三月　「文明開化に馬券は舞う」第一稿脱稿。
一九九五年一〇月　ベルモントパーク開催のブリダーズカップ観戦、クラッシックのシガーは強かった。
二〇〇〇年八月　メールマガジン「もきち倶楽部」（週刊）に競馬史関係の資料の紹介、解説の連載開始。
二〇〇三年一二月　全日本二歳優駿（川崎競馬場）で、三連単三八三二倍を的中（現在までの的中最高配当）。
二〇〇四年五月　地方競馬の馬主資格取得（二〇二〇年一二月までに一〇頭を共有、計一八三戦三一勝）。
二〇〇八年九月　『競馬の社会史Ⅰ　文明開化に馬券は舞う　日本競馬の誕生』（世織書房）刊。
二〇〇八年一二月　東京二歳優駿牝馬（大井競馬場）に共有馬が出走する夢が実現、二番人気で七着。
二〇〇九年八月　「地方競馬の戦後史」脱稿。
二〇一〇年一月　二〇〇九年度ＪＲＡ賞馬事文化賞受賞。
二〇一〇年九月　メールマガジン「もきち倶楽部」で「馬券黙許時代」連載開始。
二〇一二年八月　『競馬の社会史別巻　地方競馬の戦後史』（世織書房）刊。
二〇一九年六月　「馬券黙許時代」について書き過ぎた結果、四部に分けることを決める。
二〇一四年一〇月～二〇一九年一一月までの間に共有馬があげた勝鞍はわずか一勝だったが、二〇一九年一二月にそれまで二三連敗していた馬が突然目覚めて二〇二〇年一〇月までに四連勝を含む五勝をあげてくれた。「競馬は何が起きても不思議ではない」、を実感させられる。
二〇二〇年一二月　「馬券黙許時代」第一部脱稿。

競馬の社会史 2
馬券黙許時代 I ——愛馬心の涵養、馬匹改良の捷径は競馬にあり——

2024年12月8日　第1刷発行 ©

著　者　立川健治
装幀者　M. 冠着
発行者　伊藤晶宣
発行所　(株)世織書房
印刷所　新灯印刷(株)
製本所　協栄製本(株)

〒220-0042　神奈川県横浜市西区戸部町7丁目240番地　文教堂ビル
電話 045-317-3176　振替 00250-2-18694

落丁本・乱丁本はお取替えいたします　Printed in Japan
ISBN978-4-86686-038-1